Harbin
Ning'an
Changchun
Jilin
Jilin
Abagnar
(Xilinhot)
Baitou Shan
Tianchi
Innere Mongolei
Shenyang
Fushun
Liaoning
Anshan
Chengde
Hohhot
JAPANISCHES
MEER
Zunhua
Bejing
Shanhai Guan
Baotou
Yungang
Datong
Beidaihe
Qinhuangdao
Hengshan
Zhou-
koudian
Tangshan
Dalian
Lüshun
Hebei
Tianjin
Yinchuan
Wutai Shan
Yantai
GELBES
MEER
Taiyuan
Shijiazhuang
Zibo
Jinan
Shanxi
Handan
Shandong
Qingdao
Guyuan
Yan'an
Taishan
Anyang
Xingxiang
Qufu
Lianyungang
Luoyang
Kaifeng
Xi'an
Sanmenxia
Zhengzhou
Xuzhou
Huashan
Songshan
Jiangsu
Shaanxi
Henan
Anhui
Yangzhou
Nanjing
Zhenjiang
Wudang Shan
Hefei
Wuxi
Xiangfan
Suzhou
Ma'anshan
Yixing
Shanghai
Fengjie
Hubei
Wuhan
Wuhu
Anqing
Jiuhua
Hangzhou
Putuo Shan
Wanxian
Shan
Shashi
Huangshan
Shaoxing
Ningbo
Jiujiang
Jinhua
Tiantai
Chongqing
Yueyang
Lushan
Jingdezhen
Zhejiang
OSTCHINESISCHES
MEER
Changsha
Nanchang
Wenzhou
Zunyi
Xiangtan
Hunan
Hengshan
Guizhou
Jiangxi
Wuyi Shan
Hengshan
Fuzhou
Guiyang
Jinggang Shan
Fujian
Taibei
Saojiang
Guilin
Qanzhou
Shaoguan
Xiamen
Liuzhou
Guangdong
TAIWAN
Guangxi
Conghua
Zhaoqing
Guangzhou
Foshan
Shenzhen
Nanning
Hongkong
Haikou
HAINAN
Sanya

中國文化及名勝指南

紀念母親言忠芸

海珮春
吳恩謙 著

Kohlhammer
Kunst- und
Reiseführer

Kuan Yu-Chien
Petra Häring-Kuan

China

Kunst- und Reiseführer mit Landeskunde

Mit 24 Fotos, 167 Karten, Plänen, Abbildungen und 2 mehrfarbigen Übersichtskarten

Dritte, erweiterte und verbesserte Auflage

敬请
批评指教

Petra 关愚谦

Verlag W. Kohlhammer
Stuttgart Berlin Köln Mainz

CIP-Kurztitelaufnahme der Deutschen Bibliothek

Kuan, Yu-chien:

China : Kunst- u. Reiseführer mit Landeskunde /
Kuan Yu-Chien ; Petra Häring-Kuan. –
3., erw. u. verb. Aufl. –
Stuttgart ; Berlin ; Köln ; Mainz : Kohlhammer, 1986.
(Kohlhammer-Kunst- und Reiseführer)
ISBN 3–17–009438–6
NE: Häring-Kuan, Petra:

Bildnachweis

Titelbild: Jutta Bewig, Hamburg
S. 129, 130, 163, 164, 229, 464, 529, 530, 563, 564, 629, 630, 663: Hans-Jürgen Fink, Hamburg
S. 364: Lydia Gerber, Hamburg
S. 429: Wolfgang Hieber, München
S. 463: Horst G. Klein, Kriftel
S. 430, 664: Uwe Kotzel, Hamburg
S. 264, 329: Claus Rettig, Hamburg
S. 363: Hans-Wilhelm Schütte, Hamburg
S. 230, 263, 330: Hermann Tessenow, Hamburg

3. Auflage 1986

Stuttgart Berlin Köln Mainz
Verlagsort: Stuttgart
Umschlagmotiv: Fünf-Pavillon-Brücke (Wuting Qiao) in Yangzhou
Umschlag: hace
Vorsatzkarten und Textpläne: Johanna Dittmar
Gesamtherstellung: W. Kohlhammer Druckerei GmbH + Co. Stuttgart
Printed in Germany

Inhalt

Museen, Bibliotheken, Gedenkstätten und Universitäten

Sehenswürdigkeiten in den Randbezirken

Vorwort

China ist das älteste Land der Erde, welches als kulturelle und politische Einheit ohne einen Bruch in der Tradition bis heute fortbesteht. Die umwälzenden Vorgänge der letzten Jahrzehnte haben trotz aller Wandlungen die grundlegende Einheit von Vergangenheit und Gegenwart erneut bestätigt. Ohne Kenntnis der Vergangenheit muß die chinesische Gegenwart weitgehend unverständlich bleiben. Und die lebendige Gegenwart kann viel zur Erklärung der Überlieferung beitragen.

Neben der Vermittlung der für den China-Reisenden notwendigen Informationen ist es das Anliegen des vorliegenden Kunst- und Reiseführers, diesen engen Zusammenhang von Vergangenheit und Gegenwart zu verdeutlichen. Gerade die chinesische Kunst mag dem mit chinesischen Dingen sonst nicht näher vertrauten Besucher diesen sowie die allgemein menschlichen Werte der chinesischen Kultur in besonderer Weise nahebringen. Das Buch ist das Ergebnis engster chinesisch-deutscher Zusammenarbeit von Dr. Kuan Yu-Chien und seiner Frau Petra Häring-Kuan. Beide Verfasser sind bestens für ihre Aufgabe berufen: Dr. Kuan ist als Sinologe mit dem vergangenen und dem gegenwärtigen China gleich gut vertraut; Petra Häring-Kuan, ebenfalls Sinologin, kann aufgrund ihrer Erfahrungen in China leicht ermessen, was dem deutschen Besucher besonders mitgeteilt werden muß. So wird dieses Buch sicherlich vielen Besuchern helfen, China besser zu verstehen und zu würdigen.

Prof. Dr. Wolfgang Franke
Kuala Lumpur

Zum Geleit

›Hätten Sie nicht Lust, für uns einen Kunst- und Reiseführer zu schreiben?‹ Mit dieser Frage begann für uns ein kleines Abenteuer. Schon oft hatten uns Freunde und Bekannte um Ratschläge und Informationen für China-Reisen gebeten. So brauchten wir nicht lange zu überlegen und sagten zu. Wir fühlten uns erfahren und informiert genug, um ein solches Projekt zu realisieren. Schließlich hatten wir die wichtigsten Sehenswürdigkeiten schon auf eigenen Reisen gesehen, darüber hinaus war ich in meinen ersten dreißig Lebensjahren in China viel herumgekommen. Doch schon bald stellten sich erste Probleme ein. Sicher, den Kaiserpalast in Beijing hatte ich schon dutzende Male besucht, aber – wie viele Hallen standen denn nun auf der Mittelachse? Oder der Tempel Lingyin Si in Hangzhou, der uns sehr gut gefallen hatte, aber – wann war er denn erbaut worden? Im Westen Chinas habe ich drei Jahre verbracht, aber – wie konnte ich den Standort der vergoldeten Zongkaba-Statue im Tempelkloster Ta'er Si in Qinghai vergessen? Diese und ähnliche Fragen bereiteten uns bald großes Kopfzerbrechen, und so begannen wir eine umfangreiche Materialsuche. Alle Verwandten und Freunde in China wurden mobilisiert und schon nach kurzer Zeit erhielten wir aus allen Teilen des Landes Informationsmaterial. Dann machten wir uns selbst auf den Weg und unternahmen eine lange Tour durch China. Es lief fabelhaft, ich suchte und erkundete, meine Frau notierte und sammelte. Als der erste Koffer voll war, stellten wir fest, daß das Material für mehrere Bücher reichen würde und der vom Verlag vorgeschriebene Umfang längst überschritten war. Was war zu tun? Sollte man die bekannten Touristenziele nur kurz erwähnen und dafür unbekanntere, in die jedoch nur Einzelreisende gelangen würden, ausführlicher beschreiben? Als Chinese bestand für mich sowieso kein Zweifel, daß es sich bei meiner Heimat um das schönste Land auf Erden handelte; denn wo findet man schon einen entlegenen Tempel, dessen kleine Bronzeglöckchen im Wind klingen und weithin zu hören sind, und wo sieht man knorrige Kiefern, deren Alter auf viele Jahrhunderte geschätzt wird – wenn nicht in China. So plädierte ich dafür, jede Sehenswürdigkeit zu beschreiben, ganz gleich, ob sie weit abgelegen war oder nicht. Doch meine Frau holte mich nach guter deutscher Art schnell wieder auf den Boden der Tatsachen zurück, und so hieß es, Abstriche zu machen und dem Reisenden relativ leicht zugängliche Ziele zu beschreiben. Einige der genannten Städte und Stätten sind allen Reisenden geöffnet. Bei vielen Zielen bedarf es einer Aufenthaltserlaubnis, die jedoch relativ problemlos zu erhalten ist. Einige Ortschaften sind nur in chinesischer Begleitung oder für Auslandschinesen geöffnet, werden aber – wie beispielsweise das Gebirge Wutai Shan – in absehbarer Zeit allen zugänglich sein. Bitte betrachten Sie es nicht unbedingt als Unhöflichkeit oder Schikane, wenn man Ihnen den Aufenthalt in bestimmten Ortschaften verwehrt. Häufig bangt man um das Wohl und Wehe eines Reisenden, der sich in entlegene Gebiete begeben möchte. Mangelhafte Unterbringungs- und Transportmöglichkeiten und die Frage, welches Maß an Strapazen der ausländische Gast verkraften kann, führen häufig zu einem ablehnenden Bescheid. Und noch eins – wer möchte sein Land nicht von der angenehmsten und schönsten Seite zeigen, obwohl man, wie meine Frau und ich selbst oft festgestellt haben, über Schönheit streiten kann. Eine frisch restaurierte Halle ist für mich eine Augenweide; meine Frau hingegen erfreut sich an einem verwitterten Tempel. Wenn ich an Neubauten vorbeigehe, freue ich mich, daß die Modernisierung in China tatsächlich voranschreitet. Meine Frau bummelt jedoch viel lieber durch alte verwinkelte Viertel und versetzt meine chinesischen Verwandten und Freunde in ungläubiges Staunen, wenn sie dann noch begeistert zum Photoapparat greift. Sie sehen, die Sicht eines Europäers und die eines Chinesen ist nicht immer dieselbe.

In unserer Arbeit sind wir auf Taiwan nur kurz eingegangen. Eine Darstellung seiner spezifischen Gegebenheiten und seiner Sehenswürdigkeiten hätten den Umfang dieses Bandes überschritten.

Zwei Jahre hat es gedauert, bis alles ausgearbeitet und zu Papier gebracht war. Wir hätten noch mehr Zeit gebraucht, wären wir nicht hilfreich unterstützt worden. So möchten wir an dieser Stelle vor allem Dank sagen den Herren Prof. Dr. Hans Stumpfeldt und Prof. Dr. Bernd Eberstein, die den ersten Teil korrigiert haben, und Dr. Hans-Wilm Schütte, der große Züge des dritten Teils korrigiert und passagenweise vor Ort überprüft hat. Unserem alten Freund Herrn Prof. Dr. Ernst Neugebauer sind wir dankbar für die zeitaufwendige Durchsicht des Umbruchs. Auch meinem Kollegen, Herrn Chao Jung-lang, sind wir sehr verbunden, denn er erklärte sich bereit, das Kapitel über Literatur zu verbessern. Besonderen Dank schulden wir unseren Eltern Frau Elisabeth und Herrn Georg Häring, die uns bei der Erstellung und Überarbeitung des Manuskriptes jede nur mögliche Hilfe leisteten. Auch meinen Studentinnen Ruth Cremerius, Isolde Böhmke und Korinna Oehring sei für ihre Unterstützung gedankt.

Eine ungestörte Arbeitsatmosphäre ermöglichten uns Frau Vera und Herr Oskar Claussen. Sie überließen uns großzügigerweise in den Sommermonaten ihre Ferienwohnung, so daß es ein leichtes war, in herrlicher Umgebung über ein faszinierendes Land zu schreiben.

Die besondere Aufmerksamkeit des Lesers möchten wir u. a. auf die schönen chinesischen Zeichen lenken, die von dem Maler und Kalligraphen Herrn Ma Lu von der Kunsthochschule Beijing freundlicherweise geschrieben wurden. Ihm und zum Schluß auch den lokalen Vertretungen des chinesischen Reisebüros Lüxingshe sowie meinen chinesischen Verwandten und Freunden sei für ihre Unterstützung und Ermutigung gedankt.

Kuan Yu-Chien

Erster Teil

Einführung

Landeskunde

Lage, Staatsgebiet, Grenzen, Hauptstadt, Flagge, Wappen

China liegt im südöstlichen Teil des euroasiatischen Kontinents und am Westrand des Pazifischen Ozeans. Es umfaßt ein Gebiet von **9 560 900 qkm** und ist nach der Sowjetunion und Kanada das drittgrößte Land der Erde.
Das **Staatsgebiet** erstreckt sich über 5500 km vom Fluß Heilong Jiang im Norden, nahe der Stadt Mohe, bis zum Zengmu-Riff der Nansha-Inseln im Südchinesischen Meer, und vom Pamirhochland im äußersten Westen bis zum Zusammenfluß von Heilong Jiang und Wusuli Jiang (Ussuri) im Osten über 5200 km.
Die **Grenze** Chinas mißt zu Lande 28 000 km. Sie wird geteilt mit folgenden Ländern: Nordkorea im Osten, der Volksrepublik Mongolei im Norden, der Sowjetunion im Nordosten und Nordwesten, Afghanistan, Pakistan, Indien, Nepal, und Bhutan im Westen und Südwesten, sowie Birma, Laos und Vietnam im Süden. Die chinesische Küste umfaßt eine Länge von mehr als 18 000 km und wird vom Golf von Bohai, vom Gelben Meer, vom Ostchinesischen- und Südchinesischen Meer begrenzt. Mehr als 5000 Inseln liegen vor der chinesischen Küste, die größte von ihnen ist die Insel Taiwan, 35 788 qkm, gefolgt von der Insel Hainan, 34 380 qkm.
Verwaltungsmäßig teilt sich China in **22** Provinzen (einschließlich Taiwan), **5** autonome Regionen und die **3** regierungsunmittelbaren Städte Beijing (Peking), Tianjin und Shanghai.
Die **Hauptstadt** der Volksrepublik China ist Beijing (Peking).
Die chinesische **Flagge** hat auf rotem Feld in ihrem oberen linken Teil fünf gelbe, fünfzackige Sterne. Rot ist die Farbe der Revolution, die fünf gelben Sterne repräsentieren die Einheit der revolutionären Volksmassen unter der Führung der Kommunistischen Partei Chinas.
Das **Wappen** der Volksrepublik zeigt das berühmte Pekinger Tor des Himmlischen Friedens, Tianan Men, und die fünf gelben Sterne, umrahmt von Ähren und einem Zahnrad im unteren Teil.

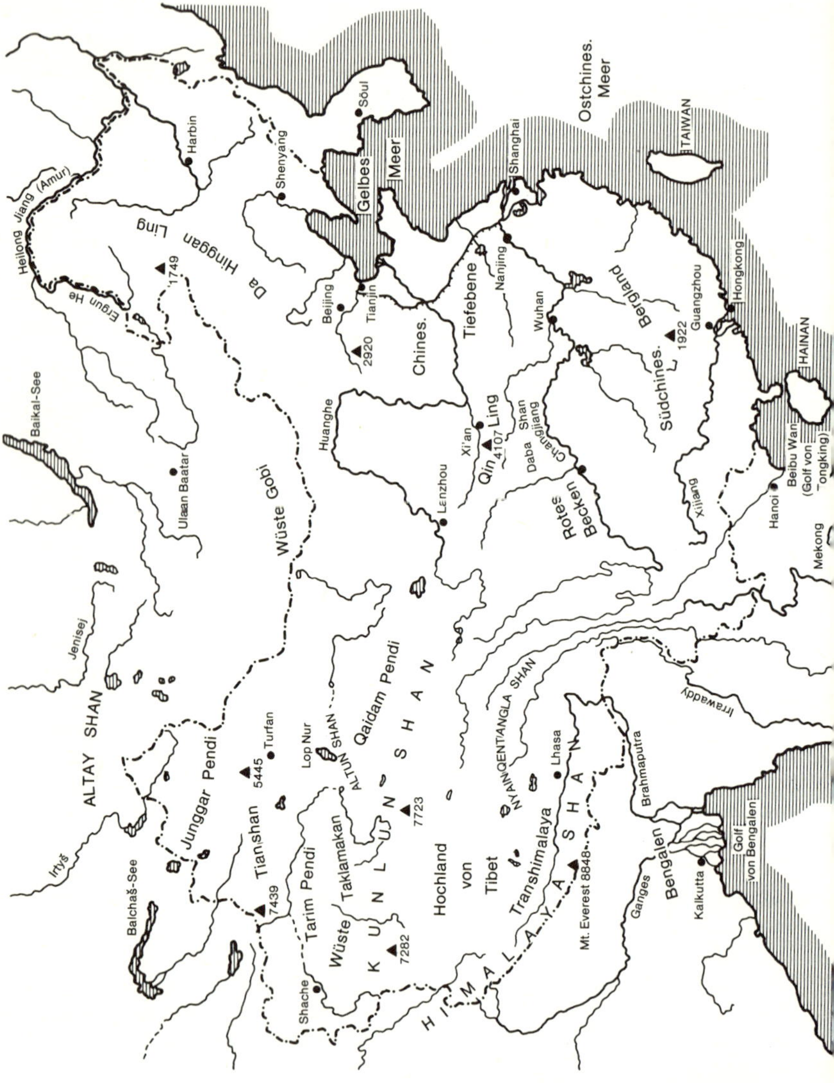

Landschaften und Flüsse

Topographie

Die Erdoberfläche Chinas läßt sich aufgrund ihres deutlich erkennbaren West-Ost-Gefälles in drei Zonen teilen:
Das Qinghai-Tibet-Plateau im Westen Chinas hat eine Durchchnittshöhe von über 4000 m. Hier befindet sich die größte Hochlandfläche der Erde, das »Dach der Welt« mit einer Durchschnittshöhe von über 5400 m. Diese erste Zone umfaßt ein Gebiet von 2 200 000 qkm. Die zweite Zone beginnt östlich des Kunlun-Gebirges mit einer Durchschnittshöhe von 1000–2000 m. Zu dieser Zone gehören das Tarim-Becken, die Mongolische Hochebene, das Löß-Plateau des Sichuan-Beckens und das Yunnan-Guizhou-Plateau.
Östlich der zweiten beginnt die dritte Stufe, die kaum Erhebungen über 500 m hat und bis zum Chinesischen Meer im Osten flach abfällt. Bei diesem Gebiet handelt es sich um den traditionellen Wirtschaftsraum Chinas. Hier entstand die chinesische Kultur, hier befinden sich auch heute die Ballungsgebiete.
Die wichtigsten Flüsse des Landes verlaufen den drei Zonen folgend von Westen nach Osten: der Huanghe, Gelber Fluß, 4848 km Länge, und der Changjiang (Yangtze), 5983 km Länge.
Chinas Topographie ist geprägt durch schroffe Gegensätze und Vielseitigkeit. Der Qomolangma Feng, Mount Everest, an der Grenze zu Nepal, ist 8848 m hoch und damit der höchste Berg der Erde. Die Turfan-Senke in der autonomen Region Xinjiang ist mit 155 m u. d. M. die tiefste Stelle Chinas.

Klima

Das Klima Chinas wird von den jahreszeitlich wechselnden Monsunen beherrscht, dem Wintermonsun, d. h. den polaren kontinentalen Luftmassen aus Sibirien, die den kalten, trockenen Winter bringen, und dem Sommermonsun, den tropischen pazifischen Luftmassen, die den heißen Sommer bringen. Da sich China jedoch über 35 Breitengrade erstreckt und eine sehr komplexe Topographie hat, zeigt das Klima von Region zu Region sehr starke Unterschiede. Von September bis April strömen die extrem kalten und trockenen sibirischen Luftmassen über das Mongolische Plateau nach Nordchina in Richtung Meer. Nach Süden zu werden sie aufgehalten durch parallel verlaufende Gebirge wie Qinling in Shaanxi, Dabie Shan in Anhui/ Henan/ Hubei und Nanling im Süden Hunans.
Von April bis September strömen die tropischen Luftmassen vom Pazifischen und Indischen Ozean von Süden nach China herein. Dieser sogenannte Sommermonsun ist der wichtigste Regenbringer. Teile seiner Feuchtigkeit regnen sich schon beim Aufgleiten auf die Gebirge und die Bergländer Südost- und Südchinas ab. Die Luftmassen dringen bis zum Mongolischen Plateau und zur östlichen Grenze des Tibetischen Plateaus vor.

KLIMABEDINGUNGEN

	durchschnittliche Temperatur / Regen- oder Schneetage											
	Jan.	Feb.	März	April	Mai	Juni	Juli	Aug.	Sept.	Okt.	Nov.	Dez.
Beijing	-4.7	-1.9	4.8	13.7	20.1	24.8	26.1	24.8	19.9	12.8	3.8	-2.8
	1.7	3.8	4.5	3.8	9.2	11.0	13.8	14.2	6.2	4.8	4.2	1.5
Shanghai	3.1	4.3	8.4	13.9	19.1	23.0	27.8	28.1	24.1	18.1	12.5	5.9
	8.1	9.1	11.6	14.1	14.0	12.5	10.1	8.6	10.9	9.2	8.9	8.5
Nanjing	1.9	3.7	8.6	14.6	20.3	24.4	28.2	28.2	23.0	16.8	10.6	4.2
	7.2	8.0	10.1	13.1	10.7	10.0	11.3	11.8	10.0	8.4	9.2	7.0
Jinan	-1.4	0.9	7.6	14.7	22.3	26.6	27.6	26.6	21.4	15.7	7.9	0.9
	2.1	3.7	4.4	7.2	5.4	6.6	15.0	11.7	8.2	5.5	4.9	2.9
Hangzhou	3.5	4.7	9.2	15.2	20.6	23.9	28.7	28.4	23.8	17.6	12.2	5.9
	9.9	11.7	15.1	16.5	15.6	14.0	10.0	11.1	12.8	10.5	10.9	10.6
Nanchang	5.1	6.3	11.0	17.0	22.6	25.3	29.7	29.7	25.4	19.3	13.2	7.3
	9.7	11.9	16.8	17.8	17.3	14.7	8.6	8.9	7.3	8.9	10.3	10.5
Fuzhou	10.3	10.3	13.2	18.3	22.7	25.0	28.8	28.3	26.3	21.7	17.9	12.9
	10.8	13.3	15.6	15.7	17.2	17.1	10.1	11.1	11.9	7.0	7.4	9.2
Zhengzhou	-0.2	1.8	8.0	14.6	21.4	26.4	27.8	26.3	20.5	15.0	7.9	1.7
	2.5	4.2	5.9	8.7	7.5	7.1	11.7	9.8	11.0	7.9	5.8	2.2
Guangzhou	13.1	13.8	17.5	21.9	25.8	27.1	28.3	28.2	27.0	23.8	19.8	15.2
	7.7	10.7	15.0	14.2	16.6	19.8	16.0	15.5	12.4	5.9	6.1	6.7
Lanzhou	-7.3	-2.8	5.0	11.5	17.0	20.1	22.0	21.0	15.5	9.6	1.3	-5.6
	1.2	2.4	3.7	7.3	8.5	9.1	12.7	10.6	11.5	7.4	2.6	0.8
Xi'an	-0.8	1.8	8.1	13.6	19.3	25.2	26.8	25.8	19.1	13.6	6.6	0.6
	3.6	5.7	7.1	9.7	9.8	7.6	10.7	8.3	14.2	12.3	7.4	3.1
Urumqi	-15.2	-12.2	0.7	10.8	18.9	23.4	25.7	23.8	17.4	8.2	-2.6	-12.0
	5.4	4.7	10.4	10.3	11.7	15.7	18.3	13.6	9.1	7.0	6.4	5.3
Chengdu	5.5	7.0	11.8	16.7	21.3	23.4	25.6	25.0	21.2	16.8	11.7	7.2
	6.1	9.0	10.9	13.4	14.7	15.6	16.4	15.4	16.5	16.8	7.8	5.9
Chongqing	7.6	9.1	13.9	18.9	22.6	24.9	28.6	28.6	23.9	18.6	13.6	9.3
	8.9	9.9	12.1	12.3	18.8	15.1	10.7	10.7	13.7	18.3	14.6	10.7
Kunming	7.5	9.3	12.7	16.0	19.1	19.3	19.8	19.0	17.4	14.9	11.2	8.1
	4.1	3.9	4.9	6.2	10.0	17.7	20.5	21.1	15.5	16.8	7.7	5.3
Lhasa	-2.4	0.5	3.9	7.8	11.9	15.2	15.0	14.1	12.6	7.5	1.5	-2.1
	0.7	0.2	1.8	3.6	8.6	14.8	20.4	21.9	15.0	3.7	1.1	0.1
Wuhan	2.9	4.8	9.9	15.8	21.6	25.5	28.8	28.5	23.2	17.4	11.0	5.1
	7.0	9.5	13.9	15.6	12.8	10.9	9.5	8.4	8.4	9.4	10.8	8.4
Guilin	8.2	8.8	13.2	18.3	23.8	25.8	28.3	27.9	25.8	20.7	15.1	10.1
	3.6	4.5	7.1	12.1	10.0	9.8	8.3	7.11	3.0	4.7	5.4	3.4
Shenyang	12.7	-8.8	0.1	9.5	17.5	21.5	24.5	23.8	17.2	9.5	0.1	-8.7
	3.8	3.1	3.6	5.9	8.0	10.4	14.9	12.3	7.4	6.0	4.9	4.2
Harbin	19.7	-15.8	-4.8	6.5	14.7	20.2	22.5	21.2	14.2	5.8	-6.2	-16.0
	7.0	4.4	5.7	5.9	10.2	12.0	16.9	14.0	10.6	6.4	6.2	6.1
Dalian	-5.4	-3.7	2.0	8.7	15.5	19.1	22.0	24.2	19.9	13.7	5.8	-1.5
	2.8	2.7	4.0	6.6	6.9	8.8	12.4	11.5	7.4	55.8	5.4	3.4
Qingdao	-2.7	-0.6	4.9	10.9	16.9	20.8	24.8	25.6	20.4	14.5	7.5	0.2
	2.8	3.6	4.8	7.2	7.2	8.4	14.8	11.8	9.8	6.2	5.9	3.7

maximale Temperatur / minimale Temperatur											
Jan.	Feb.	März	April	Mai	Juni	Juli	Aug.	Sept.	Okt.	Nov.	Dez.
10.2	18.5	24.4	30.9	38.3	40.6	38.7	35.9	32.3	29.8	19.6	13.9
−17.8	−27.4	−12.3	−2.9	2.5	10.0	15.3	12.2	3.7	−3.2	−12.3	−18.3
18.9	23.6	27.4	33.3	35.5	34.7	37.1	38.2	36.3	31.3	28.5	23.0
−8.8	−8.4	−3.3	0.3	5.7	11.5	18.5	18.2	12.0	2.3	−3.4	−9.0
17.7	23.3	27.9	32.8	34.8	36.0	38.0	40.5	37.4	33.1	26.5	23.1
−11.0	−13.0	−3.2	0.0	5.0	11.8	16.8	17.4	9.4	−0.2	−4.4	−11.5
15.9	21.5	26.2	33.0	38.1	40.5	39.0	37.7	34.7	31.3	24.0	18.2
−16.7	−13.6	−10.3	−1.9	4.2	11.1	17.7	15.1	6.9	0.3	−9.1	−16.0
23.9	28.3	29.2	33.7	36.5	35.6	38.9	38.5	36.3	32.3	29.7	26.5
−8.0	−9.6	−1.9	0.7	9.0	14.1	19.4	18.8	12.0	2.3	−1.4	−6.5
20.8	28.6	28.6	33.4	36.5	37.7	40.6	39.7	38.6	34.1	28.1	26.1
−7.6	−6.7	−0.1	2.4	10.7	17.2	20.9	20.5	13.3	6.4	1.1	−5.2
27.0	27.5	30.2	33.0	35.7	38.0	39.0	39.0	38.2	33.0	31.5	29.6
−1.1	0.1	2.5	6.3	12.9	17.1	21.5	21.0	15.0	11.2	6.6	1.5
17.6	23.9	31.8	33.1	40.8	42.3	43.0	40.6	35.9	32.6	25.1	19.9
−15.8	−14.4	−10.2	−2.8	6.3	12.2	17.0	14.6	5.0	−0.2	−6.3	−12.4
27.1	27.5	29.6	32.1	36.0	36.6	37.5	37.0	37.6	33.6	32.4	29.6
0.1	1.3	3.3	7.7	14.7	18.9	21.6	21.1	15.5	16.6	7.0	1.8
12.6	15.5	27.5	31.5	32.9	36.7	35.7	34.8	30.9	25.0	18.9	16.2
−21.7	−17.6	−9.4	−8.6	2.1	4.6	9.7	6.5	1.5	−3.8	−14.9	−17.4
15.2	20.7	27.9	30.8	37.0	41.7	41.0	39.6	33.7	28.8	21.6	17.5
−13.8	−18.7	−5.1	−4.0	5.1	11.6	16.9	12.7	5.4	−0.7	−6.1	−11.3
7.0	10.6	21.6	31.2	35.7	40.9	40.3	40.7	37.0	30.2	16.7	12.5
−32.0	−29.5	−23.7	−8.9	0.7	6.0	10.7	9.0	−0.2	−10.6	−20.5	−32.0
16.3	20.8	27.6	30.8	34.0	35.3	35.0	35.1	34.8	26.8	23.8	20.3
−4.3	−3.2	−1.0	2.9	8.6	14.6	17.1	16.5	11.6	6.8	1.4	−3.0
18.7	21.6	31.8	36.4	38.9	39.3	40.4	40.3	39.5	30.8	25.1	21.5
−16.5	−13.8	−9.7	−8.1	−2.7	3.5	5.5	3.7	3.1	−6.7	−10.5	−15.8
21.6	22.2	25.9	29.0	31.2	28.9	28.4	27.5	28.4	25.7	24.2	20.6
−5.1	−1.3	−0.1	0.5	6.0	9.2	12.3	8.8	7.1	3.6	0.6	−4.6
20.9	24.9	29.6	32.7	36.0	37.8	38.2	38.7	36.2	32.9	26.2	22.2
−16.5	−13.8	−9.7	−8.1	−2.7	3.5	5.5	3.7	3.1	−6.7	−10.5	−15.8
20.9	24.9	29.6	32.7	36.0	37.8	38.2	38.7	36.2	32.9	26.2	22.8
−17.3	−14.8	−3.3	−0.3	7.2	14.2	17.3	18.0	10.1	1.5	−3.3	−8.2
27.6	26.8	31.3	33.1	34.7	37.4	38.2	38.1	38.5	34.4	29.9	27.6
−4.5	−3.6	1.5	4.0	12.4	13.0	21.5	18.3	12.9	8.8	2.7	−1.2
7.3	13.4	19.8	28.6	32.7	35.2	34.4	35.7	30.6	27.5	19.4	13.4
−30.5	−27.2	−19.3	−12.5	0.2	3.6	13.9	11.3	1.0	−8.3	−20.1	−30.2
4.2	11.0	17.1	27.9	34.0	35.4	34.5	32.9	28.5	25.8	15.2	6.2
−38.1	−33.0	−28.4	−12.7	−3.2	4.9	11.1	8.6	−1.1	−11.9	−26.1	−35.7
7.7	9.5	17.3	23.3	28.2	32.0	33.7	34.4	36.6	24.7	18.8	13.5
−21.1	−17.3	−11.8	−4.2	3.7	11.2	15.0	14.5	6.4	1.0	−12.7	−19.0
13.4	16.4	23.5	28.1	33.9	34.2	35.9	36.9	31.2	26.0	20.8	17.3
−15.6	−17.2	−9.7	−2.8	1.9	7.1	14.9	13.4	3.1	−1.1	−9.0	−16.8

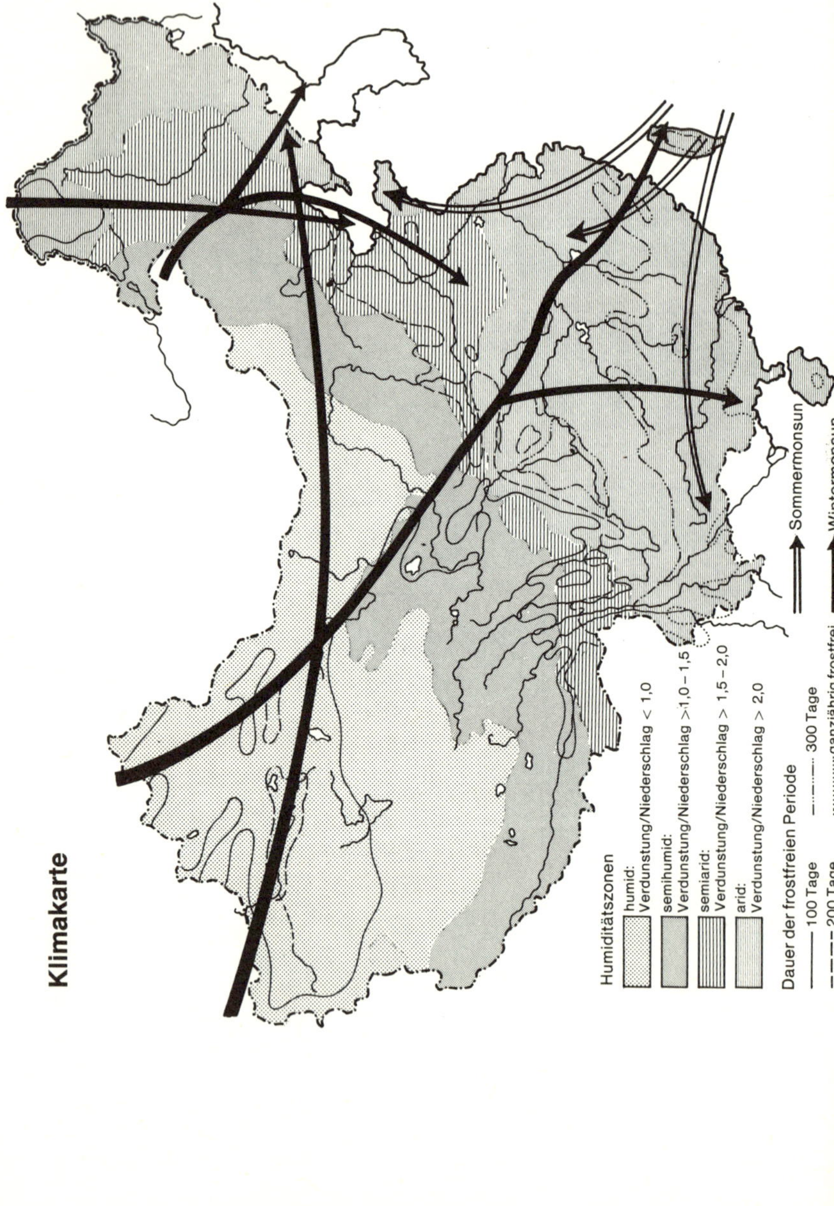
Klimakarte
Humiditätszonen
humid:
Verdunstung/Niederschlag < 1,0
semihumid:
Verdunstung/Niederschlag >1,0 – 1,5
semiarid:
Verdunstung/Niederschlag > 1,5 – 2,0
arid:
Verdunstung/Niederschlag > 2,0
Dauer der frostfreien Periode
100 Tage
200 Tage
300 Tage
ganzjährig frostfrei
Sommermonsun
Wintermonsun

Das Zusammentreffen dieser beiden Luftmassen hat eine immense Bedeutung für das Klima in Zentral- und Nordchina. Im Sommer treffen sie über Nordchina zusammen, infolgedessen kommt es in diesem Gebiet zu heftigen Regenfällen. Im Herbst nimmt der Sommermonsun an Stärke ab, und so verlagert sich die Luftmassengrenze nach Zentralchina und bringt dort Regenfälle, die häufig zu Überschwemmungen führen können.

Ein großes Problem für die Landwirtschaft ist die Unzuverlässigkeit der Niederschlagsbildung. In Nordchina fallen 80–90% der Jahresniederschläge in den Sommermonaten. Allerdings sind diese Niederschläge bis zu über 50% unzuverlässig. Folglich kommt es oft zu Dürren. In Südchina beträgt diese Rate nur 40%. Südostchina wird von den Regenfällen am meisten begünstigt, da es dort zusätzlich von Juli bis September Taifune gibt.

Allgemein ist zu sagen, daß der Nordosten Chinas sibirisch beeinflußt ist, das gesamte östliche China gemäßigtes bis subtropisches Klima hat und der Süden in der tropischen Klimazone liegt.

Flora und Fauna

Es gibt in China etwa 32 000 Spezies höherer Pflanzen, von denen mehr als 2000 Nutzpflanzen darstellen. Unter den 2800 Baumarten haben viele eine hohe wirtschaftliche Bedeutung, wie Tung-Ölbäume, Kampferbäume, Zedern, Gummi- und Kakaobäume. Traditionelle Nutzpflanzen sind Baumwolle, Hirse, Weizen, Reis, Sojabohnen, Raps, Zuckerrohr und Tee, hinzu kommen die tropischen Pflanzen wie Kaffee, Ölpalme, Sisalhanf und Pfeffer.

Aufgrund seiner Vegetation läßt sich China grob in zwei Zonen einteilen, deren Grenze diagonal von Südwest nach Nordost verläuft: den trockenen Nordwesten und den feuchten Südosten.

Der Nordosten mit seinem Daxing'an Gebirge gehört zur kalten Nadelbaumregion. Hier gibt es Lärchen, Fichten und Kiefern. Das gebirgige Gebiet entlang der chinesisch-koreanischen Grenze hat Mischwald, darunter Ulmen, Ahorn, Birken, Linden und Eschen. In den Gebieten Liaodong und Shandong sind Eichenwälder vorhanden. Weiter südlich entlang dem unteren und mittleren Changjiang und in Sichuan liegen die subtropischen immergrünen Wälder. Einige der dortigen Spezies gehen auf die Tertiär-Periode zurück, wie z. B. der Ginkgobaum und der Metasequoiabaum. Tropische Regenwälder liegen im Süden von Yunnan bis Guangdong. Hier gibt es Bananen, Litschi, Longyan, Mango, Kaffee, Zuckerrohr und industrielle Nutzpflanzen wie Kautschukbaum, Öl- und Kokospalmen.

Die Steppenlandschaft in der nordöstlichen Ebene und der östliche Teil des Mongolischen Plateaus sind das ganze Jahr über mit Gräsern wie Ziegen- und Federgras bedeckt. Die äußerst nahrhaften Grasweiden sorgen für ideale

Die wichtigsten Nutzpflanzen Chinas

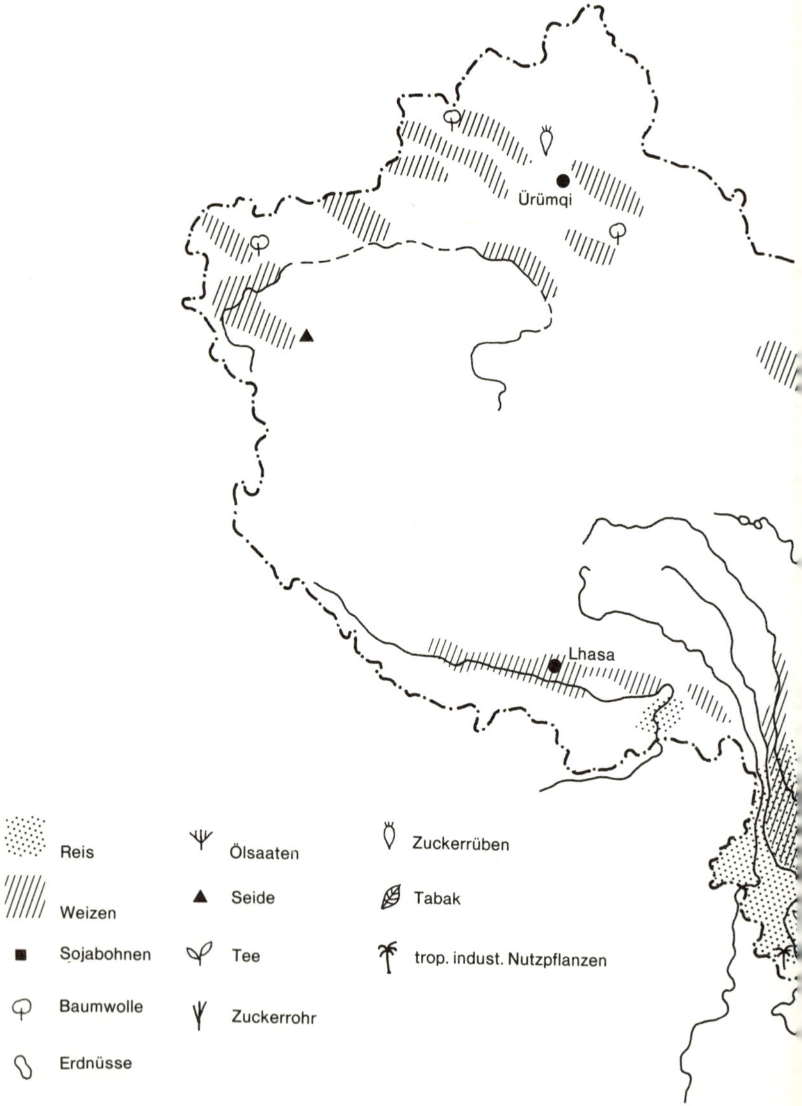

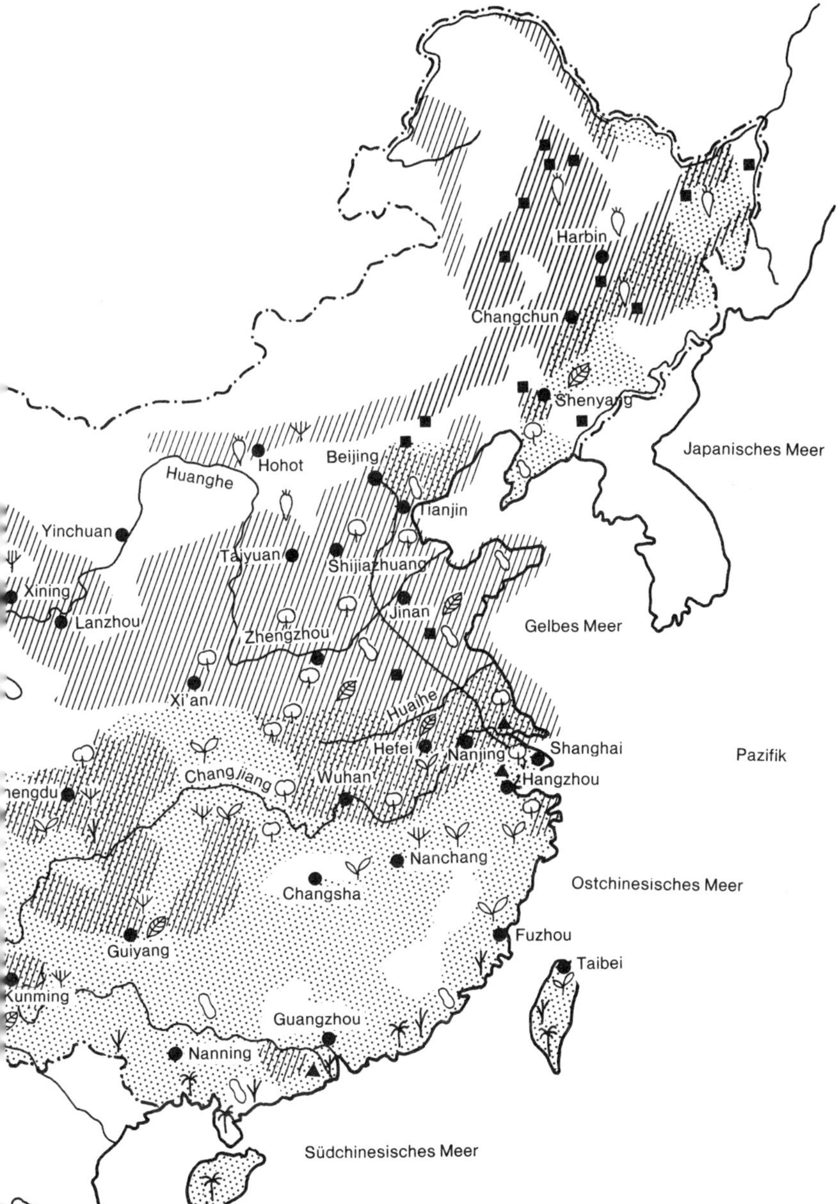

Harbin
Changchun
Shenyang
Japanisches Meer
Hohot
Beijing
Huanghe
Tianjin
Yinchuan
Taiyuan
Shijiazhuang
Xining
Lanzhou
Jinan
Gelbes Meer
Zhengzhou
Xi'an
Huaihe
Shanghai
Hefei
Nanjing
Pazifik
Changjiang
Wuhan
Hangzhou
Nanchang
Changsha
Ostchinesisches Meer
Guiyang
Fuzhou
Taibei
Kunming
Guangzhou
Nanning
Südchinesisches Meer

Viehzuchtbedingungen. Alpine Wiesengebiete liegen in den ostzentralen und südlichen Teilen des Qinghai-Tibet-Plateaus, wo das Schmelzwasser der Gletscher viele Marschen, Seen und Wiesen mit saftigen Gräsern und Blumen schafft. In den Tälern dieser Plateaus wachsen kältebeständige Getreidearten wie Frühjahrsgerste und widerstandsfähige Gemüsearten.
Das Wüstengebiet im Nordwesten Tibets liegt 5000 m hoch. Dort wachsen nur niedrige Sträucher und Büsche. In den Wüstengebieten von Xinjiang, Gansu und dem Qaidam-Becken von Qinghai sind in Oasen Pflanzungen zu finden.
Landschaftsform und Vegetation begünstigten die Entwicklung einer reichen Tierwelt und verhinderten das Aussterben von Tierarten, die in anderen Teilen der Erde nicht mehr anzutreffen sind. Bemerkenswert unter diesen Arten sind der große Schwertstör (Psephurus gladius, bis zu 7 m lang) des Changjiang, kleine Spezies von Alligatoren in Ost- und Zentralchina und der Riesensalamander in Westchina. Über großen Tierreichtum verfügen die Gebirge und Täler an Sichuans Grenze zu Tibet, einem Gebiet, in dem auch der Pandabär (Bambusbär) beheimatet ist.
Im Nordosten Chinas leben Eichhörnchen, Zobel, Rotfüchse, Tiger, Leoparden, Schwarzbären, Moschustiere, Sika- und Rothirsche.
In den Gras- und Wüstensteppen findet man am häufigsten Tiere aus Zentralasien, die sich den extremen Bedingungen dieser Gebiete anpassen können, wie Wüstenspringmäuse und Murmeltiere. Im mongolischen Hochland sind noch das zweihöckerige Wildkamel und das Mongolische Wildpferd zu finden, außerdem Onager (Halbesel) und Antilopen. In den höhergelegenen Steppengebieten Westchinas leben Tibetische Halbesel und Wildjaks. In den Gebirgsgebieten Tibets findet man Rindergemsen.
Die tropischen Regenwälder werden von zahlreichen Vogelarten bewohnt, außerdem von Affen, Mungos, Spitzhörnchen, Tigern, Elefanten, Sambarhirschen, Muntjaks (Hirschart), Zibetkatzen und Leoparden.

Bodenschätze

China ist reich an wichtigen Bodenschätzen. Von größter Bedeutung sind die Vorkommen an Stein- und Braunkohle. Riesige Kohleabbaugebiete befinden sich in den nördlichen Provinzen Heilongjiang, Jilin, Liaoning, Hebei, Shanxi und Shandong.
China verfügt auch über große Rohölreserven, vor allem im Nordosten, in Xinjiang, Gansu, Qinghai, Hebei und Sichuan.
Die Eisenerz-Vorkommen sind ebenfalls bedeutend.
Außerdem ist China reich an Mangan, Wolfram, Bauxit, Antimon, Zinn. Die Wolfram- und Antimonlager gelten als die größten der Welt. Darüber hinaus kommen Kupfer, Kobalt, Nickel, Blei, Zink, Aluminium, Uran, Gold und wichtige Phosphate vor. (Siehe Karte S. 32–33).

Wirtschaftsräume

Obwohl das riesige China ein Gebiet von 9,56 Mill. qkm umfaßt, kann es nur etwa 11% des Bodens landwirtschaftlich nutzen. Gebirgsketten, Wüsten und Steppen bedecken den Großteil des Landes. Aufgrund der geringen landwirtschaftlichen Nutzfläche und ungünstiger Klimaverhältnisse wurde China im Laufe seiner jahrtausendelangen Geschichte unzählige Male von Hungersnöten heimgesucht. Seit alters bemühte man sich, durch das Anlegen von Terrassen und Bewässerungssystemen, durch Mehrfachernten und Mischkulturen Abhilfe zu schaffen. Heute ist die Nahrungsmittelproduktion dank umfangreicher Wasserbauprojekte, Verbesserung und Modernisierung der Landwirtschaft weitgehend gesichert.
Die wichtigsten Wirtschaftsräume sind:
Die Ebene im Nordosten Chinas, wo Hirse, Mais, Zuckerrüben, Sojabohnen und Weizen angebaut werden.
Die Nordchinesische Ebene, das Hauptanbaugebiet, wo fruchtbare Böden durch die Ablagerungen der Flüsse Huanghe und Huaihe entstanden sind. Hier werden Weizen, Mais, Gerste, Hirse, Erdnüsse, Süßkartoffeln und Baumwolle angebaut.
Die Ebenen am mittleren und unteren Changjiang und im Süden des Landes, sind die Hauptreisanbaugebiete Chinas, in denen in der Regel zwei Ernten pro Jahr erzielt werden.
Das Becken von Sichuan ist ebenfalls eine wichtige Wirtschaftszone. Sichuan ist ein reiches Gebiet, das seine Nahrungsmittelversorgung schon vor über zweitausend Jahren durch Terrassierung und Wasserbauanlagen sichern konnte. Wichtigste Nutzpflanzen sind Reis, Weizen, Zuckerrohr und Raps.
(Siehe Karte S. 28–29).

Bevölkerung und Bevölkerungspolitik

Aufgrund historischer Quellen wird geschätzt, daß China bereits im Jahre −800, in den ersten Jahrhunderten der Zhou-Dynastie, von ca. 13,7 Mill. Menschen bewohnt war. Für das Ende der Westlichen Han-Dynastie nimmt man eine Bevölkerungszahl von 59,6 Mill. an. Sie konzentrierte sich auf die halbtrockenen Provinzen des Nordens und Nordwestens. Vom +8. Jh. an hatte die Besiedlung des Changjiang-Beckens und der südlichen Provinzen begonnen. Mehr als die Hälfte der Bevölkerung lebte in den neuen Gebieten. Im frühen 12. Jh. zählte China 100 Mill. Menschen. Aufgrund ununterbrochener Invasionen aus dem Norden soll seit Beginn des 13. Jh. eine Dezimierung um 40% erfolgt sein. Nach Gründung der Ming-Dynastie im 14. Jh. wurde eine Volkszählung durchgeführt. Ergebnis: 59,9 Mill. Menschen. Vom 15. Jh. an stieg die Bevölkerungszahl. Diese Entwicklung wurde jedoch durch

Bergbau und Industrie

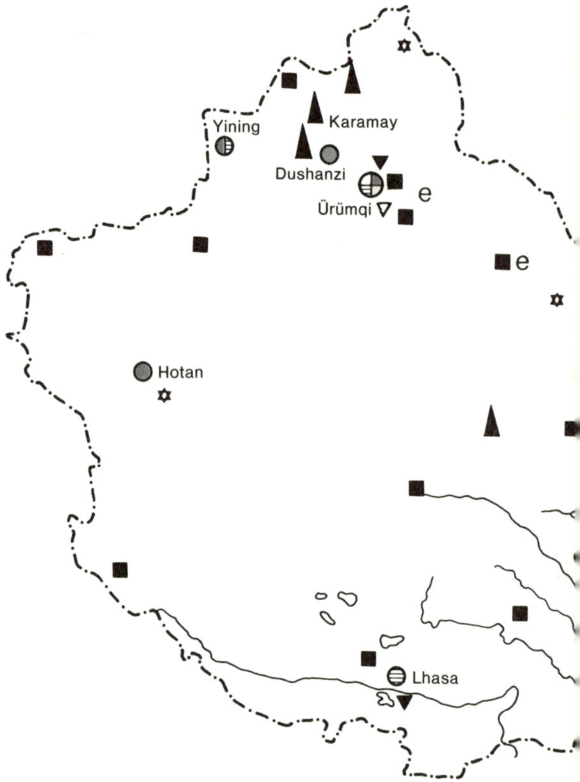

Bergbau

- ■ Kohle
- ▲ Erdöl
- △ Erdgas
- e Eisen
- m Mangan
- t Titan
- v Vanadium
- k Kupfer
- b Blei
- z Zinn
- a Bauxit
- ✡ Gold
- ▽ Wärmekraftwerke
- ▼ Wasserkraftwerke

Industrie

- Metall
- Maschinenbau
- Chemie
- Textil
- Holz und Papier
- Lebensmittel
- Andere Industrien (Bau- und Zement)

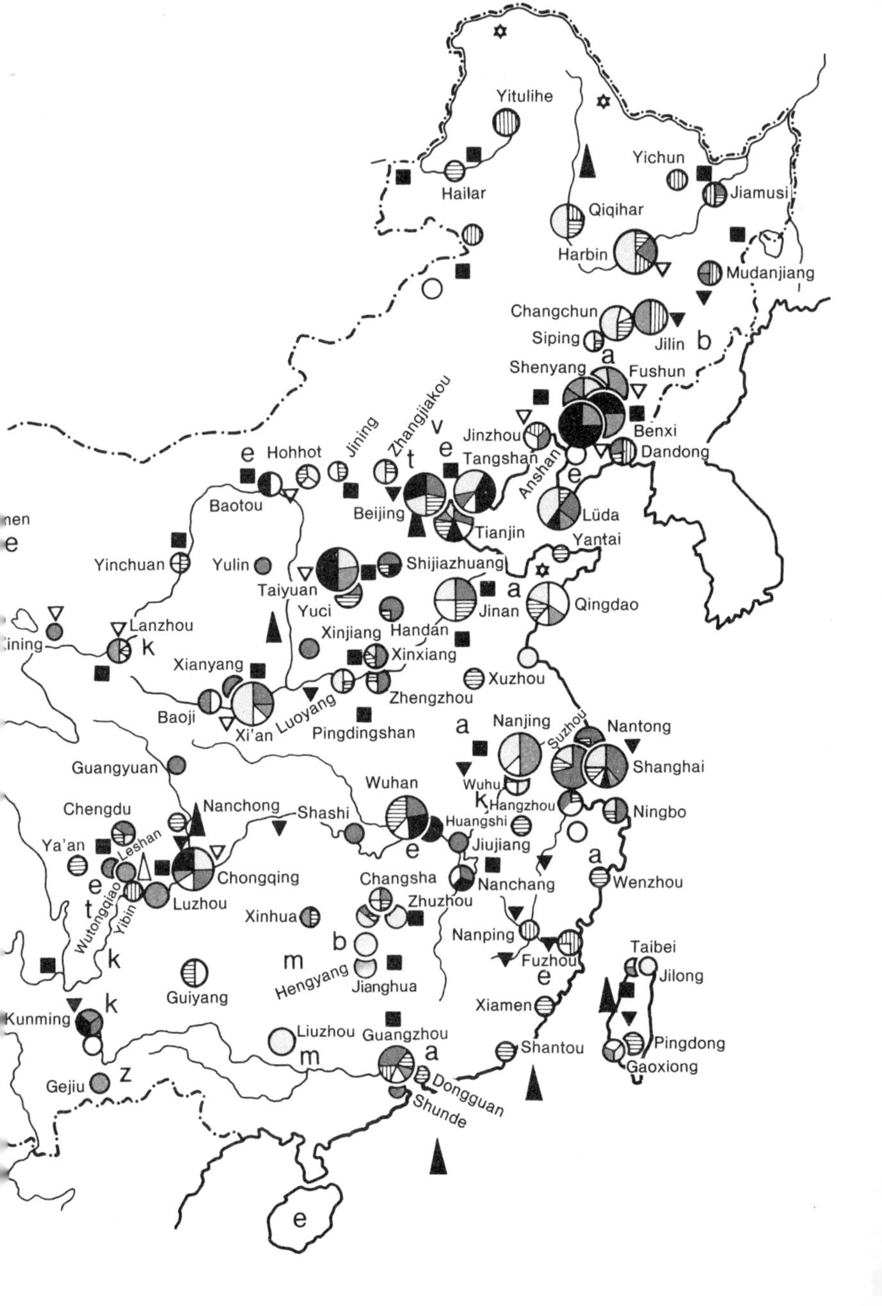
Yitulihe
Hailar
Yichun
Jiamusi
Qiqihar
Harbin
Mudanjiang
Changchun
Siping
Jilin
b
a
Shenyang
Fushun
Zhangjiakou
v
Jining
Jinzhou
Benxi
e
Hohhot
e
Tangshan
Dandong
Anshan
t
e
Baotou
Beijing
Lüda
e
Tianjin
Yantai
Yinchuan
Yulin
Shijiazhuang
Taiyuan
a
Qingdao
Yuci
Jinan
Lanzhou
Handan
k
Xinjiang
Xinxiang
Xianyang
Xuzhou
Zhengzhou
Baoji
Luoyang
Xi'an
Pingdingshan
a
Nanjing
Nantong
Suzhou
Shanghai
Guangyuan
Wuhu
Wuhan
k
Hangzhou
Ningbo
Nanchong
Shashi
Huangshi
Chengdu
Ya'an
Leshan
Jiujiang
e
a
Chongqing
Nanchang
Wenzhou
e
Changsha
t
Wutongqiao
Yibin
Luzhou
Xinhua
Zhuzhou
Nanping
b
Fuzhou
k
m
Taibei
Jilong
Hengyang
Jianghua
e
Guiyang
Kunming
k
Xiamen
Liuzhou
Guangzhou
Shantou
Pingdong
a
Gaoxiong
m
Gejiu
z
Dongguan
Shunde
e

Chinas Bevölkerungsdichte

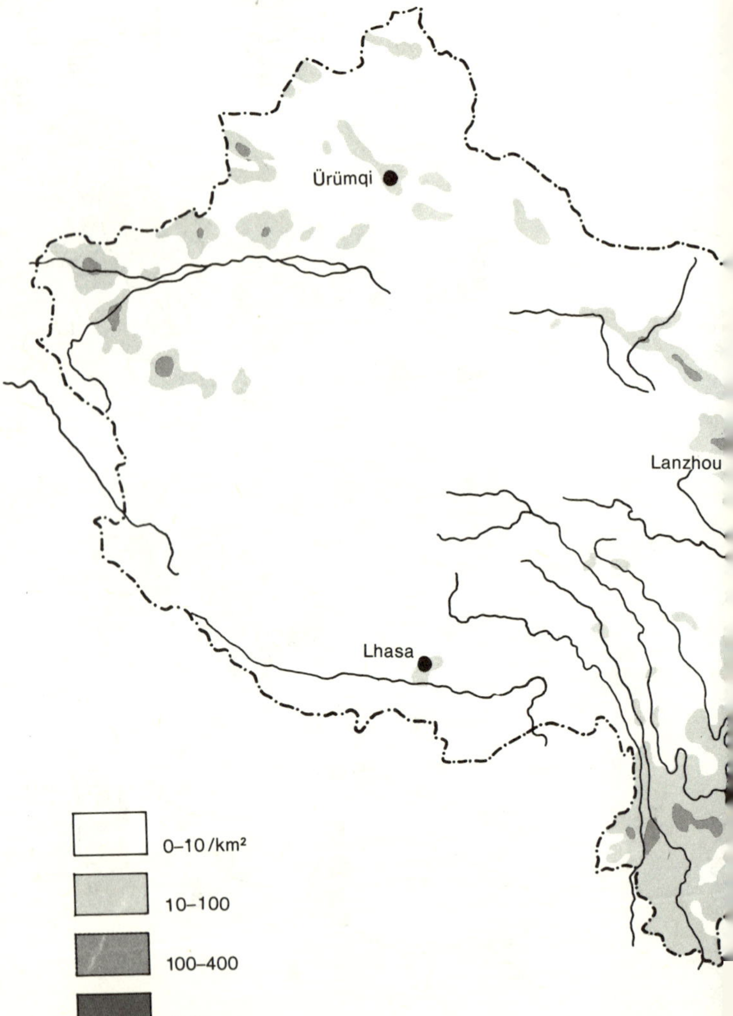

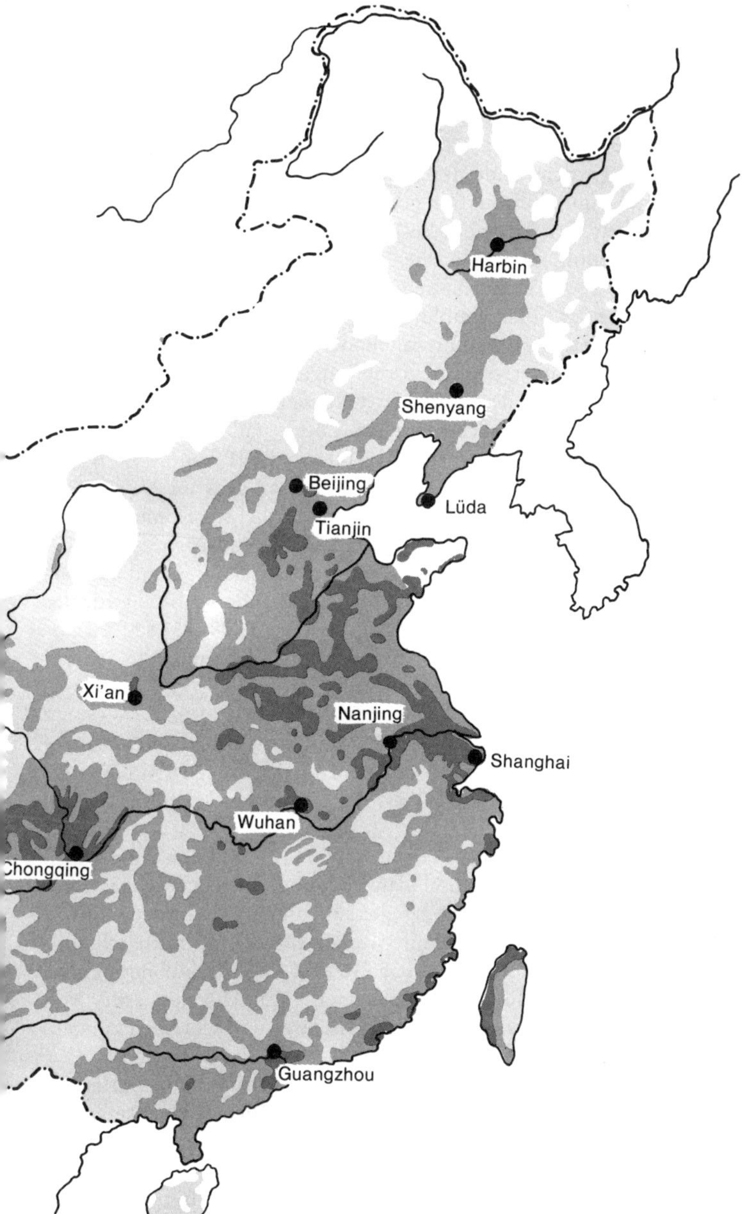
Harbin
Shenyang
Beijing
Lüda
Tianjin
Xi'an
Nanjing
Shanghai
Wuhan
Chongqing
Guangzhou

Kriege und Naturkatastrophen besonders Mitte des 17. Jh. unterbrochen. Vom Ende des 17. Jh. bis zum frühen 19. Jh. verdreifachte sich die Anzahl der Einwohner:
1762: mehr als 200 Mill.; 1803: 302 Mill.; 1834: 401 Mill.
Der Vermehrung seit dem Ende des 17. Jh. stand kein entsprechender Zuwachs der Nahrungsmittelproduktion gegenüber, was bald zu katastrophalen Hungersnöten führte. Seit Mitte des 19. Jh. litt China unter schweren Naturkatastrophen, innenpolitischen Unruhen und ausländischen Pressionen, so daß die Bevölkerungszahl nicht nur stagnierte, sondern zurückging.
Nach der Gründung der Volksrepublik erfolgte im Jahre 1953 eine Volkszählung, die nach modernen Erhebungsmethoden durchgeführt wurde. Das Ergebnis von 583 Mill. überstieg die vorher angestellten Schätzungen. Der Zählung zufolge lebten 87% der Menschen auf dem Lande in den traditionellen Ballungsgebieten der Nordchinesischen Ebene und dem Changjiang-Becken. 1964 ergab eine Schätzung das Ergebnis von 694 Mill.
Ergebnisse der Volkszählung vom Juli 1982: (gemäß dem am 27. 10. 1982 vom Statistischen Zentralamt der VR-China veröffentlichten Kommuniqué): Die Gesamtbevölkerung Chinas beträgt **1 031 882 511** Menschen.
Die Zahl in den 29 Provinzen, regierungsunmittelbaren Städten und autonomen Gebiete (exklusive Taiwan, Jinmen, Mazu und anderen Inseln vor der Provinz Fujian sowie Hongkong und Macao) beträgt **1 008 175 288.**
Die Zahl der Bevölkerung stieg in den vergangenen 18 Jahren um 45,1%, bei einem jährlichen durchschnittlichen Wachstum von 2,1%.
Geschlechterstruktur: 48,5% weiblich, 51,5% männlich.
Nationalitäten: Der Anteil der nationalen Minderheiten beträgt 6,7%, der Anteil der Han-Bevölkerung 93,3%. Verglichen mit den Zahlen von 1964 stieg die Bevölkerung der Han um 43,8%, die der nationalen Minderheiten um 68,4%.
Bildungsstand der Bevölkerung: Von den 1 008 175 288 Menschen haben 4 414 495 eine abgeschlossene Hochschulausbildung, 1 602 474 besuchen gerade eine Hochschule oder haben ohne geregelten Abschluß studiert, 66 478 028 besitzen Mittelschulbildung oberer Stufe (Reife), 178 277 140 Mittelschulbildung unterer Stufe (mittlere Reife) und 355 160 310 Grundschulbildung. Die Zahl der Analphabeten und Halbanalphabeten (Menschen im Alter von 12 Jahren aufwärts, die nur wenig oder gar nicht lesen und schreiben können) fiel von 38,1% (1964) auf 23,5%.
Geburten- und Sterblichkeitsrate: Im Jahre 1981 betrug die Geburtenrate 20,91‰, die Sterblichkeitsrate 6,36‰, die natürliche Wachstumsrate 14,55‰.
Gesamtzahl der Stadtbevölkerung: 20,6% (206 588 582).
Der Grund für die explosionsartige Zunahme in den letzten drei Jahrzehnten

liegt in dem veränderten Verhältnis von Geburten- und Sterblichkeitsraten, eine Folge der verbesserten Lebensbedingungen und der medizinischen Versorgung. Die frühere hohe Sterblichkeitsrate von 30‰ war vor allem durch die Säuglings- und Kindersterblichkeit verursacht worden.
In den ersten Jahren nach Gründung der Volksrepublik China stand man der sich abzeichnenden rapiden Bevölkerungszunahme noch positiv gegenüber, da man diese berechtigterweise als Zeichen des allgemeinen Aufwärtstrends wertete. Doch schon in den fünfziger Jahren mehrten sich kritische Stimmen – darunter die des Rektors der Beijing-Universität, Prof. Ma Yinchu, der vor dem Überfluß an Arbeitskräften warnte, die aufzunehmen die moderne Wirtschaft nicht in der Lage sei, ein Überfluß, der schon 1957 auf 10 Mill. geschätzt wurde.
Zu den hartnäckigen Verfechtern einer strengen Geburtenkontrolle gehörte schon in jener Zeit der chinesische Frauenverband. Die Stadtbevölkerung brachte aufgrund von Wohnraummangel und geregelter Altersversorgung der Geburtenkontrolle Verständnis entgegen. Die Landbevölkerung hingegen war und ist den traditionellen Wertvorstellungen wesentlich stärker verhaftet, denen zufolge viele Kinder, vor allem Söhne, Glück und Wohlstand verheißen.
Heute werden konsequent bevölkerungspolitische Maßnahmen getroffen, die eine jährliche Zuwachsrate von weniger als 1% und langfristig das Nullwachstum anstreben. Neben der kostenlosen Verteilung von Verhütungsmitteln und kostenlosen Schwangerschaftsabbrüchen wird auch die Sterilisation gefördert. Spätheirat und Ein-Kind-Familie werden propagiert.
Ehepaare, die sich nur zu einem Kind entscheiden, erhalten wirtschaftliche Anreize, Familien mit mehr als zwei Kindern müssen mit materiellen und sozialen Nachteilen rechnen. Von diesen Maßnahmen nicht betroffen sind die nationalen Minderheiten.
Nur der Erfolg konsequent durchgeführter Maßnahmen kann China vor einem seiner dringendsten Probleme, der Überbevölkerung, bewahren.

Nationalitäten

China ist ein Vielvölkerstaat. 93,3% der Bevölkerung sind Han-Chinesen, so benannt nach der Han-Dynastie, 6,7% werden von 56 nationalen Minderheiten gebildet, also etwa 67,5 Mill. Menschen, die über 50–60% des Staatsgebietes verstreut wohnen, vor allem in den Steppen- und Gebirgslandschaften des Nordostens, Nordwestens und Südwestens Chinas. Diese Gebiete sind im außenpolitischen, militärischen und wirtschaftlichen Sinne von äußerster Wichtigkeit, da es zum einen Grenzgebiete sind und sich zum anderen ein Großteil der Rohstoffressourcen dort befindet, wie beispielsweise Nordwest-

Die Nationalitäten Chinas

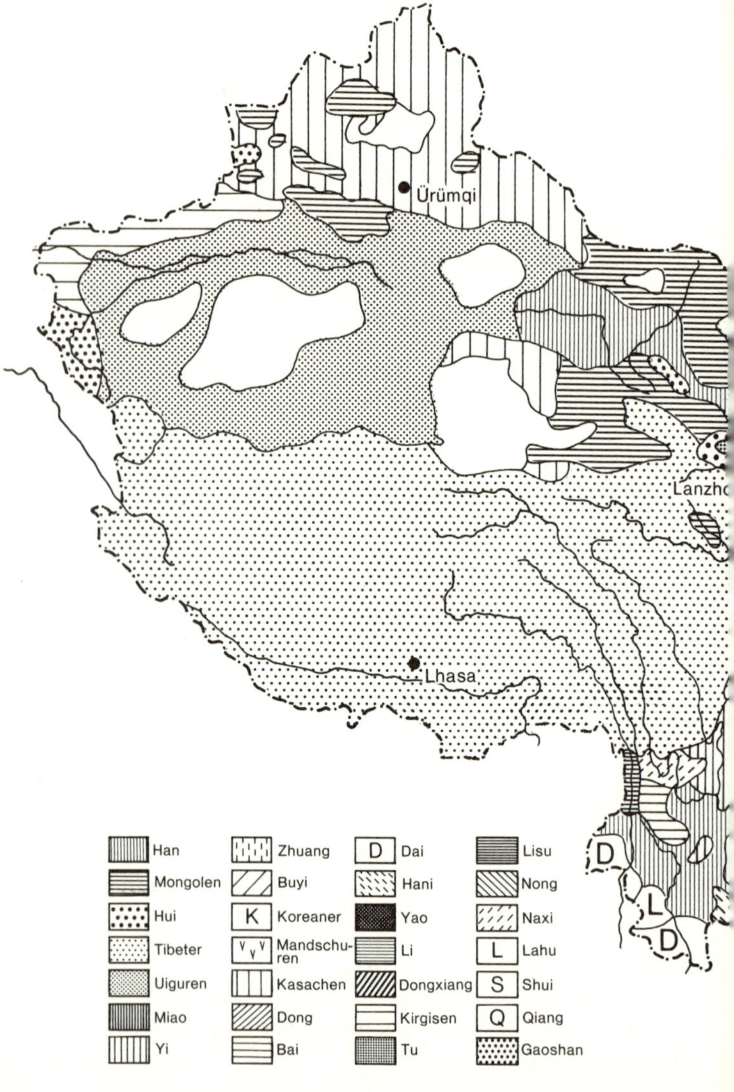

Harbin
K
Shenyang
Beijing
Tianjin
Lüda
Xi'an
Nanjing
Shanghai
Wuhan
Chongqing
S
Guangzhou

china. Deshalb widmet sich die chinesische Regierung seit 1949 mit großer Aufmerksamkeit dem Problem der Minderheitenpolitik. Ihre Bemühungen zielen auf wirtschaftliche Verbesserung der Minderheiten ab, Hebung ihres Lebensstandards und Entwicklung des Gesundheits- und Bildungswesens (95% der Angehörigen von Minderheiten waren 1949 Analphabeten). Ihre nationalen Sprachen und Kulturen werden gefördert, neben Han-Chinesisch wird die Muttersprache unterrichtet. Hinzu kommt die Schaffung und Einführung einer Schrift, denn nur etwa 20 von 50 Sprachen verfügten über eine solche. Es wurden zehn Minderheiten-Institute gegründet, wo Grundkenntnisse in verschiedenen Bereichen wie Landwirtschaft und Viehzucht vermittelt werden und Forschungen über Sitten und Gebräuche, Geschichte und Sprache der Minderheiten betrieben werden. Auch die Ausbildung politischer Funktionäre wird hier vorgenommen. 1978 gab es in China über 800 000 Kader, die den Minderheiten angehörten, und von denen viele von den autonomen Verwaltungseinheiten als Vertreter in die obersten Staatsorgane entsandt wurden.

Die Gleichberechtigung der Minderheiten wird durch die Verfassung garantiert. Diskriminierung und Unterdrückung sind verboten. Wo Minderheiten in großer Zahl vorkommen, sind sie in autonomen Verwaltungseinheiten organisiert, die ihnen erlauben, sich entsprechend ihren traditionellen Volkskulturen zu entwickeln. Nicht immer allerdings entsprach die Realität den Forderungen der Verfassung. Besonders während der Kulturrevolution gab es in vielen Gebieten Übergriffe.

Zur Zeit gibt es fünf autonome Regionen, die dem Status von Provinzen entsprechen: Neimenggu (Innere Mongolei), Xinjiang, Ningxia, Guangxi, Xizang (Tibet)., etwa 30 autonome Bezirke und über 70 autonome Kreise. Diese Verwaltungseinheiten gehören jedoch laut Verfassung unwiderruflich zum Territorium der Volksrepublik China, und ihre Einwohner sind nicht berechtigt, mit den ihnen identischen oder verwandten Nationalitäten der Nachbarländer gemeinsame staatspolitische Entscheidungen zu treffen.

Die größte Gruppe unter den nationalen Minderheiten ist die der Zhuang mit etwa 12 Mill. Menschen, die meist in den Gebieten von Guangxi, Yunnan und Guangdong leben. Sie gehören zur Familie der Dai, sprechen eine sinotibetische Sprache und leben hauptsächlich vom Reisanbau.

Mit etwa 6,5 Mill. Menschen stehen die Hui an zweiter Stelle. Sie sind jedoch keine ethnische, sondern eine religiöse Minderheit, die den islamischen Glauben annahm, als dieser im 7. Jh. nach China kam. Die Hui leben hauptsächlich in Ningxia, Gansu, Henan, Hebei, Qinghai, Shandong, Yunnan, Xinjiang, Beijing und Tianjin. Sie sprechen Han-Chinesisch und benutzen die chinesische Schrift.

Die Uiguren mit etwa 5,5 Mill. Menschen leben in Xinjiang. Sie gehören zu den hellhäutigen Turkvölkern und zur altaischen Sprachgruppe.
Die Yi mit etwa 4,8 Mill. Menschen leben in Sichuan, Yunnan, Guizhou und Guangxi. Die meisten von ihnen sind Ackerbauern, manche jedoch auch Viehzüchter.
Die etwa 3,9 Mill. Miao leben in Guizhou, Hunan, Yunnan, Guangxi, Sichuan, Guangdong und Hubei.
Die etwa 3,4 Mill. Tibeter leben in Tibet, Qinghai, Sichuan, Gansu und Yunnan. Die Mongolen, früher ein Nomadenvolk, sind weit verstreut in China. Mit etwa 2,6 Mill. Menschen leben sie in der Inneren Mongolei, Xinjiang, Liaoning, Jilin, Heilongjiang, Gansu, Qinghai, Hebei und Henan.
Die Mandschuren mit etwa 2,6 Mill. Menschen leben in Liaoning, Jilin, Heilongjiang, Hebei, Beijing und der Inneren Mongolei. Die Nachfahren der Krieger, die China im 17. Jh. eroberten und die Qing-Dynastie gründeten, sind in die chinesische Kultur vollkommen assimiliert.

Gesellschaftsstruktur

Kaiserliches China bis 1911:
Die gesellschaftliche Hierarchie des alten China kannte vier Schichten:

1. die Literatenbeamten
2. die Bauern
3. die Handwerker
4. die Kaufleute

Nicht zu diesen Gruppen gehörig waren Schauspieler, Bettler, Prostituierte und Sklaven, denen man offiziell keinen Platz innerhalb der Hierarchie zuordnete.
Die Schicht der Literatenbeamten galt als offene Elite, zu der jeder Eintritt finden konnte, der in jahrelangem Studium die konfuzianischen Schriften erarbeitet und an den staatlichen Prüfungen mit Erfolg teilgenommen hatte. Das bestandene Examen sicherte die Möglichkeit, eine Karriere innerhalb des staatlichen Verwaltungsapparates zu machen und zu Macht, Ansehen und einer ganzen Reihe von Privilegien zu gelangen.
Den bedeutendsten Teil der chinesischen Gesellschaft bildete die Bauernschaft mit etwa 80%. Die Landwirtschaft galt als der einzig produktive Erwerbszweig und wurde anderen Wirtschaftszweigen stets vorgezogen. Obwohl auf Platz zwei der gesellschaftlichen Hierarchie eingestuft, also innerhalb der sozialen Ordnung hochgeschätzt, waren die Bauern als wichtigste Steuerzahler nicht selten Opfer staatlicher und privater Ausbeutung und führten häufig ein Leben am Rande des Existenzminimums. Ihr Elend bildete infolgedessen explosiven Zündstoff, der sich im Laufe der chinesischen Geschichte immer wieder in Unruhen und Aufständen entlud.
Der Berufsstand der Handwerker war erblich. Den Söhnen war die freie

Berufswahl nicht gestattet. Handwerker waren entweder in Familienbetrieben zusammengefaßt, arbeiteten in staatlichen oder privaten Großbetrieben oder waren als umherziehende Handwerker tätig. Da sie in Abständen zwangsweise zu Diensten herangezogen werden konnten, ging ein beträchtlicher Teil ihrer Arbeitszeit verloren. Erst im 16. Jh. konnte der Zwangsdienst durch eine Steuerzahlung abgegolten werden.
Die Kaufleute rangierten auf der untersten Stufe der gesellschaftlichen Rangordnung, ungeachtet dessen, ob sie arm oder reich waren. Sachkenntnisse aus dem Bereich der Wirtschaft waren den konfuzianischen Wertvorstellungen zufolge unwichtig. Kaufleuten und auch Handwerkern war der direkte Aufstieg in die erste Schicht meist nicht möglich. Vermögende Kaufleute versuchten deshalb, ihren Kindern durch ein Studium der klassischen Schriften zu Amt und Würden zu verhelfen. Zeitweise war es jedoch auch den Kindern aus dieser Schicht verwehrt, Ämter zu bekleiden. Es gab andererseits auch Zeiten, in denen Ämter käuflich waren.
Modernes China:
Mit Beginn des 20. Jh. geriet die hierarchische Gesellschaftsordnung ins Wanken. Die Stellung der Kaufleute hatte sich in den Städten erheblich zu ihren Gunsten verändert. In den neuen Industriebetrieben entwickelte sich der Stand der Arbeiterschaft. Neues Gedankengut gelangte mit den heimkehrenden Auslandsstudenten ins Land.
Der Sturz der Qing-Dynastie besiegelte das Schicksal der konfuzianisch orientierten Gesellschaftsordnung. Das neue China lehnt die Einstufungen im traditionellen Sinne ab. Nach der Gründung der VR China stützte man sich auf die von Mao Zedong im Jahre 1926 vorgenommene Klassenanalyse:

1. Grundherren – Kompradoren
2. nationale Bourgeoisie (mittlere Bourgeoisie)
3. Kleinbürgertum, landbesitzende Bauern, Handwerksmeister
   Intellektuelle = Studenten, Grundschullehrer, kleine Beamte, Büroangestellte, kleine Anwälte und Händler
4. Halbproletariat: Halbbesitzer, arme Bauern, Handwerker, Handlungsgehilfen, Straßenhändler
   Industrieproletariat

Heute, über dreißig Jahre nach der Revolution, gilt der Umwandlungsprozeß in eine moderne revolutionäre Gesellschaft im wesentlichen als abgeschlossen.

Familienordnung und Stellung der Frau im alten und neuen China

Die Familie war die kleinste soziale und wirtschaftliche Einheit im traditionellen China. Sie bot dem Einzelnen Sicherheit und Geborgenheit, soweit dies wirtschaftlich möglich war, verlangte jedoch von ihm die Unterordnung unter

das Familienoberhaupt, den Familienvater. Nach dessen Ableben übernahm in der Regel der älteste Sohn diese Stellung.
Die Beziehungen innerhalb der Familie und Kontakte nach außen wurden durch fünf Vorschriften geregelt, die im Sinne konfuzianischer Ethik die zwischenmenschlichen Beziehungen regelten. Sie verlangten die Anerkennung der Autorität des jeweils Übergeordneten:
Herrscher – Untertan
Vater – Sohn
Ehemann – Ehefrau
älterer Bruder (Schwester) – jüngerer Bruder (Schwester)
älterer Freund – jüngerer Freund
Mit Ausnahme der letzten dieser Grundbeziehungen galt ihre Verletzung als kriminelle Handlung. Sozialer Status, Geschlecht und Alter ließen dem Einzelnen keinen Zweifel über seinen Standort innerhalb der Gesellschaft, über seine Rechte und Pflichten.
Unter diesem streng patriarchalisch und hierarchisch geordneten System waren die Frauen zu wirtschaftlicher Abhängigkeit und absolutem Gehorsam verurteilt. Sie waren als Mädchen dem Vater untergeordnet, als Ehefrau dem Ehemann und als Witwe dem ältesten Sohn. Ohne Recht auf Ausbildung erwartete man von ihnen neben vielen anderen Tugenden vor allem Unterwürfigkeit, Keuschheit und Gehorsam. Mit dem Aufkommen der Sitte des Fußbindens im 9./10. Jh. wurde die Frau noch fester ans Haus gebunden.
Ehen schloß man auf materieller Grundlage. Meist mit Hilfe eines Vermittlers besprachen die Eltern Kaufpreis der Braut, Mitgift und alle weiteren Bedingungen. In der Regel hatten sich die Ehepartner zuvor nie gesehen. Erst nach der Eheschließung bekamen sie sich zu Gesicht. Nach der Eheschließung gehörte die Frau zur Familie des Mannes und unterstand dort dem Regiment der Schwiegermutter. Besonders auf dem Lande schloß man häufig Kinderehen, die der Familie des Mannes auf diese Weise eine billige zusätzliche Arbeitskraft zur Verfügung stellten.
Im Gegensatz zum Mann hatte die Frau kaum das Recht, sich von ihrem Partner zu trennen, es sei denn, daß sie ihm eine kriminelle Tat nachweisen konnte. Der Mann dagegen konnte seine Frau u. a. schon aufgrund des Vorwurfs der Schwatzhaftigkeit verstoßen. Es war ihm auch erlaubt, noch weitere Nebenfrauen und Konkubinen in sein Haus zu nehmen. Dies galt als Zeichen des Wohlstandes. Nebenfrauen waren den Hauptfrauen untergeordnet und kamen meist aus ärmeren Familien. Sie konnten jedoch auch eine bevorzugte Rolle innehaben, wenn zum Beispiel die Hauptfrau keine männlichen Nachkommen hatte, die Nebenfrau aber einen Sohn zur Welt brachte. War eine Frau verwitwet, blieb ihr das Recht auf Wiederheirat versagt.
Schon vor der Revolution von 1911 wurden Forderungen nach Gleichberech-

tigung der Frau gestellt. Schulen und Universitäten öffneten sich langsam auch den Frauen. Nicht selten hatten junge Mädchen bittere Kämpfe innerhalb der Familie auszutragen, bevor sie ihr Recht auf Bildung durchsetzen konnten.
Mit Gründung der Volksrepublik China erfuhr die Stellung der Frau eine große Änderung. Das Ehegesetz vom 1. Mai 1950 manifestierte die Gleichheit zwischen Mann und Frau. In dessen »Allgemeinen Prinzipien« heißt es:
Art. 1: Das feudale Ehesystem, das auf Willkür und Zwang basierte, dem Mann gegenüber der Frau Vorrang einräumte und die Interessen der Kinder mißachtete, ist aufgehoben. Das neue, demokratische Ehesystem, das auf freier Partnerwahl, auf der Monogamie, der Gleichheit der Rechte beider Geschlechter und dem Schutz der gesetzmäßigen Interessen von Frauen und Kindern basiert, tritt in Kraft.
Art. 2: Polygamie, Konkubinat, Kinderverlobung, Beeinträchtigung der Wiederheirat von Witwen und die Forderung von Geld und Geschenken in Verbindung mit Hochzeiten sind verboten.
Zum Ehevertrag heißt es unter Art. 3: Die Heirat basiert auf völliger Freiwilligkeit der beiden Parteien. Keine Partei darf Zwang ausüben und keine dritte Partei sich einmischen.
Art. 4: Eine Ehe kann nur geschlossen werden, wenn der Mann das Alter von 20 Jahren und die Frau das Alter von 18 Jahren erreicht hat.
Einige dieser Bestimmungen waren bereits unter der National-Regierung in dem Zivilgesetzbuch von 1930 verankert worden, doch hatte man das neue Gesetz nie recht propagiert. Ganz im Unterschied zu 1950, als man mit allen Mitteln der Propaganda die neuen Richtlinien im Lande bekanntgab.
Natürlich dauerte es vor allem bei der älteren Generation in den ländlichen Gegenden viele Jahre, bis man sich an die neuen Gesetze hielt und bereit war, auf alte Bräuche zu verzichten.
Viel Wirbel verursachte das neue Recht auf Scheidung. 82% der Scheidungsanträge wurden in den ersten zwei Jahren von Frauen gestellt.
In entscheidendem Maße konnte der im Frühjahr 1949 gegründete Frauenverband lenkend auf die revolutionäre Entwicklung im Leben der Frauen einwirken. Erleichtert wurde dies durch die neue soziale Absicherung durch den Staat bzw. durch die entsprechenden Arbeitseinheiten oder die zuständigen Verwaltungseinheiten innerhalb des Wohnbezirks.
Die Gleichstellung der Frau bezog sich nicht nur auf die Familie, sondern sollte vor allem auch innerhalb der Arbeitswelt verwirklicht werden, wo ihr laut Verfassung gleicher Lohn zugesichert wird. Die Frauen sollen wie die Männer ihren Beitrag zum sozialistischen Aufbau des Landes leisten. Es stehen ihnen alle Berufe offen. Um sie von den Pflichten des Haushaltes zu entlasten, wurden Säuglingsheime, Kindergärten und Kantinen eingerichtet. Darüber hinaus werden die Ehemänner angehalten, an der Hausarbeit teilzunehmen.

Verfassung

Die erste Verfassung der Volksrepublik wurde im Jahre 1954 verabschiedet. 1975 nahm der Nationale Volkskongreß eine zweite Verfassung an, die stark von dem Geist der Kulturrevolution geprägt war.
Am 4. Dezember 1982 verabschiedete man eine neue Verfassung, in der versucht wird, Konsequenzen aus vergangenen Fehlentwicklungen zu ziehen. Die Verfassung ist im Anschluß an die Präambel in vier Kapitel unterteilt: Allgemeine Grundsätze; Grundrechte und Grundpflichten der Bürger; Staatsaufbau; Staatsflagge, Staatswappen und Hauptstadt. In der **Präambel** heißt es, daß die grundlegende Aufgabe des chinesischen Volkes in den kommenden Jahren darin besteht, ›alle Kräfte auf die sozialistische Modernisierung zu konzentrieren. Unter der Führung der Kommunistischen Partei Chinas und angeleitet durch den Marxismus-Leninismus und die Maozedongideen werden die Volksmassen aller Nationalitäten in China weiterhin an der demokratischen Diktatur des Volkes festhalten und dem sozialistischen Weg folgen, ununterbrochen die sozialistischen Institutionen vervollkommnen, die sozialistische Demokratie entwickeln, das sozialistische Rechtssystem perfektionieren und auf die eigene Kraft gestützt und hart arbeiten, um die Industrie, Landwirtschaft, Landesverteidigung und Wissenschaft und Technik Schritt für Schritt zu modernisieren und China zu einem sozialistischen Land mit hochentwickelter Zivilisation und hochentwickelter Demokratie aufzubauen.‹
Die Verfassung ist das Grundgesetz des Staates und hat die höchste gesetzliche Autorität.
Die ›**Allgemeinen Grundsätze**‹ sind in 32 Artikel unterteilt. Darin heißt es u. a.: ›Alle Macht in der Volksrepublik China gehört dem Volk. Die Organe, durch die das Volk die Staatsmacht ausübt, sind der Nationale Volkskongreß und die lokalen Volkskongresse auf den verschiedenen Ebenen‹, diese ›werden durch demokratische Wahlen gebildet, sind dem Volk verantwortlich und stehen unter seiner Aufsicht‹.
Das Kapitel ›**Grundrechte und Grundpflichten der Bürger**‹ enthält 24 Artikel. Darin werden u. a. die Gleichheit aller Bürger vor dem Gesetz, die Glaubensfreiheit, die Freiheit der Rede, der Publikation, der Versammlung und der Demonstration festgelegt. Jeder Bürger, der das 18. Lebensjahr vollendet hat, hat das aktive und passive Wahlrecht.
In dem Kapitel ›**Staatsaufbau**‹ werden die Funktionen und Befugnisse der Staatsorgane festgelegt:
›Der **Nationale Volkskongreß** der Volksrepublik China ist das höchste Organ der Staatsmacht. Sein ständiges Organ ist der Ständige Ausschuß des Nationalen Volkskongresses.‹ Er setzt sich aus Abgeordneten zusammen, die von den Provinzen, den autonomen Regionen, den regierungsunmittelbaren Städten

und den Armee-Einheiten gewählt werden. Seine Amtszeit beträgt fünf Jahre. Der Nationale Volkskongreß übt u. a. folgende Funktionen und Gewalten aus: Abänderung der Verfassung; Wahl des Staatspräsidenten und des stellvertretenden Staatspräsidenten der Volksrepublik China; Entscheidung über die Ernennung des Ministerpräsidenten des Staatsrats auf Vorschlag des Staatspräsidenten; Wahl des Vorsitzenden der Zentralen Militärkommission; Prüfung und Bestätigung der Pläne für die volkswirtschaftliche und gesellschaftliche Entwicklung und der Berichte über ihre Durchführung. Prüfung und Bestätigung des Staatshaushalts und des Berichtes über dessen Durchführung. Gesetze und Resolutionen können mit einer einfachen Stimmenmehrheit aller Abgeordneten angenommen werden. Der Nationale Volkskongreß wählt die Mitglieder seines Ständigen Ausschusses und hat die Gewalt, sie ihres Amts zu entheben.
›Der **Staatsrat** der Volksrepublik China, das heißt die Zentrale Volksregierung, ist die vollziehende Körperschaft des höchsten Organs der Staatsmacht und das höchste Organ der Staatsverwaltung.‹ Er setzt sich aus folgenden Personen zusammen: der Ministerpräsident, die stellvertretenden Ministerpräsidenten, die Staatskommissare, die Minister, die Vorsitzenden der Kommissionen, der Präsident der Oberrechnungskammer und der Generalsekretär. Die Amtszeit entspricht der des Nationalen Volkskongresses.
Der Staatsrat übt u. a. folgende Funktionen und Gewalten aus:
Festlegung von Verwaltungsmaßnahmen, Ausarbeitung von administrativen Verordnungen und Vorschriften und Verkündigung von Entscheidungen und Anordnungen in Übereinstimmung mit der Verfassung und den Gesetzen. Festlegung der Aufgaben und Verantwortlichkeiten der Ministerien und Kommissionen des Staatsrats, einheitliche Leitung der Arbeit der Ministerien und Kommissionen. Ausarbeitung und Ausführung der Pläne für die volkswirtschaftliche und gesellschaftliche Entwicklung und des Staatshaushalts. Der Staatsrat errichtet eine Oberrechnungskammer für Rechnungsprüfung und Kontrolle der Einkünfte und Ausgaben aller Abteilungen des Staatsrates und der lokalen Regierungen aller Ebenen, der Finanz- und Währungsorganisationen des Staates und der Betriebe und Institutionen. Er ist dem Nationalen Volkskongreß verantwortlich und rechenschaftspflichtig.
Die **Zentrale Militärkommission** der Volksrepublik China leitet die Streitkräfte des Landes. Ihr Vorsitzender ist dem Nationalen Volkskonkreß und dessen Ständigem Ausschuß verantwortlich.
Die **lokalen Volkskongresse und lokalen Volksregierungen** sind in den Provinzen, regierungsunmittelbaren Städten, Kreisen, Städten, Stadtbezirken, Gemeinden, Nationalitäten-Gemeinden und Kleinstädte eingerichtet. Sie sind die lokalen Organe der Staatsmacht. Die lokalen Volksregierungen sind die ständigen Organe der lokalen Volkskongresse. Die Abgeordneten der Volkskongresse der Provinzen, regierungsunmittelbaren Städte und der in

Bezirke unterteilten Städte werden durch die Volkskongresse der nächstniedrigeren Ebene gewählt; die Abgeordneten der Volkskongresse der Kreise, der Städte ohne Bezirke, der Stadtbezirke, Gemeinden, Nationalitäten-Gemeinden und Ortschaften werden von den Wählern direkt gewählt. Die Aufgabe der Volkskongresse besteht u. a. darin, in ihren jeweiligen Verwaltungsgebieten die Einhaltung und Durchführung der Verfassung, der Gesetze und administrativen Verordnungen und Vorschriften zu gewährleisten. Die in den städtischen und ländlichen Wohnvierteln eingerichteten **Einwohnerkomitees** bzw. **Dorfbewohnerkomitees** sind Selbstverwaltungsorganisationen der Massen an der Basis. Ihre Vorsitzenden werden von den Einwohnern gewählt. Die Einwohner- und Dorfbewohnerkomitees richten Volksschlichtungsausschüsse, Komitees für öffentliche Sicherheit und für öffentliche Hygiene sowie andere Komitees ein, um öffentliche Angelegenheiten und die öffentliche Wohlfahrt in ihren jeweiligen Wohnvierteln zu verwalten, Streitigkeiten zwischen Einwohnern beizulegen, bei der Aufrechterhaltung der öffentlichen Ordnung zu helfen und Meinungen und Forderungen der Einwohner an die Volksregierungen weiterzuleiten und Vorschläge zu unterbreiten.
Das **Oberste Volksgericht** ist das höchste Organ der Rechtsprechung in der Volksrepublik China. Es beaufsichtigt die Arbeit der Rechtsprechung der lokalen Volksgerichte aller Ebenen und Sondervolksgerichte; die Volksgerichte der höheren Ebenen beaufsichtigen die Arbeit der Rechtsprechung der Volksgerichte der niedrigeren Ebenen. Das Oberste Volksgericht ist dem Nationalen Volkskongreß und dessen Ständigem Ausschuß verantwortlich.
Die höchste staatsanwaltschaftliche Einrichtung ist die **Oberste Staatsanwaltschaft.** Sie ist ebenfalls dem Nationalen Volkskongreß verantwortlich. Ihr unterstehen die lokalen Volksstaatsanwaltschaften verschiedener Ebenen und andere Sondervolksstaatsanwaltschaften.

Siehe Übersicht S. 815 und S. 832.

Wirtschaftliche Entwicklung ab 1949

Phase des Wiederaufbaus

Als im Jahre 1949 die Volksrepublik China gegründet wurde, befand sich das Land in einem trostlosen Zustand. Acht Jahre Krieg gegen die japanischen Besatzer (1937–1945) und vier Jahre Bürgerkrieg waren den Jahrzehnten ausländischer Machtpolitik, dem Sturz der Qing-Dynastie und der anschließenden chaotischen Zeit der Republik gefolgt. Das Land war zerrüttet, das Volk lebte in Not und Verzweiflung, und die ohnehin desolate Wirtschaft und Währung waren vollkommen zusammengebrochen. Es galt, dem Land so schnell wie möglich eine stabile Regierung zu geben und die Kriegsschäden so

weit zu beseitigen, daß die Produktion von Nahrungsmitteln und Gebrauchsgütern sowie deren Verteilung sichergestellt werden konnten.
Die neue Regierung begann die Phase des Wiederaufbaus unter Zuhilfenahme riesiger Menschenmassen. Groß angelegte Wasserbauprojekte sollten endlich die Gefahr der Überschwemmungskatastrophen abwenden. Deiche wurden repariert und neu errichtet, Flüsse reguliert, Stauseen und Dämme angelegt. Der Aufbau einer modernen Industrie, die nicht mehr allein auf die Küstenregion und den Nordosten konzentriert sein sollte, und die Erschließung der Bodenschätze mußten mit der Instandsetzung und der Erweiterung des Verkehrsnetzes einhergehen. Große Investitionen unternahm die Regierung in dem Streckenbau neuer Eisenbahnlinien und der Ausweitung des Straßennetzes. Auf dem Gebiet der medizinischen Versorgung und des Bildungswesens führten Massenkampagnen zu ersten Erfolgen. Es gelang der Regierung in relativ kurzer Zeit, Sicherheit und Ordnung wieder herzustellen, eine stabile Währung zu schaffen und durch Regierungsaufträge und ein festes Preis- und Lohnsystem die Wirtschaft wieder anzukurbeln. Die Regierung ließ sich dabei von einer Reihe zur Kooperation bereiter Unternehmer unterstützen. Man verschob zunächst den Zeitpunkt der völligen Verstaatlichung von Betrieben. Privatbetriebe sollten nur schrittweise verstaatlicht und ihre früheren Eigentümer durch Zahlungen von Dividenden entschädigt werden. Ausnahmen bildeten u. a. Banken, die Kohle- und Stahlindustrie, Eisenbahn und das Vermögen ausländischer Firmen und Kapitalisten, die entschädigungslos verstaatlicht wurden.
Die neue Regierung fühlte sich nicht in jedem Fall an die Verträge gebunden, die die National-Regierung mit dem Ausland unterzeichnet hatte, so daß verschiedene nur auf den Vorteil der ausländischen Partner bedachte Verträge für ungültig erklärt wurden.
In der Verwaltung hatte die Regierung die wichtigsten Positionen mit kommunistischen Kadern besetzt, ansonsten bediente sie sich des Verwaltungspersonals der National-Regierung.
Große Veränderungen in der gesellschaftlichen Schichtung brachte die auf dem Lande durchgeführte Bodenreform vom 28. 6. 1950 mit sich. Nach offiziellen Angaben bestanden 70% der Landbevölkerung aus armen Bauern und Landarbeitern. Grundbesitzer und reiche Bauern, nur etwa 10% der Landbevölkerung, besaßen in manchen Gebieten bis zu 70–80% des Bodens. Eine große Anzahl der armen Bauern waren Pächter, die durch ungerechte Pachtverträge häufig noch nicht einmal ihr Existenzminimum erwirtschaften konnten. Die Pachtsätze betrugen 40–70% der Jahresernte, nicht selten mußten Pachtzahlungen in Form einer Vorauszahlung der halben Jahresernte geleistet werden. In Extremfällen wurden für Jahre im voraus Pachtzahlungen verlangt. So ist es nicht verwunderlich, daß die Bodenreform weite Teile der Landbevölkerung

zufriedenstellte. Das Programm sah die entschädigungslose Enteignung der Großgrundbesitzer vor, ihr Land sollte gerecht unter den Bauern aufgeteilt werden. Die Regierung ging dabei recht behutsam vor und verzichtete auf die anfangs befürchtete Gleichmacherei. Es gab noch immer Unterschiede in der Größe der einzelnen Parzellen. Das Gros der Bauern konnte nur für den eigenen Bedarf produzieren. Nur mittlere und reichere Bauern erwirtschafteten Überschüsse für den Markt.

1952 betrachtete man die Phase des Wiederaufbaus als abgeschlossen. Die Industrie konnte Zahlen aufweisen, die den Höchstwerten der Vorkriegszeit entsprachen. In der Landwirtschaft hatte man gute Ernten erzielt.

Erster Fünfjahresplan (1953–1957) und Kollektivierung der Landwirtschaft

Während die westlichen Großmächte noch voll Skepsis auf die neue Regierung in Beijing blickten, erklärte sich die Sowjetunion bereit, durch wirtschaftliche Zusammenarbeit am Aufbau Chinas teilzunehmen. Im Dezember 1949 führte Mao Zedong eine Delegation für zwei Monate zu Gesprächen nach Moskau. Am 14. Februar 1950 unterzeichneten die Vertreter beider Länder einen Freundschafts- und Beistandspakt. Mit Hilfe russischer Experten entstand daraufhin der erste Fünfjahresplan, der sich am sowjetischen Modell orientierte und das alleinige Schwergewicht auf eine rasche Entwicklung der Schwerindustrie legte. Die Vernachlässigung der Landwirtschaft und der Konsumgüterindustrie wurde in Kauf genommen. 1953 trat der erste Fünfjahresplan in Kraft, kam jedoch wegen organisatorischer Mängel erst 1955 zum Tragen.

Wichtigste Projekte der folgenden Jahre waren der Bau von Eisen- und Stahlwerken, der Aufbau der Maschinenbauindustrie und die Energiegewinnung. Hier war die Kohle von größter Bedeutung. Der Ausbau von bestehenden Kohlenbergwerken und die Erschließung neuer Vorkommen stand im Vordergrund. Die intensive Suche nach neuen Energiequellen hatte die Entdeckung verschiedener Erdölfelder zur Folge.

Die neuen planwirtschaftlichen Maßnahmen machten die staatliche Kontrolle über Produktion und Konsumtion notwendig und bedingten die Verstaatlichung privater Wirtschaftsbetriebe. Ohnehin hatte der Staat aufgrund seiner Monopolstellung auf dem Rohstoffsektor, seiner Eigenschaft als Auftraggeber und Käufer die Privatbetriebe von sich abhängig gemacht. Seit 1954 stärkte man die Position des Staates noch durch Kapitalbeteiligung und Umwandlung in gemischt staatlich-private Unternehmungen. Die Verwaltung der Betriebe ging auf staatliche Stellen über, die Eigentümer verloren an Mitspracherecht, wurden aber durch Zahlung von Dividenden entschädigt. Noch während der Laufzeit des ersten Fünfjahresplanes konnte man die Verstaatlichung der Privatbetriebe weitgehend abschließen. Die ehemaligen Eigentümer, vorher

noch Teilhaber, arbeiteten inzwischen meist als leitende Angestellte und erhielten einen Ausgleich in Form einer jährlichen Festverzinsung von 5% ihrer Kapitalanteile.
Auf dem Sektor der Landwirtschaft führte man ebenfalls Neuerungen durch. Das System der Kleinbauernwirtschaft zeigte bald durch unrentable Produktion und mangelnde Modernisierungsmöglichkeiten große Nachteile. Viele Bauern konnten aufgrund fehlender Maschinen und Düngemittel ihr Existenzminimum nicht erwirtschaften und verkauften ihr Land an reiche Bauern, so daß die Entwicklung zur Entstehung neuer sozialer Schichtungen abzusehen war. Bereits Ende 1951 gab es deshalb Stimmen, die den Kollektivierungsprozeß in der Landwirtschaft beschleunigen wollten. Er sollte über drei Stufen abgewickelt werden: Bildung von Gemeinschaften zur gegenseitigen Hilfeleistung, Schaffung halbsozialistischer und vollsozialistischer Produktionsgenossenschaften. Letztere faßten etwa 200 Familien zusammen. Innerhalb dieser Kollektivwirtschaft wurde das Privateigentum an Grund und Boden abgelehnt. Den Bauernfamilien blieb nur ein kleines Privatgrundstück, auf dem sie Gemüse für den eigenen Bedarf ziehen und zwei, drei Schweine oder Kleinvieh halten konnten. Die Produktionsmittel gingen an das Kollektiv über und wurden durch die Genossenschaftsleitung zugeteilt. Sie legte den Produktionsplan und die Arbeitsnorm fest.
Die Produktionsgenossenschaft teilte sich in mehrere Brigaden, in denen die Arbeit entsprechend dem Produktionsplan aufgeteilt wurde. Die Bezahlung der Brigademitglieder errechnete man aufgrund von Arbeitspunkten, die für tatsächlich erbrachte Leistung gegeben wurden.
Ende 1956 war die Kollektivierung abgeschlossen, 96% aller landwirtschaftlichen Haushalte waren davon erfaßt.
Das neue Kollektivsystem hatte Vor- und Nachteile. Zu den Vorteilen gehörte der optimale Einsatz aller verfügbaren Arbeitskräfte und planmäßige Zuteilung der Produktionsmittel. Nachteilig war häufiges Auftauchen von Gleichgültigkeit gegenüber kollektiver Arbeit und Eigentum.
Die Maßnahmen des ersten Fünfjahresplanes hatten zu einem raschen Anwachsen der Schwerindustrie geführt. Auf verschiedenen Gebieten konnte das Plansoll weit übertroffen werden. Demgegenüber verzeichnete die Landwirtschaft nur eine niedrige Wachstumsrate, was sich negativ auf die Investitionen auf dem Industriesektor auswirkte und die Politiker noch vor Ablauf des Fünfjahresplanes überzeugte, daß das sowjetische Modell mit seiner Bevorzugung der Schwerindustrie nicht den chinesischen Gegebenheiten einer auf Ackerbau basierenden Volkswirtschaft entsprechen konnte.

Periode der ›Drei Roten Banner‹ (1958–1960) und Phase der Konsolidierung (1961–1965)

1958 trat der zweite Fünfjahresplan in Kraft, der jedoch bald durch die Phase der ›Drei Roten Banner‹ unterbrochen wurde. Die ›Drei Roten Banner‹ waren im industriellen Bereich der ›Große Sprung nach vorn‹, im agrarischen die Schaffung von Volkskommunen und im ideologischen die sozialistische Generallinie. Der ›Große Sprung nach vorn‹ lenkte erstmals das weltweite Interesse auf die innenpolitische Entwicklung des neuen China. Es war der Versuch, durch weitgehende Dezentralisierung die Industrialisierung im ganzen Lande voranzutreiben und Zuwachsraten von 20–30% vor allem auf dem Sektor der Stahl- u. Kohleproduktion und Energieerzeugung zu erzielen. Zur Unterstützung der Stahlproduktion entstanden die sogenannten Hinterhof-Hochöfen, insgesamt etwa 600 000 Stück, an denen Mitglieder aus allen Berufsgruppen arbeiteten. Als Zulieferbetriebe für den industriellen und landwirtschaftlichen Sektor schuf man eine Vielzahl kleiner Industriebetriebe und Werkstätten. Im landwirtschaftlichen Bereich stellte die Schaffung von Kommunen einen weiteren Schritt zur sozialistischen Transformation dar. Eine Kommune umfaßte etwa 30 Produktionsgenossenschaften vollsozialistischen Typs. Bis Ende 1959 hatten sich 24 000 Volkskommunen gebildet, in denen 98% der Landbevölkerung erfaßt waren. Die Volkskommunen unterteilten sich in Brigaden und diese in Produktionsgruppen. Die Schaffung der Kommunen kam einer totalen Kollektivierung gleich. Privateigentum sollte abgeschafft werden, von Haushaltsgegenständen bis zum Bauernhaus und dem kleinen Stückchen Privatland ging alles in den Besitz des Kollektivs über. Ziel war es, die maximale Nutzung des Bodens, der Maschinen und der Arbeitskräfte zu erreichen. Millionen von Menschen wurden mobilisiert zu großen Wirtschaftsprojekten, wie dem Bau von Stauseen, Dämmen und Terrassen sowie der Gewinnung neuer Ackerbauflächen. Fehlende Technologie sollte mit Menschenmassen ersetzt werden. Nach dem Prinzip des ›Auf zwei Beinen Gehens‹ versuchte die Regierung, die Entwicklung in Landwirtschaft und Industrie gleichzeitig voranzutreiben, wobei sowohl moderne als auch traditionelle Methoden angewandt werden sollten. Das bisherige System der von der Regierungsebene aus zentral verwalteten Wirtschaft schien für die Realisierung der ehrgeizigen Pläne ungeeignet. Die Dezentralisierung sollte auf lokaler Ebene zu Spontaneität und kreativer Mitarbeit führen. Sie sollte gewährleisten, daß alle verfügbaren lokalen Ressourcen herangezogen würden, im Bereich der menschlichen Arbeitskraft wie im technischen, energiewirtschaftlichen und Rohstoff-Bereich. Die Verwaltung der wirtschaftlichen und gesellschaftspolitischen Angelegenheiten wurde auf die lokale Ebene übertragen; dies geschah im ländlichen wie auch im städtischen Bereich.

Die Produktion konnte tatsächlich im ersten Jahr vor allem in der Industrie erheblich gesteigert werden, was jedoch nicht nur auf die neuen Maßnahmen zurückzuführen war, sondern auch auf die Fertigstellung verschiedener Großprojekte aus der Phase des ersten Fünfjahresplanes. In den nächsten Jahren sank die Produktion ab. Das ganze Programm endete mit einem totalen Mißerfolg. Heute führt die Kommunistische Partei die Mißerfolge auf ›mangelhaftes Verständnis der Gesetzmäßigkeiten der ökonomischen Entwicklung sowie der grundlegenden ökonomischen Bedingungen‹ zurück. (siehe: ›Resolution über einige Fragen in unserer Parteigeschichte seit Gründung der Volksrepublik China‹ angenommen von der 6. Plenartagung des XI. Zentralkomitees der KPCh am 27. Juni 1981)
Verschiedene Faktoren hatten das Scheitern der ›Drei Roten Banner‹ verursacht, wie zum Beispiel der Mangel an fähigem Verwaltungspersonal, das dem neuen verwaltungstechnischen Mehraufwand gewachsen war. Die Dezentralisierung gab den lokalen Wirtschaftseinheiten Freiheiten in Plan und Produktion. Die Regierungsbehörden vermochten jedoch nicht, die einzelnen lokalen Abläufe miteinander zu koordinieren, was schwere Planungsfehler zur Folge hatte. Millionen von Menschen waren an den Hinterhof-Hochöfen beschäftigt, in denen sich allerdings, wie sich bald herausstellte, nur Roheisen von so minderer Qualität herstellen ließ, daß es sich selten zur weiteren industriellen Nutzung eignete und höchstens für die Produktion von landwirtschaftlichen Werkzeugen verwendet werden konnte. Die Erwartungen bezüglich der Kleinbetriebe erwiesen sich ebenfalls als zu hoch angesetzt. Die Qualität ihrer Waren war häufig mangelhaft und entsprach nicht dem erwünschten Standard. Unangemessen hohe Produktionskosten machten viele Betriebe unrentabel. Die Millionen von Arbeitskräften, die in den Masseneinsätzen zur Unterstützung der Industrie eingeteilt waren, fehlten im landwirtschaftlichen Bereich, was zu Engpässen in der Lebensmittelversorgung der städtischen Arbeiterschaft führte. Auch hatten sich die Volkskommunen als zu groß und verwaltungstechnisch als nur schwer überschaubar erwiesen. Sie mußten verkleinert werden: von insgesamt 24 000 stieg die Zahl auf 74 000. Die Bauernschaft war auf die totale Kollektivierung wenig vorbereitet und fühlte sich auf den Stand von Landarbeitern degradiert. Insgesamt hatte das überhastete Tempo, in dem die einzelnen Maßnahmen durchgeführt worden waren, in allen Schichten der Bevölkerung Widerstand hervorgerufen. In den Jahren 1959–61 suchten Naturkatastrophen das Land heim. Die Lebensmittelversorgung geriet ins Stokken, wodurch in den Jahren 1961/62 Hungersnöte ausbrachen. Erschwerend kam der Bruch mit Moskau im Jahre 1960 infolge ideologischer Auseinandersetzungen und der Abzug aller sowjetischer Experten hinzu. Halbfertige Industrieanlagen konnten nicht zu Ende gebaut werden, denn die Spezialisten hatten auch ihre Pläne mitgenommen. Das Land stand daraufhin einer Wirt-

schaftskrise ersten Grades gegenüber. Mao Zedong erklärte seinen Rücktritt als Staatsoberhaupt. Unter Führung seines Nachfolgers Liu Shaoqi begegnete die Regierung dieser Katastrophe mit dem Abblasen der Kampagne und der Rückkehr zu einem gemäßigten Programm. Privatparzellen wurden wieder zugelassen, die Produktionsgruppen traditionellen Dorfeinheiten angepaßt und mit größeren Kompetenzen versehen, materielle Anreize und vereinzelt freie Märkte zugelassen. Finanzielle Mittel für die Landwirtschaft gewann man durch Kürzungen im industriellen Bereich. Es galt die Losung: ›Die Landwirtschaft ist das Fundament, die Industrie der leitende Faktor der Wirtschaft.‹ In der Industrie mußten Prioritäten verschoben werden. Kürzungen in der Schwerindustrie führten zur Schließung einiger Fabriken und zur Einstellung einer Zahl angefangener Projekte. Dagegen maß man Industriezweigen Bedeutung bei, die direkt für den landwirtschaftlichen Sektor produzierten, wie Düngemittel und Landmaschinen. Schon bald zeigten sich erste Anzeichen einer Verbesserung der wirtschaftlichen Sitution. Der Schock der ›drei bitteren Jahren‹ (1960–62) war überwunden. Es war wieder möglich, verstärkt Gelder für industrielle Projekte auszugeben, doch hütete man sich vor den Fehlern der letzten Jahre. Ab 1962 konnte in der Industrie ein jährlicher Zuwachs von etwa 10% erreicht werden. Im Jahre 1965 hatte man das Niveau von 1958 erreichen und sogar überschreiten können.

Die Kulturrevolution und ihre Auswirkungen (1966–1976)

Im Jahre 1966 wurde eine neue Kampagne, die ›Große Proletarische Kulturrevolution‹, entfacht, die weltweites Aufsehen erregte. Diese Bewegung konzentrierte sich hauptsächlich auf die Städte, Industriegebiete und Verwaltungsorgane und beeinflußte weniger den landwirtschaftlichen Bereich.
Mao Zedong hatte sich aufgrund der Mißerfolge des ›Großen Sprungs nach vorn‹ im Hintergrund halten müssen. Die pragmatische Wirtschaftspolitik der Jahre 1961–65 hatte an das Programm vor 1958 angeknüpft und beachtliche Erfolge verzeichnen können. Die Diskussion über die wirtschaftliche Linie war jedoch nicht abgebrochen. Die von Liu Shaoqi verfolgte Linie, die, wo es Not tat, auch auf kapitalistische Methoden wie die des materiellen Anreizes zurückgriff, stieß bei den Anhängern um Mao auf Ablehnung. Der materielle Anreiz sollte durch den ideologischen ersetzt, das Bewußtsein des Menschen geändert werden. Schon seit 1964 hörte man die Losungen ›Die Landwirtschaft soll von Dazhai lernen‹, ›Die Industrie soll von Daqing lernen‹. Dazhai, ein ehemals armes Dorf in Shanxi, dessen Bauern durch umfangreiche Terrassenbauten ihrem kargen Boden ein Maximum an Ackerland abgerungen hatten, galt als Musterbrigade. In Daqing, Liaoning, hatten Arbeiter unter schwierigsten Bedingungen ein Ölfeld erschlossen und die Produktion aufge-

nommen. In beiden Orten erzielte man die Erfolge ohne materielle Anreize. Mao und seine Anhänger waren der Meinung, daß es bei Leistungssteigerungen auf die ideologische Übersetzungskraft ankäme.
Mao stützte sich in seinem Kampf gegen Liu Shaoqi auf die Jugend, die organisiert in den ›Roten Garden‹ die Verbreitung seines Gedankengutes vornahm. Im Jahre 1967 erlebte die Kulturrevolution ihren Höhepunkt. Die ›Roten Garden‹ blieben nicht mehr nur auf den Straßen, sondern gingen seit dem Winter 1966 in die Fabriken und Werkstätten. Es kam zu Zusammenstößen mit der Arbeiterschaft, zu Arbeitsniederlegungen, Angriffen auf Vorgesetzte und zu einer Säuberungswelle zwischen Spitzen- und Führungskräften. Fraktionsbildung und Fraktionskämpfe innerhalb der Betriebe legten einen Großteil der Industrie lahm. Teilweise brach das Transportwesen zusammen, Züge und Busse wurden von den ›Roten Garden‹ häufig zweckentfremdet. Die Transportschwierigkeiten verursachten Engpässe in der Rohstofflieferung, was sich wiederum auf die Industrie auswirkte. Auch traten Probleme in der Versorgung der städtischen Bevölkerung auf dem Lebensmittel-, Kohle- und Elektrizitätssektor auf. In dieser kritischen Zeit war es vor allem Zhou Enlai, der sich um die Rückkehr zu geordneten Verhältnissen und um Wiederaufnahme der disziplinierten Arbeit in den Betrieben bemühte. Es dauerte jedoch bis September 1967, als mit dem Eingreifen der Armee die industrielle Produktion allmählich wieder sichergestellt werden konnte.
1968 versuchten die ›Roten Garden‹ auch auf dem Lande ihren Kampf zu führen. Hier traf das Zentralkomitee allerdings sofort Vorsichtsmaßnahmen, indem es zu verstehen gab, daß nennenswerte Änderungen unerwünscht seien. Der Privatbesitz, sprich Privatgrundstücke, sollte unangetastet bleiben. Der Landwirtschaft sprach man weiterhin höchste Priorität zu. Experimente schienen zu risikoreich. Trotzdem kam es regional zu Unruhen in der Bauernschaft.
In der Industrie setzte man erneut auf die Entwicklung der Kleinindustrie, nicht nur im städtischen, sondern vor allem im ländlichen Bereich, um die großen Unterschiede zwischen Stadt und Land abzubauen. Durch den Ausbau der Industrie, die Inbetriebnahme neuer Anlagen konnten die Verluste, die durch kurzfristige Stillegungen, Arbeitsniederlegungen und Streiks entstanden waren, wieder ausgeglichen werden. Das Ende der Kulturrevolution zeigte, daß auf die von Liu Shaoqi vertretenen Werte doch nicht verzichtet werden konnte und daß eine Rückkehr zum Pragmatismus unumgänglich war. Im ganzen gesehen hatte die Kulturrevolution in wirtschaftlicher Hinsicht keine so katastrophalen Folgen wie die Kampagne des ›Großen Sprungs nach vorn‹. Zwar gab es erhebliche Schäden, doch konnten zu Beginn der siebziger Jahre die Wachstumsraten wieder an die der Konsolidierungsphase der Jahre 1962–65 angeglichen und ein stabiler Zuwachs erreicht werden. Dies gilt

jedoch weniger für den landwirtschaftlichen Sektor als vielmehr für den industriellen, wie auf dem Gebiet der Erdölproduktion, der chemischen und elektronischen Industrie und der Maschinenbauindustrie. In der Landwirtschaft versuchte man durch große Wasserbauprojekte und die Ausweitung des Ackerlandes Produktionssteigerungen zu ereichen.

Der neue Kurs ab 1976

Nach dem Sturz der sogenannten Viererbande (Jiang Qing, Zhang Chunqiao, Yao Wenyuan und Wang Hongwen) im Jahre 1976 erfuhr man Näheres über die Ausmaße der Kulturrevolution, die offiziell eine Dauer von zehn Jahren hatte. Nach einem Bericht Hua Guofengs vom Februar 1978 waren unter dem Einfluß der Viererbande vor allem in den Jahren 1974–76 Verluste in Milliardenhöhe entstanden, die das Land fast in den Ruin gestürtzt hätten. Trotzdem ist wohl zu sagen, daß die gesellschaftspolitischen Folgen schlimmer waren als die wirtschaftlichen.

Neue Akzente sollten nun in der Wirtschaftspolitik gesetzt werden. 1978 wurde von der Führung ein Zehnjahresplan verabschiedet (1976–1985), der auf ein Konzept Zhou Enlais – vorgelegt im Januar 1975 – zurückging und den wirtschaftlichen Aufbau und die Modernisierung in den Mittelpunkt stellte. Im gleichen Jahr verabschiedete die Regierung das Programm der ›Vier Modernisierungen‹, das die Modernisierung der Landwirtschaft, der Industrie, der Verteidigung sowie der Wissenschaft und Technik vorsieht. Bis zum Jahre 2000 soll sich in China eine starke sozialistische Wirtschaft entwickelt haben. Der von Mao stets betonte Klassenkampf mußte dem Primat des wirtschaftlichen Aufbaus weichen, fachliche Qualifikation und Leistung sollte entsprechend honoriert werden, die Öffnung gegenüber dem westlichen Ausland das Land mit modernem Management und Technologien vertraut machen und den Handel intensivieren. Der Import von notwendigen Investitionsgütern, die zur Beschleunigung des Wirtschaftswachstums gebraucht wurden, sollten mit dem Export von Rohstoffen wie Erdöl und Kohle finanziert werden. Neue Organisationen bemühten sich um intensive Kontakte mit dem Ausland. Die einzelnen Außenhandelsgesellschaften und Exportbetriebe erhielten umfassendere Vollmachten. Handelsabkommen mit Japan und der Europäischen Gemeinschaft wurden geschlossen, zahlreiche Delegationen ins Ausland zur Erkundung des Marktes geschickt. Da jedoch die Ziele zu hochgesteckt waren, beschloß die Partei im April 1979 einige Kurskorrekturen. Die neue Richtlinie lautete: Regulierung, Umgestaltung, Ausrichtung und Niveauhebung. Das Ziel war, die wirtschaftliche Gesamtlage zu stabilisieren, die politische Einheit, Vitalität und Stabilität zu festigen. Wirtschaftliche Zusammenarbeit und technischer Austausch mit dem Ausland durften nicht die Unabhängigkeit und Selbständigkeit des Landes aufs Spiel setzen, sondern mußten im Vertrauen auf die eigene Kraft erfolgen. Auf dem industriellen Sektor war man sich einig, die Entwicklung der Leichtindustrie zu beschleunigen. Diejenigen Zweige der Schwerindustrie, die der Leichtindustrie und Landwirtschaft dienten, wurden ausgebaut.

In der Landwirtschaft hatte man verschiedene Maßnahmen getroffen: die Erhöhung der Ankaufspreise für Agrar- und Nebenprodukte, die Einführung von Verantwortlichkeitssystemen, die Wiederherstellung oder Erweiterung der Parzellen zur privaten Nutzung, die Gestattung des Markthandels und die Förderung der Nebenerwerbstätigkeit.

Die Verantwortlichkeitssysteme sehen die Entlohnung aufgrund des Ertrages vor. Die Brigaden stellen Kleingruppen, zum Beispiel einzelnen Haushalten oder individuell gebildeten Gemeinschaften, Land zur Verfügung und setzen vertraglich die Höhe des abzuliefernden Ertrages fest. Was an Überschuß erwirtschaftet wird, gehört der Gruppe und kann auf den freien Märkten verkauft werden. Dieses System gewährt den Bauern ein hohes Maß an Entscheidungsfreiheit und führt in der Praxis zu rentabler und disziplinierter Bewirtschaftung. Aufgrund dessen, so berichtete die chinesische Führung im Juni 1981, sei eine beträchtliche Steigerung der Leistungsbereitschaft der Bauern und Rekorde in den Ernteergebnissen zu verzeichnen gewesen. Bis 1984 wurden mehr als 90% der Produktionseinheiten auf das Verantwortlichkeitssystem umgestellt.

Auf dem industriellen Sektor räumt man dem Aufbau der Konsumgüterindustrie Vorrang ein. Sie soll mit geringen Investitionen effizient arbeiten und verstärkt Arbeitskräfte beschäftigen. Die beschleunigte Entwicklung der Konsumgüterindustrie wird dem Wachstum der Schwerindustrie förderlich sein.

Für den Energiesektor gab Zhao Ziyang die Richtlinie bekannt: ›Erschließung von Energiequellen, Einsparungen beim Verbrauch.‹ Wichtigste Energiequellen sind Erdöl und Kohle. Die chinesische Führung beklagt eine erstaunliche Energieverschwendung, Einsparungen sollen deshalb vorgenommen, Öl allmählich durch Kohle ersetzt werden. Veraltete Anlagen und Produktionsverfahren mit hohem Energieverbrauch will man technisch umgestalten. Das gesparte Öl soll im Inland verarbeitet oder exportiert werden, der erzielte Gewinn soll dem Aufbau der Energieindustrie dienen. Langfristig gesehen soll die Rohölverarbeitung auf ein höheres Niveau gehoben, die petrochemische Mehrzwecknutzung gefördert werden. Gleichzeitig mit der Energieindustrie muß auch das Transportwesen ausgebaut werden. Hierzu gehören der Ausbau der Eisenbahnlinien und der Seehäfen, die Verbesserung der Binnenschiffahrt und die Verstärkung des Landstraßenbaus.

Die hervorragenden Erfolge des Selbstverantwortlichkeitssystems in der Landwirtschaft haben die chinesische Führung inzwischen veranlaßt, eine

umfassende Reform auch in der Industrie vorzunehmen. Es soll keine Betriebe mehr geben, die mit Verlust arbeiten und sich auf staatliche Subventionen und Rohstofflieferungen verlassen. Es soll keine staatliche Gängelung mehr geben. Die Betriebe werden dem freien Wettbewerb unterworfen und müssen sich nun nach den Verbraucherwünschen richten. Sie sind dem direkten Urteil der Verbraucher im Markt ausgesetzt, nach der Devise ›Wo es Güterproduktion gibt, muß es auch Wettbewerb geben.‹
Ein weiterer wichtiger Punkt der neuen Richtlinien ist das Festhalten an der Politik der offenen Tür. Der internationale wirtschaftliche und technische Austausch soll verstärkt werden. Zur Beschleunigung des wirtschaftlichen Aufbaus will man auch ausländische Geldmittel, vor allem Kredite zu niedrigen Zinsen und günstigen Bedingungen aufnehmen. Sie sollen für den Aufbau von Grundeinrichtungen der Energieindustrie und des Verkehrswesens genutzt werden.
Auf der Basis der Gleichberechtigung und des gegenseitigen Nutzens ist man auch ausländischen Investitionen gegenüber aufgeschlossen. Gemeinsam sollen Bergwerke und Fabriken errichtet werden. Auch bei der Erschließung neuer Ölfelder plant man die Zusammenarbeit mit ausländischen Firmen. Inzwischen wurden bereits Sonderzonen in Randprovinzen wie Guangdong und Fujian eingerichtet. Hier werden Experimente durchgeführt, die eine beschleunigte Modernisierung mit Hilfe moderner ausländischer Technologie ausländischer Geldmittel und fortgeschrittener Verwaltungsmethoden zu erreichen suchen. Die in diesen Projekten gesammelten Erfahrungen sollen rechtzeitig ausgewertet werden.

Wichtigste Produktionsergebnisse aus der Landwirtschaft

	1949 10 000 t	1952 10 000 t	1979 10 000 t	1981 10 000 t	1982 10 000 t	1983 10 000 t
Getreide	11 320	16 390	33 211	32 502	35 343	38 728
davon:						
Reis	4 865	6 845	14 375	14 396	16 124	16 887
Weizen	1 380	1 815	6 273	5 964	6 842	8 139
Sojabohnen	510	950	746	933	903	976
Baumwolle	44,4	130,4	220,7	296,8	359,8	463,7
Öl	256,4	419,3	643,5	1 020,5	1 181,7	1 055,0
davon:						
Erdnußöl	126,8	231,6	282,2	382,6	391,6	395,1
Pflanzenöl	73,4	93,2	240,2	406,5	565,6	428,7
Sesamöl	32,6	48,1	41,7	51,0	34,2	34,9
Hanf	3,7	30,6	108,9	126,0	106,0	101,9
Zuckerrohr	264,2	711,6	2 150,8	2 966,8	3 688,2	3 114,1
Zuckerrüben	19,1	47,9	310,6	636,0	671,2	918,2
Tabak	4,3	22,2	80,6	127,9	184,8	115,1
Tee	4,1	8,2	27,7	34,3	39,7	40,1

Wichtige Produktionsergebnisse aus der Industrie

		1949	1952	1957	1977	1981	1982	Jan.–Sept. 1984*
Kohle	Mill. t	32	66	131	550	622	666	561
Rohöl	Mill. t	0,12	0,44	1,46	93,64	101,22	102,12	84,59
Erdgas	Mill. cbm	7	8	70	12 120	12 740	11 930	8 993
Elektrizität	Mrd. kWh	4,3	7,3	19,3	223,4	309,3	327,7	276,7
Eisen	Mill. t	0,25	1,93	5,94	25,05	34,17	35,51	29,96
Stahl	Mill. t	0,16	1,35	5,35	23,74	35,60	37,16	32,28
Holz	Mill. cbm	5,67	11,2	27,87	49,67	49,42	50,41	–
Zement	Mill. t	0,66	2,86	6,86	55,65	82,90	95,20	88,31
Düngemittel	1000 t	6	39	151	7 238	12 390	12 781	11 120
Autos	1000 Stück			7,9	125,4	176	196	223
Traktoren	1000 Stück				99,3	53	40	50
Fernseher	1000 Stück				284,6	5 394	5 920	6 926
Radios	1000 Stück	4,4	17	352	10 494	40 570	17 240	17 879
Photoapparate	1000 Stück			0,1	246,6	623	742	899
Baumwollstoffe	Mrd. m	1,89	3,83	5,05	10,15	14,27	15,35	10,22
Zucker	1000 t	199	451	864	1 815	3 170	3384	2 560
Fahrräder	1000 Stück	14	80	806	7 427	17 450	24 200	20 784
Nähmaschinen	1000 Stück		66	278	4 242	10 390	12 860	7 042
Armbanduhren	1000 Stück			0,4	11 043	28 720	33 010	26 743

* Jan.–Sept. 1984, Daily News Guangmin Ribao 22. 10. 1984.

Erziehungssystem

Zehn Jahre lang waren Intellektuelle und technische Experten kritisiert und verachtet worden, hatte die anti-intellektuelle Bildungspolitik zu enormen Niveau- und Qualitätsverlusten in Forschung und Lehre geführt. Nach der Kulturrevolution und dem Sturz der extremen Linken um Jiang Qing vollzog sich dann ein grundlegender Wandel. Im Rahmen der Politik der vier Modernisierungen (Modernisierung von Forschung, Industrie, Landwirtschaft und Armee) mißt man nun besonders der Wissenschaft und Forschung wieder größte Bedeutung bei. In den Lehrplänen der Schulen mußten politische Inhalte in zunehmendem Maße naturwissenschaftlichen und mathematischen weichen. Die Wiedereinführung von Benotungen, Prüfungen und Wettbewerb haben leistungsorientierte Bildungseinrichtungen geschaffen. Zählte früher noch die proletarische Abstammung und ein politisch-ideologisches Bewußtsein zu den Auswahlkriterien bei der Zulassung zu den Hochschulen, sind es heute strenge Qualitätsprüfungen, die den Zugang ermöglichen. Die Intellektuellen erfuhren eine ungeheure politische Aufwertung. Ihre Bedeutung für die Entwicklung eines modernen Chinas ist von der neuen Führung erkannt worden.

Überblick über das chinesische Bildungssystem:

Im Alter von drei bis sechs Jahren besuchen die Kinder die *Vorschule.* Sie erhalten hier eine grundlegende Erziehung, die aus der Vermittlung elementarer Kenntnisse in Hygiene, Sprache und Rechnen besteht und die die Kinder auf den Besuch der Grundschule vorbereiten soll. Zum wichtigen Bestandteil des Vorschulunterrichts gehören auch die Fächer Malen, Singen, Tanzen und Sport. Es wird vermutet, daß mangels verfügbarer Vorschulplätze nur etwa ein Viertel aller chinesischen Kinder diese erste Ausbildungsphase durchlaufen kann. Offiziell wurde 1981/82 die Zahl der Vorschüler mit 10 562 000 beziffert.

Die allgemeine *Einschulung* findet im Alter von 6–7 Jahren statt. Es sollen etwa 93% aller schulpflichtigen Kinder eine Schule besuchen, eine hohe Zahl in Anbetracht geographischer Bedingungen und der Abgelegenheit weiter Landstriche. Die Ausbildung an den *Grundschulen* dauert 5–6 Jahre. Ein sechstes Jahr soll für alle Schulen verbindlich werden. Die reine Unterrichtszeit beträgt etwa 26 Std. an 5½ Tagen pro Woche. Hinzu kommen noch etwa 10 Std. weiterer Aktivitäten wie Sport und produktive Arbeit. Hauptfächer sind Chinesisch, Mathematik und eine Fremdsprache, Nebenfächer sind Naturkunde, Musik, Kunst, Politik und Geschichte, in den oberen Klassen kommen Physik, Chemie, Biologie und Geographie hinzu. Die Unterrichtssprache ist Hochchinesisch. Der Übergang von der Grundschule auf eine *Mittelschule* wird von etwa 88% aller Grundschulabsolventen erreicht.

Der Besuch allgemeinbildender Mittelschulen umfaßt in der Regel 5 Schuljahre. Die Mittelschulen gliedern sich in eine 2–3jährige Unterstufe und eine 2–3jährige Oberstufe. Die reine Unterrichtszeit beträgt 28–29 Std. pro Woche; Sport, Unterricht in Politik und praktische Arbeit nehmen noch etwa weitere 10–12 Std. ein. Hauptfächer sind Chinesisch, Mathematik, eine Fremdsprache, Nebenfächer sind Physik, Chemie, Biologie, Geographie, Politik, Geschichte, Musik, Kunst und Sport. Die Mittelschulen sollen auf den Besuch einer weiterführenden Schule vorbereiten oder auf den Eintritt in das Berufsleben. Der erfolgreiche Abschluß der Mittelschule entspricht dem Abitur und berechtigt zur Teilnahme an den nationalen Hochschul-Aufnahmeprüfungen. Nur etwa 40% der Schüler wechseln von der Unterstufe der Mittelschule zur Oberstufe. Davon können nach Abschluß der Mittelschule etwa 4% eine Universität besuchen und 10% berufsbildende Mittelschulen. 86% werden ins Berufsleben entlassen.
Fachmittelschulen: An Fachmittelschulen werden Studenten in 2–5jährigen Kursen auf speziellen Fachgebieten ausgebildet, so etwa im Bereich des Ingenieurwesens, der Medizin, Wirtschaft und Finanzen. Für den Besuch dieser Fachmittelschulen ist der Abschluß einer allgemeinbildenden Mittelschule sowie die Teilnahme an einer Aufnahmeprüfung notwendig.
Technische Schulen: An diesen Schulen erhalten die Schüler in 2–3jährigen Kursen eine Ausbildung zum Facharbeiter. Es handelt sich hier meist um fabrikeigene Ausbildungsstätten.
Landwirtschaftliche und berufliche Mittelschulen: Diese stehen den Absolventen der Unterstufe allgemeinbildender Mittelschulen offen. Sie vermitteln hauptsächlich Kenntnisse aus der Anbautechnik bzw. aus der Technik.
Hochschulen und Universitäten: Die Berechtigung zum Studium an einer Hochschule erwirbt der Student durch erfolgreiche Teilnahme an den dreitägigen nationalen Hochschul-Aufnahmeprüfungen, die einmal im Jahr im Sommer stattfinden. Voraussetzung für das Studium ist weiterhin, daß der Bewerber nicht älter als 25 Jahre und ledig ist. Ausnahmen werden in Härtefällen gemacht. Nach bestandener Aufnahmeprüfung wird jedem ein Studienplatz zugewiesen. Man hat die Möglichkeit, eine oder mehrere Fachrichtungen und die bevorzugten Universitäten zu beantragen.

Geschichte

Zeittafel der chinesischen Geschichte

Xia			ca. −2100 bis ca. −1600
Shang			ca. −1600 bis ca. −1100
Zhou			ca. −1100 bis − 221
Westliche Zhou	ca. −1100 bis −771		
Östliche Zhou	− 770 bis −221		
Chunqiu, Frühling- u. Herbstperiode		−770 bis −476	
Zhanguo, Zeit der Kämpfenden Staaten		−475 bis −221	
Qin			− 221 bis − 206
Han			− 206 bis + 220
Westliche Han	− 206 bis + 8		
Wang Mang-Periode	8 bis 23		
Östliche Han	25 bis 220		
Sanguo, Drei Reiche			220 bis 280
Wu	220 bis 280		
Shu	220 bis 261		
Wei	220 bis 265		
Jin			265 bis 420
Westliche Jin	265 bis 316		
Östliche Jin	317 bis 420		
Zeit der Sechzehn Königreiche	304 bis 439		
Nord- und Süd-Dynastien			420 bis 589
Nördliche Wei	386 bis 534	Nord	
Östliche Wei	534 bis 550	Nord	
Nördliche Qi	550 bis 577	Nord	
Westliche Wei	535 bis 557	Nord	
Nördliche Zhou	557 bis 581	Nord	
Song	420 bis 479	Süd	
Qi	479 bis 502	Süd	
Liang	502 bis 557	Süd	
Chen	557 bis 589	Süd	
Sui			581 bis 618
Tang			618 bis 907
Wudai, Fünf Dynastien und			907 bis 960
Zehn Königreiche			902 bis 979
Song			960 bis 1279
Nördliche Song	960 bis 1127		
Südliche Song	1127 bis 1279		

Liao (Khitan)				907 bis	1125
Xi Xia, Westliche Xia				1032 bis	1227
Jin				1115 bis	1234
Yuan				1271 bis	1368
Ming				1368 bis	1644
Regierungsperiode:					
Hongwu	1368 bis	1398			
Jianwen	1399 bis	1402			
Yongle	1403 bis	1424			
Hongxi	1425				
Xuande	1426 bis	1435			
Zhengtong	1436 bis	1449			
Jingtai	1450 bis	1456			
Tianshun	1457 bis	1464			
Chenghua	1465 bis	1487			
Hongzhi	1488 bis	1505			
Zhengde	1506 bis	1521			
Jiajing	1522 bis	1566			
Longqing	1567 bis	1572			
Wanli	1573 bis	1620			
Taichang	1620				
Tianqi	1621 bis	1627			
Chongzhen	1628 bis	1644			
Qing				1644 bis	1911
Regierungsperiode:					
Shunzhi	1644 bis	1661			
Kangxi	1662 bis	1722			
Yongzheng	1723 bis	1735			
Qianlong	1736 bis	1795			
Jiaqing	1796 bis	1820			
Daoguang	1821 bis	1850			
Xianfeng	1851 bis	1861			
Tongzhi	1862 bis	1874			
Guangxu	1875 bis	1908			
Xuantong	1909 bis	1911			
Republik China				1912 bis	1949
Volksrepublik China			Gründung:	1. Oktober 1949	

Prähistorische Periode

Im Jahre 1929 wurden bei Grabungen südwestlich von Beijing Überreste von Urmenschen (Peking-Mensch = Sinanthropus pekinensis) und ihren Werkzeugen gefunden. Ihr Alter wird auf 400 000–500 000 Jahre geschätzt. Reste von bereits höher entwickelten Menschen fand man in vielen Teilen Chinas,

wie z. B. am Zhujiang-Fluß in der Provinz Guangdong, im Changjiang-Tal in Hubei und am Huanghe in Shanxi. Doch über sie ist wenig bekannt.
Erst die Bodenfunde aus der Jungsteinzeit sagen etwas mehr über die damaligen Menschen aus. Die Sippengemeinschaften wurden seßhaft, wohnten in Dörfern, die manchmal von tiefen Gräben umgeben waren, und begannen Ackerbau zu betreiben und Tiere zu halten. Die Gesellschaftsform war matriarchalisch. Land, Wohnung und Vieh gehörten der ganzen Sippe, alle waren gleichgestellt. Erst mit der Weiterentwicklung der Landwirtschaft und Viehzucht wurden diese Gemeinschaften patriarchalisch. Langsam bildeten sich auch Privateigentum und soziale Schichten heraus.
Die Töpferei wurde erfunden. Zuerst fand man in der Provinz Henan bemalte, in Shandong feine schwarze Keramiken. Bald häuften sich die Funde. Wahrscheinlich stammen sie aus der Zeit der mythischen Herrscher (–3. Jt.). Hierüber berichten alte chinesische Geschichtsschreiber in zahlreichen Legenden. Die bis heute noch nicht zweifelsfrei nachgewiesene erste Dynastie ist die der Xia, die in dem fruchtbaren Tal des Huanghe angesiedelt war. Hier soll auch der erste Mondkalender ausgearbeitet worden sein, der später laufend verbessert wurde. Er heißt heute noch Xia-Kalender.

Shang-Dynastie ca. –1600 bis ca. –1100

Die erste durch schriftliche Dokumente und Grabungsfunde nachgewiesene Dynastie ist die der Shang. Ihr Machtbereich umfaßte zunächst nur das nördliche Gebiet der heutigen Provinz Henan, dehnte sich aber später bis West-Shanxi und Shandong/Jiangsu aus.
An der Spitze der Gesellschaft stand der unumschränkt herrschende König. Ihm folgten die Aristokratie, die Schreiber- und Priesterklasse, Handwerker, Bauern und Sklaven. Es entwickelte sich eine frühe Form des Feudalsystems. Die Herrscher der Shang führten häufig Kriege mit den benachbarten Stämmen, denen sie aufgrund ihrer Bronzewaffen und Streitwagen mit Speichenrädern meist überlegen waren. Die Gefangenen führten sie mit sich, um sie als Sklaven oder Totenopfer zu nutzen.
Der Ackerbau, von wohl leibeigenen Bauern betrieben, bildete die Grundlage des Staates. In den Städten, die von hohen Lehmwällen umgeben waren, wohnten der Adel und die Handwerkerschaft in rechteckigen Häusern aus Stampflehm. Aus Bronze wurden nicht nur Waffen, sondern auch Kultgefäße gegossen. Die Töpferwaren bestanden aus weißer Keramik; Stoffe aus Hanf und Seide wurden gewebt.
Der Glaube an Naturgötter und der Ahnenkult spielten eine besondere Rolle. Schriftkundige, auch in der Astronomie versierte Priester, führten die Opferhandlungen durch. In Anyang entdeckte man Königsgräber, die als Beigaben

neben Geräten viele enthauptete Sklaven enthielten. Diese sollten in einem späteren Leben zur Verfügung stehen. Außerdem stieß man auf Zehntausende von Orakelknochen, in die Schriftzeichen eingeritzt waren, Orakelfragen. Diese Knochen wurden ins Feuer gelegt und aus den Hitzesprüngen ergab sich die Antwort auf die entsprechenden Fragen. Auch auf Schildkrötenpanzern fand man solche Orakeltexte.

Zhou-Dynastie ca. −1100 bis −221

Etwa um das Jahr −1100 besiegten die Stämme der Zhou die Truppen der Shang. Sie waren Hirtennomaden und kamen aus dem Gebiet der heutigen Provinz Shanxi. Aus der Notwendigkeit heraus, das riesige Gebiet zu verwalten, entwickelte sich ein Lehnssystem. Einzelne Lehen wurden geschaffen, die der König an Mitglieder seiner Sippe, Stammesfürsten oder loyale Adlige vergab. Dafür mußten die Lehnsnehmer den König bei seinen Kriegen unterstützen, Abgaben in Form von Naturalien zahlen und für die Bewirtschaftung der königlichen Ländereien sorgen.
Dieses System funktionierte in den ersten 300 Jahren so gut, daß es den Herrschern von Zhou gelang, ihren Machtbereich bis zum Changjiang auszudehnen. Die Lehen bestanden zunächst aus kleineren oder größeren rechteckig angelegten Garnisonsstädten mit umliegendem Land, in dem die alte Bevölkerung weiterlebte. Sie wurden im Laufe der Zeit jedoch zu erblichen Fürstentümern.
Die Zhou kannten als ehemalige Vasallen der Shang deren Kultur und übernahmen sie. Auch in religiöser Hinsicht orientierten sie sich an den Shang-Traditionen, allerdings fügten sie denen ihre ursprüngliche Himmelsreligion hinzu. Oberste Gottheit war der Himmel; der König war, als »Sohn des Himmels« Mittler zwischen Himmel, Erde und Menschen. Er allein empfing den göttlichen Auftrag zum Herrschen, er allein brachte auch die Opfer dar. Menschenopfer wurden verboten, auch das Befragen der Knochenorakel verschwand. Dadurch wurden die Priester der Shang überflüssig. Weil sie aber als einzige lesen und schreiben konnten, halfen viele dem Adel bei der Verwaltung der Lehen oder lehrten gute Sitten.
Die Hauptstadt der Zhou lag in der Nähe des heutigen Xi'an, bis sie −771 von äußeren Feinden und unzufriedenen Lehnsherren zerstört und der König getötet wurde. Damit endete die Westliche Zhou-Periode. Der Sohn des getöteten Königs wich in die zweite Hauptstadt, Luoyang, in der heutigen Provinz Henan aus, war aber völlig machtlos. Er sowie sein Nachfolger standen nur noch nominell an der Spitze des Staates, sie waren nur noch sakrale Oberhäupter.
Die herrschenden Sippen hatten sich zu einem immer mächtiger werdenden

Feudaladel entwickelt, dessen Mitglieder sich gegenseitig bekämpften; die größeren vernichteten die kleineren. Vorübergehend bildeten sich Föderationen unter einem ›Hegemonen‹, doch der Kampf um die Vorherrschaft ging weiter. Aus den vielen kleinen Teilstaaten waren im −4. Jh. sieben größere Reiche entstanden. Diese »Zeit der Kämpfenden Staaten« währte von −475 bis −221, als nur noch einer übrigblieb, der Staat Qin. Von diesem Namen leitet sich der Begriff China ab.
Trotz der dauernden Kriege hatten sich Wirtschaft, Handwerk, Handel und ein reges Geistesleben entwickelt. Land durfte verkauft werden, Eisengeräte wurden gefertigt, Bewässerungsanlagen gebaut, Grundsteuern erhoben, gemünztes Geld und die ersten Gesetze eingeführt. Aus dem landlos gewordenen Adel und Offizieren bildete sich ein neuer Stand, die Gelehrten.
Die politischen und gesellschaftlichen Umwälzungen brachten viele Gedankenschulen hervor, die verschiedene Weltanschauungen vertraten und unterschiedlich auf die Probleme der Zeit reagierten. Man nennt sie die 100 Philosophenschulen. Zu den bedeutendsten gehören die der Daoisten, Konfuzianer, Moisten und Legalisten (siehe S. 116ff). Ihre Lehren sollten das chinesische Denken über Jahrtausende beeinflussen.

Qin-Dynastie −221 bis −206

Der Fürst von Qin verfügte dank seiner legalistischen Berater über den mächtigsten Staat, im Jahre −221 waren alle anderen Fürsten besiegt. Er erklärte sich selbst unter dem Titel Qin Shihuang, d. h. Erster Kaiser von Qin, zum Herrscher über das vereinte chinesische Reich, das er noch bis südlich von Kanton ausdehnte. Xianyang, beim heutigen Xi'an, wurde Hauptstadt, das Land in Präfekturen eingeteilt und streng zentralistisch von Beamten, die jederzeit abgelöst werden konnten, verwaltet. Den Adel entmachtete er völlig und siedelte ihn zwangsweise in der Hauptstadt an.
Die unterschiedlichen Maße und Gewichte der einzelnen Gebiete wurden ebenso wie die Achsweiten (Spurbreiten) der Wagen standardisiert und eine offizielle Landeswährung geschaffen. Die bedeutendste Neuerung aber war die Einführung einer einheitlichen Schrift, damit wurde eine allgemeine Verständigung trotz vieler Dialekte auf schriftlicher Basis erreicht.
Der Kaiser ließ breite Straßen bauen und Kanäle anlegen. Hohe Steuern und harte Gesetze wurden eingeführt, die Bauern mußten große Teile ihrer Ernte abgeben und Fron- und Waffendienste leisten. Weil der Norden des Reiches ständig von Fremdvölkern bedroht war, ließ der Kaiser die bereits vorhandenen Forts und Wälle durch Mauern miteinander verbinden. Es entstand eine einzige, 2500 km lange Mauer, die aber mit dem noch heute vorhandenen

Bauwerk nicht identisch war. Außerdem ließ er viele Paläste und ein großes Mausoleum für sich errichten.
Die einschneidenden Maßnahmen auf allen Gebieten hatten heftige Kritik hervorgerufen. Vor Andersdenkenden, vor allem vor Konfuzianern, glaubte sich der Kaiser durch die Verbrennung aller historischen und literarischen Bücher und durch Verfolgung schützen zu können. Das ganze Volk litt unter den immer härter werdenden Gesetzen und Zwangsverpflichtungen. So kam es bald zu Rebellionen und Bauernaufständen, die im Jahre –206 das Ende der Dynastie herbeiführten.

Han-Dynastie –206 bis +220

Aus den Aufständen ging der Bauernsohn Liu Bang als Sieger hervor und gründete im Jahre –206 die Dynastie der Han, die mit kurzer Unterbrechung bis +220 regierte. Hauptstadt wurde Chang'an, heutiges Xi'an. Um seine Macht zu festigen, lockerte der Kaiser die harten Gesetze und belohnte seine Kampfgefährten und Sippenangehörigen mit Lehen, die aber nicht mehr erblich waren. So basierte die Verwaltungsstruktur zu Beginn der Han-Zeit auf der Landkreiseinteilung der Qin und den lokalen Lehnsherrschaften. Allmählich wurde aber unter legalistisch-konfuzianischem Einfluß ein zentralisierter Beamtenstaat geschaffen. Kaiser Wudi gründete eine Beamtenakademie, in der nach konfuzianischen Prinzipien ausgebildet wurde.
Da Land auch käuflich zu erwerben war, verfügten nicht nur Adels-, sondern auch Kaufmanns- und Beamtenfamilien über Grundbesitz, den sie von Pächtern bebauen ließen. Diese Pächter wurden wie Hörige behandelt. So entwikkelte sich im Laufe der Zeit eine ganz neue Oberschicht, die sich über viele Jahrhunderte hielt. Die Grundbesitzer, die miteinander versippt und verschwägert waren, bildeten große Sippen. Sie hatten genügend Geld, zeitaufwendige Studien zu finanzieren und einzelnen Familienmitgliedern die Teilnahme an staatlichen Prüfungen zu ermöglichen. Ziel jeder Sippe war es, möglichst viele Verwandte in wichtigen Regierungsämtern zu haben. Weitere Einflußmöglichkeiten eröffneten sich durch die Schicht der Eunuchen, die im kaiserlichen Harem arbeiteten, denn diese stammten aus Kreisen, die den Grundbesitzern verpflichtet waren.
Die gebildete Oberschicht pflegte die Literatur, Malerei und Kalligraphie. Es entstanden neue großartige Werke der Philosophie, Geschichtsschreibung und der Literatur. Die bedeutendste Erfindung etwa im Jahre –100 war die Herstellung von Papier aus Pflanzenfasern. Zuvor schrieb man auf Holz, Bambus oder Seide. Auch das Kunsthandwerk entwickelte sich weiter, besonders Lackarbeiten und Jadeschleiferei, ebenso die Seidenindustrie. Der Handel dieser Produkte reichte bis ins Abendland. Über die Seidenstraße und auch die

Häfen im Süden gelangte im 1. Jh. der Buddhismus nach China. Im 2. Jh. wurde der Seismograph erfunden.
Aus den Funden in den Grabkammern kann man Rückschlüsse auf das Leben in der damaligen Zeit ziehen. Die reichen Familien trieben einen aufwendigen Totenkult. So fand man Modelle von Häusern und Türmen. Auf Fresken, Steingravierungen und Reliefziegeln sind Szenen aus dem gesellschaftlichen Leben dargestellt.
Nach dem Tode des ersten Kaisers führte seine Witwe die Regentschaft für den unmündigen Enkel. In dieser Zeit besetzten die Familienangehörigen der Kaiserin alle wichtigen Ämter, so daß die Macht in den Händen ihrer Sippe lag. Diese Erscheinung wiederholte sich bis zum Ende der Kaiserzeit immer wieder.
Die ersten Han-Kaiser festigten zunächst innenpolitisch das Reich und trieben eine defensive Außenpolitik. Sie schlossen mit den »Hunnen«, die im Norden ein gleich starkes Reich auf der Basis der Nomadenwirtschaft aufgebaut hatten, Verträge ab, wonach die Chinesen Getreide und Seide liefern und die »Hunnen« dafür ihre Raubzüge einstellen sollten. Weil aber soviel Seide gar nicht gebraucht wurde, verkauften die »Hunnen« die Stoffe weiter, die dann über die Seidenstraße ins Römische Reich gelangten.
Erst Kaiser Wudi änderte diese Politik. Seine Truppen kämpften gegen die »Hunnen«, eroberten das Ordos-Becken (das Land am nördlichen Huanghe), große Teile des Tarim-Beckens im Westen, Nordkorea, die südliche Mandschurei, und im Süden die Küstengebiete um Kanton und das heutige Nordvietnam.
Doch die Kriege kosteten viel Geld. Der Kaiser versuchte, den Staatshaushalt zu sanieren, indem er Staatsmonopole für Eisen, Salz und die Münzprägung errichtete und die Steuern erhöhte. Das traf wieder die freie Bauernschaft schwer; denn den grundbesitzenden Familien war es gelungen, für sich selbst die Befreiung von Abgaben und für die von ihnen Abhängigen die Befreiung von staatlichen Steuern und Frondiensten durchzusetzen. Immer mehr Bauern waren gezwungen, ihr Land zu verkaufen. Überall kam es zu Unruhen, die aber unterdrückt werden konnten. Auch die Thronusurpation Wang Mangs, (8–23), der der Sippe einer Kaiserin entstammte, konnte keine Wende herbeiführen. Im Gegenteil, sie bewirkte das Ende der Westlichen Han-Dynastie, vergrößerte das Chaos und führte zum Bürgerkrieg, in dessen Verlauf Wang Mang getötet wurde. Erst im Jahre 25 gelang es einem Mitglied des ehemaligen Kaiserhauses, die Han-Dynastie wiederherzustellen und den Bürgerkrieg zu beenden. Neue Hauptstadt wurde Luoyang, das östlich des alten Chang'an lag; deshalb wird die folgende Periode auch Östliche Han-Zeit genannt. Nach dem langen Bürgerkrieg kam es zunächst zu einem wirtschaftlichen Aufschwung. Doch bald mußten wieder Truppen in den Krieg gegen die »Hun-

nen« geschickt werden, die in mehreren Feldzügen den Gegner vernichtend schlagen konnten. Die allgemeine Wirtschaftslage wurde dadurch aber wieder erheblich beeinträchtigt und die Verfallserscheinungen nahmen ab 150 zu. Hofintrigen, eine korrupte Beamtenschaft, eine immer schwächer werdende Zentralregierung, der Kampf der Kaiserinnen-Clans und der Eunuchen um die Macht, die Konzentration des Bodens in den Händen einiger reicher Familien und die Landflucht der Bauern, die unübersehbare Ausmaße annahm, führten zur Katastrophe. So wurde ab 184 das ganze Reich von einem Aufstand, dem der »Gelben Turbane«, der religiösem Sektierertum entsprang, erfaßt. Dieser Aufstand konnte wohl niedergeschlagen werden, doch die Regierung war ohnmächtig und die Generäle kämpften gegeneinander um die Macht. Im Jahre 220 mußte der Kaiser abdanken und die drei mächtigsten Generäle teilten sich das Reich.

Drei Reiche 220–280

Während der nächsten 360 Jahre erlebte China ununterbrochene Machtkämpfe der einzelnen großen Familien, die alle die Einigung des Reichs anstrebten. Der mächtigste Heerführer, Cao Cao (155–220), gründete das Reich Wei. Sein Sohn ernannte sich im Jahre 221, nach dem Tode des Vaters, zum Kaiser, seine Hauptstadt war Luoyang. Sofort erklärten sich die beiden anderen Heerführer auch zu Kaisern, der eine errichtete im Südwesten, in der heutigen Provinz Sichuan die Shu-Han-Dynastie mit der Hauptstadt Chengdu und der andere im Südosten mit der Hauptstadt im heutigen Nanjing die Wu-Dynastie.

Das Reich Wu war nur schwach besiedelt. Hier herrschten ein ganz anderes Klima und andere Bodenverhältnisse. Die einheimischen Stämme bauten vornehmlich Reis an. Darauf mußten sich die aus dem Norden einwandernden Bauern, die bisher nur Weizen und Hirse angebaut hatten, einstellen. Es gab nur eine dünne han-chinesische Oberschicht. Die staatlichen Einnahmen kamen in der Hauptsache aus dem Handel. Um ihn zu steigern, wurden neue Straßen und Schiffe gebaut.

Im Staat Shu-Han erlebte die Seidenindustrie, insbesondere die Brokatherstellung, in zunehmendem Maße eine Blütezeit. Der große Nachteil dieses Reiches bestand ebenfalls in seiner geringen Einwohnerzahl. Auf die Dauer konnte es den Truppen der Wei keinen Widerstand leisten.

Das Reich Wei besaß zwar die fruchtbarsten Gebiete im Norden, hatte aber durch die chaotischen Verhältnisse der vergangenen Jahrzehnte den größten Teil der bäuerlichen Bevölkerung verloren. Die meisten Bauern hatten ihr Land verlassen und zogen vagabundierend umher. Der neue Kaiser versuchte, sie wieder anzusiedeln. Er erweiterte auch die Wehrbauern-Kolonien, die sein Vater geschaffen hatte. Um gegen den Süden zu kämpfen, wurden große Heere unterhalten. Doch vor allem waren es die innenpolitischen Probleme, die nicht gelöst wurden. Das neue Herrscherhaus vermochte sich nicht gegen die verbliebenen mächtigen Familien durchzusetzen. Im Jahre 265 gelang es einem Mitglied der einflußreichsten Sippe, den Kaiser zur Abdankung zu zwingen und eine eigene Dynastie zu errichten. Er nannte sie Jin.

Jin-Dynastie 265–420

Diese Dynastie hatte nur eine kurze Lebensdauer. Der Kaiser war durch die Hilfe seines Familienclans an die Macht gekommen, also mußte er sich ihm erkenntlich zeigen. Und wieder wurden Lehen verteilt, die neben den Präfekturen und Kreisen bestanden. Die neuen Fürsten durften Streitkräfte haben und Beamte ernennen. Im Jahre 280 besiegten die Jin das Reich Wu und einten das ganze Land unter einer einheitlichen Regierung. Nach dem Tode des ersten Kaisers entbrannte unter den Fürsten ein heftiger Kampf um die Vormachtstellung. Einfälle verschiedener erstarkter Nomadenstämme im Norden und Nordwesten sorgten für weitere Katastrophen. Im Jahre 311 fiel die Hauptstadt Luoyang und im Jahr 316 die Hauptstadt Chang'an in die Hände der ›Barbaren‹. Der Kaiser mußte sich ergeben. Das war das Ende der Westlichen Jin-Dynastie. Viele Adlige, Beamte und Großgrundbesitzer flohen nach Süden und unterstützten im Jahre 317 ein Mitglied der Jin-Familie bei der Gründung der Östlichen Jin-Dynastie. Nanjing war neue Hauptstadt. Dieser Staat existierte noch bis 420.

Die Sechzehn Königreiche 304–439 **und die Nord- und Süd-Dynastien** 420–589

In Nordchina wechselten nun 130 Jahre lang die Herrscher aus den verschiedensten Nomadenstämmen. Die »hunnische« Han-Dynastie, so nannte sie sich in Anlehnung an die alten Beziehungen zu Beginn der Han-Zeit, regierte zunächst den Nordwesten. Der Herrscher wollte als Kaiser von China seinen Hof nach han-chinesischem Vorbild gestalten. Im Nordosten hatte ein anderer Hunnenführer, ein ehemaliger Sklave, der der nomadischen Tradition folgte, die Macht an sich gerissen. 329 annektierte er den Nordwesten und beherrschte dann bis auf die heutige Provinz Gansu den gesamten Norden. Seine Dynastie nannte man Zhao-Dynastie (329–352). Die heutige Provinz Gansu verwaltete noch ein chinesischer Gouverneur der alten Jin-Dynastie. Er gründete die Liang-Dynastie, die bis 376 bestand. Hierher hatten sich viele Chinesen aus dem Norden geflüchtet. Es blühte ein reger Handel mit Turkestan. Die Kaufleute brachten viele buddhistische Mönche mit, die in den Handelsniederlassungen Klöster errichteten. In diesem 4. Jh., das dem Norden die Fremdherrschaft, Flucht und Elend brachte, breitete sich der Buddhismus besonders unter der armen Bevölkerung aus. In den Klöstern fanden viele Menschen Zuflucht. Auch die Herrscherhäuser unterstützten die neue Religion. Mit ihr kam eine neue Kunstrichtung auf. Es entstanden Grottentempel und Felsenklöster, ausgeschmückt mit Wandmalereien, Reliefs und Statuen, die anfangs noch sehr an ihre indischen und zentralasiatischen Vorbilder erinnern, später aber ihren eigenen chinesischen Stil aufweisen. Die berühmtesten Grottentempel liegen bei Yungang in der Nähe von Datong in der Provinz Shanxi, bei Longmen in der Nähe von Luoyang in der Provinz Henan und in Dunhuang im heutigen Gansu. Sie sind heute noch erhalten und zu besichtigen.

Im Jahre 351 gründeten die Führer der Tibeter die Qin-Dynastie (351–394) und unterwarfen die proto-mongolischen Stämme, die inzwischen die »Hunnen« abgelöst hatten, und brachten die Liang-Dynastie in ihre Gewalt. Damit beherrschten sie den gesamten Norden. Um aber ganz China zu besitzen, mußte noch der Süden erobert werden. Dieser Versuch scheiterte 383. Kurze Zeit später brach auch dieses Reich zusammen und zerfiel in viele kleine Teile. Die Kriegsherren errichteten neue Staaten, es folgte die Zeit der Sechzehn Königreiche. In all diesen Staaten regierte nur eine dünne Oberschicht, die nicht vom Volk getragen wurde und sich meist nur auf ihre militärische Stärke stützen konnte.

Die vielen kleinen Königreiche wurden bald von einer neuen Welle von Nomadeneinfällen überspült. Aus der Inneren Mongolei kamen die Toba, Angehörige türkischer bzw. mongolischer Stämme. Sie errichteten 386 die Nördliche Wei-Dynastie und konnten sich bis 550 behaupten. 439 kontrollierten sie bereits das ganze Tal des Huanghe. Der Kaiser übernahm das Regierungssystem der Han und umgab sich mit han-chinesischen Beamten. Er wies den Toba-Adel an, chinesische Familiennamen anzunehmen, Han-Chinesen zu heiraten, chinesische Kleidung zu tragen und auch ihre Sprache zu sprechen. Inzwischen hatten sich auch die anderen Fremdvölker, die als Nomaden ins Land gekommen waren, angesiedelt. Sie alle wurden im Verlauf weniger Generationen in die chinesische Kultur integriert.

Bald hatten die Han-Chinesen die gesamte Verwaltung übernommen. Neue Konflikte entzündeten sich am Gegensatz zwischen der sinisierten Aristokratie, den verarmten Nomadenstämmen und der ausgebeuteten Bauernschaft. Rebellionen wurden zwar niedergeschlagen, aber die Auflösung der Nördlichen Wei-Herrschaft war nicht mehr aufzuhalten. Es folgten einige kurzlebige Dynastien, bis es schließlich einem chinesischen General gelang, im Jahre 581 die Macht an sich zu reißen und die Dynastie der Sui zu gründen.

Nachdem im Süden die Östliche Jin-Dynastie 420 geendet hatte, folgten ihr noch vier weitere. Ein General machte dem anderen nach kurzer Zeit den Thron streitig. Kennzeichnend für die ganze Zeit waren die Cliquenkämpfe der großen Adelsfamilien. Die Kluft zwischen Arm und Reich weitete sich aus. Das kulturelle und geistige Leben, vom Hof und den Reichen gefördert, blühte. Der Konfuzianismus erhielt einen schweren Rückschlag zugunsten des Buddhismus und Daoismus.

Sui-Dynastie 581–618

Der Gründer der Sui-Dynastie war ein chinesischer Heerführer, ein Aristokrat, der aus dem Nordwesten stammte. 581 machte er sich zum Kaiser und verlegte seine Hauptstadt nach Chang'an. In wenigen Jahren gelang es ihm, das Reich nach 360jähriger Zersplitterung wieder zu einen. Er schuf eine neue Zentralregierung, ließ verlassenes Land an die Bauern verteilen, Steuern festsetzen und Getreidespeicher für Notzeiten anlegen. Sein Sohn nahm riesige Bauprojekte in Angriff. So entstand zum Beispiel die berühmte Anji-Brücke in der Provinz Hebei, die älteste Segmentbogenbrücke der Welt, die heute noch in Gebrauch ist und alle Naturkastastrophen überdauert hat. Luoyang wurde wieder aufgebaut und zur neuen Hauptstadt gemacht. Im Süden, im heutigen Yangzhou, entstand eine weitere Residenz. Sein Hauptwerk aber war der Bau des Kaiserkanals, der die Flüsse Haihe, Huanghe, Huaihe und Changjiang verbindet. Dadurch wurde ein reger Warenaustausch zwischen Norden und Süden erreicht; vor allem diente er der Getreidebeförderung.
Auch außenpolitisch waren die beiden Kaiser erfolgreich. Der Norden wurde abgesichert und Nord-Tibet dem Reich angegliedert. Ein Expeditionsheer drang bis Süd-Vietnam vor, die Eroberung Koreas schlug jedoch fehl. Damit zeichnete sich das Ende der Dynastie ab. Die Kriege, die großen Bauten, die Prunk- und Verschwendungssucht des letzten Kaisers hatten die Staatskasse ruiniert. Die Bevölkerung rebellierte gegen die ständigen Fron- und Militärdienste, es kam zu Aufständen, denen sich auch der Adel anschloß. Der Kaiser mußte nach Süden fliehen und wurde 618 ermordet.

Tang-Dynastie 618–907

Ein Sui-General, Aristokrat aus Nordchina, der an den Bauernaufständen beteiligt war, erklärte sich 618 zum Kaiser der Tang-Dynastie. Nach wenigen Jahren folgte ihm sein Sohn Taizong, eine der herausragenden chinesischen Herrschergestalten, auf den Thron. In kürzester Zeit gelang es ihnen, Ruhe und Ordnung wiederherzustellen. Unter ihrer Herrschaft erfuhr das Reich eine gewaltige Machtentfaltung und eine nie dagewesene Ausdehnung. Binnen weniger Jahrzehnte unterwarfen sie die Turkvölker und errichteten im Tarim-Becken und im heutigen Vietnam Militärprotektorate, besetzten Afghanistan und brachten Tibet und Korea unter chinesische Oberhoheit.

Die von den Sui eingeleiteten Reformen wurden vollendet und den Bauern zunächst durch ein neues Landverteilungsgesetz geholfen. Die Produktion von Getreide und Seide nahm zu, die Vorratslager der Regierung füllten sich wieder. Pachtzahlungen an den Staat mußten in Form von Getreide, Seide und Frondiensten entrichtet werden. Frondienste konnten jedoch durch die Abgabe von bestimmten Mengen Baumwoll- oder Seidenstoff abgegolten werden. Von diesen Diensten befreit waren der Adel, Beamte, Großgrundbesitzer und Klöster. Im 8. Jh. war der Großgrundbesitz auf Kosten der freien Bauern wieder so angewachsen, daß die Regierung ein anderes Steuersystem einführen mußte.

Auch in der Verwaltung gab es Neuerungen. Für das aus der Han-Zeit übernommene System der Beamtenprüfungen wurde ein neues Verfahren eingeführt, das bis zum Beginn des 20. Jh. galt.

Bisher hatte die Zivilverwaltung der einzelnen Provinzen die Kontrolle über das Militär inne. Dies änderte sich im 8. Jh. Den Befehlshabern der an den Grenzen errichteten Militärbezirke, Generalgouvernements und Generalprotektorate unterstellte man die Zivilbeamten und die Finanzverwaltung ihrer Bezirke. Das erhöhte die Schlagkraft des Heeres, das man 722 in ein Berufsheer umwandelte, und verlieh den Gouverneuren zugleich eine ungeheuere Macht und die Möglichkeit, eigene Politik zu betreiben. Diese Neuerungen erfaßten auch die inneren Provinzen des Reiches und wurden zum Keim für den Untergang der Dynastie.

Hauptstadt des Tang-Reiches war Chang'an am Anfang der Seidenstraße. Die Stadt entwickelte sich zu einer internationalen Metropole, die im 8. Jh. über 1 Million Einwohner zählte. Hier trafen sich Kaufleute, die mit ihren Karawanen aus West- und Zentralasien kamen. Chang'an war auch über Wasserwege mit dem Küstengebiet im Süden verbunden. In der Stadt gab es viele Werkstätten und Läden.

Die Ausländer richteten sich eigene Handelshäuser ein und wohnten in Kolonien. Es gab sie aber nicht nur in der Hauptstadt, sondern auch in anderen wichtigen Handelsstädten. Mit ihnen kamen die verschiedensten Religionen nach China, die sich ungestört verbreiteten.

Grundlage jeglicher Handelsbeziehung war das Tributsystem. Da der Kaiser als Sohn des Himmels keinen anderen Herrscher anerkannte, mußte jeder Staat, der in Verbindung mit China treten wollte, Tributgesandtschaften an den Hof schicken. Sie brachten nicht nur bestimmte Erzeugnisse ihres Landes als Tribut, sondern mußten auch schriftlich die chinesische Oberhoheit anerkennen. Dafür erhielten sie vom Kaiser Geschenke im etwaigen Gegenwert zurück. Dieses System brach erst in der Neuzeit zusammen.

Es kamen nicht nur Kaufleute nach Chang'an, sondern auch Studenten aus Korea, Japan, Persien und Arabien, um hier Astronomie, Philosophie, Medizin, Geschichte, Politik, Literatur und Kunst zu studieren. Durch die Berührung mit den fremden Völkern profitierten auch die Chinesen. So lernten sie die Herstellung von Zucker aus Zuckerrohr und das Keltern von Weintrauben. Perser und Araber brachten neue Früchte und Pflanzen nach China.

Das Handwerk entwickelte sich weiter. Chengdu/Sichuan und Yangzhou/Jiangsu waren für ihre feingemusterten Seiden und Brokatstoffe berühmt. Auch die Porzellanherstellung hatte große Fortschritte gemacht. Aus dem Protoporzellan der Han-Zeit entwickelte sich eine weiße Keramik mit grünen, gelben oder weißen Glasuren. Die Papierproduktion vergrößerte sich infolge neuer Herstellungsmethoden.

Unter Taizongs Nachfolger gelangte eine Frau zu großer Macht, die nach dessen Tod unter dem Namen Wu Zetian als erste und einzige Kaiserin von China 20 Jahre lang regierte. Erst nach ihrem Tode konnte die Herrschaft der Tang-Sippe wiederhergestellt werden.

Bald begann unter dem kunstsinnigen Kaiser Xuanzong, der 40 Jahre lang regierte, die zweite Blüte der Tang-Dynastie. Es war das goldene Zeitalter der chinesischen Poesie und der Malerei. Tausende von Gedichten entstanden, nach besonderen Regeln verfaßt. Tang-Dichter wie Li Bai, Du Fu und Bai Juyi wurden weltbekannt. Berühmt sind auch die Wandmalereien aus jener Zeit in Tempeln und Grotten (siehe Dunhuang S. 764 ff). Die Werke hervorragender Portrait- und Landschaftsmaler gelten heute noch als einzigartig.

Der Buddhismus hatte alle sozialen Schichten erfaßt. Es gab unzählige Klöster und Tempel in den Städten wie auf dem Lande. Da die Klöster an den Handelsplätzen den Kaufleuten zugleich als Bank dienten, wuchs mit dem steigenden Außenhandel auch ihre wirtschaftliche Macht. Sie kauften immer mehr Land auf, das dann keiner Besteuerung mehr unterlag. Aus Münzmetall entstanden schwere Buddhafiguren, denn Mönche und Nonnen brauchten weder Steuern noch Dienstleistungen zu entrichten. Sie betätigten sich nicht nur als Heilkundige und Wahrsager, sondern waren auch Dichter, Kalligraphen, Maler oder Übersetzer unzähliger Texte.

Eine wichtige Erfindung dieser Zeit war der Buchdruck. Das älteste noch existierende gedruckte Buch der Welt stammt aus dem Jahre 868.

In den Jahren 842–845 erließ der Kaiser Gesetze, die alle fremden Religionen verboten und ihre Vermögen einzogen. Davon wurde auch der Buddhismus betroffen, obwohl er sich inzwischen zu einer Volksreligion entwickelt hatte. Der Hauptgrund zu dieser Maßnahme lag sicher mehr in der Notwendigkeit der Geldbeschaffung und in der Furcht vor dem Machtanstieg buddhistischer Klöster als in iner Religionsfeindlichkeit. Tausende von buddhistischen Klöstern und Tempeln wurden säkularisiert, viele zerstört, das dazugehörige Land beschlagnahmt, Mönche und Nonnen in den Laienstand versetzt. Obwohl der

Buddhismus im Volke weiterlebte, konnte er sich von diesem gewaltigen Rückschlag nie mehr richtig erholen.
Der Niedergang der Dynastie begann schon unter Xuanzong durch innen- und außenpolitische Schwierigkeiten, wie der Rebellion des Militärgouverneurs An Lushan im Jahre 755, der selbst die Macht ergreifen wollte. Ein Bürgerkrieg verursachte großes Elend unter der Bevölkerung und konnte von den Regierungstruppen nur mit Hilfe von Fremdvölkern beendet werden.
Zwar versuchte die Zentralregierung durch Reformen, ein neues Steuersystem und Monopolbildung auf den Gebieten Salz, Alkohol und Tee den Staatshaushalt und die Macht zu stabilisieren, doch die mächtigen Gouverneure ließen es an Loyalität mangeln und lieferten nur einen Teil der Steuern ab. So gelang es dem Kaiserhof nicht, die Macht erneut zu konsolidieren. Fraktionskämpfe zwischen Beamten und Eunuchen verschlimmerten die Lage. Das Ende waren Not und Elend unter der Bevölkerung und jahrzehntelange Bauernaufstände und Revolten, die im Jahre 907 die Dynastie stürzten.

Wudai, Fünf Dynastien 907–960 **und Zehn Königreiche** 902–979

Das Reich zerfiel in den nächsten 50 Jahren abermals in mehrere Teile. Im Süden entstanden aus ehemaligen Militärbezirken zehn voneinander unabhängige Königreiche. Hier war es im Gegensatz zum Norden verhältnismäßig friedlich, deshalb konnte sich das Gebiet kulturell und wirtschaftlich gut entwickeln. Neben dem Seidenhandel wurde der monopolisierte Handel mit Tee, Salz und Porzellan ausgebaut. Es entstand das erste helle Porzellan, das viele Arbeitsgänge erforderte und deshalb bereits in Großbetrieben hergestellt werden mußte.
Auch der Buchdruck wurde vervollkommnet. Eine besondere Neuerung zur besseren Abwicklung des Handels war das Aufkommen von Depositenscheinen, Vorläufern des Papiergeldes. Gegen Hinterlegung von Kupfergeld erfolgte die Aushändigung von Scheinen, die in dem Wert des Geldes gehandelt wurden.
Im Norden des Landes errichteten Kriegsherren nacheinander kurzlebige Dynastien. Daneben breiteten sich im Norden und Nordwesten nichtchinesische Dynastien aus, wie das Königreich Liao der Khitan, einem Nomadenvolk aus der heutigen Inneren Mongolei, das 200 Jahre existierte.

Song-Dynastie 960–1279

Im Jahre 960 wurde zum ersten Mal ein General von seinen Offizieren zum Kaiser gewählt. Er nannte seine Dynastie Song. Während er innerhalb der nächsten 20 Jahre einen Südstaat nach dem anderen eroberte und somit das

Reich in verkleinerter Form wieder einte, blieb der Norden in der Hand der Fremdvölker, denen zur Wahrung des Friedens Tribute gezahlt werden mußten. Angesichts der Gründe, die die Tang-Dynastie zusammenbrechen ließen, stellte der neue Kaiser die Verwaltung vollkommen um. Die Militärkommandeure ersetzte er durch Zivilbeamte und unterstellte sie der Zentralverwaltung. Damit war ein Beamtenstaat geschaffen; zu politischem Einfluß konnte nur derjenige gelangen, der sich den strengen Prüfungen auf der Grundlage der konfuzianischen Klassiker unterzogen hatte.

Die Staatsausgaben stiegen im 11. Jh. mit Vergrößerung des Heeres, so daß die Steuereinnahmen nicht mehr ausreichten.

Wer über Geld verfügte, legte es in Ländereien an, die von Pächtern bebaut wurden und Pachtzahlungen in Höhe von 40–50% des Ernteertrages einbrachten. Es war die Zeit der stärksten Konzentration des Landbesitzes in den Händen einer kleinen Schicht. Für den Grundbesitz wurde zwar eine Bodensteuer erhoben, die man aber meist zu hinterziehen wußte. Der Grundbesitz der Beamten war von den wichtigsten Steuern befreit, so daß die Hauptlast des Steueraufkommens auf den Schultern der freien Kleinbauern ruhte. Waren sie nicht mehr zahlungsfähig, mußten sie ihr Land einem Großgrundbesitzer überlassen, um dann darauf als Pächter zu arbeiten, oder sie verschwanden und tauchten in einem anderen Bezirk unter. Das führte immer wieder zu Rebellionen. Reformen zur Verbesserung der Landwirtschaft unter Wang Anshi (1021–1086), die den kleinen Bauern zugute kamen, sich aber auch gegen die Monopole wandten, wurden bald von hohen Beamten, Großgrundbesitzern und Großkaufleuten boykottiert.

Zur gleichen Zeit blühte das Land in kultureller Hinsicht auf. Die konfuzianische Lehre wurde von bedeutenden Philosophen wie Zhu Xi neu interpretiert und dogmatisiert; man spricht heute von dieser Neuerung als dem Neokonfuzianismus. Eine andere Neuerung der Song-Zeit war die umgangssprachliche Literatur. Von besonderer Bedeutung ist auch die Malerei. Neben Malschulen gab es am Kaiserhof eine Malakademie, die sich der Genremalerei widmete. Berühmt ist die für die Song-Zeit typische Keramik, Seladon genannt, die aus Steinzeug gefertigt und mit grünen Glasuren überzogen wurde. Am Ende der Song-Zeit kamen die ersten weißen Porzellane mit blauer Bemalung auf.

Im Jahre 1115 gründete ein Vasallenvolk der Khitan, die Nüzhen, Vorfahren der späteren Mandschu, das Königreich Jin. Schon 1125 hatten sie die Khitan geschlagen und drangen weiter nach Süden vor. 1127 nahmen sie die Hauptstadt der Song, Kaifeng, ein und beendeten damit die Nördliche Song-Dynastie.

Ein Bruder des Kaisers floh mit einigen Ministern nach Nanjing und gründete dort die Südliche Song-Dynastie. Hauptstadt wurde Hangzhou, 1127–1279. Die Jin stürmten weiter nach Süden, konnten aber immer wieder von chinesi-

schen Truppen aufgehalten werden. Vereinzelte Kämpfe ließen mal die eine, mal die andere Seite gewinnen. Der Kaiser erkaufte sich einen Frieden mit den Jin, den er mit jährlichen Tributleistungen bezahlen mußte. Trotzdem kam es immer wieder zu Grenzgefechten.
Wirtschaftlich entwickelte sich der Süden weiter. Baumwollanbau und -verarbeitung nahmen zu, der Gebrauch von Papiergeld weitete sich aus, Schiffbau und Handel florierten in den südlichen Häfen. Mit Hilfe des Kompaß entwikkelte sich in zunehmendem Maße der Überseehandel.
Im Norden war inzwischen ein anderes Volk, das der Mongolen, eingedrungen. Ihrem Ansturm erlagen 1234 die Jin und 1279 die Truppen der Südlichen Song. Damit kam ganz China unter mongolische Herrschaft.

Yuan-Dynastie 1271–1368

Im Jahre 1206 wurde Dschingis Khan von den Clanführern mongolischer und türkischer Hirtennomaden zum Regenten gewählt. Er versuchte, seine Herrschaft auszuweiten und griff die Nachbarstaaten an. Es gelang ihm und seinen Nachfolgern, die Jin zu unterwerfen. 1260 machte sein Enkel Kublai Khan das heutige Beijing zu seiner Hauptstadt und gründete im Jahre 1271 die Yuan-Dynastie. Nach langen Kämpfen vernichtete er 1279 die letzten Reste der Südlichen Song-Truppen. Nun gehörte China zu einem Weltreich, das sich von Rußland bis zur Mandschurei erstreckte. Es folgten weitere Feldzüge gegen Japan und Südostasien bis nach Java hin, mit wechselndem Erfolg; dabei gerieten große Teile Hinterindiens unter mongolischen Einfluß.
Die Verwaltung eines Kulturstaates, wie China ihn darstellte, war für die Mongolen zunächst ein Problem. Der mongolische Adel wollte anfangs das nordchinesische Ackerland in Weideflächen umwandeln. Doch man stellte sich den Schwierigkeiten und baute eine neue Zivilverwaltung auf. Verwaltungssprache war Mongolisch und Chinesisch. Die höchsten Regierungsämter bekleideten Mongolen, unterstützt von Ausländern wie Türken, Uiguren und Persern, darunter häufig Kaufleute, die ebenfalls in den Staatsdienst aufgenommen wurden. Bekanntester Ausländer am Kaiserhof war der venezianische Kaufmannssohn Marco Polo (1254–1324), der 17 Jahre in den Diensten des Kublai Khan gestanden hat. Die Ausländer beherrschten vor allem das Finanzwesen. Die Nord-, besonders aber die Südchinesen hatten so gut wie gar keine Rechte. Die reichen Grundbesitzer im Süden behielten zwar ihre Ländereien, verloren aber alle Ämter und somit ihre politischen Einflußmöglichkeiten. Die ausländischen Kaufleute besaßen verschiedene Privilegien. Sie brauchten keine Steuern zu zahlen, durften auf den ausgebauten Fernstraßen, die mit Poststationen versehen waren, herumreisen. Der von ihnen erworbene

Reichtum ging zum größten Teil in die Heimat. Den chinesischen Kaufleuten blieb in dieser Zeit nur der Binnenhandel.
Die neue Hauptstadt, das heutige Beijing, wuchs. Hier lebte nicht nur der Kaiser mit seinem Hofstaat, sondern auch die vielen Beamten und Fremden. Kublai ließ prächtige Paläste errichten. Gebaut wurden sie von armen Bauern, die zwangsverpflichtet waren. Zur Ernährung dieser Menschen mußte das Transportwesen verbessert werden, denn das meiste Getreide, vor allem der Reis, kam aus dem Süden. Flüsse und Kanäle mußten reguliert oder neu angelegt, die Küstenschiffahrt und Straßen ausgebaut werden. Diese umfangreichen Projekte wirkten sich günstig auf die Wirtschaft des geeinten Reiches aus. Den Religionen gegenüber zeigten die Mongolen viel Toleranz. Sie selbst waren sehr religiös. Der Hof förderte den Lamaismus, die tibetische Form des Buddhismus. Doch auch andere Weltreligionen drangen wieder nach China ein. Am Anfang des 14. Jh. schickte der Papst Franziskanermissionare nach Asien.
Auf kulturellem Gebiet setzten sich Musik-Dramen, in der Umgangssprache geschrieben, durch. In der Architektur hielt die tibetische Pagode, die Dagoba, ihren Einzug. Im nördlichen China wurde die Teppichknüpferei eingeführt.
Die Mongolen und ihre fremden Berater waren aber auf die Dauer nicht in der Lage, diesen hochzivilisierten Agrarstaat zu regieren. Das Land verarmte völlig. Hungerrevolten, die 1325 begannen und nicht mehr enden wollten, waren die Folge. Zunächst richteten sie sich gegen alle Reichen, später im besonderen gegen die Mongolen. Zhu Yuanzhang, ein Bettelmönch, der einer verarmten Kleinbauernfamilie entstammte, wurde in den Jahren nach 1350 zum Führer der Aufstandsbewegungen. Er eroberte Nanjing und den Südosten. Die Intelligenz und reichere Volksschichten schlossen sich ihm an. Das Ziel des Aufstandes war nun die Vertreibung der Mongolen. 1368 fiel Beijing in seine Hand; der Kaiser floh mit seinen Vertrauten in die Steppe.

Ming-Dynastie 1368–1644

Nach der Eroberung Beijings im Jahre 1368 machte Zhu Yuanzhang Nanjing zur Hauptstadt der von ihm gegründeten Ming-Dynastie. Mit straffer Hand ordnete er die Zentralverwaltung und unterstellte die wichtigsten Ministerien seiner persönlichen Kontrolle. Damit erreichte er die umfassendste Macht, die jemals ein Kaiser besessen hatte. Zu seiner Unterstützung dienten Großsekretäre als Berater. Die Ausbildung der Beamten erfolgte wieder auf der Basis der konfuzianischen Schriften. Bald gelangten die Eunuchen zu immer größerem Einfluß, und die Rivalitätskämpfe mit den Beamten flammten wieder auf. Unter Zhu Yuanzhangs Nachfolgern wurde Beijing wieder Hauptstadt.

Gesetze zur Neuverteilung von Grund und Boden wurden erlassen und die verwüsteten Gebiete im Norden neu besiedelt. In China ansässige Ausländer mußten chinesische Namen annehmen und durften nur noch Chinesen heiraten.

Die Mongolen waren zwar vertrieben, griffen aber immer wieder an. Sie konnten weder besiegt werden, noch konnten die Chinesen Landgewinne erzielen. Deshalb versuchte man die gesamte Nordgrenze militärisch zu schützen. Im Jahre 1449 drangen die Mongolen bis Beijing vor. Sie konnten zurückgeschlagen werden, und die Regierung ließ daraufhin vorsichtshalber die Große Mauer im Norden ausbauen. Sie ist heute noch zu sehen. Im Süden und Osten war es auch nicht ruhig. Japanische Seeräuber überfielen häufig die Küstenprovinzen.

Zur Versorgung der Heere schuf man wieder Militärkolonien nach uraltem Muster, die sich jedoch entgegen der Planung nicht allein versorgen konnten. Deshalb mußte Korn aus den Hauptanbaugebieten in Mittelchina herangeschafft werden. Die Landwirtschaft hatte sich dank einiger Neuerungen, vor allem der Verwendung einer neuen Reissorte, die innerhalb von 60 Tagen reifte und daher zwei Ernten im Jahr einbrachte, positiv entwickelt. Außerdem wurde in Reisanbaugebieten auch Weizen und Gerste gezogen. Um eine reibungslose Versorgung der Soldaten zu gewährleisten, ließ die Regierung das Getreide von Händlern transportieren, die dafür Gutscheine für Salz erhielten. Dieses Salz verkauften sie mit so großem Gewinn, daß sich ihr Reichtum enorm steigerte. Als die Regierung daraufhin die Kornlieferungen mit Geld bezahlte, waren die Kaufleute nicht mehr interessiert. Überhaupt nahm der Handel in dieser Zeit einen beachtlichen Aufschwung. Der Anbau von Baumwolle wurde ausgeweitet, Stoffe wurden schon in kleinen Fabriken hergestellt – Zentrum hierfür war Shanghai –, und es entstanden große Porzellanmanufakturen. Weiße Porzellane mit blauem Dekor gewannen an Beliebtheit.

Buchdruckerei und Buchhandel blühten erneut auf. Die neuen Leser, die nicht mehr ausschließlich Literatenbeamte waren, verlangten einen anderen Lesestoff. Man druckte Romane und Novellen, in volkstümlicher Sprache geschrieben. Zugleich führte man die Buchzensur ein. Die Dramen und das Theater entwickelten sich weiter.

Im Jahre 1406 sandte der Kaiser Truppen nach Annam und Hinterindien, um die ehemals mongolischen Einflußgebiete von den Ming abhängig zu machen. Er ließ auch eine Flotte bauen, die durch die Südsee über Hinterindien bis an die persischen Küsten und ins Rote Meer vordrang. Sie sollte in der Hauptsache Handelsbeziehungen festigen. Aus Kostengründen wurden diese Fahrten bald wieder eingestellt. 1517 landeten die Portugiesen erstmals bei Kanton. Spanier, Holländer und Engländer folgten.

Die gegenseitigen Handelsbeziehungen gestalteten sich im Laufe der Zeit recht

unerfreulich, weil diese auf dem Tributsystem beruhten, das die Europäer jedoch ablehnten. 1582 begann erneut mit dem Jesuiten Matteo Ricci die christliche Mission. Er war Astronom und gelangte dadurch an den kaiserlichen Hof. Der Erfolg der Missionstätigkeit war hingegen gering.
Das Ende der Dynastie lösten wieder Aufstände und Bauernrevolten aus. Die Cliquenkämpfe zwischen Beamten und Eunuchen spitzten sich zu, auch innerhalb der Beamtenschaft kam es zu Auseinandersetzungen; das führte zu Mißwirtschaft und Aufständen. Außerdem war dem Reich ein äußerer Feind erwachsen. In der Mandschurei, wo die Nachkommen der tungusischen Stämme lebten und sich ein Teil der aus China vertriebenen Mongolen angesiedelt hatte, schlossen sich die Stämme zusammen und gewannen zunehmend an Macht. Sie nutzten das Chaos im Reich, besetzten Beijing und beherrschten nach wenigen Jahren das gesamte Land.

Qing-Dynastie 1644–1911

Die Mandschurei wurde in der Hauptsache von tungusischen Volksstämmen, von Mongolen und Chinesen bewohnt und stand unter chinesischer Militärverwaltung. Nachdem sich die Völker der Mandschurei unter einem starken Stammesfürsten geeint hatten, der sich 1616 zum Khan erhob und seine Macht auszudehnen begann, schlossen sich ihm auch bald die Mongolen an. Sein Nachfolger griff in die Aufstände im chinesischen Reich ein und errichtete 1644 in Beijing die Dynastie der Qing. Der letzte Ming-Kaiser hatte sich erhängt, doch die großen Rebellen-Generäle kämpften vor allem in Südchina weiter. Keiner von ihnen war in der Lage, eine neue Regierung zu errichten. Ihnen fehlte die Unterstützung durch die Oberschicht. Die Intelligenz hatte das Vertrauen verloren und sah keinen Ausweg. Viele nahmen sich in dieser Zeit das Leben. Auch die Versuche einiger Prinzen des Ming-Kaiserhauses, zusammen mit loyalen Beamten nach dem Vorbild der Song-Dynastie eine Südliche Ming-Dynastie zu gründen, scheiterten. Da die Mandschu den Grundbesitz der Oberschicht nicht antasteten, stellte sich allmählich deren größter Teil auf die Seite der Eroberer. Es dauerte aber fast vier Jahrzehnte, bis sie das ganze Reich beherrschten.
Die Verwaltung wurde mandschurisch-chinesisch geführt, d. h. die wichtigsten Ämter bekleideten je ein Mandschu und ein Chinese gemeinsam, wobei sich die Chinesen im Gegensatz zu den Mandschu weiterhin den schweren Staatsprüfungen unterziehen mußten. Wie die Mongolen, so betrachteten sich auch die Mandschu als Herrenrasse. Die ersten Gesetze waren für das chinesische Volk sehr entwürdigend, denn jedermann mußte nun unter Androhung der Todesstrafe zum Zeichen der Unterwerfung einen Zopf tragen. Heiraten zwischen Chinesen und Mandschu waren verboten.

Unter den ersten Qing-Kaisern begann eine neue Blütezeit für das Land. Sie waren sehr aufgeschlossen, brachten Wirtschaft und Finanzen in Ordnung, regulierten Kanäle und Flüsse, besserten deren Dämme aus und verhinderten damit im 17. und 18. Jh. große Überschwemmungen, die vorher unzähligen Menschen das Leben gekostet hatten. Die Kaiser holten die chinesische Intelligenz an ihren Hof, ließen große Enzyklopädien verfassen und förderten Literatur und Kunst. Die chinesische Sprache trat am Hof immer mehr in den Vordergrund, während Mandschurisch am Ende der Dynastie fast in Vergessenheit geriet.

Die Kaiser zeigten sich auch gegenüber den Missionaren, besonders den Jesuiten, großzügig. Sie durften am Hof als Wissenschaftler arbeiten. Hervorragendes leisteten diese auf den Gebieten der Astronomie und Kalenderwissenschaft, die schon immer von größter Bedeutung für die Kaiser waren. Die begeisterten Berichte der Ausländer an die Heimat verfehlten im Zeitalter der Aufklärung nicht ihre Wirkung auf die europäische Geisteswissenschaft (Voltaire, Leibniz). Wie auch ihre Vorgänger versuchten sie, das Christentum durch Anpassung an die chinesische Lebensweise zu verbreiten.

Seit sich 1683 die letzten Rebellen auf Taiwan geschlagen geben mußten, gab es nur noch an der Peripherie des Reiches Kämpfe. Die Westmongolen erhoben sich, konnten jedoch 1697 von kaiserlichen Truppen besiegt werden. 1724 gliederte man Tibet und 1757/59 Ost-Turkestan an China an. Außerdem standen Korea, Indochina und Nepal unter chinesischer Oberhoheit, so daß am Ende des 18. Jh. China ganz Zentral- und Ostasien beherrschte. Gleichzeitig dehnten sich die Russen in Sibirien aus.

Es kam mit den russischen Kolonisatoren am Amur zu Grenzstreitigkeiten, die im Jahre 1689 in einem Vertrag, dem ersten mit einem europäischen Staat überhaupt, beigelegt wurden. Als Dolmetscher befanden sich auf chinesischer Seite zwei Jesuiten. Der innere Friede und die wirtschaftliche Gesundung bis in die Mitte des 18. Jh. führten zu einem enormen Bevölkerungsanstieg. Bald konnte das Land die vielen Menschen nicht mehr ernähren. Die Anbaufläche war begrenzt, und ein Ausbau der Industrie, in die die bäuerliche Bevölkerung hätte abwandern können, wurde von der Oberschicht, von der die Handwerker nach wie vor abhängig waren, verhindert. Das Land begann zu verarmen, das Geld konzentrierte sich mehr und mehr in den Händen der Kaufleute. Vorhandenes Kapital wurde in Ländereien angelegt. Der Niedergang der Dynastie setzte bereits am Ende des 18. Jh. ein. Unruhen und Volksaufstände der Landbevölkerung einzelner Provinzen brachen aufgrund der schlechten wirtschaftlichen Lage aus.

Der Überseehandel spielte damals eine ganz geringe Rolle. Ab 1685 gestattete man ihn in einigen Häfen der Südostküste und richtete in Kanton ein Seezollamt ein. Ab 1760 durften dort nur noch mit einer kleinen Gruppe konzessio-

nierter Kaufleute Geschäfte abgeschlossen werden. Die führenden ausländischen Geschäftspartner waren bald die Engländer.
Die Chinesen verkauften hauptsächlich Tee und Seide, konnten aber mit den europäischen Erzeugnissen wenig anfangen. Um ihren Export zu steigern und damit zu einer aktiven Handelsbilanz zu kommen, begannen die Engländer das Geschäft mit dem Opium, das sie billig aus Indien herbeischafften. Dieser Handel weitete sich bald derart aus, daß ihn die chinesische Regierung verbot. Dafür wurde nun das Opium in immer größeren Mengen geschmuggelt. 1839 schickte die Regierung einen hohen Beamten nach Kanton, der die englischen Opiumvorräte vernichten ließ. Der Konflikt verschärfte sich und führte 1840 zum Opiumkrieg, in dem sich die große Überlegenheit der europäischen Waffen zeigte. Im Frieden von Nanjing wurde der erste der sogenannten Ungleichen Verträge geschlossen. China mußte 1842 u. a. fünf Häfen für den Handel mit dem Westen öffnen und Kriegsentschädigung zahlen. In einem Zusatzvertrag wurde die für China verhängnisvolle Meistbegünstigungsklausel aufgesetzt, die besagt, daß alle Vorrechte, die China jemals anderen Staaten zugesteht, automatisch auch England erhalten müsse. Die ersten exterritorialen Rechte mußten zuerkannt werden. Seit 1854 lag die Verwaltung des Seezolls in den Händen der Fremden; diese unterstanden allerdings offiziell als Inspektoren der chinesischen Regierung.
Die völlig traditionell denkenden Chinesen übersahen die Auswirkungen dieser erzwungenen Zugeständnisse noch gar nicht. Für sie gehörte der Handel zum Tributsystem, dem sich seit 1000 Jahren alle fremden Kaufleute unterwarfen. In den Engländern sahen sie Barbaren, die mit Gewalt chinesische Märkte erobern wollten. Die westlichen Mächte waren nicht bereit, sich dem chinesischen System anzupassen und die Entscheidung über das Stattfinden von Handel dem chinesischen Kaiser zu überlassen. Und noch weniger bereit waren sie, ihn in seiner Autorität als ›Himmelssohn‹ anzuerkennen. Sie erkannten und nutzten die militärische und innenpolitische Schwäche, in der sich China befand, und erzwangen sich Rechte, die sie auf andere Weise kaum erhalten hätten. Geringfügige Anlässe genügten, um bewaffnete Zusammenstöße herbeizuführen.
Schon während des Taiping-Aufstandes kam es 1856 erneut zum Krieg gegen englische und französische Truppenkontingente, die 1860 bis Beijing vordrangen und den kaiserlichen Sommerpalast plünderten und verwüsteten. Darauf wurden in Verträgen neue Zugeständnisse gefordert wie u. a. die Öffnung weiterer Häfen für den Handel, die Errichtung diplomatischer Vertretungen in Beijing, das Zugeständnis der Exterritorialität und Konsulargerichtsbarkeit, freie Schiffahrt auf chinesischen Flüssen, die Beschränkung der Zollhoheit, die Genehmigung von Konzessionen, Niederlassungen und Pachtgebieten unter fremder Verwaltung. Die Meistbegünstigungsklausel wurde erneut aufgenom-

men. Auch der Opiumhandel mußte wieder zugelassen werden. Ähnliche Zugeständnisse erhielten die USA und Rußland.
Hatten bisher nur handelspolitische Interessen für die westlichen Mächte im Vordergrund gestanden, so waren mit diesen Verträgen erste Anfänge erreicht, die Teile des Landes in einen halbkolonialen Zustand versetzten. Die ausländischen Kaufleute richteten sich in den Konzessionen und Niederlassungen der Vertragshäfen ein, traten größtenteils überheblich und anmaßend auf und hatten meist nur geschäftlichen Kontakt zu den entsprechenden Händlern und chinesischen Dienststellen. Sonst lebten sie völlig isoliert, von der Bevölkerung gemieden und verachtet.
Dagegen kam es mit den Missionaren, die aufgrund der Verträge im ganzen Land tätig wurden, zu ständig neuen Zusammenstößen und blutigen Unruhen. Anders als ihre jesuitischen Vorgänger übten sie ihre Tätigkeit unter dem Schutz ihrer jeweiligen Regierungen aus und brauchten sich nicht den chinesischen Verhältnissen anzupassen. Auch bei der Verbreitung der christlichen Lehre nahmen sie auf die überlieferten Sitten keine Rücksicht. Bekehren ließen sich fast nur die ärmsten Schichten, oft nur wegen einer Schale Reis, oder straffällige Personen, die sich in den Schutz der Missionshäuser flüchteten, um dem Zugriff der Behörden zu entgehen. Erst nach der Jahrhundertwende, als die Missionare immer mehr Krankenhäuser und Schulen bauten, die auch der nichtgetauften Bevölkerung zugänglich waren, erhöhte sich deren Ansehen allmählich.
Die Unruhen, die Ende des 18. Jh. begannen, setzten sich weiter fort und erhielten durch den Verfall der Wirtschaft und des Geldes immer neue Nahrung. Religiöse Sekten und Geheimbünde verzeichneten großen Zulauf. 1850 kam es zur Explosion. Der Taiping-Aufstand, ein Bürgerkrieg, der sich von der Provinz Guangxi ausgehend in Windeseile bis Mittelchina ausweitete, hätte die Dynastie beinahe gestürzt. Die Regierungstruppen vermochten den Aufstand nicht niederzuschlagen. Es waren chinesische Gouverneure, die die Initiative ergriffen, und, von der Oberschicht unterstützt, eine Miliz aufstellten. Ihr gelang es mit Hilfe einer europäischen Söldnertruppe, die Taiping zu besiegen. Den Westmächten, die eben den 2. Opiumkrieg beendet hatten, war an einem Fortbestand der schwachen Qing-Regierung gelegen, weil sie aus ihr die meisten Zugeständnisse erpressen konnten. 1864 fiel Nanjing, das Hauptquartier der Taiping. Zur gleichen Zeit kam es auch in anderen Provinzen zu schweren Rebellionen, darunter vor allem die Mohammedaneraufstände in Gansu, Shaanxi, Yunnan und Turkestan. Die Auswirkungen dieser Aufstände waren verheerend. Sie hatten nicht nur viele Millionen Menschen das Leben gekostet, sondern auch schwerste Zerstörungen verursacht. In nahezu der Hälfte des Reiches mußte die Landwirtschaft neu aufgebaut werden.
Gestärkt durch den Sieg über die Rebellen, begannen chinesische Politiker

Neuerungen, vor allem eine Modernisierung der Streitkräfte, durchzusetzen. Die Bemühungen scheiterten an dem orthodoxen System. Der konservative Hof, vor allem die Kaiserinwitwe, lehnten Reformen ab. Die Kaiserinwitwe Cixi, als Regentin für einen Kindkaiser eingesetzt, hatte es verstanden, sich mittels politischer Intrigen eine Machtposition zu verschaffen, die sie nahezu 50 Jahre zu halten wußte.

China blieb kaum Zeit für eine Atempause, denn die Westmächte drangen immer weiter vor. So fielen die chinesischen Protektorate Vietnam und Birma unter französische bzw. englische Kontrolle, Rußland hatte durch die Abtretung einiger mandschurischer Gebiete Wladiwostok erhalten, Portugal bekam Macao, Deutschland Jiaozhou mit Qingdao, Rußland Lüshun (Port Arthur) und Dalian, Frankreich die Bucht von Guangzhou und England besetzte bzw. pachtete das Gebiet von Weihaiwei. Außerdem ließen sich diese Staaten gewisse Einflußzonen zusichern. Aber auch Japan begann, seine Herrschaft auszuweiten. Zuerst annektierte es die Ryukyu-Inseln und begann dann, in Korea einzudringen, wodurch es 1894/95 zum Krieg kam, in dem China vernichtend geschlagen wurde und als Folge Taiwan abtreten und die Unabhängigkeit Koreas anerkennen mußte. Im Krieg um die Mandschurei 1904/05 besiegten die Japaner Rußland, nahmen sich Dalian mit Lüshun und sicherten sich ihre Einflußzone in der südlichen Mandschurei.

In dieser Zeit tiefster Erniedrigung und politischer Ohnmacht traten viele Literatenbeamte für tiefgreifende Reformen ein. Der Verfechter einer radikalen Richtung, Kang Youwei fand beim jungen Kaiser Gehör, der darauf 1898 durch mehrere Gesetze grundlegende Reformen einleitete, die den Widerstand der Konservativen hervorriefen. Die Kaiserinwitwe reagierte sofort, ließ den Kaiser gefangensetzen, verbannte ihn bis zu seinem Tode in seinen Palast und nahm die Zügel wieder in die Hand. Diejenigen Reformer, denen die Flucht nicht gelungen war, wurden hingerichtet.

Schon 1900 kam es in Nordchina erneut zu Unruhen. Dürrekatastrophen, Überschwemmungen, wirtschaftliche Not und Haß auf alle Fremden, besonders auf die Missionare, führten zum Boxeraufstand, der sich zunächst gegen die Mandschu richtete, geschickt aber von der Regierung gegen die Ausländer gelenkt werden konnte. Als die Boxer in Beijing das europäische Gesandtschaftsviertel belagerten, schickten die Westmächte, denen die chinesische Regierung den Krieg erklärt hatte, zur Befreiung eine internationale Armee. Im »Boxer-Protokoll« wurden neue Zugeständnisse und eine hohe Kriegsentschädigung verlangt.

Die Lage spitzte sich immer mehr zu, so daß sich auch die konservativen Hofkreise Reformen nicht mehr verschließen konnten, deren wichtigste die Abschaffung des traditionellen Prüfungssystems war. Für die Rettung der Dynastie kamen sie jedoch zu spät. Das Ende bahnte sich bald an.

Der Süden hatte während der letzten Jahrzehnte eine ganz andere Entwicklung als der Norden genommen. Hier war man aufgeschlossener, durch die Vertragshäfen strömte viel europäisches Gedankengut ein, und aufgrund des Handels mit den Ausländern hatte sich eine neue Mittelschicht, nämlich die der reichen Kaufleute, gebildet. Ihre Söhne gingen zum Studium ins Ausland, meist nach Japan. Hier gründeten junge Intellektuelle die ersten revolutionären Organisationen, die sich zum Revolutionsbund zusammenschlossen und Sun Yatsen, einen jungen auslandschinesischen Arzt, zu ihrem Führer wählten. Die ersten Putschversuche mißglückten.

Der mächtigste Mann dieser Zeit war Yuan Shikai, er verfügte über die einzige modern ausgebildete Armee. 1911 wollte die Zentralregierung die Eisenbahnen verstaatlichen und stieß dabei auf heftigsten Widerstand. Es kam zu Aufständen, in Wuchang putschte das Militär, und die meisten Provinzgouverneure sagten sich von Beijing los. Am Ende des Jahres wurde Sun Yatsen in Nanjing zum provisorischen Präsidenten der Republik gewählt. Er bot jedoch die Präsidentschaft dem mächtigeren Yuan Shikai unter der Voraussetzung an, die Republik zu verteidigen. Der nahm das Angebot an, verstand es, die Mandschu zur Abdankung zu bewegen – nach dem Tode der Kaiserinwitwe hatte es wieder einen Kind-Kaiser gegeben – und wurde im Februar 1912 der erste Präsident der Republik China.

Republikanische Periode 1912–1949

China, nun zur Republik geworden, bot ein Bild der inneren Zersplitterung. Die politischen und wirtschaftlichen Schwierigkeiten nahmen zu. Um existieren zu können, mußten ständig neue Anleihen im Ausland aufgenommen werden, die wiederum erneute Zugeständnisse forderten. Einzelne Provinzen machten sich selbständig, und das Ziel des neuen Präsidenten Yuan Shikai war nicht der Aufbau der Republik, sondern die Gründung einer eigenen Dynastie. In kürzester Zeit erlangte er diktatorische Machtbefugnisse, löste das Parlament auf und verfolgte seine politischen Gegner. 1913 floh Sun Yatsen nach Japan. 1915 ließ sich Yuan Shikai zum Kaiser erklären. Doch darauf erhob sich ein derartiger Widerstand im In- und Ausland, daß er noch vor seiner Inthronisation die Monarchie wieder aufhob. 1916 starb er.

Nach Yuan Shikais Tod verlor die Zentralregierung immer mehr an Bedeutung. Es begann die Periode der sich gegenseitig bekämpfenden »Militärmachthaber«, die auch über die Zivilverwaltung ihrer Provinzen bestimmten und, teilweise von ausländischen Mächten unterstützt, über eigene Geldquellen und Armeen verfügten. Die Jahre zwischen 1911–27, in denen sie eine politische Rolle spielten, vergrößerten die chaotischen Verhältnisse ungemein.

Inflation, Korruption, Plünderungen und Ausbreitung des Banditentums waren die charakteristischen Merkmale dieser Zeit.
Außenpolitisch sah es ebenso trostlos aus. Gleich nach dem Niedergang der Mandschu gerieten Tibet unter englischen und die Äußere Mongolei unter russischen Einfluß. Nach dem Beginn des 1. Weltkrieges in Europa hielt Japan die Zeit für gekommen, seine imperialistischen Pläne zu verwirklichen. Die Mandschurei geriet immer mehr unter japanischen Einfluß, die deutschen Pachtgebiete mit Qingdao wurden besetzt. Die chinesische Regierung erhielt 21 Forderungen überreicht, die aus China ein japanisches Protektorat gemacht hätten. Trotz größten Protestes der Bevölkerung wurde ein Teil der Forderungen erfüllt. Auf Drängen der USA und Japans mußte China 1917 Deutschland den Krieg erklären, sah sich aber in seiner Erwartung, die ehemaligen deutschen Gebiete zurückzuerhalten, bald von den Westmächten getäuscht, denn in dem Vertrag von Versailles wurden sie Japan zugesprochen.
Daraufhin demonstrierten am 4. Mai 1919 Tausende von Studenten auf dem Tiananmen-Platz in Beijing, was eine Protestwelle in der ganzen Bevölkerung auslöste. Es kam monatelang auch in anderen Städten zu Protestmärschen, Streiks und zum Boykott japanischer Waren. Unter dem Druck der Ereignisse entwickelte sich in allen Bevölkerungskreisen, besonders aber innerhalb der intellektuellen Schicht, ein starkes Nationalbewußtsein. China unterzeichnete den Versailler Vertrag nicht. Zur Rückgabe der Provinz Shandong wurde Japan erst 1922 durch die Konferenz von Washington gezwungen.
In diesen Jahren erfolgte eine gewaltige Revolution auf allen geistigen Gebieten, zusammenfassend »4. Mai-Bewegung« genannt. Die neue Intelligenz hatte meist im Ausland studiert und sagte dem Konfuzianismus und den alten Traditionen den Kampf an. Der Westen wurde Vorbild für alle Geistesrichtungen.
Zum geistigen Zentrum der neuen Ideen hatte sich die Universität Beijing entwickelt. Hier beschäftigten sich vor allem die Professoren Chen Duxiu, Herausgeber der Zeitschrift »Neue Jugend«, und Li Dazhao, Leiter der Universitätsbibliothek, mit dem Marxismus-Leninismus. Li Dazhao gründete 1918 die »Gesellschaft zum Studium des Marxismus«, der Studenten und einige Professoren angehörten. Unter ihnen befand sich auch der junge Bibliotheksangestellte Mao Zedong. Aus dieser Gesellschaft ging 1921 die in Shanghai gegründete Kommunistische Partei Chinas hervor, deren 1. Vorsitzender Chen Duxiu wurde. Zur gleichen Zeit entstanden auch im Ausland kommunistische Studentengruppen, so in Paris unter Zhou Enlai und in Deutschland unter Zhu De. Die Sowjetregierung erwarb sich noch besonderes Ansehen, als sie gleich nach dem 1. Weltkrieg auf alle zwangsweise eingeräumten Privilegien verzichtete. Mit Deutschland und Österreich wurden 1920

Sonderverträge abgeschlossen, in denen beide Staaten auch auf alle Vorrechte verzichteten.
Sun Yatsen kehrte nach Yuan Shikais Tod nach Shanghai zurück. Da seine Versuche, in Kanton eine Revolutionsregierung einzusetzen, gescheitert waren, und er durch die USA keine Unterstützung fand, sah er sich gezwungen, die Hilfe der Sowjetunion in Anspruch zu nehmen. 1923 kamen politische und militärische Berater nach Kanton, die die Nationale Volkspartei (Guomindang), hervorgegangen aus dem Revolutionsbund von 1911, nach sowjetischem Muster umorganisierten. Außerdem halfen sie beim Aufbau einer Militärakademie nahe Kanton, deren Kommandant Chiang Kaishek wurde.
Sun Yatsen hatte in seinem politischen Programm »Die drei Grundlehren vom Volk« aufgestellt: 1. Nationalismus, d. h. nationale Einheit und Unabhängigkeit, 2. Demokratie, d. h. das Recht des Volkes, sich seine Regierung selbst zu wählen, und 3. soziale Gerechtigkeit, d. h. Lehre von der Wohlfahrt des Volkes, gerechte Verteilung des Grund und Bodens. Die Verwirklichung des Programms sollte in drei Etappen erfolgen: Militärregierung, provisorische Regierung unter politischer Leitung der Nationalen Volkspartei, legal gewählte Regierung. Die Nationale Volkspartei, Guomindang, und die Kommunistische Partei, Gongchandang, gingen ein Bündnis ein, das von 1923–1927 hielt. 1925 starb Sun Yatsen, und es kam zu Flügelkämpfen innerhalb der Partei, die auch während des nachfolgenden Feldzuges noch anhielten.
Inzwischen hatte Chiang Kaishek einen immer größeren Einfluß erlangt. 1926 erhielt er den Auftrag, in Zusammenarbeit mit der Kommunistischen Partei einen Feldzug nach dem Norden zu unternehmen, um die Militärmachthaber auszuschalten und das Reich wieder zu vereinigen. Bereits nach einem Jahr waren ganz Süd- und Mittelchina erobert und der Regierungsitz nach Wuhan verlegt. Dabei erhielten die Truppen die Unterstützung der Bauern, denen die Kommunistische Partei eine neue Landzuteilung und Steueränderungen versprochen hatte.
Der kommunistische Einfluß wuchs besonders in den großen Städten des Changjiang-Tales. In Shanghai folgte seit 1925 ein Streik dem anderen. 1926 reduzierte Chiang Kaishek die von Mitgliedern der Kommunistischen Partei besetzten Posten innerhalb der Guomindang. Im Februar 1927 entschied er sich dann endgültig für den rechten Flügel. Er schloß heimlich mit einem ihm bekannten einflußreichen Bankier und Führer einer Geheimgesellschaft ein Abkommen, in dem er den Industrie- und Großkaufleuten die Erhaltung ihres Eigentums zusicherte. Nachdem Shanghai, das Finanz- und Industriezentrum Chinas, kampflos von seiner Armee eingenommen war, ging er zu offener Unterdrückung der Kommunisten über. Tausende von Kommunisten und Arbeiterführern wurden ermordet. Danach bildete er in Nanjing eine rechtsgerichtete nationalistische Regierung, unterstützt von Industrie- und Finanz-

gruppen sowie von Großgrundbesitzern, denen er auch den Erhalt ihres Eigentums versprochen hatte. Chiang Kaishek verbot die Kommunistische Partei und verfolgte fortan alle Kommunisten. Er wies die sowjetischen Berater aus und ersetzte sie durch deutsche; die Landreform und andere sozialpolitische Reformen blieben nur auf dem Papier. Im Dezember 1927 heiratete er eine Frau aus einer der reichsten Shanghaier Bankierfamilien, die Schwester der Witwe Sun Yatsens. 1928 zogen Chiang Kaisheks Truppen weiter nach Norden und besetzten schon im Juni Beijing. Der linke Flügel der Nationalen Volkspartei, der vorübergehend eine Oppositionsregierung gebildet hatte, trennte sich von den Kommunisten und vereinigte sich wieder mit Chiang Kaishek. Sitz der nationalistischen Regierung blieb Nanjing.

Chiang Kaishek hielt aufgrund des Einparteiensystems die Macht fest in der Hand. Unterstützung bekam er von den Westmächten, die mit einem erstarkten China der japanischen Expansion entgegenwirken wollten. So erhielt die Nationalregierung nach und nach einen Teil der Sonderrechte aus den Ungleichen Verträgen zurück, vor allem die Seezölle, die seit dem ›Boxer-Protokoll‹ von 1900 als Reparationszahlungen an mehrere westliche Mächte überwiesen werden mußten. Die Regierung begann die Modernisierung des Landes, besonders den Ausbau des Verkehrswesens, doch das Hauptgewicht legte Chiang Kaishek auf den Ausbau einer schlagkräftigen Armee, die er sich persönlich unterstellte und immer wieder im Kampf gegen Kommunisten und rebellierende Kriegsherren einsetzte. Die Mitglieder der Kommunistischen Partei arbeiteten fortan im Untergrund. Während sie mehr und mehr aus den Städten verdrängt wurden, erwarben sie sich auf dem Lande das Vertrauen der Bauern, die von Chiang Kaisheks versprochener und nicht gehaltener Reformpolitik enttäuscht waren.

Mao Zedong war nach der Gründung der Kommunistischen Partei in seine Heimatprovinz Hunan zurückgekehrt, wo er die Arbeiterschaft, vor allem aber die Bauern, für die revolutionären Ideen gewann und organisierte. Er gelangte zu der Überzeugung, daß nicht das größenmäßig unbedeutende Proletariat die Revolution durchführen konnte, sondern daß in diesem Agrarstaat China die Massen der Bauernschaft die revolutionäre Kraft bilden müßten. Damit wich er von der orthodox-marxistischen Linie Moskaus ab und galt als Abtrünniger. Als dann noch 1927 der von ihm organisierte Herbsternteaufstand in Hunan, der gegen den rechten Flügel Chiang Kaisheks gerichtet war, scheiterte, schloß man ihn aus dem Politbüro aus. Er floh in die Berge des Jinggang Shan zwischen Hunan und Jiangxi. Im Juli 1927 hatten Zhou Enlai und Zhu De in Nanchang vergeblich einen Aufstand versucht. Sie zogen daraufhin mit ihren Truppen ebenfalls ins Jinggang Gebirge und bauten zusammen mit Mao die Rote Armee auf. Diese streng disziplinierte Armee, bei der auf Diebstahl von Eigentum der Zivilbevölkerung, Vergewaltigung und

Totschlag die Todesstrafe stand, trug viel zu einem Vertrauensverhältnis mit der Bevölkerung bei. Mao und Zhu De errichteten ländliche Stützpunkte in der Provinz Jiangxi und begannen mit der Landreform, indem sie die Großgrundbesitzer und reichen Bauern rigoros enteigneten. 1931 entstand aus den Stützpunkten im Jinggang Gebirge eine Chinesische Sowjetrepublik.

Seit 1930 versuchte Chiang Kaishek in fünf Umschließungsfeldzügen diese Gebiete zu erobern, was ihm erst 1934 gelang. Nur unter größter Mühe konnte die Rote Armee aus der Umzingelung heimlich ausbrechen und ihren legendären »langen Marsch« antreten, der ein Jahr später im wenig besiedelten Nordwesten der Provinz Shaanxi endete. Von den 300 000 Menschen, die aufgebrochen waren, um unter größten Strapazen, durch unwegsames Gebiet und ständig von Guomindang-Truppen verfolgt, mehr als 12 000 km zurückzulegen, erreichte nur etwa der zehnte Teil das Ziel. In der Stadt Yan'an schlug Mao, der inzwischen die Führung der Partei übernommen hatte, sein Hauptquartier auf.

Japan hatte sein Bestreben, ein Groß-Ostasiatisches Reich unter japanischer Führung zu schaffen, nie aufgegeben. Es besetzte 1931/32 die Mandschurei, erklärte sie zum unabhängigen Staat Manzhouguo und setzte eine Marionettenregierung ein, an deren Spitze der letzte Qing-Kaiser stand. Chiang Kaishek protestierte erfolglos beim Völkerbund. Die Japaner dehnten in den nächsten Jahren ihren Einfluß immer weiter nach Süden und Westen aus. Chiang Kaishek sah jedoch in der Vernichtung der Kommunisten seine Hauptaufgabe. Eine erneute Umzingelung sollte Ende 1936 von Xi'an aus erfolgen, doch die kommunistische Führung in Yan'an verstand es, den dortigen Kommandanten von der Bildung einer antijapanischen Einheitsfront zu überzeugen. Verärgert darüber, begab sich Chiang Kaishek in dessen Hauptquartier nach Xi'an, wurde dort jedoch gefangengenommen. Man ließ ihn wieder frei, zwang ihn aber, zusammen mit den Kommunisten eine Einheitsfront gegen die Japaner zu bilden.

Am 7. Juli 1937 benutzten die Japaner einen Schußwechsel zwischen chinesischen und japanischen Truppen auf der Lugou Qiao (Marco Polo-Brücke) bei Beijing, um offen zum Angriff überzugehen. Sie besetzten Beijing und eroberten in rascher Folge Shanghai und Nanjing, worauf die Nationalregierung ihre Hauptstadt zunächst nach Hankou und dann nach Chongqing in der Provinz Sichuan verlegte. Es flohen aber nicht nur die Regierungsmitglieder, sondern auch viele Angehörige der Oberschicht und der Intelligenz vor den Japanern. Dabei versuchten sie alles, was sich nur transportieren ließ, mitzunehmen.

Die Japaner eroberten bald die ganze Küste und die gesamte chinesische Osthälfte, so daß die Westhälfte von jeglicher Zufuhr von der Küste her abgeschnitten war und die Versorgung nur über die meist unterbrochene Birmastraße und später durch Flugzeuge erfolgen konnte.

Japan setzte in dem von ihm besetzten Teil Marionettenregierungen ein und schloß Verträge mit ihnen ab. Besondere Hoffnung setzte es auf die neue Nanjing-Regierung, an deren Spitze ein Rivale Chiang Kaisheks stand.

Die Einheitsfront hielt nur am Anfang und fiel bald auseinander. Die Spannungen zwischen der Guomindang und der Kommunistischen Partei nahmen ständig zu. Ab 1939 kam es zu wiederholten bewaffneten Auseinandersetzungen. Die kommunistischen Truppen führten von ihren Gebieten aus einen Guerilla-Krieg hinter den japanischen Linien und störten deren Versorgung. Chiang Kaisheks Truppen waren viel zu schwach, um den bestens ausgerüsteten Japanern Einhalt gebieten zu können. Nach dem japanischen Überfall auf Pearl Harbor erklärten auch die USA und Großbritannien Japan den Krieg. Sie erkannten Nationalchina als gleichberechtigte Großmacht an und verzichteten auf alle in den Ungleichen Verträgen eingeräumten Vorrechte. Die wirtschaftlich total geschwächte Chongqing-Regierung erhielt zwar seit 1941 große materielle Unterstützung von den USA, doch Chiang Kaishek hielt lieber einen Teil seiner Truppen für den Kampf gegen die Kommunisten zurück, als sie gegen die Japaner einzusetzen. In seinen Gebieten herrschten Inflation und Korruption, die das Leben der Bevölkerung zunehmend erschwerten. Im August 1945 fielen die Atombomben auf Hiroshima und Nagasaki. Zur gleichen Zeit erklärte Rußland Japan den Krieg und marschierte in die Mandschurei ein. Japan kapitulierte bedingungslos.

Die Nationalregierung stand nun vor der gewaltigen Aufgabe, die Verwaltung des gesamten von den Japanern geräumten Gebietes zu übernehmen. Ihre Truppen besetzten die Städte. Auf dem flachen Land gelang es der Kommunistischen Partei, ihren Einfluß und Machtbereich auszubauen. Die Sowjetunion hatte gemäß den Absprachen von Jalta die Mandschurei besetzt. Sie nutzte diese Situation zur Demontage der von den Japanern aufgebauten Industrieanlagen und transportierte sie in die UdSSR. Trotzdem bat Chiang Kaishek wegen Mangels an Transportmöglichkeiten für die Besetzung der Mandschurei die Sowjets, ihre Truppen noch einige Monate in der Mandschurei zu halten. Die Vereinigten Staaten bemühten sich, die Nationalisten und Kommunisten zu einer Koalitionsregierung unter Führung von Chiang Kaishek zu bewegen. Mao Zedong reiste 1946 zu Verhandlungen nach Chongqing, die jedoch aufgrund der tiefen Feindschaft scheiterten.

Während sich die Kommunistische Partei in den von ihr verwalteten Gebieten vor allem durch die Landreform die Zuneigung großer Teile der Bevölkerung errang, nahmen in dem von den Nationalisten beherrschten Teil Mißwirtschaft, Inflation und Korruption immer größere Ausmaße an. Durch die von den Japanern in Nordchina zurückgelassenen Waffen und die immer größere Zahl von Überläufern aus der Guomindang-Armee erhielten die Truppen Mao Zedongs ständig Verstärkung. Nachdem sie die Mandschurei und Nordchina eingenommen hatten, traten sie im September 1948 zu einer letzten großen, auf breiter Front angelegten Offensive an und eroberten im Laufe eines Jahres das ganze Reich vom Norden her. Chiang Kaishek flüchtete mit seiner Regierung, dem Staatsschatz und einer großen Anzahl seiner Anhänger nach Taiwan. Am 1. Oktober 1949 rief Mao Zedong in Beijing die Volksrepublik China aus.

Volksrepublik

Am 1. Oktober 1949 verkündete Mao Zedong auf dem Tiananmen-Platz in Beijing die Gründung der Volksrepublik China. Einen Tag nach der Gründung anerkannte die Sowjetunion den neuen Staat. Im Februar 1950 unterzeichneten die Vertreter der sowjetischen und chinesischen Regierung in Moskau einen Freundschafts- und Beistandpakt. Russische Experten kamen nach China, chinesische Studenten gingen zum Studium an russische Universitäten.

Bis 1952 konnte der nationale Wiederaufbau abgeschlossen werden. In den einzelnen Landesteilen ging die Verwaltung von der Volksbefreiungsarmee auf zivile Staats- und Parteiorgane über. Großgrundbesitz wurde aufgeteilt, die Bodenreform erfolgreich durchgeführt, Finanz- und Wirtschaftsgebaren im ganzen Land vereinheitlicht, eine stabile Währung geschaffen, die Herrschaft des Großkapitals beseitigt und Großunternehmen verstaatlicht. Mit politischen und wirtschaftlichen Mißständen in Verwaltung und Betrieben sollte aufgeräumt werden, weshalb die Kampagnen ›Kampf gegen die drei Übel‹ = Korruption, Verschwendung und Bürokratismus (1951) und der ›Kampf gegen die fünf Übel‹ = Bestechung, Steuerhinterziehung, Veruntreuung von Staatseigentum, Betrügereien bei der Erfüllung staatlicher Aufträge und Diebstahl von Wirtschaftsinformationen des Staates (1952) durchgeführt wurden.

1953 trat der erste Fünfjahresplan in Kraft. Organisatorische Mängel bewirkten, daß er erst im Februar 1955 tatsächlich zum Tragen kam, nichtsdestoweniger konnte das Plansoll um 17% übererfüllt werden.

Im September 1954 tagte der I. Nationale Volkskongreß, der die Verfassung der Volksrepublik China verabschiedete.

Vielen Chinesen sind noch heute die ersten Jahre des Wiederaufbaus, in denen man sich mit Begeisterung und unendlichem Optimismus für den jungen Staat einsetzte, unvergeßlich.

Im Januar 1956 beriet man auf einer vom Zentralkomitee einberufenen Konferenz über die Frage der Intellektuellen und legte Richtlinien hinsichtlich der Arbeit im Bildungswesen, Wissenschaft und Kultur fest. Die Politik ›Laßt hundert Blumen blühen, laßt hundert Schulen miteinander wetteifern‹ sollte die Arbeit auf allen Gebieten fördern. 1957 wurde in der Partei eine Ausrichtungsbewegung eingeleitet und das Volk aufgerufen, der Partei Kritik und

Vorschläge zu unterbreiten. Diese Kampagne nutzten einige, um die Partei als Führungskraft anzugreifen, woraufhin eine Bewegung gegen Rechtsabweichler folgte. Wie man später offiziell feststellte, wurde der Rahmen dieser Bewegung überzogen und eine Anzahl patriotischer Persönlichkeiten und Intellektueller zu Unrecht zu ›rechten Elementen‹ abgestempelt.
Im Februar 1958 begann die dreijährige Phase der ›Drei Roten Banner‹, darunter ist der ›Große Sprung nach vorn‹ zu verstehen, die sozialistische Generallinie und die Volkskommunenbewegung (s. S. 51). Die Politik der ›Drei Roten Banner‹ brachte nicht den gewünschten Erfolg, im Gegenteil, sie stürzte das Land in eine gefährliche Wirtschaftskrise. Der Bruch mit der Sowjetunion und schlechte Witterungsverhältnisse kamen hinzu und führten zu den ›drei bitteren Jahren‹. Dank einer Politik der Konsolidierung, die der Landwirtschaft besondere Aufmerksamkeit widmete, erholte sich die Volkswirtschaft bis 1966 relativ gut.
Im September 1962 beklagte Mao Zedong, daß es noch immer einen gewaltigen Widerspruch zwischen dem Proletariat und der Bourgeoisie in der chinesischen Gesellschaft gebe. Er warf einigen Kreisen in der Partei das Streben nach Restauration des Kapitalismus vor, weshalb der Revisionismus in der Partei zu suchen sei. 1963–1965 wurde eine sozialistische Erziehungskampagne durchgeführt. Gegen die von Mao verfolgte Politik opponierten starke Kräfte innerhalb der Parteiführung. Von Mai 1966 bis Oktober 1976 erlebte das chinesische Volk die Kulturrevolution, die, wie die Parteiführung im Juni 1981 erklärte, Partei, Land und Volk die schwerwiegendsten Rückschläge und Verluste seit Gründung der Volksrepublik gebracht hatte.
Anfang 1974 initiierten die Frau Mao Zedongs, Jiang Qing, u. a. die ›Bewegung zur Kritik an Lin Biao und Konfuzius‹, die sich jedoch weniger gegen Lin Biao richtete, als vielmehr gegen Zhou Enlai. Dieser erkrankte 1975 schwer und konnte die Amtsgeschäfte nicht mehr allein weiterführen. Deng Xiaoping übernahm unter seiner Obhut die Vertretung. Er versuchte, systematisch die Fehler der Kulturrevolution zu korrigieren. Im Januar 1976 verstarb Zhou Enlai. Im April desselben Jahres kam es anläßlich des Qingming-Festes zu dem ›Tiananmen-Zwischenfall‹. Aus Trauer um den verstorbenen Ministerpräsidenten versammelten sich etwa 200 000 Menschen auf dem Tiananmen-Platz in Beijing. Dabei wurden Proteste gegen die Gruppe um Jiang Qing laut. Es folgte die Absetzung Deng Xiaopings. Im September 1976 starb Mao Zedong; seine Witwe, Jiang Qing, und ihre Anhänger versuchten, die Führungsmacht in Partei und Staat an sich zu reißen. Anfang Oktober erfolgte unter der Leitung Hua Guofengs der Sturz der ›Viererbande‹. Die Kulturrevolution galt nun erst offiziell als beendet. In den Bereichen Erziehungswesen, Wissenschaft und Kultur, die wohl am meisten unter der Bewegung gelitten hatten, kehrte wieder Ordnung ein.

Hua Guofeng war im Jahre 1976 zum Ersten Stellvertretenden Vorsitzenden des Zentralkomitees und zum Ministerpräsidenten des Staatsrates ernannt worden.
Eine Wende brachte die 3. Plenartagung des XI. Zentralkomitees der KP Chinas im Dezember 1978. Als Schwerpunkte der gemeinsamen Anstrengungen wurden sozialistische Modernisierung, Ausbau der sozialistischen Demokratie und Stärkung des sozialistischen Rechtssystems gesetzt.
Im November 1980 reichte Hua Guofeng sein Rücktrittsgesuch ein. Neuer Parteivorsitzender wurde Hu Yaobang, Ministerpräsident des Staatsrates Zhao Ziyang, beides Männer, die als Pragmatiker und Anhänger Zhou Enlais angesehen werden.

Sprache

Das moderne Hochchinesisch basiert auf dem Nordchinesischen Dialekt, einem der acht Dialekte der Han-Chinesen. Neben dem Norddialekt gibt es zum Beispiel noch den Shanghai- und den Kantondialekt. Sie unterscheiden sich in ihrer Aussprache so wie im westlichen Sprachraum Englisch und Französisch. Wenn Kantonesen und Shanghaier zusammentreffen und nicht der Hochsprache mächtig sind, bleibt ihnen nur noch die Schrift als Kommunikationsmittel. Dank des modernen Schulwesens wird im ganzen Land die Hochsprache unterrichtet, so daß die Verständigungsschwierigkeiten langsam abgebaut werden konnten.
Die acht Hauptdialekte untergliedern sich übrigens noch in zahllose Unterdialekte.
Das Chinesische hat seinem Ursprung nach fast nur einsilbige Wörter und wird deshalb monosyllabisch genannt. Es gibt in der Hochsprache insgesamt 411 Silben, die in vier verschiedenen Tonlagen gesprochen werden können. In der seit 1958 in China verbreiteten Umschrift ›Pinyin‹ werden die Töne in Form von Strichen dargestellt. Der erste Ton wird hoch und konstant gesprochen, der zweite Ton steigend, der dritte fallend und steigend, der vierte fallend. Wörter ganz unterschiedlicher Bedeutung können dieselbe Aussprache und dieselbe Tonlage haben, stimmen jedoch nicht in der Schreibweise überein. Als Beispiel sei die Silbe ma genannt; in den einzelnen Tonhöhen hat sie jeweils unterschiedliche Bedeutungen. So bedeutet der Satz 'Má māma mà mǎ mā: Beschimpft die pockennarbige Mutter das Pferd?
Von der Umgangssprache ist die klassische Schriftsprache zu unterscheiden, die sich vor drei Jahrtausenden aus der damaligen Umgangssprache entwickelt hat und die bis zur Moderne in der Literatur die entscheidende Rolle spielte. Da sich die Zeichen seit mehr als zweitausend Jahren nicht verändert haben, ist

es den modernen Chinesen heute noch möglich, die Werke des Altertums zu lesen. Große Verschiebungen gab es nur in der Aussprache der Zeichen.
Im Gegensatz zur Schriftsprache besteht die Hochsprache zu einem großen Teil aus mehrsilbigen Wörtern. Dank einer logischen Grammatik ist Chinesisch abgesehen von der Zeichenschreibung recht leicht zu erlernen. Die chinesische Grammatik kennt weder Flexion noch Genusunterscheidungen, zeitbezeichnende Substantive und Adverbien übernehmen die Funktion einer konkreten Tempusaussage.

Literatur

Das älteste Werk der klassischen chinesischen Dichtung ist das *Shijing*, eine Sammlung von Volks- und Hofliedern sowie Tempelgesängen, die man von den Anfängen der Zhou-Zeit bis etwa ins −6. Jh. gesungen hat.
Der Überlieferung nach sollen Beamte auf Befehl der Regierung Lieder aus allen Teilen des Landes gesammelt haben, darunter Liebes- und Hochzeitslieder, Klage- und Gebetslieder, Jagdlieder und Gesänge auf gute und schlechte Fürsten. Sie wurden, von Musikinstrumenten oder auch von Tänzen begleitet, gesungen und setzten sich hauptsächlich aus Versen von je vier Zeichen zusammen. Von der Auswertung der Lieder versprach man sich wertvolle Einblicke in die Seele und das Leben des Volkes. Angeblich traf **Konfuzius** (−551 bis −479) dann aus 3000 ihm vorliegenden Liedern eine Auswahl und stellte 305 Lieder zusammen, denen man später sogenannte Vorreden als Interpretationshilfe hinzufügte. Das so entstandene *Shijing* gehört zu den fünf konfuzianischen Klassikern, die über zwei Jahrtausende die chinesische Literatur prägten. Die anderen vier Klassiker sind:
Das *Yijing*, meist mit ›Buch der Wandlungen‹ übersetzt, ein Wahrsagebuch, das Orakeltexte und dazugehörige Interpretationen aus der Zhou-Zeit enthält.
Das *Shujing*, Buch der Urkunden, enthält Dokumente, darunter Reden der Herrscher an die eigene oder an eine befeindete Bevölkerung. Etwa die Hälfte dieses Werkes stammt aus der früheren Zhou-Zeit, bei der anderen handelt es sich um Ergänzungen, die ein noch höheres Alter beanspruchen, aber Jahrhunderte später hinzugefügt wurden.
Liji, der Klassiker der Riten, der Sittlichkeit, ist wahrscheinlich in der Zeit der Kämpfenden Staaten entstanden.
Chunqiu, Frühlings- und Herbstannalen, eine knappe chronologische Darstellung der Geschichte des Feudalstaates Lu, aus dem Konfuzius stammte. Angeblich wurde dieses Werk von ihm selbst verfaßt. In späteren Jahren ergänzte man es durch drei Kommentare, von denen das *Zuozhuan* als

eigenständiges Werk vorrangige Bedeutung erlangte. Diese fünf Klassiker waren die Grundlage der im konfuzianischen Sinne geprägten Erziehung und Beamtenausbildung. Ihr Inhalt mußte studiert und teilweise auswendig gelernt werden. Hinzu kamen noch die sogenannten *Si Shu*, die Vier Bücher, die seit der Song-Dynastie ebenfalls zum konfuzianischen Kanon gehörten:

Lunyu, Gespräche des Konfuzius, ist eine Aufzeichnung von Gedanken, Urteilen und Aussprüchen des Konfuzius, die nach seinem Tode von seinen Schülern und Anhängern zusammengestellt wurde. Mit diesem Werk gaben die Konfuzianer ihrer Lehre eine einheitliche Grundlage, die der Zersplitterung der eigenen Schule entgegenwirken und eine Stärkung im Kampf gegen die anderen Schulen darstellen sollte.

Zhongyong, Maß und Mitte, verfaßt von dem Enkel des Konfuzius, **Kong Ji** (−492 bis −431), enthält die Gedanken des Konfuzius zum Verhältnis des Menschen zu sich selbst und zu seinem Nächsten; Konfuzius verlangte Treue sich selbst und Güte dem Nächsten gegenüber.

Daxue, Große Gelehrsamkeit, wird teilweise dem **Zeng Can**, einem hervorragenden Schüler des Konfuzius, zugeschrieben. Es formuliert die konfuzianische Lehre von der Selbstvervollkommnung des Individuums.

Mengzi, so benannt nach dem Philosophen **Mengzi** (−372 bis −289), enthält Aufzeichnungen von Aussprüchen und Taten desselben, in 14 Kapiteln von seinen Schülern zusammengestellt. Die wichtigste Aussage dieses Werkes ist die Theorie des Mengzi, daß die menschliche Natur gut sei.

Der Niedergang der Zhou-Dynastie, die chaotischen Zeiten der Periode der Kämpfenden Staaten, Kriege und Elend hatten ein einmaliges Geistesleben entstehen lassen, aus dem neben dem Konfuzianismus noch weitere philosophische Richtungen hervorgingen. Die grundlegenden Werke der wichtigsten Schulen waren:

Daodejing, zentrales Werk des Daoismus, das wahrscheinlich Ende der Zeit der Kämpfenden Staaten entstanden ist und die Aussprüche des **Laozi**, der als Gründer des Daoismus gilt, enthält. Neben Laozi wird Zhuangzi (ca. −370 gest.) als bedeutendster Vertreter des Daoismus genannt. Einige Kapitel in der nach ihm benannten Textsammlung haben die spätere Philosophie und Dichtkunst wegen ihrer gedanklichen Tiefe und ihrer bildhaften Sprache nachhaltig beeinflußt.

Auch die Schule des Mozi und die der Legalisten brachten grundlegende Werke hervor, wie das *Mozi*, das die Lehre des **Mo Di** (ca. −480 bis −390) enthält, und das des Legalisten **Han Feizi** (ca. −280 bis −233). Von Bedeutung ist auch das Werk des **Xunzi** (−313 bis −238), der neben Mengzi einer der wichtigsten konfuzianischen Denker des chinesischen Altertums ist und die Lehre von der ursprünglichen Schlechtigkeit des menschlichen Wesens entwickelte.

Auf dem Gebiet der Dichtkunst sind neben dem *Shijing* die Gesänge von Chu *(Chuci)* zu nennen, eine Sammlung von Hymnen und Rhapsodien, die meist aus dem Flußgebiet des Changjiang, also aus dem Süden Chinas stammen und im dortigen Chu-Dialekt gesungen wurden. Der Verfasser eines Teiles dieses Werkes soll der Beamte **Qu Yuan** (ca. –332 bis –295) sein, der einer Intrige zum Opfer fiel und verbannt wurde. In der Verbannung suchte er schließlich aus Verzweiflung den Tod und ertränkte sich. Das wichtigste und längste seiner Gedichte ist das *Lisao*, in dem er seine Enttäuschung und seine Trauer über das eigene Schicksal und dasjenige seines Landes zu erkennen gibt. Das unglückliche Schicksal dieses Mannes und sein Selbstmord sind der ursprüngliche Anlaß des Drachenbootfestes. Am 5. Tag des 5. Monats des Mondkalenders gedachte das Volk des Qu Yuan und warf Reis, in Bambusblätter gehüllt, als Opfergaben in die Flüsse. Heute ist es Brauch, an diesem Tag innerhalb der Familie eine ebenfalls in Bambusblätter gehüllte Reisspeise zu essen.
Das *Chuci* ist in fünfzehn Kapitel unterteilt, das *Lisao* bildet das erste. Auch Teile des vierten Kapitels sollen auf Qu Yuan zurückgehen. Die übrigen Kapitel stammen aus der Han-Dynastie, einige sind Nachahmungen im Stil Qu Yuans. Im Gegensatz zum *Shijing* folgen die Verse des *Chuci* einer anderen dichterischen Tradition, was schon daran zu erkennen ist, daß die Verse im allgemeinen aus sechs Zeichen bestehen. Die poetische Kraft, die sich in diesem Werk ausdrückt, läßt das *Chuci* vom künstlerischen Standpunkt aus wertvoller erscheinen als das *Shijing*, jedenfalls hat es großen Einfluß auf die spätere Dichtung ausgeübt.
Nach der Reichseinigung unter der kurzen Herrschaft der Qin und seit Beginn der Han-Dynastie setzte eine neue Entwicklung in der Literatur ein. Das *Fu*, Prosagedicht, das durch Parallelverse und später den Wechsel von gereimten und Prosateilen gekennzeichnet war, schloß an die Tradition der Gesänge von Chu an. Der bedeutendste Dichter von *Fu* war **Sima Xiangru** (–179 bis –117), der als bester Dichter der Han-Zeit gilt. Er stammte, wie viele Dichter jener Zeit, aus dem heutigen Sichuan, nämlich aus Chengdu. Kaiser Han Wudi, selbst ein kunstbeflissener Mann, holte den talentierten Dichter an den Hof, wo dieser bald eine bemerkenswerte Karriere machte.
Viele *Fu*-Gedichte dienten der Glorifizierung von Herrscher und Reich und zugleich als ein Medium höfischer Geselligkeit. Vielfach warf man dieser Gattung Minderwertigkeit aufgrund ihrer Themenwahl vor. So wurden zum Beispiel mit großen Worten Gegenstände aus dem täglichen Leben wie ein Tisch oder ein Kamm beschrieben. Andererseits zeichnete die *Fu*-Dichtung sich auch durch ihre Andeutungen aus, hinter denen nicht selten Kritik an der Maßlosigkeit und der Verschwendungssucht der Herrscher versteckt war.
Von großer Bedeutung ist eine weitere Art der Dichtkunst, die während der

Han-Dynastie viele Anhänger fand. Das *Yuefu,* benannt nach der Institution des kaiserlichen Musikamts, *Yuefu,* das Lieder und Melodien aus allen Teilen des Reiches, auch aus den fernen Grenzgebieten sammelte. Viele dieser Weisen wurden von einer Gruppe von Hofdichtern mit neuen Versen versehen – auch überlieferte Texte wurden verarbeitet – und von der Behörde wieder als Lieder und Balladen herausgegeben. Man nannte diese Gesänge dann einfach nur noch *Yuefu.* Bekannt und beliebt waren vor allem die *Yuefu* aus dem Süden, die bis in die Moderne hinein populär waren und deren Inhalte auch heute noch zum Beispiel als Opern in China zu hören sind. Das bemerkenswerteste und längste *Yuefu* jener Zeit war *Kongque dongnan fei,* Der Pfau fliegt nach Südosten, die Geschichte eines jungvermählten glücklichen Paares, das von der Mutter des Ehemannes zur Trennung gezwungen wird und aus Verzweiflung schließlich Selbstmord begeht. Die meisten *Yuefu*-Texte der Han-Zeit bestehen aus Versen von je fünf Zeichen. Sie sind die Vorstufe einer neuen Art von Gedichten, den *Gushi,* Gedichten im alten Stil.

Während der Westlichen Han-Dynastie gelangten die Konfuzianer unter der Herrschaft des Wudi (–140 bis –87) zu politischem Einfluß und Ansehen. Die konfuzianische Lehre gefiel dem Kaiser, denn sie sicherte seine Machtposition. Er proklamierte eine neuen Staatsethik, die sich auf konfuzianische Prinzipien stützte. Wichtigster Vertreter der Konfuzianer jener Zeit war **Dong Zhongshu.** Von ihm ist das Werk *Chunqiu fanlu,* Üppiger Tau des Chunqiu, überliefert, in welchem er u. a. Grundlagen einer künftigen Politik, die Beziehungen von Himmel, Kaiser und Volk zueinander und die kosmischen Bezüge des irdischen Lebens darstellt. Er entwickelte ferner Grundzüge eines allgemeinen Erziehungs- und Studiensystems.

Eine der größten Leistungen der chinesischen Literatur ist die Geschichtsschreibung. Mustergültige Werke dieser Gattung entstanden bereits in der Westlichen Han-Dynastie. Das *Shiji* von dem Palast-Schriftgelehrten **Sima Qian** (–145 bis –86) enthält eine Geschichte Chinas seit der Urzeit. Es ist unterteilt in Reichsannalen, Tabellen, Abhandlungen, Feudalfürsten und Biographien großer Persönlichkeiten. Es umfaßt mehr als 520 000 Schriftzeichen, ist im erzählenden Prosastil geschrieben und behandelt einen Zeitraum von etwa 2000 Jahren, angefangen bei der legendären Epoche bis hin zur Regierungszeit Kaiser Wudis. Die Vorarbeiten hatte bereits sein Vater geleistet. Sima Qian führte das Werk seines Vaters fort. Achtzehn Jahre nahm das Projekt bis zu seiner Fertigstellung in Anspruch.

Das *Shiji* wurde Vorbild für die folgenden Dynastiegeschichten. Das erste nach ihm entstandene Werk ist das von **Ban Gu** verfaßte *Qian Han Shu,* Geschichte der Früheren Han-Dynastie. Auch bei diesem Werk hatte die Vorarbeiten der Vater geleistet. Ban Gu führte das Werk fort, nach dessen Tod brachte es seine Schwester zur Vollendung. Es umfaßt 800 000 Zeichen

und behandelt 229 Jahre der Han-Dynastie. Aufgeteilt ist es in Kaiserannalen, Tabellen, Abhandlungen und Biographien.
Mit dem Ende der Han-Zeit zeichnet sich ein Wandel in der bisher stark vom Konfuzianismus geprägten Literatur ab. Machtkämpfe, Kriege, Reichsteilung und Invasionen von Volksstämmen aus dem Norden ließen das Reich für mehr als drei Jahrhunderte nicht zur Ruhe kommen. Zeugnisse der Not und Verzweiflung der Bevölkerung sind in den *Yuefu*-Gesängen der ausgehenden Han- und Wei-Zeit enthalten. Sie klagen über die Kürze und Bitternis des Lebens infolge der Kriegswirren. Ihre Inhalte spiegeln häufig Schicksale einzelner Menschen wieder, so erzählen sie von den Leiden unglücklicher Frauen, verwaister Kinder und in Bedrängnis geratener Beamter.
Trotz der Wirren der Zeit war diese Periode gerade auf kulturellem Gebiet von großer Bedeutung. Mehrere brillante Dichter gingen aus dieser Zeit hervor, zum Beispiel **Cao Zhi**, der Sohn des bekannten Feldherrn und Kanzlers Cao Cao. Sein Bruder Cao Pi bestieg nach dem Fall der Han den Thron und erklärte sich zum Herrscher der Wei-Dynastie. Alle drei, sowohl Vater als auch beide Söhne waren bemerkenswerte Dichter, Cao Zhi war der bedeutendste von ihnen. Sie versammelten die besten Dichter ihrer Zeit an ihren Höfen. Sieben von ihnen gingen als die ›Sieben Poeten der *Jian'an*-Zeit‹ in die Literaturgeschichte ein. Die *Jian'an*-Periode bezeichnet die Jahre 196–219 am Ende der Han-Zeit, gleichsam die Periode des Niederganges der Dynastie. Die in dieser Zeit wirkenden Poeten wandten sich inhaltlich von den konfuzianisch geprägten Themen ab. Der künstlerisch ästhetische Aspekt rückte in den Vordergrund. Man erfreute sich an dem Wohlklang der Sprache, an eleganten Wendungen, an neuen Inhalten. Häufiges Thema war die Freundschaft. Die Silbenanzahl pro Vers betrug meist fünf. Dieser neue Stil wird im allgemeinen der *Jian'an*-Stil genannt.
Das gefahrvolle Leben in unsicheren Zeiten, die zunehmende Überwachung von Gelehrten und Literaten hinsichtlich ihrer Äußerungen ließ seit Mitte des 3. Jh. viele Gebildete zu der Erkenntnis gelangen, daß es am einfachsten sei, sich nicht mehr um das Schicksal des Reiches zu kümmern, sondern in der Abgeschiedenheit von Bergen und Wäldern und vor allem bei Wein und Vergnügen Ablenkung und Vergessen zu suchen, ein zufriedenes Leben zu führen und dabei das *Qingtan,* Reine Gespräch, über die Grundfragen des Lebens zu führen. Die bekanntesten Poeten dieser Periode waren die ›Sieben Weisen des Bambushains‹, so benannt nach einer gemeinsamen Begegnungsstätte. Unter ihnen waren **Liu Ling,** ein Trinker, der dem Daoismus sehr zugetan war; **Ji Kang** und **Xiang Xiu,** die beide in der Alchemie experimentierten und **Shan Tao,** ebenfalls ein Daoist. Ihre Gedichte spiegeln häufig eine Art Weltflucht wieder, sie beeinflußten die Dichter der Zeit der Reichstrennung in Nord- und Süd-Dynastien.

Die Fremdherrschaft im Norden Chinas war vielen Literaten unerträglich, so daß sie in den Süden des Landes flohen. Hier entwickelten sich mehrere kulturelle Zentren. Die herrliche Landschaft des Südens, die üppige Vegetation, die bizarren Berge, stillen Täler und Seen begeisterten die Künstler. Viele von ihnen – Dichter wie auch Maler – widmeten sich in ihren Werken der Natur.

Tao Yuanming (Tao Qian 365–427) gehört zu den hervorragendsten Literaten dieser Zeit und ist zugleich erster großer Landschaftsdichter Chinas. Er schlug in jungen Jahren zunächst die Beamtenlaufbahn ein, fand jedoch keine rechte Freude an der Verwaltungsarbeit. So zog er sich bald auf seinen Landsitz zurück, züchtete Blumen, vor allem Chrysanthemen, und widmete sich der Dichtkunst, der Musik und nicht zuletzt dem Wein. Von seiner Lebenseinstellung her verglich man ihn häufig mit dem Daoisten Zhuangzi. Seine in leichtverständlicher Sprache geschriebenen Gedichte waren das Vorbild noch vieler Dichtergenerationen nach ihm. Über hundert Gedichte sind von ihm überliefert, darunter auch Prosagedichte und andere Prosastücke. Eines seiner bekanntesten Werke ist das *Taohuayuan Ji.* Es ist die Geschichte eines Fischers, der mit seinem Boot einen Fluß entlang fährt und plötzlich in ein entlegenes Gebiet kommt. Der Fischer sieht üppige Felder, schmucke Häuser, klare Teiche und prächtige Maulbeerbäume und Bambus. Die Menschen leben dort schon seit Jahrhunderten zufrieden und in gutem Einvernehmen. Ihre Vorfahren waren in der Zeit der Qin-Dynastie dorthin gezogen. Seitdem hatte man keinen Kontakt mehr mit dem Reich. Es war also sozusagen ein Traumland, in das der Autor den Fischer reisen ließ und in das er ein zweites Mal nicht mehr zurückfand. Es ist die erste Utopie Chinas, der Dichter bringt seine Vorstellung von einer idealen Gesellschaft zu Papier.

Ein bemerkenswertes Werk aus der Zeit der Nord-Süd-Dynastien ist die Literatur-Anthologie *Wenxuan.* Sie umfaßt Arbeiten von 127 Autoren der ausgehenden Zhou-Zeit bis zum Beginn des 6. Jh. Zusammengestellt wurde das *Wenxuan* von **Xiao Tong** (501–531), Kronprinz und ältestem Sohn des Xiao Yan, Gründer der Liang-Dynastie. Die Überlieferung stellt Xiao Tong nicht nur als hervorragenden Literaten dar, sondern auch als vorbildlichen und außergewöhnlich mildtätigen Herrscher.

Nachdem das Reich unter der kurzlebigen Sui-Dynastie wieder geeint war, erblühte das literarische Leben neu. Die anschließende Tang-Dynastie wird als das Goldene Zeitalter der Literatur bezeichnet. Einige Tang-Kaiser waren selbst bemerkenswerte Dichter und wurden deshalb zu Förderern der Literatur. Sie ließen neue Bibliotheken anlegen, seltene Werke aus dem ganzen Land zusammentragen, abschreiben und mehrfach kopieren. Sie holten die besten Poeten ihrer Zeit an den Hof und ließen sie zu hohen Ehren kommen. Seit das Verfassen eines Gedichtes und einer poetischen Beschreibung Teil der staatli-

chen Prüfungen war, befanden sich unter den Beamten hervorragende Dichter. Die zweite Hälfte der Tang-Dynastie brachte Kriege, Not und Chaos. Viele Dichter hielten die schrecklichen Ereignisse in ihren Gedichten fest. Andere taten es ihren Vorgängern in vergangenen Zeiten gleich und zogen sich aus der Gesellschaft zurück.
Wichtigster Zweig der Literatur der Tang war die Poesie. Sie übernahm alle bereits vorhandenen Stile und Formen und verfeinerte sie. Allgemeine Regeln für den Versbau setzten sich durch. Hieraus erwuchs eine neue Form, das Gedicht im strengen Tonmaß, *Lüshi* genannt. Ein solches Gedicht bzw. eine Strophe bestand zum Beispiel aus acht Versen von je fünf oder sieben Zeichen. Vers drei und vier, fünf und sechs mußten jeweils Parallelverse bilden. Die Abfolge der Wörter im Vers war strengen Tonregeln unterworfen. Eine weitere Form, das *Jueju*, Kurzgedicht, bestand nur aus vier Versen, wobei jedoch jeder Vers ebenfalls fünf oder sieben Zeichen zählte.
Aus der Tang-Dynastie sind noch heute mehr als zweitausend Dichter bekannt. Nur die berühmtesten sollen hier erwähnt werden – zunächst Li Bai und Du Fu. Beide zählen zu den bedeutendsten Dichtern Chinas. **Li Bai** (Li Taibo 699–762) war ein offener, freier Mann, der sich der Natur und dem Wein sehr verbunden fühlte. Auf Empfehlung rief ihn Kaiser Xuanzong an den Hof und ließ ihn zu Amt und Würden kommen. Er blieb jedoch nur zwei bis drei Jahre, denn er eignete sich kaum für das Hofleben und geriet bald in Gefahr, Opfer einer Intrige zu werden. Li Bai erkannte die Gefahr rechtzeitig und verließ den Hof. Er begann ein langes Wanderleben, immer in Begleitung seines besten Freundes, des Weines. Über seinen Tod gibt es mehrere Versionen. Diejenige, die am besten zu seinem trunkenen und abenteuerlichen Leben paßt, erzählt, daß er während einer Bootspartie beschwingt den im Wasser sich spiegelnden Mond umarmen wollte und dabei ertrank.
Du Fu (712–770), aus einer Familie niederer Beamter stammend, hatte am Hofe ein kleines Amt inne, mußte jedoch im Laufe der Unruhen, die mit der Rebellion von 755 verbunden waren, fliehen. Später lebte er in Chengdu (wo heute noch sein Anwesen zu besichtigen ist) und nahm eine Tätigkeit bei dem Gouverneur Yan Wu an. Du Fu war ein scharfer Beobachter der politischen und sozialen Verhältnisse. Wo er auf Ungerechtigkeiten stieß, zögerte er nicht mit Kritik. Im Gegensatz zu Li Bai, der daoistisch geprägt war, verstand sich Du Fu als strenger Konfuzianer. Trotzdem waren beide durch eine tiefe Freundschaft verbunden.
Bai Juyi (772–846) war ein großer Bewunderer Du Fus. Er gehört zu jenen Dichtern, deren Werke schon zu Lebzeiten beliebt und weitverbreitet waren. Bai Juyi hatte eine konfuzianische Erziehung genossen, konnte sich jedoch nicht dem Einfluß von Buddhismus und Daoismus entziehen. Er war hoher Beamter und hatte im Laufe seines Lebens verschiedene Positionen inne. Bai

Juyi bemühte sich um Einblicke in das Fühlen und Denken des einfachen Volkes. Seine Gedichte sollten allen verständlich sein. Häufig enthielten sie Kritik am Zeitgeschehen und machten auf Mißstände aufmerksam. Er soll seine Gedichte vor der Veröffentlichung immer einer alten Wäscherin vorgelesen haben. Was sie nicht verstand, änderte er ab und vereinfachte es. Besonderen Erfolg hatte er mit seinen *Xin Yuefu Shi*, Neuen Yuefu-Gedichten, die schon zu seinen Lebzeiten auch in Japan großen Anklang fanden.
Auf dem Gebiet der Prosa ist **Han Yu** (768–824) der bekannteste Künstler der Tang-Dynastie. Er war zugleich Philosoph und Beamter. Viele folgende Literatengenerationen sahen in ihm und seinem Werk ein Vorbild. Han Yu orientierte sich am Stil der zhou- und han-zeitlichen Philosophen und Literaten und lehnte den künstlichen, schwer verständlichen und an viele Regeln gebundenen Prosastil der Vor-Tang-Zeit ab. Die geschriebene Sprache hatte sich immer weiter von der gesprochenen entfernt und war nur denjenigen Gebildeten zugänglich, die die vorherige Literatur beherrschten. Diese Rückwendung zum *Guwen*, zum Alten Stil, eine Bewegung, die hauptsächlich von Han Yu getragen wurde, hatte einen befreienden Effekt. Man hielt sich nicht mehr an die strengen Satzbauregeln des Pianwen, des mit der Han-Dynastie entstandenen Kanzleistils, sondern formulierte nach Belieben, wie es der Inhalt erforderte. Dies bereitete den Boden für die berühmten Tang-Novellen. In diesem Genre trifft man vielfach auf Liebes-, Wunder-, Geister- und Spukgeschichten – manche basierten auf alten Legenden –, aber auch auf Beschreibungen von historischen Persönlichkeiten, Helden und Heroen. Der Inhalt der Tang-Novellen wurde in späteren Dynastien vielfach zu Musikdramen verarbeitet. Die Verfasser stammten meist aus dem Gelehrtenstande, die Selbsterlebtes und Erdichtetes trefflich zu verbinden und zu erzählen wußten. Wenn auch viel Wundersames in diesen Novellen geschieht, so geben sie doch wertvolle Einblicke in die sozialen und wirtschaftlichen Verhältnisse der Zeit.
Während der Periode des Niedergangs der Tang-Dynastie und der Fünf Dynastien zogen sich die Literaten wieder ins Privatleben zurück und widmeten sich in ihren Arbeiten Themen, die mit dem Zeitgeschehen nichts zu tun hatten. Viele Natur- und Liebesgedichte sind aus dieser Zeit überliefert. Die Song-Zeit (960–1279) erlebte trotz großer außenpolitischer Schwäche und steter Bedrohung durch sogenannte barbarische Stämme eine bemerkenswerte Entwicklung im kulturellen Bereich. Dank der Verbreitung und ständigen Verbesserung des Buchdrucks konnte die Zahl literarischer Veröffentlichungen erheblich gesteigert werden. Auch die Einrichtung von Schulen in allen Teilen des Landes und die Zulassung zu den Staatsexamina und einer Beamtenlaufbahn für Söhne aller Gesellschaftsstufen wirkte sich bald auf das allgemeine literarische Schaffen aus. Die Kaiser der Song-Dynastie liebten die Wissen-

schaft und Literatur. Unter ihnen waren Dichter und Maler, sie wirkten als Mäzene der Schönen Künste. Nahezu alle Formen der Poesie und Prosa wurden während der Song-Zeit gepflegt. Im Bereich der Prosa führten Ouyang Xiu und Su Dongpo den von Han Yu wiederbelebten klassischen Alten Stil fort. Ihnen schlossen sich Sima Guang und Zhu Xi an.
Ouyang Xiu (1007–1072), ein Würdenträger höchsten Ranges, war der Verfasser der Neuen Reichsannalen der Tang- und Fünf-Dynastien, *Xin Tangshu* und *Xin Wudai Shi.* Er besaß fundierte, umfangreiche Kenntnisse und widmete sich in seinen Schriften unterschiedlichsten Themen, zum Beispiel alten Bronze- und Steininschriften und tagespolitischen Fragen (er forderte ökonomische Reformen). Ouyang Xiu wandte sich gegen den Buddhismus, er war ein orthodoxer Konfuzianer. So ist sein literarisches Werk denn auch konfuzianisch geprägt.
Su Dongpo (1036–1101) gilt als einer der größten Dichter der Song-Dynastie. Der Einfluß seiner hervorragenden Werke in Poesie und Prosa wirkte auf viele spätere Dichtergenerationen.
Sima Guang (1019–1086) war der Verfasser des *Zizhi Tongjian,* eines der meistgelesenen Geschichtswerke Chinas, das einen Überblick über den Verlauf der Geschichte von der Zeit der Kämpfenden Staaten bis zum Beginn der Song-Dynastie gibt und somit das Studium der ausführlichen Dynastieannalen ersetzen konnte. Er schrieb es im klassischen Alten Stil.
Zhu Xi (1130–1200), ein patriotisch gesonnener Beamter, war sowohl Dichter als auch Philosoph. Er zog sich aus dem Amtsleben zurück und gründete eine Privatakademie. Zhu Xi gilt als der Vollender des sogenannten Neokonfuzianismus.
Ebenfalls von großer Bedeutung war der Dichter, Philosoph und Politiker **Wang Anshi** (1021–1086). Er ließ sich von legalistischen und daoistischen Prinzipien leiten. Besondere Aufmerksamkeit gebührt seinem Zehntausend-Zeichen-Memorandum, in dem er eine Reform des Verwaltungssystems und eine praxisbezogene statt einer literarischen Ausbildung der Beamten forderte.
Eine neue Entwicklung in der Literatur leitete die Kunst des Geschichtenerzählens in Umgangssprache ein. Auf Marktplätzen, Tempelhöfen und anderen öffentlichen Plätzen versammelte sich das Volk und lauschte den Geschichtenerzählern. Diesen stand eine Art Notizbuch zur Verfügung, in dem die Handlung einer Geschichte in großen Zügen aufgezeichnet stand. Erst im Laufe der Zeit widmete man der Aufzeichnung mehr Interesse, so daß die Geschichten etwa im 12. Jh. in voller Länge niedergeschrieben wurden. Dieses Genre, *Huaben*-Stil genannt, eröffnete den Künstlern neue Möglichkeiten. Trotzdem blieb die umgangssprachliche Literatur eine Ausnahme innerhalb der klassischen Literaturgeschichte Chinas, denn sie fand ihren Leserkreis in

den breiten Massen und nicht in der Schicht der Gebildeten, der eigentlichen Trägerin der Hochliteratur.
Großer Beliebtheit erfreuten sich die geschichtlichen Erzählungen, die hauptsächlich die Periode der Drei Reiche (220–280) und der Fünf Dynastien (907–960) behandelten. Noch heute leben die Geschichten über Helden wie Liu Bei und Zhuge Liang im Volke fort. Ebenso häufig verfaßte man Liebesgeschichten, die im Milieu der Paläste, aber auch im städtischen Bürgertum spielten.
Wichtigstes Genre der Song-Zeit ist das *Ci*, das gesungene Gedicht. Im Gegensatz zu anderen Gedichtarten unterlag das *Ci* keinen festen Regeln der Metrik, seine Verse konnten bis zu elf Silben enthalten, bestimmend war die Melodie, auf die das *Ci* geschrieben wurde. Häufige Themen waren Liebesfreud und -leid sowie die Vergänglichkeit des Lebens. Berühmte Vertreter der *Ci*-Dichtung waren **Li Yu,** (937–978) letzter Kaiser der Südlichen Tang-Dynastie, und **Liu Yong,** ein Beamter, der sich sehr gut in der Welt der Tänzerinnen und Singmädchen auskannte und vor allem Liebeslieder schrieb. Doch auch jeder andere Dichter der Song-Zeit pflegte diese populäre Form.
Die Herrscher der Song-Dynastie hatten sich nicht gegen ihre Feinde im Norden durchsetzen können. Im Jahre 1126 flohen sie vor den Eindringlingen in den Süden und setzten dort für fast 150 Jahre ihre Herrschaft fort. Mit dieser Entwicklung verlagerte sich das kulturelle Zentrum nach Süden und sollte selbst nach der Wiedervereinigung des Reiches dort bleiben.
Unter der Fremdherrschaft der Jin- und Yuan-Dynastie gewann der Gebrauch der Umgangssprache zunehmend an Bedeutung. Den ausländischen Herrschern war die einfache Umgangssprache angenehmer als die hochgelehrte klassische Sprache. In Umgangssprache verfaßte Bekanntmachungen waren auch dem Volk verständlich. Schon seit der Endphase der Song-Zeit hatten sich die Konfuzianer der unkomplizierten Umgangssprache im Konkurrenzkampf gegen die Buddhisten bedienen müssen. Die Buddhisten wandten sich mit ihren Propagandaschriften prinzipiell in Umgangssprache direkt an das Volk und konnten einen entsprechenden Erfolg verbuchen. Ein weiterer wichtiger Punkt für die zunehmende Bedeutung der Umgangssprache war die Abschaffung der schriftsprachlichen Staatsexamina durch die mongolischen Herrscher.
Im Zuge dieser Entwicklung gelangte das *Yuanqu*, das Musikdrama der Yuan-Zeit, zu herausragender Bedeutung. Es hatte sich aus dem *Zaju*, Gemischtes Theater (Vorführungen mit gesprochenen und gesungenen Partien), der Song-Zeit entwickelt, war jedoch von der Musik und den Gebräuchen der nördlichen Gebiete beeinflußt worden.
Mehr als 1700 Musikdramen wurden während der Yuan-Dynastie geschrieben, etwa zehn Prozent sind überliefert. Eines der berühmtesten Werke ist das *Xixiang Ji*, Geschichte vom Westpavillon, das auf einer Tang-Novelle basiert.

Das *Yuanqu* bestand fast immer aus vier Akten und setzte sich aus Dialogen und Arien zusammen. Es wurde meist durch einen Prolog eingeleitet. Die Dialoge und Arien lehnten sich stark an die Umgangssprache an und waren deshalb dem gemeinen Volk verständlich; alle Arien eines Aktes wurden jeweils nur von dem Hauptdarsteller in einer bestimmten Tonart gesungen. Fast alle Stücke haben einen positiven Ausgang. Die Helden kommen meist aus den mittleren und unteren Schichten. Die Themenpalette reicht von Liebesgeschichten über geschichtliche, daoistische und buddhistische bis hin zu solchen mit sozialen Themen.

Einer der größten Dramatiker der Yuan-Zeit, von vielen auch eigentlicher Schöpfer des Yuan-Dramas genannt, ist **Guan Hanqing** (1220–1300). Von seinen 64 Dramen sind 14 erhalten. Das bekannteste ist *Dou E Yuan*, Die ungerechte Verurteilung der Dou E, die Geschichte einer jungen Witwe, die hingerichtet wird, weil sie angeblich nicht die Keuschheit bewahrt hatte. Nach ihrem Tode wird ihre Unschuld bewiesen und ihr Ruf wiederhergestellt.

Gegen Ende der Yuan-Zeit gewann das song-zeitliche *Zaju*, Gemischtes Theater, auch in Südchina an Bedeutung. Es wurde im allgemeinen *Nanju* oder auch *Xiwen* genannt. Im Gegensatz zum Yuan-Drama, das man auch häufig das Nördliche Drama nannte, verzichtete das südchinesische Drama auf einengende Regeln, wodurch das Stück an Leben und Dramatik gewann. Es bestand nicht nur aus vier Akten, sondern war stärker gegliedert und konnte dreißig bis vierzig Szenen zählen. Innerhalb eines Aktes konnte die Tonart gewechselt werden, die Arien wurden von einem oder mehreren Schauspielern gesungen.

Nach der Vertreibung der mongolischen Herrscher wurde die chinesische Ming-Dynastie (1368–1644) gegründet. Mit ihr begann eine Rückbesinnung auf alte Stile und Formen. Ihre Vorbilder sahen die ming-zeitlichen Künstler in den Meistern vergangener Epochen. Es bildeten sich auf dem Gebiet der Prosa rivalisierende Gruppen, die sich entweder an den Werken der Qin- und Han-Zeit oder an denen der Tang- und Song-Zeit orientierten. Auf diese Weise entstanden viele Nachahmungen. Erst Ende des 16. Jh. meldeten sich einige Gelehrte zu Wort, denen das Imitieren wertlos erschien und die neues Leben in die Literatur bringen wollten.

Wirklich große Fortschritte wurden auf dem Gebiet der umgangssprachlichen Prosaerzählungen erzielt. Teilweise griff man hier Themen der Geschichtenerzähler, der Tang-Novellen und der Yuan-Dramen auf. Das bekannteste Werk ist: *Shuihu Zhuan* von **Shi Nai'an** und **Luo Guanzhong,** in Deutschland unter dem Titel ›Die Räuber vom Liangshan Moor‹ bekannt. Es handelt sich um einen Räuberroman, der auf der Geschichte des historischen Song Jiang und seinen Räubern basiert, die während der Nördlichen Song-Zeit in Shandong lebten. Die Räuber, in dem Roman einhundertacht gegenüber den historischen

sechsunddreißig, sind erklärte Feinde habgieriger und brutaler Beamter und Freunde der notleidenden Bevölkerung. Dieses Werk fand seit seiner Entstehung große Anerkennung und wird auch heute noch gern gelesen. Es wurde mehrfach in westliche Sprachen übersetzt.
Ebenfalls einen hohen Bekanntheitsgrad hatten das *Xiyou Ji* und *Jin Ping Mei.* Das *Xiyou Ji,* Die Reise nach Westen, von **Wu Cheng'en** (1510–1580) ist die Geschichte des Sun Wukong, des alten Affenkönigs. Dieses Werk zeigt einen starken Einfluß des Buddhismus, auch daoistische Spuren sind zu bemerken. *Jin Ping Mei* enthält eine realistische Darstellung der Zügellosigkeit und Brutalität, wie sie in den besseren Kreisen der damaligen Zeit häufig anzutreffen waren.
Der Ming- folgte die mandschurische Qing-Dynastie. Viele Gelehrte waren nicht willens, in die Dienste der Fremdherrscher zu treten. Sie zogen sich in ihr Privatleben zurück und widmeten sich dem Studium der Klassiker und dem Verfassen von Kommentaren, stets darum bemüht, den Bezug zur aktuellen Politik zu vermeiden. In den einzelnen Literaturgattungen orientierten sich die Künstler an den überlieferten Traditionen, ihre Arbeiten erreichten jedoch nur selten das vortreffliche Niveau der vergangenen Jahrhunderte.
Allein auf dem Gebiet der Romanliteratur wurden in der Qing-Zeit neue Inhalte formuliert. Es war vor allem die Beamtenschaft, der sich die Autoren jetzt kritisch widmeten. Als berühmtestes Werk ist zu nennen: *Honglou Meng,* Der Traum der Roten Kammer, von **Cao Xueqin** (1715–1763), das, in Umgangssprache geschrieben, Blüte und Verfall einer Beamtenfamilie schildert. Im Mittelpunkt der Handlung steht ein junges Paar, dessen Eheschließung durch einen Betrug verhindert wird.
Die politischen Ereignisse des frühen 19. Jh. zwangen die Chinesen, sich mit dem westlichen Gedankengut auseinanderzusetzen. Es wurden zahlreiche naturwissenschaftliche und technische Werke übersetzt. Doch waren es schließlich besonders Themen aus der Philosophie, Ethik und Literatur, die das Interesse der Gebildeten fanden. Auf diesem Gebiet leisteten zwei Männer, **Yan Fu** und **Lin Shu** ausgezeichnete Arbeit. Yan Fu, der in England studiert hatte, widmete sich in erster Linie der Übersetzung von philosophischen und soziologischen Werken, darunter T. H. Huxleys *Evolution and Ethics*, das auf die chinesischen Leser einen tiefen Eindruck machte. Lin Shu hatte nie eine Fremdsprache gelernt. Er mußte sich auf die mündliche Übersetzung anderer verlassen. Doch gelang es ihm, die Inhalte in einem hervorragenden Stil wiederzugeben und das chinesische Publikum für die europäische Literatur zu gewinnen. Er brachte es auf ein Mammutwerk von 171 Titeln. Beide Übersetzer bedienten sich noch der Schriftsprache, des alten Prosastils. Bald erkannte man jedoch, daß sich neue Ideen, neues Wissen nicht in der Sprache des ersten und zweiten Jahrhunderts ausdrücken ließen. Ein

moderner Mensch sollte sich nicht einer antiquierten Sprache bedienen müssen.
Modernisierungstendenzen in der Literatur waren gegen Ende des 19. Jh. nicht mehr aufzuhalten. Chinas Schwäche gegenüber den ausländischen Mächten und die Unfähigkeit des mandschurischen Kaiserhauses ließen zu Beginn des 20. Jh. den Ruf nach tiefgreifenden Reformen und nach Abkehr vom konservativen Denken immer lauter werden. Als neues Medium erschien eine Vielzahl von Zeitschriften, in denen umgangssprachliche Literatur veröffentlicht wurde. Der umgangssprachliche Roman nahm eine neue Entwicklung. Er widmete sich aktuellen Problemen, übte unmißverständlich Kritik an den Grundübeln der Gesellschaft und prangerte in scharfer Form Mißstände an.
Die Revolution von 1911 stürzte das verhaßte Herrscherhaus; doch setzte mit ihr nicht die Entwicklung ein, die sich die fortschrittlichen Gebildeten von ihr versprochen hatten. Die alten Staatsexamina waren abgeschafft. Die jungen Leute gingen scharenweise ins Ausland und studierten dort an den Universitäten. Eine Fülle neuer Informationen, Eindrücke und Anregungen strömte wahllos ins Land. Ein Instrument zur Veröffentlichung des westlichen Gedankengutes stellte die 1915 von **Chen Duxiu** (1879–1942) in Shanghai gegründete Zeitschrift *Xin Qingnian*, Neue Jugend, dar. Sie wurde das Sprachrohr der sogenannten *Baihua*-Bewegung, eine Bewegung, die für den alleinigen Gebrauch der Umgangssprache in der Literatur eintrat. Man wandte sich gegen Phrasen und klassische Zitate, gegen die alten einengenden Vorschriften für Stil und Form. Literatur sollte nicht mehr nur einer kleinen Schicht von Gebildeten dienen, sondern den breiten Massen. Neben Chen Duxiu war **Hu Shi** (1891–1962) einer der wichtigsten Träger der neuen Bewegung. Hu Shi hatte in den Vereinigten Staaten studiert. Nach seiner Rückkehr schloß er sich der *Baihua*-Bewegung an und veröffentlichte seine Gedanken zur neuen modernen Literatur in der Neuen Jugend. Chen Duxiu und Hu Shi hatten mit ihren Artikeln viel Erfolg. Bald schlossen sich ihnen namhafte Vertreter aus Wissenschaft, Forschung und Literatur an. Natürlich gab es auch Gegenstimmen und eine Gegenbewegung, die die Befürwortung des *Baihua* als Verrat an der chinesischen Tradition empfanden. Jedoch konnten diese sich langfristig nicht gegen die Strömung der Zeit durchsetzen. Die Bewegung des 4. Mai im Jahre 1919 brachte den fortschrittlichen Kräften neuen Auftrieb. Die Nachrichten über die Verhandlungen der Versailler Friedenskonferenz hatten in allen Schichten der Bevölkerung Empörung hervorgerufen. Eine Flut von Protesten und Demonstrationen ergoß sich über das Land. Ein neuer Nationalismus flammte auf und fand in der Umgangssprache sein geeignetes Ausdrucksmittel. Reden, Artikel, Pamphlete waren in Umgangssprache verfaßt und somit der normalen Bevölkerung verständlich.

Herausragender Schriftsteller der folgenden Jahre war **Lu Xun** (1881–1936), der noch heute als der größte chinesische Schriftsteller der Moderne gilt. Er ging mit seinen Erzählungen in die Weltliteratur ein. Seine bekanntesten Werke sind ›Tagebuch eines Verrückten‹ und ›Die wahre Geschichte des Ah Q‹.
Lu Xun stand in seinen Erzählungen auf der Seite der Armen und Unterdrückten. Er wandte sich gegen den Feudalismus, gegen die herrschende Schicht der Landbesitzer auf dem Lande, er prangerte Aberglauben und Unwissenheit an. Ebenso verhöhnte er die Arroganz und Torheit vieler Intellektueller.
Von großer Bedeutung sind für die Literatur des 20. Jh. auch **Lao She, Mao Dun, Shen Congwen, Ba Jin** und **Cao Yu.** Sie griffen in ihren Arbeiten die Probleme ihrer Zeit auf, wandten sich gegen den Feudalismus und Faschismus und vermittelten meist ein düsteres Bild von den sozialen Gegebenheiten Chinas. Eine Wende zeichnete sich in der Literatur der (durch die KPCh von den Japanern) befreiten Gebiete ab. Die Autoren begnügten sich nicht mit einer realistischen Darstellung der Verhältnisse, sondern ließen auch die parteipolitische Komponente in ihr Werk einfließen, indem sie die Verdienste der Kommunistischen Partei herausstrichen und deren Ziele propagierten.
Mit der Gründung der Volksrepublik China im Jahre 1949 nahm die Literatur eine neue Entwicklung. Die meisten der erfolgreichen fortschrittlichen Schriftsteller der zwanziger und dreißiger Jahre erhielten hohe Posten in der Verwaltung, was sie jedoch in ihrem literarischen Schaffen hemmte. Die neuen Richtlinien, die für die Schriftsteller herausgegeben wurden, besagten, daß die Literatur den Massen zu dienen habe. Der Schriftsteller soll sein Werk vom sozialistischen Standpunkt aus schreiben.

Religion

Das Chinesische kennt den im abendländischen Sinne verstandenen Begriff ›Religion‹ nicht. Man spricht dort vielmehr von ›Schulen‹ oder ›Lehren‹. Es hat in China niemals eine klar abgrenzbare Religion gegeben, auch die Begriffe Staatskirche und Klerus oder Religionskrieg sind den Chinesen fremd.
Der im Westen oft als chinesische Religion betrachtete Konfuzianismus war eine philosophische Lehre, die die Ordnung in Staat und Gesellschaft garantieren wollte. Er wurde von den Han-Kaisern zur Staatsdoktrin erhoben, von einer im konfuzianischen Sinne gebildeten Beamtenschaft getragen und in Form verschiedener Kulthandlungen gepflegt. Mit dem Niedergang der letzten Dynastie war das Schicksal des Konfuzianismus durch den Verlust seiner Trägerschaft automatisch besiegelt. Nach 1911 verlor er als Staatsdoktrin an Bedeutung.

In China hatte man schon in frühesten Zeiten Überlegungen zum Universum und der Stellung des Menschen innerhalb desselben angestellt. Diesen Überlegungen zufolge ist der Kosmos eine Größe aus Harmonie und Ordnung. Er ist nicht statisch, sondern lebendig, das heißt, Wechsel und Veränderung sind sein Wesen. Unaufhörliches Werden und Schwinden, Sichzusammenziehen und Sichausdehnen, Kreisen und Verschmelzen bringen den Kosmos zum Sein und halten ihn in Bewegung. Das *Dao,* der Weg, lenkt in seiner Funktion als ordnendes Prinzip das Geschehen im Kosmos und gibt diesem eine universale Ordnung. Aus dem *Dao* heraus agieren die beiden Urkräfte *Yin* und *Yang* mittels ihrer Wechselwirkung und Permutation als Schöpfer aller Dinge. *Yang* und *Yin* sind zwei polare Gegensätze, in die alle Dinge klassifiziert werden können: hell – dunkel, Tag – Nacht, Leben – Tod, männlich – weiblich, stark – schwach, gut – böse, hoch – tief, usw. Hinzu kommt die Lehre von den fünf Elementen, *Wu Xing,* nämlich Holz, Feuer, Erde, Metall und Wasser. Auch diese sind nicht statisch, sondern wie *Yin* und *Yang* Grundkräfte in ständiger Reaktion zueinander und die Prozesse der Natur auslösend.

Dao, Yin und *Yang, Wu Xing* waren die Grundlagen der chinesischen Weltsicht bis in die jüngste Vergangenheit.

Während der Shang-Dynastie (ca. −1600 bis −1100) wurde die höchste übernatürliche Kraft mit Gott *(Di* oder *Shangdi)* personifiziert; vermutlich war dies einst eine Stammesgottheit oder vielleicht der edle Vorfahre des regierenden Hauses. In den Schriften der Denker der späten Zhou-Dynastie – mit Ausnahme der Schriften des Modi – erhielt dieser höchste Herrscher im Himmel schon einen fast abstrakten Charakter und wurde meist nur noch mit dem Ort, nämlich ›Himmel‹ angesprochen.

Bereits seit dem −14. Jh. gab es den Ahnenkult innerhalb der aristokratischen Oberschicht. Den damaligen Vorstellungen entsprechend lebten die Vorfahren im Himmel bei dem Obersten Herrscher. Waren die Vorfahren mit ihren lebenden Nachkommen zufrieden, schützten sie die Sippe und überredeten den Herrscher, die Lebenden durch Segnungen zu belohnen, waren sie unzufrieden, würde das Gegenteil eintreten. Zur Versorgung der Ahnen gehörten Opferhandlungen, die vor den Ahnentafeln nur von den männlichen Nachkommen, den ältesten Söhnen oder Enkeln, vorgenommen werden konnten. Aus diesem Grunde war es notwendig, daß die männliche Nachkommenschaft einer Sippe gesichert war. Auch das Reinhalten der Gräber gehörte zum Ahnenkult. Der Ahnenkult basierte auf dem Glauben, daß ein Mensch zwei Seelen besitzt, die körperliche, die mit dem Tode erlischt, und die geistige, die als Geist weiterlebt. Gütige Geister, *Shen,* waren die Seelen, die mit den ihnen zugedachten Ehrungen ihrer Nachkommen zufrieden waren. Böse Geister oder Dämonen, *Gui,* entstammten den Seelen von Vorfahren, denen Unrecht angetan worden war, oder die von ihren Nachfahren vernachlässigt wurden. Bei Nichteinhaltung der Riten zum Ahnenkult konnten sich gute Geister in gefährliche ›hungrige‹ Dämonen verwandeln, die sich auf die Suche nach Nahrung begeben. Böse Geister wirkten nach den Vorstellungen nur auf individueller Basis. Gute Geister konnten zu Gottheiten aufsteigen, wie zum Beispiel auf lokaler Ebene zum Schutzgeist eines Ortes oder Distriktes oder zum Schutzpatron eines Standes. Einige erlangten einen universalen Status und wurden überall in China populär, wie der Erdgott *Tudi,* oder der Schutzgott von Herd, Heim und Nachbarschaft. Geister konnten auch der Tierwelt, dem Himmel und der Natur entstammen.

Die Zeit des Niedergangs der Zhou-Dynastie war gekennzeichnet durch politisches Chaos, eine wachsende soziale Mobilität und die Perfektion und Popularisierung des Schriftsystems. Ersteres schuf ein Zeitalter lebhafter, freier Gedanken, während letzteres die Niederschrift und die Systematisierung der Gedanken erlaubte. Es entstanden die beiden großen philosophischen Richtungen: Konfuzianismus und Daoismus.

Konfuzius hatte sich selbst immer als Überlieferer verstanden. Die moralischen Werte und der Weg, das *Dao,* der Vorfahren in der von ihm idealisierten Vergangenheit sollten wiederhergestellt werden, um dem Chaos und den Wirren seiner Zeit Einhalt zu gebieten. Er stellte Verhaltensnormen auf, legte Zeremonien und Riten fest, die die menschliche Ordnung bzw. zwischenmenschlichen Beziehungen innerhalb der Familie und der Gesellschaft sowie im religiösen Bereich regelten. Die wichtigsten Punkte seiner ›Lehre‹ waren der Ahnenkult und der Gehorsam des Untergeordneten gegenüber dem Übergeordneten (siehe S. 116). Verstand Konfuzius unter Ahnenkult allein die Verehrung der eigenen Ahnen, entwickelte sich im Widerspruch zu seinen Gedanken ein **Konfuzius-Kult**. Im Jahre 59, als der Konfuzianismus bereits Staatsdoktrin geworden war, veranlaßte der Han-Kaiser regelmäßige Opferzeremonien für Konfuzius. In Qufu (Shandong), dem Geburts- und Sterbeort des Konfuzius, und auch in anderen Teilen des Reiches wurden ihm zu Ehren Tempel errichtet (siehe S. 554ff). Dieser Konfuziuskult setzte sich bis ins 20. Jh. fort. Konfuzius hatte den Himmel als höchste Gottheit anerkannt. Der Kaiser war als höchstes Wesen auf Erden und als Himmelssohn dem Himmel verpflichtet. Ihm allein oblag es, dem Himmel Opfer darzubringen. Die wichtigste Opferhandlung fand zur Zeit der Wintersonnenwende statt. Die Opferstätte der letzten Kaiser ist noch heute in Beijing zu besichtigen (siehe Himmelstempel S. 233). Den staatlichen Kulthandlungen durfte die einfache Bevölkerung nicht beiwohnen. Sie mußte sich eigene Wege der religiösen Praxis suchen.

Während der Qin- und Han-Dynastie entwickelte sich eine phänomenale religiöse Aktivität. Religiöser Daoismus, vor allem das Verlangen nach Unsterblichkeit verbreitete sich; zur gleichen Zeit war es das Zeitalter zahlreicher abergläubischer Vorstellungen. Dies war der Ausgangspunkt für die Entwicklung der sogenannten Volksreligion. Sie verband Elemente aus allen religiösen Strömungen, vor allem aus dem Daoismus und Buddhismus. Ihre Anhängerschaft fand sie hauptsächlich in den einfachen Volksmassen. Es entstanden viele Gottheiten wie zum Beispiel der Regengott, Stadt-, Erd-, Küchengott usw., die man verehrte und denen man opferte, um sich ihrer Gunst zu versichern.

Der **Daoismus** setzte Werte wie Individualismus, Anarchie und mystische Erfahrung. Die Daoisten suchten den individuellen Frieden. Angestrebt wurde das Einswerden mit der Natur, das *Wuwei,* Nichtstun, um allem Sein seinen freien und natürlichen Lauf zu lassen. Ziel war ein Leben in Harmonie mit dem Kosmos. Als Schöpfer des Daoismus gilt der legendäre Laozi, dessen Existenz bis heute nicht erwiesen ist. Ihm wird das grundlegende Werk *Daodejing* zugeschrieben (siehe S. 119). Die daoistische Philosophie stand häufig im Widerspruch zum religiösen Daoismus, der einen wahren Pantheon unzähliger Gottheiten kannte. Die höchste Gottheit ist der Jadekaiser, *Yuhuang,* der Reine (Jade ist das Symbol der Reinheit), Herrscher über das Universum. Das Erlangen von Reinheit, Lebensverlängerung und Unsterblichkeit stand im Mittelpunkt des Bemühens; Unsterblichkeit nicht im geistigen Sinne wie bei der daoistischen Philosophie, sondern im stofflichen. Atemübungen, Gymnastik, Kampfsport, Magie, strenge Diät sollten den Alterungsprozeß hinauszögern. Die Suche nach der Unsterblichkeitsdroge führte zu vielen Entdeckungen und Erfindungen. Werke entstanden zur Arzneimittelkunde, Diätetik, Krankenheilung, Alchimie, Magie und Astronomie, ebenso Biographien sogenannter Unsterblicher, Sammlungen übernatürlicher Erzählungen.

Der Daoismus entwickelte sich nicht zu einer einheitlichen Religionslehre; es waren die sogenannten Meister der einzelnen Tempel, die die Lehre unterschiedlich prägten. Im 2. Jh. war Zhang Daoling erster in einer noch heute fortlaufenden Reihe südlicher daoistischer Meister. Er gründete die Fünf-Reisscheffel-Sekte. Im Wettstreit mit dem sich ausbreitenden Buddhismus und nach seinem Vorbild entstanden feste Kultformen und Riten, Gemeinden wurden organisiert, das Mönchswesen und die Priesterschaft entwickelt und eine umfassende kanonische Literatur erstellt. Daoistische Schreine und Kultstätten gab es schon zur Han-Dynastie; die ersten daoistischen Klöster wurden im 6. Jh. gegründet. Die voneinander unabhängigen daoistischen Gemeinden, die manchmal charismatischen Führern unterstanden, hatten nicht selten eine enge Verbindung zu politischen Aufständen.

Buddhismus

Der Stifter der buddhistischen Religion ist **Siddharta Gautama** (ca. –560 bis –480), später **Buddha** genannt. *Buddha* (der Erleuchtete) ist eine Art Titel, der ein Wesen beschreibt, das vollkommene Erleuchtung erreicht hat. Es gibt nicht nur den einen historischen Buddha, sondern seit Äonen von Zeiten in unzählbaren Weltsystemen eine unendliche Zahl Buddhas, und es werden auch in künftigen Weltzeitaltern noch unermeßlich viele Buddhas erscheinen. Sie sind der Garant für die Verbreitung der heiligen Lehre.

Der Buddhismus basiert auf dem Glauben an Karma und Wiedergeburt. Jedes Leben unterliegt dem unentrinnbaren Gesetz von Ursache und Wirkung, d. h. alle guten und bösen Taten werden in einer künftigen Wiedergeburt vergolten. Karma ist die Summe aller guten und bösen Taten. Das Schicksal eines Menschen resultiert aus der karmischen Wirkung eines vorangegangenen Lebens; und die Voraussetzungen für eine günstige oder ungünstige Wiedergeburt werden in dem jetzigen Leben geschaffen. Das Karma hält den ewigen Kreislauf der Wiedergeburten in Gang. Aufstieg und Abstieg in Existenzen im Himmel, auf Erden oder in den Höllen sind möglich, nichts ist endgültig. Die Lehre des historischen Buddha erklärt das Leiden und seine Ursachen. Sie zeigt den Weg der endgültigen Erlösung aus dem Kreislauf der Wiedergeburten, den Weg zur Buddhaschaft und in das Nirvana, das jenseits aller irdischen und himmlischen Reiche liegt.

Buddhas Lehre liegen die vier heiligen Wahrheiten zugrunde:

1. Dasein *ist* Leiden.
2. Die Geburt ist die Voraussetzung von Alter, Krankheit und Tod. Leiden entsteht mit dem Streben nach neuem Dasein, hervorgerufen durch Lebenslust und Durst nach Sinnenbefriedigung, begleitet von Freude uend Leidenschaft.
3. Die Vernichtung des Leidens setzt die Vernichtung der Triebe voraus. Die völlige Leidenschaftslosigkeit, das Sich-Loslösen führt zum Zustand der Ich-Losigkeit und zur absoluten Befreiung.
4. Die vierte Wahrheit beinhaltet den achtgliedrigen Pfad, der den Weg zum Nirvana weist: rechte Anschauung, rechte Gesinnung, rechtes Reden, rechtes Handeln, rechtes Leben, rechtes Streben, rechtes Überdenken, rechte Versenkung.

Alle Formen des Daseins sind vergänglich und lösen sich im Treiben der Elemente auf. Das Festhalten an menschlicher Individualität, an dem ›Ich‹ führt immer wieder in den Kreislauf der Existenzen zurück. Nur wer dem achtgliedrigen Pfad folgt, findet den Weg ins Nirvana. Er findet ihn durch Zucht und Meditation, er braucht keinen Mittler, er geht den Weg in die absolute Freiheit, in den Zustand der Ich-Losigkeit allein.

Der historische Buddha:
Bruchstücke früher Aufzeichnungen geben Aufschluß über die wesentlichen Ereignisse im Leben des Siddharta Gautama. Er wurde in Kapilavastu, im Königreich der Sakyas, heutiges südliches Nepal, vermutlich um das Jahr –563 geboren. Die Eltern stammten aus dem Geschlecht der Sakyas und gehörten der Herrscher- und Kriegerkaste an. Sein Vater, König Suddhodana, nannte den Prinzen *Siddharta* (der, welcher sein Ziel erreicht hat) und *Gautama* nach einem mythischen Ahnherrn der Familie. Später nannte man ihn auch *Sakyamuni* (Weltflüchtiger aus dem Geschlecht der Sakyas).
Kindheit und Jugend verbrachte der Prinz in Reichtum und Überfluß. Die Begegnung mit Alter, Krankheit und Tod weckten in ihm den Wunsch nach Unvergänglichkeit. Im Alter von 29 Jahren verließ er den Königspalast und versuchte, durch Askese und Meditation den Weg der Erlösung und Unsterblichkeit zu finden. Unter dem Bodhi-Baum (*bodhi* = Erleuchtung) erkannte er das Gesetz von dem unaufhörlichen Kreislauf des Daseins sowie die Ursache und Überwindbarkeit allen Leidens in der Welt. Für mehr als 40 Jahre zog Buddha lehrend durch Nordostindien. Seine erste Lehrpredigt hielt er in Benares. Er fand eine große Anhängerschaft in allen Gesellschaftsschichten. Mönchs- und Nonnenorden entstanden, Klöster wurden gegründet. Mächtige Herrscher und reiche Kaufleute ließen den Ordensgemeinschaften großzügige Unterstützung zuteil werden. Buddhas außerordentliche Weisheit, Erscheinung und Ausstrahlung bewirkten Faszination und machten ihn zum berühmten geistlichen Lehrer. Im Alter von etwa 80 Jahren starb er in Kusinara, dem heutigen Kasia, Indien.

Der legendäre Buddha:
Die vier bedeutendsten Ereignisse im legendären Leben Buddhas sind die übernatürliche Geburt, die Erleuchtung, die erste Predigt und der Eingang ins Nirvana. Sie werden im allgemeinen die ›vier Wunder‹ genannt. Sein Leben beginnt vor unendlichen Zeiten, als er in seinen vielen Existenzen auf Erden weilte und gute Taten vollbrachte. Vor seiner letzten Wiedergeburt befand er sich als Bodhisattva im Tusita-Himmel, von wo er nach vielen tausend Jahren den Weltteil, die Zeit und die Familie für sein letztes Dasein auswählte, sich dann in Gestalt eines jungen weißen Elefanten herabließ und zur rechten Seite in den Leib der schlafenden Königin Mahamaya einging. Die Königin sah im Traum den prächtigen Elefanten. Zehn Monate später gebar sie im Lumbini-Hain einen Sohn. Das Kind trat zur rechten Seite aus dem Körper seiner Mutter heraus. Sieben Tage danach starb die Königin wie alle Mütter, die einem Bodhisattva das Leben schenken. Der Seher Asida erkannte an dem Kind die 32 Merkmale eines künftigen großen Mannes, z. B. eine Art naturgewachsenen Turban, dunkelblaues, gelocktes Haar, das sich von links nach

rechts dreht, ein Haarflöckchen zwischen den Augenbrauen, zarte goldene Haut, Zeichen von Rädern an den Fußsohlen. Prinz Siddharta wuchs in Reichtum und Luxus auf. Mit sechzehn Jahren wurde er verheiratet. Im Alter von 29 Jahren sah er während seiner Ausfahrten einen Greis, einen Dahinsiechenden und einen Toten. Jugend, Gesundheit und Leben werden durch Alter, Krankheit und Tod vernichtet. Siddharta sann über die Befreiung aus dieser unentrinnbaren Folge nach. Schließlich begegnete er einem Bettelmönch, dessen würdevoller, ruhiger Ausdruck tiefen Eindruck auf ihn machte. Heimlich verließ er Königspalast und Familie, legte Kopfputz, Schmuck und kostbare Gewänder ab und zog als Bettelmönch davon. Bei namhaften Lehrern suchte er Unterweisung in den Weg der Wahrheit. In Gaya unterzog er sich einer sechsjährigen Askese mit schwierigsten Übungen und Selbstpeinigungen. Sie brachte ihn an den Rand des Todes und endete erfolglos. Gautama erkannte, daß der extreme Weg der Selbstkasteiung nicht zur Erleuchtung führen würde. Am Ufer des Nairandschana-Flusses fand er unter einem Feigenbaum einen geeigneten Platz für weitere Meditation. Mara, der Herrscher der Welt der Lüste und Leidenschaften, versuchte, seine Erleuchtung zu verhindern und griff ihn mit seinen schrecklichen Heerscharen an; ein Kampf zwischen Gut und Böse. Gautama verharrte in Meditationshaltung, und allein die Macht seiner großen Tugenden, die er im Laufe seiner unzähligen Vorgeburten vervollkommnet hatte, wehrten jeden Angriff ab. Mara war besiegt. Die folgende Nacht verbrachte Gautama in tiefster Meditation, so daß er das dreifache Wissen erlangte: die Erinnerung an seine früheren Existenzen, die Einsicht in den ewigen Kreislauf des Daseins und die Erkenntnis der ›vier heiligen Wahrheiten‹, die das Leiden vernichten und Erlösung bringen. Seine erste Predigt hielt Gautama im Gazellenhain bei Benares, wo er seine ersten Anhänger fand, die sogenannten fünf Asketen, die sogleich ihr Mönchstum begannen und in den Orden eintraten. Hunderte von weiteren Schülern scharten sich um ihn. Sie trugen den gelben Mantel, hatten geschorenes Haar und führten nach der Lehre der Heimatlosigkeit ein züchtiges Leben. Im Alter von 80 Jahren starb Sakyamuni und ging ins Nirvana ein. Nach seinem Tod wurden die Bestattungsfeierlichkeiten wie für einen weltbeherrschenden König ausgerichtet. Seine Leiche wurde verbrannt, die Überreste in acht gleiche Teile geteilt und in verschiedenen Gegenden kostbar beigesetzt. Es entstanden prachtvolle Erinnerungsmonumente.

Der **Buddhismus** ist in seiner ursprünglichen Form eine Religion der Selbsterlösung, in der die Vorstellung eines personenhaften Gottes fehlt. Im Laufe der Jahrhunderte fand er weite Verbreitung und brachte eine Vielzahl von Richtungen und Schulen hervor. Es war vor allem der Mahayana-Buddhismus, der in genialer Weise fremde religiöse Vorstellungen, Riten und Kulte assimilierte.

Der Buddhismus drang in den ersten Jahrhunderten u. Z. mit den fremden Kaufleuten über die zentralasiatischen Handelswege von Nordwestindien nach China vor und wurde vorerst hauptsächlich von den Ausländern praktiziert. Bereits im Jahre 166 war er am kaiserlichen Hof bekannt. Kaiser Huan der Han-Dynastie ließ innerhalb des Palastes einen Schrein errichten, in dem eine buddhistische Gottheit verehrt wurde. In den folgenden Jahrhunderten übersetzten buddhistische Mönche indische Sutras, lehrhafte Erzählungen, und gründeten klösterliche Zentren. Das Zölibat stieß anfangs noch auf Unverständnis, denn es bedeutete Kinderlosigkeit, d.h. den Verzicht auf Nachkommen, die die Ahnenopfer vollziehen konnten.
Erst mit dem Niedergang und Fall der Han-Dynastie Anfang des 3. Jh. und der folgenden Zeit der politischen Teilung erschienen die traditionellen konfuzianischen Werte irrelevant und erlebten Daoismus und Buddhismus einen ungeheuren Aufschwung. Das abgeschiedene Klosterleben wurde attraktiv. Vor allem während der Fremdherrschaften erfuhr der Buddhismus als nichtchinesische Religion auch staatliche Förderung.
Der Buddhismus gewann während des ersten Jahrtausends unter den chinesischen Denkern an großem Einfluß und stand in ständiger Rivalität mit dem Konfuzianismus und Daoismus. Er wirkte auf das philosophische Denken, auf Dichtung und Kunst. Hunderttausende von Männern und Frauen traten den Ordensgemeinschaften bei, und Millionen von Gläubigen unterstützten sie. Die Klöster wurden reich und gelangten bis zur Tang-Zeit auf den Höhepunkt ihrer Macht.
Chinesische Mönche wanderten zu den heiligen Stätten des Buddhismus und brachten reiches Material mit in ihre Heimat zurück. Ende des 4. Jh. reiste Faxian nach Indien. Er blieb 15 Jahre, von 399 bis 414. Von außerordentlicher Bedeutung war auch die 16 Jahre lange Reise des Mönchs Xuanzang (602–664), die ihn durch Zentralasien und Nord- und Südindien führte. Die Geschichte dieser Pilgerfahrt wurde in dem literarischen Werk Xiyou Ji, Die Reise nach Westen, festgehalten.
Der in China verbreitete Buddhismus war der **Mahayana,** der allen Menschen, Mönchen wie auch Laien, Erleuchtung und Erlösung versprach. Er steht im Gegensatz zu dem auf das Mönchsideal ausgerichteten **Hinayana,** der sich vor allem in Birma, Thailand, Laos und Kambodscha durchsetzte, denn er betrachtet die Verehrung von Bodhisattvas als gleichwertigen Weg zur Erlangung des Nirvana. Die barmherzigen Bodhisattvas, die auf der höchsten Stufe unmittelbar vor der Buddhawerdung stehen, erbarmen sich der leidenden Menschen und ermöglichen im nächsten Leben eine gute Wiedergeburt. Der Mahayana assimilierte verschiedenste chinesische Gottheiten, Riten, Kulte und abergläubische Vorstellungen und bot deshalb alle Stufen der Religiosität an. Neben der Gestalt des legendären Buddha entstand ein weiter, hierarchisch

geordneter Pantheon von Buddhas, Bodhisattvas, Göttern, Himmelskönigen und Weltenwächtern in einem Weltsystem, das sich aus Ober-, Mittel- und Unterwelt zusammensetzt. Es bildeten sich verschiedene Schulen, die sich jeweils auf bestimmte buddhistische Werke und deren Interpretation gründeten und die große Tempelklöster unterhielten. Zu den wichtigsten gehörte die im Jahre 580 gegründete *Tiantai*-Schule, benannt nach einem Berg nahe Ningbo (Zhejiang), wo sich das Hauptkloster befand. Ihr zentrales Werk war die Lotossutra *(Fahua Jing)*. Eine andere Schule ist die des ›Reinen Landes‹, Jingtu, die wahrscheinlich schon im 5. Jh. existierte. Sie basiert auf dem Glauben, daß der Buddha Amitabha die ihn um Hilfe anrufenden Menschen aus Gnade erlöst, d. h. Erlösung durch Glauben und nicht durch Meditation und Zucht. Diese Schulrichtung fand die größte Anhängerschaft und ist noch heute lebendig. Eine weitere herausragende Schulrichtung war die des **Chan** (japanisch **Zen**), die die Erleuchtung aus eigener Kraft anstrebte. Strenge Selbstdisziplin und ständige Meditation sollen zur Einsicht in das wahre Wesen aller Dinge und so zu innerer Freiheit und Weltüberlegenheit führen.

Mitte der Tang-Dynastie trugen die daoistischen und konfuzianischen Anfeindungen gegenüber dem Buddhismus Früchte. Der Konfuzianismus war wieder Staatsdoktrin, die konfuzianische Ausbildung also relevant. Voller Mißtrauen beobachtete der Staat die buddhistischen Einrichtungen. Die Klöster waren reich geworden, neben Landbesitz besaßen sie u. a. auch Mühlen und Ölpressen. Sie brauchten keine Steuern zu zahlen. Zahlreiche Spender hatten ihnen Landbesitz vermacht, um Steuern zu umgehen und über diesen Umweg doch noch zu einem Einkommen aus dem Landbesitz zu kommen. Da die Mönche nicht zu Militär- und Arbeitsdienst herangezogen werden konnten, gingen dem Staat Tausende von jungen Arbeitskräften verloren. Im Jahre 845 wurden über 200 000 Mönche und Nonnen in den Laienstand zurückversetzt, Hunderte von Klöstern zerstört und Wertgegenstände konfisziert. Nie wieder hatte sich der Buddhismus in China von diesem Schlag ganz erholen können. Nur die Schule des *Chan*-Buddhismus und die des ›Reinen Landes‹ hatten die Verfolgung überleben können.

Der *Mahayana*- und *Hinayana*-Buddhismus ist erst im 7. Jh. nach Tibet gedrungen. Auch hier entstanden verschiedene Schulen. Die bedeutendste war die ›Gelbe Sekte‹ des Reformators Zongkaba (1357–1410). Die obersten Hierarchen dieser Sekte wurden seit dem 16. Jh. *Dalai Lama* genannt. Auch die Mongolen und später die Mandschuren nahmen die Lehre der ›Gelben Sekte‹ an. Unter der Herrschaft der mandschurischen Qing-Dynastie entstanden im ganzen Reich sakrale Einrichtungen des tibetischen Buddhismus, der im Westen unter der Bezeichnung **Lamaismus** bekannt ist. Unter den vielen Lamaklöstern Chinas entwickelten sich sechs zu sogenannten Hauptklöstern:

die in Tibet gelegenen Ganden, Drepung, Sera und Tashilhunpo, das Ta'er Si in Qinghai und Labrang in Gansu.

Islam und Christentum

Weitere ausländische Religionen gelangten während der Tang-Zeit nach China, so zum Beispiel der Islam, der von arabischen und persischen Kaufleuten auf dem Seewege nach China gebracht wurde. Während der Yuan-Dynastie strömten ihm viele Gläubige zu, und er wurde im Westen und Nordwesten des Reiches zur dominierenden Religion.
Die christliche Lehre kam mit den Nestorianern im 6. Jh. nach China. Eine in Xi'an heute noch zu besichtigende Stele berichtet von einer nestorianischen Mission, die sich im Jahre 635 in der Reichshauptstadt Chang'an befand (siehe S. 734). Während der Yuan-Dynastie im 13. Jh. kamen christliche Missionare, nämlich Franziskaner- und Dominikanermönche nach China. Mit dem Sturz der Yuan-Dynastie war die christliche Mission vorerst beendet. Im 16. Jh. gelangte der Jesuit Matteo Ricci (1552–1610) nach China und erwarb sich das Wohlwollen des Kaisers. Fünfzig Jahre später soll es 150 000 Christen in China gegeben haben. Die Jesuiten wurden von den chinesischen Kaisern vor allem wegen ihrer Kenntnisse in der Mathematik und Astronomie geschätzt. Eine breit angelegte christliche Missionsbewegung begann unter dem Schutz der Machtpolitik westlicher Länder im 19. Jh. Schulen, Krankenhäuser und Universitäten entstanden. Doch wurde den Missionaren das imperialistische Auftreten und die Gewaltanwendung ihrer Regierungen zum Verhängnis. Die Wut und Empörung gegen westliche Machtpolitik und Unterdrückung entlud sich im Boxeraufstand (1900–01), in dessen Verlauf viele Christen getötet wurden. In den folgenden Jahrzehnten erholte sich die christliche Bewegung wieder. Doch trotz der nicht zu leugnenden Erfolge im erzieherischen und medizinischen Bereich blieb die christliche Religion in China ohne großen Erfolg.

Nach Gründung der Volksrepublik wurde die Religionsfreiheit im Jahre 1954 laut Verfassung garantiert. Vor allem während der Kulturrevolution gerieten jedoch hauptsächlich Christen und Buddhisten in Bedrängnis. Klöster und Kirchen wurden geschlossen oder anderweitig genutzt. Nach dem Sturz der sogenannten Viererbande hat sich einiges geändert. Klöster wurden wieder geöffnet und dürfen auch Nachwuchs aufnehmen. Christliche Kirchen veranstalten wieder Gottesdienste; an Lehranstalten und Instituten wird die Erforschung und das Studium von Religionen erneut aufgenommen.

Die Grundlagen der Philosophie

Die Grundlagen chinesischer Philosophie wurden in der Zeit zwischen dem −6. und −3. Jh. gelegt. Die Herrscher der Zhou-Dynastie hatten an Macht verloren, kriegerische Auseinandersetzungen zwischen den Feudalfürsten stürzten das Land in Not und Chaos. In dieser Atmosphäre heftiger Machtkämpfe entwickelte sich ein Geistesleben nie wiederkehrender Vielfalt. Diese Periode wird die »Zeit der 100 Schulen« genannt. Ratgeber zogen von einem Feudalstaat zum anderen und boten den Herrschern ihre Dienste an. Dutzende oder gar Hunderte solcher Ratgeber hielten sich an manchen Höfen auf – im Wettstreit um die Formulierung geeigneter Maßnahmen zur Rettung und Stärkung des Landes. Aus diesem Wettstreit gingen einige Denker hervor, die bald Schüler um sich sammeln konnten und Begründer von Schulen wurden. Die wichtigsten vier sollen näher behandelt werden.

Konfuzianismus

Der Konfuzianismus wurde von einem Gelehrten namens **Kong Qiu** angeregt. Die Bezeichnung ›Meister Kong‹, im Chinesischen Kong fuzi, wurde von Jesuitenpatern mit Confucius latinisiert. Konfuzius entstammte dem niederen Adel, seine Heimat war der Staat Lu im heutigen Shandong. Er würde im Jahre −551 geboren und starb −479. Vielleicht hat er als der erste der umherziehenden Fürstenberater zu gelten. Da sich seine Lehre jedoch auf moralische Werte stützte, fand er bei den auf kriegerische Auseinandersetzungen konzentrierten Fürsten kaum Gehör und blieb deshalb mehr oder minder erfolglos. Später gründete er eine Art Privatschule, in der er seine Lehre an Schüler weitergab und sie auf Positionen in der Administration vorbereitete. Erst deren Schüler wiederum trugen die Gedanken des Konfuzius im sogenannten *Lunyu*, ›Gespräche‹, zusammen und schufen mit diesem Buch die Basis, auf die sich die spätere Lehre des Konfuzianismus immer wieder berief.
Im Mittelpunkt seiner Lehre stand die »Menschlichkeit« und der »Edle«. Rechtschaffenheit und Wohlwollen sollten das Verhalten eines tugendhaften Menschen gegenüber seinen Mitmenschen bestimmen. Nur ein tugendhafter Herrscher würde sein Land ordnen und seine Untertanen durch sein Vorbild zu Sittlichkeit und Rechtschaffenheit anhalten können.
Die ideale Gesellschaftsordnung glaubte Konfuzius durch die Wiederbelebung der Kultur und der rituellen Verhaltensvorschriften der frühen Zhou-Zeit erreichen zu können, was ein eingehendes Studium und die Auswertung der überlieferten Texte aus jener Zeit notwendig machte. Auf diese Weise entstanden mehrere Werke, die, von Konfuzius angeblich redigiert, später neben dem *Lunyu* zu Klassikern der chinesischen Literatur wurden:

Shijing, das Buch der Lieder, eine Sammlung volkstümlicher Lieder und höfischer Gesänge, die aus der frühen Zhou-Zeit stammen, jedoch im konfuzianischen Sinne interpretiert wurden.
Shujing, das Buch der Urkunden, eine Sammlung von Urkunden aus der Frühgeschichte.
Liji, das Buch der Riten, Aufzeichnungen über die Riten, Sitten und Gebräuche.
Chunqiu, die Frühlings- und Herbstannalen, eine Chonik seines Heimatstaates Lu, in welchem sich die Traditionen der frühen Zhou-Zeit am längsten gehalten haben sollen.
Yijing, das Buch der Wandlungen, ein Wahrsagebuch.

Konfuzius teilte die Menschen in drei Gruppen:
1. Die Heiligen (Weisen), die die höchste Stufe außergewöhnlicher Vollkommenheit erreicht hatten.
2. Die Edlen, eine allgemein erreichbare Stufe, die sich durch tugendhaftes Verhalten, Pflichterfüllung und Menschlichkeit erreichen läßt.
In diesem Zusammenhang wurden fünf Regeln formuliert, die die menschlichen Beziehungen ordnen sollten.
Die Anerkennung der Autorität übergeordneter Personen wurde Pflicht im Verhältnis:
Herrscher – Untertan
Vater – Sohn
Mann – Frau
älterer Bruder – jüngerer Bruder
Freund – Freund
Kindesliebe und Bruderliebe stellten Werte dar, die von der konfuzianischen Tradition immer wieder betont und als Wurzel der Menschlichkeit angesehen wurden. Das bedeutet, daß Konfuzius einen Menschen nicht aufgrund seiner Abstammung beurteilte, sondern aufgrund seiner moralischen Integrität und Vollkommenheit. Der Edle sollte nach Konfuzius weise, wohlwollend und tapfer sein. Nicht Profit, sondern Rechtschaffenheit sollten ihn zum Handeln motivieren.
3. Die Gemeinen oder Unbedeutenden.
Konfuzius hatte sich noch nicht mit der Frage auseinandergesetzt, ob der Mensch von Natur aus gut oder böse sei. Mit diesem Problem beschäftigten sich jedoch seine Nachfolger Mengzi und Xunzi.
Mengzi (−372 bis −289), auch unter dem latinisierten Namen Menzius bekannt, bestand darauf, daß der Mensch von Natur aus gut sei, weil jeder die vier Tugenden von Anbeginn in sich hätte, nämlich Menschlichkeit, Rechtschaffenheit, Schicklichkeit und Wissen. Deshalb besäße der Mensch das

angeborene Wissen des Guten und die angeborene Fähigkeit, Gutes zu tun. Zur Aufrechterhaltung dieser Tugenden bedürfte es der Erziehung.
Xunzi (−313 bis −238) dagegen glaubte, daß der Mensch von Natur aus böse sei. Der Mensch trage von Natur aus Gewinnstreben und Neid in sich; weil das Konflikte und Streit nach sich ziehe, müßten Regeln der Schicklichkeit und Gerechtigkeit aufgestellt werden, die das Übel kontrollieren und das Gute trainieren. Die von Konfuzius angestrebte Regierung durch den tugendhaften Herrscher, der nach sozialer Ordnung und Wohlfahrt strebt, wurde auch von Mengzi und Xunzi idealisiert. Während jedoch Mengzi nach einer menschlichen Regierung und einem vorbildlichen menschlichen Herrscher verlangte, sah Xunzi sein Ziel in einer Regierung, die sich auf Gesetze stützte und statt moralischer Beispiele Disziplin forderte. Aus diesem Grunde wurde Xunzi von manchen Konfuzianern kritisiert und mit legalistischem Gedankengut in Verbindung gebracht.
Der Konfuzianismus hatte im −3. Jh. noch keine bedeutenden Entwicklungsmöglichkeiten und mußte schließlich während der Qin-Dynastie dem Legalismus (s. S. 121) Vortritt geben. Erst nach Untergang der Qin-Dynastie gelang es im −2. Jh. unter der Herrschaft der Han dem Hofgelehrten **Dong Zhongshu** (−176 bis −104), eine konfuzianische Staatsdoktrin zu schaffen, die jedoch auch legalistische Momente in sich barg und die Grundlage des chinesischen Kaisertums werden sollte.
Diese Staatsdoktrin stützte sich auf drei Komponenten:
Die religiöse: Konfuzius hatte den Himmel als höhere Macht anerkannt und den Ahnenkult betont. Mensch und Kosmos waren eng miteinander verbunden und in einem Zustand der Harmonie. Wurde diese Harmonie durch die Menschen gestört, würde das Universum seinen Unwillen durch unheildrohende Zeichen oder Naturkatastrophen äußern. Diese Warnsignale galten dem Herrscher als Vertreter der Menschheit, der Besserung zeigen mußte oder sonst Gefahr lief, das »Mandat des Himmels«, die Legitimation seiner Herrschaft, zu verlieren.
Die philosophische: Konfuzius hatte sich in seinem Bemühen um die Wiederbelebung der Kultur der frühen Zhou-Dynastie mit deren Tradition auseinandergesetzt und sie in seine Lehren aufgenommen. Dong Zhongshu hatte bei der Schaffung der konfuzianischen Staatstheorie diese Lehre um kosmologische und legalistische Überlegungen erweitert.
Die sozialpolitische: In der Früheren Han-Zeit hatte sich der Konfuzianismus als Staatsdoktrin etablieren können. Getragen wurde die Doktrin von einer dem Kaiser loyal ergebenen Beamtenschaft. Da nur das Studium der konfuzianischen Schriften mit abschließender Prüfung zur Beamtenlaufbahn befähigen sollte, brauchten die Kandidaten nicht notwendigerweise der aristokratischen Oberschicht zu entstammen, sondern konnten sich auch aus unteren Schichten

rekrutieren, wodurch der Einfluß der Erbaristokratie abgebaut wurde und folglich eine größere soziale Mobilität entstand. Die so geschaffene konfuzianische Beamtenelite blieb bis zum Ende der Kaiserzeit entscheidender Machtträger.

Daoismus

Als Gründer der daoistischen Schule gilt der legendäre **Laozi** (–6. Jh.), dem auch das zentrale Werk der Lehre, das *Daodejing*, ›Buch vom Dao und seinem Wirken‹, zugeschrieben wird. Wie bei den anderen Schulen war es auch das Bestreben der Daoisten, einen Ausweg aus der Unordnung und Not der Zeit zu finden. Der Begriff Daoismus leitet sich aus dem Wort *Dao*, der ›Weg‹, das ›Prinzip der universellen Ordnung‹, das ›Wesen allen Seins‹ ab.

Das **Dao** ist absolut, jenseits von Raum und Zeit, immerwährend. Es bringt hervor die Urelemente *Yin* und *Yang*, zwei polare Gegensätze, die durch ihre Wechselwirkung alle Erscheinungsformen des Lebens hervorbringen. **Yin**, das Weibliche, Schwache, steht auch für das Dunkle, Passive; **Yang**, das Männliche, Starke, repräsentiert auch das Helle und Aktive. Yin und Yang beherrschen die fünf Grundelemente Feuer, Wasser, Metall, Holz und Erde. Diese stehen in Beziehung zueinander und beherrschen sich gegenseitig: Das Wasser löscht das Feuer, Feuer weicht Metall, Metall bricht Holz, Holz bricht Erde, Erde saugt das Wasser auf. Alles befindet sich in Wandlung und in ewiger Bewegung, nichts ist ewig, alles in vergänglich. Leben und Tod sind zwei sich ablösende Phasen.

In einer von *Dao* regierten Welt, in der alle Dinge in Harmonie zueinander stehen, bedarf es keiner Eingriffe seitens des Herrschers. Ihm wird von Laozi *Wuwei*, ›Nicht-Tun‹, Passivität geraten. Je behutsamer nämlich der Herrscher regiert, je mehr er den Dingen ihren freien Lauf läßt und nur durch seine Tugendkraft in Erscheinung tritt, desto mehr läßt sich ein Leben im Einklang mit dem *Dao* verwirklichen. – Laozi hob die Stärke des Schwachen und dessen Überlegenheit hervor und verglich es mit dem Wasser, das zwar weich und schwach sei, doch im Laufe der Zeit sogar einen Stein aushöhle.

Laozi lehnte jegliche Art von Regeln und Gesetzen ab. Sie würden den Menschen einengen und verformen und die Zahl der Übeltäter vergrößern. Er trat für ein Leben in Bescheidenheit, Ruhe und Schlichtheit ein und wandte sich gegen jede Art von Begierden.

Neben Laozi gilt **Zhuangzi** (–4. Jh.) als bedeutendster Vertreter des Daoismus. Er führte die Ideen des Laozi weiter, beachtete jedoch kaum das Anliegen seines Vorgängers, Ratschläge zur weisen Regierungsführung zu geben. Ihm lag vielmehr die Relativität aller Dinge am Herzen. Alle Dinge könnten sich jederzeit wandeln, nichts sei absolut. Finde man etwas Schönes, so gebe es

sicherlich noch etwas Schöneres; finde man etwas Häßliches, so gebe es sicherlich noch etwas Häßlicheres. So werde das Schöne häßlich und das Häßliche schön.
Der ideale Mensch des Zhuangzi kann nur einen Ausweg aus dem Leben voll Sorgen und Kümmernissen finden, wenn er sich von seiner Individualität befreie, widerstandslos den Dingen freien Lauf ließe und ein Gefährte der Natur werde. Frei von jeglicher Bindung lasse er alle Widersprüche an sich vorbeiziehen und könne, frei in der Natur wandelnd, eine Einheit mit dem Universum bilden.
Das Sich-Zurückziehen in die Natur und das Einswerden mit dem Kosmos waren zentrale Anliegen der Daoisten. Nur so konnte der Mensch Ruhe und Harmonie finden.

Schule des Mozi

Die Schule des **Mozi,** gegründet von Mo Di (ca. −480 bis −390), propagierte die allumfassende Liebe und den gegenseitigen Nutzen. Mozi kannte die Lehren des Konfuzius und wurde zu ihrem scharfen Kritiker. Er verurteilte die von den Konfuzianern angestrebte hierarchische Gesellschaftsordnung und das Prinzip der fünf menschlichen Beziehungen. Sie würden aufgrund mangelnder Liebe zu Überheblichkeit der jeweils übergeordneten Stufe gegenüber der untergeordneten führen und Haß und Unheil provozieren. Die Menschen sollten deshalb die Eltern, Familien und Staaten der anderen lieben und achten, als wären es die eigenen.
Mozi lehnte den Angriffskrieg strikt ab, bejahte allerdings den Verteidigungskrieg. Seine Schüler unterstützten die Position der Schwächeren und sahen sich als Verfechter der Gerechtigkeit. Die Gerechtigkeit war vom Himmel gegeben und mußte vom Volk auf Erden durchgesetzt werden. Es waren Mohisten, die kleinere bedrohte Staaten in Verteidigungskriegen gegen größere berieten.
Mozi trat für Fleiß und Sparsamkeit ein. Um die Not des Volkes zu lindern und ihm zu einem bescheidenen Auskommen zu verhelfen, begrüßte er alles, was Wohlstand bewirken konnte, und lehnte alles ab, was nicht von Nutzen für das Volk war, ihm sogar schadete. Hierzu gehörten auch die kostspieligen Begräbnisse, die ganze Familien in tiefe Verschuldung stürzen konnten, und die anschließende lange Trauerzeit, die er als Zeitverschwendung und arbeitshemmend ansah. Ebenso verurteilte er ein luxuriöses Leben und sah auch keinen Nutzen in Musik und Kunst.
Der Mohismus war noch im −3. Jh. dem Konfuzianismus an Einfluß überlegen. Er war der herrschenden Schicht jedoch nicht angenehm und nahm nicht in dem Maße ihre Interessen wahr, wie es der Konfuzianismus tat. So verloren die Mohisten bis zum Ende des −3. Jh. immer weiter an Bedeutung.

Rechtsschule

Die Rechtsschule, auch Gesetzesschule oder **Legalismus** genannt, orientierte sich nicht an moralischen Werten wie Menschlichkeit, Gerechtigkeit, allumfassende Liebe als geeignetes Mittel zur Regierungsführung eines Staates, sondern trat für die Formulierung allgemein verbindlicher Gesetze ein, vor denen alle gleich waren, und die, ergänzt durch ein System von Belohnungen und Strafen, die Macht des Herrschers stärkten und Kontrolle über jeden einzelnen ermöglichten. Ziel war ein in militärischer und wirtschaftlicher Hinsicht starkes Land, das getragen werden sollte von Soldaten und Bauern.

Es gab schon relativ früh Denkansätze, die in legalistische Richtung tendierten. Bereits im −7. Jh. propagierte der Staatsmann **Guanzi** (Guan Zhong) den Rechtsstaat und betonte die Bedeutung des allgemeinen materiellen Wohlergehens. Im −4. Jh. lebten zwei weitere wichtige Vertreter der legalistischen Idee, **Shen Buhai** (ca. −400 bis −337) und **Shang Yang** (ca. −390 bis −338). Shen Buhai hatte sich vor allem durch Methoden zur Auswahl und Behandlung hoher Würdenträger einen Namen gemacht. Shang Yang hatte sich für strenge Gesetze, die die Macht des Herrschers stärken sollten, eingesetzt und für ein System von Strafen und Belohnungen, als deren Schöpfer er gilt.

Erst im −3. Jh. wurden die Ideen und Lehren dieser Männer von **Han Feizi** (ca. −280 bis −233) zusammengestellt und der Rechtsschule als Basis zugrundegelegt. Han Feizi gilt als der eigentliche Vollender der legalistischen Philosophie. Er war ein Schüler des Konfuzianers Xunzi und wie dieser überzeugt, daß der Mensch von Natur aus schlecht sei. Nur durch die Androhung hoher Strafen könne Unrecht und Verbrechen verhindert werden. So sah er in strengen Gesetzen das einzig wirksame Mittel einer starken Herrschaft.

Die erste und letzte Dynastie, die ganz nach legalistischen Prinzipien regierte, war die kurzlebige Qin-Dynastie −221 bis −206. Dem Staate Qin, ursprünglich ein Vasallenstaat im Westen des Zhou-Reiches war es gelungen, alle Feudalstaaten zu unterwerfen und ein neues Reich unter seiner Führung zu gründen. Legalistischen Prinzipien gehorchend baute Kaiser Qin Shihuang einen zentral verwalteten Staat auf und schuf einen Beamtenapparat, der den Einfluß der Feudalherren minderte und Grundlage der Administration aller späteren Dynastien blieb.

Nach dem Untergang des Qin-Reiches fiel der Legalismus sofort in Mißkredit und wurde von den Konfuzianern erbittert bekämpft. Obwohl es immer wieder Herrscher gab, die nach legalistischen Prinzipien regierten, gelang es der Rechtsschule als solcher nie wieder, zur führenden Staatsdoktrin erhoben zu werden. Doch läßt sich nicht leugnen, daß der konfuzianische Staat späterer Dynastien sich immer wieder legalistischer Praktiken bediente.

Kunst

Klassische Architektur

Die Volksrepublik China bemüht sich schon seit langem um die Restaurierung ihrer kulturhistorischen Baudenkmäler. Häufiger als in früheren Jahren macht man den Besucher heute auf das Erbe der traditionellen Architektur aufmerksam und verweist mit Stolz auf die brillante Kunstfertigkeit der Baumeister vergangener Epochen.
Aus eigener Erfahrung wissen wir, wieviel mehr ein Besuch von traditionellen Wohnbauten, Palästen und Tempelanlagen bringt, wenn gewisse Kenntnisse zum Thema Baukunst schon vorhanden sind. Wir möchten deshalb im folgenden einen Überblick über die Entwicklung der Architektur geben. Darüber hinaus soll im einzelnen auf das Werden von Formen und Strukturen bei Wohnanlagen und Kultbauten eingegangen werden. Auf bemerkenswerte Details wie Firstschmuck, Verzierungen von Türen, Fenstern, Terrassen usw. wird anhand von Skizzen hingewiesen.
Die klassische chinesische Architektur zeichnet sich durch eine 3500 Jahre währende Kontinuität aus. Schon im −1. Jt. wurden Strukturen entwickelt, die als wesentliche Elemente die Baukunst bis ins 20. Jh. bestimmen sollten.
Erste Hinweise auf Holzbauten fand man bei den Ausgrabungen einer Siedlung in dem Dorf Banpo Cun bei Xi'an, Shaanxi. Diese Siedlung stammt aus dem −5. bis −4. Jt. und läßt sich aufgrund von Keramikfunden der Yangshao-Kultur zuordnen. Spuren in den Fundamenten der Häuser lassen auf ein einfaches Holzskelettbausystem schließen (siehe S. 736). Das Zentrum der ersten Dynastie, der Xia-Dynastie (−21. bis −16. Jh.) befand sich am Mittel- und Unterlauf des Gelben Flusses. Bereits im −16. Jh. folgt die Shang-Dynastie, deren hohes handwerkliches Niveau die Nachwelt aufgrund erhaltener, hervorragender Bronzearbeiten immer wieder in Erstaunen versetzte. Die Menschen lebten damals in Dorfgemeinschaften unter der Herrschaft eines hierarchisch gegliederten Stammesadels. Das Land war von dem König an den Adel in Form von Lehen vergeben worden. Erste Staatsbildungen lassen sich gegen Ende der Shang-Dynastie erkennen. Die Anfänge der Klassengesellschaft machten sich natürlich in der Baukunst deutlich. Während das Gros der Bevölkerung weiterhin in den einfachen Hütten wohnte, verfügte die Oberschicht bereits über Gebäude, die komplizierte Bautechniken bedingten. Anhand von Schriftzeichen, die auf den Bronzen der Shang-Zeit zu sehen sind, lassen sich interessante Strukturen erkennen.

1 2 3 4 5

1. Palast 2. Hauptstadt 3. Wohnhaus 4. Fenster 5. Tür

Shang-zeitliche Schriftzeichen

Archäologen fanden in Erlitou, in der Nähe von Luoyang, Baureste aus der Übergangszeit von der Xia- zur Shang-Dynastie. Sie lassen darauf schließen, daß sich dort eine der ersten, wichtigen Städte der chinesischen Zivilisation befunden hat. Man konnte eine 100 m lange, 108 m breite und 0,8 m hohe Terrasse freilegen, auf der die Plattformen einiger repräsentativer Bauten erkennbar sind. Die Anlage war von einer Mauer umgeben, an deren Innenseite ein Säulengang verlief. Die Archäologen sprechen bei diesem Fund von einem Vorläufer der späteren Palast-Architektur. Die wichtigsten Elemente der chinesischen Baukunst waren in der Anlage von Erlitou bereits enthalten: die Terrasse, mehrere Gebäude, die zusammen eine von einer Mauer umschlossene Baugruppe ergeben, die Plattform, der Holzskelettbau. Die Herrscher lebten in befestigten Städten, die sich bald zu Zentren des Handwerks und Handels entwickelten.

Der Shang-Dynastie folgte die Zhou-Dynastie. Eine interessante Neuerung war die Verwendung von gebrannten Dachziegeln.

Die zweite Hälfte der Zhou-Dynastie, auch Östliche Zhou-Dynastie genannt, teilt sich in die Chunqiu-, Frühling- und Herbstperiode, und die Zhanguo-, Kampfstaaten-Periode. Die Macht des Herrscherhauses der Zhou und das Lehnssystem waren erheblich geschwächt, aus den Lehen entstanden unabhängige, rivalisierende Kleinstaaten. Wie sich einst der Bronzeguß entscheidend auf die Produktion von Waffen ausgewirkt hatte, so veranlaßte das Aufkommen des Eisengusses eine revolutionäre Entwicklung innerhalb der Landwirtschaft und des Handwerks. Mit Hilfe der neuen Geräte wie Sägen und Äxte konnten Wälder gerodet und das Land wesentlich schneller und in größerem Rahmen kultiviert werden, wodurch das System der gemeinschaftlich betriebenen Landwirtschaft abgelöst wurde durch Privatbesitz und private Bearbeitung von Grund und Boden. Arbeitsteilung und Warenproduktion bestimmten das Handwerk und ließen Märkte entstehen. Mit der Erfindung des Metallgeldes entstand die Geldwirtschaft. Zahllose Handels- und Handwerksbetriebe ließen sich in neuen Ortschaften nieder. Eisenbergwerke wurden angelegt und machten ihre Besitzer reicher als Mitglieder von Fürstenfamilien. Große Residenzen und Paläste entstanden, die kunstvoll verziert waren mit Reliefs, Holzschnitzerei und Farbmalerei. Ausgrabungen lassen den Luxus und die Pracht erkennen, die die Oberschicht damals umgab. Lackwaren, Bronzegefäße, Schnitzereien, Jade und Keramik aus jener Zeit sind heute in den Museen Chinas ausgestellt. Die Rivalität der Fürsten und die daraus resultierenden Kriege hatten die Architektur vor neue Aufgaben gestellt. Das Anlegen von Stadtmauern, Stadttoren, Grenzbefestigungen (Vorläufer der Großen Mauer), Signaltürmen wurde erforderlich. In den Städten legte man Straßen und Brücken an, der Bau von Kanälen diente militärischen und kommerziellen Zwecken. Genaue Bestimmungen für die Breite von Straßen wurden erlassen, ausgedrückt in der Anzahl von Pferdewagen, die nebeneinander fahren konnten.

Ende der Zhou-Zeit waren nur noch sieben Staaten übriggeblieben, von denen schließlich der anfangs rückständige Staat Qin als stärkster aus dem Kampf hervorging, die anderen sechs unterwarf und das Reich im Jahre −221 unter seiner Herrschaft einte. Der erste Kaiser des geeinten China, Qin Shihuang, entwickelte eine unvorstellbare Bautätigkeit. Er versammelte die besten Handwerker aus allen Teilen des Landes in der Hauptstadt und ließ Paläste und Grabanlagen bauen. Von etwa 700 Palästen, die unter dem Kaiser gebaut wurden, befanden sich 270 in der Nähe der Hauptstadt. Das zwangsweise Zusammentreffen der Handwerker hatte den Vorteil, daß automatisch ein konstruktiver bautechnischer Erfahrungsaustausch und die Verschmelzung von südlicher, nördlicher, östlicher und westlicher Bau- und Handwerkskunst stattfand. Eindrücke über die bereits erlangte technische Vollkommenheit geben die laufenden Ausgrabungen nahe Xi'an, wo sich die erste Hauptstadt des Reiches befand. Weitere wichtige Maßnahmen Qin Shihuangs waren das Zusammenfügen einzelner Befestigungsanlagen zur Großen Mauer und die Standardisierung von Maßen, Gewichten und Spurweiten.

Die Herrschaft der Qin-Dynastie war nur von kurzer Dauer. Bereits im Jahre −206 stürzte ein Bauernaufstand das Herrscherhaus der Qin und brachte die Han-Dynastie (−206 bis +220) hervor. Das Reich wurde unter der neuen Herrschaft bis nach Zentralasien ausgedehnt. Es entstand ein zentralistisch organisierter Staatsapparat mit einer hierarchisch gegliederten Beamtenschaft. Untermauert wurde das neue System durch eine konfuzianisch geprägte Staatsdoktrin.

Über die berühmte Seidenstraße knüpfte man Kontakte mit dem Ausland, die sich in vielfältiger Weise auf Kunst und Handwerk auswirken sollten. Neue Häuser und Straßen wurden angelegt, und in der Hauptstadt Chang'an, nordwestlich des heutigen Xi'an gelegen, entstanden die Paläste Weiyan Gong und Changle Gong. Die Stadt teilte sich in neun Viertel und 160 Straßen. Die Hauptstraßen gaben zwölf Pferdewagen nebeneinander Platz.

Über die han-zeitliche Architektur ist man sehr gut informiert. Detaillierte Tonmodelle von Bauten aller Art, die man den Toten mit ins Grab legte, beweisen heute, daß die Baukunst zu jener Zeit bereits über die Grundlagen verfügte, die später eigentlich nur noch weiterentwickelt und verfeinert wur-

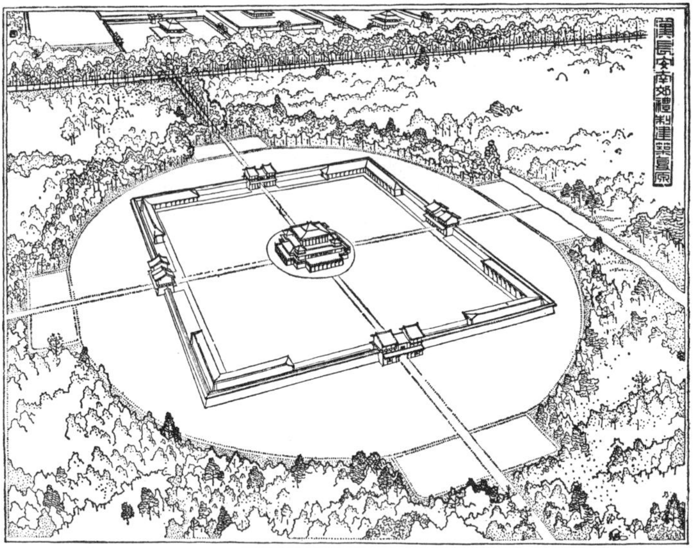

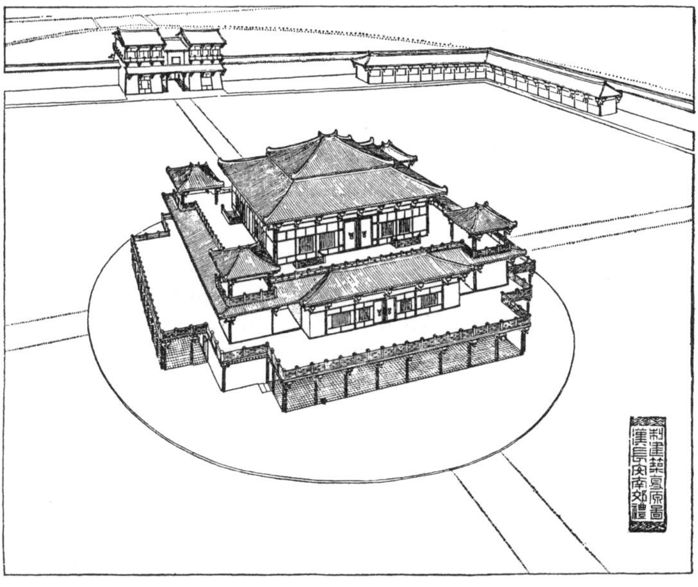

han-zeitliche Kultstätte *Piyong*

den. Rekonstruktionen aufgrund von ausgegrabenen Bauresten und Wandmalereien in Grabkammern vollenden das Bild. Ein Beispiel ist die Rekonstruktion der hanzeitlichen Kultstätte ›Piyong‹ auf S. 125.
Der Holzskelettbau und ein einfaches Konsolensystem waren bereits voll ausgebildet. Wichtige Baugruppen legte man entlang einer Nord-Süd-Zentralachse in einem meist rechteckig ummauerten Hof an.
Ein architektonisch wichtiger Schritt war der Bau von mehrgeschossigen Häusern und Türmen; letztere, manchmal bis zu vier Stockwerken hoch, waren in der zweiten Hälfte der Han-Dynastie besonders beliebt. Sie konnten unterschiedlich genutzt werden und waren darüber hinaus noch Statussymbol.

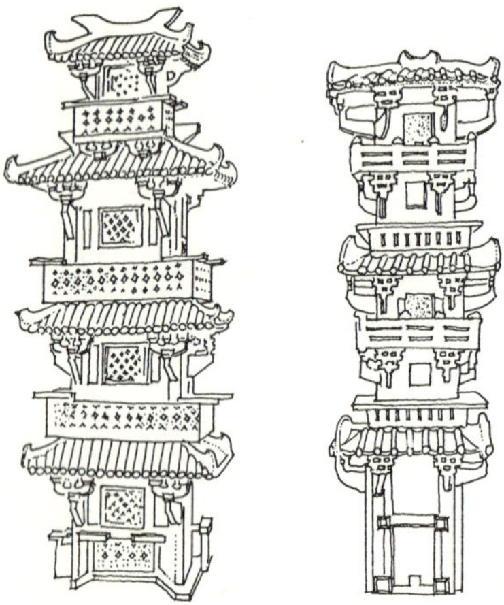

han-zeitliche Tonmodelle von Turmbauten

Anhänger des Daoismus zogen sich gern dorthin zurück und übten Praktiken, die der Lebensverlängerung dienen sollten. Sie glaubten sich in den oberen Stockwerken dem Erdboden bereits enthoben. An Flüssen und Seen dienten die Turmbauten als Aussichtspavillons. Gern feierte man in diesen Bauten Bankette und Gelage. Eine weitere Funktion erfüllten sie als Wachttürme.
Ein anderes wichtiges Moment für die künftige Entwicklung der Baukunst war der Bereich der Grabarchitektur, in dem sich die Ziegelbauweise durchsetzte. Anfangs kannte man nur Hohlziegel, später verwendete man Ziegelsteine, die die komplizierte Gestaltung von Gewölben und Kuppeln ermöglichten. Steinpfeiler und Platten schmückten die Türen.
Nach dem Sturz der Han-Dynastie folgten bis ins 6. Jh. Kriege, Chaos und ein Wechsel kurzlebiger Dynastien. Wertvolle Bauwerke verbrannten, Städte gingen in Schutt und Asche unter. Fremdvölker drangen aus dem Norden ein

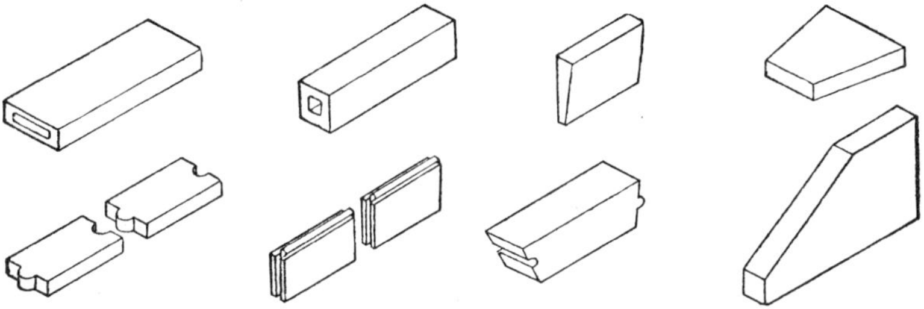

Ziegelsteine für den Gewölbe- u. Kuppelbau im Bereich der Grabarchitektur

und machten sich zu neuen Herrschern. Die Menschen flüchteten vom Norden in das Gebiet südlich des Flusses Changjiang, so daß dort neue kulturelle Zentren entstanden. Der Buddhismus, schon seit der Han-Dynastie in China bekannt, konnte in diesen schweren Zeiten bei der verzweifelten Bevölkerung Fuß fassen. Die fremden Herrscher sahen in dem Buddhismus, der ebenfalls fremdländisch war, ein willkommenes Mittel, das man dem chinesischen Konfuzianismus und Daoismus entgegensetzen konnte. Sie förderten die Verbreitung und finanzierten zahlreiche Bauwerke. Noch heute zeugen die herrlichen Höhlentempel von Dunhuang/Gansu, Yungang/Shanxi, Longmen/Henan von dieser Entwicklung. Überall im Reich, in den Städten wie auf dem Lande, entstanden Tempel und Klosteranlagen. Der Buddhismus hatte eine belebende Wirkung auf die Architektur. Obwohl man sich bei der Konstruktion der Tempelbauten weiter an den bereits bewährten Prinzipien kultischer Bauwerke orientierte, wurden vor allem durch die Innengestaltung der Hallen und den Pagodenbau neue Akzente gesetzt. Vorbild der Pagode war die indische Stupa. Sie lieferte den Anstoß zur Realisierung, konnte sich jedoch nicht im Stil durchsetzen. Die chinesischen Baumeister orientierten sich wieder an der eigenen Tradition, nämlich an den Türmen der Han-Dynastie.
Die kurzlebige Sui-Dynastie (581–618), die den Kämpfen ein Ende setzte und das Reich wieder einte, begann wie einst die Qin-Dynastie mit gigantischen Bauvorhaben. Neben dem Bau von Palästen und neuen Abschnitten der Großen Mauer begann man mit dem Projekt des Großen Kanals, einer Wasserstraße, die den Norden mit dem Süden verbinden sollte.
Einen Höhepunkt erlebte die Baukunst in der folgenden Tang-Dynastie (618–907). Aus dieser Periode sind auch einige kleine Holzbauten erhalten geblieben, die jedoch nicht repräsentativ für die Vollkommenheit tang-zeitlicher Architektur sind. Dagegen geben die Ausgrabungen im heutigen Xi'an, der ehemaligen Hauptstadt Chang'an, einen Eindruck von den glanzvollen Erfolgen der Tang-Baumeister.

Der Baustil der Song-Dynastie (960–1279) zeichnet sich durch Eleganz und feinfühlige Gestaltung aus sowie durch harmonische Farbgebung. Zwei wichtige Dokumente zur Baukunst entstanden in jener Zeit: das *Mujin,* ›Die Holzverarbeitung‹ und das *Yingzao Fashi,* ›Grundsätze der Architektur‹. Anhand dieser Werke konnte der Materialverbrauch im voraus errechnet werden. Es entstand eine Art Massenproduktion von wichtigen Einzelteilen, die die Bauzeit insgesamt erheblich verkürzten.

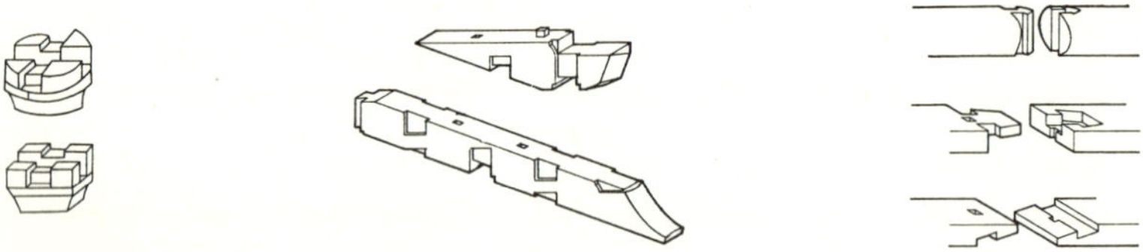

In Massenproduktion hergestellte Holzteile

Das Ende der Song-Dynastie brachte wieder Not und Chaos über das Land. Fremdvölker aus dem Norden drangen abermals ein und errichteten auf chinesischem Boden neue Dynastien. Im Jahre 1279 gelang es den Mongolen, das Reich unter ihrer Herrschaft zu vereinen und die Yuan-Dynastie zu gründen. Da die Mongolen enge Kontakte zu den tibetischen Lama-Klöstern unterhielten, machte sich bald der Einfluß des Lamaismus bemerkbar. Tibetische Lama-Mönche gingen an den Hof nach Dadu, heutiges Peking, und unterstützten die Mongolen in der Staatsführung. Der Lamaismus wurde zur Staatsreligion erklärt. Zahlreiche Tempelklöster entstanden, die deutlich den tibetanischen Einfluß erkennen lassen oder sogar ganz in jenem Stil erbaut wurden.

Während der Yuan-Dynastie erfreuten sich Dramen besonders großer Beliebtheit. Die Folge war, daß in Tempeln, Parkanlagen, Palästen und auf öffentlichen Plätzen Bühnen entstanden. Eine weitere neue Entwicklung nahm ein Zweig der Tempelarchitektur mit dem Vordringen des Islam. Hier setzte sich im Gegensatz zum Buddhismus der fremde, islamische Baustil durch.

Unter der neuen Herrschaft der Ming-Dynastie wurde die Tradition der chinesischen Architektur fortgeführt und vervollkommnet. Im17. Jh. übernahm die mandschurische Qing-Dynastie das Erbe der Ming und schuf keine nennenswerten neuen Formen, so daß es uns heute noch in einer Vielzahl kunsthistorisch wertvoller Anlagen erhalten geblieben ist.

Holzskelettbau

Von alters her bediente man sich in China beim Bau von Häusern, Hallen und Tempeln des Holzskelettbaus. Das Prinzip besteht darin, daß Säulen und

Das Studio der Beschaulichkeit im Beihai Gongyuan, Nordsee-Park, Beijing ▷

Balken alle statischen Funktionen erfüllen, während Wände nur Zwischenflächen füllen und zieren sollen. Diese Bautechnik gab den Einzelgebäuden ein elegantes, gefälliges Aussehen, so daß sie sich wunderbar zu Baugruppen kombinieren ließen. Der Massivbau in Stein blieb fast ausschließlich auf Schmuckmauern, Hofmauern, Terrassen, Balustraden, Pagoden, Grabanlagen, Brücken und Verteidigungsanlagen beschränkt.

Holzbauten hatten natürlich den Nachteil, daß sie wesentlich vergänglicher waren als Steinbauten. Holz fällt schneller einem Feuer zum Opfer als Stein. So blieben auch kaum Holzbauten aus dem 1. Jt. erhalten. Älteste Beispiele des frühen Holzskelettbaus stammen aus der Tang-Dynastie (618–907). Und doch gab es sehr viele Vorteile, die die Chinesen veranlaßten, über mehr als 3500 Jahre Holz dem Stein vorzuziehen. Holz ließ sich leichter als Stein transportieren und verarbeiten. Es konnte massiv verarbeitet werden und war stark genug, schwere Ziegeldachkonstruktionen zu tragen. Es bot sich zur Massenproduktion von standardisierten Einzelbauteilen an. Ein weiterer Vorteil war die Tatsache, daß statisch unwichtige Teile beliebig bewegt oder gar entfernt werden konnten, so die Füllwände zwischen den tragenden Säulen, die man während der langen warmen Sommer einfach abbauen konnte. Auch vom ästhetischen Aspekt gefiel das Holz, denn es ließ sich wunderschöne Schnitzarbeit daraus herstellen, die sich harmonisch mit den Säulen zu einer Einheit verband.

Die wichtigsten Elemente eines traditionellen, chinesischen Gebäudes sind die Terrasse, auf der der Bau ruht und das Dach, das den Bau überdeckt. Beide Elemente sind Symbole des Kosmos: die Terrasse stellt die tragende Erde dar, das Dach den alles bedeckenden Himmel. Zwischen Dach und Terrasse befinden sich die Säulenzone und das Balkenwerk, von dem man jedoch nur die unteren Längsbalken und das Konsolensystem sieht.

Die Plattform bzw. Terrasse schützen das Gebäude vor Feuchtigkeit und Wasser. Ihr Grundriß hing von dem zu errichtenden Gebäude ab. Die Höhe der Terrasse wurde je nach Rand und Stellung des Gebäudes innerhalb der Baugruppe bestimmt. Auf der Zentralachse angelegte Haupthallen stehen auf höheren Terrassen als die Nebenhallen und überragen diese entsprechend. Das Material, das für den Bau verwendet wurde, variierte. Plattformen einfacher Gebäude bestanden in der Regel aus festgestampftem Erdreich. Kostbare Hallen standen dagegen auf Terrassen aus Ziegelsteinen und einem Gemisch verschiedenster Materialien. Zuerst mußte bei der Anlage einer Terrasse eine Grube ausgehoben und der Boden festgestampft werden. Die Grube füllte man dann Schicht für Schicht auf mit Ziegelbruch, Steinen, Erde, Kalk oder anderen Materialien und stampfte jede Lage fest. Mit Steinplatten oder Ziegelsteinen verkleidete man die Terrasse von außen, ließ auf der Oberfläche Säulenbasen ein und legte Stufen an, die zu ihr hinaufführten.

◁ *Halle des Erntegebets im Himmelstempel, Beijing*

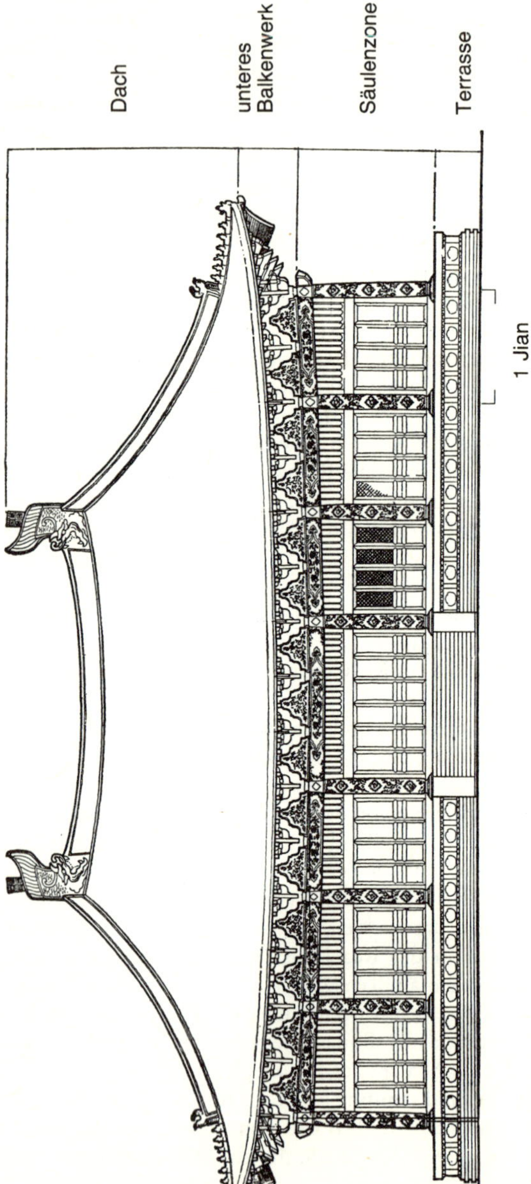

Die vier Stufen einer Halle

Die Säulenbasen, in der Regel aus Stein, in seltenen Fällen auch aus Bronze, schützten den Fuß der Holzsäule vor Feuchtigkeit. Sie konnten sehr schlicht gehalten sein, zeigen häufig aber ein kunstvolles Muster.
Die kleinste Einheit eines Gebäudes war ein **Jian**, ›Zwischenraum‹, ein von vier Säulen begrenzter Raum, also eine Art Grundmaß für die Abmessung von Innenräumen. Ein Jian hatte während der Ming- und Qing-Zeit die Länge von etwa 10 m, früher, während der Song-Zeit 8 und zur Tang-Zeit 5 m. Üblicherweise bestand ein Gebäude aus 3–7 Jian. Die Anzahl der Jian ist ungerade, weil ein Jian auf der Mittelachse angelegt wurde. Es gibt Bauten mit nur einem Jian, wie zum Beispiel einfache Häuser und Pavillons, und große Palastbauten mit elf Jian, wie die Halle der höchsten Harmonie im Kaiserpalast zu Peking. Je nach Breite des Gebäudes mußten mehrere Säulenreihen im Innern verlaufen, um die Querbalken zu stützen.
Die Säulen, die häufig sehr hoch sein können, bestehen meist aus Kiefernholz. Für Palastbauten bevorzugte man vor allem während der Ming-Dynastie den

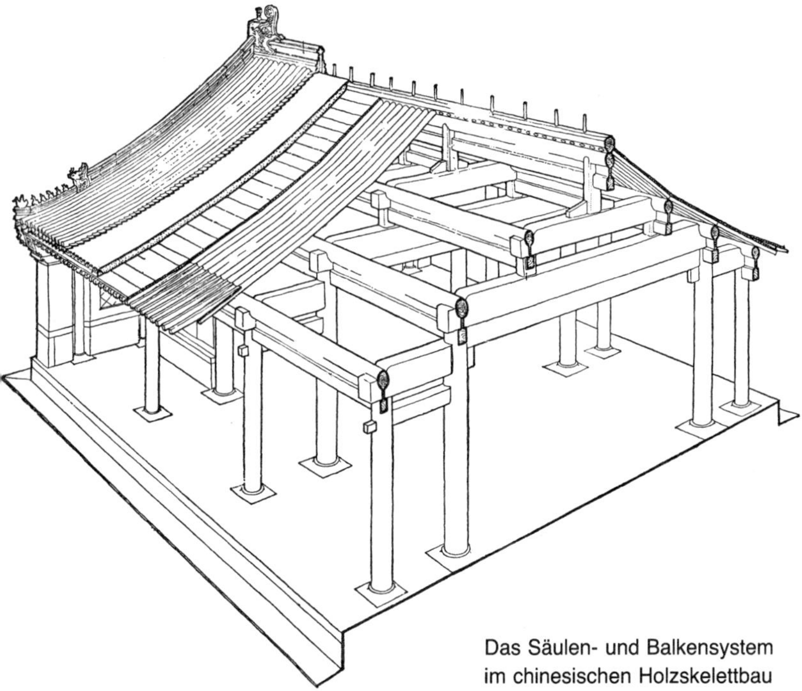

Das Säulen- und Balkensystem
im chinesischen Holzskelettbau

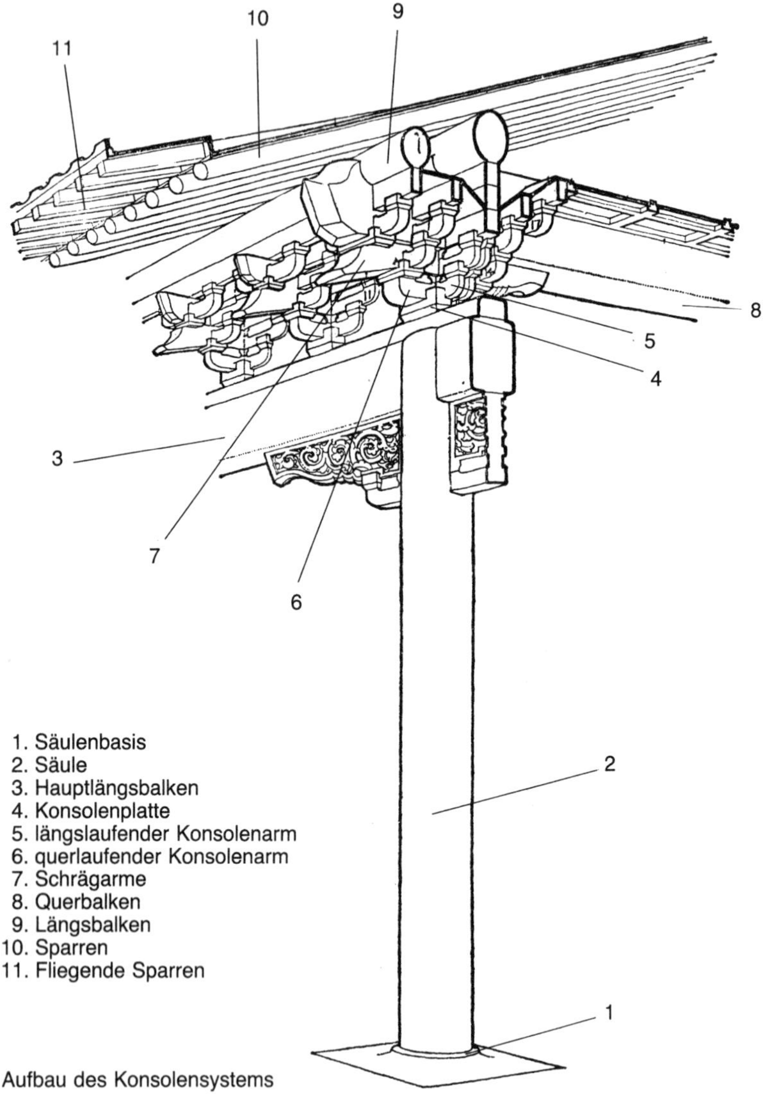

1. Säulenbasis
2. Säule
3. Hauptlängsbalken
4. Konsolenplatte
5. längslaufender Konsolenarm
6. querlaufender Konsolenarm
7. Schrägarme
8. Querbalken
9. Längsbalken
10. Sparren
11. Fliegende Sparren

Aufbau des Konsolensystems

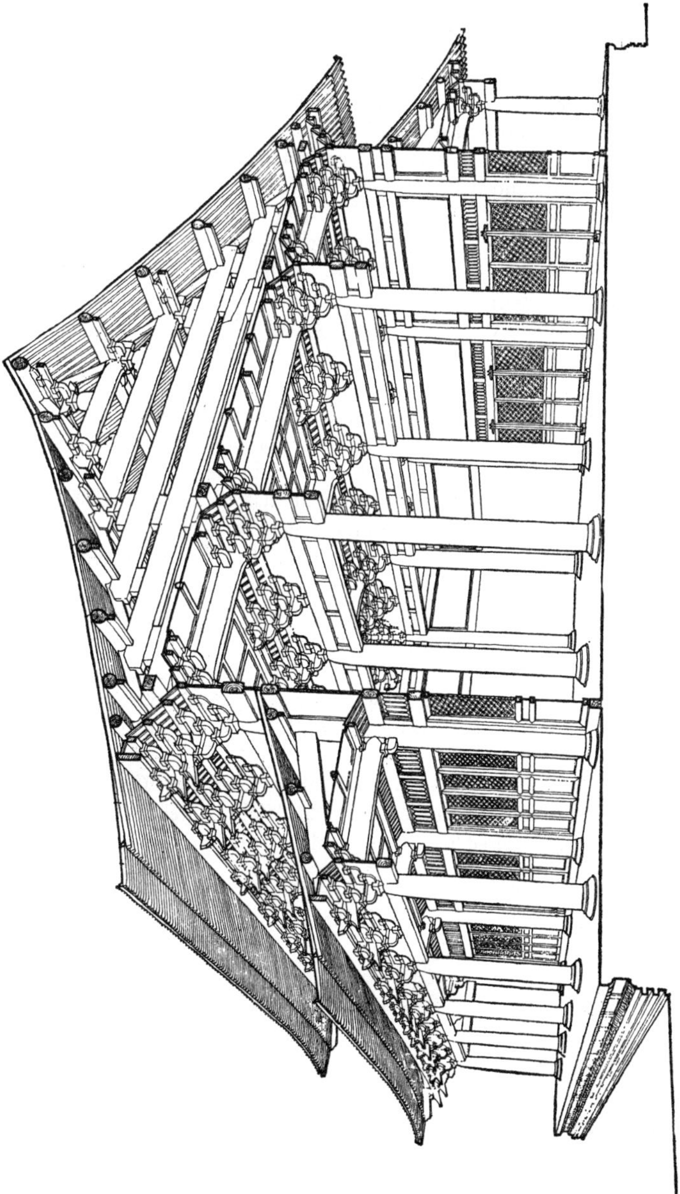

Konsolensysteme als Schmuckelement im Hallenbau

kostbaren südchinesischen **Nanmu** – Baum, der zur Familie der Kampferhölzer gehört und sich durch lange Haltbarkeit, Größe und Härte bewährt hatte. In späteren Jahren wurde der Baum immer seltener, so daß man schließlich auch bei Prachtbauten wieder auf das Kiefernholz zurückgreifen mußte.
Die Säulen werden an ihrem oberen Ende mit einem oder zwei Längsbalken verbunden. Zwischen den Längsbalken verlaufen die Querbalken. Der untere durchstößt die Säule und tritt mit einem kurzen Teil heraus. Auch die zweite Säule wird durch Längsbalken verbunden. Der obere Querbalken trägt zwei kleine Säulen, die den nächsten Querbalken tragen. Der oberste Querbalken trägt nur eine kleine Säule, auf der die Firstbalken ruhen.
Zwischen der Säulenzone und dem Dach treten bei kaiserlichen Bauten, Tempelbauten und den Villen hoher Würdenträger die Konsolensysteme auf. Konsolensysteme waren dem normalen Volk nicht gestattet. Staatliche Vorschriften bestimmten, welches Ausmaß dieses System bei den einzelnen Bauten nehmen durfte. Das Konsolensystem hatte ursprünglich die Aufgabe, das weit vorstehende Teil des Daches, die Traufe, abzustützen und das Gewicht auf Säulen und Balken zu verlagern. Im Laufe der Zeit entwickelte es sich zunehmend zu einem Schmuckelement, das nicht nur die Wandzone zierte, sondern auch als Deckenschmuck eingesetzt wurde.
Das Konsolensystem besteht aus längs- und schräglaufenden Armen. Von einer unteren Konsolenplatte gehen vier Konsolenarme aus, die jeweils zu kleineren Platten führen, von denen erneut Arme nach oben führen.
Das Dach eines traditonellen chinesischen Hauses hat einen weiten Traufenvorsprung. Die zunehmende Steigung zum First hin ermöglichte das rasche Ablaufen des Regenwassers, die Schwingung der Traufe ließ es weit über die Plattform des Hauses hinwegtropfen. Da es keine Dachrinnen gab, war dies von großer Wichtigkeit.
Bei den einzelnen Dachtypen muß zwischen normalen Wohnbauten und Prunkbauten unterschieden werden. Normale Wohnbauten wurden meist mit einem *Xuanshan*, Satteldach, versehen. Man trifft aber auch vielerorts auf

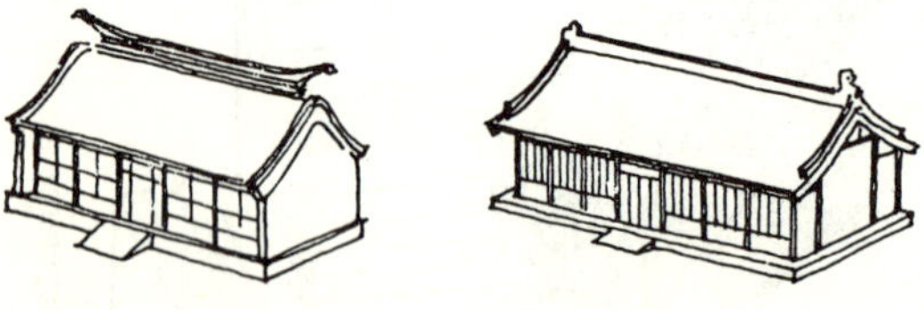

Satteldächer

Flachdächer wobei es sich um lokale Stilrichtungen handelt. Bei aufwendigeren Bauten bevorzugte man das *Wudian*, Walmdach, das beliebig abgewandelt werden konnte, jedoch immer auf eine Grundform zurückging.

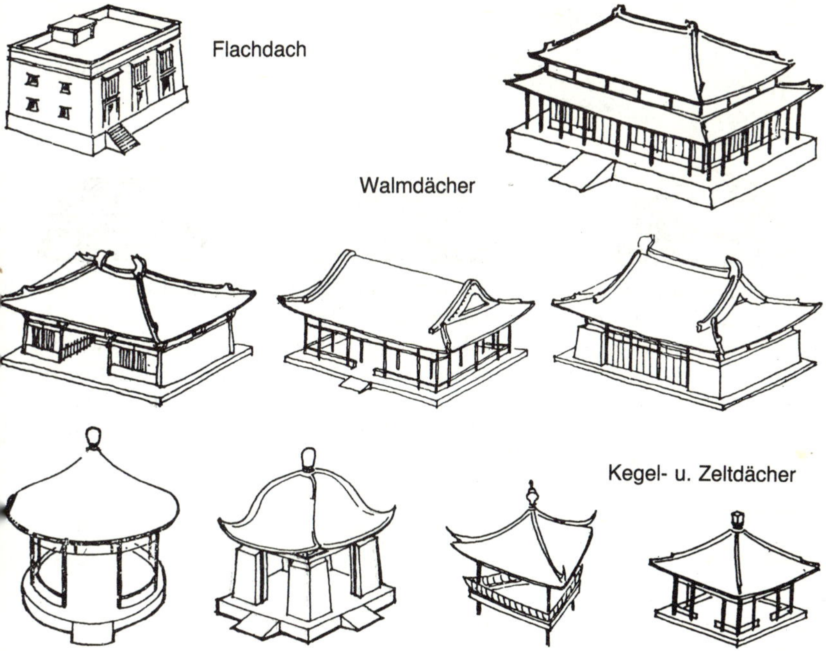

Für Pavillons konstruierte man häufig *Zuanjian,* Kegel- und Zeltdächer. Die einfachste Dachdeckung konnte mit Stroh vorgenommen werden. Bei Flachdächern verwendete man Lehm. Normalerweise deckte man die Dächer mit Ziegeln; die Dächer der einfachen Häuser mit schwach gebrannten grauen, die der wohlhabenden Häuser, Paläste und Tempelanlagen mit schwarzen Ton- oder buntglasierten Keramikziegeln, wobei gelbe Ziegel kaiserlichen Palastbauten und in Einzelfällen mit ausdrücklicher Erlaubnis auch Tempelanlagen vorbehalten waren.
Die Dachziegel wurden gewöhnlich so gelegt, daß die erste Lage mit der Höhlung nach oben , die zweite mit der Höhlung nach unten lag, und die Fuge der ersten überdeckte.

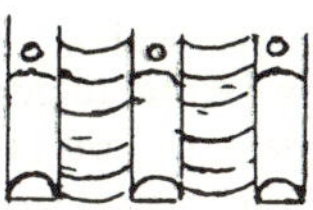

Die Ziegel der vornehmen Bauten zeigten eine stärkere Krümmung als die der einfachen. Die Endziegel sind gewöhnlich mit einem runden oder halbrunden Schmuckende versehen.

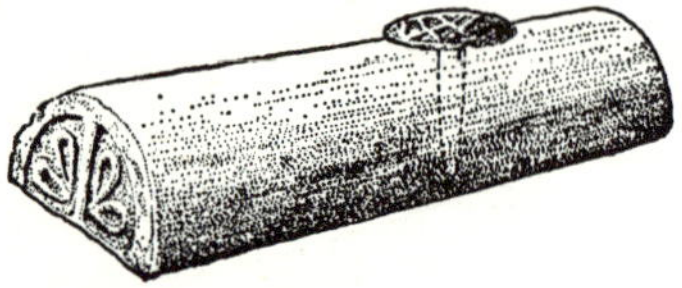

Verzierungen an Endziegeln

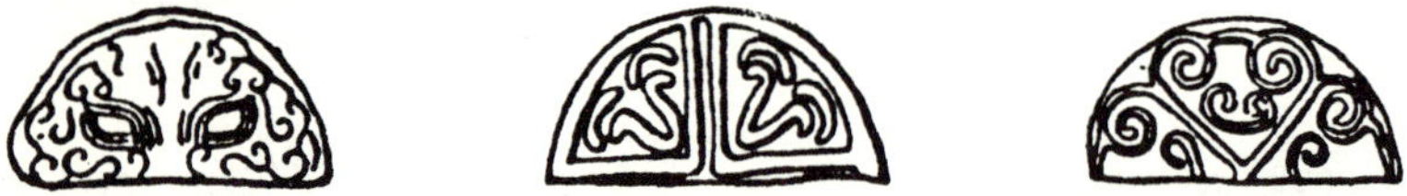

Auffallend ist auf den Dächern mancher Prunkbauten der beidseitige Firstschmuck in Form von Plastiken aus glasierten Ziegeln, den *Chiwei.* Es handelt sich um Darstellungen von drachenartigen Tieren, die einander zugewandt, mit hochgebogenen Schwänzen, den First in ihren aufgesperrten Mäulern zu halten scheinen. Sie sollten das Haus vor Unglück, hauptsächlich vor Feuer bewahren, denn sie vermochten Wellen heranzulocken und Regen zu machen.

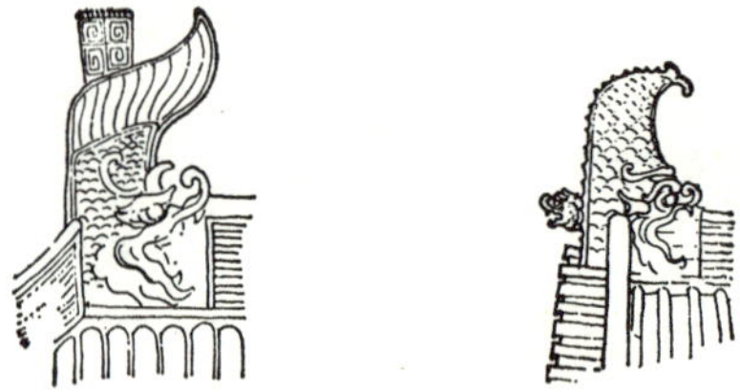

Chiwei, Firstschmuck

Häufig sieht man an den Gratenden der Walmdächer kleine Figuren. Zuunterst befindet sich die Plastik eines Menschen, der auf einer Henne reitet. Nach einer Legende soll dies der Prinz Min von Qi sein, ein Tyrann, der im −3. Jh. von seinen Feinden besiegt und getötet wurde. Die Bevölkerung von Qi soll daraufhin sein Abbild, auf einer Henne reitend, an den Dächern ihrer Häuser befestigt haben, um seine üblen Taten zu brandmarken. Die Henne kann mit der schweren Last nicht den Sprung vom Dach wagen, ein Entkommen über das Dach ist auch nicht möglich, denn ein Drachenkopf mit scharfen Hörnern steht ihr im Weg.
Zwischen diesen beiden Plastiken sind häufig weitere Figuren zu sehen, die in der Funktion als magische Symbole das Haus vor bösen Einflüssen schützen sollten. Der zuunterst stehenden Henne folgen Drache, Phönix, Löwe, Einhorn, Himmelspferd und Drachenkopf. Bis zu elf Figuren konnten auf dem Gratende sitzen, dabei durften sich die Darstellungen mit Ausnahme der Henne und des Drachenkopfes wiederholen.
Im Laufe der Qing-Dynastie hielt man sich nicht mehr so genau an diese Vorschriften, so daß häufig Abweichungen zu beobachten sind. Darüber

hinaus hatten sich in Mittel- und Südchina eigene Stilrichtungen entwickelt. So zeigen dort die Dächer größere Schwingung und lebhaftere Verzierungen, als man es in Nordchina finden kann.
Da im chinesischen Holzskelettbau die Säulen die tragenden Elemente darstellen, entfiel auf die Wände nur die Funktion des Abtrennens, Unterteilens und Ausfüllens. Als Baumaterial verwendete man bei einfachen Häusern festgestampften Löß, Lehm oder Holz. Kostspieliger waren aus Ziegelsteinen gemauerte und verputzte Wände. Türen und Fenster wurden an der vorderen Breitseite eingebaut.
Die Außenwände von Hallen aufwendigerer Palast- und Ritualbauten bestehen häufig aus Holz. Hier wird die füllende Funktion besonders deutlich, denn vielfach sind die Wände durch Fenster und Türen unterteilt, die wiederum reich an kunstvollem Gitterwerk sind. Ein hervorragendes Beispiel ist die *Qinian Dian,* Halle der Ernteopfer, in der Anlage des Himmelstempels in Beijing, deren Außenwände ganz aus Gitterwerktüren bestehen. Der untere Teil der Gitterwerktüren hat eine mit Schnitzwerk verzierte Bretterfüllung. Der obere Teil besteht aus Gitterwerk, das vielerlei Muster haben kann. Hinter dem Gitter wurde in den kalten Monaten von innen Reispapier geklebt. In gleicher Weise dekorierte man die Fenster.

Säulen

Hölzerne Säulen kennt man in China schon seit Jahrtausenden. Seit der Zeit der Kämpfenden Staaten stellt man die Säulen der Prunkbauten auf steinerne Säulenbasen. Diese sollten das Holz vor Feuchtigkeit schützen und der Säule mehr Stabilität geben. Die anfangs noch schlicht gehaltenen Säulenbasen wurden im Laufe der Zeit reich verziert. Neben Stein benutzte man auch Bronze als Material.

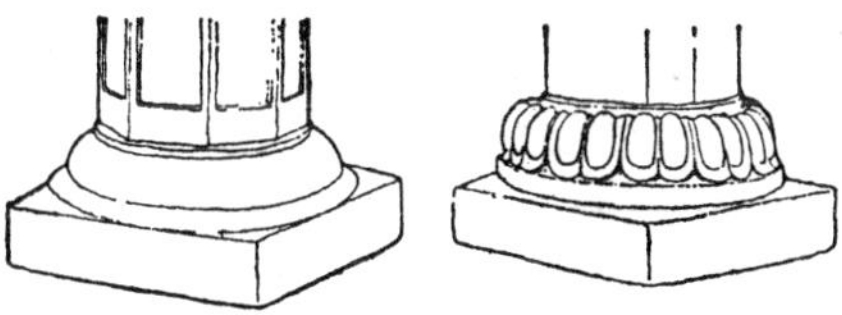

Säulenbasen aus dem 5.–6. Jh.

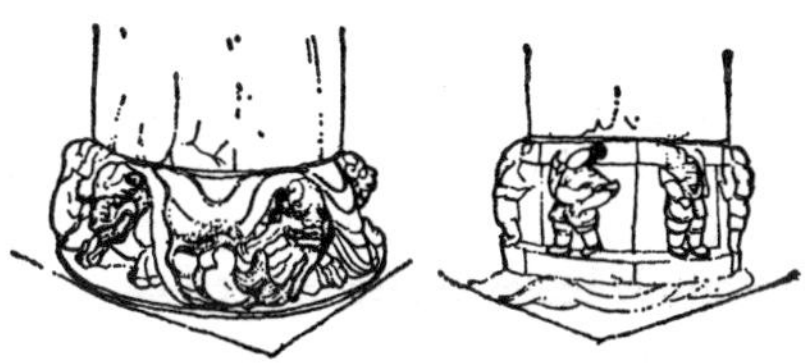

aus dem 10.–13. Jh.

Massivbau

Der Massivbau konnte in China nicht annähernd die Bedeutung erlangen, die er in Europa innehatte. Wo genügend Holz vorhanden war, räumte man immer dem Holzskelettbau Vorrang ein. Ausnahmen bilden die Landstriche, die reich an Löß und Lehm sind und in denen der Massivbau eine lange Tradition hat. Erst Ende des 19. Jh. setzte sich im Hausbau der Massivbau durch.

Die Bereiche, in denen der Massivbau stets vorherrschte, waren der Terrassen-, Mauer-, Gewölbe-, Pagoden- und Torbau. Allerdings muß gesagt werden, daß hier bestimmende Elemente, die den Holzskelettbau prägten, nachgeahmt wurden. So sieht man häufig bei Steinpagaden geschwungene Dächer und Konsolensysteme, die für den Massivbau ohne jede Funktion sind. Vorherrschendes Baumaterial waren Backsteine.

Terrassen gehörten zu den wichtigsten Bestandteilen des chinesischen Massivbaus. Man findet sie innerhalb der Ritual-, Kult- und Repräsentationsbauten. Sie sind großzügig angelegt, ein-, zwei- oder dreistöckig, meist von weißen Steinbalustraden umgeben. Ein- und zweistöckige Terrassen sind bei Bauten hoher Beamter und innerhalb von Tempelanlagen zu finden. Dreistöckige waren nur für kaiserliche Bauten zulässig.

Sie stehen allein, wie der Himmelsaltar im Tiantan, Himmelstempel, in Beijing, oder tragen vornehme Hallen. Bestes Beispiel hierfür sind die Haupthallen des Beijinger Kaiserpalastes. Die Terrassen sind mit Reliefs und Plastiken reich verziert. Auffallend sind die Balustraden mit ihren Pfosten und Pfostenköpfen.

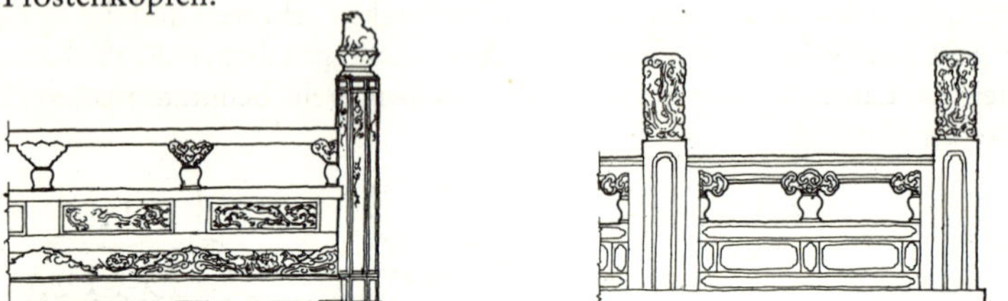

Balustraden als Schmuck von Terrassen

Mauern

Mauern umgeben Palast-, Tempel- und traditionelle Wohnanlagen. Die offene Gestaltung der einzelnen Bauten – die breiten Türen, Fenster und Gitterwerkwände, die vielen Wandelgänge und Pavillons –, die der Baugruppe nach innen ein großzügiges Aussehen verlieh, machte nach außen hin eine feste Ummauerung notwendig, um eine geschlossene Einheit zu bilden. Als Baumate-

rial verwendete man meist Stampflöß oder -lehm, in den letzten beiden Dynastien bevorzugte man Backsteine. Massive, hohe Mauern zog man um Städte. Die bekannteste aller Mauern ist die Wanli Chang Cheng, die Große Mauer (siehe S. 278).
Die Tore der Großen Mauer und der Stadtmauern bestanden meist aus zwei Teilen: aus dem eigentlichen Torweg und einem mehrgeschossigen Toraufbau. Torbauten, die als Verteidigungsanlage gedacht waren, baute man aus Steinen und Backsteinen. Die Aufbauten der nicht zur Verteidigung notwendigen Tore bestanden aus Holz.

Wohnanlagen

Erste Schritte der Entwicklung der Baukunst sind, wie bereits erwähnt, in Banpo Cun, Shaanxi, zu beobachten. Bei den dort entdeckten Spuren von Wohnanlagen handelt es sich um rechteckige oder runde Gruben mit einem Durchmesser von 4–7 m, in deren Boden Pfostenlöcher zu sehen sind. Man nimmt an, daß die Pfosten ein Dach aus Stroh oder ähnlichem Material getragen haben. Die Wände bestanden aus Stroh und einem Gemisch aus Erde und Kalk.

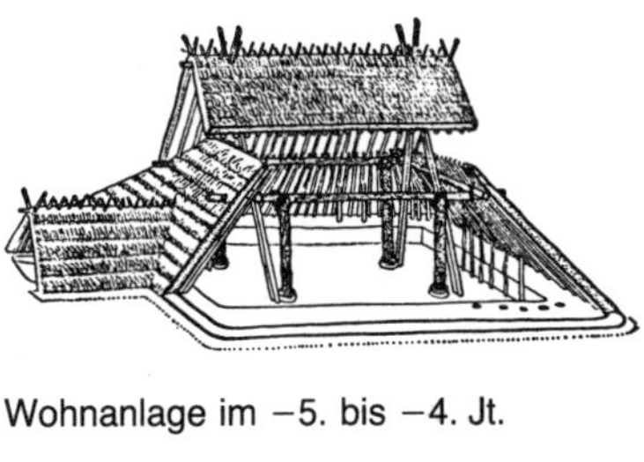

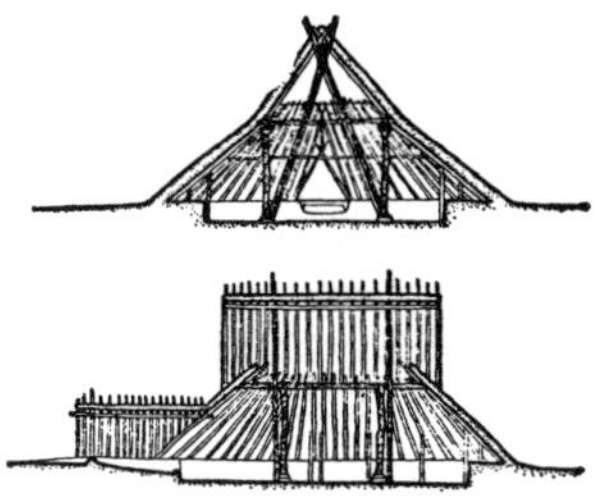

Wohnanlage im −5. bis −4. Jt.

Ende des −4. Jt. verzichteten die Menschen häufig bereits auf das Ausheben einer Grube und bauten ihre Häuser zu ebener Erde. Manchmal setzten sie sie unmittelbar aneinander.

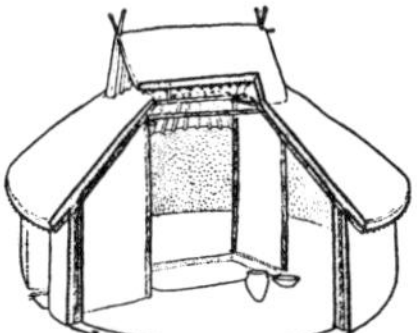

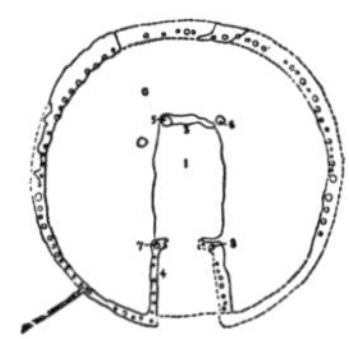

Über die Häuser der Oberschicht im −1. Jt. berichtet das klassische Werk *Yili* (vermutlich aus der Zeit der Kämpfenden Staaten (−475 bis −221) von Bauten,

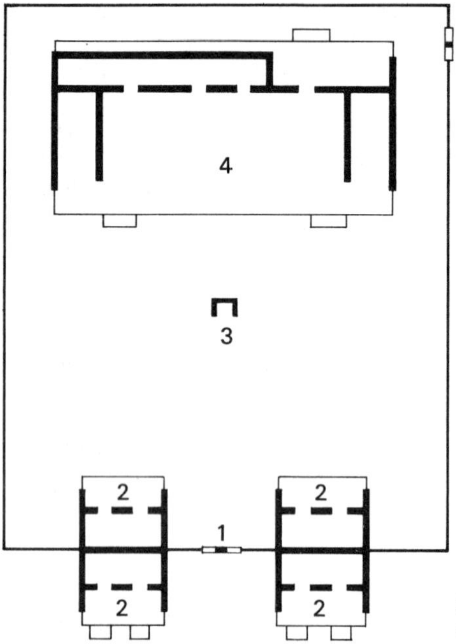

1. Haupttor
2. Empfangsräume mit Hinterzimmer
3. Hof
4. Haupthalle mit Nebenräumen und Hinterzimmern

Song-zeitliche Rekonstruktion einer Baugruppe aus dem −1. Jt.

die bereits die wesentlichen Elemente der chinesischen Baukunst beinhalten, die von Mauern umgebenen Baugruppen.
Die kriegerischen Auseinandersetzungen der letzten Jahrhunderte der Zhou-Dynastie hatten eine stimulierende Wirkung auf die Baukunst. Aus der Han-

han-zeitliche Tonmodelle

Dynastie (−206 bis +220) liegen bereits genaue Darstellungen von städtischen Wohnanlagen vor. Es sind Tonmodelle von Wohnhäusern, die den Toten mit ins Grab gegeben wurden. Sie sollten ein Symbol ihres weltlichen Besitzes sein. Dank dieser Modelle sind detaillierte Kenntnisse über den Bau von Wohnanlagen während der Han-Dynastie vorhanden. So besteht kein Zweifel, daß der Holzskelettbau bereits ein hohes Niveau erreicht hatte. Die Menschen bevorzugten mehrstöckige Häuser. Im Erdgeschoß hielten sie Haustiere, im ersten Stock lagen die Wohnräume.

Wohnanlagen der Nördlichen Wei-Zeit

Aus den Jahrhunderten nach der Han-Dynastie sind kaum klare Zeugnisse von Wohnanlagen erhalten geblieben. Man muß hier auf Reliefs zurückgreifen. Einige Reliefs aus der Nördlichen Wei-Dynastie (386–534) geben ein wenig Aufschluß über die Gestaltung der Gebäude. Korridore verbinden einzelne Teile der Baugruppen. Große Fenster und Türen öffnen sich zum Hof. Der First wird durch zwei *Chiwei* geschmückt, was während der Han-Dynastie nur kaiserlichen Bauten vorbehalten war. Reiche Familien errichteten innerhalb ihrer Wohnanlage einen Tempel. Zu jener Zeit war das eine Art Statussymbol.

Wohnanlagen der Sui- u. Tang-Zeit

Über Wohnanlagen der Sui- und Tang-Zeit (6.–9. Jh.) berichten die Wandgemälde der Höhlen von Dunhuang/Gansu. Es sind Darstellungen von Anwesen hoher Würdenträger und reicher Familien. Sie zeichnen sich durch Eleganz und Großzügigkeit aus. Korridore, Türen und Fenster öffnen sich weit zum Hof hin. Die Anfänge einer Gartengestaltung sind sichtbar.
Über Wohnbedingungen der Song-Zeit muß man sich ebenfalls anhand von Gemälden informieren. Die Werke des Malers Wang Ximeng enthalten Szenen, die die Baugruppen in ländlicher Umgebung darstellen.

Ländliche Wohnanlagen zur Song-Zeit

Die vornehmen Familien der Städte unterteilten ihre Gebäude innerhalb der Baugruppen bereits streng nach Nutzung in Wohn-, Schlaf-, Arbeitszimmer usw. Die Regierung der Nördlichen Song-Dynastie (960–1127) erließ strenge Bestimmungen über den zulässigen Aufwand an Konsolensystemen, bemalten Decken, geschnitzten Fenstern und Türen von Kaiserpalästen, Tempelanlagen und Villen hoher Würdenträger. Reiche Grundbesitzer und Kaufleute außerhalb der Hauptstadt unterlagen allerdings nicht so strengen Kontrollen. So entstanden vor allem südlich des Flusses Changjiang prächtige Anwesen.
Auch während der Ming-Dynastie erließ der Kaiserhof konkrete Bestimmungen, die genau das Ausmaß der Verzierungen fixierte. Doch auch in jener Zeit verstanden es reiche Familien, diese Bestimmungen zu unterlaufen. Die Wohnanlagen dieser Epoche zeigen große regionale Unterschiede. Die Qing-Zeit übernahm die Formen und verfeinerte sie. Im folgenden sollen einzelne Typen von Wohnanlagen behandelt werden.
Die traditionellen Wohnanlagen waren prinzipiell für Großfamilien konzipiert. Mehrere Generationen lebten ›unter einem Dach‹: Großeltern, Eltern, Kinder sowie bei reichen Familien eine große Zahl von Bediensteten. Sobald

Söhne heirateten, zogen sie mit ihrer Frau in eins der Nebengebäude. Je nach Wohlstand hatten die männlichen Familienmitglieder neben der Hauptfrau noch Nebenfrauen, die ebenfalls mit ihren Kindern innerhalb der Anlage wohnte. Verheiratete Töchter verließen das Haus und folgten dem Ehemann in dessen Familie.

Die typische traditionelle Wohnanlage war ein von Mauern umgebener rechteckiger Hof, der durch mehrere Gebäudeeinheiten und Korridore unterteilt wurde. Natürlich gibt es in der Gestaltung und Aufteilung der Gebäude und Höfe große Unterschiede, die von regionaler und finanzieller Natur sind. Das einfache Hofhaus *Siheyuan* in Nordchina hat folgenden Grundriß:

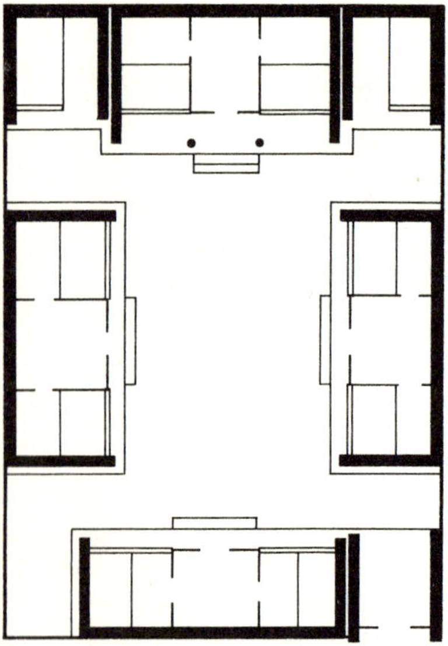

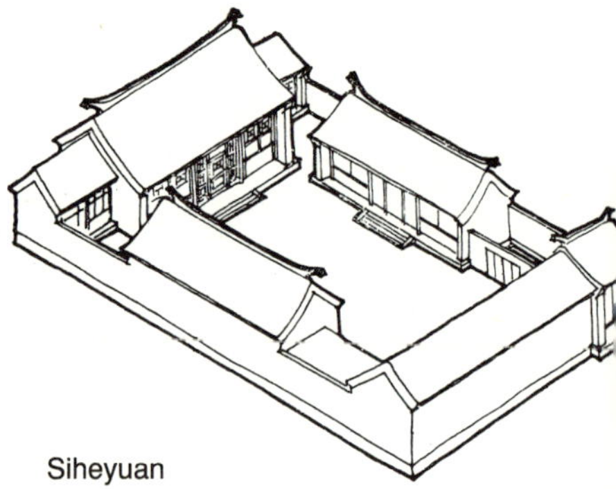

Siheyuan

War der vordere Gebäudeteil durch Mauern ersetzt, sprach man vom *Sanheyuan.* Eine wohlhabende Familie konnte ihr Haus schon auf zwei Höfe erweitern.

Der Eingang befindet sich auf der rechten Seite der südlichen Schmalseite. Um vor bösen Einflüssen zu schützen und sicher auch um den Einblick in den Hof zu verwehren, folgt dem Eingangstor eine sogenannte *Yingbi,* Schattenwand, eine Mauer, die den Gang nach Norden hin abgrenzt. Zur Linken führt ein Durchgang in den äußeren Hof, in dem das männliche Personal wohnte, sowie Küche und Lagerräume untergebracht waren. Durch ein Innentor gelangt man in den zweiten Hof, der der Familie vorbehalten war. Die weiblichen Bediensteten schliefen meist in der Nähe der Frauen, denen sie zugeteilt waren.

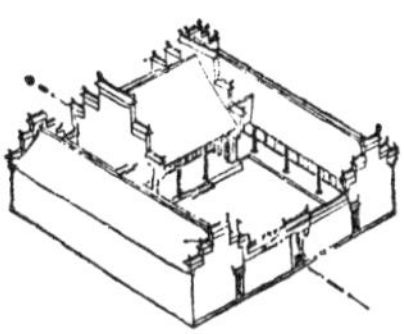

Sanheyuan

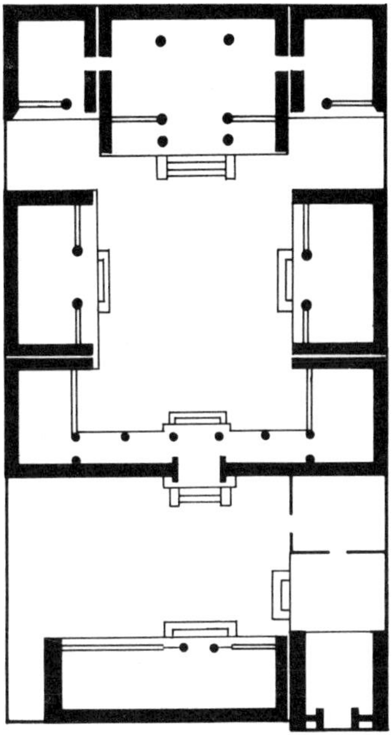

Grundriß eines erweiterten Siheyuan

Die einzelnen Gebäude variierten in Größe und Struktur je nach Bedarf an Wohnfläche. Auch gab es Unterschiede in der Nutzung der Gebäude. Küchen und Lagerräume konnten sich auch an anderer Stelle befinden. Manche

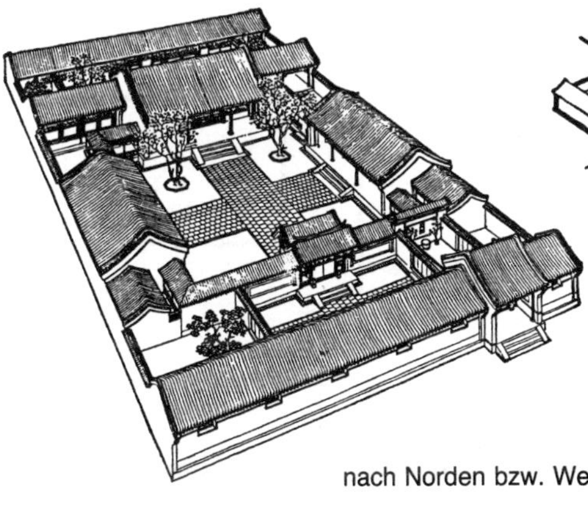

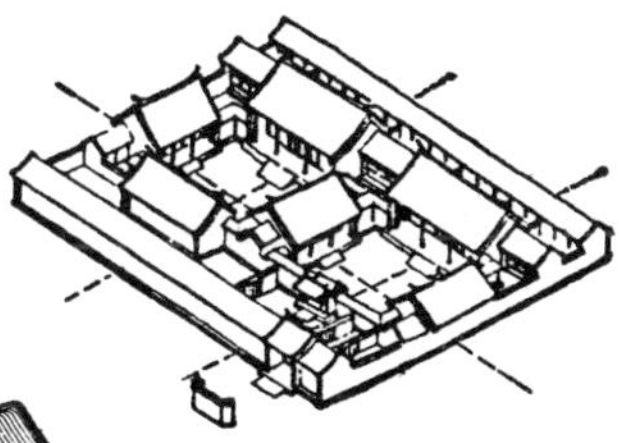

nach Norden bzw. Westen erweiterte Wohnanlagen

Wohnanlagen konnten mehrere Hundert Personen unterbringen. Sie wurden nicht nur nach Norden und Süden, sondern bei Bedarf auch nach Osten und Westen ausgebaut.
Wie bei allen Baugruppen wurden auch die Wohnanlagen von hohen Außenmauern umgeben. Sie schirmten die Gebäude von der Außenwelt ab. Die Damen des Hauses konnten sich bei ihren Einkäufen nur bis zum äußeren Torweg vorwagen.
Die Höfe waren gepflastert, Fenster und Türen zum Hof ausgerichtet. Im Winter versah man die Fenster mit dickem Papier, meistens nur von der inneren Seite, manchmal jedoch auch beidseitig. Das Papier war durch die vorstehenden Dächer vor Regen und Schnee geschützt. Den Steinfußboden bedeckte man nur in Ausnahmefällen mit einem Teppich. Als Beheizung der Räume kannte man Gefäße mit glühender Holzkohle. Sie wurden außerhalb der Räume vorbereitet und dann gefüllt mit der glühenden Kohle hineingebracht.
In den Palästen hatte man häufig Fußbodenheizung eingebaut. Vor allem auf dem Land bediente man sich – und das auch heute noch – des *Kang*, eines Ofenbetts. Es wird von außen beheizt, der heiße Rauch zieht in den *Kang*, der tagsüber als Sitzbank und nachts als warme Schlafstatt dient.
Natürlich waren die Hofhäuser während des kalten nordchinesischen Winters trotz der kleinen ›Öfen‹ recht kalt. Die Menschen schützten sich gegen die Kälte, indem sie dicke, wattierte Kleidung trugen.
In dem Gebiet südlich des Flusses Changjiang löste man sich von dem strengen Schema des nordchinesischen Hauses und setzte mehrere kleine Baugruppen nebeneinander. Korridore verbanden die einzelnen Gebäude, kleine Teiche,

Traditionelle Wohnanlage im südchinesischen Stil

1. Eingang
2. Hof mit dekorativen Felsen
3. Schlafräume des Personals
4. Wohnraum
5. Gartenhalle
6. Pavillon u. Teich
7. Haupthalle
8. Schlafraum
9. Wohnraum
10. Küche

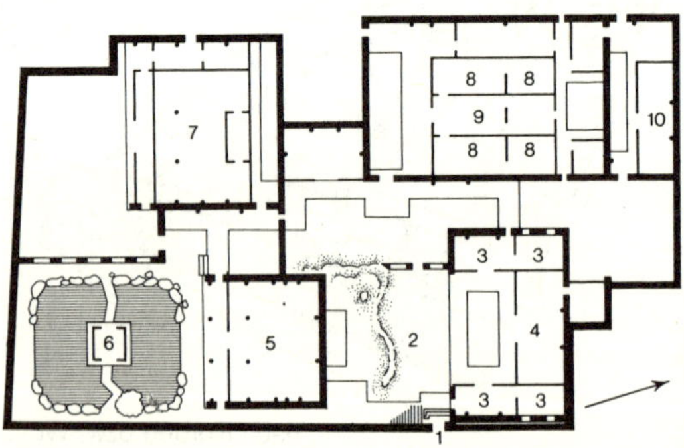

künstliche Berge und bizarre Felsen unterteilten den Hof. Typische Beispiele sind Wohnanlagen in Hangzhou und Suzhou. Einen Höhepunkt erreicht die Architektur der Wohnanlagen in Suzhou. Hier spricht man schon von Gärten, in die Wohngebäude, Pavillons, Bibliotheken usw. eingefügt wurden.

Grabanlagen

Der Bau von Grabanlagen nimmt einen wichtigen Platz in der traditionellen Baukunst ein. In den letzten drei Jahrzehnten haben die chinesischen Archäologen verschiedene Grabanlagen freilegen und erforschen können, wobei sie zu Ergebnissen kamen, die ungeahnte Details und neue Einblicke in die jahrtausendealte Grabarchitektur geben. Einer der spektakulärsten Funde wurde in der Nähe von Xi'an, Shaanxi, getätigt: die unterirdische Armee vor dem Grab des Kaisers Qin Shihuang (−259 bis −210).
Die kaiserlichen Grabanlagen spielten im höfischen Zeremoniell eine wichtige Rolle. Häufig kehrten die Kaiser an die letzten Ruhestätten ihrer Vorfahren zurück, nicht nur um ihnen Opfer darzubringen und ihrer zu gedenken, sondern um sie – die Wächter der Dynastie – um Schutz und den Fortbestand der Macht zu bitten.
Zu den ältesten Grabfunden gehören die jahrtausendealten kreuzförmig angelegten Schachtgräber aus der Shang-Dynastie in Anyang, Henan. In die mit

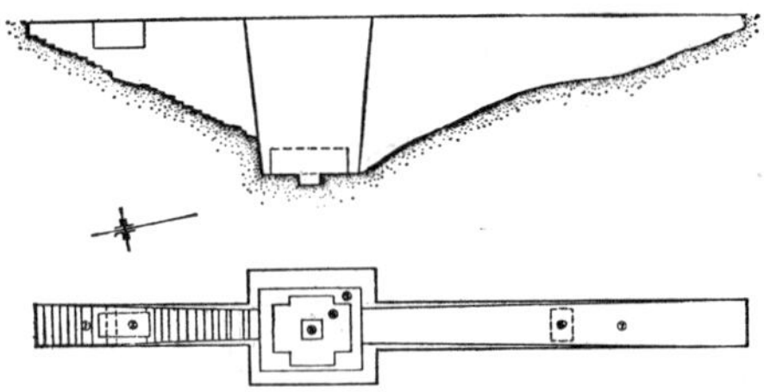

Schachtgrab

Schnitzwerk verzierten hölzernen Grabkammern wurde ein einfacher oder doppelter Sarg mit dem Leichnam gelegt. Auch die Särge wurden allmählich reich verziert. Unter dem Sarg befand sich meist eine kleine Grube mit dem Körper eines geopferten Menschen oder Hundes, der den Beigesetzten schützen sollte. Ein Begräbnis in jener Zeit war ein Ereignis, das Angst und Schrecken auslöste. Dem Herrscher wurde ein Teil seines Besitzes mit ins Grab gegeben. Hierzu gehörten Gegenstände des täglichen Lebens und von ihm besonders geschätzte Objekte genauso wie ihm dienende Menschen und

Tiere. In einigen Gräbern konnten die Archäologen die Reste vieler Dutzend Menschen zählen. Erst in der zweiten Hälfte der Zhou-Dynastie traten an die Stelle der Menschenopfer Beigaben aus Holz, Metall, Ton, Jade und später auch Keramik. Wertvolle Geräte aus Bronze stammen aus Gräbern der späten Zhou-Zeit. Nachbildungen von Menschen und Tieren aus Ton und Bronze sind vor allem in han-zeitlichen Gräbern gefunden worden.

Im −3. bis −2. Jh. vollzog sich ein Wandel in der Grabbautechnik. Das bisher wichtigste Baumaterial, Holz, wurde weitgehend durch Ziegel ersetzt. Anfangs benutzte man mit Flachreliefs oder geometrischen Mustern verzierte Hohlziegel, die eine Länge von über 1 m haben konnten, später wurden die Ziegel handlicher und als eine Art Backstein hergestellt.

Das neue Baumaterial ermöglichte den Architekten, unterirdische Grabstätten zu schaffen, die in ihrer Pracht den irdischen Bauten der Verstorbenen in nichts nachstanden.

Das Grab des ersten chinesischen Kaisers Qin Shihuang ist von dem Historiographen Sima Qian (ca. −145 bis −86) als monumentale Anlage geschildert worden. An die 700 000 Menschen sollen an diesem Bau gearbeitet haben. Die Ergebnisse der Ausgrabungen im Kreis Lintong, Shaanxi, scheinen die Schilderungen zu bestätigen. Etwa 1200 m östlich vom eigentlichen Grab entfernt befindet sich eine etwa 7000 Mann starke Armee lebensgroßer Terracotta-Figuren. Über dem noch nicht geöffneten unterirdischen Palast erhebt sich ein heute noch 47 m hoher Grabhügel, der einst in Form einer vierseitigen Pyramide mit gekappter Spitze aus drei Schichten festgestampfter Erde angelegt wurde. An der Basis hat der Hügel in Ost-West-Richtung eine Breite von 345 m, in Nord-Süd-Richtung eine Länge von 350 m. Zwei Mauern wurden um die Grabanlage gezogen, die innere hatte eine Länge von 2,5 km, die äußere von 6,3 km (siehe S. 739).

Aus der etwa 400 Jahre währenden Han-Dynastie sind drei Typen von Grabanlagen gefunden worden. Herrschten in den ersten Jahrzehnten der Westlichen Han-Dynastie noch die Schachtgräber vor, setzten sich während

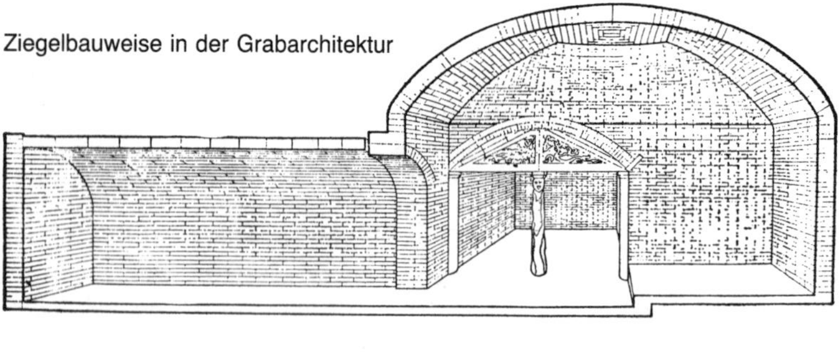

Ziegelbauweise in der Grabarchitektur

der Östlichen Han-Dynastie die mit Ziegel- oder Hausteinen gebauten Grabanlagen durch. Die immer handlicher geformten Backsteine eigneten sich vorzüglich für den Bau von Kuppeln und Gewölben. Die unterirdische Grabanlage bestand nun aus mehreren Haupt- und Nebenräumen. Aus dem 3. Jh. stammt ein in Yinan, Shandong, entdecktes Hausteingrab, das in Nord-Süd-Richtung eine Länge von 8,7 m hat. Es besteht aus drei hintereinander auf

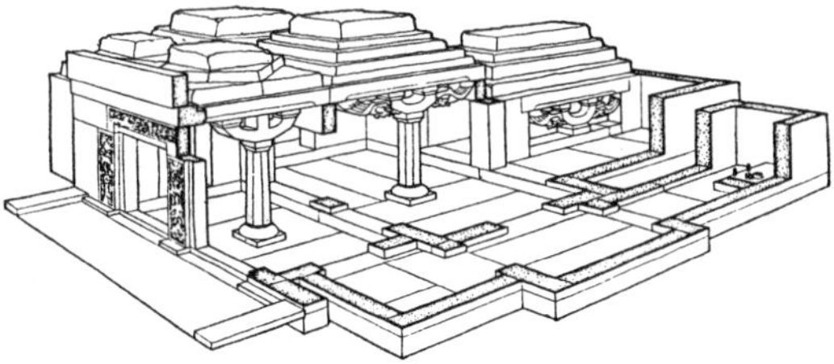

Hausteingrab von Yinan

der Nord-Süd-Achse angelegten Haupträumen, von den beiden ersten zweigen östlich und westlich Nebenräume ab. Achteckige Säulen unterteilen den vorderen Komplex, eine Säulenbasis mit Konsolensystem den hinteren. Die Wände wurden mit Reliefs verziert.

Nicht nur die unterirdischen Grabkammern wurden prachtvoll ausgestattet, auch die äußere Grabanlage erhielt eine feierliche Gestaltung. Der Weg, der meist von Süden zum Grabhügel führte, wurde gesäumt von *Que*, Ehrentürmen, und Steintieren. Am Ende dieses Weges standen vor dem Grabhügel Steinstelen und Opferschrein bzw. eine Gedenkhalle. Der steile Schacht, der zum unterirdischen Palast führte, wurde nach der Bestattung zugeschüttet. Diese Art Grabanlage sollte sich in ihrem Aufbau bis zur Qing-Dynastie (1644–1911) im Prinzip nicht mehr wesentlich ändern.

Der dritte Typ von entdeckten han-zeitlichen Grabanlagen besteht aus unmittelbar in den Felsen steiler Abhänge getriebenen Grabkammern. Ein Beispiel aus dem 1. Jh. ist das Felshöhlengrab Baiya in Leshan, Sichuan. Es wurde

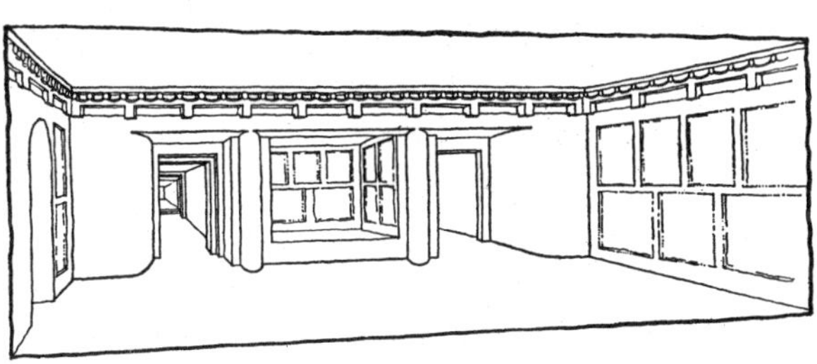

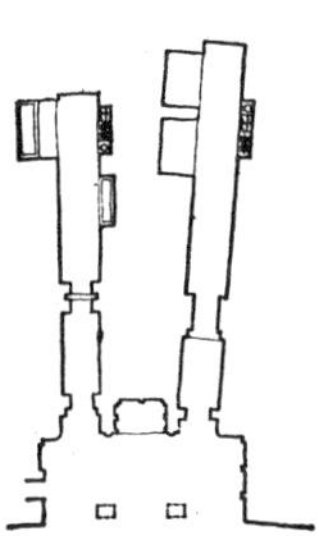

Felshöhlengrab von Leshan

großzügig angelegt und zeigt in der inneren Gestaltung deutlich die Einflüsse des Holzskelettbaus. In diesem Gebiet legte man auf einer Länge von 1 km 56 Gräber an.
Aufsehen erregte die Freilegung des Grabes des Kronprinzen Zhanghuai im Kreis Qianxian, Shaanxi. Dieses Grab liegt etwa 100 km nordwestlich von Xi'an entfernt und gehört zu den siebzehn Nebengräbern der *Qianling*-Grabanlage, der letzten Ruhestätte des dritten Tang-Kaisers Gaozong (reg. 650–683) und seiner Gemahlin, der Kaiserin Wu Zetian. Das kaiserliche *Qianling*-Grab und auch die meisten der Nebengräber sind der natürlichen Umgebung der Liangshan Hügel angepaßt. Der Grabhügel des *Qianling* wird durch den höchsten der Liangshan Hügel, den Nordhügel, gebildet. In der Gestaltung der Anlage folgte man den Grundsätzen der han-zeitlichen Grabarchitektur und traf darüber hinaus noch viele Ergänzungen. Um die Grabanlage zog man eine quadratisch verlaufende Mauer, die Ecken wurden mit Türmen, die Seiten jeweils mit einem von Steintieren bewachten Tor versehen. Südlich des Nordhügels bzw. Grabhügels befinden sich die beiden Südhügel, auf denen einst je ein 8 m hoher *Que*, Ehrenturm, stand. Beide Türme stellten zusammen das erste Tor der Grabanlage dar. Von hier aus führte ein 4 km langer Weg bis zum Grab. Flankiert wurde dieser von Schmucksäulen, Steintieren, Steinmenschen, Stelen sowie den Skulpturen von Königen tributpflichtiger Länder. Das Südtor und die *Xiandian* Opferhalle schlossen sich im Norden an.
Etwa 3 km südöstlich der *Qianling*-Anlage befindet sich das oben erwähnte Grab des Kronprinzen Zhanghuai. Dieses Grabmal ist wegen seiner Wandmalereien besonders wertvoll, denn diese geben reichlich Aufschluß über das höfische Leben der Tang-Zeit.
Die Baumeister der Zeit der Fünf Dynastien setzten die Tradition der vorange-

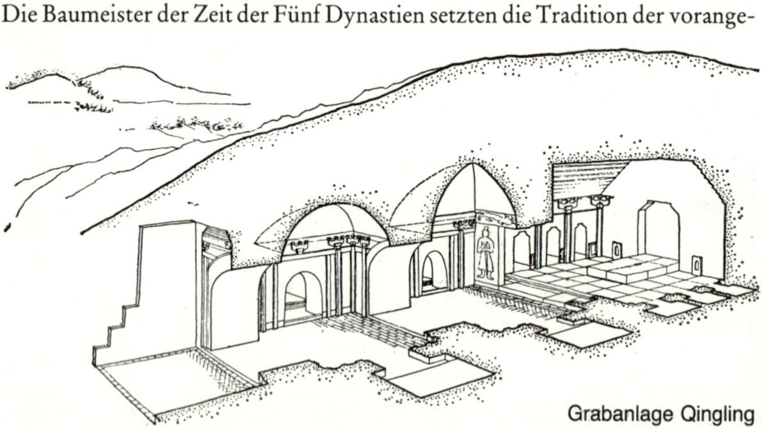

Grabanlage Qingling

gangenen Dynastien fort. Berühmte Gräber aus dieser Zeit sind *Qingling*, nahe Nanjing, Jiangsu, und *Yongling*, in Chengdu, Sichuan. Beide Anlagen sind in mehrere Räume untergliedert. Das *Qingling* stammt aus der Südlichen Tang-Dynastie. Es hat eine Gesamtlänge von 22 m. Der vordere und mittlere Raum wurden aus Ziegelstein gebaut, der hintere aus Naturstein. Auch diese unterirdische Anlage zeigt in ihrer Gestaltung Einflüsse des Holzskelettbaus.
Das *Yongling*-Grabmal in Chengdu stammt aus dem Jahre 918. Es wurde mit einer Gesamtlänge von 23,5 m direkt in einen 14 m hohen Hügel hineingebaut. Die Besonderheit dieser Anlage ist die Sargplattform, eine Steinterrasse, deren vier Seiten mit einem schönen Relief verziert sind.
Die song-zeitlichen Kaisergräber sind relativ klein. Ein Grund dafür mag sein, daß sie erst nach dem Ableben des Kaisers angelegt wurden und innerhalb von sieben Monaten, spätestens dann mußte die Bestattung vollzogen sein, fertiggestellt sein mußten. Die Gräber entsprechen einander in Ausstattung und Gestaltung. Die Anzahl der Steinfiguren, die den Heiligen Weg säumten, war festgelegt.
Individuell gestaltet wurden dagegen Gräber wie das eines Kaufmanns im Kreis Yuxian, Henan, aus dem Jahre 1099, ein Ziegelbau, der in Höhe und Gestaltung einem Wohnhaus entspricht. Die Wände sind reich verziert mit Schnitzereien und Malereien, meist Szenen aus dem Leben und der Umgebung des Verstorbenen.
Die Grabarchitektur erreichte während der Ming- und Qing-Zeit ihren Höhepunkt. Dreizehn der sechzehn Ming-Kaiser wurden 45 km nördlich von Beijing am Berg Tianshou Shan beigesetzt. Die Grabmäler sind unter dem Namen Shisan Ling, Dreizehn Grabmäler, bekannt. Jede Grabanlage ist von einer Mauer umgeben. Eine Neuerung war die aus mehreren Höfen und Gebäuden bestehende Anlage vor dem Grabhügel. Ein einziger Heiliger Weg führt zu den dreizehn Gräbern. Er wird gesäumt von überlebensgroßen Steinskulpturen. Vom Hauptweg, der direkt zum Grab des Yongle-Kaisers führt, zweigen Wege zu den anderen zwölf Gräbern ab (siehe S. 273).
Die Baumeister der Qing-Zeit orientierten sich an den Anlagen der Ming-Zeit. Eine wesentliche Änderung im Gegensatz zur Ming-Zeit war die Tatsache, daß die Kaiserinnen und Nebenfrauen nicht mehr mit dem Kaiser zusammen in einem Grab beigesetzt, sondern ihr eigenes Grab an anderer Stelle erhielten. Die Gräber der Qing-Herrscher befinden sich in Zunhua und Yixian, Hebei.

Que, Ehrentürme

Ein interessantes Element in der chinesischen Baukunst ist eine Art Pfeiler oder Turm, der zur Dekoration der Eingänge von Palästen, Ritualbauten oder Grabanlagen paarweise errichtet und im allgemeinen *Que* genannt wurde.

Que, Ehrenturm, in Ya'an

Eines der besten Beispiele dieser Art befindet sich innerhalb der Grabanlage des Präfekten Gao Yi (gest. im Jahre 209) in Ya'an in Sichuan.
Es wurde aus Stein gebaut und ist 5,88 m hoch.
Die ersten *Que* tauchten bereits im −6. Jh. vor Palästen und Grabanlagen auf. Seit der Han-Zeit schmückte man auch Tempeleingänge mit diesen Turmpaaren, häufig mit Hilfe eines Bogens oder eines Daches miteinander verbunden und zu einer Art Vortor verwandelt.
Besondere Aufmerksamkeit entwickelten die Baumeister der Nördlichen Wei-Dynastie den *Que*. Statt zwei *Que* setzten sie gern vier *Que* und errichteten dahinter ein Schmucktor.
Die Tang- und Song-Dynastien brachten keine prinzipiellen Veränderungen in der Gestaltung. Die Bauten wurden komplexer und konnten große Toranlagen einschließen.

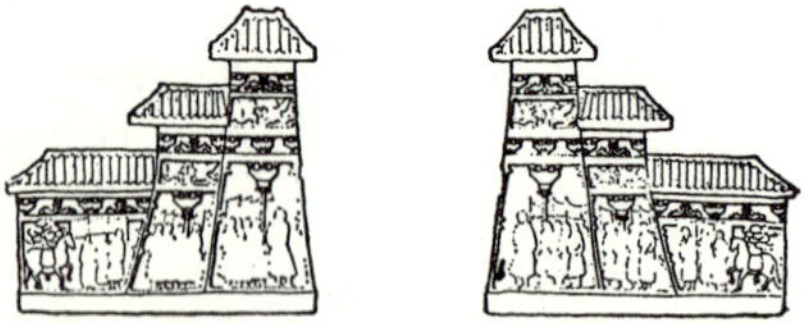

Que als Toranlage

In der Ming- und Qing-Dynastie mußten die *Que* allmählich den *Pailou*, Schmucktoren, *Zhaobi*, Schattenwänden, und *Huabiao*, Schmucksäulen wei-

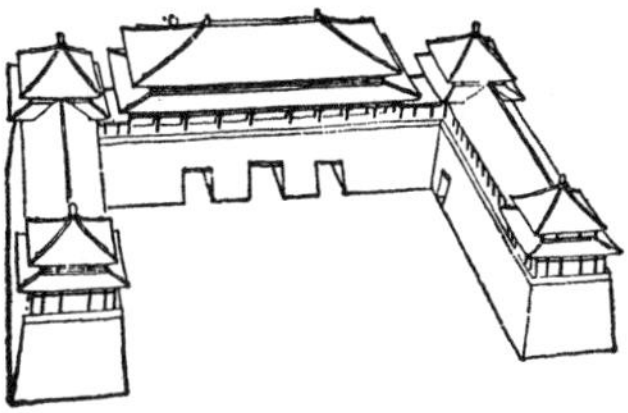

Que als Toranlage. Wumen-Tor in Beijing

chen. Eines der letzten Beispiele von *Que*-Bauten ist innerhalb des *Wumen*-Tores im Beijinger Kaiserpalast zu sehen.

Pailou, Schmucktor

Vielerorts sieht man in China die *Pailou*, Schmuck- oder Ehrentore, mit einem, drei oder fünf Bogen. Sie sind wahrscheinlich indischen Ursprungs, wurden von den chinesischen Baumeistern jedoch meist im traditionellen Holzskelettbau errichtet. Schmucktore stehen an gut überschaubaren Plätzen außerhalb der Stadt, vor Tempel- oder Grabanlagen, in Park- und Palastanlagen. Häufig wurden sie auf Befehl des Kaisers zu Ehren oder im Gedenken an bedeutende Persönlichkeiten errichtet.

Pagoden

Turmbauten kannte man in China schon seit der Han-Zeit. Sie standen mancherorts als Statussymbol auf den Anwesen wohlhabender Familien oder als Aussichts- und Signaltürme. Mit dem Einzug des Buddhismus im 1. Jh. wurden die Turmbauten ganz in den Dienst der indischen Religion gestellt. Man verstand sie als ein Symbol der buddhistischen Lehre, das weithin sichtbar den Willen zur Missionierung kundtun sollte. Hier spielte vor allem die Höhe der Pagode eine wichtige Rolle.
Anfangs war die Pagode das zentrale Gebäude eines buddhistischen Tempels. Sie enthielt Reliquien des historischen Buddha bzw. eines Heiligen oder heilige buddhistische Symbole und Schriften. Spätestens seit der Nördlichen Wei-Zeit gehörten neben der Pagode auch das Shanmen, Bergtor, und die Haupthalle zu den zentralen Gebäuden einer Tempelanlage. In späteren Jahrhunderten wurden Pagoden auch ohne Beziehung zu einem Tempel errichtet. Man baute sie in die Landschaft hinein und ließ sich dabei von den daoistischen Vorstellungen von Harmonie und Schönheit leiten. Die Pagode wurde bald ein bevorzugtes Motiv innerhalb der Malerei und Dichtung. In den letzten Jahrhunderten entwickelte sie sich zum unverzichtbaren Bestandteil des Landschaftsbildes.

Man baute sie zur Verschönerung und als Aussichtsturm in Gärten und Parkanlagen, an Küsten und Flüssen als Navigationshilfe für Seeleute. Sie hatten zuweilen gar keine Bedeutung im buddhistischen Sinne mehr, sondern waren lediglich ein Mittel der Landschaftsgestaltung. Auch der Daoismus entlieh in einigen Fällen vom Buddhismus die Pagode.

Die erste Pagode Chinas soll der Überlieferung nach in der zweiten Hälfte des 1. Jh. in Luoyang, der damaligen Reichshauptstadt als zentrales Gebäude des Tempelklosters *Baima Si* errichtet worden sein. Der sich in China entwickelnde Stil des Pagodenbaus ging aus dem indischen Reliquiar (Stupa) und aus den oben erwähnten Turmbauten hervor. Sie waren im Grundriß kreisförmig, vier-, sechs- oder achteckig, manchmal sogar zwölfeckig. Es gab ein- oder mehrstöckige Pagoden, die Anzahl der Stockwerke war meist ungerade. Als Baumaterial benutzte man Holz, Ziegel, glasierte Ziegel, Steine, Eisen, Bronze und Kupfer.

Folgende Pagodentypen sind in China häufig anzutreffen:

Jita, **Stufenpagode**

Stufenpagode

Dieser Typ scheint eine Verschmelzung der aus Indien kommenden Vorbilder und der bereits bestehenden chinesischen Turmbauten zu sein. Eine der bekanntesten Stufenpagoden ist die quadratisch angelegte *Dayan Ta,* Große Wildganspagode, in Xi'an. Sie wurde im Jahre 652 errichtet und besteht außen aus Ziegeln, innen aus gestampftem Lehm und Kalk (siehe S. 733).

Die Stufenpagoden sind quadratisch oder auch mehrseitig. Sie bestehen aus mehreren Stockwerken, die nach oben an Höhe abnehmen und durch stark ausladende Gesimse deutlich voneinander getrennt sind. Im Gegensatz zu den quadratisch angelegten, oft sehr gewaltig anmutenden Stufenpagoden, erzielte man bei den mehrseitigen Pagoden durch die Verringerung der Geschoßhöhen eine beträchtliche Vermehrung der Stockwerke und dadurch eine schlankere Gestalt.

Tianning Ta

Ringpagode

Stockwerkpagode

Galeriepagode

Grabpagode

Urnenpagode

Sutrasäule

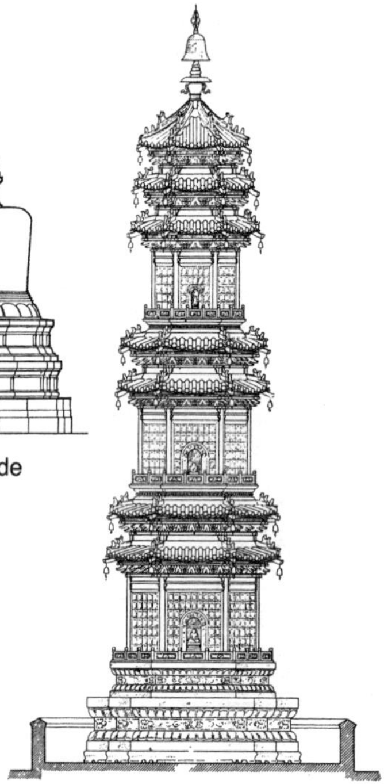

Glasurpagode

Tianning Ta, **Tianningpagode**
Dieser Pagodentyp ist benannt nach der Pagode des Klosters Tianning Si in Beijing. Er ist in drei Teile zu untergliedern: 1. Sockel, 2. Hauptkörper, der Reliquien oder buddhistische Heiligtümer enthält, 3. hoher, schlanker Aufbau mit vielen niedrigen Geschossen oder Ringen.

Dieceng Ta, **Ringpagode**
Die Ringpagoden sind gekennzeichnet durch niedrige Geschosse und Gesimskränze, die wie Ringe das Kernstück umgeben. Sie sind in ihrem Grundriß meist achteckig.

Cengta, **Stockwerkpagode**
Dieser Pagodentyp zeigt regelmäßige Stockwerke mit annähernd gleichen Höhen und knapp ausladenden Gesimsen. Er ragt wegen geringer Abtreppungen fast senkrecht in die Höhe. Stockwerkpagoden sind häufig als Glasurpagoden anzutreffen. Im Süden und Südosten Chinas wurden sie meist aus Stein gefertigt.

Wailangceng Ta, **Galeriepagode**
Die Galeriepagoden sind eine interessante Weiterentwicklung der Stockwerkpagoden. Um ihre einzelnen Stockwerke laufen äußere Umgänge, die von weit ausladenden Dachkränzen geschützt werden. Dieser Pagodentyp ist am meisten in Mittelchina im Gebiet des Changjiang anzutreffen.
Muta, **Grabpagode**
In den Grabpagoden wurden die Reliquien buddhistischer Heiliger beigesetzt. Diese Art der Pagode weist einen ungeheuren Formenreichtum auf.
Aus der reinen Grabpagode entwickelte sich die Gedächtnispagode, d. h. sie enthielt keine Überreste eines Toten, sondern stand nur zu seinem Gedenken. Eine Weiterentwicklung sind die **Sutrasäulen,** die mit Inschriften heiliger buddhistischer Texte versehen waren.
Urnenpagode
Das Vorbild für den Typ der Urnenpagode muß die Graburne gewesen sein. Die Urnenbestattung war vor allem in südlichen Provinzen häufig anzutreffen. Die höchste Entwicklung der Urnenpagode ist die **Lamapagode,** Dagoba, bestehend aus dem Sockel, der gebauchten Urne, einem Halsstück mit anschließender Ringfolge, breitem Ehrenschirm und Knauf. Dieser Pagodentyp war in der Yuan- und besonders in der Ming-Zeit im Norden Chinas sehr beliebt. In ihrem runden Hauptteil befindet sich eine zweiflügelige Blendtür und darüber eine Inschriftentafel, wahrscheinlich ist dies dem älteren Typ der Grabpagode entlehnt.
Pagoden werden nicht nur nach Form sondern auch nach ihrem Baumaterial unterschieden, wie zum Beispiel *Liuli Ta,* **Glasurpagoden,** von denen die bekanntesten Beispiele aus der Song- und Qing-Zeit stammen. Ebenso gibt es *Shita*, Steinpagoden, *Tieta*, Eisenpagoden, *Tongta*, Bronzepagoden.

Höhlentempel

Vom Eindringen des Buddhismus nach China über Zentralasien zeugen heute noch die gewaltigen Höhlentempel in Nordchina. Die bedeutendsten sind die Mogao-Höhlen bei Dunhuang und die Maijishan-Höhlen bei Tianshui, Gansu, die Yungang-Höhlen bei Datong, Shanxi, und die Longmen-Höhlen bei Luoyang, Henan.
Die ersten Höhlentempel entstanden im 4. Jh. entlang der Handelswege zwischen Zentralasien und China. Im Jahre 366 trieben buddhistische Mönche Höhlen in die Berghänge bei Dunhuang und legten Kultstätten an. Finanziert wurden diese Arbeiten meist durch die Spenden von Pilgern.
Die großartigen Höhlentempel von Yungang und Longmen entstanden im 4.–6. Jh. während der Nördlichen Wei-Dynastie. Die Herrscher dieser Dynastie waren bis auf eine Ausnahme große Förderer des Buddhismus. So erreichte

denn auch die buddhistische Kunst in dieser Periode einen Höhepunkt (siehe S. 337 bzw. 584).
Eine weitere Blütezeit erlebte der Höhlentempelbau in der Tang-Zeit, als Höhlen, Nischen und Skulpturen von Mitgliedern aller Gesellschaftsschichten angelegt wurden. Die kleinsten Skulpturen sind 2 cm hoch, die größten reichen bis zu 17 m hoch.

Buddhistische Tempelanlagen

Buddhistische und daoistische Tempelanlagen zeigen in Grundriß und Struktur keine erheblichen Unterschiede, vielmehr haben sich die Baumeister daoistischer Tempelklöster an den buddhistischen Bauwerken orientiert. Welcher Lehre der Tempel angehört, ergibt sich meist erst aus seinem Namen und dem der Hallen oder durch die Angabe der Person, der die Anlage geweiht ist.
Bei chinesischen Tempeln handelt es sich nie um Einzelgebäude, sondern stets um Gebäudegruppen, die in ihrer Anordnung einem festen Grundschema folgen, jedoch verschiedene Modifikationen aufweisen können. Die Hauptgebäude formen mit den ihnen symmetrisch zugeordneten Nebengebäuden einzelne Gruppen und Höfe. Diese Gebäudegruppen stehen hintereinander oder auch nebeneinander und sind durch Verbindungsgänge erreichbar. Der gesamte Tempelkomplex ist weiträumig angelegt. Die Gebäude innerhalb der Anlage sind meist einstöckig, die Haupthallen manchmal durch ein Doppeldach geschmückt. Bei mehrgeschossigen Bauten kann es sich um sogenannte Türme, Pavillons oder auch Hallen handeln.
Die chinesische Tempelklosteranlage unterlag im Laufe der Jahrhunderte in Aufbau und Struktur großen Wandlungen. Verschiedene Denkschulen brachten unterschiedliche Bautypen hervor, die den Erfordernissen der Lehre und des Klosterlebens angepaßt waren. Ein buddhistisches Kloster in der Mitte des ersten Jahrtausends war in Nord-Süd-Richtung in Form eines großen Rechteckes angelegt. Der Eingang, meist ein einfacher Torbau, in dem die beiden Himmelswächter standen, führte in den äußeren Hof der Tempelanlage. Die Bauten im Außenhof beschränkten sich auf Wohn-, Verwaltungs- und Wirtschaftsgebäude. Auf der zentralen Achse folgte dem Eingangstor im Norden ein zweiter Torbau, der in den Innenhof führte. Die Abgrenzung zum rechteckigen Innenhof konnte durch ringsum verlaufende Mauern oder hallenartige Wandelgänge geschaffen sein. Im Norden der Abgrenzung standen links und rechts Glocken- und Trommelturm und dazwischen die Lehrhalle. Der Innenhof enthielt die Heiligtümer des Klosters: die Pagode mit den eingemauerten Reliquien und die Buddha-Halle.
In den folgenden Jahrhunderten entwickelten sich die Tempelklöster zu wesentlich ausgedehnteren Anlagen. Die Anzahl der Haupthallen im Innenhof

nahm zu, die Pagode konnte nach Norden oder sogar in den äußeren Hof verlegt werden, auch die Gebäudeanzahl in diesem Hof nahm gewaltig zu. Die einzelnen Schulen glichen ihre Tempelanlage immer weiter der Struktur weltlicher Palastanlagen an. Klöster konnten auch in den Besitz anderer Schulen kommen, die die Anlage dann nach eigenen Prinzipien veränderten und ergänzten. Es entstand im Laufe der Zeit ein Mischstil, der die Bestimmung der Schule des betreffenden Mönchskonvents aufgrund der Gebäudeanlage unmöglich machte.

Im folgenden soll näher auf die heute noch zu besuchenden Tempelanlagen und ihrer Gebäude und sakralen Darstellungen eingegangen werden. Wie bereits erwähnt, folgten die Baumeister von Tempelklöstern seit der Tang-Dynastie den Grundprinzipien weltlicher Baugruppen. Die Anlagen stehen auf einer zentralen Achse in Richtung der Weltachse von Süden nach Norden. In Ausnahmefällen verläuft sie von Osten nach Westen, evtl. ein Hinweis auf Amitabha Buddha und das Paradies im Westen. Auf dieser zentralen Achse befinden sich die Hauptgebäude aufgereiht, deren Breitseite nach Süden bzw. nach Osten ausgerichtet ist. Den Haupthallen zugeordnet sind links und rechts Nebenhallen, mit denen sie zusammen jeweils eine Baugruppe bilden. Neben der zentralen Achse kann es noch Seitenachsen geben, auf denen Sonderhallen, Wohn-, Wirtschafts- und Lagergebäude angelegt sind. Charakteristisch für viele Tempelklöster, vor allem für die Gebirgsklöster ist die Anpassung an die sie umgebende Natur, die die besondere Naturverbundenheit der Chinesen erkennen läßt. Schon immer bevorzugte man beim Bau weltlicher und geistlicher Anlagen die einsame Landschaft. Berge im Hintergrund schützen sie von Norden her, sie galten als Symbol der Ewigkeit. Quellen und Bäche, Symbole der Reinheit, umspielen sie und schirmen sie von der Umwelt ab. Die Gegebenheiten der Natur beeinflußten den strukturellen Aufbau der gesamten Tempelanlage, die Anordnung und Größe der einzelnen Gebäudegruppen. Vor der Bebauung mußte das gesamte Terrain sorgfältig von Geomanten untersucht werden.

Die wichtigsten und häufigsten Gebäude innerhalb eines buddhistischen Tempelklosters werden im folgenden erläutert.

Das äußere Tempeltor unterbricht die Tempelummauerung im Süden der Anlage oder, wenn es sich um eine West-Ost-Achse handelt, im Osten und gewährt den Zugang zur Tempelanlage. Es kann ganz schlicht gehalten sein, kann jedoch auch ein hallenartiges Gebäude mit einem mittleren und zwei seitlichen Durchgängen oder ein *Pailou*, Schmucktor, sein. Über dem mittleren Eingang hängt eine Inschrift, die den Namen des Tempels wiedergibt, häufig handelt es sich um Kalligraphien berühmter Meister oder einflußreicher Persönlichkeiten, einige stammen sogar von Kaisern. Im folgenden Vorhof befindet sich manchmal ein Lotosteich, über den eine Steinbrücke führt. Der

Übergang in einen geheiligten Ort wird so noch einmal deutlich gemacht. Die Haupttorhalle führt zum Hauptbezirk des Klosters. In dieser Halle stehen links und rechts die mächtigen Statuen der **Tempelhüter,** auch *Erwang,* zwei Könige, genannt oder *Hong Ha Erjiang,* die zwei Feldherren Heng und Ha, *Mingwang,* Wissenskönige. Sie bewachen den eigentlichen Tempeleingang. Es sind furchteinflößende Gestalten mit drohenden Gesichtern und kraftvollen, muskulösen Körpern. Der eine schaut den eintretenden Besucher grollend an, der andere den weggehenden. Er scheint ihm mit weit aufgerissenem Mund noch etwas zuzurufen. Die Tempelhüter sind, bewaffnet mit Diamantkeule oder Diamantkeil, immer bereit, das Böse, die Sünde und die Feinde zu vernichten und das Gute zu schützen. Der buddhistischen Überlieferung nach handelt es sich bei den beiden eigentlich um ein einziges Wesen, und zwar um Guhyaka-Vajra, einen indischen Yaksa-König, chin. *Mizi Jingang,* der sich verdoppeln oder auch unbegrenzt vervielfältigen kann. Die *Erwang* kennen den Weg des Heils. Sie erinnern den buddhistischen Gläubigen an die Bedeutung und Heiligkeit der Stätte und an die Prinzipien ihrer Lehre. Dem Würdigen weisen sie den Weg in das Heiligtum, dem Unwürdigen drohen sie und weisen ihn ab. Sie sind ein Symbol Vairocanas, des Höchsten und Absoluten, und seiner Allweisheit.

Bei dem *Zhonglou* und *Gulou,* **Glocken-** bzw. **Trommelturm,** handelte es sich um zwei einander entsprechende zweigeschossige Pavillons, die mit quadratischem Grundriß als Vertikalbauten einen Kontrast zu den breit angelegten Hallen darstellen. Sie sind die charakteristischen Kennzeichen für sakrale Baukomplexe. Die Glocke wird zu den heiligen Tageszeiten geläutet. Ihr Klang symbolisiert die heilige Lehre, er soll bis in die tiefsten Höllen dringen und den gequälten Seelen Trost bringen. Die Gläubigen bewahrt er vor Erkenntnistrübungen. Die Trommel vertreibt mit ihrem donnernden Getöse die feindlichen, die absolute Wahrheit bedrohenden Mächte.

Die erste der heiligen Hallen ist meist die *Tianwang Dian,* die Halle der vier Himmelskönige. In dieser Halle stehen die Statuen der **vier Himmelskönige,** auch Welthüter genannt. Sie beschützen nach allen vier Himmelsrichtungen hin die buddhistische Lehre, Buddha und die Gemeinde der Gläubigen. Sie tragen Rüstungen und Waffen, mit denen sie das Böse und die Dämonen vernichten, die buddhistische Wahrheit hüten und dem Wohl aller Wesen dienen. Ihnen unterstehen je acht Feldherren mit den entsprechenden Armeen. Ist der Tempel nach Norden ausgerichtet, steht zur Rechten als erster der Ost- und zur Linken der Westkönig, bei Ausrichtung nach Westen entsprechend anders. Der König der nördlichen Himmelsrichtung, der nördliche Welthüter, ist der gelbhäutige Duo Wen. Er hält in der rechten Hand eine aufgerollte Fahne, die Siegesfahne der buddhistischen Wahrheit. Sie gleicht einem geschlossenen Schirm. Seine besondere Aufgabe ist, die buddhistische Wahrheit zu schützen.

Löwenpaare vor Palästen und Residenzen – Symbol der Macht und des Reichtums und architektonische Dekoration ▷

寰海尊親

Der weißhäutige östliche Welthüter, Zhi Guo, hält die himmlische Laute, mit deren Spiel er die ruhelosen Menschen besänftigt. Er schützt Volk und Welt durch die Macht des Dharma. Der blauhäutige südliche Welthüter, Zeng Zhang, trägt ein Schwert und ist bereit, das Böse und die Dämonen zu vernichten und das Gute zu verteidigen. Er soll das Gute im Menschen fördern. Der rothäutige westliche Welthüter, Guang Mu, packt mit seiner rechten Hand eine Schlange, in der Linken hält er die Perle der Vollkommenheit, der Weisheit und Wundermacht, die er den bösen Wesen vorenthält und nur den Heiligen zugedacht hat. Sein besonderes Amt ist die Förderung der Wahrheit des Mahayana. Die vier Himmelskönige wohnen auf dem Sumeru Weltenberg und wachen über das Geschehen auf Erden, nichts entgeht ihnen. Unrecht, Gewalt und Laster werden von ihnen gestraft, Dämonen mit ihren Füßen zertreten, Tugend und Sittlichkeit belohnt.

Die Darstellung der Tempelhüter und der vier Himmelskönige ist nicht nur typisch für buddhistische Tempel, sondern auch für daoistische und lamaistische.

Außer den vier Himmelskönigen befinden sich noch der Buddha der Zukunft, **Maitreya,** in der Halle, allerdings in Gestalt des dicken, freundlich lachenden Mönches **Budai** mit Bettelsack und Rosenkranz. Er ist eigentlich noch ein Bodhisattva, der aber in seiner Eigenschaft als Zukunftserlöser Buddha **Mile Fo** genannt wird. Als der legendäre Sakyamuni Buddha vor seiner letzten Wiedergeburt noch als Bodhisattva im Tusita-Himmel weilte, bestimmte er Maitreya zu seinem Nachfolger und zukünftigen Buddha, dem fünften und letzten unseres Weltzeitalters. Er ist ein Symbol der Harmonie, Liebe und Freude. Maitreya hat seiner Mönchsgestalt entsprechend einen kahlgeschorenen Schädel, seine langen Ohrläppchen sind ein Symbol hoher Weisheit und menschlichen Adels, die buschigen Augenbrauen deuten auf Glück und Weisheit hin. Die freundlichen Augen sind von Lachfältchen umgeben, die Querfalten auf seiner Stirn sind Zeichen der Erfahrung und der großen Erkenntnis. Sein runder Bauch weist auf ein riesiges Lebenszentrum hin, das hinter dem Nabel gelegen ist und aufgrund intensiver Meditation der Nabelschau zu solcher Größe angewachsen ist. Häufig wird er von sechs Kindern umgeben, sie symbolisieren die fünf Sinne und das Denken. Der Mönch durchschaut ihre Wahrnehmungen und toleriert sie gütig, während er bereits das absolute Weltgesetz, die buddhistische Wahrheit erkennt. Die Erscheinungsform des Mönchs Budai geht einer Legende nach zurück auf einen Mönch, von dem das Volk sagte, er sei ein wundersamer Mensch. Er sagte den Menschen Glück und Unglück voraus. Er hielt sich nicht an Fastengesetze, aß, was man ihm gab, schlief dort, wo er abends ankam, Askese und religiöse Gesetze ließ er unbeachtet, denn er hatte sein Ziel bereits erreicht, von dem aus er auf die Menschenwelt hinabblickte. Er war zum Nirvanastand herangereift.

◁ *Das Eingangstor des Lamatempels Yonghe Gong in Beijing*

Doch er verzichtete auf seine eigene Erlösung und erschien, nachdem die Menschen ihn nach seinem Tode begraben hatten, erneut in anderen Ortschaften in gleicher Gestalt. Voll Verehrung stellte man ihn in Höhlen und Tempeln dar. Früheste Beispiele sind heute noch aus dem 5. Jh. in den Yungang-Höhlen in der Nähe Datongs/Shanxi zu sehen.
Hinter der Maitreya Statue, der nächsten Halle zugewandt, steht der jugendliche Krieger **Weituo.** Als der Führer der himmlischen Heerscharen und Beschützer der buddhistischen Wahrheit ist er den Himmelskönigen unterstellt. Er gehört zu den Feldherren des südlichen Himmelskönigs, führt jedoch Oberbefehl über die anderen Feldherren und himmlischen Heere. Er ist gekommen, um den vier Himmelskönigen Bericht zu erstatten. Sie sind ihm gegenüber voll Bewunderung und Ehrfurcht, denn trotz seiner niedrigen Stellung überragt er sie an Erleuchtung, Reinheit und Keuschheit. Der Überlieferung nach wurde er von Buddha persönlich beauftragt, die heilige Lehre und die Wahrheit zu schützen. Er steht der nördlich gelegenen Buddha-Halle zugewandt, im Wissen der Gegenwart Buddhas, mit einem Ausdruck der Hingabe, des Glaubens und der Treue.
Die **Daxiong Baodian,** Schatzhalle des großen Helden, ist die wichtigste Halle in einem buddhistischen Kloster, das eigentliche Heiligtum des Tempels, denn sie ist dem Weltherrn, Sakyamuni Buddha, geweiht. Häufig wird sie nur *Dadian,* Große Halle, *Fodian,* Buddha-Halle, oder *Nianfo Tang,* Halle der Anrufung Buddhas, genannt.
Durch den Innenhof führt der Weg entlang der zentralen Achse über die Freitreppen hinauf zur Marmorterrasse, auf der die heilige Halle steht. Direkt vor der Halle oder aber im Innenhof befindet sich ein Bronzegefäß für Weihrauchopfer. Das Dach der Halle ist meist zweistufig. Die Farbe der **Ziegel** kann mit kaiserlicher Zustimmung gelb sein, mit fürstlicher grün; die traditionelle Ziegelfarbe alter Tempel ist pfauenblau oder grau. Das Dach, an den unteren Ecken nach oben gebogen, wirkt leicht und beschwingt. Der Firstbalkens steht häufig eine kleine, Segen verbreitende Reliquienpagode. An begrenzt. Der Fisch ist der Sohn des Drachenkönigs, von dem man sagt, er würde das Leben aus den Wassern des Todes zurückbringen. Auf der Mitte des Firstbalkens steht häufig eine kleine Segen verbreitende Reliquienpagode. An den leicht gebogenen Ecken des Daches können Darstellungen von Fabelwesen sitzen, in ihrer Anzahl ungerade, denn die ungeraden Zahlen sind heilig, sie entsprechen dem positiven Prinzip des Yang.
Das Innere der Halle wird nur spärlich durch das Tageslicht erleuchtet, eine Besonderheit, die den sakralen Hallen eigen ist. Auf diese Weise erscheinen die gold- und buntfarbenen Kultfiguren erhaben und geheimnisvoll im matten Dämmerlicht der Lampen und des Außenlichts. Vor den Statuen steht ein **Weihrauchtisch** mit den symmetrisch angeordneten fünf Verehrungsgeräten,

d. h. Bronzebecken, Kerzenhalter und Blumenvasen. Weihrauch, Kerzen und Blumen sind die Weihegaben des Buddhismus. An den Seiten sind die Musikinstrumente aufgereiht, die Gesang und Andachten der Mönche begleiten: Gongbecken, kugelförmige Holztrommeln mit langer Klangspalte, Glocke, Klingelstäbchen und Klanghölzer. Das Zentrum der Halle wird beherrscht von einer oder mehreren Buddha-Statuen, die auf einer Terrasse, dem Symbol des buddhistischen zentralen Weltberges **Sumeru,** auf einem **Lotosthron** sitzen. Die Lotosblüte, die aus dem sumpfigen Wasser emporwächst, symbolisiert das absolut Schöne, das Reine, die unbefleckte Erkenntnis. Sie ragt auf ihrem Stengel, dem Symbol der Weltachse, aus den Urwassern empor. Die zentrale Kultfigurengruppe der Halle kann aus einem Buddha mit oder ohne Begleitfiguren bestehen oder aus Dreier- bzw. Fünfergruppen, auch Siebenergruppen kommen vor. Die Buddha-Statuen ähneln einander so sehr, daß man sie auf den ersten Blick kaum zu unterscheiden vermag. Erst ihre Handhaltungen, Attribute und Begleitfiguren geben Hinweise auf ihre Identität. Die symbolischen Handhaltungen, **Mudras** (Sanskrit: Siegel), erinnern an Episoden im Leben des Sakyamuni Buddha oder kennzeichnen bestimmte Geisteshaltungen.

Die häufigsten Mudras sind:

1. *Dhyana-mudra:* Geste der **Meditation.** Beide Hände ruhen übereinander im Schoß, die Flächen nach oben gewandt, die Finger ausgestreckt oder angewinkelt, indem sich die Spitzen von Zeigefinger und Daumen berühren. Symbol der Erleuchtung. Typische Handhaltung des Amitabha.
2. *Varada-mudra:* Geste der **Wunschgewährung,** Güte und Barmherzigkeit. Die Hand zeigt nach unten, Handfläche nach außen gedreht, Finger mehr oder weniger ausgestreckt.
3. *Abhaya-mudra:* Geste der **Schutzgewährung,** Furchtlosigkeit und des Trostes. Eine oder auch beide Hände erhoben, Flächen nach außen gedreht, Finger ausgestreckt.
4. *Vitarka-mudra:* Geste der **Darlegung der Lehre.** Eine Hand ist erhoben, die Finger leicht gebogen, Daumen und Zeigefinger berühren sich. Es können auch beide Hände erhoben sein, oder auch eine erhoben und die andere nach unten zeigend, aber dieselbe Geste ausführend.
5. *Dharmacakra-mudra:* **Drehen des Dharmarades,** des Rades der Lehre, ein Symbol für die erste Predigt des legendären Buddha im Gazellenpark bei Benares. Die Hände liegen vor der Brust, die Handflächen sind einander zugewandt, Daumen- und Zeigefingerspitzen berühren sich und bilden je einen Ring, die übrigen Finger sind ausgestreckt. Eine typische Handhaltung Maitreyas.
6. *Bhumisparsa-mudra:* Geste der **Erdberührung,** Symbol des Sieges über

Mara. Mara, der Herrscher der Welt der Lüste und Leidenschaften, hatte versucht, die Erleuchtung Sakyamunis zu verhindern. Dieser rief daraufhin die Erdgöttin als Zeugin für seine Tugendverdienste. Eine typische Handhaltung Sakyamunis.

7. *Bodhyagri-mudra:* **Weisheitsfaust.** Beide Hände erhoben, die Finger der oberen Hand umschließen den Zeigefinger oder Ring der unteren Hand. Symbol höchster Weisheit und typische Handhaltung des Vairocana.

1. Dhyana-mudra

2. Varada-mudra

3. Abhaya-mudra

4. Vitarka-mudra

5. Dharmacakra-mudra

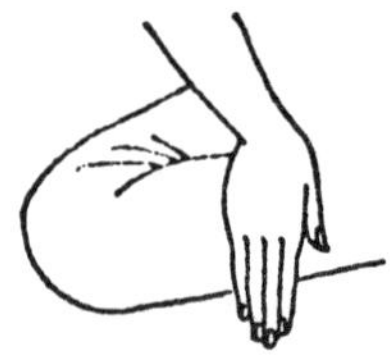

6. Bhumisparsa-mudra

7. Bodhyagri-mudra

Sakyamuni Buddha, Shijiamuni: Der legendäre Buddha, Siddharta Gautama, wird normalerweise in sitzender Position, schlicht und schmucklos dargestellt. Er trägt ein schlichtes Mönchsgewand, das Brust, Schulter und Arme teilweise freiläßt. Auf der Brust sieht man häufig ein **Swastika**-Zeichen: das Herz ist zur Ruhe gekommen, das Ewige offenbart sich in seinem Herzen, Vereinigung mit dem All. Er sitzt in Meditationsstellung mit gekreuzten Beinen, der rechte Fuß auf das linke Knie und der linke Fuß auf das rechte Knie gelegt, die Augen geradeaus oder nach unten blickend. Sein Gesicht strahlt Harmonie und Kraft aus. Auffallend sind die langen Ohrläppchen, Zeichen des Meisters und Lehrers, historisch jedoch erklärbar mit der indischen Sitte des Tragens schweren Ohrschmucks. Die Haare sind kurz und in rechtsgedrehte Löckchen geordnet, der Auswuchs auf der Höhe des Kopfes, **Ushnisha,** wird häufig als Intelligenzknochen gedeutet, stammt jedoch von dem hochgebundenen Asketenhaar des historischen Buddha, der nach Verlassen des elterlichen Fürstenhofes Schmuck, Gewand und Turban abgelegt hatte. Der Haarknoten hatte dem Turban Halt gegeben. Er wurde schließlich Bestandteil der sogenannten 32 Merkmale eines Buddha. Seine Stirn ist glatt und breit, zwischen den fein geschwungenen Augenbrauen sitzt die **Urna,** eine weiße rechtsgedrehte Locke, aus der das Weisheitslicht erstrahlt, das alle anderen Weltsysteme erleuchtet, normalerweise in Form eines leuchtenden Punktes dargestellt. Er hat dunkelblaue Augen und einen vollen, gütig lächelnden Mund. Sein Körper ist ebenmäßig, Schultern und Glieder sind weich gerundet, die Hautfarbe ist golden. Eine typische Haltung Sakyamunis zeigt seine linke Hand im Schoß, die Almosenschale der Mönche haltend; die rechte Hand ruht auf dem rechten Knie und berührt fast den Boden (*Bhumisparsamudra,* Geste der Erdberührung). Sakyamuni hatte kurz vor seiner Erleuchtung die Erdgöttin gerufen. Diese bezeugte vor dem Versucher Mara die Tugendverdienste des Bodhisattva. Weitere typische Handhaltungen Sakyamunis sind: Geste der Meditation, Wunschgewährung, Schutzgewährung und Drehen des Dharmarades.

Hinter der aufrecht sitzenden Buddha-Statue ist die **Mandorla** zu sehen, Kopf und Körper Buddhas umgebender Heiligenschein, das Symbol des sogenannten Buddalichtes, der welterleuchtenden Weisheit. Sakyamunis Begleitfiguren sind **Ananda,** sein Vertrauter und Lieblingsschüler, und **Kasyapa,** der zu seinen ersten Anhängern zählte. Sie gelten als die ersten Patriarchen des Buddhismus.

Der legendäre Buddha wird häufig auch als **Kind** dargestellt. Meist sind es dann kleine Skulpturen, die vor einer großen Buddha-Statue stehen. Sie zeigen den eben geborenen Siddharta Gautama, aufrecht stehend, mit der einen Hand nach oben und der anderen nach unten weisend; der Legende zufolge schwor er, nach Erlangung der großen Erkenntnis der unerleuchteten Welt die Heilslehre zu bringen.

In manchen Tempeln ist auch der **liegende Buddha** zu sehen, ein Symbol für den Tod Sakyamunis und den Eingang ins Nirvana.

Amitabha Buddha, Omito Fo: Amitabha gehört zu den zentralen Gestalten des Mahayana Buddhismus. Der Legende nach war er in einer seiner vorigen Existenzen der Mönch Dharmakara, der nach seinem Entschluß, ein Buddha werden zu wollen, 48 Gelübde ablegte, u. a. versprach er, als Buddha alle lebenden Wesen zu erlösen. Nach Erlangung der Buddhaschaft wurde er der Gebieter des westlichen Paradieses. Er bietet den Gläubigen den ›leichten‹

Weg zur Erlösung, denn er läßt Gnade walten gegenüber denen, die ihn in festem Glauben anrufen. Nach ihrem Tode nimmt er sie auf in sein Paradies und gibt ihnen Seligkeit. Von dort aus werden sie nach Äonen das Nirvana betreten. Amitabha erspart den Menschen den ›schweren‹ Weg der Leiden, der endlosen Wiedergeburten und der Bemühungen um Erlösung aus eigener Kraft. Um unzählige verlorene Seelen hat er sich verdient gemacht. Seine Erlösungskraft ist unendlich. Er wird deshalb auch ›Buddha der unermeßlichen Lebensdauer‹, *Wuliangshou*, genannt.

In Tempeln der Schule des Reinen Landes (Jingtu) verehrt man Amitabha als zentrale Kultfigur; er steht allein bzw. mit seinen beiden Begleitern, den Bodhisattvas Guanyin und Dashizhi oder flankiert von je einem Mönch, einem Bodhisattva und einem Himmelskönig. Amitabha wird gelegentlich auch als Ur-Buddha verehrt, als Ursprung aller Manifestationen der Buddhas. Seine typischen Handhaltungen sind Geste der Meditation und Darlegung der Lehre. Ein häufiges Attribut ist die Lotusblüte.

Dreiergruppen: Häufig sieht man in der Haupthalle die sogenannte historische Reihe, **Sanshi Fo;** Buddha der Vergangenheit, Gegenwart und Zukunft. In der Mitte sitzt der historische Buddha, **Sakyamuni,** Lehrer der Menschen und Götter, Künder des Nirvana; zu seiner Rechten auf der Westseite der Buddha der Vergangenheit, **Dipamkara,** zu seiner Linken **Maitreya,** der Zukunftserlöser.

In den Tempeln des Chan (Zen)-Buddhismus besteht die Dreiergruppierung aus **Amitabha, Sakyamuni** (Mitte) und zu seiner Linken **Yaoshi Fo.**

Selten trifft man auf die Gruppierung **Sakyamuni, Vairocana, Lushena,** die die ›drei Juwelen des Buddhismus‹ repräsentieren: Buddha, die Lehre und die Mönchsgemeinde.

Dipamkara Buddha, Dingguang Fo: Dipamkara repräsentiert die Reihe der Buddhas der Vergangenheit und stellt so ein Gegenstück zu Maitreya dar. Er ist der wichtigste Vorgänger Sakyamunis. Als Dipamkara Buddha auf Erden weilte, lebte Sakyamuni in der Existenz des Asketen Sumedha. Der Legende nach warf dieser sich vor dem Buddha nieder und breitete seine Haare und Gewänder aus, um ihn vor dem Schmutz zu schützen. Dipamkara trat auf Sumedhas Haupt und erkannte, daß dieser einst Buddha werden würde.

Die typische Handhaltung Dipamkaras: rechte Hand: Darlegung der Lehre, linke Hand: ähnlich dem Meditationsgestus, liegt jedoch vor dem Herzen.

Maitreya Buddha, Mile Fo: Buddha hatte vor seiner letzten Wiedergeburt den gütigen Maitreya zu seinem Nachfolger bestimmt. In Tausenden von Jahren nach Buddhas Tod wird er aus dem Tusita-Himmel herniedersteigen und die vom Untergang bedrohte Lehre wiederherstellen und vollenden. Der feste Glaube an Maitreya ermöglicht die Wiedergeburt in den Tusita-Himmel. Der Zukunftserlöser, Symbol der Harmonie, Liebe und Weisheit, war in den

ersten Jahrhunderten u. Z. eine zentrale Kultfigur, die erst mit der Verbreitung der Schule des Reinen Landes durch Amitabha Buddha verdrängt wurde. Seine typische Handhaltung ist die Geste des Drehens des Dharmarades.
Bhaishajyaguru, Yaoshi Fo: Der heilende Buddha, auch Meister der Heilkunst genannt, wird häufig als Gegenpart zu Amitabha, dem Gebieter des westlichen Paradieses, als Herrscher des östlichen Paradieses betrachtet. Der Legende nach möchte Yaoshi Fo alle Geschöpfe aus dem Blendwerk und dem Dunkel der Hoffnungslosigkeit befreien und sie zu sich in das unendliche Licht holen. Die ihn anbetenden Menschen versprechen sich Heilung von ihm.
Seine typische Handhaltung: linke Hand ruht im Schoß oder hält eine Schale mit Heilmitteln, die rechte hält die reinigende Heilpflanze, eine Myrobalanfrucht.
Vairocana Buddha, Pilu Fo: Vairocana wird als eine Art Ur-Buddha verehrt, aus dessen absolutem Wesen alle anderen Buddhas emaniert sind. Man sieht ihn häufig mit der Krone des Weltenherrschers. In der Reihe der fünf transzendentalen Buddhas nimmt er das Zentrum der vier Himmelsgegenden ein. Als einzelnes Standbild steht er häufig in den Lehrhallen der Tiantai-Schule, denn er gilt als Verkörperung der Lehre Buddhas.
Seine typischen Handhaltungen sind: Geste der Weisheitsfaust, das Symbol der höchsten Weisheit, Drehen des Dharmarades und vor der Brust gefaltete Hände, Zeigefinger ausgestreckt und einander berührend.
Locana Buddha, Lushena Fo: Lushena ist innerhalb der Dreiergruppe eine Entsprechung von Vairocana. Er repräsentiert das dritte buddhistische Juwel, die Mönchsgemeinde innerhalb der Klostermauern.
Fünfergruppe, Wuzhirulai: Fünfergruppen setzen sich aus den fünf ›menschlichen‹ oder den fünf transzendentalen Buddhas zusammen. Die menschlichen Buddhas sind die in unserer kosmischen Periode auf Erden erscheinenden heilbringenden Buddhas: Krakucchanda, Kanakamuni, Kasyapa, Sakyamuni und Maitreya. Ihre Handhaltungen geben die fünf heiligen Gesten Sakyamunis wieder: Erdberührung, Wunschgewährung, Meditation, Furchtlosigkeit und Drehen des Dharmarades.
Die Entsprechung der fünf menschlichen sind die fünf transzendentalen Buddhas, die anderen Welten angehören, deren Glanz jedoch die Gesamtheit der Welten erleuchtet:

	Handhaltung:	Sitz:
Vairocana	Weisheitsfaust	Weltenmitte
Aksobhya	Erdberührung	Osten
Ratnasambhava	Wunschgewährung	Süden
Sukhavati (Amitabha)	Meditation	Westen
Amoghasiddhi	Furchtlosigkeit	Norden

Die Zahl ›fünf‹ hat weitreichende, weltumfassende Bedeutung. Sie symbolisiert die fünf Weltgegenden (Osten, Süden, Westen, Norden, Mitte), die fünf Elemente (Metall, Holz, Feuer, Wasser, Erde), die fünf Sinne (Gehör, Gefühl, Gesicht, Geschmack, Geruch) und die fünf Bestandteile des Menschen (Körper, Bewußtsein, Gefühl, Unterscheidung, Anlagen).

Siebenergruppen: Diese Kombination ist nur selten in chinesischen Tempeln zu sehen. Sie stellt die sechs Vorgänger Sakyamunis und ihn als siebenten dar.

Tausend Buddhas: In einigen Tempelklöstern und Höhlentempeln gibt es Tausend-Buddha-Hallen. Es handelt sich um die tausend Buddhas unseres Weltzeitalters, die tausend Vollendeten. Im Zentrum einer solchen Halle steht häufig eine Sakyamuni- oder Vairocana-Statue.

Zehntausend Buddhas: Hallen der zehntausend Buddhas sind Ausdruck der unendlichen Zahl von Buddhas.

Die Buddha-Statuen stehen nicht allein, sondern haben ein Gefolge von Bodhisattvas, Königen, Priestern und Adoranten.

Im Gegensatz zu den Buddha-Figuren sind die **Bodhisattvas** reich geschmückt mit kostbaren Kronen, Brust-, Hals- und Armgeschmeiden. Sie sind von anmutiger Gestalt und blicken mild auf die Besucher, die Hände häufig besänftigend gehoben. Bodhisattvas sind heilige Wesen, die in vielen Existenzen die Reife, um ins Nirvana zu gehen, erlangt haben. Doch verzichten sie auf das höchste Ziel der eigenen Erlösung, den Einzug ins Nirvana um auch allen anderen Lebewesen den Weg zum Heil, zur Buddhawerdung, weisen zu können. Sie sind als Mittler zwischen dem absolut Höchsten und den Menschen zu verstehen, so werden sie auch von den notleidenden Menschen direkt gerufen und um Mildtätigkeit und Hilfe gebeten.

Zu den wichtigsten Bodhisattvas gehören:

Maitreya, der Liebreiche, der Zukunftserlöser, der meist schon als Buddha dargestellt wird.

Dizang, Ksitigarbha, der Herr der Erde und der Höllen, errettet und erlöst die Unglücklichen von den Höllenqualen, sobald sie die Wahrheit erkannt und sich durch die Grauen der Unterwelt bekehrt haben. Er thront auf dem Berg Jiuhua Shan, Provinz Anhui, einem der vier heiligen Berge des Buddhismus. Man stellt ihn gern mit einem langen Rasselstab dar, mit denen sich Bettelmönche bemerkbar machten. Dizang war der Legende nach in einem früheren Leben eine Brahmanentochter. Nach dem Tode ihrer Mutter sorgte sie sich um deren Seelenheil und brachte täglich einem Buddha Opfer dar. Eines Tages versank sie in tiefe Meditation, ihre Seele wanderte in die Höllen, wo sie erfuhr, daß ihre Mutter bereits von den Höllenqualen erlöst sei. Doch auf diese Weise erhielt sie Kenntnis über die Leiden und Qualen in den Höllen und beschloß, sich selbst für immer in den Dienst der Befreiung der armen Seelen zu stellen. So wurde sie zu dem Bodhisattva Ksitigarbha.

Puxian, Samantabhadra, der Seligkeit spendende Bodhisattva, Herr des Feuers, kam der Legende nach auf einem weißen Elefanten (Symbol der Würde und besonnenen Lebensführung) von Indien aus in die heutige Provinz Sichuan und thront dort auf dem Emei Shan, auch ein heiliger Berg des Buddhismus. Seine typischen Attribute sind Fläschchen, Lotos und Sonnenscheibe.

Wenshu, Manjushri, Herr des Wutai Shan, (heutige Provinz Shanxi), ist die Verkörperung höchster Weisheit. Er soll der Überlieferung nach im 1. Jh. auf dem Wutai Shan gelehrt haben. In den Darstellungen wird er häufig auf einem blauen Löwen reitend gezeigt. In seinen Händen hält er das Schwert der Erkenntnis und das Buch der vollkommenen Weisheit.

Guanyin, Avalokiteshvara, Verkörperung der Barmherzigkeit, Güte, Weisheit und Liebe, thront mitten im Meer auf dem Berge Putuo Shan, auf einer Insel, jenseits von Ningbo gelegen. Er gehört zu den populärsten Gottheiten des chinesischen Buddhismus. Ursprünglich handelte es sich um eine indische männliche Gottheit, die jedoch in China seit dem 10. Jh. als weibliche Erscheinung verehrt wird. Man stellt ihn gern als tausendarmigen Bodhisattva dar, dessen Güte und Hilfsbereitschaft grenzenlos ist. Die Vielzahl an Armen, Köpfen und Augen symbolisiert Allwissenheit und Allmacht. Er befreit die Menschen aus Not und Elend, rettet die Schiffbrüchigen, spendet Kindersegen und hilft den Wöchnerinnen. Seine tausend Augen sehen alles Leid dieser Welt. Die Darstellung mit elf Köpfen, die wie eine Krone auf dem untersten Kopf angeordnet sind, erinnert an die Legende, derzufolge er einst eine Anzahl Unglücklicher von den Qualen der Hölle befreite und sie ins Paradies des Amitabha führte. Kaum hatte er diese Tat vollbracht, waren die eben frei gewordenen Plätze in der Hölle wieder besetzt. Aus Verzweiflung, gar nicht alle retten zu können, zersprang sein Kopf in elf Teile. Doch Amitabha Buddha formte aus jedem der Teile einen neuen Kopf, so daß Guanyin nun noch besser über die Errettung aller unglücklichen Lebewesen nachdenken und sie in das Reich des Amitabha führen konnte.

Seine typischen Attribute sind Lotosblüte oder Weidenzweig. In seiner Krone oder dem Stirnreif sitzt meist eine kleine Amitabha-Darstellung.

Guanyin soll in einer seiner Vorgeburten die Kaisertochter Miaoshan gewesen sein. Als der Kaiser sie verheiraten wollte, lehnte sie ab, denn sie wollte dem Weg Buddhas folgen und zog sich in ein Kloster zurück. Der Vater unternahm mehrere erfolglose Versuche, seine Tochter zurückzugewinnen. Schließlich erboste er sich und ließ sie enthaupten. Miaoshan stieg daraufhin hinab in die Höllen und gelangte später auf den Putuo Shan, wo sie durch jahrelange Meditation und die Vollbringung guter Taten schließlich die Vorstufe der Buddhaschaft erreichte. Doch sie verzichtete äonenlang auf die eigene Erlösung und wurde zum barmherzigen, segenspendenden Bodhisattva.

Guanyin ist die Begleitfigur des Amitabha Buddha, vielfach steht er jedoch auch allein. In lamaistischen Tempeln wird er meist als Zentralfigur verehrt. Der berühmte erste tibetische König Songzan Ganbu (7. Jh.) und der 5. Dalai Lama (17. Jh.) gelten als Guanyins Reinkarnation.

An den Seitenwänden der Buddha-Halle stehen meist die **Götter** des kleinen Pantheons oder die achtzehn Luohans. Götter sind ihrem Wesen nach übermenschlich, doch im Gegensatz zu Buddha nicht überweltlich. Sie haben die große Erkenntnis noch nicht erlangt, sind also noch nicht zum Nirvanastande gereift. Zwar übertreffen sie die Menschen an Macht und Lebensdauer und stehen im Kreislauf der Wiedergeburten an der Spitze, doch bedürfen sie noch der Unterweisung des Lehrers der Menschen und der Götter, Buddhas, um dann nach weiterer Wiedergeburt von der Ebene des Menschen aus in das Nirvana zu gehen.

Am nördlichen Ende des folgenden Innenhofes steht häufig die **Cangjing Dian,** Predigt- oder Lehrhalle. Diese Halle ist vollkommen schmucklos und dient dem Studium und der Auslegung der heiligen buddhistischen Schriften. Hier versammelt sich zweimal im Monat die Mönchsgemeinde, um den Ansprachen des Abtes zu lauschen.

In bedeutenden Klöstern befindet sich häufig eine Halle der 500 **Luohan**. Luohan, Arhats, verkörpern das heroisch-asketische Mönchsideal des früheren Hinayana-Buddhismus. Sie erreichen ihre Erleuchtung durch Meditation und Askese. In den historischen Aufzeichnungen des Buddhismus wird von 500 Luohan, den Jüngern Buddhas, berichtet, die ein Jahr nach Sakyamunis Tod ein Konzil abhielten, sie werden als eine Art Kirchenväter betrachtet. Die bekanntesten unter ihnen sind Ananda und Kasyapa. Sie nehmen eine Sonderstellung ein. Ananda, Vertrauter und Lieblingsschüler Buddhas, rezitierte während jenes Konzils sämtliche Sutras des Meisters und alle Vorschriften der Mönchsdisziplin. Kasyapa führte den Vorsitz des ersten Konzils.

Im Gegensatz zu den mildtätigen Bodhisattvas sind die Luohan egozentrisch nur um ihre eigene Erlösung bemüht. Sie leben in der Einsamkeit und Abgeschiedenheit und kümmern sich nicht um das Heil anderer Lebewesen; sie zeigen ihnen nicht den Weg der Heilsfindung. Die Darstellungen der Luohans erscheinen dem europäischen Betrachter fremd und teilweise grotesk. Sie haben sich von der Welt und den Menschen bereits gelöst. Askese und Meditation brachten ihnen transzendentale Erkenntnisse und einen alles durchdringenden Geist. Gelöst, anspruchslos und erfüllt von einem unbändigen Humor zeigen sie sich nun den Menschen. Es sind häufig lebensgroße Statuen, die sich an den Wänden und Gängen der Halle eine neben der anderen drängen. Ihnen allen ist der Ausdruck der Weltüberlegenheit und Freiheit gemein.

Zu einer buddhistischen Tempelanlage gehört eine **Pagode.** Die Pagode ist das wichtigste sakrale Element innerhalb der Reihe buddhistischer Bauwerke, denn sie symbolisiert Buddhas Tod und Erlösung. Sie hat ihren Ursprung in der indischen Stupa, einem Gedenkmonument. In Pagoden werden Reliquien, körperliche (sterbliche Reste eines Heiligen) oder geistige (Schriften) eingemauert (siehe S. 155). Bei feierlichen Anlässen werden sie nach rechts hin umwandelt.

In manchen Tempelanlagen, vor allem in chan(zen)-buddhistischen, fällt ein **Holzfisch** auf, der im Innenhof rechts vor der Buddha-Halle hängt. Ein Fisch hält Tag und Nacht die Augen offen. Er wacht über die Mönche und ihr Streben nach Erleuchtung. Es heißt, wenn der Fisch zum Klostereingang zeigt, verfügt man über einen bedeutenden Abt, der die Gläubigen auf den rechten Pfad bringen und ihnen eine Ausbildung geben kann. Das Kloster steht allen offen, es kann übernachtet und gegessen werden. Zeigt der Fisch ins Innere der Anlage, handelt es sich um einen Tempel, in dem keine Ausbildung möglich ist.

Die uralten immergrünen **Bäume,** auch Wolken- und Drachenkiefer genannt, die in vielen Tempelanlagen den Besucher begeistern, sind Symbole des ewig jungen Lebens und ein Hinweis auf die Naturverbundenheit. Nebenbei sind sie in den heißen Sommermonaten ein willkommener Schattenspender.

Kaiser und herausragende Persönlichkeiten waren häufig zu Gast in Tempelanlagen. **Inschriftenstelen** geben die von ihnen verfaßten Texte wieder und zeugen von ihrem Besuch und der Heiligkeit und Schönheit des Ortes. Die Stelen ruhen auf sogenannten Schildkröten-Drachen.

Gartenbaukunst

Die wichtigsten Stätten chinesischer Gartenbaukunst befinden sich in Beijing, Chengde und den Städten südlich des Changjiang, beispielsweise in Suzhou und Wuxi. Die im Norden befindlichen Anlagen waren in kaiserlichem Besitz: der Beijinger Beihai Park (siehe S. 219) und Sommerpalast, Yihe Yuan, (siehe S. 250) sowie die kaiserliche Sommerresidenz in Chengde (siehe S. 315). Die im Süden gelegenen Gärten gehörten meist hohen Beamten und reichen Kaufleuten, von denen viele dort ihren Lebensabend in Muße und Geselligkeit verbrachten.

Die Tradition der chinesischen Gartenbaukunst reicht weit in die Geschichte zurück. Historiographen berichteten bereits von prächtigen Gärten und Parks der Shang- und Zhou-Zeit. Häufig handelte es sich um riesige Gehege, in

denen allerlei Arten von Tieren gehalten wurden und wo sich die Herrscher bei der Jagd vergnügten.
In den heute noch vorhandenen Park- und Gartenanlagen begegnet man einem harmonischen Zusammenspiel von Natur und Architektur. Dekorative Bauwerke fügen sich mit Felsen, Bäumen, Blumen, Hügeln zu malerischen Szenerien zusammen. Gartenanlagen sollten einer fortlaufenden Bilderrolle gleichen. Die Landschaft wurde dargestellt im Wechselspiel von Bewegung und Ruhe. Wege schlängeln sich im Zickzack durch die Anlagen, eröffnen immer wieder neue Ausblicke auf Hallen, Bäume, Brücken, Pavillons und Hügel. Selbst auf kleinstem Raum gelang es den Baumeistern, eine abwechslungsreiche Folge von Landschaftsszenerien zu schaffen.
Die wichtigsten natürlichen Elemente eines Gartens sind Wasser – in welcher Form auch immer, ob als Teich, See, Bach, Fluß, Wasserfall, die Bewegung des fließenden Wassers gab dem Garten die pulsierende Lebendigkeit – Felsen, Steine, Bäume, Sträucher und Blumen. Landschaften wurden geschaffen in Form künstlich angelegter Hügel, Täler, Terrassen, – man pflanzte Bäume an, Koniferen, Bambus und vor allem auch Obstbäume, nicht der Früchte, sondern ihrer Blüte wegen. Zu den beliebtesten Blumen zählten Lotos, die Sommerblume und Symbol der Fruchtbarkeit; Chrysanthemen, die Herbstblume, Symbol des Frohsinns, der Muße und Zurückgezogenheit; Päonien, die Frühlingsblume, Symbol der weiblichen Schönheit, der Liebe und Zuneigung; Orchidee, Symbol der Liebe und Schönheit, des Wohlgeruchs und der Eleganz.
Zu den wichtigsten Bauten der Gartenanlagen gehörten Wandelgänge, Pavillons und Brücken. Hier spielte der Holzskelettbau eine entscheidende Rolle. Die pavillonartig angelegten Wohngebäude wirkten weder schwer noch dominant, sondern paßten sich spielerisch in den allgemeinen Rahmen ein. Vor allem sind es die Wandelgänge, die in den Gärten immer wieder auffallen. Sie durchziehen die Anlagen, unterteilen sie, verbinden die einzelnen Baugruppen und führen den Besucher zu den wichtigsten Punkten. Es gibt sie in verschiedenen Arten, die beidseitig offenen, die halbseitig offenen und die mehrgeschossigen. Der bedeutendste Wandelgang Chinas befindet sich im Sommerpalast in Beijing.
Pavillons wurden an besonders imposanten Plätzen angelegt, wie zum Beispiel auf der Spitze eines Hügels oder inmitten eines Sees auf einer kleinen Insel. Nach allen Seiten hin offen bieten sie einen guten Ausblick und laden den Besucher zu einer kleinen Pause ein.
Verschiedene Arten von Brücken sind in den Anlagen zu finden: flache Steinplattenbrücken, von denen man bequem die Fische im Wasser beobachten kann, hohe Bogenbrücken und geschwungene Brücken, die die Anlage unterteilen und sie zugleich zieren.

In den Wänden und Mauern der Wandelgänge und Häuser sind Durchlässe und Torwege in vielerlei Formen zu sehen: runde, sogenannte Mondtore, ovale, eckige, vasen- und flaschenförmige usw. Sie geben den Blick frei in einen nächsten Hof, in eine nächste Szenerie und erscheinen häufig als eine Umrahmung eines Landschaftsgemäldes. Reizvoll ist das feine Gitterwerk, das als Fensterfüllungen und Verzierungen an Pavillons und Wandelgängen zu sehen ist. Beachtung sollte man auch den kunstvollen Mustern der mit Steinen und Marmor gepflasterten Wege schenken.

Malerei

Die traditionelle chinesische Malerei unterscheidet sich von der europäischen in ihren Ausdrucksmitteln, in Form und Technik. Das Grundelement der gesamten chinesischen Malerei ist der Pinselzug, die mit dem Pinsel gezogene Linie. Schwankungen in der Dicke einer Linie beleben die Zeichnungen und betonen Konturen. Tupfen, Striche und kleine Flächen ergänzen die grundlegenden Ausdrucksmöglichkeiten. Natürlich gibt es innerhalb der chinesischen Malerei viele Stilrichtungen und auch verschiedene Schulen, doch haben sie alle eine Gemeinsamkeit – nämlich die Vollendung eines Bildes durch die reine Pinselführung zu erzielen und nicht durch die getreue inhaltliche Wiedergabe. In einem Buch über die Maltechnik aus dem 12. Jh. heißt es, daß man sich beim Malen keines Modells bedienen solle; man habe sich das Motiv genau einzuprägen und male dann das Bild aus dem Gedächtnis in einem Zug.
Zu herausragender Bedeutung gelangten die Bilder auf Seide und Papier, gefolgt von Fresken, Glasmalerei und Ölgemälden. Die Thematik läßt sich generell in Porträt- und Figuralmalerei, religiöse Malerei, Landschafts- und Genremalerei einteilen. Im Gegensatz zur europäischen Malerei bedient sich die chinesische einer anderen Perspektive. Während bei den europäischen Bildern die Linien hinten im Fluchtpunkt zusammenlaufen, treffen sie bei den chinesischen im Vordergrund zusammen und beziehen den Beschauer mit in den Raum hinein.
Eine weitere Besonderheit der chinesischen Malerei sind die kalligraphischen Inschriften, die in Form und Inhalt sehr unterschiedlich sein können. So gibt es beispielsweise Gedichte, die sich auf das dargestellte Motiv beziehen, persönliche Widmungen oder aber nur Siegel und Namenszug des Malers.
Die chinesische Malerei hat eine Geschichte von mehr als 2500 Jahren. Zu den ältesten Beispielen gehört ein gemaltes seidenes Seelenbanner, das im April 1972 in einem Grab aus dem −2. Jh. in Mawangdui bei Changsha/Hunan gefunden wurde. In T-förmiger Gestalt, ungefähr 200 mal 90 cm messend und in vollkommener Weise erhalten, schildert es die Jenseitsreise der fürstlichen

Grabherrin. Mit feinen Pinselstrichen wurden deren individuell gestaltetes Abbild, dazu Jenseitswesen, Tiere und Pflanzen dargestellt. Technik und Stilgefühl, die in diesem Bild enthalten sind, lassen auf ein hohes Niveau der Pinseltechnik in jener Zeit schließen.

Mit der staatlichen Förderung des Konfuzianismus während der Han-Dynastie entwickelte sich die Portrait- und Figuralmalerei. Bildnisse bedeutender Persönlichkeiten der Vergangenheit sowie Illustrationen legendärer Anekdoten und klassischer Texte hatten eine erzieherische Funktion und sollten als Beispiele konfuzianischer Pflichterfüllung lehrhaft wirken.

Dem Ende der Han-Dynastie folgten Chaos und Aufteilung des Reiches in verschiedene kleine Staaten, bis es Ende des 6. Jh. gelang, China wieder zu vereinen. Aus dieser Zeit gibt es nur noch weniges Erhaltenes, das umfassende Hinweise auf die Entwicklung der Malerei geben könnte. Es entstanden jedoch schon kritische Schriften über Malerei. Einziger großer Maler jener Zeit war Gu Kaizhi, der von etwa 345–406 zur Zeit der Östlichen Jin-Dynastie lebte. Er vertrat als erster die These, daß es bei der Gestaltung eines Bildes vor allem auf die Wiedergabe des Gefühls ankäme. Dies erreichte er durch das bewußte Einsetzen abgestufter Farben. Zu seinen bekanntesten Werken gehören »Die Göttin vom Luo-Fluß«, das ein Gedicht des Dichters Cao Zhi aus der Zeit der Drei Reiche zum Inhalt hat und feinfühlig in seiner Komposition die romantischen Gefühle des Dichters widerspiegelt. Mit seinem Werk »Ermahnungen an die Hofdamen« illustrierte er einen moralisierenden Text aus dem 4. Jh. Es ist ein Beispiel didaktischer, konfuzianischer Malerei. – Diese Werke sind jedoch nur als spätere Reproduktionen oder Nachempfindungen erhalten.

Auf der Suche nach neuen Themen und Ausdrucksmitteln wurde die Technik der Schattierung bekannt, die die Darstellung plastischer Rundungen ermöglichte. Diese Technik war wie verschiedene andere Kunstrichtungen aus westlichen Gebieten wie Indien gleichzeitig mit den Lehren des Buddhismus und seiner Ikonographie nach China gelangt. Sie gaben den chinesischen Malern neue Impulse und leiteten eine Periode der religiösen und weltlichen Figuren- und Portraitmalerei ein. Bedeutende Werke aus dieser Zeit sind in den Höhlen von Dunhuang erhalten. Dunhuang, an der Pilgerstraße nach Indien gelegen, hatte als wichtigster Anlaufort neuer Ideen und fremder Stile große Bedeutung.

Zu Beginn der Tang-Dynastie gab es bereits die Spezialisierung einiger Maler wie Wu Daozi, Yan Liben, Zhang Xuan und Zhou Fang, die als ausgezeichnete Figurenmaler galten. Man bemühte sich nun auch um die Darstellung kleinster Details. Die genaue Beschreibung der Charakteristik einer Figur, eines Gesichtes, der Kleidung, der Tiere und Landschaften wurde angestrebt, die Wiedergabe von Körperlichkeit und Bewegung verfolgt.

Diese Entwicklung fand während der Tang-Dynastie ihren Höhepunkt. Hervorragende Beispiele dieser Malerei befinden sich als Wandgemälde in der Grabanlage des Kronprinzen Zhanghuai nahe Xi'an, Shaanxi (siehe S. 741 f.). Viele Künstler legten immer weniger Wert auf die Farbe als vielmehr auf die beschreibende Kraft des Pinselstriches. So verwendete der bereits genannte Maler Wu Daozi, ein Meister in der Darstellung menschlicher Gestalten, Farben nur dünn und Zhang Xuan und Zhou Fang, die sich durch die Darstellung von Palastdamen einen Namen machten, fügten den feinen Pinselstrichen nur helle Mineralfarben hinzu. Eine ähnliche Tendenz zeigte sich in der seit dem 9. Jh. aufkommenden Landschaftsmalerei. Der Dichter und Maler Wang Wei, ein Vertreter der sogenannten Südschule, wurde durch einfarbige Landschaften berühmt. Im Gegensatz zur Südschule, die den Stil kalligraphischer Tuschzeichnungen bevorzugte, zeichnete sich die Nordschule durch Farbenreichtum aus, wobei die Farbgebung nicht notwendigerweise der Natur entsprechen mußte, sondern eine dekorative Wirkung erzielen wollte.

Mit Wang Wei begann die Tradition der Literatenmalerei. Neben den professionellen Malern werden jetzt auch gebildete Laien tätig.

Die Interessenverschiebung von den Menschen zur Natur hin hatte schon mit dem 9. Jh. begonnen, die Natur wurde nicht mehr als Hintergrund sondern um ihrer selbst willen dargestellt. In der Periode der Fünf Dynastien entstanden viele Blumen-, Vogel- u. Tiergemälde. Die figürliche Malerei hatte im Zusammenhang mit der konfuzianischen und der buddhistischen Lehre ihre Höhepunkte gefunden. Die Landschaftsmalerei wurde dagegen von daoistischem Gedankengut bestimmt. Eine im 10. Jh. einsetzende Tendenz maß nicht mehr dem Detail übergeordnete Bedeutung bei, sondern der Einheit. Es galt, das Wesen und den Charakter zu erfassen und zu beschreiben. Das Studium alles Sichtbaren und Hörbaren in der Natur, das Belauschen der Naturgewalten, der Flüsse, Bäume und Tiere gaben den Künstlern ein tiefes Verständnis der Natur. Sie schienen die Seele der Natur zu begreifen und ließen sich von ihr zu Werken anregen. Eine neue Raumauffassung setzte sich durch. Formen lösten sich auf. Freier Raum zwischen Vorder- und Hintergrund gab Tiefenwirkung. Der Verzicht auf Farben betonte die Expressivität des Bildes.

Während der Song-Dynastie, 10.–13. Jh., wurde die Tendenz zur Erfassung und Darstellung der Seele eines Dinges fortgesetzt. Man beschränkte sich jedoch nicht mehr nur auf Landschaften, sondern versuchte auch, in das Wesen von Tieren, Pflanzen, ja sogar Dörfern und Städten einzudringen. Kaiser Huizong (1082–1135) der Song-Dynastie, selbst ein berühmter Maler und Kalligraph, suchte die Welt der Vögel und Pflanzen zu ergründen. Der Künstler Wang Shen bemühte sich um die Darstellung des Wesens eines Dorfes und Zhang Ziduan um das Leben in der Hauptstadt Kaifeng. Die

Darstellung des persönlichen Gefühls zu den dargestellten Dingen tritt in den Vordergrund und bestimmt die Malerei bis ins 13. Jh. Bekannt wurden die Landschaftsmaler der Yuan-Zeit, die, der daoistischen Idee folgend, zurückgezogen in der Einsamkeit in Harmonie mit der Natur lebten. Ihre Bilder, die ergänzt waren durch Kalligraphie, wurden Vorbilder für die Maler der Ming-Dynastie. Die Yuan-Dynastie war von siegreichen Mongolenstämmen gegründet worden. Es war eine Fremdherrschaft, die in den Augen der Künstler das Erbe der vergangenen Jahrhunderte bedrohte. Es galt, die Tradition zu erhalten und man begann, verschiedene Stilrichtungen der früheren Malerei wiederzuentdecken.

Während der Ming-Dynastie blieb Mittelchina das Kulturzentrum. So hielten sich auch die meisten Maler dort auf. Zu den berühmtesten Malern jener Zeit gehörten Tang Yin (1470–1523) und Qiu Ying (1509–1551). Tang Yin wurde durch die Bildnisse eleganter Frauen bekannt. Er entwickelte eine eigene Technik der Portraitmalerei. Auch Qiu Ying war ein Meister in der Darstellung von Frauen. Er war ein Anhänger der detaillierten Feinzeichnung und hatte eine Vorliebe für türkisgrüne Farbtöne.

Die folgenden Jahrhunderte erreichten kaum noch die Höhepunkte, die die Malerei der Tang- und Song-Zeit erlebt hatte.

Unter der Qing-Dynastie wirkten Künstler der verschiedensten Stilrichtungen. Sogar Maler aus Europa hielten sich in China auf und tauschten mit ihren chinesischen Kollegen Anregungen aus. Zu den bekanntesten unter diesen Europäern gehört der italienische Missionar Giuseppe Castiglione (1680–1766). Sein chinesischer Name war Lang Shining. Von 1715 an in China wirkend, studierte er auch die chinesische Malerei und ergänzte sie in seinen Bildnissen durch Methoden der europäischen Malerei. Diese Art fand vor allem in der offiziellen Hofmalerei Anerkennung und Nachahmung.

Die revolutionären Umwälzungen, die zu Beginn des 20. Jh. anfingen, brachten einen neuen Aufschwung in der Malerei. Einer der bekanntesten Maler dieser Zeit ist Qi Baishi, dessen Werke sich einer besonders breiten Thematik erfreuen. Neben Krabben, einem seiner bekanntesten und gelungendsten Themen, malte er auch Landschaften, Figuren, Pflanzen und Tiere. Er wagte neue Farbkombinationen und Pinseltechniken. Ein weiterer berühmter Maler der jüngsten Vergangenheit ist Li Keran, ein Schüler Qi Baishis, der durch Büffel- und Knabenmotive bekannt wurde.

Viele Maler dieser Zeit versuchten aufgrund des westlichen und japanischen Einflusses traditionelle Maltechnik mit der ausländischen zu kombinieren. Dies geschah auf verschiedenerlei Art und Weise. Während die einen nur Einzelheiten fremder Maltechnik und Komposition übernahmen, orientierten sich andere auch in stilistischer und formaler Hinsicht. Einige Maler gingen als

Kunststudenten ins Ausland, vor allem nach Frankreich, um die westliche Malerei von Grund auf zu studieren.
Nach 1949 waren es hauptsächlich sozialistische Motive, die die Thematik bestimmten. Viele Maler sahen ihre Vorbilder in den Malern der UdSSR, die den sozialistischen Realismus vertraten.
Neue Stilrichtungen wie die Malerei der farbigen Neujahrsbilder und Bildergeschichten fanden offizielle Unterstützung. Großes Interesse fand in den siebziger Jahren die Bauernmalerei, dessen Zentrum sich in Huxian befindet.
Die chinesische Gegenwartskunst wird von zwei Faktoren bestimmt: zum einen von der großen Tradition der Tuschmalerei und des Holzschnitts, zum anderen von der Aufgabe, der Gesellschaft zu dienen. Von den Künstlern wird erwartet, ein optimistisches Bild von der Gesellschaft zu zeichnen und positive Perspektiven für die Zukunft anzudeuten. Seit dem Sturz der Viererbande kommen wieder häufig als Motive idyllische Landschaften vor, die voller Symbolgehalt sind. Auch Blumen und Tiere werden dargestellt. Während der Kulturrevolution war Malerei im traditionellen Stil unerwünscht.
Unter den jungen Künstlern findet heute auch die Ölmalerei Interesse. Sie können auf keine Vorbilder innerhalb der chinesischen Tradition zurückgreifen, sondern müssen sich an den europäischen Arbeiten orientieren. Die meisten ihrer Bilder sind im nachimpressionistischen Stil gehalten.
Interessant ist auch die photorealistische Malerei, die seit dem Sturz der Viererbande vor allem politische Themen behandelt.

Kalligraphie

Der künstlerische und bildhafte Gehalt der chinesischen Schriftzeichen führte zur Entfaltung einer eigenen Kunstrichtung, der Kalligraphie, die sich gleichberechtigt mit der Malerei in China größter Beliebtheit erfreut.
Zu den frühesten Zeugnissen chinesischer Schrift gehören auf Tierknochen und Schildkrötenpanzern eingeritzte Zeichen aus der Shang-Zeit. Sie dienten dem Orakel, das über militärische Aktionen, Naturphänomene und über kaiserliche Unternehmungen, aber auch persönliche Anliegen eingeholt wurde. Darüber hinaus fand man Inschriften auf Tongefäßen sowie Bronze- und Steininschriften. Dieser frühe Schrifttyp, der meist in Inschriften vom −11. Jh. bis −7. Jh. anzutreffen ist, wird unter dem Begriff *Dazhuan*, Große Siegelschrift, zusammengefaßt. Er zeichnet sich durch derbe, kräftige Linien aus.
Während der Zeit der Kämpfenden Staaten (−475 bis −221) nahm die Entwicklung der Großen Siegelschrift in den einzelnen Ländern einen unterschiedlichen Verlauf. Zahlreiche Zierschriften und bloß in einzelnen Staaten

gebräuchliche Schriftzeichen wurden entwickelt. Nach der Einigung des Reiches im Jahre −221 unter der Qin-Dynastie wurde eine Vereinheitlichung der Schrift durchgeführt, die die Große Siegelschrift durch die sogenannte *Xiaozhuan,* Kleine Siegelschrift, ersetzte. Die Zeichen wurden bei diesem Schrifttyp abgerundet. Bald darauf, zu Beginn der Han-Dynastie setzte sich die *Lishu,* Kanzleischrift, durch, ein Schrifttyp, der schon gegen Ende der Qin-Dynastie von Beamten als eine Art Kurzschrift bevorzugt wurde. Die Kanzleischrift wurde dann anschließend durch Elemente der Kleinen Siegelschrift ergänzt und zur *Kaishu,* Modellschrift, standardisiert. Dieser Schrifttyp hat sich bis heute nicht geändert.

Weitere Bemühungen um eine größere Schreibgeschwindigkeit, verbunden mit einem Streben nach Erhöhung des ästhetischen Reizes der Schriftzüge fanden während der Han-Zeit ihr Ergebnis in der Halbkursivschrift, *Xingshu,* Eilschrift und der Vollkursivschrift, *Caoshu,* Grasschrift. Letztere ist eine Art Kurzschrift, die mehrere Striche zu einem Schriftzug zusammenzieht. Anfangs wurde sie nur für flüchtige Aufzeichnungen benutzt. Ihrem ästhetischen Reiz ist jedoch zu verdanken, daß sie immer mehr Anhänger fand und bis heute sehr beliebt ist.

Als Schreibmaterial hatten bis zur Erfindung des Papiers im Jahre −100 Bambusstreifen, Holz und Seide gedient. Pinsel und Farbe waren schon lange bekannt.

Die Kalligraphie als Kunstform begann sich vom 3. Jh. an in der Beamtenschicht durchzusetzen, und es kam rasch zu einer Vielzahl von Stilen. Zu den größten Kalligraphen jener Zeit und zu den berühmtesten überhaupt gehört Wang Xizhi (307–365). Auch sein Sohn Wang Xianzhu (344–388) gelangte zu hohem Ansehen. Die Legionen von Schriftmeistern und Maler-Kalligraphen späterer Jahrhunderte sahen in ihnen ihr Vorbild.

Es erfordert langjährige Übung und das Studium der vorhandenen Schriftkunstwerke und theoretischen Literatur, um ein Meister der Kalligraphie werden zu können. Große Sammlungen der Schriftkunst wurden angelegt, die den Schülern als Anschauungs- und Lehrmaterial dienten. Ein guter Kalligraph mußte sämtliche Schreibstile beherrschen und trotzdem noch seinen individuellen Stil entwickeln. Der individuelle Stil kann wie bei Handschriften im Westen Aufschlüsse über den Charakter des Schreibers geben. Auch heute noch wird die Kalligraphie in den Schichten der gebildeten Chinesen hochgeschätzt, und man betrachtet es als persönliche Auszeichnung, wenn ein Gedicht in eigener Kalligraphie verschenkt wird.

Stein- und Holzschnitt

Zur Zeit der Tang-Dynastie, einer Blütezeit in kultureller, wirtschaftlicher und politischer Hinsicht, entstand ein großer Bedarf an Schrifttum, der die mechanische Reproduktion von Schrift und Illustrationen erforderlich machte. Nun gab es hierfür bereits Verfahren wie das des Steinschnitts, den man schon zur Zhou-Zeit kannte. Darstellungen aus der Mythologie und Geschichte sowie Schriften wurden als negatives Relief in Steinplatten geritzt. Schon zur Han-Zeit ging man zum positiven Flachrelief über. Mit der Erfindung des Papiers in dieser Zeit gelangte diese Technik zu großer Bedeutung.
Auf Anordnung des Kaisers Lingdi (2. Jh.) der Han-Dynastie wurden die konfuzianischen Klassiker in Stein graviert, um der Lehre Unsterblichkeit zu verleihen (siehe S. 734). Ein wertvoller Nebeneffekt war, daß die Texte durch das Abreibeverfahren einem weiten Leserkreis zur Verfügung standen. Die Buddhisten folgten diesem Beispiel und ließen ihre Sutras ebenfalls in Stein gravieren. Das Abreibeverfahren ist relativ einfach und hat sich über die Jahrhunderte hinweg kaum verändert. Eine Kalligraphie oder ein Bild, in Stein graviert, wird mit einem dünnen, feuchten Papier bedeckt. Die Feuchtigkeit gibt dem Papier größere Spannkraft und Festigkeit. Dann bürstet man das Papier solange, bis es alle Vertiefungen des Reliefs ausfüllt und fest an den erhabenen Teilen haftet. Sobald das Papier trocken ist, werden die erhabenen Teile mit einfarbiger, meist schwarzer Tusche betupft. Sie heben sich scharf gegen das in den Vertiefungen weiß gebliebene Papier ab und geben deutlich das Steinbild wieder. Die meisten Steinabreibungen werden mit schwarzer Tusche gefertigt und sind durch die scharfen Kontraste am eindrucksvollsten. Es gibt jedoch auch einfarbig rote, blaue, grüne und braune Abreibungen. Seltener sind mehrfarbige, da diese einen aufwendigeren Herstellungsprozeß erfordern.
Während der Tang-Dynastie erlebte der Steinschnitt seine Blütezeit. (Reliefs auf Stelen und Grabsteinen in Xi'an zeugen noch heute davon.) Kunstkenner legten Sammlungen schöner Kalligraphien an. Hierzu gehörten auch Sammlungen abgeriebener Steingravuren. In der Motivwahl beschränkte man sich bald nicht mehr auf Kalligraphien, sondern griff auch Themen aus der Pflanzen- und Tierwelt auf. Werke großer Maler jener Zeit wurden in Stein graviert, manche dieser Bilder blieben auf diese Weise bis heute erhalten. Auch heute noch erhältlich sind Bilderfolgen über Ackerbau und Seidengewinnung. Seit dem 13. Jh. waren häufig Arbeitsvorgänge in Stein graviert worden, die, in ganzen Serien angefertigt, der Bevölkerung als Anleitung und Kaiser und Beamten zur Information dienten. Auch in der heutigen Zeit werden Steinabreibungen in großem Umfang hergestellt. Dabei greift man entweder auf alte

Steine zurück und reproduziert diese, oder schafft neue Bilder, zum Beispiel Portraits bekannter Persönlichkeiten oder moderne Gedichte.

In größerem Maße als der Steinschnitt setzte sich jedoch die Holzschnittillustration durch, die zusammen mit dem Holzplattendruck im frühen 8. Jh. entwickelt wurde. Es fanden sich schnell Nutznießer dieser Erfindung, wie die Buddhisten und die Vertreter des religiösen Daoismus, die sie in den Dienst der Propagierung und Verbreitung ihrer Lehre stellten. Auch der Hof sah in dieser Technik ein geeignetes Mittel zur Stärkung der konfuzianischen Staatsdoktrin.

Neben religiös und ideologisch orientierten Schriften wurden viele Publikationen gedruckt, die für den allgemeinen Bedarf bestimmt waren, wie illustrierte Kalender und Kartenspiele; zu diesem Bereich zählten auch verschiedene Lehr- und Handbücher und Belletristik. Gegen Ende der Tang-Dynastie gehörten Gedichtsammlungen zu den beliebtesten Drucken. Die Blütezeit erreichte der Buch- und Illustrationsdruck zur Zeit der Song-Dynastie. Die rege Nachfrage vor allem nach illustrierten Büchern seitens privater Bibliotheken hatten aus dem Holzplattendruck ein florierendes Gewerbe gemacht. Es entstanden bemerkenswerte Publikationen wie zum Beispiel die achtbändige Ausgabe eines wissenschaftlichen Werkes aus der Tang-Dynastie: »Große Übersicht der Pflanzen«, deren Illustrationen von künstlerischer Bedeutung waren oder die »Bücher von Lohn und Strafe« und Handbücher der Malerei.

Verschiedene Druckerzentren entstanden, in denen nach dem Prinzip der Arbeitsteilung gearbeitet wurde. Es wurde schon bald ein so hohes Maß an Kunstfertigkeit erreicht, daß ihre Arbeiten über Jahrhunderte hinweg Vorbild für viele Künstler blieben.

Das Druckverfahren umfaßte mehrere Arbeitsgänge. Zuerst wurde von Malern ein Bild entworfen und auszugsweise im Pausverfahren auf Reis- oder Seidenpapier übertragen. Für jede im Bild erscheinende Farbe mußte eine Auszugspause gefertigt werden. Anschließend klebte man das Papier mit der Rückseite nach oben auf eine 3–4 cm dicke Holzplatte. In einem nächsten Arbeitsgang wurde das Papier bis auf eine dünne Schicht abgerieben. Die Zeichnung war nun transparent und seitenverkehrt auf dem Druckstock sichtbar und wurde von Druckstockschneidern den Umrissen entsprechend reliefartig herausgeschnitzt. Die erhabenen Teile der so entstandenen Druckstöcke konnten nun vom restlichen Papier der Pausen befreit und jeweils mit einer Farbe versehen werden. Nun begann der eigentliche Druckvorgang. Ein Bogen Papier wurde auf den Druckstock gelegt und auf das Relief gedrückt, so daß sich die Farbe auf dem Papier absetzte und die Zeichnung seitenrichtig wiedergab. Entsprechend den verschiedenen Farben und Schattierungen eines Bildes konnte der gesamte Druck Hunderte von Vorgängen erforderlich machen.

Mit der Ming-Dynastie begann die Epoche der historischen Novellen, Romane und Musikdramen und ihren reichen Illustrationen. Zu den bekanntesten Werken gehörten *Shuihu Zhuan*, ›Die Räuber vom Liangshan Moor‹ und *Xixiang Ji*, ›Geschichte vom Westpavillon‹.
Der Holzschnitt hatte bis jetzt fast ausschließlich der Illustration von Texten gedient. Nun zeichnete sich ein Wandel ab. Die ersten Bilderalben entstanden und erlebten eine große Beliebtheit, vor allem als Ende der Ming-Dynastie der Farbdruck bekannt wurde. »Das Bilderbuch der Zehnbambushalle«, einem Lehrbuch der Malerei, gehörte zu den ersten Werken, in denen diese technische Neuheit angewandt wurde. Berühmt wurde auch die Publikation *Jieziyuan Huazhuan*, ›Handbuch der Malerei des Senfkorngartens‹ einer Nanjinger Werkstatt, um das Jahr 1700 herausgegeben.
Zu Beginn des 20. Jh. erlebte der schwarzweiße Holzschnitt einen neuen Aufschwung. Der Schriftsteller Lu Xun, der mehrere Schriften über den traditionellen und modernen Holzschnitt verfaßt hatte, sah in ihm ein geeignetes Mittel, die Volksmassen wachzurütteln und sie zu erziehen. Unter seinem Einfluß entstanden verschiedene Holzschnittgesellschaften, die ihre Vorbilder im deutschen, amerikanischen und russischen Holzschnitt fanden. Man wandte sich vom traditionellen Stil vollkommen ab und übernahm die Motive und Techniken ausländischer Arbeiten. In der Grundaussage pessimistisch, stellten sie vorwiegend gesellschaftliche Klassengegensätze, Ausbeutung und Elend dar. Anders als im traditionellen Holzschnitt waren die neuen Arbeiten bar jeder Symbolik und in ihrer Aussage unmittelbar für jedermann verständlich.
Unter dem Einfluß der kommunistischen Lehre setzte sich nach 1936 besonders bei den Künstlern der Yan'an-Zeit eine optimistische Tendenz durch. Sie nahmen in ihre Werke Elemente aus der Tradition des farbenfrohen Neujahrsbildes auf.
Seit Gründung der Volksrepublik China erlebte der Holzschnitt vor allem während der Kulturrevolution einen neuen Höhepunkt, als er erneut in den Dienst der politischen Auseinandersetzung gestellt wurde. Der Themenkomplex hatte sich inzwischen sehr verändert. Die Künstler wählten ihre Motive aus den Gebieten des Klassenkampfes, der landwirtschaftlichen und industriellen Produktion und der Technik. Nicht die reale Gegenwart sollte sich in den Holzschnitten widerspiegeln, sondern vielmehr die angestrebte Zukunft. Die optimistische Aussage ermutigt den Betrachter, tatkräftig am Aufbau des Landes teilzunehmen.

Neujahrsbilder

Mit dem Neujahrsfest, auch Frühlingsfest genannt, dem großen Familienfest in China, beginnt die Zeit der farbenprächtigen *Nianhua,* Neujahrsbilder, Neujahrstürbilder und Kalender.
Die Neujahrsbildmalerei hat eine lange Tradition. Es wird vermutet, daß ihre Anfänge ins 3. Jh. zurückgehen. Zunächst gestaltete man sie in Form von Schutz- und Glückssymbolen. Später wurden meist Schutz- und Glücksgötter dargestellt. Einer Legende nach ließ der Tang-Kaiser Taizong den Zugang zu seinem Zimmer von zwei Generalen bewachen, da er sich von bösen Geistern verfolgt glaubte. Später wurden die beiden Generale durch zwei abschreckend gemalte ersetzt, die fortan häufiges Motiv für Neujahrstürbilder blieben und an die Haustore geklebt wurden, um die Familie vor Unheil zu bewahren. Im 11. Jh. erschienen bereits handkolorierte Schwarzweißdrucke. Die Blütezeit der Neujahrsbilder begann mit der Entwicklung des Farbenholzschnittes in der Ming-Zeit.
Die Neujahrsbilder umfassen einen weitgespannten Themenkomplex. Von Darstellungen bestimmter Schutzgottheiten, wie zum Beispiel dem Küchengott, geht die Themenpalette vor allem in moderner Zeit über Darstellungen aus dem Leben der Bauern bis zu symbolischen Figuren und Schriftzeichen, die glückverheißenden Inhalts sind. Beliebt sind auch Frühlingsmotive, Landschaften, Blumen und schöne Frauen. Darüber hinaus werden Legenden, Romane und historische Begebenheiten in Bildserien dargestellt. Grundsätzlich läßt sich sagen, daß die Neujahrsbilder Wünsche und Sehnsüchte der Menschen widerspiegeln, ihr Verlangen nach Glück, Frieden, langem Leben, Gesundheit, Kindersegen, Gerechtigkeit und Reichtum.

Papierschnitte

Eine der beliebtesten Volkskünste Chinas ist der Papierschnitt. Aufgrund archäologischer Funde läßt sich diese Tradition bis ins 6. Jh. zurückverfolgen. Es wird jedoch vermutet, daß die Anfänge des Papierschnitts noch einige Jahrhunderte früher anzusetzen sind.
Der Papierschnitt wird in China im kultischen Bereich, zur Dekoration und als Mustervorlagen verwendet.
Wie heute noch teilweise außerhalb Chinas gehandhabt, wurden den Toten früher verschiedene papierne Gegenstände und Figuren mit ins Grab gegeben oder während der Beerdigungszeremonie verbrannt. Dazu gehörten auch Papierschnitte, die meist symbolischen Charakter hatten. Vielfach dienten sie auch der Dekoration von Opfergaben, die den Ahnen und Göttern dargeboten wurden.

Heute findet der Papierschnitt vor allem im dekorativen Bereich viel Verwendung. Er ziert in den Wohnungen Wände, Fenster, Türen, Säulen, Spiegel, Lampen und Laternen, kann aber auch Geschenke schmücken oder selbst als Geschenk überreicht werden. Besondere Bedeutung fällt den Papierschnitten an Fest- und Feiertagen zu. Anläßlich des Neujahrsfestes werden zum Beispiel die Eingangstüren mit Papierschnitten glückverheißenden Inhalts geschmückt.
Als Mustervorlage war der Papierschnitt früher vor allem in Verbindung mit Stickerei und Lackarbeiten von großer Bedeutung.
Papierschnitte werden nicht maschinell sondern in Handarbeit hergestellt. Es gibt zwei Herstellungsmöglichkeiten: den Scherenschnitt und den Messerschnitt. Wie schon der Name sagt, wird der Scherenschnitt mit einer Schere gefertigt. Mehrere Blatt Papier, bis zu acht Blätter, werden übereinander gelegt und an einigen Stellen zusammengeheftet. Mit einer scharfen, spitzen Schere wird dann das Motiv geschnitten.
Beim Messerschnitt werden mehrere Lagen Papier auf eine relativ weiche Unterlage gelegt, die aus einer Mischung von Talg und Asche besteht.
Einer Vorlage folgend schneidet der Künstler mit einem scharfen Messer, das er meist senkrecht hält, das Motiv in das Papier. Der Vorteil des Messerschnitts ist, daß in einem Arbeitsgang wesentlich mehr Papierschnitte angefertigt werden können als beim Scherenschnitt.
Papierschnitte werden auf dem Lande meist nur von Frauen und Mädchen gefertigt. Früher gehörte dies zu den Kunstfertigkeiten, die jedes Mädchen beherrschen mußte und nach denen es oft als Braut beurteilt wurde. Professionelle Papierschnittkünstler sind hingegen fast immer Männer, die, in Werkstätten zusammengefaßt, bei garantierten Einkünften tätig sind.

Kunstgewerbliche Malerei

Die kunstgewerbliche Malerei hat in den letzten Jahren in China ständig an Bedeutung gewonnen. Ein neuer Zweig auf diesem Gebiet sind die **Muschelbilder.**
Die Technik der Muschelmalerei basiert auf den Erfahrungen mit der traditionellen Perlmutt-Intarsienarbeit. Die Muschelschalen werden geschnitzt und geschliffen und aufgrund ihrer natürlichen Färbung, Faserung und Form durch geschickte Anordnung zu Bildern zusammengestellt. Die Themen sind meist der traditionellen Malerei entliehen. Bevorzugt werden Darstellungen von Vögeln, Früchten, Meerestieren, Landschaften und Szenen aus beliebten Volkserzählungen und Romanen.
Gleiche Themen behandeln auch die farbenprächtigen **Federbilder.** Es werden dabei meist Federn von Fasanen, Schwänen und Pfauen verarbeitet.

Ähnlich wie bei den Muschelbildern werden bei den **Baumrinden-Bildern** die natürliche Farbe und Maserung berücksichtigt. Als Themen bieten sich hier vor allem Landschaftsszenen an. Die Rinden werden von den Bäumen abgeschabt und zu Bildern zusammengeklebt. Zur gleichen Gruppe zählen die **Bambusmalereien**, die vor allem aus der inneren Schicht des Bambus gefertigt werden.
Ein weiterer Zweig der kunstgewerblichen Malerei sind die Bilder aus **Weizenstrohhalmen.** Weizenstrohhalme werden vielfach auf Briefkarten zu Bildern zusammengesetzt. Bevor man mit der Bildgestaltung beginnen kann, müssen die Halme erst geglättet und gefärbt werden. Dann schneidet man sie zurecht und klebt sie auf Papier oder Seide zu einem Bild zusammen.
Ferner werden Materialien wie Kork, geflochtenes Stroh und Rinderhornspäne verarbeitet. Da dieser Zweig des chinesischen Kunsthandwerks noch relativ neu ist, befindet man sich immer noch im Stadium des Experimentierens und auf der Suche nach neuen natürlichen Materialien.

Keramik

Die berühmteste aller chinesischen Künste ist die Keramik. Nicht nur die Chinesen lieben und schätzen sie, auch im Ausland findet sie große Bewunderung und Anerkennung.
Die Keramik Chinas kann auf eine lange Tradition zurückblicken. Früheste Zeugnisse neolithischer Keramik fand man in Nordchina. Nach solchen Fundorten wurden zwei große neolithische Kulturen benannt: die *Yangshao*- und die *Longshan*-Kultur (westliches Henan bzw. nördliches Shandong). Sie stammen aus der Zeit zwischen −5000 bis −2000. Die ältere von beiden, die *Yangshao*-Keramik war bemalt und bestand aus dichtem rötlichen Ton. Sie war mit der Hand aufgebaut und bei 800–1000 °C gebrannt worden.
Die *Longshan*-Kultur brachte in ihrer Endphase bereits auf der Töpferscheibe geformte Keramik hervor, die fast schwarz und oft glänzend poliert war.
In dieser Phase, die sich durch ein hohes Niveau an handwerklichem Können auszeichnet, entstanden die Grundformen der chinesischen Keramik. Ihre Erzeugnisse dienten der Aufbewahrung von Eßwaren, als Kessel über dem Feuer oder als Grabbeigaben.
Während der Shang-Dynastie mußte der Ton im Ritualbereich für Jahrhunderte einem neuen Material, der Bronze, weichen, aus Ton wurde nur noch Gebrauchsware gefertigt. Als man den Ton ›wiederentdeckte‹, behielt man zunächst die Formen der Bronzen bei.
Funde aus der Zhou-Zeit zeugen von einer Vorliebe für die schwarze Keramik,

die auf einer rotierenden Töpferscheibe poliert, manchmal rot oder weiß bemalt wurde und sogar mit einem Lacküberzug versehen sein konnte. Wichtigste Entdeckung jener Zeit war die feldspathaltige Glasur, die den wasserdurchlässigen Scherben gegen Feuchtigkeit abdichtete. Um –500 wurde das Steinzeug entwickelt. Im Gegensatz zur Irdenware verschmilzt der Ton des Steinzeugs während des Brands bei 1200–1400 °C zu einer wasserundurchlässigen homogenen Masse.

Während der Han-Dynastie zeigte man eine große Vorliebe für mit Mineralfarben kalt bemalte Gefäße. Farbenreichtum und ausdrucksvolle Ornamente zierten die Gefäße. Der Verzicht auf Menschenopfer bei Bestattungen ließ eine umfangreiche Grabkeramik entstehen. Figuren aus Holz und Ton sowie Gefäße mit Speisen und Getränken gab man den Toten mit ins Grab. Die Tonfiguren wurden meist aus einer Form gepreßt und farbig glasiert oder mit Mineralfarben kalt bemalt. Hohlräume und kleine Öffnungen verhinderten das Platzen während des Brands. Zu den bekanntesten Beispielen dieser Grabkeramik gehören die Wohntürme, Krieger- und Reiterfiguren und Musikanten.

Seit dem Ende der Han-Dynastie wurde in dem heutigen Shaoxing/Zhejiang eine Gebrauchskeramik mit graugrüner bis olivfarbiger Glasur hergestellt. Diese sogenannte *Yueyao*-Keramik gewann sehr schnell an Beliebtheit. Breite Schalen, Weinschalen, kugelförmige Flaschen, Krüge und Vasen wurden hergestellt. Besonders beliebt waren die Utensilien, die für den Schreibtisch des Gelehrten vorgesehen waren. Verwandt mit der *Yueyao*-Keramik ist das Seladon, das bereits in dieser Zeit hergestellt wurde, seine Blütezeit jedoch erst in der Song-Dynastie erlebte. Seladon ist Steinzeug mit weißem Anguß und grüner Glasur.

Aus dem Steinzeug entwickelte sich stufenweise das rein weiße, harte Porzellan. Es besteht aus dem weißen Kaolin, einem unschmelzbaren Verwitterungsprodukt des Feldspats, sowie einem leicht schmelzbaren Feldspatmaterial, von den Chinesen ›*Bai Dunzi*‹ (kleine weiße Würfel) genannt, von den Franzosen mit ›Petuntse‹ bezeichnet. Feldspatmaterial wurde den Töpfern in kleinen Ziegeln geliefert. Das Kaolin wird mit dem Feldspatmaterial bei einer Temperatur von 1300–1400 °C gebrannt, so daß der Feldspat als glasartige Masse das Kaolin zusammenhält.

Zu jener Zeit gab man jedoch noch dem grünlichen *Yueyao* den Vorzug, so daß das Porzellan seine Blütezeit erst in der Ming-Dynastie erreichte.

Während der Tang-Dynastie, einer Blütezeit auf politischem und kulturellem Gebiet, gelangten viele Keramikwerkstätten zu Ruhm und Ehre, wie z. B. *Xinzhou Yao* in Hebei, die für das weiße Tang-Porzellan bekannt wurde, oder *Bushan Yao* in Shandong, mit ihren gelben Glasuren und braunen Flecken. Weiterhin begehrt blieben die Erzeugnisse der *Yueyao* Töpfer in Shaoxing.

Neben Steinzeug und Porzellan wurde auch bleiglasierte Irdenware hergestellt. Hier erfreute sich die *San Cai,* Drei-Farben-Glasur (braun, grün und rot), großer Beliebtheit. Sie gab der Irdenware der Tang-Zeit ihr Gepräge und fand besonders auf dem Gebiet der Grabkeramik Anwendung. Die Farben wurden entweder durch eingeritzten Dekor voneinander getrennt aufgetragen oder nebeneinander, so daß sie beim Brand leicht ineinander flossen. Die Figuren der Grabkeramik geben reiche Aufschlüsse über Kleidung, Gewohnheiten und Alltag der Zeit.

Während der Song-Dynastie erreichte die Keramik klassische Vollkommenheit, die Suche nach Harmonie zwischen Form und Glasur, die Beschränkung auf das Wesentliche bestimmten das Schaffen der Töpfer. Es war die Zeit der sahnig monochromen Glasuren (durch Metalloxide gefärbter Feldspat), die die Dekore in den Hintergrund drängten. Steinzeug wurde der Irdenware und dem Porzellan vorgezogen.

Typisches Steinzeug der Song-Zeit ist das grünliche Seladon, das auch vom Ausland begehrt und vor allem in islamische Gebiete Vorderasiens aber auch nach Japan und Korea exportiert wurde.

Vielfach findet man matte, dicke Glasuren, die kompliziert geformte Gegenstände zieren. Die Farbskala reicht von grau, grün, blau, braun und gelb bis zu himmelblau. Braune und schwarze Glasuren, in Fujian und Jiangxi hergestellt, fanden begeisterte Aufnahme in Japan und wurden dort immer wieder nachgeahmt. Man nannte sie *Temmoku*-Ware, abgeleitet von dem Gebirge *Tianmu Shan* bei Hangzhou.

Dekore in dieser Periode beschränkten sich meist auf reliefartige Muster oder Krakelierung. Letzteres entsteht durch Reißen der Glasur entweder während des Brands aufgrund von Spannungen, die sich durch ein schlecht abgestimmtes Verhältnis von Glasur und Scherben ergeben oder durch zu rasches Abkühlen nach dem Brand.

Die Keramik war inzwischen immer mehr in den Mittelpunkt des Interesses am Kaiserhof und in den gebildeten Kreisen gerückt. Zu Beginn des 14. Jhs., während der mongolischen Yuan-Dynastie, gewann nunmehr das Porzellan an Bedeutung und drängte die anderen Keramikarten in den Hintergrund. Nicht mehr die Form stand im Mittelpunkt, sondern der Dekor. Darstellungen von Landschaften, Menschen, Tieren und Pflanzen, aufgetragen mit kräftigen, leuchtenden Farben und scharfen Kontrasten sorgten für eine ausgesprochene Bewegtheit. Berühmt wurden in dieser Zeit die Erzeugnisse der kaiserlichen Werkstätten *Shifu Yao,* die das weiße Porzellan mit kobaltblauen und kupferroten Zeichnungen unter einer durchsichtigen Glasur versahen. Die Farbe wurde direkt auf den Scherben oder auf einen weißen Überzug gemalt.

Mit der Ming-Zeit begann die Blütezeit des blauweißen Porzellans. Formen-

reichtum und Darstellungen aus der Pflanzenwelt im Dekor sind charakteristisch für diese Keramik. Beliebte Motive waren Blumen wie z. B. Lotos, das Symbol der Reinheit, und die Chrysantheme, die Herbstblume.
Hatte es früher noch verschiedene Zentren der Keramikherstellung gegeben, erfolgte nun aufgrund der vermehrten Porzellanherstellung, die weitgehende Arbeitsteilung erforderte, die Zentrierung. Jedes Gefäß hatte durch nahezu 70 Hände zu gehen. Zentrum der Porzellanherstellung wurde Jingdezhen im Nordosten der Provinz Jiangxi. Zu Beginn der Ming-Dynastie zur offiziellen kaiserlichen Manufaktur erklärt, blieb es bis zum Sturz der Qing-Dynastie im Jahre 1911 bedeutendste Porzellanstadt. Jingdezhen hatte die wichtigen Rohstoffe Kaolin und Petuntse in unmittelbarer Nähe, die verkehrsgünstige Lage ermöglichte den sofortigen Abtransport der Ware auf dem Wasserwege nach Peking.
Neben dem Blauweiß-Dekor gab es auch den Schmelzfarbendekor, der sehr häufig Tierdarstellungen zeigte. Die Schmelzfarben wurden auf den bereits glasierten Scherben gemalt und durch Muffeln (Kapseln aus feuerfestem Ton) geschützt, bei einem zweiten Brand (700–800 °C) unlösbar mit der ersten Glasur verbunden. Beliebt war die Kombination von Unter- und Überglasurmalerei, wobei die vor dem Brand aufgetragene Kobaltblaumalerei nach dem Brand durch verschiedene Schmelzfarben ergänzt und durch Goldmalerei (Blattgold, Goldstaub) verfeinert wurde. Höhepunkt dieser Überglasurmalerei war die Zeit während der Regierungsperiode Chenghua (1465–87).
Bereits seit der Tang-Zeit verkaufte man Keramik auch ins Ausland. Ein florierender Handel mit Europa entwickelte sich erst mit der Entdeckung des Seeweges nach Ostindien 1516 durch die Portugiesen. Das spätming-zeitliche Porzellan, das nun allmählich nach Europa kam, wurde begeistert aufgenommen und regte zu Nachahmung an. Vor allem die kobaltblaue Unterglasurmalerei fand große Bewunderung und wurde Vorbild für die Delfter Fayencen.
Waren die Porzellane der frühen Ming-Zeit noch von Eleganz und Anmut im Dekor, so wurden sie in der späten Ming-Zeit mit Beginn der Jiajing-Periode (1522–1566) robuster. Man bevorzugte leuchtende Farben, das Blau wurde großflächiger aufgetragen und ließ den Dekor häufig überladen erscheinen.
Neben den hervorragenden Erzeugnissen der Jingdezhen Manufaktur gelangten auch die Produkte anderer Werkstätten zu hohem Ansehen, wie z. B. das rotbraune oder gelbliche Steinzeug aus Yixing, Jiangsu, oder das hochwertige, rein weiße undekorierte Porzellan aus Dehua in Fujian. Dem hohen Gehalt an Feldspat war es zu verdanken, daß sich dieses relativ weiche und durchscheinende Porzellan für figürliche Darstellungen eignete.
Charakteristisch für die Ming-Zeit ist die glasierte Tonware, die besonders in Palast- und Tempelanlagen in Form farbiger Ziegel und Kacheln benutzt wurde.

Während der Qing-Dynastie erlebte die Porzellanstadt Jingdezhen ihre Blütezeit, und zwar in den Regierungsperioden Kangxi 1662–1722, Yongzheng 1723–1735 und Qianlong 1736–1795. Es wurde zwar weiterhin blauweißes Porzellan hergestellt, doch ist für die Qing-Dynastie charakteristisch die Rückbesinnung auf alte Formen und Glasuren der Song-Zeit. Auch gab es neue Entwicklungen in der Glasurtechnik, in den Dekoren und Farbkombinationen. Berühmt wurde die sogenannte Ochsenblutglasur, eine durch Kupferoxid erzielte tiefrote Färbung. Kaiserliches Gelb entstand durch eine gelbe Bleiglasur; eine Mischung aus Kobalt und Mangan mit Eisen ergab eine metallisch glänzende, schwarze Glasur.
Die Malerei mit Schmelzfarben unter Verwendung neuer Farbtöne, wie zum Beispiel rosaviolett, ermöglichte zarte Stimmungsbilder. Auch von der Möglichkeit, ganz auf Glasur zu verzichten und Schmelzfarben direkt auf den gebrannten Scherben zu malen, wurde oft Gebrauch gemacht. Der reich bemalte Scherben wurde dann durch Muffeln geschützt bei 900 °C erneut gebrannt. Auf diese Weise erhielten die Farben einen matten Glanz.
Im 19. Jh. zeigten sich keine neuen Höhepunkte in der Keramikherstellung. Im Jahre 1853 wurde das Zentrum der Porzellanherstellung, Jingdezhen, während das Taiping-Aufstandes zerstört. Nach dem Wiederaufbau und der Neuaufnahme der Produktion entfielen jedoch mit dem Sturz der Dynastie die staatlichen Subventionen, so daß die Manufaktur erneut in Bedrängnis geriet und schließlich endgültig aufgeben mußte. Mit Gründung der Volksrepublik gab es auch für Jingdezhen einen neuen Anfang. Die Stadt gilt heute wieder als Zentrum der Porzellanherstellung. Auch in Dehua wird wie zur Ming-Zeit rein weißes, glänzendes Porzellan produziert und in großem Rahmen an die Tradition der plastischen Gestaltung angeknüpft. Auch andere bedeutende traditionelle Produktionsstätten konnten ihre Arbeit fortsetzen wie zum Beispiel die Manufaktur in Yixing, die auch heute noch rotbraunes und gelbliches Steinzeug anfertigt. Eine Neugründung ist dagegen die Manufaktur von Tangshan, in der vor allem einfaches Gebrauchsporzellan hergestellt wird.

Bronzen

Der Bronzeguß ist eine der ältesten Kunsthandwerke Chinas, seine Blütezeit ist die Periode von der frühen Shang- bis hin zur Han-Dynastie. Schon während der Shang-Dynastie, also vor über 3000 Jahren, erzielten die Bronzegießer bei der Herstellung von Opfergefäßen eine unvergleichliche Vollkommenheit in Verarbeitung, Qualität und Dekor. Aus einer Legierung von Kupfer und Zinn, die aber auch Zusätze anderer Metalle enthalten konnte, wurden hauptsächlich Ritualgefäße, Waffen, Werkzeuge, Gerätschaften,

Schmuckstücke, Spiegel und Musikinstrumente mit Hilfe zusammensetzbarer Tonformen gegossen. Sie hatten einen goldbraunen bis silbrig grauen Glanz.
Die Bronzegießer waren ihren Auftraggebern, einer kleinen priviligierten Schicht, wahrscheinlich dienstverpflichtet. Nur diese konnten sich den Aufwand der Bronzeverarbeitung leisten. Die Werkstätten lagen in unmittelbarer Nähe der Palastanlagen und Herrschaftsgebäude.
Während der Shang-Dynastie im −2. Jt., lagen die Zentren der Bronzekunst in Zhengzhou und Anyang, in der heutigen Provinz Henan.
Die archaischen Bronzen der Shang, meist rituelle Gefäße, zeichneten sich durch einen robusten, aber in seinen Details vollendeten Stil aus. Bei den Gefäßen handelte es sich im großen und ganzen um Speise-, Wein- und Wassergefäße. Sie wurden den Toten nach beendetem Opferritual oft mit ins Grab gegeben.
Bevorzugter Dekor auf Ritualbronzen waren geometrische und Tiermotive. Besonders häufig tauchte das magische Antlitz eines Tierdämons auf, das *Taotie,* jedoch wurden auch Drachen, Schlangen, Zikaden und Vögel als Motive gewählt. Diese Motive hoben sich ab von einem Hintergrund, der aus einem feingliedrigen Netzwerk von Ringketten, Buckelleisten, Spiralen, Wirbelkreisen oder Mäander bestehen konnte.
Neben einer Vielfalt vollendeter Formen tauchen zur späten Shang-Zeit Ritualgefäße in Tiergestalt auf.
Der Stil der Shang-Bronzen beeinflußte noch über Jahrhunderte den Bronzeguß, doch entwickelte sich zunächst im Laufe der Westlichen Zhou-Zeit ein neuer Stil. Tiermotive verschwanden langsam, abstrakte Muster und breite Bänder setzten sich durch.
Bei den Ritualgefäßen der Shang-Dynastie waren die Inschriften noch an verdeckten Stellen angebracht worden. Sie waren kurz gehalten und beinhalteten meist nur den Namen des Auftraggebers und des Ahnen, dem man das Gefäß widmete. Später wurden die Inschriften umfangreicher, konnten auch auf der Außenseite des Gefäßes erscheinen und zum Dekor werden. Sie berichteten von gesellschaftlichen und politischen Ereignissen, von Ehrungen oder Belohnungen, wie zum Beispiel anläßlich eines errungenen Sieges.
Die Bronzekunst der Kämpfenden Staaten zeichnete sich durch eine Tendenz zu eleganten Formen aus. Nicht mehr Ritualgefäße standen im Mittelpunkt des Kunstschaffens, sondern Gerätschaften aller Art wie Äxte, Dolche, Schwerter, Spiegel, Glocken, Gürtelhaken und Beschlagstücke für Pferd und Wagen. Variationen im Dekor wurden durch Intarsien aus Gold, Silber, Kupfer, Lack und Edelsteinen erzielt, was ein Höchstmaß an Präzision und Kunstfertigkeit erforderte. Beliebt waren auch realistische Figurenkompositionen, Spiralen und geometrische Motive.
Bedeutende Beispiele bronzener Musikinstrumente sind die Glockenspiele.

Die bronzenen Glocken hatten keine Klöppel, sondern wurden mit Hämmern angeschlagen. Der größte Fund dieser Gattung wurde 1978 in der Provinz Hubei getätigt: ein Glockenspiel mit 65 Bronzeglocken, davon ist die größte 1,53 m hoch und wiegt 203,6 kg, konnte vollständig erhalten geborgen werden und ist heute im Museum in Wuhan zu besichtigen (siehe S. 602).
In den folgenden Jahrhunderten mußte die Bronze anderen Materialien weichen. Während der Han-Dynastie gewann sie noch einmal in der Spiegelproduktion besondere Bedeutung. Spiegel waren nicht nur beliebte und nützliche Gebrauchsgegenstände, sie wurden auch zu unerläßlichen Grabbeigaben. Ihrer glänzenden Fläche sprach man die Fähigkeit zu, böse Geister bannen oder das Sonnenlicht ins Grab ziehen zu können. Die Rückseiten der Spiegel waren reich verziert mit den verschiedensten gegossenen und farbig gemalten Dekors. Erst zur Zeit der Nördlichen Song-Dynastie fanden die archaischen Bronzen wieder großes Interesse und wurden begehrte Sammelobjekte. Anfangs geschah dies hauptsächlich wegen der Inschriften, die den Wert sozialgeschichtlicher Dokumente hatten. Vom 12. Jh. an wurden sie über Jahrhunderte hinaus beliebtes Vorbild für neue Bronzegüsse.

Jade

Jade heißt auf Chinesisch *Yu,* wobei man allerdings unterscheidet zwischen *Zhen Yu,* echter Jade = Nephrit, und *Cui Yu,* Eisvogeljade = Jadeit.
Jadeit ist heller als Nephrit und kann neben grauer und grüner auch von weißer Farbe sein. Doch wurde Jadeit wahrscheinlich erst seit der Qing-Zeit verarbeitet. Nephrit ist schon seit mehr als drei Jahrtausenden in China bekannt. Fast alle frühen Arbeiten wurden aus Nephrit gefertigt. Die Farbskala reicht von verschiedenen Grüntönen bis zu gelb, grau, braun und schwarzbraun. Nephrit kann bei dünnem Schliff durchscheinend sein, doch nie durchsichtig.
Jade symbolisierte im traditionellen chinesischen Denken immer das Heilige, Ehrwürdige und Unsterbliche. Sie war die Verkörperung himmlischer Mächte. Während der Shang- und Zhou-Zeit entstanden jadene Zeremonialgeräte und kosmische Symbole, so zum Beispiel Nachbildungen von Waffen und Himmels- und Erdsymbole. Der Jade wurden auch magische Kräfte zugeschrieben. Häufig finden sich bei Ausgrabungen Jadeschnitzereien als Grabbeigaben, oft in Form von Tierdarstellungen wie zum Beispiel Zikaden. Während der Han-Dynastie stellte man bereits jadene Gegenstände für den praktischen Bedarf her, Teller, Schalen, Trinkgefäße. Während der Ming- und Qing-Zeit gewann die Jadebearbeitung sehr an Bedeutung, unter dem Qianlong-Kaiser (reg. 1736–1795) erlebte sie eine Blütezeit.
Heute werden neben Jade auch andere Edel- und Halbedelsteine wie Rosen-

quarz, Bergkristall, Rauchtopas, Korallen, Achat, Lapislazuli und Türkis zu Kunstgegenständen und Gefäßen unterschiedlichster Bestimmung und Gestalt verarbeitet. Zentren der Jade- und Edelsteinbearbeitung sind Beijing, Shanghai und Tianjin sowie die Provinzen Jiangsu, Guangdong, Liaoning und Henan. Mit viel Phantasie und Geschick werden Gegenstände gefertigt, die voll künstlerischer Ausdruckskraft sind. Der Formenreichtum geht von schlichten Arbeiten bis zu komplizierten, verspielt anmutenden. Besonders beliebt sind Darstellungen aus der Pflanzen- und Tierwelt.

Peking-Oper

Die Peking-Oper, deren Wurzeln in die Qing-Dynastie zurückreichen, ist eine Synthese aus Musik, Tanz, Akrobatik, Literatur und bildender Kunst, eine gelungene Verbindung von Symbolismus und Realismus. Es werden im wesentlichen vier Rollentypen unterschieden: *Sheng*, *Dan*, *Jing* und *Chou*. Mit *Sheng* bezeichnet man meist positive männliche Hauptrollen: alte Männer, am Bart erkennbar, junge Männer, ohne Bart, Militärs verschiedener Rangstufen. *Dan* heißen die Frauenrollen. *Jing* stellen Helden, Abenteurer, Banditen und Schurken dar. Sie sind immer männlich. *Chou*, ebenfalls Männerrollen, stellen, wenn positiv, Spaßmacher, wenn negativ, Bösewichte dar. Die beiden letztgenannten tragen eine maskenähnliche Bemalung, die aufgrund der Farbsymbolik Aufschluß über den Charakter der Person gibt. Rot steht für Tapferkeit, Treue, Aufrichtigkeit; schwarz für Leidenschaft; weiß deutet auf Verschlagenheit und Bosheit hin, blau auf Grausamkeit. Die *Chou*-Darsteller sind an ihrer weißbemalten Nase zu erkennen, über die häufig ein Schmetterlingsmuster gezeichnet wird. Der Rhythmus ermöglicht den Sängern, Gefühle auszudrücken. Monologe und Dialoge werden im Peking-Dialekt vorgetragen. Die Darsteller müssen auf Requisiten weitgehend verzichten. Festgelegte und allen Zuschauern vertraute Bewegungen symbolisieren Reiten, Klettern, Rudern, Türenöffnen, Schließen usw. Die entscheidende Person einer Aufführung ist der als Dirigent wirkende Trommler. Das gesamte Orchester, bestehend aus Schlag-, Streich- und Blasinstrumenten und auch die Darsteller haben ihm zu folgen. Aufregend sind in jeder Peking-Oper die Kampfszenen, die von den Akteuren ein Höchstmaß an akrobatischer Geschicklichkeit verlangen und den Zuschauer ahnen lassen, welch eine lange und schwierige Ausbildung die Schauspieler durchlaufen müssen.

Die Peking-Oper verfügt über mehr als 1300 Stücke, von denen viele auf klassischen Romanen wie zum Beispiel ›Die drei Reiche‹ oder ›Die Pilgerfahrt nach dem Westen‹ und auf Volkssagen und Legenden basieren.

Zweiter Teil

Stadt- und Landbeschreibungen

Beijing (Peking)

(Regierungsunmittelbare Stadt)

北京市

Fläche: 16 800 qkm / Bevölkerung: 9,2 Mill.

Beijing, die Hauptstadt der Volksrepublik China, ist politisches, wirtschaftliches und kulturelles Zentrum des zahlenmäßig größten Volkes der Erde. Es ist neben Shanghai und Tianjin dritte regierungsunmittelbare Stadt und Sitz der Zentralregierung. Hier finden Parteitage statt, tagt der Nationale Volkskongreß, sind die höchsten Behörden und Ministerien angesiedelt. Die Geschicke von 1 Mrd. Menschen werden in Beijing entschieden. Gleich einem Mikrokosmos stellt diese Stadt das Erbe des traditionellen und die Errungenschaften des modernen China dar. Mehrere Wochen wären nötig, um Sehenswürdigkeiten und Kunstschätze kennenzulernen. Die hervorragende Kunstfertigkeit chinesischer Baumeister, Handwerker und Künstler, die seit der Jin- bzw. Yuan-Zeit das Gesicht der Stadt prägten, wird den westlichen Besucher in Erstaunen und Begeisterung versetzen. Er wird sich aber auch gerade in Beijing mit der unrühmlichen Geschichte abendländischer und japanischer imperialistischer Mächte auseinandersetzen müssen. Hier entlud sich der Konflikt, verursacht durch ausländisches aggressives Machtstreben und die Schwäche des zerrütteten mandschurischen Qing-Kaiserhauses. Die Spuren der Politik der zwangsweisen Öffnung Chinas sind noch heute zu sehen.

Lage und Klima

Beijing liegt 43,7 m ü. d. M. im Nordwesten der Nordchinesischen Ebene zwischen den Flüssen Yongding He (Hunhe) im Südwesten und dem Wenyu He im Nordosten. Die Stadt ist im Westen, Nordwesten und Norden von Gebirgen umgeben. Pässe führen im Nordwesten zur Mongolischen Hochebene, im Norden in die Berge des Nordostens und im Osten an der Küste entlang in die Mandschurei. Die Beijinger Ebene stellte somit immer ein natürliches Bindeglied zwischen den nördlichen Nachbarn und China dar.

In Beijing herrscht Kontinentalklima mit kalten trockenen Wintern, beeinflußt von den sibirischen Luftmassen, die sich über das Mongolische Plateau südwärts bewegen, und heißen Sommern, beeinflußt von den feuchtwarmen Monsunwinden aus dem Südosten, von denen Beijing den größten Teil des jährlichen Niederschlags erwartet.
Der kälteste Monat ist der Januar mit durchschnittlich −4 °C, der wärmste der Juli mit durchschnittlich 26 °C.
Der Winter kündigt sich gewöhnlich Ende Oktober mit kalten, trockenen Nordwestwinden an. Bis zum März fegen sie über Beijing hinweg, nicht selten sind es vor allem gegen Ende des Winters unangenehme Sandstürme. Insgesamt herrscht etwa 80 Tage lang Frost. Auch im Frühling, April/Mai, kann Beijing von heftigen Stürmen heimgesucht werden, doch die Temperaturen liegen nun schon bei durchschnittlich 16 °C. Der Übergang vom Frühling zum Sommer erfolgt meist abrupt. Die Sommermonate Juni bis August sind feucht und heiß, im Juli fallen 40% des jährlichen Niederschlags. Der kurze Herbst beginnt im September und ist vor allem für Touristen die beste Jahreszeit. Bei meist klarem Himmel herrschen angenehme Temperaturen.

Geschichtlicher Überblick

Bereits um −500 000 gab es erste Siedlungen in dem Gebiet von Beijing. Am 2. Dezember 1929 fand man in Zhoukoudian, 48 km vom heutigen Beijing entfernt, den Schädelknochen des sogenannten Peking-Menschen (Homo erectus pekinensis). Eine interessante Ausstellung in Zhoukoudian gibt Aufschlüsse über das Leben in jener Zeit (siehe S. 281).
Um −3000 lebten dort neolithische Gemeinschaften. Jahrhunderte später entstand die Stadt *Ji*, Schilf, in der Nähe des heutigen Beijing, die als Sitz des Herzogs von Yan in den Quellen erwähnt wird. Das Herzogtum Yan gehörte zur Zeit der Kämpfenden Staaten zu den sieben Hegemonialstaaten.
Ji wurde durch die Truppen des Qin Shihuang, Begründer der Qin-Dynastie, zerstört. Mit Beginn der Han-Dynastie, im Jahre −206, entstand wieder eine neue Stadt, *Yan* genannt. *Yan* war während der gesamten Han-Dynastie und in den folgenden Jahrhunderten nur als Handelsplatz und als strategischer Punkt im Kampf der Han-Chinesen gegen die nomadischen Stämme der Xiongnu im Norden von Bedeutung. Zeitweise geriet das Gebiet unter die Kontrolle einfallender Nomaden.
Im 7. Jh. nannten die Herrscher der Tang die Stadt *Youzhou*. Durch den Bau eines Kanals entstand eine Verbindung zu den südlichen Gebieten des Huanghe und Changjiang.
Nach dem Fall der Tang-Dynastie wurde *Youzhou* von dem Steppenvolk der Khitan zerstört. Sie gründeten die Liao-Dynastie und errichteten in unmittel-

barer Nähe des zerstörten *Youzhou* ihre Nebenhauptstadt, *Nanjing* (südliche Hauptstadt) genannt.
Im Jahre 1153 fielen die Dschurdschen (Tataren) in China ein, vertrieben die Liao und gründeten die Jin-Dynastie mit der Hauptstadt *Zhongdu*, Mittlere Hauptstadt, dem ehemaligen Nanjing der Liao. In großzügigem Rahmen ließen sie die Stadt ausbauen. Hunderttausende von Arbeitern errichteten Palastanlagen und Schutzwälle.
Doch im Jahre 1215 fiel *Zhongdu* dem Angriff der Mongolen zum Opfer. Der neue Herrscher und Gründer der mongolischen Yuan-Dynastie Kublai Khan veranlaßte im Jahre 1272 den Bau der neuen Hauptstadt *Dadu*, Große Hauptstadt, auf den Mauern des alten *Zhongdu*. Zum ersten Mal wurde das heutige Beijing politisches Zentrum des chinesischen Reiches. Vom Glanz und der Pracht, die die Stadt in den folgenden Jahren erlebte, berichtete Marco Polo in seinen Reisebeschreibungen. Noch heute erhalten sind aus jener Zeit die weiße Dagoba im Beihai-Park und der Tempel Baita Si.
Im Jahre 1368 stürzte Zhu Yuanzhang, Anführer einer Bauernrevolte, das mongolische Herrscherhaus und gründete die Ming-Dynastie. Neue Hauptstadt wurde Jinling, fortan Nanjing, Südliche Hauptstadt, genannt. *Dadu* hieß von nun an *Beiping*, Nördlicher Friede, das von einem Sohn Zhus regiert wurde. Nach Zhus Tod trat ein Enkel die Nachfolge an, die ihm jedoch von seinem Onkel, einem Sohn des Zhu Yuanzhang, in Beiping streitig gemacht wurde. Es gelang ihm, sich selbst zum Kaiser zu erheben und den Regierungssitz im Jahre 1403 nach *Beiping*, nun *Beijing*, Nördliche Hauptstadt genannt, zu verlegen. Die meisten der heute noch vorhandenen Paläste, Tempel, Gräben und Stadtmauern sind in den folgenden Jahrzehnten angelegt worden. Das alte *Dadu* wurde weitgehend niedergerissen. Am Ende der Ming-Zeit führte Li Zicheng einen Bauernaufstand gegen die Ming-Herrschaft und eroberte Beijing. Vierzig Tage konnte die Stadt gehalten werden. Dann wurde sie von einfallenden Mandschuren eingenommen. Im Jahre 1644 gründeten die siegreichen Mandschuren die Qing-Dynastie. Beijing blieb Hauptstadt. Die Struktur der Stadt wurde nicht verändert. Außerhalb der Stadtmauern entstanden mehrere Paläste, Tempel und Pavillons, wie zum Beispiel der alte Sommerpalast Yuanming Yuan, im 17. Jh. und der neue Sommerpalast Yihe Yuan im späten 19. Jh.
Ab 1860 war Beijing Schauplatz der Auseinandersetzungen zwischen Kaiserhof und ausländischen Mächten. Englische und französische Truppen zerstörten den alten Sommerpalast. Einige Ruinen sind heute noch zu sehen. Der Kaiserhof mußte den Ausländern das Recht auf Exterritorialität zugestehen und das Gesandtschaftsviertel im Südosten der Kaiserstadt zur Verfügung stellen. Im Jahre 1900 verschärfte sich während des Boxeraufstandes die Lage (siehe S. 83).

Das Jahr 1911 brachte das Ende der Qing-Dynastie. Beijing wurde zum politischen Zentrum der Republik. Einige Jahre später fanden hier im Zusammenhang mit dem Vertrag von Versailles Demonstrationen und Protestversammlungen statt, die als Bewegung des 4. Mai 1919 in die Geschichte eingingen (siehe S. 85).
1928 verlegte die Regierung ihren Sitz nach Nanjing, Beijing wurde wieder *Beiping*, Nördlicher Friede, genannt.
1937–1945 stand die Stadt unter japanischer Besatzung.
Am 1. Oktober 1949 gab Mao Zedong die Gründung der Volksrepublik China auf dem Tiananmen Platz bekannt. Beiping wurde wieder Hauptstadt des Landes und *Beijing*, Nördliche Hauptstadt, genannt.

Struktur der Stadt

Beijing besteht eigentlich aus zwei Städten, der nördlichen Inneren und der südlichen Äußeren. Die quadratisch angelegte Innere Stadt, früher auch Tatarenstadt genannt, umfaßt ungefähr den Bereich der ehemaligen mongolischen Stadt Dadu. Die rechteckige Äußere entstand während der Ming-Dynastie. In der Inneren Stadt lag die ebenfalls quadratische frühere Kaiserstadt. Darin befanden sich die Ministerien und der Kaiserpalast, auch ›Verbotene Stadt‹ genannt, umgeben von einer rot getünchten Mauer.
Beijing ist schachbrettartig angelegt. Eine Zentralachse führt von Norden nach Süden und bestimmte die Anlage von Stadtmauern, wichtigen Stadttoren, Hauptstraßen und Sakralbauten. An dieser Achse liegen von Norden nach Süden der *Zhonglou*, Glockenturm, der *Gulou*, Trommelturm, der *Jingshan*, Kohlenhügel, der Kaiserpalast, der *Tiananmen*-Platz, das *Qianmen*, Fronttor, das Stadtviertel *Tianqiao*, Himmelsbrücke, und das *Yongding Men*, Tor der Immerwährenden Regelung. Die Entfernung vom Trommel- bzw. Glockenturm im Norden bis zum letztgenannten Tor im Süden beträgt 7,5 km.
Die Stadt wurde im Osten und Westen symmetrisch entlang der Zentralachse angelegt. Östlich der Achse befand sich vor dem Kaiserpalast der *Taimiao*, Kaiserliche Ahnentempel, heute Kulturpark der Werktätigen, und westlich der Achse der Altar des Ackerbaugottes, heute Zhongshan-Park. Weiter entfernt von den Palästen lagen das *Dongdan*, das Östliche und das *Xidan*, das Westliche Geschäftsviertel.
In der Äußeren Stadt stehen der *Tiantan*, Himmelstempel, und der *Ditan*, Erdaltar, auf etwa gleicher Höhe beidseitig der Achse.
Von den in der Ming-Zeit gebauten 16 Stadttoren befinden sich zwei direkt auf der Achse. Die schachbrettartig angelegten Hauptstraßen verbanden die Tore in den gegenüberliegenden Mauern und teilten Beijing in rechteckige Viertel ein, durch die sich eine Unmenge kleiner Gassen zogen und die sich symmetrisch um den zentral gelegenen Kaiserpalast scharten. Fast jede Baueinheit

hatte eine rechteckige Form. Die meisten Häuser der Inneren Stadt dienten während der Qing-Dynastie als Residenzen der Beamten und ihrer Familien. Fast jeder Baukomplex ist von einer hohen Mauer umgeben, mit einem offenen Hof in der Mitte, flankiert von Häusern auf der Ost-, West- und Nordseite. Meist sind die Gebäude einstöckig, da sie den Kaiserpalast nicht überragen durften. Jedes wichtige Gebäude war nach Süden ausgerichtet. Die Ausrichtung nach Süden hat in erster Linie klimatische Gründe, ist aber auch noch ein Erbe aus alter Zeit in Verbindung mit Ahnenkult und der Anbetung von Himmel und Erde (nähere Beschreibung der Wohnanlagen siehe S. 146).

Seit 1949 hat sich das Stadtbild sehr verändert. Die Stadtmauern mußten weitgehend neuen Projekten weichen. Straßen wurden verbreitert und ausgebaut wie zum Beispiel die Chang'anjie, die sich in einer Länge von 40 km von Osten nach Westen erstreckt. Zahlreiche Unter- und Überführungen werden vor allem in neuester Zeit in den Randbezirken angelegt. Entlang der inzwischen abgerissenen Stadtmauer verläuft heute eine U-Bahn. Neben der Erweiterung des Straßennetzes erfolgte der Bau eindrucksvoller öffentlicher Gebäude und moderner Wohn-, Industrie- und Universitätsviertel. Auch innerhalb der ehemaligen Stadtmauern mußten viele alte Häuser modernen Wohnblocks weichen. Im Westen, entlang der Xichang'anjie und im Norden entstanden viele Regierungsgebäude. In der Nähe des Sommerpalastes im Nordwesten sind die wichtigsten Universitäten und Forschungsinstitute angesiedelt, wie die Beijing Universität (Beida), Qinghua Universität, die Volks-Universität (Renda), das Institut für Nationale Minderheiten und die Landwirtschaftliche Hochschule. Zwischen 1953 und 1957, der Periode des ersten Fünfjahresplanes wurden im Westen außerhalb des Fuxing Tores neue Wohnkomplexe nahe der neuerrichteten Regierungsbüros gebaut. Nach 1958 entstanden große Wohnanlagen im Norden zwischen dem Anding- und Desheng-Stadttor. Im Gegensatz zu den alten Häusern sind alle diese Gebäude mit Gas versorgt. Im Osten außerhalb des Stadttores Jianguo entstanden Wohnungen für das Personal der nahegelegenen Regierungsbüros. Dieses Gebiet wurde außerdem zum neuen Gesandtschaftsviertel erklärt. Es beherbergt viele ausländische Botschaften und nach westlichem Standard eingerichtete Wohnhäuser für die ausländischen Diplomaten und ihre Familien.

Ebenfalls im Osten befinden sich Vororte, in denen verschiedene Industriezweige angesiedelt wurden.

Industrie und Landwirtschaft

Beijing hat auf industriellem Gebiet große Erfolge erzielt. Schon in den ersten zehn Jahren nach Gründung der Volksrepublik stieg die Zahl der in Beijinger

Industriebetrieben beschäftigten Arbeiter von 70000 (1949) auf 870000 (1958). Vorrang hatte zunächst die Modernisierung und der Aus- bzw. Aufbau der Mentougou-Kohlebergwerke und des Shijing Shan Eisen- und Stahlwerkes. Weitere wichtige Industriezweige sind Maschinen- und Waggonbau, auf dem Gebiet der Leichtindustrie die Textil-, Nahrungsmittel- und Chemieindustrie, Elektrotechnik und Elektronik.
Das Beijinger Kunsthandwerk wurde schon in den Zeiten des Kaiserreiches gerühmt. Elfenbeinschnitzereien, Arbeiten aus Jade, Email-Cloisonné, Lack und Glas sind auch heute eine hochgeschätzte Ware. Die Beijinger Seiden, Stickereien und vor allem Teppiche sind auch im Ausland ein Begriff.
Die Stadt wird von ihren Randgemeinden mit Nahrungsmitteln versorgt. Besonders fruchtbar ist die Ebene im Südwesten Beijings. Zuverlässige Bewässerungssysteme und ein günstiges Klima ermöglichen zwei Ernten im Jahr. Wichtigste Anbaukulturen sind Weizen, Reis, Mais, Hirse, Sorghum und viele Gemüsesorten, darunter vor allem Chinakohl, Auberginen, Süßkartoffeln, Sojabohnen, Zwiebeln, Tomaten und Spinat. Auch Obst gedeiht in Beijing: Birnen und Äpfel, Aprikosen, Pfirsiche, Datteln, Nüsse und Melonen. In einigen Volkskommunen wird Schweine-, Fisch- und Geflügelzucht betrieben. Berühmt sind hier vor allem die Peking-Enten.

Kultur und Sehenswürdigkeiten

Beijings Ruf als kulturelles Zentrum des Landes ist nicht unbegründet. 35 Universitäten, Institute und höhere Lehranstalten wurden seit 1949 erweitert bzw. gegründet. Über die Grenzen des Landes hinaus genießt im besonderen die Beijing Daxue, Peking-Universität, hohes Ansehen (siehe S. 249). 1949 wurde die Zhongguo Kexueyuan, Chinesische Akademie der Wissenschaften gegründet. Sie unterhält in verschiedenen Städten des Landes Zweiginstitute. Die Verwaltung und die meisten ihrer Institute sind jedoch in Beijing beheimatet. Von Bedeutung ist das Zhongyang Minzu Xueyuan, Zentrale Institut für Minoritäten.
Beijing wird jedes Jahr von Millionen in- und ausländischen Gästen besucht. Diese Stadt bietet jedem etwas, ganz gleich in welche Richtung seine Interessen gehen. Die wichtigsten Sehenswürdigkeiten sind das Viertel um den Tiananmen-Platz mit den Bauten neueren Datums im Osten, Süden und Westen und die Palaststadt im Norden. Kurzzeitbesucher sollten auch den Yihe Yuan, Sommerpalast besuchen. Ebenso reizvoll sind Tempelanlagen wie beispielsweise der Lamatempel oder die Anlagen in den Xishan, Westbergen. Zu jedem Besuchsprogramm gehört auch ein Ausflug zur Großen Mauer.
Die folgende Beschreibung ist nach Lage unterteilt in Sehenswürdigkeiten **innerhalb der Stadtmitte, außerhalb der Stadtmitte** und in den **Randbezirken.**

Sehenswürdigkeiten innerhalb der Stadtmitte

Tianan Men – Tor des Himmlischen Friedens 天安门

Das Tor des Himmlischen Friedens ist als Symbol des revolutionären neuen China im Staatswappen der Volksrepublik China abgebildet.
Von hier aus hatte Mao Zedong am 1. Oktober 1949 die Gründung der Volksrepublik China verkündet. Das Tianan Men liegt im Norden des Tiananmen-Platzes und führt zum Kaiserpalast. Es wurde bereits im Jahre 1417 erbaut und als Haupttor des ehemaligen Kaiserpalastes *Chengtian Men* genannt. Der Holzbau brannte 1457 vollkommen ab, wurde 1651 neu errichtet und hieß dann Tianan Men. Es ist 34 m hoch, hat rote Mauern, ein Holzdach und zählt fünf Eingänge. Über dem Hauptportal, das früher für den Kaiser reserviert war, hängt ein Portrait Mao Zedongs, zur Linken stehen die Zeichen: ›Lang lebe die Volksrepublik China‹ und zur Rechten: ›Lang lebe die Einigkeit der Völker der Welt.‹ Über den Spruchbändern befindet sich die Ehrentribüne, die 20 000 Gäste fassen kann. Hinter der Tribüne führen 36 Fenstertüren in eine rechteckig angelegte Halle. Die Decke dieser riesigen Halle wird von Balken in 45 Quadrate unterteilt, eine Anzahl, die sich aus der Kombination 9×5 ergibt. Der traditionelle Zahlensymbolik zufolge war dies Ausdruck der Autorität des Kaisers.
Das Tor ist umgeben von einem Ringgraben, dem Goldwasserfluß, der zum Schutz des Kaiserpalastes angelegt worden war. Fünf weiße Marmorbrücken, die Goldwasserbrücken, führen zu den fünf Eingängen des Tores.
Zwei Steinsäulen erheben sich vor der gesamten Anlage, Symbole des himmlischen Friedens und der Autorität des Kaisers. Sie zeigen ein Relief aus Drachenmotiven und stilisierten Wolken. Auf der Spitze sitzt das Fabeltier *Kong*. Neben jeder Säule steht ein steinerner Löwe. Sowohl das Tor als auch der davor liegende Platz waren während der Kaiserzeit dem einfachen Volk nicht zugänglich. Hier wurden häufig religiöse und militärische Zeremonien abgehalten, kaiserliche Erlasse und die Ergebnisse der Mandarinprüfungen bekanntgegeben sowie Todesurteile vollstreckt. Zeuge der letzten Amtshandlung der Qing-Dynastie wurde das Tianan Men Tor, als am 25. Dezember 1911 die Kaiserinmutter Longyu offiziell den Thronverzicht des Kaisers, ihres noch unmündigen Sohnes Puyi, verkünden ließ.

Tiananmen Guangchang, Tiananmen-Platz

天安门广場

Der Tiananmen-Platz wurde ursprünglich im Jahre 1651 angelegt, im Jahre 1958 jedoch um das Vierfache vergrößert und zementiert. Er umfaßt jetzt eine Fläche von 40,5 Hektar und kann bis zu einer Million Menschen fassen; somit

ist er einer der größten öffentlichen Plätze der Welt. Er ist umgeben von mehreren eindrucksvollen Bauwerken. Das älteste unter ihnen ist das Tor Tianan Men im Norden. Im Osten stehen das Museum für Chinesische Geschichte und das Museum der Chinesischen Revolution, im Westen die Große Halle des Volkes und im Süden die Gedenkhalle des Vorsitzenden Mao und das Qianmen-Tor.
In der Mitte des Platzes befindet sich das Denkmal der Volkshelden. Der Tiananmen-Platz wurde seit seinem Bestehen häufig Schauplatz großer Demonstrationen, Massenkundgebungen, Paraden und Feiern.
Am 4. Mai 1919 demonstrierten hier über 3000 Schüler und Studenten der Beijinger Schulen und Universitäten gegen den Imperialismus und die Herrschaft der Militärmachthaber. Dieses Ereignis ging unter dem Begriff ›4. Mai-Bewegung‹ in die chinesische Geschichte ein. Am 1. Oktober 1949 drängten sich an dieser Stelle Hunderttausende von Menschen, um die Proklamation der Volksrepublik China mitzuerleben. In jüngster Zeit war er Schauplatz des sogenannten ›Tiananmen-Zwischenfalls‹. Anläßlich des Qingming-Festes hatten sich am 4. und 5. April 1976 spontan mehr als 200 000 Beijinger auf dem Platz versammelt, um des verstorbenen beliebten Ministerpräsidenten Zhou Enlai zu gedenken. Das in der Mitte gelegene Denkmal des Volkshelden wurde mit unzähligen Papierblumen und -kränzen geschmückt. Es war zugleich eine Demonstration gegen die Fraktion um Jiang Qing, der späteren Viererbande, und für die politische Linie Zhou Enlais und sein Modernisierungsprogramm.

Renmin Dahuitang, Große Halle des Volkes

人民大会堂

Auf der Westseite des Tiananmen-Platzes liegt die Große Halle des Volkes. Sie gehört zu den zehn prunkvollen öffentlichen Bauwerken, die bis 1959 erbaut wurden. Innerhalb von zehn Monaten zwischen 1958/1959 konnte das Gebäude mit Unterstützung durch viele Kader, Studenten und Arbeiter errichtet werden. Dieser, von westlicher Architektur beeinflußte Monumentalbau, verfügt über eine Fläche von 171 800 qm, das ist mehr, als die Gebäude des Kaiserpalastes insgesamt ausmachen. Vor dem Haupttor stehen zwölf 25 m hohe Marmorsäulen. Die Eingangstore sind aus Bronze gegossen.
Das Gebäude verfügt neben dem 7000 qm großen Hauptversammlungssaal, der 10 000 Menschen Sitzplätze bietet, und einer Bankethalle für 5000 Menschen, über verschiedene Empfangs- und Sitzungssäle, die jeweils nach einer Provinz oder einem autonomen Gebiet benannt und im entsprechenden lokalen Stil ausgestattet sind.

Es befinden sich viele Gemälde in diesem Gebäude. Gegenüber dem Haupteingang hängt ein riesiges Bild, das im Kollektiv von den besten Malern des Landes gefertigt wurde. Es wird *Jiangshan ruci duo jiao,* »Wie schön ist unser Land«, genannt.
In diesem Gebäude finden alljährlich die Sitzungen des Nationalen Volkskongresses, große Parteiversammlungen und Gespräche mit ausländischen Diplomaten statt.

Zhongguo Lishi-Geming Bowuguan
Museum der Chinesischen Geschichte und Revolution

中国历史博物馆

Öffnungszeiten: 8.30–17.00, nach 15.30 kein Einlaß mehr. So. geschlossen.

An der Ostseite des Tiananmen-Platzes liegt der riesige Museenkomplex, der das Museum für Chinesische Geschichte und das Museum der Chinesischen Revolution beherbergt. Das imposante Gebäude, mit einer Gesamtfläche von 65 000 qm, wurde im Jahre 1959 fertiggestellt und 1961 der Öffentlichkeit übergeben. Durch den von elf Säulen getragenen Haupteingang gelangt man in die Empfangshalle, die den Mittelpunkt der ganzen Anlage ausmacht. Sie verbindet den linken, also nördlichen Flügel mit dem rechten, südlichen Flügel. Jeder Flügel umfaßt jeweils einen Saal mit allgemeinen Informationen zur Ausstellung und 17 Ausstellungsräume. In dem linken Flügel befindet sich das Museum der Chinesischen Revolution, das die Geschichte ab 1919 darstellt, die revolutionäre Bewegung und die Entwicklungsgeschichte der Kommunistischen Partei Chinas. Von Beginn der Kulturrevolution im Jahre 1966 an war das Museum für zwölf Jahre geschlossen. Als es 1978 wieder geöffnet wurde, stand eine Photoausstellung über das Leben Zhou Enlais im Mittelpunkt. Am 1. Oktober 1979 wurde die permanente Ausstellung, ein Rückblick auf die Entwicklungsgeschichte der Kommunistischen Partei, wiedereröffnet. Im rechten Flügel befindet sich das Museum für Chinesische Geschichte. Auch dieses Museum war jahrelang geschlossen und öffnete erst im Oktober 1976 wieder seine Türen. Es zeigt die Entwicklung der chinesischen Geschichte von den Anfängen der Zivilisation bis ins 20. Jh. Die einzelnen Epochen sind unterteilt in: Zeit der primitiven Gemeinschaften (ab −500 000), Sklavenhaltergesellschaft (−2100 bis −475), Feudalgesellschaft (−475 bis +1840), halbkoloniale und halbfeudale Gesellschaft. Im ersten Stock wird die Geschichte bis zur Sui-Dynastie (581–618) dargestellt, belegt durch archäologische Funde aller Art sowie Nachbildungen von Geräten und Erfindungen wie der des Papiers oder des Seismographen. Der zweite Stock zeigt die Periode von der Tang-Dynastie bis 1919. Schwerpunkte dieses Bereichs sind Keramik und Gemälde.

Renmin Yingxiong Jinianbei 人民英雄紀念碑
Denkmal der Volkshelden

Im Zentrum des Tiananmen-Platzes steht das Denkmal der Volkshelden, ein Wahrzeichen der chinesischen Revolution. Der Grundstein wurde am 30. September 1949 durch Mao Zedong gelegt. Am 1. Mai 1958 fand die Einweihung statt. Das Denkmal besteht aus 17000 Granit- und Marmorstücken und steht auf einer doppelten Terrasse, die durch Marmorbalustraden verziert wird. Der 38 m hohe Obelisk zeigt auf der Nordseite eine Inschrift Mao Zedongs und auf der Südseite eine Zhou Enlais. Die Inschriften entsprechen den Originalhandschriften. Die Inschrift Mao Zedongs lautet: »Die Helden des Volkes sind unsterblich«.

Die Inschrift Zhou Enlais lautet: »Die Helden, die in den letzten drei Jahren ihr Leben dem Volksbefreiungskampf und der Volksrevolution opferten, sind unsterblich. Die Helden, die in den letzten dreißig Jahren ihr Leben dem Volksbefreiungskampf und der Volksrevolution opferten, sind unsterblich. Die Helden, die seit 1840 ihr Leben in den Kämpfen gegen innere und äußere Feinde für die Nation, die Unabhängigkeit, für Freiheit und das Glück des Volkes opferten, sind unsterblich.«

Diese Inschrift gehört zu den wenigen öffentlichen Beispielen seiner Kalligraphie.

Über Treppen erreicht man den Sockel des Obelisk, an dem zehn Reliefs zu sehen sind, die die Höhepunkte der revolutionären Bewegung dokumentieren.

Ostseite (Beginn der Sequenz)

– Kanton 1839: der patriotische, unbestechliche Oberkommissar Lin Zexu läßt mehr als 20000 Kisten Opium verbrennen, mit dem britische Kaufleute ihre Importe aus China wie Tee, Seide und Porzellan bezahlen wollten.

– Der Beginn des Taiping-Aufstandes ausgehend von der Kleinstadt Jintian in Guangxi im Jahre 1851.

Südseite

– Der Aufstand in Wuchang gegen die Mandschu-Herrschaft am 10. Oktober 1911. – Demonstrationen Beijinger Studenten gegen die Beschlüsse der Versailler Friedenskonferenz am 4. Mai 1919, auch 4. Mai-Bewegung genannt. – Die Bewegung des 30. Mai 1925 in Shanghai, die sich gegen England und Japan richtete. Wirksamste Waffe im Kampf gegen den Imperialismus war der Streik.

Westseite

– Militärrevolte in Nanchang am 1. August 1927, offizielles Gründungsdatum der Roten Armee, die seit Juli 1946 Volksbefreiungsarmee heißt. – Szene aus dem antijapanischen Partisanenkrieg (1937–1945).

Nordseite
Mitte: Siegreiche Überquerung des Changjiang durch die Volksbefreiungsarmee im Kampf gegen die Truppen der Guomindang 1949.
Rechts: »Nahrung für die Front«.
Links: »Lang lebe die Volksbefreiungsarmee«.
Die zehn Reliefs enthalten insgesamt 170 Figuren. Sie wurden von den besten Künstlern Chinas in mehr als fünf Jahren geschaffen.
Das Denkmal der Volkshelden war Mittelpunkt des Tiananmen-Zwischenfalls vom 5. April 1976.

Mao Zhuxi Jiniantang Mao Zedong – Gedenkhalle 毛主席紀念堂

Die Gedenkhalle Mao Zedongs liegt zwischen dem Denkmal der Volkshelden und dem Qianman-Tor. Am 24. 11. 1976 legte der damalige Parteivorsitzende, Hua Guofeng, den Grundstein, am 9. September 1977, dem ersten Jahrestag des Todes von Mao Zedong, war sie fertiggestellt. Die Gedenkhalle bildet eine harmonische Brücke zwischen der Großen Halle des Volkes und dem Museum für Chinesische Geschichte. Sie ist 33 m hoch und umfaßt eine Fläche von 20 000 qm. Die erlesenen Baumaterialien stammen aus den verschiedenen Provinzen und autonomen Gebieten des Landes. 44 Granitsäulen tragen den mit goldgelbglasierten Ziegeln versehenen Dachvorsprung. Der Boden ist aus rotem Granit.
In der Eingangshalle steht eine weiße Marmorstatue Mao Zedongs, im Hintergrund ein riesiges Landschaftsgemälde des Malers Huang Yongyu. Im Innern des Mausoleums ist der Körper Mao Zedongs in einem Kristallsarg unter der roten Fahne der Kommunistischen Partei Chinas aufgebahrt und von einer Ehrengarde bewacht. In der Südlichen Halle hängt eine riesige in Marmor nachgebildete Schriftrolle mit einem Gedicht Maos. Die Schrift entspricht seiner eigenen Kalligraphie. Die Gedenkhalle ist nicht täglich geöffnet. Bitte beachten Sie die Besuchszeiten.

Qianmen, Vorderes Tor 前门

Dieses Stadttor wurde während der Regierungsperiode Yongle (1403–1424) errichtet. Es gehört zu den wenigen noch verbliebenen der insgesamt neun Stadttore der alten Kaiserstadtmauer. Aus Sicherheitsgründen baute man zwei hintereinanderliegende Torgebäude, die durch eine Mauer miteinander verbunden waren, wodurch ein Innenhof geschaffen wurde.

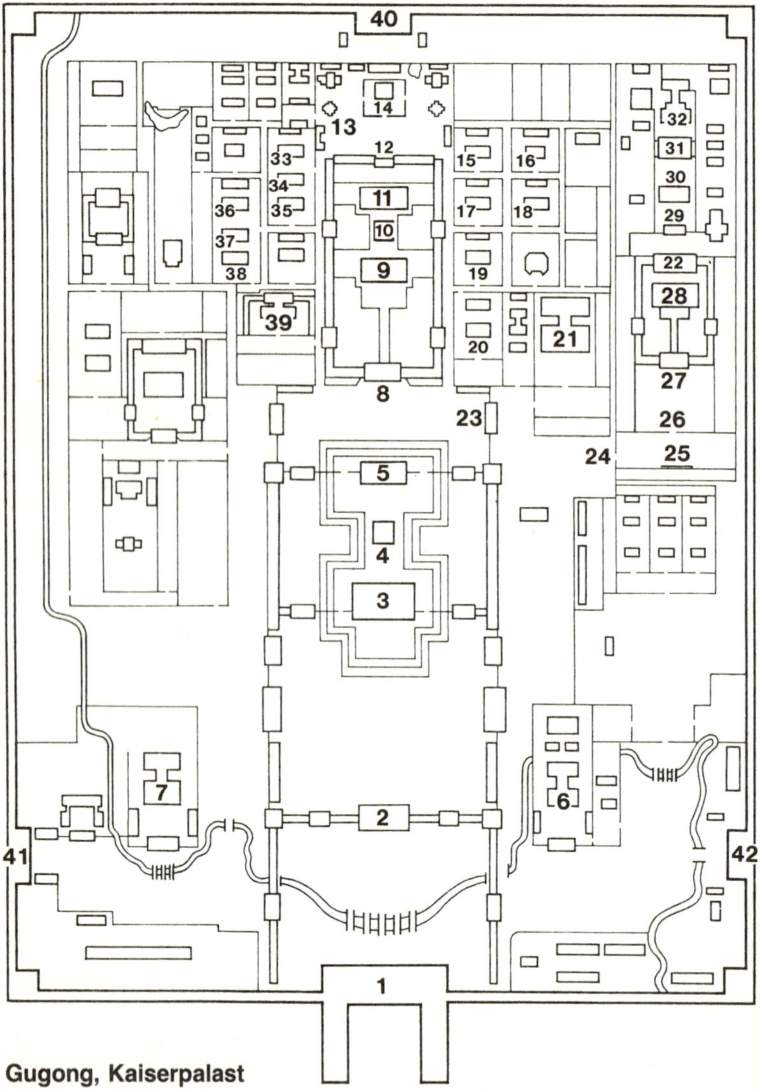

Gugong, Kaiserpalast

Gugong, Kaiserpalast 故宫

Öffnungszeiten: 8.30–17.00, kein Einlaß ab 16.30.

Der Kaiserpalast, auch Winterpalast oder Verbotene Stadt genannt, gehört zu den wichtigsten Sehenswürdigkeiten des Landes, denn er ist ein Symbol des traditionellen China und zugleich das größte und besterhaltene Meisterwerk klassischer Architektur. Jedes Jahr strömen Millionen von Chinesen und Ausländern, pro Tag ca. 10000 Menschen, hierher, um in den riesigen Palastanlagen Schätze und Kostbarkeiten, Macht und Glanz, Überfluß und Verschwendung früherer Kaiser zu besichtigen.
Der Kaiserpalast wurde symmetrisch auf einer Fläche von 720000 qm angelegt. Er ist von einem 50 m breiten Wassergraben und einer 10,4 m hohen Mauer mit Wachtürmen an jeder Ecke umgeben. Die gesamte Anlage besteht aus zwei Komplexen: dem äußeren, dessen Gebäude politischen und zeremoniellen Zwecken dienten, und dem inneren, in dem die kaiserliche Familie und ihr Gefolge wohnte. Die sechs Haupthallen liegen auf der zentralen Nordsüdachse, flankiert von vielen Gallerien und Hallen auf nebengeordneten Achsen. Insgesamt zählt man mehr als 9000 Räume. Als Baumaterial dienten überwiegend Holz und gelbglasierte Ziegel.
Die Geschichte des Kaiserpalastes geht zurück ins 13. Jh., als sich das Kaiserhaus der Yuan in Beijing niederließ und hier seine Residenz bauen ließ.

---

1. Wumen, Mittagstor
2. Taihe Men, Tor der Höchsten Harmonie
3. Taihe Dian, Halle der Höchsten Harmonie
4. Zhonghe Dian, Halle der Vollkommenen Harmonie
5. Baohe Dian, Halle der Erhaltung der Harmonie
6. Wenhua Dian, Halle der Literarischen Blüte
7. Wuying Dian, Halle der Militärischen Tapferkeit
8. Qianqing Men, Tor der Göttlichen Reinheit
9. Qianqing Gong, Palast der Göttlichen Reinheit
10. Jiaotai Dian, Halle der Berührung von Himmel und Erde
11. Kunning Gong, Palast der Irdischen Ruhe
12. Kunning Men, Tor der Irdischen Ruhe
13. Yuhua Yuan, Kaiserlicher Blumengarten
14. Qin'an Dian, Halle des Kaiserlichen Friedens
15. Palast Zhongcui Gong
16. Palast Jingyang Gong
17. Palast Chenqian Gong
18. Palast Yonghe Gong
19. Palast Jingren Gong
20. Palast Zhaigong
21. Halle Fengxian Dian
22. Halle Ningshou Gong
23. Tor Jingyun Men
24. Tor Xiqing Men
25. Jiulong Bi, Neun-Drachen-Mauer
26. Tor Huangji Men
27. Tor Ningshou Men
28. Halle Huangji Dian
29. Tor Yangxing Men
30. Halle Yangxing Dian
31. Halle Leshou Tang
32. Studio Yihe Xuan
33. Palast Chuxiu Gong
34. Halle Tihe Dian
35. Palast Yikun Gong
36. Palast Changchun Gong
37. Halle Tiyuan Dian
38. Halle Taiji Dian
39. Halle Yangxin Dian
40. Tor Shenwu Men
41. Tor Xihua Men
42. Tor Donghua Men

Der Yongle-Kaiser der Ming-Dynastie lehnte nach seiner Machtübernahme Nanjing als Hauptstadt ab und gab Beijing den Vorzug. Er ließ den Kaiserpalast zu seiner jetzigen Größe ausbauen; um 1420 war er fertiggestellt.
In den folgenden Jahrhunderten, bis 1911, diente er den 24 Ming- und Quing-Kaisern als Residenz.
Vom Tor Tianan Men kommend, gelangt man nach etwa 500 m zum **Wumen,** Mittagstor, (1), dem 38 m hohen Haupttor des Kaiserpalastes. Es wurde auch Fünf-Phönix-Tor genannt nach den fünf Pavillons, die den u-förmig angelegten Bau überragen. Von hier aus gab der Kaiser alljährlich den neuen Kalender bekannt, nahm an militärischen Zeremonien teil und bestätigte oder annullierte Todesurteile. Drei Tore führen hindurch: das mittlere war grundsätzlich dem Kaiser vorbehalten, ausnahmsweise wurde die Kaiserin an dem Tag ihrer Vermählung dort hindurch in den Palast geführt, und die drei höchsten Gelehrten durften nach bestandenem kaiserlichen Examen den Palast durch dieses Tor verlassen. Ansonsten war für die Angehörigen des Kaiserhauses das Westtor und für die Beamten das Osttor bestimmt.
Hinter dem Tor *Wumen* erstreckt sich ein riesiger Innenhof. Fünf Marmorbrücken, die inneren Goldwasserbrücken, überspannen den 2100 m langen inneren Goldwasserkanal. Im Norden führen drei Tore in den nächsten Hof. Das mittlere, **Taihe Men,** Tor der Höchsten Harmonie (2), ist das höchste der Palastanlage. Es ist 58 m breit und hat eine Fläche von ca. 1800 qm. Es wird bewacht von zwei Bronzelöwen, Symbolen der Macht. Zu Beginn der Ming-Dynastie wurde es *Fengtian Men* genannt, Tor der Verehrung des Himmels, und diente dem Kaiser als Empfangshalle für Minister und Generäle.
In den Galerien östlich und westlich des Hofes waren früher die kaiserlichen Läden untergebracht. Gerätschaften aller Art, Schmuck, Stoffe, Pelze und Möbel wurden hier angeboten.
Der nächste Hof nimmt eine Fläche von mehr als 30000 qm ein. Bei feierlichen Anlässen versammelten sich hier 20000 Untertanen. Im Zentrum steht die 35 m hohe **Taihe Dian,** Halle der Höchsten Harmonie (3), gefolgt von der **Zhonghe Dian,** Halle der Vollkommenen Harmonie (4) und der **Baohe Dian,** Halle der Erhaltung der Harmonie (5), auch Goldthronsaal oder Goldglokkensaal genannt. Alle drei erheben sich auf einer dreistufigen, 8,1 m hohen Marmorterrasse, die wiederum von einer dreifachen Marmorbalustrade umgeben ist.
Die **Taihe Dian,** Halle der Höchsten Harmonie, ist die wichtigste Halle der Palastanlage. Sie stellte einst das Zentrum der Welt dar, denn hier erfüllte der Himmelssohn in Gestalt des Kaisers den Willen des Himmels. Mit einer Fläche von 2380 qm ist sie die größte aller Hallen der Palastanlage. Sie besitzt 16 Raumeinheiten und 40 vergoldete Türen. Drei Treppen führen hinauf, die beiden äußeren waren für normale Sterbliche bestimmt, die mittlere hat in

ihrem Mittelstück eine breite drachengeschmückte Marmorplatte, über die der Kaiser, selbst ein ›Drache‹, in seiner Sänfte sitzend, hinaufgetragen wurde. Achtzehn bronzene Weihrauchgefäße sind auf dem Weg in die Halle zu sehen. Sie symbolisieren die 18 Provinzen des kaiserlichen China. Auf der Terrasse links von der Halle steht ein Miniaturtempel, in dem ein Hohlmaß, *Jialiang*, untergebracht war, rechts von der Halle befindet sich eine Sonnenuhr. Beides symbolisierte die kaiserliche Gerechtigkeit. An den Seiten stehen Löschwassergefäße, insgesamt gibt es 308 Stück, achtzehn davon waren vergoldet.

Im Innern der Halle sieht man 24 Säulen von 12,7 m Höhe und 1 m Durchmesser, die die reich verzierte Decke stützen. Achtzehn Säulen sind mit rotem Lack überzogen, die sechs, die den auf einer 2 m hohen Plattform stehenden Thron umgeben, sind mit Drachenmotiven in zwei Goldtönen verziert. Über dem Thron befindet sich eine großartige Kassettendecke, geschmückt mit ballspielenden Drachen, Symbol für göttliches Schöpfertum. Der kunstvoll geschnitzte und golden bemalte Thron ist über sieben Stufen zu erreichen. Er besteht aus Sessel, Fußbank und prächtigem Wandschirm. In Räuchergefäßen aus Cloisonné und Bronze brannte man Weihrauch, so daß Thron und Kaiser in überirdischem Dunst erschienen. In dieser Halle fanden während der Ming- und Qing-Dynastie große Zeremonien statt, z. B. Thronbesteigungen, Bekanntgabe von Krieg und Frieden, kaiserliche Hochzeiten und Geburtstagsfeiern, Staatsbankette, Neujahrsfeiern und die Bekanntgabe der Namen von erfolgreichen Kandidaten in den Staatsprüfungen. Während der Audienz stand die Ehrengarde des Kaisers von der Halle bis zum Tor *Wumen* Spalier. Zivile wie militärische Beamte mußten in der Rangfolge ihres Dienstgrades dreimal vor dem Kaiser auf die Knie fallen und zum Zeichen ihrer Loyalität und Verehrung neunmal mit der Stirn den Boden berühren.

Die **Zhonghe Dian,** die Halle der Vollkommenen Harmonie (4), folgt der *Taihe Dian* auf derselben Terrasse. Sie ist die kleinste der drei Hallen. Hier traf der Kaiser letzte Vorkehrungen bevor er sich zu den großen Zeremonien und Audienzen in die *Taihe Dian,* Halle der Höchsten Harmonie, begab. Auch hier fanden einige Zeremonien statt, wie zum Beispiel die Begutachtung des Saatgutes oder Überprüfung des Textes, der im Ahnentempel verlesen werden sollte.

Die letzte der drei Hallen ist die **Baohe Dian,** die Halle der Erhaltung der Harmonie (5). Sie ist etwas kleiner als die *Taihe Dian,* dafür jedoch geräumiger. Hier fanden kleinere Zeremonien und Bankette statt. Seit der Regierungsperiode Qianlong, während der Qing-Dynastie, wurden hier auch die höchsten staatlichen Beamtenprüfungen durchgeführt, die früher in der *Taihe Dian* erfolgten. In den links und rechts gelegenen Galerien werden heute Kunstgegenstände ausgestellt, darunter viele Geschenke, die dem Kaiserhof überreicht worden waren, sowie Gegenstände aus dem kaiserlichen Haushalt und seinen Schatztruhen.

Hinter der *Baohe Dian* befindet sich die größte Marmorplatte des Kaiserpalastes. Es handelt sich um die 16,6 m lange, 3 m breite und 1,7 m dicke **Drachenplatte,** das Mittelstück der drei Treppen, die von der Terrasse hinunter in den Hof führen. Ihr Gewicht wird auf 250 t geschätzt. Neun Drachen spielen in einem dichten Wolkenmeer, zuunterst umspülen Wellen fünf Berggipfel.

Südöstlich der drei Hallen liegt die **Wenhua Dian,** Halle der Literarischen Blüte (6) und südwestlich die **Wuying Dian,** Halle der Militärischen Tapferkeit (7).

Die **Wenhua Dian** war während der Ming-Dynastie Aufenthaltsort des Kronprinzen. Zur Zeit der Qing-Dynastie diente sie dem Kaiser und seinen Gelehrten als Diskussionsort, wenn Fragen zur Geschichte und zu den konfuzianischen Klassikern erörtert wurden. Zur Zeit der Regierungsperiode Qianlong ließ der Kaiser die *Wenhua Dian* durch den *Wenyuan*-Pavillon erweitern, in dem die 36 000 Bände umfassende kaiserliche Bibliothek untergebracht wurde.

Die **Wuying Dian** diente den Kaisern der frühen Ming-Zeit als Aufenthaltsort während ihrer Fastenzeit und als Audienzhalle. Als die Ming-Dynastie im Jahre 1644 durch einen Bauernaufstand gestürzt wurde, regierte der Aufstandsführer Li Zicheng von hier aus seine kurzlebige Dynastie Dashun. Wenig später wurden seine Pläne durch die in Beijing eindringenden Qing-Truppen zunichte gemacht. Von nun an regierte der Prinzregent Duoergun von der *Wuying Dian* aus. Während der Kangxi-Regierungsperiode wurden in dieser Halle die ›Gesammelten Werke aus Vergangenheit und Gegenwart‹, das *Kangxi*-Wörterbuch und das *Peiwen*-Lexikon zusammengestellt.

Durch das **Qianqing Men,** Tor der Göttlichen Reinheit (8), gelangt man in den Inneren Hof. Hier befinden sich die inneren Gemächer der kaiserlichen Familie. Tausende von Frauen und Eunuchen lebten in diesem Teil der Palastanlage. Zu beiden Seiten der Toranlage des *Qianqing Men* stehen vergoldete Wasserbehälter aus Bronze. In dem Tor wurden während der Regierungszeit Kangxi die laufenden Staatsangelegenheiten erledigt. Es folgen drei Paläste, auch hintere Paläste genannt, die das Zentrum des inneren Hofes bilden: der **Qianqing Gong,** Palast der Göttlichen Reinheit (9), ist der erste und größte der drei. Erbaut im Jahre 1420, brannte er mehrere Male ab. Der heutige Bau stammt aus dem Jahre 1798. Er diente den Kaisern der Ming-Dynastie als Wohnanlage; seit der Yongzheng-Regierungsperiode nutzte man ihn als Audienz- und Bankettsaal. Verstarb ein Kaiser, wurde er hier aufgebahrt und geehrt. Als aufständische Bauern unter Li Zicheng Ende der Ming-Zeit Beijing besetzten, tötete der letzte Ming-Kaiser seine 15jährige Tochter und einige Konkubinen in dieser Halle. Danach erhängte er sich an einer Akazie am Meishan, Kohlenhügel, heute Jingshan genannt. Vor dem Palast befinden sich eine Sonnenuhr und ein Hohlmaß, Symbole der kaiserlichen Gerechtigkeit, Bronzeschildkröten und -kraniche, Symbole der Langlebigkeit, ein vergoldetes Bronzetürmchen sowie Dreifüße aus vergoldeter Bronze. Im Innern des Palastes sieht man über dem Thron die Schriftzeichen *zheng da guang ming*, die zu aufrichtiger und alles erhellender Herrschaft aufrufen. Seit der Yongzheng Periode soll hinter dieser Tafel in einem Versteck das kaiserliche Testament aufbewahrt worden sein, das den Namen des designierten Nachfolgers enthielt.

In dem zweiten Palast, **Jiaotai Dian,** Halle der Berührung von Himmel und Erde (10), nahm die Kaiserin bei feierlichen Anlässen die Glückwünsche der Prinzessinnen und kaiserlichen Konkubinen entgegen. Heute sind dort 25 kaiserliche Siegel aus der Qing-Zeit aufbewahrt, eine bronzene Wasseruhr und eine Glockenspieluhr. Besonders schön ist die Kassettendecke.

Der **Kunning Gong,** Palast der irdischen Ruhe (11), diente den Kaiserinnen der Ming-Zeit als Schlafgemach. Hier erhängte sich die Kaiserin Zhou, Frau des letzten Ming-Kaisers, als am Ende der Ming-Zeit die aufständischen Bauern Beijing besetzten.

Der Shunzhi-Kaiser der Qing-Dynastie ließ die Halle mandschurischen Sitten und Gebräuchen entsprechend in eine Stätte für die Götterverehrung umwandeln, wo an jedem Morgen und Abend ein Schwein geopfert und in einem Kessel im nordöstlich gelegenen Nebenraum des Gebäudes gekocht wurde.

Im Ostflügel des *Kunning Gong*, befindet sich die *Dongnuan Ge*, Halle der östlichen Wärme, das kaiserliche Hochzeitsgemach. Kangxi, Tongzhi und Guangxu sollen hier die ersten vier Nächte nach ihrer Eheschließung verbracht haben. Die Halle ist reich an Holzschnitzereien. Überall an den Wänden und Lampen taucht das Doppelzeichen *Xi* auf, welches Freude und Fruchtbarkeit bedeutet. Die vorherrschende rote Farbe ist ein Symbol der Freude und der Hochzeit.

Verläßt man den *Kunning Gong* und geht durch das **Kunning Men,** Tor der Irdischen Ruhe (12), gelangt man in den **Yuhuayuan,** Kaiserlichen Blumengarten (13). Er wurde bereits während der Ming-Zeit angelegt und ist mit einer Fläche von 12 000 qm ein Beispiel traditioneller chinesischer Gartenbaukunst. Künstliche Felsanlagen, Pavillons, uralte Fichten und Zypressen, Blumen und Bambus bilden ein harmonisches Ganzes.

Im Zentrum des Gartens steht der daoistische Tempel **Qin'an Dian,** Halle des Kaiserlichen Friedens (14), wo die Kaiser der späten Ming-Zeit an daoistischen Ritualen teilnahmen. Beachtung verdienen hier die Verzierungen an der Marmorterrasse, die zu den schönsten des Kaiserpalastes gehören. Östlich davon befinden sich der *Yujing Ting*, Pavillon der Kaiserlichen Landschaft,

Chizao Tang, Halle der Schwungvollen Handschrift, *Fubi Ting,* Pavillon des Dahinschwebenden Grüns, *Wanchun Ting,* Pavillon des Ewigen Frühlings und *Jiangxue Xuan,* Häuschen der Purpurpäonie. Westlich von *Qin'an Dian* stehen der *Yanhui Ge,* Pavillon der Andauernden Herrlichkeit, *Chengrui Ting,* Pavillon des Reinen Glücks, *Qianqin Ting,* Pavillon der Langlebigkeit und *Yangxing Zhai,* Studio der Moralischen Vervollkommnung.
Durch das schlichte Tor *Chengguang Men,* bewacht von zwei vergoldeten Bronzeelefanten, und das Tor *Shunzhen Men* verläßt man den kaiserlichen Garten.
Zur rechten und zur linken der drei hinteren Paläste liegen die prächtigen, zur Ming-Zeit erbauten Östlichen Sechs, **Dongliu Gong,** und Westlichen Sechs Paläste, **Xiliu Gong,** Wohnbezirk der Kaiser, Kaiserinnen und Konkubinen. Ende der Ming-Zeit sollen mehrere Tausend Konkubinen hier gelebt haben, bewacht von noch mehr Eunuchen. Das Leben dieser Frauen war, vielleicht von wenigen Ausnahmen abgesehen, trostlos. Sobald sie den Palast betreten hatten, waren sie von der Außenwelt völlig abgeschnitten. Einige bekamen den Kaiser niemals in ihrem Leben zu Gesicht.
Jeder Palast bildete eine eigene Einheit. Im Norden der Östlichen Sechs Paläste stehen der *Zhongcui Gong* (15) und der *Jingyang Gong* (16). Darauf folgen der *Chengqian Gong* (17) und der *Yonghe Gong* (18) sowie im Süden der *Jingren Gong* (19) und *Yanxi Gong.* Letzterer ist geschlossen. In den anderen Palästen sind **Museen für Porzellan und Kunsthandwerk der Ming- und Qing-Zeit** untergebracht. Zum östlichen Gebäudekomplex gehören auch der Palast *Zhaigong* (20) und die Halle *Fengxian Dian* (21).
Der **Zhaigong** wurde während der Regierungsperiode Yongzheng (1723–1735) erbaut. Heute beherbergt er ein **Museum für Bronzegegenstände.** In der **Fengxian**-Halle waren die Ehrentafeln der kaiserlichen Vorfahren aufgestellt. Nahe den Östlichen Sechs Palästen liegt der Palastkomplex **Ningshou Gong** (22), Palast der Ruhe und Langlebigkeit. Auf dem Wege dahin werden die Tore *Jingyun Men* (23) und *Xiqing Men* (24) passiert. Der Palast wurde zu Beginn der Qing-Dynastie errichtet, jedoch erst unter dem Qianlong-Kaiser prächtig ausgestattet. Nachdem er 1795 die Regierungsgeschäfte seinem Nachfolger übergeben hatte, verbrachte er hier die letzten vier Jahre seines Lebens. Nach seinem Tode stand der Palast fast 100 Jahre leer. Erst Ende des 19. Jhs. entschied sich die Kaiserinwitwe Cixi, in diesen Räumen zu wohnen. Die Anlage ist in einen südlichen und nördlichen Teil gegliedert. Gleich neben dem Tor *Xiqing Men* zieht sich die 30 m lange und 4,5 m hohe **Jiulong Bi,** Neun-Drachen-Mauer (25) hin, die 1773 unter dem Qianlong-Kaiser aus polychrom glasierten Reliefkacheln errichtet wurde. Sie stellt neun in den Meereswellen spielende Drachen dar. Man passiert das Tor *Huangji Men* (26) und gelangt in den Hof der *Ningshou*-Palastanlage. Das Tor *Ningshou Men* (27) führt in

einen von Galerien umgebenen Innenhof, in dessen Zentrum die **Huangji Dian,** Halle der Kaiserlichen Allmacht (28), steht. Sie war 1776 fertiggestellt worden, 1894 feierte die Kaiserinwitwe Cixi hier ihren 60. Geburtstag und empfing an ihrem 70. Geburtstag die Botschafter verschiedener westlicher Länder und den Japans. Nach ihrem Tod wurde hier ihr Sarg ein Jahr lang aufgestellt, bis der günstigste Zeitpunkt für das Begräbnis gekommen war. In diesem Palastkomplex und in der hinteren Halle Ningshou Gong befinden sich heute Teile der kaiserlichen Gemäldesammlung.

Das Tor *Yangxing Men* (29) führt in den nördlichen Komplex der Anlage. Hier befinden sich Wohnhallen, Pavillons und der sogenannte **Qianlong-Garten,** der nach südchinesischen Vorbildern, die Qianlong während seiner Reisen gesehen hatte, angelegt worden ist.

Dem *Yangxing Men* folgt im Norden die *Yangxing Dian,* Halle der Charakterbildung (30), dann die *Leshou Tang,* Halle der Freude und Langlebigkeit (31), in deren Hof kalligraphische Steinschnitzereien zu besichtigen sind. Weiter nördlich steht das *Yihe Xuan,* das Häuschen zur Erholung und Harmonie (32). Hier sollen der Qianlong- und der Jiaqing-Kaiser gedichtet und kalligraphiert haben. In allen drei Hallen werden Teile des kaiserlichen Schatzes gezeigt, **(Schatzkammer).** Östlich davon steht der imposante dreistöckige Theater-Pavillon **Changyin Ge** mit Bühnen in allen drei Stockwerken, raffinierten Deckenöffnungen und Falltüren.

Im hintersten Hof der Schatzkammer-Anlage befindet sich der **Brunnen der Konkubine Zhen,** einer Favoritin des Guangxu-Kaisers. Als die alliierten Truppen im Jahre 1900 in Beijing eindrangen, ließ die Kaiserinwitwe Cixi kurz vor ihrer Flucht die Konkubine Zhen, angeblich eine Anhängerin der Reformbewegung von 1898, in diesen Brunnen werfen.

Im **Xiliu Gong,** den Westlichen Sechs Palästen, lebten die Kaiserinnen und kaiserlichen Konkubinen. Der **Chuxiu Gong,** Palast der Höchsten Anmut (33), enthält das Schlafgemach der Kaiserinwitwe Cixi. Sie feierte in diesem Palast ihren 50. Geburtstag und ließ aus diesem Anlaß vorher die gesamte Anlage prächtig restaurieren. In den Palästen *Chuxiu Gong, Tihe Dian,* Halle der körperlichen Harmonie (34) und *Yikun Gong*, Palast des Wohlwollens der Erde (35), sind herrliche Malereien und Schnitzereien aus jener Zeit zu sehen.

Die *Taiji Dian* (38) enthält prächtige Holzschnitzereien. Interessant ist ein von einer Spiralfeder angetriebener Ventilator, hergestellt gegen Ende der Qing-Zeit.

Südlich der Westlichen Sechs Paläste steht die **Yangxin Dian,** Halle der Geistigen Vervollkommnung (39). Sie wurde während der Ming-Dynastie gebaut und von den Qing-Kaisern als Residenz bevorzugt. Der Yongzheng-Kaiser (reg. 1723–1735), der mit seinen Brüdern einen bitteren Kampf um den Thron geführt hatte, erledigte aus Furcht vor Attentaten von hieraus seine

Amtsgeschäfte. Auch Beratungen mit seinen höchsten Beamten fanden hier statt. Der Qianlong-Kaiser richtete sich im äußersten Westteil der Halle eine kleine Studierecke ein, die, obwohl nur 8 qm groß, zu seinen Lieblingsräumen zählte. Sie wird ›Raum der Drei Kostbarkeiten‹ genannt. Im Jahre 1861 begann Cixi ihre Herrschaft im Ostflügel des Hallenkomplexes. Sie regierte im Namen der Tongzhi- und später des Guangxu-Kaisers. Ihr Thron stand durch einen Vorhang verborgen hinter dem Kaiserthron. Nach der Revolution von 1911 wohnte hier der abgesetzte Kaiser Puyi, bis er 1924 von der Armee des Generals Feng Yuxiang vertrieben wurde.

Neben den oben beschriebenen Palästen, Hallen und Pavillons gibt es noch eine Vielzahl weiterer Gebäude, die in gewisser Entfernung von der Zentralachse angelegt wurden. Es sind Residenzen ehemaliger Kaiserinnen und Konkubinen, Bibliotheken, Verwaltungsbüros, Wohngebäude für Dienstpersonal, Werkstätten usw.

Im Norden der Palastanlage steht das **Shenwu Men,** Tor der Göttlichen Kühnheit (40), erbaut im Jahre 1420 und restauriert während der Kangxi-Regierungsperiode.

Zhongshan Gongyuan – Sun Yatsen-Park 中山公园

Der Sun Yatsen-Park liegt nordwestlich vom Tiananmen-Platz und grenzt mit seinem nördlichen Teil an den Wassergraben des Kaiserpalastes. Während der Yongle-Regierungsperiode wurde hier im Jahre 1421 der **Altar der Erde und Ernten,** Sheji Tan, errichtet. Fortan opferten die Kaiser zweimal im Jahr in dieser Tempelanlage den Göttern des Feldes und des Ackerbaus. Nach dem Sturz des Kaiserhauses wurde sie 1914 der Öffentlichkeit zugänglich gemacht und ab 1928 Sun Yatsen-Park genannt, nach Dr. Sun Yatsen, dem Begründer der chinesischen Republik.

Der zentralen Lage und dem großen Kinderspielplatz innerhalb der Anlage ist es zu verdanken, daß sich der Park bei jung und alt großer Beliebtheit erfreut und immer gut besucht ist.

Vom Südtor gelangt man zum *Xili Ting,* Pavillon zur Einübung der Zeremonien (1), der dem Ministerium für Riten unterstanden hatte. Ein weißes Marmorehrentor erinnert an den von den Boxern im Jahre 1900 getöteten deutschen Botschafter Baron Ketteler. 1918 fand es hier seinen Standort. Im *Lanting* Stelen-Pavillon (3) ist eine Stele aus dem 18. Jh. zu besichtigen, die früher, wie verschiedene andere Objekte dieses Parks auch, in dem zerstörten Yuanming Yuan gestanden hatte. Am Südufer des kleinen Sees ist der *Shuixie,* Wasserpavillon (5), zu sehen, früher ein Treffpunkt für Gelehrte und Dichter. Im Westen des Parks befinden sich Hallen, in denen häufig Ausstellungen stattfinden.

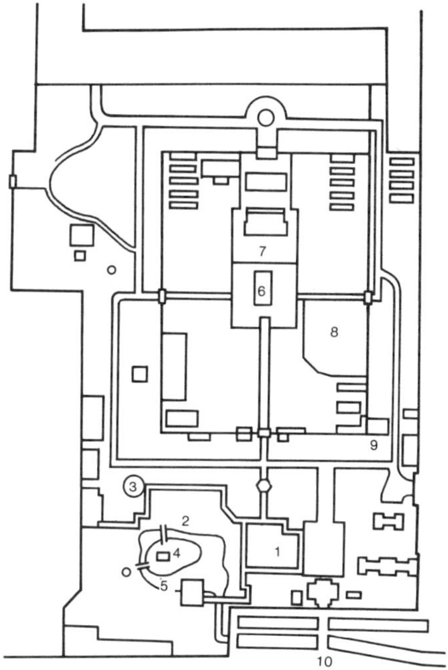

Sun Yatsen-Park

1. Pavillon zur Einübung der Zeremonien
2. Blumenausstellung
3. Stelen-Pavillon
4. Siyi-Pavillon
5. Wasserpavillon
6. Altar der Erde und Ernten
7. Sun Yatsen-Halle
8. Theater- u. Konzerthalle
9. Teehaus
10. Südtor

In der Mitte der Parkanlage ist die quadratische Steinterrasse des *Sheji Tan,* Altar der Erde und Ernten (6) noch erhalten. Im Norden sieht man die mehr als 550 Jahre alte Gebetshalle, die 1928 zum Andenken an Sun Yatsen in *Zhongshan Tang,* Sun Yatsen-Halle (7) umbenannt wurde. Diese Halle ist der älteste noch gut erhaltene Holzbau in Beijing, ein hervorragendes Beispiel früher Ming-Architektur.

Laodong Renmin Wenhuagong, Kulturpark der Werktätigen

劳动人民文化宫

Der Kulturpark der Werktätigen liegt nordöstlich vom Tiananmen-Platz. Ursprünglich handelte es sich um den **kaiserlichen Ahnentempel,** Taimiao, der im Jahre 1420 während der Regierungsperiode Yongle angelegt wurde. Nach 1949 restaurierte man die Gebäude und stellte die Anlage der Allgemeinheit für Vergnügungs- und Kulturzwecke zur Verfügung. In den Hallen und Höfen, einst heilige Stätten, gibt es heute Tischtennistische, und Schachspieler

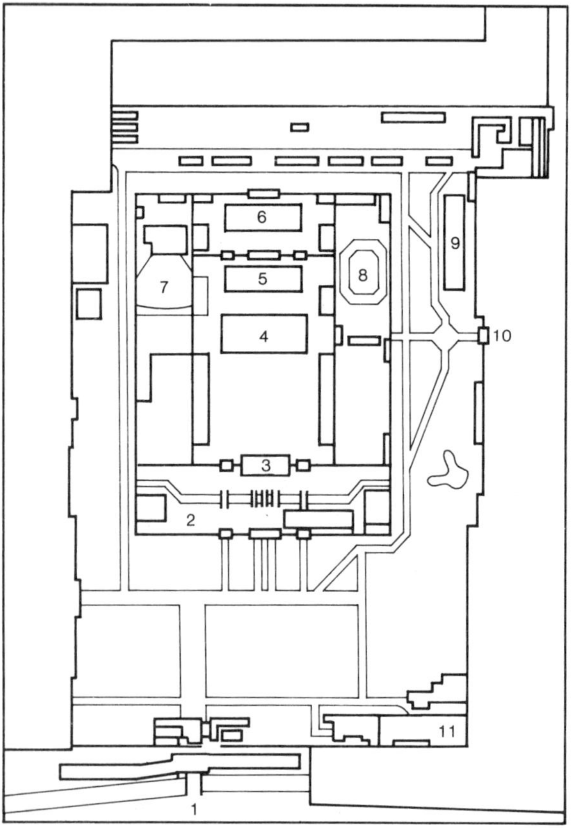

Kulturpark der Werktätigen

1. Südtor
2. Brunnenpavillon
3. Tor Daji Men
4. Tempel Taimiao
5. Mittlere Halle
6. Hintere Halle
7. Theater
8. Sportplatz
9. Kino
10. Osttor
11. Bibliothek

sitzen gemütlich beieinander. Auch ein Basketballplatz, ein Theater, Kino, ein Kinderspielplatz und Ausstellungsräume sind vorhanden. Im Sommer finden im Innenhof Konzerte und Filmvorführungen unter freiem Himmel statt. Vom Südtor (1) gelangt man vorbei an schönen Zypressen zur Südmauer des Tempels. Drei Eingänge führen in die eigentliche Tempelanlage. Man steht nun vor dem Tor *Daji Men* (3), das den Weg zum inneren Hof freigibt, in dem drei Hallen zu sehen sind. In der vordersten, *Taimiao* (4), fanden die Zeremonien zur Ahnenverehrung statt. Es folgt die Mittlere Halle, *Zhongdian* (5), in der die Stammtafeln der Kaiser aufbewahrt wurden. Diese trug man nur anläßlich der Zeremonien in die vordere Halle. Die Hintere Halle, *Houdian* (6), schließt im Norden die Tempelanlage ab.

Park Jingshan Gongyuan,
früher Meishan, Kohlenhügel genannt. 景山公园

Der Jingshan liegt gegenüber dem Tor *Shenwu Men*, dem Nordtor des Kaiserpalastes. Was die Entstehung der künstlich angelegten höchsten Erhebung des alten Beijing betrifft, so gibt es verschiedene Versionen. Die eine lautet, er sei als Aussichtshügel gleich während des Baus des Kaiserpalastes zur Zeit der Yongle-Regierungsperiode durch Aufschüttung von Erdreich entstanden, für das nach dem Ausschachten des Wassergrabens der Palastanlage keine Verwendung bestand. Eine andere besagt, es sei Erde aus dem ebenfalls künstlich angelegten Beihai-See. Der Volksmund berichtet von aufgeschütteter Kohle, woher sich der ursprüngliche Name ableitet. Auf jeden Fall bot der Jingshan den Kaisern der Ming- und Qing-Dynastie ein willkommenes Erholungsgebiet. Der Qianlong-Kaiser ließ auf jedem der fünf Hügel Pavillons errichten, in der gesamten Anlage Obstbäume anpflanzen und viele kleine Tiere, wie zum Beispiel Hasen, aussetzen. Gegen Ende der Qing-Dynastie verwahrloste der Park, und erst nach Instandsetzung und Neupflanzungen in den letzten Jahren läßt sich die einstige Pracht und Lieblichkeit der Anlage wieder erahnen. Dem südlichen Eingang der Jingshan-Anlage gegenüber erhebt sich der schöne Aussichtsturm *Qiwang Lou*. Ein Fußweg führt auf den mittleren der fünf Hügel zum *Wanchun Ting*, Pavillon des Ewigen Frühlings, dem größten der unter dem Qianlong-Kaiser gebauten fünf Pavillons. Von hier aus ist die Aussicht auf das Stadtzentrum Beijings, den Kaiserpalast und den nördlichen Bezirk mit dem Trommel- und Glockenturm ausgezeichnet. Am östlichen Abhang befindet sich die Stelle, an der sich der letzte Ming-Kaiser das Leben genommen haben soll. Im Norden der Anlage liegt die *Shouhuang Dian*, Halle der Kaiserlichen Langlebigkeit, ebenfalls unter dem Qianlong-Kaiser erbaut. Hier ist jetzt der Kinderpalast untergebracht, wo die Beijinger Kinder, bis zu tausend täglich, an außerschulischen Veranstaltungen teilnehmen können. So gibt es beispielsweise Zirkel für Tanz, Gesang, Streich- und Blasinstrumente, Theater, Malen und Gestalten sowie für verschiedene Sportarten. Auch auf technischem Gebiet werden Beschäftigungsmöglichkeiten angeboten.

Beihai Gongyuan, Nordsee-Park 北海公园

Öffnungszeiten: 6.30–20.30 Winter, 6.00–21.00 Sommer

Drei Seen liegen westlich des Kaiserpalastes: der *Beihai*, Nordsee, *Zhonghai*, Mittelsee und *Nanhai*, Südsee. Während das Gebiet um *Zhonghai* und *Nanhai* heute Sitz des Staatsrates und des Zentralkomitees der Kommunistischen

Partei Chinas und somit der allgemeinen Öffentlichkeit verschlossen ist, hat sich der Beihai-Park zu einem bevorzugten Ausflugsziel vieler Beijinger entwickelt. 390 000 qm der insgesamt 680 000 qm messenden Beihai-Anlage werden von dem See ausgefüllt.

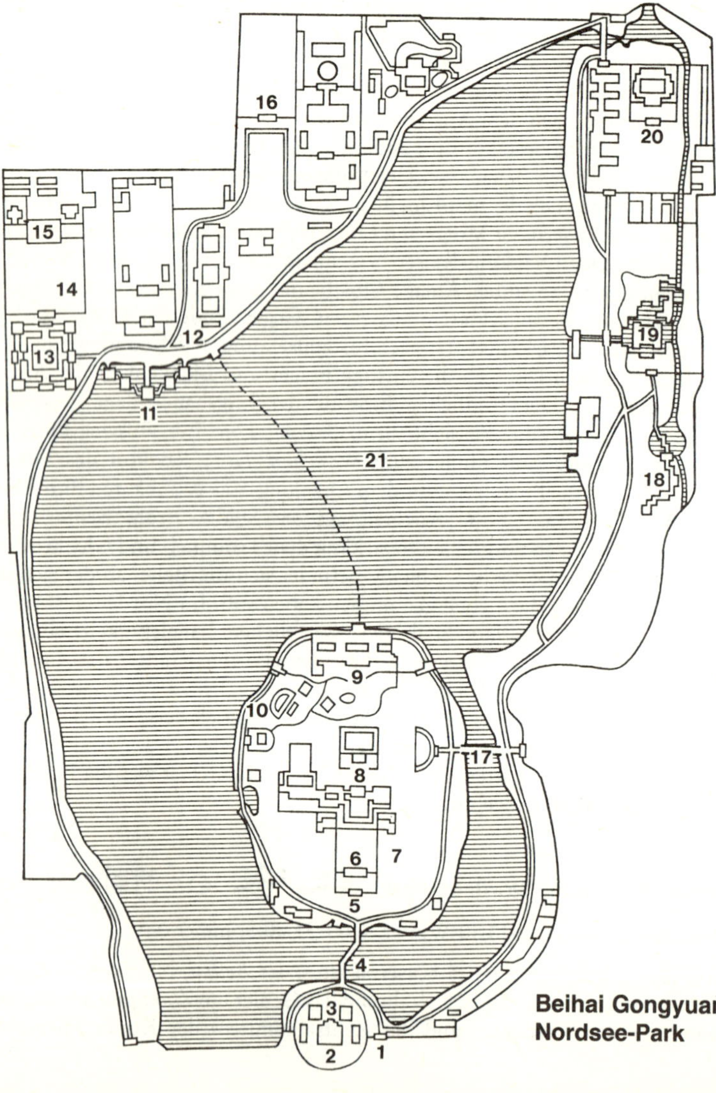

Beihai Gongyuan, Nordsee-Park

Die Geschichte des Beihai-Parks geht mehr als 800 Jahre zurück. Schon im frühen 10. Jh. wurde während der Liao-Dynastie hier eine kaiserliche Residenz erbaut. Obwohl auch ein Plan bestand, einen kaiserlichen Vergnügungspark anzulegen, wurde dieser erst von den Herrschern der Jin-Dynastie im 12. Jh. verwirklicht. Sie ließen einen riesigen See ausheben, den *Xihua Tan*, See der Westlichen Blume. Die überschüssige Erde wurde zu Hügeln und Inseln aufgeschüttet, wie die *Qionghua Dao*, Jadeblume-Insel, sowie Pavillons und der *Guanghan*-Palast errichtet.
Als Beijing Hauptstadt der Yuan-Dynastie wurde, ließ der erste Kaiser der Yuan, Kublai Khan, den Park prachtvoll gestalten. Die großen pittoresken Steine in der Anlage wurden aus dem kaiserlichen Garten der Nördlichen Song-Hauptstadt, Kaifeng, hierher gebracht. Marco Polo glaubte sich im Paradies, als er die Palastanlagen betrat.
Im 15. Jh., mit Beginn der Ming-Dynastie, erfuhr die Parkanlage weitere Veränderungen. Der See wurde geteilt in den heutigen Beihai und den Zhonghai. Auf den Ruinen des durch ein Erdbeben zerstörten Guanghan-Palastes errichtete man im Jahre 1651 die weiße Dagoba.
Unter Qianlong wurden weitere umfangreiche Restaurationen und Veränderungen vorgenommen. Viele der noch heute zu sehenden Gebäude, vor allem am Nord- und Ostufer des Sees, stammen aus jenen Tagen. 1915 wurde der Park der Öffentlichkeit zugänglich gemacht. 1951 begannen kostspielige Instandsetzungsarbeiten: der See wurde ausgebaggert, die Marmorbrücke zwischen Beihai und Zhonghai errichtet, Lotos und Fische werden gezüchtet, die Gebäude ausgebessert und neu angestrichen, Obstbäume und Blumen gepflanzt. Jetzt ist der Beihai-Park ein beliebter Vergnügungspark. Im Sommer laden kleine Ruderboote zu einer beschaulichen Fahrt ein, im Winter verwandelt sich der See in eine riesige Schlittschuhbahn.
Die Beihai-Parkanlage ist von einer hohen Mauer umgeben. Drei Tore, das Ost-, Süd- und Nordtor, gewähren Einlaß.
Im Süden befindet sich gleich neben der Beihai-Brücke die *Tuancheng*, Runde

---

1. Südtor, Nanmen
2. Runde Stadt, Tuancheng
3. Halle Chengguang Dian
4. Brücke Yong'an Qiao
5. Tempel Yong'an Si
6. Halle Falun Dian
7. Insel Qionghua Dao
8. Weiße Pagode, Baita
9. Wandelgang Yilan Tang
10. Pavillon Yuegu Lou
11. Pavillon Wulong Ting
12. Eiserne Mauer, Tieying Bi
13. Pavillon Xiaoxitian
14. Botanischer Garten
15. Turm Wanfo Lou
16. Mauer Jiulong Bi
17. Brücke Zhishan Qiao
18. Pavillon Haopu Ting
19. Studio Huafang Zhai
20. Cantan Altar
21. Nordsee, Beihai
22. Nordtor, Beimen

Stadt (2), das Zentrum der ehemaligen Hauptstadt Dadu der Yuan-Dynastie. Früher gehörte sie zu den drei Inseln, die jedoch alle bis auf die *Qionghua Dao* nach der Teilung des Sees wieder Festland wurden. Eine Mauer aus dem frühen 15. Jh. umgibt die 5 m hohe Stadtanlage. Kurz vor dem Südtor des Beihai-Parks führt ein kleines Tor in die Runde Stadt. Die Hallen und Pavillons stammen aus der Regierungsperiode Qianlong. Die meisten der Koniferen sollen noch älter sein. In der Mitte des Hofes steht ein kleiner Pavillon, in dem ein kugelartiges Jadebassin aufgestellt ist. Es hat einen Durchmesser von 1,5 m und ist 0,6 m hoch. Der Dekor zeigt Darstellungen von Drachen, Seepferdchen und Fischen, die in den rollenden Wellen spielen.
Dieses Becken soll aus dem Jahre 1265 stammen und dem mongolischen Kaiser Kublai Khan als Weinbehälter (Fassungsvermögen 3000 l) gedient haben. Es hatte damals seinen Platz im Guanghan-Palast. Als dieser durch ein Erdbeben zerstört wurde, verschwand das Bassin und kam in die Hände daoistischer Mönche, die es als Vorratsgefäß nutzten. Erst zur Zeit der Restauration des Beihai-Parkes unter dem Qianlong-Kaiser entdeckte man den Standort des Beckens und stellte es im Zentrum der Runden Stadt auf.
Das wichtigste und interessanteste Gebäude der Runden Stadt ist die *Chengguang Dian,* Halle der Erleuchtung (3), die durch ihre hervorragende Architektur ein einmaliges Beispiel chinesischer Baukunst darstellt. Sämtliche Balken und Träger sind durch Malereien reich verziert. Im Innern der Halle befindet sich ein 1,5 m hoher sitzender Buddha, der aus einem einzigen Stück weißer Jade gefertigt wurde. Diese Skulptur soll zur Zeit der Regierungsperiode Guangxu (1875–1908) von Birma nach China gebracht worden sein.
Die Insel *Qionghua Dao* (7) liegt in der südlichen Hälfte des Beihai-Sees. Sie ist durch zwei Brücken mit dem Festland verbunden. Die südliche Brücke, *Yong'an Qiao,* Brücke des Ewigen Friedens (4), stammt noch aus der Yuan-Dynastie. Davor steht ein Schmucktor, *Jicui* genannt, ebenso am anderen Ende der Brücke, am Fuße des Berges *Qionghua Shan, Duiyun* genannt. Der Weg führt über Stufen hinauf zum *Yong'an Si,* dem Tempel des Ewigen Friedens (5), der auf den Mauern des zerstörten Guanghan-Palastes im Jahre 1651 errichtet wurde. Die erste Halle der Tempelanlage ist die *Falun Dian* (6). Zu beiden Seiten dieser Halle befinden sich Pavillons.
Südlich vor der Dagoba sieht man den kleinen *Shanyin Dian,* Pavillon der Gütigen Stimme, mit glasierten gelben und grünen Ziegeln und 455 Nischen in den Wänden, die jeweils Buddha-Darstellungen enthalten. Von hier aus bietet sich ein schöner Ausblick: in unmittelbarer Nähe stehen die vielen Hallen und Pavillons, pittoresken Steine und Steinstelen des Qionghua-Berges. In der Ferne erblickt man im Süden den *Zhongnanhai,* den Mittel- und Südsee, dann im Osten die Nord-Süd-Achse der Stadt mit dem Trommel- und Glockenturm, dem Jingshan-Park, dem Kaiserpalast, dem Tiananmen-Platz, dem

Denkmal der Volkshelden, der Mao Zedong-Gedenkhalle und dem Qianmen-Tor.
Hinter dem Pavillon erhebt sich die 35,9 m hohe *Baita,* Weiße Pagode (8), eine buddhistische Pagode im tibetischen Stil. Auf Vorschlag des berühmten tibetischen Lamapriesters Nomhan wurde die *Baita* 1651 anläßlich des Besuches des Dalai Lama in Beijing auf den Ruinen des Guanghan-Palastes errichtet. Der Bau war einerseits ein Zeichen kaiserlicher Förderung der buddhistischen Lehre, andererseits Ausdruck des Wunsches, Einigkeit zwischen den verschiedenen chinesischen Nationalitäten zu wahren. Darüber hinaus soll sie auch militärische Bedeutung gehabt haben. In Zeiten der Gefahr konnten hier Flaggen gehißt und Laternen entzündet werden, die die kaiserlichen Truppen alarmierten. 1679 fiel sie einem Erdbeben zum Opfer; einige Jahre später wurde sie wieder aufgebaut und 1741 unter dem Qianlong-Kaiser erneut restauriert. Während des Erdbebens von 1976 nahm die *Baita* erneut großen Schaden, der jedoch inzwischen behoben wurde.
Auf der Südseite der Pagode ist eine Nische mit einem roten Emblem zu sehen. Man vermutet, daß hier buddhistische Schriften und heilige Gegenstände eingeschlossen wurden.
In Richtung Norden führt ein Weg durch künstlich geformte Felsenhöhlen und überdachte Treppen den Hügel hinab bis zum prächtigen überdachten Wandelgang, *Yilan Tang* (9), der sich am Nordufer der Insel entlangzieht. Er ist 300 m lang und mit wunderschönen Malereien reich verziert. Hier ist das *Fangshan-Restaurant* untergebracht, in dem Spezialitäten der kaiserlichen Küche angeboten werden. Dieses Restaurant hat eine Tradition von über 50 Jahren. Nach dem Sturz der Qing-Dynastie und der Gründung der Republik kamen die Köche der kaiserlichen Palastküche in verschiedenen Restaurants der Stadt unter. Nach Öffnung der Beihai-Anlage für die Allgemeinheit gründete einer der früheren Eunuchen des Kaiserpalastes zusammen mit einigen der ehemaligen Palastköche ein Restaurant, in dem die Speisen dargeboten werden, die früher nur dem Kaiserpalast vorbehalten waren.
Weiter im Südwesten der Insel liegt ein fächerförmiges Gebäude, *Yuegu Lou,* Pavillon zum Lesen der Klassiker (10), das eine Sammlung von 495 Tafeln mit Inschriften berühmter chinesischer Kalligraphen und Dichter enthält.
Mit einem Fährboot gelangt man vom Nordufer der Insel zum gegenüberliegenden Ufer des Sees. Dort sieht man zuerst den *Wulong Ting,* Fünf-Drachen-Pavillon (11), fünf Pavillons, die auf dem Wasser zu schwimmen scheinen und durch Steinbrücken verbunden sind. Nördlich davon stand früher ein Tempel, heute befindet sich dort ein technisches Museum für Kinder. Daneben erhebt sich die *Zhenguan*-Halle mit der *Tieying Bi,* der Eisernen Mauer (12), auf ihrer Südseite. Diese Mauer besteht aus vulkanischem Gestein, ist 3,5 m lang, 1,9 m

hoch und stammt aus der Yuan-Zeit. Auf beiden Seiten sieht man Reliefs mit mythologischen Tieren.
Etwas weiter westlich befindet sich der *Xiaoxitian* (13), Pavillon des kleinen westlichen Himmels, angeblich der größte Pavillon Chinas, der wie die meisten anderen Gebäude hier unter dem Qianlong-Kaiser gebaut wurde.
Nördlich davon liegt der neu eröffnete *Zhiwu Yuan,* der Botanische Garten (14), der wegen seiner Kräuter und exotischen Blumen recht bekannt ist. Das Gelände gehörte zu der Anlage des *Wanfo Lou* (15), Zehntausend-Buddha-Turm.
Im Norden verläuft die *Jiulong Bi,* Neun-Drachen-Mauer (16), 27 m lang, 5 m hoch und 1,2 m breit. Mittels glasierter Ziegeln sind neun Drachen in sieben Farben dargestellt, die sich in den Wolken über der blauen See tummeln. Die Mauer wurde 1417 errichtet und sollte einen nördlich gelegenen Tempel schützen, der inzwischen jedoch zerstört ist.
Wenn man die Qionghua-Insel über die Brücke *Zhishan Qiao* (17) im Osten verlassen hat, lädt ein Spaziergang in Richtung Norden ein. Auf der rechten Seite des Weges erblickt man den *Haopu Ting* (18), den Pavillon zwischen den Flüssen Hao und Pu, und das im südchinesischen Stil erbaute *Huafang Zhai,* Studio auf bemaltem Boot (19). Beide Gebäudekomplexe stammen aus der Regierungsperiode Qianlong. Auf der linken Seite des Weges steht ein kleines Wasserkraftwerk, das im Jahre 1956 angelegt wurde, um jungen Leuten die Bedeutung der Elektrizität zu vergegenwärtigen. Weiter nördlich befand sich der *Cantan*-Altar, der Altar der Seidenraupe (20), heute ist dort ein Kindergarten untergebracht.

Sehenswürdigkeiten außerhalb der Stadtmitte

Gulou, Trommelturm 鼓楼

Der Trommelturm wurde unter dem Yongle-Kaiser im Jahre 1420 erbaut. Er grenzt im Norden die 13 km lange Nord-Süd-Achse ab, an der sich die wichtigsten historischen Bauten befinden. Die hier aufgestellten verschiedenen Trommeln wurden nachts geschlagen, um die Zeit und den Wechsel der Nachtwachen anzugeben.

Zhonglou, Glockenturm 鈡楼

Der Glockenturm steht wenige Meter nördlich vom Trommelturm. Dieses Gebäude entstand ebenfalls unter dem Yongle-Kaiser, brannte jedoch ab und wurde unter Qianlong neu aufgebaut. Die Glockenschläge gaben tagsüber die Zeit an.

Tempelanlagen, Moscheen, Kirchen

Im Norden:

Yonghe Gong, Lamatempel 雍和宫

Yonghegong Dajie
Öffnungszeiten: 8.00–17.00, Einlaß bis 16.00, Di. + Do. geschlossen

Der Yonghe Gong, einer der besterhaltenen Tempel Beijings, gehört zu den wichtigsten Attraktionen der Stadt. Es handelte sich bei dieser Anlage ursprünglich um einen Palast aus dem Jahre 1694, in dem der Sohn und Thronfolger des Kangxi-Kaisers wohnte. Nachdem dieser 1723 die Nachfolge als Yongzheng-Kaiser angetreten hatte, wurde der Palast nach altem Brauch, demzufolge der frühere Wohnsitz eines Thronfolgers nur noch als Tempel genutzt werden durfte, in eine Kloster- und Tempelanlage umgestaltet; das heißt, nur eine Hälfte ging in die Hände tibetischer Lamamönche über, die andere Hälfte, die dem Kaiser weiterhin als Palast diente, brannte im Jahre 1725 vollkommen nieder, so daß nur der Tempel übrig blieb und nun die gesamte Anlage Yonghe Gong genannt wurde. Bis zum heutigen Tag blieb der auf einer Nord-Süd-Achse errichtete Lamatempel erhalten. Die Zeit der Kulturrevolution hatte er dank der Bemühungen Zhou Enlais unbeschadet überstanden. Die gesamte Ausstattung blieb vollkommen erhalten. Er beherbergt noch immer eine kleine Gruppe von Lamamönchen, junge und alte, die die Anlage auch verwalten. Man betritt den Tempel durch das Südtor und erreicht nach einem Weg durch den Garten den ersten Hof, in dem sich ein Trommel- (2) und ein Glockenturm (3), sowie zwei Stelenpavillons befinden.

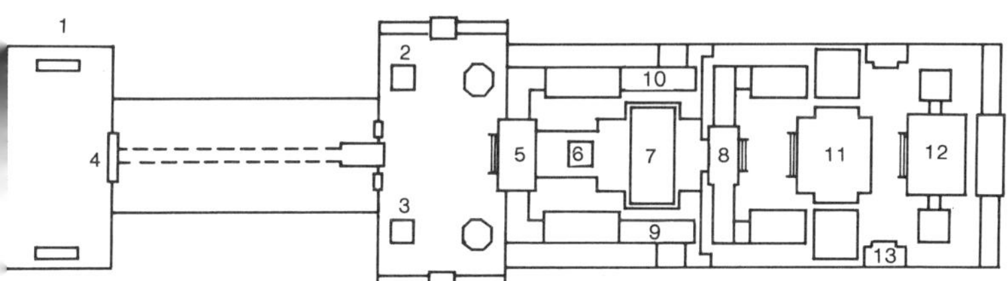

Anlage Yonghe Gong

1. Südtor
2. Trommelturm
3. Glockenturm
4. Schmucktor
5. Halle der Himmelskönige
6. Pavillon Yubi Ting
7. Halle Yonghe Gong
8. Halle Yongyou Dian
9. Halle Yaoshi Dian
10. Halle der Mathematik
11. Halle Falun Dian
12. Halle Wanfu Ge
13. Turm Zhaofo Lou

Richtung Norden folgt gleich die erste der fünf wichtigen Hallen: die *Tianwang Dian,* Halle der Himmelskönige (5). Im Zentrum der Halle ist eine Maitreya-Statue aufgestellt, der Buddha der Zukunft, umgeben von den vier Himmelskönigen, die alle symbolische Gegenstände in den Händen halten: der Osthimmelkönig eine Pipa (ein Musikinstrument), der Südhimmelkönig ein Schwert, der Westhimmelkönig eine Schlange und der Nordhimmelkönig einen Schirm. Im hinteren Teil steht eine Weituo-Statue. Weituo hält eine Eisenstange in der Hand, denn er ist der Beschützer des heiligen Buddha. Wenn man die *Tianwang Dian* verläßt, sieht man einen Bronzedreifuß aus dem Jahre 1757. Er ist mit zwei Drachen dekoriert, die mit einer Perle spielen. In der Mitte des Hofes befindet sich der Pavillon *Yubi Ting* (6), der eine Stele aus dem Jahre 1792 mit einer viersprachigen Inschrift (han-chinesisch, mandschurisch, tibetisch, mongolisch) über die Geschichte des Lamaismus enthält. In der Nähe steht eine in Bronze gegossene Darstellung des Paradiesberges *Xumi Shan, Sumeru.* Der untere Teil zeigt das Meer, am Abhang wohnen die vier Himmelsgötter und oben steht der Palast des Sakyamuni. Anschließend erblickt man die Haupthalle der Tempelanlage, die *Yonghe Gong Dian* (7). Drei Buddha-Skulpturen sind dort zu sehen: in der Mitte Sakyamuni, der Buddha der Gegenwart, westlich von ihm der Buddha der Vergangenheit, östlich von ihm Maitreya, der Buddha der Zukunft, Nachfolger Sakyamunis. An der Ost- und Westwand stehen achtzehn Luohan-Figuren, in der Nordostecke der Halle befindet sich Dizang, Ksitigarbha, der den heiligen Schriften zufolge die Menschen von den Höllenqualen erlöst. In der Nordwestecke befindet sich eine Maitreya-Darstellung. Das Westseitenbild stellt Guanyin dar, der Bodhisattva der Barmherzigkeit, Avalokiteshvara, in weiblicher Gestalt mit ›tausend Armen und tausend Augen‹, die die geistigen Kräfte symbolisieren. In der östlichen und westlichen Nebenhalle der Yonghe Gong-Halle wurden die buddhistischen und lamaistischen Klassiker studiert.

Die dritte wichtige Halle ist die *Yongyou Dian* (8), in deren Zentrum der Buddha Amitabha steht. Rechts von ihm befindet sich der Buddha der Medizin, Yaoshi Fo, links der Buddha des Löwengebrülls, Shihou Fo (die Lehre des Sakyamuni erschüttert die Welt gleich dem Gebrüll eines Löwen, dem König der Tiere).

Die östliche Nebenhalle wird die Medizinhalle, *Yaoshi Dian* (9) genannt, da hier Medizin gelehrt wurde. In dieser Halle befindet sich eine Statue des Zongkaba (1357–1410), eines Reformators des Lamaismus und Begründers der Gelben Sekte, südlich von ihr der Buddha der Medizin, nördlich der Buddha des langen Lebens. Die westliche Nebenhalle ist die *Shuxue Dian,* Halle der Mathematik (10), in der Naturwissenschaften studiert wurden. Man verfügte bereits über astronomische Geräte und Globen. Hier stehen ebenfalls eine Statue Zongkabas sowie die zwei seiner Schüler. Die insgesamt vier Nebenhal-

len der *Yonghe Gong* und *Yongyou Dian* wurden die vier wissenschaftlichen Hallen genannt.
Die vierte Halle ist die *Falun Dian* (11) mit einer 6,1 m hohen Bronzefigur Zongkabas. In Wandgemälden wird auf seine Bedeutung eingegangen. Links und rechts werden an den Wänden Bücher aufbewahrt, Schriften des Buddhismus in tibetischer Sprache, an der Westwand 108 Bände und an der Ostwand 207 Bände des *Dazang Jing*. Zu der Sammlung dieser Halle gehören zwei heilige Bücher in tibetischer Sprache, die mit Goldfarbe geschrieben wurden. Ebenfalls an der Ost- und Westwand wird in den Malereien das Leben des lehrenden Sakyamuni dargestellt. Nördlich der Statue Zongkabas steht der Berg der 500 Luohan. Er wurde aus Sandelholz gefertigt, die Luohan-Figuren sind aus Gold, Silber, Bronze, Eisen und Zinn. In der östlichen Nebenhalle befinden sich fünf Jingang-Schutzfiguren. Einige der männlichen und weiblichen Gottheiten haben wegen ihrer Umarmungen Anstoß erregt und wurden verhüllt. Ferner sind die aus Holz geschnitzten Nachbildungen von zwei wilden Bären zu sehen, die während der Jagden des Qianlong-Kaisers erlegt worden waren. Einige Waffen und Jagdkleider werden ebenfalls ausgestellt. Die westliche Nebenhalle beherbergt neben einigen Bodhisattva-Figuren den Zhantan-Buddha sowie zwei seiner Schüler.
Die fünfte Halle, die *Wanfu Ge* (12), ist das höchste Gebäude der Tempelanlage. Sie ist durch zwei ›himmlische Brücken‹, hängende Galerien, mit den beiden Seitenhallen verbunden. In der Halle *Wanfu Ge* befindet sich eine 18 m hohe Maitreya-Statue aus weißem tibetischen Sandelholz. Sie wurde aus einem einzigen Baumstamm, der einen Durchmesser von 3 m hatte, geschnitzt. Angeblich war die Statue ein Geschenk des 7. Dalai Lama an den Qianlong-Kaiser im Jahre 1750. Östlich von *Wanfu Ge* steht *Zhaofo Lou*, ein Gebäude, in dem ein Bronzebuddha auf einem Podest aus dem edlen Nanmu-Holz ruht. Diese Statue wurde besonders von der Mutter des Qianlong-Kaisers verehrt. Der Buddha war früher mit einer goldenen Krone, einer strahlenden Perle und einem goldenen Schirm verziert, Kostbarkeiten, die während der Unruhen vor 1949 gestohlen wurden.

Kongmiao, Konfuziustempel 孔庙

Öffnungszeiten: 9.00–17.00, Mo. geschlossen
(östlich von Guozijian, südl. der Andingmen Dajie)

Guozijian, die Staatliche Akademie, und der Kongmiao sind durch einen Wandelgang miteinander verbunden.
Schon während der Yuan-Dynastie errichtete man diesen Tempel und hielt hier anläßlich des Geburtstages des Großen Weisen alljährlich Zeremonien

ab. Heute befindet sich in dieser Anlage das **Shoudu Bowuguan,** Hauptstadt-Museum.
Im Innenhof des Tempels wachsen uralte Kiefern, östlich und westlich sieht man Pavillons, wo mehr als 190 Stelen aufbewahrt wurden, auf denen die Namen der erfolgreichen Kandidaten der staatlichen Prüfungen vermerkt worden waren. Im Zentrum der Anlage liegt die Halle *Dacheng Dian,* in der die Zeremonien stattfanden und die Seelentafel des Konfuzius aufbewahrt wurde. Hinter der *Dacheng Dian* befindet sich der Tempel *Congsheng Ci,* in dem die Ahnen des Konfuzius verehrt wurden. Der wertvollste Gegenstand der gesamten Tempelanlage war eine Steintrommel, die im Jahre 1933 nach Nanjing gebracht wurde. Heute ist nur noch ein Duplikat zu sehen.

Bailin Si, Zypressenhain-Tempel

Der Tempel befindet sich östlich des Lamaklosters Yonghe Gong im nordöstlichen Teil Pekings. Er wurde im Jahre 1347 angelegt und zählte damals zu den größten buddhistischen Tempeln der Stadt. Die heutige Bedeutung dieses Tempels liegt in seinem Kunstschatz, d. h. in einem vollständigen Satz von Holzdruckplatten (781 230 Stück), die den Text der Tripitaka, des Kanons buddhistischer Schriften beinhaltet. Das Einschnitzen des Textes war im Jahre 1733 begonnen worden und dauerte sechs Jahre; allerdings entstanden nach Fertigstellung der Platten nur etwa zweihundert Exemplare der Tripitaka, weshalb sie heute noch in gutem Zustand sind.

Huangsi, Gelber Tempel

Der gelbe Tempel befindet sich im Norden Pekings, Buslinie 8, Endstation.
Bereits im 10. Jh. stand hier ein buddhistischer Tempel, der sich später der lamaistischen Richtung anschloß. Im Jahre 1651 wurden Residenzen für den Panchen und Dalai Lama angelegt, in denen diese während ihrer Aufenthalte in Peking angemessen untergebracht waren. Die Anlage wurde entsprechend in einen östlichen und westlichen Tempel unterteilt: Donghuangsi und Xihuangsi.
Im Jahre 1780 verstarb der 6. Panchen Lama während seines Aufenthaltes in der Hauptstadt. Der Quianlong-Kaiser ließ daraufhin hinter dem Xihuangsi eine imposante Steinpagode anlegen, in der das Gewand des Verstorbenen beigesetzt wurde.

Die Große Mauer bei Badaling, 85 km nördlich von Beijing gelegen ▷

Dazhong Si, Tempel der Großen Glocke 大鈡寺

Dieser im Jahre 1733 gegründete Tempel befindet sich im westlichen *Haidian*-Bezirk nordöstlich vom Freundschafts-Hotel. Er beherbergt eine interessante Sammlung alter chinesischer Bronzeglocken, darunter eine der größten der Welt, die sogenannte Huayan-Glocke, die ›Königin der Glocken‹.
Diese Glocke wurde während der Regierungsperiode Yongle (1403–1424) unter Aufsicht von Yao Guangxiao aus Bronze gegossen. Sie hat eine Höhe von 6,75 m, einen Borddurchmesser von 3,3 m und am Schlagring eine Dicke von 18,5 cm. Das Gewicht beträgt 46,5 t. Um den Klang zu garantieren, ließ Yao Guangxiao sie in einem Stück fertigen, indem die flüssige Bronze aus Dutzenden von Öfen in eine riesige Lehmform gegossen wurde. Bei jedem Glockenschlag, der 50 km weit zu hören sein soll, klingt der Ton über eine Minute in der Halle nach. An der Innen- und Außenseite der Glocke ist der gesamte Text der Huayan Sutra – dies gab der Glocke den Namen – mit 220 000 chinesischen Schriftzeichen in Regelschrift, *Kaishu,* zu sehen, die von dem berühmten Kalligraphen der Ming-Zeit , Shen Du, stammen.
Die Glocke gehörte zunächst dem *Wanshou Si,* Tempel der Langlebigkeit. Nachdem dieser vom Zerfall bedroht war, sollte sie 1743 in dem eigens für sie angelegten Turm der Tempelanlage *Juesheng Si* aufgehängt werden. Es war jedoch ein großes Problem, die schwere Glocke von einem Tempel zum anderen zu transportieren. Eine Legende erzählt von der Lösung des Problems. Man wartete auf den kalten Winter und goß Wasser auf alle Wege, so daß diese sich in spiegelglatte Rutschbahnen verwandelten, auf denen die Glocke bequem bis zum Tempel *Juesheng Si* geschoben werden konnte.
In dem Turm führt eine Treppe hinauf in die obere Etage. Von dort kann man die Glocke aus der Nähe betrachten.

im Osten:

Dongsi Moschee

Nanheng Jie 13, Dongsi Nan Dajie

Die Dongsi Moschee wurde im Jahre 1356 angelegt und 1447 erneuert. Die Restaurierung der Anlage war von dem moslemischen General Chen You finanziert worden. Die verbliebenen Gebäude zeigen eine Mischung aus mingzeitlichem chinesischen und arabischem Stil. Sie sind alle moderneren Datums, die letzte Renovierung erfolgte 1978.

◁ *Wandgemälde im Tempelkloster Wudang Zhao, Baotou, Innere Mongolei: Das Rad des Lebens, gehalten von Yama, dem Herrn der Unterwelt*

Dongdan, Protestantische Kirche

Meizha Hutong 21, Dongdan Bei Dajie

Hier befand sich ab 1925 die Zentrale des YMCA, in dem sich während des Bürgerkrieges viele linksorientierte Studenten engagierten.
Gottesdienste finden am Sonntag im Sommer um 9.00, im Winter um 9.30 statt.

Zhihua Si, Tempel der Entstehung von Weisheit

Dieser Tempel befindet sich im Chaoyangmen Bezirk, in der östlichen Hälfte der Lumicang Gasse, diese zweigt von der Chaoyangmen Nanxiaojie in Richtung Osten ab.
Der Tempel gehört mit seinen tiefblauen Dachziegeln zu den schönsten Beispielen ming-zeitlicher Architektur. Er wurde 1453 angelegt im Auftrage des Haupteunuchen am kaiserlichen Hof, Wang Zhen. Dieser fiel kurze Zeit später in Ungnade, denn er hatte seine Machtposition für persönliche Zwecke genutzt, was er und auch die Sippenangehörigen mit dem Leben bezahlen mußten. Im Jahre 1457 wurde er schon wieder rehabilitiert.
Der zweigeschossige Pavillon der zehntausend Buddha, **Wanfo Ge**, auch Rulai Dian, Halle der transzendentalen Buddha, genannt, gehört zu den schönsten Bauten der Anlage. Allerdings wurde die achteckige Laternenkuppel im Halleninnern in den dreißiger Jahren abgebaut. Sie soll sich heute im Nelson Museum in Kansas, USA, befinden.

Dongtang, Ostkathedrale

Wangfujing Dajie 74

Hier stand einst das Haus, in dem der deutsche Jesuit Johann Adam Schall von Bell wohnte und im Jahre 1666 starb (siehe auch Südkathedrale).
Nach seinem Tod wurde ein Teil der Residenz zu einer Kirche umgebaut, damals der schönsten in Peking; allerdings fiel diese Anfang des 19. Jh. Zerstörungen zum Opfer, ebenso ein Nachbau im Jahre 1900 während des Boxeraufstandes. Die heutige Anlage stammt aus dem frühen 20. Jh.. Sie beherbergt heute eine Grundschule.
Gottesdienste finden nur sonntags um 6.30 und 8.00 statt.

Dongyue Miao, Ostgipfel-Tempel

Dieser daoistische Tempel befindet sich in der Straße Shenlu, Chaoyangmenwai Dajie.
Nach seiner Gründung im Jahre 1322 war er für lange Zeit der bedeutendste Tempel Nordchinas, der die Zhengyi Schulrichtung des Meisters Zhang Daolin vertrat.
Der Name des Tempels weist auf den Taishan, einen der fünf mythischen Berge Chinas und seinen Gott, den Tianqi, hin. Dieser wird in der Halle des Taishan, Daizong Baodian, verehrt. Die Anlage brannte im Jahre 1698 nieder, wurde in den folgenden Jahren jedoch wieder aufgebaut. Die heutigen Gebäude spiegeln den Stil der Yuan- und Ming-Zeit wider.

im Süden:

Tiantan, Himmelstempel 天坛

Öffnungszeit: 6.30–18.00

Im südöstlichen Teil Beijings steht der Himmelstempel. Diese Anlage gehört mit einer Fläche von 273 Hektar zu den größten Parks der Stadt. Aus der Vogelperspektive betrachtet, läßt sich der Park in einen nördlichen und einen südlichen Abschnitt unterteilen. Der nördliche, halbkreisförmige, entspricht der altchinesischen Vorstellung eines runden Himmelgewölbes. Der südliche, quadratische symbolisiert die Erde. Drei bedeutende Bauwerke sind hier zu

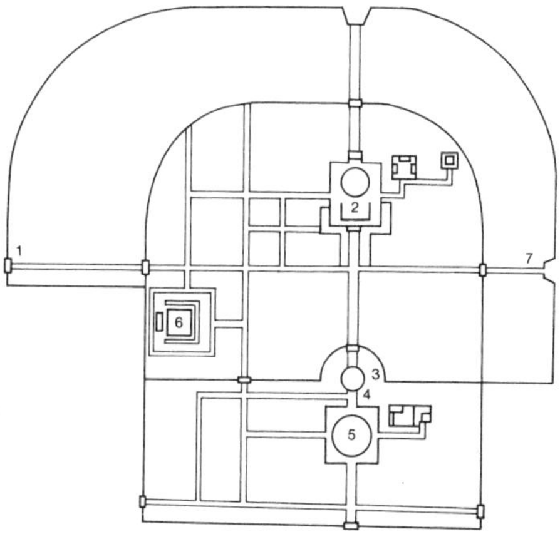

Tiantan

1. Westliches Himmelstor
2. Halle des Erntegebets
3. Halle des erhabenen Himmels
4. Echomauer
5. Altar des Himmelrunds
6. Fastenhalle
7. Osttor

betrachten: angelegt auf einer Nord-Süd-Achse befindet sich im Norden die *Qinian Dian*, Halle des Erntegebets, südlich davon die *Huangqiongyu*, Halle des erhabenen Himmels, und im Süden der *Huanqiu Tan*, Altar des Himmelrunds. Jedes Jahr begab sich der Kaiser zur Zeit der Wintersonnenwende hierher, um in seiner Eigenschaft als Himmelssohn den Himmel um eine gute Ernte zu bitten und ihm Opfer darzubringen. An dieser Tradition wurde bis zum Sturz der Dynastie im Jahre 1911 festgehalten. Zuletzt war es Yuan Shikai, der hier im Jahre 1913 eine Zeremonie abhielt.

Man betritt die Anlage durch das *Xitian Men*, das westliche Himmelstor (1). Ein langer Zypressenhain führt ostwärts zur *Qinian Dian*, Halle des Erntegebets (2). Sie wurde bereits im Jahre 1420 erbaut und, nachdem sie 1889 infolge eines Blitzschlags vollkommen niedergebrannt war, nach alten Plänen bald wieder aufgebaut. Sie steht auf einer dreistufigen runden Steinterrasse. Jede Stufe ist umgeben von weißen Marmorbalustraden, die Halle selbst ist ein Meisterwerk chinesischer Architektur. Sie ist 38 m hoch, mißt im Durchmesser 30 m und wurde vollkommen aus Holz und ohne einen einzigen Nagel errichtet. Das dreistufige Spitzdach aus 50 000 blauglasierten Ziegeln mit einer goldenen Spitze, besitzt weder Sparren noch Balken. Es ruht auf 28 Holzsäulen. Die mittleren vier, die Drachenbrunnensäulen, sind 19,2 m hoch. Es bedarf der Arme dreier Menschen, um eine von ihnen zu umfassen. Diese vier Säulen repräsentieren die vier Jahreszeiten. Sie sind umgeben von zwei Säulenringen. Der innere besteht aus 12 Säulen, die die 12 Monate eines Jahres symbolisieren. Der äußere hat ebenfalls zwölf, die nach altchinesischer Rechnung die zwölf Zeiteinheiten eines Tages darstellen. Alle 28 wurden aus Baumstämmen gefertigt, die eigens aus der südwestlichen Provinz Yunnan über tausende von Kilometern herbeigeschafft worden waren. Die prachtvolle Bemalung des Deckengewölbes ist beispielhaft für chinesische Farbkombination. Die Wände der Halle bestehen aus hölzernen Gittertüren. Im Zentrum des Fußbodens liegt eine Marmorplatte, der Drachen- und Phönixstein, *Longfeng Shi*, dessen Maserung die kaiserlichen Symbole darstellen. In dieser Halle bat der Kaiser den Himmel um gute Ernten.

Ein erhöht angelegter Weg führt nach Süden zur *Huangqiongyu*, Halle des erhabenen Himmels (3). Sie wurde 1530 erbaut, 1752 restauriert und besitzt ebenfalls ein kegelförmiges, blaues Ziegeldach mit einer goldenen Spitze. Innen ist sie prächtig ausgemalt. In dieser Halle waren das ganze Jahr hindurch die Tafeln untergebracht, die man während der Zeremonie benötigte und die man nur anläßlich einer solchen herausholte.

Interessant ist die sie umgebende Ziegelmauer, *Huiyin Bi*, die Echomauer (4). Steht man mit dem Gesicht zur Wand und spricht mit einem Partner, kann dieser an dem gegenüberliegenden Teil der Echowand jedes Wort verstehen. Eine weitere Besonderheit sind die *Sanyin Shi*, drei Echosteine, die vor den

Stufen der Halle liegen. Steht man auf dem ersten Stein, erschallt ein einfaches Echo, auf dem zweiten ein doppeltes und dem dritten ein dreifaches Echo. Das Geheimnis dieses Phänomens ist der unterschiedliche Plattenabstand zur Mauer.
Im Süden der Tempelanlage liegt der *Huanqiu Tan*, Altar des Himmelrunds (5), eine dreistufige Steinterrasse, die von zwei Mauern umgeben wird, einer runden inneren und einer quadratischen äußeren. Die Struktur des Altars basiert auf der Zahl ›9‹. Da man früher die ungeraden Zahlen als himmlische Zahlen ansah und die ›9‹ die wichtigste von allen war, wurde der Altar aus 9 und einem Vielfachen von 9 Steinplatten konstruiert. Auf der oberen Stufe besteht der innere von 9 Ringen aus 9 Steinen, der zweite Ring aus 18, der dritte aus 27 usw. Auf der mittleren Stufe setzt sich die Reihenfolge fort. Der 27. und letzte Ring der unteren Stufe schließlich zählt 243 Steine. Wenn man genau in der Mitte der oberen Stufe steht und mit normaler Stimme spricht, vernimmt man die eigene Stimme wesentlich lauter als die umstehenden Personen, was auf den Schall zurückzuführen ist, der von den Balustraden und der runden Mauer ins Zentrum der oberen Stufe zurückhallt.
Der Kaiser opferte hier dem Himmel und bat um eine gute Ernte. Wie die Halle des erhabenen Himmels wurde auch der Altar 1530 gebaut und 1749 unter dem Qianlong-Kaiser erneuert. Es muß ein großes Ereignis gewesen sein, wenn sich der Kaiser mit einem Gefolge von ungefähr 1000 Personen vom Kaiserpalast hierher begab.

Tempel Fayuan Si 法源寺

Öffnungszeiten: 8.30–11.30, 13.30–16.30, Mi. geschlossen

Der Fayuan Tempel befindet sich in der Straße Fayuansi Qianjie des Bezirkes Xuanwuqu. Sein Bau geht auf den Befehl des Zhenguang-Kaisers aus dem Jahre 645 zurück. Im Jahre 696 fertiggestellt, gab ihm der Kaiser den Namen *Minzhong Si.* In den folgenden Dynastien trug der Tempel unterschiedliche Namen und wurde mehrmals instandgesetzt. Der heutige Name stammt aus dem Jahre 1734.
Der Tempel Fayuan Si ist ein Zentrum buddhistischer Forschung und Lehre und mit seinem Museum auch eines der Kunst. Im Jahre 1956 richtete die Chinesische Buddhistische Gesellschaft hier eine *Akademie* ein, die sich der Lehre und Erforschung des Buddhismus widmet. Während der Kulturrevolution wurde die Akademie geschlossen und im Dezember 1980 wieder eröffnet. Verschiedene Klöster des Landes schicken junge Mönche im Alter zwischen 18 und 30 Jahren zum Studium in die Akademie. Die Ausbildung dauert 4–5

Jahre. Unterricht findet an den Vor- und Nachmittagen statt in den Fächern Geschichte des Buddhismus, Studium der Schriften, Klassisches Chinesisch, Kalligraphie, Tages- und Staatspolitik und allgemeine Wissenschaften. Englisch und Japanisch sind Wahlfächer. Die Studenten wohnen auf dem Klostergelände. Für sämtliche Kosten kommt die Akademie auf.
Im ersten Hof befinden sich links und rechts der Glocken- und der Trommelturm. In der *Tianwang Dian,* Halle der Himmelskönige, stehen die vier Himmelskönige, eine Maitreya- und eine Weituo-Statue. Im zweiten Hof folgt die Halle *Daxiong Baodian,* die Haupthalle des Klosters. Sie enthält die Statuen der drei Generationsbuddhas, Vergangenheit, Gegenwart und Zukunft, sowie 18 Luohan-Figuren.
Die Halle *Dabianjue Tang* beherbergt Buddha-Statuen aus verschiedenen Materialien und Perioden. Zu den wertvollsten Objekten gehört eine Keramikstatue aus der Östlichen Han-Dynastie (25–220).

Niujie Qingzhen Si, Ochsenstraße-Moschee

Die Straße Niujie befindet sich im Guang'anmen Bezirk im Südwesten der Stadt in einem von vielen Moslems bewohnten Viertel. Hier steht die größte und älteste Moschee Pekings. Sie wurde bereits im Jahre 996 angelegt und 1696 nach alten Plänen restauriert. Interessant ist die Mischung chinesischen und arabischen Stils.
Die Anlage ist nach Westen, gen Mekka ausgerichtet. Im vorderen Teil steht der sechseckige sogenannte Mondbeobachtungsturm, Wangyue Lou, der astronomischen Studien diente. Im Zentrum des Innenhofes steht das Minarett; in Stelenpavillons zeugen arabisch-chinesische Inschriften von Bedeutung und Vergangenheit des Islam.

Nantang, Südkathedrale

Qianmen Xi Dajie 141, Xuanwumen Bezirk

Hier stand einst die Residenz des berühmten italienischen Jesuiten Matteo Ricci (chin. Li Madou, 1552–1610), die ihm 1601 nach seiner Ankunft in Peking von dem Wanli-Kaiser zugewiesen worden war. Matteo Ricci befand sich bereits seit 1582 in China. Er gilt als der eigentliche Begründer der christlichen China-Mission. Nach seinem Tod im Jahre 1610 übernahm der aus Köln stammende Jesuit Johann Adam Schall von Bell (Tang Ruowang, 1591–1666) die Mission. Diesem gelang es, die Missionsstation während der

stürmischen Jahre des Dynastiewechsels zu verteidigen und zu halten. Dank seiner Kenntnisse in der Astronomie und der Kanonenherstellung erwarb er sich das Wohlwollen des neuen Kaisers. 1650 erhielt er die kaiserliche Zustimmung und finanzielle Unterstützung für den Bau einer Kirche. Sie wurde 1657 fertiggestellt, erlitt jedoch 1775 und 1900 durch Erdbeben schwere Schäden. 1904 errichtete man den noch heute erhaltenen Bau.
Die Kirche wurde ursprünglich Tianzhu Tang, Kirche des himmlischen Herrn, später jedoch zur Unterscheidung von den anderen Kirchen der Stadt Südkathedrale genannt.
Gottesdienste finden täglich 6.00 + 7.00 statt.

im Westen:

Guangji Si, Tempel der universellen Barmherzigkeit

Der Tempel liegt an der Fuchengmennei Dajie, nordwestlich der Xisi-Kreuzung, östlich vom Baita Si. Er ist einer der bekanntesten buddhistischen Tempel der Stadt. Die Zentrale der Chinesischen Buddhistischen Gesellschaft befindet sich dort.
Der Guangji Si ist eine Gründung aus dem 12. Jh.. Er wurde 1457 großzügig ausgebaut und erweitert und in späteren Jahrhunderten mehrmals restauriert. 1934 fiel er einem verheerenden Feuer zum Opfer, das nicht nur Hallen und Pavillons zerstörte, sondern auch wertvolle Skulpturen, Bildwerke und weite Teile der berühmten Bibliothek. In den folgenden Jahrzehnten baute man die Anlage nach und nach wieder auf. Heute verfügt der Tempel wieder über einige wertvolle Schriften, z. B. eine ming-zeitliche Sutrasammlung Tripitaka, und seltene Bildwerke. Die Skulpturen der Buddha-Halle stammen aus der Kangxi-Zeit (1662–1722), sie symbolisieren die historische Reihe, Buddha der Vergangenheit, Gegenwart und Zukunft. Einen Mittelpunkt der Anlage bildet die Yuantong Baodian, die dem Bodhisattva Guanyin, Avalokiteshvara geweiht ist.

Baita, die weiße Dagoba 妙应寺白塔

Fuchengmennei Dajie

Die weit sichtbare weiße Dagoba ist mit einer Höhe von 50,9 m die größte ihrer Art in China. Sie wurde Ende des 11. Jh. unter den Liao-Kaisern gebaut und 1271 während der Yuan-Dynastie von Kublai Khan nach Entwürfen, an denen auch der bekannte nepalesische Architekt Arniko mitgearbeitet hatte, restauriert. Außerdem wurde ein Lamatempel vor der Dagoba errichtet, der jedoch 12 Jahre später niederbrannte und während der Ming-Dynastie wieder aufgebaut und *Miaoying Si* genannt wurde. Unter dem Kangxi- und dem Qianlong-Kaiser führte man erneut Restaurierungen an diesem Tempel durch. Nach dem Erdbeben von 1976, das der weißen Dagoba Schaden zugefügt hatte, wurde im Jahre 1978 im Rahmen einer Generalreparatur das innere Holzgerüst überprüft. In der Spitze fand man 724 Rollen Tripitaka-Sutras, über zwanzig Kultgegenstände und die Kutte und Kappe eines Mönches. Nach buddhistischer Sitte pflegte man die ›drei Schätze‹, Buddha-Figuren, Sutras und Mönchskleider zur Abwehr böser Geister beim Bau oder der Restaurierung einer Dagoba mit einzumauern. Aus Inschriften geht hervor, daß die in der weißen Dagoba gefundenen Schätze aus der Regierungsperiode Qianlong stammen. Sie sind heute im Tempel ausgestellt.

Wuta Si, Fünf-Pagoden-Tempel

Der Wuta Si befindet sich etwa 200 m nordwestlich vom Zoo entfernt. Er ist eine Gründung aus dem Jahre 1473. Der größte Teil der Anlage fiel Ende des 19. Jh. Plünderung und Brandschatzung zum Opfer. Die erhaltene Marmorpagode wurde im Stil der Diamentthron-Pagoden gebaut, d. h., fünf kleine Pagoden stehen auf einer hohen Plattform. Die architektonische Konstruktion wurde von einem indischen Mönch angeregt.
An den Außenwänden sind herrliche Steinmetzarbeiten zu sehen: Buddha-Darstellungen, Symbole, Schriftzüge usw. Auf der Südseite führt eine Tür zum Treppenaufgang und hinauf zur Plattform.

Baiyun Guan, Daoistisches Weiße-Wolken-Tempelkloster 白 云 观

Baiyun Lu, Tel. 367179
Nur freitags geöffnet, Öffnungszeit bitte tel. überprüfen

Der Weiße Wolken Tempel, südlich vom Yanjing Hotel gelegen, ist eine Gründung aus dem 8. Jh. Damals wurde er Tianchang Guan genannt; erst im 15. Jh. erhielt er seinen heutigen Namen. Kaiser Xuanzong (reg. 713–756) der Tang-Dynastie hatte ihn errichten lassen, um eine zur selben Zeit geschaffene Steinskulptur des Laozi, des Begründers des Daoismus, dort aufzubewahren. Der Tempel brannte im Jahre 1202 nieder. Nur die Steinskulptur blieb erhalten. (Sie ist heute im Tempelmuseum zu sehen.) Der Tempel wurde wieder aufgebaut. Im Jahre 1224 folgte der berühmte daoistische Meister Qiu

Changchun einer Einladung des damaligen Kaisers der Yuan-Dynastie, Dschingis Khan, und setzte sich in diesem Tempel zur Ruhe. Sein bester Schüler, Wang Zhijing, wurde mit dem Ausbau der Tempelanlage beauftragt. Nach dem Tode des Qiu Changchun beerdigten ihn seine Schüler im östlichen Teil der Anlage und errichteten über seiner Grabstätte die Chushun-Halle. Dschingis Khan ließ den Tempel daraufhin Changchun Palast nennen. Der Tempel wurde ein Zentrum der daoistischen Quanzhen Schulrichtung, die im Jahre 1167 von Wang Chongyang in Shandong gegründet worden war. Qiu Changchun hatte sich als sein bester Schüler ausgezeichnet.

Die Tempelanlage erstreckt sich auf einer Nord-Süd-Achse, mit zwei parallel verlaufenden Seiten- und einem Mitteltrakt in seinem Hauptteil. Die heute zu besichtigenden Bauten stammen weitgehend aus der Qing-Zeit. Ähnlich wie in buddhistischen Tempelanlagen schreitet auch hier der Besucher zuerst durch ein prächtiges Ehrentor und dann durch ein sogenanntes Bergtor. Im ersten Hof steht die Halle *Lingguan Dian*, die eine Statue des Tempelwächters Wangshan enthält. Im nächsten Hof stehen rechts und links ein Trommel- und ein Glockenturm. In der folgenden Halle, der *Yuhuang Dian*, wird die höchste daoistische Gottheit, der Jadekaiser, verehrt. Vor der nächsten Halle, der *Laolü Tang*, zieht ein Bronzepferd die Aufmerksamkeit auf sich. Es stammt aus dem ehemaligen Dongyue Miao, im Osten der Stadt gelegen, und wurde erst im Jahre 1961 hierher gebracht. In dem folgenden Hof steht die ›Halle des Vorfahren Qiu‹, *Qiu Zu Dian*, in deren Zentrum die Statue des daoistischen Meisters Qiu Changchun zu sehen ist. Von großem Wert ist die in dieser Halle befindliche Schale aus Baumwurzeln. Sie ist ein Geschenk des Qianlong-Kaisers der Qing-Dynastie. Als nächstes folgt ein zweistöckiges Gebäude, das in seinem Erdgeschoß die *Siyu Dian*, die Halle der vier wichtigsten daoistischen Gottheiten, und im ersten Stock die *Sanqing Ge* Halle der Drei Reinen, beherbergt. Hinter diesem Gebäude liegt der Tempelgarten, auch ›Insel der Unsterblichen‹ genannt. Man erreicht ihn, indem man durch den westlichen Seitentrakt geht. Der müde Besucher findet sich hier in einer friedlichen Umgebung wieder: schattenspendende Bäume, hohe Felsengruppen, Pavillons, Wandelgänge und die Ordinationsterrasse *Jietai*.

Die Klostergemeinde setzt sich als Folge der Kulturrevolution hauptsächlich nur aus sehr alten und jungen Mönchen zusammen. Aufgrund ihrer Zugehörigkeit zur Quanzhen-Richtung ist ihr Klosterleben strengen Regeln und Verordnungen unterworfen. Ein Schwerpunkt dieser Schule ist die individuelle Meditation.

Tianning Si, Tempel des himmlischen Friedens

An der Straße Guang'anmenwai Beibihelu im Südwesten Pekings liegt die einst berühmte buddhistische Tempelanlage Tianning Si, eine Gründung aus dem 5. Jh.. Die Anlage wurde mehrere Male zerstört und wieder aufgebaut. Aus alter Zeit erhalten geblieben ist eine 57,8 m hohe, dreizehn Stockwerke zählende Steinpagode aus der Liao-Zeit (907–1125). Sie gehört zu den ältesten Gebäuden der Stadt und stellt einen der wichtigsten Pagodentypen dar.

Parkanlagen und Seen

im Norden:

Ditan Gongyuan, Erdaltar-Parkanlage

In der Ditan Parkanlage brachten die Kaiser einst jeden Sommer der Erde reiche Opfer dar. Bereits im Jahre 1530 ließ der Jiajing-Kaiser einen Altar anlegen, 1748 wurde dieser durch einen Marmoraltar ersetzt. Als Quadrat angelegt symbolisiert er die Erde, im Gegensatz zum Himmel, der immer als Kreis dargestellt wird.

Housanhai, Hintere drei Seen

Nördlich der Beihai Parkanlage befinden sich die Hinteren drei Seen, auch *Jishui Tan, Shishahouhai* und *Shishaqianhai* genannt.
Der nordwestliche Jishui Tan war während der Yuan-Dynastie ein Hafen und Getreideumschlagplatz. Nachdem die Kanäle zunehmend versandeten und der Getreidetransport eingestellt wurde, verwandelte sich das Seengebiet in ein Erholungsgebiet für hohe Beamte und Würdenträger. Zahlreiche Villen entstanden an den Ufern. Während der Qing-Zeit bevorzugten die Prinzen dieses Gebiet für den Bau ihrer Residenzen. Die best erhaltene Residenz ist die des **Prinzen Gong** in der Straße Qianhaixilu 17. Sie soll dem Schriftsteller Cao Xueqin (1715?–1763), dem Verfasser des berühmten Romans Traum der Roten Kammer als Vorbild für seine Schilderung der Rongguo Residenz gedient haben, in der sich die tragische Liebesgeschichte zwischen Jia Baoyu und Lin Daiyu abspielte.

im Osten:

Ritan Gongyuan, Sonnenaltar-Parkanlage

Im Jahre 1530 wurde im Osten der Stadt der Sonnenaltar angelegt. Die östliche Lage symbolisiert die Nähe zur aufgehenden Sonne.
In jedem Frühjahr brachte der Kaiser der Sonne Opfer dar, ein Rind, Schaf und Schwein sowie rotfarbene Kostbarkeiten. Die Anlage wurde nach dem Sturz des letzten Kaiserhauses für andere Zwecke genutzt und dann im Jahre 1949 langsam in einen schönen Park verwandelt.
Heute ist der Park ein beliebtes Ziel der Frühsportler.

im Süden:

Longtan

Das Seengebiet im Südosten der Stadt, östlich des Himmeltempels, war während der letzten zwei Jahrhunderte des Kaiserreiches ein bevorzugtes Gebiet für die Anlage privater Gärten.

Park Taoranting Gongyuan 陶然亭公园

Im Süden der Stadt liegt ein romantischer, alter Park, der vor allem von den Beijingern der benachbarten Wohnviertel besucht wird. Ausgrabungen aus dem Jahre 1952 haben ergeben, daß sich hier bereits im −3. Jh. Siedlungen befunden haben. Aufzeichnungen aus der Liao- und Jin-Dynastie (10.–13. Jh.) berichten schon von einem Park in diesem Gebiet. Während der Yuan-Dynastie baute man das Kloster *Cibei.* 1695 ließ der Beamte Jiang Zao einen Pavillon neben das alte Kloster setzen und nannte ihn Taoran Ting in Anlehnung an ein Gedicht, das der Tang-Dichter Bai Juyi über diesen Ort geschrieben hatte. Im Gegensatz zu den anderen Parkanlagen und Gärten der Stadt, die nur dem Kaiser und seiner Familie vorbehalten waren, durfte hier jedermann hinein. So wurde vor allem der Pavillon Taoran während der Qing-Dynastie ein beliebter Treffpunkt für Dichter und Literaten. Mit dem Niedergang der Dynastie verfiel auch der Park. Da die Zu- und Abflüsse verstopften, verwandelten sich die Seen bald in Kloaken. 1952 wurde die Anlage von Grund auf neu gestaltet. Man säuberte die Seen, legte sieben kleine Hügel an, baute Pavillons und schuf so einen zauberhaften Park, der zu Spaziergängen oder kleinen Bootspartien einlädt und den Menschen Erholung bietet. Das alte

Kloster *Cibei An* und der Pavillon *Taoran Ting* befinden sich zwischen den beiden Seen.
Im Innenhof des Klosters sind zwei buddhistische Säulen aus den Jahren 1099 und 1131 zu sehen sowie eine Guanyin-Stele aus dem Jahre 1663. Südwestlich vom Kloster stehen zwei schöne Pavillons aus der Qianlong-Zeit. Sie wurden erst 1954 hierhergebracht. In der Kulturhalle, früher die Privathalle eines Qing-Beamten, und der Freilichtbühne finden häufig kulturelle Veranstaltungen statt.

im Westen:

Yuetan Gongyuan, Mondaltar-Parkanlage

Im Westen der Stadt fanden während der Kaiserzeit am 15. Tag des 8. Monats nach dem Lunakalender Mondopfer statt. Der Mond entsteht nach alter chinesischer Denkweise im Westen, ihm entspricht die weiße Farbe. Zu den Opfergaben gehörten weißfarbige Kostbarkeiten wie Jade, Seide und Perlen, ebenso wurden auch Tieropfer, Rind, Schaf und Schwein, dargebracht.
1949 begann man, die alte Anlage zu einem Park auszubauen.

Yuyuan Tan, Jadeteich-Parkanlage, Diaoyu Tai, Anglerterrasse

In dem Gebiet des heutigen Jadeteich Park, auch Diaoyu Tai genannt, soll im 12. Jh. der hohe Beamte Wang Yu in der Verkleidung eines Anglers ein abgeschiedenes Leben geführt haben. Auch Würdenträger und Kaiser späterer Dynastien schätzten es als angenehmen Erholungsort.
Im Jahre 1956 begann man, das inzwischen verwahrloste Gebiet wieder als Park herzurichten. Eines der besten und teuersten Gästehäuser der Stadt, das Diaoyutai Binguan, liegt östlich der Anlage.

Zizhu Yuan, Purpurbambus-Park 紫竹院

Der Purpurbambus-Park liegt im Westen der Stadt und umfaßt drei Seen mit zwei Inseln. Während der Yuan-Dynastie versuchte der Wasserbaubeamte Guo Shoujing Wasser aus dem nordwestlichen Kreis Changping Xian sowie vom Berg Yuquan Shan in den hier künstlich angelegten Seen aufzufangen und es dann über den Kanal Changhe nach Beijing zu leiten. Bis heute ist diese Anlage für die Wasserversorgung der Stadt von nicht geringer Bedeutung.

Ende der Qing-Dynastie verstopfte der Zulauf der Seen und sie trockneten aus. 1952 begann man mit umfangreichen Verbesserungsarbeiten. Die Seen wurden ausgeschachtet, Hügel aufgeschüttet, Brücken angelegt, Bäume und Blumen gepflanzt und Pavillons gebaut. 1958 wurden die Seen erweitert und Bambus und Lotus angepflanzt.
Im Park Zizhu Yuan befand sich ursprünglich ein großer Tempel, der Wanshou Si, im Jahre 1577 erbaut. Innerhalb des *Wanshou Si* Tempelgeländes stand ein kleiner Lamatempel, *Zizhu Yuan* genannt. Im Nordwesten des Parks sind heute noch Reste zu sehen.

Beijing Dongwu Yuan, Zoo 北京动物园

Öffnungszeiten: 7.30–17.30

Der Beijinger Zoo liegt neben der Ausstellungshalle im Nordwesten der Stadt. Während der Ming-Zeit wurde hier ein kaiserlicher Park angelegt, den die Qing-Kaiser mehrmals umgestalten ließen. Erst um 1902 entstand hier ein Tierpark, der *Wansheng Yuan,* Park der ›Zehntausend‹ Tiere und 1906 außerdem ein botanischer Garten. 1908 machte man die Anlage der Öffentlichkeit zugänglich. Während der Kriegswirren wurde der Tierpark vollkommen vernachlässigt, so daß der Tierbestand rapide abnahm. Nach der Gründung der Volksrepublik im Jahre 1949 soll es hier nur noch zehn Affen, drei alte Papageien und einen Emu gegeben haben. Darauf stellte die Regierung Gelder für die Neugestaltung des Tierparks bereit. Heute zählt er mehr als 3000 Tiere von fast 400 verschiedenen Spezies. Besonders interessant sind die mandschurischen Tiger, große Seeschildkröten, tibetische Wildjaks und Gibbonaffen. Die meisten Tiere wurden in China gefangen, andere sind Geschenke befreundeter ausländischer Staaten oder im Austausch erworben.
Die Hauptattraktion für den ausländischen Besucher ist natürlich der Riesenpanda aus Sichuan.
Die **Pandabären** gehören heute zu den vom Aussterben bedrohten Tieren. In riesigen Schutzgebieten wird versucht, dieser Entwicklung Einhalt zu gebieten. Vor einer halben Million Jahren sollen diese Bären einmal in ganz Südchina gelebt haben. Damals waren sie noch Allesfresser. Erst in den letzten Jahrtausenden haben sie sich auf Bambus als Grundnahrung spezialisiert. Heute gibt es nur noch ungefähr eintausend Pandas, die in den östlichen Ausläufern des Himalaya in den Provinzen Sichuan, Gansu und in Shaanxi leben. Sie bevorzugen eine Höhenlage zwischen 2800–3200 m und schätzen nasses, kaltes Wetter. Ein erwachsener Panda kann zwei Zentner und mehr wiegen. Pro Tag braucht er mindestens 20 kg Futter. Seine Lieblingsspeise sind frische süße Bambussprossen.

Museen, Bibliotheken, Gedenkstätten und Universitäten

Beijing Tushuguan, Beijing Bibliothek 北京图书馆

Öffnungszeiten: 8.00–20.00, So. 8.00–16.30, Sa. geschlossen, Tel. 662972

Die Beijinger Bibliothek ist seit 1931 im Stadtzentrum an der Wenjinjie No. 7, westlich vom Beihai in einem Gebäudekomplex traditioneller Bauart untergebracht. Bereits Ende der Qing-Dynastie im Jahre 1910 als *Jingshi*(Residenz)-Bibliothek gegründet, wurde sie nach dem Sturz der Dynastie 1912 zur Staatsbibliothek und der Öffentlichkeit zur Verfügung gestellt. Sie ist noch sehr jung, doch verfügt sie über Sammlungen, um die sie oft beneidet wird, denn ihr Bücherbestand basiert auf den kaiserlichen Bibliotheken der Südlichen Song-, Ming- und Qing-Dynastie, darunter befindet sich das *Siku Quanshu*, eine Sammlung klassischer Werke in 36304 Bänden. Es wurde vor 200 Jahren von Hand geschrieben. Von der *Yongle*-Enzyklopädie aus der Ming-Zeit sind infolge von Plünderungen nur 200 von 11095 Bänden übriggeblieben. In einem speziellen Magazin sind Handschriften aus der Tang-Zeit aufbewahrt, buddhistische Schriften aus der Song- und Jin-Dynastie sowie gedruckte Bücher aus dem 10.–14. Jh., wie zum Beispiel eine von dem Meister Wang Run im Jahre 1260 gebundene Gedicht- und Schriftensammlung, ›Blumen aus dem Literaturgarten‹, ein Werk, das aus dem 6./7. Jahrhundert stammt.
Seit Gründung der Volksrepublik konnte die Bibliothek ihren Bücherbestand durch Ankauf von antiquarischen Werken und Neuerscheinungen, durch Tausch, Geschenke und Pflichtexemplare von Verlagen erheblich bereichern. Sie verfügt inzwischen über 9,8 Millionen Bücher. Obwohl die Fläche der Bibliothek von 8000 qm im Jahre 1949 auf heute 40000 qm vergrößert wurde, reicht der Platz nicht aus; ein Neubau ist in Planung. 15 Lesesäle stehen den täglich etwa 2000 Besuchern zur Verfügung. Ausländische Besucher können in der Präsenz-Bibliothek ungehindert lesen. Das Ausleihen oder Photokopieren von Büchern bedarf einer speziellen Erlaubnis, die am schnellsten aufgrund vorgelegter Empfehlungsschreiben von Universitäten, Instituten oder chinesischen Behörden zu bekommen ist.

Dizhi Bowuguan, Geologisches Museum

Yangrou Hutong 15, Xisi
Öffnungszeiten: 8–11.30, 13.30–17.00, Mo. + Di. geschlossen

Lu Xun Bowuguan, Lu Xun-Museum 鲁迅博物馆

Fuchengmen Dajie

Öffnungszeiten: 8.30–11.00, 13.30–15.30, Mo. geschlossen

Zhou Shuren, 1881 in Shaoxing, Zhejiang, geboren, 1936 in Shanghai gestorben, schrieb seit 1918 unter dem Pseudonym **Lu Xun.** Er ist der Wegbereiter einer revolutionären Literatur in China, und seine Werke zählen zu den herausragendsten Arbeiten des 20. Jhs. Zu seinen bekanntesten Arbeiten gehören die Kurzgeschichten ›Tagebuch eines Wahnsinnigen‹ und ›Die wahre Geschichte des Ah Q'. In zahlreichen Essays nahm er zu den Problemen seiner Zeit Stellung.

In dem Museum ist Lu Xuns Werk zusammengetragen worden, es wurden insgesamt 1100 Briefe gesammelt sowie Tagebücher aus den Jahren 1912–1936 (Jahrgang 1922 ist verloren gegangen). Die frühesten ausgestellten Werke stammen aus dem Jahre 1919, es sind Abhandlungen über klassische Literatur; die letzten Schriften hatte er zwei Tage vor seinem Tode verfaßt. Der größte Teil des ausgestellten Werkes stammt aus dem Nachlaß, den seine Frau Xu Guangping nach seinem Tode während der Jahre des Bürgerkrieges gehütet hatte. Ein weiterer Teil wurde von seinen Freunden und Bekannten nach 1949 zur Verfügung gestellt. Erst kürzlich tauchte noch ein Brief aus dem Jahre 1904 auf, den er aus Japan einem Freund geschrieben hatte. Es ist eine seiner frühesten noch erhaltenen Handschriften.

Die Ausstellung ist in vier Gebiete unterteilt; analog zu seinen Lebensdaten umfaßt die erste Abteilung die Jahre 1881–1909, Kindheit und Ausbildung, sowie erste Übersetzungen ausländischer Werke. In der zweiten Abteilung werden die Jahre 1909–1927 abgehandelt, seine Reisen und ersten Schriften. Im dritten Teil folgen die Jahre 1927–1936, sein Leben und Wirken in Shanghai. Die vierte Abteilung berichtet über den Einfluß, den der Schriftsteller und sein Werk auf China hatten. Die Erstausgabe seines Gesamtwerkes ist hier ausgestellt. Die Herausgabe wurde 1938 nach seinem Tod von seinen Freunden finanziert. Sie ist heute in China eine Rarität und soll nur noch in drei Exemplaren vorhanden sein.

Lu Xun Guju, Lu Xun-Haus 鲁迅故居

Gleich westlich vom Lu Xun-Museum steht das Haus, in dem der Schriftsteller ab Mai 1924 für zwei Jahre gelebt hat. Es ist ein typisches Privathaus im traditionellen Stil. Das Mobiliar wurde nicht verändert.

Minzu Wenhuagong, Kulturpalast der Nationalitäten

民族文化宫

Fuchengmennei Dajie, Tel. 653231
Öffnungszeiten: 8.30–16.30, Mo. geschlossen

Anläßlich des zehnjährigen Jahrestages der Gründung der Volksrepublik wurde im Jahre 1959 ein Kulturzentrum für die Minderheiten Chinas gebaut. Es ist ein weißes Gebäude mit einem blaugrün glasierten Ziegeldach. Der 67 m hohe Mittelbau zählt dreizehn Stockwerke. Die Gesamtfläche des Kulturpalastes umfaßt 30700 qm. Er enthält achtzehn Ausstellungshallen, zwanzig Apartment-Gasträume und eine 300000 Bände umfassende Fachbibliothek, in der auch Zeitschriften in den Sprachen der nationalen Minderheiten ausliegen. Zum Bestand der Bibliothek gehören wertvolle alte Bücher wie Ortschroniken oder kanonische Schriften des Lamaismus.
In dem Restaurant kann der Gast Speisen der nationalen Minderheiten genießen. Besonders empfehlenswert ist das mongolische Gericht *Shuan Yangrou*, eine Art Feuertopf. Hauchdünne Scheiben Hammelfleisch werden kurz in siedendes Wasser eingetaucht und dann in eine besondere Sauce gestippt. Das Fleisch stammt von einjährigen Hammeln aus der Provinz Xinjiang oder aus Neimenggu, der Inneren Mongolei.
Hübsche Textilien und Kunstgegenstände der Minderheiten kann man in einem Laden am Restaurant kaufen. Im Ostflügel befindet sich ein Auditorium, das 1100 Menschen fassen kann und über eine Ultraschall-Simultandolmetscheranlage für sieben Sprachen der Minderheiten verfügt. In diesem Raum finden häufig Konzerte statt.
Der Westflügel enthält einen Tanz- und Speisesaal, eine mohammedanische Küche und einen Klub, in dem ab 21 Uhr zahlreiche Unterhaltungsmöglichkeiten wie zum Beispiel Tanz (So., Mi., Fr. 20.00–2.00), Billard, Bogenschießen oder Kegeln angeboten werden.

Zhongguo Renmin Geming Junshi Bowuguan, Militärmuseum der Revolution des Chinesischen Volkes

中国人民革命軍事博物館

Fuxinglu 9
Öffnungszeiten: 8.30–16.30, Einlaß bis 15.30, Mo. geschlossen

Das Museum gehört zu den riesigen Bauwerken, die nach 1949 in Beijing innerhalb kürzester Zeit errichtet wurden. Es dokumentiert die Zeit von der Gründung der Kommunistischen Partei Chinas 1921 bis zur Ausrufung der Volksrepublik 1949.

Tianwen Guan, Planetarium

Xizhimenwai Dajie, gegenüber vom Zoo

Xu Beihong-Gedenkstätte

Xinjiekou Bei Dajie 53
Öffnungszeiten: 9.00–17.00, Sa. + Mo. geschlossen

Xu Beihong (1895–1953) gehört zu den berühmtesten Malern Chinas. Besonders bekannt wurde er mit seinen Tuschmalereien galoppierender Pferde. Die Ausstellung zeigt Malerei, Kalligraphie und vieles aus dem privaten Besitz des Meisters.

Song Qingling-Museum

Beiheyan 46, am Ufer des mittleren der ›Hinteren drei Seen‹

Die Residenz der im Mai 1981 verstorbenen Witwe Dr. Sun Yatsens, dem ersten Präsidenten der provisorischen Regierung der Republik China, wurde in ein Museum umgestaltet (siehe auch S. 395, Grab Song Qinglings).
Die Anlage befindet sich in dem Garten einer qing-zeitlichen Prinzenresidenz. Song Qingling wohnte seit 1963 hier. Die Ausstellung bemüht sich um die Vermittlung eines genauen Überblicks über Leben und Werk dieser berühmten und allgemein verehrten Persönlichkeit.

Guozijian, Die Staatliche Akademie 国子监

Guozijian 15, südl. Andingmen Dajie
Öffnungszeiten: 8.30–19.30, Sa. + So. 8.30–17.30, Mo. geschlossen

Die Guozijian-Akademie wurde im Jahre 1287 gebaut, nach dem Vorbild alter kaiserlicher Schulen, wie es sie schon seit der Han-Dynastie gab. Während der Yuan-Dynastie studierten Han-Chinesen hier die mongolische Schrift und Kriegskunst. Mongolische Jungen lernten dagegen Han-Chinesisch. Während der Ming-Dynastie wurde die Schule weiter ausgebaut und verbessert. Wichtigster Lehrstoff waren die Klassiker. 1784 ließ der Qianlong-Kaiser die gesamte Anlage vollkommen restaurieren und wie einen Palast herrichten. Die Dächer wurden mit glasierten Ziegeln von kaiserlichem Gelb gedeckt. Heute gehört die Schule zur Beijinger Stadtbibliothek. Sie wurde 1956 renoviert.
Das zentrale Gebäude der Anlage ist der *Piyong*-Pavillon auf einer kleinen Insel in einem Teich. Er stammt aus der Qianlong-Zeit. Der Kaiser hielt hier

vor Lehrern, hohen Beamten und Studenten Vorlesungen über die Klassiker. In den westlichen und östlichen Galerien der Guozijian standen mehr als 190 Stelen, in die die dreizehn Klassiker von Jiang Heng in 12 Jahren eingemeißelt wurden. Insgesamt umfaßten die Texte 630 000 Zeichen. Es handelt sich um folgende Klassiker: *Zhouyi, Shangshu, Shijing, Zhouli, Yili, Liji, Chunqiu Zuozhuan, Chunqiu Gongyangzhuan, Chunqiu Guliangzhuan, Lunyu, Xiaojing, Erya, Mengzi.* Diese Stelen, auch **Qianlong-Stelen** genannt, weil sie auf seinen Befehl hin angefertigt wurden, werden heute östlich von Guozijian aufbewahrt.
Nördlich des *Piyong*-Pavillons liegt die Halle *Yilun Tang*, früher Unterrichtsraum und Bibliothek, heute Lesesaal. In den Seitenhallen lagen die Klassiker aus. Hinter der *Yilun Tang* befindet sich ein Hof mit dem Pavillon *Jingyi Ting*. Hier waren früher die Verwaltungsräume untergebracht. Zu den Studenten, die an dieser Akademie studierten, gehörten ab 1728 auch einige Russen.

Shoudu Bowuguan, Hauptstadt-Museum

Dieses Museum befindet sich in dem ehemaligen Konfuziustempel (siehe S. 227).

Zhongguo Meishuguan, China-Kunstgalerie

Wusi Dajie, nördlich der Wangfujing Dajie
Öffnungszeiten: 9.00–17.00, letzter Einlaß 16.00, Mo. geschlossen

Die Kunstgalerie gibt einen Überblick über die moderne chinesische Malerei. Häufig werden Sonderausstellungen, u. a. auch Photoausstellungen, gezeigt. Der Galerie ist ein Laden angeschlossen, der über eine gute Auswahl von Reproduktionen, Scherenschnitten, Postkarten usw. verfügt.
Das Gebäude gehört zu den zehn großen Komplexen, die 1959 zum 10. Jahrestag der Gründung der Volksrepublik fertiggestellt wurden.

Guguanxiangtai, Observatorium 古观象台

Auf dem Weg vom Peking-Hotel zum Freundschaftsladen sieht man zur Rechten das erst kürzlich restaurierte alte Observatorium der Stadt. Es verfügt über sehr interessante astronomische Geräte und ist für jeden an Astronomie Interessierten unbedingt einen Besuch wert.

Beijing Ziran Bowuguan, Naturkundemuseum

Tianqiao Dajie, westl. vom Himmelstempel
Öffnungszeiten: 8.30–16.00, Mo. geschlossen

Beijing Daxue (Beida), Beijing Universität
Qinghua Daxue (Qingda), Qinghua Universität

北京大学
清华大学

Einige Reisende haben sicher Gelegenheit, eine der Beijinger Universitäten zu besuchen. Die beiden größten der Stadt sind die Beijing Daxue (Beida) und die Qinghua Daxue (Qinghua).
Die **Beijing Daxue** ist heute die größte geisteswissenschaftliche Universität des Landes. Sie zählt eine Studenten- und Lehrerschaft von insgesamt 20 000 Personen. Sie wurde bereits im Jahre 1898 mit Hilfe amerikanischer Unterstützung unter dem Namen *Yanjing Daxue* gegründet. Damals hatte sie ihren Platz in der Nähe des Jingshan. Die *Yanjing* Universität wurde bald Treffpunkt fortschrittlicher junger Leute. Hier entwickelten sich die Gedanken und Ideen, die später während der 4. Mai-Bewegung von 1919 von den Studenten öffentlich formuliert wurden. Aus dieser Universität rekrutierten sich immer neue Kräfte, die den antijapanischen Widerstand und die Revolution vorantrieben. 1953 siedelte die Universität auf das heutige Gelände um. Bei dieser Anlage handelt es sich um eine ehemalige Privatresidenz eines vom Qianlong-Kaiser geschätzten Beamten. Inzwischen sind hier viele neue Lehr- u. Wohngebäude entstanden. Im Gegensatz zu den deutschen Universitäten gleichen die chinesischen Universitäten kleinen Städten, in denen gewohnt, gelehrt und studiert wird. Kleine Läden versorgen die Studenten und Lehrer mit allem Notwendigen. Auch während der Kulturrevolution wurde diese Universität wieder Zentrum der Auseinandersetzung mit den neuen Ideen. Auf dem Universitätsgelände befindet sich ein See, an dessen Südufer das Grab Edgar Snows zu sehen ist.
Edgar Snow war ein amerikanischer Journalist, der durch seine Reportagen von den Schauplätzen der chinesischen Revolution, sein Buch ›Roter Stern über China‹ und durch seine freundschaftlichen Beziehungen zu Mao Zedong bekannt geworden ist. 1972 beauftragte ihn Mao Zedong, dem amerikanischen Präsidenten Richard Nixon Chinas Gesprächsbereitschaft zu Kontakten mit den USA zu signalisieren. Die Hälfte seiner Asche wurde hier, die andere Hälfte in der Schweiz beigesetzt.

Die **Qinghua Daxue** ist die größte Universität für Naturwissenschaften und Technik. An Lehrern und Studenten umfaßt sie mehr als 10 000 Personen. Insgesamt gibt es dreizehn Institute.
Zur Zeit der Kulturrevolution herrschte hier wie auch an der Beida großes Chaos. Viele Professoren, Dozenten und Angestellte wurden politisch angegriffen und verfolgt. Der Unterricht mußte praktisch eingestellt werden. Nach dem Sturz der Viererbande wurde die Universitätsleitung reorganisiert. Zu Unrecht verfolgte Lehrer wurden rehabilitiert und wieder in ihre alten Positionen eingesetzt.

Sehenswürdigkeiten in den Randbezirken

Yihe Yuan, Sommerpalast 頤和園

Öffnungszeiten: 7.00–18.00

In der nordwestlichen Vorstadt Beijings liegt der Sommerpalast, Yihe Yuan, Garten der harmonischen Einheit. Es handelt sich hier um den größten und besterhaltenen kaiserlichen Garten Chinas, ein hervorragendes Beispiel klassischer Gartenbaukunst. Der künstlich angelegte *Kunming*-See, der Berg der Langlebigkeit, die von Menschenhand geformten Hügel sowie Hallen, Pavillons und Tempel bilden trotz unterschiedlicher Stilrichtungen eine vollkommen harmonische Einheit. Hier wurde auch die in der chinesischen Gartenbaukunst übliche ›Ausleihmethode‹ realisiert. Die nicht zur Anlage gehörende Landschaft wird in das Ganze mit einbezogen. Der im Westen liegende *Yuquan Shan*, Jadequellberg, mit seiner Pagode und die *Xishan*, Westberge, scheinen durch ihre Widerspiegelung im *Kunming*-See zur Anlage zu gehören.
Viele Jahrhunderte hindurch hatte dieses Gebiet die Herrscher angezogen. Den Grundstein legte im Jahre 1153 der Kaiser der Jin-Dynastie. Er ließ den *Jinshui Yuan*, den Garten des Goldenen Wassers anlegen. Unter den Kaisern der Yuan- und Ming-Dynastie wurde die Anlage erweitert. Während der Yuan-Zeit vergrößerte und vertiefte man den See, zur Ming-Zeit wurden verschiedene Pavillons gebaut. Unter dem Qianlong-Kaiser (1736–95) erfolgten die aufwendigsten Arbeiten, und der Park erreichte die heutigen Ausmaße von 290 Hektar. Drei Viertel davon nimmt der *Kunming*-See ein. Seit Qianlong nannte man den Garten *Qingyi Yuan*, Garten der klaren Wellen. Da sich die kaiserliche Familie in den heißen Sommermonaten meist hier aufhielt, wurde die Palastanlage bald Sommerpalast genannt.
1860 verwüsteten englisch-französische Interventionstruppen die Anlage. 1888 ließ die Kaiserinwitwe Cixi den gesamten Sommerpalast wieder aufbauen. Die enormen Kosten deckte sie mit Geldern, die für den Bau der chinesi-

schen Flotte vorgesehen waren. Sie nannte die Anlage Yihe Yuan und machte sie zu ihrer Sommerresidenz.
Im Jahre 1900 wurde der Park erneut von ausländischen Truppen geplündert und anschließend durch Feuer zerstört. Cixi zögerte nicht, 1903 noch einmal Unmengen von Geld für die Erneuerung aufzubringen. Nach dem Sturz der Qing-Dynastie wurde die Anlage im Jahre 1924 zu einem öffentlichen Park erklärt. Seit 1949 sind umfangreiche Renovierungsarbeiten vorgenommen worden. Heute ist der Sommerpalast bevorzugtes Ausflugsziel vieler tausend Menschen.
Die gesamte Anlage des Yihe Yuan ist von Mauern umgeben. Es gibt drei Eingänge, das West-, Nord- und Osttor. Als Haupteingang dient heute das Osttor (1). Vor diesem befindet sich zwischen den beiden Treppen eine riesige Steinplatte, *Drachen-Wolken-Stein* genannt, die zwei mit einer Perle spielende Drachen darstellt. Dieser Stein wurde nach der Zerstörung des Yuanming Yuan-Parkes hierhergebracht. Über dem Toreingang hängen die Schriftzeichen *Yihe Yuan.* Nach Durchquerung des ersten Innenhofes gelangt man zur *Renshou Dian,* Halle des Wohlwollens und Langen Lebens (2). Hier hielt die Kaiserinwitwe Cixi ihre Audienzen ab. Ihr Thron steht noch immer im Zentrum der Halle, dahinter ein Wandschirm, auf dem das Zeichen für ›Langes Leben‹ *Shou* zu sehen ist. Während der Audienzen hing ein dünner Vorhang am Eingang der Halle, so daß Cixi die zur Audienz versammelten Menschen jenseits des Vorhanges sehen konnte, selbst jedoch unsichtbar blieb.
Nördlich der *Renshou Dian* liegt der *Dehe Yuan,* Garten der Tugendreichen Harmonie (3), das Palasttheater. Es wird berichtet, daß bei der Ankunft der Kaiserinwitwe Cixi und an ihren Geburtstagen hier Opernaufführungen stattfanden, die sich über mehrere Tage hinziehen konnten. Das Theater ist 21 m hoch und verfügt über offene Bühnen in drei Stockwerken. Jede Bühne hatte in ihrer Decke Falltüren, durch die die Darsteller von Geistern und Göttern auftauchen und verschwinden konnten. Unter der 17 m langen unteren Bühne war ein Wasservorrat angelegt, der es erlaubte, während der Vorführung Wasserspiele zu zeigen. Heute wird bei bestimmten Anlässen nur noch die untere Bühne benutzt. Cixi saß während der Aufführungen in der gegenüberliegenden Halle *Yile Dian* (4).
Südwestlich vom Theater steht am Seeufer der *Yulan Tang,* Palast der Jadewellen (5), in dem ursprünglich das Schlafgemach des Guangxu-Kaisers untergebracht war. Später wurde der unglückliche Kaiser hier für 10 Jahre auf Anordnung Cixis unter Hausarrest gestellt.
Als im Jahre 1874 Cixis Sohn einer Krankheit erlegen war, hatte sie ihren 4jährigen Neffen zum Kindkaiser gemacht und für ihn die Regentschaft fortgeführt. Ende des 19. Jh. folgte der junge Guangxu-Kaiser dem Reformprogramm progressiver Intellektueller und wandte sich auf diese Weise gegen

Cixi und ihre konservativen Berater. Im September 1898 beauftragte er heimlich General Yuan Shikai, den mächtigen Rong Lu, einen treuen General der Kaiserinwitwe, zu töten. Yuan Shikai versprach zwar, diesen Befehl auszuführen, gehorchte jedoch nicht und berichtete sofort Cixi von dem Plan. Die Folge war, daß Guangxu unter Hausarrest gestellt und viele Befürworter der Reformen getötet wurden.
Vom Seeufer aus hat man einen ausgezeichneten Blick auf die nähere Umgebung sowie auf den Jadequellberg und die Westberge.
Geht man weiter in Richtung Norden, kommt man zur *Leshou Tang*, Halle der Freude und des Langen Lebens (6). Dieses Gebäude war das Hauptgebäude des gesamten Wohnkomplexes, in dem Cixi nach dem Mondkalender vom 1. April bis zum 10. Oktober residierte. Den Winter verbrachte sie im Kaiserpalast in der Stadt. Die Einrichtung dieser Halle ähnelt der des *Gugong*, Kaiserpalast. Der Wandschirm hinter dem Thron im Innern der Halle ist verziert mit einer Vielzahl von Vögeln, die dem Phönix, der Königin unter den Vögeln und Symbol der Kaiserin, huldigen. Der Raum ist reich an Kunstgegenständen aus Jade, Koralle, Elfenbein und Perlen. In einem hinteren Zimmer befindet sich das Schlafgemach. Die Mahlzeiten, die die Kaiserinwitwe Cixi einnahm, umfaßten zur Auswahl jeweils 128 Gerichte. Das entsprach einem Wert von drei Mahlzeiten pro Tag für 5000 Bauern.
Vor der *Leshou Tang* befindet sich eine Anlegestelle. Von hier aus unternahm Cixi Fahrten auf dem *Kunming*-See.
Eine der wichtigsten Sehenswürdigkeiten ist der 728 m lange überdachte *Changlang*, Wandelgang (8), am Fuße des Wanshou Shan, Berg der Langlebigkeit. Er verläuft vom Tor *YaoyueMen*, ›Das den Mond einladende Tor‹ (7), im Osten bis zum *Shiwen Ting*, Pavillon der Steininschriften, im Westen am nördlichen Seeufer entlang und wurde unter Qianlong 1750 errichtet. Genau wie die anderen Gebäude fiel er jedoch den Zerstörungen zum Opfer und verbrannte 1860. Cixi ließ ihn wieder aufbauen. Der Korridor schützt vor Regen und Sonne, hier konnte man Ruhe und Entspannung finden. Es ist der längste aller Wandelgänge in chinesischen Gartenanlagen. Die Beijinger sagen, er sei so lang, daß ein verliebtes Paar an dem einen Ende die ersten Worte der Liebe wechseln und an dem anderen angekommen, den Tag der Hochzeit festlegen könne. Sein Dach ruht auf 273 Säulenpaaren, die durch Querbalken verbunden sind. Diese Querbalken sowie die zu beiden Seiten der Decke entlang laufenden Balken sind mit farbenprächtigen Malereien versehen. Es sind Bilder berühmter chinesischer Landschaften, vor allem Szenen aus Hangzhou, sowie Darstellungen von Vögeln, Blumen und Episoden aus bekannten Volkserzählungen. Keines der Bilder ist zweimal zu finden. Die schönsten Malereien befinden sich in den vier Pavillons, von denen der Korridor unterbrochen wird.

Hat man die Hälfte des Wandelganges hinter sich, gelangt man an ein Schmucktor, *Pailou,* direkt am Seeufer. Hier beginnt der Aufstieg zum *Wanshou Shan,* Berg der Langlebigkeit (9). Der Qianlong-Kaiser hatte diesen Namen 1750 anläßlich des 60. Geburtstages seiner Mutter gewählt.
Zwischen dem Pailou und dem *Paiyun Men-Tor* (10) stehen Koniferen und zwölf bizarre Steine aus dem Taihu, einem See bei Wuxi. Sie stellen die Tiere des Zwölfjahreszyklus dar.
Das *Paiyun Men*-Tor wird von zwei Bronzelöwen bewacht. Hinter dem Tor sind auf der Ostseite die Halle *Yuhua Dian* (11), auf der Westseite die Halle *Yunjin Dian* (12) zu sehen. Durch das zweite Tor gelangt man zur *Paiyun Dian,* Halle zur Zerstreuung der Wolken (15). Die Hallen *Fanghui Dian* (13) und *Zixiao Dian* (14) stehen zu beiden Seiten. Die *Paiyun Dian* ist auf einer von Marmorbalustraden verzierten Terrasse errichtet und über Treppen von drei Seiten her zu erreichen. Die Kaiserinwitwe nahm in dieser Halle die Gratulationen der Beamten anläßlich ihrer Geburtstage entgegen. Ein Portrait zeigt sie im Alter von 69 Jahren. Es wurde von dem holländischen Künstler Hubert Voß im Jahre 1903 in Öl gemalt.
Zwei symmetrische Korridore führen von den Seiten der Halle aus bergauf zur *Dehui Dian,* Halle des Tugendhaften Lichts (16). Von dort aus gehen steile Steintreppen hinauf zum *Foxiang Ge,* Pavillon zum Duft des Buddha (17). Diese gewaltige Anlage gehört zu den architektonisch hervorragendsten Bauwerken der Residenz. Auf einem riesigen Steinfundament ruht ein 41 m hoher achteckiger Pavillon. Er wird im Innern gestützt von vier Säulen aus sogenanntem Eisenholz.

Sommerpalast

1. Haupttor
2. Halle Renshou Dian
3. Garten Dehe Yuan
4. Halle Yile Dian
5. Palast Yulan Tang
6. Halle Leshou Tang
7. Tor Yaoyue Men
8. Wandelgang Changlang
9. Berg Wanshou Shan
10. Tor Paiyun Men
11. Halle Yuhua Dian
12. Halle Yunjin Dian
13. Halle Fanghui Dian
14. Halle Zixiao Dian
15. Halle Paiyun Dian
16. Halle Dehui Dian
17. Pavillon Foxiang Ge
18. Anlage Zhuanlun Zang
19. Pavillon Baoyun Ge
20. Halle Zhihuihai
21. Restaurant Tingli Guan
22. Pavillon Huazhongyou
23. Marmorschiff Shifang
24. Insel Nanhu Dao
25. Brücke Shiqikong Qiao
26. Bronzeochse Tongniu
27. Tempel Longwang Miao
28. Westdeich Xidi
29. Brücke Yudai Qiao
30. See Houhu
31. Tempel Xumiling Jing
32. Turm Jingfu Ge
33. Pavillon Yishou Tang
34. Pavillon Lenong Xuan
35. Garten Xiequ Yuan
36. See Kunming Hu

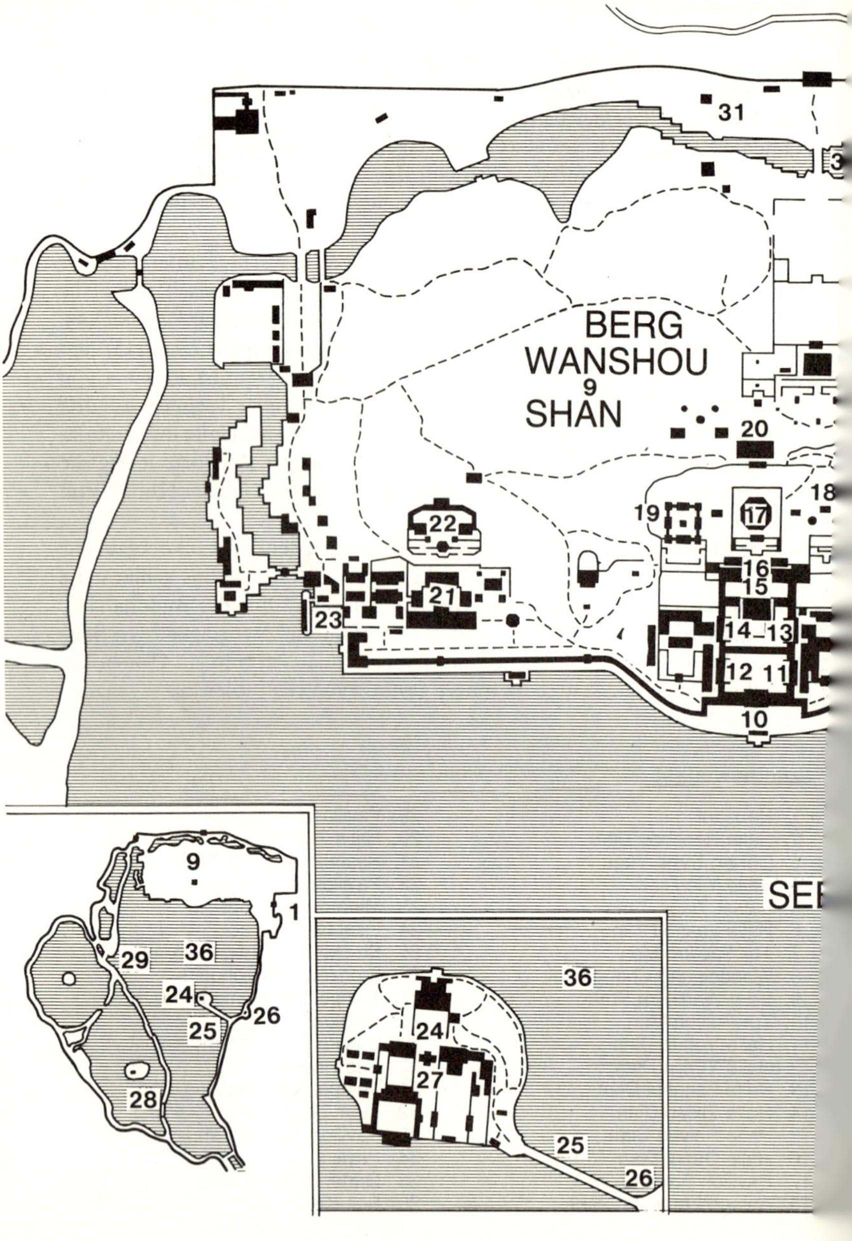

31
BERG
WANSHOU
9
SHAN
20
18
19
17
22
16
15
21
23
14
13
12
11
10
SE
9
1
29
36
24
26
25
28
36
24
27
25
26

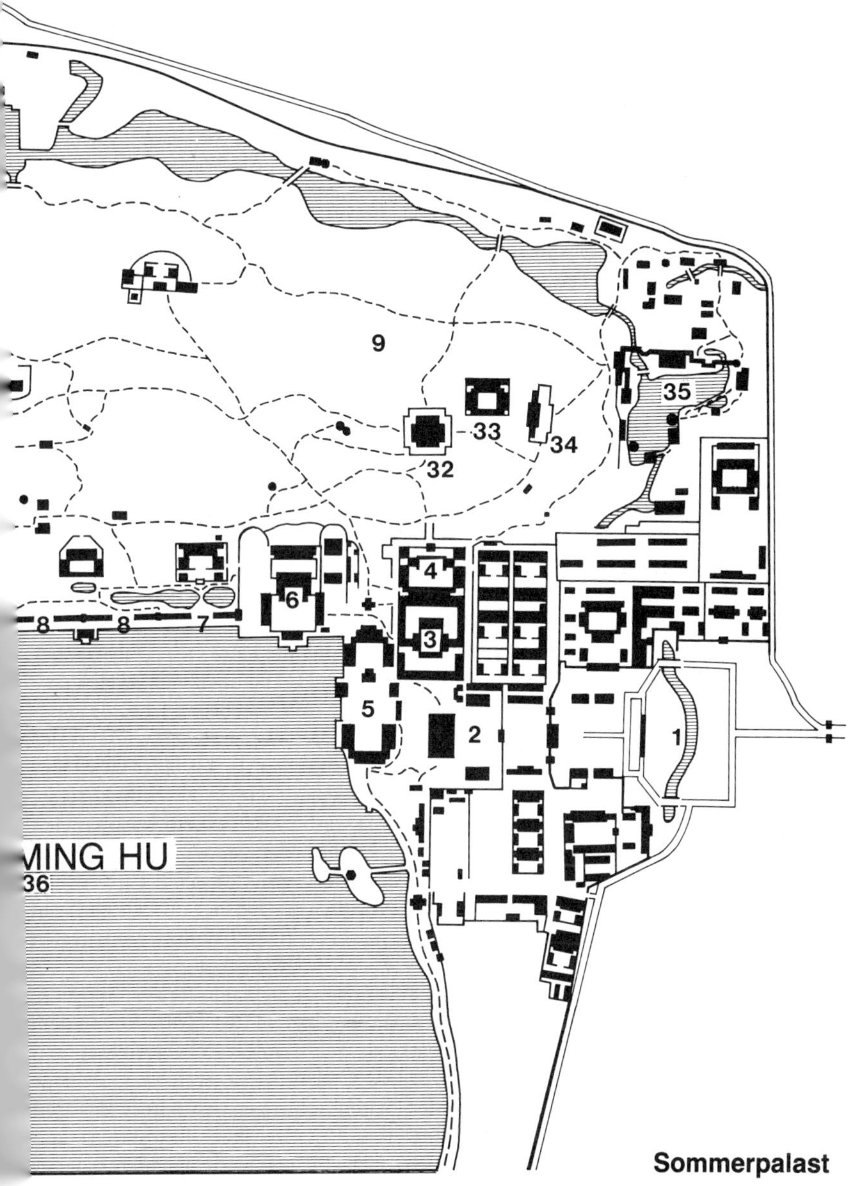

Sommerpalast

Von der Terrasse hat man einen herrlichen Blick auf die gesamte Parkanlage. In den Gebäuden östlich des Berges wohnte früher kaiserliche Verwandtschaft. Heute sind dort Gästehäuser untergebracht. Östlich vom *FoxiangGe* steht die *Zhuanlun Zang;* ›Depot für klassische buddhistische Schriften‹ (18). In der Mitte dieser Anlage erhebt sich auf einer Terrasse eine Steinstele mit einer Inschrift des Qianlong-Kaisers: *Wanshou Shan, KunmingHu* (Berg der Langlebigkeit, Kunming-See); auf der Rückseite steht ein Bericht über das Anlegen des *Kunming*-Sees. Zu beiden Seiten der Stele befindet sich jeweils ein Pavillon. In jedem steht eine achteckige Holzpagode, Nachbildungen zweier Pagoden im *Fayun*-Tempel in Hangzhou. Westlich vom *FoxiangGe* befindet sich der *BaoyunGe,* Pavillon der kostbaren Wolken (19), vollkommen aus Bronze gebaut, auch *Tongting,* Bronzepavillon, genannt. Auf seiner Südseite sind die Namen der an seinem Bau beteiligten Handwerker eingeritzt. Nördlich vom *FoxiangGe* steht auf dem Gipfel des Berges der Langlebigkeit das rechteckige Bauwerk *Zhihuihai,* Meer der Weisheit (20). Es ist mit gelben und grünen Keramikziegeln verziert, in deren Nischen Buddha-Figuren sitzen. Vielen Figuren hat man während der Plünderungen des letzten Jahrhunderts die Köpfe abgeschlagen. Im Inneren des Gebäudes befindet sich eine vergoldete sitzende Buddha Statue.

Wer nicht gleich den *Wanshou Shan* hinaufsteigt, sondern erst den Wandelgang weiter in Richtung Westen geht, kommt kurz vor dem Ende des Korridors an dem *Tingli Guan* (21) vorbei, einer Anlage, in der sich jetzt das Restaurant ›Höre die Pirole‹ befindet. Früher sah die kaiserliche Familie hier Opern oder lauschte dem Gesang der Pirole. Im Hof ist noch eine zweistöckige Bühne zu sehen, auf deren unterer Etage nun Tische und Stühle eines Gartenrestaurants aufgestellt wurden. Auf der Speisekarte stehen Gerichte der kaiserlichen Küche. Besonders zu empfehlen sind hier die Fischgerichte. Wer Appetit hat, kann sich ein Fischdiner mit vielen Gängen zusammenstellen lassen. Alle Fische kommen aus dem *Kunming*-See. Aus einem Karpfenteich kann sich der Gast selbst einen Fisch aussuchen, der dann sofort zubereitet wird. Eine weitere Attraktion ist die Möglichkeit, sich in alten kaiserlichen Gewändern photographieren zu lassen. Nördlich des Restaurants Tingli Guan befindet sich der *Huazhongyou* (22), ein achteckiger Pavillon, von dessen Obergeschoß man einen sehr schönen Ausblick hat.

Am westlichen Ende des Wandelganges liegt das 36 m lange *Shifang,* Marmorschiff (23). Die Basis ist aus Marmor, die Aufbauten aus Holz. Unter dem Qianlong-Kaiser war die Marmorbasis als Schiffsanlegestelle errichtet und mit einem Holzaufbau versehen worden. Cixi ließ eine weitere Holzetage bauen und zwei Steinräder zu beiden Seiten anbringen. So wurde das nun entstandene Schiff ein ironischer Hinweis auf die eigentliche Bestimmung des Geldes, denn Cixi hatte mit den Geldern, die für den so dringenden Bau der

chinesischen Flotte gebraucht wurden, die Renovierung ihrer Privatresidenz finanziert.
In südlicher Richtung liegt im Kunming-See die *Nanhu Dao,* Südsee-Insel (24). Sie ist mit einem Fährboot zu erreichen, das in der Nähe des Marmorschiffs abfährt, oder von Südosten zu Fuß über die marmorne *Shiqikong Qiao,* die Siebzehn-Bogen-Brücke (25). Diese imposante Brücke hat eine Länge von 150 m. Ihr Geländer ist mit 500 kleinen Säulen verziert, auf denen Löwen sitzen, alle individuell geformt. Kurz vor der Brücke liegt ein *Bronzeochse* (26) auf einem Steinsockel. In Anlehnung an eine alte Tradition, nach der ein Eisenochse an jeder neu errichteten Wasserbauanlage postiert wurde, um den Wassergeist in Schach zu halten, ließ der Qianlong-Kaiser nach der enormen Vergrößerung des Sees diesen Ochsen gießen und hier aufstellen.
Auf der Insel stehen der *Longwang Miao,* Tempel des Drachenkönigs (27) und die *Hanxu Tang,* Halle der Bescheidenheit. Im Süden überspannt eine Brücke, die *Xiu'yi Qiao* das Ende des Sees. Von dort aus führt ein Kanal nach Beijing.
Im Westen des Sees ist der *Xidi,* Westdeich (28) angelegt, der den nordwestlichen Teil der Parkanlage mit dem südlichen verbindet. Der Deich ist eine Nachbildung des Su Dongpo-Deiches im *Xihu,* Westsee, von Hangzhou. Der Qianlong-Kaiser und seine Mutter waren große Verehrer der landschaftlichen Schönheit Hangzhous. Auch die sechs Brücken, die in der Deichanlage enthalten sind, sind Nachbauten der Brücken im vorgenannten Westsee. Die schönste unter ihnen ist die *Yudai Qiao,* Jadegürtelbrücke (29), ein einziger hoher Bogen mit marmornen Balustraden.
Die meisten Besucher des Sommerpalastes drängeln sich in den Gartenanlagen, Pavillons und Hallen des *Qianshan,* des südlichen oder vorderen Teils des Berges *Wanshou Shan.* Geruhsamer geht es am *Houhu,* Hinteren See (30), auch *Suzhou He,* Suzhou-Fluß genannt, zu, der sich am nördlichen Fuß des Berges der Langlebigkeit entlangzieht. Man erreicht ihn am schnellsten, wenn man vom *Dehe Yuan,* Garten der Tugendreichen Harmonie (3), oder am Marmorschiff vorbei in Richtung Norden geht. Hier verlief früher die *Suzhou*-Straße. Eine Brücke führt zu ihr hinüber und weiter zum Nordtor, dem früheren Haupttor des Sommerpalastes. Die *Suzhou*-Straße war ursprünglich eine Geschäftsstraße, gesäumt von Buch- und Weinläden, Antiquitätengeschäften und Teehäusern. Sie war unter Qianlong geschaffen worden, – ein Versuch, das rege Treiben auf den Kanälen in Suzhou hier nachzuempfinden. Natürlich handelte es sich nicht um gewöhnliche Leute, die innerhalb der Palastanlagen ihre Geschäfte führen durften, sondern um Eunuchen, die nur in der Zeit, in der die kaiserliche Familie an diesem Platz weilte, ein fröhliches Durcheinander veranstalteten. Die Ladenstraße brannte während der Verwüstungen zweimal nieder und wurde dann nicht wieder aufgebaut. Südlich der ehemaligen *Suzhou*-Straße befindet sich der buddhistische Tempel *Xumiling*

Jing (31), ebenfalls unter Qianlong erbaut. Sehenswert ist die 16 m hohe achteckige *DuobaoTa*, die Pagode der vielen Schätze, ein hauptsächlich mit gelben und grünen Ziegeln verkleideter Bau. Kleine Glöckchen hängen an den Dachvorsprüngen und klingen bei leichtem Wind.
Weiter östlich stehen *Jingfu Ge*, (32) ein Aussichtsturm, *Yishou Tang*, Pavillon des Langen Lebens (33), und *Lenong Xuan*, Pavillon der Freude und Landwirtschaft (34). Ganz im Osten befindet sich der ›Garten im Garten‹, wie man liebevoll den *Xiequ Yuan*, Lustgarten der Harmonie (35), nennt. Im südchinesischen Stil angelegt, ist dies die ruhigste und harmonischste Anlage im Sommerpalast. Vier Gebäudekomplexe gruppieren sich verbunden durch Wandelgänge um einen Teich, der im Sommer von Lotosblüten übersät ist. Das Wasser des Teichs kommt aus dem *Kunming*-See. Auch diese Anlage wurde unter Qianlong gebaut und ist die Nachbildung einer südchinesischen Anlage, und zwar eines Gartens am Fuße des Huishan-Berges in Wuxi. Früher hieß er deshalb *Huishan*-Garten. 1893 wurde er nach der Verwüstung wiederhergestellt. Cixi nannte ihn dann *Xiequ Yuan*. Sie pflegte hier ihren Tee zu trinken und ihre Mittagspausen zu verbringen. Die Einrichtung der damaligen Zeit ist noch erhalten.

Yuanming Yuan, Die Ruinen des alten Sommerpalastes Yuanming Yuan

圆明园遗址

Es sind schon oft bei der Beschreibung der Beijinger Sehenswürdigkeiten die Zerstörungen durch die abendländischen Mächte erwähnt worden. Meist konnten die Spuren der Verwüstung durch Restaurierung und Wiederaufbau getilgt werden. Der Yuanming Yuan ist jedoch noch heute ein Mahnmal ausländischer Gewalt.
Der Yuanming Yuan liegt am nordwestlichen Stadtrand, nördlich von der Beida (Beijing Universität) und nur 500 m vom Sommerpalast Yihe Yuan entfernt. Er entstand während der Qing-Dynastie im Verlaufe von 150 Jahren (Baubeginn war 1709) und umfaßte drei Gärten: den *Yuanming Yuan*, den *Changchun Yuan* und den *Qichun Yuan*. Sie wurden unabhängig voneinander, jedoch sich harmonisch ergänzend, angelegt. Die Gesamtfläche der Anlage betrug etwa 340 ha. Die Gipfel der Westberge bildeten den Hintergrund, Hügel und Seen wurden von Menschenhand geschaffen. Zahllose Quellen sprudelten und gaben ihr klares Wasser an kleine Kanäle ab, die sich durch liebliche Täler schlängelten. Weiße Marmorbrücken führten hier und da über die kleinen Wasserstraßen. Inmitten smaragdgrüner Wälder standen

Paläste, Hallen, Pavillons und Tempel, teilweise durch Wandelgänge miteinander verbunden. An der architektonischen Gestaltung waren auch Europäer beteiligt, wie der italienische Jesuit F. Giuseppe Castiglione. Nach seinen Plänen wurde zwischen 1747 und 1760 während der Regierungsperiode Qianlong ein Komplex von Rokoko-Palästen gebaut.
Im Jahre 1860 wurde die gesamte Anlage innerhalb von 10 Tagen zerstört. Die englischen und französischen Truppen versuchten mittels Gewalttaten, die kaiserliche Regierung einzuschüchtern und sich neue Niederlassungsgebiete und die Exterritorialität zu erzwingen. Nachdem die kostbarsten Schätze geraubt waren, wurde die gesamte Anlage den Soldaten zur Plünderung freigegeben. Zum Schluß legte man auf englischen Vorschlag hin Feuer und ließ alles in Schutt und Asche untergehen. Heute sind nur noch einige verstreute Ruinen des *Xiyang Lou*, des ›Gebäudes im europäischen Stil‹ zu sehen, ein Portal, eine Steinschildkröte usw.
In einem kleinen Museum kann man sich über den Aufbau und die Zerstörung des Yuanming Yuan informieren. Ein Modell vermittelt vage Vorstellungen von ehemaliger Pracht und Größe der Anlage.
Der Yuanming Yuan wird im Vergleich zu anderen Parkanlagen nur von wenigen Beijingern besucht. Für Europäer ist der Besuch ein lohnenswertes Unternehmen, ist es doch ein Stück europäische Kolonialgeschichte, das hier in erschreckender Weise sichtbar wird.

Xishan, Westberge

Westlich von Beijing liegt eine langgestreckte Bergkette, Westberge genannt, deren Ausläufer zur Stadt hin sanft abfallen. Fünf interessante Sehenswürdigkeiten sind in diesem Gebiet zu finden: *Xiangshan Gongyuan*, Park des duftenden Berges; *Wofo Si*, Tempel des schlafenden Buddha; *Yingtao Gou*, Kirschenschlucht; *Biyun Si*, Tempel der azurblauen Wolken; *Badachu*, die acht Sehenswürdigkeiten.
Im Gegensatz zu den von Menschenhand geschaffenen Anlagen des Beihai-Parkes und des Sommerpalastes, ist die Landschaft der Westberge in ihrer Ursprünglichkeit erhalten geblieben und die Pavillons, Tempel und Gebäude sind harmonisch in die Natur hineingebaut.
Mit dem Bus oder Taxi fährt man am Sommerpalast vorbei in Richtung Westen. An einer Kreuzung, kurz vor dem Xiangshan-Park, führt eine Straße nach Norden zum *Wofo Si*, Tempel des schlafenden Buddha.

Wofo Si, Tempel des schlafenden Buddha 臥佛寺

Im Norden auf dem Shou'an-Berg steht eine der ältesten Anlagen der Beijinger Umgebung, der Wofo Si. Bereits im 7. Jh. wurde hier ein Tempel mit einem schlafenden Buddha errichtet. Unter den Kaisern der Yuan, Ming und Qing vergrößerte und verbesserte man die Anlage. Während der Ming-Zeit nannte man den Tempel *Yong'an Si,* Tempel des ewigen Friedens. Seit 1734 lautet der offizielle Name *Shifangpujue Si,* Tempel des universalen geistigen Erwachens, doch wird er wegen seiner berühmten Statue im allgemeinen Tempel des schlafenden Buddha genannt.
Er ist auf einer Nord-Süd-Achse in die Berglandschaft hineingebaut. Vor der Anlage wachsen uralte Koniferen. Man durchschreitet zunächst ein Schmucktor aus dem 18. Jh. Auf weißem Marmor lasten drei mit gelb und grün glasierten Keramikziegeln verzierte Rundbogen. In der Mitte des ersten Hofes befindet sich ein kleiner Teich (2), über den eine winzige Brücke führt. Hinter dem Teich erheben sich links und rechts der Glocken- (3) und der Trommelturm (4). Durch das Haupttor *Shanmen* (5) gelangt man in den zweiten Hof, in der die *Tianwang Dian,* Halle der Himmelskönige (6), liegt. Sie enthält Statuen von Maitreya-Buddha und den vier Himmelskönigen. In dem dritten Hof befindet sich auf einer Terrasse die Halle, *Sansheng Dian* (7) in der eine Sakyamuni-Statue zu sehen ist. Zu beiden Seiten stehen seine Schüler und an

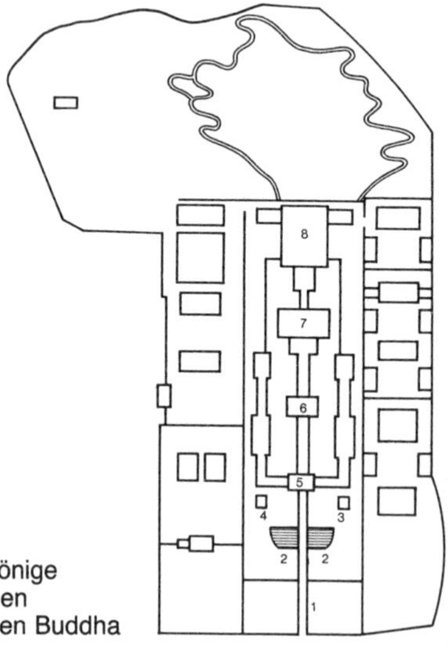

Wofo Si

1. Schmucktor
2. Teich
3. Glockenturm
4. Trommelturm
5. Bergtor
6. Halle der Himmelskönige
7. Halle der drei Heiligen
8. Halle des schlafenden Buddha

den Wänden die achtzehn Luohan. In der vierten und letzten Halle, der *Wofo Dian* (8), liegt der 5 m lange schlafende Buddha: ein Arm ruht auf seinem Körper, der andere stützt den Kopf. Die Statue soll bereits während der Yuan-Dynastie 1321 aus 250 Tonnen Kupfer gegossen worden sein. Die Geschichtswerke berichten, daß Tausende von Arbeitern bis 1331 an dem Projekt gearbeitet hätten. Die vorhandene Statue scheint allerdings leichter und auch jüngeren Datums zu sein. Zwölf Skulpturen der Schüler des Sakyamuni umgeben den schlafenden Buddha.
Im Norden erstreckt sich die im folgenden beschriebene Kirschenschlucht.

Garten Yingtao Gou 樱桃沟

Einen halben Kilometer nordwestlich vom Tempel liegen die Yingtao Gou, Kirschenschlucht, und der *Yingtaogou Yuan,* Garten der Kirschenschlucht, Ziel vieler stadtmüder Spaziergänger und Liebespaare. Die beste Jahreszeit für einen Besuch ist Sommer oder Herbst. Eine Straße führt vom Tempelgelände in Richtung Nordwesten in die Schlucht. Hier wuchsen früher viele Obstbäume, hauptsächlich Kirschbäume, die dem Garten seinen Namen gaben. Man gelangt nach mehreren hundert Metern an ein kleines Tor, den Eingang zum Garten der Kirschenschlucht, von dem aus kleine Wege den Berg hinaufführen. Nach kurzer Zeit erreicht man eine Quelle, deren Wasser so klar ist, daß nur wenige darauf verzichten, sich daran zu erfrischen. Gegenüber erhebt sich der ›Felsen des weißen Hirschs‹, in dessen unterem Teil sich die ›Höhle des weißen Hirschs‹ befindet. Es heißt, einst wäre ein Gott auf einem weißen Hirsch hierher gekommen und hätte sich, begeistert von der Landschaft, für einige Zeit niedergelassen.
Weiter bergauf kommt man zum *Bantian Yunlin,* dem ›Wolkengipfel auf dem halben Weg zum Himmel‹, der eine herrliche Aussicht auf die nahe und ferne Umgebung bietet.

Biyun Si, Tempel der azurblauen Wolken 碧云寺

Ein Dichter der Ming-Dynastie schrieb einmal: »In den Westbergen gibt es Hunderte von Hallen, Pagoden und Tempeln, doch keine dieser Anlagen ist so imposant, so feierlich und schön wie der Biyun Si.«
Der Tempel befindet sich nordöstlich vom Xiangshan-Park. Noch während der Yuan-Dynastie, im Jahre 1321, begann man mit dem Bau, während der Ming-Dynastie wurde er von einigen reichen Eunuchen weiter vorangetrieben. Zu Beginn des 16. Jh. ließ der kaiserliche Eunuche, Yu Jing, den Tempel

vergrößern und für sich eine Begräbnisstätte anlegen. Er fiel jedoch in Ungnade und wurde nie hier begraben. 1623 hatte der Eunuch Wei Zhongxian den gleichen Wunsch. Auch er ließ den Tempel vergrößern und eine Grabanlage bauen. Ihn ereilte das gleiche Schicksal wie Yu Jing. 1628 fiel auch er in Ungnade und erhängte sich. Ab 1748 folgte unter dem Qianlong-Kaiser die Erweiterung der Tempelanlage: der Bau der Halle der 500 Luohan sowie der Bau der *Jingangbaozuo Ta,* der Pagode des Diamantenthrons.

Vor der Tempelanlage befindet sich eine weiße Steinbrücke, die von zwei Steinlöwen bewacht wird.

Hinter der Brücke steht das sogenannte Bergtor, *Shanmen*. Treppen führen hinauf und weiter zur *Tianwang Dian,* Halle der Himmelskönige. Es folgt die *Milefo Dian,* Maitreya-Buddha-Halle, mit einer Maitreya-Statue.

Im zweiten Hof kommt man an einen Teich, der von einer Steinbalustrade umgeben ist. Die Halle *Pusa Dian* steht im dritten Hof. Zur Linken folgt die *500 Luohan-Halle*. Insgesamt gibt es in diesem Komplex 508 Statuen, 500 davon sind Luohan, jede der vergoldeten Holzfiguren ist 1,5 m groß und hat ihr besonderes Aussehen. Einige scheinen fröhlich, andere nachdenklich oder besonnen zu sein. Einige stellen junge, andere alte Männer dar. Wenige stehen, die meisten sitzen. Sieben von den 508 Statuen sind Götterfiguren, die in den Gängen untergebracht sind. Eine weitere Figur muß vom Besucher erst gesucht werden. Sie sitzt fröhlich auf einem Dachbalken in der Nähe der Eingänge und scheint sich mit einem Fächer frische Luft zuzufächeln. Es ist der Mönch Jigong. Man sagt, er sei beim Bau des Tempels mal wieder zu spät gekommen, und da alle Plätze schon vergeben waren, mußte er mit dem unbequemen vorlieb nehmen.

Die Statuen der 500 Luohan-Halle sind ein hervorragendes Beispiel chinesischer Bildhauerkunst.

Gegenüber steht die *Sun Yatsen-Gedenkhalle.* Im Zentrum befindet sich eine Büste Sun Yatsens, daneben ein von der Sowjetunion geschenkter Sarg. Das literarische Werk und einige seiner handschriftlichen Unterlagen werden ebenfalls in dieser Halle ausgestellt. In zwei Seitenräumen ist eine Fotodokumentation über sein Leben und Werk untergebracht.

Etwas weiter westlich befindet sich der *Shuiquan Yuan,* Wasserquellhof, mit vielen Schattenspendenden Bäumen. Hier sei der ideale Ort, so sagt man, um der Hitze des Sommers zu entgehen, Tee zu trinken, die Landschaft zu genießen und sich durch den Wind erfrischen zu lassen.

Im hinteren Teil der Anlage steht die *Jingangbaozuo Ta*, die Diamantenthronpagode. Sie wurde 1748 unter dem Qianlong-Kaiser gebaut. Der Name *Jingangbaozuo Ta* erinnert an den Ort *Bodh Gaya,* wo Siddhartha Gautama die Erleuchtung erlangte. Die Pagode ist 34,7 m hoch. Die beiden unteren Teile bilden eine Terrasse. Über steile Treppen erreicht man einen Pavillon und

Das ›Hängende Kloster von Hunyuan‹ über gähnendem Abgrund an den schroffen Felsen des Hengshan-Gebirges nördlich des Wutai Shan, Shanxi ▷

die obere Plattform, in deren Mitte die weiße Pagode steht. Sie ist umgeben von vier kleineren Pagoden und zwei Dagobas. Überall sind Steinreliefs zu sehen. Von hier aus hat man einen vorzüglichen Blick auf die gesamte Anlage, den Jadequellberg und die nördlichen Randgebiete der Stadt.
In der Jingangbaozuo Ta Pagode lag von 1925 an die Leiche Sun Yatsens aufgebahrt, bis sie 1929 nach Nanjing überführt wurde. Seine Kleidung und sein Hut blieben in Beijing und wurden hier begraben.

Xiangshan Gongyuan, Park des duftenden Berges

香山公园

Die höchste Erhebung der näheren Umgebung Beijings ist der Xiangshan, der duftende Berg, mit einer Höhe von 557 m.Zwei große Steine liegen auf seinem Gipfel, aus der Ferne sehen sie aus wie dreifüßige Weihrauchbrenner. Oft ist der Gipfel von Wolken umgeben, und da es von weitem wie Rauch aussieht, der aus den Weihrauchbrennern steigt, nannte man den Berg *Xianglu Shan*, Weihrauchbrennerberg, abgekürzt *Xiangshan*, Duftender Berg.
Im Jahre 1186 baute man hier einen Tempel und einen Palast. Während der Yuan- und Ming-Dynastie wurde das Gebiet kaiserlicher Jagdgrund; der Qianlong-Kaiser ließ es zu einem Park umgestalten. Als kaiserlicher Landsitz mit einer Fläche von 1600 ha wurde es durch eine Mauer abgegrenzt und nicht mehr für Jagden zugelassen. Der Kaiser ließ Pavillons, Terrassen und Tempel errichten, Bäume pflanzen und seltene Tiere aussetzen. Man nannte den Park nun den ›Garten der klaren Schönheit‹. In den Jahren 1860 und 1900 fiel er wie so viele andere Palastanlagen Beijings den Zerstörungen zum Opfer. Alles, außer einer Pagode, wurde niedergebrannt. Während der Jahre der Republik bauten die Mächtigen jener Zeit hier ihre Sommerresidenzen. Von der einstigen Pracht des Parks war nichts mehr erhalten geblieben. Erst das Ergebnis der Restaurierungsarbeiten der letzten Jahrzehnte, die Aufforstung und das Anlegen neuer Wege lassen den Besucher ahnen, daß dies einst einer der schönsten Parks Chinas war.
Die beste Jahreszeit für einen Besuch ist der Spätherbst, wenn seine Bäume ein flammendrotes Blätterkleid tragen. Dichter und Gelehrte haben von alters her die roten Blätter des Xiangshan besungen. Im Frühling und Herbst zeigen die Bäume rosige federartige Blüten, die von fern wie von der Sonne gefärbter Nebel erscheinen.
Da der Park relativ hoch gelegen und durch die Bäume entsprechend kühl ist, ist er besonders im Sommer beliebtes Ausflugsziel.

◁ *Insel Xiao Yingzhou im Xihu, Westsee, von Hangzhou, Zheijang*

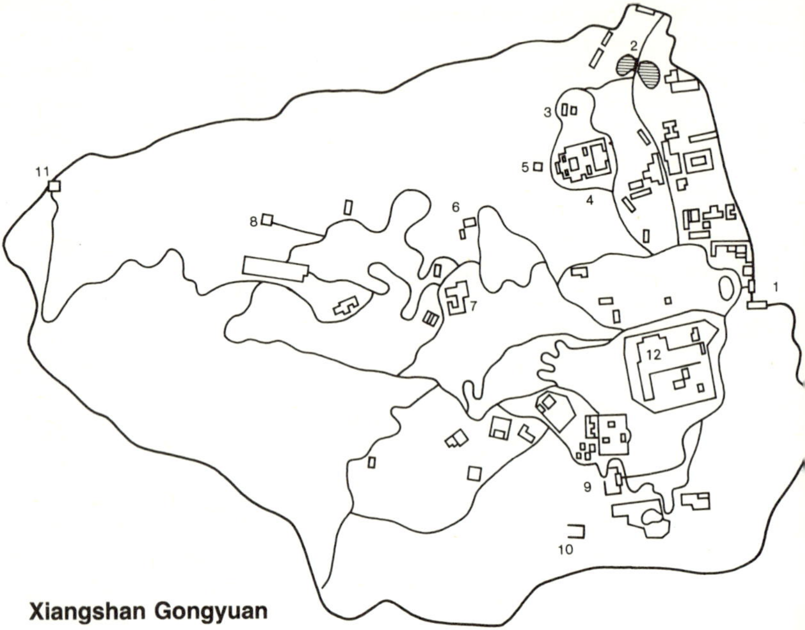

Xiangshan Gongyuan

1. Osttor
2. Brillensee
3. Pavillon der Selbstprüfung
4. Leuchtender Tempel
5. Pagode Liuli Ta
6. Lotoshalle
7. Jadeblumenbergvilla
8. Aussichtspunkt Xishan Qingxue
9. Xiangshan-Tempel
10. Shuangqing-Villa
11. Weihrauchbrennerberg
12. Hotel Xiangshan Fandian

Das Osttor (1) ist der Haupteingang; am Nordtor befindet sich ein Lift, der zur Spitze des Xiangshan führt.
Im nördlichen Teil des Parks liegt der *Yanjing Hu,* der Brillensee (2). Es sind eigentlich zwei Seen, die durch eine Brücke in der Mitte verbunden sind und bei Sonnenschein wie eine das Licht reflektierende Brille wirken.
Südwestlich des Brillensees steht der *Jianxin Zhai,* (3) Pavillon der Selbstprüfung. Er wurde im 16. Jh. im südchinesischen Stil errichtet. In der Mitte des Hofes liegt ein halbmondförmiger Teich, der von den Quellen in der näheren Umgebung gespeist wird. Der Teich ist von einem Korridor umgeben. Dieser Hof ist für sein Echo bekannt, das von der östlichen, südlichen und nördlichen Wand zurückschallt.

Geht man einige Stufen bergauf, gelangt man zur Halle Zhongning Tang, einem ruhigen und stillen Plätzchen, auch Garten im Park genannt.
Südlich des *Jianxin Zhai* liegt der *Zhaomiao* (4), Leuchtender Tempel. Er wurde unter dem Qianlong-Kaiser 1780 im tibetischen Stil errichtet und sollte dem Panchan Lama als Residenz dienen. Früher soll die Spitze des Daches aus purem Gold gewesen sein. Vor dem Tempel steht ein imposantes Schmucktor.
Westlich des Tempels ragt die sieben Stockwerke hohe, achteckige Pagode *Liuli Ta* (5) empor. In jedem Stockwerk hängen an den acht Ecken kleine Bronzeglocken, die im Wind leise klingen.
Vom *Zhaomiao* führt ein Weg in Richtung Süden vorbei an der *Furong Guan*, Lotoshalle (6) bis zur *Yuhua Shanzhuang*, Jadeblumenbergvilla (7). Hält man sich weiter nach Westen, gelangt man zum Aussichtspunkt *Xishan Qingxue* (8). Ganz im Westen des Parks liegt der *Xiangshan*, der Duftende Berg. Der Weg, der zum Gipfel hinaufführt, heißt *Gujianchou*, Sogar der Teufel hat Angst. Auf dem Gipfel (11) angekommen, sieht man im Osten den Sommerpalast mit dem *Kunming*-See, im Süden in weiter Ferne die *Lugou Qiao*, Marco-Polo-Brücke, die über den Yongding-Fluß führt und den Jadequellberg.
Im Südosten des Parks befinden sich Reste des *Xiangshan*-Tempels (9), bereits 1186 gebaut und unter den späteren Kaisern zu einer riesigen Anlage erweitert. Fünf aufeinander folgende Terrassen waren in Hunderte von Räumen aufgeteilt. Die Anlage wurde 1860 zerstört.
Südlich vom *Xiangshan*-Tempel liegt die *Shuangqing*-Villa (10). In einem ruhigen Hof gibt es einen Lotosteich, dessen Wasser aus einem kleinen Teich in der nördlichen Ecke des Hofes kommt. Dieser kleine Teich sammelt das Wasser zweier Quellen, deshalb nennt man es »doppelt rein«. Der Überlieferung nach kam vor über 700 Jahren der Kaiser zum Park des Duftenden Berges und übernachtete hier. In der Nacht träumte er, er hätte einen Pfeil abgeschossen und eine Quelle getroffen. Am nächsten Tag befahl er seinen Dienern, den Ort genau zu untersuchen. Tatsächlich sei man auf eine Quelle gestoßen. Seitdem nennt man die Quelle *Menggan Quan*, durch einen Traum gefundene Quelle.
Eine neue Attraktion der Parkanlage ist das Luxushotel Xiangshan Fandian.

Badachu, Acht große Sehenswürdigkeiten 八大处

(nur mit besonderer Genehmigung zu besuchen)

Südlich der Westberge liegen die beiden Berge *Cuiwei Shan* und *Lushi Shan*, ein Ausflugsziel für diejenigen, die längere Zeit in Beijing bleiben. Hier findet man Ruhe und Entspannung, kann man zwischen vielen alten Kiefern, Zypressen, Weiden und Ginkgobäumen geruhsam von einem Tempel zum anderen wandern und sich an der schönen Landschaft erfreuen. Mit Badachu, den acht großen Orten, sind acht alte Tempel gemeint, die auf den Bergen *Cuiwei Shan* und *Lushi Shan* angesiedelt sind: **Chang'an Si,** Tempel des Ewigen Friedens, befindet sich am Fuße des *Cuiwei Shan.* Er wurde 1502 erbaut. In seiner ersten Halle steht eine Bronzestatue des Kriegsgottes Guan Yu, ein historischer General aus der Zeit der Drei Reiche 220–265. Hinter der Halle ist in einem Korridor eine Bronzeglocke aus dem Jahre 1600 zu sehen. Die zweite Halle ist die des Sakyamuni.

Eine weitere Halle, die *Niangniang Dian,* ist der Göttin Niangniang gewidmet, in deren Macht es angeblich lag, den Wunsch nach Kindern zu erfüllen.

Im Hinterhof der Tempelanlage stehen zwei alte Kiefern. Man nennt sie *Baipi Song,* weißborkige Kiefer. Sie sollen während der Yuan-Dynastie vor mehr als 600 Jahren gepflanzt worden sein.

Nördlich des *Chang'an Si* liegt die Anlage des **Lingguang Si,** Tempel des Göttlichen Lichts. Sie wurde im Jahre 1900 von ausländischen Truppen zerstört. Ähnlich erging es der Pagode *Liaota,* die aus der Liao-Zeit stammte, ein achteckiger Bau, 1071 errichtet. Historischen Aufzeichnungen zufolge hatte der Liao-Kaiser Daozong hier einen Buddhazahn persönlich aufbewahrt, einen von vier Zähnen, die nach der Verbrennung der Leiche Sakyamunis übriggeblieben und aus Indien nach China gebracht worden war. Nach der Zerstörung der Pagode im Jahre 1900 suchten die Mönche des *Lingguang*-Tempels in den Trümmern und fanden im Fundament ein Sandelholzkästchen, das tatsächlich den Zahn enthielt. Daraufhin bewahrte man ihn im Lingguang-Tempel auf und später in Beijing im *Guangji*-Tempel. 1955 reiste eine buddhistische Delegation mit dem Zahn nach Birma, um ihn dort den Gläubigen zu zeigen. Nach der Rückkehr fand er einen neuen Platz in einer 1956 eigens für ihn gebauten Pagode, der *Foya Ta,* Pagode des Buddhazahns. Diese Pagode steht in dem Hof der *Lingguang Si*-Tempelanlage.

Vom *Lingguang Si* führt ein Weg in Richtung Norden zum **Sanshan An,** dem Drei-Berge-Kloster. Es liegt zwischen den Bergen *Cuiwei Shan, Lushi Shan* und *Pingbo Shan.* Seine Entstehungszeit ist unbekannt. Es wurde unter dem Qianlong-Kaiser restauriert. Die Anlage ist relativ klein.

An der Tür zur Haupthalle sieht man einen rechteckigen Marmorstein, der Wasserwolkenstein, *Shuiyun Shi,* in den ein Landschaftsrelief gemeißelt ist. Östlich der Haupthalle steht ein Pavillon, der einen herrlichen Blick auf die umliegende Landschaft gewährt. Das nächste Ziel ist der **Dabei Si,** Tempel des Großen Erbarmen, erbaut zur Ming-Zeit im Jahre 1550. Die wichtigste Sehenswürdigkeit dieses Tempels sind die achtzehn Luohan-Figuren, die dem berühmtesten Bildhauer der Yuan-Zeit, Liu Yuan, zugeschrieben werden. Sie zählen zu den schönsten Statuen der Westberge. Hinter der Haupthalle stehen zwei Ginkgobäume, angeblich über 800 Jahre alt.

Nordwestlich von *Dabei Si* liegt **Longwang Tang,** Halle des Drachenkönigs, auch *Longquan An,* Drachenquellkloster, genannt. Der Sage nach wohnte hier früher der Drachenkönig. Die Anlage wurde während der Qing-Dynastie gebaut und ist wegen ihres kristallklaren Quellwassers bekannt. Der *Tingquan Xiaoxie,* Kleiner Pavillon zum Lauschen des Quellwassers, lädt zu einer gemütlichen Teepause ein. Nicht weit von der *Longwang Tang* wird der **Xiangjie Si,** Tempel der duftenden Welt, sichtbar. Der Tempel wurde bereits während der Tang-Dynastie gebaut und *Pingpo Si* genannt. 1678 ließ ihn der Kangxi- und 1748 der Qianlong-Kaiser restaurieren. Es ist die größte der acht Anlagen von Badachu. Über einen Weg mit vielen Stufen gelangt man zum Eingang. Zwei wichtige Bauten befinden sich hier, ein Palast, unter Qianlong gebaut und als Residenz für den Kaiser gedacht, und eine Art Bibliothek, in der buddhistische Schriften aufbewahrt wurden. Die Bibliothek stellte das eigentliche Zentrum des Tempels dar. Links und rechts von der Haupthalle stehen der Glocken- und Trommelturm. In der Haupthalle sind drei Buddha-Statuen zu sehen, der Buddha der Vergangenheit, der Gegenwart und der Zukunft, sowie 18 Luohan-Skulpturen. Überall auf dem Tempelgelände wachsen Blumen, so daß während der Blütezeit ein herrlicher Duft, besonders der der Magnolien, die ganze Anlage erfüllt.

Nördlich von *Xiangjie Si* befindet sich die **Baozhu Dong,** Wunderperlenhöhle, auf dem Gipfel des Berges *Cuiwei.* Am Eingang sind einige Steine wie Perlen geformt, die der Höhle ihren Namen gaben. Man sagt, der Mönch Haiyou hätte während der Qing-Dynastie hier 40 Jahre seines Lebens verbracht.

Von der *Baozhu*-Höhle führt ein Weg bergab zum gegenüberliegenden Berg *Lushi Shan.* Vom Fuße des *Lushi Shan* führt ein Weg hinauf. Hinter tiefem Grün lugt ein alter Tempel hervor, der *Zhengguo Si.* Er wurde bereits während der Tang-Dynastie gebaut und später mehrere Male renoviert. In der Tempelanlage findet man einige künstlich angelegte Hügel. Im ersten Hof steht eine 2 m hohe Bronzeglocke aus dem Jahre 1470, weiter hinten der Pavillon *Tiaoyuan Ting.* Im Norden findet man den **Mimo Yan,** den Felsen des heimlichen Ungeheuers, ein Felsen, den die Natur so sonderbar gestaltet hat, daß sein unteres Ende einem geöffneten Löwenmaul gleicht. Daneben liegt eine Höhle, die *Lushi Dong,* die Höhle des Lushi. Der Überlieferung nach lebte während der Tang-Dynastie ein Mönch namens Lushi hier. Er war in einem kleinen Boot aus Südchina auf dem Yongding-Fluß hierher gekommen. Lushi hatte zwei Schüler, die Söhne des Drachenkönigs. Während einer mehrjährigen Dürre herrschte im Volk Not und Elend. Die beiden Schüler verwandelten sich mit der Erlaubnis ihres Meisters in Drachen und verschwanden in den versiegten Quellen. Drei Tage später regnete es. Seit der Zeit nennt man den Berg *Lushi Shan* und die Höhle *Lushi Dong.*

Tempel Fahai Si 法海寺

In einem westlichen Vorort Beijings, nicht weit von der Erhebung *Cuiwei Shan* in den Westbergen, befindet sich der buddhistische Tempel Fahai Si, der wegen seiner Wandmalereien von Bedeutung ist. Eine Stele auf dem Tempelgelände verrät, daß er zwischen 1439–1443 errichtet wurde. Er bestand ursprünglich aus mehreren Hallen, Pavillons, einem Glocken- und einem Trommelturm. Heute ist nur noch die Halle *Daxiong Baodian* interessant, deren Wände innen reich mit Fresken aus der Ming-Zeit geschmückt sind.
Diese sind teilweise beschädigt, zeugen jedoch von einem sehr hohen künstlerischem Niveau. Die Schöpfer dieser herrlichen Fresken wären unbekannt geblieben, hätte man nicht eine Säule aus dem Jahre 1444 gefunden, auf der alle Namen der Maler und Handwerker verzeichnet sind. Östlich von der großen Halle befindet sich eine 2 m hohe Bronzeglocke, die Verzierungen in Form von tibetanischen und chinesischen Schriftzeichen zeigt. Sie ähnelt der Glocke im *Dazhong Si* (Tempel der Großen Glocke).

Tempel Dajue Si 大觉寺

Nordwestlich von Beijing liegt in den Westbergen ein alter buddhistischer Tempel. Er wurde 1068 während der Liao-Dynastie direkt in den Berghang hineingebaut, so daß das Quellwasser von den Bergen hinunter durch die ganze Tempelanlage floß. Überall winden sich kleine Bäche, und man hört das Sprudeln und Plätschern des Wassers. So nannte man den Tempel denn auch *Qingshui Yuan,* Garten des fließenden Wassers. 1428 wurde er erneuert und in *Dajue Si* umgenannt. Er war ein beliebtes Ausflugsziel der Ming- und Qing-Kaiser. Bekannt und beliebt ist der Tempel heute noch wegen seiner alten Magnolienbäume.
Der Tempel besteht aus neun Hallen, die drei wichtigsten sind: *Tianwang Dian,* Halle der Himmelskönige, *Wuliangshoufo Dian,* Halle des Buddha der Langlebigkeit und *Longwang Dian,* Halle des Drachenkönigs; alle drei stammen aus der Ming-Zeit. Die anderen wurden größtenteils in der Qing-Zeit gebaut. Ebenalls aus der Qing-Zeit stammen die Bronzeglocken, die in dem Tempel zu sehen sind. Auf dem höheren Teil der Anlage steht eine Dagoba, die der weißen Dagoba im Beihai-Park sehr ähnlich ist. Von den Bauten der Liao-Dynastie ist noch eine Stele zu finden, auf der die Geschichte des Tempelbaus aufgezeichnet wurde. Die Schrift ist jedoch nur noch mit Mühe lesbar. Außerdem kann man einen 800 Jahre alten Ginkgobaum bewundern. Sein Stamm ist so dick, daß ihn nur fünf Menschen gemeinsam umfassen können.

Tempel Tanzhe Si 潭柘寺

Diese imposante Tempelanlage liegt im Bezirk Mentougou auf dem Berg Tanzhe Shan. Sie ist unbedingt einen Besuch wert. Erste Anfänge zum Bau eines Tempels gehen auf die Jahre 265–316 zurück. Während der Tang-Dynastie wurde dieser Ort zum Studium der Klassiker bevorzugt. Alle folgenden Dynastien unternahmen Renovierungen und Erweiterungen der Tempelanlage, jede gab ihm einen neuen Namen. Doch schließlich setzte sich der Name Tanzhe Si durch. Das *Tan* wurde dem Wort *Longtan* entliehen. *Longtan* bedeutet Drachenteich und weist auf den Teich hinter der Tempelanlage hin. *Zhe* kommt von *Zheshu;* das sind Bäume, die früher in großer Zahl auf dem Berg wuchsen und Seidenraupen nährten. So setzte der Volksmund beide Silben zusammen und schuf einen neuen Begriff.

Die Tempelanlage ist zwar sehr groß, doch gut durchkonstruiert. Sie besteht aus drei Teilen, die separat auf einer Nord- Süd-Achse angelegt wurden. Den Eingang bildet ein *Pailou,* Ehrentor (1). Der Weg bis zum *Shanmen,* Bergtor (2), auch Haupttor genannt, wird von vielen alten Kiefern gesäumt. Man vergleicht sie mit fliegenden Drachen. Hinter dem Bergtor folgen die Hallen: *Tianwang Dian* (3), *Daxiong Baodian* (4), *Zhaitang* (5) und *Pilu Ge,* Pavillon des Buddha Vairocana (6). Zu beiden Seiten des Daches der *Daxiong Baodian* befinden sich zwei Fabeltiere, Söhne des Drachenkönigs. Sie beschützen die Halle vor der Gefahr eines Feuers. Der Volksmund erzählt, daß sie aus der Zeit der Yuan-Dynastie stammen. Ein Mönch hätte sie eines Nachts während eines

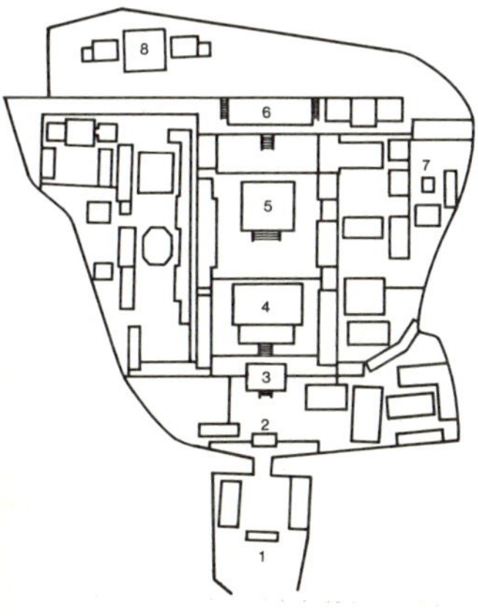

Tempel Tanzhe Si

1. Ehrentor
2. Bergtor
3. Halle der Himmelskönige
4. Halle des Großen Helden
5. Fastenhalle
6. Pavillon des Vairocana
7. Pavillon der treibenden Becher
8. Halle Guanyin Dian

Unwetters vorbeifliegen sehen und sie sofort gefangen und an das Dach gekettet.

Nördlich der Halle *Daxiong Baodian* gibt es einen riesigen Ginkgobaum. Er wurde angeblich in der Liao-Zeit (907–1125) gepflanzt. Der Qianlong-Kaiser der Qing-Dynastie nannte ihn den ›Kaiserbaum‹. Auf dem höchsten Punkt der Tempelanlage steht der Pavillon *Pilu Ge*. Von dort aus hat man einen schönen Ausblick auf den gesamten Tanzhe Si. Der östliche Baukomplex umfaßt die Gebäude, in denen sich die kaiserliche Familie bei ihren Besuchen aufhielt, sowie die Räume des Klostervorstehers. Interessant ist in dem Hof der *Liubei Ting*, Pavillon der treibenden Becher (7). Sein Bau geht auf ein altes Vergnügen der Gebildeten zurück, gefüllte Weinbecher ins fließende Wasser kleiner Flüsse und Bäche zu setzen, ihnen am Ufer zu folgen, und an den Stellen, wo die Becher landeten, sich niederzulassen, Wein zu trinken, zu plaudern und Gedichte zu verfassen. Später hat sich dieser Brauch ein wenig geändert. Am 3. 3. des Mondkalenders kamen die Menschen hierher, setzten gefüllte Becher ins Wasser und tranken sie aus, wenn sie an den Rand getrieben wurden. Das sollte Unglück verhindern. Auch der westliche Baukomplex hat mehrere interessante Hallen. Die nördlichste ist die *Guanyin Dian* (8). Es heißt, Miao Yan, die Tochter des ersten Kaisers der Yuan-Dynastie, Kublai Khan, sei hier ins Kloster eingetreten, um für die Sünden ihres Vaters zu büßen. Da sie jeden Tag in dieser Halle von morgens bis abends betete, entstand in dem Stein, auf dem sie immer kniete, eine kleine Vertiefung. Angeblich ist sie auf dem Tempelgelände auch begraben worden.

Tempel Jietai Si 戒台寺

Der imposante Jietai Si befindet sich am Fuße des Berges *Ma'an Shan*, 35 km westlich von Beijing und 8 km vom *Tanzhe Si*-Tempel entfernt. Er wurde im Jahre 622 angelegt. Während der Liao-Dynastie (907–1125) lebte hier der Mönch Fachun, dessen Asche in einer Urne noch heute in einer der Pagoden auf dem Bergabhang aufbewahrt wird. Die beiden Pagoden stammen aus den Jahren 1091 und 1448. Der Tempel wurde 1441 während der Ming-Dynastie und noch einmal 1685 unter Kangxi renoviert. Der Qianlong-Kaiser kam oft hierher und hinterließ einige Gedichte, von denen ein paar auf Tafeln eingraviert, noch erhalten sind. Die heute noch vorhandenen Gebäude stammen hauptsächlich aus der Qing-Dynastie.

Die Haupthalle des Tempels ist die *Daxiong Baodian*. Dahinter steht der Tausend-Buddha-Pavillon, ein quadratisch angelegtes Gebäude. An den Wänden sind unzählige kleine Buddha-Figuren zu sehen. Zwischen den beiden

Gebäuden wächst etwas weiter abseits die ›Zitterkiefer‹. Zupft man an einem Zweig, zittert der ganze Baum. Interessant ist eine dreistufige weiße Steinterrasse, die früher von Statuen umgeben war. Hier fand die Mönchsweihe statt. Der Tempel war für ganz Nordchina ein wichtiges Ordinationszentrum. Zu den ältesten Sehenswürdigkeiten der Anlage gehören die Stelen aus der Liao- und Yuan-Dynastie vor der Mingwang-Halle. Sie enthalten buddhistische Inschriften.
Bekannt ist die Tempelanlage wegen ihrer alten Kiefern, die in Liedern besungen werden. Die Gliederung der Anlage mit ihren vielen Blumen, Bäumen, Höfen, Häusern und Pagoden mutet ein wenig südchinesisch an.

Lugou Qiao, Marco Polo-Brücke 芦沟桥

Die Brücke liegt im Südwesten der Stadt und überspannt den Yongding-Fluß. Früher existierte hier nur eine Pontonbrücke. Im Jahre 1189 befahl der Jin-Kaiser Shizong den Bau einer Steinbrücke. Drei Jahre dauerte die Arbeit. Während der Ming-Zeit wurde sie 1444 und unter Kangxi 1698 nach der teilweisen Zerstörung infolge einer Flutkatastrophe instandgesetzt.
Im Jahre 1290 hatte Marco Polo diese Brücke passiert. In seinen Aufzeichnungen schilderte er sie so überschwenglich, daß sie fortan in Europa unter dem Namen ›Marco Polo-Brücke‹ bekannt war. Sie ist 235 m lang, 8 m breit und vollkommen aus Marmor erbaut. Elf Bogen stützen den Bau. 280 Pfeiler mit jeweils einem Löwen auf der Spitze schmücken die Balustrade.

Ming Shisan Ling, Dreizehn Ming-Gräber 明十三陵

Die meisten Reisenden werden auf ihrem Weg zur oder zurück von der Großen Mauer einen Abstecher zu den Ming-Gräbern unternehmen.
Die Ming-Gräber liegen ca. 49 km vom Stadtzentrum entfernt in einem 40 qkm großen Talkessel, der von den Bergen des *Tianshou Shan* im Osten, Westen und Norden eingeschlossen wird. Der südliche Zugang ins Tal wird von dem Drachen- und dem Tigerberg bewacht. Früher verband eine Mauer diese beiden Berge und riegelte so auch den Süden ab. Einziger Zugang war das *Dahong Men,* das Große Rote Tor.
Gemäß einer alten Tradition, derzufolge die Herrscher noch zu Lebzeiten ihre Begräbnisstätten vorbereiteten, bestimmte der dritte Ming-Kaiser bereits in frühestem Mannesalter diesen Platz als letzte Ruhestätte. Das Gebiet war mit größter Sorgfalt unter Hinzuziehung von Geomanten ausgewählt worden.

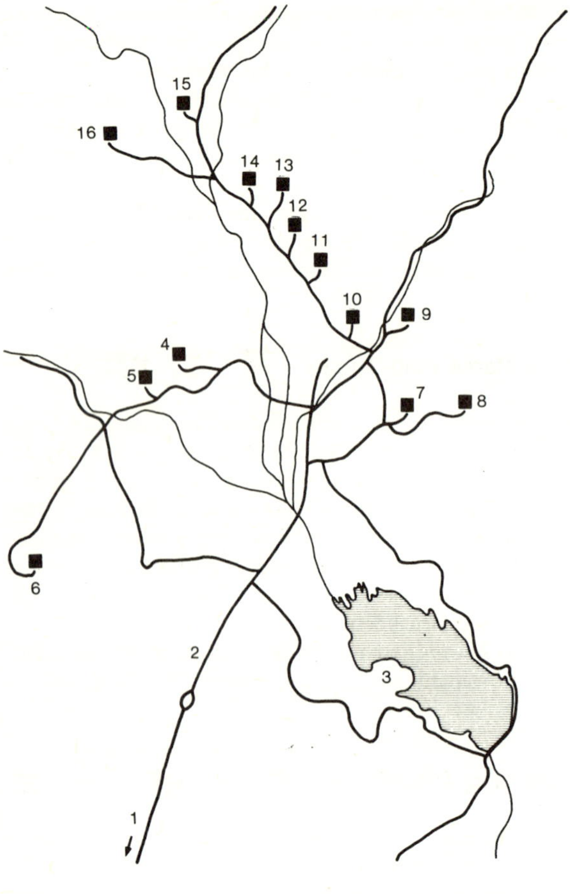

Dreizehn Ming-Gräber

1. Richtung Beijing
2. Heiliger Weg
3. Shisanling Wasserreservoir
4. Grabanlage Dingling
5. Grabanlage Zhaoling
6. Grabanlage Siling
7. Grabanlage Yongling
8. Grabanlage Deling
9. Grabanlage Jingling
10. Grabanlage Changling
11. Grabanlage Xianling
12. Grabanlage Qingling
13. Grabanlage Yuling
14. Grabanlage Maoling
15. Grabanlage Tailing
16. Grabanlage Kangling

Rücksicht auf ansässige Bauern wurde nicht genommen. Sie wurden umgesiedelt und ihre Rückkehr und Inanspruchnahme des Ackerlandes mit dem Tode bestraft. Dieser Landstrich, einer der schönsten der Beijinger Umgebung, entsprach mit seinem lieblichen Tal, den Hügeln, den Wäldern und den vielen Quellen genau den Vorstellungen des Kaisers und seiner Beamten. Besonders wichtig war die nördliche Abgrenzung durch das Gebirge, das zum einen die schädlichen Winde der Steppe und zum anderen die bösen von Norden kommenden Geister abhielt.

Insgesamt liegen hier 13 von 16 Ming-Kaisern mit ihren Kaiserinnen und zweiten Frauen begraben. Das Betreten des Gebietes war unbefugten Personen nicht erlaubt. Eine hohe Mauer, die mit dem *Dahong Men*, dem Großen Roten Tor, verbunden war, riegelte das Gebiet nach Süden, zum Tal hin ab; auf den Hügeln standen Wachposten. Diejenigen, denen der Zugang erlaubt war, durften nicht zu Pferde kommen, selbst die Kaiser hatten am Eingangstor abzusteigen. Eine große Zahl von Bediensteten und Tausende von Arbeitern hielten die gesamte Anlage instand.

Jede Grabanlage gliedert sich in drei Teile:

1. Die Gebäude, in denen Opfer vorbereitet und dargeboten wurden.
2. Der Stelenturm, vor dem Andacht gehalten wurde.
3. Der Grabhügel, der den unterirdischen Palast überdeckte.

Zwei der Grabanlagen wurden teilweise restauriert:

Changling (10), Grab des Yongle-Kaisers (reg. 1403–1424), und *Dingling* (4), Grab des Wanli-Kaisers (reg. 1573–1620).

Die Besichtigung der Grabanlagen beginnt mit dem *Shendao*, Heiligen Weg (2). Der *Shendao* führt vom Marmortor im Süden über 6,4 km bis zum Eingang der Grabanlage *Changling*. Das Marmortor stammt aus dem Jahre 1540. Es ruht auf 6 Säulen, hat 5 Eingänge und mißt eine Breite von 29 m. Auffallend schön sind die Schnitzereien am Sockel. In einiger Entfernung steht das nächste Tor, das *Dahong Men*, das Große Rote Tor. Es ist der eigentliche Eingang zur Grabanlage. Ursprünglich hingen in den drei Torbögen Türen. Die mittlere wurde nur dann geöffnet, wenn ein Kaiser zu seiner letzten Ruhestätte getragen werden mußte. Es folgt der Stelenpavillon mit einer 6,5 m hohen Marmorstele auf dem Rücken einer Marmorschildkröte. Sie stammt aus dem Jahre 1426. Oben wird die Stele durch ein Drachenrelief geschmückt. Auf der Vorderseite ist eine Inschrift aus der Zeit des vierten Ming-Kaisers zu sehen, die Rückseite enthält eine Inschrift des Qianlong-Kaisers.

Diesem Pavillon schließt sich die Allee der Steinskulpturen an. Von alters her war es Brauch, Steinskulpturen außerhalb der kaiserlichen Grabstätten aufzustellen. Die Skulpturen dieser Anlage stammen aus dem Jahre 1435. Je eine Säule beginnt auf jeder Seite mit der Formation der stehenden und sitzenden Tiere. Insgesamt sind es zwölf Tierpaare, Löwen, Kamele, Elefanten und

Pferde sowie die mythischen Tiere, *Xiezhi* und *Qilin*. Sechs Menschenpaare schließen sich an, militärische und zivile Würdenträger. Am Ende des Weges steht das *Longfeng Men, Drachen-Phönixtor,* ein Tor mit drei Durchgängen. Der Heilige Weg führt nun zu einer Brücke, die das Shisanling – Wasserreservoir (3) überspannt. Es wurde im Jahre 1958 angelegt, um die jedes Jahr nach dem Sommerregen von den Bergen herabstürzenden Wassermengen aufzufangen. Der dazugehörige Deich konnte innerhalb eines halben Jahres von 400 000 Freiwilligen gebaut werden, darunter beteiligten sich so hohe Partei- und Militärführer wie Mao Zedong, Zhou Enlai, Liu Shaoqi und Zhu De. Der Deich ist 627 m lang, 29 m hoch, hat eine untere Breite von 179 m, während die Deichkrone 7,5 m mißt. Das Reservoir ist zwanzigmal größer als der Kunming Hu des Sommerpalastes. Es trägt zur Wasserversorgung der Hauptstadt bei. Auf dem Deich sind fünf große Schriftzeichen zu lesen ›Shisanling Shuiku‹, Wasserreservoir der 13 Gräber. Die Zeichen wurden aus Marmor gehauen nach einer Kalligraphie von Mao Zedong.
Weiter nordwärts liegt *Changling,* die Grabstätte des Yongle-Kaisers. Eine Abzweigung Richtung Westen führt zur Grabstätte *Dingling.* Die gesamte Anlage ist nun sichtbar, die Tianshou-Berge, die vielen Koniferen, hinter denen Mauern und gelbglasierte Ziegeldächer der 13 Gräber hervorschauen.
Changling, die Grabstätte des Yongle-Kaiser (10):
Dieser regierte als dritter Kaiser der Ming-Dynastie von 1403–1424. Er wurde hier mit seiner Frau begraben, der Kaiserin Xu, die bereits 1407 gestorben war. Die archäologischen Arbeiten konnten noch nicht abgeschlossen werden, weil man bislang noch nicht den richtigen Zugang zum unterirdischen Palast entdeckt hat. Eine Mauer umgibt die gesamte Grabstätte. Ein großes rotes Tor mit drei Bögen gibt Einlaß in den ersten Hof. Zur Rechten befindet sich ein Pavillon mit einer Stele aus der Qing-Dynastie. Auf der gegenüberliegenden Seite steht das *Ling'en Men,* das Tor der Eminenten Gnade, im nächsten Hof die *Ling'en Dian,* die Halle der Eminenten Gnade, auf einer dreistufigen Marmorterrasse. Drei Treppen führen zu ihr hinauf. Der mittlere Aufgang wird durch einen Drachen-Phönixstein geteilt. Das herrliche gelbglasierte Ziegeldach wird von 32 Sandelholzsäulen aus der Provinz Yunnan, getragen, von denen die mittleren vier einen Durchmesser von 1,17 m haben. Besonders schön ist die Decke im Halleninneren. Ein weiteres Tor führt in den dritten Hof. Das gegenüberliegende Ende des Hofes wird durch einen quadratischen Turm, auf dem ein Stelenpavillon steht, begrenzt. Die Inschrift auf dieser Stele lautet: ›Grabstätte des Kaiser Chengzu‹ (Posthumer Titel des Yongle-Kaisers). Vor dem Turm wurde ein Marmoraltar errichtet, auf dem marmorne Ritualgefäße stehen. Von der Terrasse aus kann man die ›Kostbare Mauer‹ die den Grabhügel umkreist, sehen und betreten.
In der **Dingling**-Grabstätte (4) wurden der Wanli-Kaiser, die Kaiserin Xiao-

duan sowie seine zweite Frau Xiaojing beigesetzt. Dieser Kaiser regierte das Reich 48 Jahre von 1573–1620.
Die Kaiserin Xiaoduan starb wie der Kaiser im Jahre 1620. Sie hatte ihm keine Söhne geboren. Die zweite Frau, Xiaojing, war bereits im Jahre 1612 verstorben. Sie hatte zwei Söhne, von denen der ältere die Thronfolge antrat. Dieser veranlaßte, daß seine Mutter den Rang einer Kaiserinwitwe erhielt und ebenfalls in dem kaiserlichen Grab beigesetzt wurde. Sie war ursprünglich in der Grabstätte für kaiserliche Zweitfrauen begraben worden.
Der Wanli-Kaiser hatte den Bau seiner Grabstätte bereits 1584 im Alter von 22 Jahren angeordnet. Sechs Jahre später war die Arbeit beendet, sie hatte 7,8 Millionen Unzen Silber gekostet.
1956 wurde das Grab geöffnet und das Geheimnis des unterirdischen Palastes gelüftet. Man nimmt an, daß die Aufteilung des *Dingling*-Palastes typisch für alle anderen Ming-Grabanlagen ist. Es war übrigens das erste kaiserliche Grab, das in China offiziell geöffnet wurde.
Kurz hinter der Brücke, die das Wasserreservoir überspannt, führt der Weg nach Westen zur *Dingling*-Anlage. Es folgen zwei weitere Brücken. Hinter der letzten geht man auf eine Schildkröte zu, die auf ihrem Rücken eine Stele trägt. Sie wurde früher von einem Pavillon geschützt. Der Weg führt an der Stele vorbei zum Eingang der Grabanlage. Auch diese wird wie *Changling* von einer hohen Mauer umgeben. Durch ein großes rotes Tor gelangt man in den ersten Hof. Auf der gegenüberliegenden Seite führen Treppen auf eine Terrasse, auf der früher einmal eine Halle gestanden hat. Im zweiten Hof bietet sich das gleiche Bild: die Terrasse der einstigen Halle ist noch vorhanden, wo einst Opfer vorbereitet und dargeboten wurden. Im dritten Hof steht in der Mitte das *Lingxing*-Tor, rechts und links befinden sich Museen, in denen die Grabbeigaben besichtigt werden können. Mehr als 3000 Gegenstände aus Gold, Silber, Jade und Porzellan hatte die Ausgrabung zum Vorschein gebracht, darunter so wertvolle Dinge wie eine goldene Filigrankrone, verziert mit zwei Drachen, die mit einer Perle spielen oder die blaue Phönixkrone der Kaiserin. Interessant sind auch die Kleider, besonders eine Jacke der Kaiserin Xiaoduan. Da diese sich die Geburt eines Sohnes herbeisehnte, wurden in die Jacke viele kleine spielende Jungen als Muster hineingestickt. Man nennt sie die Einhundert-Figuren-Jacke.
Der dritte Hof wird begrenzt durch einen quadratischen Bau, auf dessen oberer Terrasse der Stelenturm ragt. Wie bei der *Changling*-Anlage steht auch hier ein Marmoraltar mit fünf marmornen Ritualgefäßen. Treppen führen hinauf zur ›Kostbaren Mauer‹, die den Grabhügel einschließt, und weitere hinauf zum Stelenturm. Von der ›Kostbaren Mauer‹ geht ein Weg zum Eingang in die drei Stockwerke tief liegende Gruft, den 1100 qm großen unterirdischen Palast. Über Treppen gelangt man hinab in eine kleine Vorkam-

mer, die erst nach der Ausgrabung angelegt wurde. Ein dreieckiges Tor führt durch die sogenannte Diamantenwand, die äußere Mauer des unterirdischen Palastes, und ein Marmortor in die erste Halle. Hier wurde bei der Ausgrabung nichts gefunden. In der mittleren Halle sind hinter einer Umzäunung drei marmorne Thronsessel mit mehreren kleinen Altären davor aufgestellt. Der hintere Sessel war dem Kaiser zugedacht. Ganz vorn steht ein blauweißes Porzellangefäß, das gefüllt mit Öl die Ewige Lampe speisen sollte, die jedoch mangels Sauerstoff nicht lange gebrannt haben konnte. Links und rechts gehen Türen in die beiden Seitenhallen. Sie sind leer. Man vermutet, daß sie ursprünglich für die Kaiserinnen bestimmt waren, doch da die Särge wahrscheinlich nicht durch die Eingänge paßten, wurden alle drei in der hinteren Halle beigesetzt.
Von der mittleren Halle gelangt man durch die nächste Tür in die hintere Halle, in der auf einem Podest die drei Särge stehen. Der mittlere und größte gehört dem Kaiser, der zu seiner Linken der Kaiserin und der zu seiner Rechten der kaiserlichen Nebenfrau. Sechsundzwanzig Truhen enthielten die Schätze, die heute teilweise in den Museen des dritten Hofes zu sehen sind.

Wanli Chang Cheng, Zehntausend Li lange Mauer (Große Mauer)

万里長城

Fast jeder Beijing-Besucher wird Gelegenheit haben, einen Ausflug zur ›Großen Mauer‹ zu unternehmen. Täglich fährt morgens ein Sonderzug für Touristen nach *Badaling,* dem 1957 wieder instandgesetzten Paß, 85 km nördlich von Beijing. Sollte sich die Möglichkeit ergeben, mit einem Bus oder Auto die Fahrt zu machen, ist dies unbedingt zu empfehlen, da man so zeitlich ungebunden ist und dem Getümmel entgeht, das nach Ankunft des Zuges gewöhnlich auf der Mauer herrscht. Die Fahrt dauert mit allen Verkehrsmitteln ungefähr zwei Stunden.
Nach 60 km Fahrt kommt man am *Juyong*-Paß vorbei, einem früher strategisch ungemein bedeutendem Paß, der den nördlichen Zugang zur Hauptstadt kontrollierte. Er ist heute noch wegen seiner Toranlage bekannt, die aus der Zeit des 14. Jh. stammt. Innerhalb dieser Toranlage steht die *Yuntai,* Wolkenterrasse, eine Marmorterrasse aus dem Jahre 1345. Ursprünglich standen auf der Terrasse drei Türme, die allerdings Ende Yuan –, Anfang Ming-Zeit zerstört wurden. Daraufhin baute man den *Tai'an*-Tempel, doch auch er wurde 1702 durch Feuer zerstört. So blieb wieder nur die Terrasse übrig. Ungewöhnlich sind die halb-sechseckigen Torbögen, die durch Reliefs reich verziert sind. Auch der Torweg zeigt wunderschöne Reliefs, wie eine Darstel-

lung der vier Himmelskönige und Inschriften in sechs verschiedenen Sprachen, zum Beispiel Mongolisch, Uighurisch, Tibetisch und Sanskrit. Sie zeugen von dem starken buddhistischen Einfluß. Die Bahnreisenden werden auf dem Bahnhofsgelände von *Qinglongqiao* eine Bronzestatue des Eisenbahnbauingenieurs Zhan Tianyou (1860–1919) entdecken. Nachdem amerikanische und europäische Ingenieure es für unrentabel hielten, eine Bahnlinie Beijing – Baotou durch das steile Gebirge zu führen, verwirklichte Zhan Tianyou diese Idee durch einen ausgeklügelten Plan. Aus Dankbarkeit setzte man ihm ein Denkmal.

In Badaling angekommen, kann beim Aufstieg zwischen dem rechten und linken Teil der Mauer gewählt werden. Der linke Teil ist steiler und schwieriger zu begehen, doch ist er auch reizvoller. Gutes Schuhwerk ist hier dringend anzuraten.

Ein kleines Café unten am Paß versorgt die Besucher mit Getränken, Süßwaren und Zigaretten. Die meisten Besucher bringen sich ihr Lunchpaket mit und machen hier eine Pause.

Die Geschichte der ›Großen Mauer‹:

Die **Wanli Chang Cheng,** die ›Zehntausend Li lange Mauer‹, wird zu den beeindruckendsten Bauwerken der Welt gerechnet. Wie eine Kette windet sie sich durch Wüsten, Täler und Berge. Doch ist die ›Zehntausend Li lange Mauer‹ nicht nur 10 000 Li oder ca. 5000 km lang, sondern noch um etliche hundert Kilometer länger. Die Mauer, die heute zu besichtigen ist, stammt aus der Ming-Dynastie. Doch schon wesentlich früher hatte man mit dem Bau befestigter Verteidigungsanlagen begonnen. Es existieren in China eine Unzahl von Mauern, die größtenteils stark beschädigt doch noch erkennbar sind und zusammen eine Länge von 50 000 km ergeben. Reste sind in allen nördlichen Provinzen zu finden wie zum Beispiel in Gansu, Ningxia, Shaanxi, Shanxi, Henan, Hebei und Liaoning. Das verwendete Baumaterial würde reichen, um eine 5 m breite Straße dreimal um den Erdball zu ziehen.

Schon im −7. Jh. wurde mit dem Mauerbau begonnen. Nachdem sich aus mehreren Vasallenstaaten sieben Königreiche formiert hatten, kam es häufig zu kriegerischen Auseinandersetzungen. Das machte die Befestigung der staatlichen Grenzen erforderlich. Einzelne schon bestehende Verteidigungsanlagen wurden verbunden und durch Signaltürme ergänzt. Die erste dieser Mauern erstreckte sich über einige hundert Kilometer um den historischen Staat Chu im Süden der heutigen Provinz Henan. Im −4. Jh. wurden die nördlichen Königreiche Yan, Zhao und Qin häufig von Nomadenstämmen aus dem Norden überfallen. Die Königreiche sahen sich deshalb veranlaßt, an ihrer nördlichen Grenze eine Befestigungsanlage zu bauen, den Vorläufer der berühmten ›Großen Mauer‹. Im Jahre −221 war es dem König von Qin gelungen, alle sechs Staaten zu unterwerfen und China zu einem Kaiserreich zu vereinen. Er beauftragte seinen General Meng Tian, mit einer 300 000 Mann starken Armee die vorgedrungenen Hunnen aus den Gebieten südlich des Huanghe bis zur südwestlichen Spitze der heutigen Inneren Mongolei zu vertreiben. Der Kaiser ließ die Mauern der Königreiche Yan, Zhao und Qin verbinden und ausbauen. Auf diese Weise wurde die legendäre ›Große Mauer‹ geschaffen, eine Befestigungsanlage, keine Grenze, die die nördlichen Gebiete des neuen Kaiserreiches sichern sollte. Der Kaiser ließ alle vorhandenen Mauern zwischen den ehemaligen Feudalstaaten abreißen, um Separationsbewegungen und eine erneute Teilung des Reiches in Kleinstaaten zu verhindern. Fast alle folgenden Dynastien unternahmen Reparaturen und Verbesserungen an der Verteidigungsanlage. Am umfangreichsten waren die Arbeiten, die während der Han- (−206 bis +220) und der Ming-Dynastie (1368–1644) durchgeführt wurden. Während der Han-Dynastie wuchs die Mauer auf eine Länge von 10 000 km an, die von Liaoning bis nach Xinjiang führte. Während der Jin-Dynastie (1115–1234) errichteten die Herrscher eine 5000 km lange Mauer, um sich vor den Mongolen zu schützen. Reste sind noch in Heilongjiang und der Inneren Mongolei zu finden. Der erste Kaiser der Ming-Dynastie, Zhu Yuanzhang, beauftragte seinen Marschall Xu Da, die Befestigungsanlage zu verbessern und besonders die Pässe neu abzusichern. Dieses Projekt wurde im großen und ganzen im Jahre 1500 abgeschlossen. Die so entstandene Mauer reichte vom Yalu-Fluß im heutigen Liaoning bis zum Qilian-Gebirge im heutigen Gansu/Qinghai mit einer Länge von 6300 km. Die äußeren Pässe waren *Shanhai Guan,* auch ›Erster Paß auf Erden‹ genannt, im Osten und der *Jiayu Guan* (1773 m ü. d. M.) im Westen. Die gesamte Anlage unterstand neun Kommandanturen, die dem Verteidigungsminister und dem Kaiser direkt verantwortlich waren. Jede Kommandantur hatte mehrere Regionen unter sich, von denen aus die Pässe, Terrassen und Festungen kontrolliert wurden. Sobald eine Garnison eine feindliche Truppenbewegung bemerkte, alarmierte sie vom Signalturm aus die nächst gelegene Station. Die Signaltürme waren entweder Bestandteil der Mauer oder standen als einzelne Bauten in ihrer Sichtweite. Alarm wurde tagsüber in Form von Rauchzeichen, und nachts durch Feuerzeichen gegeben. Rauch entstand durch das Verbrennen einer Mischung aus Wolfsmist, Schwefel und Salpeter. Gleichzeitig gab man Schüsse ab. Nach den Vorschriften aus dem Jahre 1468 besagten eine einzige Rauchsäule und ein Schuß, daß das feindliche Heer nur 100 Mann stark war. Zwei Rauchsäulen und zwei Schüsse bedeuteten 500 Mann, drei Säulen und drei Schüsse 1000 Mann und fünf Säulen mit fünf Schüssen über 5000 Mann. Auf diese Weise konnte ein Alarm innerhalb weniger Stunden über 500 km weitergegeben werden.

Die ›Große Mauer‹ variiert in Höhe und Breite aufgrund der spezifischen Gegebenheiten des Terrains. Auf dem Berg *Badaling* ist sie etwa 7–8 m hoch

und 6–7 m breit. An ihrer Innenseite sind in Abständen Eingänge, von denen aus man über Treppen auf den gepflasterten Weg auf der Mauer gelangen kann. Die Pflasterung besteht aus einer dreifachen Schicht von Backsteinen. Die Breite des Weges erlaubte es fünf Reitern oder zehn Männern, nebeneinander zu marschieren. Entlang der inneren Kante steht eine 1 m hohe Brustwehr und doppelt so hohe Zinnen an der äußeren Kante. In Abständen von 300–500 m stehen Wachtürme, zweistöckige Gebäude, in denen unten Unterkünfte für Soldaten und Lagerräume untergebracht waren und oben Aussichtsanlagen. Auf einigen der Wachtürme sind Terrassen angelegt, von denen aus die Rauch- und Feuerzeichen gegeben wurden.
Soldaten und Arbeiter, vor allem Bauern und Gefangene, die sich an dem Mauerbau beteiligen mußten, kamen aus allen Gebieten Chinas. Tausende von ihnen ließen hier ihr Leben und wurden in der Mauer begraben. Dutzende von Legenden und Geschichten erzählen von dem Schicksal der hierher Verbannten.
Natürlich stellte die Mauer in jenen Zeiten, in denen hauptsächlich Schwerter, Speere, Pfeil und Bogen als Waffen benutzt wurden, eine Verteidigungsanlage von bemerkenswerter Effektivität dar, die von den mobilen nomadischen Stämmen kaum zu überwinden war. Man mußte schon einzelne Wachposten bestechen.
Sie war jedoch nicht nur bedeutend als Verteidigungsanlage, sondern auch als Verkehrsweg. Große Menschenmengen konnten relativ schnell und bequem lange Strecken durch unwegsame Gebiete zurücklegen, durch die sonst der Transport problematisch gewesen wäre.
Während der Qing-Dynastie verlor sie an Bedeutung. Aufgrund der neuen politischen Situation entschloß sich der mandschurische Kangxi-Kaiser (reg. 1662–1722), die Mauer nicht reparieren und durch neue Konstruktionen ergänzen zu lassen. Das traditionelle Vertrauen auf Befestigungsanlagen wurde ersetzt durch eine Politik, die die Kontrolle über die nördlichen Nomaden auf dem Weg der Einigung und Beschwichtigung zu erlangen suchte. Die Mauer fiel deshalb immer mehr der Wind- u. Wassererosion zum Opfer und nicht zuletzt auch der Zerstörung durch Menschenhand, da sie eine Unmenge an willkommenem Baumaterial bot.

Zhoukoudian, Museum des Peking-Menschen

周口店猿人遗址

Am 2. Dezember 1929 entdeckte der chinesische Anthropologe Pei Wenzhong mit seinem Ausgrabungsteam am *Longgu Shan*, Drachenknochenberg, nahe

der Stadt Zhoukoudian, den Schädelknochen eines Menschen, der vor 500 000 Jahren in diesem Gebiet gelebt hat. Später nannte man diesen Typ von Menschen Homo erectus pekinensis, kurz Peking-Mensch.
1953 richtete man am *Longgu Shan* ein Museum ein, 1972 entstand eine neue Ausstellungshalle. Die Museumsanlage besteht aus zwei Teilen, der Ausstellungshalle und den Überresten der Höhle des Peking-Menschen. In der Ausstellungshalle werden die Funde des Drachenknochenberges sowie zahlreiche andere fossile Funde aus China gezeigt. Die drei Abteilungen haben folgende Themen: Anfänge menschlichen Lebens im allgemeinen, das Leben des Peking-Menschen, Entwicklung und Erfolg der Paläoanthropologie und Paläontologie in China.
Der *Longgu Shan*, Drachenknochenberg, liegt etwa 50 km südwestlich von Beijing entfernt, die riesige Höhle des Peking-Menschen befindet sich am nördlichen Bergabhang. Sie war gefüllt mit einer 40 m dicken Schicht verschiedenster Ablagerungen. Am aufschlußreichsten waren vier Ascheschichten, die auf den Gebrauch des Feuers in jener Zeit hinweisen. In der untersten Ascheschicht fand man den Schädelknochen. 1936 wurden drei weitere entdeckt.
Die dickste Schicht im oberen Teil der Ablagerungen maß 6 m. Verschiedene Steinwerkzeuge, sowie Fragmente von Fledermäusen und Ratten wurden hier gefunden.
In einem höher gelegenen Teil des Berges fand man die Höhle eines Homo sapiens aus der Zeit vor 18 000 Jahren. Inzwischen konnten hier die Überreste von acht Menschen ausgegraben werden, darunter drei vollständig erhaltene Schädelknochen und in einem Grab die Fragmente eines Skeletts sowie Knochen- und Steininstrumente, Schmuck, eine 5 cm lange Knochennähnadel, die darauf schließen läßt, daß die Menschen aus Tierhäuten Kleidung nähten.
Die ersten, die in diesen Gebieten interessante Funde machten, waren Arbeiter in den Kalksteinbrüchen. Sie stießen gelegentlich auf Fossilien, die sie Drachenknochen nannten; so entstand der Name des Berges. 1923 fand man zwei Zähne eines Menschen, 1927 einen Backenzahn, von dem Anthropologen meinten, daß er von einem Menschentyp stamme, der bisher noch nicht bestimmt werden konnte. 1927 wurde mit systematischen Ausgrabungen begonnen. Zwischen 1927–37 konnten zahlreiche fossile Funde gemacht werden, die meisten von ihnen verschwanden jedoch noch vor 1949 in Taiwan und den USA. Nach 1949 unternahm man weitere umfangreiche Grabungen. Insgesamt sind in der Höhle des Peking-Menschen Überreste von 40 Menschen entdeckt worden.

Dongling, Östliche Gräber, siehe S. 314

Jixian, siehe S. 303

Einkaufsmöglichkeiten

Youyi Shangdian – Freundschaftsladen,

(Jianguomenwai, Verlängerung der Chang'anjie im Osten der Stadt)
Es handelt sich hier um den größten Freundschaftsladen Chinas. In großzügig angelegten Verkaufsräumen ist in drei Stockwerken ein reiches Warenangebot vorhanden, das von Möbelstücken, Teppichen und kunstgewerblichen Artikeln bis zu Tee und Zigaretten reicht. In einer Lebensmittelabteilung werden Frischwaren verkauft, ein kleiner Verkaufsraum bietet Blumen und Grünpflanzen an.

Das reiche Stoffangebot, besonders von Seiden, lädt zu Käufen ein. Die hauseigene Schneiderei wird von vielen Ausländern geschätzt.

Ein besonderer Service des Freundschaftsladens ist das Verpacken und Versenden von Waren ins Ausland. Es werden auch Waren, die nicht im Laden selbst gekauft wurden, verschickt. Interessant ist dieser Service vor allem für Ausländer, die längere Zeit in Beijing bleiben. Die Kosten belaufen sich etwa auf RMB 300.- p/cbm.

Der Freundschaftsladen ist von 9.00 bis 19.00 Uhr geöffnet. Eine Wechselstube und ein Taxenstand sind eine weitere bequeme Einrichtung.

Die **Wangfujing,** die Hauptgeschäftsstraße Beijings, führt von der Dongchang'anjie neben dem neuen Flügel des Beijing-Hotels in Richtung Norden. Ein Einkaufsbummel in dieser Straße kann sehr interessant, wegen der vielen Menschen jedoch auch sehr anstregend sein.

Auf der östlichen Straßenseite befinden sich die meisten Geschäfte. Die wichtigsten von ihnen sind: Die Xinhua-Buchhandlung, ein Kunstgewerbekaufhaus und der große Markt Dongfeng Shichang, wo viele Geschäfte unter einem Dach untergebracht sind. Er ist von der Straße her nicht sichtbar, man erreicht ihn durch einen Torweg. Gegenüber befindet sich auf der westlichen Straßenseite das größte Kaufhaus Beijings.

Zwischen Beijing-Hotel und Bahnhof liegen die **Chongwenmen Dajie** und der Markt **Dongdan Shichang**.

Ein interessantes altes Geschäftsviertel ist die **Qianmen Daji** mit ihre Nebenstraßen südlich des Tiananmen-Platzes. Hier entstand während der Kaiserzeit ein buntes Viertel der Theater, Lokale, Geschichtenerzähler, Wahrsager usw., in dem sich die einfachen Leute vergnügten; aber auch die Vornehmen kamen hierher, weil in der Inneren Stadt Lärm und Krach verboten waren. Hier gibt es die unterschiedlichsten Geschäfte, in Haus Nr. 80 ein Antiquariat, in Nr. 149 einen Jingdezhen-Porzellanladen, in Nr. 208 ein Teppichgeschäft. Einige Läden sind schon mehr als 200 Jahre alt, wie zum Beispiel das Liubiju-Geschäft, dessen eingelegtes Gemüse als Delikatesse gilt. Es wurde bereits im Jahre 1530 gegründet, damals jedoch als Schnapslokal. Die Tongrentang-Apotheke in der berühmten **Dazhalan**-Straße ist für ihre traditionellen chinesischen Medikamente bekannt. Sie belieferte früher die kaiserliche Apotheke. Hier werden Heilkräuter nach alten Rezepten zusammengestellt. Eine Beratungsstelle gibt Empfehlungen zur Behandlung von Krankheiten. Von Ausländern wie von Chinesen geschätzt ist das Schuhgeschäft Neiliansheng, dessen Spezialität manuell hergestellte Stoffschuhe sind. Das Fleischgeschäft Yueshengzhai verkauft gewürztes, gekochtes Hammel- und Rindfleisch, das bei den Beijingern sehr beliebt ist. Eine besondere Sehenswürdigkeit dieses Viertels sind einige Kaufhausfassaden aus der Republik-Zeit.

Die Antiquitätengasse **Liulichangjie** liegt im Xuanwu-Bezirk im Süden der Stadt. Sie kreuzt die Straße Nanxihuajie und verläuft westwärts Richtung Xuanwumenwai Dajie und ostwärts Richtung Qianmen Dajie. Sie ist 750 m lang und in einen westlichen und östlichen Bezirk unterteilt.

Ursprünglich lagen hier die kaiserlichen Keramikziegelwerkstätten, die zu Beginn der Ming-Dynastie für den Palastbau die Liuliwa, Keramikziegel, produzierten und der Straße den Namen gaben. Seit dem Ende der Ming-Zeit ließen sich hier allmählich Buchhändler, Kalligraphen, Drucker und Buchbinder nieder. Druckwerkstätten und kleine Läden entstanden. Alles, was ein Gelehrter brauchte, konnte er in dieser Straße finden, angefangen bei Büchern, neuen und antiquarischen, bis zu Tuschen und Tuschsteinen, Pinsel, Papier und Stempel. Auch heute ist die Liulichang ein Erlebnis und sollte besucht werden. Viele ziehen für einen Bummel sowieso die kleinen Geschäfte dieser Gasse den großen der Wangfujing vor. Allerdings mußten auch hier die alten Häuser neuen, wenn auch im alten Stil angelegten Bauten weichen. Es gibt heute vor allem Antiquitätengeschäfte. Der Besucher kann sich mit Porzellan, Schmuck, Steinabreibungen, Rollbildern, Lampions und antiquarischen Büchern eindecken, auch mit Stempeln, die auf Bestellung angefertigt werden. Der Kunde kann sich aus einem reichen Angebot einen Stempel auswählen und seinen Namen auf Chinesisch oder Deutsch eingravieren lassen. Die Übersetzung des Namens ins Chinesische wird hier mit vorgenommen. Auszuwählen ist noch der Kalligraphiestil. Das Anfertigen der Stempel kann zwei Tage dauern, was jedoch aufgrund der Tatsache, daß die Beijinger Stempelschneider als die besten gelten, gern in Kauf genommen wird.

Das Rongbaozhai Studio in Nr. 19 (West) ist im In- und Ausland bekannt. Hier kann man Bilder, Originale und Reproduktionen kaufen, Bilder auf Seide aufziehen lassen und Maler-Bedarfsartikel wie Tusche, Tusche- und Reibsteine, Pinsel und Papier kaufen. An den Wänden der Geschäftsräume hängen Arbeiten zeitgenössischer Künstler und Reproduktionen. Die eigentliche Werkstatt ist im Innenhof. Sie kann bereits auf eine Tradition von über 200 Jahren zurückblicken und ist spezialisiert auf Holzschnittreproduktion.

In Nr. 24 befindet sich eine Wechselstube der Bank of China.
Öffnungszeiten von 9.00 – 12.30 und 14.30 – 18.30

Die südliche Verlängerung der Qianmen Dajie ist die **Tianqiao Dajie,** benannt nach der sogenannten Himmelsbrücke, die hier einst stand. In diesem Viertel befanden sich früher viele Teehäuser und Second-hand-Geschäfte.

Hotels und Gästehäuser

Hotels und Gästehäuser der Luxusklasse:

Changcheng Fandian, Große-Mauer-Hotel 长城饭店

Donghuanbeilu, Chaoyang Bezirk, Tel. 505566, Tx. 20045 GWHBJ

Das Große-Mauer-Hotel ist das modernste Hotel in Beijing und dazu eins der teuersten. Es liegt im Osten der Stadt, im Chaoyang Bezirk, etwa 30 Auto-Minuten vom Zentrum entfernt.

Jianguo Fandian 建国饭店

Jianguomenwai Dajie, Tel. 593661, 595261, Tx. 22439 JGHBJ
östl. v. Freundschaftsladen

Dieses ganz in der Nähe des Freundschaftsladens und am Rande des Diplomatenviertels gelegene Hotel ist zur Zeit eines der modernsten und teuersten Beijings. Es ist ein Gemeinschaftsprojekt ausländischer Firmen und chinesischer Behörden. Es verfügt über Restaurants, Bar, Café, Bankettträume usw. sowie Serviceeinrichtungen und Geschäfte. Der Service in diesem Hotel ist vorbildlich. Management: Peninsula Group.

Jinglun (Beijing-Toronto) Hotel
Jianguomenwai Dajie 3, Tel. 502266, Tx. 210011, 210012 JLH
Modernes, neues Hotel

Diaoyutai Binguan 钓鱼台宾馆

Nördlich vom Militärmuseum, Sanlihelu, Tel. 866152

Dieses elegante Gästehaus gehört zu den teuersten der Stadt. Hier werden Gäste der Regierung, besondere Delegationen und überaus zahlungskräftige Besucher empfangen.

Xiangshan Fandian 香山饭店

Xiangshan Gongyuan, Tel. 28 54 91

Ein in den Westbergen gelegenes modernes Hotel für zahlungskräftige Gäste.

Zhuyuan Binguan 竹园宾馆

Xiaoshiqiao 24, Jiugulouxi Dajie, nahe dem Trommelturm, Tel. 44 46 61

Das Zhuyuan Gästehaus war einst die Residenz eines hohen Beamten der Qing-Dynastie. Es besteht aus mehreren angenehmen Gebäudeeinheiten und stillen Gärten.

Teure und preisgünstige Hotels u. Gästehäuser:

Beijing Fandian 北京饭店

Dongchang'anjie 21, Tel. 50 77 66, 55 83 31, 55 22 31

Zentrale Lage, nahe der Einkaufsstraße Wangfujing. Das Beijing Fandian ist eines der beliebtesten und bekanntesten Hotels Beijings. Es besteht aus einem älteren westlichen und mittleren Teil und einem modernen siebzehnstöckigen östlichen Teil. Im Erdgeschoß gibt es verschiedene Geschäfte (Spirituosen, Rauchwaren, Filme, Kosmetikartikel, Souvenirs, Antiquitäten, ausländische Zeitungen und Zeitschriften, Bücher usw.) sowie Dienstleistungseinrichtungen (Bank, Post, Friseur). Das Hotel verfügt über Restaurants mit hervorragender chinesischer sowie westlicher Küche. Zwei Cafés im Erdgeschoß sind ein beliebter Treffpunkt.

Yanjing Fandian 燕京饭店

Fuxingmen Dajie, Tel. 86 87 21, Tx. 20028 YZXTL

Modernes Hotel aus dem Jahre 1981 mit komfortabel ausgestatteten Zimmern, mehreren Restaurants und den üblichen Dienstleistungseinrichtungen.

Xiyuan Fandian 西苑饭店

Erligou, Tel. 89 07 21

Angenehmes und ruhiges Hotel bestehend aus einem alten und einem modernen neuen Komplex, im Westen der Stadt gelegen, neben dem Handelszentrum für Leichtindustrie. Gute Küche, Spezialitäten aus Xinjiang.

Lido Fandian 丽都饭店
Jichanglu, Jiangtailu, Dongjiao, Tel. 506688, Tx. 22618 LIDOH

Modernes, neues Hotel nahe Flughafen, Management: Holiday Inn

Huadu Fandian 华都饭店

Xinlinanlu 8, Tel. 475431

Modernes Hotel, im Nordosten der Stadt neben dem Große-Mauer-Hotel gelegen. Normale Serviceleistungen, Verkaufsstände, Restaurants (chin. und westl.), Bar sind vorhanden.

Youyi Binguan 友谊宾馆

Xizhimenwai Baishiqiaolu, Haidian Bezirk, Tel. 890621

Hotel und Gästehaus im Nordwesten der Stadt gelegen; hauptsächlich von länger in Beijing ansässigen Ausländern bewohnt. Neben den üblichen Dienstleistungseinrichtungen sind besonders erwähnenswert Freizeiteinrichtungen wie Tennisplätze und Swimmingpool.

Qianmen Fandian 前门饭店

Hufangqiao Yonganlu, Tel. 338731, 338733

Nahe der Antiquitätenstraße Liulichang, am Rande der Altstadt, relativ altes Gebäude.

Huaqiao Dasha 华侨大厦

Wangfujing Dajie 2, Tel. 558851

Dieses Hotel wird meist von Auslandschinesen besucht. Eine Zweigstelle des Reisebüros Lüxingshe befindet sich im Gebäude.

Xinqiao Fandian 新侨饭店

Dongjiaominxiang 2, Tel. 557731

Südöstlich vom Tiananmen; relativ zentral gelegen; im ehemaligen Botschaftsviertel; gegenüber vom Hotel befindet sich das Reisebüro Lüxingshe. Verkaufsstände und Restaurants (chinesische und westliche Küche) vorhanden.

Heping Binguan 和平宾馆

Dongsinan Dajie, Jinyuhutong 4, Tel. 558841

Zentrale Lage, nahe der Einkaufsstraße Wangfujing. Das Hotel verfügt über die üblichen Dienstleistungseinrichtungen, Verkaufsstände und Restaurants.

Dongfang Binguan 东方宾馆
Wanminglu 11, Tel. 33 14 36

Angenehmes, kleines Gästehaus für chinesische und westliche Gäste. Gutes Restaurant.

Minzu Fandian 民族饭店
Fuxingmennei 51, Tel. 66 85 41

Neben dem Kulturpalast der Nationalitäten; zentrale Lage. Restaurant mit guter chinesischer Küche.

Preiswerte Hotels und Gästehäuser:

Beiwei Fandian 北纬饭店
Xijinglu 13, Tel. 33 86 31

Nahe der Parkanlage Taoranting Gongyuan. Ein einfaches Hotel, das zu den preiswertesten Beijings gehört.

Xiangyang Binguan No. 1 向阳第一宾馆
Qianmendong Dajie 2, Tel. 75 71 81

Xiangyang Binguan No. 2 向阳第二宾馆
Qianmenxi Dajie, Tel. 55 77 31

Diese beiden Gästehäuser bieten hauptsächlich Auslandschinesen sehr preiswerte Übernachtungsmöglichkeiten. In ihren Restaurants kann man günstig und sehr gut essen.

Guanghua Fandian 光华饭店
Jianguomenwai Donghuanbeilu 38, nahe dem Diplomatenviertel und Freundschaftsladen, Tel. 59 29 31

Dieses Hotel ist eines der **billigsten** der Stadt.

Tiantan Tiyu Binguan
Tiyuguanlu 10, Tel. 75 28 31

Yanxiang Fandian 燕翔饭店
Jiuxianqiao Jiangtailu 2, Chaoyang Bezirk, Tel. 47 11 31

Huaqiao Fandian 华侨饭店
Beixinqiao Ertiao, Tel. 44 12 31, 44 66 11

Chongwenmen Fandian 崇文门饭店
Qianmen Gong Dajie 3, Tel. 75 71 81

Xuanwumen Fandian 宣武门饭店
Qianmenxi Dajie 30, Tel. 34 19 30

Qiaoyuan Fandian 侨园饭店
Binhelu, Tel. 33 88 61

Jiuxian Fandian 酒仙饭店
Jiangtailu, Tel. 47 25 61

Kunlun Fandian 昆仑饭店
Liangmachang, Tel. 48 49 61

In Beijing ist die Nachfrage nach Übernachtungsmöglichkeiten noch immer größer als das Angebot. Es sind deshalb weitere Hotels im Bau oder in der Planung.

Pekinger Spezialitäten und Restaurants

In Beijing können die Freunde der chinesischen Küche ganz auf ihre Kosten kommen. Beijing, im Norden gelegen, bietet die Spezialitäten der Mongolen und Moslems (Lamm- und Hammelfleisch) ebenso wie die Gerichte des ehemaligen kaiserlichen Speisezettels und die Küche der verschiedensten Provinzen. Insgesamt gesehen wird im trockenen Norden mit relativ viel Öl und Fett gekocht. Die Speisen sind schwerer als im Süden. Eine Spezialität der Stadt sind die gedämpften, gekochten oder gebratenen Teigwaren mit und ohne Hackfleischfüllung wie Mantou, Jiaozi, Baozi, Guotie usw. Das unbestritten berühmteste Gericht ist die *Beijing Kaoya,* **Peking-Ente,** ursprünglich eine Spezialität der Mongolischen Küche. Das Besondere an der Peking-Ente ist die Haut. Sie wird in Scheiben geschnitten und als wichtigster Hauptgang serviert. Ein oder mehrere Stücke der knusperigen Haut werden mit etwas Lauch und dicklicher Sojasauce in einen hauchdünnen Pfannkuchen gewickelt und verzehrt. Die Peking-Enten werden in den Volkskommunen des Pekinger Umlandes gezüchtet. Ihre Zubereitung ist recht kompliziert und er-

fordert von den Köchen viel Erfahrung. Der wichtigste Vorgang ist das Einpumpen von Luft, das die Haut von dem Fleisch trennen soll. Nach zweitägiger Trocknung wird sie über offenem Feuer geröstet. Es ist ein alter Brauch, daß der Koch die fertige Ente den Gästen präsentiert und sie erst dann zerschneidet.
Ein großes Essen in einem speziellen Peking-Enten-Restaurant setzt sich aus einer Vielzahl von Entenspeisen zusammen. Hierzu gehören auch Leber, Zunge, Herz, Schwimmhäutchen, Knochensuppe usw.
Es gibt in Beijing mehrere Hundert Restaurants, einige sollen im folgenden kurz genannt werden. Es herrscht stets ein großer Ansturm, Reservierungen um ein, zwei Tage im voraus sind deshalb angebracht.
Die **Öffnungszeiten** der Restaurants: im allgemeinen von 10.30 bis 13.30/14.00, von 16.30/17.00 bis 19.30/20.00 Uhr.

Peking-Enten-Restaurants

Quanjude Kaoya Dian, Qianmenxi Dajie 32, Tel. 751379
Eines der ältesten und bekanntesten Restaurants dieser Art.
Filiale: Shuaifuyuan 13, Tel. 553310, 338031
Beijing Kaoya Dian, Hepingmen, Tel. 334422, 338031
Dieses sechsstöckige Restaurant verfügt über 2500 Plätze. Es werden exzellente Speisen zu hohen Preisen serviert.
Bianyi Fang
Chongwenmenwai Dajie 2, Tel. 750505
Dieses Restaurant gilt als eines der besten seiner Art. Es bietet neben den gängigen Enten-Spezialitäten Speisen der Provinz Shandong und verschiedene andere Gerichte an.

Kaiserliche Küche

Fangshan Fanzhuang, Park Beihai Gongyuan, Tel. 442573, 443481
Das Fangshan gilt als eines der besten Restaurants Beijings, die rechtzeitige Reservierung, möglichst mehrere Tage im voraus, ist deshalb anzuraten.
Tingli Guan Canting, Yihe Yuan (Sommerpalast), Tel. 283955, 281276
Das Restaurant Tingli Guan befindet sich in der idyllischen Umgebung des Sommerpalastes.

Weitere Spezialitäten-Restaurants

Beijing Sucai Canting, Xuanwumennei 74, Tel. 33 42 96
Gutes vegetarisches Restaurant.
Duyichu Shaomai Guan, Qianmen Dajie 36, Tel. 75 15 55
Dieses Restaurant ist spezialisiert auf ›Shaomai‹, mit Schweinefleisch gefüllte Teigtaschen, die im Bambusdämpfer gegart werden.
Es wurde bereits im Jahre 1738 gegründet.
Shaguo Ju Fanzhuang, Xisinan Dajie 60, Tel. 66 11 26
Spezialität: Schweinefleischgerichte.
Beijing Fandian, Dongchang'anjie, Tel. 50 77 66
Ein sehr gutes Restaurant, das nordchinesische Spezialitäten anbietet, befindet sich im 7. Stock des Westflügels des Peking-Hotels.
Qingfeng Baozi Pu, Chang'anxi Dajie 122
Spezialität des Hauses: gedämpfte Teigtaschen.
Goubuli, Di'anmenwai Dajie 155, Tel. 44 24 60
Spezialität des Hauses: Tianjin baozi

Hunan-Küche

Xiangshu Canting, Wangfujing Dajie, Eingang Dongfeng Markt, Tel. 55 83 51
Ein beliebtes Restaurant, das stets überfüllt ist.
Quyuan Jiulou, Xidanlu 133, Tel. 59 26 48

Jiangsu-Küche

Jiangsu Canting, Dongsibei Dajie 172, Tel. 44 26 10

Guangdong (Kanton)-Küche

Guangdong Canting, Xizhimenwai Dajie (südlich vom Zoo) Tel. 89 48 81
Wie in vielen Restaurants gibt es einen großen Speisesaal für chinesische Gäste, die Gerichte stehen auf Wandtafeln. Für ausländische Gäste werden ruhigere Räume bereit gehalten.

Mongolische und Moslem-Spezialitäten

Hongbin Lou Fanzhuang, Xichang'anjie 82, Tel. 33 64 61, 65 64 04
Es werden Lammspezialitäten der Hui-Minderheit angeboten. Dieses Restaurant kann auf eine fast 100jährige Tradition zurückblicken. Neben Lammspezialitäten werden auch hervorragend zubereitete Peking-Enten serviert.

Shoudu Kaorou Ji, Shichahai 37, Tel. 445921
Ein kleines exzellentes Restaurant inmitten alter Gassen. Eine Spezialität des Hauses sind Lammfleischspieße, die man im Sommer im 1. Stock selbst grillen kann.
Donglaishun Fanzhuang, Wangfujing, Donghuamen 16, Dongfeng Markt, Nordeingang, Tel. 550069
Spezialität des Hauses ist mongolischer Feuertopf mit hauchdünn geschnittenem Hammelfleisch.
Minzu Wenhua Gong, Fuxingmennei Dajie, Tel. 66 87 61
Restaurant im Kulturpalast der Nationalitäten.
Die Spezialität des Hauses ist mongolischer Feuertopf.
Minzu Fanzhuang, Donghuamen 16, Tel. 55 00 69
Ein preiswertes beliebtes Restaurant, in dem es den angeblich besten mongolischen Feuertopf geben soll. Es werden noch eine Vielzahl anderer vorzüglicher Speisen angeboten.
Zhenxing Fanguan, Haidianlu, nahe Südtor der Peking Universität.
Das Essen ist gut und billig.

Shandong-Küche

Cuihua Lou Fanzhuang, Wangfujing Dajie 60, Tel. 55 45 81
Fengze Yuan Fanzhuang, Zhushikouxi Dajie 83, Tel. 33 28 28
Das Fengze Yuan zählt zu den bekanntesten Restaurants der Stadt. Hervorragend sind die Fischgerichte. Es herrscht großer Andrang, Reservierung deshalb erforderlich.
Haidian Canting, Haidiannan Dajie, Tel. 28 10 48
Tonghe Ju Fanzhuang, Xisinan Dajie 3, Tel. 66 09 25

Shanghai-Küche

Laozhengxing Canguan, Qianmen Dajie 46, Tel. 75 26 86
Songjiang Fanguan, Taijichanglu 10, Tel. 55 52 22
Huaiyang Fanguan, Xidanbeilu 217, Tel. 66 05 21
Zhenjiang Fanguan, Chang'anxi Dajie, Tel. 66 21 15

Shanxi-Küche

Jinyang, Zhushikouxi Dajie 241, Tel. 33 16 69
Zu den Spezialitäten gehören Huhn, Ente, Seegurken und Garnelen.
Shanxi Xiaomian Guan, Dong'anmen Dajie 16
Dieses kleine populäre Restaurant hat sich auf Nudelgerichte spezialisiert.

Sichuan-Küche

Emei Jiujia, Yuetanbeijie, Tel. 863068
Die Speisen sind preiswert und gut. Getränke muß man sich an der Theke selbst holen.
Sichuan Fandian, Rongxianhutong 51, Tel. 336356, 656348
Das Sichuan Fandian galt einst als Lieblingsrestaurant des Deng Xiaoping und als bekanntestes Sichuan-Restaurant im Norden Chinas. Die Qualität der Speisen variiert von Zeit zu Zeit. Der äußere Rahmen ist interessant. Bei den Räumlichkeiten handelt es sich um die ehemalige Villa eines Qing-Beamten. Reservierung ist nötig, da stets großer Andrang herrscht.
Beijing Fandian, Dongchang'anjie, Tel. 507766
Im mittleren Flügel des Peking-Hotels befindet sich im Erdgeschoß ein großes Restaurant, das über eine exzellente Küche verfügt und eine Vielzahl von scharfen Speisen im Sichuan-Stil anbietet.
Lili Fanguan, Qianmen Dajie 30, Tel. 752310
Eins der besten Sichuan-Restaurants der Stadt.
Shuxiang Canguan, Chongwenmennei Dajie 40, Tel. 551715, 555166

Xinjiang-Küche

Xiyuan Canting (im Hotel Xiyuan), Erligou, Tel. 894195

Yunnan- und Fujian-Küche

Kangle Canting, Andingmennei Dajie 259, Tel. 443884
Gute Küche, eine Spezialität sind Nudeln.

Westliche Küche

Beijing Zhanlanguan Canting, Restaurant der Pekinger Ausstellungshalle, Xizhimenwai Dajie, (am Zoo), Tel. 893713, 894454
Das Restaurant ist auf russische Küche spezialisiert. Die Ausstellungshalle wurde einst von den Russen errichtet und genutzt.

Guoji Julebu, Internationaler Club, Jianguomenwai Ritanlu 11 (neben dem Freundschaftsladen), Tel. 522188, 522144

Xinqiao Hotel, Tel. 557731×620 (6. Stock)
Huadu Canting, im Huadu Hotel, Tel. 557208
Jianguo Hotel

Beijing Hotel
Minzu Hotel, Tel. 668541×481
Soll die beste westliche Küste Pekings sein.
Maxim's de Paris, Qianmen Dong Dajie 2, Tel. 754003

Orientierung

Stadtpläne können Sie in Spezialbuchhandlungen in Europa, in Hongkong oder direkt in Peking kaufen. In Peking erhalten die Reisenden häufig die **Beijing Tourist Map.** Diese Karte gibt einen einfachen, klaren Überblick über die Stadt und die einzelnen Sehenswürdigkeiten. Die Rückseite ist voller Informationen. Für den Einzelreisenden ist die **Beijing Youlantu** in Englisch oder Chinesisch besser, denn diese zeigt auch die einzelnen Buslinien innerhalb der Stadt und in den Randbezirken. Sehr gut ist die zweisprachig aufgemachte **Map of Beijing,** die in Hongkong von Universal Publications Ltd. herausgegeben wird. Gerade die zweisprachig angezeigten Straßennamen erleichtern die Orientierung. Hier sind auch U-Bahnlinie und Stationen markiert.
Gutes Kartenmaterial – auch von anderen Städten – wird verkauft bei: Ditu Chubanshi, Cartographic Publishing House, Sales Dept., Baizhifang Xi Jie 3, Tel. 333909, 330517

Verkehrsmittel, Transport

Für Gruppenreisende arrangiert das Staatliche Reisebüro das gesamte Besuchsprogramm. Fragen zum Transport tauchen kaum auf. Manche Gruppenmitglieder verzichten allerdings gern einmal auf einen Programmpunkt und leihen sich für ein paar Stunden ein Fahrrad für eine kleine Radtour. Fragen Sie nach möglichem Fahrradverleih an der Hotelrezeption. Im Xiyuan Hotel konnten sich Gäste direkt auf dem Hotelgelände Räder leihen.

Fahrradverleih:

Jianguomenwai Dajie, gegenüber vom Freundschaftsladen, Tel. 592391, von 6–18.00 geöffnet, RMB 2,60 pro Tag, RMB 100,– müssen als Sicherheit hinterlegt werden. Weitere Verleihe: Chongwenmen Kreuzung, Xidan, Xinjiekou.
Vorsicht im Straßenverkehr! Der Stärkere hat meist Vorfahrt.

Bus:

Die öffentlichen Busse gehören nicht zu den bequemsten Verkehrsmitteln in Peking, dafür sind sie aber billig. Zu Hauptverkehrszeiten sind sie meist

hoffnungslos überfüllt; an Feiertagen müssen bei Ausflügen in Außenbezirke wie z. B. zum Sommerpalast lange Wartezeiten einkalkuliert werden.
Die wichtigsten innerstädtischen Buslinien sind:

No. 1: Ost-West-Richtung, Jianguolu, Chang'an Jie, Fuxinglu
5: Nord-Süd-Richtung, Deshengmen (nördl. Hintere drei Seen) – You'anmen (westl. Taoranting Park)
7: Zoo – Qianmen
9: Jintailu (Chaoyang Bezirk) – Xianglaijie (Xuanwu Bezirk, führt am Bahnhof vorbei)
10: Hauptbahnhof – Nancaiyuan (Xuanwu Bezirk, entlang Chang'an Jie, Fuxingmennei Dajie, dann nach Süden)
15: Zoo – Tianqiao Shangchang
20: Hauptbahnhof – Yongdingmen Bahnhof (entlang Chang'an Jie bis Tiananmen Platz, dann nach Süden)

Trolleybus:

No. 103: Hauptbahnhof – Zoo
108: Chongwenmen (nahe Hauptbahnhof) – Hepingli (östl. Ditan Park)
116: Hepingli – Tiantan Südtor (entlang Lamatempel, Dongdan, Tiananmen Platz, Qianmen)

Nachtbus:

No. 201: Nordost-Südwest: Hepingjie Beikou – Lianhuachi
202: Ost-West: Shilipu – Huayuancun
203: Hauptbahnhof – Yongdingmen Bahnhof
204: Hauptbahnhof – Ping'anli (nordwestl. Beihai Park)

Fernbusse:

No. 332: Zoo – Yiheyuan
333: Yiheyuan – Xiangshan
347: Zoo – Badachu
360: Zoo – Xiangshan

Organisierte Busfahrten:

Buchung bei **CITS,** Qianmen Dong Dajie 2, Tour incl. Führung und Verpflegung, oder billiger, jedoch ohne Führung und Verpflegung bei: **Touring Bus Ticket Office:** Xuanwumen Hotel, Overseas Chinese Building.
Die Ausflüge führen zur Mauer, zu den Ming- oder Qing-Gräbern, zu den Tempeln in den Außenbezirken. Einmal pro Woche wird auch eine 3-Tages-Tour nach Chengde oder eine 5-Tages-Tour nach Beidaihe angeboten.
Zur Mauer fährt neben dem Bus auch täglich außer Mi. ein Zug um 8.05 Uhr.

U-Bahn:
Die U-Bahn ist schnell und billig. Sie verläuft in Ost-West-Richtung über 24 km vom Hauptbahnhof nach Pingguoyuan. Die Ringlinie ist in Bau. Betriebszeit: 5.00–23.00, Einheitspreis RMB –,10.

Autovermietung:
Immer mit Chauffeur. Fragen Sie am Flughafen, im Internationalen Club, Freundschaftsladen, Bahnhof oder an Ihrer Hotelrezeption.
Verschiedene Autotypen werden zu unterschiedlichen Preisen vermietet.
Capital Car Co., Yuetan Bei Jie 10, Xichangqu, Tel. 867084, 863661
Car Co. Beijing, Maquan, Guangqumenwai 594441

Taxen:

Zentrale: Tel. 55 74 61, 86 36 61, 55 76 61
Beijing Fandian 55 62 62
Freundschaftsladen 59 35 31-80
Import u. Exportgebäude, Erligou, 82 13 72
Internationaler Club 59 38 88, 59 27 82
Minzu Fandian 66 46 48, 66 85 41-4 86
Huaqiao Dasha 55 21 04
Heping Binguan 55 21 04
Qianmen Fandian 33 87 31-3 94
Sanlitun Diplomatenviertel 52 10 92, 52 10 44
Xinquiao Fandian 55 00 61, 55 77 31-7 45
Youyi Binguan 89 11 51

Nützliche Adressen

Reisebüro: Lüxingshe
Guoji Lüxingshe, CITS

Zentrale: Dongchang'anjie 6, gegenüber vom Peking-Hotel, Tel. 55 10 31, 55 72 17, Telex 22 606 CITSH
Europ. Abt.: 55 31 21, 55 75 58

Pekinger Zweigstelle: Qianmendong Dajie 2, Tel. 75 71 81, Tx. 22 004 CIFIT **im Chongwenmen-Hotel,** Zim. Nr. 1302, westlich vom Hauptbahnhof, 1 Station mit der U-Bahn, Öffnungszeiten: 9–12.00, 13.30–17.00, So. geschlossen.

Hotelreservierung: 755374, 755376
Inlandsbuchungen: 755272
Auslandsbuchungen: 755276
im Huadu-Hotel, Zim. Nr. 5102, Tel. 475431–5102

Zhongguo Lüxingshe + Huaqiao Lüxingshe (Überseech.)
Zentrale: Dongjiaominxiang 8, Tel. 557070, 552701
Pekinger Zweigstelle: Qianmendong Dajie 2, Tel. 757181-645

Gong'an Ju, Amt für Öffentliche Sicherheit: Beichizi Dajie 85, östlich und parallel zum Kaiserpalast,
Öffnungszeiten: 8.00–11.30, 13.30–17.30, Sa. nachmittags und So. geschlossen, Tel. 553102

Polizei, Notruf 110

Krankenhaus (für Ausländer): Shoudu Yiyuan, Wangfujing Dong Shuaifuyuan Hutong 1,
Notdienst Tel. 553731×217
Ausländer-Abteilung: 553731×274, 251, 276

Post:
In den meisten Hotels gibt es eine Poststation, die Briefsendungen usw. annimmt.
Paketsendungen müssen zum **International Post Office** gebracht werden: Yonganlu 121, Tianqiao, östl. Qianmen Hotel, Tel. 337717
Express Mail Service: International Posts and Telecommunication Service, Dongdanbei Dajie 23, Tel. 336621
Postlagernde Briefsendungen: Poste Restante Beijing, International Post Office, 121 Yonganlu, oder an Ihre Botschaften oder Hotels, sofern Sie es im voraus wissen.
Telefon: Orts- und Ferngespräche können von allen Hotels aus geführt werden.
Telefonauskunft: Ortsgespräche: 114
Ferngespräche: Inland 113, Auskunft 116, Internat.: 337431, Auskunft 553536
Telexe können in den meisten großen Hotels entsandt oder empfangen werden. Service rund um die Uhr wird angeboten im: Telecommunications Bureau, Xidan Bei Dajie 131, Tel. 667700, 661435

Bank of China, Zhongguo Yinhang:
Zentrale: Xijiaominxiang 17, Tel. 338521

Zweigstelle: Donganmen Dajie 19, Tel. 55 62 14
Liulichangxijie, Tel. 33 10 83
Die Bank of China unterhält Wechselstuben u. a. im:
Beijing Fandian (Peking-Hotel), Flughafen, Freundschaftsladen, Hotel Minzu Fandian, Huaqiao Dasha, Qianmen Fandian, Xinqiao Fandian, Youyi Binguan usw.

Fluggesellschaften: siehe S. 812

Flughafen: 55 83 41 (chin.), 52 29 31, 52 32 31 (engl.)

Bahnhof: Jianguomennei Dajie, Tel. 55 48 66
Fahrkartenbuchung beim CITS Lüxingshe: Qianmendong Dajie 2, Tel. 75 52 72

Diplomatische Vertretungen: s. S. 807

Tianjin 天津市
(Regierungsunmittelbare Stadt)

Tianjin, etwa 130 km südöstlich von Beijing gelegen, ist die größte Handels- und Industriestadt des Nordens und neben Shanghai und Beijing die dritte regierungsunmittelbare Stadt Chinas. Ihr Verwaltungsbereich umfaßt 11 300 qkm. Mit einer Einwohnerzahl von 7,8 Mill., davon im Stadtkern 4,8 Mill., ist sie die drittgrößte Stadt Chinas. Etwa 1,4 Mill. der Einwohnerschaft setzt sich aus Minderheiten zusammen, u. a. aus Hui, Mandschuren, Mongolen und Koreanern.
Trotz der Nähe zum Meer herrscht in Tianjin Kontinentalklima mit trockenen strengen Wintern und heißen Sommern, die 70% der jährlichen Niederschläge bringen. Der Hafen von Tianjin ist ca. 80 Tage im Winter zugefroren.

Tianjin ist für Eisenbahn und Schiffahrt von großer Bedeutung, denn die Stadt ist Knotenpunkt verschiedener Linien, wie z. B. Beijing–Shanghai, darüber hinaus fließen hier fünf schiffbare Nebenarme des Haihe-Flusses zusammen. Der Haihe, an dessen Ufern sich die Stadt über 16 km erstreckt, hat in der Vergangenheit häufig Überflutungen verursacht. Diese Gefahr konnte dank verschiedener Wasserbauprojekte gebannt werden. 1952 wurde ein neuer Hafen nördlich der Mündung des Haihe fertiggestellt. Er kann von Schiffen bis zu 10 000 BRT. angelaufen werden. Ein weiterer Ausbau wurde 1976 vorgenommen.

Die Stadt hat heute zwei bekannte Universitäten, die Nankai- und die Beiyang-Universität.

Das schreckliche Erdbeben von 1976 traf auch Tianjin, wenn auch nicht so stark wie Tangshan. Spuren der Katastrophe sind hier und dort noch im Stadtbild zu sehen.

Geschichtlicher Überblick

Archäologische Funde deuten darauf hin, daß erste Siedlungen in dem Gebiet von Tianjin bereits in der Zeit der Kämpfenden Staaten existiert haben müssen. Seit der Jin- und Yuan-Zeit war Tianjin Garnisonsstadt. Ihr Name lautete damals Zhigu. Sie entwickelte sich rasch zu einem Handelszentrum und einer Hafenstadt, einem Umschlagplatz für Getreide und Lebensmittel aus Zentral- und Südchina. Die Herrscher der Yuan-Dynastie erkannten bald den Wert dieser Hafenstadt, legten weitere Lagerhäuser an und verbesserten die Hafenanlage. Während der Ming-Dynastie wurde Tianjin Wei genannt und erhielt 1425 eine gewaltige Stadtbefestigung. Während der Qing-Dynastie erreichte Tianjin seine Stellung als führendes Wirtschaftszentrum Nordchinas, begünstigt durch die Lage am Großen Kanal. Mitte des 19. Jh. ging der Handel langsam zurück, denn die europäischen Nationen versuchten mit Gewalt, Privilegien durchzusetzen. Nach zweijährigen Auseinandersetzungen mit den Briten und Franzosen sah sich die chinesische Regierung gezwungen, in dem Vertrag von Tianjin 1858 der Gründung britischer und französischer Konzessionen zuzustimmen. Die Stadt lehnte jedoch die Bedingungen des Vertrages ab. 1860 fühlten sich ausländische Regierungen deshalb berechtigt, Tianjin unter Beschuß zu nehmen und Truppen zu landen. Daraufhin erklärte die chinesische Regierung Tianjin zum offenen Handelshafen. Die Stadt wurde nun in Konzessionen unterteilt. Dieser Einstieg der fremden Mächte erzeugte viel Haß. Zehn Jahre nach Errichtung der ersten Konzession kam es zu schweren Zusammenstößen. 1900 besetzten Briten und Franzosen die Stadt im Zusammenhang mit dem Boxeraufstand.

In den folgenden Jahren wurde Tianjin zum zweiten Wirtschaftszentrum

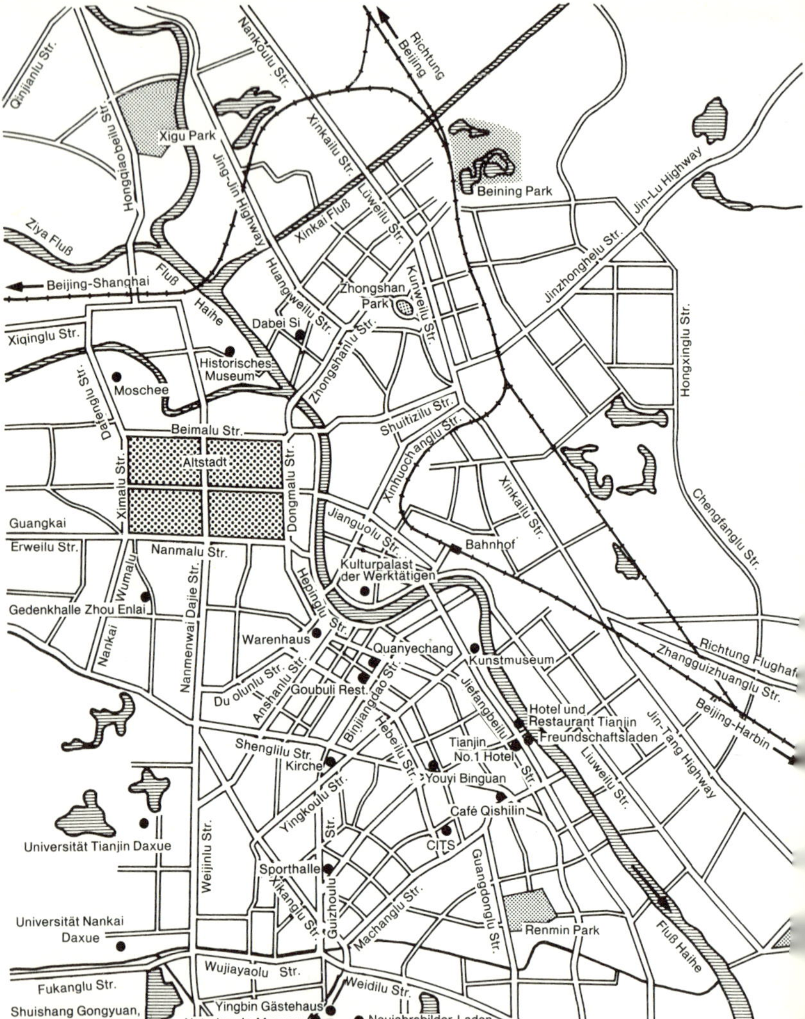

Stadtplan von Tianjin

Chinas. Der profitable Überseehandel ließ in den Firmen und Banken eine neue Machtgruppe entstehen, die auf die Politik des Landes ihren Einfluß hatte. Viele Häuser entstanden im Stil westlicher Architektur und gaben der Stadt ein recht unchinesisches Aussehen, das sich bis heute erhalten hat und den Besucher manchmal vergessen läßt, daß er in China ist. Während des antijapanischen Krieges besetzten die Japaner Tianjin. Nach 1949 entwickelte es sich zu einer Industriestadt, der wichtigsten nach Shanghai. Es überwiegt die Schwerindustrie, doch auch Leicht-, Textil- und Chemieindustrie sind von Bedeutung.

Sehenswürdigkeiten

Shuishang Gongyuan, Park auf dem Wasser 水上公园

Der schöne und zugleich größte Park Tianjins befindet sich im Südwesten der Stadt. Ein riesiger See wird von 14 miteinander verbundenen Inseln geviertelt und von Grünanlagen umrahmt. Im Süden des Parks wurde ein Zoo angelegt.

Zhongshan Park

Der nordöstlich des Dabei Tempels gelegene Park ist der älteste der Stadt. Er wurde 1905 angelegt und später nach Dr. Sun Yatsen (Sun Zhongshan) benannt.

Dabei Yuan, Tempel der großen Barmherzigkeit

Tianwei Lu 26

Der größte buddhistische Tempel der Stadt ist eine Gründung aus dem Jahr 1656.

Moschee

Dafeng Lu

Diese größte und älteste der einst 15 Moscheen Tianjins ist eine Gründung aus dem Jahre 1644. Wie vielerorts in China ist sie in chinesischem Stil angelegt und zeigt nur in der Dekoration arabische Einflüsse.

Lishi Bowuguan, Historisches Museum

Guanghualu 4, nordöstl. der Moschee

Zwei Ausstellungen führen in die alte Geschichte und revolutionäre Vergangenheit Tianjins ein.

Kunstmuseum 艺术博物馆

Jiefangbeilu 77 (südl. des Hauptbahnhofes)

Das Kunstmuseum, gegründet im Jahre 1957, verfügt über eine interessante Gemäldesammlung aus der Zeit der Yuan- bis Qing-Dynastie.

Gedenkhalle der revolutionären Aktivitäten des jungen Zhou Enlai

Si Malu, Nankai Qu (im Westen der Stadt), Tel. 22763

Zhou Enlai, Absolvent des Nankai Colleges, hatte in Tianjin im September 1919 gemeinsam mit anderen Studenten die sogenannte Bewußtseinsgesellschaft, *Juewu She,* gegründet. Vorausgegangen waren die stürmischen Ereignisse in Peking, die als 4. Mai-Bewegung (von 1919) in die Geschichte eingingen: eine von Studenten begonnene patriotische Bewegung, die sich vor allem gegen die japanischen Machtansprüche auf chinesischem Territorium und die Herrschaft der Militärmachthaber gewandt hatte. Die Juewu She entwickelte sich zur Leitstelle der patriotischen Bewegung in Tianjin. Im Sommer des Jahres 1920 gingen Zhou Enlai und einige andere Mitglieder der Gesellschaft zum Studium nach Frankreich.

Ziran Bowuguan, Naturkunde-Museum

Machang Dao 272 (im Süden, nahe dem Freundschafts-Klub gelegen)

Altstadt

Im Nordwesten der Stadt, südlich der Moschee, ist auf dem Stadtplan deutlich ein von breiten Straßen umrahmtes Rechteck zu erkennen: die **Altstadt,** einst umgeben von einer Stadtmauer, die jedoch den Verkehrsadern Nördl., Östl., Südl. und Westl. Pferdestraße weichen mußte. Dieses alte Viertel ist gerade in seinem Gegensatz zu den anderen europäisch geprägten Stadtteilen interessant. Östlich der Altstadt wurde der **Tianhou Gong,** auch Niangniang

Gong genannt, erneuert. Eine Legende erzählt von Tianhou, der Himmlischen Königin, meist Niangniang genannt. Sie soll die Tochter eines Fischers gewesen sein, dessen Leben sie dank übernatürlicher Kräfte aus Seenot gerettet hatte. Ein erster Tempel soll bereits 1326 hier gestanden haben. Seefahrer besuchten ihn vor ihrer Abreise und baten um Schutz. Niangniang wurde zur Schutzherrin der Seefahrer. Südlich der Altstadt befand sich die japanische Konzession, daran anschließend die französische, britische und deutsche. Auf der Seite östlich des Haihe Flusses befand sich im Norden die österreichische und südlich anschließend die italienische, russische und belgische Konzession.
Die **Hauptgeschäfts- und Einkaufsstraßen** Tianjins sind: die **Zhongshan Lu,** vom Nordbahnhof Richtung Süden verlaufend, die nach Westen abzweigende **Bei Malu,** die Verlängerung der Zhongshan Lu, **Dong Malu,** die **Heping Lu** und die im Süden abzweigende **Binjiang Dao.** Auf den Touristen-Stadtplänen werden diese Straßen immer rot markiert. Das lebendigste Geschäftsviertel und eigentliche Stadtzentrum liegt südlich des Hauptbahnhofes, in der ehemaligen japanischen, französischen und britischen Konzession. Es erstreckt sich um die oben genannte Binjiang Dao und den Südteil der Heping Lu. Neben vielen Läden und Restaurants befindet sich hier auch das größte Warenhaus Tianjins, das **Quanyechang** (Heping Lu No. 352).
Tianjin kann auf eine lange Tradition der Teppichherstellung zurückblicken. Neben Beijing und den Zentren in Westchina zählt Tianjin heute zu den wichtigsten Teppich-Produzenten des Landes. In der **Teppichfabrik Nr. 1,** in die ausländische Besucher häufig geführt werden, sind 1400 Arbeiter/innen beschäftigt. Tianjins Teppiche werden zum größten Teil exportiert.

Ausflug in die Kreisstadt **Jixian,** etwa 90 km östlich von Beijing und 113 km von Tianjin entfernt.

Die Kreisstadt gehört zum Regierungsbezirk Tianjin. Sie wird häufig von Reisenden auf ihrem Weg zu den Östlichen Qing-Gräbern besucht.

Tempel Dule Si 薊县独乐寺

Gründung aus der Tang-Zeit, wurde im Jahre 984 erneuert. Hier soll die berühmte Rebellion des Generalgouverneurs An Lushan im Jahre 755 ihren Anfang genommen haben. Er gehört zu den ältesten Holzbauten Chinas. Bemerkenswert sind die Konsolensysteme, die Balken, Dächer und Chiweis (siehe auch S. 138). Der wichtigste Bau in diesem Tempel ist die 23 m hohe Halle *Guanyin Ge.* Sie blieb trotz vieler Erdbeben erhalten. In der Halle steht eine Guanyin-Skulptur. Sie, wie auch die anderen, stammen aus dem 10. Jh. Die Wände wurden in der Ming-Zeit bemalt.

Gebirge **Panshan** 蓟县盘山

12 km nordwestlich von Jixian gelegen, ist das Gebirge mit dem Auto direkt von Beijing oder Tianjin zu erreichen. Es läßt sich in drei Abschnitte unterteilen. Der obere Teil ist bekannt wegen seiner herrlichen Kiefern, der mittlere wegen seiner schönen Felsen, der untere wegen seiner Schluchten, Wasserfälle und Bäche. Der Panshan bietet mit seinen Tempeln, Pagoden und den fünf Hauptgipfeln eine Menge von Sehenswürdigkeiten. Seit 1980 bemüht man sich intensiv um die Restaurierung historisch interessanter Anlagen.
Begeistert von der Schönheit der Landschaft, soll der bekannte General Li Jing der Tang-Zeit Amt und Würden aufgegeben und sein Leben als Mönch im Tempelkloster Wansong Si fortgesetzt haben.

Hotels in Tianjin

Tianjin Fandian, Jiefangbeilu 219, Tel. 34326 天津饭店
Tianjin Diyi Fandian, Hotel No. 1, Jiefangbeilu 198, Tel. 36438 天津第一饭
Youyi Binguan, Shenglilu, Hebeilukou, Tel. 35663, 35603 友谊宾馆
Tianjin Binguan, Youyilu, Tel. 39613 天津宾馆
Yingbin Binguan, Machang Dao 337, Tel. 24010

Restaurants

Goubuli Baozi Pu, Shandong Lu 97, Tel. 23277
Dieses Restaurant ist das berühmteste Tianjins. Die Spezialität des Hauses, Goubuli baozi, gefüllte und gedämpfte Teigklöße, sind in ganz China bekannt.
Goubuli heißt: selbst ein Hund kümmert sich nicht drum. So nannte man vor etwa 100 Jahren den Gründer des Restaurants, der so elend ausgesehen haben soll, daß er nicht einmal die Aufmerksamkeit eines Hundes anziehen konnte.
Qishilin Canting, Café Kiessling, Zhejianglu 33, Tel. 32020, 32561
Das Café Kiessling, ehemals ein östereichisches Café, in der deutschen Konzession gelegen, ist ein Überbleibsel aus kolonialer Vergangenheit. Es verwendet größtenteils noch die Rezepte der ehemaligen Bäckermeister und Köche und bietet deshalb eine Anzahl westlicher Gerichte und Spezialitäten. Ausgezeichnet sind die Süßigkeiten, z. B. in weißes Papier gewickelte Sahnebonbons, die im Café selbst oder auch in dem benachbarten Verkaufsladen zu bekommen sind.
Dengyinglou Canting, Binjiangdao 94, Tel. 23594, 23757
Shandong-Küche, Spezialität: Meeresfrüchte

Restaurant im Freundschaftsklub, Youyi Julebu Canting, Machang Dao 268, Tel. 3 24 65
Lokale Spezialitäten
Hongqiao Fanzhuang, Beimenwai Dajie 62, Tel. 5 08 37
Kaoya Dian, Liaoninglu 144, Tel. 23 35, 2 32 34
(Peking-Enten-Restaurant)
Quanjude, Rongji Dajie, Tel. 2 00 46 (Entenspezialitäten)
Hongye Fanguan, Huazhonglu, Tel. 2 27 10
Kantonesische Küche
Tianheju Fanzhuang, Changchundao 189, Tel. 2 51 42
Sichuan- und Jiangsu-Küche
Yanchunlou Fanzhuang, Rongjijie 22, Tel. 2 27 61
Moslem-Küche
Sucai Guan, Binjiangdao, Tel. 2 51 42
Vegetarisches Restaurant

Einkaufsmöglichkeiten

Freundschaftsladen, Zhangdedao 2
Quanye Bazar, Hepinglu 352
Warenhaus, Hepinglu 226
Kunstgewerbegeschäft, Hepinglu 234
Antiquitäten, Hepinglu 263
Yilinge Antiquitäten-Geschäft, Liaoninglu 175
Neujahrsbilder, Yangliuqing, Sanheli 111, Tonglou

Reisebüro, **Lüxingshe**

Guoji Lüxingshe **CITS,** Chongqingdao 55, Tel. 3 48 81, 3 48 31, Tx. 23 242, Service-Schalter im Youyi-Hotel, Tel. 3 72 44
Zhongguo Lüxingshe + Huaqiao Lüxingshe, Jiefangbeilu 198, Tel. 3 60 40, 3 64 38

Gong'an Ju, Amt für Öffentliche Sicherheit, Tangshandao 28, Tel. 3 38 53

CAAC Flugbuchung, Hepinglu 290, Tel. 2 40 45

Bank of China, Jiefangbeilu 80, Tel. 3 15 59, 3 46 00

Postämter: Binjiangdao 141, Tel. 30092
Jiefangbeilu 153, Tel. 33856
Hauptbahnhof

Krankenhaus:

Tianjin diyi zhonxin yiyuan, Zentralkrankenhaus No. 1, Munan Dao 162, Heping, Tel. 34645, 35195

Provinz Hebei

河北省

Fläche: ca. 180000 qkm / Bevölkerung: ca. 53 Mill., davon ca. 500000 Hui und ca. 10000 Mongolen / Hauptstadt: Shijiazhuang

Hebei, eine Provinz in Nordchina, teilt sich geographisch in zwei Hälften: die östliche wird durch den nördlichen Teil der Nordchinesischen Ebene gestaltet, die westliche durch Gebirgszüge mit Durchschnittshöhen um 1500 m, von denen das Taihang Shan Gebirge das wichtigste ist.

Das größte Problem der Provinz Hebei war von alters her die Regulierung der Flüsse, denn die Erosion der westlichen Berggebiete, hervorgerufen durch jahrtausendealte Zerstörung der Waldgebiete, und die heftigen Regenfälle der Sommermonate lassen das Wasser der Flüsse aus dem Shanxi-Plateau und Taihang Shan Unmengen von Schlamm mit sich führen, die sich in der Ebene Hebeis absetzen und große Überschwemmungen verursachen können. Aufgrund der klimatischen Verhältnisse – strenge trockene Winter und sehr heiße Sommer mit Regenfällen im Juli und August, die jedoch auch sehr unregelmäßig sein können – erlebte die Provinz häufig katastrophale Dürreperioden und Überflutungen. Deshalb nahm die Regierung ab 1949 riesige Wasserbauprojekte in Angriff, so zum Beispiel zahlreiche Stauseen zur Regulierung des Haihe-Flußsystems und zur Bewässerung der Felder, sowie Kanäle und Dämme. Dank dieser Maßnahmen erlebte die Landwirtschaft einen gewaltigen Aufschwung. Heute ist Hebei Lieferant von mehr als einem Viertel der gesamten chinesischen Baumwollproduktion. Weitere wichtige landwirtschaftliche Produkte sind Weizen, Mais, Hirse, Erdnüsse, Süßkartoffeln und Sojabohnen.

Historisch gesehen war Hebei von der Han-Dynastie bis zum 11. Jh. immer nur als Grenzregion von Bedeutung. Erst mit der Fremdherrschaft der Liao, Jin und Yuan verlagerte sich das politische Zentrum nach Nordchina. Die Herrscher der Yuan-Dynastie machten Beijing zur Hauptstadt des Chinesischen Reiches. Auch während der Ming- und Qing-Dynastie blieb Hebei Mittelpunkt des Reiches.

Mit der politischen Aufwertung des Nordens entwickelten sich in Hebei Handel und Handwerk. Seit der zweiten Hälfte des 19. Jh. begann die Ansiedlung von Industriebetrieben. Heute liegen die Zentren der Industrie in Shijiazhuang, Tangshan, Handan und Qinhuangdao. Hebei ist reich an Bodenschätzen, wie Kohle und Eisenerz. Außerdem liefert Hebei ein Viertel der gesamten chinesischen Salzproduktion, gewonnen aus den Salzsümpfen an der Küste des Bohai-Golfes.

Stadt Shijiazhuang 石家庄市

Shijiazhuang, die Hauptstadt Hebeis, liegt im Westen der Provinz am Fuße des Taihang Shan-Gebirges. Die Stadt zählt 900 000 Einwohner.

Shijiazhuang ist ein wichtiger Eisenbahnknotenpunkt für die Linien Beijing – Guangzhou, Taiyuan (Shanxi) – Dezhou (Shandong).

Obwohl sich die Geschichte der Besiedelung des Gebietes bis zur Westlichen Han-Dynastie zurückverfolgen läßt, war Shijiazhuang zu Beginn dieses Jahrhunderts noch eine kleine Ortschaft mit der geringen Einwohnerzahl von 500–600 Menschen. Mit der Fertigstellung der Bahnlinie Beijing–Hankou (Wuhan) im Jahre 1905 begann sich die Situation schlagartig zu wandeln. Heute ist Shijiazhuang eine aufstrebende Industriestadt, vor allem auf dem Textilsektor. Im Westen der Stadt liegen Abbaugebiete von Kohle und Eisenerz, sowie Kalk- und Marmorwerke.

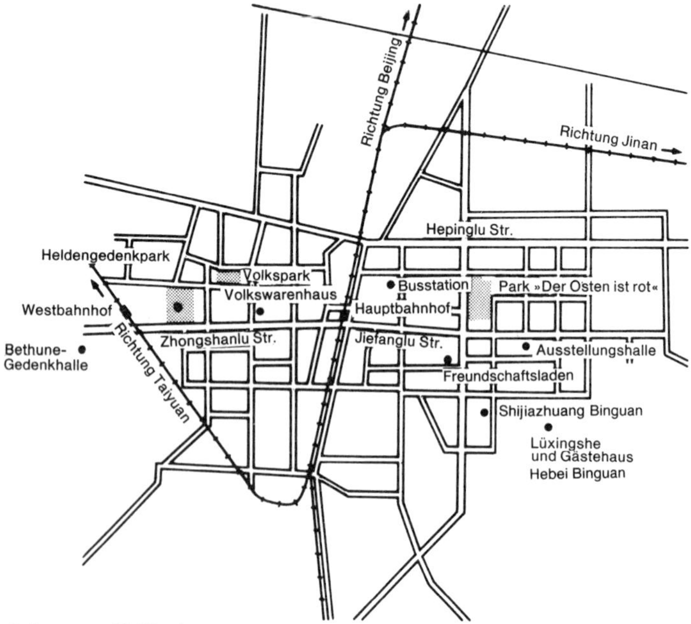

Stadtplan von Shijiazhuang

Shijiazhuang ist hauptsächlich für Kanadier von Interesse; der kanadische Arzt Dr. Norman Bethune wird in dieser Stadt besonders verehrt. So ist denn auch das **Bethune Friedenshospital** die wichtigste Sehenswürdigkeit der Stadt. Von architektonischer Bedeutung ist die **Anji Qiao** (siehe S. 320), die älteste erhaltene Segmentbrücke der Welt. Interessant sind auch die Stele des **Longcang Tempels** aus der Sui-Dynastie, der gleichaltrige buddhistische **Longxing Tempel** im 10 km nördlich von Shijiazhuang gelegenen Ort **Zhengding** mit seiner 20 m hohen bronzenen Buddha-Darstellung aus der Song-Zeit und der in etwa 50 km Entfernung liegende Tempel **Dafo Si.**

Internationales Bethune Friedenshospital der Volksbefreiungsarmee

白求恩医院

Das bereits 1937 gebaute Krankenhaus wurde 1940 nach dem kanadischen Arzt **Dr. Norman Bethune** benannt. Dr. Bethune hatte auf Seiten der Kommunisten die medizinische Versorgung der Revolutionäre unterstützt.

Erster Direktor dieses Krankenhauses war der Inder Dr. Kortis. Eine Bethune-Gedächtnishalle und eine Kortis-Gedächtnishalle sind innerhalb des Krankenhausgeländes zu besuchen.

Hotels

Hebei Binguan, Yucailu, Tel. 63 51 河北宾馆
Shijiazhuang Binguan, Qingyuanjie, Tel. 4 58 66 石家庄宾馆

Einkaufsmöglichkeiten

Freundschaftsladen, Yuhualu
Warenhaus Renmin Baihuo Shangdian, Zhongshanlu

Reisebüro, **Lüxingshe**

Guoji Lüsingshe **CITS** Weiminglu, Tel. 89 62, 96 22
Zhongguo Lüxingshe, Weiminglu, Tel. 96 39

Bahnhof, Kartenverkauf, Gonglijie, Tel. 22 27

Post, Weiminglu, Tel. 88 41

Bank of China, Hezuolu 7, Tel. 91 05

Stadt Qinhuangdao 秦皇島市

Qinhuangdao ist eine wichtige Hafenstadt an der Bohai-Küste mit einem eisfreien Tiefseehafen, der von Schiffen bis zu 10 000 BRT angelaufen werden kann. Eine Bahnlinie führt zum Hafen, so daß unter anderem eine rasche Verschiffung von in Tangshan abgebauter Kohle möglich ist.
1898 entschloß sich die chinesische Regierung, den Hafen den ausländischen Mächten zu öffnen. 1900 gingen hier anläßlich des Boxeraufstandes ausländische Truppen an Land, um in die Vorgänge in Beijing einzugreifen. Die South African Colonization Company ließ von hier aus ganze Schiffsladungen von Chinesen als billige Arbeitskräfte in die südafrikanischen Goldminen befördern.

Qinhuangdao hat einige Industriebetriebe, u. a. eine moderne Glasfiberfabrik.
Von Qinhuangdao ist es nicht weit zum bekanntesten chinesischen Kur- und Ferienort Beidaihe. Lohnenswert ist ein Besuch von Shanhai Guan, dem östlichen Ende der ›Großen Mauer‹.

Hotel

Qinhuangdao International Seaman's Club, Haibinlu 37, Tel. 4951, 4186 (Bus No. 2 v. Bahnhof) 国际海员俱乐部

Ferienort Beidaihe 北戴河

Beidaihe, einer der bekanntesten Ferien- und Kurorte Chinas, liegt an der Bohai-Küste 350 km östlich von Beijing. Chinesen und Ausländer genießen hier den 10 km langen Strand, den weichen Sand und das klare Meerwasser. Große Sanatorien, verschiedenartige Villen und reiche Gartenanlagen geben dem kleinen Ort eine besondere Note. Von Juni bis September herrscht Hochsaison.
Beidaihe wird vom Klima sehr begünstigt. Der Winter ist mild, das Frühjahr windstill, und der Sommer mit durchschnittlich 23 °C nicht sehr heiß.
Zu Beginn der Tang-Dynastie zog der Taizong-Kaiser mit seinen Truppen hier vorbei und hinterließ einige Steininschriften. Zur Zeit der Ming-Dynastie fiel dem Ort als Wachtpunkt militärische Bedeutung zu.
Mit dem Bau der Tianjin-Shanhai Guan Bahnlinie Ende des 19. Jh. kamen die ersten Ausländer und reichen Chinesen nach Beidaihe und ließen hier ihre Sommervillen bauen. Bis 1938 gab es etwa 590 private Villen. Nach 1949 wurde der Ort zum Erholungsgebiet für Arbeiter und Angestellte erklärt. Es wurden Sanatorien und Gästehäuser errichtet und bereits vorhandene Villen den Touristen geöffnet. Heute stehen den Besuchern mehr als 3000 Häuser und Hotelgebäude zur Verfügung.
Vom Bahnhof führt die **Buslinie No. 5** zum West- und Mittelstrand (30 Min.).
Der Strand ist unterteilt in den Ost-, West- und Mittelstrand.
Der **Weststrand** steht dem Internationalen Reisebüro Chinas und damit den ausländischen Touristen zur Verfügung. Der Strand fällt stellenweise rasch tief ins Meer ab, deshalb ist Vorsicht geboten.
Wenn man den langen Strand Richtung Osten entlang wandert, kommt man zu den **Tiger-** und später zu den **Adlerfelsen**.

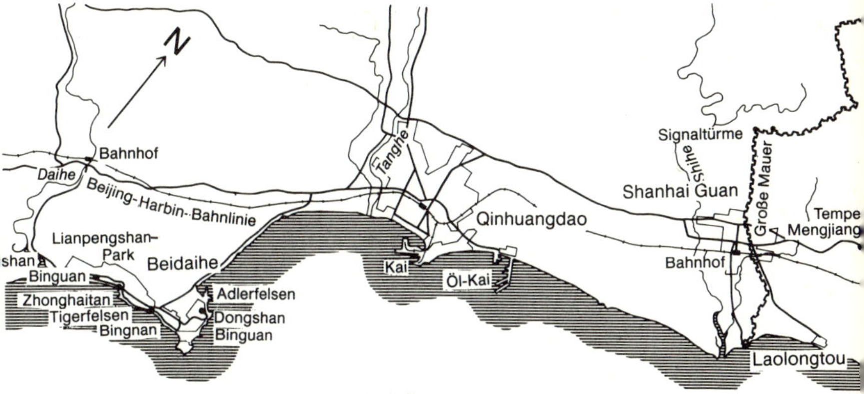

Beidaihe, Qinhuangdao und Shanhai Guan

Lianhuashi Gongyuan, Lotosblütenstein-Park

莲花石公园

Im Westen der Stadt erstreckt sich ein weites Parkgebiet, der Lianhuashi Gongyuan, auch Lianpengshan Park genannt. Hier sind viele durch Verwitterung unterschiedlich geformte Granitsteine und Felsblöcke zu sehen. Einige Steine werden mit Lotosblüten verglichen, weshalb man den Park auch Lotosblütenstein-Park nennt. Eine Legende erzählt von einem schönen Mädchen, das eine Lotosblüte in seinen Händen haltend die Bevölkerung bei Sturm stets vor Unheil bewahrte.
In dem Park steht ein quadratischer Glockenpavillon mit glasierten Ziegeln aus dem 16. Jh., ebenfalls ein Seeblick-Pavillon und ein Guanyin-Tempel.

Hotels

Xishan Binguan, Weststrand, Xijing Lu, Tel. 2018 西山宾馆
Zhonghaitan Binguan, Mittelstrand, Xijing Lu 30, Tel. 2445, 2398 中海滩宾馆
Dongshan Binguan, Oststrand, Yingjiao Lu 7, Tel. 2028 东山宾馆

Reisebüro, **Lüxingshe**

Haibin Lüyou Gongsi, Xishan Binguan, Tel. 2948, 2748

Antiquitätengeschäft: im Wenhua Gong (Kulturpalast).

Paß Shanhai Guan 山海关

Der Shanhai Guan Paß liegt 30 km von Beidaihe und 310 km von Beijing entfernt an der Grenze zur Provinz Liaoning. Er war der wichtigste Paß am östlichen Ende der ›Großen Mauer‹, denn er kontrollierte Jahrhunderte hindurch den Verkehr zwischen Chinas nördlichen und nordöstlichen Regionen. Viele alte Anlagen zeugen hier von der strategischen Bedeutung und dem hervorragend konstruierten Verteidigungssystem der ›Großen Mauer‹.
Erste Siedlungen gab es in dem Gebiet von Shanhai Guan bereits im −6. Jh. Im Jahre 618 wurde hier erstmals ein Tor errichtet und *Yuguan* genannt. In den folgenden Jahrhunderten lieferten sich in diesem Gebiet Han-Chinesen und eindringende Stämme aus dem Norden blutige Schlachten. Im Rahmen des umfangreichen Mauerbaus zur wirksamen Verteidigungsanlage wurde der Paß 1381 angelegt.
Der heutige Bau stammt aus dem Jahre 1639. Nach dem Sturz der Ming-Dynastie verlor die ›Große Mauer‹ an Bedeutung, denn die mandschurischen Herrscher der Qing-Dynastie setzten auf eine Politik des Ausgleichs und der Beschwichtigung gegenüber den Steppenvölkern. Shanhai Guan wurde zu einem Rastplatz für die Herrscher der Qing auf ihrem Weg zu den Gräbern ihrer Ahnen in Shenyang. Als 1900 der Boxeraufstand ausbrach, besetzten die alliierten Mächte Shanhai Guan. Briten, Franzosen, Italiener und Japaner blieben mit ihren Garnisonen bis in die zwanziger Jahre hier.
Die Stadt Shanhai Guan liegt westlich innerhalb der Maueranlage. Vier Stadttore führten dort hinein. Das Nordtor ist verschwunden, das Süd-, West und vor allem das Osttor, das schönste unter den dreien, sind noch vorhanden.
Tianxia diyiguan, ›Erstes Tor auf Erden‹, lautet die Bezeichnung des Osttores, das 1952 restauriert wurde und dem der gesamte Paß seine Berühmtheit verdankt. Der Torbau wird von einem 10 m hohen Turm überragt. Am oberen Dachvorsprung hängt die bekannte Aufschrift *Tianxia diyiguan,* in der Handschrift des Scholaren Xiao Xian aus dem Jahre 1472. Deutlich zu sehen sind auch die 68 Schußöffnungen für die Bogenschützen. Im Turm werden in einem kleinen Museum Uniformen und Waffen ausgestellt.
Nördlich des Tores liegt ein kleiner Park mit der Statue eines Soldaten der Volksbefreiungsarmee, der einem koreanischen Kind das Leben rettete.
Die ›Große Mauer‹ ist auf der Höhe von Shanhai Guan 10 m hoch und 5 m breit. Die Türme der nächsten Umgebung dienten der Signalgebung. Die ›Große Mauer‹ führt in Richtung Osten bis zum Meer, wo sie vom ›**Drachenkopf**‹ begrenzt wird. Früher befand sich dort ein Steindrache, der aufs Meer hinausblickte.

Etwa 10 km östlich von Shanhai Guan steht der Tempel **Jiangnü Miao** bzw. Zhennü Ci, zu erreichen mit dem Touristenbus von der Nanmen (Südtor)-Busstation aus. Er ist **Meng Jiang** geweiht, der Frau des Fan Xiliang, der unter dem ersten Kaiser der Qin im –3. Jh. zum Frondienst an der ›Großen Mauer‹ eingezogen worden war. Meng Jiang machte sich nach langer Zeit der Trennung auf die Suche nach ihm. Sie wanderte Hunderte von Kilometern, bis sie zum neuen Bauabschnitt am Shanhai Guan gelangte. Dort erzählte man ihr, daß ihr Mann längst an der harten Arbeit und den schlechten Lebensbedingungen zugrundegegangen wäre. Daraufhin weinte sie drei Tage und drei Nächte so bitterlich, daß Himmel, Erde und alle Götter und guten Geister sich erbarmten, die ›Große Mauer‹ spalteten und den Leichnam Fan Xiliangs freigaben. Mit gebrochenem Herzen trug sie ihn zum Meer und warf sich mit ihm in die Fluten. Der Stein, von dem sie sich ins Meer gestürzt hatte, wird Jiangnü-Grab genannt.
In dem Tempel steht eine Statue Meng Jiangs, an den Wänden sind Inschriften von den Kaisern der Qianlong-, Jiaqing- und Daoguang-Regierungsperioden der Qing-Dynastie zu sehen.
6 km nördlich von Shanhai Guan erstreckt sich der 45 km lange **Yansai-See,** der von dem Shihe-Fluß gespeist wird und erst kürzlich zu einem Reservoir und Erholungsgebiet ausgebaut wurde.

Kreis Zunhua 遵化县

Dongling, Östliche Gräber (Qing-Gräber) 清東陵

Die 125 km östlich von Beijing befindliche Dongling-Anlage enthält die Grabstätten von fünf Kaisern, fünfzehn Kaiserinnen, einhundert kaiserlichen Konkubinen und einer Prinzessin der Qing-Dynastie (1644–1911). Der Gründer der Qing-Dynastie, der Shunzhi-Kaiser, hatte den Platz während einer Jagd entdeckt. Die Gräber wurden zu Beginn dieses Jahrhunderts geplündert und erheblich beschädigt. Erst seit 1949 bemüht man sich um die Restaurierung.

Xiaoling, Mausoleum des Shunzhi-Kaisers 孝陵

Xiaoling stellt das Zentrum der gesamten Anlage dar. In der großen Stelenhalle stehen zwei 6,7 m hohe Stelen, deren Inschriften in Chinesisch und Mandschurisch die Tugenden und Verdienste des Shunzhi-Kaisers preisen. Der ›Heilige Weg‹ wird wie bei den Ming-Gräbern von Steinskulpturen gesäumt.
In der prachtvollen Zeremonien-Halle, wurden früher jedes Jahr Opferhandlungen durchgeführt. Hinter der Halle befindet sich ein Stelenturm, an den sich der Grabhügel gleich anschließt. Der Hügel bedeckt den ›Unterirdischen Palast‹, in dem der Kaiser und die Kaiserin ruhen.

Yuling, Mausoleum des Qianlong-Kaisers 裕陵

Westlich von *Xiaoling* liegt das Grab des Qianlong-Kaisers. Sein ›Unterirdischer Palast‹ gehört zu den größten und schönsten der Dongling-Anlage.
Der Qianlong-Kaiser wurde 1711 geboren und starb im Alter von 88 Jahren. Seine 60jährige Regierungszeit war die Blütezeit der Qing-Dynastie. Schon 1743 wurde mit dem Bau des Mausoleums begonnen. Der ›Unterirdische Palast‹ ist 54 m lang und besteht aus drei Räumen mit vier reichverzierten Doppeltüren. Jede wiegt annähernd 3 t. Trotzdem lassen sie sich dank ihrer besonderen Konstruktion leicht bewegen. An Wänden und Decken sind geschnitzte Skulpturen von Buddhas, himmlischen Wächtern, Löwen, Blumen und buddhistische Inschriften in Sanskrit und Tibetisch zu sehen. In der hinteren Halle stehen die Särge des Kaisers, seiner zwei Kaiserinnen und der drei höchsten Konkubinen. Unter der Ruhestätte des Kaisers befindet sich eine Quelle, Goldene Quelle genannt. Das Grab wurde mehrmals geplündert, und nur einige wenige Gegenstände blieben erhalten.
Etwa 1 km von der Grabstätte des Qianlong-Kaisers entfernt befindet sich eine der kostbarsten Anlagen von Dongling, das Grab der Kaiserinwitwe Cixi. Auch dieses Grab wurde mehrmals ausgeraubt. Von der einstigen Pracht zeugt noch eine Halle, deren Wände, Decken und Säulen mit Blattgold verziert wurden.

Stadt Chengde 承德市

Sommerresidenz Bishushanzhuang 避暑山庄

Im Norden der Provinz Hebei, 250 km von Beijing entfernt, befand sich die Sommerresidenz der Kaiser der Qing-Dynastie (1644–1911). Die Stadt, früher *Jehol* genannt, liegt in einem Becken 350 m ü.d.M. und ist von Bergen, Wäldern und Seen umgeben. Der Kangxi-Kaiser entdeckte dieses Gebiet während einer Inspektionsreise und befahl sofort den Bau einer Sommerresidenz. 1703 wurde mit den Arbeiten begonnen. Der Qianlong-Kaiser ließ die Anlage noch erweitern und um verschiedene Bauten im Stile der Nationalitäten ergänzen, was Ausdruck seines Versuchs einer Konsolidierung des Vielvölkerstaates und einer Festigung der Bindungen zwischen dem mandschurischen Herrscherhaus und den fremden Volksgruppen war. 1790, im 55. Regierungsjahr des Qianlong-Kaisers, konnten die Bauarbeiten abgeschlossen werden. Die gesamte Anlage war um 1 qkm größer als der Beijinger Kaiser- und Sommerpalast zusammen. Da sich die Kaiser der Qing-Dynastie mehrere Monate pro Jahr in Jehol aufhielten, wurde diese Residenz das zweite politische Zentrum des Landes. Hier empfing der Qianlong-Kaiser erstmals offiziell Vertreter einer westlichen Regierung, eine englische Gesandtschaft. Im Sommer 1820 wurde der Jiaqing-Kaiser von einem Blitz in der Nähe des Palastes erschlagen. Der kaiserliche Hof sah dies als schlechtes Omen an und verließ fluchtartig die Residenz, um nie mehr wiederzukommen. Nur der Xianfeng-Kaiser suchte 1860 hier vor den englisch-französischen Truppen Schutz.

Die Palastanlage liegt im Norden Chengdes, umgeben von einer etwa zehn Kilometer langen Mauer. In ihrer Architektur vereinigt die Residenz Elemente nord- und südchinesischer Bautradition.

Der Haupteingang, das *Lizheng-Tor* (1), hat drei Durchgänge, einen mittleren großen, der für den Kaiser bestimmt war, und zwei seitliche kleinere. Eine Inschrift gibt den Namen des Tores in Han-Chinesisch, Mongolisch, Tibetisch, Arabisch und Mandschurisch wieder. Hinter dem Eingangstor befindet sich das *Wumen,* Mittagstor, mit einer Inschrift des Kangxi-Kaisers. Im dritten Hof folgt die *Zhenggong,* Haupthalle, aus feinstem duftenden *Nanmu*-Holz, das man eigens aus den Provinzen Sichuan und Guizhou hierher transportierte. Decke und Wände dieser Halle sind mit Schnitzereien reich verziert. Hier empfingen die Kaiser Vertreter ausländischer Gesandtschaften und Mitglieder des Adels der verschiedenen Nationalitäten des Reiches.

Ein weiteres, sieben Räume zählendes Gebäude schließt sich an. Es birgt die kaiserlichen Schlafzimmer.

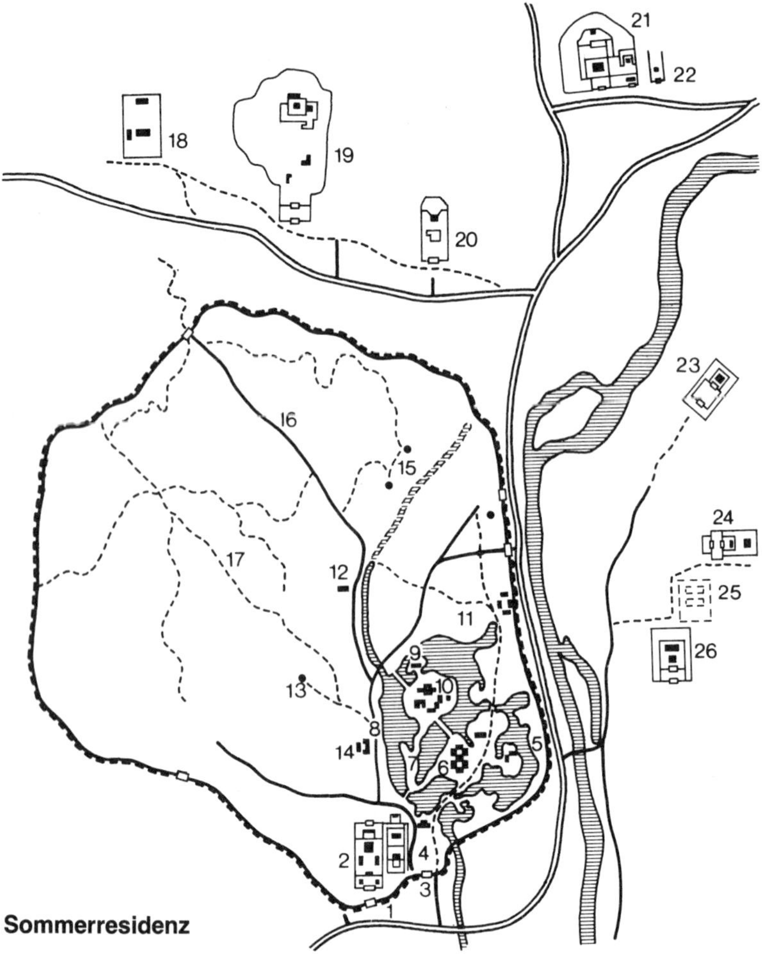

Sommerresidenz

1. Tor Lizheng Men
2. Palast Zhenggong
3. Tor Dehui Men
4. Ruine des Palastes Donggong
5. Silbersee
6. Unterer See
7. Oberer See
8. See Ruyi Hu
9. Haus Yanyu Lou
10. Pavillon Ruyi Xie
11. Garten Wanshu Yuan
12. Pavillon Wenjin Ge
13. Tal Songlin Yu
14. Haus Fangyuan Ju
15. Doppelgipfel Beizhen Shuangfeng
16. Tal Songyun Xia
17. Tal Lishu Yu
18. Tempel Shuxiang Si
19. Tempel Putuozong-sheng Miao
20. Tempel Xumifushou Miao
21. Tempel Puning Si
22. Tempel Puyou Si
23. Tempel Anyuan Miao
24. Tempel Pule Si
25. Ruine Pushan Si
26. Tempel Puren Si

Jenseits der Paläste erstrecken sich die Parkanlagen. Im Nordosten befindet sich ein schönes Seengebiet. Am südlichen Ende dieses Gebietes überspannt eine Steinbrücke mit drei kleinen **Shuixin-Pavillons** den Silbersee und den Unteren See. Im frühen Sommer ist der Silbersee mit seinen rosafarbenen Lotosblüten besonders reizvoll. Jenseits der drei Pavillons im nördlichen Teil des Seengebietes steht das **Yanyu Lou,** Nebel- und Regenhaus (9), die Nachbildung eines Pavillons am Südsee von Jiaxing in Südchina. Hier verweilten die Kaiser bei Regen und genossen den Anblick der fernen im Nebel versunkenen Berge und Bäume, einer Szenerie gleich einer traditionellen Tuschmalerei. Nordwestlich befindet sich der **Wenjin Ge** (12) Pavillon, ein Bau aus dem Jahre 1774, der einen Teil der kaiserlichen Bibliothek enthielt. Zu den bekanntesten Werken, die hier aufbewahrt wurden, zählte das *Gujin Tushu* (Gesammelte Werke der alten und neuen Zeit) und das *Siku Quanshu* (eine Sammlung klassischer Werke in 36 304 Bänden).

Der westliche Teil der Sommerresidenz, der etwa fünf Sechstel der gesamten Anlage ausmacht, besteht aus Bergen und Tälern. Merkwürdige Felsformationen zieren die Landschaft, wie zum Beispiel der Himmelsbrücken-Berg und der Hahnenkamm-Berg. Außerhalb der Sommerresidenz befinden sich auf den umliegenden Hügeln im Norden und Osten acht Gruppen von Tempelanlagen. Ursprünglich waren es elf, drei wurden jedoch vollkommen zerstört, einige sind halb verfallen. Die Besichtigung der einzelnen Anlagen ist für Einzelreisende am besten **per Fahrrad** zu bewältigen.

Östlich der Parkanlage befindet sich der Tempel **Puren Si,** (26) aus dem Jahre 1713, nördlich von ihm steht der halb verfallene Tempel **Pushan Si,** (25) ebenfalls 1713, jedoch im tibetischen Stil erbaut. Es folgt der **Pule Si,** Tempel der Universalen Freude, aus dem Jahre 1766 im chinesischen Stil anläßlich der Besuche von Vertretern des Adels mongolischer und nordwestchinesischer Minderheiten errichtet. Besonders sehenswert ist der Pavillon **Xuguang Ge,** auch ›Runder Pavillon‹ genannt, der sich auf einer zweistufigen, quadratischen Terrasse erhebt und innen mit einer herrlichen Decke geschmückt wird. In der Mitte der Decke spielen zwei Drachen mit einer Perle. Von diesem Tempel beginnt der Aufstieg zum **Kröten- und Hammerfelsen** – ein lohnenswerter etwa dreistündiger Ausflug. Weiter in Richtung Norden steht der Tempel **Anyuan Miao,** (23) 1764 zum Gedenken an einen Volksstamm aus Xinjiang errichtet, der sich in Jehol niedergelassen hatte. Es ist die Imitation eines bekannten Tempels in *Yili,* weshalb er auch *Yili*-Tempel genannt wird. Man sollte es nicht versäumen, auch in diesen Tempel zu schauen und die mit Schnitzereien verzierte Ksitigarbha-Statue anzusehen. Die Tempel **Puyou Si** (22) und **Puning Si,** Tempel des Universalen Friedens (2), auch Großer-Buddha-Tempel genannt, nördlich der Parkanlage, wurden 1760 erbaut. Nachdem der Qianlong-Kaiser die nordwestlichen Grenzregionen wieder unter Kontrolle glaubte, ließ er im Jahre 1755 zum Gedenken an diesen Sieg den Puning Si nach dem Vorbild des *Samadhi*-Tempels in Tibet anlegen. Der vordere Teil der Tempelanlage wurde im han-chinesischen, der hintere im tibetischen Stil gestaltet. Die etwa 37 m hohe Haupthalle, die **Dacheng Ge,** enthält eine 22,2 m hohe und 110 t schwere hölzerne Guanyin Bodhisattva-Statue. Die *Dacheng Ge* ist flankiert von der Mond- und Sonnenhalle, sowie von mehreren Terrassen und Stupas.

Westlich vom *Puning Si* liegt der Tempel **Xumifushou Miao** (20). Er stammt aus dem Jahre 1780 und ist eine Nachbildung des *Zashenlunbu*-Klosters in Tibet. Der Qianlong-Kaiser ließ ihn anläßlich der Ankunft des sechsten Panchan Lamas errichten. Dieser war gekommen, um dem Kaiser zum Geburtstag zu gratulieren. Das Dach der Haupthalle wurde mit vergoldeten Kupferziegeln gedeckt und mit acht vergoldeten Kupferdrachen verziert. Jeder Drache ist 5 m lang und wiegt allein über 1 t. Insgesamt wurden 1500 kg Gold im Dach der Haupthalle und in den Drachen verarbeitet. Auch das Dach der Haupthalle des im Westen folgenden Tempels **Putuozongsheng Miao** (19) wurde mit Gold versehen. Der Tempel wird auch ›Kleiner Potala‹ genannt, weil er 1766 nach dem Vorbild des *Potala*-Palastes in Lhasa gestaltet wurde. Er ist der größte der Tempelanlagen und wurde zu Ehren der Vertreter des Adels nordwestchinesischer Minderheiten errichtet, die herbeigeeilt waren, um dem Kaiser und seiner Mutter persönlich zum Geburtstag zu gratulieren. Im vorderen Teil der Tempelanlage steht ein herrliches Ehrentor, im hinteren Teil erhebt sich eine riesige 43 m hohe Terrasse. Zwei große Steintafeln in diesem Tempel geben die Geschichte des Turgut-Volkstammes in Mandschurisch, Han-Chinesisch, Mongolisch und Tibetisch wieder. Dieser den Mongolen zugehörige Volksstamm hatte sein Nomadengebiet 1630 vom Norden Xinjiangs bis zur Wolga hin ausgedehnt. 1770 gaben sie das Gebiet auf und kehrten nach einem dramatischen 5000 km langen Marsch, der viele Opfer forderte, innerhalb von acht Monaten nach China zurück. Der Qianlong-Kaiser empfing daraufhin den Stammesfürsten und ließ die Geschichte dieses Volksstammes aufzeichnen. Der letzte Tempel im Westen ist der **Shuxiang Si,** errichtet im Jahre 1774.

Reisebüro

Zhongguo **Lüxingshe,** Zhonghualu Dongkou, Tel. 35 02

Hotels

Chengde Shi Binguan, 承德市宾馆
Gästehaus der Stadt, Yingzi Nan Dajie, Tel. 25 51
Bishushanzhuang Zhaodaisuo, 避暑山庄招待所 Tel. 36 89, 33 75, 27 92

Stadt Handan 邯郸市

Handan liegt im Süden der Provinz Hebei an der Bahnstrecke Beijing-Zhengzhou. Schon während der Shang-Dynastie gab es hier erste Siedlungen. In den Jahren –386 bis –228 war Handan Hauptstadt des Zhao-Staates und ein reiches Handelszentrum. Während des Niederganges der Qin-Dynastie wurde Handan zerstört, jedoch in der Han-Dynastie wieder aufgebaut. Südwestlich des modernen Handan sind noch Spuren der zhao- und han-zeitlichen Stadt zu sehen.
Handan ist heute eine moderne Industriestadt (Schwerpunkt Textilindustrie) mit einer Einwohnerzahl von ca. 400 000.

Zhaowangcheng Yizhi 赵王城遗址

Die Spuren der alten Hauptstadt des Staates Zhao, Reste von Mauern und Fundamenten, befinden sich 4 km südwestlich der heutigen Innenstadt. Die zhao-zeitliche Stadt war in drei Bezirke unterteilt, einen östlichen, westlichen und nördlichen. Bei den noch vorhandenen Spuren handelt es sich um die westlichen. Auf der Hauptachse des Bezirkes befinden sich noch Teile des Fundaments der *Longtai,* Drachenterrasse, 285 m lang, 265 m breit, 19 m hoch, auf der der Hauptpalast stand.

Plattform Congtai 丛台

Die Plattform ist 26 m hoch und befindet sich in der Nordostecke der alten Stadt. Sie wurde während der Herrschaft des Zhao-Königs Wuling (–325 bis –299) gebaut. Der König soll von der Terrasse aus das Training seiner Truppen überwacht und sie auch als Ort der Muße und Unterhaltung genutzt haben. Es muß eine parkähnliche Anlage mit Brücken, Höhlen, Blumengärten, Türmen und Pavillons gewesen sein.

Tempel Lüzu Ci (Lüweng Ci) 吕祖(翁)祠

Der Tempel, 10 km nördlich von Handan entfernt, ist eine Gründung aus der Tang-/Song-Zeit. Der heutige Bau stammt aus der Ming-Zeit. Von seinen drei Haupthallen ist die hintere, die *Lusheng Dian,* die interessanteste. Sie berichtet über das Leben des jungen Lu Sheng. Dieser war ein gebildeter junger Mann aus armem Hause, der nach Ruhm und Karriere strebte. Eines Tages traf er den alten Lü Weng, von dem er ein Kopfkissen erhielt, mit dem sich sein Wunsch

erfüllen sollte. Lu Sheng legte seinen Kopf auf das Kissen und schlief ein, während man nebenan einen Hirsebrei kochte. Lu Sheng hatte einen schönen Traum. Er war ein geehrter Mann in hoher Position, hatte eine schöne Frau und mehrere Söhne, die sich alle mit Frauen aus reichem Hause verheirateten. Lu Sheng erwachte nach so kurzer Zeit, daß der Hirsebrei noch nicht gar war. Noch heute lautet der Begriff für Wunschtraum und Luftschlösser *Huangliang Yimeng,* Traum während des Hirsekochens.
Die mittlere Haupthalle wird Lüzu Dian genannt. Sie beherbergt eine Steinfigur des Lü Weng.

Xiangtang Shiku, Echo-Steingrotten 响堂(山)石窟

Diese befinden sich südwestlich von Handan auf dem Berg Shigu Shan. Sie stammen aus dem 6. Jh.; in den folgenden Jahrhunderten wurden sie erweitert und restauriert. Sie beherbergen in einem nördlichen und einem südlichen Abschnitt etwa 3000 Skulpturen. Der südliche Abschnitt (sieben Höhlen), liegt am südlichen Fuß des Berges, am Ufer des Flusses Fuyang He. Der nördliche Abschnitt (neun Höhlen), befindet sich auf der Westseite des Berges ca. 15 km nordwestlich von der Südgrotte.

Reisebüro

Zhongguo **Lüxingshe,** Zhonghualu, Tel. 3921

Brücke Anji Qiao

Die älteste erhaltene Segmentbogenbrücke der Welt befindet sich 2,5 km südlich der Kreisstadt **Zhaoxian,** etwa 40 km südöstlich von Shijiazhuang. In den Jahren 605–616 unter der Leitung des Baumeisters Li Chun aus Stein angelegt, überspannt sie den Jiao-Fluß. Ihre Gesamtlänge beträgt 50,8 m, ihre Spannweite 37,3 m. Derartige Brücken verstand man in Europa erst einige hundert Jahre später zu bauen.

Provinz Shanxi

山 西 省

Fläche: ca. 157 100 qkm / Bevölkerung: 25 Mill. / Hauptstadt: Taiyuan

Shanxi, im östlichen Teil der nordchinesischen Lößhochebene grenzt im Westen an Shaanxi und im Süden an Henan. Die westliche und südwestliche Grenze wird durch den Bogen des Huanghe (Gelber Fluß) gezogen. Die Berge des Taihang Shan markieren die Grenze im Südosten und Osten. Im Norden fällt sie mit dem Verlauf der Großen Mauer zusammen.

Geschichtlicher Überblick

Während der Westlichen Zhou-Dynastie (−1100 bis −771) wurde im Südwesten entlang des Flusses Fenhe das Lehen von Qin gebildet, das sich bald politisch, wirtschaftlich und kulturell zu einem regionalen Schwerpunkt entwickelte. Während der Han-Dynastie war Shanxi ein Pufferstaat zwischen den Nomadenvölkern des Nordens und Westens und den seßhaften Ackerbauern in den fruchtbaren Ebenen der heutigen Provinzen Hebei und Henan. Der politische Status der Provinz variierte entsprechend der Stärke oder Schwäche der Zentralregierung. Vom Ende der Han-Dynastie bis zur Wiedervereinigung des Reiches unter der Sui-Dynastie 581 wurde Shanxi Sitz kurzlebiger Dynastien. Während der Nördlichen Wei-Dynastie erlebte der Buddhismus in dieser Provinz zum ersten Mal eine Blütezeit. Die buddhistischen Höhlentempel von Yungang/Datong stammen aus dieser Zeit. Im 14. Jh. wurde die Provinz Shanxi gebildet.

Zwei Drittel der Provinz bestehen aus einem Hochplateau, das etwa 300–1000 m ü.d.M. liegt. Aufgrund der Nord-Süd-Ausrichtung der Gebirge wird die Provinz durch das Klima der Mongolei beeinflußt. Im Winter und Früh-

jahr verursachen trockene Nordwestwinde häufig Dürreperioden, weshalb es in der Vergangenheit oftmals Hungersnöte gab, eine Gefahr, die heute durch Bewässerungssysteme und staatliche Planung gebannt ist. Etwa 70–80% des jährlichen Niederschlags fallen zwischen Juni und September. Innerhalb der Provinz herrscht ein Temperaturgefälle von durchschnittlich 8 °C im Winter und 3 °C im Sommer.
Der größte Teil der Bevölkerung ist han-chinesisch, eine kleine Minderheit setzt sich aus Hui, Mandschuren und Mongolen zusammen. Ca. 85% der Bevölkerung leben auf dem Lande. Wichtigste Anbaukulturen sind Hirse, Sorghum, Weizen und Baumwolle. Die fruchtbaren Beckenlandschaften Shanxis können heute dank Bewässerungsanlagen weitgehend genutzt werden.
Shanxi besitzt große Energiequellen. Die Provinz verfügt über 200 Mrd. t Kohlereserven in den entdeckten Feldern, das ist ein Drittel der gesamten abbaubaren chinesischen Kohlevorräte. In 80% der Kreise wird in über 2000 zentral und lokal verwalteten Gruben Kohle abgebaut. Die Zechen von Datong gehören zu den wichtigsten des Landes.

Stadt Taiyuan 太原市

Taiyuan, Hauptstadt von Shanxi, liegt am Fluß Fenghe, im Herzen der Provinz und im Norden des fruchtbaren Taiyuan-Beckens. Mit einer Einwohnerzahl von über 2,2 Millionen gehört die Stadt zu den wichtigen Industriezentren Chinas.

Geschichtlicher Überblick

Der Reichtum an Bodenschätzen, die landwirtschaftlichen Gegebenheiten und die strategische Lage waren es, die Taiyuan stets in den Mittelpunkt des Interesses rückten. Hier lag der Zugang zu den Ebenen Shanxis, ein bevorzugtes Angriffsziel nördlicher Volksstämme und günstiger Ausgangspunkt für eine Besetzung des Reiches. So wurde Taiyuan immer wieder Schauplatz machtpolitischer und kriegerischer Auseinandersetzungen.
Nach Gründung der Zhou-Dynastie entstand hier das Lehen *Tang*, später *Jin* genannt. Hauptstadt wurde die Stadt *Jinyang*, das heutige Taiyuan. Nachdem die Herrscher von Qin das Gebiet von Jin, inzwischen Zhao genannt, im Jahre −221 erobert hatten, wurde Jinyang in Taiyuan umbenannt und Sitz einer Grenzkommandantur. Unter der Han-Dynastie baute man die Stadt zu einer

Festung aus, die aufgrund der Gefahr aus dem Norden von großer strategischer Bedeutung war.
Die Herrscher der kurzlebigen Nördlichen Qi-Dynastie (550–577) ließen Paläste und Tempel errichten. Nach der Gründung der Sui-Dynastie (581–618) und der Wiedervereinigung des Reiches, gewann Jinyang seine Bedeutung als Grenzstadt zurück.
Der Bau neuer Stadtbefestigungen und Paläste führte zu hohen Steuerlasten, die in einem Bauernaufstand endeten und bald die ganze Dynastie bedrohten. Der Kaiser sandte einen Mann namens Li Yuan nach Taiyuan, um den Aufstand niederzuschlagen. Doch Li Yuan machte sich zum Führer der Aufständischen, stürzte die Dynastie und gründete im Jahre 618 die Tang-Dynastie. Jinyang wurde ein kulturelles und politisches Zentrum. Allerdings fand die Stadt unter der ständigen Bedrohung türkischer Volksstämme keinen Frieden. Nach dem Sturz der Tang-Dynastie (907) wurde die Stadt allmählich zu einer Festung ausgebaut. Sie befand sich in den Händen der Nördlichen Han, einem Königshaus, das sich nicht den Wiedervereinigungsplänen der neuen Song-Herrscher beugen wollte. Nach mehreren vergeblichen Versuchen gelang es den Song-Herrschern, die Stadt 979 zur Aufgabe zu zwingen. Um den Unabhängigkeitsbestrebungen ein Ende zu setzen, brannte man die Stadt nieder und leitete das Wasser der Flüsse Jin und Fen dorthin, um die Asche wegzuspülen und so auch die letzten Reste der Stadt zu beseitigen. In den nächsten Jahren ließen sich die Bewohner des ehemaligen Jinyang in einem nahegelegenen Dorf nieder. Langsam entstand eine neue Stadt, ein blühendes Handelszentrum mit engen Straßen und florierenden Märkten. Handwerker und Künstler kamen, Keramikwerkstätten entstanden. Seit Mitte des 14. Jh. erschütterten erneut Bauernaufstände das Land, die auch vor Taiyuan nicht Halt machten. Chaos und Not dezimierten die Bevölkerung, fast alle Geschlechter der Stadt sollen in jenen Jahren untergegangen sein.
Während der Ming-Dynastie wurde Taiyuan zur Residenzstadt des Vizekönigs der Provinz Shanxi.
Schon seit dem 11. Jh. hatte es in Taiyuan die Geheimgesellschaft ›Weißer Lotos‹ gegeben. Ein Zweig dieser Organisation, Yihetuan, unterstützte die Bewegung, die sich gegen die zunehmende wirtschaftliche und finanzielle Macht der Ausländer in Shanxi richtete. Es kam zu blutigen Zwischenfällen, die schließlich zum Ausbruch des sogenannten Boxeraufstandes beitrugen.
Nach der Revolution von 1911 herrschte der Kriegsherr Yan Xishan von Taiyuan aus als Diktator bis 1948 über Shanxi.
Während der letzten 30 Jahre entwickelte sich die Stadt zu einem wichtigen Industriezentrum auf den Gebieten Schwerindustrie (Eisen und Stahl), Kohleabbau, Maschinenbau, Zement und Chemie.

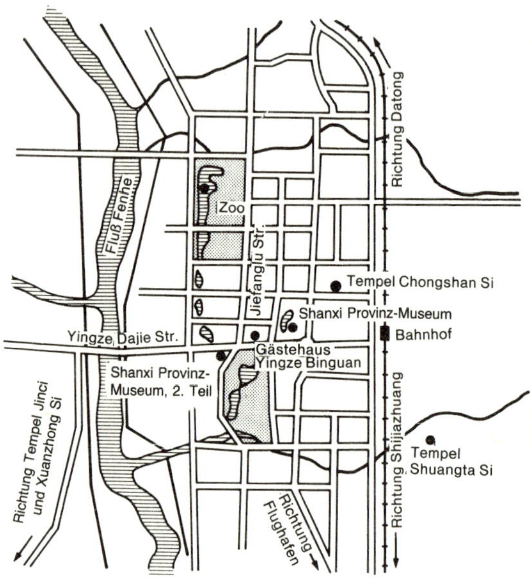

Stadtplan von Taiyuan

Jinci, Ahnentempel Jin 晋祠

Die Tempelanlage Jinci liegt etwa 25 km südwestlich von Taiyuan an der Quelle des Flusses Jinhe und am Fuße des Berges Xuanweng Shan. Im –11. Jh. herrschte hier der Prinz Shuyu über das Lehen von Tang. Nach seinem Tode übernahm sein Sohn die Herrschaft und benannte das Lehen in *Jin* nach dem Fluß Jinhe um. Im +5. Jh. errichtete man im Gedenken an den Prinzen Shuyu einen Ahnentempel, den Jinci. Während der Nördlichen Qi-Dynastie (550–577) entstanden weitere Hallen, Pavillons und Gärten. Mit dem Aufstieg der Stadt Jinyang erlebte auch die Tempelanlage ihre Blütezeit. Li Yuan, der nicht dem Befehl des Sui-Kaisers, einen Aufstand im heutigen Shanxi niederzuschlagen, gefolgt war, sondern sich zum Führer der Aufständischen gemacht hatte, soll in dem Ahnentempel dem Prinzen Shuyu von Tang ein Opfer dargebracht und ihn um Hilfe angerufen haben. Als es ihm dann gelang, die Dynastie zu stürzen und im Jahre 618 eine neue Dynastie zu gründen, nannte er sie angeblich aus Dankbarkeit *Tang*.

Im Jahre 979 blieb Jinci während der Zerstörung Taiyuans verschont. Nach 1949 stellte man die gesamte Tempelanlage unter Denkmalschutz.

Im Süden steht das alte Eingangstor *Jingqing Men* (2) und rechts daneben der neue Eingang (1). Von hier aus geht man direkt auf die Terrasse *Shuijing Tai* (3) zu, die bei früheren Tempelfesten als Theater diente. Nicht weit von hier sieht man zur Linken den Pavillon *Shengying Lou* (4), aus dessen erster Etage man einen guten Ausblick auf die gesamte Tempelanlage hat. Eine kleine Brücke, die *Huixian Qiao* (5), führt über einen Arm des Flusses Jinhe direkt zur

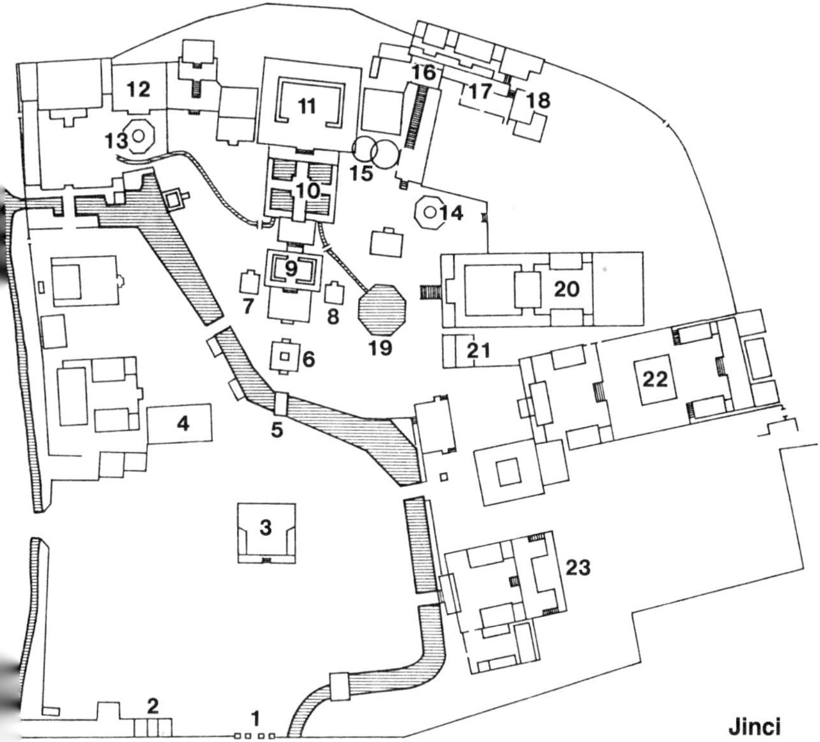

Jinci

1. Eingang
2. Tor Jingqing Men
3. Terrasse Shuijing Tai
4. Pavillon Shengying Lou
5. Brücke Huixian Qiao
6. Terrasse Jinren Tai
7. Trommelturm
8. Glockenturm
9. Halle Xiandian
10. Brücke Feiliang
11. Shengmu Dian, Halle der Heiligen Mutter
12. Tempel Shuimu Lou
13. Quelle Nanlao Quan
14. Quelle Shanli Quan
15. Uralte Zypresse
16. Höhle Chaoyang Dong
17. Höhle Yuntao Dong
18. Daifeng Xuan
19. Lotosteich
20. Tempel Tangshu Yuci
21. Pavillon der Tang-Stele
22. Tempel Guanyu Ci
23. Palast Wenchang Gong

Shengmu Dian, der Halle der Heiligen Mutter. Es folgt zunächst die *Jinren Tai* (6), eine Terrasse, in deren vier Ecken jeweils eine eiserne Statue aus dem 11. Jh. steht; es sind Gottheiten, dargestellt als wilde Krieger. Der Weg führt weiter durch ein Tor zur Halle *Xiandian* (9) aus dem 12. Jh., in der der Heiligen Mutter Opfergaben dargeboten wurden. Jenseits der *Xiandian* befindet sich die Brücke *Feiliang* (10), die ›Fliegende Brücke‹. Diese im chinesischen Altertum einzigartige Brücke stammt aus der Song-Zeit und wurde in Form eines Kreuzes, das einen fliegenden Vogel symbolisieren soll, über der *Yuzhao,* Fischteichquelle, angelegt. Die *Yuzhao* entspringt unter der Halle der Heiligen Mutter und gehört zu den drei Quellen des Jinhe-Flußes. Die **Shengmu Dian,** Halle der Heiligen Mutter (11), auch *Yijiang*-Halle genannt, ist die Haupthalle der Tempelanlage und zugleich der älteste, heute noch erhaltene Holzbau Taiyuans. Sie wurde in den Jahren 1023–1031 zu Ehren der Mutter des Prinzen Shuyu von Tang angelegt. Die Halle beherbergt 44 außergewöhnliche Terracotta-Skulpturen. Im Zentrum steht eine Skulptur der *Yijiang,* der Mutter des Tang Shuyu. Sie ist umgeben von ihren Dienerinnen, die an den Wänden der Halle aufgereiht stehen. Jede dieser Statuen ist ein Meisterwerk. Sie unterscheiden sich in Haltung und Ausdruck. Es scheinen Ebenbilder wirklicher Personen zu sein, verschieden im Alter und Aussehen, einige verträumt oder amüsiert, andere im Begriff, etwas zu fragen oder zu antworten. Da sie wie der Bau der Halle zur Zeit der Nördlichen Song-Dynastie geschaffen wurden, geben sie Aufschluß über Kleidung und Kopfputz der damaligen Zeit. Leider wurden sie in späteren Jahren in recht grellen Farben übermalt, die wohl kaum dem Farbempfinden der Song-Zeit entsprechen.

Westlich der Halle *Shengmu Dian* steht der Tempel *Shuimu Lou* (12) aus der Mitte des 16. Jh. Er ist einer jungen Bäuerin gewidmet, die von einem alten Mann eine Zauberpeitsche erhalten hatte. Wann immer sie Wasser brauchte, schlug sie nur mit der Peitsche gegen ihren Wasserkrug und das Wasser sprudelte sofort vom Boden des Kruges empor. Auf diese Weise ersparte sie sich den langen Weg zum Brunnen, zu dem ihre böse Schwiegermutter sie täglich schickte. Die Schwiegermutter entdeckte jedoch bald das Geheimnis und versuchte es ihr gleichzutun. Jedoch hörte nach ihrem Schlagen das Wasser nicht mehr auf zu sprudeln, so daß bald das ganze Haus in Gefahr geriet. Entsetzt hielt die junge Frau beim Kämmen ihrer langen Haare ein und setzte sich auf den Krug. Doch das Wasser sprudelte immer weiter und wurde schließlich zur Quelle des Jinhe.

Der Tempel besteht aus zwei Etagen. Im Erdgeschoß wie im 1. Stock sieht man Darstellungen der gutmütigen jungen ›Wassermutter‹, die mit ungeordnetem Haar auf der Quelle des Jinhe sitzt.

Vor dem *Shuimu Lou* steht über der *Nanlao Quan,* Jungbrunnen-Quelle (13)

ein achteckiger Pavillon. Er wurde um 550 angelegt und später mehrmals restauriert. Die *Nanlao Quan* ist die bedeutendste der drei Quellen des Flusses Jinhe. Sie liefert 1,9 cbm/sek., eine Wassermenge, die selbst bei Dürre oder Regen immer gleich bleibt. Auch die Wassertemperatur von 17 °C ändert sich nicht mit den Jahreszeiten.
Die dritte Quelle, *Shanli Quan* (14), tritt ebenfalls unter einem achteckigen Pavillon hervor, der um 550 errichtet wurde.
Östlich von der Halle der heiligen Mutter ist eine weitere Sehenswürdigkeit der Jinci-Tempelanlage zu sehen: eine uralte Zypresse (15). Nördlich der Quelle *Shanli Quan* sind einige Höhlenanlagen zu besichtigen, die *Chaoyang Dong* (16), die einer über Zauberkräfte verfügenden Gottheit gewidmet sind. Gleich daneben befindet sich die *Yuntao Dong* (17), in der der Ming-Loyalist Fu Shan (1608–1684), ein Literat, Kalligraph und Arzt viele Jahre lebte. Richtung Osten folgt das Gebäude *Daifeng Xuan* (18) mit einer kleinen Keramikausstellung. Eine Treppe führt hinauf zu drei weiteren Gebäuden. Von hier aus hat man einen guten Ausblick auf die Tempelanlage und Umgebung.
Östlich der Quelle *Shanli Quan* steht der *Tang Shuyu Ci* (20), der Tempel des Prinzen Shuyu von Tang. Hier war wahrscheinlich der Standort des ersten Ahnentempels. Daneben ist ein Pavillon mit einer Stele aus der Tang-Dynastie (21) zu sehen. Sie zeigt eine 1203 Zeichen umfassende Inschrift, eine Danksagung, die der zweite Kaiser der Tang-Dynastie im Jahre 646 verfaßt hatte. Dieser, wie auch sein Vater, fühlten sich dem Prinzen sehr verbunden, von dem sie glaubten, daß er ihnen nach Anhörung ihrer Gebete Hilfe geleistet und Glück gebracht habe. Der Kaiser rechtfertigt das Werk seines Vaters, den Sturz der Sui, und bittet um Schutz für die Tang-Dynastie.
Unmittelbar neben dem Stelenpavillon sieht man den Tempel des *Guan Yu* (22). Guan Yu war ein berühmter General aus der Zeit der Drei Reiche (220–265), der später als Kriegsgott verehrt wurde.

Tempel Chongshan Si 崇善寺

Der Chongshan Si, im Osten der Stadt gelegen, ist eine Gründung aus der Tang-Zeit und wurde von Zhu Gang, dem dritten Sohn des ersten Ming-Kaisers, im Jahre 1381 zu Ehren seiner Mutter, der Kaiserin Gao, vergrößert. 1864 fiel der Tempel einem Feuer zum Opfer. Erhalten geblieben sind das Haupttor, der Glockenturm, einige Nebenhallen und die Halle *Dabei Dian*. In der *Dabei Dian* sind Statuen der Guanyin, des Wenshu- und des Puxian-Bodhisattva zu sehen. Halle und Statuen stammen aus der Ming-Zeit.

Shanxi Sheng Bowuguan – Shanxi Provinz-Museum

山西省博物馆

Das Museum ist einen Besuch wert, denn es bietet reiches Anschauungsmaterial über die lange Geschichte der Stadt Jinyang, des heutigen Taiyuan. Bei dem Museumsgebäude handelt es sich um eine Tempelanlage aus der Jin-Dynastie (1115–1234), die 1881 restauriert wurde. Es werden neben Funden aus dem Neolithikum u. a. Bronzebecher aus der Shang-Zeit, Waffen, Lackgegenstände und Bronzemünzen aus der Periode der Kämpfenden Staaten sowie Grabfunde aus späteren Dynastien ausgestellt. Ferner sind auch Reproduktionen von Kalligraphien und Malereien des berühmten Malers *Gu Kaizhi* (345–406) zu sehen.
In der imposanten ehemaligen Residenz **Chunyang Gong** ist ein weiterer Teil des Museums untergebracht. Von der Anlage her ist dieser Teil noch sehenswerter.

Shuangta Si – Zwei-Pagoden-Tempel 双塔寺

Dieser Tempel liegt im Südosten Taiyuans. Er wurde während der Ming-Dynastie in der Regierungsperiode Wanli (1573–1620) errichtet. Seine beiden 54 m hohen Ziegelsteinpagoden wurden zum Symbol der Stadt.

Tempel Dou Daifu Ci 窦大夫祠

Der Dou Daifu Ci steht etwa 20 km nordwestlich von Taiyuan in der Ortschaft **Lancun.** Er wurde dem Minister *Dou Chou* des Lehnsstaates Jin (zweite Hälfte Zhou-Dynastie) gewidmet. Dou Chou hatte sich besonders um das Bewässerungssystem in diesem Gebiet verdient gemacht. Die heute noch erhaltenen Gebäude stammen aus dem Jahre 1343. Neben dem Tempel entspringt eine Quelle, deren Wasser ungewöhnlich kalt ist. Man nennt sie deshalb *Hanquan,* kalte Quelle.

Grotten Tianlongshan Shiku 天龙山石窟

Etwa 40 km südwestlich von Taiyuan erhebt sich der **Tianlong Shan** mit acht Grotten am Ostgipfel und 13 Grotten am Westgipfel. Die älteste wurde in den Jahren 535–549 angelegt, die übrigen stammen meist aus der Tang-Dynastie. Ihre Skulpturen sind größtenteils beschädigt. Am besten erhalten ist eine beeindruckende Buddha-Statue in Grotte 9.

Song-zeitlicher Maitreya-Buddha in der Felswand des Feilai Feng, Tempelanlage Lingyin Si, Hangzhou, Zhejiang

Höhlen Longshan Shiku 龙山石窟

Rund 20 km südwestlich von Taiyuan liegen auf dem Berg **Longshan** einige daoistische Höhlen, die zu Beginn der Yuan-Dynastie von dem daoistischen Mönch *Song Defang* angelegt wurden. Sie enthalten mehr als 40 gut erhaltene Skulpturen. An den Wänden stehen yuan-zeitliche Inschriften.

Tempel Dayun Si 大云寺

Der Dayun Si, auch Eisenbuddha-Tempel genannt, liegt in der Kreisstadt **Lingfen.** Er stammt aus den Jahren 627–649 und enthält noch das Haupttor, den Pavillon *Xianting,* die Halle *Zhongdian,* den Pavillon der heiligen Bücher und die Pagode *Fangta.* Die Pagode ist 30 m hoch und mit Keramikkacheln verziert. Im Erdgeschoß steht der sogenannte Eisenbuddha, ein aus Eisen gegossener tang-zeitlicher Buddha-Kopf, 6 m hoch und mit einem Durchmesser von 5 m.

Tempel Guangsheng Si 广胜寺

Der Tempel Guangsheng Si befindet sich am Südfuß des Berges **Huoshan,** etwa 17 km nordöstlich des Kreises **Hongdong.** Dieser von alten Kiefern, Zypressen und Quellen umgebene Tempel ist eine Gründung aus dem Jahre 147. Die Tempelanlage teilt sich in einen oberen und unteren Tempelbezirk. Darüber hinaus gehört ein dritter Tempel, der Wassergeisttempel, zur Anlage. Die heute noch erhaltenen Gebäude der oberen Anlage stammen aus der Ming-Dynastie. Sie wurden jedoch im Stil der Yuan-Dynastie gestaltet. Im unteren Tempel sind das Haupttor und die vordere Halle sehr eindrucksvoll. Das Haupttor ist im Stil der Yuan-Dynastie gehalten. Die Buddha-Statuen der vorderen Halle stammen aus der Yuan-Zeit. Die Wandgemälde, die einst die Innenwände schmückten, wurden 1928 ins Ausland geschafft. Reste der Gemälde kann man noch auf dem oberen Teil der Wand sehen. Der westlich gelegene *Shuishen Miao,* der Wassergeisttempel, wurde direkt neben der Quelle *Huoquan* am Berg Huoshan erbaut. Bemerkenswert ist die *Mingyingwang-Halle* aus dem Jahre 1319 mit elf Darstellungen des Wassergeistes Mingyingwang und seiner Diener. Besonders interssant sind die Wandmalereien an der Südwand. Sie geben Aufschluß über yuan-zeitliche Schauspieler, Schminke, Kleidung, Musikinstrumente und Kulissen, also über den Theater-Alltag der Yuan-Dynastie.

◁ *Dachdekoration im Ahnentempel von Foshan, Guangdong*

Tempel Xuanzhong Si 玄中寺

Der Xuanzhong Si, auch Steinwand-Tempel genannt, liegt etwa 4 km südwestlich der Kreisstadt Jiaocheng Xian inmitten eines unwegsamen beeindrukkenden Berggebietes. Vom Eingangstor des Tempelgeländes hat man einen sehr guten Überblick auf die Haupt- und Nebenhallen. Der Tempel wurde bereits im Jahre 472 gegründet. Meister Tan Luan studierte und lehrte hier auf kaiserlichen Wunsch die *Jingtu*-Lehre, die vor allem in Japan zahlreiche Anhänger fand. Der Xuanzhong Si gilt als Heiligtum der *Jingtu*-Sekte. Der älteste Bau auf dem Tempelgelände ist die *Tianwang Dian,* die Halle der Himmelskönige, aus dem Jahre 1605. Aus dem 5.–7. Jh. sind noch Steinstelen und Steinschnitzereien erhalten.

Hotels

Yingze Binguan, Yingze Dajie, Tel. 23211 迎泽宾馆
Sanjing Dasha, Yingze Dajie, Tel. 27853 三晋大厦
Bingzhou Fandian, Wuyi Guangchang, Tel. 25924 并州饭店
Jinci Binguan, Nanjiao, in der Tempelanlage Jinci, Tel. 29941 晋祠宾馆
Taiyuan Fandian, Liuxiang, Tel. 22197 太原饭店

Reisebüro

Guoji Lüxingshe, **CITS,** Zhongguo Lüxingshe, Yingze Dajie, Tel. 29155, im Hotel Yingze Binguan

Einkaufsmöglichkeiten

Freundschaftsladen, Yingze Dajie 7
CAAC, Yingze Dong Dajie, Tel. 29903

Brigade Dazhai 大寨

Nicht weit von der Stadt **Yangquan** entfernt liegt die Musterbrigade Dazhai im Taihang Gebirge. Einst ein trostloses, von Naturkatastrophen häufig heimgesuchtes Land, hat sich Dazhai dank dem enormen körperlichen Einsatz seiner Bewohner zu einer Modellfarm entwickelt. Ohne materiellen Anreiz

西苑飯店
XIYUAN HOTEL

Gaan

201, 65, 32

电话 TEL: 8313388 传真 FAX: 8314577 地址:中国北京三里河路一号
1 Sanlihe Road. Beijing. People's Republic of China. Postal Code 100046

haben die Menschen riesige Erdbewegungen vorgenommen, Abhänge terrassiert, Bewässerungssysteme angelegt und den kargen Boden in fruchtbares Ackerland verwandelt. Rückschlägen begegnete man mit noch größerer Entschlossenheit. Dazhai galt vor allem in den siebziger Jahren als absolutes Vorbild für die Landwirtschaft, heute wird nur noch der Geist von Dazhai, der entschlossene Einsatz der Menschen, gelobt, denn inzwischen weiß man, daß das Projekt hohe staatliche Subventionen erhalten hatte und nicht, wie bis 1976 propagiert worden war, allein durch das ›Verlassen auf die eigene Kraft‹ das Ziel erreicht wurde.
Trotzdem lohnt sich ein Besuch dieser Brigade. Nach wie vor ist es interessant und beeindruckend, die Terrassenfelder, die Bewässerungssysteme und die neuen Siedlungen zu besichtigen.
Ein Erlebnis ist auch die schlichte, aber angenehme Unterbringung und Verpflegung im Gästehaus von Dazhai.

Stadt Datong 大同市

Datong, die größte Stadt im Norden der Provinz Shanxi, ist etwa acht Zugstunden von Beijing entfernt. Sie liegt südlich der traditionellen Befestigungsanlagen der Großen Mauer, in einer Löß-Hochebene mehr als 1000 m ü.d.M., bewässert von dem Fluß Sanggan He.

Geschichtlicher Überblick

Während der Westlichen Han-Dynastie war dieses Gebiet Hauptsitz der östlichen Grenzgarnison der Han-Armeen, die das Land vor den Einfällen der nomadischen Xiongnu bewahren sollten. Im 4. Jh. drangen die Toba, ein zentralasiatischer Stamm, nach China ein. Sie gründeten die Nördliche Wei-Dynastie und errichteten im Jahre 398 hier ihre Hauptstadt. Auch nachdem sie den ganzen Norden unter sich vereint hatten, blieb Datong weiterhin Hauptstadt, erst der 6. Kaiser der Wei-Dynastie verlegte die Hauptstadt im Jahre 494 nach Luoyang.
Datong erhielt 421 eine Stadtbefestigung, deren äußere Stadtmauer 16 km Umfang maß. Allmählich gelangte die Stadt zu Größe und Glanz und wurde politisches, religiöses und kulturelles Zentrum Nordchinas. Außer Palästen und offiziellen Gebäuden ließ die kaiserliche Familie im westlichen Randgebiet der Stadt buddhistische Höhlentempel anlegen. Nach der Verlegung des Regierungssitzes verlor Datong sofort an Bedeutung und geriet in Vergessen-

heit. Während der Ming-Dynastie wurde Datong einer der strategisch bedeutendsten Punkte innerhalb der Verteidigungslinien gegen die Mongolen. Nach dem Anschluß an das Eisenbahnnetz entwickelte sich Datong zu einer modernen Stadt. Sie ist heute ein wichtiger Verkehrsknotenpunkt zwischen den Provinzen Hebei, Shanxi und der Mongolei und ein bedeutendes Industriezentrum mit dem Schwerpunkt Kohlebergbau und Landmaschinenbau. Obwohl Datong aufgrund der *Yungang*-Grotten sehr interessant ist, gehört die Stadt nicht zu den klassischen touristischen Höhepunkten. Zu den Sehenswürdigkeiten der Stadt zählen neben den *Yungang*-Grotten, die mit Bus oder Taxi bequem erreicht werden können, die Tempelklöster *Shanhua Si* und *Huayan Si* und die Neun-Drachen-Wand. Jene Besucher, die sich aus Datong etwas Besonderes mitnehmen möchten, sollten vielleicht einen bronzenen Gegenstand kaufen, denn Datong ist bekannt für seine Produktion von Bronzegegenständen, besonders für die reich verzierten Feuertöpfe.

Jiulong Bi, Neun-Drachen-Wand 九龙壁

Die Neun-Drachen-Wand im Zentrum Datongs stammt aus der frühen Ming-Dynastie. Hier befand sich einst die Residenz Zhu Guis, 13. Sohn des ersten Ming-Kaisers. 1644 brannte die gesamte Anlage mit Ausnahme der Neun-Drachen-Wand ab. Heute gehört die Jiulong Bi zu den größten und ältesten dieser Art in China. Sie wurde aus farbigen Keramikziegeln gefertigt. In einer sehr guten Darstellung erheben sich neun Drachen aus dem Meer und fliegen der Sonne, dem Symbol der Unsterblichkeit, entgegen. Vor der Wand wurde ein kleiner Teich angelegt, in dessen Wasser sich die Drachen spiegeln. Wenn sich die Wasseroberfläche im Wind bewegt, scheinen die sich widerspiegelnden Drachen zu tanzen.

Tempelkloster Huayan Si 华严寺

Auf der Anhöhe im Südwesten der Stadt befindet sich das Huayan Si, das der buddhistischen Schulrichtung *Huayan* angehörte, die gerade während der Liao-Dynastie sehr verbreitet war. Im 11. Jh. errichtet, brannte die Anlage bereits im Jahre 1122 ab. Der Tempel wurde jedoch bald wieder aufgebaut; in den Jahren 1426–1456 vergrößerte man ihn und unterteilte die Anlage in einen Oberen und einen Unteren Tempel. Zu Beginn der Qing-Dynastie wurde er noch einmal zerstört, doch ließen ihn die neuen Kaiser wieder restaurieren. Ungewöhnlich an dem Huayan Si ist die Ausrichtung der Haupthallen nach

Tempelkloster Huayan Si

1. Oberes Huayan Si
2. Halle Daxiong Baodian
3. Unteres Huayan Si
4. Halle Bojiajiao Cangdian

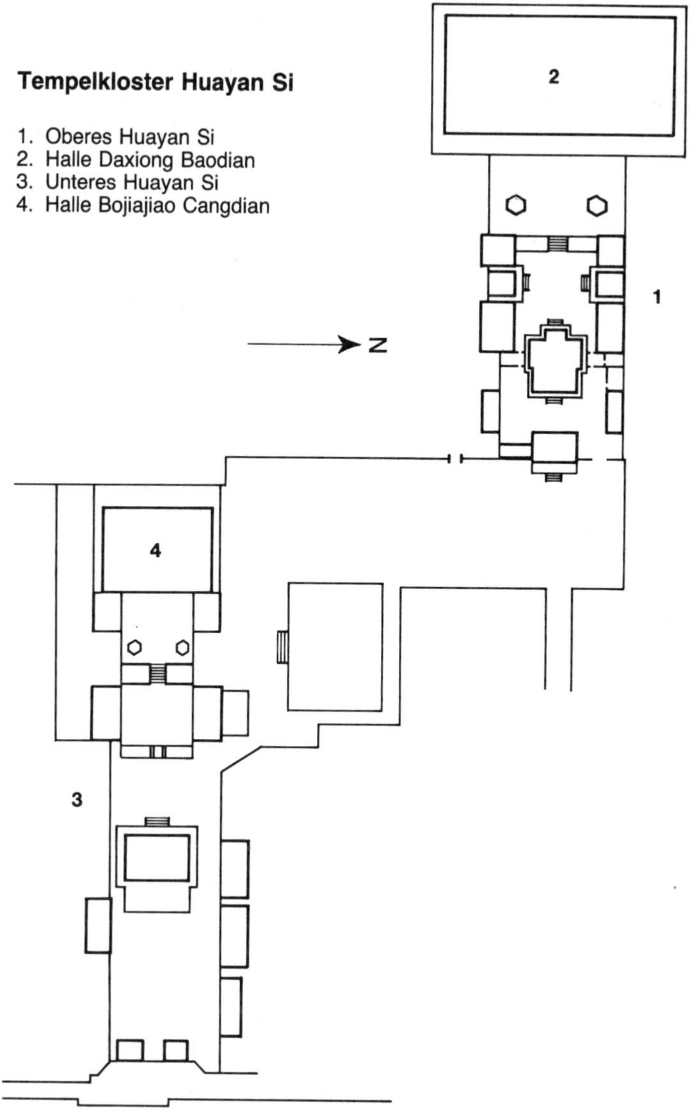

Osten, eine architektonische Eigenart der Liao-Baumeister. Die beiden Haupthallen, *Daxiong Baodian* und *Bojiajiao Cangdian,* sind die ältesten Bauwerke innerhalb der Anlage. Ihr Originalstil aus der Liao/Jin-Zeit ist erhalten geblieben. Das äußere Tor des **Oberen Huayan Si** wurde nach der Teilung der Anlage während der Qing-Dynastie gebaut. Die Haupthalle, die *Daxiong Baodian* steht auf einer hohen Terrasse. Torweg, Trommel- und Glockenturm befinden sich ebenfalls auf der Terrasse, wurden jedoch erst während der Ming-Dynastie, in der Regierungsperiode Wanli (1573–1620) errichtet. Die Halle *Daxiong Baodian* stammt aus den Jahren 1055–1064. 1122 brannte sie ab und wurde im Jahre 1140 wieder aufgebaut. Sie ist eine der größten buddhistischen Hallen aus der Liao- und Jin-Zeit. In der Mitte der Halle stehen fünf golden angemalte Buddha-Statuen. Die mittleren drei wurden im Jahre 1427 in Beijing aus Holz gefertigt. Die beiden äußeren sowie die kleineren Figuren wurden aus Ton geformt. An den Seiten stehen zwanzig Götterskulpturen, jede einzelne ein Kunstwerk für sich. Die bunt bemalte Kassettendecke stammt aus der Qing-Dynastie, ebenso die prächtigen Wandgemälde, die das Leben des Sakyamuni sowie anderer buddhistischer Heiliger beschreiben. Das äußere Tor zum **Unteren Huayan Si** sowie der Glocken- und Stelenpavillon stammen aus der Ming- bzw. Qing-Zeit. Die Haupthalle, die *Bojiajiao Cangdian,* wurde im Jahre 1038 zur Aufbewahrung heiliger buddhistischer Schriften gebaut. Seit Mitte der Liao-Dynastie lagerten hier 579 Bände der *Dacang*-Schriften. Teile dieser Sammlung gingen in den Unruhen der folgenden Jahrhunderte verloren. Während der Jin- und Yuan-Dynastie bemühte man sich, den Buchbestand wieder aufzufüllen. Die *Bojiajiao Cangdian* ist ebenso wie die Haupthalle des Oberen Tempels nach Osten ausgerichtet und bietet ein typisches Beispiel für die buddhistische Architektur der Liao-Dynastie. Im Inneren der Halle stehen drei Buddha-Skulpturen auf einem Podest, umgeben von mehreren kleineren Statuen, Darstellungen Buddhas, Bodhisattvas und knabenhafter Adoranten. Es sind Tonfiguren, die mit wenigen Ausnahmen aus der Liao-Dynastie stammen. Einige wurden später ausgebessert, die Originalform behielten sie jedoch bei. Sie sollen die vollkommene Harmonie der ›buddhistischen Welt‹ darstellen und durch ihre Würde und Feierlichkeit die Gläubigen beeinflussen. Besonders sehenswert sind in dieser Halle die Bücherschränke, in denen die heiligen Schriften des Buddhismus aufbewahrt wurden. Die insgesamt 38 Schränke, verteilt über zwei Etagen, sind noch im Originalzustand erhalten.

Tempelkloster Shanhua Si 善化寺

Im Süden Datongs befindet sich die Tempelanlage Shanhua Si, auch *Nansi*, Südlicher Tempel, genannt. Er wurde bereits während der Tang-Dynastie, Regierungsperiode Kaiyuan (714–741) angelegt. Damals nannte man ihn den *Kaiyuan Si*. 1122 fiel er kriegerischen Auseinandersetzungen zum Opfer und brannte nieder. Schon in den nächsten Jahren, 1128–1149, baute man ihn wieder auf. Während der Ming-Dynastie wurde er restauriert.
Der Tempel ist nach Süden ausgerichtet. Das vordere Tor, *Shanmen*, und die mittlere Halle, *Sansheng Dian*, sind im Stil der Jin-Dynastie gebaut, die hintere Haupthalle, *Daxiong Baodian*, ist ein Beispiel der Liao-Architektur. Der Shanhua Si gehört mit seinen Haupt- und Nebenhallen zu den besterhaltenen Tempelanlagen aus der Liao/Jin-Zeit. Innerhalb der Anlage finden sich noch mehr als 30 Skulpturen aus derselben Zeit.
Bei dem heutigen Haupttor *Shanmen* handelt es sich eigentlich um die Halle der Himmelskönige, *Tianwang Dian*, im song-zeitlichen Stil erbaut. Die Halle *Sansheng Dian*, Halle der Drei Heiligen, gilt als typisches Beispiel des Holzskelettbaus der Jin-Dynastie. Im Inneren der Halle stehen auf einer Plattform die Statuen der drei Heiligen, in der Mitte Sakyamuni, links von ihm der Wenshu-, rechts der Puxian-Bodhisattva. Eine Steinstele aus dem Jahre 1176 berichtet über den Bau der Tempelanlage. Zur Linken folgt der Pavillon *Puxian Ge*, das Pendant im Osten ist nicht erhalten geblieben.
Die Haupthalle des Shanhua Si ist die *Daxiong Baodian*, während der Liao-Dynastie erbaut und in den Jahren 1123–1149 erneuert. Im Innern der Halle sitzen fünf golden gekleidete Rulai-Buddha auf ihren Lotosthronen. Das Gewebe ihrer Gewänder wurde so kunstvoll gestaltet, daß es echt zu sein scheint. Die Statuen daneben sind ebenfalls ausdrucksvoll modelliert. Zu beiden Seiten stehen 24 Götter. Alle Statuen dieser Halle stammen aus der Liao- und Jin-Dynastie. Die Wandgemälde wurden in der Qing-Dynastie angefertigt, entsprechen aber dem Stil der Yuan-Dynastie.

Yungang-Grotten 云岗石窟

Die Yungang-Grotten liegen 16 km westlich von Datong in einem Tal am Südfuß der Wuzhou-Sandsteinberge. Diese zu den wichtigsten Sehenswürdigkeiten gehörenden Grotten erstrecken sich entlang der Berghänge von Ost nach West über 1 km. Die meisten wurden vor 1500 Jahren, zwischen 460–494 errichtet, zur Zeit der von den zentralasiatischen Toba gegründeten Nördlichen Wei-Dynastie (386–534). Damals erlebte die chinesische Kultur und

Kunst einen Höhepunkt. Mit den neuen Herrschern fand der Buddhismus in China Verbreitung. Da dieser den nicht-chinesischen Herrschern eine willkommene Waffe gegen den chinesischen Daoismus und Konfuzianismus bot, erklärten sie ihn zur Staatsreligion. Es heißt, erst Kaiser Taiwu (reg. 424–452) habe sich zum Daoismus bekehren lassen. Zahlreiche Klöster wurden daraufhin verbrannt, Mönche in den Laienstand zurückversetzt und schließlich der Buddhismus verboten. Als der Kaiser eines Tages schwer erkrankte, überzeugte man ihn, daß dies die Strafe für die Schmähung des Buddhismus sei. Unter seinem Nachfolger erlebte der Buddhismus eine neue Blütezeit. Der Kaiser beauftragte im Jahr 460 den berühmten Mönch Tanyao, fünf riesige Buddha-Statuen in den Sandstein der Wuzhou-Berge hauen zu lassen. Nach Fertigstellung der monumentalen Skulpturen (siehe Höhlen 16–20) folgten weitere Arbeiten, insgesamt sollen 100000 Statuen entstanden sein. Nach Verlegung der Hauptstadt nach Luoyang im Jahre 494 gerieten die Yunggang-Grotten langsam in Vergessenheit. In den heute noch erhaltenen 53 Höhlen gibt es 51000 ausdrucksvoll gestaltete Skulpturen. Die größte ist 17 m hoch, die kleinste 2 cm, es sind wundervolle Beispiele chinesischer Bildhauerkunst, an denen sich neben indischen Elementen auch persische und hellenistische Einflüsse erkennen lassen. Letztere hatten aus dem Westen kommend in Indien deutliche Spuren hinterlassen.

Seit ihrer Entstehung haben Mensch und Natur den Yungang-Grotten viel Schaden zugefügt. Wenigstens 1400 Statuen wurden vor allem zu Beginn des 20. Jh. gestohlen oder von verantwortungslosen Beamten verkauft. Viele dieser Statuen sind heute in den Museen der westlichen Welt zu sehen. Seit 1949 bemüht man sich von staatlicher Seite um die Wiederherstellung beschädigter Figuren und Höhlen. Ein Plan sieht vor, mit Hilfe von Schutzwänden den Sandstein vor Verwitterung zu schützen.

Die Grotten teilen sich ihrem Standort entsprechend in drei Gruppen: die östlichen Grotten 1–4, die mittleren 5–13, die westlichen 14–53. Die wichtigsten Höhlen sind Nr. 5–6, 9–13 und 16–20.

In Höhle **2** ist eine Art mehrstöckiger Pagode erhalten geblieben. Höhle **3** ist die größte der Yungang-Grotten, sie enthält drei Statuen, in der Mitte eine sitzende Buddha-Skulptur, zu beiden Seiten je eine stehende Bodhisattva-Statue. Sie sind einzigartig unter den Skulpturen der Yungang-Grotten, denn Ausdruck und Form ihrer Kleidung zeichnen sich durch besondere Eleganz und Anmut aus. Es wird vermutet, daß sie im Gegensatz zu den anderen Skulpturen erst in der Zeit der Sui- oder frühen Tang-Dynastie geschaffen wurden. Jenseits der östlichen Grotten schließt sich das *Shifo Gusi,* Altes Kloster der Steinernen Buddhas, aus dem Jahre 1651 an. Es ist das einzige erhaltene der vermutlich zehn Klöster, die laut historischen Aufzeichnungen an den Yungang-Grotten gestanden haben.

Die meisten Besucher beginnen die Besichtigung mit Höhle **5.** Sie ist dank der hölzernen Klosteranlagen gut geschützt. Gleich am Eingang erhebt sich eine 17 m hohe Buddha-Skulptur. Sie ist die größte innerhalb der Yungang-Grotten. Allein das Ohr mißt 3,1 m. Die Statue wurde während der Tang-Dynastie restauriert. Wände und Decken sind reich ausgeschmückt mit dekorativen Reliefs, darunter Darstellungen des Bodhibaumes, unter dem der historische Buddha seine Erleuchtung erlangte. Höhle **6** und **7** stellen die Höhepunkte der Yungang-Grotten dar. Grotte **6,** auch Grotte des Sakyamuni genannt, ist die interessantere von beiden. Sie wird beherrscht von einer zweigeschossigen, 16 m hohen, quadratisch angelegten Pagodensäule, deren oberer Teil an seinen vier Ecken von neunstufigen Pagoden geziert wird. In der unteren Etage wurden in alle vier Seiten Buddha-Statuen geschnitzt. Auch an den Wänden der Höhle sind Buddha- sowie Luohan-Figuren zu sehen. Die Decke wird durch 33 himmlische Wächter und Tiere geschmückt. Die Ost-, Süd- und Westwände zeigen geschnitzte Szenen aus dem Leben Sakyamunis. Bemerkenswert an Höhle **7** sind sechs betende Bodhisattva- und zwei Löwen-Skulpturen. Höhle **8** ist ein Beispiel für die Vereinigung verschiedener Stilrichtungen, nämlich chinesischer, indischer und hellenistischer (die Darstellung eines Wächters mit Dreizack wird dem hellenistischen Einfluß zugerechnet). Die Höhlen **9–13** werden auch die bunten Höhlen genannt. Sie sind wegen der brillanten Farbgebung aus der Qing-Zeit bekannt. In Höhle **11** berichtet eine Inschrift an der Ostwand über die Baugeschichte der Höhlen **9–15.** Neben unzähligen Bodhisattva-Figuren, die in kleinen Nischen in die Wände geschnitzt wurden, zählt die Höhle insgesamt 95 große Steinschnitzereien. Grotte **12** enthält in ihren Darstellungen wertvolle Hinweise auf Musikinstrumente des 5. Jh. In Höhle **13** steht eine 13 m hohe Maitreya-Statue. Ihre erhobene Hand wird von einer vierarmigen zweiten Figur gestützt, die auf dem Bein des Maitreya steht. Die Höhlen **14** und **15** wurden durch Witterungseinflüsse stark beschädigt. Tausende kleinster Bodhisattva-Figuren sind in den Nischen noch vorhanden und sehenswert. Die nächsten fünf Höhlen sind die ältesten in Yungang. In jeder steht eine kolossale Buddha-Skulptur von 13–16 m Höhe. In Höhle **16** befindet sich eine Sakyamuni-Statue, in Höhle **17** eine Maitreya-Statue. In der Mitte der Grotte **18** steht eine Sakyamuni-Statue, lebendig und kraftvoll. Die Steinrobe wurde durch Schnitzereien verziert, die unzählige kleine Bodhisattva-Darstellungen zeigt. In Höhle **19** sieht man eine 16,7 m hohe sitzende Sakyamuni-Skulptur, die zweitgrößte der Yungang-Höhlen. Die 13,7 m hohe Buddha-Statue der Grotte **20** ist wohl die bekannteste, da sie leicht zu photographieren ist. Sie wurde inzwischen zum Symbol Yungangs. Ursprünglich wurde die Statue durch ein Gebäude geschützt, das jedoch inzwischen eingestürzt ist. Grotte **21** wurde erst gegen Ende der Nördlichen Wei-Dynastie geschaffen. Sie enthält eine fünfstöckige

Pagode. Die Höhlen **22–53** sowie die weiteren unnummierten stammen meist aus der Zeit nach 495.

Gästehaus

Datong Binguan, Geweihui'erlu. 大同宾馆
Im Gästehaus befindet sich die Vertretung des

Reisebüros

Guoji Lüxingshe, **CITS,** Yingbin Lu, Tel. 23215 und des Zhongguo Lüxingshe.

Gebirge Hengshan 恒山

Das Hengshan Gebirge liegt im Norden Shanxis und gehört zu den fünf mythischen Bergen Chinas. Seine Bekanntheit verdankt es heute allein dem **Hängenden Kloster von Hunyuan,** eine in die steile Felswand gebaute Anlage, bestehend aus 40 winzigen Hallen und Pavillons. Das Kloster befindet sich 5 km von der Kreisstadt Hunyuan und 75 km von Datong entfernt. Es wurde bereits im 6. Jh. gegründet. Aufgrund des begrenzten Raumes nutzte man jeden Felsvorsprung und jede natürliche Aushöhlung. Holzträger und Stützbalken ergänzen die gemauerten Terrassen und fangen das Gewicht dieser phantastischen Tempelkonstruktion ab.

Gebirge Wutai Shan 五台山

Es gibt vier buddhistische heilige Berge in China, den *Emei Shan* in Sichuan, den *Jiuhua Shan* in Anhui, den *Putuo Shan* in Zhejiang und den *Wutai Shan* in Shanxi. Der Wutai Shan, Fünf Terassen-Berg, erhebt sich im Osten Shanxis an der Grenze zu Hebei. Er besteht, wie der Name schon andeutet, aus fünf terrassenförmigen Gipfeln. Der höchste liegt im Norden mit 3058 m. Die günstigste Zeit für einen Besuch ist Juni/Juli. Im April ist noch Schneeschmelze, im September setzen erste Schneefälle ein. Man erreicht den Wutai Shan von Taiyuan aus bequem mit dem Überlandbus, eine Fahrt von etwa 9 Stunden durch eine atemberaubende Gebirgslandschaft.
Der Wutai Shan ist Wenshu Pusa, dem Bodhisattva Manjushri, geweiht, dem Gott der Weisheit. Von Wenshu Pusa wird gesagt, daß er hier einmal gelebt

und gelehrt habe. Das erste Kloster wurde während der Östlichen Han-Dynastie errichtet. Aus historischen Aufzeichnungen geht hervor, daß hier während der Nördlichen Qi-Dynastie (550–577) bereits über 200 Klöster existierten. Die reichsten unter ihnen verfügten zeitweise über große Macht und beträchtlichen Einfluß. Sie wurden von den vielen Pilgern reich beschenkt und zogen hohe Gewinne aus ihren Silberminen, Hüttenwerken und Werkstätten. Allerdings ging die Zahl bis zur Song-Dynastie auf 75 zurück. In der Ming-Zeit erlebte der Wutai Shan eine neue Blüte, als das Gebiet über 300 Klöster zählte. Unruhen, Kriege, vollkommene Vernachlässigung und die harten Klimabedingungen ließen die Zahl bis 1949 auf wenige Dutzend zusammenschrumpfen. Heute bemüht man sich wieder um die Restaurierung der verbliebenen Klöster.

Im Zentrum des Wutai Shan steht eine große weiße Dagoba. Der sie umgebende Tempel wurde im 15. Jh. hinzugesetzt. Hinter ihm steht der Tempel **Xiantong Si** als ältester aus der Östlichen Han-Dynastie. Er wurde im Laufe seiner langen Geschichte viele Male restauriert, so daß die heute noch erhaltenen Gebäude dem Stil der Ming- und Qing-Architektur entsprechen. Insgesamt umfaßte die *Xiantong Si*-Klosteranlage 400 Gebäudeeinheiten auf einer Fläche von 8 ha. Es ist die größte Klosteranlage des Wutai Shan. Die bemerkenswerteste unter den Hallen des *Xiantong Si* ist die Bronzehalle. Vor dieser stehen zwei Bronzepagoden, jede 6 m hoch.

Die reichen Klöster im Zentrum des Wutai Shan konnten sich häufig Umbauten leisten, so daß die noch erhaltenen Bauten kaum älter als 400 Jahre sind. Die etwas abseits gelegenen waren ärmer und mußten beim Umbau Zurückhaltung üben, weshalb dort heute noch wesentlich ältere Bauwerke zu sehen sind.

Nördlich des Tempels *Xiantong Si* befindet sich auf dem Gipfel des Lingjiu Feng das Lamakloster **Pusa Ding,** auch Tempel *Wenshu Si* genannt, denn hier soll einmal der Wenshu Bodhisattva gelebt haben. Der Tempel wurde bereits während der Nördlichen Wei-Zeit gegründet. Die *Kangxi-* und *Qianlong*-Kaiser sollen dort mehrmals gewohnt haben und hinterließen einige Kalligraphien.

Der Tempel **Shuxiang Si** wurde während der Tang-Zeit gegründet. Interessant sind die Statuen im Pavillon **Wenshu Ge** aus dem Jahre 1496, darunter eine Darstellung des Bodhisattva Wenshu Pusa, auf einem Löwen reitend.

Das Kloster **Foguang Si** befindet sich im Südwesten des Wutai Shan. Es ist nach Westen ausgerichtet und verläuft auf zwei Ebenen. Das Kloster wurde Ende des 5. Jh. gegründet. Die Haupthalle stammt aus der Tang-Zeit, ebenso die Wandgemälde, Inschriften und Statuen.

Weitere wichtige Klöster sind: Bishan Si (Nord-Wei-Dyn.) mit weißem Jadebuddha, das Nonnenkloster Nanshan Si (Yuan-Dyn.), Nanchan Si mit tangzeitlicher Halle, Longquan Si (Song-Dyn.) mit weißem Marmor-Schmucktor und Luohou Si (Tang-Dyn.).

Kreis Ruicheng 芮城

Kloster Yongle Gong 永乐宫

Das daoistische Kloster Yongle Gong, heute im Norden von Ruicheng gelegen, hatte seinen Standort ursprünglich am Ufer des Huanghe, im gleichnamigen Ort **Yongle.** Als sich die Regierung in den fünfziger Jahren entschloß, das Wasserbauprojekt *Sanmenxia* anzulegen, wurde die Verlegung des Klosters notwendig. Es fand am Anfang der sechziger Jahre in Ruicheng eine neue Heimat. Aussehen, Struktur und Dekorationen blieben dank der Vorsicht und Behutsamkeit der Fachleute erhalten. Yongle Gong ist eines der interessantesten Kulturdenkmäler der Provinz Shanxi. In der Mitte des 13. Jh. erbaut, wurde es aufgrund seiner herrlichen Wandmalereien berühmt. Sie sind das Werk unbekannter Maler, die nach dem Vorbild des großen Malers der Tang-Zeit, Wu Daozi, gearbeitet haben.
Die Geschichte des Yongle Gong begann in der Tang-Dynastie mit der Heldengestalt Lü Dongbin. Lü Dongbin kam im Jahre 755 in dem Ort Yongle zur Welt. Er war ein Wohltäter, der angeblich über magische Kräfte verfügte und diese zur Vollbringung edler Taten nutzte. Er soll von Zhong Liquan, einem General aus der Zhou-Dynastie, der das Geheimnis der Unsterblichkeit entdeckt hatte, für die Lehre der Alchemie begeistert worden sein. Nach dem Tode Lü Dongbins baute man sein Haus in einen Tempel um.

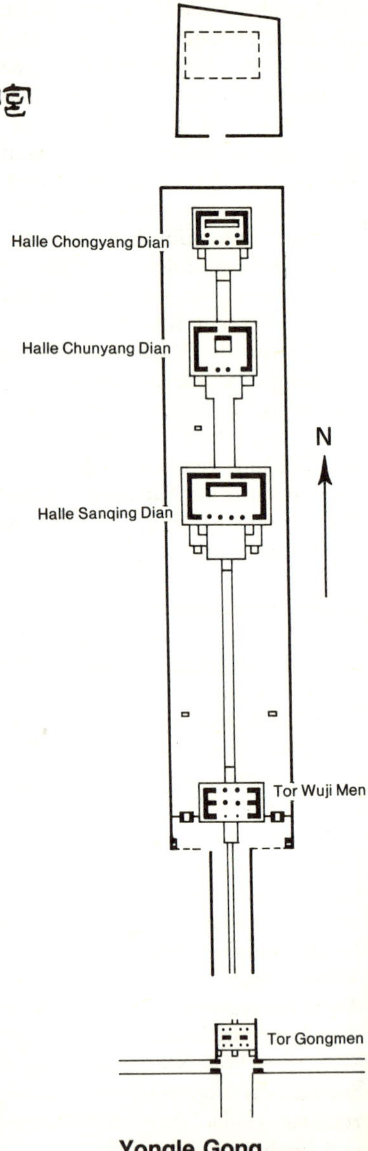

Yongle Gong

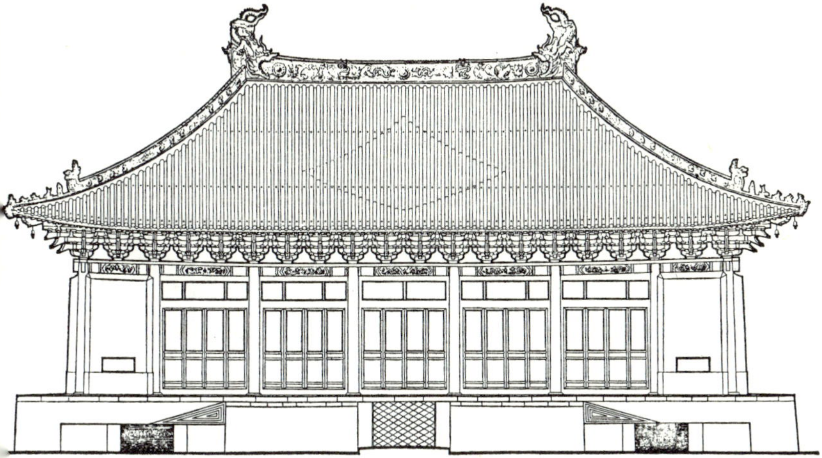

Halle Sanqing Dian

Zu Beginn des 13. Jh. wurde der Tempel zu einer Klosteranlage erweitert. 1231 brannte sie nieder. Da der Daoismus in jener Zeit gerade an Einfluß gewann, erteilte der Kaiser dem Kloster den Rang eines Palastes und ließ eine entsprechende Anlage errichten. Die Bauarbeiten dauerten von 1247–1262. Die Gemälde konnten erst in der ersten Hälfte des 14. Jh. fertiggestellt werden.
Heute besteht der Yongle Gong noch aus vier Hallen. Man betritt die Tempelanlage durch das Tor *Gongmen* aus der Qing-Zeit. Ein Weg führt in Richtung Norden zur Halle *Longhu Dian* aus dem Jahre 1294, dem ehemaligen Haupttor *Wuji Men* des Tempelpalastes. Sie ist mit Wandgemälden ausgeschmückt, Darstellungen der Götter Yulei und Shentu, lokaler Gottheiten, Himmelskrieger sowie Himmelsgelehrter und Beamter. Die *Sanqing Dian*, die größte der vier Hallen, ist den drei hohen Gottheiten des daoistischen Pantheons geweiht, Yuqing, Shangqing und Taiqing. Um die Wände der Halle zieht sich ein 94,68 m langes Gemälde. Es wurde in den Jahren 1325–1358 von Meister Ma Junxiang aus Luoyang/Henan gemalt. Das Thema: die Unsterblichen (insgesamt 286) kommen zusammen, um die Gründer des Daoismus zu ehren. Die Halle *Chunyang Dian* ist dem Lü Dongbin geweiht. Das Leben des Lü Dongbin (auch Chun Yangzi genannt) wird hier in 52 Episoden von der Geburt bis zur Gottwerdung dargestellt. Die realistische Darstellung der Menschen und ihrer Umwelt machen das Gemälde zu einer wichtigen Quelle an reichen Informationen zum Leben in der Zeit der Yuan-Dynastie. Es wurde im Jahre 1358 angefertigt. Die vierte Halle, die *Chong-*

yang Dian ist dem Begründer der daoistischen Sekte *Quanzhen Jiao*, Wang Chongyang (1112–1170), geweiht. In 49 Bildern werden Episoden aus seinem Leben und dem seiner Schüler gezeigt.

Autonome Region Neimenggu (Innere Mongolei)

内蒙古自治區

Fläche: ca. 1 200 000 qkm / Bevölkerung: 19,2 Mill., davon 16,5 Mill. Han-Chinesen, 2,5 Mill. Mongolen, 145 000 Hui, 87 000 Mandschuren / Hauptstadt: Hohhot

Neimenggu ist die drittgrößte der Provinzen und autonomen Regionen Chinas. Auf einer Höhe von durchschnittlich 1000 m ü. d. M. erstreckt sich ihr Gebiet im Norden des Landes. Geographisch gehört es zum nordchinesischen trockenen Steppenplateau. Ein Großteil besteht aus Wüste, etwa die Hälfte kann als Weideland genutzt werden. Nur das Gebiet zu beiden Seiten des Huanghe, des Gelben Flusses, der sich über Hunderte von Kilometern durch die Mongolei zieht, ist sehr fruchtbar.
In Neimenggu herrscht Kontinentalklima. Der Frühling beginnt im Mai. Die beiden heißesten Monate im Jahr sind Juli und August, in der Hauptstadt Hohhot liegt die Temperatur im Juli bei durchschnittlich 25 °C. 60% des jährlichen Niederschlages fallen in diesen beiden Sommermonaten. Der Winter beginnt Ende September. Er ist bitterkalt und bringt eisige Winde aus Sibirien mit sich.

Geschichtlicher Überblick

Bereits im −10. Jh. lebten im heutigen Gebiet der Mongolei Stämme der Xiongnu. Etwa vom −5. Jh. an schlossen sie sich zusammen und entwickelten sich zu einer Bedrohung für die Nachbarvölker, vor allem für die seßhaften chinesischen Ackerbauern in den südlich angrenzenden Gebieten. Diese schützten sich, indem sie Befestigungsanlagen errichteten und schließlich das monumentale Werk der ›Großen Mauer‹ schufen. Während der Han-Dynastie wurden unter Kaiser Wudi die Gebiete des heutigen Gansu und der Inneren Mongolei besetzt, um die Handelswege nach Westen zu sichern. Im +5. Jh. drangen Turkvölker in die Mongolei ein und brachten das Land unter ihre Herrschaft.

Im 12. Jh. war die Mongolei unter mehreren Stämmen aufgeteilt. Dem Stamm der Manghol unter Führung Dschingis Khans gelang es schließlich, das gesamte Gebiet unter seiner Herrschaft zu vereinen. Im 13. Jh. unterwarf er das Jin-Reich und gründete die mongolische Yuan-Dynastie mit Hauptstadt in Beijing (Dadu). Doch schon 1368 mußte der letzte Yuan-Kaiser in das mongolische Kernland flüchten. Nach dem Sturz der Dynastie folgten Auseinandersetzungen zwischen den Stämmen der West-, Ost- und Südmongolen. Schließlich gelang es Dayan Khan, die mongolischen Stämme erneut zu einen. Im 17. Jh. erkannten die Mongolen die Gefahr, die von den Mandschuren ausging. Jedoch konnten sich die auf individuelle Stammesautorität bedachten Stammesfürsten nicht auf ein gemeinsames Vorgehen einigen. Der nach Vormachtstellung strebende Großkhan Ligdan aus dem Stamm der Tsachar schien den einzelnen Fürsten gefährlicher als die Mandschuren. So konnte dieser von den Mandschuren in die Flucht getrieben werden. Mit Gründung der mandschurischen Qing-Dynastie wurden die innermongolischen Gebiete dann dem Reich angeschlossen. Trotz einer Politik, die sich um Ausgewogenheit bemühte, konnten die Mandschus nicht verhindern, daß es zu zahlreichen Aufständen und Unabhängigkeitsbestrebungen kam. Nur die Kangxi- und Qianlong-Kaiser konnten die Souveränität über die Mongolen bewahren. Auch mit Beginn der zweiten Hälfte des letzten Jahrhunderts entstanden Unruhen, die sich zum einen gegen die mandschurische Oberherrschaft und gegen die Massen der chinesischen Siedler richtete, zum anderen gegen korrupte Fürsten. 1911 gelang es mongolischen Freiheitskämpfern, mit russischer Unterstützung die Äußere Mongolei vom Reich zu trennen und ihre Unabhängigkeit zu erklären. Die Innere Mongolei war in geheimen Verträgen von den Russen den Japanern als Interessengebiet zugesprochen worden, die in den 30er Jahren in zunehmendem Maße in dieses Gebiet eindrangen. Die Mongolen organisierten sich in aufständischen Geheimbünden, die sich meist der kommunistischen Bewegung anschlossen. Herausragende Gestalt ihres Kampfes war Ulanfu (Wu Lanfu) der sich schon in jungen Jahren der Revolution angeschlossen hatte und später Vorsitzender der Inneren Mongolei wurde. Noch vor Gründung der Volksrepublik China, am 1. Mai 1947, wurde die Innere Mongolei zum Autonomen Gebiet erklärt. Die Region setzte sich aus verschiedenen früheren Provinzen zusammen, in den Jahren 1954/55 wurden ihr noch weitere Gebiete angeschlossen. So umfaßte die Innere Mongolei bald ein Gebiet von 7 Ligen (Meng) mit einer Fläche von ca. 1,2 Mill. qkm. Die Ligen waren in Städte, Kreise und Banner (Qi) untergliedert.

Mit Beginn der Kulturrevolution änderte sich die Politik der Zentralregierung gegenüber der Inneren Mongolei. Aus Furcht vor separatistischen Bestrebungen und dem Aufleben der alten panmongolischen Idee wurden Schritte unternommen, von denen der entscheidendste die Loslösung weiter Gebiete und deren Zuordnung zu anderen Provinzen im Jahre 1969 darstellte, die Reduzierung auf ein Gebiet von ca. 450 000 qkm, das nur noch aus vier Ligen bestand. Der Vorsitzende der Inneren Mongolei, Ulanfu, fiel in Ungnade und wurde erst nach dem Sturz der Viererbande rehabilitiert. Heute entspricht die Innere Mongolei in ihren Grenzen wieder dem Stand von vor 1969.

Das Bestreben der Zentralregierung richtete sich seit Gründung der Volksrepublik China auf die Seßhaftmachung der Nomaden und den Ausbau der Agrarwirtschaft. Soweit möglich wurde die Bevölkerung in Volkskommunen eingegliedert. Ackerbau kann jedoch nur in den frostfreien 110–160 Tagen betrieben werden. Zwei Ernten im Jahr sind deshalb unmöglich. Häufige Dürreperioden erschweren den Ackerbau zusätzlich. Allerdings konnten durch den Bau von Bewässerungsanlagen weite Wüstenflächen urbar gemacht werden. Wichtigste Anbaukulturen sind Weizen, Hirse, Mais und Reis.

Die Innere Mongolei ist eines der bedeutendsten Viehzuchtgebiete Chinas, 70% des Viehbestandes sind Ziegen und Schafe.

Mit dem ersten Fünfjahresplan begann der intensive Aufbau der Industrie. Inzwischen hat sich vor allem Baotou zu einer Industriestadt entwickelt. In der Nähe Baotous wird Kohle und Eisenerz abgebaut. Weitere Bodenschätze sind, neben Eisenerz und Kohle, zum Beispiel Kupfer, Chrom, Aluminium, Zink und Gold.

Die Hauptstadt Hohhot verfügt über Chemie-, Maschinen-, Leder- und Wollindustrie.

Die Mehrheit der Bevölkerung Neimenggus ist han-chinesisch, nur etwa 11% sind Mongolen, außerdem gibt es noch einzelne kleine Minderheiten wie Hui, Mandschuren und Koreaner.

Das typische Wohnhaus der nomadisierenden Mongolen ist die **Jurte.** Sie besteht aus einem Kuppeldach, mit einer Höhe von etwa 2,5 m und einer kreisförmigen Wand mit einem Durchmesser zwischen 3–4 m, Baumaterial ist Flechtweide, die außen mit einer Art Filz oder Leder bedeckt wird. Lederriemen halten das ganze zusammen. Die Jurte steht auf einem Fundament aus Erde und Steinen. Der Innenraum ist nicht unterteilt. Der Ofen steht in der Mitte, das Ofenrohr führt durch eine Dachöffnung nach draußen. Um ihn herum gruppieren sich die Betten.

Weitere Möbelstücke stehen an der Wand. Große Familien verfügen über zwei und mehr Jurten.
Der Ausbau der Landwirtschaft und der Irrigation hat viele Mongolen seßhaft werden lassen. Manche Jurte ist einem Haus gewichen. Auch werden heutzutage bei den noch verbliebenen Jurten häufig modernere Baumaterialien benutzt.

Stadt Hohhot 呼和浩特市

Hohhot, auf mongolisch ›die blaue Stadt‹, Hauptstadt der Autonomen Region Innere Mongolei, liegt südlich des Daqing Shan Berges. Die Stadt am Rande des traditionellen chinesischen Siedlungsgebietes hat, im Gegensatz zu vielen anderen Städten Chinas, eine relativ kurze Geschichte. Sie wurde erst während

Stadtplan von Hohhot

der Ming-Dynastie von dem berühmten Stammesfürsten der Tümed, Altan Khan gegründet. Altan Khan war seit 1543 Führer der Ostmongolen und brachte 1550 seine Truppen bis in die Nähe Beijings, wurde jedoch zurückgeschlagen. Altan Khan machte den Versuch, seinem Land eine Verwaltung nach han-chinesischem System zu geben. Sitz der Verwaltung wurde die neue Stadt, *Kuku-khoto* (blaue Stadt), heute Hohhot genannt.
Gegen Ende der Ming-Dynastie ließen sich chinesische Ackerbauern in dem fruchtbaren Umland Hohhots nieder. Während der Qing-Dynastie marschierten die Truppen des Kangxi-Kaisers in Teile der Mongolei ein, um die Oberherrschaft der Mandschuren zu sichern. In der Nähe der mongolischen Stadt Kuku-khoto, etwa 4 km entfernt, wurden Truppen stationiert. Es entstand eine neue, eine chinesische Stadt. Beide Städte wuchsen im Laufe der Zeit zu einer großen zusammen. Die alte, mongolische Stadt entwickelte sich zu einem bedeutenden Handelszentrum für Waren aus der Weide- und Landwirtschaft. Die neue, chinesische Stadt wurde Verwaltungs- und Wohnviertel.
1928 erklärte man Hohhot zur Hauptstadt der neu gebildeten Provinz Suiyuan. Von 1937–45 geriet die Region unter japanischen Einfluß. Seit 1952 ist die Stadt nun Provinzhauptstadt der Autonomen Region Neimenggu. Nach Gründung der Volksrepublik China entwickelte sich Hohhot zu einer recht bedeutenden Industriestadt mit Chemie-, Textil-, Baustoff-, sowie Eisen- und Stahlindustrie.
Hohhot ist nicht nur politisches, sondern auch kulturelles Zentrum der Inneren Mongolei. 1957 erhielt die Stadt die erste Universität der Region.
Vom Trommelturm der Neustadt aus hat man einen guten Überblick über Stadt und Umgebung: im Norden die Berge, im Süden die Felder, im Westen die Altstadt mit dem alten Trommelturm und der Moschee.
Viele Besucher Hohhots sehen den Höhepunkt ihres Aufenthaltes in den kulturellen Darbietungen, den Vorführungen mongolischer Reitkunst und des traditionellen Ringkampfes.

Renmin Gongyuan, Volkspark 人民公园

Der Park hat eine Fläche von 46,5 ha. Ein See bietet mit einer Fläche von 10,4 ha im Frühling und Sommer genügend Platz zum Rudern und im Winter zum Schlittschuhlaufen. Attraktionen sind ein Zoo und ein Blumengarten. Auf dem Gelände erhebt sich außerdem ein Märtyrer-Gedenkturm.

Wuta Si, Fünf-Pagoden-Tempel 五塔寺

Von der Tempelanlage Wuta Si ist nur die Diamantenpagode übrig geblieben. Der rechteckig angelegte, massive Steinbau stammt aus der Regierungsperiode Yongzheng (1723–1735) der Qing-Zeit. Der untere Teil der Pagode besteht aus sieben schmalen Stockwerken, die rundherum mit Reliefs geschmückt sind. Inschriften in Mongolisch, Tibetisch und Sanskrit geben Texte des *Jingang Jing* wieder. Auf der Terrasse des unteren Teils stehen fünf Pagoden und ein Pavillon. Die mittlere Pagode ist die höchste. Jede dieser Pagoden hat in ihrem ersten Stock reiche Verzierungen mit Buddha- und Bodhisattva-Figuren.

Moschee Qingzhen Dasi 清真大寺

Die Moschee steht am Nordtor der Altstadt. Sie stammt aus der Regierungsperiode Qianlong. Die Moschee ist nach Westen ausgerichtet. Die Heilige Halle konnte 1933 mit Hilfe von Spenden restauriert werden, außerdem entstand ein Minarett. Die Moschee verfügt über einige wertvolle alte Ausgaben des Koran.

Lamatempel Xilitu Zhao 席力图召

Der Xilitu Zhao befindet sich in der Altstadt Hohhots in der Shitouxiang Gasse. In der Ming-Zeit stand hier nur ein kleiner Tempel, in dem Huofo Xitituke lebte. Dieser war eine hochgeschätzte Persönlichkeit, denn er beherrschte die heiligen buddhistischen Bücher und die Sprachen Mongolisch, Tibetisch und Chinesisch. Man berichtet, daß sogar der 4. Dalai Lama in jungen Jahren bei ihm studiert habe. Zu Beginn der Qing-Zeit wurde der Tempel großzügig erweitert und neu gestaltet. Vom Schmucktor im Süden bis zum nördlichen Ende der Anlage zählt der gesamte Komplex fünf Höfe. Alle Hallen wurden im tibetischen Stil angelegt. Südöstlich der Haupthalle *Dajing Tang* befindet sich eine 15 m hohe Dagoba, angeblich die schönste der Inneren Mongolei. Der Xilitu Zhao ist ein ausgezeichnetes Beispiel lamaistischer Baukunst und harmonischer Farbgestaltung.

Kloster Dazhao 大召

Dazhao ist ein Kloster im sino-tibetischen Stil. Es stammt aus den Jahren 1567–1572 und wurde auf Befehl des Fürsten Altan Khan angelegt. Altan Khan

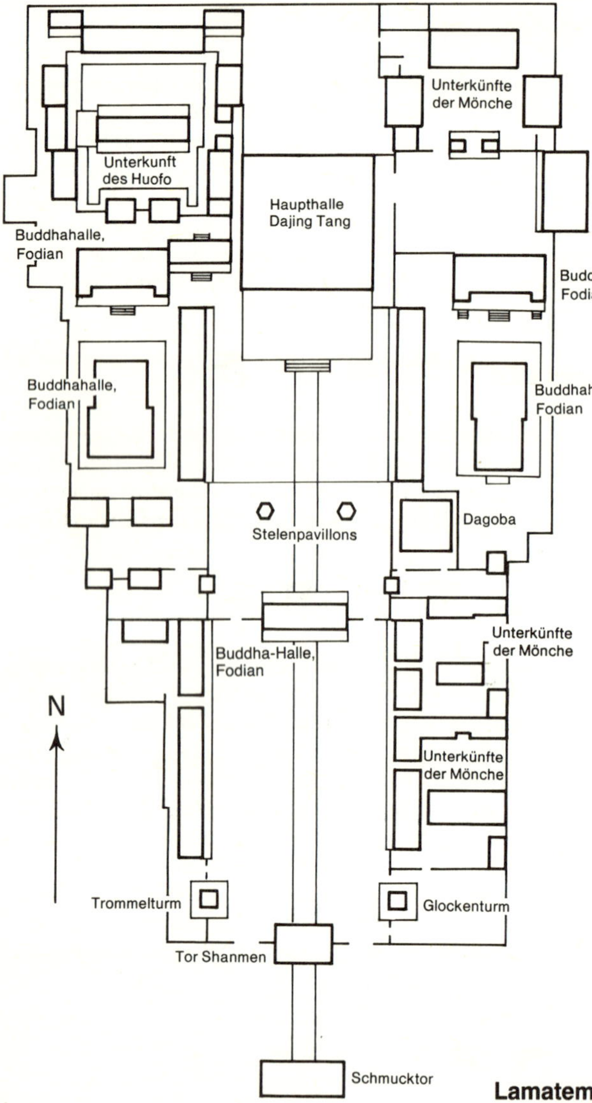

Lamatempel Xilitu Zhao

bekehrte die Mongolen zum Glauben des tibetischen Buddhismus, zur Schule der Gelugpas, der Gelben Sekte.
Der Tempel wurde im Volksmund auch Silberbuddha-Tempel genannt, denn er enthält eine silberne Buddha-Skulptur.

Pagode Wanbu Huayanjing Ta 万部华严經塔

Diese im Osten der Stadt gelegene Pagode (auch weiße Pagode genannt) stammt aus der Zeit 983–1031. In späteren Jahren wurde der Bau noch mehrere Male restauriert. Er ist 43 m hoch und besteht aus Ziegelsteinen und Holz. Das Erdgeschoß ruht auf drei Reihen von stilisierten Lotosblütenblättern. Die Wände der ersten zwei Etagen werden durch Steinschnitzereien von Buddha-, Bodhisattva- und Himmelskönig-Skulpturen verziert. Über dem südlichen Eingangstor sind sechs große Zeichen eingeschnitzt, der Name der Pagode. In der unteren Etage befinden sich sechs Steintafeln aus der Jin-Dynastie (1115–1234). Auf dem Weg zur Spitze kann der Besucher an den Wänden verschiedene Inschriften von Pilgern aus allen Teilen Chinas und aus dem Ausland entdecken. Die ältesten stammen aus dem Jahre 1162.

Grabstätte der Wang Zhaojun 昭君墓

Neun Kilometer südlich von Hohhot befindet sich das Grab der Wang Zhaojun, der Konkubine eines Kaisers der Westlichen Han-Dynastie. Im Jahre −33 wurde sie mit dem Fürst Han Xie Shanyu der Xiongnu verheiratet, um Frieden zwischen beiden Völkern zu erreichen. Angeblich starb der Fürst nach zwei Jahren, woraufhin sie, den Stammessitten entsprechend, die Frau seines Nachfolgers wurde. Über das Schicksal der Wang Zhaojun gibt es sehr viele Erzählungen und Theaterstücke.
In der mongolischen Überlieferung wird Wang Zhaojun Respekt als Frau des Han Xie Shanyu gezollt. Nach ihrem Tode mystifizierte man sie allmählich zur Kindersegen spendenden Göttin. Den Han-Chinesen gilt sie als ein Opfer des Krieges, weil sie dem Fürsten der Xiongnu geschenkt wurde. Beide Seiten sehen in ihr jedoch ein Symbol des Friedens, und so maß man auch ihrem Grab immer große Bedeutung bei. Vor und auf dem Hügel steht je ein Pavillon. In einer nahegelegenen Ausstellungshalle wird über das Leben der Wang Zhaojun berichtet.

Neimenggu Bowuguan, Museum der Inneren Mongolei

内蒙古博物馆

Zhongshan Donglu, Tel. 24924

Das Museum informiert über das Land und seine Bewohner.

Hotels

Hohhot Binguan, Yingbinlu, Tel. 22838 呼和浩特宾馆
Xincheng Binguan, Hulunnanlu, Tel. 24513 新城宾馆
Minzu Lüshe, Zhongshanxilu, Tel. 25367 民族旅社
Xilin Lüshe, Xilinbeilu, Tel. 24850 錫林旅社
Bayantala Fandian, Xilinbeilu, Tel. 66879 巴彦塔拉饭店

Reisebüro

Zhongguo Lüxingshe, Xinhuajie Yingbinlu, Tel. 4494.

Stadt Baotou 包头市

Baotou ist mit 1,5 Mill. Einwohnern die wichtigste Industriestadt der Inneren Mongolei. Auf einer Höhe von 1700 m ü. d. M., am Huanghe gelegen, verfügt die noch junge Stadt mit Ausnahme des buddhistischen Klosterpalastes *Wudang Zhao* aus der Qing-Dynastie über nur wenige kulturelle und historische Sehenswürdigkeiten. Das Gebiet um Baotou war schon während der Tang-Dynastie besiedelt, doch entwickelte sich die Ortschaft erst im Laufe der Qing-Dynastie zu einem Handelsplatz. 1871 erhielt die Stadt eine Befestigung. Das Wachstum Baotous nahm mit der Fertigstellung der Eisenbahnverbindung nach Beijing im Jahre 1922 einen schnellen Lauf. Die Stadt entwickelte sich zum wichtigsten Handelszentrum der Mongolei und Nordwestchinas. Gehandelt wurden Wolle, Felle, Getreide, Tee und Kleidung. Bereits 1932 zählte die Stadt mehr als 300000 Einwohner. In den fünfziger Jahren ließ die Regierung die Bahnlinie nach Lanzhou anlegen, wodurch Baotou Anschluß nach Sichuan, Zentralchina und Xinjiang, Nordwestchina erhielt. Im Rahmen des ersten Fünfjahresplanes (1953–57) entstand das Eisen- und Stahlkombinat, das sich auf reiche Eisenerzvorkommen im Norden, in Bayan Obo, stützt.

Tempel Wudang Zhao 五当召

Der Wudang Zhao (Guangjue Si), im Tibetischen Tempel des Weißen Lotos, im Mongolischen Weidentempel genannt, befindet sich 70 km nordöstlich von Baotou am Huluntu Berg. Dieser besterhaltene Lamatempel der Inneren Mongolei wurde während der Regierungsperiode Kangxi angelegt und 1749 restauriert. Einst lebten hier 1000–1200 Mönche. Die größte Halle der Anlage ist die eindrucksvoll ausgestattete **Suguxin Dugong,** in deren Erdgeschoß sich die Mönche zum gemeinsamen Studium und Gebet versammelten. Die Halle **Dong Ko'er Dugong** ist die älteste und wegen ihrer Skulpturen bedeutendste des Klosters.

Mausoleum des Dschingis Khan 成吉思汗墓

Das Mausoleum liegt etwa 15 km südöstlich der Ortschaft Atengxilian des Banners Yijin Horo Qi in wunderschöner Umgebung. Dschingis Khan soll sich diesen Platz als letzte Ruhestätte selbst ausgesucht haben. Im Jahre 1227 war er während eines Feldzuges gegen die Westlichen Xia eines natürlichen Todes gestorben. Seit seiner Beisetzung nennt man dieses Gebiet Yijin Horo, Grab des Herrn. Das Mausoleum besteht aus einer Haupt- und zwei Nebenhallen. Dschingis Khan ruht mit seinen drei Frauen im hinteren Teil der Haupthalle, sein 4. Sohn und dessen Frau in der Osthalle. In der Westhalle werden die Waffen des Fürsten ausgestellt.

Herbstfest Nadamu 那达慕大会

Das berühmte mongolische Nadamu-Fest diente ursprünglich einmal der Verehrung der Berg- und Weggötter. Inzwischen erinnert dieses fröhliche Volksfest kaum noch an einen religiösen Hintergrund. Viele Wettkämpfe finden statt, so im Reiten, Ringen und Pfeilschießen. Musik- und Theateraufführungen werden geboten und ein kleiner Markt abgehalten.

Hotels

Baotou Binguan, Gangtie Dajie, Tel. 26612 包头市宾馆
Qingshan Binguan, Wenhualu, Tel. 33608 青山宾馆
Donghe Binguan, Hongguang Dajie, Tel. 43486 东河宾馆
Gangcheng Fandian, Gangtie Dajie, Tel. 25973 钢城饭店
CITS, im Baotou Hotel, Tel. 24615

Provinz Liaoning 辽宁省

Fläche: ca. 145 000 qkm / Bevölkerung: 35,7 Mill. / Hauptstadt: Shenyang

Die Provinz Liaoning ist die südlichste der drei Provinzen des Nordosten Chinas, früher Mandschurei genannt. Sie gehört dank ihrer Industrie zu den wichtigsten Provinzen des Landes. 40% der Stahlproduktion Chinas kommt aus Liaoning, ein Viertel der gesamten Schwerindustrieproduktion wird hier erzeugt. Die Gründe dafür liegen in den hohen Investitionen der Regierung seit 1949 und an dem frühen Aufbau einer Industrie seit Ende des letzten Jahrhunderts. Darüber hinaus ist die Provinz reich an Bodenschätzen, besonders an Eisenerz, Steinkohle, bituminösem Schiefer, Bauxit, Blei, Salz.
Liaoning erstreckt sich um den Golf von Bohai. Die Hauptstadt Shenyang liegt in der Ebene des Flusses Liaohe. Diese Ebene macht etwa ein Drittel der gesamten Fläche Liaonings aus. Im Osten und Westen schließen sich Gebirgsketten an. Das Klima ist dank der Nähe zum Meer wesentlich milder als in den anderen nördlichen Provinzen. Die durchschnittliche Temperatur beträgt in Küstennähe im Januar −5 °C, im Juli 25 °C, in Shenyang im Januar −13 °C, im Juli ebenfalls 25 °C. Drei Viertel der jährlichen Niederschläge fallen von Juni bis September.
Die Bevölkerung besteht zu 95% aus Han-Chinesen, die Gruppe der Minderheiten setzt sich zu 70% aus Mandschuren, zu 30% aus Mongolen, Hui und Koreanern zusammen. Mehr als 40% der Bevölkerung wohnen in den Städten, was das hohe Maß der Industrialisierung Liaonings bestätigt.

Geschichtlicher Überblick

Der Nordosten Chinas war schon früh, doch immer nur spärlich besiedelt. In der Ebene des Flusses Liaohe hatten sich schon früh chinesische Ackerbauern

niedergelassen. in den Randgebieten betrieben meist Mandschuren und Mongolen Holz- und Herdenwirtschaft, Bergbau und Fischerei. Im Laufe seiner langen Geschichte wurde Liaoning immer mehr zum Einwanderungsgebiet der Han-Chinesen. Unter der Qing-Dynastie versuchte das mandschurische Herrscherhaus, dieser Entwicklung Einhalt zu gebieten. Im 19. Jh. wurde der Nordosten Chinas zunehmend zum Interessengebiet ausländischer Mächte, das an Bodenschätzen reiche Liaoning war besonders betroffen. Zwischen 1896–1903 bauten die Russen die nordostchinesische Eisenbahn, die die Hafenstadt Dalian mit Changchun/Jilin und Harbin/Heilongjiang verband und dann weiter bis nach Wladiwostok führte. Sie sicherten sich so den Zugang zu dem eisfreien Hafen Lüshun (heutiges Lüda). Im Jahre 1907 verloren die Russen nach dem russisch-japanischen Krieg ihren Einfluß in der Südmandschurei. Japan sah in Liaonings Bodenschätzen eine willkommene Bereicherung für die eigene Industrie. So wurde versucht, Kontrolle über die Wirtschaft zu gewinnen und durch Investitionen die Industrie, besonders die Schwerindustrie und den Bergbau in den Dienst der Japaner zu stellen. 1932–1945 war Liaoning Teil des von Japan gesteuerten ›unabhängigen‹ Staates ›Manzhouguo‹ mit dem ehemaligen Qing-Kaiser Puyi als Regierungschef an der Spitze. Die Industrieanlagen der Provinz erlitten in den Zeiten des japanisch-russischen und des Bürgerkrieges teilweise schweren Schaden, ein großer Teil ging durch russische Demontage verloren. Der Wiederaufbau und Ausbau der Industrie war darum auch eins der erklärten Ziele, das sich die neue Regierung ab 1949 setzte. Besondere Berücksichtigung erfuhr die Schwerindustrie. Eines der wichtigsten Projekte war das Eisen- und Stahlkombinat von Anshan. Heute zählen zu den größten Industriezentren Liaonings die Städte Shenyang, Lüda, Anshan, Fushun, Benxi, Fuxin und Beipiao.
Die wichtigsten landwirtschaftlichen Produkte Liaonings sind: Mais, Sojabohnen, Sorghum (Gaoliang), Reis (vor allem in der Ebene des Liaohe), Rohseide, Erdnüsse und Süßkartoffeln.

Stadt Shenyang 沈阳市

Shenyang, die Hauptstadt von Liaoning, wird im Mandschurischen *Mukden* genannt. 841 km von Beijing entfernt, gehört sie mit 4 Mill. E. zu den größten Städten Chinas. Sie liegt am Hunhe, einem Nebenfluß des Liaohe, in einer fruchtbaren Ebene. Der Kern Shenyangs ist die chinesische Altstadt, in der auch der mandschurische Kaiserpalast steht. Nördlich der Altstadt befinden sich die Kaisergräber *Beiling*. Typisch für den unter den Japanern nach 1905

und 1932 angelegten Teil im Westen der Stadt sind die breiten Boulevards. Das Gebiet von Shenyang gehört seit der Han-Dynastie zum Siedlungsgebiet chinesischer Immigranten aus Shandong und Hebei.
Im 10. Jh. errichteten die Herrscher des Khitan-Stammes in Nordchina die Liao-Dynastie und machten Shenyang zu einem wichtigen militärischen Stützpunkt. Den Liao folgten die Herrscher der Jin und schließlich die der mongolischen Yuan-Dynastie. Im 13. Jh. erhielt die Siedlung den Namen Shenyang. Im 17. Jh. vereinigten sich die Gruppen der im Osten und Südosten der Mandschurei lebenden tungusischen Sushen, später Mandschus genannt, unter der Führung Nurhachis (1559–1626) und brachten das Gebiet der Mandschurei unter ihre Kontrolle. Sie machten Shenyang im Jahre 1625 zu ihrer Hauptstadt Mukden, um dann von dort aus in den folgenden Jahren ganz China zu erobern. 1636 gründete einer der Söhne Nurhachis, Abukai, in Shenyang die Qing-Dynastie. 1644 gelang es den Mandschus, die Macht über das Kaiserreich China zu erringen. Beijing wurde neue Hauptstadt, Shenyang wurde als alte Hauptstadt und als Sitz der Ahnentempel in Ehren gehalten.
In den letzten hundert Jahren bestimmten vor allem ausländische Mächte das Schicksal der Stadt. Nachdem die Russen die Konzession für den Bau der Eisenbahn erhalten hatten, machten sie Shenyang zu ihrem Stützpunkt. Nach der Schlacht von Mukden (19. 2.–10. 3. 1905), während des russisch-japanischen Krieges, mußten die Russen ihre Rechte auf südmandschurischem Boden den Japanern überlassen. Mukden wurde nun wichtigster Stützpunkt Japans für die Ausbeutung der südmandschurischen Bodenschätze. Nach dem 1. Weltkrieg regierte der von den Japanern geduldete Zhang Zuolin von Mukden aus über die Nordprovinzen. 1928 fiel er einem Bombenattentat zum Opfer. Auf die Ermordung eines japanischen Hauptmanns folgte im September 1931 der Mukden-Zwischenfall. Die Japaner griffen Mukden an und besetzten die gesamte Mandschurei. 1932 folgte die Gründung des ›unabhängigen‹ Staates Manzhouguo mit der Hauptstadt in Changchun. Anfang August 1945 erklärte Rußland Japan den Krieg. Kurze Zeit später wurde Mukden eingenommen. In diese Zeit fällt die russische Demontage der Industrieanlagen. Im Frühjahr 1946 wurde die Stadt von nationalchinesischen Truppen besetzt. Am 30. 10. 1948 konnte die Stadt von den kommunistischen Truppen eingenommen werden. In den Jahren 1949–1954 war Shenyang Hauptstadt Dongbeis, der nordöstlichen Region, eines der sechs großen Verwaltungsgebiete, in die China damals unterteilt war. Unter der Führung Gao Gangs nahm die Entwicklung des Nordostens einen dramatischen Gang in Richtung semiautonomer Region. 1954 wurde Gao Gang abgesetzt und das Gebiet in drei Provinzen unterteilt, Shenyang wurde Hauptstadt der Provinz Liaoning.
Shenyang stellt mit den in der Nähe liegenden Städten Fushun, Anshan und Benxi heute das wichtigste Industriegebiet Chinas dar. Hier befindet sich das

größte Maschinenbauzentrum, ferner Industriezweige wie Elektro-, Metall-, Chemie-, Textil- und Nahrungsmittelindustrie. Shenyang ist nicht nur industrielles, sondern auch kulturelles Zentrum Nordostchinas. Von Bedeutung sind verschiedene Technische Institute, Hochschulen und die Liaoning-Universität.
Günstigste Reisezeit ist August/September.
Die Grabanlage Beiling, auch *Zhaoling* genannt, liegt im Norden der Stadt und ist das größte der drei mandschurischen Kaisergräber. In ihnen ruhen der 1643

Beiling, Nördliches Kaisergrab 北陵(昭陵)

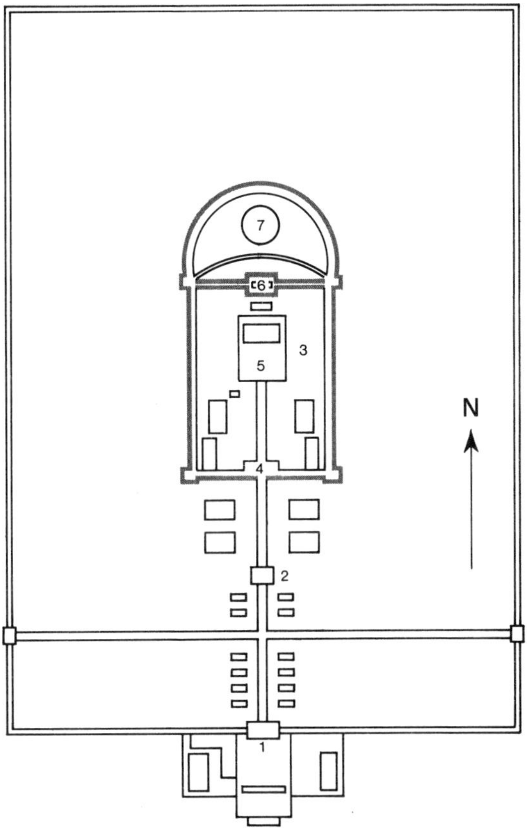

1. Tor Zhenghong Men
2. Stelenturm
3. Viereckige Stadt
4. Tor Long'en Men
5. Halle Long'en Dian
6. Turm Minglou
7. Tumulus

verstorbene Gründer der Qing-Dynastie, Taizong (Abukai), seine Hauptfrau und einige seiner Nebenfrauen. Die späteren Qing-Kaiser kehrten häufig hierher zurück und brachten ihren Vorfahren Opfergaben dar.
In den Jahren 1643–1651 wurde Beiling auf einer Fläche von 450 ha errichtet. Die gesamte Anlage ist von einer riesigen Mauer umgeben. Das Eingangstor *Zhenghong Men* befindet sich im Süden auf der Nord-Süd-Zentralachse, ein roter Bau mit gelbem Keramikziegeldach. In dem äußeren Hof der Grabanlage folgen zu beiden Seiten des Weges steinerne Säulen und Tierskulpturen, unter ihnen zwei weiße Pferde namens Großweiß, *Dabai*, und Kleinweiß, *Xiaobai*, Darstellungen der beiden Lieblingspferde des Kaisers. Der Weg führt weiter

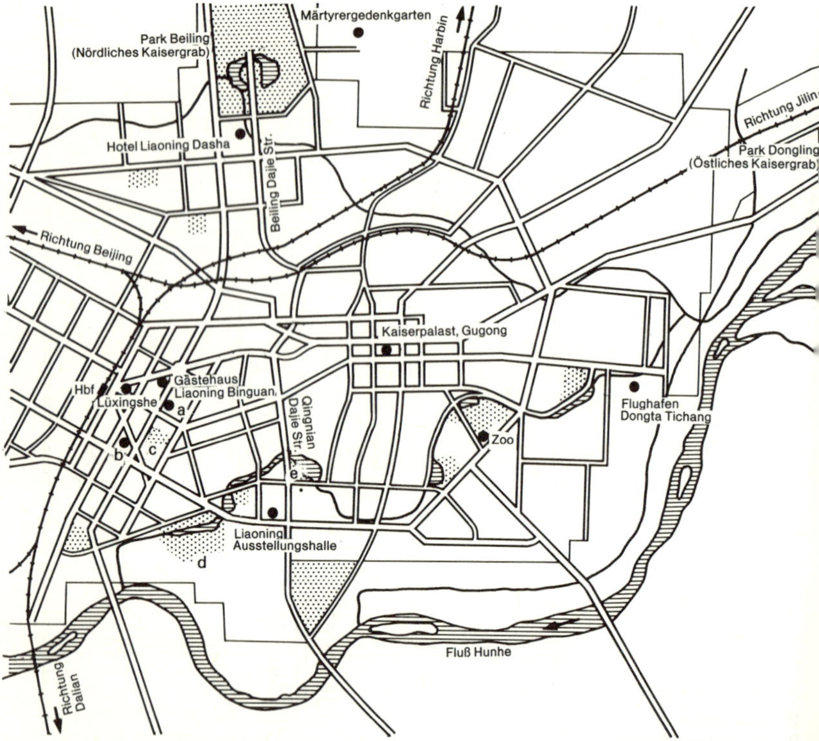

Stadtplan von Shenyang

a Zhonghua-Theater b Kulturpalast c Zhongshan-Park d Südsee-Park e Qingnian-Park

nach Norden zur sogenannten Heilige Tugend-Stele und zur ›Viereckigen Stadt‹, die von einer hohen Mauer umgeben wird. Über dem südlichen Eingangstor, dem *Long'en Men,* ragt ein Turmbau empor. In der Mitte des Innenhofes entdeckt man eine große Halle, die *Long'en Dian.* Nördlich von ihr steht der Turm *Minglou* mit einer Stele, die die Inschrift ›Grab des Kaisers Taizong‹ trägt. Von der Terrasse des Turmes blickt der Besucher auf den Grabhügel, der von einer halbmondförmigen Grünfläche umgeben ist.
Während der Kaiserzeit war es den einfachen Menschen streng untersagt, eine kaiserliche Grabstätte zu betreten. In den letzten dreißig Jahren hat man die gesamte Anlage restauriert, vergrößert und in einen Park verwandelt. Für die Einwohner Shenyangs ist Beiling heute ein beliebtes Ausflugsziel und für so manchen ausländischen Besucher eine willkommene Abwechslung.

Gugong, Kaiserpalast 沈阳故宫

Der Gugong ähnelt in seinem architektonischen Grundriß dem Kaiserpalast in Beijing. Da er aber insgesamt kleiner ist, nennt man ihn auch *Xiao Gugong,* Kleiner Kaiserpalast. Er liegt im Herzen der chinesischen Altstadt. Nachdem die Mandschuren im Jahre 1625 Shenyang zur Hauptstadt erklärt hatten, begannen sie sofort mit dem Bau ihrer Residenz. Als es ihnen im Jahre 1644 gelang, ganz China zu erobern und das Erbe der Ming anzutreten, wurde Beijing neue Hauptstadt, Shenyang zweite Residenz.
Während der Regierungsperiode Qianlong (1736–1795) ließ der Kaiser den Palast erweitern. Der gesamte Komplex wird von einer hohen Mauer umgeben, durch die mehrere Tore ins Innere führen. Das Haupttor, *Daqing Men,* liegt im Süden. Die Palastanlage ist in drei Abschnitte unterteilt, einen östlichen, mittleren und westlichen. Wenn man durch das Haupttor tritt, sollte man sich zuerst den **östlichen Teil** ansehen. Dort steht eine achteckige Halle, die *Dazheng Dian.* Sie wird geziert von einem Doppeldach mit gelben Keramikziegeln. Leuchtendrote Säulen stützen das Dach, die beiden vorderen neben der Haupttür werden von jeweils einem goldenen Drachen umschlungen. Die Halle erhebt sich über einer Marmorterrasse und ist von einem kunstvollen, aus Stein gemeißelten Geländer umgeben. Eine prächtige Decke schmückt das Innere. Mandschurische, mongolische und han-chinesische Kunst ist hier harmonisch miteinander verbunden. Dem traditionellen han-chinesischen Baustil gehorchend hat sie keine Außenwände, sondern Türen mit Gitterwerk. Hier vollzog der mandschurische Herrscher die wichtigsten Zeremonien und verkündete seinen Plan, ganz China zu erobern.
Zu beiden Seiten der *Dazheng Dian* befinden sich, in Reihen angeordnet, jeweils fünf kleinere rechteckige Königspavillons, die als Belohnung für erfolgreiche Kämpfe an die kaiserlichen Generäle verliehen wurden. Heute

werden in diesen Pavillons Waffen und Kriegsgewänder ausgestellt. Geht man nun zum **mittleren** Teil des Palastes, steht man zunächst vor der Haupthalle *Congzheng Dian.* Ebenso wie die Halle *Dazheng Dian* wird auch sie von einem gelbfarbenen Keramikziegeldach geziert. Im Innern dieser Halle befinden sich links und rechts zwei mit Drachen verzierte Säulen, in deren Mitte der prunkvolle Kaiserthron vor einem Paravent mit eingeschnitzten goldenen Drachen steht.

Kaiserpalast

1. Tor Daqing Men
2. Halle Dazheng Dian
3. Halle Congzheng Dian
4. Turm Fenghuang Lou
5. Palast Qingning Gong
6. Bibliothek Wensu Ge
7. Theater

Hier führte der Kaiser seine Amtsgeschäfte. Die große Zeremonie anläßlich der Gründung der mandschurischen Qing-Dynastie fand hier statt.
Im Norden schließt sich der *Fenghuang Lou,* Phönixturm, an, der im Jahre 1627 errichtet wurde. Der Turm hat drei Etagen und diente dem Kaiser für Sitzungen und Bankette. Der *Fenghuang Lou* war zugleich des Eingangstor in die ›Inneren Gemächer‹ und führte direkt zum Palast *Qingning Gong,* dem nördlichsten Gebäude auf der zentralen Palastachse.
Der 1625 erbaute *Qingning Gong* steht auf einer rd. 4 m hohen Terrasse. Im Ostteil des Gebäudes befand sich das kaiserliche Schlafgemach und im Westteil die Opferstätte des Kaiserpaares.
Der **westliche** Teil des *Gugong* wurde im Jahre 1782 fertiggestellt und diente dem kulturellen Leben. Vorn war eine Theaterbühne eingerichtet, hinten die Bibliothek *Wensu Ge* untergebracht. Sie diente ursprünglich zur Aufnahme des Werkes Siku Quanshu.

Dongling, Östliches Kaisergrab 東陵 (福陵)

Die Grabstätte Dongling, offizieller Name *Fuling,* liegt 11 km nordöstlich von Shenyang am Ufer des Hunhe und am Fuße des Berges Tianzhu Shan. Dongling wurde in den Jahren 1629–1651 auf einer Fläche von 194 800 qm für Nurhachi und dessen Frau angelegt. *Nurhachi,* posthumer Titel Taizu, hatte die Gruppen der tungusischen Sushen, später Mandschuren genannt, unter seiner Führung vereint und den Nordosten Chinas zu seinem Herrschaftsgebiet gemacht. Er war der Vater *Abukais,* des Gründers der Qing-Dynastie, der in der Grabstätte Beiling beigesetzt wurde.
Dongling entspricht in seinem Aufbau der Beiling-Grabanlage. Dem Eingangstor, *Zhenghong Men,* im Süden auf der Nord-Süd-Zentralachse schließen sich in Richtung Norden eine Reihe von Steinskulpturen an. Der Weg führt nun bergauf über 108 Stufen und eine Steinbrücke zum Stelenturm, in dem die Heilige Tugend-Stele mit einer Kalligraphie des Kangxi-Kaisers steht. Wie in der Beiling-Anlage folgt die ›Viereckige Stadt‹, umgeben von einer hohen Mauer.
Im Zentrum der Stadt steht die *Long'en Dian,* die Halle der Ahnenverehrung. Nördlich der Long'en Dian erhebt sich der Turm *Minglou,* in dem eine Stele mit der Inschrift ›Grab des Kaisers Taizu‹ steht. Hinter dem Minglou liegt der Grabhügel innerhalb einer halbmondförmigen Umrandung. Die Dongling-Grabanlage gehört aufgrund der natürlichen Umgebung zu den besonderen Sehenswürdigkeiten Shenyangs.

Lamatempel Shisheng Si 实胜寺

Der Tempel wurde im Jahre 1638 auf einer 5500 qm großen Fläche angelegt. Auf der Zentralachse finden sich nacheinander angeordnet: das Tor *Shanmen*, die *Tianwang Dian*, Halle der Himmelskönige und die *Dadian*, Große Halle. Diese Gebäude werden flankiert von Trommel- und Glockenturm sowie einigen Nebenhallen.

Liaoning Zhanlanguan, Liaoning Ausstellungshalle

辽宁展览馆

Die Ausstellungshalle wurde im Jahre 1959 im Süden der Stadt im sowjetischen Stil gebaut. Hier können sich die Besucher in einer ständigen Ausstellung über den aktuellen Stand der Industrieprodukte Shenyangs und Umgebung informieren.

Hotels

Liaoning Binguan, Platz Hongqi Guangchang, Tel. 3 26 41 辽宁宾馆
Liaoning Dasha, Huanghe Dajie, Tel. 6 25 46 辽宁大厦
Youyi Binguan, im Westen der Beiling Parkanlage, Tel. 6 28 22, 6 13 98 友谊宾馆
Huaqiao Fandian, Zhongshanlu 3, Tel. 3 42 14 华侨饭店
Das CTS hat in dem Hotel eine Vertretung.
Liaoning Dongbei Lüshe, Taiyuanjie, Tel. 3 20 31 辽宁东北旅社

Restaurants

Laobian Jiaozi Guan, Beishichang, Tel. 2 18 19
Jiaozi sind gefüllte kleine Teigtaschen, die gekocht oder gebraten werden.
Shenhe Fandian, Zhongjie, Tel. 4 40 20
Lumingchun, Zhonghualu, Tel. 2 51 27

Einkaufsmöglichkeiten

Freundschaftsladen, Youyi Shangdian, Zhongshanlu 12.
In der Straße Taiyuanjie gibt es ein Buch-, Antiquitäten- und Kunstgeschäft.

Reisebüro, **Lüxingshe**
Guoji Lüxingshe, **CITS,** Nanzhan, Süd-Bahnhof, Tel. 3 46 53
Zhongguo Lüxingshe, Nanzhan, Süd-Bahnof, Tel. 3 46 53

Felsen des Laozi, Qingyuan Shan, Quanzhou, Fujian ▷

CAAC Ticket-Verkauf: Zhonghualu, Tel. 3 37 05

Bahnhof, Ticketverkauf, Tel. 3 35 25, 2 01 61
Auskunft, 20 41 93, 20 30 03

Taxen: nördlich vom Bahnhof Tel. 3 43 64, 3 49 78

Bank of China: Zhonghualu, Tel. 3 29 19

Postamt, Taiyuanjie, Tel. 3 27 27

Universität Liaoning Daxue, Tel. 6 25 41
Ausländ. Studenten Tel. 6 33 56

Telefon: Ferngespräche 03, Auskunft 06

Stadt Fushun 抚順市

Die Stadt Fushun, eines der Kohlezentren Chinas, befindet sich etwa 40 km östlich von Shenyang am Hunhe Fluß. Fushun besitzt sehr große bitumen- und ölhaltige Kohlevorkommen. Sie werden auf 1 Mrd. t geschätzt. Teilweise wird die Kohle über Tage abgebaut. Die Jahresproduktion soll bei 15 Mill. t liegen. Neben den Kohlebergwerken verfügt die Stadt über weitere Industriezweige, wie Chemie-, Aluminium- und Zementindustrie, Erdölförderung, Eisen- und Stahlwerke, Elektrizitätserzeugung.
Zu den wichtigsten landwirtschaftlichen Produkten gehören Weizen, Baumwolle und Tabak.

Stausee Dahoufang und Umgebung 大伙房水庫

Der Dahuofang, einer der größten Stauseen Chinas liegt in einer wunderschönen Gegend am Ober- und Mittellauf des Hunhe, etwa 15 km von Fushun entfernt. Er wurde von 1954 bis 1958 auf einer 110 qkm großen Fläche angelegt. Er sichert die Bewässerung eines Gebietes von ca. 120 000 ha. Darüber hinaus werden pro Jahr 50 Mill. Kilowatt Strom produziert. Der Stausee und seine Umgebung sind ein reizvolles Ausflugsziel.

◁ *Die Neun-Dächer-Pagode im Kreis Licheng, Shandong, aus der Tang-Zeit*

Grabmal Yuanshuailin 元帥林

Yuanshuailin wurde 1929 ursprünglich als Grabstätte für den Kriegsherrn Zhang Zuolin erbaut. Als die Japaner 1931 dieses Gebiet unter ihre Kontrolle brachten, konnte Yuanshuailin nicht mehr seiner Bestimmung übergeben werden. Das direkt am Stausee gelegene Grabmal ist reich an Steinschnitzereien und Skulpturen; insgesamt sind es 260 aus Marmor gefertigte Darstellungen, die früher einmal in dem Beijinger Tempel Long'en Si standen und aus der Ming- und Qing-Dynastie stammen.

Hügel Sa'erhu Shan 薩爾滸山

Der 70 m hohe Sa'erhu Shan liegt südöstlich des Stausees. Er war im Laufe der vergangenen Jahrhunderte strategisch von großer Bedeutung. Im Jahre 1776 ließ der Qing-Kaiser eine Steinstele aufstellen, deren Inschrift an den Sieg erinnert, den die Qing hier gegen die Ming errangen.

Reisebüro

Guoji Lüxingshe, **CITS,** befindet sich im Gästehaus Fushun Binguan, Tel. 65 50, 65 60.

Kreis Xinbin 新賓縣

Kaiserliches Familiengrab Yongling 永陵

Die Grabstätte Yongling, nordwestlich des Städtchens **Yongling** im Kreis **Xinbin,** gehört zu den drei kaiserlichen Grabanlagen der Qing-Dynastie, die in Liaoning zu besuchen sind. Hier ruht die Verwandtschaft Nurhachis. Yongling wurde im Jahre 1598 auf einer Fläche von 11 880 qm angelegt. Sie entspricht in ihrem Aufbau den Gräbern von Shenyang.

Stadt Anshan 鞍山市

Das Stahlzentrum Chinas liegt etwa 90 km südwestlich von Shenyang entfernt am Fuße der Qianshan Berge in Anshan, einer Stadt mit über 1 Mill. Einwohner.
Weitere Industriezweige Anshans sind Chemie-, Textil- und Elektroindustrie, Landmaschinenbau, Keramik- und Reparaturwerkstätten. Breite Straßen, bepflanzt mit Bäumen und Blumen und viele Grünanlagen versuchen Anshan das graue Aussehen einer typischen Industriestadt zu nehmen.

Geschichtlicher Überblick

Anshan wurde offiziell im Jahre 1387 gegründet und im Rahmen des Ausbaus der Verteidigungsanlagen gegen die Mandschuren während der Ming-Dynastie befestigt. Während des Boxeraufstandes im Jahre 1900 brannte die Stadt nieder. Ein zweites Mal erlitt sie zur Zeit des russisch-japanischen Krieges (1904–1905) schwere Zerstörungen. 10 km nördlich der alten Stadt entstand das neue Anshan. 1909 fand man im Gebiet in und um Anshan reiche Eisenerzvorkommen. 1918 nahm das erste Hüttenwerk, 1935 das erste Stahlwerk den Betrieb auf.
Gegen Ende des Krieges wurde Anshan schwer bombardiert. Große Teile der gut erhaltenen Anlagen gingen nach 1945 durch russische Demontage verloren. Weitere Zerstörungen richtete der Bürgerkrieg an. Nach Gründung der Volksrepublik im Jahre 1949 war der Aufbau der Schwerindustrie eines der erklärten Ziele der neuen Regierung. Gleich unter dem ersten Fünfjahresplan begann in Anshan der Wiederaufbau und die Erweiterung der Eisen- und Stahlindustrie.
Heute gehört Anshan neben Shanghai, Tianjin und Wuhan zu den bedeutendsten Industriestädten.

Tanggangzi-Quellen 汤岗子温泉

Die Tanggangzi-Quellen befinden sich etwa 10 km südöstlich von Anshan inmitten einer schönen Parkanlage. Es sind heiße Quellen, deren kristallklares Wasser reich an Mineralen ist und von dem sich vor allem Rheumakranke große Heilwirkung versprechen.
Die Besucher, auch Ausländer, können hier ein Bad in extra dafür vorgesehenen Einzelräumen nehmen.

Qianshan Berge 千山

Die Qianshan, Tausend Berge, 20 km östlich der Stadt Anshan gelegen, gehören zu den drei bekanntesten Gebirgen des Nordostens Chinas. Ihre Höhe beträgt durchschnittlich 700 m. Die 990 Gipfel gaben dem Gebirgszug seinen Namen.

Qianshan ist ein sehr schöner Landstrich, der reich an Felsschluchten, Quellen, Kiefern, Pavillons und Tempelanlagen ist. Von den mannigfaltigen Sehenswürdigkeiten werden im folgenden nur die wichtigsten genannt. Der **Xianrentai** im Südosten des Qianshan Gebirges ist mit 708 m die höchste Erhebung. Auf seinem Gipfel liegt ein 20 m hoher Felsen, der gern mit dem Kopf einer Gans verglichen wird.

Der Tempel **Longquan Si,** Drachenquelltempel, im nördlichen Teil des Qianshan-Gebirges ist der größte Tempel in diesem Gebiet. Seit Menschengedenken sprudelt hier die Drachenquelle, **Longquan,** nach der der Tempel benannt wurde. Der Longquan Si wurde 1558 während der Ming-Zeit erbaut.

Das daoistische Tempelkloster **Wuliang Guan** im nordöstlichen Teil des Quianshan wurde 1677 von daoistischen Mönchen gegründet. Mehrere Haupthallen sind noch erhalten.

Der **Wufo Ding,** Fünf-Buddha-Gipfel, der zweithöchste Gipfel des Gebirges befindet sich im Nordwesten.

Etwa 3 km westlich vom Longquan Si steht das Kloster **Pu'an Guan** am Fuße des Wufo Ding. Es ist das höchstgelegene unter den zahlreichen Klöstern und Tempeln des Qianshan. Steigt man von hier weiter nach Osten den Berg hinauf, erreicht man den Gipfel Wufo Ding, der eine ausgezeichnete Sicht bietet.

Stadt Lüda (Lüshun-Dalian) 旅大市

Lüda, der Zusammenschluß der Städte Lüshun und Dalian, liegt an der südlichen Spitze der Liaodong Halbinsel. Lüda hat 4,4 Mill. Einwohner und ist eine wichtige Hafen- und Industriestadt. Darüber hinaus machen die schöne Umgebung, das milde Klima und die vielen Sandstrände dieses Gebiet zu einem beliebten Erholungsort.

Lüshun, den Europäern eher als Port Arthur bekannt, liegt an einer strategisch wichtigen Stelle, denn von hier aus wird die Zufahrt zum Golf von Bohai, der Seeweg zum Nordosten Chinas und nach Tianjin kontrolliert. Der Hafen der

Stadt ist sehr tief, deshalb auch für große Schiffe geeignet und überdies noch den ganzen Winter hindurch eisfrei.
Während der Qing-Dynastie befand sich hier der Hauptstützpunkt der Küstenverteidigung. 1878 wählte man Lüshun als Heimathafen der *Beiyang*-Flotte, Chinas erster moderner Marinestreitkraft. Ende des 19. Jahrhunderts sah sich Lüshun in die japanisch-russischen Auseinandersetzungen verwickelt. Die Russen brauchten den eisfreien Hafen, um sich einen Zugang zum Pazifik zu sichern, Japan wollte sich von hier den Weg in die Mandschurei freihalten. 1903 stellten die Russen die Eisenbahnlinie bis nach Lüshun fertig und errichteten einen bedeutenden Marinestützpunkt, den sie nach dem russisch-japanischen Krieg (1904–1905) an die Japaner abgeben mußten. Nach 1949 entwickelte sich Lüshun wieder zu einem wichtigen chinesischen Flottenstützpunkt. *Dalians* Schicksal ist eng mit dem Lüshuns verbunden. Unter russischem Einfluß entwickelte sich der Ort zu einer Handelsstadt. Werften und Kaianlagen entstanden. Mit Lüshun ging auch Dalian an Japan über. Diese forcierten die Entwicklung Dalians zu einer modernen Hafenstadt in ihrem eigenen Interesse. Das Hafenbecken wurde ausgebaut, neue Lagerhäuser und Werften errichtet. 1931 gehörte Dalian zu den wichtigsten Hafenstädten des Landes. In gleicher Geschwindigkeit entwickelte sich die Industrie. Im Zusammenhang mit der neuen nordostchinesischen Eisenbahn entstanden Lokomotiv- und Waggonwerke. In den folgenden Jahren schlossen sich Betriebe der Maschinenbau-, Textil- und Zementindustrie sowie weitere Werften an. Seit 1949 wurden große Investitionen zum Ausbau des Hafens und der Industrieanlagen vorgenommen. 1976 wurde ein neuer Ölhafen angelegt, der von Tankern bis zu 100 000 BRT angelaufen werden kann. Auch die Landwirtschaft konnte in Lüda erheblich verbessert werden. Man nennt das Gebiet heute das Heim der Äpfel. Äpfel, in Europa etwas Alltägliches, sind in China eine begehrte Ware und werden anderen Früchten vorgezogen. Selbstverständlich gibt es hier auch Meeresfrüchte. Der Hafen von Lüda gehört zu den wichtigsten Fischereihäfen Chinas.

Das **Naturkundemuseum Dalians**

大連自然博物館

liegt nördlich der *Shengli*-Brücke und ist eines der größten dieser Art im Nordosten Chinas. Auf einer Fläche von 2470 qm werden insgesamt 40 000 Objekte ausgestellt, unter denen sich ausgestorbene Säuge- und Meerestiere, seltene Pflanzen und Mineralien befinden.

Dalian hat drei hübsche Parkanlagen zu bieten: **Laodong Gongyuan,**

劳动公园

östlich des Stalin-Platzes gelegen, mit kleinem See und Pavillons, der **Laohutan Gongyuan** 老虎滩公园
und der **Xinghai Gongyuan** 星海公园
beide direkt am Meer.
Das **Lüshun Museum** 旅顺博物馆
befindet sich an der Xinshijie Straße im Bezirk Lüshun. Seit 1954 werden hier auf einer Fläche von 1700 qm u. a. historische Dokumente, Bronzegegenstände, Keramik, Gemälde und Schnitzereien ausgestellt.

Grabanlage Yingchengzi 营城子壁画墓

Yingchengzi liegt südlich des Dorfes Shagang im Bezirk Ganjingzi. Die Besonderheit dieses Grabes ist die Wandmalerei, die interessante Einblicke in das Leben der chinesischen Oberschicht und das hohe künstlerische Niveau der Östlichen Han-Zeit gewährt.
Die **Haupteinkaufsstraßen** sind die Tianjinjie (Warenhaus: No. 199, Antiquitäten: No. 229) und die Zhongshanlu (Warenhaus: No. 108). Der Freundschaftsladen befindet sich in der Stalinlu No. 137.

Hotels

Bangchuidao Binguan, Bangchui Dao, Strandhotel, Tel. 25744, 25131 棒锤岛宾馆
Dalian Binguan, Zhongshan Guangchang 7, Stadtmitte, Tel. 23111, 24363 大连宾馆
Dalian Fandian, Shanghailu 6, Tianjinjie, Tel. 23171, 23941 大连饭店
Youyi Binguan, Stalinlu 137, Tel. 23890 友谊宾馆
Yunshan Binguan, Tongxingjie 25, Zhongshan Guangchang, Tel. 25163, 26719 云杉宾馆
Bohai Fandian, Zhongshanlu 108, Tel. 33671 渤海饭店
Nanshan Binguan, Fenglinjie 56, Tel. 25103 南山宾馆
In dem Hotel befindet sich ein Büro des CITS.

Restaurants

Dalian Haiweiguan, Meeresfrüchte-Restaurant, Zhongshanlu 85, Tel. 27067
Dalians Spezialität sind Meeresfrüchte.

Suyang Fandian, Tianjinjie 136, Suzhou + Yangzhou-Küche
Sichuan Fandian, Tianjinjie 230, Sichuan-Küche
Internationaler Seemannsklub, Changjianglu 1, Tel. 23181

Reisebüro, **Lüxingshe**

Guoji Lüxingshe, **CITS,** Zhongguo Lüxingshe, Huaqiao Lüxingshe, Fenglinjie 56, Tel. 25103

CAAC-Büro, Dagongjie 12, Tel. 35884, 35483

Bahnhof, Fahrkartenverkauf, Qingniwaqiao, Tel. 203331

Taxen: Qingniwaqiao, Tel. 35955, 35245

Provinz Jilin 吉林省

Fläche: 187000 qkm / Einwohner: 22,6 Mill. / Hauptstadt: Changchun

Jilin nimmt das Zentrum von Dongbei, dem Nordosten Chinas, ein. Die Provinz läßt sich in drei geographische Bereiche unterteilen: den dichtbewaldeten, bergigen Osten, das mittlere hügelige Gebiet und die westlichen Ebenen. Drei bedeutende Flüsse entspringen im östlichen Changbai Shan Gebirge: Der Yalu, Tumen und Songhua Jiang (Sungari); letzterer ist der wichtigste Fluß Jilins. 92,9% der Bevölkerung sind Han-Chinesen, der größte Teil der restlichen 7,1% sind Koreaner (1,05 Mill.), kleinere Gruppen bilden Mandschuren (318000), Hui und Mongolen (71000). Klimatisch gesehen liegt Jilin zwischen dem rauhen Heilongjiang und dem milderen Liaoning. So sind Jilins Winter kalt und lang, die Flüsse bis zu fünf Monaten zugefroren, die

Sommer dagegen heiß. 83% des jährlichen Niederschlags fallen von Mai bis September. Die Niederschlagsmenge ist im östlichen Berggebiet am höchsten und nimmt nach Westen hin erheblich ab.

Geschichtlicher Überblick

Die Provinz wurde erst 1907 gegründet. Nach der Besetzung durch die Japaner gehörte Jilin von 1932–1945 zum Marionettenstaat Manchuguo. In der ersten Hälfte des Jahres 1945 marschierten russische Truppen in Jilin ein. Nach deren Abzug kamen die der chinesischen Nationalisten. Diese wurden 1948 durch die kommunistischen Truppen vertrieben.
Zu den bedeutendsten Wirtschaftszweigen Jilins gehört die Forstwirtschaft, denn etwa 27% der Provinz sind bewaldet.
Zu den wichtigsten landwirtschaftlichen Nutzpflanzen gehören Sojabohnen, Mais, Reis, Zuckerrüben, Sorghum (Gaoliang) und Hirse.
Viehzucht (Pferde, Rinder und Schafe) wird vor allem von Mongolen betrieben. Von Bedeutung ist auch die Hirschzucht und die Hermelinpelzgewinnung. Der Osten Jilins ist wegen seiner Heilkräuter berühmt und geschätzt. 90% der chinesischen Ginseng-Gewinnung kommt aus diesem Gebiet.

Stadt Changchun 長春市

Changchun, seit 1954 Hauptstadt der Provinz Jilin, ist Chinas Zentrum der Automobilindustrie. Als Stadt mit junger Geschichte besitzt sie keine nennenswerten historischen Sehenswürdigkeiten. Im Jahre 1933 erklärten die Japaner sie zur Hauptstadt Xinjing des von ihnen gegründeten Staates Manchuguo.
Changchun liegt am Ufer des Flusses Yitong He und zählt 1,5 Mill. Einwohner. Seit Gründung der ersten Automobilfabrik Chinas im Jahre 1953 ist sie die Autostadt des Landes. Zu dem Sortiment dieser Fabrik gehören die Lastwagen der Marke *Jiefang*, Befreiung, und die bekannten Limousinen der Marke *Hongqi*, Rote Fahne. Seit 1957 werden in Changchun auch Autobusse, Traktoren, Lokomotiven und Waggons produziert.
Von Bedeutung sind Changchuns Universitäten und Forschungsinstitute. Die ehemaligen Verwaltungs- und Regierungsgebäude der japanischen Besat-

zungsmacht sind heute Zentren des Universitätslebens geworden. Im ganzen Land sind Changchuns Filmstudios bekannt.
Besonders schön ist die Landschaft, in der sich etwa 20 km von Changchun entfernt am Oberlauf des Flusses Yitong He das bekannte *Xinlicheng*-Reservoir befindet.

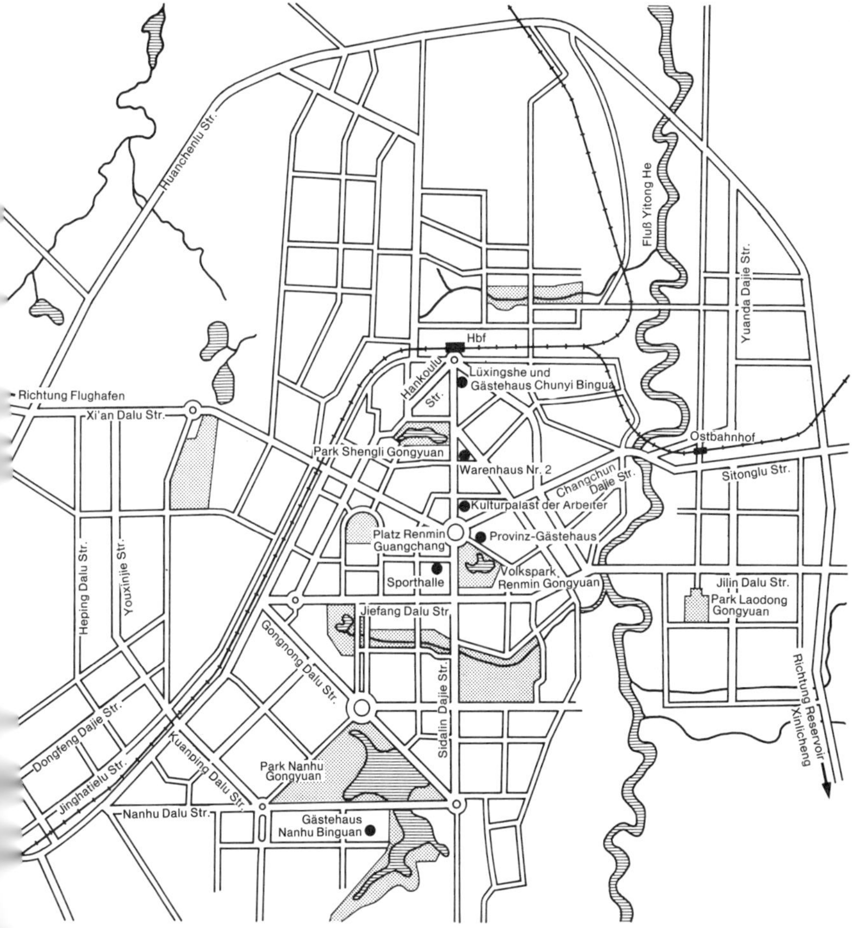

Stadtplan von Changchun

Kaiserpalast 伪满洲国皇宫

Nordöstlich der Stadt Changchun kann man die ehemalige Residenz des letzten Qing-Kaisers Puyi besuchen.
Nachdem die Japaner 1931 die Mandschurei besetzt hatten, versuchten sie diese von China zu lösen, in dem sie einen ›unabhängigen Staat‹ gründeten. Der letzte Kaiser der Qing-Dynastie Puyi wurde am 9. März 1932 nach Changchun geholt und 1934 zum Kaiser von Manzhouguo, einem erblichen ›Kaiserreich‹, ernannt. Die Macht über dieses Reich lag in den Händen des Premierministers, eines japanischen Staatsbeamten.
Der Palast teilt sich in zwei Bereiche. Im äußeren Teil führte der ›Kaiser‹ seine Amtsgeschäfte, im inneren lagen die Privaträume.

Hotels

Changbaishan Binguan, Xinmin'guangchang, Tel. 5 35 51 长白山宾馆
Nanhu Binguan, Nanhu, Tel. 5 35 51 南湖宾馆
Changchun Binguan, Changchun Dajie 128, Tel. 2 67 72 长春宾馆
Chunyi Binguan, Stalin Dajie 2, Tel. 3 84 95 春谊宾馆

Reisebüro, **Lüxingshe**

Guoji Lüxingshe, **CITS,** im Gästehaus Chunyi Binguan, Tel. 3 85 95, 3 84 95

Einkaufsmöglichkeiten

Frundschaftsladen, Youyi Shangdian, Xinfalu 1, Tel. 2 32 52
Kunstgewerbeladen, Damalu 13, Tel. 3 82 85
Antiquitäten, Xi'an Dalu 7, Tel. 2 25 37

Stadt Jilin 吉林市

Die noch junge Stadt Jilin liegt im Zentrum der gleichnamigen Provinz am Ufer des Flusses Songhua Jiang und ist umgeben von den Changbai Shan-Bergen. Jilin gehört mit einer Einwohnerzahl von etwa 1 Mill. zu den größten Städten der Provinz. Bis 1954 war sie Provinzhauptstadt.
Seit 1949 machte die Stadt große Fortschritte auf dem Gebiet der Industrie- und Landwirtschaft. Zu den wichtigsten Industriezweigen gehören Holz- und

Nahrungsmittelindustrie, Chemie- und Elektroindustrie. Berühmt ist Jilins Produktion von Ginseng, Geweihsprossen und Hermelinpelzen.
Die beiden bedeutendsten Sehenswürdigkeiten der Stadt sind der See Sunghua Hu und der Beishan-Park mit seinen Tempeln und Pavillons.

See Songhua Hu 松花湖

Der See Songhua Hu liegt 24 km südöstlich von Jilin. Es ist ein künstlich angelegter See, der eine Fläche von 480 qkm bedeckt. Er wird vom Fluß Songhua Jiang gespeist, sichert die Bewässerung der umliegenden 33 000 ha Ackerland und dient der Fischzucht. Darüber hinaus ist der See ein bei der Bevölkerung beliebtes Naherholungsgebiet.

Beishan Berge 北山

Die Beishan Berge liegen westlich von Jilin. Ihre höchste Erhebung mißt 270 m. Im Bereich des Ostberges stehen mehrere Bauten aus der Qing-Dynastie (1644–1911), darunter der dem Kriegsgott Guandi geweihte Tempel *Guandi Miao.*
Die größte Tempelanlage der Beishan-Berge ist der *Yuhuang Ge,* fertiggestellt im Jahre 1725.
Die Spitze des Westberges krönt ein 10 m hoher Pavillon, der *Kuangguan Ting.* Von diesem Pavillon aus kann man die gesamte Stadt überblicken.
Am Fuße des Westberges liegen zwei künstlich angelegte Seen mit Pavillons und Wandelgängen an den Ufern.
Das Gebiet des Beishan ist auch im Winter gut besucht, weil man hier Ski fahren und eislaufen kann.

Hotels

Xiguan Binguan, Songjianglu 661, Tel. 2 71 41 西关宾馆
Dongguan Binguan, Songjianglu 223, Tel. 2 37 73 东关宾馆

Reisebüro, **Lüxingshe**

Guoji Lüxingshe, **CITS,** Songjianglu 223, Tel. 2 37 73

Tianchi, Himmelssee 天池

Das **Changbai Shan**-Gebirge liegt im Osten der Provinz Jilin. Seine höchste Erhebung ist der Berg Baitou Shan mit 2744 m direkt an der Grenze zu Korea gelegen. Die 16 ›Wundergipfel‹ des Baitou Shan umgeben einen Vulkankrater, in dem sich auf einer Höhe von 2155 m der See Tianchi mit einer Fläche von 9,2 qkm ausbreitet. Er ist die Hälfte des Jahres zugefroren, und in den restlichen Monaten des Jahres steigt die Wassertemperatur nur wenig über den Gefrierpunkt. Die wenigen Ausflügler, die hier hinauffinden, werden durch den Anblick der herrlichen Landschaft belohnt.
Am nördlichen Rand des Sees läßt eine Öffnung, das sogenannte Tor *Damen*, das Wasser hinaustreten. Es fließt hinab bis auf eine Höhe von 1250 m und stürzt dann als Wasserfall 68 m in die Tiefe. Dort findet der Fluß Songhua Jiang seinen Anfang.

Provinz Heilongjiang 黑龙江省

Fläche: 469 000 qkm / Bevölkerung: 32,6 Mill., darunter 1,4 Mill. Mandschuren, Mongolen, Koreaner und Hui / Hauptstadt: Harbin

Heilongjiang ist die nördlichste der Provinzen Nordost-Chinas. Die Grenze zur Sowjetunion verläuft im Norden und Osten entlang der Flüsse Heilong Jiang (Amur) und Wusuli Jiang (Ussuri). Das Gebiet, im Nordwesten und Südosten von mittelhohen Gebirgen begrenzt, erstreckt sich im Kern der Provinz und im äußersten Nordosten über weite Ebenen. Der Fluß Heilong

Jiang ist der längste Fluß der Provinz. Er ist etwa 180 Tage im Jahr zugefroren. Harte Winter von 5–8 Monaten Dauer und kurze sehr warme Sommer sind charakteristisch für Heilongjiangs Klima. Die durchschnittliche Temperatur im Januar beträgt in den Ebenen −20 °C, im Gebirge −30 °C, die durchschnittliche Temperatur im Juli liegt bei 23 °C.

Geschichtlicher Überblick

Das Gebiet Heilongjiang war bis ins 19. Jh. hinein ein Steppen- und Waldgebiet, wo Pferde und Schweinezucht und entlang der Küste und der Flüsse Fischfang betrieben wurde. Die Urbanisierung begann erst mit dem Bau der Eisenbahn 1896–1903 und der zunehmenden Industrialisierung. Von 1900–1905 hielten russische Truppen Heilongjiang besetzt. Bis 1931 blieb das Gebiet mehr oder minder unter chinesischer Kontrolle, doch dann besetzten die Japaner die Provinz. Anschließend erfuhr es dasselbe Schicksal wie Jilin. Seit 1949 stieg die Bevölkerungszahl erheblich. Heilongjiang gehört zu den wichtigsten Erschließungsgebieten Chinas. Die weiten Ebenen wurden urbar gemacht, Sojabohnen, Mais, Sommerweizen und Zuckerrüben angebaut, und die Wälder genutzt. Heilongjiang ist inzwischen einer der bedeutendsten Nutzholzlieferanten (Birke, Tanne, Lärche) Chinas. Von immenser Bedeutung sind die Bodenschätze, vor allem Öl und Kokskohle.

Stadt Harbin 哈尔滨市

Harbin, die Hauptstadt der Provinz Heilongjiang, liegt am Fluß Songhua Jiang, inmitten einer fruchtbaren Ebene. Vor 100 Jahren war Harbin noch ein kleiner Marktflecken. Heute ist es eine Industriestadt mit 2,1 Mill. Einwohnern und ein wichtiger Verkehrsknotenpunkt.

Geschichtlicher Überblick

Schon vor 1000 Jahren war dieses Gebiet von den Vorfahren der Mandschuren besiedelt. Sie gründeten die Ortschaft *Arjin,* woraus später der Name Harbin entstand. Die Entwicklung zur Stadt setzte jedoch erst ab 1896 mit dem Bau der Eisenbahn ein, denn nachdem die Russen die Konzession für den Bau der Linie innerhalb der Mandschurei erhalten hatten, wählten sie Harbin als deren Ausgangspunkt und nannten die Station *Songhuajiang.* Die neue Linie wurde der transsibirischen Eisenbahn angeschlossen. Während des russisch-

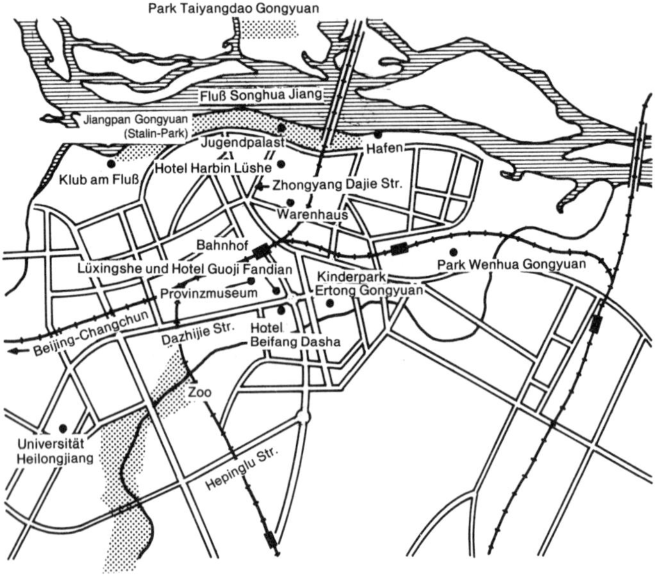

Stadtplan von Harbin

japanischen Krieges (1904–1905) war Harbin Rußlands wichtigster Stützpunkt.
Nach dem Sieg Japans und dem Abzug der russischen Truppen kamen zehn Jahre später erneut viele Russen nach Harbin, Flüchtlinge, die sich nach der russischen Revolution von 1917 hier niederließen. Zeitweise wurde Harbin die größte russische Stadt außerhalb der Sowjetunion. Noch heute zeugen etwa 30 Kirchen von der ehemaligen Präsenz der Russen. Diese waren jedoch nicht lange die einzige ausländische Gruppe. Es kamen immer mehr Japaner, Briten, Franzosen, Deutsche, Italiener und Amerikaner, die hier ihre Konsulate, Banken, Hotels und Villen bauten. So mutet Harbin noch heute mit den Bauten aus jener Zeit eher westlich als chinesisch an.
Nach 1946 nahmen die meisten Flüchtlinge das Amnestie-Angebot Stalins an und kehrten in die Sowjetunion zurück.
In den letzten dreieinhalb Jahrzehnten hat sich Harbin zu einer bedeutenden Industriestadt entwickelt.
Darüber hinaus ist die Stadt kultureller Mittelpunkt der Provinz. Sie verfügt über mehrere bemerkenswerte Universitäten und Institute. Überall in China bekannt ist das Polytechnikum von Harbin. In der kalten Jahreszeit verwan-

delt sich Harbin zur bedeutendsten Wintersportstadt des Nordostens. Die beliebtesten Sportarten sind Eislaufen, Eissegeln und Eishockey.
Der Winter ist lang in Harbin, er dauert etwa sechs Monate mit Durchschnittstemperaturen von −19 °C.
Spezialitäten der Harbiner Küche: Bärentatzen, Elchfleisch, Haselhühner und Affenkopfpilze.

Park Jiangpan Gongyuan 江畔公园

Der Fluß Songhua Jiang schlängelt sich von Westen nach Osten durch die Stadt. An seinem Südufer erstreckt sich der Jiangpan Gongyuan. Er gehört zu den bevorzugten Zielen, die die Harbiner in ihrer Freizeit aufsuchen, denn er bietet zahlreiche Unterhaltungsmöglichkeiten wie zum Beispiel einen Jugendpalast, ein Wassersport-Zentrum, das Ufer-Restaurant und den ›Klub am Fluß‹. In der Mitte des Parks steht ein Monument zum Gedenken an das Hochwasser des Jahres 1957.
Der Songhua Jiang hatte damals einen Wasserstand von 46,5 m erreicht. In den Straßen stand das Wasser 3 m hoch. Freiwillige beteiligten sich an dem Bau eines 50 km langen Dammes und verhinderten so eine noch größere Katastrophe. Nördlich von Jiangpan Gongyuan liegt auf der gegenüberliegenden Seite des Flusses der **Taiyang Dao Gongyuan,** 太阳岛公园 Sonneninsel-Park, das Erholungszentrum Harbins. Vierzehn Sanatorien und und Gästehäuser zählt dieses Gebiet. Der natürliche Badestrand der Insel lädt groß und klein zum Schwimmen und Sonnenbaden ein. Im Hochsommer kommen oft ganze Familien in diesen Park und vergnügen sich bei einem Picknick.

Tempel Jile Si 极乐寺

Den Jile Si, den größten Tempel Heilongjiangs, findet man in der Straße Dazhijie Nr. 5 im Nangang-Bezirk Harbins. Er stammt aus dem Jahre 1924, umfaßt eine Fläche von 26 000 qm und ist in drei Abschnitte unterteilt.
Im Hauptteil stehen die vier großen Hallen *Tianwang Dian,* Halle der vier Himmelskönige, mit den Statuen des Maitreya und der vier Himmelskönige; *Daxiong Baodian,* Schatzhalle des großen Helden; *Sansheng Dian,* Halle der drei Heiligen; mit den Statuen des Amitabha-Buddha, Guanyin und Dasizhi; *Cangjing Lou,* Pavillon der heiligen Bücher.
Innerhalb des Jile Si steht die Pagode *Qiji Futu Ta.* Eine Holztreppe führt innen hinauf in die obersten Etagen.

Wenmiao, Konfuziustempel 文庙

Der Wenmiao befindet sich in der Straße Dongdazhijie, Nangang. Er wurde 1926 errichtet und gliedert sich in drei Teile. Die Haupthalle des mittleren Teils enthält Statuen des Konfuzius und seiner vier Begleiter sowie zwölf weiterer Gelehrter. Zu beiden Seiten der Haupthalle liegen Nebenhallen, in denen Erinnerungsstücke an seine Schüler aufbewahrt werden.

Kindereisenbahn im Ertong Gongyuan, Kinderpark

儿童铁路

Im Ertong Gongyuan wurde am 1. 6. 1956 eine 2 km lange Eisenbahnlinie für Kinder in Betrieb genommen. Der Zug besteht aus einer Diesellokomotive und sieben Waggons. Zweihundert kleine Gäste dürfen mitfahren. Der Lokomotivführer, der Schaffner, der Fahrkartenkontrolleur, das gesamte Zugpersonal, auch die Bahnpolizei, werden von Grund- und Mittelschülern unter 13 Jahren gespielt, die die Eisenbahn turnusweise bedienen und verwalten. Bis heute hat die Bahn schon eine Strecke von über 750 000 km zurückgelegt und 3,4 Mill. Fahrgäste befördert.

Zoo 动物园

Der Zoo liegt im Südwesten der Stadt. Er besitzt etwa 140 Tierarten. Darunter sind von besonderem Interesse die nordostchinesischen Tiger.

Heilongjiang Provinzmuseum

黑龙江省博物馆

Das Heilongjiang Provinzmuseum befindet sich in der Hongjunjie Straße. Es verfügt über 130 000 Ausstellungsstücke, darunter viele Kulturgegenstände, an denen sich die geschichtliche Entwicklung der Provinz ablesen läßt. Außerdem werden Darstellungen ausgestorbener Tierarten gezeigt. Ein Höhepunkt ist das Fossil eines Mammuts, das im Jahre 1974 im Kreis Zhaoyang ausgegraben wurde.

Eislaternen 冰灯

Von Dezember bis Februar fallen in Harbin die Temperaturen auf durchschnittlich −25 °C. Die ganze Stadt ist in Eis und Schnee gehüllt und scheint vor Kälte zu erstarren. Das ist die Zeit der Eislaternen. Es sind teilweise richtige Eisbildhauerarbeiten von hohem künstlerischen Niveau.
Die Eisstücke werden vom Fluß Songhua Jiang in die Parkanlagen gebracht und dann von den Eislaternen-Künstlern mit Säge, Hammer und Meißel bearbeitet. Es entstehen Laternen, Pagoden, Tiere, Blumen, Tempel und Paläste. Zum Schluß werden die fertigen Werke mit bunten Glühbirnen oder Neonröhren versehen, so daß sie in der Nacht im Schein der vielen bunten Lichter bezaubernd leuchten und von vielen Tausend Besuchern bestaunt werden.

Hotels und Gästehäuser

Guoji Fandian, Hotel International, Nangang Qu, Dazhijie 124, Tel. 3 30 01, 3 14 31 国际饭店
Die üblichen Dienstleistungseinrichtungen sind vorhanden.
Youyi Gong, Freundschaftspalast, Daoli Qu, Youyilu 57, Tel. 4 61 46 友谊宫
Harbin Binguan, Daoli Qu, Zhongyang Dajie, Tel. 4 69 62 哈尔滨宾馆
Beifang Dasha, Nangang Qu, Huayuanjie 115, Tel. 3 30 61 北方大厦
Hepingcun Binguan, Nangang Qu, Zhongshanlu 109, Tel. 3 20 93 和平村宾馆

Restaurants

Beilaishun Fandian, Daoli Qu, Shangzhi Dajie 113. Tel. 4 56 73, 4 90 27
Moslem-Küche.
Futailou Fandian, Xi Shisandao 19, Tel. 4 75 98
Huamei Canting, Daoli Qu, Zhongyang Dajie 142, Tel. 4 73 68
Westliche Küche.
Jiangbin Fandian, Daoli Qu, Xishisandaojie 15, Tel. 4 47 21
Jiangnanchun Fandian, Nangang Qu, Fendoulu 316, Tel. 3 43 98, 3 48 60

Einkaufsmöglichkeiten

Freundschaftsladen, Youyi Shangdian, Nangang Qu, Dazhijie 93.
Kunstgewerbe: Nangang Qu, Dachengjie 2, Tel. 3 43 36
Wenwu Shangdian, Antiquitäten, Nangang Qu, Hongjunjie 50, Tel. 3 50 82
Kaufhaus No. 1, Daoli Qu, Diduanjie 146.
Pelzgeschäft: Daoli Qu, Zhongyang Dajie 88, Tel. 4 96 83

Reisebüro, **Lüxingshe**

Guoji Lüxingshe, **CITS,** Nangang Qu, Dazhijie 124, Tel. 33001, 31441, Tx. 80081
Zhongguo Lüxingshe, Huaquiao Lüxingshe, Dazhijie 124, Tel. 33001, 31441

Gong'an Ju, Amt für Öffentliche Sicherheit der Stadt Harbin, Daoli Qu, Zhongyang Dajie 44, Tel. 46226

Gong'an Ju, Amt für Öffentliche Sicherheit der Provinz Heilongjiang, Nangang Qu, Zhongshanlu 95, Tel. 32132

CAAC Ticketbüro, Nangang Qu, Zhongshanlu 85, Tel. 51868, 52334

Taxen: Daowai Qu, Nankanjie 24, Tel. 42728

Kreis Ning'an Xian 宁安县

Tempel Xinglong Si 兴隆寺

Dieser in der Qing-Zeit geschaffene Tempel befindet sich südwestlich des Städchens Bohai im Kreis **Ning'an Xian.**
Folgende Hallen sind erhalten geblieben:
Guandi Dian, die Halle des Kriegsgottes Guandi; *Tianwang Dian,* die Halle der Himmelskönige; *Daxiong Baodian,* die Schatzhalle des großen Helden; *Sansheng Dian,* die Halle der drei Heiligen. In der *Sansheng Dian* befindet sich ein großer Steinbuddha. Zwischen der *Daxiong Baodian* und der *Sansheng Dian* steht die 6 m hohe *Shideng Ta,* die Steinlampenpagode aus der Tang-Zeit (618–907), die zu den bedeutendsten Steinbauen Chinas gehört.

Stadt Daqing 大庆市

Daqing, ein Zentrum der chinesischen Ölproduktion, liegt etwa 1400 km nordöstlich von Beijing zwischen den Städten Harbin und Qiqihar. Sie entstand aus dem Nichts und entwickelte sich innerhalb von zwei Jahrzehnten zu einem petrochemischen Musterkomplex. Der Geist von Daqing, der

Enthusiasmus und die Disziplin der Arbeiter ist Vorbild für die gesamte chinesische Industrie.
Die ersten Bohrungen fanden im Jahre 1958 mit russischer Hilfe statt. Nach dem Abzug der sowjetischen Experten im darauffolgenden Jahr führten die Chinesen die Bohrungen allein weiter. Die großen Schwierigkeiten auf technischem und wissenschaftlichem Gebiet wurden von den Arbeitern und Ingenieuren mit Mut, Enthusiasmus und Aufopferungsbereitschaft überwunden. Manche Arbeiter gingen als Helden in die Geschichte Daqings ein wie zum Beispiel der ›Eisenmann‹ Wang Jinxi. Am 26. 9. 1959 stieß man auf Öl, ein Triumph für das gesamte chinesische Volk. Erst als die Ölproduktion anlief, wandte man sich dem Wohnungsbau zu. Man versuchte, den Stadt-Landcharakter zu verwirklichen: einzelne Wohneinheiten mit städtischem Niveau wurden in ländliche Umgebung gebaut. Mit dem Ausbau der Ölindustrie ging der Ausbau der Landwirtschaft einher, in der die Angehörigen der Ölarbeiter beschäftigt sind. So sind Landwirtschaft und Industrie in Daqing aufs engste miteinander verbunden.

Shanghai 上海市

(Regierungsunmittelbare Stadt)

Fläche: 6185 qkm, eigentliche Stadt 145 qkm / Bevölkerung: 11,8 Mill.

Shanghai ist in jeder Hinsicht eine besondere Stadt. Vor fünfzig Jahren noch galt sie als eine der bedeutendsten Metropolen der Welt, als Handels- und Bankenzentrum Asiens, als eine Stadt der Extreme, ein Eldorado für Abenteurer.
Die Ausländer gaben ihr das Aussehen, das sie eher europäisch denn chinesisch erscheinen läßt. Zwanzigstöckige Hochhäuser ragen in den Himmel, man findet gewaltige Hotelanlagen, Villen und Paläste, die der europäische Besucher leichter einzuordnen weiß als einen Tempel, denn sie wurden im Stil der

westlichen Architektur von den ehemaligen Geschäftsleuten und Militärs gebaut.

Die Kolonialisten sind gegangen, ihre Bauten sind geblieben, und um sie herum herrscht das fröhliche Leben und Treiben einer chinesischen Groß-

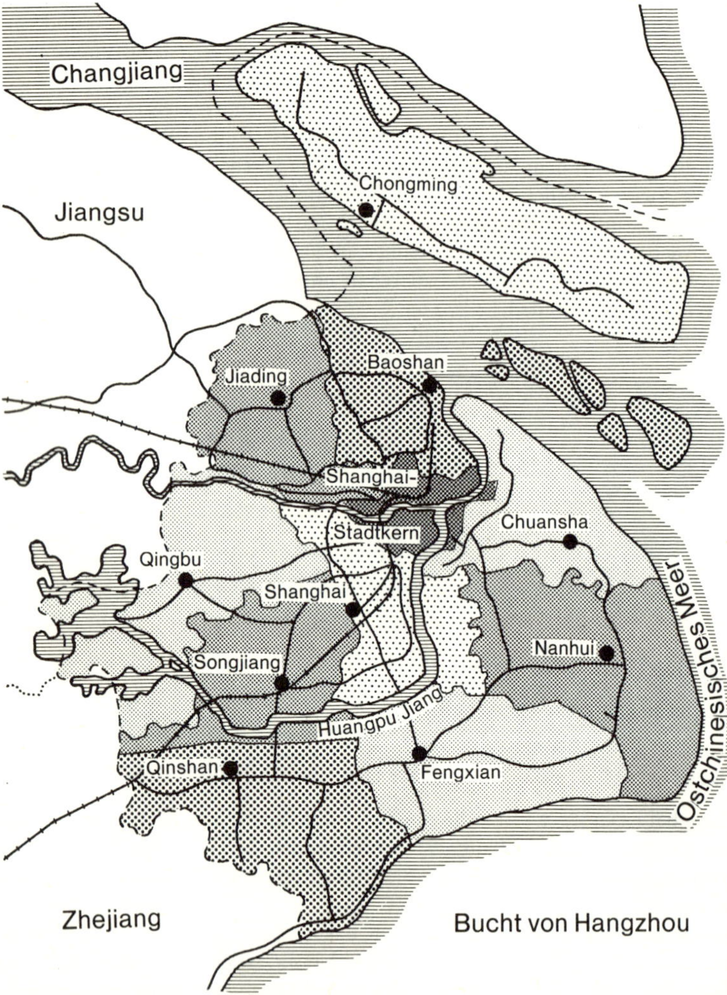

Shanghai Stadtgemeinde

stadt. Ein besonderer Menschenschlag lebt hier. Die Shanghaier werden von den einen gefürchtet, von den anderen geliebt, denn sie sind besonders flink, klug, flexibel und patent, und sie legen mehr Wert auf ihr Äußeres als andere Chinesen. In Shanghai ist man immer schon etwas der Zeit voraus, hier werden Trends gesetzt. Hier schminkte man sich zuerst und trug Dauerwelle, hier riskierte man, modische westliche Kleidung zu tragen. Was die Mitmenschen in anderen Teilen Chinas noch in sprachloses Staunen versetzt, ist in Shanghai häufig schon ein alter Hut.

Shanghaier sind geschickte Kaufleute und kluge Politiker, viele von ihnen bekleiden hohe Ämter in Regierung, Wirtschaft und Verwaltung. Shanghai hat auch seine besondere politische Tradition. 1925 schlossen sich Studenten und Arbeiter zu großen Protestdemonstrationen gegen Feudalismus, Kapitalismus und schlechte Regierungsführung zusammen. Im März 1927 erlebte die Stadt einen Aufstand von 800 000 Arbeitern.

Die Stadt hat seit 1949 eine kolossale Entwicklung in sozialer und wirtschaftlicher Hinsicht durchgemacht. Das frühere Shanghai mit seinen unlösbaren wirtschaftlichen Problemen, der gefürchteten Unterwelt, den Massen von Arbeitslosen, Bettlern und Obdachlosen, den Tausenden von Prostituierten und Zuhältern, stellt sich heute als geordnete Großstadt vor, in der jeder sein Auskommen hat, in der keine zerlumpten Kulis und Bettler in den Straßen und Hafenanlagen herumlungern. Shanghai ist die größte Stadt Chinas und Zentrum für Handel und Industrie. Fast die Hälfte des gesamten Binnen- und Außenhandels wird über Shanghai abgewickelt. Die Stadt unterhält Handelsbeziehungen mit 115 Ländern. Sie hat den bedeutendsten Hafen Chinas. Es bestehen 275 verschiedene Schiffahrtsverbindungen mit ausländischen Häfen. Die Binnenschiffahrt reicht über den Changjiang bis ins Landesinnere nach Sichuan. Von den vier Flughäfen bestehen Verbindungen zum In- und Ausland.

Geschichtlicher Überblick

Das Gebiet von Shanghai war schon recht früh besiedelt, doch blieb die hier bestehende Siedlung über Jahrhunderte kaum mehr als ein Fischerdorf. Im 13. Jh. war Shanghai dann schon unter dem heutigen Namen als Handelsstadt bekannt. Die natürlichen Vorteile Shanghais, seine Lage am Huangpu- und am Wusong-Fluß, die Nähe zum Meer und ein tiefer Naturhafen ließen eine florierende Küsten- und Binnenschiffahrt entstehen. Während der Ming-Zeit entstanden die ersten gewerblichen Warenproduktionsstätten. Etwa 70% der landwirtschaftlichen Produktion um Shanghai belieferte die städtischen Baumwoll- und Seidenspinnereien. Die Entwicklung zu politischer und kommerzieller Bedeutung begann im 19. Jh. mit dem Eindringen der Ausländer.

Auch diese erkannten die günstige Lage und erzwangen sich die Öffnung für den Überseehandel. Am Ende des Opiumkrieges wurde am 29. 8. 1842 zwischen den siegreichen Ausländern und der kaiserlichen Regierung der Vertrag von Nanking unterzeichnet, der erste der ›Ungleichen Verträge‹, der China mit Waffengewalt aufgezwungen wurde. Dieser Vertrag verpflichtete die chinesische Regierung, fünf Hafenstädte, darunter Shanghai, für den Überseehandel zu öffnen. Außerdem wurden den Ausländern Sonderrechte und Privilegien zugestanden.

Neben der chinesischen Stadt entstanden die internationale Niederlassung und die französische Konzession, so daß der Ort dreigeteilt war. Die Internationale Niederlassung hatte sich aus dem Zusammenschluß der britischen und amerikanischen Niederlassungen entwickelt. Moderne Gebäude im europäischen Stil wurden gebaut und gaben der Stadt bald ein westliches Aussehen. Immer mehr Ausländer zog es nach Shanghai. Es entstanden Banken, Im- und Exportfirmen, Fabriken, Geschäfte, Parks und eine Pferderennbahn. Als die Qing-Regierung im Jahre 1911 gestürzt wurde, übernahmen die Ausländer die gesamte Verwaltung. Auch der chinesische Zoll wurde von ihnen kontrolliert. 1935 zählte die Stadt in ihren drei Teilen mehr als 3,7 Mill. Einwohner, davon über 57000 Ausländer. Viele Chinesen erinnern sich auch heute noch sehr ungern an diese Zeit, als die Ausländer mit Hilfe aufgestellter Schilder Hunden und Chinesen das Betreten von Rasenflächen verboten oder bewaffnete indische Sikh-Polizisten die Eingänge von Banken und anderen wichtigen Gebäuden bewachten. Der Widerstand der chinesischen Bevölkerung gegen die ausländische Herrschaft auf chinesischem Boden fand deshalb auch in Shanghai viel Unterstützung. Das läßt sich an verschiedenen politischen Ereignissen erkennen: das Anwachsen der revolutionären Bewegung, der Boykott ausländischer Waren, die Protestdemonstrationen von Arbeitern und Studenten gegen Feudalismus, Kapitalismus und offizielles Stillschweigen gegenüber ausländischen imperialistischen Unternehmungen. Das Bündnis der Studenten und Arbeiter unterstützte damals die Nationalisten unter Chiang Kaishek, wurde später jedoch gerade von diesem im Jahre 1927 mit blutiger Gewalt unterdrückt. 1921 erfolgte die Gründung der Kommunistischen Partei in Shanghai. Nach dem Kriegsausbruch zwischen Japan und den USA besetzten die Japaner die ausländischen Konzessionen und übernahmen die Verwaltung. Die Versorgungslage wurde zunehmend schwieriger, Inflation, Korruption, und Schmuggel blühten. Nach der Kapitulation Japans änderte sich nicht viel an den Lebensbedingungen. Die Wirtschaftsprobleme schienen unlösbar Im Mai 1949 erreichten die kommunistischen Truppen die Stadt und setzten dem Chaos ein Ende.

Seit jener Zeit hat sich in Shanghai viel verändert. Verschiedene kulturelle Einrichtungen sind entstanden, Museen und Parks angelegt worden. Di

Bevölkerungszahl ist immens gestiegen. Der allgemeinen Wohnungsnot versucht man mit Errichtung ganzer Wohnsiedlungen Herr zu werden. Der Stadtkern ist bereits hoffnungslos überbevölkert; trotzdem übt er eine ungeheure Anziehungskraft aus. Viele Menschen würden gern bessere Wohnbedingungen in kleineren Städten aufgeben und in das quirlige Shanghai ziehen. Shanghai ist heute das wichtigste Zentrum der Leicht- und Schwerindustrie und liefert Industriegüter in alle Teile Chinas.

Von großer Bedeutung ist Shanghai auch auf kulturellem und wissenschaftlichem Gebiet. Im In- und Ausland bekannte Opern-, Ballett- und Zirkustruppen sind hier beheimatet. 190 verschiedene Forschungsinstitute, Universitäten und Fachschulen machen Shanghai zu einem Zentrum der Wissenschaften.

Shanghai liegt am westlichen Ufer des Flusses Huangpu Jiang, der 28 km weiter flußaufwärts in den Changjiang (Yangtze) mündet. Der nördliche Teil Shanghais wird durch den Fluß **Wusong Jiang** vom übrigen Teil abgetrennt. Am Zusammenfluß von Wusong Jiang und Huangpu Jiang beginnt die Straße **Zhongshanlu,** deren berühmte Uferpromenade, früher **Bund** genannt (engl.-ind.: Damm), mit ihren parkähnlichen Grünanlagen und den Hochhäusern das Wahrzeichen Shanghais ist. Hier steht man vor Prachtbauten im Jugendstil, die einst die Clubs, Banken, Firmen und Hotels der ausländischen Machthaber beherbergten. Heute sind dort der Seemannsclub und die Verwaltungsgebäude verschiedener staatlicher Institutionen untergebracht. Die Ostseite der Zhongshanlu grenzt direkt an den Fluß **Huangpu Jiang.** Von dort hat man einen weiten Blick über den Fluß. Die Parkanlagen werden von den Shanghaiern gern zu einem erholsamen Stündchen am Abend oder morgens zum Frühsport besucht. Auf der Höhe des Freundschaftsladens finden sich besonders viele Menschen morgens zum Schattenboxen, *Taijiquan,* ein. Jeder kann mitmachen, auch der Gast aus dem Ausland.

Von der Zhongshanlu führt in Richtung Westen die **Nanjinglu** vorbei am Friedenshotel zum Volkspark. Die Nanjinglu ist die Hauptgeschäftsstraße Shanghais. Hier findet man Geschäfte aller Art sowie Kinos und Restaurants. Parallel zur Nanjinglu verläuft die Straße **Yan'anlu.** Auf ihrer östlichen Hälfte befinden sich die Shanghaier Industrieausstellung und der Kinderpalast. Die Yan'anlu markierte früher die Grenze zwischen der internationalen und der französischen Konzession. Parallel zur Yan'anlu erstreckt sich weiter südlich die Straße **Huaihailu,** ebenfalls eine wichtige Einkaufsstraße. Sie war früher die Hauptgeschäftsstraße der französischen Konzession.

Shanghai war immer in erster Linie eine Handelsstadt. Sie hat nur wenige kulturelle Sehenswürdigkeiten zu bieten. Ein **Muß** für jeden Besucher ist natürlich die Uferpromenade, der **Bund.** Interessant sind auch die Altstadt, der Garten **Yuyuan,** der Tempel **Yufo Si** und das Museum für Kunst und Geschichte.

Stadtplan von Shanghai

Hafen und Mündung des Huangpu-Flusses

Jeden Tag fährt ein kleiner Passagierdampfer von der Anlegestelle am Huangpu-Park (Uferpromenade) ab und nimmt Kurs auf die Hafenanlagen und die Mündung des Huangpu in den Changjiang (Yangzi). Die Fahrt geht vorbei an Segeldschunken, vielen großen Frachtschiffen, Passagierdampfern aus aller Welt, an den Shanghaier Werftanlagen und an dem riesigen Stahlwerk Baoshan, Chinas teuerstem und größtem Industrieprojekt. Es entstand hauptsächlich in Zusammenarbeit mit japanischen, deutschen und amerikanischen Firmen. Die Fahrt hin und zurück dauert etwa 3 Stunden. Sie ist sehr interessant, jedoch nicht unbedingt für jeden Kurzzeitbesucher lohnenswert.

Museum für Kunst und Geschichte

艺 术 历 史 博 物 馆

Das interessante und unbedingt einen Besuch werte Museum für Kunst und Geschichte befindet sich in der Straße Henannanlu Nr. 16 in einem ehemaligen Bankgebäude. Die Skala der Ausstellungsstücke reicht von neolithischer Keramik über Bronzen aus der Shang- und westlichen Zhou-Zeit, Terrakottafiguren aus der Grabanlage Qin Shihuangs in Xi'an bis hin zu buddhistischen Statuen des 5.–9. Jh., Porzellan aus der Tang, Song-, Yuan- und Ming-Zeit und wertvollen Gemälden aus den verschiedensten Epochen.

Shanghai-Industrieausstellungshalle 工 业 展 览 馆

Diese Ausstellungsanlage wurde im sowjetischen Stil in den fünfziger Jahren gebaut und damals ›Palast der chinesisch-russischen Freundschaft‹ genannt. Etwa 5000 Produkte aus Shanghais Leichtindustrie sowie aus dem Handwerk und Kunsthandwerk werden hier ausgestellt und zum Kauf angeboten. Zum Teil ist die Auswahl geschmackvoller als im Freundschaftsladen.

Kinderpalast, Shaonian Gong 少 年 宫

Der Kinderpalast bietet talentierten Kindern im Alter zwischen 7 und 14 Jahren verschiedene Kurse an, zum Beispiel Musik, Ballett, Malerei, Mathematik oder Technik, in denen sie sich aufgrund ihrer Begabung spezialisieren können.
Das Gebäude, in dem der Kinderpalast untergebracht ist, gehörte früher einer

reichen Familie. Die Schaffung von Kinderpalästen, von denen es allein in Shanghai elf gibt, geht auf eine Initiative Song Qinglings zurück, der Witwe Sun Yatsens.

Renmin Gongyuan, Volkspark 人民公园

Der Renmin Gongyuan befindet sich südlich der Straße der Nanjingzhonglu und westlich der Straße Xizangzhonglu. Während der Kolonialzeit befand sich hier eine Pferderennbahn. 1952 ließ die neue Regierung die nördliche Hälfte des Gebietes in den Volkspark und die südliche in den Volksplatz umwandeln. In dem ehemaligen Start- und Zielgebäude ist heute die Shanghaier Bibliothek untergebracht. Ein kleines Museum stellt eine Sammlung kunsthistorischer Objekte aus, darunter Bronzen und Keramik.

Yufo Si, Jadebuddhatempel 玉佛寺

Der chan (zen)-buddhistische Yufo Si befindet sich in der Straße Anyuanlu im Westen Shanghais. Er stammt aus dem Jahre 1918 und ist nicht nur wegen seiner zwei wertvollen jadenen Buddha-Statuen bekannt und unbedingt sehenswert. Das Tempelkloster wird heute noch von Mönchen bewohnt. Der sprachkundige Besucher sollte einen der freundlichen Mönche um eine Führung bitten.
Um das Jahr 1880 pilgerte Huigeng, ein Mönch von dem buddhistischen Berg Putuo Shan nach Birma. Dort wurden ihm fünf wertvolle Sakyamuni-Buddha-Statuen geschenkt. Nach seiner Rückkehr übergab er zwei dem Shanghaier Jiangwan-Tempel. Zwischen 1918 und 1928 errichtete man eigens für die beiden wertvollen Statuen einen neuen Tempel, den Yufo Si. Jede dieser beiden Buddha-Statuen ist aus einem einzigen Stück weißer Jade geschnitzt.
Der Tempel besteht aus drei Haupthallen und zwei Höfen: In der Halle *Tianwang Dian* sind die Statuen der vier Himmelskönige zu sehen (zu ihrer Bedeutung und Aussage siehe S. 162), ein vergoldeter Maitreya Buddha und ein vergoldeter Weituo.
Die *Daxiong Baodian,* Schatzhalle des großen Helden, zeigt drei große vergoldete Buddha-Statuen, den Buddha der Vergangenheit, Gegenwart und Zukunft und links und rechts 18 vergoldete Luohan-Statuen.
Eine der beiden jadenen Buddha-Statuen, eine 1,9 m hohe Darstellung des sitzenden historischen Buddha, der seine Erleuchtung erfährt, steht im ersten Stock der Halle *Wentang* zusammen mit einer Sammlung wertvoller buddhistischer Schriften. Die zweite Buddha-Statue befindet sich in einer Halle im

westlichen Teil des Tempels. Sie stellt den liegenden Sakyamuni bei seinem Eintritt ins Nirvana dar. Diese Statue ist 96 cm lang.
Neben diesen beiden Hauptattraktionen verfügt der Yufo Si noch über eine Kollektion interessanter Plastiken, von denen die ältesten aus dem 5. Jh. stammen, sowie über eine Sammlung von 7000 buddhistischen Schriften, die teilweise bis in die Tang-Zeit (618–907) zurückgehen.

Shanghaier Zoo (Xijiao Gongyuan, ›Westvorort‹-Park)

上海动物园（西郊公园）

Der Xijiao Gongyuan liegt an der Straße Hongqiaolu im Westen der Stadt. Er umfaßt eine Fläche von 70 ha. Früher war hier der Golfplatz der Ausländer, der 1954 zu einem Park und einem zoologischen Garten umgestaltet wurde. Etwa 340 verschiedene Tierarten leben dort. Zu den interessantesten gehören die Pandabären, die Goldäffchen, die mandschurischen Tiger, die Yunnan-Leoparden, die weißlippigen Hirsche und das Yangzi-Krokodil, eine 200 Mill. Jahre alte Spezies. Viele kleine Seen, Pavillons, wunderschöne Bäume, Rasenflächen und Blumen verlocken den Besucher zu erholsamen Spaziergängen.

Altstadt

Umgeben von der Straße Renminlu befindet sich im südöstlichen Teil des Zentrums die Altstadt. Früher ein verwahrlostes Stadtviertel, in das kaum ein Ausländer seinen Fuß zu setzen wagte, ist dieser Teil heute ein gemütliches, interessantes Gebiet, in das jeder Besucher gehen sollte, denn in den vielen engen Gäßchen und Straßen herrscht fröhliches Leben und Treiben. Da gibt es viele Restaurants und Stände, die leckere Speisen anbieten, darunter viele Shanghaier Spezialitäten. Die meisten Restaurants sind einfach, recht eng, und vor allem überfüllt. Doch das macht den Shanghaiern nichts aus, denn sie sind Feinschmecker und wissen, wie gut man hier essen kann. Neben den vielen kleinen Restaurants gibt es verschiedene Geschäfte, in denen man Tee, Porzellan, Bücher, wunderschöne Seidenstoffe und vieles andere kaufen kann.

Tempel Chenghuang Miao 城隍庙

Südlich des Yuyuan-Gartens befindet sich der Tempel des Stadtgottes. Früher gab es in jeder Stadt einen solchen Tempel, von dem sich die Stadtbewohner

Schutz versprachen. Die Stadtgottheiten waren häufig historische Persönlichkeiten, denen der Ort viel zu verdanken hatte.
Heute ist in dem Tempel eine Kunstgewerbehandlung untergebracht.

Garten Yuyuan 豫园

Der Garten Yuyuan befindet sich nordöstlich der Altstadt. Er wurde in den Jahren 1559–1577 von einem hohen Würdenträger als Privatgarten im Suzhou-Stil angelegt und später mehrmals restauriert. Trotz seiner relativ kleinen Fläche von 2 ha wirkt er aufgrund geschickter Anordnung von dreißig verschiedenen Szenerien wesentlich größer.
Der Garten besteht aus einem inneren und einem äußeren Teil. Der innere Garten, *Neiyuan,* befindet sich im Süden und ist wesentlich kleiner als der äußere, dafür jedoch eindrucksvoller und romantischer, vorausgesetzt man besucht ihn gleich in den frühen Morgenstunden, um ihn so möglichst allein

Garten Yuyuan im Jahre 1784

genießen zu können. In einer der Hallen zeigt ein hervorragender Kalligraph seine Künste.
Der äußere Teil erstreckt sich im Norden mit seinen zahlreichen Hallen, Pavillons und Seen. Die Halle des Frühlings im Nordosten war im Jahre 1853 Sitz der *Xiaodao Hui*, der Kleinen-Schwerter-Gesellschaft, die einen Aufstand gegen die Herrschaft der Qing anführte und Shanghai für 17 Monate besetzt hielt. Heute werden in dieser Halle u. a. Kampfgeräte und von der Gesellschaft *Xiaodao Hui* geprägte Münzen ausgestellt.
Im Nordwesten begrenzt ein künstlicher, 11 m hoher Hügel den Garten.
Von den Shanghaier Bürgern besonders geliebt ist das Teehaus **Huxin Ting** im Südwesten außerhalb der Gartenanlage, ein zweistöckiger Bau, der auf Pfählen inmitten eines Teiches steht und durch eine ›Zickzack-Brücke‹ mit dem Ufer verbunden ist.

Botanischer Garten 上海植物园

Der botanische Garten, angelegt im Jahre 1954, befindet sich im Longhua Bezirk an der Straße Longwulu im Süden Shanghais.
Eine Sammlung von Miniaturgärten und Bonsais vermittelt einen interessanten Einblick in die Entwicklung der chinesischen Tradition der miniaturisierten Landschaftsnachbildung.

Park Fuxing Gongyuan 复兴公园

Der Fuxing Park befindet sich südlich der Straße Huaihailu innerhalb des ehemaligen französischen Konzessionsgebietes. Er umfaßt eine Fläche von 8,8 ha und stammt aus dem Jahre 1909. Viele dicht belaubte, Schatten spendende Bäume stehen in diesem Park, der tagsüber vor allem von älteren Leuten besucht wird, die ihre Enkelkinder zum Spielen begleiten, oder unter den Bäumen eine Runde Schach spielen.

Früherer Wohnsitz Sun Yatsens 孙中山故居

Das kleine Haus Sun Yatsens, des ersten Präsidenten der Republik China, steht in der Straße Xiangshanlu Nr. 7 nahe des Fuxing-Parks. Seit 1920 lebte und arbeitete er hier. Bei den Einrichtungsstücken handelt es sich überwiegend um die Originale.

Versammlungsort des ersten Kongresses der KPCh

中共第一次全国代表大会会址

Der erste Kongreß der Kommunistischen Partei Chinas fand in der Straße Xingyelu Nr. 76, damals Wangzhilu Nr. 106, in der ehemaligen französischen Konzession statt. Im Juli 1921 nahmen stellvertretend 13 der damals 53 chinesischen Kommunisten an diesem ersten Kongreß teil.
Die Sitzung mußte unterbrochen werden, da die Gefahr bestand, daß die französische Polizei eine Haussuchung machen würde. Ein entsprechender Hinweis war noch rechtzeitig bei den Kongreßteilnehmern eingegangen. Daraufhin entschlossen sich die Anwesenden, ihre Tagung auf einem kleinen Schiff in der Kreisstadt Jiaxing der Provinz Zhejiang fortzusetzen.
Dieser erste Kongreß gab die Gründung der Kommunistischen Partei Chinas bekannt.

Früherer Wohnsitz des Schriftstellers Lu Xun 鲁迅故居

In der Straße Shanyinlu, Gasse Dalu Xincun Nr. 9 steht das Reihenhaus des berühmtesten chinesischen Schriftstellers des 20. Jh., Lu Xun. Er lebte in diesem Haus vom 11. 4. 1933 bis zu seinem Tode am 19. 10. 1936. An dem Schreibtisch seines Arbeitszimmers im 1. Stock schrieb er seine letzten Werke wie Huabian Wenxue und Qiejieting Zawen. Außerdem übersetzte er hier Gogols ›Tote Seelen‹. Im hinteren Zimmer des zweiten Stockwerks wohnte vorübergehend der Schriftsteller und ehemalige KP-Chef Qu Qiubai.

Lu Xuns Grabanlage (Hongkou Gongyuan Park)

虹口公园(鲁迅墓)

Die Grabstätte Lu Xuns befindet sich im Park Hongkou Gongyuan. Nach seinem Tode wurde er zunächst auf dem Friedhof Wanguo Gongmu beigesetzt. 1956 errichtete man anläßlich seines 20. Todestages die Grabstätte im Hongkou Gongyuan. Vor der Anlage steht eine Bronzestatue des Schriftstellers.

Lu Xun Ausstellungshalle 魯迅紀念館

Diese Halle steht ebenfalls im Park Hongkou Gongyuan. Es ist ein Gebäude im Shaoxing-Stil (Shaoxing ist die Heimatstadt Lu Xuns). Die Ausstellung umfaßt Manuskripte, Veröffentlichungen, Gegenstände aus Lu Xuns täglichem Leben und eine Bilder- und Dokumentensammlung über sein Leben und seine Tätigkeit.

Katholische Kirche 徐家汇天主堂

Eine große katholische Kirche befindet sich in der Straße Caoxibeilu im Stadtteil Xujiahui im Südwesten Shanghais. Sie wurde 1906 erbaut. Ihre zwei Glockentürme haben eine Höhe von über 50 m.

Grab Song Qinglings 宋庆龄墓

Friedhof Wanguo Gongmu, Hongqiaolu Straße
Song Qingling, die Gattin Sun Yatsens, wurde in dem Familiengrab der Songs beigesetzt. Die Grabanlage stammt aus dem Jahre 1932.
Song Qingling gehörte zu den ersten chinesischen Frauen, die eine westliche, moderne Schulbildung erhalten hatten und sogar im Ausland studieren durften. Sie besuchte ab 1908 für fünf Jahre das Wesleyan-College in Macon, Georgia, USA, und schloß ihr Studium mit dem Titel des ›Bachelor of Arts‹ ab. Im Oktober 1915 heiratete sie Sun Yatsen, dessen Arbeit sie unterstützte. Nach seinem Tode setzte sie sich weiter für seine Ziele ein. Sie erntete als patriotische und demokratische Kämpferin Ruhm und Ehre. Sie war Ehrenvorsitzende der Volksrepublik China und Vizevorsitzende des Ständigen Ausschusses des Nationalen Volkskongresses. Am 29. Mai 1981 starb sie im Alter von 88 Jahren.

Pagode Longhua Si Ta und Tempel Longhua Si

龙华寺,龙华塔

Der Longhua Si befindet sich am westlichen Ufer des Flusses Huangpu Jiang im Bezirk Longhua im Süden Shanghais. Seine 40 m hohe Pagode macht ihn zu einer wichtigen Sehenswürdigkeit der Stadt.

Aus historischen Quellen geht hervor, daß hier bereits im 3. Jh. eine Pagode errichtet wurde. Die heute noch vorhandene Pagode stammt aus dem Jahre 977. In späteren Jahrhunderten wurde sie mehrmals restauriert. Die Baumaterialien sind Holz und Ziegelsteine.
Der Tempel Longhua Si stammt aus derselben Zeit.
Interessant ist eine Bronzeglocke aus dem Jahre 1382, die ein Gewicht von 1500 kg haben soll. 1954 wurde die gesamte Anlage restauriert und um einem Park erweitert. Besonders schön ist es hier im Frühjahr zur Pfirsichblüte.

Pagode Xingshengjiaosi Ta 松江兴圣教寺塔

Diese 48,5 m hohe Pagode, auch die ›Viereckige Pagode‹ genannt, befindet sich im Osten der Kreisstadt Songjiang, einer Vorstadt südwestlich von Shanghai. Sie gehört zu den wichtigsten Sehenswürdigkeiten in der Umgebung Shanghais, wurde 1068–1094 erbaut und 1975–1977 restauriert. Sie zeigt Elemente des tang-zeitlichen Baustils.

Pagode Huzhu Ta 松江护珠塔

Die schiefe Pagode Huzhu Ta steht auf dem Berg Tianma Shan im Kreis Songjiang. Sie wurde im Jahre 1079 errichtet. 1788 fielen wichtige Holzteile einem Feuer zum Opfer. Man entdeckte daraufhin zwischen den Ziegelsteinen altes Geld, und in der Hoffnung, auf noch größere Schätze zu stoßen, rissen die Menschen weitere Ziegelsteine auf der Westseite heraus. Sie neigte sich dadurch um einige Grad und droht seit nahezu 200 Jahren zusammenzustürzen. Berühmt wurde sie, weil sie trotz aller Bedenken immer noch steht.

Universitäten, Daxue

Fudan Daxue, 复旦大学

Jiangwan, Handanlu No. 22

Patriotische Professoren, Dozenten und Studenten verließen 1905 die französische katholische Hochschule Zhendan Xueyuan und gründeten die Fudan Gongxue, die dann 1917 in die Universität Fudan Daxue umgewandelt wurde. Während des antijapanischen Krieges zog die Universität zuerst nach Lushan, Guiyang und dann nach Chongqing. Nach Kriegsende kehrte sie nach Shanghai zurück. Seit 1952 ist sie eine allgemeine Universität, in der außer Technik alle Geistes- und Naturwissenschaften gelehrt werden.

Jiaotong Daxue, 交通大学
Huashanlu No. 1945

1897 fand die Jiaotong Daxue als Nanyang Gongxue ihren Anfang. Von dieser technisch orientierten Schule entwickelte sie sich zur Industriefachschule Gongye Zhuanmen Xuexiao. 1921 wurden ihr die Industriefachschule Tangshans und die Post- und Kommunikationsschule Beijings angegliedert. Von nun an hieß sie Jiaotong Daxue.

Tongji Daxue 同济大学

Die Tongji Universität ist hauptsächlich spezialisiert auf die Gebiete Architektur, Bau und Technik. Sie war 1907 als deutschsprachige medizinische Hochschule gegründet worden, an die später noch eine technische Fachschule angegliedert wurde.
Seit 1949 ist sie eine Technische Hochschule.

Kreisstadt Jiading 嘉定
(bei Shanghai)

Konfuziustempel 孔庙

Der Konfuziustempel wurde 1219 während der Südlichen Song-Dynastie erbaut und mehrere Male während der Yuan-, Ming-, und Qing-Dynastie restauriert und vergrößert. Er gehört zu den größten Tempelanlagen südlich des Changjiang. In der Zeit der Bürgerkriege und des Chaos zog eine Reisfabrik in die Tempelgebäude. 1958 ließ die Regierung den Tempel in ein Museum umbauen. Ausgestellt werden u. a. historische Dokumente und Malereien.

Garten Qiuxia Pu 嘉定秋霞圃

Der Qiuxia Pu befindet sich ebenfalls in der Ortschaft Jiading, Kreis Jiading. Er wurde während der Ming-Zeit angelegt und gehörte einem hohen Beamten.

Ortschaft Nanxiang 嘉定南翔
(bei Shanghai)

Garten Guyi Yuan 古猗园

Der Guyi Yuan befindet sich in der Ortschaft Nanxiang im Kreis Jiading nordwestlich von Shanghai. Er wurde im 16. Jh. angelegt und ist in seiner gesamten Anlage ein hervorragendes Beispiel der traditionellen Gartenbaukunst.

Hotels

Jinjiang Fandian, Maomingnanlu 59, Tel. 53 42 42, 58 25 82 锦江饭店
Das Jinjiang Fandian gehört zu den größten und angenehmsten Hotelanlagen Shanghais. Es besteht aus fünf Gebäudekomplexen und einer Einkaufsstraße. Serviceeinrichtungen, Geschäfte aller Art, vier Restaurants und Bankettsäle werden geboten. Es entstand um die Jahrhundertwende und wurde von den Franzosen errichtet.
Heping Fandian, Nanjingdonglu 20, Tel. 21 12 44 和平饭店
Der nördliche Teil des Heping Fandian, Friedenshotel, ist das berühmte Cathay Hotel vergangener Zeiten, damals *die* Adresse in Shanghai. Es gehörte Victor Sassoon, der einer jüdischen Familie aus Bagdad entstammte und seine Millionen mit Opiumhandel verdient hatte. 1930 wurde das Hotel fertiggestellt. An der Uferpromenade gelegen, bietet es seinen Gästen einen hervorragenden Ausblick auf den Huangpu Fluß. Es ist mit Serviceeinrichtungen aller Art ausgestattet. Im Erdgeschoß ist die Zentrale des Lüxingshe CITS zu finden.
Shanghai Dasha, Beisuzhoulu 20, Tel. 24 62 60 上海大厦
Dieses 20 Stockwerke hohe Hotel wurde einst von den Engländern angelegt. Von den obersten Stockwerken hat man eine herrliche Aussicht auf den Huangpu und seine Uferanlagen.
Xijiao Binguan, Hongqiaolu 1921, Tel. 37 96 43 西郊宾馆
Ein Hotel der Luxusklasse im westlichen Vorort Shanghais in parkähnlicher, sehr ruhiger Anlage. Mao Zedong und Jiang Qing hatten hier eine luxuriöse Suite, die – soweit sie nicht gerade vermietet ist – besichtigt werden kann.
Guoji Fandian, Nanjingxilu 170, Tel. 22 52 25 国际饭店
Shanghai Binguan, Wulumuqibeilu 505, Tel. 31 23 12 上海宾馆
Ein neues Firstclass Hotel, geöffnet seit Mai 1983.
Jing'an Binguan, Huashanlu 370, Tel. 56 30 50 静安宾馆
Dahua Binguan, Yan'anxilu 914, Tel. 52 30 79 大华宾馆
Hengshan Binguan, Hengshanlu 534, Tel. 37 70 50 衡山宾馆

Preiswerte Hotels und Gästehäuser:

Shenjiang Fandian, Hankoulu 740, Tel. 22 51 15 申江饭店
Huaqiao Fandian, Nanjingxilu 104, Tel. 22 62 26 华侨饭店
Dieses Hotel wird hauptsächlich von Auslandschinesen besucht.
Pujiang Fandian, Huangpulu 15, Tel. 24 63 88 浦江饭店
Eines der billigsten Hotels am Ort.

Restaurants

Die Küche Shanghais gehört zu den besten Chinas. Sie zeichnet sich aus durch Vielseitigkeit an Zutaten und Gewürzen. Die Lage an Flüssen und Meer hat die Shanghaier zu begeisterten Fischessern gemacht. Garnelen, Aal, Krebs und eine Vielzahl von Fischen, die im Westen häufig unbekannt sind, werden als Spezialitäten angeboten.
In Shanghai werden die Speisen sehr heiß verzehrt. Das ist notwendig, weil das erkaltende Öl sonst den Geschmack beeinträchtigt.
Shanghai Lao Fandian, ›Alt-Shanghai‹, Fuyoulu 242, Tel. 28 27 82
Das Restaurant wurde 1862 gegründet. Es bietet beste Shanghaier Spezialitäten und ist deshalb immer voll besetzt. Reservierung notwendig!
Yangzhou Fandian, Nanjingdonglu 308, Yangzhou-Küche, Tel. 22 58 26
Das Yangzhou Fandian ist eines der bekanntesten Restaurants der Stadt. Reservierung schon mehrere Tage im voraus ist wichtig.
Renmin Fandian, Nanjingxilu 226. Tel. 53 73 51
Dieses Restaurant bietet beste Shanghai- und Suzhou-Küche.
Chengdu Fandian, Huaihaizhonglu 795, Tel. 37 64 12
Sichuan-Küche.
Luyangcun Jiujia, Nanjingxilu 763, Tel. 53 97 87, 53 72 21
Sichuan- u. Yangzhou-Küche.
Sichuan Fandian, Sichuan-Küche, Nanjingdonglu 457, Tel. 22 22 46
Meixin Jiujia, Shanxinanlu 314, Tel. 37 39 91
Kantonesische Küche.
Xinghua Lou, Fuzhoulu 343, Tel. 28 27 47
Kantonesische Küche, Schlangenspezialitäten.
Xinya Yuecai Guan, Nanjingdonglu 719, Tel. 22 36 36
Kantonesische Küche.
Gongdelin Sucai Guan, Vegetarisches Restaurant, Huanghelu 43, Tel. 53 13 13
Dieses Restaurant wurde im Jahre 1922 von Buddhisten gegründet.
Meilongzhen Jiujia, Sichuan-Küche, Nanjingxilu 1081, Nong 22, Tel. 53 25 61
Das Restaurant ist stolz darauf, daß Zhou Enlai einmal hier gegessen hat.

Qingzhen Fandian, Moslem-Restaurant, Fuzhoulu 710, Tel. 224273
Yanyun Lou, Nordchin. Spezialitäten, Nanjingdonglu 755, Tel. 226174
Hongfangzi Xicai Guan, Shaanxinanlu 37, Tel. 565748
Französische und italienische Küche.
Deda Xicai He, Sichuanzhonglu 359, Tel. 213810
Deutsche Küche.

Einkaufsmöglichkeiten

Die Haupteinkaufsstraße ist die Nanjinglu. Dort findet man Antiquitäten- und Kunstgewerbeläden genauso wie Warenhäuser.
Kunstgewerbegeschäft, Nanjingxilu 190, geöffnet von 9–21.00 Uhr.
Antiquitäten, Raritäten, Andenken, Nanjingxilu 694, Tel. 538092, 530975
Größtes Geschäft dieser Art Shanghais.
Warenhaus No. 1, Nanjingdonglu 830.
Warenhaus No. 10, Nanjingdonglu 635.
Duoyunxuan, Malereien und Kalligraphien, Nanjingdonglu 422, Tel. 223410
Seidengeschäft, Nanjingdonglu 592.
Porzellangeschäft, Nanjingdonglu 550.
Chinesische Musikinstrumente, Nanjingdonglu 114.
Shanghai Antiquitätengeschäft, Guangdonglu 192–226.
Freundschaftsladen, Zhongshandongyilu 33, geöffnet von 9–23.00 Uhr.
Einer der größten Freundschaftsläden Chinas mit großzügig angelegten Verkaufsräumen.
Eine andere interessante Einkaufsgegend ist **Huaihailu.**
Warenhaus No. 2, Huaihaizhonglu 889–909.
Yuyuan Basar, Yuyuanlu 119.

Reisebüro, **Lüxingshe**

Guoji Lüxingshe, **CITS,** Xiangganglu 59, Tel. 217200, Tx 33001 BTHSH, Service-Schalter im Heping-Hotel, Tel. 210032
Zhongguo Lüxingshe, Huaqiao Lüxingshe, Nanjingxilu 104, Tel. 226606–53

Gong'an Ju, Amt für Öffentliche Sicherheit, Tel. 215380

CAAC, Yan'anzhonglu 789, Buchung Tel. 532255, Inland 535953, International 532255

Huangpu-Rundfahrten, Beijingdonglu, Tel. 211098

Bahnhof, Tianmudonglu, Buchung, Tel. 242299

'axen: Tel. 56 44 44

Bank of China, Zhongshandongyilu 23, Tel. 21 74 66

'elefonamt für Auslandsgespräche, Sichuanbeilu 1761, Tel. 66 04 10

:lubs

nternationaler Club, Shanghai, Yan'anxilu 65, Tel. 53 84 55
nternationaler Seemannsclub, Zhongshandongyilu 33, Tel. 21 62 26
injiang Club, Maomingnanlu 58, Tel. 37 01 15, gegenüber vom Jinjiang-Hotel
eemannsclub, Huangpulu 20, Tel. 24 46 80

Jniversitäten

'udan Daxue, Handanlu 220, Tel. 6 18 15–1 09
'ongji Daxue, Jiangwan, Tel. 45 52 90
'remdsprachen-Institut, Xitiyuhuilu 119, Tel. 66 02 31
Jnterkunft der ausländischen Experten, Tel. 66 31 68
:hinesische Akademie der Wissenschaften, Tel. 37 96 50

'rovinz Jiangsu 江苏省

läche: 107 000 qkm / Bevölkerung: 60,5 Mill. / Hauptstadt: Nanjing

)ie Provinz Jiangsu liegt an der Ostküste Chinas. Sie wurde unter dem Kangxi-Kaiser der Qing-Dynastie 1667 als Provinz gegründet. Der Name eitet sich von den beiden wichtigen Präfekturen Jiangning und Suzhou ab, die nnerhalb des Gebietes lagen.

Zwei große Flüsse durchziehen die Provinz: der Huaihe im Norden und der Changjiang im Süden. Sie führten soviel Schlamm mit sich, daß sich die Küste im Laufe der Jahrtausende mehrere Kilometer ins Meer verschob und große Seen entstanden. Zu den größten gehören der berühmte Taihu im Süden, der Gaoyou Hu im mittleren Teil und der Hongze Hu im Norden. Jiangsu wurde im Laufe seiner langen Geschichte ständig von Sturmfluten und Überschwemmungen heimgesucht. Bereits seit dem 7. Jh. suchte man sich durch Deichbauten zu schützen. Zahlreiche Projekte zur Flußregulierung, die man in den fünfziger Jahren durchführte, haben inzwischen die Gefahr von Hochwasser und Überschwemmungen gebannt. So fließt der Fluß Huaihe heute nicht mehr direkt ins Ostchinesische Meer, sondern zuerst in den Hongze Hu See, von dort nach Süden in den Gaoyou Hu und dann in den Changjiang. In Richtung Norden läuft er vom See Hongze Hu durch zwei Kanäle in das Ostchinesische Meer.

Die Provinz wird durch das Mündungsgebiet des Flusses Changjiang in einen südlichen und nördlichen Bereich geteilt. Der Süden ist dichtbevölkert und industrialisiert. Seine kunsthandwerklichen Erzeugnisse und seine Seide sind im In- und Ausland berühmt. Suzhou, Nanjing, Wuxi und das regierungsunmittelbare Shanghai liegen in diesem Gebiet. Der Norden befindet sich im Bereich der Schwemmebene des Flusses Huanghe, dessen Mündung sich bis 1853 in diesem Gebiet befand.

Die Provinz zeigt erhebliche Klimaunterschiede. Der mittlere und der südliche Teil Jiangsus haben bereits feuchtgemäßigtes Klima. Der nördliche Teil gehört klimatisch zu Nordchina, ist deshalb kühler und weist größere Temperaturunterschiede auf. Die jährliche Niederschlagsmenge nimmt von Süden nach Norden ab. Erst durch umfangreiche Bewässerungsanlagen ist im Norden der Reisanbau möglich. Im Süden wird hauptsächlich Naßreis angebaut. Von Bedeutung ist in diesem Gebiet auch die Seidenraupenzucht. Die Küste Jiangsus wird im Spätsommer und im Herbst häufig von Taifunen heimgesucht.

Geschichtlicher Überblick

Das Gebiet des heutigen Jiangsu gehörte mit Ausnahme des nördlichen Teils bis zum −6. Jh. zum Staate Wu. In den folgenden Jahrhunderten waren die einzelnen Teile der Provinz unterschiedlichen Verwaltungseinheiten zugeordnet. Während der Song-Dynastie eroberten die Mongolen Nordchina. Die Herrscher der Song-Dynastie flüchteten im 12. Jh. nach Süden, so daß sich Süd-Jiangsu zu einem wirtschaftlichen, kulturellen und politischen Zentrum entwickelte. Erst 1667 entstand die Provinz Jiangsu in ihren heutigen Gren zen. In den Jahren 1839–1842 griffen die Engländer das Gebiet des Changjiang-Delta an. Während des antijapanischen Krieges besetzten die Japaner Jiangsu. Die Provinz erlitt in diesen Jahren schweren Schaden.

Stadt Nanjing (Nanking) 南京市

Nanjing, die Hauptstadt Jiangsus, ist politisches, wirtschaftliches und kulturelles Zentrum der Provinz und eine bedeutende Hafenstadt am Fluß Changjiang. Der Verwaltungsbereich der Stadt umfaßt ein Gebiet von 4500 qkm und zählt eine Bevölkerung von 3 Mill. Im Osten erheben sich die Berge des Zijin Shan, die die Nanjinger mit einem zusammengerollten Drachen vergleichen, im Westen duckt sich ein Tiger, die alte Steinstadt.
Nanjing gehört zu den ältesten Städten Chinas. Achtmal wurde sie zwischen dem 3.–15. Jh. Hauptstadt verschiedener Dynastien. Der Name *Nanjing* entstand erst 1421, als die Stadt während der Ming-Dynastie zur ›Südlichen Hauptstadt‹ ernannt wurde.

Geschichtlicher Überblick

Die Geschichte der Stadt geht bis in die Östliche Zhou-Zeit (−8. bis −3. Jh.) zurück, als sie nacheinander den Staaten Wu, Yue und Chu angehörte. Erstmals erwähnt wurde der Ort in den Annalen der Frühling- und Herbstperiode. Bereits zur Zeit der Drei Reiche entwickelte sich Nanjing zum politischen und kulturellen Zentrum Südostchinas und wurde unter dem Namen *Jianye* Hauptstadt des Östlichen Wu-Königreiches. Eine gewaltige Stadtmauer entstand in den folgenden Jahren. Eine Legende berichtet, daß der berühmte Ratgeber Zhuge Liang mit Sun Quan, König von Wu, auf dieser Stadtmauer über politische und strategische Fragen diskutierte.
Von 317 bis 420 war Nanjing unter dem Namen *Jiankang* Hauptstadt der Östlichen Jin-Dynastie. Die Herrscher der Jin und viele nordchinesische Familien suchten hier Zuflucht vor den aus dem Norden eindringenden Fremdvölkern. *Jiankang* blieb bis zum Jahre 589 Hauptstadt von weiteren vier verschiedenen Dynastien: 420–479 Song, 479–502 Qi, 502–557 Liang, 557–589 Chen-Dynastie. In diesen politisch unsicheren Zeiten entwickelte sich die Stadt zu einem blühenden Zentrum der Wirtschaft, des Handwerks, der Kunst und Kultur. Tee- und Seidenindustrie gelangten zu Bedeutung, ausgezeichnete Dichter, Philosophen und Maler setzten neue Maßstäbe. Es war eine Zeit der außerordentlichen geistigen Kreativität. Von 581 (Beginn der Sui-Dyn.) bis

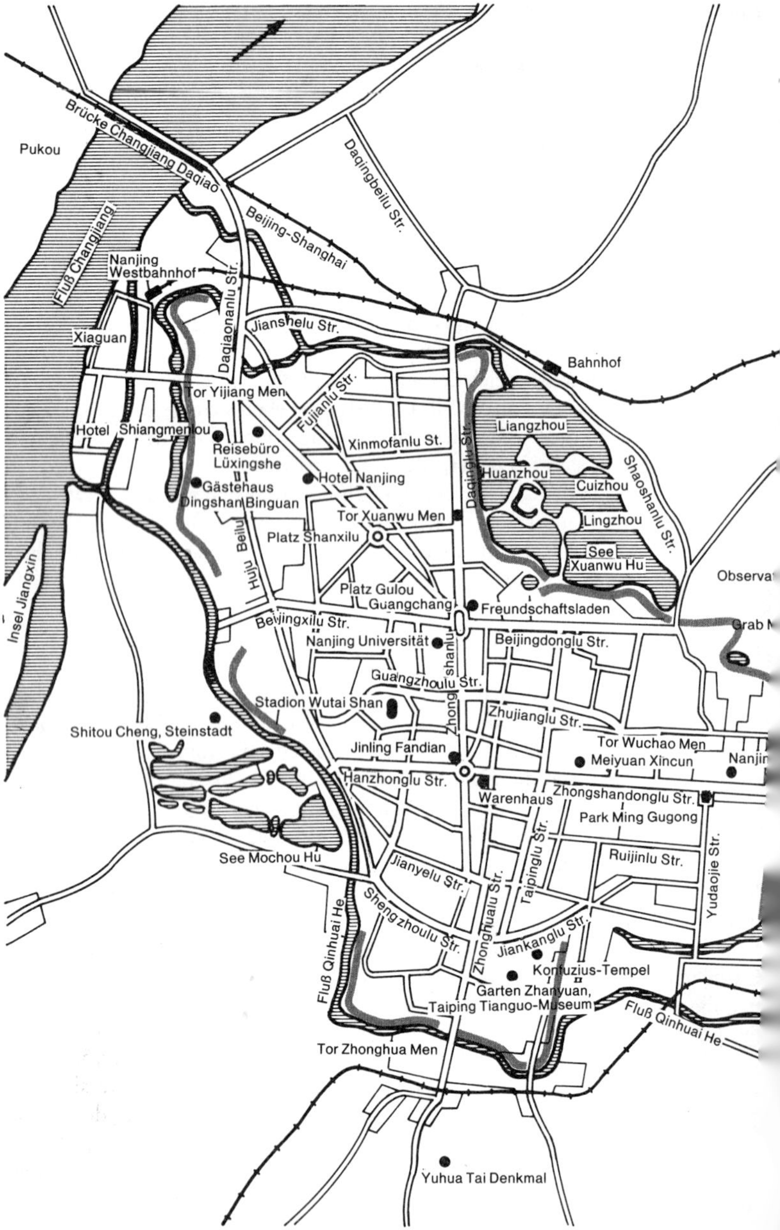
Pukou
Brücke Changjiang Daqiao
Fluß Changjiang
Daqingbeilu Str.
Beijing-Shanghai
Nanjing Westbahnhof
Daqiaonanlu Str.
Jianshelu Str.
Xiaguan
Bahnhof
Tor Yijiang Men
Fujianlu Str.
Hotel
Shiangmenlou
Reisebüro Lüxingshe
Xinmofanlu St.
Liangzhou
Daqinglu Str.
Gästehaus Dingshan Binguan
Hotel Nanjing
Huanzhou
Cuizhou
Shaoshanlu Str.
Tor Xuanwu Men
Lingzhou
Platz Shanxilu
See Xuanwu Hu
Huju Beilu
Observa
Platz Gulou Guangchang
Freundschaftsladen
Insel Jiangxin
Beijingxilu Str.
Grab M
Nanjing Universität
Beijingdonglu Str.
Guangzhoulu Str.
Zhongshanlu
Stadion Wutai Shan
Zhujianglu Str.
Shitou Cheng, Steinstadt
Tor Wuchao Men
Jinling Fandian
Meiyuan Xincun
Nanji
Hanzhonglu Str.
Warenhaus
Zhongshandonglu Str.
Park Ming Gugong
See Mochou Hu
Ruijinlu Str.
Jianyelu Str.
Taipinglu Str.
Yudaojie Str.
Zhonghualu Str.
Shengzhoulu Str.
Jiankanglu Str.
Fluß Qinhuai He
Konfuzius-Tempel
Garten Zhanyuan, Taiping Tianguo-Museum
Fluß Qinhuai He
Tor Zhonghua Men
Yuhua Tai Denkmal

Stadtplan von Nanjing

1368 war Nanjing Präfekturstadt. Es verlor dadurch zwar an politischer Bedeutung, blieb jedoch eines der wichtigsten wirtschaftlichen und kulturellen Zentren des Landes. Von 937–975 war es für 39 Jahre Sitz der Südlichen Tang-Dynastie. 1126–1279 nutzte Yue Fei es als Zentrum des Widerstandes gegen die aus dem Norden eindringenden Fremdvölker.
1368 erklärte Zhu Yuanzhang den Ort zur Hauptstadt *Yingtian* seines neuen Reiches, der Ming-Dynastie. Eine gewaltige Stadtmauer und ein riesiger Kaiserpalast wurden angelegt, von denen heute nur noch einige Ruinen zu sehen sind.
1421 verlegte sein Sohn die Residenz nach Beijing. *Yingtian,* nun *Nanjing,* ›Südliche Hauptstadt‹, genannt, blieb untergeordnete Hauptstadt.
Handel und Industrie brachten der Stadt in den folgenden Jahren neuen Reichtum. Schiffbau, Textilindustrie und Keramik zählten zu den wichtigsten Industriezweigen. Die Schiffe der berühmten See-Expeditionen des Eunuchen Zheng He entstanden auf den Werften im Nordwesten der Stadt. Die kaiserliche Akademie, *Guozi Jian,* zog bis zu 9000 Studenten an, davon 2000 aus dem Ausland. Hier arbeitete man mit an der großen Yongle-Enzyklopädie. Während der Qing-Dynastie war Nanjing Residenzstadt des Vizekönigs von Jiangnan, der die Provinzen Jiangsu, Jiangxi und Anhui regierte.
1842 wurde in Nanjing nach dem Opiumkrieg der erste der ›Ungleichen Verträge‹ unterzeichnet. Er öffnete den ausländischen Mächten (hauptsächlich England, Frankreich und den USA) die Tür für den ungehinderten Handel in verschiedenen chinesischen Städten und beschleunigte die Entwicklung Chinas zu einer Halbkolonie. Die Politik der ausländischen Mächte, Korruption und Inkompetenz der Qing-Regierung hatten im Land Entrüstung und Verzweiflung ausgelöst. 1851 erhob sich ein gewaltiger Bauernaufstand, der auf einer religiösen, revolutionären Ideologie basierte. 1853 besetzten die Truppen des Taiping-Aufstandes Nanjing und machten die Stadt für 11 Jahre zur Residenz des *Taiping Tianguo,* des ›Himmlischen Reichs des großen Friedens‹. Nach dem Scheitern des Taiping-Aufstandes 1864 war auch Nanjing zerstört und brauchte viele Jahre für den Wiederaufbau.
Nach der Revolution von 1911 machten die Führer der Revolution Nanjing zum Sitz der provisorischen Regierung der Republik China. Yuan Shikai verlegte die Hauptstadt wieder nach Beijing. 1928 erklärte die Guomindang Nanjing erneut zur Hauptstadt des Landes. Moderne Boulevards und Regierungsgebäude entstanden. 1937 fiel die Stadt im Krieg gegen Japan. Ein Massaker, veranstaltet von den siegreichen Japanern, forderte das Leben von 40 000 Zivilisten. Bis 1945 blieb Nanjing unter japanischer Oberherrschaft 1946–1949 wurde es Hauptstadt der Guomindang-Regierung. Am 23. April überquerten kommunistische Truppen den Fluß Changjiang und nahmen di Stadt ein, 1952 wurde sie Hauptstadt der Provinz Jiangsu.

Nanjing war über Jahrhunderte hinweg vor allem wegen der Produktion von Brokat, Samt und Seide, Keramikwaren, Papier und Tuschsteinen bekannt. Seit 1949 hat sich die Stadt auch auf anderen Gebieten zum Industriezentrum der Provinz entwickelt.
Wichtige landwirtschaftliche Produkte des städtischen Umlandes sind Reis, Weizen, Gemüse, Obst, Tee und Erdnüsse. Nanjing ist heute auch eine bedeutende Universitätsstadt. Die Nanjing Daxue ist nicht nur im Inland, sondern auch im Ausland bekannt. Ferner verfügt die Stadt über vierzehn höhere Lehranstalten.

Changjiang Daqiao, Brücke über den Changjiang

长江大桥

Die Brücke wurde in den Jahren 1960–1968 gebaut. Sie ist der Stolz Nanjings und des ganzen Landes, denn sie wurde in einer schwierigen Zeit ohne ausländische Hilfe errichtet. Sie ist auch in wirtschaftlicher Hinsicht von ungemeiner Bedeutung, denn sie verbindet das Land nördlich und südlich des Changjiang.
Die Changjiang Daqiao ist eine sogenannte Doppeldeckerbrücke, ihr oberer Teil leitet Fußgänger, Radfahrer und Automobile über den Fluß, ihr unterer Teil nimmt den Zugverkehr in beiden Richtungen auf. Sie überspannt den Fluß in einer Länge von 1577 m, ihr Fahrbahnteil hat eine Gesamtlänge von 4589 m, ihr unterer Eisenbahnteil 6720 m. Neun 80 m hohe Stützpfeiler wurden in einem Abstand von jeweils 160 m in den Flußgrund gerammt. Treppen führen hinauf zum Gebäude der Brückenverwaltung. Von hier aus hat man einen herrlichen Blick auf die Brücke und auf Nanjing.

Denkmal zur Erinnerung an die Überquerung des Changjiang

(am Südufer des Changjiang, auf der Höhe des Tores Yijiang Men)

1949 überquerte die Volksbefreiungsarmee den Changjiang und nahm die Hauptstadt der Guomindang-Regierung ein.
1979, anläßlich des 30. Jahrestages dieses Ereignisses, wurde am südlichen Ufer des Changjiang ein Denkmal gesetzt.

Shitou Cheng, Steinstadt 石头城

Im Westen Nanjings ließ Sun Quan, König von Wu, im 3. Jh. die sogenannte Steinstadt, Shitou Cheng, anlegen. Eine gewaltige Stadtmauer entstand, von der heute noch Teile vorhanden sind.

See Xuanwu Hu, Schwarzer-Drachen-See 玄武湖

Der Xuanwu Hu, eine der wichtigsten Sehenswürdigkeiten der Stadt, liegt im Nordosten Nanjings. Er hat eine Gesamtfläche von 444 ha inklusive der 49 ha Parkanlagen. Sein Wasser stammt aus dem Zijin Shan-Gebirge.
Während der Song-Zeit hielt der Kaiser Wendi in diesem See Krokodile (schwarze Drachen) und gab dem See seinen jetzigen Namen. 1911 wurde die Seeanlage in einen öffentlichen Park umgewandelt.
Im Xuanwu Hu gibt es fünf miteinander verbundene kleine Inseln. In seiner westlichen Hälfte, unweit des Stadttores Xuanwu Men, liegt die Insel *Huanzhou*, auf der zwei Wundersteine aus dem See Taihu stehen, wovon der eine die Gestalt des Bodhisattva Guanyin und der andere die Gestalt eines Kindes hat. Darüber hinaus befindet sich hier noch ein Vergnügungsplatz für Kinder und eine Ausstellungshalle. Östlich davon liegt die Insel *Yingzhou*, die ihren Namen durch die zahlreich vorkommenden Pfirsichbäume erhalten hat. Hier kann man Lamatempel und Pagoden besichtigen. Nördlich von Huanzhou befindet sich die Insel *Liangzhou*, die als die schönste der fünf Inseln bezeichnet wird. Zu Beginn der Ming-Zeit lagerten hier die Steuerarchive des ganzen Landes. Heute sind interessant der *Hushen Miao*, Tempel der Seegeister, der *Shanghe Ting*, Lotosblumenpavillon, und verschiedene weitere Türme und Pavillons. Östlich der Insel Liangzhou erreicht man die Insel *Cuizhou*. Hier findet man ein Haus der Jugend und eine Freilichtbühne, die 10000 Zuschauern Platz bietet. Östlich von Yingzhou liegt die Insel *Lingzhou*. Sie bildet den Mittelpunkt des Sees. Dort kann man den Zoo besuchen.

Gulou, Trommelturm 鼓楼

Der Trommelturm steht westlich des Volksplatzes. Er wurde während der Ming-Dynastie im Jahre 1382 erbaut. Heute wird er als Ausstellungshalle für Bücher, Malerei und Kalligraphie genutzt.

Dazhong Ting, Großer Glockenpavillon 大钟亭

Der Dazhong Ting befindet sich nordöstlich des Trommelturms in der Stadtmitte Nanjings. Früher stand hier ein Glockenturm mit zwei großen Glocken. Im Jahre 1662, zu Beginn der Kangxi-Zeit, stürzte der Turm ein. Der Turm wurde nicht neu aufgebaut. Nach 200 Jahren stellte sich heraus, daß eine der

beiden Glocken noch immer brauchbar war. Da entschloß man sich, einen neuen Pavillon zu bauen und die Glocke darin aufzuhängen.
Sie stammt einer Inschrift in ihrem oberen Teil zufolge aus dem Jahre 1388, wurde aus Bronze gegossen und hat ein Gewicht von 23 t.

Tianwang Fu, Palais des Himmelskönigs
(Changjianglu 292)

太平天国天王府旧址

Zur Zeit als Nanjing Hauptstadt des *Taiping Tianguo,* Himmlisches Reich des großen Friedens, war, wurde die Residenz des ehemaligen Gouverneurs von Nanjing vergrößtert und *Tianwang Fu,* Palais des Himmelskönigs, genannt. Damals hatte die Anlage riesige Ausmaße. Heute sind nur noch die Haupthalle, einige Wandelgänge und Nebengebäude zu sehen. Im Westgarten wurde ein Teich angelegt, in dem sich ein aus Stein gemeißeltes Boot befindet.

Museum des Taiping-Aufstandes, Garten Zhanyuan
(Zhanyuanlu 128)

太平天国历史博物馆（瞻园）

Das Museum befindet sich in den Räumen eines ehemaligen kleinen Palastes westlich des Konfuziustempels. Früher residierte hier Zhu Yuanzhang, der Gründer der Ming-Dynastie (1368–1644) bis zur Fertigstellung des neuen Palastes. Nachdem die Taiping-Aufstandstruppen Nanjing besetzt hatten, errichtete der Ostkönig Yang Xiuqing hier seine Residenz. 1958 ließ die Regierung innerhalb dieser Anlage das Museum des Taiping-Aufstandes einrichten, das die gesamte Entwicklung dieser Bewegung ausführlich darstellt. Museumsmüde Besucher können sich innerhalb der schönen Gartenanlage ein wenig erholen.

Meiyuan Xincun 梅园新村

Auf den Spuren Zhou Enlais befindet man sich, wenn man in die Straße Meiyuan Xincun, östlich der Straße Changjianglu geht. Hier lebten von Mai 1946 bis März 1947 Vertreter der Kommunistischen Partei, um mit der

Guomindang über eine friedliche Einigung zu verhandeln. Die Delegation stand unter der Leitung Zhou Enlais. Im Haus Nr. 17 befand sich sein Arbeitszimmer, im Haus Nr. 30 seine Unterkunft. Seine Mitarbeiter hielten sich in Nr. 35 auf.

Park Wumen Gongyuan, (Ming Gugong)

午门公园(明故宫遗址)

Im Osten Nanjings liegen die Ruinen des ersten Kaiserpalastes der Ming-Dynastie.
1369 begann man mit dem Bau eines riesigen Kaiserpalastes. Nach mehr als zehn Jahren war er fertiggestellt. Als Zhu Yuanzhang 1398 starb, trat sein Enkel und Sohn des verstorbenen Kronprinzen die Nachfolge an. Das Recht auf den Thron wurde ihm jedoch von seinen Onkeln, den Söhnen des Zhu Yuanzhang streitig gemacht. Einem von ihnen, dem in Beijing residierenden König von Yan, gelang es, sich mit Waffengewalt selbst zum Kaiser zu ernennen.
Nachdem der neue Kaiser die Hauptstadt nach Beijing verlegt hatte, verfiel der Palast langsam. Die Kriege der nächsten Jahrhunderte sorgten für die völlige Zerstörung, und so lassen heute nur noch einige Ruinen ehemaligen Glanz und Schönheit ahnen.
Der Besucher betritt die Anlage heute von Norden her. Die Ruinen des Haupttores *Wumen* geben noch einen Eindruck von der Größe der Palastgebäude. Außerhalb des Haupttores sind noch die ›Fünf-Drachen-Brücken‹ zu sehen, sowie die Überbleibsel der *Fengtian Dian,* einer der Haupthallen.

Nanjing Bowuyuan, Nanjing Museum (Jiangsu Provinzmuseum) (Zhongshandonglu 321)

南京博物馆

Die Errichtung dieses Museums geht auf einen Vorschlag des bekannten Pädagogen Cai Yuanpei (1863–1940) zurück.
Der vordere Teil der Haupthalle wurde im Holzstrukturstil der Liao-Zeit (907–1125) gestaltet. Auf einer Fläche von 90 000 qm werden etwa 5000 Jahre chinesischer Geschichte seit ihren Anfängen dargestellt. Außer einer übersichtlichen Darstellung zur Geschichte der Provinz Jiangsu machen unzählige Ausstellungsgegenstände, zum Beispiel Bronzen, Keramik, Werkzeuge,

Kunstgegenstände, Kalligraphien und Gemälde den Besuch des Museums zu einem Erlebnis.

Tor Zhongshan Men 中山门

Zhongshan = Sun Zhongshan, Sun Yatsen

Durch das Tor Zhongshan Men hindurch führt der Weg zu den Sehenswürdigkeiten im östlichen Teil der Stadt. Zu Beginn der Ming-Zeit stand hier das Tor *Chaoyang Men*, das Osttor des Kaiserpalastes. Während des Baus des Zhongshan Ling-Mausoleums im Jahre 1927 wurde das *Chaoyang Men* eingerissen und das Tor Zhongshan Men errichtet.

Xiao Jiuhua Shan, Kleiner Berg Jiuhua Shan

小九华山

Der Xiao Jiuhua Shan ist etwa 100 m hoch. Er war während der Zeit der Nord- und Süd-Dynastien (420–589) von großer militärischer Bedeutung. In späteren Jahren wurde das Gebiet zu einem Vergnügungspark für Fürstenfamilien. Die einst vielen Tempel und Pavillons sind in den zahlreichen Kriegen zerstört worden. Nur die Steinpagode Sancang Ta ist noch übrig geblieben. Sie soll Reliquien des berühmten Mönchs Xuanzang (Sancang) enthalten. Die Pagode wurde nach ihm benannt.

Gebirge Zijin Shan 紫金山

Das 448 m hohe Gebirge Zijin Shan befindet sich östlich von Nanjing. Dank seiner wunderschönen Landschaft gehört es zu den beliebtesten Ausflugszielen der Nanjinger Bevölkerung.
Es birgt verschiedene Sehenswürdigkeiten:
ein Observatorium, das Mausoleum Sun Yatsens, das Grab des ersten Ming-Kaisers und die Parkanlage *Linggu Gongyuan* mit dem Tempel *Linggu Si*.

Zijinshan Tianwentai, Observatorium Zijin Shan

紫金山天文台

Auf dem westlichen Gipfel des Zijin Shan führt eine Straße hinauf zu einem der bedeutendsten Observatorien Chinas. Es wurde 1934 eingeweiht und nach 1949 restauriert und modernisiert. Einige interessante antike astronomische Instrumente sowie eine Sammlung wertvoller Dokumente sind heute noch vorhanden. Eine Besichtigung des Geländes und der Geräte sollte am besten vorher mit den Vertretern des staatlichen Reisebüros *Lüxingshe* abgesprochen werden.

Grab Mingxiao Ling 明孝陵

Das Grab ist am Fuße der Zijin Shan Berge zu finden. Es ist die letzte Ruhestätte des ersten Kaisers der Ming-Dynastie, Zhu Yuanzhang. Er hatte es in den Jahren 1381–1383 anlegen lassen. Außer dem Kaiser, der erst 1398 starb, liegen hier noch die Kaiserin (1382 verstorben) und einige Konkubinen sowie mehrere Palastdienerinnen begraben.

Die Grabanlage gliedert sich in einen vorderen und einen hinteren Teil. Der vordere Abschnitt beginnt am *Dahong Men*, Großen Roten Tor. Der 800 m lange ›Heilige Weg‹ führt vorbei an den paarweise aufgereihten Steinskulpturen (Tierdarstellungen), Säulen und militärischen sowie zivilen Würdenträgern zum hinteren Abschnitt. Dieser beginnt am vorderen Haupttor, von dort führt der Weg zum Stelenpavillon. Ein weiterer Torbau, die ›Viereckige Stadt‹ und der Grabhügel schließen sich an. Einige Teile dieser Grabanlage wurden im Laufe der Zeit stark beschädigt bzw. zerstört. Trotzdem stellt Mingxiao Ling in seiner ganzen Anlage eines der größten und feierlichsten Kaisergräber Chinas dar.

Mausoleum Zhongshan Ling 中山陵

Es handelt sich hier um das Mausoleum des ersten Präsidenten der provisorischen Regierung der Republik, Dr. Sun Yatsen, auch Sun Zhongshan genannt. Sun Yatsen, am 12. 11. 1866 im Xiangshan (heute Zhongshan)-Bezirk/Provinz Guangdong geboren, hatte die 40 Jahre seines Wirkens ganz in den Dienst der Revolution gestellt. Am 12. 3. 1925 starb er in Beijing.

Seinem eigenen Wunsch entsprechend wurde er in Nanjing bestattet. Das Mausoleum befindet sich am südlichen Abhang der Zijin Shan Berge. Es wurde

nach Entwürfen des Architekten Lü Yanzhi in den Jahren 1926–1929 angelegt. An Baumaterial wurden Granit aus Suzhou und blaue Keramikziegel verarbeitet. Am 1. Juni 1929 überführte man den Sarg mit dem Leichnam Sun Yatsens aus dem Beijinger Tempel Biyun Si in dieses Mausoleum.
Über einige Stufen gelangt man zum Ehrentor, das die Inschrift *Bo Ai*, ›Umfassende Liebe‹, trägt. Vor den Augen breitet sich nun ein weites Waldgebiet aus, in dessen Mitte entlang einer Zentralachse in Nord-Süd-Richtung die einzelnen Gebäude angeordnet wurden.
Die Inschrift über dem mittleren Eingang des folgenden Haupttores lautet: *Tianxia Wei Gong*, ›Die Welt gehört allen‹, nach einer Kalligraphie Sun Yatsens. Hinter dem Haupttor folgt ein Stelenpavillon, in dem eine Granitstele mit einer Inschrift zu sehen ist, die besagt, daß in diesem Gebiet Sun Yatsen, der Leiter der chinesischen Guomindang-Partei, bestattet wurde. Von hier bis zur 700 m entfernten Trauerhalle sind bergauf über 299 Stufen in acht Aufgängen zu überwinden. Die Trauerhalle, ein weißer Granitbau im Palaststil, enthält eine Marmorstatue Sun Yatsens. Die vier Seiten des Sockels wurden mit Reliefs verziert, die einige seiner bedeutenden Taten wiedergeben. Diese Arbeit stammt von dem Franzosen Paul Landowski. An den Wänden ist auf schwarzem Marmor mit goldener Inschrift das Programm für den nationalen Aufbau in der Handschrift Sun Yatsens eingraviert. Eine Tür führt in Richtung Norden weiter zur Grabkammer, in der sich eine liegende Marmorstatue Sun Yatsens befindet. Darunter ruht sein Leichnam in 5 m Tiefe.

Tempel Linggu Si 灵谷寺

Der Linggu Si liegt östlich des Sun Yatsen-Mausoleums innerhalb einer großen öffentlichen Parkanlage. Er wurde im Jahre 514 während der Liang-Zeit unter Kaiser Wudi erbaut. Ursprünglich stand der Tempel dort, wo sich heute die Grabanlage des ersten Ming-Kaisers befindet. Da jedoch der Kaiser eben jenes Gebiet für den Bau seiner Grabstätte ausgewählt hatte, mußte der Tempel weichen und wurde 1381 weiter östlich neu errichtet.
Die Umgebung des Tempels gilt als die schönste innerhalb des Zijin Shan Gebirges. 1381 muß dieser Tempel von großem Ausmaß gewesen sein. Allein der Weg vom Haupttor zur Haupthalle betrug 2,5 km. Um 1850 wurden große Teile des Tempels zerstört. Das interessanteste noch erhalten gebliebene und restaurierte Gebäude ist die Halle *Wuliang Dian*, ein 600 Jahre alter Bau, der ganz aus Stein und Ziegeln ohne jedes Holz gebaut wurde.
Die 60 m hohe Pagode *Linggu Ta* innerhalb dieses Tempelgeländes wurde 1929 zum Gedenken an die Opfer des Nordfeldzuges (1924–1927) errichtet. Im Innern der Pagode führt eine Treppe hinauf in das oberste Stockwerk, von dem man einen weiten Blick auf die Umgebung hat.

See Mochou Hu 莫愁湖

Im Südwesten Nanjings, außerhalb des Tores *Shuixi Men,* befindet sich die reizvolle Anlage des Mochou Hu.
Nach einer Legende soll während der Südlichen Qi-Zeit (um 480) ein junges Mädchen namens *Mo Chou,* aus Luoyang, hierher verheiratet worden sein. Es soll sich häufig traurig vor Heimweh in dieses Gebiet zurückgezogen haben.
Interessant ist in diesem Park das Gebäude *Shengqi Lou.* Es stammt aus der frühen Ming-Zeit. Kaiser Zhu Yuanzhang soll hier mit dem mächtigen General Xu Da Schach gespielt haben. Angeblich ließ er diesen gewinnen und schenkte ihm als Anerkennung die gesamte Anlage des Mochou Sees, um sich seiner Loyalität zu versichern.
1929 machte man die Parkanlage der Öffentlichkeit zugänglich. 1953 wurden in großem Rahmen Erweiterungen vorgenommen.

Terrasse Yuhua Tai 雨花台

Die Terrasse Yuhua befindet sich im Süden der Stadt außerhalb des Tores Zhonghua Men auf einem 100 m hohen Hügel. Eine Legende erzählt von einem buddhistischen Mönch, der im 4. Jh. an diesem Ort eine so bewegende Predigt hielt, daß ein Blumenregen vom Himmel herniederfiel. Viele bunte, kugelförmige Steinchen, *Yuhua Shi* genannt, sind heute noch in diesem Gebiet zu finden. Man muß sie in ein Glas Wasser legen, um ihre Farben voll zur Geltung kommen zu lassen.
Während der Jahre 1927–1949 wurde Yuhua Tai zu einem Exekutionsort für Revolutionäre. Insgesamt sollen hunderttausend Menschen hier auf Befehl Chiang Kaisheks und der Guomindang-Partei hingerichtet worden sein. Diesen Hunderttausend setzte man nach der Revolution eine Gedenkstele mit der Inschrift »Ewiges Leben den Märtyrern der Revolution«.

Berg Niushou Shan 牛首山

Südlich von Nanjing befindet sich der Niushou Shan. Nach 1949 hat man hier zwei Gräber aus der Südlichen Tang-Dynastie (937–975) freigelegt. Es sind die Grabstätten des ersten Kaisers Li Sheng und des Sohnes und Thronfolgers Li Jing. Die Grabanlagen teilen sich in drei Teile, die in dreizehn Räume untergliedert sind. Interessante Reliefs und Wandgemälde sind erhalten geblieben.

Yanzi Ji, Schwalbenstein 燕子矶

Dieser Stein befindet sich auf einem Felsen des Berges Yanshan nördlich der Stadt. Der Berg liegt direkt am Changjiang und der Stein ragt, ähnlich einer fliegenden Schwalbe, über den Felsen hinaus. Auf der Spitze des Steines steht ein Pavillon, in dem sich eine Steinstele mit einer Kalligraphie des Qianlong-Kaisers befindet: *Yanzi Ji.* Auf der Rückseite des Steins ist ein Gedicht des Kaisers über die Landschaft zu lesen.
Nicht weit entfernt befinden sich Tempel, Pavillons und Höhlen. Früher gab es zwölf Höhlen, von denen heute nur noch drei existieren: die *Toutai Dong, Ertai Dong* und *Santai Dong*. Die Höhle *Santai Dong* ist die sehenswerteste.

Berg Qixia Shan 栖霞山

Etwa 22 km nordöstlich von Nanjing erhebt sich der 440 m hohe Berg Qixia Shan mit seinen drei Gipfeln.
Folgende Sehenswürdigkeiten sind in diesem Gebiet besonders erwähnenswert:
Tempel Qixia Si, am westlichen Fuß des mittleren Gipfels. Aus einem privaten Anwesen aus dem Jahre 483 entstanden, fiel der Tempel 1855 einem Feuer zum Opfer und wurde dann erneut aufgebaut. Heute sind nur noch das Haupttor, die Hallen *Tianwang Dian, Pilu Dian* und der *Cangjing Lou*, Turm der Heiligen Bücher zu sehen. Auf dem Tempelgelände befinden sich noch eine Steinstatue aus der Zeit um 400, Steinpagoden aus der Wudai-Zeit, Steinstelen aus der Tang-Zeit sowie die *Pagode Sheli Ta.*
Die 15 m hohe Sheli Ta soll aus dem Jahre 601 stammen, doch lassen die in sieben Wände eingemeißelten buddhistischen Figuren auf das 10. Jh. schließen.
Der Qianfo Yan, Tausendbuddha-Felsen, liegt östlich der Pagode Sheli Ta. Nach der Überlieferung ließ der Kreischef Zhong Zhang der Nanxi-Zeit (478–502) zwei Buddha-Skulpturen in den Felsen meißeln. Später kamen immer mehr Figuren hinzu. Heute soll der Felsen 299 Nischen und 515 buddhistische Skulpturen zählen.
Neben diesem Felsen steht die buddhistische Halle **Wuliang Dian.** Sie soll ebenfalls im Jahre 484 erstmals errichtet worden sein. Die Außenwände und das Bogentor wurden aus Stein gefertigt.

Besondere lokale Erzeugnisse

Nanjinger Yunjin-Brokat

Der berühmte Nanjinger Brokat, auch Wolkenbrokat genannt, gehört zu den drei besten Brokaten Chinas. Er zeichnet sich durch seine schönen Farben und Muster aus.
Seit dem 3. Jh. ist Nanjing ein wichtiger Ort der Seidenproduktion. Während der Jahre 420–589 gab es in Nanjing ein offizielles Brokatamt. Zu jener Zeit begann auch der Export von Seide ins Ausland. Der Wolkenbrokat wurde hauptsächlich für kaiserliche Familien, hohe Beamte und Kaufleute hergestellt. Heute wird er in alle Teile Chinas und ins Ausland geliefert.

Hotels

Jinling Fandian, Hanzhonglu, Xinjiekou, Tel. 44141, 41121, Tx. 34110 Jlhuj 金陵饭店
Ein neuer, 36 Stockwerke zählender Bau mit Drehrestaurant.
Nanjing Fandian, Zhongshanbeilu 259, Tel. 34121 南京饭店
Shuangmenlou Binguan, Zhongshanbeilu, Huju Beilu, Tel. 85535, 85961 双门楼宾馆
Shengli Fandian, Zhongshanlu 75, Tel. 42217 胜利饭店
Dingshan Binguan, Chaha'erlu 90, Tel. 85931 丁山宾馆

Restaurants

Jiangsu Jiujia, Jiankanglu 126, Tel. 23698
Sichuan Jiujia, Taipingnanlu 171, Tel. 42243, 43651
Tongqinglou Caiguan, Zhongshannanlu 10, Tel. 42885
Beijing Lammrestaurant, Zhongshandonglu 94, 42585
Dasanyuan Caiguan, Zhongshanlu 38, Tel. 41027

Einkaufsmöglichkeiten

Die wichtigste Einkaufsstraße Nanjings ist die Zhongshanlu. Der Freundschaftsladen, Youyi Shangdian, befindet sich in der Straße Daqinglu 3–9. Ein Antiquitätengeschäft findet man in der Hanzhonglu 7–11.

Reisebüro, **Lüxingshe**

Guoji Lüxingshe, **CITS,** + Zhongguo Lüxingshe + Huaqiao Lüxingshe: Zongshanbeilu 313, Tel. 85153, 86968, Tx. 34119 ITSNJ

CAAC Büro, Zhongshandonglu 76, Tel. 4 33 78

Bahnhof, Nanjing Huochezhan, Shaoshanlu, Tel. 3 42 72

Taxen: Beijingxilukou, Tel. 3 38 90

Telefon: Ferngespräche Inland 113, Internat. 4 15 00, 4 28 13, Inform. 1 16

Bank of China, Zhongshandonglu 2, Tel. 4 33 36

Postamt: Zhongshanlu 25, Tel. 4 23 38, 4 23 14

Universität Nanjing Daxue, Mankoulu 11, Tel. 3 46 51-3, Wohnheim der ausländischen Studenten: Tel. 3 46 51-6 63

Kaiserkanal 大运河

Der Kaiserkanal ist der längste und älteste künstliche Wasserweg der Erde. Erste Kanalabschnitte wurden bereits vor 2400 Jahren angelegt: vom Changjiang Fluß über Yangzhou nach Huai'an im Norden. Sie dienten dem Transport von Truppen, die der König des Wu-Reiches (etwa heutiges Jiangsu) gegen das Qi-Reich (etwa heutiges Shandong) ins Feld führen wollte.
Ende des 6. Jh. ließ Kaiser Yangdi der Sui-Dynastie viele kleinere Kanäle und Flüsse zu einer durchgehenden Wasserstraße vereinen, so daß die in West-Ost-Richtung verlaufenden Flüsse Haihe, Huanghe, Huaihe, Changjiang und Qiantangjiang durch den in Nord-Süd-Richtung kreuzenden Großen Kanal miteinander verbunden waren. Die neue Hauptstadt Luoyang hatte nun Anschluß an die alte Hauptstadt Xi'an im Westen und an die im Süden gelegenen Städte Yangzhou (wo Kaiser Yangdi sich eine Residenz bauen ließ) und Hangzhou. Reis aus den fruchtbaren Anbaugebieten des Südens konnte innerhalb kürzester Zeit in den kargen Norden transportiert werden. Die Verpflegung der kaiserlichen Armeen war gesichert. Zudem entstand ein reger Warenaustausch zwischen Nord und Süd, so daß sich Hangzhou, Suzhou und die vielen anderen Städte entlang dieser Wasserstraße zu blühenden Handelsstädten entwickelten.
Im 13. Jh. – unter dem Mongolen-Kaiser Kublai Khan – wurde der Kanal begradigt und direkt bis nach Peking ausgebaut. Alte, im Westen verlaufende Kanalabschnitte versandeten. Der neue Kanal hatte nun eine Länge von 1794 km und garantierte die Versorgung der Hauptstadt. Doch nicht nur der Reistribut, die wichtigste Steuer der chinesischen Kaiser, wurde aus dem Süden nach Norden transportiert, sondern auch Seide und das viele Material für den

Bau der kaiserlichen Paläste und Residenzen, z. B. kostbare Hölzer und Steine.
Mit dem Niedergang des Kaiserreiches verfielen weite Strecken des Kanals, Überflutungen des Huanghe Flusses richteten schwere Schäden an, in jüngster Vergangenheit nahm der Ausbau des Eisenbahnnetzes dem Kanal seine Bedeutung. Nur seine südliche Hälfte wird noch heute intensiv als Transportweg genutzt.
Vor ein paar Jahren ›entdeckte‹ das Staatliche Reisebüro den Kaiserkanal und organisierte seitdem Fahrten auf der Strecke Yangzhou–Suzhou. Route und Dauer dieser Fahrten variieren. Es gibt Touren über mehrere Tage hinweg, wo Station in den einzelnen Kanalstädten gemacht wird, oder aber auch Tagestouren. Der Kurzzeitbesucher sollte wenigstens in Suzhou für ein paar Stunden die Fahrt bis zum Hanshan Tempel unternehmen, eine Tour vorbei an endlosen Schleppverbänden, an kleinen Haus- und Frachtbooten.

Stadt Zhenjiang 鎮江市

Nach etwa vier Stunden Zugfahrt von Shanghai in Richtung Nanjing erreicht man Zhenjiang, eine landschaftlich wunderschön gelegene Stadt.
Die günstige Lage am Südufer des Changjiang, der hier von dem Großen Kanal gekreuzt wird, machten Zhenjiang im Laufe seiner langen Geschichte zu einer bedeutenden Hafen- und Handelsstadt. Heute ist Zhenjiang eine Industrie- und Binnenhafenstadt mit 300 000 Einwohnern.
Die Sehenswürdigkeiten Zhenjiangs konzentrieren sich auf die drei Berge *Beigu Shan, Jiaoshan* und *Jinshan.* Interessant ist jedoch auch das **Zhenjiang-Museum** (Sammlung von klassischen Büchern, Malereien, Bronzen und Porzellan) und die **Shaozong**-Bibliothek (Boxian-Park). Sie umfaßt eine wertvolle Sammlung von 80 000 Bänden, die sich aus den Beständen der ehemaligen Bibliothek des Jinshan-Tempelklosters und der alten Shaozong-Bibliothek zusammensetzt.
Bedeutend ist das 100 Bände zählende Werk *Baikongliutie* (entstanden im 7.–11. Jh.), ein Wörterbuch alter Redewendungen und Sprichwörter.

Hügel Beigu Shan 北固山

Der 48 m hohe Beigu Shan befindet sich nordöstlich der Stadt am Ufer des Changjiang.
Sehenswertes befindet sich nur auf dem hinteren Teil des Beigu Shan, der eng mit der Geschichte der Drei Reiche verbunden ist.

Der Gründer des Staates Wu, Sun Quan, herrschte damals über das Gebiet am Mittel- und Unterlauf des Changjiang. Sein Gegenspieler, der Kaiser von Shu, Liu Bei, heiratete dessen Schwester, Sun Shangxiang. In dem Gebiet, wo heute das **Ganlu** Tempelkloster steht, soll Liu Bei der Mutter Sun Quans vorgestellt worden sein. Das Ganlu Si stammt aus dem Jahre 265, wurde aber im Laufe der Zeit mehrmals zerstört und wieder aufgebaut.
Die Heirat von Liu Bei und Sun Quans Schwester konnte nicht die Interessenunterschiede zwischen beiden Staaten mindern. Liu Bei wurde während eines Krieges besiegt und starb in Baidicheng, am Oberlauf des Changjiang. Seine Frau brachte ihm in dem Pavillon *Lingyun Ting* Opfer dar. Es heißt, sie habe den Tod ihres Mannes nicht verwinden können und sich von hier aus in die Tiefe gestürzt.
Neben dem Tempel steht eine Eisenpagode, die **Ganlusi Tieta.**
Liu Bei soll an diesem Ort Sun Shangxiang geheiratet haben. Die Eisenpagode wurde in den Jahren 825–826 erbaut. Die einst sieben Stockwerke hohe Pagode fiel im Jahre 1886 einem Beben zum Opfer, wodurch sie bis auf die unteren zwei Etagen zerstört wurde. Nach 1949 restaurierte man sie.
Auf der Spitze des Berges steht das **Duojing Lou,** ein zweistöckiges Gebäude. Hier soll sich die Frau Liu Beis geschminkt und angekleidet haben. Duojing Lou war in den vergangenen Jahrhunderten bevorzugter Treffpunkt vieler Gelehrter, Dichter und Maler. Der große Dichter der Tang-Zeit, Li Bai, hat hier ein Gedicht über den Beigu Shan verfaßt.

Berg Jiaoshan 焦山

Der Jiaoshan liegt nordöstlich der Stadt mitten im Changjiang. Er gleicht einem Stück grüner Jade, das in den Fluten des Changjiang schwimmt. Er ist etwa 150 m hoch und mit alten Bäumen aus der Song- und Ming-Zeit bewachsen.
Folgende Sehenswürdigkeiten lohnen einen Besuch:
Das buddhistische **Tempelkloster Dinghui Si** ist eine Gründung aus der Östlichen Han-Dynastie. Die heute noch erhaltenen Hallen stammen aus der Qing-Dynastie.
Xijiang Lou, ein Gebäude auf der Spitze des Berges Jiaoshan und zum Tempel **Biefeng An** gehörend, hat auf allen vier Seiten große Fenster, die einen sehr umfassenden Blick auf den Changjiang gewähren.
Auf dem Jiaoshan gibt es 263 Steintafeln, darunter einige aus den Süd-Dynastien. Die Tafeln sind heute in der Halle *Baomo Dian* untergebracht. Die berühmte Steininschrift *Yiheming* des großen Kalligraphen Wang Xizhi aus der Jin-Dynastie steht in einem eigenen Pavillon. Wang Xizhi liebte Kraniche. Es wird berichtet, daß er einst auf dem Jiaoshan ein Kranichpaar sterben sah

und daraufhin seine Trauer in einem Gedicht niederschrieb. Das Gedicht wurde in die Uferfelsen gemeißelt, doch fiel der Teil bei einem Bergsturz in den Fluß. Erst während der Qing-Dynastie barg man den kostbaren Fels und stellte ihn an der heutigen Stelle wieder auf.
Ehemalige Festungsanlagen befinden sich auf der Ostseite des Berges. Sie wurden während des Opiumkrieges am 15. Juli 1842 benutzt, als man mit Kanonen englische Kriegsschiffe zu vertreiben suchte.

Jinshan, Goldberg 金山

Der Name Jinshan geht auf Goldfunde zurück, die man während der Tang-Dynastie in diesem Gebiet gemacht hatte.
Dieser 60 m hohe Berg war früher eine Insel im Changjiang, die schon von dem Dichter Zhang Ku der Tang-Dynastie besungen wurde. Während der Qing-Dynastie verband man den Berg mit dem Festland.
Mehrere Pavillons und feierlich wirkende Hallen sind dort zu finden. Das Tempelkloster **Jinshan Si** stammt aus der Östlichen Jin-Dynastie. Es besteht aus mehreren Haupt- und Nebenhallen, die in den Berghang hineingebaut wurden und sich harmonisch der Landschaft anpassen. Während seiner Blütezeit lebten hier mehr als 3000 Mönche. Auch heute wird das Kloster noch von Mönchen bewohnt.
Die Pagode **Cishou Ta** befindet sich auf der Spitze des Berges. Der Überlieferung nach soll sie erstmals in der Tang-Dynastie erbaut worden sein. Bis zur frühen Ming-Dynastie verfiel sie jedoch und wurde 1900 neu aufgebaut. Über eine Wendeltreppe kann man in die einzelnen Stockwerke gelangen.

Hotels

Jinshan Fandian, Jinshan Xilu, Tel. 24962 金山饭店
Yiquan Fandian, Yiquanlu, Tel. 23422 一泉饭店
Lüyou Fandian, Jiefanglu, Tel. 23671 旅游饭店
Renfang Fandian, Fengcheshan, Tel. 22966 人防饭店

Reisebüro

Zhongguo Lüxingshe, Zhongshanlu 407, Tel. 23281.

Stadt Changzhou 常州市

Changzhou liegt auf der Linie Shanghai-Nanjing zwischen Wuxi und Zhenjiang. Nach Fertigstellung des südlichen Teils des Großen Kanals im Jahre 609 entwickelte sich Changzhou zu einem wichtigen Getreideumschlagplatz. Seit Beginn des 20. Jh. siedelte sich in der Stadt vor allem Textilindustrie an. In den letzten 30 Jahren entstanden Betriebe der Nahrungsmittel- und Maschinenindustrie.

Garten Jinyuan 近园

Der Jinyuan, in dem sich das Gästehaus der Stadt Changzhou befindet, wurde in den Jahren 1668–1672 angelegt. Er entspricht in seiner Gestaltung dem Stil der Ming-Dynastie.

Tempel Tianning Si 天宁寺

Von dem in den Jahren 901–904 großzügig angelegten Tempel sind heute nur noch die Hallen *Daxiong Baodian*, *Jingang Dian*, *Wenshu Dian*, *Puxian Dian*, *Guanyin Dian* und die Halle der 500 Luohan zu besichtigen. Sie alle wurden in der Qing-Dynastie nach alten Plänen restauriert.

Park Hongmei Gongyuan 红梅公园

In dem Park steht ein 17 m hoher Pavillon, dessen imposante Baukonstruktion die Anlage zu einer besonderen Sehenwürdigkeit macht. Er stammt aus der Zeit der Qing-Dynastie. Es ist jedoch nicht nur der Pavillon, der diesen Park bekannt gemacht hat, sondern es sind vor allem auch seine rotblühenden Zierpflaumenbäume. Besucher, die sich im März/April an diesem Ort aufhalten, sollten sich die Blüte im Hongmei Gongyuan anschauen.

Hotels

Changzhou Fandian, Dongdajie, Tel. 23737 常州饭店
Dongfanghong Lüguan, Dongdajie, Tel. 22065 东方红旅馆
Lüyang Fandian, Dongdajie, Tel. 22805 绿杨饭店

Reisebüro

Zhongguo Lüxingshe, Dongdajie 101, Tel. 4886.

Stadt Yixing 宜兴市

Yixing, im Süden der Provinz Jiangsu und nicht weit vom Taihu gelegen, ist seit dem 12. Jh. aufgrund seiner Keramikproduktion im In- und Ausland zu einem Begriff geworden. Auch heute ist die Keramik noch immer von großer Bedeutung. Es ist eine meist unglasierte Ware in verschiedenen Brauntönen bis zu Braunviolett und Gelb. Häufig werden die Gefäße mit eingeritzten Pflanzen- und Tiermotiven oder Zeichen verziert. Manche Gegenstände haben die Gestalt von Früchten, Blüten oder Bambusstücken.
Die Erzeugnisse aus Yixing sind meist für den täglichen Gebrauch bestimmt wie z. B. Teekannen, Teebecher, Teller, Suppentöpfe, Schalen und Blumentöpfe.

Frühere Residenz des Königs Fuwang des Taiping Tianguo

太平天国輔王府

In der Straße Hepingjie befindet sich die frühere Residenz eines der Taiping-Könige. Früher lebte hier ein hoher Beamter der Qing-Dynastie. Als die Taiping-Truppen die Stadt besetzten, machte der König Fuwang (Yang Fuqing) das Anwesen zu seiner Residenz. Bis heute befinden sich dort Wandmalereien aus der Taiping Tianguo-Zeit.

Höhlen Zhanggong Dong 张公洞

Die Höhlen liegen 22 km südöstlich der Kreisstadt Yixing am Fuß des Berges Yufeng Shan. Hier soll einst der berühmte Daoist Zhang Daoling (Zhang Gong), gelebt haben. Die Höhlen wurden nach ihm benannt.
Sie teilen sich in einen vorderen und einen hinteren Komplex. Ihre Gesamtfläche beträgt 3000 qm.
Die vordere ist sehr groß, sie kann mehrere Tausend Menschen fassen. Durch eine Öffnung, die von Bäumen umgeben ist, kann man in den Himmel blicken. Viele Stufen machen den 1 km langen Weg durch die 72 Höhlen begehbar. Der Besucher kann sich an den bunt ausgeleuchteten ›Hallen‹ erfreuen, an den bizarren Formen und auch an der Musik, die ab und zu aus dem Hintergrund ertönt.

Höhlen Linggu Dong 灵谷洞

Die Linggu Dong Höhlen befinden sich 30 km südwestlich von Yixing am südlichen Fuß des Berges **Shiniu Shan,** 6 km von den Zhanggong Dong-Höhlen entfernt. Ihre Gesamtfläche beträgt 2413 qm. Sie werden in fünf große sogenannte Steinhallen unterteilt. Mit viel Phantasie kann man zahlreiche interessante Figuren und Landschaften und sogar einen riesigen Steinwasserfall erkennen, der aus 17 m Höhe ›herabfällt‹.

Höhlen Shanjuan Dong 善卷洞

Die Shanjuan-Höhlen liegen 25 km südwestlich von Yixing im Berg **Luoyan Shan.** Sie haben drei Stockwerke und ihre Gesamtfläche beträgt 5000 qm. Der Weg durch sie hindurch hat eine Länge von 800 m. Der obere Teil hat die Besonderheit, daß in ihm das ganze Jahre hindurch eine Temperatur von 23 °C herrscht. Die schönste und wunderlichste Höhle gehört zum unteren Teil. Ein Wasserfall stürzt dort hinab. Mit einem Boot kann man den Höhlenfluß entlang fahren und erreicht nach 120 m das Ende der Höhle.

Hotel

Yixing Binguan, Renminnanlu, Tel. 2179 宜兴宾馆

Stadt Suzhou 苏州市

Suzhou liegt im Süden der Provinz Jiangsu, südlich des Changjiang-Deltas, am südlichen Abschnitt des **Kaiserkanals** und in einem der fruchtbarsten Gebiete Chinas. Die Stadt wird das Venedig Chinas genannt, denn sie ist umgeben und wird durchkreuzt von vielen kleinen Kanälen. Berühmt ist sie wegen ihrer Gärten, in denen Natur und Architektur eine harmonische Verbindung eingehen. So ist Suzhou heute eine touristische Hauptattraktion, die jährlich von mehreren Millionen Besuchern aus dem In- und Ausland besucht wird.

Geschichtlicher Überblick

Suzhous Geschichte läßt sich bis in das Jahr –484 zurückverfolgen, als die Stadt kurze Zeit Hauptstadt des Staates Wu war. Mit dem Bau des Großen Kanals entwickelte sich Suzhou zum bedeutenden Verwaltungs- und Handelszentrum. Unter der Ming- und frühen Qing-Dynastie erlebte die Stadt ihre

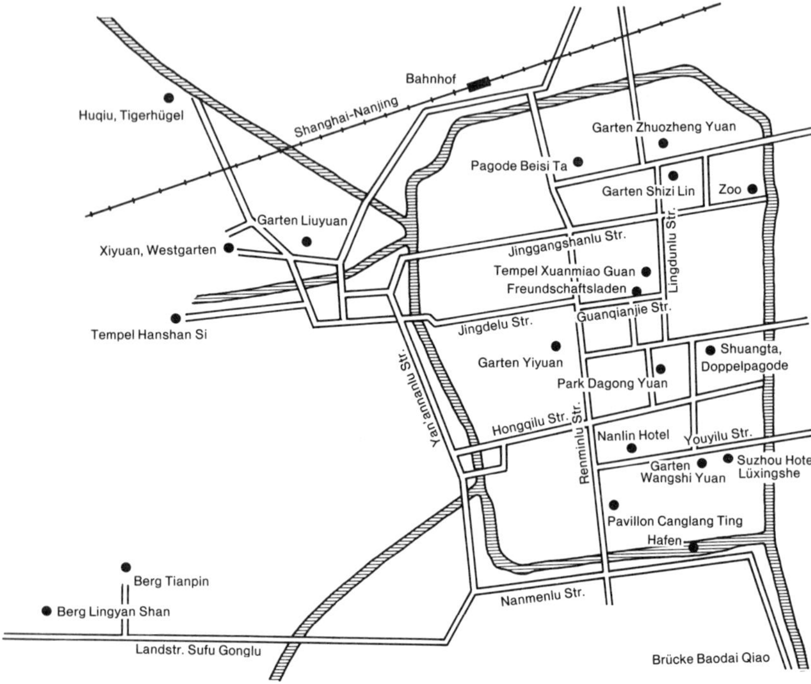

Stadtplan von Suzhou

Blütezeit. Unzählige Familien reicher Landbesitzer, hoher Beamter und Kaufleute ließen sich hier nieder. In dieser Zeit entstanden die meisten der Gärten. Suzhou war ein Zentrum der Finanzen und Banken, der Künste und der Gelehrsamkeit. Seidenindustrie und die Stickereikunst trugen zum Reichtum der Stadt bei. 1860–1863 wurde Suzhou von den Truppen der Taiping-Aufstandsbewegung eingenommen und schwer beschädigt. Nach dem Scheitern der Taiping-Bewegung versuchte man, die Spuren dieser Zeit auszulöschen und die Wirtschaft wieder neu aufzubauen, doch hatte die Stadt inzwischen ihre überragende Bedeutung als Handelsplatz schon an Shanghai verloren.

Heute ist Suzhou ein Zentrum der Seiden- und Baumwollindustrie.

Die Gärten Suzhous

Suzhous Gärten wurden im Laufe der letzten Jahrhunderte von reichen Beamten, Kaufleuten und Grundherren angelegt. Hierhin zogen sich ehemals erfolgreiche Würdenträger zurück, um die letzten Jahre ihres Lebens in Ruhe und Harmonie zu verleben. Großgrundbesitzer genossen in Suzhou die Vorteile einer Stadt, brauchten jedoch nicht auf die ländliche Atmopshäre zu verzichten. Kaufleute erfüllten sich den Wunsch eines Anwesens in ländlicher Umgebung, waren jedoch in Reichweite des städtischen Getriebes. Aus historischen Quellen geht hervor, daß die Stadt während ihrer Blütezeit 200 namhafte Gärten zählte. Unter diesen sind Anlagen unterschiedlicher Größe zu verstehen, in denen die Villen in Form von verschiedenen Gebäuden, Hallen und Pavillons standen. Sie stellten eine eigene kleine Welt dar, in der alle Elemente vorhanden sein sollten, die es unter dem Himmel gab. Die Baumeister hatten die Aufgabe, auf einem begrenzten Raum eine maximale Anzahl von Szenerien zu schaffen. Wichtigste Elemente waren Teiche und Berge. Da Suzhou in einer Niederung liegt, war es ein leichtes, Teiche anzulegen, denn in 1–2 m Tiefe gab es schon Grundwasser. Die durch das

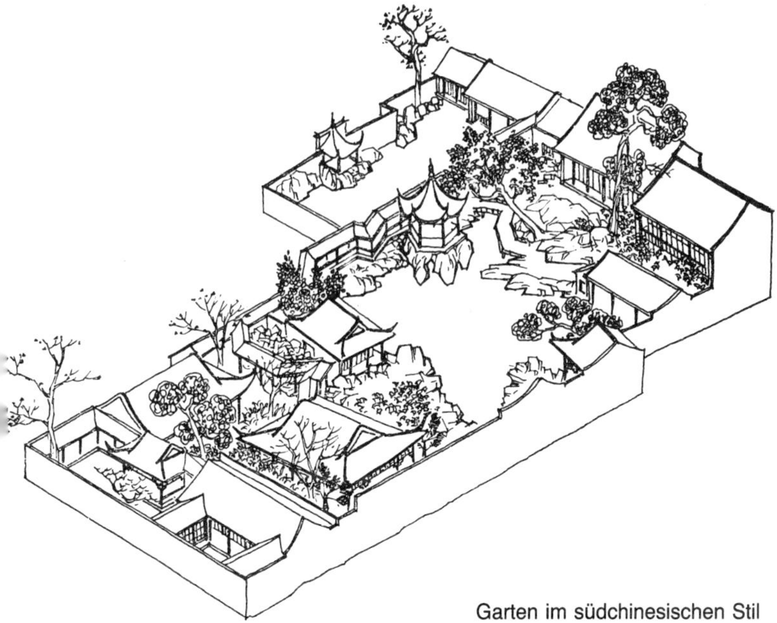

Garten im südchinesischen Stil

Ausheben der Teiche gewonnene Erde wurde zu Hügeln aufgeschüttet. Häufig anzutreffen sind die sogenannten **Taihu-Steine,** bizarr geformte Felsen, die einzeln oder in Anhäufungen die Gärten zieren. Taihu-Steine sind poröses Kalkgestein, das meist von der Westberg-Insel im Taihu See stammt. Sie wurden für mehrere Jahre in den See geworfen und dem Wasser ausgesetzt. Auf diese Weise entstanden löcherige, bizarre Formen. Die Gärten sollten eine teils ländliche teils städtische Atmosphäre wiedergeben. So gehören Pavillons, Terrassen, Hallen und Türme ebenso zu einer typischen Suzhou-Gartenanlage wie Bambus, Blumen und verschiedenartige Bäume. Mauern schließen die Gärten ein und gliedern sie. In den Innenmauern gibt es mond- und vasenförmige Tore, vieleckige Durchgänge, Aussichtsfenster mit phantasievollem Gitterwerk. Zu den Gärten gehören auch Tiere, vor allem Fische und Singvögel.

Die Gärten sollten eine poetische Stimmung schaffen. Sie waren häufig der Schauplatz von Dichterwettkämpfen. So durften die Baumeister nicht nur Architekten sein, sondern ebenso auch Maler und Poeten. Häufig beteiligten sich mehrere Personen an der Konstruktion eines Gartens.

Viele der Gartenanlagen verwahrlosten während der Kriegszeiten. Seit 1949 bemüht man sich um ihre Restauration. Im folgenden werden die schönsten aufgezählt und beschrieben.

• Garten Zhuozheng Yuan 拙政园

Der Zhuozheng Yuan befindet sich im Nordosten Suzhous. Er ist mit 4 ha der größte unter den Gärten der Stadt und ein Musterbeispiel der Gartenbaukunst südlich des Changjiang.

Im Jahre 1513 ließ ihn der Zensor Wang Xiancheng nach seinem Rückzug aus dem politischen Leben anlegen. Nach seinem Tode verlor ihn sein Sohn beim Glückspiel.

Als die Taiping-Truppen 1860 Suzhou besetzten, wählte der König Zhongwang diesen und die gleich daneben gelegenen Gebäude des heutigen Historischen Museums als Residenz und Zentrum der politischen Aktivitäten.

Drei Fünftel sind mit herrlichen Teichen bedeckt. Alle Gebäude befinden sich dicht an den Teichen, so daß der Garten im Wasser zu schwimmen scheint. Die gesamte Anlage läßt sich in drei Teile untergliedern, einen östlichen, mittleren und einen westlichen. Der mittlere ist besonders sehenswert. Sein Zentrum bildet der Pavillon *Yuanxiang Tang.* Zwei künstliche, miteinander verbundene Inseln im Lotosteich nördlich des Pavillons sind dicht mit Bambus und Bäumen bewachsen. Im westlichen Teil dürfte die Halle *Sanshiliu Yuanyang Guan* Halle der 36 Mandarin-Enten, das Interesse der Besucher finden. Auf den

Zhuozheng Yuan

1. Damen, Eingang
2. Pavillon Hanqing Ge
3. Pavillon Furong Xie
4. Pavillon Tianquan Ting
5. Pavillon Yuanxiang Tang
6. Pavillon Xiao Canglang
7. Pavillon Xiangzhou
8. Halle der 36 Mandarin-Enten
9. Pavillon Taying Ting
10. Turm Daoying Lou
11. Turm Jianshan Lou
12. Pavillon Xuexiangyunwei Ting
13. Teehaus

angrenzenden See schwammen früher Mandarin-Enten, Symbole der ehelichen Treue. Heute schwimmen einige in einem extra eingezäunten Teil des Sees. Westlich der Anlage befinden sich eine sehenswerte Bonsai-Ausstellung und ein Teehaus.

Die Ausstellung des **Historischen Museums**

历史博物馆

das sich neben dem Garten Zhouzheng Yuan befindet, umfaßt eine Darstellung der Provinz in politischer, wirtschaftlicher und kultureller Hinsicht.

Pagode Beisi Ta 北寺塔

Die Beisi Ta befindet sich im nördlichen Teil des alten Suzhou. Sie stammt aus dem Jahre 450, ist bis heute relativ gut erhalten, und bietet vom oberen Stockwerk einen guten Ausblick. Bei gutem Wetter treffen sich in dem Teehaus hinter der Pagode Vogelliebhaber mit ihren Vogelkäfigen.

Garten Shizi Lin 狮子林

Der Shizi Lin liegt in der Straße Yuanlinlu im Nordosten Suzhous. Er ist einer der berühmtesten alten Gärten der Stadt. In den Jahren 1341–1367 während der Yuan-Dynastie ließ ein Mönch namens *Tianru* zum Gedenken an seinen Lehrer *Zhongfeng* hier einen buddhistischen Tempel errichten. Der heutige Garten befindet sich im rückwärtig gelegenen Teil der Anlage. Shizi Lins Besonderheit sind die *Taihu-Steine,* die hier in großer Zahl zusammengetragen wurden. Einige gleichen Blumen, andere Tieren, die meisten sollen Löwen ähnlich sehen, daher der Name Shizi Lin (Löwenwald).

Daoistischer Tempel Xuanmiao Guan 玄妙观

Der Xuanmiao Guan befindet sich in der Straße Guanqianjie. Es wird angenommen, daß er um 270 gegründet wurde. Der Tempel soll einst 31 Hallen gezählt haben. Heute sind nur das Haupttor *Shanmen* und die Halle *Sanxing Dian* zu sehen. Die Halle *Sanxing Dian* wurde 1179 neu errichtet und gehört zu den ältesten daoistischen Tempelhallen Chinas. Im Innern stehen drei vergoldete daoistische Heiligenfiguren *Sanxing Xiang* aus Ton.

Garten Yiyuan 怡园

Der Yiyuan befindet sich in der Straße Renminlu. Hier stand ursprünglich die Villa des Ministers Wu Kuan (1435–1504). Im Jahre 1876 kaufte ein hoher Beamter dieses Gelände und ließ es in sieben Jahren zu einem imposanten Garten umbauen. Ein Wandelgang teilt ihn in zwei Hälften, von denen die östliche hauptsächlich Pavillons, Hallen und Wandelgänge enthält. In diesen Gebäuden befinden sich zahlreiche wertvolle Malereien und Kalligraphien. In der Halle *Shitingqinshi,* Die Steine lauschen dem Spiel der Laute, liegt eine Laute, die dem großen Song-Dichter Su Dongpo gehört haben soll. Der westliche Teil besteht aus Seen und künstlichen Hügeln, auf denen wiederum kleine Pavillons stehen.

Shuang Ta, Doppelpagode 双塔寺双塔

Die beiden Pagoden befinden sich im Osten Suzhous. Sie gehören zu einer nicht erhaltenen Tempelanlage aus der Tang-Zeit und wurden im Jahre 1860 erneuert.

Statue des Zongkaba, des Gründers der ›Gelben Sekte‹, aus dem 17. Jh. im Potala-Palast, Lhasa, Tibet ▷

Garten und Pavillon Canglang Ting 沧浪亭

Der Canglang Pavillon befindet sich südlich von Suzhou und ist von einer der ältesten Gartenanlagen südlich des Changjiang umgeben. Der Kern der Anlage war zur Zeit der Fünf Dynastien die Villa eines hohen Beamten, die im Jahre 1041 vom Dichter Su Shenqing gekauft und um einen Garten mit Pavillons und Hallen erweitert wurde. 1954 restaurierte man ihn erneut und öffnete ihn der Allgemeinheit.

Die Fläche des Gartens beträgt heute 1 ha. Eine Brücke führt zum Eingangstor. Von dort gelangt man in einen Wandelgang, der durch den westlichen Teil des Gartens führt, vorbei an einem künstlichen Hügel, dem Mittelpunkt des Canglang Ting. Auf der Spitze des Hügels steht der kleine Pavillon Canglang Ting.

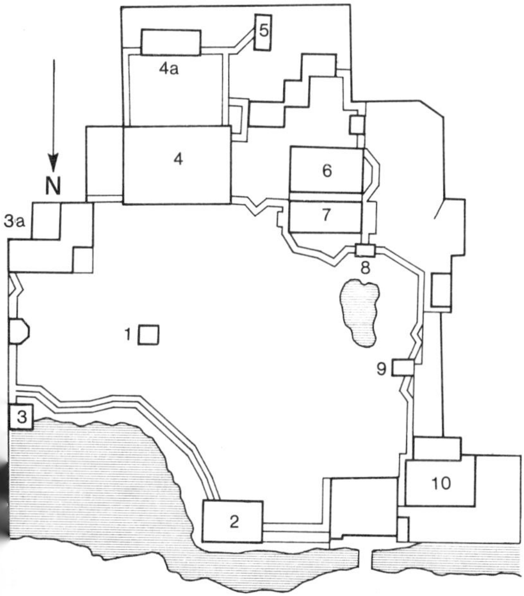

Garten und Pavillon Canglang Ting

1. Pavillon Canglang Ting
2. Mianshui Xuan
3. Guanyu Chu
3a Wenmiao Xiangshi
4. Halle Mingdao Tang
4a Yaohua Jingjie
5. Pavillon Kanshan Lou
6. Halle der 500 Weisen
7. Halle Qingxiang Guan
8. Pavillon Buqi Ting
9. Pavillon Yubei Ting
10. Pavillon Ouxiang Shuixie

◁ *Der Mondberg in Yangshuo, Guangxi*

Garten Wangshi Yuan 网師园

Der Wangshi Yuan befindet sich im Süden Suzhous ganz in der Nähe des Suzhou Hotels in der Straße Shiquanjie. Im Jahre 1140 ließ hier der hohe Beamte Shi Zhengzhi eine Residenz bauen. Der Name Wangshi Yuan bedeutet Garten des Meisters der Netze. Er sollte einem Netz zum Einfangen kluger und gebildeter Menschen gleichen, deren Gesellschaft der Besitzer über alles schätzte. Während der Ming-Dynastie wurde die Anlage von Grund auf restauriert.

Der Wangshi Yuan ist bekannt, weil er auf kleinstem Raum zahlreiche geschickt angeordnete Gebäude und eine Vielzahl von Szenerien bietet. Im Ostteil liegen die Wohngebäude. Im Westteil befindet sich ein kleiner Hof mit der im Ming-Stil erbauten Halle *Dianchunyi.* Sie gilt als ein Musterbeispiel der Hallen in den Gärten Suzhous.

Garten Xiyuan 西园

Der Xiyuan befindet sich in der Straße Liuyuanlu im Westen der Stadt gegenüber dem Garten Liuyuan. Früher gehörten sie zusammen und waren Privatbesitz des Xu Shitai, eines hohen Beamten der Ming-Dynastie. Sein Sohn ließ den Teil des heutigen Xiyuan zu einem Tempel umbauen. Heute noch kann der Besucher die Hallen *Tianwang Dian, Daxiong Baodian, Guanyin Dian* und den Turm *Cangjing Lou* besichtigen. Westlich der *Daxiong Baodian* steht die Halle *Luohan Tang,* in der 500 vergoldete, aus Ton gefertigte Luohan-Skulpturen zu sehen sind. Von einigen weiteren Statuen ist besonders interessant die des Mönchs *Jidian,* der einen Fächer in seiner rechten Hand hält und dessen Gesicht den Ausdruck zu ändern scheint, wenn der Betrachter seinen Standort wechselt.

In der Mitte des Gartenteils hinter der Halle *Luohan Tang* wurde ein Teich angelegt, in dessen Zentrum ein Doppeldachpavillon steht.

Garten Liuyuan 留园

Der Liuyuan liegt im Westen Suzhous gegenüber dem Xiyuan und gehört zu den vier berühmten Gartenanlagen Chinas, die als staatliche Kulturdenkmäler gelten. Die anderen drei sind der Garten Zhuozheng Yuan (ebenfalls in Suzhou), der Sommerpalast in Beijing und die kaiserliche Residenz in Chengde (Hebei).

Der Liuyuan und der Xiyuan waren ursprünglich eine Anlage, die dem hohen Beamten Xu Shitai gehörte. 1800 kaufte eine Familie Liu diesen Teil der Anlage

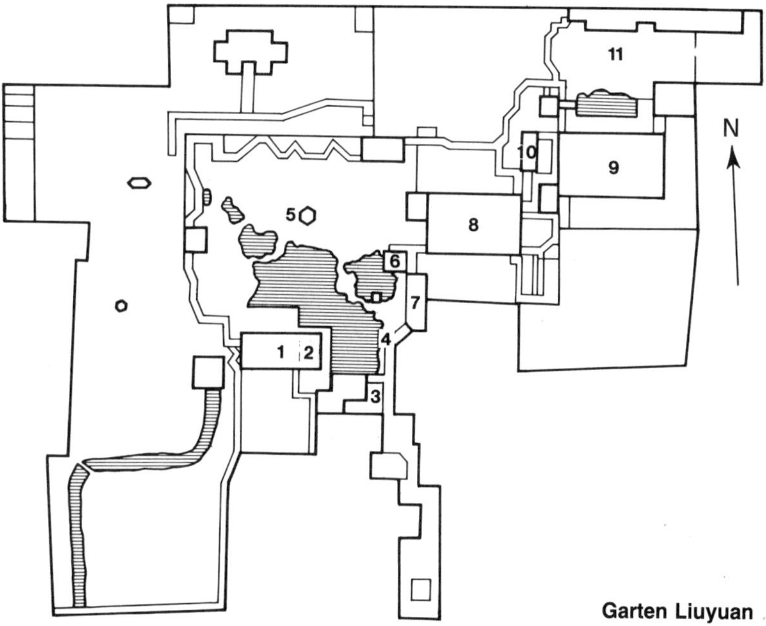

Garten Liuyuan

1. Halle Hanbi Shanfang
2. Halle Mingse Lou
3. Hof Gumu Jiaoke
4. Pavillon Haopu Ting
5. Pavillon Keting
6. Halle Qingfeng Chiguan
7. Halle Quxi Lou
8. Halle Wufengxian Guan (Nanmu Ting)
9. Halle Yuanyang Ting
10. Hof Huanwodushu Chu
11. Pavillon Guanyun Ting

und ließ sie umgestalten. Zu Beginn des 20. Jh. verwahrloste der Garten, wurde schließlich von Grund auf restauriert und der Öffentlichkeit zugänglich gemacht. Auf einer Fläche von über 3 ha entstanden durch Mauern und künstliche Berge verschiedene Höfe, die durch Wandelgänge von insgesamt 700 m Länge miteinander verbunden sind. Der Garten läßt sich in vier Abschnitte unterteilen. Das Zentrum der Anlage besteht hauptsächlich aus einem Teich und aus Felsen. Im östlichen Teil stehen Gebäude, Pavillons und Hallen, von denen zwei besondere Erwähnung verdienen: Die Hallen *Yuanyang Ting* und *Wufengxian Guan,* in denen sich herrliche Schnitzereien aus Nanmu-Holz, einer Art Zedernholz aus Südchina, befinden.

Der nordöstliche Hof enthält als Kuriosität einen 6,5 m hohen und 5 t schweren Taihu-Stein, der bereits seit 400 Jahren dort steht. Er wird »Der wolkenhohe Gipfel« genannt. Im westlichen Teil befinden sich überwiegend künstliche Berge. Beachtenswert ist der nördliche Teil mit seinem Pfirsichgarten.

Tempelkloster Hanshan Si 寒山寺

Das buddhistische Tempelkloster Hanshan Si liegt in dem Ort **Fengqiao Zhen,** etwa 5 km westlich von Suzhou. Kurze Bootsfahrten auf dem Großen Kanal enden hier meist. Es wurde in den Jahren 503–508 während der Liang-Zeit gegründet und später nach dem berühmten buddhistischen Mönch *Hanshan,* der im 7. Jh. hier eine Zeitlang lebte, benannt. Die heutigen Gebäude stammen aus der Qing-Dynastie. Der Dichter *Zhang Ji* (8. Jh.) erwähnte in einem Gedicht neben diesem Tempel auch eine Glocke. Da diese schon zur Ming-Zeit nicht mehr existierte, goß man damals eine neue, die allerdings von den Japanern mitgenommen wurde. Als man den Tempel 1905 restaurierte, schenkten japanische Mönche eine nach einem Muster aus der Tang-Dynastie gefertigte Bronzeglocke. Sie ist heute im Hanshan Si zu sehen. Innerhalb der einzelnen Tempelgebäude sind Inschriften und Gedichte von Zhang Ji, Yue Fei, Wen Zhengming, Tang Yin, Kang Youwei u. a. zu sehen.

• Huqiu, Tigerhügel 虎丘

Der Tigerhügel liegt in der Straße Shantangjie, 3 km nordwestlich von Suzhou. Im Jahre −480 begrub hier Fu Cha, König von Wu, seinen Vater He. Die Legende erzählt, daß drei Tage nach der Beisetzung ein weißer Tiger auf dem Hügel erschien, um das Grab zu bewachen. Daher hat der Ort seinen Namen.

Der Huqiu ist nur 30 m hoch und umfaßt eine Fläche von ca. 13 ha. Im Laufe seiner Geschichte hat er sich immer großer Beliebtheit erfreut, denn hier standen Tempel und Pagoden, gab es Wasserfälle, Felsen und Bäume. Der berühmte Dichter Bai Juyi (772–846) schrieb über ihn: »Ihn zwölfmal im Jahr zu besuchen, ist nicht wenig, aber auch nicht zuviel.« Im Laufe der Geschichte wurde diese Anlage siebenmal verwüstet und immer wieder aufgebaut. Mit Ausnahme der Pagode *Yunyansi Ta* und dem Tor *Er Shanmen,* die beide älteren Datums sind, stammen die übrigen Bauten aus dem letzten Jahrhundert.

Das *Er Shanmen,* »zweite Bergtor«, befindet sich am Fuße des Hügels. Es wurde in der Tang-Zeit errichtet und in der Yuan-Zeit restauriert. Beim Betreten sollte man auf die Baustruktur achten, die sich von der üblichen insofern unterscheidet, als die Stützbalken nicht aus einem Stück gefertigt

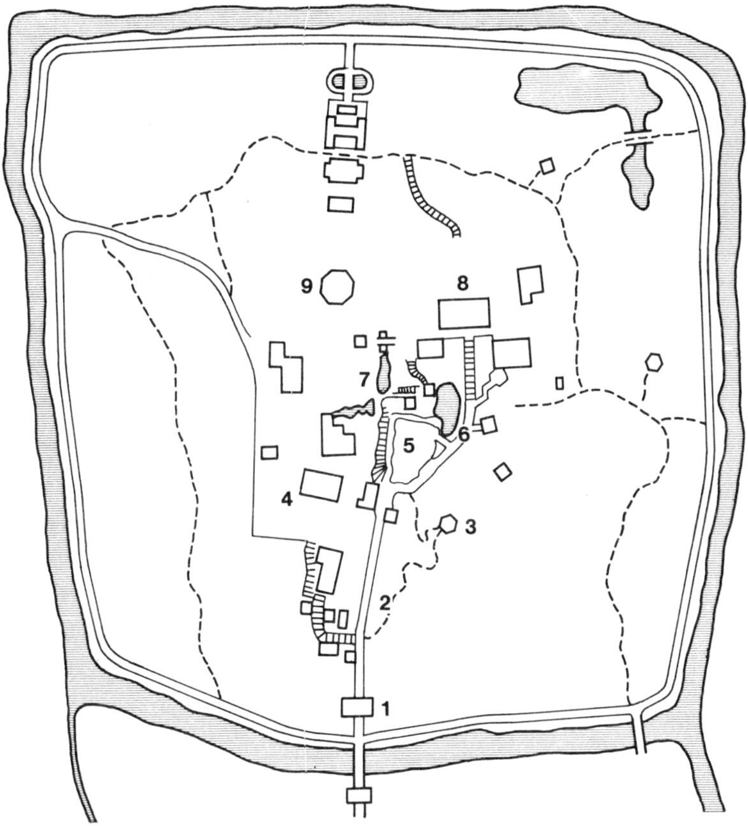

Huqiu

1. Zweites Bergtor
2. Shijian Shi
3. Pavillon Sunwuzi Ting
4. Pavillon Lengxiang Ge
5. Qianren Shi (Tausend-Mann-Stein)
6. Diantou Shi (Stein der Zustimmung)
7. Schwertteich
8. Tempel Yunyan Si
9. Pagode Yunyansi Ta

wurden. Man nennt diesen Bau deshalb auch Halle der gebrochenen Balken, *Duanliang Dian.*

Durch das Tor hindurch folgt man dem Weg weiter und sieht bald zur Rechten den *Shijian Shi,* einen Stein, an dem He Lü, der König von Wu, sein Schwert erprobt und ihn dabei gespalten haben soll.

Eine weitere Sehenswürdigkeit ist der *Jianchi,* Schwertteich. Unterhalb dieses

Teiches soll sich das Grab des He Lü befunden haben. Es heißt, He Lü sei ein begeisterter Schwertsammler gewesen. Nach seinem Tod wurden ihm 3000 seiner Lieblingsschwerter mit ins Grab gelegt. Kaiser Shihuang der Qin-Dynastie und Sun Quan, König von Wu (reg. 229–252) sollen versucht haben, die Schwerter auszugraben. Sie ließen tiefe Gruben ausheben, hatten bei der Suche aber keinen Erfolg. In den Gruben sammelte sich Wasser, so daß schließlich der Teich entstand. Auf der Spitze des Tigerhügels steht die Pagode *Yunyansi Ta.* Sie stammt aus den Jahren 959–961.

Suxiu, Suzhou-Stickerei

Suzhou ist eine der vier Stätten, die für ihre Stickerei berühmt sind. Die drei anderen sind Hunan, Sichuan und Guangdong. Die Suzhou-Stickerei hat eine lange Tradition. In der Nähe von Xuzhou ausgegrabene Stickereien aus der Song-Zeit (960–1279) geben Aufschluß darüber, wie verbreitet die Stickerei in jener Zeit war. Damals betrieb man in fast allen Familien die Seidenraupenzucht, stellte Seide her und bestickte sie. Man kannte drei verschiedene Stile, den volkstümlichen, den Beamten- und den Palaststil. Besonders wertvoll ist die hauchdünne doppelseitige Stickerei, die von beiden Seiten zu betrachten ist. Zu den beliebtesten Motiven gehören Katzen.

Pingtan, Suzhou Erzählungen

Pingtan ist eine sehr beliebte Vortragskunst, die in Suzhou, Shanghai und der Umgebung gepflegt wird. Früher handelte es sich hierbei um eine lokale Darstellungskunst, heute ist sie in ganz China verbreitet. Beim Pingtan erzählen die Schauspieler oder sie spielen ein Instrument und singen dazu eine Art Ballade. Auch das Imitieren von Stimmen kann dazu gehören. Nur mit Requisiten wie beispielsweise einem Fächer oder einem hölzernen Schlaginstrument ausgestattet, gelingt es den Künstlern, das Publikum drei Stunden lang und länger glänzend zu unterhalten.

Suzhou Pingtan stammt aus den letzten Jahren der Qing-Dynastie. Es ging aus zwei Unterhaltungsarten der Tang-Zeit hervor, dem *Pinghua,* erzählten Liebesgeschichten, und *Tanci,* gesungenen Geschichten und Novellen.

Hotels

Gusu Fandian, Shiquanjie, Tel. 51 27 姑苏饭店
Suzhou Fandian, Shiquanjie, Tel. 46 46 苏州饭店
Nanlin Fandian, Gunxiufang, Tel. 46 41 南林饭店
Lexiang Fandian, Dajingxiang, Tel. 28 15 乐乡饭店
Nanyuan Binguan, Shiquanjie, Tel. 46 41 南园宾馆

Restaurants

Dongting Fandian, Dongshan Zhen, Renminjie, Tel. 53
Songhe Lou, Guanqianjie 141, Tel. 20 66
Dieses Restaurant hat eine fast 300jährige Tradition.
Xinjufeng Caiguan, Renminlu 657, Tel. 37 94

Der Besucher Suzhous wird auf seinen Streifzügen durch die Stadt an vielen kleinen Restaurants vorbeikommen, häufig Familienbetriebe, die einfache, aber schmackhafte und preiswerte Speisen anbieten. Besonders viele Restaurants gibt es in dem Viertel um die **Guanqianjie** Straße.

Einkaufsmöglichkeiten

Die Hauptgeschäftsstraße ist die **Guanqianjie.** Im Haus No. 28 befindet sich ein Gemälde- und Kalligraphiegeschäft. Antiquitäten kann man in der Renminlu No. 433 kaufen, in No. 604 befindet sich der Freundschaftsladen. Interessant sind die Läden im Xuanmiao Guan.

Reisebüro, **Lüxingshe**

Guoji Lüxingshe, **CITS,** Zhongguo Lüxingshe, Huaqiao Lüxingshe, Youyilu 115, Tel. 59 31, 25 93, 46 46, Tx. 36 302

Gong'an Ju, Amt für Öffentliche Sicherheit, Dashiqiaoxiang 7, Tel. 40 94

Bahnhof, Buchung: Tel. 36 28-3 26

Bank of China, Guanqianjie 50, Tel. 63 09

Postamt: Cayuanchang, Tel. 34 80

Taxen: Youyilu 271, Tel. 29 40, 46 41

See Taihu und Umgebung 太湖

Der Taihu, drittgrößter See Chinas und viereinhalb mal so groß wie der Bodensee, liegt zwischen den Provinzen Zhejiang und Jiangsu. Seine durchschnittliche Tiefe beträgt 2 m, seine Fläche umfaßt 2420 qkm, einschließlich 48 größerer und kleinerer Inseln. Der Taihu ist mit dem Kaiserkanal verbunden und per Schiff von Suzhou und Hangzhou an einem Tag zu erreichen. An seinen

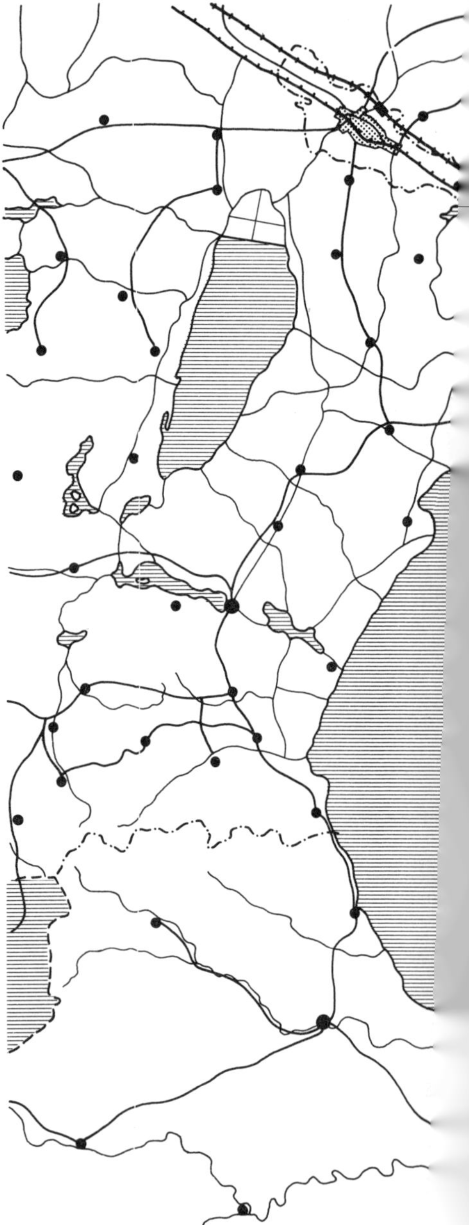

See Taihu und Umgebung

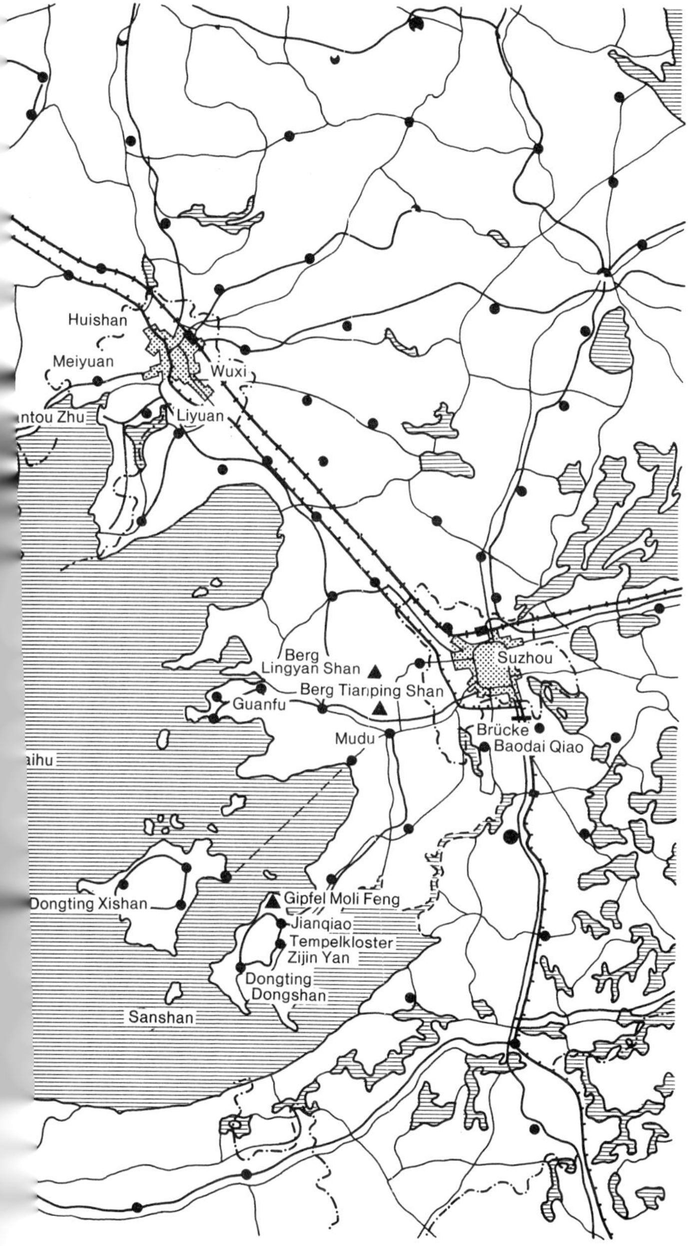

Huishan
Meiyuan
Wuxi
ntou Zhu
Liyuan
Berg
Lingyan Shan
Suzhou
Berg Tianping Shan
Guanfu
Brücke
Mudu
Baodai Qiao
aihu
Gipfel Moli Feng
Dongting Xishan
Jianqiao
Tempelkloster
Zijin Yan
Dongting
Dongshan
Sanshan

Ufern und auf den vielen Inseln stehen zahlreiche Sanatorien und Erholungshäuser. Seine Schönheit und die vielen Sehenswürdigkeiten ziehen Besucher aus dem In- und Ausland an.

Dongting Xishan 洞庭西山

Bei der größten Insel des Taihu handelt es sich um einen 336 m hohen Berg, der wegen seiner lieblichen Landschaft gern besucht wird und schon seit Jahrhunderten Dichter inspirierte.

Halbinsel Dongting Dongshan 洞庭東山

Diese Halbinsel befindet sich südöstlich von Dongting Xishan. Auch hier handelt es sich im wesentlichen um einen Berg, an dessen Westhang das Tempelkloster **Zijin Yan,** eine Gründung aus der Zeit der Tang-Dynastie, liegt. Seine Besonderheit sind 16 buddhistische Luohan-Statuen. Sie sollen das Werk des damals berühmten Bildhauers Lei Chao und seiner Frau, beide aus Hangzhou, sein.
Der **Moli Feng** ist mit 293 m die höchste Erhebung der Halbinsel.

Berg Longtou Shan 龙头山

Der Longtou Shan befindet sich im Dorf **Jianqiao Cun** auf der Halbinsel Dongting Dongshan. Vom Gipfel erblickt man ein 5 km breites Lotosblumenfeld. Es gibt in dieser Gegend den alten Brauch, am 24. Tag des 6. Monats des chinesischenMondkalenders hierher zu kommen, um den Anblick der Lotosblüten zu genießen.
Südwestlich des Berges **Dongting Dongshan** liegt die Berginsel **Sanshan** mit drei Gipfeln. Jeder dieser Gipfel soll einst im Besitz dreier Schwestern gewesen sein, den Konkubinen des Königs von Wu. Berühmt wurde Sanshan durch seine bezaubernde Landschaft und seine wunderlich geformten Steine.

Pagode Guangfu Ta 吴县光佛塔

Die Guangfu Ta im Städtchen Guangfu des Kreises Wuxian wurde erstmals im 6. Jh. errichtet. Der heutige Bau stammt aus der Qing-Zeit. Die Pagode ist sehr verfallen. Da sie aber auf dem Gipfel eines Berges steht, ist sie schon aus weiter Entfernung zu sehen und darum in der ganzen Umgebung bekannt. Der Ausblick auf den Taihu-See wird sehr gerühmt.

Wanfo Shita, Steinpagode der ›zehntausend‹ Buddhas

吴县万佛石塔

Die viereckige Wanfo Pagode im Dorf **Xijing Cun** des Kreises Wuxian stammt aus dem Jahre 1306. Das Innere wurde mit mehr als 1000 kleinen Buddha-Figuren geschmückt.

Brücke Baodai Qiao 吴县宝带桥

Die Baodai Qiao, eine der bekanntesten Brücken Chinas, befindet sich im Kreis **Wuxian,** 3 km südlich von Suzhou. Sie wurde im Jahre 806 während der Tang-Dynastie erbaut und in späteren Jahren mehrmals erneuert. Die Baodai Qiao hat eine Gesamtlänge von 317 m und eine Breite von 4 m. 3 steinerne Brückenpfeiler stützen sie.

Hügel Lingyan Shan 灵岩山

Der 82 m hohe Lingyan Shan liegt nahe dem Städtchen **Mudu,** Kreis Wuxian, 12,5 km von Suzhou entfernt. Aus der Ferne betrachtet wirkt der Hügel wie ein Elefant, darum wird er auch Elefantenberg genannt. Viele Legenden ranken sich um den Lingyan Shan. Eine stammt aus der Chunqiu-Zeit (–770 bis –476). Danach soll die schöne Xi Shi vom König von Yue an den König von Wu verschenkt worden sein. Dieser ließ für sie auf dem Lingyan Shan einen Palast errichten.

Viele Dichter und Literaten verschiedener Epochen wie Li Bai, Bai Juyi, Li Shangyin und Tang Yin haben diesen Hügel besungen. Auf der Kuppe des Lingyan Shan steht der buddhistische Tempel **Lingyan Si,** auch *Congbao Si* genannt. Die Anlage wurde bis auf die Pagode in den Jahren 1919–1932 neu gebaut.

Die Pagode **Duobao Ta** stammt aus dem Jahre 1147. Ihr Dach wurde im Jahre 1600 durch Blitzschlag zerstört; 1977 erfolgten Restaurierungsarbeiten. Neben dem Tempel befindet sich eine Gartenanlage mit dem *Wanhua-Teich.* Hier soll Xi Shi vor 2500 Jahren mit Blumen gespielt haben. Am Westfuß des Hügels befindet sich die Grabstätte eines berühmten Generals der Südlichen Song-Zeit, Han Shizhong und das seiner Frau Liang Hongyu.

Nördlich vom Lingyan Shan liegt der Berg **Tianping Shan.**

天平山

Zu den Sehenswürdigkeiten jenes Gebietes gehört *Yixiantian*, ein enger Pfad, der durch hohe Felsen führt. Er wird auch »Drachentor« genannt.
Besonders schön ist der Tianping Shan im Herbst, wenn sich die Blätter der Jahrhunderte alten Ahornbäume rot färben.

Stadt Wuxi 无锡市

Wuxi, drei Zugstunden von Shanghai entfernt, liegt im Süden der Provinz Jiangsu und am Nordufer des Taihu-Sees inmitten eines fruchtbaren Gebietes.
Wuxi gehört zu den ältesten Städten des Changjiang-Deltas. Während der Zhou- und Qin-Zeit wurde hier Zinn gefunden, und der Ort soll *Youxi*, Hat Zinn, genannt worden sein. Doch schon in den Jahren der frühen Han-

Stadtplan von Wuxi

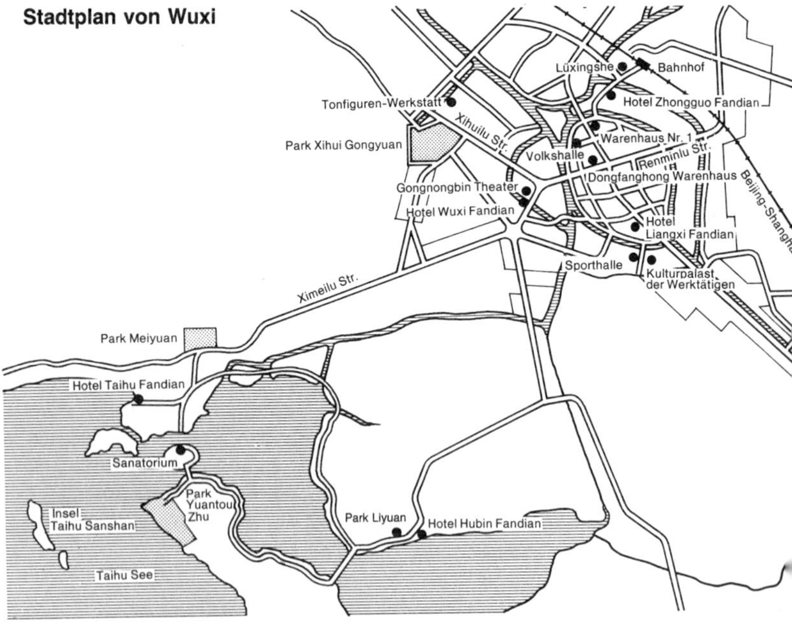

Dynastie waren die Zinn-Vorkommen ausgebeutet. So nannte man den Ort *Wuxi*, Ohne Zinn.
Seit Fertigstellung des Kaiserkanals im 13. Jh. entwickelte sich Wuxi zum Sammel- und Verladeplatz für das für die Hauptstadt bestimmte Getreide. Wuxi wurde einer der größten Getreidemärkte Chinas und Sitz einer reichen Kaufmannschaft. Aufgrund des Baus der Eisenbahnlinien zu Beginn des 20. Jh. konnte Wuxi diese Stellung trotz Verfalls des Kaiserkanals behaupten.
Wuxi hat eine lange Tradition in der Seiden- und Baumwollspinnerei. Nach 1949 wurde die Textilindustrie modernisiert und ausgebaut, ebenso auch andere Zweige der Leichtindustrie. Wuxi ist heute eine Stadt mit 650 000 Einwohnern und ein bekannter Erholungsort. Mehrere Sanatorien stehen in der Umgebung des schönen Taihu-Sees. Die meisten Sehenswürdigkeiten der Stadt befinden sich an dessen Ufern.
Die kulinarischen Spezialitäten Wuxis sind in ganz China bekannt, zum Beispiel gewürzte, gebratene Rippchen, *Xiaopaigu*, sowie Fische, vor allem gebratener Aal, *Shanyu*, und Krebse aus dem See Taihu.

Garten Meiyuan 梅园

Der Meiyuan befindet sich südwestlich der Stadt auf dem Berg Hushan. Ursprünglich war dies der Privatgarten eines hohen Beamten der späten Qing-Zeit. Im Jahre 1911 erwarb die reichste Familie der Stadt, die Familie Rong, den Meiyuan.
In diesem Garten wachsen viele Zierpflaumenbäume, so daß es dort am schönsten zur Pflaumenblüte im Frühjahr ist. Auch zu anderen Jahreszeiten machen Pavillons, Hallen, künstlich angelegte Höhlen und Pflanzen einen Spaziergang zu einem Erlebnis.
Die Pagode **Nianqu Ta,** wurde im Jahre 1930 errichtet. Von der obersten Etage hat man einen schönen Blick auf den Garten und den Taihu See.

Park Xihui Gongyuan 锡惠公园

Der Xihui Gongyuan befindet sich im westlichen Vorort der Stadt. *Xi* und *Hui* sind die Namen zweier Berge. Der Berg *Xishan*, Zinnberg, ist eigentlich nur ein kleiner Hügel von 74,8 m Höhe neben dem höheren *Huishan*. Der Name ›Zinnberg‹ leitet sich von dem Zinn her, daß hier vom −4. bis −2. Jh. gewonnen wurde. Am Berg Huishan entspringt eine sehr bekannte Quelle, die *Tianxia Dierquan*, Zweite Quelle unter dem Himmel. Sie ist aufgrund der

hohen Qualität ihres Wassers überall berühmt. Während der Song-Zeit leistete die Lokalregierung mit Wasser dieser Quelle einen Teil ihrer Abgaben an den Kaiserhof.
Am östlichen Fuß des Berges findet man alte Tempel und Pavillons. 1958 verband man die Berge Xishan und Huishan durch die Anlage des Xihui Parks.
Tonfiguren des Berges Huishan
Die Tonfiguren aus Wuxi, speziell die vom Huishan, haben eine über 400 Jahre alte Tradition.
Es gibt heute zwei Herstellungsverfahren: Zum einen arbeitet man mit Gipsformen; die so gefertigten Figuren sind von einfacher und klarer Gestalt. Zum anderen werden Figuren von Hand modelliert.
Bei den Darstellungen handelt es sich häufig um Heldenfiguren aus der Welt des chinesischen Theaters oder um Kinder und Bauern.

Yuantou Zhu, Schildkrötenkopf-Halbinsel 鼋头渚

Die Halbinsel Yuantou Zhu liegt südwestlich der Stadt Wuxi im See Taihu. Man verglich die Form der Halbinsel gern mit einem Schildkrötenkopf, so daß man sie schließlich auch so nannte.
1918 wurde hier ein Garten angelegt, den man später zu einem Park ausbaute. Pavillons, Hallen, künstlich angelegte Berge und kleine Teehäuser machen den Park zu einem beliebten Ausflugsziel.

Garten Liyuan 蠡园

Der Liyuan liegt südwestlich der Stadt am See Wuli Hu. Ursprünglich bestand er aus zwei Gärten, die 1927 und 1930 angelegt, dann jedoch in den fünfziger Jahren durch einen Wandelgang verbunden wurden. Im Frühling, zur Pfirsichblüte ist der Liyuan ein besonders lohnendes Ausflugsziel.

Hotels

Taihu Fandian, Meiyuan, Houwanshan, Tel. 23001, 26398 太湖饭店
Hubin Fandian, neben dem Park Liyuan, Tel. 26712 湖滨饭店
Shuixiu Fandian, Östlich vom Hubin Fandian, Tel. 26591 水秀饭店
Liangxi Fandian, Zhongshanlu, Shixinxiangkou, Tel. 26812 梁溪饭店
Wuxi Fandian, Ximen, Gongnongbing Guangchang 无锡饭店

Einkaufsmöglichkeiten

Freundschaftsladen, Zhongshannanlu 8, Tel. 25 13
Antiquitätengeschäft, Zhongshanlu 466, Tel. 25 12
Kunsthandwerkgeschäft, Renminlu 192.

Reisebüro, **Lüxingshe**
Guoji Lüxingshe, **CITS,** Xinshenglu 7, Tel. 54 69
Zhongguo Lüxingshe + Huaqiao Lüxingshe, Chezhanlu 53, Tel. 30 24

Bahnhof: Fahrkartenverkauf, Tel. 59 26-2 54
Information 20 12

Post: Renminlu 230, Tel. 44 48

Stadt Yangzhou 扬州市

Yangzhou, eine Stadt mit 280 000 Einwohnern, befindet sich am Nordufer des Changjiang.

Geschichtlicher Überblick

Die Geschichte der Stadt läßt sich bis ins −4. Jh. zurückverfolgen, als sie zum Staate Wu gehörte. Im Jahre 605 wurde Yangzhou die südliche Hauptstadt der Sui-Dynastie. Mit der Fertigstellung des Kaiserkanals, der mitten durch die Stadt führt und dann in den Changjiang mündet, entwickelte sich Yangzhou zum Verkehrsknotenpunkt zwischen Süd- und Nordchina und wurde darüber hinaus zum wichtigen Außenhandelshafen.
Zur Ming- und Qing-Zeit war Yangzhou vor allem Mittelpunkt des Salzhandels. Die Salzkaufleute gelangten hier zu ungeheurem Reichtum und wirkten zwischen dem 16. und dem 18. Jh. als Mäzene, so daß sich Yangzhou zu einem kulturellen Zentrum entwickelte.
1853 besetzten Taiping-Truppen die Stadt. Im Laufe heftiger Kämpfe wurden viele historisch wertvolle Bauten zerstört. Eine Katastrophe größeren Ausmaßes waren die Überschwemmungen des Kaiserkanals 1855, die zur Folge hatten, daß man begann, das für Beijing bestimmte Getreide von Shanghai aus übers Meer nach Tianjin zu verschiffen.
Nach 1949 entwickelte sich Yangzhou zum bedeutenden Knotenpunkt des Land- und Wasserverkehrs im nördlichen Teil der Provinz.
Von großer Bedeutung ist in Yangzhou das Kunsthandwerk. Hierzu gehören

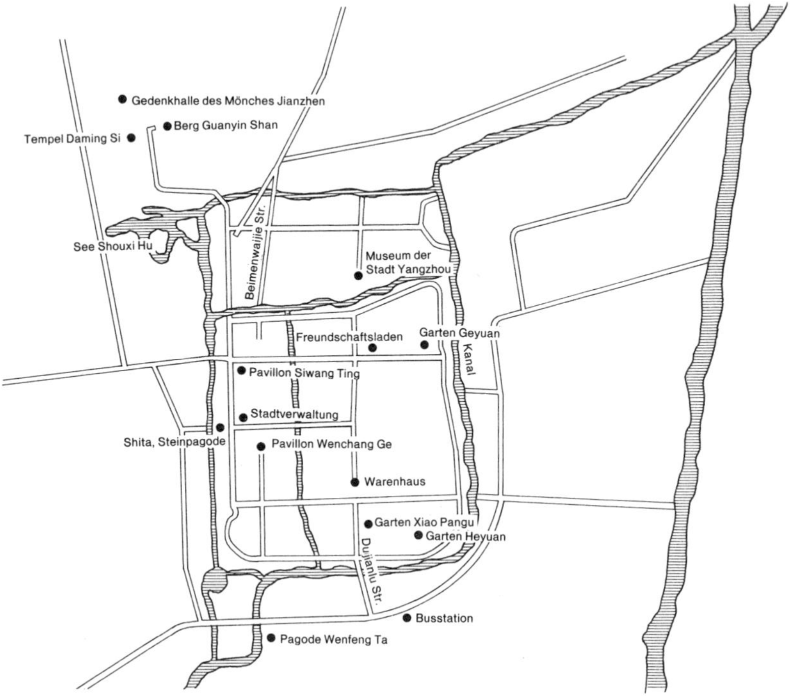

Stadtplan von Yangzhou

die traditionellen Lackarbeiten, Jadeschnitzereien, Scherenschnitte, Stickereien und der Buchdruck. Die Lackarbeiten Yangzhous haben eine über 2000 Jahre alte Tradition. Die Blütezeit dieses Handwerks lag bereits in der Han-Dynastie. Die Jadeschnitzerei ist dagegen jüngeren Datums. Sie hatte in Yangzhou erst in der Tang-Zeit ihren Höhepunkt.
In China sind die Bewohner von Yangzhou als die ›Meister der drei Messer‹ bekannt, nämlich für ihre Fertigkeiten als Koch, Friseur und Fußpfleger.

See Shou Xihu 瘦西湖

Der Shou Xihu, die wichtigste Sehenswürdigkeit Yangzhous, liegt in der westlichen Vorstadt. Man ist in Yangzhou sehr stolz auf die Schönheit dieses Sees und vergleicht ihn gern mit dem berühmten Hangzhouer See Xihu. Eigentlich handelt es sich um eine Verbreiterung des Flusses Baozhang, an dessen Ufern man auf einer Länge von etwa 5 km verschiedene Bauten angelegt hat. Es war der Dichter Wang Hang während der Qing-Zeit, der in einem Gedicht den Fluß Shou Xihu, Schmalen Westsee, genannt hatte. Folgende Anlagen sollte man besuchen:

Garten Xiyuan, 1751 im traditionellen Gartenbaustil angelegt. **Brücke Dahong Qiao,** Große Regenbogenbrücke. Sie wurde Ende der Ming-Dynastie erbaut und bestand ursprünglich nur aus Holz. Aufgrund ihrer roten Farbe nannte man sie Dahong Qiao, Große rote Brücke. In der Qianlong-Zeit wurde die Holzbrücke abgerissen und durch eine steinerne Bogenbrücke ersetzt. Seitdem nennt man sie ›Große Regenbogenbrücke‹. Sie ist im ganzen Land bekannt und wurde von vielen Poeten besungen.

Xiaojin Shan, ein kleiner interessanter Hügel mitten im See, auf dem mehrere Gebäude stehen.

Pavillon Diaoyu Tai, westlich der Insel Xiaojing Shan. Er ist im Grundriß quadratisch und trägt ein ›fliegendes‹ Doppeldach. Hier soll der Qianlong-Kaiser geangelt haben. Drei Wände des Pavillons haben sogenannte Mondtore und geben den Blick frei auf das Wasser. Die vierte Seite ist völlig offen und nur mit einem Gitter verziert.

Die weiße **Dagoba Lianxingsi** stammt aus der Qianlong-Zeit und ähnelt der in Beijings Beihai-Park. Als der Qianlong-Kaiser im Pavillon *Diaoyu Tai* angelte, soll er bedauert haben, daß es hier keine weiße Dagoba wie im Beihai-Park zu Beijing gäbe. Ein reicher Salzhändler ließ daraufhin angeblich über Nacht eine Dagoba aus weißem Salz aufschütten.

Brücke Wuting Qiao, sie wurde im Jahre 1757 zur Begrüßung des Kaisers von Salzhändlern errichtet. Mit einer Länge von 55 m und 15 Bogen steht sie neben der Dagoba. Auf der Brücke befinden sich fünf Pavillons (siehe Umschlagphoto).

Die **Insel Fuzhuang** liegt südöstlich der Brücke Wuting Qiao und nördlich der Dagoba. Eine Zickzack-Brücke stellt eine Verbindung zum Festland her. Auf der Insel stehen einige hübsche Pavillons und von Bäumen umgebene Wandelgänge.

Tempel Daming Si, und Gedenkhalle des Mönchs Jianzhen (688–763)

大明寺(鑒真紀念堂)

Der Daming Si, eine Gründung aus dem 5. Jh., befindet sich 4 km nordwestlich der Stadt Yangzhou auf dem mittleren Gipfel des Hügels Shugang. Der heutige Bau wurde in den Jahren 1860–1870 errichtet. In der Haupthalle *Daxiong Baodian* stehen drei große Buddha-Statuen sowie 18 Luohan und eine Guanyin Bodhisattva-Statue. Östlich der Haupthalle befindet sich die Gedenkhalle für den Mönch Jianzhen. Jianzhen wurde 688 geboren und wuchs in Yangzhou auf. Im Alter von 14 Jahren soll er sich entschlossen haben, buddhistischer Mönch zu werden. Er ging nach Luoyang und Chang'an (heute Xi'an) und studierte dort bei bekannten Mönchen. Nach zwölf Jahren kehrte er zurück und wurde Vorsteher des Daming Si. Er muß ein außergewöhnlich kluger Mann gewesen sein, denn schon bald war er als großer Lehrer des Buddhismus im Gebiet des Unterlaufs des Changjiang bekannt. Im Jahre 743 machte er sich mit einigen Schülern auf den Weg nach Japan. Der japanische Kaiser hatte zum Studium der chinesischen Kultur viele Studenten und Abgesandte nach China geschickt. Ein führender chinesischer Mönch sollte auf seinen Wunsch hin direkt nach Japan kommen und dort lehren. Jianzhen folgte auf Bitten seiner japanischen Schüler dieser Einladung. Ende 753 kam er in Japan an und lehrte dort bis zu seinem Tode im Jahre 763. Der Tenno Shomu empfing bei ihm die Mönchsweihe. Seine Begleiter, Maler, Kunsthandwerker, Holzschnitzer und Sticker gaben ihre Kenntnisse an die japanische Bevölkerung weiter. Die Schüler Jianzhens hatten kurz vor seinem Tode noch eine Statue von ihm angefertigt. Sie ist heute in Nara (Japan) im Toshodai-Tempel aufbewahrt. Im Jahre 1980 brachte eine japanische Delegation die Statue für 40 Tage nach China. Sie wurde u. a. im Daming Si ausgestellt. Bei dieser Gelegenheit schenkte der Abt des Toshodai-Tempels in Nara der Jianzhen-Gedenkhalle eine steinerne Laterne.

Die *Jianzhen-Gedenkhalle* wurde 1973 fertiggestellt. Sie ist ein Nachbau der ›Goldenen Halle‹ des Toshodai-Tempels in Nara. Anläßlich des 1200. Todestages Jianzhens 1963 hatten Japaner und Chinesen gemeinsam im Daming Si eine feierliche Zeremonie abgehalten und sich zum Bau dieser Gedenkhalle entschlossen. Die Halle wurde in einen vorderen und einen hinteren Teil untergliedert. Im vorderen Teil steht eine 2,6 m hohe und 3 m breite Steintafel, die eine Inschrift des 1979 verstorbenen Historikers und Schriftstellers Guo Moruo trägt. Auf der Rückseite ist in einer Kalligraphie des bekannten führenden Buddhisten Zhao Puchu die Biographie Jianzhens zu lesen. In der Mitte des hinteren Teils der Halle steht eine aus Nanmu-Holz gefertigte Nachbildung der Statue Jianzhens von Nara. An der östlichen und westlichen Wand werden die Erlebnisse des Jianzhen während seiner Japan-Reise dargestellt.

Westlich des Tempels Daming Si steht die Halle **Pingshan Tang,** die Ouyang Xiu 1048, in der Zeit, als er hier Präfekt war, hatte erbauen lassen. Ouyang Xiu (1007–1072) war ein berühmter Literat, Beamter u. Historiker. Er kam häufig hierher, trank seinen Wein, genoß die Landschaft und schrieb viele Gedichte.

Der Ouyang Xiu – Gedenktempel befindet sich nördlich der Halle *Pingshan*

欧阳修祠

Tang und hinter der Halle *Gulin Tang*. Er enthält eine Steinstatue des Ouyang Xiu.

Die Halle **Gulin Tang** steht vor dem Ouyang Xiu-Gedenktempel. Sie wurde von dem Literaten Su Shi (1037–1101) im Gedenken an seinen Lehrer Ouyang Xiu erbaut. Heute findet man in der Halle alte Gemälde und Kalligraphien. Weitere Sehenswürdigkeiten:

Pagode Wenfeng Ta 文峰塔

Diese im Jahre 1582 erbaute Pagode steht südlich der Stadt außerhalb des Südtores am Ufer des Großen Kanals. Der Mönch Jianzhen begann hier seine Japan-Reise (s. Daming Si).

Garten Heyuan 何园

Der Garten Heyuan befindet sich im Süden der Stadt. Er war von He Zangdao, dem chinesischen Gesandten in Frankreich während der Guangxu-Zeit (1875–1908) erworben und ausgebaut worden. Interessant ist an diesem Garten der 430 m lange Wandelgang, der sich durch die gesamte Anlage schlängelt und die einzelnen Gebäude miteinander verbindet. Den Mittelpunkt eines kleinen Teiches bildet ein Pavillon, der auch als Bühne genutzt werden konnte.

Garten Xiaopangu 小盘谷

Der in der Gasse Dashuxiang befindliche Garten stammt aus der Qianlong-Zeit (1736–1795). Mittelpunkt dieses klassisch angelegten Gartens ist ein künstliches Gebirge, das von weitem betrachtet recht merkwürdig anmutet. Viele vergleichen es mit einer Gruppe von neun Löwen, die sich dort zu tummeln scheinen. Einige sitzen oder stehen, andere schlafen, wieder andere springen. Der Berg wird deshalb auch der ›Neun-Löwen-Berg‹ genannt.

Pavillon Wenchang Ge 文昌阁

Der Wenchang Ge liegt im Westen der Stadt. Er wurde ursprünglich 1585 errichtet, der heutige Bau stammt jedoch aus der späten Qing-Zeit.

Steinpagode Gumulanyuan Shita

古木兰院石塔

Die Steinpagode aus der Qing-Zeit steht in der Nähe des Pavillons Wenchang Ge.

Pavillon Siwang Ting 四望亭

Der Siwang Ting in der Straße Ximenjie stammt aus dem Jahre 1559.

Garten Geyuan 个园

Der Geyuan ist in der Straße Dongguanjie zu finden. Sein früherer Besitzer war der Maler Shi Tao (1642–1718). In diesem Garten wurde versucht, Elemente aus der nord- und südchinesischen Landschaftsmalerei nachzuempfinden. Verschiedenfarbige Steingruppen und Blumen stellen die Landschaft in den vier Jahreszeiten dar, so zum Beispiel der aus hellgrauen Steinen angelegte *Xiashan*, Sommerberg, mit Lotos und kleinen Bächen als Symbol des Sommers.

Museum der Stadt Yangzhou und Tempel Shigong Ci

扬州市博物馆

Das Museum befindet sich außerhalb des Tores *Guanshu Men*. Es stellt u. a. ausgegrabene Lackarbeiten, Schmuck- und Gebrauchsartikel aus Jade und Stickereien aus. Innerhalb der Museumsanlage befindet sich das Kenotaph des berühmten Ming-Loyalisten Shi Kefa (gest. 1645). Er hatte sich der Autorität des neuen Herrscherhauses der Qing widersetzt und war von Qing-Soldaten umgebracht worden. Seine Leiche wurde nie gefunden. Man errichtete ihm zu Ehren 1772 neben dem Kenotaph einen Tempel.

Tempel Tianning Si 天宁寺

Der Tianning Si befindet sich nördlich von Yangzhou. Im 3.Jh. stand dort die Villa des Xie Ao, eines hohen Beamten. Im hinteren Hof des Anwesens gab es einen Tempel, in dem 418 ein Mönch aus Nepal das berühmte buddhistische Werk *Huayan Jing* ins Chinesische übersetzte. Als der Qianglong-Kaiser 1757 nach Süden reiste, besuchte er auch den Tianning Si. Heute stehen von diesem Tempel u. a. noch das Haupttor, die Halle der Himmelskönige und die Halle *Daxiong Baodian.*

Hotel

Xiyuan Fandian, Fengleshangjie 1, Tel. 2 42 02 西园饭店

Reisebüro

Zhongguo Lüxingshe, Tel. 2 48 04
Im Hotel **Xiyuan Fandian**

Kunstgewerbegeschäft, Dukoulu 240.

Stadt Xuzhou 徐州市

Xuzhou, im Nordwesten von Jiangsu gelegen, machte sich in seiner langen Geschichte als Zentrum von Transport und Verkehr einen Namen. Auch heute stellt es einen wichtigen Verkehrsknotenpunkt dar zwischen Ost und West, Nord und Süd: der Bahnlinie Peking–Shanghai und Xi'an–Lianyungang.
Die Stadt war im Laufe ihrer langen Geschichte stets ein strategisch bedeutsamer Punkt und als solcher erbittert umkämpft. Mehr als 200 Kriege haben seit der Xia-Dynastie dieses Gebiet erschüttert. Auch während des antijapanischen Krieges war das Gebiet um Xuzhou Schauplatz einer verzweifelten Schlacht. Zwischen 1945 und 1949 standen sich hier die Truppen der Kommunisten und Nationalisten gegenüber. So ist es kein Wunder, daß in diesem Gebiet viele archäologische Funde gemacht wurden, die von den Schlachten der Vergangenheit zeugen. Sensationell war im Jahre 1984 die Freilegung des hanzeitlichen Grabes eines Kriegsherrn. Wie in Xi'an fand man auch hier eine Terracotta-Armee, wenn auch kleiner als die des Qin Shihuang Di. Es wurden mehr als 3000 Darstellungen von Soldaten und Pferden gefunden, die Soldaten bis zu 40 cm hoch, die Pferde bis zu 70 cm lang.
In der näheren Umgebung nördlich von Xuzhou fand man mehrere hanzeitliche Gräber mit wunderbaren Steinzeichnungen.
Heute hat sich Xuzhou zu einer aufstrebenden Industriestadt entwickelt.

Stadtmuseum Xuzhou 徐州市博物馆

Bei den Gebäuden des heutigen Stadtmuseums in der Hepinglu Nr. 44 handelt es sich um eine Anlage im traditionellen Stil. Es ist die ehemalige Residenz des Qianlong-Kaisers, der mehrere Reisen in den Süden unternommen hatte. Die Ausstellung birgt u. a. einige interessante han-zeitliche Funde, wie z. B. Steinzeichnungen, eine Bronzelampe und ein jadenes Totengewand.

Huaxiang Shimu Steingrab 汉画象石墓

Das Huaxiang Shimu befindet sich am westlichen Fuß des Berges **Fenghuan Shan,** etwa 13 km nördlich der Stadt. Es stammt aus der Östlichen Han-Zeit und wurde erst im Februar 1952 entdeckt.
Das Innere des Grabes schmücken 21 Steinplatten, in die Zirkus- und Akrobatikszenen sowie Darstellungen von Banketts, Paraden, Pavillons und Tieren eingraviert sind.

Berg Yunlong Shan 云龙山

Der Yunlong Shan liegt im südlichen Vorort Xuzhous. Er ist einer der wichtigsten Ausflugsziele der Stadt. Seine Höhe beträgt nur etwa 130 m.
Am östlichen Fuß des Berges steht die Tempelanlage **Xinghua Si,** in der in Felsen gemeißelte große und kleine buddhistische Skulpturen, Schriften und Landschaftsdarstellungen zu sehen sind, die frühesten stammen aus dem 5. Jh.
Am westlichen Fuß des Yunlong Shan steht eine Steinstatue des Bodhisattva Guanyin.
Von der Spitze des Berges hat man einen Ausblick nach Norden auf die Stadt und nach Osten über das frühere Flußbett des Huanghe.

Hotel

Nanjiao Binguan, Hepinglu 20, Tel. 36 11 南郊宾馆

Reisebüro

Guoji Lüxingshe, **CITS,** Hepinglu 20, Tel. 48 42.

Stadt Lianyungang 连云港

Die Stadt Lianyungang liegt im Norden der Provinz Jiangsu und ist seit dem 7. Jh. ein Zentrum der Salzproduktion.
1905 wurde sie den westlichen Mächten als Handelsplatz geöffnet. Sie entwikkelte sich daraufhin zum Umschlagsplatz landwirtschaftlicher Produkte, die von dort aus nach Qingdao und Shanghai verschifft wurden. Nach 1949 hat man die Hafenanlagen ausgebaut.

Berg Yuntai Shan 云台山

Der Yuntai Shan ist ein beliebtes Ausflugsziel der Bevölkerung von Lianyungang. Früher war er eine kleine Insel im Meer nahe der Küste. Um 1700 wurde die Insel mit dem Festland verbunden. Bekannt ist der Berg für seine merkwürdig geformten Felsen.

Berg Huaguo Shan 花果山

Dieser auch *Cangwu Shan* genannte Berg liegt 15 km südöstlich der Stadt. Seine Höhe beträgt 625 m, was ihn zum höchsten Berg der Provinz Jiangsu macht. Viele Episoden aus der Geschichte *Xiyou Ji* spielen in diesem Gebiet. Seit der Tang-Zeit haben fast alle Dynastien auf dem Huaguo Shan ihre Tempel erbaut. In ca. 400 m Höhe steht der 1300 Jahre alte Tempel **Sanyuan Gong.** Die Höhle **Shuilian Dong,** Wassertropfenvorhang-Höhle, findet man auf der Spitze des Berges. Geht man in sie hinein und blickt dann zum Eingang hinaus, sieht man die Wassertropfen gleich einem Perlenvorhang den Felsen herabtropfen. In dieser Höhle soll der berühmte Affenkönig Sun Wukong aus dem Roman *Xiyou Ji* gewohnt haben.

Moya-Steinschnitt aus der Han-Zeit

Zwei Kilometer südlich von Lianyungang befindet sich auf dem Berg **Kongwang Shan** ein wertvolles, in Stein geschnittenes Bild, *Moya.* Es hat eine Länge von 15,6 m und eine Höhe von 9,7 m. Auf diesem Bild sieht man Darstellungen von 108 Buddhisten.

Hotel

Lianyun Fandian, Zhongshanlu, Tel. 249, 262 连云饭店

Kreisstadt Huai'an 淮安县

Huai'an ist die Geburtsstadt des verstorbenen Premierministers **Zhou Enlai.** Sie liegt in der Ebene zwischen dem Huanghe und dem Huaihe am Kaiserkanal, der westlich an der Stadt vorbei von Hangzhou nach Beijing führt. Dank ihrer Lage an den Wasserwegen hatte sich die Stadt bis zur Yuan- und Ming-Dynastie zu einem wichtigen Zentrum des Getreideumschlags entwickeln können. Auch als der Kaiserkanal Mitte des 19. Jh. verfiel, behauptete sie weiterhin ihre bedeutende Stellung. Huai'an hat auch schon in früheren Zeiten berühmte Menschen hervorgebracht, so zum Beispiel Wu Cheng'en, den Verfasser des bekannten ming-zeitlichen Romans *Xiyou Ju,* »Pilgerfahrt nach Westen«.

Geburtshaus Zhou Enlais 周恩来故居

Zhou Enlais Geburtshaus befindet sich etwa 300 m nordwestlich des Trommelturms in der Stadtmitte Huai'ans an der Kreuzung der Gassen Quxiang und Hongguangxixiang.
Der Baukomplex gliedert sich in zwei Höfe, zwischen denen ein Brunnen liegt. Im östlichen Teil kam Zhou Enlai am 5. 3. 1898 zur Welt, im westlichen lebte die Familie seines Onkels. Hier verbrachte Zhou Enlai seine Kindheit, bis er im Alter von 12 Jahren Huai'an verließ. Nach seinem Tode entschloß sich die Kreisverwaltung, das Geburtshaus zu renovieren und der Öffentlichkeit zugänglich zu machen.

Turm Zhenhuai Lou 鎮淮楼

Der Zhenhuai Lou bildet den Mittelpunkt der Stadt Huai'an. In der Song-Zeit war hier ein großes Restaurant untergebracht. In der Ming-Zeit verwandelte man ihn in einen Trommelturm. Der heutige Bau ist ein Nachbau aus dem Jahre 1881, in dem u. a. historische Dokumente ausgestellt werden.

Pagode Wentong Ta 文通塔

Die Steinpagode Wentong Ta befindet sich nordöstlich von Huai'an. Sie stammt aus dem Jahre 984 und hat eine Höhe von 44 m.

Hotel

Huai'an Binguan, Beiyouyilu, Tel. 2759 淮安宾馆

Provinz Zhejiang 浙江省

Fläche: 101 800 qkm / Bevölkerung: 38,88 Mill. / Hauptstadt: Hangzhou

Die Küstenprovinz Zhejiang ist eins der dichtest besiedelten Gebiete Chinas. Für einige Jahrhunderte lag hier das kulturelle Zentrum des Reiches. Zhejiang gilt seit alters als die Heimat von Reis, Tee und Seide.

Geschichtlicher Überblick

Die Geschichte Zhejiangs läßt sich bis ins −8. Jh. zurückverfolgen. Damals gehörte der westliche Teil des Gebietes zum Staat Wu. Den östlichen Teil bewohnten die Stämme der Yue. Im Verlaufe des −6. Jh. rivalisierten die aus beiden Teilen entstandenen Königreiche Wu und Yue miteinander, was schließlich zur Eroberung Wus durch Yue führte und letzteren zu einem der wichtigsten Feudalstaaten der Zhou-Zeit werden ließ. Im Jahre −334 wurde das Gebiet von Yue jedoch von dem Königreich von Chu, −223 von Qin erobert. Im +3. Jh. gehörte es zum Königreich von Wu. Während der Tang- und Song-Zeit war das heutige Zhejiang unterteilt in einen West- und Ostteil, Zhexi und Zhedong. Einen ungeheuren Aufstieg, vor allem auf kulturellem Gebiet, erlebte diese Provinz als das Song-Kaiserhaus vor den von Norden eindringenden Fremdvölkern nach Süden flüchtete und im heutigen Hangzhou seine Herrschaft fortsetzte. Die nun beginnende Blütezeit fand mit dem Taiping-Aufstand ein jähes Ende. Während des 2. Weltkrieges stand Zhejiang unter japanischer Besatzung.
Der Norden Zhejiangs stellt eine Verlängerung des fruchtbaren Changjiang-Deltas dar. Ihr größter Teil erstreckt sich südlich der Bucht von Hangzhou

und besteht hauptsächlich aus bergigem Terrain. Vor der zerklüfteten, felsigen Küste liegen etwa 18000 kleine Inseln. In der Bucht von Hangzhou liegt die aus 400 Inseln bestehende Gruppe Zhoushanqundao. Innerhalb dieser Gruppe erhebt sich der Putuo Shan, einer der heiligen Berge des Buddhismus.

Der wichtigste Fluß Zhejiangs ist der Qiantang Jiang, auch Zhejiang genannt. Der Qiantang Jiang fließt von Westen nach Nordosten und mündet bei Hangzhou in das Ostchinesische Meer. Unzählige Wasserläufe durchziehen den Norden der Provinz. Ergänzt von einem dichten Kanalsystem bieten sie der Bevölkerung die Möglichkeit unkomplizierten Waren- und Personenverkehrs.

Zhejiangs Klima ist subtropisch. Temperaturunterschiede gibt es vor allem im Winter zwischen Norden und Süden, der Küste und dem Hinterland, dem Hochland und den Ebenen. Im Spätsommer und Frühherbst wird das Küstengebiet häufig von verheerenden Taifunen heimgesucht. Etwa 15% der Bevölkerung Zhejiangs leben in den Städten. Die größte Stadt ist Hangzhou, gefolgt von den Hafenstädten Ningbo und Wenzhou. Allein 40% der Bevölkerung leben in der fruchtbaren Nordebene. Dort befindet sich ein wichtiges Reisanbaugebiet. Nur etwa 20% der Gesamtfläche Zhejiangs sind als Ackerland nutzbar, davon werden zwei Drittel für den Anbau von Reis, Weizen, Gerste, Mais und Süßkartoffeln genutzt. Zhejiang liefert etwa 20% der jährlichen Teeproduktion Chinas. Der berühmte Longjing Tee wird in dem Gebiet um Hangzhou produziert.

Zhejiang hat eine lange Tradition in der Seidenraupenzucht. Die Provinz liefert etwa 36% des jährlichen chinesischen Kokonertrages.

Von großer Bedeutung ist auch heute noch das traditionelle Kunsthandwerk, so zum Beispiel Holz- und Steinschnitzerei, Stickerei, Tapisserie und Seidenschirmproduktion.

Zhejiang ist arm an Bodenschätzen. Im Bereich der Energiewirtschaft entstanden in den letzten Jahren eine Reihe von Wasserkraftwerken. Eines der bedeutendsten ist das Xin'an Jiang Shuidianzhan. Es befindet sich am nördlichen Quellfluß des Qiantang Jiang.

Auf dem industriellen Sektor sind vor allem Maschinenbau und chemische Industrie von Bedeutung.

Stadt Hangzhou 杭州市

Hangzhou, die Hauptstadt Zhejiangs, gehört neben Xi'an, Luoyang, Kaifeng, Nanjing und Beijing zu den alten Kaiserstädten Chinas.
Marco Polo bezeichnete Hangzhou als die vornehmste und schönste Stadt der Welt. Der weitgereiste Venezianer war begeistert von der Pracht der großen Häuser, der breiten gepflasterten Straßen und der herrlichen Uferanlagen des Xihu. Er bewunderte die Freundlichkeit und Friedfertigkeit der Bevölkerung, ihre seidene Kleidung und den wertvollen Schmuck der Damen. Hangzhou zählte damals etwa 1,6 Mill. Einwohner und war eine blühende Handelsstadt.
Tatsächlich gehört Hangzhou auch heute noch zu den schönsten Zielen einer China-Reise und, wie Marco Polo einst, wird der Reisende von der Freundlichkeit der Hangzhouer angenehm überrascht sein. Hangzhou ist bequem von Shanghai aus mit dem Zug zu erreichen, wird aber auch per Flugzeug von Beijing, Nanjing, Guangzhou und Hongkong angeflogen.
Hangzhou liegt im Norden der Provinz am Südende des Kaiserkanals. Die Stadt ist durch ein weites Netz von Wasserstraßen mit dem Landesinneren verbunden.

Geschichtlicher Überblick

Obwohl erste Siedlungen bereits im Altertum gegründet wurden, entwickelte sich Hangzhou erst im 7. Jh. nach Fertigstellung des Südteils des Großen Kanals zu einem lokalen Handelszentrum. Die große Blütezeit begann im 12. Jh. als die Herrscher der Song nach Süden flüchteten und Hangzhou zur Hauptstadt der Südlichen Song-Dynastie erklärten. Mit ihnen kamen die Künstler und Gelehrten, so daß hier ein kulturelles Zentrum entstand, das selbst nach dem Untergang der Song-Dynastie noch lange führend blieb. Auch während der Ming- und Qing-Dynastie war Hangzhou eine ungeheuer reiche Stadt. Sie lag im Zentrum des fruchtbaren Reisanbaugebietes und besaß die bedeutendste Seidenindustrie des Landes.
Ein schwarzes Kapitel in der Geschichte der Stadt stellten die Jahre des Taiping-Aufstandes dar. Hangzhou fiel in die Hände der Aufständischen und erlitt schwere Zerstörungen. Die Stadt erholte sich relativ schnell von der Katastrophe, doch erlangte sie nie wieder die Bedeutung, die sie früher innehatte.
Heute stellt sich Hangzhou als ein modernes Industrie- und Landwirtschaftszentrum dar. Die Stadt verfügt über eine beachtliche Zahl von Betrieben der Leicht- und Schwerindustrie.

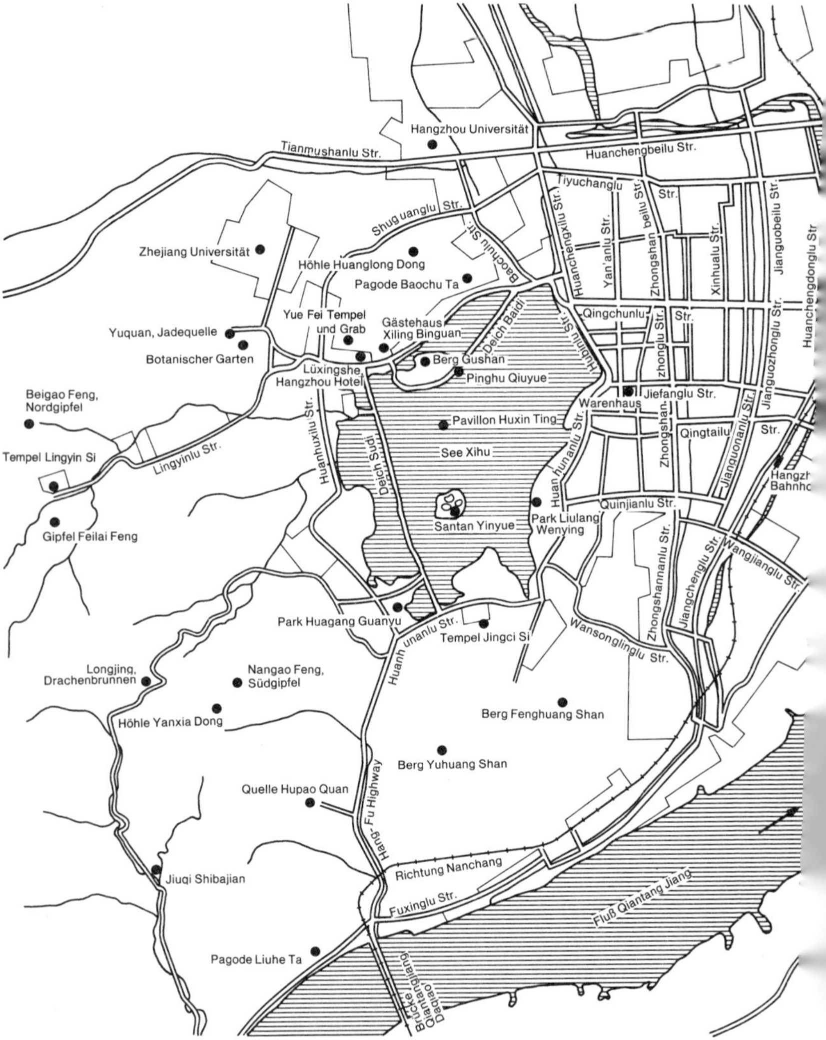

Stadtplan von Hangzhou

Die **wichtigste Sehenswürdigkeit** Hangzhous sind der **Xihu,** Westsee, und seine Umgebung. Wem nur ein Tag für Besichtigungen zur Verfügung steht, dem seien die Inseln und Uferanlagen des Xihu empfohlen, der Berg Baoshi Shan und die Tempel Lingyin Si und Yuemiao.
Wer zwei oder drei Tage Zeit hat, sollte das Teehaus an der Hupao Quan, Laufende Tiger-Quelle, besuchen und dort den berühmten Longjing-Tee trinken. Teekenner werden sicher gern die Plantagen von Longjing besichtigen. Auf dem Weg zum Dorf Longjing (siehe Jiuqi Shibajian) bieten Bauern ihren Tee zum Verkauf an. Interessant ist auch das Flußgebiet des Qiantang Jiang und die Pagode Liuhe Ta. Wer um den 18. August nach dem chinesischen Mondkalender in Hangzhou ist, sieht sich die Springflut des Qiantang Jiang an.
Man kann von Hangzhou aus Ausflüge per Zug in Richtung Osten unternehmen, wie zum Beispiel nach **Shaoxing** und **Ningbo,** in Richtung Westen zum **Mogan Shan,** in Richtung Süden zum **Yandang Shan** oder nach **Xin'an Jiang.** Es besteht auch die Möglichkeit mit dem Bus in die Provinz Anhui zum Berg **Huangshan** zu fahren, organisiert von **CITS.**

Xihu, Westsee 西湖

Der Xihu befindet sich im Westen der Stadt.
Der See hat eine Fläche von 5,66 qkm, sein Umfang beträgt 15 km, seine durchschnittliche Tiefe 1,5 m. Zwei Deiche, der *Baidi* und der *Sudi* unterteilen den See und machen eine Überquerung möglich. Vier kleine Inseln liegen im Westsee: *Gushan, Xiao Yingzhou, Hushan Ting* und *Ruangong Dun.* Die nähere Umgebung des Xihu birgt vierzig Sehenswürdigkeiten. Drei Seiten des Sees werden von Bergen umgeben, die bis zu 400 m hoch sind, an die vierte grenzt die Stadt.
Der berühmte Dichter Su Dongpo beschrieb in vielen seiner Gedichte die bezaubernde Landschaft des Xihu. Er war während der Nördlichen Song-Dynastie Präfekt von Hangzhou.
Während der Südlichen Song-Dynastie gehörte das Gebiet des Westsees zur kaiserlichen Residenz. Die Kaiser der Qing-Dynastie, im besonderen der Qianlong-Kaiser, fanden Gefallen an dem Xihu und seinen Anlagen. Nachahmungen von Bauten und Gartenanlagen sind in Beijing im Yihe Yuan, Sommerpalast, und im Park der kaiserlichen Residenz in Chengde zu finden.

Park Liulang Wenying 柳浪闻莺

Dieser Park liegt am südöstlichen Ufer des Xihu und als Sehenswürdigkeit dem Stadtkern am nächsten. Während der Südlichen Song-Dynastie befand sich hier der kaiserliche Garten.

Brücke Duanqiao, Deich Baidi 断桥残雪、白堤

Wenn man von der Stadt aus den Deich Baidi besuchen will, gelangt man auf dem Weg dorthin zuerst zur Brücke *Duanqiao.*
Diese Brücke spielt in einer klassischen chinesischen Liebesgeschichte eine wichtige Rolle. Der Weiße Schlangengeist verwandelt sich in ein bezaubernd hübsches Mädchen und begegnet auf dieser Brücke dem jungen Mann Xu Xian. Die beiden verlieben sich ineinander und heiraten. Der Mönch Fahai wendet sich gegen diese Ehe. Es gelingt ihm, die beiden zu trennen und den Schlangengeist unter die am Südufer des Xihu stehende Leifeng-Pagode zu verbannen. 1924 stürzte die Pagode ein.
Der Deich Baidi hieß ursprünglich *Baisha Di,* Weißer Sanddeich. Der Dichter Bai Juyi schrieb während seiner Amtstätigkeit in Hangzhou ein Gedicht über diesen Deich. Später benannte man ihn nach dem berühmten Dichter.

Insel Gushan 孤山

Gushan, ein 38 m hoher Hügel, bildet mit 19 ha die größte Insel des Westsees. Von Nordosten gelangt man über den Deich Baidi, von Nordwesten über eine Brücke auf die Insel. Zwischen dem 12. und 17. Jh. bevorzugten die Herrscher diesen Ort zum Bau kaiserlicher Residenzen. Am Südufer stand einst die Residenz des Qianlong-Kaisers. Sie wurde während des Taiping-Aufstandes zerstört. Heute befinden sich an gleicher Stelle das Zhejiang Museum, die Bibliothek *Wenlan Ge,* der Zhongshan Park und die Bibliothek der Provinz Zhejiang.
Wenn man den Baidi Deich entlang gekommen ist, sieht man auf der Insel Gushan gleich zur Linken eine große Terrasse aus dem Jahre 1699 mit einer Halle, einem Pavillon und einem Turmhaus. Der Pavillon enthält eine Stele mit einer Inschrift des Qianlong-Kaisers: *Pinghu Qiuyue,* Herbstmond auf ruhigem See. Der Kaiser liebte es, im Herbst bei Mondschein den Ausblick auf den See zu genießen. Er ließ an dieser Stelle den Pavillon errichten, er wird deshalb **Qianlong-Pavillon Pinghu Qiuyue** genannt. Am Südufer der Insel folgt in Ostwest-Richtung das **Shengyin Si**-Tempelgelände und das **Zhejiang-Museum.** Dieses enthält eine größere historische sowie kleinere botanische, zoologische und geographische Abteilungen. Zum Museum gehört der Pavillon **Wenlan Ge.** Der Qianlong-Kaiser ließ ihn im Jahre 1782 anlegen und darin eine der sieben Ausgaben der Sammlung *Siku Quanshu* aufbewahren. Der Pavillon wurde 1880 erneuert und mit zwei Etagen und einem Doppeldach versehen.

Der **Zhongshan Gongyuan,** 中山公园

heute ein öffentlicher Park, gehörte früher zu den Anlagen der kaiserlichen Residenz. Ein modernes Gebäude schließt sich an, die Bibliothek der Provinz Zhejiang. Diese wurde im Jahre 1903 gegründet. Sie umfaßte damals 70 000 Bände. Heute verfügt sie über 2,25 Mill. Bücher, darunter 1,25 Mill. klassische Werke und 30 000 Bände Lokalchroniken. Die Bibliothek ist in zwei Gebäuden untergebracht. Die Abteilung klassischer Werke befindet sich hier am Fuße des Gushan, die der modernen Technik und Literatur in der Straße Daxuelu.
Am westlichen Teil des Südufers liegt die **Xiling Yinshe,**

西泠印社

die Xiling-Steinschneidegesellschaft. Hier sind mehrere schöne Pavillons zu besuchen, darunter der von Bai Juyi angelegte *Zhuge,* Bambuspavillon. Das ›Steinhaus der drei Herren‹ aus der Han-Dynastie enthält eine Stele aus der Östlichen Han-Dynastie. Sie ist die älteste Stele der Provinz.
Von der Spitze des Gushan hat man einen guten Ausblick auf die nähere und weitere Ugebung.
Im Norden der Insel befindet sich das Grab des Lin Hejing, eines Dichters der Nördlichen Song-Dynastie, sowie der *Fanghe Ting* Pavillon, der ihm zu Gedenken in der Yuan-Zeit errichtet wurde. Lin Hejing hatte sich voll Abscheu vor dem korrupten Beamtentum aus dem öffentlichen Leben zurückgezogen und hier ein beschauliches Leben geführt.

Santan Yinyue 三潭印月

Drei Steinpagoden ragen südlich der Insel Xiao Yingzhou aus dem Wasser. Hier hatte der Dichter Su Dongpo während seiner Amtstätigkeit ursprünglich drei kleine Steinpagoden errichten lassen, die daran erinnern sollten, daß das Anpflanzen von Wasserkastanien in diesem Gebiet verboten war. Die heutigen Pagoden stammen aus dem Jahre 1621. Sie haben eine Höhe von 2 m und sind innen hohl. In ihren Wänden befinden sich mehrere Öffnungen, die man zum Mondfest (15. Tag des achten Monats nach dem chinesischen Mondkalender) mit dünnem Papier verklebte, so daß sich die innen aufgestellten brennenden Lampen wie kleine Monde im Wasser spiegelten. Traf das Mondlicht auf die künstlich erleuchteten Pagoden, kam es auf der Wasseroberfläche zu bezaubernden Lichteffekten.

Xiao Yingzhou 小瀛洲

Die 1607 angelegt Insel Xiao Yingzhou besteht eigentlich nur aus einer Uferbefestigung, die einen kleinen See vom großen Westsee abgrenzt, und aus befestigten Wegen, die diesen vierteln und in der Mitte zu einer kleinen Insel zusammenlaufen. Die vier kleinen Seen sind von Lotos überwuchert. Besonders schön ist ein Besuch zur Blütezeit im Juli/August. Ein Rundgang entlang der Uferbefestigung vorbei an Pavillons, Terrassen, Felsen, und vielen alten Bäumen vermittelt den Zauber des so berühmten Westsees. Im Süden befindet sich die Neun-Bogen-Brücke, die wichtigste Attraktion der Insel.

Pavillon Huxin Ting 湖心亭

Der Huxin Ting steht in der Mitte des Xihu. Er stammt aus dem Jahre 1552.

Deich Sudi 苏堤春晓

Der Sudi befindet sich im Westteil des Xihu und verbindet Nord- und Südufer. Er wurde nach dem Dichter Su Dongpo benannt, der im Jahre 1071 und 1089 in Hangzhou tätig war und den Deich bauen ließ. Der Deich wird von sechs Steinbrücken unterbrochen.

Park Huagang Guanyu, Im Blumenhafen Fische beobachten

花港观鱼

Der Huagang Guanyu liegt südwestlich vom Xihu. Die östliche Seite schließt an den Deich Sudi an. Der Park wird von kleinen Bächen und Flüssen durchzogen. Päonien, Pavillons, Brücken und Fischteiche erfreuen das Auge des Spaziergängers.

Pagode Baochu Ta ((Baoshu Ta) 保俶塔

Die Baochu Ta befindet sich auf der Spitze des 200 m hohen Baoshi Shan, Schatzberg, nördlich des Xihu. Früher soll man hier Jade gefunden und deshalb den Berg entsprechend genannt haben.

Brücke über den Fluß Yarlung Zanbo Jiang mit Gebetsfähnchen und Stoffbändern ▷

Die Baochu Ta wurde in den Jahren 969–976 errichtet, jedoch mehrmals beschädigt, zerstört und immer wieder neu aufgebaut. Der heutige Bau ist 45,3 m hoch und besteht aus Ziegelsteinen. Er wurde im Jahre 1933 restauriert. Diese schmale Pagode gehört zum typischen Panorama des Westsees. Sie ist schon aus weiter Entfernung sichtbar und stellt ein Wahrzeichen Hangzhous dar.

Huanglong Dong, Höhle des Gelben Drachen 黄龙洞

Die Huanglong Dong liegt nördlich des Xihu, am nördlichen Fuß des Berges Qixia Ling. Das bemerkenswerte an dieser Höhle ist ein Drachenkopf, aus dessen Maul Quellwasser hervorsprudelt. Der Überlieferung zufolge soll während der Song-Zeit der Mönch Huikai hier versucht haben, einen Tempel zu bauen. Es heißt, es sei plötzlich im Innern der Höhle ein Felsen geplatzt und eine Quelle freigelegt worden. Später formte man den Drachenkopf und ließ das Quellwasser aus dem Drachenmaul hervorsprudeln. Die Umgebung der Höhle ist sehr imposant. Nicht weit entfernt führt ein kleinesTor durch eine weiße Ummauerung in einen Bambushain.

Yuemiao, Tempel des Yue Fei 岳庙

General Yue Fei (1103–1142) der Südlichen Song-Zeit ging als großer Patriot in die chinesische Geschichte ein. Es war ihm mehrmals gelungen, die nach Süden vordringenden Truppen des Jin-Reiches zurückzuschlagen. Er fiel jedoch kurz nach seinen Erfolgen im Alter von 39 Jahren einem Komplott zum Opfer. Dem eifersüchtigen General Zhang Jun und dem heimlich mit den Jin-Herrschern in Verbindung stehenden Kanzler der Südlichen Song-Dynastie, Qin Hui, wurde Yue Fei zu mächtig und gefährlich. Sie ließen ihn unter falschen Beschuldigungen ins Gefängnis werfen und gleich darauf ermorden. Der Tod Yue Feis hatte im Volk Empörung und Trauer hervorgerufen. Seine Verdienste blieben unvergessen. Zwanzig Jahre später hielt es der Xiaozong-Kaiser (1127–1194) für opportun, Yue Fei zu rehabilitieren und ein offizielles Begräbnis anzuordnen. 1221 baute man ihm zu Ehren einen Tempel. Das Schicksal dieses Mannes und seine Verdienste sind bis heute nicht in Vergessenheit geraten. Yue Fei ist ein Symbol der Loyalität.

Im Jahre 1979 wurde der Tempel restauriert.

In der Haupthalle steht eine Statue des Generals, über der vier Schriftzeichen in der Handschrift Yue Feis zu lesen sind: »Unsere verlorenen Gebiete zurückerobern!« Die Decke ist verziert mit 373 Kranichen, Symbolen der

◁ *Zechawa, das Dorf einer tibetischen Minderheit in Jiuzhaigou, Sichuan*

Unsterblichkeit und Standhaftigkeit. Nordwestlich der Haupthalle liegt das Grab Yue Feis.
Steinstatuen flankieren den Weg dorthin, Tiger, Schafe, Pferde sowie drei Beamtenpaare. Die Grabstele trägt die Inschrift: »Grab des Fürsten der Song-Dynastie«. Neben Yue Feis Grab befindet sich das seines Adoptivsohnes Yue Yun (1120–1142), den an der Seite seines Vaters das gleiche Schicksal ereilte. Vor dem Grab und den Steinstatuen stehen vier kniende Eisenstatuen, Darstellungen der für den Tod Yue Feis Verantwortlichen. Es sind der Kanzler Qin Hui, seine Frau sowie der Leiter des Gefängnisses und der eifersüchtige General Zhang Jun.

Tempelkloster Lingyin Si 灵隐寺

Dieses auch Yunlinchan Si genannte Tempelkloster ist eines der zehn berühmtesten buddhistischen Sakralanlagen Chinas. Es liegt westlich des Xihu Sees am Fuße des Berges Lingyin Shan.
Vor dem Lingyin Si sieht man den **Feilai Feng,** ›Herbeigeflogener Gipfel‹. Der Legende zufolge stieg im Jahre 326 der indische Mönch Huili auf diesen Berg und glaubte, den Teil eines heiligen indischen Berges gefunden zu haben, der auf wundersame Weise hierher geflogen sei. Der dann auch so benannte Berg ist 168 m hoch, bedeckt von hohen alten Bäumen und wunderlich geformten Felsen, die zu Vergleichen aus der Tier- und Pflanzenwelt anregen. So nennt man die Felsen Fliegender Drachen, Laufender Elefant, Hockender Tiger oder Ängstlicher Affe. Bekannt ist der *Feilai Feng* wegen seiner vielen Höhlen, Reliefs und Skulpturen. Auf dem Weg zum Tempel Lingyin Si kommt man an ihnen vorbei. Es sollen sich mehr als 380 buddhistische Skulpturen in den Felsen befinden, darunter Darstellungen von Mituo, Guanyin und Dashi. Die ältesten stammen aus dem 10. Jh. Schon von weitem sichtbar ist die Skulptur des Maitreya Buddha aus der Song-Zeit (um 1100). Man sieht ihn lachend, mit einer Perlenkette spielend, in einer der großen Nischen sitzen.
Der Pavillon **Cuiwei Ting** wurde um 1170 von General Han Shizong errichtet. Er ist dem berühmten General Yue Fei zugedacht.
Auf Betreiben des Mönchs Huili wurde anfangs ein Tempel an der Bergwand gebaut, der den Namen *Lingyin,* Versteckte Heilige, erhielt, denn er vermutete, daß sich hier heilige Götter versteckt hielten. In späteren Jahrhunderten wurde der Tempel erweitert und zählte dann neun Turmhäuser, achtzehn Pavillons und 270 Hallen, in denen mehr als dreitausend Mönche lebten. Die heutige Anlage wurde im 19. Jh. nach den Zerstörungen des Taiping-Aufstandes erbaut.

Den Eingangstoren folgen zwei Steinsäulen aus dem 10. Jh. die mit buddhistischen Texten verziert sind, und die Halle *Tianwang Dian*, Halle der Himmelskönige. In der Mitte der Halle sieht man den lachenden Buddha Maitreya in einer prächtig verzierten Nische. Auf der hinteren Seite steht die Sandelholz-Statue des Weituo aus der Südlichen Song-Zeit. Zu beiden Seiten der Halle befinden sich die vier Himmelskönige. Hinter dieser Halle steht die große *Daxiong Baodian*, Schatzhalle des großen Helden. Diese Halle hat eine Höhe von 33,6 m. Zwei achteckige, neunstufige Steinpagoden aus dem 10. Jh. stehen vor der Halle. Sie enthalten in ihren Reliefs buddhistische Texte und Figuren. In der Mitte der Halle befindet sich eine vergoldete Statue des sitzenden Buddha Sakyamuni aus Kampferholz. Hinter der Zwischenwand ist die Statue des Bodhisattva Guanyin zu sehen.
Streifzüge durch die Umgebung des Tempels führen vorbei an tiefen Schluchten, Quellen und Wald.

Berg Beigao Feng 北高峰

Der Beigao Feng liegt nördlich des Tempels Lingyin Si. Mehrere hundert Stufen führen über 36 Windungen auf den 314 m hohen Berg. Von oben hat man einen herrlichen Ausblick auf den Westsee und seine Umgebung.

Höhle Yanxia Dong 烟霞洞

Die Yanxia Dong befindet sich am Fuße des Berges **Nangao Feng.** Neben der Yanxia Dong gibt es noch zwei weitere Höhlen in diesem Gebiet: die *Shiwu Dong* und *Shuiyue Dong*. Von diesen dreien ist die 60 m tiefe *Yanxia Dong* die älteste. Sie wurde 944 entdeckt und mit buddhistischen Skulpturen ausgeschmückt.

Longjing, Drachenbrunnen 龙井

Der Drachenbrunnen befindet sich südwestlich vom Xihu am Rande des gleichnamigen Dorfes auf dem Berg **Fenghuang Ling.** Das Dorf Longjing ist aufgrund seines erstklassigen Tees bekannt. Es liegt inmitten einer wunderschönen Landschaft, umgeben von üppigen Teeplantagen.
Der **Longjing-Tee** ist in verschiedenen Qualitätsstufen erhältlich; die beste Qualität ist *Shifeng Longjing*. Man trinkt ihn gern nachmittags an heißen Sommertagen, denn er kühlt und wirkt erfrischend.

Bei dem Drachenbrunnen handelt es sich um eine unterirdische Quelle, die schon in der Zeit der Drei Reiche entdeckt wurde. Das Quellwasser hat die Besonderheit, daß es bei Berührung nicht auseinander sondern zusammenlaufende Ringe zu bilden scheint.

Hupao Quan, Laufende Tiger-Quelle 虎跑泉

Die Hupao Quan gehört zu den berühmtesten Quellen des Landes. Der Überlieferung zufolge soll die Quelle entstanden sein, nachdem zwei Tiger an diesem Ort vorbeigelaufen waren. Ihr Wasser eignet sich vorzüglich für die Zubereitung des Longjing-Tees. Nahe der Quelle steht der aus der Tang-Dynastie stammende Tempel *Dinghui Si,* in dem sich heute ein Teehaus befindet. Interessant ist die hohe Oberflächenspannung des Wassers. Läßt man sich eine Schale Wasser geben, kann man es selbst nachprüfen. Man gibt vorsichtig einige Münzen in das Wasser. Manche schaffen es, sie auf der Oberfläche schwimmen zu lassen. Das Wasser steigt und ragt bald 3–4 mm über den Rand hinaus.

Jiuqi Shibajian, Gebiet der neun Bäche und achtzehn Windungen

九溪十八涧

Das Gebiet der neun Bäche und achtzehn Windungen befindet sich südlich von Longjing. Es ist etwa 10 km vom See Xihu entfernt. Die Bäche fließen vom Dorf Longjing aus durch achtzehn Windungen und münden in den Fluß Qiantang Jiang. Diese Gegend ist ein beliebter Ausflugsort. Ein Spaziergang vorbei an üppigen Teeplantagen, uralten Bäumen, Bächen und Bergen, begleitet von Vogelgezwitscher und dem Plätschern des Wassers ist sehr erholsam und interessant. Hat man viel Zeit, sollte man von **Jiuqi Shibajian** bis nach Longjing wandern, ein Weg von etwa 1½ Stunden. Besucher mit wenig Zeit können von Longjing aus ein wenig in Richtung Jiuqi spazieren, sie müssen dann aber auf gleichem Weg zurück. Vom Dorf Longjing aus besteht eine bequeme Busverbindung ins Zentrum von Hangzhou.
Der Teekenner hat in Longjing Gelegenheit, den berühmten Longjing-Tee direkt von den Bauern zu kaufen. Die Preise variieren je nach Qualität zwischen ca. RMB 2,– bis 55,– pro Pfund (1984).

Pagode Liuhe Ta 六和塔

Die Liuhe Ta steht südlich der Stadt am Ufer des Qiantang Jiang auf dem Berg **Yuelun Shan.** Im Jahre 970 wurde sie auf Anweisung des Wu Yue Königs erbaut. Sie sollte die Stadt vor Überschwemmungen schützen und zugleich als Leuchtturm dienen. Der heutige 60 m hohe Bau stammt aus dem Jahre 1899 und zählt sieben Stockwerke. In die äußere Ummantelung wurden mehrere Scheinstockwerke eingebaut, so daß sie dreizehn Stockwerke zu haben scheint. Als Baumaterial wurden Ziegelsteine und Holz benutzt. Eine Treppe führt hinauf in die oberen Stockwerke. Unterwegs kann man in die Galerien hinaustreten und den Ausblick auf Fluß und Umgebung genießen.

Brücke Qiantangjiang Daqiao 钱塘江大桥

Ganz in der Nähe der Pagode Liuhe Ta führt die Straßen- und Eisenbahnbrükke Qiantangjiang Daqiao über den Fluß Qiantang Jiang. Sie ist für den Eisenbahnverkehr zwischen Shanghai und den südlichen Provinzen von entscheidender Bedeutung. Im Jahre 1937 nach einem Entwurf des Brückenbauingenieurs Mao Yisheng gebaut, ist sie die erste zweistöckige Brücke Chinas. Ihre Länge beträgt 1322 m.

Berg Wuyun Shan 五云山

Dieser Berg befindet sich südwestlich des Xihu am Ufer des Qiantang Jiang. Seine Höhe beträgt 344 m. Eine Treppe von mehr als eintausend Steinstufen führt mit 72 Windungen zu seinem Gipfel.

Berg Yuhuang Shan 玉皇山

Der 237 m hohe Yuhuang Shan liegt zwischen dem Westsee und dem Qiantang Jiang. Am Fuße dieses Berges befinden sich in Fels gehauene buddhistische Skulpturen aus der Zeit der Fünf Dynastien (907–960). Es ist möglich, mit dem Auto auf den Berg zu fahren, schöner ist jedoch der Fußweg hinauf. Früher befand sich auf der Spitze ein daoistischer Tempel, der *Fuxing Guan.* Heute beherbergen die Räume ein vegetarisches Restaurant, das von Einheimischen gern besucht wird. Von oben hat man einen Blick auf ein *Bagua Tian,* einer Landaufteilung nach dem alten Brunnenfeldsystem.

Botanischer Garten 杭州植物园

Der Botanische Garten, westlich des Xihu gelegen, gilt als einer der besten Chinas. Er umfaßt eine Fläche von 230 ha und enthält 4000 Spezies. Von den

sechs großen Bereichen, in die der Garten untergliedert ist, finden die der Kräuter, der Zierpflanzen und Bambusarten besondere Beachtung.
Auf dem Gelände des Botanischen Gartens befindet sich u. a. ein Goldfischteich. Sein Wasser entstammt der Jadequelle, *Yuquan*. Nicht weit von dort steht auf einem Hügel das Restaurant Shanwaishan, in dem man gut essen kann.

Die Springflut des **Qiantang Jiang** (Ausflug in die Gemeinde Yanguan, Kreis Haining) 錢塘潮

Im alten China als Wunder betrachtet, gilt die Springflut des Qiantang Jiang in den drei Tagen nach dem 15. August des Mondkalenders auch heute noch als atemberaubend. Durch die Anziehungskraft des Mondes staut sich das Meereswasser in der trichterförmigen Mündung des Flusses. Das Flußwasser steigt, je mehr es sich der Mündung nähert mit donnerndem Getöse, zu einer riesigen Welle an. Einheimische junge Leute warten am Ufer auf den günstigen Zeitpunkt und stürzen sich dann vergnügt in die Fluten. Andere empfangen dieses Naturereignis mit ohrenbetäubendem Schlagen von Gongs und Trommeln.
Den besten Ausblick hat man von **Yanguan** aus, etwa zwei Busstunden nordöstlich von Hangzhou entfernt.

Hotels und Gästehäuser

Hangzhou Fandian, Huanhubeilu, Yuefenjie 2, Tel. 2 29 21, 2 58 28 杭州饭
Huaqiao Fandian, Hubinlu 92, Tel. 2 34 01, 2 31 00 华侨饭店
Wanghailou, Zhongshannanlu 50, Tel. 61 61 望海楼
Xiling Binguan, Huanhubeilu, Tel. 2 29 21 西泠宾馆
Xihu Binguan, Huanhuxilu, Tel. 2 17 28 西湖宾馆
Xizi Binguan, Huanhunanlu, Tel. 2 17 28 西子宾馆
Huagang Fandian, Xishanlu, Huanhuxilu, Tel. 2 40 01 花港饭店
Huajiashan Binguan, Faxiangxiang, Tel. 2 64 50, 7 12 24 花家山宾馆
Liuying Binguan, Qingbomen Xueshiqiao 1, Tel. 2 17 28, 2 11 29 柳莺宾馆
Yan'an Fandian, Yan'anbeilu, Tel. 2 36 01 延安饭店
Xinxin Fandian, Beishanjie 78, Tel. 2 76 01, 2 69 74 新新饭店
Zhejiang Binguan, Santaishan, Tel. 2 56 01, 2 44 83 浙江宾馆

Restaurants

Louwailou, Caiguan Waixihu 2, Tel. 2 16 54, 2 32 55
Eines der bekanntesten Restaurants Hangzhous. Spezialitäten des Hauses sind ›Xihu Cu Yu‹, Fisch aus dem Westsee mit süßsaurer Sauce, ›Longjing Xiaren‹,

Krabben garniert mit Teeblättern aus Longjing, und ›Xihu Chuncai Tang‹, eine Suppe mit Wassergemüse.
Hangzhou Jiujia, Yan'anlu 132, Tel. 2 34 77
Gutes Restaurant für Spezialitäten aus Hangzhou.
Kueiyuan Guan, Jiefangjie, Guanxiangkou, Tel. 2 59 21
Bekanntes Nudelrestaurant.
Shanwaishan Caiguan, Yuquan, Tel. 2 66 21
Hervorragendes Restaurant.
Tianwaitian Caiguan, Lingyinlu, Tel. 2 24 29
Dieses Restaurant liegt in der Nähe des Lingyin Tempels. Es hat eine gute Küche.
Tianxianglou Caiguan, Jiefangjie 676, Tel. 2 20 38
Ein preiswertes Restaurant, das die Spezialitäten Hangzhous bietet.
Suchunzhai, Vegetarisches Restaurant, Yan'anlu 68, Tel. 2 32 35
Yan'an Caiguan, Youdianlu 94, Tel. 2 27 20
Eine Spezialität des Hauses sind Schlangengerichte.
Yuehu Lou, Yuefenjie, Tel. 2 54 13

Einkaufsmöglichkeiten

Zu den wichtigen Einkaufsstraßen Hangzhous gehören die Hubinlu und Jiefangjie. In der Hubinlu kann man Antiquitäten, Kalligraphien, Gemälde, Seiden und Satins kaufen. Warenhäuser sind in der Jiefangjie zu finden. Der Freundschaftsladen befindet sich in der Tiyuchanglu 302.

Reisebüro, **Lüxingshe**

Guoji Lüxingshe, **CITS,** Yuefenjie 2, im Hangzhou-Hotel, Tel. 2 29 21
Zhongguo Lüxingshe, Huaqiao Lüxingshe, Hubinlu 92, Tel. 2 34 01

Gong'an Ju, Amt für Öffentliche Sicherheit, Tel. 2 24 01

CAAC Ticketbüro, Tiyuchanglu 304, Tel. 2 42 59

Bahnhof: Chezhan, Tel. 2 69 18

Taxen: Longxiangqiao, Tel. 2 48 63

Bootsfahrten auf dem Xihu, Westsee: Ticketbüro Park Hubin Gongyuan, Tel. 2 20 51
Ticketbüro Park Zhongshan Gongyuan, Tel. 2 23 36
Ticketbüro Park Huagang Gongyuan, Tel. 2 55 86

Stadt Shaoxing 紹兴市

Das bezaubernde, stille Shaoxing liegt etwa 60 km südöstlich von Hangzhou an der Bahnstrecke Richtung Ningbo. Es ist eine der ältesten Städte Zhejiangs und eine der freundlichsten Chinas.
Schon aus dem –7. Jh. wird über Shaoxing als Hauptstadt des Staates Yue berichtet. Shaoxing wird heute mit großen Namen in Zusammenhang gebracht. Lu Xun (1881–1936), der wichtigste Schriftsteller der chinesischen Moderne, ist ein Sohn dieser Stadt. Auch die unvergessene Qiu Jin (1875–1907), Dichterin, Revolutionärin und zugleich Vorkämpferin der chinesischen Frauenbewegung, stammte aus Shaoxing. Der berühmte Kalligraph Wang Xizhi (321–379) lebte lange Zeit in dieser Stadt. Lu You (1125–1210), Dichter der Südlichen Song-Zeit, war gebürtiger Shaoxinger.
Shaoxing liegt inmitten einer malerischen Landschaft zwischen dem Spiegelsee und dem Berg Kuaiji Shan. Ein Netz von kleinen Kanälen durchzieht die Stadt, kleine schwarz überdachte Boote, Bogenbrücken, weiß getünchte Häuser mit schwarzen Ziegeldächern, gepflasterte enge Straßen prägen ihr Aussehen. Dank umfangreicher Wasserbauarbeiten war Shaoxing bereits in frühen Zeiten das Zentrum eines florierenden Reis- und Seidenhandels. In den umliegenden Feldern können zwei Reisernten pro Jahr eingebracht werden. In den südlich der Stadt gelegenen Hügeln befinden sich seit alters Teeanpflanzungen. Berühmter als der Tee ist der Wein der Stadt, der Shaoxing Jiu.
Zu den schönsten Sehenswürdigkeiten der Stadt gehören der **Donghu,** Ostsee, und der **Lanting,** Orchideenpavillon. Literaturinteressierte werden natürlich das Geburtshaus und die Ausstellungshalle **Lu Xuns** besuchen wollen. Vergessen Sie nicht, auch den köstlichen Shaoxing-Wein zu probieren.

Pagode Dashansi Ta 大善寺塔

Die Pagode befindet sich in der Stadtmitte Shaoxings. Es handelt sich um einen Ziegelsteinbau von 40 m Höhe, der erstmals im Jahre 504 angelegt wurde. Die Pagode mußte viele Male neu erbaut oder restauriert werden.

Qiu Jin Guju (Früherer Wohnsitz Qiu Jins)
秋瑾故居.紀念碑

Qiu Jin (1875–1907) war eine bemerkenswerte Dichterin und Revolutionärin. Sie verbrachte die Zeit zwischen ihrem 15. bis 20. Lebensjahr mit ihren Eltern in dem Haus No. 23, Hechangtang. Im Jahre 1906 kehrte sie nach zweijährigem Japan-Aufenthalt hierher zurück. Eines ihrer Hauptanliegen war die

Emanzipation der chinesischen Frau. Ende 1906 gründete sie die *Zhongguo Nübao,* Zeitschrift für die chinesische Frau. 1907, in Shaoxing als Leiterin zweier Schulen tätig, organisierte sie mit Freunden einen Aufstand, der die Einnahme der Provinzhauptstadt Hangzhou durch revolutionäre Truppen zum Ziele hatte. Der Plan scheiterte und endete mit Qiu Jins Verhaftung und öffentlicher Hinrichtung.
In ihrem Elternhaus werden zahlreiche Dinge ihres täglichen Gebrauchs, ihr literarisches Werk sowie Fotos ausgestellt.
Die **Qiu Jin Jinianbei,** Qiu Jin Gedenkstele, steht nahe der Straße Jiefangbeilu, wo sie hingerichtet wurde. Die Inschrift lautet: Gedenkstele der Märtyrerin Qiu Jin.

Lu Xun Geburtshaus 魯迅故居．紀念館

In der ehemaligen Dongchangfangstraße, heute Luxunlu genannt, Nr. 208, steht das Haus, in dem der Schriftsteller Lu Xun im Jahre 1881 zur Welt kam. Er verbrachte hier seine Kindheit und verließ im Alter von 18 Jahren Shaoxing, um in Nanjing und ab 1902 in Japan zu studieren. 1910 kehrte er nach Shaoxing zurück und arbeitete als Lehrer an der Mittelschule Shaoxingfu Zhongxuetang und an der Schule für Pädagogik Shanhui Shifan. Einige seiner frühen Werke entstanden in dieser Zeit. Zwei Jahre später verließ er Shaoxing. 1919 kehrte er ein letztes Mal für zwanzig Tage zurück.
Heute sind in seinem Geburtshaus zahlreiche seiner Gebrauchsgegenstände zu sehen. Östlich des Hauses, schräg gegenüber auf der anderen Straßenseite, steht das *Sanwei Shuwu,* Drei-Düfte-Studio, in dem er 1892–1897 seinen Studien nachging. Die ursprüngliche Einrichtung wurde wieder hergerichtet.
Lu Xun Jinianguan, Lu Xun-Ausstellungshalle
Die Lu Xun-Ausstellungshalle liegt gleich östlich neben dem Geburtshaus. Hier werden u. a. Briefe, Handschriften, Fotos und sein Werk ausgestellt.
Keine 100 m westlich des Geburtshauses befindet sich das berühmte Weinlokal **Xianheng Jiudian,** in dem der berühmte Shaoxing-Wein serviert wird. Lu Xun trank hier einst seinen Wein und beschrieb das Lokal in seinem Werk. Das Lokal ist jedoch inzwischen erneuert worden und entspricht nicht mehr dem der Zeit Lu Xuns.

Tempel Dashun Miao 大舜廟

Der Dashun Miao befindet sich am Fluß Shuangjiang Xi auf dem Berg Shunwang Shan. Er wurde während der Qing-Dynastie in den Jahren 1851–1861 erbaut.

Donghu, Ostsee 东湖

Der Donghu liegt 3 km östlich der Stadt. Über den See führen schmale Deiche und Steinbrücken. Ende der Qing-Dynastie wurden einige Pavillons errichtet, die sich harmonisch ins Landschaftsbild eingliedern. Ein Rundgang um den See dauert etwa eine halbe Stunde. Man kann auch eine kleine Bootsfahrt unternehmen oder die angrenzenden Felsen erklimmen.

Grab Yuling 禹陵 und Tempel Yumiao 禹庙

Vier Kilometer südöstlich von Shaoxing befindet sich ein Grab, angeblich das des Herrschers der Xia-Dynastie, Yu, umgeben von den Bergen Kuaiji Shan und Tingshan.
Yu ist der Legende zufolge der Bezähmer der Fluten. Er schützte die Bevölkerung vor katastrophalen Hochwassern, indem er überall im Land Kanäle anlegen ließ, die das Wasser ins Meer ableiteten.
1979 veranlaßte die Lokalregierung den Bau eines Denkmalpavillons. Er beherbergt eine Steinstele, auf der drei große Schriftzeichen zu lesen sind: *Da Yu Ling*, Grab des Großen Yu.
Der daneben gelegene Tempel Yumiao wurde ursprünglich im 6. Jh. zu Ehren des Großen Yu errichtet. Ein Teil der Anlage stammt aus der Qing-Zeit, die Haupthalle aus dem Jahre 1935. Sie hat eine Höhe von 24 m. Im Innern der Halle steht eine Statue des Yu. Direkt hinter dem Eingangstor und vor dem Tor *Wumen* befindet sich ein Gedenkpavillon mit einer Stele aus dem Jahre 1541, die in ihrer Gestaltung dem Stil der Xia-Zeit entspricht.

Lanting, Orchideenpavillon 兰亭

14 km südwestlich der Stadt steht in einem Bambushain der berühmte Pavillon *Lanting*, dessen Erbauung der Kalligraph Wang Xizhi (321–379) in seinem Werk *Lanting Jixu* festgehalten hat. Die heutige Anlage stammt aus dem Jahre 1548. In der zauberhaft angelegten Haupthalle hängt ein fächerförmiges Gemälde, das Wang Xizhi und seine 41 Freunde darstellt. Es zeigt die Freunde während eines Spiels an dem kleinen Bach, der heute noch vor der Anlage zu sehen ist. Sie saßen an seinem Ufer, füllten Weinbecher, setzten diese auf Lotosblätter und ließen sie dann auf dem Wasser treiben. Derjenige, vor dem ein solcher Becher landete, mußte sofort ein Gedicht verfassen. Konnte er das nicht, wurde er aufgefordert, den Wein auszutrinken. Der Dichter rechts unten auf dem Gemälde schien recht unerfolgreich im Dichten zu sein. Zum

Gelände gehört auch der Pavillon **Liuchang Ting,** in dem Inschriften des Kangxi- und des Qianlong-Kaisers zu sehen sind.

Shifo Si, Steinbuddha-Tempel 石佛寺

Etwa 20 km nordwestlich Shaoxings steht in der Ortschaft **Xiafangqiao Zhen** der aus der Sui-Zeit (581–618) stammende Steinbuddha Maitreya. In der Tang-Dynastie errichtete man zusätzlich einen Tempel.

Hotels

Huaqiao Fandian, Shangdalu, Tel. 23 23 华侨饭店
Chaoyang Lüguan, Jiefangbeilu, Tel. 29 30 朝阳旅馆
Shaoxing Fandian, am Berg Longshan, Tel. 32 52 绍兴饭店

Reisebüro

Guoji Lüxingshe (**CITS**), Zhongguo Lüxingshe, Houjie 57, Tel. 32 52

Stadt Ningbo 宁波市

Ningbo, eine alte Hafenstadt mit 400 000 Einwohnern, liegt im Osten Zhejiangs am Zusammenfluß von Yongjiang und Yaojiang, etwa 25 km von der Mündung ins Ostchinesische Meer entfernt. Die Stadt ist per Bahn und Bus von Hangzhou oder per Schiff von Shanghai aus erreichbar.

Geschichtlicher Überblick

Seit der Tang-Zeit (618–907) entwickelte sich Ningbo zu einem Zentrum des Küsten- und Außenhandels. Während der Südlichen Song-Dynastie erfuhr die Stadt aufgrund der Verlegung des kaiserlichen Hofes nach Hangzhou einen ungeheuren Aufschwung. Der Handel zwischen den Küstenprovinzen und der Hauptstadt wurde über Ningbo abgewickelt. Mit Beginn der Ming-Dynastie erlebte der Handel jedoch wieder eine rückläufige Tendenz. Übersee- und Küstenhandel wurden von staatlicher Seite weitgehend eingeschränkt.

Mit der Ankunft portugiesischer, holländischer und britischer Kaufleute begann Ningbo Ende des 16. Jh. von neuem, seinen Handel auszuweiten. Der Küstenhandel wurde intensiviert und reichte von der Mandschurei bis nach Guangzhou, auch konnten Beziehungen mit Taiwan und den Philippinen

aufgenommen werden. Ningbos erfolgreiche Kaufleute spielten im 17. und 18. Jh. eine wichtige Rolle in Chinas Wirtschafts- und Handelsleben. 1843 mußte Ningbo als Vertragshafen westlichen Handelsnationen geöffnet werden. Doch verlor es bald zu Gunsten von Shanghai an Bedeutung. Heute ist Ningbo ein Knotenpunkt für den Küsten-, Kanal- und Straßenverkehr, ein Umschlagplatz für landwirtschaftliche Produkte, Holz, Textilien und Konsumgüter. Seit 1949 wurde die Industrie ausgebaut, vor allem auf dem Textil- und Nahrungsmittelsektor sowie im Maschinen- und Schiffbau.
Eine der imposantesten Sehenswürdigkeiten Ningbos ist das Tempelkloster **Tiantong Si,** etwa eine Autostunde vom Zentrum entfernt.

Pavillon Tianyi Ge, eine der ältesten Privatbibliotheken Chinas

天一阁

Die Bibliothek befindet sich im Westen der Stadt. Sie war im 16. Jh. die Privatbibliothek des hohen Militärbeamten Fan Qin. Dieser hatte eine beachtliche Sammlung, die bereits im 11. Jh. begonnen worden war, einer Familie abgekauft und großzügig ergänzt. In den Jahren 1561–1566 ließ er den Pavillon Tianyi Ge zur Aufbewahrung seiner Bücher anlegen. Die Sammlung, die Fan Qin seinen Erben überließ, zählte 70 000 Bände, darunter viele Lokalbeschreibungen aus der Ming-Zeit, seltene Ausgaben von Klassikern und literarischen Dokumenten. Während der Qing-Zeit ließ der Qianlong-Kaiser verschiedene Werke dieser Bibliothek nach Beijing kommen und in das *Siku Quanshu* aufnehmen. Ein großer Teil des Bestandes ging in den Kriegszeiten verloren. In den fünfziger Jahren sollen nur noch 13 000 Bände vorhanden gewesen sein. Einer eigens gegründeten Kommission gelang es, 3000 der vermißten Bände wieder aufzuspüren. Heute umfaßt die Bibliothek mehrere zehntausend Bände, darunter viele Geschenke aus Privatbibliotheken.

Pagode Tianfeng Ta 天封塔

Die Tianfeng Ta befindet sich im Süden der Stadt. Sie stammt aus dem Jahr 1330 und verfügt über eine Treppe, die bis ins oberste Geschoß führt, von wo man die ganze Stadt überblicken kann.

Tempel Baoguo Si 保国寺

Der Baoguo Si befindet sich nördlich des Bezirkes **Hongtang** auf dem Bergabhang des **Lingshan,** etwa 15 km von Ningbo entfernt. Der Tempel hat mehrere Hallen. Die Haupthalle, die *Daxiong Baodian,* Schatzhalle des Großen Helden, wurde 1013 errichtet. Sie stellt heute den ältest erhaltenen Holzbau der Provinz Zhejiang dar.

Tempelkloster Tiantong Si 天童寺

Das eindrucksvolle und landschaftlich herrlich gelegene Tiantong Si auf dem Abhang des Berges Taibai Shan, 34 km östlich von Ningbo, ist eine Gründung aus der Jin-Zeit (265–420). Es wurde mehrmals zerstört und neu aufgebaut. Verschiedene große Hallen aus der Qing-Zeit sind erhalten geblieben, in denen seltene heilige buddhistische Sutren und Malereien aufbewahrt werden. Das Tempelkloster übte einen großen Einfluß auf die Buddhisten Südostasiens aus. Im 13. Jh. studierte hier eine Gruppe von Japanern, angeführt von dem Mönch Dogen. Sie begründeten die Sotoshu-Sekte, eine noch heute wichtige buddhistische Glaubensrichtung in Japan, deren Vertreter diesem Kloster häufig einen Besuch abstatten.
Es leben heute etwa 100 Mönche in diesem Kloster.
Unterkunft findet man in den Gasträumen des Klosters oder im gegenüberliegenden Gästehaus.

Tempelkloster Ayuwang Si 阿育王寺

Auf dem Berg Yuwang Shan, unweit des Tiantong Si, steht der Ayuwang-Tempel aus dem 5. Jh. Hier soll ein Stupa mit einer Reliquie des Sakyamuni Buddha (ein Splitter des Scheitelbeines) zu sehen sein. Interessant sind in diesem Tempel Kalligraphien von Song-Kaisern.

Unbedingt empfehlenswert ist der Ausflug zur **Putuo Shan** (s. S. 479), eine Schiffsreise von etwa 5 Stunden.
Interessant ist auch der Ausflug zum 140 km entfernten Berg **Tiantai Shan,**

天台山

einem wichtigen buddhistischen Zentrum.

Das Tiantai Shan Gebirge liegt fern ab von den touristischen Trampelpfaden. Es ist per Bus von Hangzhou, Shaoxing, Ningbo oder Wenzhou aus zu erreichen.
Tiantai Shan ist seit alters ein bedeutendes Zentrum des Mahayana-Buddhismus. Im 6. Jh. gründete der Mönch Chi Yi hier ein Kloster und die später so berühmte Tiantai-Schulrichtung, die auf der Interpretation der Lotos-Sutra basiert und starken Einfluß auf andere Schulen nahm. In den Tempeln der Tiantai-Schule ist häufig der Vairocana Buddha als einzelnes Standbild zu sehen.

Hotels

Huaqiao Fandian, Liudingjie 100, Tel. 63175 华侨饭店
Ningbo Fandian, Mayuanlu, Tel. 66334 宁波饭店

Reisebüro

Guoji Lüxingshe, **CITS,** Liudingjie 106, Tel. 3175
Zhongguo Lüxingshe, Liudingjie 100, Tel. 2181

Gebirge Mogan Shan 莫干山

Mogan Shan liegt etwa 60 km südöstlich von Hangzhou und 200 km von Shanghai entfernt. Es bestehen von beiden Städten direkte Busverbindungen dorthin.
Mogan Shan gilt neben Beidaihe und Lushan als eines der besten Erholungsgebiete Chinas. Klimatisch ist es hier besonders angenehm; die Temperaturen liegen im Sommer unter denen von Shanghai und Hangzhou. Der höchste Berg mißt 758 m, das gesamte Gebiet erstreckt sich von Westen nach Osten über 30 km, von Norden nach Süden über 20 km. Dichte Bambushaine, Quellen, Flüsse und Wasserfälle prägen die Landschaft. Zahlreiche Pavillons und Villen stehen im Schatten der Bäume. Nach dem Opiumkrieg ließen sich hier ausländische Missionare und Geschäftsleute nieder, später kamen auch Chinesen, reiche Städter und Funktionäre der Guomindang Partei. Heute sind in ihren Villen Sanatorien untergebracht. Es gibt auch Hotels, Restaurants, ein Warenhaus und eine Post (Straße Yinshanjie).
Mogan Shan hat viele schöne Sehenswürdigkeiten zu bieten, zum Beispiel den beeindruckenden dreistufigen Wasserfall *Jianchi,* der aus 100 m Höhe mit donnerndem Getöse in die Tiefe fällt. Links vom Wasserfall führt ein Weg zur Ostseite des Berges Yinshan und zum Pavillon *Guanbao Ting,* von dem man einen guten Blick hat. Von diesem Pavillon führt ein Bambus gesäumter Weg zur *Tianqiao,* Himmelsbrücke.
In dem schönen Park *Luhuadang* stehen geschmackvolle Gebäude, in denen zum Teil Touristen untergebracht werden. Ein Weg führt hinauf zur Terrasse *Guanri Tai,* von der man gut den Sonnenaufgang beobachten kann.

Gebirge und Insel Putuo Shan 普陀山

Das Gebirge Putuo Shan bildet eine 12,5 qkm große Insel, die zur **Zhoushanqundao**-Inselgruppe gehört. Von Ningbo gibt es Schiffsverbindungen dorthin, die Überfahrt dauert etwa 5 Stunden. Wenn man von der Kreisstadt Putuoxian übersetzt, ist man in 40 Minuten dort.
Der Putuo Shan ist einer der vier heiligen Berge des Buddhismus (die anderen drei sind Jiuhua Shan, Wutai Shan, Emei Shan). Er ist dem Bodhisattva **Guanyin** geweiht. Es heißt, Guanyin hätte hier jahrelang meditiert und gepredigt. Schließlich habe er die Vorstufe zur Buddhaschaft erreicht. Mehr als dreihundert große und kleine Tempelklöster entstanden hier im Laufe der Dynastien und beherbergten einst dreitausend Mönche. Zu den größten gehören noch heute Puji Si, Fayu Si und Huiji Si.
Putuo Shan wurde erst 1984 westlichen Touristen geöffnet. Die Abgelegenheit der Insel lockt jedoch nur wenige der meist unter Zeitdruck stehenden Ausländer. Schade, denn die Insel bietet viel: in herrlicher Umgebung gelegene Klöster, weite Strände, die zum Baden einladen, quirrliges Leben in den Gassen der kleinen Ortschaft, die nur etwa 20 Gehminuten vom Hafen entfernt ist. Eine Unterkunft kann man sich über CITS schon von Ningbo aus reservieren lassen.

Das **Puji Si,** 普济寺

das Hauptkloster des Putuo Shan und zugleich auch das älteste, liegt im Süden der Insel. Es wurde bereits 1080 gegründet und im Laufe der Zeit ständig erweitert. Einst lebten mehr als tausend Mönche dort, heute sind es weniger als hundert. Die Hallen des Puji Si wirken sehr feierlich. Besonders imposant ist die Haupthalle *Dayuantong Dian* mit ihrer riesigen Guanyin-Statue. Beachtung findet ein über 2 m hoher bronzener Dreifuß vor dieser Halle.

Das Tempelkloster **Fayu Si,** 法雨寺

das zweitgrößte der Insel, befindet sich am südlichen Bergabhang des Foding Shan.
Das Nonnenkloster **Yangzhi** südwestlich vom Fayu Si enthält eine bemerkenswerte 2 m hohe Steintafel mit einer eingravierten Darstellung Guanyins aus dem Jahre 1608.
Der Weg vom Hafen bis zum Kloster **Huiji Si** auf dem 291 m hohen Berg

慧济寺

Foding Shan mißt etwa 5 km und ist streckenweise beschwerlich. Unterwegs sieht man die *Duota* Steinpagode aus dem Jahre 1334.

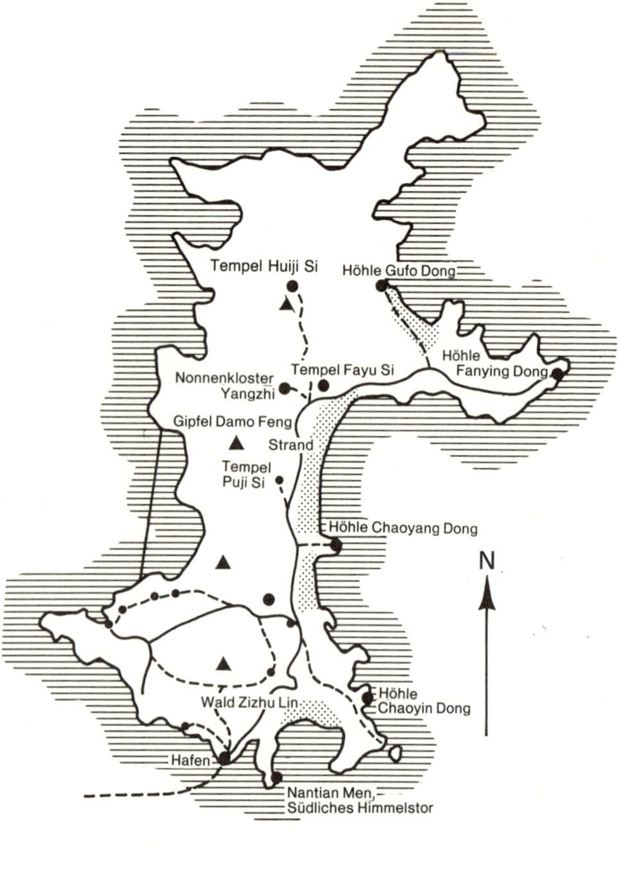

Putuo Shan

Die meisten Besucher der Insel werden wegen der buddhistischen Sehenswürdigkeiten kommen, trotzdem sei gesagt, daß es noch einige Kuriositäten gibt, zum Beispiel zwei große schildkrötenförmige Steine auf der Westseite der Insel (oberhalb des Nonnenklosters Guanyin Gudong). Die eine ›Schildkröte‹ scheint den Kopf weit vorzustrecken.
Am südöstlichen Ende der Insel befindet sich die Grotte *Chaoyin Dong*, in die mit lautem Getöse das Meereswasser eindringt. Eine Öffnung oben im Felsen, Himmelsfenster genannt, erlaubt einen Blick bis hinunter in die Grotte.
Am östlichen Ufer laden im Sommer Strand und Meer zum Baden ein.

Stadt Jinhua 金华市

Im Zentrum der Provinz Zhejiang und von allen Seiten per Bus und Bahn erreichbar liegt die Stadt Jinhua.
Seit alters war Jinhua ein blühendes Handelszentrum inmitten eines reichen Reisanbaugebietes und ein Umschlagplatz für Holz und landwirtschaftliche Produkte.
Die berühmtesten Sehenswürdigkeiten der Stadt sind die drei Höhlen von Jinhua, nämlich die **Shuanglong Dong,** die **Binghu Dong** und die **Chaozhen Dong.** Die Shuanglong Dong ist mit einem Boot befahrbar. In der Binghu Dong kann man einen Wasserfall herabstürzen sehen. Jinhua zeigt heute noch Spuren aus der Zeit des Taiping-Aufstandes. Man kann das ehemalige Wohnhaus des Taiping Generals Li Shixian besuchen, in dem Wandmalereien erhalten sind. In der Stadtmitte steht der Turm **Bayong Lou,** von dem man einen Ausblick auf den Süden der Stadt und die Umgebung hat. Er stammt aus der Südlichen Xi-Zeit. Berühmte Dichter wie Li Bai, Cui Hao und Li Qingzhao sollen hier Gedichte geschrieben haben. Interessant ist ein Ausflug per Bus zum 60 km entfernten Berg **Fangyan.** Er ist etwa 400 m hoch und ragt wie eine Säule empor. Ein einziger Weg führt hinauf. Auf halber Höhe erreicht man den Pavillon **Buyun Ting.** Auf dem Berg angekommen, kann man den Tempel **Guangci Si** besuchen. In seiner Umgebung sind noch manche Sehenswürdigkeiten zu finden wie zum Beispiel Höhlen. Auf gleichem Weg geht es zurück zum Pavillon Buyun Ting. Hält man sich rechts und geht nicht weiter bergab, kommt man über Stufen zu der **Wufeng Shuyuan,** Fünf-Gipfel-Schule, Wohnhöhlen, in denen die Philosophen Zhu Xi und Chen Liang einst gelehrt haben sollen.

Gebirge Yandang Shan 雁荡山

Das Gebirge Yandang Shan liegt im Süden der Provinz Zhejiang, nordöstlich des Kreises **Leqing.** Es ist ein atemberaubendes Gebiet mit hohen Gipfeln, kühn anmutenden Felsformationen, rauschenden Wasserfällen und scharfen Klippen.
Das Yandang Gebirge ist mit dem Schiff von Shanghai nach Haimen und dann, ebenso wie von Ningbo und Wenzhou aus, per Bahn und Bus erreichbar. Es gibt unzählige Sehenswürdigkeiten in diesem Gebiet; allein 18 Tempel, 16 Pavillons, 46 Höhlen, 13 Wasserfälle, 102 Gipfel usw. können besichtigt werden, von den vielen Schluchten, Felsformationen und Pässen ganz zu schwei-

gen. Der höchste Berg des Yandang Shan ist 1150 m hoch. Das Ausmaß des gesamten Massivs beträgt 400 qkm.
Von der Landstraße Wenzhou-Huangyan biegt man in Baixi ab und kommt zum Tempel Lingfeng am Fuße des Berges Lingfeng. Der 270 m hohe Lingfeng gehört zu den wichtigsten Attraktionen des Yandang Gebirges. In seiner näheren Umgebung gibt es viele Wasserfälle, Höhlen und eindrucksvolle Felsformationen. Das Tempelkloster **Lingfeng Si** wurde im Jahre 1023 angelegt. Es enthält ein Gästehaus, das für Übernachtungen und Verpflegung bereitsteht. Etwa 500 m nordwestlich vom Lingfeng Si befindet sich die Höhle **Beidou Dong,** in der Kalligraphien von Zhu Xi und Dong Qichang zu sehen sind. Südwestlich vom Lingfeng Si liegt die 40 m tiefe Höhle **Guanyin Dong.** Es ist die größte Höhle des Yandang Shan. Früher war sie eine Pilgerstätte der Buddhisten.
Nördlich vom Lingfeng Si gibt es einen weiteren Tempel, den **Zhenji Si.** Der dreistufige Wasserfall **Sanzhe Bao** befindet sich südwestlich vom Lingfeng Si neben der Terrasse Lanhua Tai. Die zweitgrößte der achtzehn alten Tempelanlagen des Yandang Shan ist der **Lingyan Si.** Es heißt, daß während der Jin-Zeit (265–420) ein Mönch dreihundert Schüler aus Sichuan hierher führte. Vor dem Wasserfall Dalongqiu Pubu erlangte er seine Erleuchtung. Im Jahre 979 baute man ihm zu Ehren den Tempel. Während der Ming- und Qing-Zeit wurde die Anlage mehrmals erneuert. Der Felsen Lingyan erhebt sich hinter dem Tempel Lingyan Si. Man vergleicht ihn gern mit einem Paravant, der den Tempel schützt.
Nicht so weit von Lingyan Si stehen die beiden Gipfel **Tianzhu Feng** und **Zhanqi Feng.** Zwischen den beiden befindet sich das Südliche Himmelstor (Nantian Men).
Der Gipfel Tianzhu Feng scheint in den Himmel zu ragen, weshalb er auch Himmelssäule genannt wird.
Der Wasserfall **Dalongqiu Pubu** befindet sich 4 km westlich des Gipfels Ma'an Ling. Er gehört zu den größten Chinas.
In der näheren Umgebung gibt es zahlreiche Schluchten, Höhlen und Buddha-Skulpturen zu sehen. Man kann hinaufsteigen zum Drachenrücken, **Longqiu Bei.** Von dort hat man einen Ausblick auf alle Gipfel des Yandang Shan. Der Tempel **Nengren Si,** am Ufer des Baches Jinxi wurde im Jahre 999 angelegt. Er ist der größte Tempel des Yandang Shan. Interessant ist hier ein 800 Jahre altes Eisengefäß.
Nicht weit vom Nengren Si befindet sich die Jinzhu-Schlucht. Sie ist wegen ihrer achtzehn Teiche bekannt.
Auf dem zweithöchsten Gipfel des Yandang Shan liegt in etwa 1000 m Höhe ein Teich, der Yanhu, dessen Ufer von üppigen Gräsern überwuchert wird. In der Literatur wurde er als Heimat der Wildgänse beschrieben, denn diese

kehren jedes Jahr auf ihren Flügen in dieses Gebiet zurück. Man hat vom Yanhu einen phantastischen Ausblick auf die umliegenden Berge. Der Sonnenaufgang soll hier besonders schön anzusehen sein. Im nördlichen Teil des Yandang Shan befindet sich auf dem Berg Hexian Ting die Brücke **Xianren Qiao.** Sie ist etwa 100 m lang und hat eine Wölbung ähnlich einem Schildkrötenpanzer.

Stadt Wenzhou 温州市

Wenzhou liegt am Südufer des Oujiang, etwa 30 km von dessen Mündung ins Ostchinesische Meer entfernt. Die Geschichte Wenzhous läßt sich bis ins −2. Jh. zurückverfolgen, als hier das Königreich von Dong'ou gelegen war. Wenzhou hat sich seit 1949 zu einer bedeutenden Hafenstadt und zum wichtigsten Warenumschlagplatz Südost-Zhejiangs entwickelt. Im wesentlichen werden Tee, Jute, Holz, Papier, Alaun, Ziegel und Kacheln exportiert. An Industrie gibt es hauptsächlich Betriebe der Nahrungsmittel- und Papierherstellung. Wichtig sind auch die Maschinenbau- und traditionellen Handwerksbetriebe.

Insel Jiangxin Yu 江心屿

Die Jiangxin Yu liegt im Norden der Stadt im Fluß Oujiang. Ursprünglich waren es zwei Inseln, die während der Song-Zeit auf Veranlassung des Mönchs Qingliao verbunden wurden. Auf den beiden Hügeln der Insel befindet sich jeweils eine Pagode. Die östliche Pagode wurde im Jahre 869, die westliche im Jahre 969 erbaut. Zwei Tempel sind zu besichtigen, der *Tempel des Wen Tianxiang* und der *Jiangxin Si;* außerdem kann man eine Maitreya-Halle und ein Museum zur Geschichte des südlichen Teils der Provinz Zhejiang besuchen. Der Tempel *Jiangxin Si* stammt ursprünglich aus den Jahren 861–874. Der *Tempel des Wen Tianxiang* wurde erstmals 1482 errichtet, der heutige Bau stammt aus der Qing-Zeit. Wen Tianxiang war ein patriotischer General in der Südlichen Song-Zeit, den die Mongolen im Jahre 1279 in Beijing hinrichteten.

Hotels

Jingshan Binguan, am Berg Xueshan 景山宾馆
Huaqiao Fandian, Xinhejie 17, Tel. 3911 华侨饭店

Reisebüro

Zhongguo Lüxingshe, Xinhejie 17, Tel. 2404

Stadt Jiaxing 嘉兴市

Jiaxing liegt am Ufer des Großen Kanals nordöstlich von Hangzhou inmitten eines fruchtbaren Reisanbaugebietes. Die Stadt ist seit Jahrhunderten ein wichtiger Umschlag- und Handelsplatz für Reis und Seide. Zu den wichtigen Industriezweigen gehören Textil- und Nahrungsmittelindustrie sowie Papierherstellung.

Nanhu, Südsee 南湖

Der See teilt sich in einen östlichen und einen westlichen Bereich. Seine Gesamtfläche beträgt 35 ha. Aus der Mitte des Sees tauchen zwei kleine Inseln auf, Huxin Dao und Xiaozhou. Auf **Huxin Dao** stehen eine Gedenkhalle der Revolution und die Halle *Yanyu Lou* aus dem Jahre 1549.

Stätte des 1. Parteikongresses der Kommunistischen Partei Chinas

中共第一次全
國代表大会

Der 1. Kongreß der KPCh fand auf einem kleinen Schiff auf dem Nanhu statt. Ihren ursprünglichen Tagungsort in Shanghai hatten die Mitglieder wegen einer drohenden Hausdurchsuchung durch die französische Polizei verlassen müssen. Auf diesem Schiff wurden die Gründung der Partei erklärt, das Parteiprogramm verabschiedet und der Vorstand gewählt. Heute befindet sich der Nachbau des Schiffes vor dem südlichen Ufer der Insel Huxin Dao. Das Schiff hat eine Länge von 16 m und eine Breite von 3 m. Im Schiffsinneren wurde der Konferenzraum nachgebildet.

Provinz Anhui 安徽省

Fläche: 139 900 qkm / Bevölkerung: 49,66 Mill. / Hauptstadt: Hefei

Die ostchinesische Provinz Anhui hat seit der Staatsgründung der Volksrepublik China einen ungeheuren Aufschwung erfahren. Bis 1949 galt sie als rückständigste Provinz Ostchinas, inzwischen hat sie sich zu einem wichtigen Zentrum der Schwerindustrie entwickelt. Die größten Städte sind Hefei, Bengbu, Huainan und Wuhu.

Zwei große Flüsse durchziehen die Provinz von Westen nach Osten, der Huaihe und der Changjiang. Der Huaihe bildet die natürliche Grenze zu Nordchina. Der Norden Anhuis gehört zur Nordchinesischen Ebene. Hier wird meist Weizen, Gerste, Mais und Sorghum angebaut. Mehr als zehn Nebenflüsse des Huaihe kreuzen diesen Teil des Landes und verursachten in den vergangenen Jahrhunderten immer wieder katastrophale Überflutungen. Nach 1949 gelang es mittels gewaltiger Wasserbauprojekte, diese Gefahr zu bannen. Zwischen die beiden Flußläufe Huaihe und Changjiang schiebt sich von Westen her das Gebirge Dabie Shan. In der Ebene des Changjiang liegt das traditionelle Naßreisanbaugebiet. Die Bevölkerungsdichte ist in diesem Teil Anhuis entsprechend hoch. Der Süden Anhuis ist gebirgig. Hier befindet sich die wichtigste Attraktion der Provinz, das Granitmassiv Huangshan, das seit vielen Generationen ein unerschöpfliches Thema der chinesischen Dichter und Maler ist.

Anhui hat heiße, feuchte Sommer und kühle, im Norden kalte und trockene Winter. Der Süden der Provinz erhält regelmäßig Niederschläge. Je weiter man nach Norden kommt, desto höher steigt die Niederschlagsvariabilität. Die Menge nimmt entsprechend ab, so daß der nördlichste Teil der Provinz häufig von Dürren heimgesucht wird.

Geschichtlicher Überblick

Während der Zeit der Kämpfenden Staaten war Anhui Teil des Staates Chu. Nach der Einigung des Reiches unter der Herrschaft der Qin setzte eine große Auswanderungsbewegung in den Süden ein. Auf diese Weise wurde Anhui als erstes Gebiet Südchinas von Han-Chinesen besiedelt. Nach dem Fall der Han-Dynastie nahm die Nord-Süd-Wanderung zu. Anhui wurde das verbindende Teil zwischen Nord- und Mittelchina und hatte als solches große Bedeutung in geographischer und militärischer Hinsicht. Schwere Zeiten erlebte Anhui in Perioden eines geteilten Reiches und der Machtkämpfe. Unruhen und Aufstände erschütterten das Gebiet, als in den frühen fünfziger Jahren des 18. Jh. der Huanghe seinen Flußlauf wechselte, das Huaihe Becken an Wasser verlor und die Bauern Nord-Anhuis in eine verzweifelte Lage gerieten.
1938 ließ die Nationalregierung unter der Führung Chiang Kaisheks den Huanghe südlich von Shandong umleiten, so daß die Deiche in Henan brachen, das Land unter Wasser gesetzt und der Vormarsch der japanischen Truppen gebremst wurde. Dieses Unternehmen führte zu Überflutungen, die bis nach Anhui reichten und etwa einer Million Menschen das Leben kostete. Während des 2. Weltkrieges war Anhui größtenteils unter japanischer Besatzung. Von 1946 bis 1949 kontrollierten Truppen der Nationalisten Anhui. Nach Gründung der Volksrepublik China widmete man sich intensiv der Erschließung der Bodenschätze. Anhui ist reich an Kohle und Eisenerz. Wichtigstes Zentrum des Kohleabbaus ist Datong, der Eisen- und Stahlproduktion Ma'anshan. Überall in der Provinz entstanden neue Industriebetriebe und Werkstätten.

Stadt Hefei 合肥市

Hefei, seit 1949 Hauptstadt, ist das natürliche Zentrum Anhuis. Die Stadt ist Knotenpunkt für die Verkehrswege zu Wasser und zu Lande.
Das frühere Hefei lag etwas weiter nördlich vom heutigen modernen. Zur Zeit der Drei Reiche (220–265) war Hefei ein militärischer Eckpfeiler des Wei-Reiches. Die Truppen des legendären Cao Cao schlugen hier dank genialer Strategie das zahlenmäßig überlegene Heer des Sun Quan. Während der Sui- und Tang-Dynastie gehörte Hefei zur Präfektur Lu und wurde Luzhou genannt. Das heutige Hefei stammt aus der Song-Zeit. Während der Südlichen Song-Zeit lag hier das Zentrum der Verteidigung gegen die vordringenden Jin-Truppen. Wirtschaftlich gesehen war Hefei immer ein Marktort, ein Um-

schlagplatz für landwirtschaftliche Produkte und ein Zentrum des Handwerks.
Heute ist Hefei eine aufstrebende Industriestadt mit verschiedenen Betrieben der Leicht- und Schwerindustrie. An führender Stelle steht die Leichtindustrie. Sie macht etwa zwei Drittel des Gesamtproduktionswertes aus.

Baogong Ci, Tempel des Herzog Bao 包公祠

Herzog Bao Cheng stammte aus Luzhou und war während der Nördlichen Song-Zeit Präfekt von Kaifeng. Er kämpfte gegen Bestechung und für Gerechtigkeit und machte sich dadurch beim Volk sehr beliebt. Noch heute gilt er als Beispiel eines unbestechlichen Beamten.
Der Tempel, in der Ming-Zeit angelegt, befindet sich in dem schönen Park **Baohe Gongyuan** auf der Anhöhe Xianghua Dun. Hier soll einst die Schule gestanden haben, in der Herzog Bao studiert hatte.

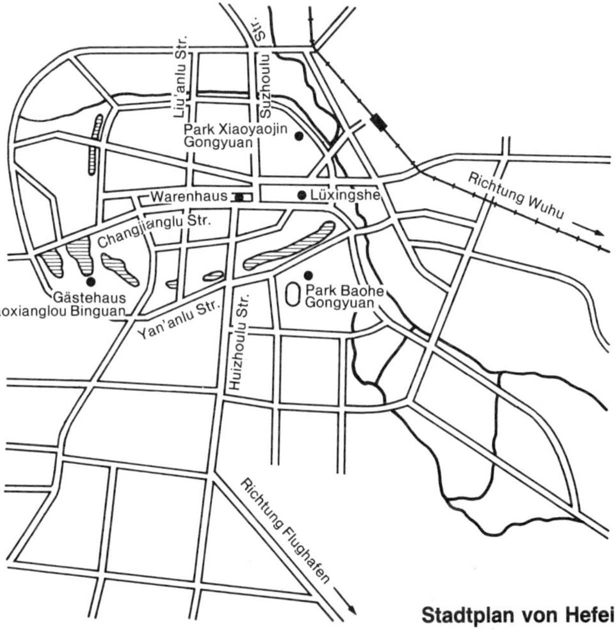

Stadtplan von Hefei

Der Park Baohe Gongyuan ist bei der einheimischen Bevölkerung als stille, erholsame Anlage sehr populär.
Das Grab des Herzog Bao befindet sich in der Volkskommune Daxing Gongshe, etwa 7,5 km östlich von Hefei.

Park Xiaoyao Jin 逍遥津

Der Xiaoyao Jin liegt im Nordosten der Stadt. Hier wurde einst eine berühmte Schlacht geschlagen. Zur Zeit der Drei Reiche gehörte Hefei zum Gebiet des Wei-Reiches und war militärisch gesehen außerordentlich wichtig. Die zahlenmäßig überlegenen Truppen des Wu-Reiches erlitten im Jahr 215 gegen die Soldaten Cao Caos, die unter der Führung des General Zhang Liao standen, eine verheerende Niederlage. Der König von Wu, Sun Quan, versuchte zu fliehen, was jedoch unmöglich zu sein schien, weil der einzige Fluchtweg, die Brücke über den Fluß Feishui, bereits zerstört war. Eine Legende berichtet, daß dem Sun Quan trotzdem die Flucht gelang: auf dem Rücken eines fliegenden Pferdes. Die Geschichte dieser Schlacht und der Flucht wurde im Volke von einer Generation zur anderen weitererzählt und ist Inhalt einer Oper.
Heute gibt es in dem schönen Park einen großen See mit kleinen Inseln sowie Pavillons, viele Bäume und Blumen.

Terrasse Jiaonu Tai 教弩台

Die Terrasse Jiaonu Tai, die heute von einer Parkanlage bedeckt ist, befindet sich östlich der Straße Huaihelu. Cao Cao ließ sie einer Lokalchronik zufolge zur Verteidigung gegen die Truppen Sun Quans anlegen. Damals lag sie 50 m vom Fluß Feishui und 100 m von Fluß Jingshui entfernt, nah genug, um die zu Wasser nahenden Soldaten Sun Quans mit Pfeil und Bogen zurückzuschlagen. Fünfhundert Bogenschützen waren hier stationiert. In der Zeit der Südlichen Dynastien wurde auf ihr erstmals auf Befehl Kaiser Liang Wudis (reg. 503–519) ein Tempel errichtet. Der heutige Tempel, der **Mingjiao Si,** stammt aus der Qing-Dynastie. Im östlichen Teil der heutigen Parkanlage befinden sich der Platz der Jugend, ein Kinderspielplatz, ein Zoo, ein Blumengarten, Wandelgänge und ein Teehaus. Im westlichen Teil gibt es ein Restaurant.

Hotels

Daoxianglou Binguan, Tel. 74791 稻香楼宾馆
Jianghuai Lüshe, Changjianglu 68, Tel. 72221, 72227 江淮旅舍

Einkaufsmöglichkeiten

Kaufhaus Hefei, Changjianglu, Huizhoulukou
Antiquitäten und Kunstgewerbe: Huizhoulu 45
Xinhua Buchladen, Huizhoulu 39

Reisebüro, **Lüxingshe**

Guoji Lüxingshe, **CITS**, Changjianglu 68, im Jianghuai Hotel, Tel. 22 21, 22 27
Zhongguo Lüxingshe und Huaqiao Lüxingshe im Jianghuai Hotel, Tel. 22 21, 22 27

Gong'an Ting, Amt für Öffentliche Sicherheit, Anhui, Anqinglu 272, Tel. 41 81
Gong'an Ju, Amt für Öffentliche Sicherheit, Hefei, Xiangyanglu 220, Tel. 31 38

CAAC Ticketbüro, Changjianglu 73, Tel. 37 98

Bahnhof, Kartenverkauf, Mingguanglu, Tel. 34 81

Stadt Wuhu 芜湖市

Wuhu liegt an der Mündung des Qingyi Jiangs in den Changjiang. Die Stadt hat eine Geschichte von über 2000 Jahren. Sie war bereits während der Zhou-Dynastie unter dem Namen Jiujiang bekannt. Den heutigen Namen erhielt die Stadt während der Han-Dynastie.
Wuhu war früher eine Handelsstadt. Heute ist sie ein Zentrum der Leichtindustrie.
Wuhu ist landschaftlich sehr schön gelegen. Flüsse, Seen, Hügel und Berge innerhalb wie außerhalb der Stadt geben ihr ein reizvolles Aussehen.
Im Ausland ist Wuhu vor allem wegen seiner kunstgewerblichen Artikel bekannt. So gehören Eisenbilder, geschnitzte Lackmalerei und Federmalerei zu den typischen Erzeugnissen.

Berg Zheshan 赭山

Der 86 m hohe Zheshan liegt innerhalb der Stadt. Er wurde zu einer schönen Parkanlage gestaltet; ein Zoo und eine Ausstellungshalle sind dort zu finden. Auf der Spitze des Zheshan steht ein Pavillon aus den Jahren 1522–1566. Der Tempel **Guangji Si,**

广济寺

am südwestlichen Fuß des Zheshan, ist eine Gründung aus dem 9. Jh. Der heutige Bau stammt aus der Qing-Dynastie. Er besteht aus mehreren Hallen, die hintereinander in den Hang gebaut sind. Die früher zum heiligen Berg Jiuhua Shan pilgernden Besucher verweilen meist erst ein wenig in diesem Tempel.

Jinghu, Spiegelsee 鏡湖

Der Jinghu befindet sich mitten in der Stadt. An seinem Ufer wurden Restaurants und Gästehäuser errichtet. In der Mitte des Sees ist eine Insel, auf der eine Ausstellungshalle und eine Bibliothek zu besuchen sind.

Hotels

Tieshan Binguan, auf dem Berg Tieshan, Tel. 45 30, 39 20 铁山宾馆
Wuhu Fandian, Renminlu, Tel. 30 60, 26 76, 28 45 芜湖饭店

Gebirge Jiuhua Shan 九华山

Jiuhua Shan erhebt sich im Süden der Provinz Anhui etwa 20 km von der Kreisstadt Qingyang Xian entfernt. Man kann entweder von dort mit dem Bus an den Fuß des Jiuhua Shan fahren, oder aber vom Kreis Anqing Xian aus. Das Gebirge, eines der berühmtesten Chinas, ist in den heißen Sommermonaten ein idealer Erholungsort. Seine landschaftlichen Reize, seine Gipfel, Bäche, Steinhöhlen, Wasserfälle und Bäume werden jeden Besucher begeistern. Von den 99 Gipfeln des Jiuhua Shan ist der **Shiwang Feng** mit 1431 m der höchste. Der höchste für den Touristen erreichbare Berg ist der **Tiantai Shan** mit 1323 m. Neun Gipfel des Jiuhua Shan sind besonders schön anzusehen. Der

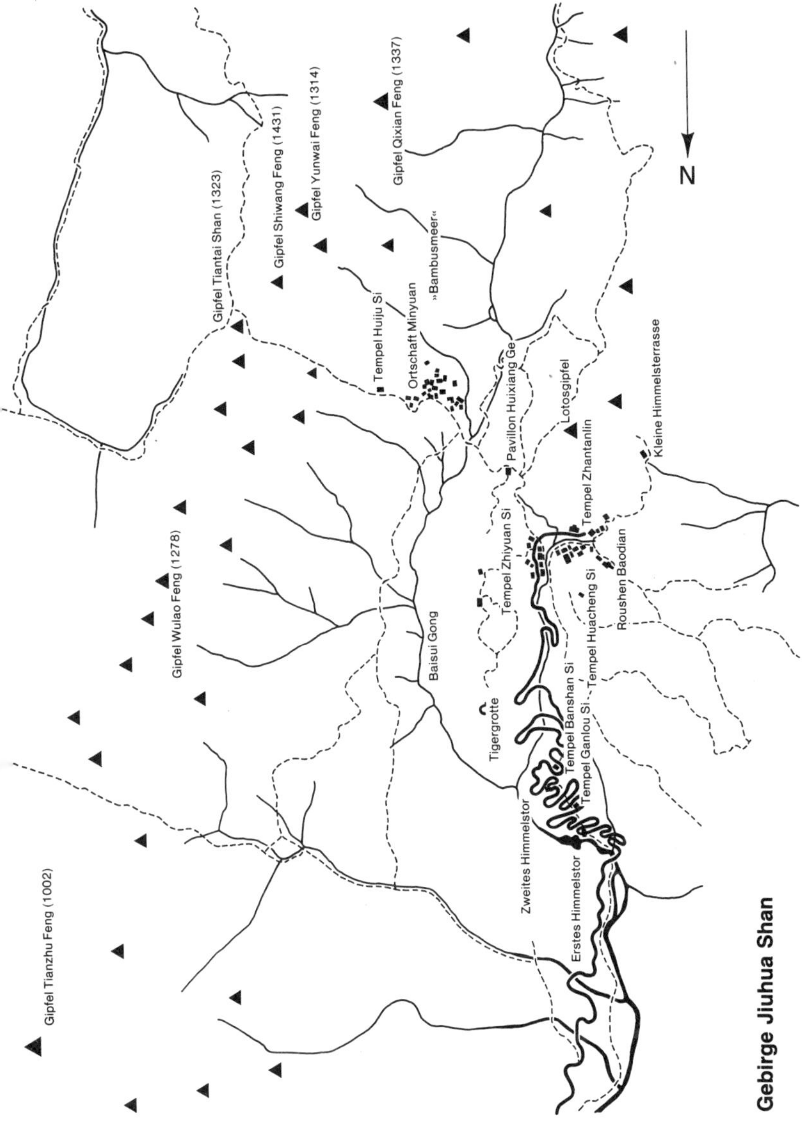
N
Gipfel Qixian Feng (1337)
Gipfel Yunwai Feng (1314)
Gipfel Shiwang Feng (1431)
Gipfel Tiantai Shan (1323)
»Bambusmeer«
Ortschaft Minyuan
Tempel Huiju Si
Pavillon Huixiang Ge
Lotosgipfel
Kleine Himmelsterrasse
Tempel Zhantanlin
Tempel Zhiyuan Si
Roushen Baodian
Tempel Huacheng Si
Gipfel Wulao Feng (1278)
Baisui Gong
Tigergrotte
Tempel Banshan Si
Tempel Ganlou Si
Zweites Himmelstor
Erstes Himmelstor
Gipfel Tianzhu Feng (1002)
Gebirge Jiuhua Shan

berühmte Dichter der Tang-Dynastie Li Bai verglich sie in einem seiner Gedichte mit Lotosblüten. Seitdem nannte man es das Gebirge der neun Blüten, Jiuhua Shan. Von besonderer Bedeutung ist der Jiuhua Shan für den Buddhismus. Er gehört neben dem Wutai Shan, Emei Shan und Putuo Shan zu den vier heiligen buddhistischen Bergen und ist dem Bodhisattva Dizang geweiht. Während seiner Blütezeit gab es im Gebiet des Jiuhua Shan mehr als zweihundert Tempel mit mehr als fünftausend Mönchen. Heute noch sind etwa fünfzig Tempel gut erhalten. Die 1 km lange Straße Jiuhuajie ist der normale Zugang zum Gebirge. Hier gibt es Läden, Hotels, Restaurants und die berühmten Tempel Huacheng Si, Zhiyuan Si, Zhantanlin und Roushen Baodian.

Der Tempel **Huacheng Si** ist eine Gründung aus dem 8. Jh. Mit Ausnahme des *Cangjing Lou,* erbaut 1426–1434, stammen die übrigen Gebäude aus der Qing-Zeit. Einige historisch wertvolle Dokumente und Sutras sind dem Tempel erhalten geblieben.

Der 200 Jahre alte Tempel **Zhantanlin** befindet sich gegenüber vom Huacheng Si. In der Mitte der Anlage steht die Halle *Daxiong Baodian.* Sie enthält eine vergoldete Sakyamuni-Skulptur, umgeben von den Bodhisattvas Guanyin und Dizang. Außer der Daxiong Baodian gibt es noch weitere Hallen, Türme und Pavillons.

Westlich vom Huacheng Si befindet sich die Anlage **Roushen Baodian,** eine Gründung von 794. Die heutige Anlage stammt aus den Jahren 1862–1878. Eine Treppe führt zum Tempel hinauf. Er enthält eine Ausstellung buddhistischer Gegenstände sowie Handschriften und heiliger Bücher aus der Song-, Yuan- und Ming-Dynastie.

Der **Zhiyuan Si,** östlich des Tempels Huacheng Si, der größte Tempel des Jiuhua Gebirges, wurde während der Regierungsperiode Jiajing (1522–1566) der Ming-Dynastie erbaut. In der Haupthalle *Daxiong Dian* stehen drei große vergoldete Buddha-Statuen.

Der **Baisui Gong,** Hundertjähriger Palast, steht nordöstlich der Jiuhuajie auf dem Berg Mokang Ling. Sehenswert ist in diesem Tempel die goldbestrichene Mumie des Mönchs Haiyu, auch Wuxia genannt. Haiyu hatte hier während der Wanli-Periode der Ming-Dynastie gelebt. Er starb im Alter von 120 Jahren. Über seinen Tod und die Mumifizierung gibt es verschiedene Berichte.

Auf dem Wege zum Gipfel Tiantai Feng passiert man den Ort **Minyuan,** auch Zhong Minyuan genannt. Außerhalb dieser Ortschaft gibt es einen großen Bambuswald, *Zhuhai,* Bambusmeer genannt. In der Umgebung befinden sich Teeplantagen. Chinesische Besucher lassen es sich nicht entgehen, in Minyuan Tee zu trinken. Der Weg zum Gipfel **Tiantai Feng** ist sehr imposant. Mit jeder Biegung ändert sich das landschaftliche Bild: hohe Berge wechseln mit Tälern,

man kommt vorbei an Tempeln und Terrassen. Auf dem Gipfel steht der Tempel Dizang Chanlin.
Der Tiantai Feng hat eine Höhe von 1323 m. Östlich von ihm erhebt sich der Gipfel **Longtou Feng,** westlich der **Longzhu Feng.** Vom Tiantai Feng aus kann man das gesamte Jiuhua Shan Gebirge überblicken. Im Süden sieht man den Huangshan, im Norden den Fluß Changjiang.
Der 1002 m hohe Gipfel **Tianzhu Feng** befindet sich 3,5 km nördlich vom Tiantai Feng. Er wird gern mit einer Schildkröte, die ihren Kopf nach oben streckt, verglichen.

Hotel

Jiuhuashan Dongya Binguan, Jiuhuajie. 九华山东崖宾馆

Stadt Anqing 安庆市

Anqing, auch Huaining genannt, liegt im Südwesten Anhuis am Nordufer des Changjiang. Die Stadt ist ein wichtiges Kultur- und Handelszentrum in der Ebene nördlich des Changjiang. Zu Beginn der Qing-Dynastie wurde Anqing zur Hauptstadt der Provinz Anhui erklärt. Sie blieb es bis 1949. Anqing war während des Taiping-Aufstandes von immenser Bedeutung, als die Stadt einen der wichtigsten Stützpunkte der Aufständischen darstellte.

Tempel Yingjiang Si 迎江寺

Der Yingjiang Si ist einer der berühmtesten Tempel des Changjiang-Flußgebietes. Er stammt aus dem Jahre 974 und besteht aus mehreren Hallen. Hier steht auch die 1570 erbaute Pagode Zhenfeng Ta, in deren Innerem mehr als 600 buddhistische Figuren und etliche Steininschriften zu sehen sind. Stufen führen in die oberen Stockwerke hinauf. Von oben hat man einen Ausblick auf die ganze Stadt und den Changjiang.

Grab des Chen Duxiu 陳独秀墓

Das Grab des Chen Duxiu befindet sich außerhalb des Nordtores Anqings. Chen Duxiu, Herausgeber der fortschrittlichen Zeitschrift *Xin Qingnian*, Neue Jugend, und Mitbegründer der Kommunistischen Partei Chinas, wurde am 8. Oktober 1879 in Anqing geboren. Er starb 1942 in Jiangjing, westlich von Chongqing, 1947 wurde sein Grab hierher verlegt.

Gebirge Huangshan 黄山

Das Huangshan Gebirge im Süden der Provinz Anhui gehört zu den faszinierendsten Landstrichen Chinas. Man nennt es häufig das prächtigste aller Gebirge des Landes. Huangshan bietet alles, was ein chinesisches Herz erfreut: steile Gipfel und bizarre Felsgruppen, ziehende Wolken, die häufig nur die Spitzen der Gipfel hervorschauen lassen, knorrige Kiefern, aus Felsritzen und steilen Abgründen manchmal senkrecht, manchmal horizontal hervorwachsend und Thermalquellen. Viele Dichter und Maler widmeten sich ihm in ihren Werken. Die kaum von Menschenhand beeinflußte Landschaft ist die Heimat seltener Pflanzen und Vögel.
In den letzten Jahren baute man verschiedene Gästehäuser, Sanatorien und Straßen. Bis zu einer gewissen Höhe kann man heute mit dem Auto fahren.
Das Huangshan Massiv umfaßt eine Fläche von 154 qkm. Es ist per Bus und Auto zu erreichen:

- von Hangzhou mit dem Auto oder Bus in etwa 8 Stunden bis Wenquan, den heißen Quellen,
- von Süden her per Bahn bis Jingdezhen (Jiangxi), per Bus oder Auto nach Tunxi,
- von Nanjing per Auto über Wuhu und Nanling oder
  per Bahn über Tongling, weiter per Auto über Jingyang nach Taiping,
- von Hefei per Bahn nach Yusikou, nach Überquerung des Changjiang von Wuhu per Bahn oder Auto weiter oder
  per Flugzeug nach Tunxi und weiter per Auto.

Die höchsten Berge des Huangshan sind über 1800 m hoch. Entsprechende Kleidung ist deshalb mitzunehmen. Morgens und abends ist es kühl. In 1800 m Höhe herrschen folgende Durchschnittstemperaturen:

Januar:	– 3,2 °C	Juli:	17,7 °C
Februar:	– 1,8 °C	August:	17,3 °C
März:	4,7 °C	September:	13,7 °C
April:	7,9 °C	Oktober:	8,9 °C
Mai:	11,7 °C	November:	3,9 °C
Juni:	14,8 °C	Dezember:	– 0,7 °C

Auskünfte und Serviceleistungen, Zongfuwuzhan, Gästehaus Huangshan Binguan, Tel. 44

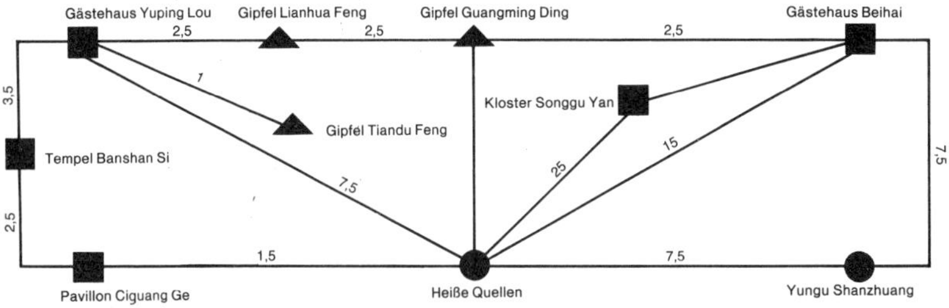

Entfernungen in km

Es gibt verschiedene Möglichkeiten für Wanderrouten durch das Huangshan Gebirge. Empfohlen werden hauptsächlich zwei, die östliche Tour über den sogenannten Houshan, über den hinteren Teil des Berges, vom östlich gelegenen Tempel Yungu Si beginnend, oder die westliche Tour, zunächst direkt nach Norden und dann über die östliche Route zurück. Phantastisch, wenn auch sehr anstrengend, sind beide, da sie über Tausende von Stufen führen. Wer kein **festes Schuhwerk** hat, sollte von Ausflügen lieber Abstand nehmen.
Seit dem 16. Mai 1986 gibt es eine Seilbahnverbindung zwischen Yungu Si und Beihai. Sie führt über 2800 m und überbrückt einen Höhenunterschied von 773 m. Pro Fahrt können 41 Personen transportiert werden.
Ein oder zwei Tage reichen nicht aus, um (zu Fuß) alle Sehenswürdigkeiten des Huangshan zu besichtigen. Man sollte mindestens vier Tage einplanen. Verschiedene **Übernachtungsmöglichkeiten** bieten sich an, zum Beispiel:

im Süden:	Gästehaus **Wenquan Binguan** 温泉宾馆
	Taoyuan Binguan 桃源宾馆
im Zentrum:	**Beihai Binguan** 北海宾馆
	Yuping Lou 玉屏楼
im Osten:	Tempel **Yungu Si** 云谷寺
im Norden:	Kloster **Songgu Yan** 松谷庵

Das Gästehaus *Wenquan Binguan* befindet sich inmitten einer zauberhaften Umgebung dicht an dem Ziyun Feng, Purpurwolkenberg. Besucher, die es sich zeitlich erlauben können, sollten hier unbedingt die heißen Quellen genießen. Sie sind wegen ihrer Heilkraft im ganzen Land bekannt. Zu jeder Jahreszeit hat das Wasser eine Temperatur von 42 °C. Pro Stunde fließen 48 000 l Quellwasser hervor. Das Wasser enthält verschiedene Mineralstoffe, zum Beispiel Silikon, Magnesium, Kalium und Natriumoxid und eignet sich hervorragend für die Behandlung von Rheumatismus, Haut- und Nervener-

Gebirge Huangshan

krankungen sowie Krankheiten des Verdauungstraktes. Man kann es trinken – kleine Becken für Trinkwasser sind vorhanden – oder darin im Badehaus oder Swimmingpool ein Heilbad nehmen. Südwestlich vom Gästehaus erhebt sich der **Taohua Feng,** der Pfirsichblütenberg. Von einem Aussichtspavillon am Fuße dieses Berges, dem **Guanpu Lou,** läßt sich ein Wasserfall beobachten.
Auf dem Weg nach Norden kommt man am Wasserfall **Renzi Pu** vorbei. Das herabstürzende Wasser wird von einem Felsvorsprung in zwei Bahnen gelenkt, so daß das chinesische Zeichen für *ren,* Mensch, entsteht, was dem Wasserfall seinen Namen gab.
Ruhig gelegen und umgeben von Bergen und Bambus taucht weiter nördlich der Pavillon **Ciguang Ge** auf. Früher gehörte er zu einem Kloster, das vor allem von dem Wanli-Kaiser (reg. 1573–1620) hoch geschätzt und reich beschenkt wurde. Heute ist nur noch ein Teil der alten Anlage erhalten. Ein Gasthaus ist darin untergebracht.
Der 1810 m hohe **Tiandu Feng** ist einer der drei Hauptgipfel des Huangshan und zugleich der steilste. Beim Aufstieg überquert man den **Jiyu Bei,** Fischrükken, einen Felsen, der nach beiden Seiten hin steil abfällt und deshalb mit Ketten abgesichert ist. Nordwestlich vom Tiandu Feng erhebt sich der **Lianhua Feng,** östlich schließt sich der **Boyu Feng** an.
Die Kiefer **Yingke Song,** Begrüßungskiefer, steht südöstlich des Gästehauses Yuping Lou. Diese angeblich tausendjährige Kiefer wächst aus einem Felsspalt hervor. Sie ist eine der zehn berühmten Kiefern des Huangshan und neigt einen ihrer großen Zweige herab, als wollte sie die Besucher grüßen. In der Volkskongreßhalle in Beijing hängt in einer der Empfangshallen für ausländische Gäste ein Gemälde dieser Kiefer. Sie soll ein Symbol der Freundschaft zwischen China und anderen Ländern darstellen.
Das Gästehaus **Yuping Lou** steht zwischen den beiden höchsten Gipfeln des Huangshan, Tiandu Feng und Lianhua Feng, auf einer Höhe von 1680 m. Vor dem Gebäude befindet sich die Wenshu –(Bodhisattva)–Terrasse. Yuping Lou war ursprünglich ein buddhistischer Tempel. 1952 fiel er einem Brand zum Opfer. Drei Jahre später baute man hier ein Gästehaus.
Wenn man in Richtung Gipfel **Yuping Feng** geht, gelangt man an eine Stelle, an der sich der Weg zwischen zwei dicht aneinander stehenden Felsen hindurchschlängelt. Man nennt ihn *Yixian Tian,* ein Streifen Himmel.
Der **Lianhua Feng** ist mit 1860 m der höchste der drei Hauptgipfel des Huangshan. Er wird von mehreren kleinen Gipfeln umgeben, so daß sie zusammen die Form einer Lotosblüte ergeben. 1268 bestieg eine Gruppe von drei Personen innerhalb von drei Tagen den Gipfel. Das war die erste Gipfelbesteigung, die in der Lokalchronik vermerkt wurde. Heute geht der Aufstieg dank der Steinstufen einfacher.
Der Gipfel **Aoyu Feng** ist 1780 m hoch. Die Einheimischen vergleichen seine

Form gern mit einer Schildkröte, die nach Nahrung schnappt. Im Innern des Berges führt eine Treppe durch eine Höhle nach oben.
Der Gipfel **Guangming Ding** ist mit 1840 m der zweithöchste des Huangshan. Auf seiner Spitze befindet sich die Huangshan Wetterstation.
Auf dem Gipfel **Feilai Feng** steht ein ca. 10 m hoher Felsen, der Feilai Shi, Herbeigeflogener Stein, so als wäre er irgendwann einmal hierher geflogen.
Der Pavillon **Paiyun Ting** im Westen des Huangshan ist umgeben von einer Gruppe spitzer Gipfel, **Xihai Qunfeng** genannt. Dieser Teil gehört zu den schönsten des Gebirges.
Bereits zum nördlichen Teil des Huangshan gehört der 1690 m hohe **Shizi Feng,** Löwengipfel. Seine Form gleicht einem liegenden Löwen. Die Landschaft ist hier besonders urwüchsig. Man trifft auf alte Kiefern, Zypressen, eine Quelle und auch auf Pavillons, Tempel und Terrassen. Auf dem Shizi Feng befindet sich die Terrasse **Qingliang Tai.** Sie fällt nach drei Seiten steil ab.
Der **Bifeng,** Pinselgipfel, steht vor dem Gästehaus Beihai. Er läuft nach oben hin spitz zu, wodurch er wie ein Pinsel aussieht. Auf seiner Spitze wächst eine alte krumme Kiefer.
Der 1668 m hohe **Shixin Feng,** Überzeugender Gipfel, befindet sich im östlichen Teil des Huangshan. Der Überlieferung nach gab es einen Skeptiker, der nie die einmalige Schönheit des Huangshan anerkennen wollte. Doch als er diesen Gipfel erreichte, war er endlich überzeugt.
Hier findet man auch die Brücke, die **Duxian Qiao,** von der man sagt, daß sie in den Himmel führe. Neben der Brücke wächst eine alte Kiefer, die **Duxian Song,** die sich wie zum Gruß vor dem Überquerenden der Brücke verbeugt. In alter Zeit kamen viele Literaten auf die Spitze des Gipfels, um zu dichten und zu musizieren. Daher nennt man ihn auch »Terrasse der Musikinstrumente«.
Das Kloster **Songgu Yan** liegt im Norden des Huangshan am Fuße des Gipfels **Diezhang Feng.** Einst lebte hier der daoistische Mönch Zhang Yipu. Von diesem Kloster hat man einen Blick auf ein herrliches Bambusmeer. Der Wasserfall **Jiulong Pu,** Neundrachen-Wasserfall, befindet sich in der Nähe des Gipfels **Xianglu Feng.** Er ist der schönste Wasserfall des Huangshan und fällt über neun Stufen herab. Auf jeder hat sich ein Teich gebildet. Besonders eindrucksvoll ist der Wasserfall nach einem Regen.
Zwischen den Gipfeln Qingtan Feng und Ziyun Feng fällt das Wasser des **Baizhang Pu,** Hundert-Fuß-Wasserfall, auf einer Höhe von 1000 m aus den Felsen herab und wirkt, als tanzten tausend kleine Seidenfiguren durch den Himmel. In der Nähe gibt es eine Terrasse, auf der ein Pavillon, der **Guanpu Ting,** erbaut wurde. Von dort läßt sich der Wasserfall am besten beobachten

Provinz Fujian 福建省

Fläche: ca. 120 000 qkm / Bevölkerung: 25,9 Mill., davon etwa 200 000 She, Hui, Gaoshan und Mandschuren / Hauptstadt: Fuzhou

Die Provinz Fujian liegt an der südöstlichen Küste Chinas gegenüber der Insel Taiwan. Aufgrund dieser Lage blieb die Provinz für lange Jahre eine wirtschaftlich unterentwickelte Region, in die angesichts des ungelösten politischen Konfliktes und der latenten Kriegsgefahr kaum investiert wurde. Die politische Lage hat sich inzwischen beruhigt und die Stadt Xiamen wurde zur wirtschaftlichen Sonderzone erklärt. So hört man nun vielerorts, Fujian sei gerade erst erwacht und werde nun einen wirtschaftlichen Aufstieg erleben. Im Zuge dieser Entwicklung erhofft man sich auch auf dem Gebiet des Tourismus einen Aufschwung. Bis jetzt haben erst wenige westliche Besucher den Reiz dieser Provinz entdeckt und Streifzüge durch das alte Quanzhou, das herrliche Wuyi Shan Gebirge und das einzigartige Naturschutzgebiet unternommen.

Fujian ist sehr bequem per Schiff über Hong Kong nach Xiamen zu erreichen. Die Überfahrt dauert etwa 13–14 Std., Abfahrt vom Hafen Tai Kok Tsui in Kowloon, dienstags und freitags per MV ›Jimei‹ und MV ›Gulang Yu‹.

Etwa 95% der Provinz sind von Bergen bedeckt, die eine Höhe bis zu 2300 m erreichen. Im Nordwesten grenzt Fujian mit den Bergen des Wuyi Shan, eines der schönsten Gebiete der Provinz, an die Provinz Jiangxi.

Die vielen Flüsse Fujians waren immer von herausragender Bedeutung, denn sie stellten in der Geschichte die einzige Transportmöglichkeit dar. Die Küste ist felsig und zerklüftet und weist eine Vielzahl von Inseln, Halbinseln, Buchten und Naturhäfen auf.

Das Klima ist subtropisch, im Sommer sehr heiß und im Winter kühl. Man zählt drei Temperaturperioden: die warme von März bis Mai, die heiße von

Juni bis Oktober und die kühle von November bis Februar. Fujian wird häufig wegen seiner bewaldeten Berge, Flüsse, Obstgärten, Teeplantagen und Reisfelder als eine der schönsten Gegenden Asiens bezeichnet.

Geschichtlicher Überblick

Während der Chunqiu-Periode (−770 bis −476) gehörte das Gebiet zum Königreich von Yue. Nachdem während der Periode der Kämpfenden Staaten (−475 bis −221) Yue von dem Königreich von Chu erobert worden war, flüchtete ein Sohn des Königs von Yue in die Nähe von Fuzhou und gründete das Königreich von Min Yue. Unter Qin Shihuang wurde das Gebiet dem Reich angegliedert, erhielt jedoch in der ersten Periode der folgenden Han-Dynastie den Status als Königreich zurück. Erst unter Han Wudi (−140 bis −87) verlor es wieder seine Selbständigkeit. Ein zweites Mal entstand hier ein Königreich von Min Anfang des 10. Jh., jedoch nur für die Jahre 909–944.
Von besonderer Bedeutung war für Fujian immer der Außenhandel. Bereits seit dem 11. Jh. begann auf diesem Gebiet eine Blütezeit, die vor allem der Stadt Quanzhou zu unglaublichem Reichtum verhalf. Mit zunehmendem Überseehandel setzte auch die Abwanderung vieler Menschen aus Fujian nach Südostasien ein. Etwa drei Achtel aller Auslandschinesen stammen ursprünglich aus diesem Gebiet. Auch bei den Taiwanesen handelt es sich um Menschen aus Fujian. Die Besiedlung Taiwans durch Einwanderer aus Fujian hatte mit der Vertreibung der holländischen Truppen durch den ming-treuen General Zheng Chenggong im Jahre 1662 begonnen. Der Taiwan-Dialekt basiert auf einem südlichen Fujian-Dialekt.
1842 wurden die Städte Fuzhou und Xiamen als Vertragshäfen dem Handel mit dem Ausland geöffnet. Seit 1949 verlor der Außenhandel in Fujian an Bedeutung, da der Küstenverkehr aufgrund der Taiwan-Frage und der Präsenz amerikanischer Marineeinheiten auf Taiwan eingeschränkt werden mußte. Die beiden den Städten Xiamen und Fuzhou vorgelagerten Inseln Jinmen Dao und Mazu Dao stehen noch unter taiwanesischer Kontrolle.
Fujians Wirtschaft stützt sich heute in erster Linie auf Landwirtschaft, Fischerei und Industrie. Wichtigstes Anbauprodukt ist Reis. Es gibt zwei Reisernten im Jahr.
Der Entwicklung der Industrie wurde erst durch den Bau der Bahnlinien eine wichtige Basis geschaffen. Heute gehören dank der reichen Waldbestände Holz- und Papierprodukte zu den wichtigsten Erzeugnissen. Auch der kunstgewerbliche Bereich hat eine lange Tradition. Weltbekannt sind die Keramik Blanc de Chine aus Dehua und die Lackarbeiten aus Fuzhou.
Wichtige Bodenschätze Fujians sind Kohle, Eisen, Kupfer, Gold, Kaolin.

Stadt Fuzhou 福州市

Fuzhou liegt am Nordufer des Flusses Minjiang. Eine Besonderheit der Stadt sind die heißen Quellen, deren Wasser direkt in die Hotels und in die einzelnen Gästezimmer geleitet wird. Das Wasser hat eine besondere Heilwirkung auf Hautkrankheiten; es eignet sich unabgekocht jedoch nicht als Trinkwasser.

Geschichtlicher Überblick

Das Gebiet von Fuzhou war bereits im −2. Jh. besiedelt. Damals lag hier die Hauptstadt des Königreichs von Yue, Dongye.
Bereits zwischen 909–944 war Fuzhou die Hauptstadt des Königreichs von Min, seit jener Zeit blieb es das Zentrum von Fujian.
Mit der Song-Dynastie (960–1279) entwickelte Fuzhou in zunehmendem Maße seinen Außenhandel. Zwischen dem 16.–19. Jh. erlebte die Stadt eine

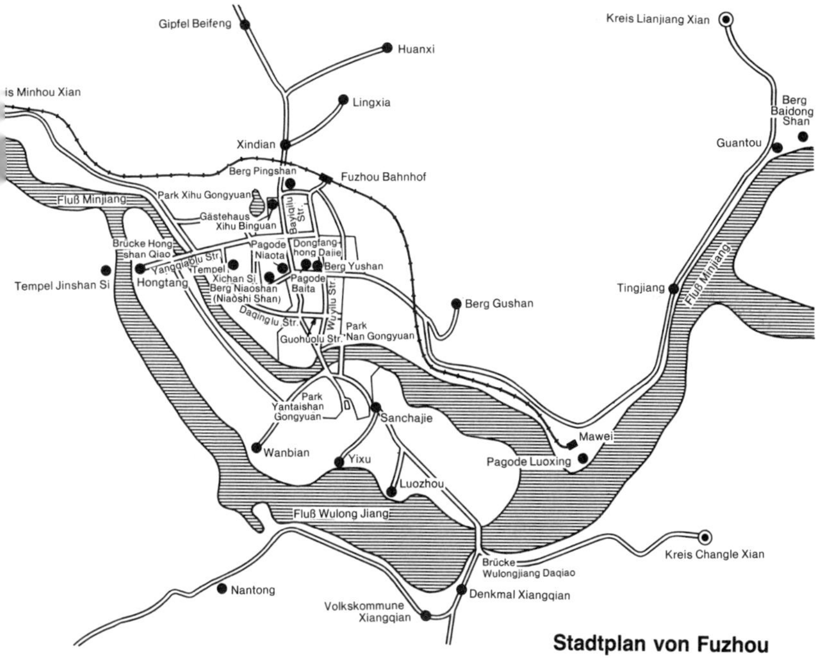

Stadtplan von Fuzhou

wirtschaftliche Blütezeit. 1842 mußte der Hafen dem englisch-chinesischen Handel geöffnet werden. Wichtigstes Exportgut wurde Tee.
1940–45 stand die Stadt unter japanischer Besatzung.
Seit 1949 hat sich Fuzhou weiter vergrößert. Die Stadt zählt heute ohne Randbezirke etwa 750000 Einwohner. In wirtschaftlicher Hinsicht hat sich viel verändert. Der Minjiang konnte für den Verkehr mittelgroßer Schiffe bis nach Nanping ausgebaut werden. 1956 schloß man die Stadt an die Hauptlinien des Eisenbahnnetzes an. Ein Schwerpunkt war nun die Entwicklung der Industrie, darunter vor allem die Papier-, Textil-, Nahrungsmittel- und Maschinenbauindustrie.

Die wichtigsten Sehenswürdigkeiten der Stadt sind der Trommelberg, **Gushan,** der Westsee, **Xihu,** der **Yushan** und der in Restauration befindliche (1984) Tempel **Xichan Si.** Ein empfehlenswerter Ausflug von Fuzhou aus ist eine Fahrt per Zug und Bus oder per Schiff in das **Wuyi Shan** Gebirge (s. S. 523).

Berg Yushan 于山

Dieser 58 m hohe Berg befindet sich mitten in Fuzhou. Er wird von den Einheimischen gern mit einer Riesenschildkröte verglichen.
Das Wahrzeichen der Stadt, die *Baita,* Weiße Pagode, auch *Dingguang Ta* genannt, steht am Westfuß des Yushan. Sie ist ein 41 m hoher Bau aus dem Jahre 904 der Tang-Dynastie, ursprünglich eine Ziegelkonstruktion mit Holzummantelung. Durch einen Blitzschlag im Jahre 1534 verbrannten die Ummantelung sowie weite Teile des Ziegelgerüstes. 1548 ersetzte man die verbrannten Teile durch neue Ziegel und strich die gesamte Pagode weiß an, wodurch der Name »Weiße Pagode« entstand. Südlich von ihr befindet sich eine kleine Tempelhalle, **Baita Si,** die ursprünglich 905 erbaut, in der Qing-Dynastie jedoch erneuert wurde. Heute beherbergt sie die Yushan-Bibliothek. Nördlich von dieser steht eine Halle, in der einst die Schiffahrtsschule untergebracht war. Der bekannte Übersetzer Yan Fu soll hier 1866 studiert haben. Östlich geht es zur Tempelanlage **Qigong Ci.** Der hohe General der Ming-Dynastie, Qi Jiguang (1528–1587), war 1562 nach Fujian geschickt worden, um gegen japanische Piraten zu kämpfen. Er konnte drei große Siege erringen. Als er in die Hauptstadt zurückkehrte, widmete man ihm aus Dankbarkeit eine Steininschrift, neben die später der Gedenktempel, Qigong Ci gebaut wurde. Der heutige Tempel ist ein Neubau aus dem Jahre 1918. Er enthält eine Büste des Generals.
Auf den Streifzügen durch das Gebiet des Yushan wird der Besucher auf viele Steinschriften stoßen, die ältesten stammen aus der Song-Zeit. Sie sind teilwei-

se von hohem dokumentarischen Wert. Fast an der Spitze angelangt, kommt man an dem ehemaligen daoistischen Tempel Fenglai Ge vorbei. Er beherbergt heute Kalligraphien und Steininschriften. Die Spitze des Yushan ist an Sommerabenden ein beliebter Treffpunkt alter Herren, die hier gern den angenehm kühlen Abendwind genießen. Der Fernsehturm von Fuzhou ist hier zu sehen. Auf dem Rückweg hinab kommt man vorbei an der Halle **Dashi Dian,** auch Guanyin Ge genannt. Im Jahre 1911 richteten die Kommandeure der revolutionären Armee in dieser Halle ihren Stützpunkt ein. Am 9. 11. 1911 feuerten sie in der Morgendämmerung einen Kanonenschuß ab, das Signal, sich dem Aufstand gegen die Qing-Dynastie anzuschließen.

Berg Wushi Shan 乌石山

Der Wushi Berg, auch Wushan genannt, steht in der Stadtmitte gegenüber dem Yushan. Die höchste Erhebung ist mit 86 m der **Xianglu Feng.** Schon zur Tang-Zeit war dieser Berg ein beliebtes Ausflugsziel. Besonders sehenswert sind die *Moya*-Steintafeln, die über das ganze Gebiet verteilt sind. Darunter befindet sich eine des Kalligraphen Li Yangbing aus dem Jahre 772. Sie wurde im *Lishu*-Stil verfaßt.
Im Osten des Wushan steht die Pagode **Wuta,** auch Wushi Ta genannt. Sie gilt als Gegenstück der »Weißen Pagode« am Fuße des Yushan und wird deshalb auch oft »Schwarze Pagode« genannt. Die 35 m hohe Wuta stammt aus dem Jahre 941.

See Xihu 西湖

Der Xihu liegt im Nordwesten der Stadt. Er wurde nach dem berühmten See in Hangzhou benannt.
Im Jahre 282 ließ der Präfekt Yan Gao das Wasser aus verschiedenen Bergen hierher leiten, um es in einem See zwecks Bewässerung der umliegenden Felder zu sammeln. Später entwickelte sich der See mit seinen schönen Uferanlagen zu einem beliebten Vergnügungsort. Nach 1949 ließ die Stadtverwaltung das See- und Ufergelände mehrmals vergrößern und ausbauen. Banyanbäume und Trauerweiden bestimmen das Bild der Uferanlagen. Pavillons, Terrassen, kleine Dämme und Brücken spiegeln sich im Wasser und sorgen für einen abwechslungsreichen Spaziergang. Auch das Provinzmuseum befindet sich hier, und zwar an der Jadeband-Brücke. Zahlreiche Kulturgegenstände aus

verschiedenen Dynastien werden dort ausgestellt. Interessant ist vor allem ein Holzsarg in Form eines Schiffes. Er soll mehrere tausend Jahre alt sein und aus dem Gebiet des Wuyi Shan stammen. Es war dort früher der Brauch, die Toten in derartige Särge zu legen und diese in den höchsten Klippen unterzubringen. Ebenfalls von Bedeutung sind Grabfiguren aus dem 10. Jahrhundert. Vom 40 m hohen Hügel **Dameng Shan** hat man einen schönen Ausblick auf den See. 1957 wurde hier und auf dem Nachbargelände ein Zoo eröffnet.

Berg Pingshan 屏山

Der Berg Pingshan liegt im Norden Fuzhous. Auf dem südlichen Fuß des Berges steht ein alter Tempel, der **Hualin Si,** aus dem Jahre 965. Nur die Haupthalle, die *Daxiong Baodian,* ist im song-zeitlichen, südchinesischen Stil erhalten geblieben. Die anderen Bauten stammen aus der Qing-Zeit.
In dem Gebiet des Pingshan sind heute hauptsächlich Behörden untergebracht.

Tempel Linyang Si 林阳寺

Der Linyang Tempel, 19 km von Fuzhou entfernt auf dem Berg Beifeng Shan gelegen, ist eine Gründung aus dem Jahre 931. Die heute noch erhaltenen Bauten stammen aus der Qing-Dynastie, Guangxu-Periode.

Tempel Chongfu Si / Lingxia 崇福寺

Der Chongfu Tempel am Fuß des Berges Beiling, 8 km von Fuzhou entfernt, ist eine Gründung aus dem Jahre 977. Ende der Ming-, Anfang der Qing-Zeit wurde er ausgebaut. Ende der Qing-Dynastie gehörte er zu den fünf größten Tempeln Fuzhous. Die heutigen Gebäude stammen alle aus der Guangxu-Periode (1875–1908).

Gedenkstätte und Grab des Lin Zexu 林则徐墓 (1785–1850)

Die **Gedenkstätte** stammt aus dem Jahre 1905.
Anfang 1839 war Lin Zexu als Oberkommissar von der kaiserlichen Regierung zur Unterbindung des Opiumhandels nach Kanton geschickt worden. Lin war

ein fähiger, unbestechlicher Beamter, der seine Aufgabe zielbewußt durchführte. Es gelang ihm, 20000 Kisten Opium, das auf englischen Schiffen außerhalb des Hafens von Kanton geladen war und als Schmuggelware verkauft werden sollte, einzuziehen und zu verbrennen. Der Erfolg dieser Aktion, der auch von der kaiserlichen Regierung gutgeheißen wurde, zog die Entsendung britischer Kriegsschiffe nach China nach sich. Lin war davon ausgegangen, daß seine Aktion auch im Interesse des britischen Hofes gelegen hätte, denn dieser hatte offiziell den Opiumhandel verboten. Tatsächlich aber war das Opium das wichtigste Handelsgut, das die britischen Kaufleute den chinesischen Waren, wie zum Beispiel Tee, Seide und Porzellan, entgegensetzen konnten. So versuchten die Engländer mit Hilfe ihrer Kriegsschiffe, China zum Kauf von Opium zu zwingen. Durch Lin Zexus energisches Durchgreifen war der Handel zwischen beiden Ländern fast zum Erliegen gekommen. Im Sommer 1840 besetzten britische Truppen einzelne Teile des chinesischen Küstengebietes und erzwangen die Öffnung weiterer Handelshäfen. Die Regierung des Qing-Hofes fühlte sich durch die Engländer in ihrer eigenen Machtposition gefährdet und machte deshalb Zugeständnisse. Lin Zexu wurde für das Vorgehen der Engländer verantwortlich gemacht und aller Ämter enthoben. Der Opiumhandel konnte fortgesetzt werden. Lin wurde nach Xinjiang in die Verbannung geschickt, einige Jahre später jedoch rehabilitiert und zum Gouverneur der Provinzen Yunnan und Guizhou ernannt.

Das **Grab** befindet sich im nördlichen Vorort Fuzhous.
Nach seinem Tode im Jahre 1850 setzte man Lin hier in seiner Heimat bei, ebenso seine Frau, seinen Bruder und seine Schwägerin.

Berg Gushan (Trommelberg) 鼓山

Der 669 m hohe Gushan, Trommelberg, so benannt, weil ein riesiger flacher Stein in seinem Gebiet bei Sturm und Regen trommelähnliche Töne von sich geben soll, liegt östlich der Stadt am Ufer des Minjiang. Es handelt sich um ein kleines Gebirge, das zahlreiche Sehenswürdigkeiten und Kulturdenkmäler zu bieten hat, darunter den Tempel **Yongquan** Si, von 908, auf einer Höhe von 455 m. Heute sind noch 25 kleine und große Hallen vorhanden. Er gehört zu den größten Tempeln der Stadt. Von besonderer Bedeutung sind seine 7500 Bände heiliger Schriften und die Statue eines liegenden Buddha aus weißer Jade.

Vor der Halle Tianwang Dian stehen die beiden Keramikpagoden **Qianfo Taota,** Tausend-Buddha-Keramikpagoden. Sie stammen aus dem Jahre 1082 der Nördlichen Song-Zeit und befanden sich damals innerhalb des Tempels

Gushan, Trommelberg

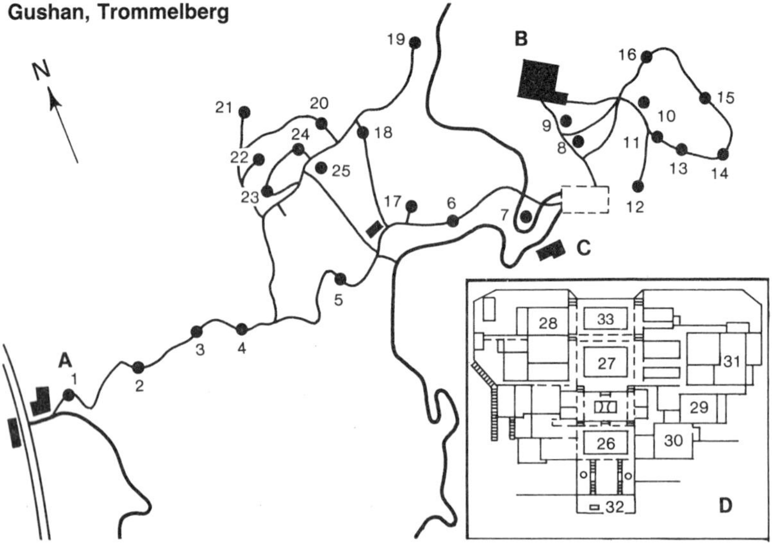

1. Pavillon Yangzhi Ting
2. Wasserfallbeobachtungspavillon
3. Sieben-Buddha-Pavillon, Qifo Ting
4. Pavillon Banshan Ting
5. Teepavillon
6. Pavillon Gengyi Ting
7. Terrasse Xiaoluohan Tai
8. Orchideengarten
9. Pavillon Huilong Ge
10. Felsen Heshui Yan
11. Quelle Longtou Quan
12. Steinboot, Shichuan
13. Steintor, Shimen
14. Pavillon Shuiyun Ting
15. Pavillon Baiyun Ting
16. Pavillon Songting
17. Terrasse Dalushan Tai
18. Fels Lüxian Yan
19. Kloster Qianfo Yan
20. Höhle Jinchan Dong
21. Höhle Xianglong Dong
22. Höhle Fulong Dong
23. Fels Fahua Yan
24. Wald Pantao Lin
25. Platz Gexian Ju
26. Halle Tianwang Dian
27. Halle Daxiong Baodian
28. Halle Shengjian Tang
29. Turm Mingyue Lou
30. Halle Cangjing Dian
31. Restaurant
32. Quelle Lushan Quan
33. Halle Fatang

A Busstation
B Tempel Yongquan Si
C Diensthalle
D Grundriß von Tempel Yongquan Si

Longrui Si auf der Insel Nantai Dao. 1972 siedelte man sie hierher um. An den knapp 7 m hohen Pagoden sind insgesamt 1078 buddhistische Figuren und Glöckchen zu sehen. Die einzelnen Stockwerke wurden nacheinander fertiggestellt und aufeinander gesetzt. Derartige Keramikpagoden sind in China äußerst selten und müssen deshalb als wertvolle Beispiele song-zeitlichen Kunsthandwerks angesehen werden. In der Halle Daxiong Baodian fallen zwei bronzene Kinderstatuen auf. Ein kinderloses Ehepaar hatte hier dem Sakyamuni Buddha Opfer gebracht und um Nachwuchs gebeten. Als ihr Wunsch bald darauf in Erfüllung ging, spendeten sie diese Figuren. Um Kindersegen flehende Frauen gehen noch heute in diese Halle, entzünden Räucherstäbchen und berühren die Kinderskulpturen.
In der folgenden Halle Fatang steht eine schöne bronzene Guanyin-Skulptur. Die Tempelküche enthält einen sogenannten ›1000-Mann-Topf‹, ein Bronzegefäß, in dem die Reissuppe für die Klostergemeinde gekocht wurde. Es leben heute wieder über hundert Mönche in dem Tempel. Östlich des Tempels findet der Besucher etwa 400 Steininschriften verschiedener Kalligraphen. Sie verteilen sich über das Gebiet der »18 Sehenswürdigkeiten des Berges Gushan«, **Gushan Shiba Jing.** Das Zentrum der Steininschriften liegt beim Felsen **Heshui Yan** (10), etwa 5 Min. vom Tempel Yongquan Si entfernt. Dort befindet sich auch ein Pavillon, in dem Erfrischungen angeboten werden.

Pagode Luoxing Ta 罗星塔

Die Luoxing-Pagode steht 21 km südöstlich der Stadt Fuzhou auf dem Berg **Luoxing Shan** am Hafen **Mawei Gang.** Einer Legende zufolge soll während der Song-Dynastie (960–1279) ein reicher Mann die schöne Liu Qiniang begehrt haben. Da diese jedoch verheiratet war, beschuldigte er grundlos den Ehemann eines schweren Verbrechens, so daß dieser zum Tode verurteilt wurde. Nach der Vollstreckung des Todesurteils verkaufte seine Frau ihren gesamten Besitz und ließ für ihren Mann diese Pagode bauen. Der heutige Steinpagodenbau wurde in den Jahren 1621–1627 restauriert. Er ist 31,5 m hoch und durch seine erhöhte Lage schon aus weiter Ferne von den Seeleuten zu erblicken.
Von der Spitze der Pagode aus hat man einen sehr guten Ausblick auf die gesamte Umgebung. Unterhalb der Pagode stehen die Gebäude des Internationalen Seemannsklub.

Tempelkloster Xichan Si 西禅寺

Das Tempelkloster liegt in einem westlichen Vorort, 3 km von Fuzhou entfernt, auf dem Berg Yishan. Es gehört zu den wichtigsten Sehenswürdigkeiten der Stadt. Die Anlage stammt zum größten Teil aus den Jahren 1875–1908. Während der Kulturrevolution ist sie weitgehend zerstört worden. In viele ihrer Gebäude zogen damals Abteilungen der Universität und einzelne Fabriken ein, die jetzt nur sehr langsam wieder ausziehen. Jede Halle wird von Grund auf restauriert. Seit 1979 gibt es auch wieder eine Mönchsgemeinde. Sie lebt hauptsächlich von den Spenden der Auslandschinesen.

Hotels

Huaqiao Dasha, Wusilu, Tel. 5 76 03 华侨大厦
Wenquan Binguan, Wusilu 温泉宾馆
Xihu Binguan, Hubinlu 20, Tel. 3 22 27, 3 29 55 西湖宾馆
Wuyi Fandian, Wuyizhonglu, Tel. 3 26 46 武夷饭店
Fuzhou Fandian, Dongdalu, Tel. 3 30 57 福州饭店
Minjiang Fandian, Wusilu, Tel. 5 78 95, 3 34 92 闽江饭店
Donghu Binguan, Dongdalu, Tel. 5 56 17 东湖宾馆
Beachten Sie bitte in den Hotels das frische Quellwasser der Thermalquellen Fuzhous, das direkt in die Hotels geleitet wird.

Reisebüro, **Lüxingshe**

Guoji Lüxingshe **CITS,** Wusilu, Tel. 3 39 62 im Hotel Huaqiao Dasha, Dongdalu, Tel. 5 12 68
Zhongguo Lüxingshe, Wusilu, Tel. 3 39 62, 5 63 04

Restaurants und Einkaufsmöglichkeiten

Die Hauptgeschäftsstraße Fuzhous ist die Bayiqilu. Dort befinden sich mehrere Restaurants und interessante Geschäfte. Eine Spezialität des Kunsthandwerks der Stadt sind die Lackarbeiten. Sie werden in großer Vielfalt in den Geschäften und Hotels angeboten.
Restaurant **Juchunyan Canting,** Bayiqibeilu 130, Tel. 3 23 38, Fujian-Küche.
Restaurant **Huafu Lou,** Bayiqizhonglu 795, Fujian-Küche.

Stadt Quanzhou und Umgebung 泉州市

Quanzhou ist noch nicht an das Eisenbahnnetz angeschlossen und deshalb nur per Auto, Bus oder Schiff zu erreichen.
Für chinesische Verhältnisse ist Quanzhou mit seinen 140000 Einwohnern nur eine Kleinstadt, trotzdem herrscht dort die Atmosphäre einer quicklebendigen Großstadt. Die Geschäfte haben eine gutes Warenangebot, die freien Märkte sind ein Erlebnis. Täglich strömen Hunderte von Bauern in die Stadt und verkaufen ihre Erzeugnisse.
Die Stadt hat ihre alte Struktur noch nicht verloren. Viele schmale Straßen, Gassen und insgesamt 127 Brücken laden zu Streifzügen ein. Und immer wieder spürt man das Alter und die ehemalige Bedeutung der Stadt. So mancher Reisende wird Quanzhou und seine gastfreundlichen Einwohner liebgewinnen.

Geschichtlicher Überblick

Quanzhou ist eine Stadt mit großer Vergangenheit. Sie galt einst als eine der wichtigsten Hafen- und Handelsstädte der Welt. Sie wurde im Jahre 700 gegründet. Schon lange vor der Gründung hatten die Menschen in diesem Gebiet Handel mit dem Ausland getrieben. Gegen Ende der Tang-Dynastie (618–907) gehörte Quanzhou bereits zu den vier größten Hafenstädten Chinas und konkurrierte im besonderen mit Kanton. Quanzhou war ein Zentrum des Außenhandels und Schiffbaus. Die Stadt zählte während der Song-Dynastie (960–1279) 500000 Einwohner. Überall pflanzte man damals Korallenbäume, von denen heute nur noch einige zu sehen sind, z. B. vor dem Hotel Huaqiao Dasha. Als im 13. Jh. Marco Polo Quanzhou besuchte, meinte er, daß diese Stadt neben Alexandria den größten Handelshafen der Welt habe. Quanzhou unterhielt mit über 100 Städten des In- und Auslandes, zumeist in Asien und Afrika, Handelsbeziehungen. Wichtigste Exportgüter waren Porzellan, Seide, Tee, sowie Bronze- und Eisenartikel, wichtigste Importgüter waren Gewürze, Duftstoffe und wertvolle Steine.
Der wirtschaftliche Abstieg begann Anfang des 15. Jh. Die Regierung der Ming-Dynastie hatte kein großes Interesse an weitreichenden Handelsbeziehungen zwischen Quanzhou und dem Ausland. Unruhe brachten auch Überfälle japanischer Piraten. Katastrophale Folgen verursachte die Versandung des Hafens. Im 17. Jh. konkurrierten Xiamen (Amoy) und Fuzhou mit Quanzhou und ließen die Stadt schließlich zu einem Handelshafen von zweitklassiger Bedeutung absinken. Wichtigster Handelspartner war für Quanzhou nur noch die Insel Taiwan.

Mit dem wirtschaftlichen Abstieg wurden breite Bevölkerungsteile ihrer Existenzgrundlage beraubt. Viele Menschen flüchteten ins Ausland, vor allem in die Länder Südostasiens. Laut Statistik sollen heute 2,2 Mill. Überseechinesen aus diesem Gebiet stammen.
Seit 1949 bemühte man sich um die Ankurbelung der Wirtschaft Quanzhous. Inzwischen verfügt die Stadt über mehr als 250 neue Fabriken. Von besonderer Bedeutung sind die Porzellan- und Textilfabriken sowie zahlreiche Schnitzereiwerkstätten. Der Hafen wurde ausgebaut, so daß er heute wieder von großen Handelsschiffen angelaufen werden kann.

Tempel Kaiyuan Si 开元寺

Der Kaiyuan Si liegt in der Straße Xijie.
Er stammt aus dem Jahre 686. Während der Song- und Yuan-Dynastie vergrößerte man ihn. Mehr als tausend Mönche sollen hier einst gelebt haben. Heute sind es nur noch einige Dutzend. Wiederholten Zerstörungen zum Trotz baute man ihn immer wieder auf. Auch heute stellt er mit einer Fläche von etwa 70000 qm einen der größten Tempel Chinas dar. Die Hauptbauten befinden sich alle auf der Mittelachse: In der Halle **Tianwang Dian** sind nur noch zwei Himmelskönige zu sehen. Die kleinen Steinpagoden links und rechts im folgenden Hof stammen aus der Ming-Zeit, die beiden größeren vor der **Daxiong Baodian** aus der Song-Zeit. Eine Besonderheit der folgenden Halle sind die ›fliegenden Feen‹ im Konsolensystem. Es sind 24, ein Symbol der 24 Jahreszeiten des traditionellen Mondkalenders. Hinter der Halle **Daxiong Baodian** erheben sich zwei Steinsäulen, deren Relief eine Geschichte aus dem indischen Buddhismus wiedergibt. Sowohl das Relief der Terrasse vor der Halle als auch die beiden Steinsäulen sind Überbleibsel des indischen Brahmana-Tempels, der zwischen der Song- und Yuan-Zeit hier gestanden hatte. Die folgende **Ganlu Jietan,** die Terrasse für die Mönchsweihe, aus dem Jahre 1019, wird beherrscht von einer drei Etagen zählenden quadratisch angelegten Terrasse. Auf der oberen Etage sieht man Pilo, auf der mittleren Sakyamuni, auf der unteren Amitabha. Die Terrasse wird auf den Seiten von je zwei Wächter-Skulpturen bewacht, die sehr stark den indischen Einfluß erkennen lassen. Der **Cangjing Ge** (der Pavillon der heiligen Bücher) ist der letzte Bau auf der Mittelachse. In ihm lagern über 10000 Bände der heiligen Schriften.
Eine Besonderheit des Tempels sind die beiden Pagoden *Shuangta.* Die östliche wird *Zhenguo Ta* genannt. Sie stammt aus den Jahren Ende der Tang-Dynastie. Sie ist 48 m hoch. Die westliche Pagode heißt **Renshou Ta,** sie stammt aus der Wudai-Zeit (907–960). Ihre Höhe beträgt 44 m. Beide waren früher Holzbauten. Erst in den Jahren 1228–1250 gestaltete man sie zu

Steinpagoden um. Die Pagoden werden häufig als Wahrzeichen Quanzhous angesehen.
Östlich des Tempels steht das folgende Museum:

Haiwai Jiaotongshi Bowuguan, Museum zur Geschichte der Kommunikation mit dem Ausland

海外交通史博物馆

Das Museum ist 1959 eröffnet worden. Es berichtet über die Geschichte der Beziehungen Fujians mit dem Ausland. Im ersten Teil steht ein Segelschiff, das man 1974 aus einer Tiefe von 2 m unter dem Meeresboden in der Bucht von Quanzhou ausgegraben hat. Es war für Fahrten nach Übersee bestimmt. Der obere Teil des Schiffes ist nicht erhalten geblieben. Man vermutet, daß das Schiff aus dem 11. Jh. stammt.

Moschee Qingjing Si 清净寺

Diese Moschee, eine der ältesten Chinas, befindet sich in der Straße Tumenjie. Sie soll der Nachbau einer in Damaskus befindlichen Moschee sein. Als Baumaterial verwendete man schwarzen und weißen Granit. Sie wurde 1009 während der Nördlichen Song-Dynastie von ausländischen Mohammedanern erbaut. Viele Ausländer, darunter Araber, Perser, Syrer, waren seit dem 7. Jh. nach Quanzhou gekommen, um Handel zu treiben, zu reisen und zu missionieren. Sie wohnten meist im Süden der Stadt. Der Bau der Moschee war durch eine Spendensammlung ermöglicht worden. Obwohl die Moschee im Laufe der Zeit halbwegs verfiel, ist sie noch immer sehr eindrucksvoll. Das Haupttor ist am besten erhalten. Ursprünglich befand sich auf dem Torturm eine Spitze, die jedoch seit der Qing-Zeit zerstört ist. Östlich des Durchgangs stand früher der Pavillon *Zhusheng Ting*, von dem heute nur noch einige Stufen übrig geblieben sind. Westlich des Tores sieht man die ehemalige Haupthalle, deren steinerne Wände und Haupttor noch erhalten sind. Die Halle ist nach Westen, gen Mekka, ausgerichtet.

Das Elternhaus des Li Zhi 李贽故居

Li Zhi (1527–1602) war ein fortschrittlicher Denker des 16. Jh. Er verfaßte Werke wie *Fenshu* und *Cangshu,* in denen er kritisch zu den Verhältnissen seiner Zeit Stellung nahm. Im Alter von 76 Jahren wurde er festgenommen und starb im Gefängnis des Kreises Tongzhou, heutiger Verwaltungsbereich Beijing. Seine Werke nahmen Einfluß auf spätere Reformisten.
Sein Elternhaus befindet sich in der Straße Wanshoulu 159. Bis zum Jahre 1862 galt es als umstritten, ob Li Zhi wirklich in diesem Haus gelebt hat. Bei Reparaturarbeiten in den Jahren 1862–1874 fand man jedoch zwei Steinsiegel des Li Zhi und konnte somit den Beweis erbringen.

Berg Qingyuan Shan 清源山

Der Qingyuan-Berg, auch Beishan, Nordberg genannt, liegt 3 km nördlich der Stadt. Er ist 490 m hoch und lädt mit seinen drei Gipfeln, Höhlen, Pavillons, uralten Bäumen, Schluchten, Quellen, Wasserfällen und Moya-Steininschriften zu interessanten Spaziergängen ein. Auf dem rechten Gipfel des Qingyuan Shan befindet sich der 5,10 m hohe **Laojun Yan,** der Felsen des Laozi (eine Darstellung des Begründers des Daoismus) aus der Song-Zeit. Die Künstler achteten bei ihrer Arbeit auch auf Feinheiten wie Augenbrauen, Barthaare, Falten in der Kleidung usw. Die Skulptur ist ein interessantes Beispiel songzeitlicher Bildhauerkunst. In diesem Gebiet gab es früher viele daoistische Tempelklöster. Die Felsenskulptur des Laojun stand ursprünglich innerhalb einer solchen Tempelanlage. Von den Gebäuden ist nichts erhalten geblieben.
Südlich des Laojun Yan führt ein Weg hinauf zu den Felsen **Qianshou Yan** und **Mituo Yan.** Nahe des Qianshou Yan steht ein neu errichtetes Teehaus, in dem der berühmte Wulong Tee mit frischem Quellwasser serviert wird. Vom Teehaus führt ein Weg bergauf zu einem Gedenkpavillon zu Ehren des Mönchs Li Shutong und weiter zum Felsen Mituo Yan, wo ein Gebäude zu sehen ist, in dem sich eine hohe Statue des Buddha Amitabha aus der Yuan-Zeit befindet. Viele Besucher versuchen, Münzen in die Hand des Buddha zu werfen, weil dies Reichtum bringen soll. Vor der Kulturrevolution stand hier ein Nonnenkloster.
Auf halber Höhe des linken Gipfels des Qingyuan Shan ist der Felsen **Ruixiang Yan** zu sehen. Dort steht ein während der Ming-Zeit errichteter Steintempel. Er wurde zum Schutz einer hohen Sakyamuni-Buddha-Statue aus dem Jahre 1087 angelegt.

Weiter bergauf geht es zum Tempel **Ci'en Yan.** Er besteht aus mehreren Hallen. In der Halle *Fodian* ist eine Steinskulptur des Bodhisattva Guanyin aus der Nördlichen Song-Zeit errichtet.
Hinter dem Tempel Ci'en Yan führt ein steiler Weg hinauf zum Gipfel **Wutai Ding.**

Brücke Luoyang Qiao 洛阳桥

Die Luoyang Brücke befindet sich 10 km nordöstlich von Quanzhou an der Mündung des Luoyang Jiang. Fährt man auf der Landstraße von Xiamen Richtung Fuzhou, kommt man an dieser Brücke vorbei. Der Fluß Luoyang Jiang stellte früher einen wichtigen Verkehrsweg zwischen den Provinzen Guangdong und Fujian dar.
Die Brücke stammt aus den Jahren 1053–1059. Ihre heutige Gesamtlänge beträgt 834 m. Sie besteht aus Steinplatten, die von 47 Pfeilern getragen werden. Da die Strömung an der Flußmündung sehr stark ist, bereitete der Brückenbau damals große Schwierigkeiten. Schon allein die Fundamentlegung erwies sich als äußerst kompliziert. Schließlich entwickelte man eine Methode, derzufolge zuerst große Steinbrocken in den Fluß geschoben wurden. Zur Befestigung dieser Steinbrocken warf man in die Zwischenräume Austern, die sehr schnell anwuchsen und die Steine zusammenhielten. Auf diesem Fundament baute man dann die Brücke.
Von der Brücke sieht man auf das weite Flußgebiet und auf Felsen und Steine, an denen die Einheimischen Austern züchten.
Jenseits der Brücke befindet sich das Dorf Hui'an, in dem eine Granit verarbeitende Fabrik zu besichtigen ist. Unter anderem werden dort interessante Granitbilder hergestellt. Ein Großteil der Produkte ist für den Export nach Japan und in die USA bestimmt.

Berg Jiuri Shan 九日山

Der Jiuri-Berg liegt im westlichen Vorort Quanzhous am nördlichen Ufer des Flusses Jinjiang.
Der Überlieferung nach sollen während der Jin-Zeit (265–420) viele Menschen vom Norden in den Süden nach Fujian umgesiedelt sein. Jedes Jahr, am 9. September, kamen sie zum Jiuri Shan, um in Richtung Heimat zu schauen. Deshalb nannte man den Berg Jiuri Shan, Neunter Tag-Berg. Schon von alters her galt dieser Berg als große Sehenswürdigkeit. Viele Dichter und Literaten kamen hierher und ließen sich inspirieren. Zahlreiche Inschriften an den

Felswänden zeugen noch heute von ihrem Schaffen. Einige stammen von so berühmten Dichtern wie Zhu Xi, Cai Xiang und Su Shunzhi aus der Song-Zeit. Man kann hier fast von einem Kalligraphiemuseum sprechen. Besonders erwähnenswert sind die Inschriften *Qifeng*, Gebete an den Wind, aus der Nördlichen Song-Zeit. Damals wurden hier zweimal im Jahr Zeremonien abgehalten, die den Wind der Schiffahrt wohlgesonnen stimmen sollten. Dieser Brauch lebte über 200 Jahre. Die genauen Abläufe der Zeremonien sowie die Teilnahme wichtiger Persönlichkeiten wurden in den Felswänden vermerkt.

Yisilanjiao Shengmu, Die heilige islamische Grabanlage

伊斯兰教聖墓

Die Grabanlage liegt östlich der Stadt am südlichen Fuß des Berges Lingshan. Kurz vor der Anlage kommt man zur Rechten an zwei riesigen, aufeinander stehenden Felsen vorbei. Der obere kippelt, wenn man sich mit ganzer Kraft gegen ihn stemmt. Im Zentrum der Grabanlage steht ein Steinpavillon, der zwei Steinsarkophage enthält. Der Überlieferung nach kamen vier Schüler des Mohammed in den Jahren 618–626 nach China. Die ersten beiden gingen nach Kanton und Yangzhou, die beiden anderen kamen nach Quanzhou und starben hier. Hinter den beiden Gräbern findet man eine alte arabische Inschrift aus dem Jahre 1322.
In dieser Umgebung kann man noch weitere Steinsarggräber aus der Song-, Yuan- und Ming-Dynastie finden. Viele Ausländer wurden hier beigesetzt.

Steinerne Bambussprossen 石筍

Einen halben Kilometer außerhalb des Tores *Xinmen* befindet sich ein schildkrötenförmiger Hügel, der Guishan, Schildkrötenberg. Auf diesem Hügel erheben sich die steinernen Bambussprossen, fünf große Granitsteine, die aufeinander gesetzt wurden und zusammen eine Höhe von 3 m erreichen. Sie laufen nach oben hin spitz zu.

Quanzhou Fuxue, Konfuzianische Schule Quanzhous

泉州府学

Diese Schule liegt im Ort Sanjiaopu. Hier befand sich ursprünglich ein Konfuziustempel, der 982 durch eine Schule erweitert wurde. Die Anlage wurde mehrmals restauriert und 1761 unter Qianlong völlig neu errichtet. Bis heute sind die Gebäude noch relativ gut erhalten.

Hotel

Huaqiao Dasha, Baiyuanqingchi, Tel. 2192, 2366, 2902 华侨大厦
Auf der Dachterrasse befindet sich eine Bar, die abends von den Hotelgästen wie auch von den Einheimischen gern besucht wird.

Reisebüro, **Lüxingshe**

Guoji Lüxingshe, **CITS,** Baiyuanqingchi, Tel. 865.
Zhongguo Lüxingshe, Baiyuanqingchi, Tel. 861.

Stadt Anhai 安海市

Das kleine Städtchen Anhai ist Heimat vieler Auslandschinesen. Schon in Lokalchroniken der Song- und Yuan-Zeit wird von den vielen Menschen berichtet, die dem aufstrebenden Überseehandel folgend ins Ausland gingen. Anhai war früher ein blühendes Handelszentrum, denn es war dem Hafen von Quanzhou 30 km vorgelagert und konnte leicht von großen Schiffen angelaufen werden.
Der für Anhai wichtige Nachbarort Shuitou war durch Bootsverbindungen zu erreichen. Tückische Strömungen bei plötzlich auftretenden Stürmen konnten die Bootsfahrten katastrophal enden lassen. Schiffe kenterten, viele Menschen ertranken. So entstand der Plan zum Bau einer Brücke. Der Lokalchronik von Quanzhou ist zu entnehmen, daß erste Versuche eines Brückenbaus im Jahre 1138 stattfanden, die jedoch scheiterten. 1151 unternahm der Präfekt Zhao Linjin einen weiteren Versuch und schloß diesen nach dreizehn Jahren erfolgreich ab. Die so entstandene **Anping Qiao** 安平桥

steht heute unter Denkmalschutz. Sie hat eine Länge von 2070 m, eine Breite von 3–3,6 m, besteht aus zusammengesetzten 7–10 m langen Steinblöcken und wird von 331 Pfeilern gestützt. In der Mitte der Brücke befindet sich ein Pavillon aus der Qing-Zeit. Ursprünglich standen hier fünf Pavillons.
Die Brücke wurde im Laufe der Jahrhunderte mehrmals repariert. Heute hat sie aufgrund der Versandung der Küste ihre Bedeutung verloren.

Tempel Longshan Si 龙山寺

Der Longshan Tempel befindet sich im Nordwesten von **Anhai.** Es handelt sich um einen Bau aus der Sui-Dynastie (581–618), der eine 2,2 m hohe Bodhisattva-Statue enthält. In jeder seiner Handflächen befindet sich ein Auge. Diese Besonderheit ist Ausdruck der Vielgestaltigkeit seiner göttlichen Kräfte. Einer Erzählung zufolge entdeckte während der Östlichen Han-Dynastie ein Mönch namens Yi Lisha hier einen Feigenbaum, in dem er einen heiligen Geist vermutete. Er ließ Handwerker kommen und hieß sie eine ›tausendhändige‹ Bodhisattva-Statue schnitzen. In den Jahren 618–619 baute man einen Tempel, um diesem Ereignis zu gedenken. Der heutige Tempel stammt aus der Qing-Dynastie.

Tempel Nantian Si 南天寺

Der Nantian Tempel, im Jahre 1216 erbaut und 1773 neu errichtet, liegt etwa 5 km von **Anhai** entfernt am Fuße des Berges **Daishan.**
In seiner Haupthalle stehen drei hohe Steinstatuen. Die mittlere ist eine Darstellung des Buddha Amitabha, die von den Bodhisattva Guanyin und Dashi Zhi flankiert wird.

Cao' an Manijiao Yizhi, Spuren eines manichäischen Klosters

草庵

Dieses Kloster liegt am Fuße des Berges **Huabiao Shan** im Dorf **Luoshan,** etwa eine halbe Stunde von Quanzhou entfernt.
Im 3. Jh. war der Manichäismus von dem Perser **Mani** (216–276) als Religion begründet worden. Es handelt sich um eine Mischung aus Christentum, Parsismus und Buddhismus. Bereits im Alter von 25 Jahren soll Mani die Thesen seiner Lehre verbreitet haben. Er wurde jedoch des Landes verwiesen

und reiste daraufhin nach Ostasien. Im Jahre 270 kehrte er in seine Heimat zurück. Angeblich hat ihn Bahram I. im Jahre 276 hinrichten lassen. Seine Lehre überlebte ihn. Seit dem 7. Jh. fand diese Glaubensrichtung in China Anhänger. Die chinesischen Manichäer nannten ihre Religion *Mingjiao.* Kaiser Taizu der Ming-Dynastie nahm Anstoß an dem ›Mißbrauch‹ des Zeichens *Ming* und ließ sämtliche Mani-Klöster abreißen und die Gläubigen verbannen. Sei jener Zeit war dem Manichäismus in China jede Existenzmöglichkeit genommen. Einziger Rest eines Mani-Klosters befindet sich hier am Fuße des Huabiao Shan. Von hier hatte die Verbreitung des Manichäismus seinen Ausgang genommen. Es handelt sich bei diesem Gebäude um einen Nachbau aus dem Jahre 1922. Er enthält eine steinerne Mani-Darstellung.

Das Grab des Zheng Chenggong 郑成功墓

Dieses Grab befindet sich im Kreis **Nan'an,** auf dem Berg Fuchuan Shan, Ortschaft **Kangdian.** General Zheng Chenggong (1624–1662) führte seine Truppen nach Taiwan und vertrieb im Februar 1662 die Holländer von dieser Insel. Noch in demselben Jahr starb er auf Taiwan. Am 22. Mai 1699 verlegte man sein Grab von Taiwan auf den Berg Fuchuan Shan. Sein Sohn, seine Frau und seine Eltern ruhen ebenfalls hier.

Gedenkhalle Zheng Chenggong Jinianguan

郑成功纪念馆

Anläßlich des 300. Jahrestages der Befreiung Taiwans ließ die Regierung 1962 neben dem Grab Zhengs eine Halle errichten, in der sich neben biographischen Aufzeichnungen einige Gegenstände aus seinem Besitz befinden, wie zum Beispiel Waffen und Geschenke des Kaisers.

Stadtmauern des alten Chongwu 崇武城

Die Ruinen dieser Stadt liegen 35 km südlich des Kreises **Hui'an** auf einer Halbinsel. Im Jahre 1079 der Nördlichen Song-Dynastie stationierte die Regierung hier einen militärischen Beobachtungsposten. Während der Ming-Zeit, im Jahre 1387, entstand dort eine kleine Siedlung. Sie wurde aus Steinen errichtet und von einer 2455 m langen und 7 m hohen Stadtmauer umschlossen. Zahlreiche Kriege fanden in diesem Gebiet statt, so daß nur noch einige Teile der Mauer erhalten sind.

Kreis Anxi 安溪县

Wenmiao, Konfuziustempel 安溪文庙

Der palastartig gestaltete Anxi Wenmiao südlich der Kreisstadt Anxi stammt aus der Guangxu-Periode der Qing-Zeit. Die Anlage umfaßt mehrere Hallen und verfügt über besonders schöne Stein- und Holzschnitte. Ursprünglich stand hier nur eine im Jahre 1001 gegründete Konfuziusschule.

Tempel Qingshui Yan 安溪清水岩

Dieser Tempel steht am Oberlauf des Flusses Jinjiang auf dem Berg Pengshan im Dorf **Penglai.** Ein buddhistischer Mönch ließ ihn im Jahre 1083 errichten. Er wurde im 16. Jh. erneuert.

Dehua Yaoci, Dehua Porzellanmanufakturen

德化窑瓷厂

Die Besucher Quanzhous werden sicher auch die weltbekannten Porzellanmanufakturen Dehuas sehen wollen. Bereits während der Song-Zeit, exportierte man das hier gefertigte Porzellan. Es wurde im Westen als **Blanc de Chine** bekannt. Die typischen Merkmale sind elfenbeinfarbene oder milchweiße Glasur und der Verzicht auf Bemalung. Die Gefäßformen greifen häufig auf antike Vorbilder zurück. Dehua tat sich im Laufe seiner langen Tradition vor allem in der plastischen Gestaltung hervor. Bevorzugte Motive waren buddhistische und daoistische Skulpturen, Tiere und Genrefiguren.
Heute noch wird in Dehua nach alter Tradition Porzellan hergestellt. Es wurden inzwischen viele neue Muster, Motive und Techniken ins Programm aufgenommen. Der Kreis hat zwei staatliche Porzellanmanufakturen und 43 kommunale Herstellungsbetriebe.

Stadt Xiamen / Amoy 厦门市

Die Hafenstadt Xiamen, im Fujian-Dialekt *Amoy* genannt, befindet sich auf einer Insel vor der südostchinesischen Küste, 2800 km von Beijing entfernt. Die Stadt gehört zu den wirtschaftlichen Sonderzonen Chinas, innerhalb derer unter Zuhilfenahme kapitalistischer Prinzipien die Wirtschaft gestaltet wird. Xiamen ist bequem zu erreichen von Hongkong aus (vom Tai Kok Tsui Hafen, Kowloon, per MV ›Jimei‹ oder MV ›Gulang Yu‹, dienstags und freitags) oder per Bus von Quanzhou, oder per Flugzeug u. a. von Shanghai und Peking aus. Die Insel Xiamen wird von den Einheimischen häufig ›Silberreiher-Insel‹ genannt, weil hier früher viele Silberreiher gelebt haben sollen.

Gegen Ende der Ming-Dynastie lag in Xiamen der Marinestützpunkt des Generals Zheng Chenggong (1624–1662). Infolge des Opiumkrieges mußte Xiamen mit vier anderen Städten als Vertragshafen dem Überseehandel geöffnet werden. Xiamen hat einen günstig gelegenen Naturhafen, in dem Schiffe bis zu 10000 BRT anlegen können. Nach 1949 baute man zwei Dämme, um die Stadt mit dem Festland zu verbinden, im Jahre 1953 einen 2212 m langen Damm von Gaoqi nach Jimei, 1956 einen 2820 m langen von Jimei nach Xinglin. Über diese Dämme laufen Eisenbahnlinien, eine Straße und Fußwege.

Xiamen entwickelte sich nach 1949 langsam zu einer Industriestadt. Die meisten Betriebe wurden in den Außenbezirken angesiedelt. Es handelt sich dabei hauptsächlich um solche der Textil-, Nahrungsmittel- und Chemieindustrie sowie des Maschinenbaus.

Es gibt drei wichtige Buslinien in Xiamen:
Linie 1: Universität – Bahnhof
Linie 2: Universität – Fährstation
Linie 3: Bahnhof – Fährstation

Insel Gulang Yu 鼓浪屿

Westlich von Xiamen liegt die reizvolle Insel Gulang Yu.

Gulang Yu wurde nach Öffnung des Hafens von Xiamen für den Überseehandel zum Wohngebiet der Ausländer.

Die nur 1,64 qkm große Insel wirkt aufgrund ihrer Berge wesentlich größer. Die höchste Erhebung der Insel ist der **Longtou Shan,** Drachenkopfberg. Gegenüber des Longtou Shan, in der Stadt Xiamen, erhebt sich der Berg **Hutou Shan,** Tigerkopfberg. Daher sagen die Einheimischen, Xiamen werde von einem Drachen und einem Tiger bewacht.

Beim Aufstieg auf den Longtou Shan kommt man vorbei an sogenannten Drachenhöhlen, riesigen Felsen und vielen Inschriften. Die Spitze des Longtou Shan wird von dem Felsen Riguang Yan gebildet. Von dort aus hat man eine phantastische Aussicht. Nördlich des Felsens Riguang Yan steht die **Gedenkhalle des Zheng Chenggong** (Öffnungszeiten: 8.00–11.30, 14.30–17.30). Sie wurde anläßlich des 300jährigen Jubiläums der Rückeroberung Taiwans im Jahre 1962 eröffnet. Zheng Chenggong (1624–1662) hatte auf der Xiamen- und der Gulangyu-Insel einen militärischen Stützpunkt errichtet und Marinetruppen ausgebildet. Er war ein Anhänger der gestürzten Ming-Dynastie und nicht bereit, den neuen Herrschern der Qing zu folgen. Im Jahre 1659 versuchte er zusammen mit General Zhang Huangyan, Nanjing zu erobern. Seine Niederlage zwang ihn, nach Xiamen zurückzukehren. 1661 führte er seine Armee in das holländisch besetzte Taiwan. Ein Jahr später, nach achtmonatigem Kampf, kapitulierte der holländische Gouverneur. Seit dieser Zeit wird Zheng Chenggong als Nationalheld gefeiert. Die Gedenkhalle zählt sieben Ausstellungsräume, in denen über das Leben und Werk des Zheng Chenggong berichtet wird.
Südlich des Felsens Riguang Yan erstreckt sich ein 300 m langer Sandstrand (Umkleidekabinen vorhanden) und der **Shuzhuang Park.** Der Gründer dieser Parkanlage war ein reicher taiwanesischer Kaufmann. Nach der Besetzung Taiwans durch die Japaner flüchtete er 1895 mit seiner Familie auf die Insel Gulang Yu. 1913 ließ er den schönen Park anlegen. Besonders auffallend ist eine Brücke mit 44 Windungen, die der Besitzer in seinem 44. Lebensjahr anlegen ließ. Nach 1949 stellt er den Garten der Öffentlichkeit zur Verfügung.

Wanshi Yan 万石岩 Parkanlage ›Zehntausend Felsen‹

Die Wanshi Felsen liegen im nordöstlichen Teil der Stadt Xiamen auf den **Shishan,** Löwenbergen. Mancher zieht einen Ausflug in dieses Gebiet einer Fahrt zur Insel Gulang Yu vor.
In den frühen Morgenstunden, wenn die ganze Umgebung noch in dichten Nebel gehüllt ist, mutet die Atmosphäre dort besonders reizvoll an. Viele Pavillons und Tempel stehen hier inmitten bizarrer Felsen, tropischer und subtropischer Pflanzen. Ganz in der Nähe liegt der Wanshi-Stausee.
Westlich des Felsens steht der Tempel **Tianjie Si,** aus der Qianlong-Periode (1736–1795). Hinter ihm findet die Höhle **Changxiao Dong** mit Inschriften von Gedichten aus der Ming-Zeit Beachtung.
Der Felsen **Taiping Yan** ist die höchste Erhebung der Shishan Berge. Die Besonderheit dieses Felsens ist der Ausblick auf die umliegenden spitzen Steingipfel und Steinhöhlen.

Tempelkloster Nanputuo Si 南普陀寺

Der Nanputuo Si, der größte Tempel Xiamens, liegt am Fuße des Berges Wulao Shan im südöstlichen Teil der Stadt. Er stammt aus der Tang-Dynastie und wurde in späteren Dynastien mehrmals restauriert und vergrößert. Es leben heute über 60 Mönche in dieser Anlage. In der Vorderhalle, der Qiandian, stehen die Statuen des Maitreya Buddha und der vier Himmelskönige. Hinter der Qiandian liegen rechts und links Glocken- und Trommelturm. Es folgt die Halle Daxiong Baodian mit ihren drei prächtigen Buddhastatuen, Sakyamuni, der historische Buddha, in der Mitte, Yaoshi Fo, der Meister der Heilkunst, zu seiner Linken, Amitabha, der Gebieter des westlichen Paradieses, zu seiner Rechten. Vor Sakyamuni steht eine Holzplastik des tausendhändigen Bodhisattva Guanyin. Die folgende achteckige Halle Dabei Tang, 1962 restauriert, wird durch die Statuen des Boddhisattva Guanyin und die feine Konsolendecke geprägt. In der sich nördlich anschließenden Halle Cangjing Ge findet der tägliche Unterricht der Mönche statt. Im ersten Stock der Halle befindet sich die Bibliothek des Klosters. Ausgestellt sind u. a. zwei mit Blut geschriebene Bücher aus dem Jahre 1644 bzw. 1646. Interessant sind auch eine Bronzeglocke aus der Song-Dynastie und eine etwa 2 m hohe Bronzepagode. Hinter dieser Halle erheben sich die für dieses Gebiet so typischen Felsen. Ein riesiges rotes Zeichen ›Fo‹, Buddha, ist zu sehen, daneben ein Pavillon und zwei Grabpagoden.

Universität Xiamen Daxue 厦门大学

Diese Universität ist eine Stiftung des patriotischen Chen Jiageng aus dem Jahre 1921. Damals bestand sie aus fünf Fakultäten. Heute umfaßt sie zehn mit dreißig Fachrichtungen. In der Universität befindet sich eine Gedenkstätte des berühmten Schriftstellers Lu Xun, der hier vom 4. 9. 1926 bis zum 16. 1. 1927 gelehrt hatte.

Höhle Bailu Dong 白鹿洞

Diese Höhle befindet sich nordöstlich der Stadt auf der Südseite des Berges **Yuping Shan.** Auf diesem Berg gibt es zahlreiche steil abfallende Felsen und viele Höhlen. In der Höhle **Bailu Dong** wurde im Gedenken an den berühmten Literaten Zhu Xi ein weißer Hirschturm, *Bailu Lou*, errichtet, denn Zhu Xi hatte in der Provinz Jiangxi die Schule *Bailu Shuyuan* gegründet. In der Umgebung dieser Höhle gibt es einige buddhistische Pavillons und Tempel, in denen dem Literaten Opfer dargebracht wurden.

Jimei 集美

Jenseits der Insel Xiamen liegt der Geburtsort des **Chen Jiageng** (1874–1961), der seine Heimat verließ und in Singapur als Unternehmer sehr reich wurde. Er ließ Jimei an seinem Erfolg teilhaben und stiftete mehrere Einrichtungen, darunter eine Grund- und Mittelschule, eine pädagogische Hochschule, mehrere Fachschulen, darunter eine für Schiffahrt, ein Institut für tropische Pflanzen, ein Museum und eine Bibliothek.
Heute wird Jimei die **Schulstadt** genannt. Es sollen etwa 1 Mill. Schüler und Studenten dort leben. Die Schulen und Institute werden heute vom Staat finanziert; sie erhalten jedoch auch Unterstützung von Ehemaligen, die in Übersee arbeiten.
Vor der Schulstadt befindet sich der Drachenteich, wo im Herbst zum Drachenbootfest Wettfahrten stattfinden. Eine der wichtigsten Sehenswürdigkeiten Jimeis ist der **Aoyuan,** Schildkrötengarten. Dort befindet sich das Grab Chen Jiagengs. Ein Monument zum Gedenken an die Befreiung von 1949 überragt die Anlage.
Eine weitere Sehenswürdigkeit Jimeis ist die **Guilai Tang,** ein Gebäude, das Chen Jiageng für seine Angehörigen anlegen ließ. Dahinter steht sein ehemaliges Wohnhaus.

Hotels

Huaqiao Dasha, Zhongshanlu 444, Tel. 27 29 (zentral gelegen und preiswert) 华侨大厦
Xiamen Binguan, Huyuanlu 16, Tel. 24 46, 28 90 厦门宾馆
Gulangyu Binguan, Ringuangyanlu 25, Gulangyu, Tel. 20 52 鼓浪屿宾馆
Lujiang Dasha, Lujiangdao 54, Tel. 22 12 鹭江大厦
Xiaxi Lüshe, Xiaxilu 30, Tel. 45 74, 49 29 霞溪旅社

Reisebüro, **Lüxingshe**

Guoji Lüxingshe **CITS** + Zhongguo Lüxingshe, Zhongshanlu 444, Tel. 42 86, 27 29

Gong'an Ju, Amt für Öffentliche Sicherheit, Xinhualu 51, Tel. 23 29

Fährstation Xiamen, Tel. 34 93
Fährstation Gulangyu, Tel. 34 94

Bahnhof, Information, Tel. 28 12

Bank of China, Zhongshanlu 8, Tel. 3007 (Umtausch)

Antiquitätengeschäft, Zhongshanlu 211, Tel. 3363

Gebirge Wuyi Shan 武夷山

Das faszinierende Wuyi Gebirge liegt im Norden der Provinz Fujian an der Grenze zur Provinz Jiangxi und südlich des Kreises Chong'an. Es gehört zu den schönsten Gebieten Chinas. Berühmt sind seine reiche Fauna und Flora, sein wohlschmeckender Tee – eine besondere Sorte des Wulong-Tees – und die vielen Heilkräuter. Eine bequeme Möglichkeit das Gebiet zu erreichen, ist die Zugfahrt von Fuzhou aus den Minjiang Fluß entlang bis Nanping und dann mit dem Bus weiter direkt bis zum Gästehaus Wuyi Shanzhuang (entsprechende Fahrten werden vom Lüxingshe in Fuzhou organisiert). Auch per Schiff ist die Hin- und Rückfahrt möglich. Das Gästehaus Wuyi Shanzhuang ist so zentral gelegen, daß man Ausflüge in alle Richtungen unternehmen kann. Es bedarf etwa zweier Tage, um die wichtigsten Sehenswürdigkeiten zu besuchen. Man kann aber auch ruhig eine Woche oder länger dort verbringen. Die überaus reizvolle Landschaft und das angenehme und interessant eingerichtete Hotel Wuyi Shanzhuang werden in vielen Reisenden den Wunsch wecken, dort einen Urlaub zu verbringen.

Ein Teil des Wuyi Shan ist von der chinesischen Regierung zum Naturschutzgebiet erklärt worden, denn in den immergrünen Laub- und Nadelbaumwäldern finden sich viele Reichtümer und Besonderheiten der Natur, wie 700 Jahre alte Ginkgobäume, Nußeiben, Buchen, über 140 Vogelarten, sowie Reptilien und Amphibien. In- und ausländische Forscher sprechen deshalb vom Wuyi Shan als einem Paradies der Amphibien und Reptilien.

Mehr als 50 Schlangenarten, darunter viele Giftschlangen, sind hier zu finden. Das Wuyi-Gebirge hat einen großen Vorteil: man kann bequem in einem Boot einen kleinen Fluß entlangfahren, der sich in einer 7 km langen Schlucht durch das Gebirge schlängelt. Innerhalb einiger Stunden lernt man so die Landschaft auf dem Wasserwege kennen. Hinter jeder dieser Windungen zeigt sich eine völlig neue Landschaft. Die meisten Bootsfahrten werden flußabwärts von Windung 9–2 gemacht, was etwa 1½ Std. dauert. Die Fahrt flußaufwärts dauert etwa 3 Std., ist aber nicht so reizvoll. Es besteht die Möglichkeit, ein Boot für einen ganzen Tag zu mieten und die Fahrt unterwegs für Ausflüge zu unterbrechen.

1. Windung: Hier erhebt sich der 400 m hohe **Dawang Feng,** Großer Königsgipfel. Zu seinen vier Seiten fallen die Felswände steil ab und es scheint unmöglich, ihn zu besteigen. Doch findet man auf seiner Südseite eine schmale Felsspalte, durch die Holzstufen und in die Felswand geschlagene Fußlöcher auf die Gipfelspitze führen.
2. Windung: Man sieht den Gipfel **Yunü Feng,** der berühmteste Berg des Wuyi Shan und zugleich Symbol desselben. Die Einheimischen sagen, er gleiche einem schönen Mädchen. Er liegt direkt gegenüber dem Gipfel Dawang Feng. Eine Legende erzählt von der Tochter des Himmelskaisers und einem jungen Bauern, die sich ineinander verliebten. Als der Himmelskaiser durch einen Teufel davon erfuhr, war er zornig und befahl dem Teufel, die Tochter in den Himmel zurückzubringen. Die Tochter weigerte sich jedoch, woraufhin der Teufel sie und ihren Geliebten in Felsen verwandelte. Um die beiden für immer zu trennen, stellte er sich als Wachtposten zwischen sie. Mitten in dieser Schlucht erhebt sich ein häßlicher blauer Felsen, der Teufel, zwischen den beiden Gipfeln Dawang Feng und Yunü Feng, den beiden Liebenden.
3. Windung: Am westlichen Ufer der Schlucht erhebt sich wie von einem Messer geschnitten eine Felswand, die **Xiaocang Feng.** Hoch oben hängen in den Spalten der Wand zwei Holzboote, *Jiahe Chuan.* Es handelt sich um Särge, von denen es in diesem Gebiet in den Klippen mehrere gibt. Es sind ausgehöhlte Stämme, in die man die Toten und einige Beigaben legte. Diese Bestattungsmethode war ein Brauch der Minderheit Guyue vor mehr als 2000 Jahren. Man vermutet, daß sie ihre Toten vor wilden Tieren schützen wollten.
4. Windung: Hier sieht man einen großen Felsen und riesige Höhlen mit einigen verwitterten Särgen in unerreichbarer Höhe. Zwischen 4+5 ist das Wasser sehr ruhig und zum Schwimmen geeignet.
5. Windung: Nach der fünften Windung fällt der Blick auf einen Bambus- und Laubwald. Hier stand das Haus des Zhu Xi, in dem er bis ins hohe Alter Vorlesungen über Philosophie hielt. Zhu Xi (1130–1200) war ein berühmter Philosoph und Literat der Südlichen Song-Dynastie. Als er seines Amtes enthoben wurde, gründete er hier im Jahre 1183 eine Art Schule, die *Wuyi Jingshe,* an der Gelehrte wie Cai Yuanding und Huang Gan studierten.
6. Windung: Sie ist die kürzeste, zeigt jedoch den schönen Gipfel **Tianyou Feng**. Der Dichter Qian Bingdeng aus der Ming-Zeit schrieb über ihn: Wenn man die Besichtigung des Gipfels Tianyou Feng abgeschlossen hat, braucht man seinen Weg nicht fortzusetzen, da man auf nichts Schöneres treffen kann. Dieser Gipfel bildet den Mittelpunkt der neun Windungen.

Von der Spitze des Tianyou Feng hat man einen ausgezeichneten Blick auf den Fluß und die übrigen Gipfel. Der Aufstieg ist recht anstregend, aber sehr

lohnenswert. Einige der roten Inschriften, die man vom Boot aus sieht, stammen von Zhu Xi.
7. Windung: Hier ist der Berg **Sanyang Feng** mit seinen drei Gipfeln zu sehen. Es ist der höchste des Wuyi Gebirges.
8. Windung: In dieser Windung ist die Strömung recht stark, was bei Flußabwärtsfahrten sehr reizvoll ist.
9. Windung: Man kommt an einer Teefabrik vorbei und erreicht das Ende der Schlucht und das Dorf Xingcun.
Interessante Ausflüge in die Berge kann man von **Wuyi Gong** aus beginnen. Gutes Schuhwerk ist unbedingt erforderlich!
Bezaubernd ist eine Autofahrt durch das **Naturschutzgebiet,** in dessen Wäldern, Bergen und Tälern in einer von Menschenhand noch weitgehend unangetasteten Landschaft verschiedenste Arten von Wildtieren leben. In Richtung Shaowu kommt man an dem Dorf Tangtou Cun vorbei, in dem sich ein landesweit bekanntes Giftschlangen-Forschungsinstitut befindet. Das institutseigene Restaurant bietet verschiedene Schlangenspeisen an, sehr zu empfehlen ist Schlangensuppe.

Hotel

Wuyi Shanzhuang Guesthouse, Chong'an County, Tel. 53 武夷山莊
Das Hotel wurde von Architekten der Nanjing Universität im lokalen Stil entworfen und ausgestattet.

Provinz Jiangxi 江西省

Fläche: 166 600 qkm /Bevölkerung: 33,18 Mill., davon gehören etwa 10 000 Menschen Minderheiten wie Miao, Yao, Hui und She an. / Hauptstadt: Nanchang

Die südchinesische Provinz Jiangxi wird umgeben von Anhui und Hubei im Norden, Hunan im Westen, Guangdong im Süden, Fujian und Zhejiang im Osten.

Geschichtlicher Überblick

Das Gebiet des heutigen Jiangxi gehörte während der Zhou-Dynastie zum Königreich von Chu. Es war überwiegend von Volksstämmen bewohnt, die nicht den Han-Chinesen angehörten. Die Besiedelung durch Han-Chinesen erfolgte im 3.–6. Jh., als die Menschen scharenweise vor den aus dem Norden eindringenden Steppenvölkern in den Süden flohen und sich viele in Jiangxi niederließen. Erst während der Ming-Dynastie entstand die Provinz in den heute noch bestehenden Grenzen. Jiangxi brachte viele berühmte Denker und Dichter hervor, unter ihnen Tao Yuanming, einen Dichter der Jin-Zeit, Zhu Xi, Philosoph der Song-Zeit, und Wang Yangming, Philosoph der Ming-Zeit. Im 20. Jh. rückte die Provinz in den Mittelpunkt des Interesses. Im Jinggang Shan-Gebirge befand sich seit 1927 das wichtigste Sowjetgebiet Chinas, geleitet von Mao Zedong und Zhu De. Hier entwickelte sich die erste große Machtbasis der Revolutionäre.

Der Ganjiang durchzieht die Provinz von Süden nach Norden. Er gehörte seit alters zu den Hauptverkehrswegen für Handel, Militär und Emigration. Er fließt im Norden in den Poyang Hu, den größten Süßwassersee Chinas und mündet bei Jiujiang in den Changjiang. In den Flußtälern des Ganjiang und des Shushui sowie im Tiefland um den Poyang Hu befinden sich die Reiskammern Chinas. Das Naßreisanbaugebiet am Poyang Hu gehört neben dem des Dongting Hu zu den wichtigsten Reisüberschußgebieten des Landes. Die Vegetationsperiode währt in Jiangxi zehn bis elf Monate, wodurch zwei Reisernten im Jahr möglich sind. Siebzig Prozent des gesamten Ackerlandes werden für den Reisanbau genutzt. Regen fällt reichlich und regelmäßig, die Niederschlagsvariabilität ist im Vergleich zu Nordchina sehr gering. In der kühlen Jahreszeit widmet man sich dem Anbau von Trockenfeldkulturen wie Gerste, Weizen, Sesam und Raps. Die Tiefebene ist umgeben von Hügeln und Bergen. Die geringwertigen Böden des Hügellandes eignen sich nicht für den Reisanbau, hier werden vor allem Süßkartoffeln und Mais gepflanzt. Im Bergland wird Tee angebaut, Zentren der Teeproduktion sind die Städte Ji'an, Wuning, Xiushui. Die Grenzgebirge werden vor allem holzwirtschaftlich genutzt. Etwa 10% der Provinz werden von üppigen Wäldern bedeckt. Zu den begehrten Hölzern gehören Zeder, Kampfer, Ahorn und Kiefer. Die Stämme werden zu Flößen zusammengefügt und den Ganjiang flußabwärts getrieben.
Jiangxi ist einer der wichtigen Obstproduzenten Chinas. Neben Wassermelonen, Birnen, Dattelpflaumen und Äpfeln werden vor allem Apfelsinen in Mittel- und Süd-Jiangxi gezogen. Berühmt sind im ganzen Land die kernlosen Mandarinen von Nanfeng.
Die Industrie war bis 1949 nur wenig entwickelt. Seit der Staatsgründung konnten auf dem Gebiet der Schwer- und Leichtindustrie große Fortschritte

gemacht werden. Große Kohlevorkommen befinden sich in Pingxiang und Fengcheng. Von außerordentlicher Bedeutung sind die großen Wolframvorkommen, vermutlich die reichsten der Welt, in den Dayu Ling Bergen. Die Kaolin und Petuntsevorräte am Ostufer des Poyang Hu und im Tal des Changjiang haben die bedeutenden Porzellanwerkstätten von Jingdezhen hervorgebracht. Die in der Song-Zeit gegründeten Werkstätten haben über Jahrhunderte hervorragendes Porzellan produziert.

Stadt Nanchang 南昌市

Die Hauptstadt Nanchang liegt am Ostufer des Ganjiang. Sie ist ein Knotenpunkt für den Verkehr zu Wasser und zu Lande.
Nanchang wurde bereits im – 2. Jh. gegründet. Es war stets eine Verwaltungs-

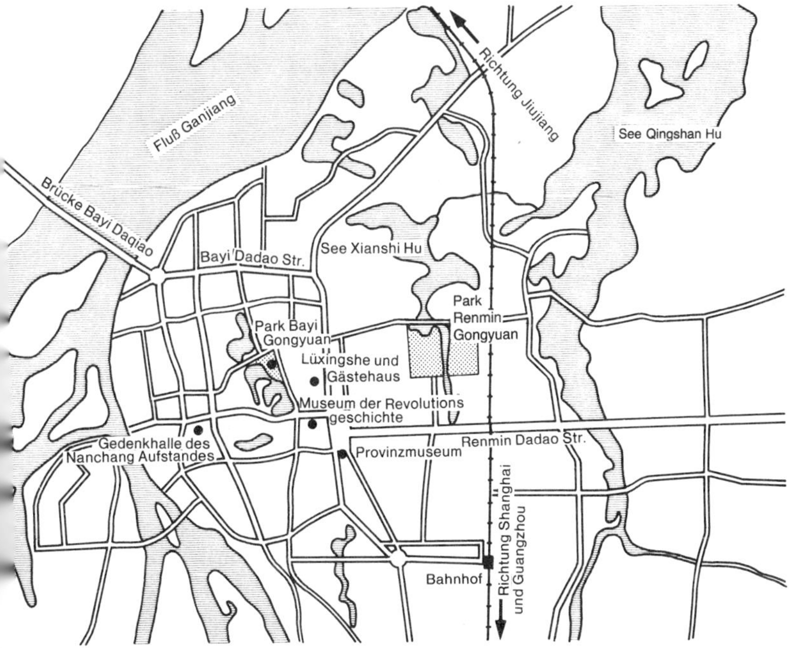

Stadtplan von Nanchang

stadt und ein Umschlagplatz für landwirtschaftliche Erzeugnisse. Industrie war bis 1949 nur in sehr geringem Maße angesiedelt. In den letzten 30 Jahren hat sich Nanchang zur aufstrebenden Industriestadt mit einer Einwohnerschaft von etwa 1 Mill. entwickelt.
Nanchang hat eine revolutionäre Geschichte. Am 1. August 1927 fand hier ein Aufstand statt, angeführt u. a. von Zhou Enlai. Es gelang, die Truppen Chiang Kaisheks zu schlagen und die Stadt drei Tage zu halten. Der 1. August 1927 gilt als offizielles Gründungsdatum der Roten Armee, die im Juli 1946 in Volksbefreiungsarmee umbenannt wurde.
Viele der Sehenswürdigkeiten Nanchangs erinnern an die revolutionäre Vergangenheit der Stadt.

Park Bayi Gongyuan, Park des 1. August 八一公园

Er befindet sich in der Straße Changzhenglu. 1932 wurde er auf einer Fläche von 26 ha angelegt. Während des Nanchang-Aufstandes hatten hier heftige Kämpfe stattgefunden.

Museum Jiangxi Lishi Bowuguan, Historisches Museum der Provinz Jiangxi

江西省历史博物馆

Das Historische Museum in der Stadtmitte südlich des Platzes Bayi Guangchang ist in den Jahren 1953–1958 entstanden. Es enthält u. a. folgende Abteilungen: Archäologische Funde, technische Entwicklung der Landwirtschaft im alten China, alte Kalligraphien der Ming- und Qing-Zeit, Felsengräber Guixi Yamu.

Bayi Nanchang Qiyi Jinianta, Gedenkpagode des Nanchang-Aufstandes

八一南昌起义紀念塔

Die Pagode im Süden des Platzes Bayi Guangchang wurde anläßlich des 50. Jahrestages des Nanchang-Aufstandes vom 1. 8. 1927 errichtet. Sie ist 45,5 m hoch und besteht aus Beton, der außen mit Marmor und Granit verkleidet wurde. Die vordere Seite der Pagode enthält neun vergoldete Zeichen: Bayi Nanchang Qiyi Jinianta. Unter den neun Zeichen ist ein kurzer Abriß der Ereignisse des Aufstandes zu lesen. Auf den übrigen drei Seiten der Pagode wird der Ablauf des Aufstandes dargestellt.

Die Haupteinkaufsstraße von Chengdu, Sichuan ▷

成都市金牛区
供销公司
经营部
汽車配件
服务公司

Geming Lieshi Jiniantang, Märtyrer Gedenkhalle

革命烈士紀念堂

In der Straße Bayidadao wurde im Jahre 1953 eine Gedenkhalle erbaut, die mit ihrer Ausstellung an zehn wichtige Schlachten des Bürgerkrieges und an das Leben von 300 Märtyrern erinnert.

Bayi Qiyi Jinianguan, Ehemaliger Stützpunkt der Führer des Nanchang-Aufstandes vom 1. 8. 1927

八一起义紀念馆

Der ehemalige Stützpunkt befindet sich in der Straße Zhongshanlu. Im Juli 1927 richtete Zhou Enlai hier eine Kommandozentrale ein. Am 1. August 1927 riefen Zhou Enlai, He Long und Ye Ting zum Nanchang-Aufstand auf.
In den Räumen des ehemaligen Stützpunktes ist heute ein Museum untergebracht.

Tempel Da'an Si 大安寺

Der Da'an Si, eine Gründung aus dem 4. Jh., steht in der Straße Yuzhanghoujie. Im Tempelinnern befindet sich ein großes eisernes Gefäß aus der Zeit der Drei Reiche.

Bronzeglocke Youminsi Tongzhong 佑民寺銅鈡

In der Straße Huanhulu 29 ist eine Bronzeglocke aus dem Jahre 967 zu besichtigen. Sie wurde auf Geheiß des Generals Lin Renzhao der Südlichen Tang-Dynastie angefertigt. Ihr Gewicht soll 5032 kg betragen, ihre Höhe etwa 2 m. Im Jahre 1929 errichtete man neben dem Tempel Youmin Si für diese Glocke einen Turm.

Pfirsichgarten Sancun Taohua Yuan 三村桃花园

In der Ortschaft Shangtaohua Cun ist ein bekannter Pfirsichgarten zu besuchen. Er ist besonders im Frühling zur Pfirsichblüte ein beliebtes Ausflugsziel der Einheimischen.

◁ *Malerei im Grab des Kronprinzen Zhanghuai, 7. Jh., Xi'an*

Tempel Qingyunpu 青云浦

Der Qingyunpu befindet sich im südlichen Vorort Nanchangs. In den Tempelräumen ist ein Museum untergebracht, in dem Originale von Werken des Malers Badashanren und seiner Schüler ausgestellt werden. Badashanren lebte im 17. Jh. Er war nicht bereit, die seit dem Jahre 1644 herrschende Qing-Dynastie anzuerkennen. Im Jahre 1661 soll er im Alter von 37 Jahren in den Tempel Qingyunpu gezogen sein und für 26 Jahre dort gelebt haben. Der Tempel hat drei Haupthallen: die vordere ist dem Kriegsgott Guandi geweiht, die mittlere einem der acht Heiligen des Daoismus Lü Chunyang (Lü Dongbin), die hintere dem Xu Xun, der der Überlieferung nach einer Überschwemmung Einhalt gebieten konnte, indem er den Urheber der Katastrophe, einen bösen Drachen, tötete.

Hotels

Nanchang Fandian, Zhanqianlu, Tel. 6 35 93 南昌饭店
Jiangxi Fandian, Changzhenglu, Tel. 6 36 24 江西饭店
Jiangxi Binguan, Bayi Dadao. 64, Tel. 6 48 61 江西宾馆

Reisebüro, **Lüxingshe**

Guoji Lüxingshe, **CITS** + Zhongguo Lüxingshe, im Jiangxi Binguan, Bayi Dadao, Tel. 6 25 71

Einkaufsmöglichkeiten

Freundschaftsladen, Youyi Shangdian, Bayi Dadao, Tel. 6 32 68
Kunstgewerbegeschäft, Zhongshanlu 222
Antiquitäten, Bayi Dadao 28
Warenhaus, Zhongshanlu 318
Porzellan, Shenglijie 12

Stadt Jingdezhen 景德鎮

Jingdezhen befindet sich im nordöstlichen Teil Jiangxis. Die Stadt gilt seit Jahrhunderten als das wichtigste Zentrum der chinesischen Porzellanproduktion. Schon in der Han-Dynastie wurde hier, damals Xinping genannt,

Keramik hergestellt. In der Tang-Dynastie war das weiße Porzellan der Stadt als ›falsche Jade‹ im ganzen Reich bekannt. Während der Nördlichen Song-Dynastie, Regierungsperiode Jingde (1004–1007) wurde Jingdezhen auf kaiserlichen Erlaß zum Produktionszentrum des kaiserlichen Porzellans erklärt. Auf die Böden der Porzellanwaren mußten die Zeichen »Hergestellt in der Jingde-Periode« gedruckt werden. Später nannte man die Stadt nach dieser Regierungsperiode ›Jingdezhen‹. Auch in der Yuan-, Ming- und Qing-Zeit blieb sie Zentrum der Porzellanherstellung. Über das Porzellan Jingdezhens sagte man, es sei weiß wie Jade, klar wie ein Spiegel, dünn wie Papier und sein Klang sei glockenklar.

Heute hat Jingdezhen 250 000 Einwohner. Der wichtige Bestandteil des Porzellans, Kaolin, kommt aus dem 50 km entfernten Gaoling, eine Ortschaft, wo seit alters das beste Kaolin der Welt gewonnen wird. Das Material wurde nach der Ortschaft benannt. Aus der näheren Umgebung kommen hochwertige Glasurerze. Jingdezhen verfügt heute über vierzehn große staatliche Porzellanfabriken. Die berühmtesten Typen des Porzellans von Jingdezhen sind das Blauweiß-Porzellan, das bereits seit der Yuan-Dynastie produziert wird und das Reismuster-Porzellan, das sogar schon in der Song-Zeit hergestellt wurde.

In dem Museum der Stadt läßt sich die Entwicklung der Porzellanherstellung anhand von Ausstellungsobjekten nachvollziehen.

Hotel

Jingdezhen Binguan, Lianhuatang, Tel. 927 景德镇宾馆

Reisebüro

Zhongguo Lüxingshe, Lianhuatang, Tel. 293

Einkaufsmöglichkeiten

Jingdezhan **Porzellanfabrik,** 54 Fengjinglu, Tel. 498
Porzellan-Freundschaftsladen, Zhushanlu 13, Tel. 2231
Kunsthandwerkgeschäft, Zhushanlu 17, Tel. 63

Gebirge Lushan 庐山

Das Lushan-Gebirge, eines der beliebtesten Erholungsgebiete Chinas, liegt nahe der Stadt **Jiujiang** am See **Poyang Hu.** Im Sommer herrscht in diesem Gebiet die angenehme Durchschnittstemperatur von 22,6 °C. Man erreicht das Gebirge von Jiujiang aus per Bus in ca. 1½ Std. Die Unterbringung ist während der Hochsaison ein Problem. Man sollte sich deshalb schon in Jiujiang zwecks Reservierung an das CITS wenden, oder sich vom CITS am Lushan ein Zimmer vermitteln lassen.

Schon in alten Zeiten waren die nebel- und wolkenumhüllten Gipfel des Lushan bekannt und geschätzt. Während der Östlichen Han-Zeit entstand hier ein buddhistisches Zentrum. Berühmte Dichter und Politiker wie Tao Yuanming, Li Bai, Du Fu, Bai Juyi, Su She, Yue Fei, Wen Tianxiang und Li Shizhen hinterließen hier ihre Schriften.

Der höchste Gipfel des Lushan zählt 1474 m. Der Sommerkurort **Guling** liegt auf einer Höhe von 1167 m im Zentrum des Lushan. Er verfügt über Hotels, Gasthäuser, Warenhäuser, Restaurants, Kino und Bibliothek.

Der Lushan zählt mehr als 200 Sehenswürdigkeiten, darunter zahlreiche Gipfel und Felsformationen, Teiche, Quellen, Wasserfälle, Pavillons und Tempel. Nur einige sollen im folgenden erwähnt werden.

Die **Xianren Dong,** Höhle der Heiligen, liegt nordwestlich von Guling. Hier soll einst der daoistische Mönch Lü Dongbin meditiert haben.

Der Pavillon **Yubei Ting** steht nordwestlich der Höhle Xianren Dong auf dem Gipfel **Jinxiu Feng.** Er beherbergt eine hohe Stele, deren Inschrift vom ersten Ming-Kaiser Zhu Yuanzhang verfaßt wurde.

Der Teich **Datian Chi** befindet sich auf dem Berg **Tianchi Shan** westlich des Pavillons Yubei Ting. Der Teich soll auch bei Dürreperioden noch nie ausgetrocknet sein.

Der Felsen **Longshou Ya,** Drachenkopf-Klippe liegt einige hundert Meter vom vorgenannten Teich entfernt. Es sieht aus, als hätte man zwei Felsbrocken aufeinandergelegt. Der untere Teil ragt senkrecht empor, der obere hat eine waagerechte Form. Der Ausblick von dort wird gerühmt.

Der Staudamm **Lulin Daqiao** stellt eine Verbindung zwischen dem Gipfel Guling und dem Berg Hanpo Kou dar. Er wurde 1955 errichtet. Durch diesen Bau entstand der Stausee Lulin Hu, der über 2 Mill. cbm Wasser fassen kann. Westlich von Lulin Daqiao sind drei außergewöhnlich hohe Bäume zu sehen, die **San Baoshu** zwei Nadelbäume und ein Ginkgobaum. Die beiden Nadelbäume haben jeweils eine Höhe von 40 m, und es gelingt nur vier Erwachsenen gemeinsam, den Stamm eines Baumes zu umfassen.

Der **Botanische Garten** im Süden des Lushan in 1200 m Höhe ist einer der höchstgelegenen Gärten Chinas. Er enthält 3400 verschiedene Pflanzenarten. Zweihundert Forschungsinstitute aus 53 Ländern haben sich an seiner Ausstattung beteiligt und stehen mit der Leitung in wissenschaftlichem Austausch.

Der Weg der 99 Windungen führt von Südwesten zur Höhle Xianren Dong vorbei an Felswänden, in die einst Kalligraphien geschnitzt wurden, die Steinschnitte **Jiushijiupan Shike.** Sie stammen aus der Song-, Yuan-, Ming- und Qing-Zeit.

Die Gipfel **Wulao Feng** befinden sich 1 km von der Ortschaft Wansongping entfernt im südöstlichen Teil des Lushan. Aus der Ferne betrachtet wirken sie wie fünf alte Männer, die dicht beisammen sitzen.
Die **Bailudong Shuyuan,** Weißhirschhöhlen-Schule, liegt im Tal der Gipfel Wulao Feng, 7 km von der Kreisstadt Xingzi Xian entfernt. In den Jahren 785–805 sollen hier zwei Literaten neben ihrem Studium Hirsche gezüchtet haben. Einer von ihnen wurde später Präfekt von Jiujiang und veranlaßte den Bau der Anlage.
Ende der Tang-Zeit suchten hier viele Literaten Zuflucht, so daß eine Schule entstand, die später zu den berühmtesten innerhalb der chinesischen Geschichte zählte. Anfang der Song-Dynastie wurde sie die viertgrößte Schule der Welt genannt. Im Jahre 1179 veranlaßte der berühmte Beamte Zhu Xi den Bau weiterer Hallen. Die heute noch zu besichtigende Anlage stammt größtenteils aus der Qing-Dynastie, Regierungsperiode Daoguang (1821–1850). Die Haupthalle wurde erst im Jahre 1982 erneuert. Wertvolle Steinschnitt-Kalligraphien im westlichen und östlichen Teil der Anlage werden das Interesse derjenigen erregen, die der chinesischen Schrift kundig sind.
Der Tempel **Qinglian Si** steht jenseits der Wulao Feng. Es heißt, der berühmte Dichter Li Bai, den man auch Qing Lian nannte, habe hier einige Zeit gelebt.
Der Wasserfall **Sandie Quan,** Dreistufige Quellen, fließt im östlichen Tal des Lushan. Das Wasser stürzt über drei Stufen ins Tal hinab.
Als Beobachtungsort ist der gegenüberliegende Hügel Guanshan besonders gut geeignet.
Der Tempel **Dongling Si** liegt am nordwestlichen Fuß des Lushan. Er gilt als der Gründungsort der buddhistischen Schule *Jingtu Zong* (Lianzong).
Im Jahre 384 der Östlichen Jin-Zeit ließ der berühmte Mönch Huiyuan den Tempel erbauen und gründete hier die Gesellschaft *Lianshe* (Bailian She). Später bezeichnete man ihn als Gründer der *Jingtu Zong*-Richtung. Besonders in der Tang-Dynastie kamen viele buddhistische Mönche auch von außerhalb Chinas hierher, um diese buddhistische Lehre zu studieren.
Der Tempel besteht aus mehreren Hallen, von denen die Haupthalle *Shenyun Baodian* zahlreiche Statuen enthält, wie die des Sakyamuni, Wenshu, Puxian und Gaye.
Die Pagode **Xilin Ta** steht in einiger Entfernung westlich des Tempels Dongling Si. Sie stammt aus der Tang-Dynastie, Regierungsperiode Kaiyuan (714–741).
Der Quellteich **Xiaotian Chi** liegt 1 km nordöstlich von Guling auf der Spitze von einem mit Kiefern bewachsenen Berg. Westlich des Teiches erhebt sich ein Pavillon, der *Wangjiang Ting,* von dem aus man in eine tiefe Schlucht blicken und in der Ferne die Ortschaft Guling sehen kann.
Der Gipfel **Hanyang Feng** erhebt sich im Südosten des Lushan. Er ist mit

einer Höhe von 1474 m die höchste Erhebung des Massivs. Fast das ganze Jahr hindurch ist dieser Gipfel von Wolken eingehüllt.
Die Thermalquellen **Lushan Wenquan** entspringen am Fuße des Lushan, auf der gegenüberliegenden Seite des Gipfels Hanyang Feng, 41 km entfernt vom Gipfel Guling. Die Durchschnittstemperatur des Wasser beträgt 62,6 °C. Nach 1949 errichtete man hier ein Sanatorium mit 300 Betten. Es werden Hautleiden, Rheuma und Frauenkrankheiten behandelt.
Der Tempel **Haihu Si** befindet sich am südlichen Fuß des Lushan. Er stammt aus dem Jahre 1618 und wurde in der darauffolgenden Zeit mehrmals restauriert. Er beherbergt zahlreiche alte Bücher, wie die 81 heiligen Bände der *Huayan Jing.*
Der Gipfel **Xiufeng** befindet sich im Süden des Lushan. Früher stand hier der Tempel *Xiufeng Si,* der den Berg sehr bekannt werden ließ. Heute ist von dem Tempel nicht mehr viel zu sehen.
Neben dem *Shanmen,* Bergtor, steht eine über 1200 Jahre alte Steinstele, in die eine Bodhisattva – Guanyin – Darstellung eingraviert wurde. Es gibt noch eine Vielzahl anderer Stelen von berühmten Kalligraphen und Literaten. Auch die Kangxi- und Yongzheng-Kaiser aus der Qing-Dynastie hinterließen hier ihre Handschriften.
Der Wasserfall **Qingyu Xia** befindet sich im Kreis Xingzi Xian am südlichen Fuß des Lushan. Er stürzt zwischen den beiden Gipfeln Shuangjian und Wenshu herab. Zwischen den Gipfeln Heming und Xingbao strömt gleichfalls Wasser hindurch. In der Schlucht vereinigt sich das Wasser beider Fälle zu einem Bach – eine der schönsten Stellen des Lushan.

Hotels

Lulin Fandian, Lulin, Tel. 29 32 庐林饭店
Lushan Binguan, Hedonglu 446, Tel. 22 75, 24 24 庐山宾馆
Yunzhong Binguan, Henanlu 528, Tel. 25 47 云中宾馆

Reisebüro, **Lüxingshe**

Guoji Lüxingshe, **CITS,** + Zhongguo Lüxingshe Hedonglu 443, Tel. 24 97

Fluß Ganjiang 赣江

Der 760 km lange Ganjiang bietet viele Sehenswürdigkeiten. Wer das Glück hat, an einer Bootsreise nach Ganzhou teilnehmen zu können, wird die

Gelegenheit haben, eine schöne Landschaft zu sehen und zugleich ein Stück Revolutionsgeschichte zu studieren. Hier lagen wichtige revolutionäre Basen des 2. Bürgerkrieges.

Ganzhou 赣州市

ist die größte Stadt am Oberlauf des Ganjiang, und wichtiger Verkehrsknotenpunkt zwischen Guangdong und Fujian. Verschiedene alte Sehenswürdigkeiten sind in der Stadt zu sehen, z. B. die dreistufige Terrasse **Yugu Tai** aus der Tang-Zeit. Sie befindet sich im Nordwesten der Stadt, auf dem Gipfel des Berges **Huolan Shan.** Von dort kann man ganz Ganzhou überblicken. Von Ganzhou flußabwärts gelangt man nach **Ji'an,** der bedeutendsten Stadt der Jinggang Shan-Region. Landschaftlich ist dieses Gebiet von besonderem Reiz. Die nahe gelegenen Qingcheng Shan-Berge sind Ji'ans wichtigste Sehenswürdigkeit. Dort kann man den buddhistischen Tempel aus der Tang-Zeit, den **Qingyuan Si,** und die Pagode **Qihe Ta** besichtigen.
Die **Jinggang Shan-**Berge gehören zum Gebirge Luoxiao Shan an der Grenze zu Hunan. Die Hauptgipfel des Jinggang Shan sind meist über 1000 m hoch. Die Berge gleichen einer großen Festung und waren militärisch gesehen sehr sicher. Um die Ortschaft Ciping zu erreichen, müssen verschiedene große und kleine Pässe überquert werden. Die Überquerung von fünf großen Pässen durch die Rote Armee ist bis heute unvergessen geblieben. Als Mao Zedong im Jahre 1927 seine Streitkräfte in dieses Gebiet führte, wurde Ciping Zentrum der Roten Armee. Die Gründung der ersten Regierung der Bauern und Arbeiter fand hier statt. Im Jahre 1934 verließ die Rote Armee die Berge des Jinggang Shan und begann den legendären langen Marsch.

Reisebüro

Zhongguo Lüxingshe, Ciping, Tel. 504

See Poyang Hu 鄱阳湖

Der Poyang Hu ist der größte Süßwassersee Chinas. Er umfaßt eine Gesamtfläche von 5000 qkm.
Die Umgebung des Poyang Hu gehört zu den wohlhabendsten Gebieten Jiangxis. An seinen Ufern liegen die berühmten Gebirge Lushan und Shizhong Shan. In dem Poyang Hu befinden sich einige landschaftlich reizvolle Inseln. So zum Beispiel der **Xieshan,** Schuhberg. Die Einheimischen erzählen sich, daß einst einer himmlischen Göttin beim Waschen ihrer Füße im Poyang Hu

ein Schuh ins Wasser fiel. Dieser sei mitten in den See geraten und hätte schließlich die Insel gebildet.
Der **Shizhong Shan** liegt am südlichen Ufer des Changjiang und am Poyang Hu. Schon seit der Han-Zeit gilt dieser Berg als sehr sehenswert. Militärisch gesehen war er in den Kriegen des alten China von großer Bedeutung. Viele berühmte Dichter, Kalligraphen und Politiker hinterließen hier ihre Schriften. Mehrere Pavillons zieren die Landschaft, darunter der Yilan Ting, auf dem Felsen am Changjiang, von dem man einen guten Ausblick hat.

Stadt Jiujiang und Umgebung 九江市

Jiujiang liegt am Ufer des Changjiang, nördlich des Lushan Gebirges. Es ist per Bahn von Nanchang aus zu erreichen.
Jiujiang ist eine wichtige Hafenstadt. Im Laufe der Jahrhunderte spielte sie eine bedeutende Rolle in strategischer wie auch in kommerzieller Hinsicht. Die Stadt gehörte zu den wichtigsten Zentren des chinesischen Teehandels, bedeutsam war auch der Handel mit Porzellan aus Jingdezhen. 1862 wurde Jiujiang dem ausländischen Handel geöffnet. Nach dem Bau einer Eisenbahnlinie (1936–1937), die Nanchang mit der Küste verband, war Jiujiang nur noch als lokales Handelszentrum interessant und verlor den überregionalen Einfluß. Seit 1949 entstanden verschiedene Industriezweige, darunter Textil- und Nahrungsmittelindustrie, Ziegeleien und Maschinenfabriken.
Von Jiujiang kann man per Auto einen Ausflug in die Porzellanstadt **Jingdezhen** unternehmen oder zum **Lushan.**

See Gantang Hu 甘棠湖

Der Gantang Hu liegt im Stadtzentrum. Auf einer kleinen Insel mitten im See wurde 1816–1818 eine Pavillonanlage errichtet. Eine Restaurierung erfolgte 1972. Vom Gantang Hu sieht man in einiger Entfernung die Pagode **Dasheng Ta,** die zum Tempel Nengren Si gehört.

Tempel Nengren Si 能仁寺

Der Nengren Si, früher Chengtian Yuan genannt, ist im östlichen Teil der Stadt zu finden. Er ist eine Gründung aus dem 6. Jh. Die heutige Anlage stammt aus dem Jahre 1870. Der Tempel enthält die imposante Halle *Daxiong*

Baodian sowie die Hallen *Jingang Dian, Tiefo Dian* und *Cangjing Lou.* Südöstlich der Halle Daxiong Baodian steht die 42 m hohe Pagode *Dasheng Ta,* die während der Östlichen Jin-Zeit erbaut, später zerstört und in der Tang-Zeit im 8. Jh. neu errichtet wurde.

Pagode Suojianglou Baota 锁江楼宝塔

Diese Pagode steht im Nordosten der Stadt auf einem Hügel am Ufer des Changjiang. Einer Lokalchronik zufolge stammt sie aus dem Jahre 1585. Sie ist 35 m hoch, und steht für die Seeleute, die den Changjiang entlangfahren, als Symbol der Stadt Jiujiang.

Tempelanlage Tianhua Gong 天花宫

Im Volksmund wird diese Anlage am Ufer des Sees Gantang Hu *Niangniang Miao,* Tempel der Mutter, oder der vornehmen Dame, genannt. Nach einer Chronik stammt sie aus dem Jahre 1870. Sehenswert ist vor allem der Pavillon *Niangniang Ting.*

Tempel und Grab Tao Yuanmings 陶渊明祠墓

Der berühmte Dichter Tao Yuanming (365–427) der Jin-Dynastie war Kreisvorsteher von Pengze. Da er mit der damaligen Politik der Lokalregierung unzufrieden war, trat er im Alter von 41 Jahren von seinem Amt zurück und widmete sich von Stund an nur noch der Dichtung und Literatur. Tempel und Grab sind in der Ortschaft **Mahuiling** des Kreises Jiujiang zu finden. Ihr Erbauungsdatum ist unbekannt.

Tropfsteinhöhle Longgong Dong 龙宫洞

Die Longgong Dong, Drachenpalast-Höhle, liegt 36 km südwestlich der Kreisstadt **Pengze.** Sie wurde erst vor kurzer Zeit entdeckt. Durch ihre enorme Größe (2700 m Länge) läßt sie sich durchaus mit der größten Höhle Chinas (Qixing Yan) in Guilin vergleichen. Sie wird in Anlehnung an die phantasievollen Beschreibungen von Drachenpalästen in alten Legenden in einen östlichen, westlichen und mittleren Palast unterteilt. Der mittlere Palast befindet sich 1100 m im Inneren der Höhle. Hier findet man eine 80 m lange, 70 m breite und 60 m hohe Halle.

Hotel

Nanhu Binguan, Nansilu 77, Tel. 2272. 南湖宾馆

Reisebüro

Guoji Lüxingshe (**CITS**) im Gästehaus Nanhu Binguan, Nansilu 77, Tel. 4015

Provinz Shandong 山東省

Fläche: 150000 qkm / Bevölkerung: 74,4 Mill. E. / Hauptstadt: Jinan

Shandong läßt sich in zwei Zonen unterteilen, eine Inlandszone, die an die Provinzen Hebei, Henan, Anhui und Jiangsu grenzt und die Halbinsel, die von den Meeren Bohai und Huanghai umgeben wird. Die Inlandszone enthält ein von Nordosten nach Südwesten verlaufendes Bergland, dessen höchste Erhebung der 1545 m hohe Taishan ist, einer der fünf heiligen Berge Chinas. Das Tiefland Shandongs ist Teil der Norchinesischen Ebene und besteht, geologisch gesehen, aus dem lößhaltigen Schwemmland des Huanghe. Dieses Gebiet ist sehr fruchtbar und wird deshalb bis auf den letzten Flecken landwirtschaftlich genutzt. Zu den wichtigsten Nutzpflanzen gehören Winterweizen, Gerste, Hirse, Sorghum, Bohnen und Sojabohnen. Shandong gehörte von jeher zu den dichtest besiedelten Gebieten Nordchinas. Da die landwirtschaftliche Nutzfläche im Laufe der Geschichte durch die Abholzung der Wälder und die daraus folgenden ökologischen Konsequenzen vermindert wurde, zogen in den vergangenen Jahrhunderten Millionen von Menschen

über den Seeweg in die Mandschurei, um dort als Bauern ihr Auskommen zu finden. Auf der Halbinsel Jiaodong basierte die Wirtschaft auf Fischfang und Bergbau.
Die Unterteilung Shandongs in zwei Zonen trifft auch für das Klima zu. Das Inland gehört der kontinentalen Klimazone an mit trockenen, heißen Sommern und kalten Wintern. Im Bereich der Halbinsel herrscht ein wesentlich milderes Klima mit einer relativ hohen Luftfeuchtigkeit.

Geschichtlicher Überblick

Shandong, als Provinz in der heutigen Größe erst im 15. Jh. entstanden, gehört zu den frühest besiedelten Gebieten Chinas. 1928 stießen Archäologen in dem Gebiet von Longshan auf Spuren einer Kultur, die bereits um −2800 ihre Blütezeit hatte. Während der Chunqiu-Zeit entstand im Süden der Provinz der kleine Staat Lu, die Heimat der berühmten Philosophen Kongzi (Konfuzius) und Mengzi. Seit dem +4. Jh. hatte das Gebiet des heutigen Shandong bereits die Position eines führenden Schiffahrtszentrums inne. Waren aus den südlichen Gegenden des heutigen Guangdong und Fujian gelangten auf dem Seewege nach Shandong und konnten von hier aus nach Norden und in das Binnenland weiter transportiert werden. Das 19. Jh. brachte Shandong schwere Überflutungen und Katastrophen. Der Huanghe, der von 1194 bis etwa 1850 entlang der Grenze zwischen Shandong und Jiangsu in Richtung Meer floß, verlegte nach fürchterlichen Überschwemmungen sein Flußbett. Er konnte aufgrund umfangreicher Deichbauten in seinem heutigen Verlauf gehalten werden. In diesen katastrophalen Jahren erreichte die Emigration nach Nordosten ihren Höhepunkt.
Mit dem Ende des 19. Jh. geriet die Provinz zunehmend unter den Einfluß britischer, japanischer und deutscher Machtpolitik. 1894–1895 besetzten die Japaner kurz das Gebiet. Im Jahre 1897 landeten deutsche Truppen und machten das Gebiet der Jiaozhou-Bucht zu ihrer Einflußsphäre. In dem Vertrag von 1898 mußte die geschwächte chinesische Regierung einem Pachtvertrag von 99 Jahren zustimmen und die Rechte zum Bau der Eisenbahn und eines Marinehafens in Qingdao erteilen. Bis 1914 kontrollierten die Deutschen den Handel Shandongs, legten eine Eisenbahnlinie nach Jinan an und bauten die Kohlenminen aus. Nach Beginn des Ersten Weltkrieges und der Kriegserklärung Japans an Deutschland ging das Gebiet nach der Blockade von Qingdao an die Japaner über. Diese nahmen die ehemals deutschen Rechte bis zur Washington-Konferenz von 1922 für sich in Anspruch. Während des chinesisch-japanischen Krieges 1937–1945 besetzten sie erneut das Gebiet.
Seit 1949 hat sich die Provinz in wirtschaftlicher Hinsicht besonders auf den

Gebieten der Schwer- und Leichtindustrie entwickeln können. Zentren der Schwerindustrie sind die Provinzhauptstadt Jinan und Qingdao, letztere ist darüber hinaus größte Hafenstadt Shandongs, gefolgt von Yantai.

Stadt Jinan 济南市

Jinan ist Hauptstadt und zugleich mit einer Einwohnerzahl von 3 Mill. politisches, wirtschaftliches und kulturelles Zentrum der Provinz. Es liegt zwischen dem Huanghe im Norden und dem berühmten Berg Taishan im Süden. Als während der Ming-Dynastie die Provinz Shandong gebildet wurde, erhielt Jinan den Status einer Provinzhauptstadt.
Die Entwicklung des modernen Jinan begann erst im Jahre 1852, als der Huanghe sein Flußbett nach Norden verlegte und die Stadt Zugang zu den Wasserstraßen Nord-Shandongs und Süd-Hebeis fand. Zu Beginn des 20. Jh. entstand in Jinan ein bedeutendes Handelszentrum für wichtige landwirtschaftliche Produkte wie Getreide, Erdnüsse, Baumwolle und Tabak. Diese Entwicklung war von dem Bau der Eisenbahnen forciert worden. Jinan hatte seit 1904 eine Bahnverbindung nach Qingdao und wurde 1912 an die Linie Tianjin – Pukou angeschlossen.
Parallel zum Handel entwickelte sich die Industrie. Jinan war bald nach Qingdao wichtigstes Industriezentrum der Provinz.
Jinan ist die Stadt der Quellen. Während der Jin-Dynastie 1127–1224 zählte man 72 und ließ ihre Namen in eine Steintafel meißeln. Im heutigen Stadtgebiet sind es über 100, deren Wasser mit der gleichbleibenden Temperatur von 18 °C zeitweise jedoch spärlich aus dem Boden sprudelt. Die meisten von ihnen findet man in der Altstadt Jinans. Um die berühmtesten wurden Parkanlagen angelegt.

Quelle Baotu Quan 趵突泉

Die Baotu Quan befindet sich südlich der Brücke **Ximen Qiao** innerhalb des **Baotuquan Gongyuan.**
Eine Gedenkhalle für die Dichterin Li Qingzhao (1084–ca. 1151) liegt östlich der Quelle. Li Qingzhao, in Jinan geboren, verfaßte viele bekannte Gedichte und war gleichzeitig eine beachtenswerte Malerin. Sie soll an der Quelle **Suyu Quan,** die sich ebenfalls im Park Baotu Gongyuan befindet, gewohnt haben.
Die Gedenkhalle wurde 1956 errichtet und 1980 restauriert. In ihr sind ein Portrait der Künstlerin, sowie einige ihrer Werke ausgestellt.

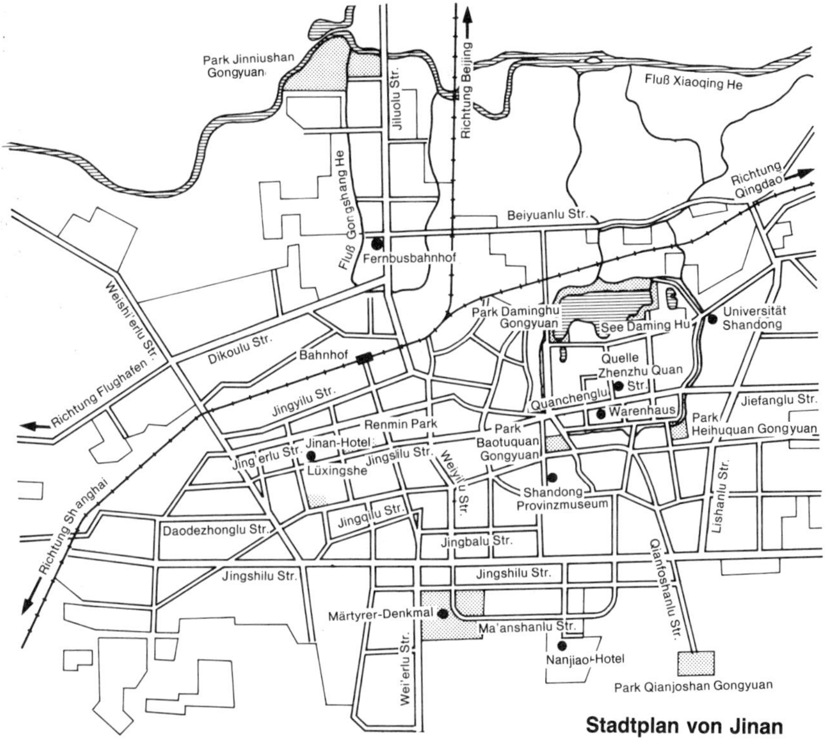

Stadtplan von Jinan

Quelle Zhenzhu Quan 珍珠泉

Die Zhenzhu Quan (Perlenquelle) liegt nördlich der Straße Quanchenglu. Ihr Wasser schießt aus dem Boden und fällt dann in kleinen Tropfen herab. So nannte man sie die Perlenquelle.

Quelle Heihu Quan 黑虎泉

Die Heihu Quan, Quelle des Schwarzen Tigers, befindet sich in der Straße Heihuquandonglu. Ihr Wasser wird durch die Mäuler von Steintigern in einen Teich geleitet. In der näheren Umgebung trifft man auf künstliche Berge, Wandelgänge und verschlungene Wege.

Teich Wulong Tan 五龙潭

Der Wulang Tan liegt außerhalb des Tores **Ximen** und einen halben Kilometer südlich der Quelle Baotu Quan. Das Wasser von fünf Quellen kommt aus verschiedenen Richtungen und sammelt sich in dem tiefen Teich. Da man in tiefen Wassern früher Drachen vermutete, gab man ihm den Namen »Fünf-Drachen-Teich«.

See Daming Hu 大明湖

Im Daming Hu im nördlichen Teil der Altstadt vereint sich das Wasser mehrerer Quellen und fließt in das Bohai-Meer. Um den See herum trifft man auf Pavillons, Wandelgänge und viele schöne Bäume. Südlich des Sees wurde im Jahre 1909 der Garten **Xiayuan** angelegt. Nördlich von ihm findet man den daoistischen Tempel **Beiji Ge** aus der Yuan-Dynastie. Von diesem hat man einen weiten Blick auf den See und die schönen Uferanlagen.
Am nordwestlichen Ufer befindet sich der Garten **Tingyuan,** der aus dem Jahre 1792 stammt und von zahlreichen Bächen und Wandelgängen durchzogen wird. In alten Zeiten trafen sich hier Literaten und Dichter, um bei Wein und guten Speisen die Aussicht zu genießen.
Auf einer kleinen Insel im See steht der Pavillon **Lixia Ting.** Er stammt aus der Qing-Zeit.

Provinzmuseum Shandong 山東省博物馆

Das 1956 eröffnete Provinzmuseum befindet sich in der Straße Wenhuaxilu Nr. 103. Es besteht aus zwei Abteilungen, einem naturkundlichen und einem geschichtlichen. 8000 Objekte werden im naturkundlichen und weitere 13 000 im geschichtlichen Teil ausgestellt. Sie stammen vorwiegend aus der Provinz Shandong. U. a. findet man einen Kalender aus dem Jahre −134. Er soll der älteste Kalender Chinas sein. Darüber hinaus gibt es Bronzen aus der Shang- und der Zhou-Zeit, Steinsiegel und Steinplatten mit Gravuren aus der Han-Zeit.

Park Qianfo Shan, Tausend-Buddha-Berg 千佛山

Der Qianfo Shan erhebt sich 2,5 km südlich von Jinans Stadtzentrum, nicht weit vom Gästehaus Nanjiao Binguan entfernt. In den Jahren 581–600 wurden viele Buddha-Skulpturen in seine Felsen gemeißelt, die ihm seinen heutigen Namen gaben. Der Berg hat eine Höhe von 285 m. Auf dem Weg zur Spitze kommt man an einigen Pavillons vorbei, an buddhistischen Bauten und steilen Felsen. Der Gipfel gewährt einen weiten Ausblick auf Jinan und den Huanghe.

Ein empfehlenswerter Ausflug ist eine Fahrt zur Pagode Simen Ta (S. 547), wo sich einst ein buddhistisches Zentrum befand.

Lokales Kunsthandwerk

Yumaohua, Federbilder
In dem Gebiet von Jinan ist die Federkunst sehr bekannt. Verarbeitet werden alle Arten von Federn, bevorzugt jedoch Pfauenfedern. Man fügt sie zu Bildern verschiedenster Thematik zusammen.

Caobian, Flechtwerk
Anhand von Ausgrabungen hat man festgestellt, daß diese Art Kunsthandwerk schon seit fast 5000 Jahren existiert. Man benutzt verschiedenste Materialien, wie zum Beispiel Stroh, Weidenruten, Lianen und Maisblätter. Mit größter handwerklicher Fertigkeit werden wunderschöne Körbe, Kästen, Schalen, Taschen, Stühle, Paravents usw. hergestellt. Die Gegenstände sind praktisch und preiswert und finden deshalb im In- und Ausland großen Anklang.

Lokaloper Lüju

Die Lüju ist eine Lokaloper der Provinz Shandong, die sich zur Zeit besonderer Popularität erfreut. Diese Kunst entstand aus der Tradition der Volkserzählungen Shandongs. Meistens wird die Lüju in 7 oder 10 Zeichen umfassenden Versen gesungen. Im Gegensatz zur Peking-Oper haben die Darsteller größere Möglichkeiten individueller Entfaltung. Früher wurde die Lüju von Wanderschauspielern vor kleinem Publikum auf offener Straße vorgeführt. Heute spielen professionelle Darsteller in den Theatern der großen Städte.

Hotels

Jinan Fandian, Jingsanlu 372, Tel. 3 53 51 济南饭店
Nanjiao Binguan, Ma'anshanlu 2, Tel. 2 39 31 南郊宾馆
Qilu Fandian, Qianfoshanlu, Tel. 4 34 23 齐鲁饭店

Reisebüro, **Lüxingshe**

Guoji Lüxingshe (**CITS**) + Zhongguo Lüxingshe, Jingsanlu 372, Tel. 3 53 51, im Hotel Jinan Fandian

Waishi Gong'an Shi, Amt für Auswärtige Angelegenheiten, Jingliulu, Xiaoweierlu 233, Tel. 3 55 01

Antiquitätengeschäft: Quanchenglu, Tel. 2 34 46

Kreis Licheng 历城县

Dafo Tou, Großer Buddhakopf 大佛头

3,5 km nördlich von Jinan befindet sich auf der Nordseite des Berges **Fohui Shan** ein in Felsen gemeißelter, etwa 7 m hoher Buddhakopf aus den Jahren 1035/36.

Berg Longdong Shan, Drachenhöhlenberg 龙洞山

Der Longdong Shan liegt im Südosten des Kreises Licheng. In seinem Westteil führt eine Höhle 500 m in den Berg hinein. Sie ist bis zu acht Meter hoch und enthält viele in die Wände gemeißelte Skulpturen. Früher kamen die Menschen hierher, um den Drachenkönig um Regen zu bitten, denn es hieß, daß die Höhle dem Drachenkönig, dem Herrn über Wasser, Flüsse und Meere, gehöre. Etliche Steinskulpturen stammen aus der Östlichen Wei-Zeit (534–550), der Sui- und der Tang-Zeit.

Jiuding Ta, Neun-Dächer-Pagode 九顶塔

Die Jiuding Ta auf dem Berg **Lingji Shan** stammt aus der Tang-Zeit. Die Besonderheit dieser rd. 13 m hohen Pagode ist, daß auf ihrem Dach neun weitere kleine Pagoden stehen.

Simen Ta, Vier-Tore Pagode 四门塔

Die berühmte Simen Ta steht auf dem Berg **Qinglong Shan** im Kreis Licheng. Hier befand sich einst ein buddhistisches Zentrum. Sie wurde im Jahre 611 errichtet, im 14. Jh. erneuert und gehört heute zu den ältesten gut erhaltenen Steinpagoden Chinas. Im Grundriß quadratisch, hat sie eine Höhe von 15 m und eine Seitenlänge von 7,4 m. Ihr Name leitet sich von den bogenförmigen 1,8 m breiten Toren in ihren vier Seitenmauern her.

Pagode Longhu Ta, Drachen- und Tiger-Pagode 龙虎塔

Die etwa 10 m hohe Longhu Ta nordwestlich der Pagode Simen Ta erhielt ihren Namen aufgrund der eingemeißelten Drachen und Tiger. Es ist nicht klar, wann sie erbaut wurde, doch läßt ihr Stil auf die Tang- oder Song-Zeit schließen.
Interessant sind auch der ›Pagodenwald‹ und eine aus der Tang-Zeit stammende Terrasse.

Felsen Qianfo Ya, Tausend-Buddha-Felsen 千佛崖

Der beeindruckende Qianfo Ya westlich der Longhu Ta Pagode zählt mehr als 100 Nischen mit über 200 buddhistischen Skulpturen, die meist aus der frühen Tang-Zeit stammen.

Kreis Changqing 長清县

Tempel Lingyan Si 灵岩寺

Der Lingyan Si liegt 78 km von Jinan entfernt auf dem Berg **Fangshan** in der Nähe des Taishan.
Der Tempel wurde in der Nördlichen Wei-Zeit angelegt und gelangte während der Tang- und Song-Dynastie zu großer Bedeutung. Damals bestand er aus mehr als 40 Hallen und über 500 Räumen.
Heute sind folgende Bauten zu besichtigen:
Qianfo Dian, Tausend-Buddha-Halle, die Haupthalle des Tempels. Sie wurde erstmals während der Tang-Dynastie angelegt. Der heutige Bau stammt aus der Ming-Zeit. Die Decke ist farbenprächtig ausgemalt. Im Zentrum der Halle stehen drei Buddha-Statuen aus Ton: Pilu, Maitreya und Yaoshi. Die 40 Luohan-Statuen vor den Wänden sind wegen ihrer natürlichen Gestaltung berühmt. Der Politiker und Gelehrte der späten Qing-Zeit, Liang Qichao (1873–1929), hielt sie für die besten, die er jemals zu Gesicht bekommen hatte.
Weitere Bauten sind *Daxiong Baodian*, Schatzhalle des Großen Helden, *Zhonglou* und *Gulou*, Glocken- und Trommelturm, Pavillons, Pagoden, Steinstelen und Steinsäulen, die alle einen großen kunsthistorischen Wert haben.
Die 56 m hohe Pagode *Pizhi Ta* entstand am Anfang des 11. Jh. An den acht Wänden der Pagode finden sich eingemeißelte Darstellungen der Höllenqualen. Im westlichen Teil der Tempelanlage trifft man auf 167 Pagoden, **Muta Lin**, »Wald der Grabpagoden« genannt, die zu Ehren der verstorbenen Hauptmönche gebaut wurden. Die älteste Pagode stammt aus der Tang-Zeit und wird *Huizong Ta* genannt. Sie ist aus Stein, 5,3 m hoch und wurde zu Ehren des Mönchs Huizong errichtet. Huizong hatte in diesem Kloster in den Jahren 742–756 gewirkt. Die Pagode wurde nach seinem Tode, wahrscheinlich im Jahre 760 erbaut.

Felsen Chengzi Ya mit den Spuren der **Longshan-Kultur**

城子崖遗址

In der Nähe von Longshan stieß im Jahre 1928 der chinesische Archäologe Wu Jinding bei seinen Ausgrabungen auf Zeugnisse einer prähistorischen Kultur,

die er nach dem Fundort *Longshan*-Kultur nannte. Steinwerkzeuge, Knochen und vor allem Keramik, eine fast schwarze, häufig polierte Tonware kam zutage. Die Blütezeit dieser Kultur muß um −3000 gelegen haben, und ihr Einflußbereich erstreckte sich bis nach Hebei im Norden und Zhejiang im Süden. Die Keramik der *Longshan*-Kultur wurde bereits auf einer Töpferscheibe gedreht. Sie ist verhältnismäßig dünnwandig und zeigt Formen und Muster, die von den späteren Bronzegießern fortentwickelt wurden.
Neben der schwarzen Keramik wurde auch weiße und rote produziert, jedoch in geringerer Anzahl.
Die Fläche dieses Ausgrabungsgebietes umfaßt 60–70 000 qm.

Stadt Qingdao 青島市

Qingdao liegt an der malerischen Küste des Gelben Meeres, Huanghai, im Osten der Provinz Shandong. Die Bedeutung der Stadt läßt sich mit ihrem Hafen erklären, der das ganze Jahr über eisfrei ist und von großen Schiffen angelaufen werden kann.
Qingdao hat 1 Mill. Einwohner und ist eine recht junge Stadt.

Geschichtlicher Überblick

Erst die Herrscher der Qing-Dynastie erkannten die günstige Lage der Stadt. In Verbindung mit dem Bau der Beiyang-Flotte wurde in Qingdao eine kleine Marinestation eingerichtet und Befestigungen angelegt. Nachdem es den Deutschen im Jahre 1898 gelungen war, die Jiaozhou-Bucht und das dazugehörige Umland für 99 Jahre zu pachten, entwickelte sich Qingdao zu einer Stadt im europäischen Stil, der ihr noch heute das Gepräge gibt.
Seit 1949 konnte Qingdao die bereits vorhandene Industrie in großem Umfang ausbauen. Ferner wurde die ursprüngliche wirtschaftliche Basis, die Fischerei, modernisiert und intensiviert. Qingdao hat heute einen großen Fischereihafen.
Dank ihres milden Klimas und der günstigen malerischen Lage hat sich die Stadt als Bade- und Kurort entwickeln können. Jeden Sommer kommen Tausende von Besuchern, um die vielen Naturbuchten, das klare Wasser und den langen Badestrand zu genießen. Im Südosten Qingdaos, am Strand, an den Buchten und in den Bergen befinden sich die meisten Sanatorien.
Die Stadt hat kaum Kulturdenkmäler zu bieten. Trotzdem lohnt sich der

Stadtplan von Qingdao

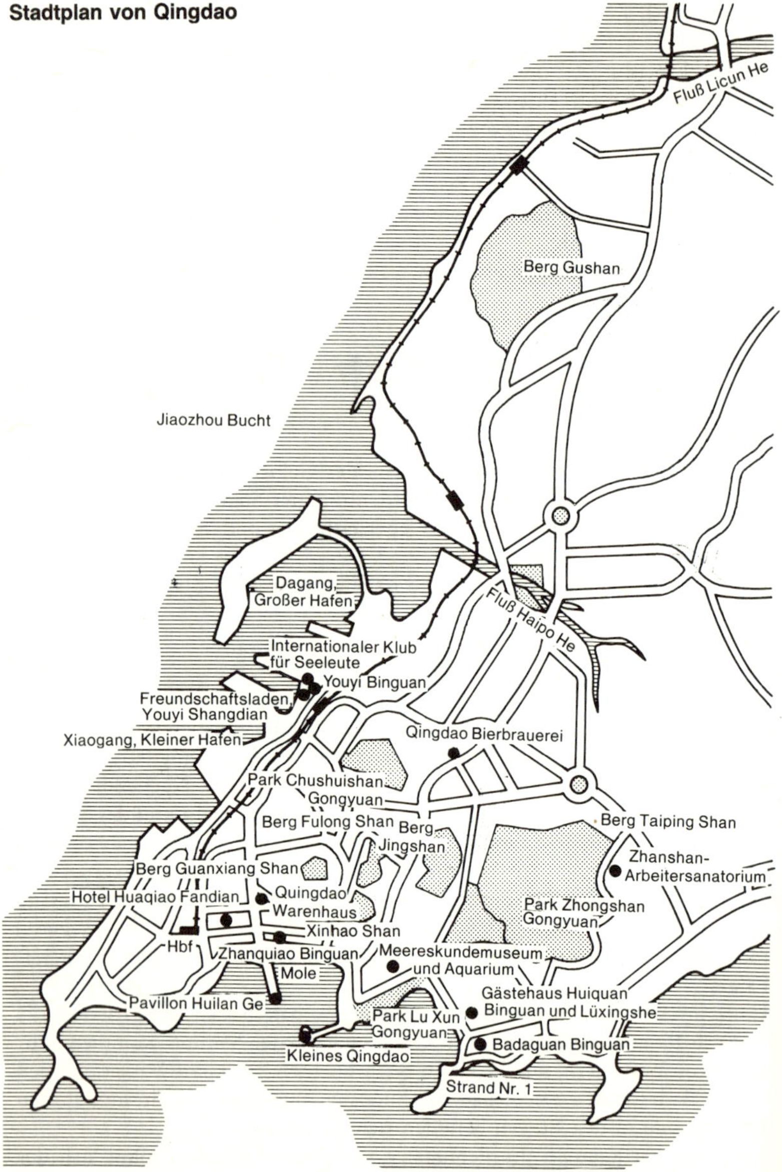

Besuch Qingdaos, nicht nur um durch die schönen Parkanlagen zu bummeln und den Laoshan Berg mit seinen daoistischen Tempeln zu erobern, sondern auch um ein Stückchen deutsche Vergangenheit, zu studieren.

Zhongshan Gongyuan, Sun Yatsen-Park 中山公园

Der Zhongshan Gongyuan ist aufgrund seiner wunderschönen Anpflanzungen und Anlagen ein beliebtes Ausflugsziel.

Park Lu Xun Gongyuan 鲁迅公园

Dieser Park, benannt nach dem Schriftsteller Lu Xun, liegt direkt an der Meeresküste im Süden Qingdaos. Er ist voller Kiefern, Blumen und Felsen. Schmale Wege schlängeln sich durch den Park, immer entlang der felsigen Küste bis zum Meereskundemuseum.

Haichan Bowuguan, Meereskundemuseum

海产博物馆

Das Meereskundemuseum ist in zwei Bereiche unterteilt. Der erste Teil geht auf die Entwicklungsgeschichte von Meerestieren und -pflanzen ein. Ein Aquarium bildet den zweiten Teil.

Xiao Qingdao, Kleines Qingdao 小青岛

Die kleine Insel Xiao Qingdao liegt vor der Küste im Süden der Stadt. Sie ist durch eine Mole mit dem Festland verbunden. Auf ihrem höchsten Punkt steht ein 15,5 m hoher, weißer Leuchtturm. Er wurde für die Seefahrer zum Symbol Qingdaos.

Molenbrücke Qianhai Zhanqiao 前海栈桥

Die Molenbrücke befindet sich im Süden der Stadt und verlängert die Hauptstraße Zhongshanlu in die Bucht *Qingdao Wan* hinein. Sie stammt aus dem Jahre 1891 und wurde 1931 erweitert. Sie ist nun 440 m lang und 10 m breit. Am Ende der Brücke steht ein achteckiger Pavillon, der **Huilan Ge.**

Tempel Zhanshan Si 湛山寺

Der buddhistische Tempel im Osten der Stadt stammt aus dem Jahre 1934. Er besteht aus den Haupthallen *Daxiong Baodian,* Schatzhalle des großen Helden, *Sansheng Dian,* Halle der Drei Heiligen, *Tianwang Dian,* Halle der Himmelskönige und *Cangjing Lou.* Im östlichen Teil der Anlage steht eine achteckige Steinpagode. Die Tempelanlage wird nach drei Seiten hin von den Bergen Fushan, Zhanshan und Taiping Shan eingeschlossen.

Berg Laoshan 崂山

Der 1333 hohe Laoshan liegt östlich der Stadt. Sein Reiz besteht in hohen bizarren Gipfeln, Bambusbäumen, Quellen, tiefen Höhlen, wunderlich geformten Steinen und schönen Wasserfällen, die einen großen Reichtum verschiedener Landschaftsbilder hervorrufen. Der Berg fällt nach Osten zur Bucht Laoshan Wan hin steil ab, im Westen geht er in eine Ebene über, im Süden grenzt er ans Meer.

Vom daoistischen Tempel **Taiqing Gong (Xiaqing Gong)** im Südosten des Laoshan hat man einen ausgezeichneten Blick auf das Meer. Der Tempel ist eine Gründung des Mönchs Huagai aus der Song-Zeit. Später wurde er ausgebaut. Die Hallen *Sanguan Dian, Sanqing Dian* und *Sanhuang Dian* sind zu besichtigen.

Der **Tempel Shangqing Gong,** eine Gründung aus dem 14. Jh., steht im südöstlichen Teil des Berges, nordwestlich des Tempels Taiqing Gong. Schon zur Han-Zeit sollen dort Daoisten gelebt haben.

Der **Wasserfall Longtan Pu,** etwa 1 km südlich des Tempels Shangqing Gong, stürzt aus den steilen Felswänden der Drachenschlucht aus 20 m Höhe herab.

Der **Gipfel Laoding (Ju Feng)** ist mit 1333 m der höchste Gipfel des Massivs. Von seiner Spitze hat man eine hervorragende Sicht.

Der **Tempel Taiping Gong,** im Nordosten des Laoshan, ist auf Veranlassung des daoistischen Mönchs Huagai während der Song-Zeit erbaut worden.

Der **Tempel Hualong Gong** befindet sich im Westen des Laoshan und stammt aus dem Jahr 1325. Sein Bau geht auf die Initiative des daoistischen Mönchs Liu Zhijian zurück. Er besteht aus den Hallen *Laoyuan Dian, Yuhuang Dian* und *Guandi Dian.*

Berühmt wie das **Qingdao Pijiu,** das Bier der Stadt, ist auch das Mineralwasser des Berges Laoshan, **Laoshan Kuangquanshui.**

Hotels

Badaguan Binguan, Shanhaiguanlu, Tel. 26800 八大关宾馆 (Luxushotel)
Zhanqiao Binguan, Taipinglu 31, Tel. 27402, 83402 栈桥宾馆 (Luxushotel)
Huiquan Binguan, Nanhailu 9, Tel. 25216 惠泉宾馆
Huaqiao Fandian, Hunanlu 72, Tel. 27738, 86738 华侨饭店
Youyi Binguan, Xinjianglu 12, Tel. 27778 友谊宾馆
Jiangquan Binguan, Nanhailu, Tel. 85215 江泉宾馆

Restaurants

Qingdao Fandian, Zhongshanlu 53, Tel. 27292
Chunhe Lou, Tianjinlu 5, Tel. 28482 (Peking-Tianjin-Küche, Meeresfrüchte)
Haibin Fandian, Guangxilu, Tel. 24447 (Peking- + Sichuan-Küche)

Einkaufsmöglichkeiten

Die Hauptgeschäftsstraßen sind die Zhongshanlu und die Xinjianglu. Der Freundschaftsladen befindet sich in der Xinjianglu 12.

Reisebüro, **Lüxingshe**

Guoji Lüxingshe, **CITS,** Nanhailu 9, Tel. 28877 (im Huiquan Hotel)
Zhongguo Lüxingshe, Longjianglu 34, Tel. 25866
Huaqiao Lüxingshe, Longjianglu 34, Tel. 28543

Gong'an Ju, Amt für Öffentliche Sicherheit, Hubeilu 29, Tel. 26231

CAAC Ticketbüro, Zhongshanlu 29, Tel. 26047

Bahnhof, Tai'anlu 2, Tel. 27971

Taxen: Huangxianlu 1, Tel. 27439

Qingdao-Hafen, Dagang **Schiffspassagen,** Xinjianglu 6, Tel. 25001

Bank of China, Zhongshanlu 62, Tel. 26109

Post- und Telegraphenamt, Guangxilu 21, Tel. 26678

Yantai 烟台市

Yantai, früher Chefoo (Zhifu) genannt, liegt im Norden der Jiaodong Halbinsel, eine geschäftige Küstenstadt mit bedeutendem Fischerei- und eisfreiem Hafen. Vor weniger als 200 Jahren lag hier noch ein kleines Fischerdorf mit einem Signalturm auf dem heute sogenannten Yantai-Hügel, der der Küstenwacht diente. Man nannte den Turm ›Rauchterrasse‹, Yantai. Wenn tagsüber Gefahr drohte, verbrannte man Wolfsdung, dessen Rauch weithin sichtbar war. 1862 wurde der Ort für den Außenhandel geöffnet. Heute hat die Stadt 330000 Einwohner. In der Umgebung befinden sich fruchtbare Obstanbaugebiete.

Yantai Museum, Yulanjie 2 烟台博物馆

Yuhuang Ding, Berg des Jadekaisers 毓璜顶

Im südlichen Teil der Stadt befindet sich ein Berg mit einem daoistischen Tempel, der dem Jadekaiser geweiht ist, eine Gründung aus dem 13. Jh. Geschützte **Badestrände** befinden sich im östlichen Vorort der Stadt.

Hotels

Zhifu Binguan, östl. Vorort von Yantai, Tel. 6989 芝罘宾馆
Yantaishan Binguan und **Huaqiao Fandian** nahe der Stadtmitte neben dem CITS. 烟台山宾馆・华侨饭店

CITS: Shuntaijie, Tel. 5626, 3615

Restaurant

Huibinlou, Shenglilu 268, Tel. 3332

Stadt Qufu 曲阜县

Qufu, 15 km östlich von Yanzhou, ist der Geburts- und Sterbeort von **Konfuzius** (−551 bis −479). (Yanzhou ist Bahnstation, von dort geht es per Bus weiter.)

Wie kein anderer hat Konfuzius die chinesische Kultur über zwei Jahrtausende hinweg beeinflußt. Er war zu Lebzeiten nicht sehr erfolgreich, und es gelang erst den Anhängern seiner Lehre, eine konfuzianische Doktrin zu schaffen und einen Kult um ihn aufzubauen. In Qufu verbrachte Konfuzius die letzten Jahre seines Lebens im Kreise seiner Schüler. Qufu war zeitweise das Mekka Chinas. Schon ein Jahr nach seinem Tode hatte der Herzog Ai von Lu den Wohnsitz des Philosophen zu einem Tempel umbauen lassen.
Seit der Han-Dynastie wurde der Tempel wiederholt auf kaiserlichen Erlaß restauriert und um ein Vielfaches erweitert. Die Tempelanlage nimmt heute eine Fläche von 22 ha ein und gliedert sich um eine 1 km lange Nord-Süd-Achse. Mittelpunkt der Anlage ist die Halle *Dacheng Dian.* Konfuzius' Nachkommen stellte das Kaiserreich eine Wohnanlage zur Verfügung, die auf 463 Gebäude anwuchs.
Der Besucher findet in Qufu eine Stadt, die vom konfuzianischen Vermächtnis und dem Konfuziuskult lebt. Seitdem die Tempelanlage vor wenigen Jahren restauriert wurde, kann man einen Eindruck von ehemaliger Pracht und Erlesenheit der Ausstattung gewinnen und den Stellenwert erahnen, den der Kult für das kaiserliche China darstellte.
Außer den im Zusammenhang mit Konfuzius stehenden Sehenswürdigkeiten (Konfuzius-Tempel, Haus der Konfuzius-Sippe und Konfuzius-Wald) hat Qufu in seiner Umgebung noch weitere Attraktionen zu bieten: den Tempel des Herzogs von Zhou (−11. Jh.), dem Bruder des König Wu, der die Zhou-Dynastie gegründet hatte; die Ruinen des Halo-Palastes, der das Zentrum der Hauptstadt von Lu darstellte und das Grab des Shao Hao, eines der fünf mythischen Kaiser. Interessant sind auch mehrere steinerne Stadttore. Bitte beachten Sie, daß die Sehenswürdigkeiten im allgemeinen um 16.00 Uhr geschlossen werden.

Tempel Kongmiao 孔庙

Das Haupttor **Lingxing Men** stammt aus dem Jahre 1754. Es gibt den Weg frei zum ersten Hof und seinen ming-zeitlichen Schmucktoren. Auf der Mittelachse folgt in Richtung Norden das **Shengshi Men,** das zweite Eingangstor, ein Bau aus der Ming-Zeit. Drei bogenförmige Durchgänge führen in den zweiten Hof. Ein kleiner Bach, der **Yudai He,** durchzieht diesen Hof in Ost-West-Richtung. Drei Brücken führen hinüber. Links davor stehen zwei über 2 m hohe Steinstatuen aus der Han-Zeit, frühere Grabfiguren, die allerdings erst seit 1953 hier stehen. Nach dem dritten Tor **Hongdao Men** folgt als weiteres Tor **Dazhong Men,** das bis zur Song-Zeit den Haupteingang darstellte. Östlich und westlich von ihm erheben sich zwei Türme, die aus dem Jahre 1331 stammen.

Das fünfte Tor ist das **Tongwen Men.** Es bildet architektonisch gesehen eine Ausnahme, denn es befindet sich mitten im Hof und ist nicht wie die anderen Teil einer Mauer. In dem Hof stehen Inschriftenstelen, von denen viele auf sogenannten *Bixi*-Tieren ruhen (*Bixi* ist der Sohn des Drachenkönigs). Links und rechts des Hofes liegen zwei kleine separate Höfe, in denen man die Vorbereitungen zur Teilnahme an Opferzeremonien traf. Der östliche, kleine Hof soll von den Kangxi- und Qianlong-Kaisern benutzt worden sein. Der Pavillon **Kuiwen Ge** hinter dem Tor Tongwen Men ist etwa 23 m hoch; er stammt aus dem Jahre 1018 und wurde 1191 erneuert. Der Pavillon stellt ein hervorragendes Beispiel traditioneller chinesischer Holzbaukunst dar. Früher bewahrte man hier Originalkalligraphien sowie Opferdokumente verschiedener Kaiser auf. Leider sind sie zum größten Teil verschollen.

Im nächsten Hof stehen die dreizehn Pavillons der kaiserlichen Stelen, **Shisan Yubei Ting.** Diese Pavillons stammen aus der Jin- (1115–1234), der Yuan- (1271–1368) und der Qing-Zeit (1644–1911). Sie sollten die insgesamt 53 Steinstelen der Kaiser aus verschiedenen Dynastien schützen. Alle tragen Inschriften, die nach Kalligraphien der jeweiligen Kaiser gestaltet wurden. Die älteste Stele stammt aus dem Jahre 668, die größte aus 1668. Diese zeigt eine Kalligraphie des Kangxi-Kaisers. Eine andere Stele enthält eine Inschrift in mongolischer Sprache aus dem Jahre 1307 von Kaiser Chengzong der Yuan-Dynastie mit chinesischer Übersetzung.

Das **Dacheng Men,** das siebente Tor, ist ein Bau aus der Ming-Zeit. Früher wurde es nur anläßlich großer Zeremonien geöffnet. Sonst mußten die beiden kleinen Nebeneingänge benutzt werden. Im nächsten Hof kommt man zunächst zum **Xingtan,** dem Ginkgopavillon. Es heißt, Konfuzius hätte im Schatten von Ginkgobäumen seine Schüler unterrichtet. In Erinnerung daran gab man dem Pavillon diesen Namen. Vor der Song-Zeit stand hier die Haupthalle des Tempels. Im Jahre 1024 riß man sie ab und baute sie etwas weiter nördlich neu auf. An ihrem alten Standort errichtete man eine Terrasse und pflanzte Ginkgobäume an, von denen heuter keiner mehr existiert. Während der Ming-Dynastie wurde die Terrasse restauriert und ein viereckiger Pavillon daraufgebaut. Er trägt ein Doppeldach aus gelb glasierten Keramikziegeln. Gelb, im Sonnenlicht gold, war die Farbe, die dem Kaiser vorbehalten war. So sieht man allein an der Farbe der Dachziegel, welche Ehre man Konfuzius zuteil werden ließ. Die Decke im Inneren des Pavillons ist farbenprächtig ausgeschmückt. Er beherbergt zwei Steinstelen, davon eine mit einer Kalligraphie des Qianlong-Kaisers, der insgesamt achtmal hier war. Die Halle **Dacheng Dian** ist der Mittelpunkt der Tempelanlage. Hier fanden die Konfuzius-Opfer statt. Sie wurde im 11. Jh. errichtet und 1499 und 1724 restauriert. Die Halle steht auf einer über 2 m hohen Terrasse und bedeckt eine Fläche von 1836 qm. Ihr Dach besteht aus gelb glasierten Keramikziegeln und stützt sich auf Steinsäulen. In die Säulen wurden Drachen eingemeißelt, die auf den vorderen zehn im Hochrelief besonders plastisch sind. Sie stammen aus dem Jahre 1500. In der Halle sind die für die Opfer benötigten Utensilien, Musikinstrumente usw. zu sehen. In den östlichen und westlichen Nebenräumen befinden sich Reliefs und Steinstelen.

Auf die **Dacheng Dian** folgt die Halle **Qindian.** Sie gehört zu den größten des Tempels. Sie soll bereits im Jahre 1018 angelegt worden sein, Restaurierungen fanden 1500 und 1730 statt. Sie diente den Opfern an Konfuzius' Frau.

Die Halle **Shengji Dian** ist die letzte Halle auf der Mittelachse. Sie stammt aus dem Jahre 1592. Im Innern sieht man 120 in Stein gravierte Bilder, die das Leben des Konfuzius darstellen. Einige sind leider stark beschädigt.

Im östlichen Hof der Tempelanlage befindet sich die Stätte von der gesagt wird, Konfuzius hätte dort seine Kindheit verbracht. An diesem Ort existiert ein uralter **Brunnen,** umgeben von einer verzierten Balustrade, angeblich der frühere Brunnen des Hauses *Kong.* Daneben findet man einen kleinen Tempel, **Wudai Si,** Fünf-Generationen-Tempel genannt. Hier opferte man den Vorfahren des Konfuzius. Vor dem Brunnen steht die **Shili Tang,** Halle der Lieder und der Riten, die erbaut wurde, um den zwei Aussprüchen des Konfuzius zu gedenken: »Wer das Buch der Lieder nicht auswendig lernt, kann sich nicht ausdrücken. Wer die Riten nicht studiert, kann keine Persönlichkeit von Rang und Namen werden.« Hinter dem Brunnen befindet sich die Wand **Lubi.** Wegen der von Kaiser Qin Shihuang angeordnete Bücherverbrennung soll der Nachfahr des Konfuzius aus der 9. Generation, Kong Fu, die konfuzianischen Werke *Lunyu, Xiaojin* und *Shujing* in einer Wand versteckt haben. Während der Han-Dynastie, zur Zeit der Herrschaft des Kaiser Jingdi (–156 bis –141), ließ der Fürst von Lu Konfuzius' Elternhaus vergrößern, wobei man beim Abriß einer Wand auf die dort versteckten Bücher stieß. In Erinnerung an dieses Ereignis errichtete man die Wand *Lubi.*

Die Halle **Jinsi Tang** im westlichen Hof der Tempelanlage stammt aus der Jin-Zeit (1127–1279). In ihr werden alte Musikinstrumente aufgehoben. Musik war ein wichtiges Element der konfuzianischen Zeremonien. Hinter der Jinsi Tang steht eine weitere Halle, die **Qisheng Dian,** die aus der Yuan-Dynastie (1271–1368) stammt und zu Ehren der Eltern des Konfuzius errichtet wurde.

Kongfu, Residenz der Familie Kong 孔府

Die Herrscher der Han-Dynastie hatten bald erkannt, welche Vorzüge die Lehren des Konfuzius boten. Sie waren eine gute Basis, um dem Staat eine feste Ordnung zu geben und die Herrschaft des Kaiserhauses zu festigen. Der Aufwertung der konfuzianischen Ideen folgte die Verehrung Konfuzius' und

seiner Familie. Seine Nachkommen wurden bereits während der Han-Dynastie geadelt. In späteren Dynastien folgten weitere Titel. Unter den Song-Herrschern erhielten die männlichen Nachkommen der Hauptlinie den Titel *Yanshenggong,* Heiliger Herzog von Yan, den sie bis zum Schluß führten. Sie unterstanden direkt dem Kaiserhaus und hatten den Tempel und das dazugehörige Besitztum zu verwalten – zeitweise verfügte die Familie über 64 000 ha Land in fünf verschiedenenProvinzen. Ferner hatten sie die Riten und Zeremonien innerhalb der Tempelanlage zu überwachen und das Archiv zu führen. Die Macht der Familie Kong erreichte während der Ming-Dynastie ihren Höhepunkt. Der erste Kaiser der Ming-Dynastie ließ für sie eine Residenz neben dem Kongmiao errichten. Früher hatten sie außerhalb des heutigen Qufu gewohnt. Diese neue Residenz wurde ständig restauriert und erweitert. Sie umfaßt 463 Zimmer und neun Höfe. Die Anlage ist ca. 16 ha groß und teilt sich in einen östlichen, einen westlichen und einen mittleren Bereich. Im östlichen befinden sich der Familientempel und eine Halle, in der wichtige Beamte und Abgesandte des Kaisers empfangen wurden. Der westliche Teil diente größtenteils dem Studium. Den Hauptteil bildete der mittlere Bereich, wobei sich dieser in einen äußeren und einen inneren, privaten Bereich gliederte. Dahinter befindet sich der Privatgarten. Ein Besuch der Residenz, in der die Nachkommen Konfuzius' der Hauptlinie bis 1937 lebten, gibt einen ausgezeichneten Einblick in die traditionelle chinesische Wohnkultur, wie sie vermischt mit einigen Gegenständen westlicher Herkunft, Uhren, Sofas, bis in die dreißiger Jahre gepflegt wurde.
Zu den größten Schätzen des Kongfu gehört das Archiv der Familie Kong, das Aufzeichnungen aus den Jahren 1534–1948 enthält. Es ist unterteilt in Geschichte der Kong-Familie, Verwandtschaften, Vermerk der erworbenen Examensgrade und Titel, Tempel- und Residenzbeschreibungen mit Inventarlisten, Verwaltungsunterlagen des Besitztums, Listen über Pachteinnahmen, Beamtenpositionen, Finanzen, Gerichtsverfahren, Opferzeremonien usw. Dieses Archiv gibt präzise Informationen über das Leben einer privilgierten Familie innerhalb der alten Gesellschaftsordnung, und als solches ist es einmalig in ganz China.
Das Haupttor, **Damen,** stammt aus der Ming-Zeit und führt in den mittleren Teil der Residenz. Es trägt die Inschrift *Sheng Fu,* Heiliges Haus. Das Tor **Chongguang Men** befindet sich vor der Großen Halle, Datang. Es stammt aus dem Jahre 1503. Die Türen dieses Tores wurden nur anläßlich großer Zeremonien, Kaiserbesuche oder anderer bedeutender Gelegenheiten begleitet von 13 Salutschüssen geöffnet. In den Seitengebäuden waren verschiedene Verwaltungsbüros untergebracht.
Die folgende Halle **Datang** diente der Abhaltung von Zeremonien und dem Empfang von hohen Beamten. In der Mitte der Halle stehen ein mit Leopar-

denfell bezogener Stuhl, auf dem Konfuzius gesessen haben soll, und ein roter Tisch mit großem Siegel, Wimpel und anderen Requisiten, die einem hohen Amt gehörten. Westlich und östlich der Halle befinden sich zwei Sekretariate. Die Halle **Ertang** schließt sich im Norden an. Hier übten die Heiligen Herzöge von Yan ihr Amt aus. Sie gaben Befehle, lehrten die Zeremonien, lasen die heiligen Bücher und verhingen Strafen. Hinter der Halle *Ertang* befindet sich die Halle **Santang.** In der Mitte wird eine Kalligraphie des Qianlong-Kaisers aufbewahrt. Diese Halle diente dem Empfang höchster Würdenträger oder privaten Anlässen. Hier wurden Familienangelegenheiten verhandelt, Regeln und Instruktionen für die Familie festgelegt.

Der östliche Teil der Halle war ein Empfangszimmer für allgemeine Gäste, der westliche Teil war Sekretariat. Hier wurden die Briefe an den Kaiser geschrieben.

Hinter der Halle Santang folgt das Tor *Neizhai Men.* Es führt in die inneren Gemächer (Frauengemächer), deren Zutritt allen Fremden unter höchster Strafandrohung untersagt war. Zu beiden Seiten des Tores befanden sich Wächter- und Diensträume. In der Mauer westlich des Tores sieht man ein Steinbecken, in das jeden Morgen von dem Dienstpersonal frisches Wasser gegossen wurde. Es floß von dort in das Innere der Anlage und konnte von den Dienerinnen der inneren Gemächer herausgeschöpft werden.

Geht man durch das *Neizhai Men* hindurch, gelangt man in den ersten Hof mit der luxuriös ausgestatteten Haupthalle **Qianshangfang.** Sie war ursprünglich eine Empfangshalle für die nahe Verwandtschaft, doch fanden hier auch Bankette und Zeremonien anläßlich von Hochzeiten oder Trauerfeiern statt. Es heißt, daß solche Bankette 196 Gänge umfaßten. In dem Haushaltsbuch des Archivs wurde am 24. 8. 1852 der Geburtstag der Frau des Heiligen Herzog von Yan vermerkt, den man mit einem sechs Tage währenden Bankett feierte.

Als nächstes folgt der **Tanglou**-Hallenkomplex. Diese Anlage teilt sich in einen vorderen und einen hinteren Komplex. Im Osten und Westen befinden sich zweistöckige Hallen. Die hintere Osthalle enthielt die Unterkünfte der Dienerinnen. Alle anderen Räume waren Wohn- und Schlafzimmer der Kong-Familienmitglieder. Heute befindet sich in der **Houwu Jian** Halle ein kleines Museum. Früher war sie die Studienhalle des direkten Nachfolgers des Konfuzius. Das Museum enthält viele interessante Exponate, u. a. eine vergoldete Pagode.

Im Norden schließt sich der Garten **Tieshan Yuan** an. Die durch das Anhäufen von Eisenerz geschaffenen künstlichen Berge gaben dem Garten den Namen *Tieshan Yuan,* Eisenberggarten.

Im westlichen Teil des Kongfu, **Xixueyuan** genannt, studierte man. Hier trafen sich die Gelehrten zu Gesprächen. Die Haupthallen heißen von Süden nach Norden *Hong'e Xuan, Zhongshu Tang* und *Anhuai Tang.* Diese drei

Hallen standen dem Heiligen Herzog von Yan zum Studium und Dichten zur Verfügung. In den sogenannten südlichen und nördlichen Blumenhallen wurden Gäste empfangen. In der südlichen Blumenhalle war ein Sekretariat untergebracht. **Heute befindet sich in diesem Teil der Residenz ein Hotel.**
Die **Mu'en Tang** ist eine der wichtigsten Hallen im östlichen Teil des Kongfu. Diese Halle wurde benutzt, um Kong Xianpei, dem Nachkommen Konfuzius' in der 72. Generation und seiner Frau Yu Shi zu opfern. Yu Shi war die Tochter des Qianlong-Kaisers. Dieser wollte seine Tochter mit einem Nachkommen des Konfuzius verheiraten. Da das Gesetz jedoch Heiraten zwischen Mandschuren und Han-Chinesen verbot, ersann der Kaiser eine List und ließ die Tochter von dem Beamten Yu Minzhong, einem Han, adoptieren, so daß der Heirat mit Kong Xianpei nichts mehr im Wege stand. Aus Dankbarkeit gegenüber dem Kaiser bauten die Nachkommen in späteren Jahren diese Halle.

Wald Konglin 孔林

Im Konglin, Konfuzius-Wald, auch *Shenglin*, Heiliger Wald, genannt, 1,5 km nördlich von Qufu, begrub man möglicherweise Konfuzius und die meisten seiner Nachkommen. Der Wald wird noch heute als Friedhof für die ortsansässigen Mitglieder der Kong-Sippe genutzt.
Empfehlenswert ist es, sich eine kleine Fahrradrikscha zu mieten und so das sehr weitläufige, aber eindrucksvolle Gebiet zu durchstreifen.
Das Schmucktor **Wangu Changchun Fang,** auch *Wumen Paifang*, Tor mit fünf Durchgängen genannt, liegt auf dem Wege zum Konglin. Es stammt aus dem Jahre 1594.
Das Tor *Zhishenglin Fang* oder *Dalin Men* bildet den vorderen Eingang zum Wald Konglin. Es stammt aus der Regierungsperiode Kangxi (1662–1722).

Grab Kongzi Mu, Konfuzius-Grab, 孔子墓

liegt innerhalb der Gräbergruppe aus der Östlichen Zhou-Zeit im Nordwesten. Vor dem Grab stehen zwei Stelen, eine aus der Song-, die größere aus der Qing-Zeit. Ob Konfuzius tatsächlich hier begraben wurde, ist nicht sicher. Östlich von dieser Grabstätte liegt das Grab von Konfuzius Sohn, Kong Li, südlich das seines Enkels Kong Ji. Südöstlich wurden drei Pavillons zu Ehren der Kaiser der Regierungsperioden Zhenzong (998–1022, Yuan-Dyn.), Kangxi und Qianlong (Qing-Dyn.) errichtet. Sie sollen an den Besuch dieser Stätte erinnern.
Weiter südlich steht neben einem abgestorbenen Baum der Pavillon **Kaiting.**

Der Baum soll von Zi Gong, einem Schüler des Konfuzius gepflanzt worden sein. Nach dem Tode des großen Lehrers hatten sich seine Schüler hier versammelt und drei Jahre lang in Hütten gelebt und getrauert. Zi Gong blieb noch weitere drei Jahre dort. 1523 ließ ein hoher Beamter ihm zu Ehren diesen Pavillon errichten.

Tempel Yanmiao 颜庙

Dieser beschauliche und nur wenig besuchte Tempel im nördlichen Teil Qufus, in der Straße Louxiangjie, wurde dem Lieblingsschüler des Konfuzius, Yan Hui, zu Ehren errichtet. Yan Hui kam aus bescheidenen Verhältnissen. Seine Wißbegier und sein Talent waren ungewöhnlich. Es war ein schwerer Schlag für Konfuzius, als Yan Hui im Alter von 32 Jahren starb.
Angeblich stiftete der Han-Kaiser Gaozu (reg. −206 bis −194) den Tempel, nachdem er nach Qufu gekommen war, um Konfuzius ein Opfer zu bringen. In der Ming- und Qing-Dynastie wurde die Anlage erneut überholt und vergrößert. Zu ihr gehören mehrere Hallen, Pavillons, Tore und Steinstelen. Die Haupthalle **Fusheng Dian** befindet sich hinter dem Tor **Yangsheng Men.** Sie hat eine Höhe von etwa 16 m und ein Dach aus grünen Keramikziegeln. Die vorderen vier Steinsäulen sind mit eingemießelten Drachen verziert.

Luguo Gucheng, die alte Hauptstadt des Staates Lu

鲁国古城

Luguo Gucheng liegt nordwestlich der heutigen Kreisstadt Qufu. Zu Beginn der Westlichen Zhou-Zeit belehnte König Wu von Zhou seinen Bruder, den Herzog von Zhou mit dem Gebiet Lu. Dieser blieb jedoch am Königshof und schickte stattdessen seinen Sohn Bo Qin zur Verwaltung des Gebietes. Qufu wurde daraufhin Hauptstadt des neu gegründeten Staates Lu. Viele Generationen folgten auf den Herzog von Zhou und lebten in dieser Stadt bis zum Jahre −249.
Das alte Qufu war rechteckig angelegt mit den Maßen 3,5×2,5 km und zählte elf Stadttore. Sieben Straßen verliefen in ost-westlicher Richtung, sechs in süd-nördlicher Richtung. Die breiteste von ihnen war 15 m, die übrigen waren etwa 10 m breit. Nördlich von der Stadtmitte befand sich eine Palastanlage, in deren Umgebung Werkstätten und ein Wohngebiet lagen. Im westlichen Teil der Stadt stießen die Archäologen auf Gräber und wertvolle Grabbeigaben.

Hotel

Gästehaus im Kongfu, in der Residenz der Familie Kong.

Reisebüro

CITS: im Gästehaus der Kongfu-Residenz
Zhongguo Lüxingshe, Donghuamen Dajie 1, Tel. 3 74

Antiquitätenverkauf und **Bank of China** of Kongfu, Residenz der Familie Kong

Stadt Zibo 淄博市

Zibo, an der Bahnroute Jinan-Qingdao hat in seiner Umgebung nur drei Sehenswürdigkeiten: das Doppelgrab der Herzöge von Qi, das Grab des Ministers Guan Zhong und das Wohnhaus des Dichters Pu Songling.

Grab Erwang Zhong 二王冢

Das »Grab zweier Könige« liegt im Bezirk **Zhenjiagou** am Berg **Dingzu Shan.** Hier soll der Herzog Huan von Qi, der von −685 bis −643 regierte, begraben worden sein. Die Stadt Qi gelangte unter seiner Herrschaft zu großer Bedeutung. Neben diesem Grab befindet sich das des Jinggong (−547 bis −490), ebenfalls Herzog von Qi und Nachfolger von Herzog Huan. Die Gräber haben unterschiedliche Erdfarben, was angeblich darauf zurückzuführen ist, daß die Herzöge aus allen Teilen des Landes zum Begräbnis Erde aus ihrer Heimat mitbrachten.
Es gibt viele alte Gräber in diesem Gebiet. Selbst vom Zug aus kann man einige sehen.

Grab des Guan Zhong 管仲墓

Es befindet sich in der Stadt **Lingzi** am nördlichen Fuß des Berges **Niushan.** Guan Zhong (gest. −645) war ein hoher Beamter und einer der bedeutendsten Politiker der Chunqiu-Zeit und einer der Begründer der Staatslehre des Legalismus, die er auch im Staate Qi anwandte. Das ganze Land wurde in

Die buddhistischen Grotten von Maiji Shan, Gansu ▷

Verwaltungsgebiete unterteilt und die Bewohner einzelnen Einheiten zugeordnet. Die Besten und Fähigsten ließ er durch Prüfungen und Auswahlverfahren ermitteln, um sie in den Dienst des Herzogs zu stellen.
Er schuf Gesetze, denen jedermann unterworfen war. Sein neues Steuersystem richtete sich nach Beschaffenheit und Qualität des Bodens. Seiner klugen Politik war es zu verdanken, daß Qi zum stärksten und bedeutendsten Staat jener Epoche wurde.

Wohnhaus des Dichters Pu Songling 蒲松龄故居

Das Haus steht im Dorf **Pujia Zhuang** des Bezirks **Zichuan.** Pu Songling (1640–1715) ist der Autor einer berühmten Sammlung von Kurzgeschichten, des *Liaozhai Zhiyi,* und daher auch unter dem Namen »Lehrer Liaozhai« bekannt. In diesem zu besichtigenden Haus lebte er bis zu seinem Tode. Der nördliche Hauptbau, in dem er geboren wurde, besteht aus drei Räumen. Später verlegte er dorthin seine Studienzimmer. Ein Portrait zeigt den Dichter im Alter von 74 Jahren. Es sind noch einige der von ihm benutzten Gegenstände vorhanden. Vor nicht langer Zeit errichtete man westlich des Hofes einen Ausstellungsraum, in dem die Originalwerke, sowie Übersetzungen seiner Arbeiten zu besichtigen sind.

Reisebüro

Guoji Lüxingshe, **CITS,** Zhangdian Qu, Zhongxinlu, Tel. 2 21 38

Berg Taishan 泰山

Der Taishan, auch Daizong genannt, ist einer der fünf mythischen heiligen Berge Chinas. (Die anderen vier sind der Huashan in Shaanxi, Hengshan in Hunan, Songshan in Henan und Hengshan in Shanxi.)
Er erhebt sich in der Mitte des Berglandes von Shandong zwischen den Kreisen Tai'an, Licheng und Changqing und kann per Zug oder Bus von Jinan aus erreicht werden.
Der Hauptgipfel liegt nördlich der Kreisstadt **Tai'an.** Er ist 1545 m hoch und gilt als Symbol der Erhabenheit und Würde. Zahlreiche Tempelklöster, Hallen und Pavillons, Steinstelen und Inschriften entstanden im Laufe der Jahrhunderte. Seit dem –1. Jt. kamen die Könige hierher, um dem Berg zu opfern. Die

◁ *Das Wasserkraftwerk Liujia Xia am Gelben Fluß*

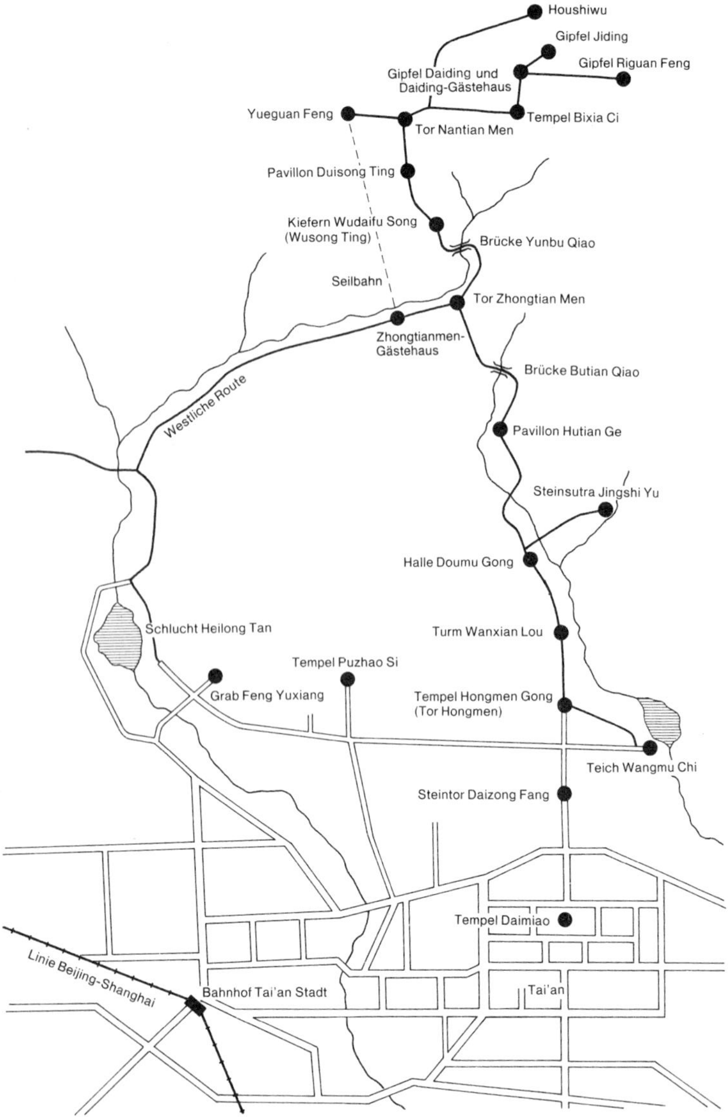

Sehenswürdigkeiten des Taishan

aufwendigsten und kostspieligsten Opferzeremonien waren die *Fengshan*, Opfer, die der Erde und dem Himmel dargebracht wurden. Später kamen häufig die Kaiser auf der Höhe ihrer Macht zum Taishan, um dem Himmel und der Erde für das Wohlwollen zu danken. Die Zeremonie des Erdopfers fand in dem Tempel Daimiao am Fuße des Berges statt, die des Himmelopfers auf der Spitze des Taishan. Die letzte derartige Opferzeremonie wurde im Jahre 1008 abgehalten. Doch geriet dieser Brauch aufgrund seiner Pracht und seines Aufwandes nie in Vergessenheit.
Vieles ist heute noch erhalten und zu besichtigen. Die besten Monate für einen Besuch des Taishan sind Mai und Oktober. Es empfiehlt sich, festes Schuhwerk zu tragen. Vom Fuß des Berges bis hinauf zum Gipfel ist ein ca. 9 km langer Weg zurückzulegen.
Man kann sich den Weg jedoch auch sparen, indem man mit einem Minibus vom Tai'an Bahnhof zum Zhongtian Men hinauffährt (7.30, 8.30 + 9.30) und dann die Seilbahn zum Yueguan Feng, Mondaussichtsgipfel, nimmt.

Tempel Daimiao

Der daoistische Tempel Daimiao in der Kreisstadt Tai'an am südlichen Fuß des Berges Taishan ist Ausgangspunkt zum Aufstieg auf den Taishan. Das Erbauungsdatum ist unbekannt, doch weiß man, daß er bereits zur Qin- und Han-Zeit vergrößert wurde. In der Tang- und Song-Zeit folgten große Neu- und Ausbauten. Aufzeichnungen aus dem Jahre 1122 besagen, daß er zu jener Zeit aus mehreren Hundert Hallen, Pavillons und Türmen bestand. Heute sind nur noch wenige Gebäude erhalten.
Mittelpunkt des Tempels ist die Haupthalle **Tiankuang Dian,** sie stammt aus dem Jahre 1009 und wurde 1956 restauriert. Die Tiankuang Dian ist ein hervorragendes Beispiel traditioneller chinesischer Architektur. Sie steht auf einer Terrasse und ist umgeben von einem weißen Steingeländer. Die roten Säulen und roten, mit Schnitzereien verzierten Türen heben sich klar gegen das herrlich dekorierte Konsolensystem ab. Mit seinen gelbglasierten Ziegeln weist das Doppeldach auf die Heiligkeit dieses Ortes hin. Im Inneren der Halle wird der Besucher durch ein prächtiges Wandgemälde überrascht. Es stellt eine Parade des Gottes des Taishan dar. Ihm oblag die Aufgabe, den Berg zu bewachen und zu kontrollieren. Der Stil dieses Gemäldes läßt vermuten, daß es aus der Song-Zeit stammt.
Innerhalb der Tempelanlage trifft man auf insgesamt 157 Steinstelen, *Daimiao Beike,* aus verschiedenen Dynastien. Die älteste Stele stammt aus dem Jahre −209. In sie ist eine 222 Zeichen umfassende Kalligraphie des Kanzlers Li Si eingraviert. 146 Zeichen sind heute noch zu erkennen. Diese Stele gehört zu den ältesten Chinas.

Das Gebäude **Dongyu Zuo** liegt östlich des Tores **Peitian Men** und diente den Kaisern als Zwischenstation auf ihren Reisen. In dem Hauptkomplex werden zahlreiche Opferrequisiten ausgestellt, von denen drei besonders wertvoll sind: ein Löwe aus Adlerholz (Aquilaria malaccensis), ein Jadezepter und ein Porzellan-Hulu (Flaschenkürbis). Sie werden die drei Schätze des Tempels genannt.

Im südöstlichen Teil des Tempels befindet sich der **Hanbai Yuan,** Kiefernhof aus der Han-Zeit. Hier stehen fünf uralte Kiefern.

Der **Tongting,** Bronzepavillon im östlichen Teil des hinteren Hofes stammt aus dem Jahre 1615. Ursprünglich stand er auf der Spitze des Taishan. Während der Qing-Zeit holte man den Pavillon herunter und stellte ihn 1972 endgültig in dieser Anlage auf.

Die **Tieta,** Eisenpagode, befindet sich neben dem Bronzepavillon. Im Jahre 1533 war sie Stockwerk für Stockwerk aus Eisen gearbeitet worden. Sie ist sechseckig und hatte ursprünglich 13 Stockwerke, von denen heute allerdings nur noch drei erhalten sind.

Für den Aufstieg wird allgemein die östliche Route bevorzugt, da sie mehr Sehenswürdigkeiten bietet als die westliche. Zunächst wird das graue Steintor **Daizong Fang** passiert. Es steht nördlich des Tempels Daimiao und stammt aus den Jahren 1567–1572. Die drei Dächer werden besonders betont durch *Chiwei*-Figuren. Vom Tor **Daizong Fang** weiter nordwärts gelangt man in einen Hof, in dem sich der **Wangmu Chi,** Teich der himmlischen Königin befindet.

Hinter diesem Teich führen Treppen zur **Wangmu Dian,** Halle der Himmelskönigin hinauf, in der man der Himmelskönigin Opfer darbrachte. Im Sommer bietet diese Anlage einen willkommenen kühlen Rastplatz. Nördlich des Hofes ist ein Stausee zu sehen, der **Hushan Shuiku.**

Nun beginnt die Steigung. Nordwestlich des Teiches Wangmu Chi wird der Tempel **Hongmen Gong** erreicht. Der Zeitpunkt der Errichtung ist unbekannt, restauriert wurde er 1626.

Die nächste Station ist das Gebäude **Wanxian Lou.** Es stammt aus dem Jahre 1620 und wurde 1954 restauriert. Früher befand sich hier eine Opferhalle für die Himmelskönigin. Heute sind noch Steingravuren aus der Ming-Zeit zu sehen.

Nördlich des Wanxian Lou steht das ehemalige daoistische Nonnenkloster **Doumu Gong.**

Nordöstlich davon erstreckt sich das **Jingshi Yu,** Tal der Steinsutra. Es führt zu einem riesigen Stein, in den der Text der Diamantsutra, *Jingang Jing,* gemeißelt wurde. Das Werk umfaßt 1043 Schriftzeichen. Es wird vermutet, daß die Inschrift etwa um 550 entstanden ist. Nicht weit davon entfernt, trifft man auf einen kleinen Pavillon, der einen schönen Ausblick bietet.

Der Route weiter nach Norden folgend stellt der Pavillon **Hutian Ge** die nächste Sehenswürdigkeit dar. Er stammt aus der Ming-Zeit. Westlich von ihm befindet sich der Pavillon **Yishan Ting** und nördlich die Halle **Yuanjun Dian.** Vom Pavillon aus kann man auf einen Wald von Koniferen hinabsehen.
Von nun an wird der Weg zum Gipfel immer beschwerlicher. Das Tor **Zhongtian Men** steht auf halber Höhe des Berges und bildet den Treffpunkt der östlichen und westlichen Route, wo man in einem Gasthof übernachten kann. Von hier aus ist auch schon das *Nantian Men,* das Südliche Himmelstor zu erblicken. Mehrere Tausend Stufen verbinden die beiden Tore miteinander.
Nördlich des Tores Zhongtian Men befindet sich eine beeindruckende Steinbrücke, die **Yunbu Qiao,** Brücke über den Wolken. Sie führt über eine tiefe Schlucht, durch die oft Wolken ziehen. Im Norden sieht man einen Wasserfall, den **Yunqiaofei Pu.**
Bald erreicht man die drei Kiefern **Wudaifu Song,** die 1730 angepflanzt wurden. Sie sind benannt nach einem Baum, dem einst von Kaiser Qin Shihuang (reg. −221 bis −210) der Titel *Wudaifu* verliehen wurde, weil er ihm während eines Regens Schutz geboten hatte.
Weiter nördlich folgt der Pavillon **Duisong Ting,** von dem aus zwei sich gegenüberliegende mit Kiefern bewachsene Berge zu sehen sind. Eine letzte Anstrengung erfordert die **Shiba Pan,** Treppe der achtzehn Windungen. Sie hat über tausend Stufen.
Nach kurzer Zeit steht man vor dem Tor **Shengxian Fang.**
Die folgenden Stufen sind steiler und führen direkt hinauf zum Tor *Nantian Men.* Bei einem Blick von hier in die Tiefe könnte man meinen, die irdische Welt schon hinter sich gelassen zu haben.
Nach Überwindung der vielen Stufen erreicht man endlich das Tor **Nantian Men** und damit das Ende des Aufstieges. Zu beiden Seiten des Tores erheben sich zwei Gipfel, der *Feilong Yan* und der *Xiangfeng Ling.* Das Tor wurde 1264 gebaut. Dahinter trifft man auf eine Halle neueren Datums (1956).
Etwas weiter östlich vom Nantian Men steht das Tempelkloster **Bixia Ci.** Es stammt aus den Jahren 1008–1016 und hat ein mit Bronze- und Eisenziegeln gedecktes Dach, so daß es gegen Stürme gefeit ist. Das Dach der Haupthalle ist verziert mit bronzenen Glocken und Schutztieren. Im Innern befindet sich eine Bronzefigur, die die Göttin des Taishan, *Bixiayuanjun,* darstellt. In den östlichen und westlichen Nebenhallen gibt es weitere bronzene Götterdarstellungen.
Auf der Spitze des Gipfels **Daiding** liegt ein Felsen, in den eine Vielzahl von Zeichen eingraviert wurde. Im rechten Teil ist eine 996 Zeichen umfassende Inschrift aus dem Jahre 726 zu lesen, die von dem Tang-Kaiser Xuanzong stammt. Die Felswand hat eine Höhe von 13 m und ist 5 m breit. Hier steht ein

Gästehaus. Der **Riguan Feng,** Sonnenaufgangsgipfel, erhebt sich südöstlich des Jiding. Es ist ein idealer Standort zur Beobachtung des Sonnenaufgangs. Viele Besucher lassen sich dieses Erlebnis nicht entgehen. Die vom Taishan zu beobachtenden Sonnenaufgänge werden in ganz China gerühmt.
Der **Jiding,** auch *Yuhuang Ding* genannt, bildet mit 1545 m den höchsten Gipfel des Berges. Der Tempel **Yuhuang Diang** auf seiner Spitze enthält eine Opferhalle für den Himmelskaiser. Westlich befindet sich der Pavillon **Wanghe Ting.** Von dort aus ist der Sonnenuntergang am schönsten zu beobachten.
Der **Houshiwu,** der hintere Teil des Berges, ist etwa 2 km vom Tor Beitian Men entfernt. Wer noch Kraft hat, sollte ihn ruhig aufsuchen. Hier lohnt es sich, den Gipfel **Zhangren Feng,** die Höhle **Daxian Dong** und den Berg **Yunü Shan** anzuschauen. Besonders schön sind die wunderlich geformten Felsen, die alten Kiefern und Zypressen.
Die **Heilong Tan,** Schwarze Drachenschlucht, liegt auf der westlichen Route des Berges. Hier sieht man einen Wasserfall aus den Felsen in die Schlucht hinabstürzen. Eine 23 m lange Brücke führt über ihn hinweg.

Grab des Feng Yuxiang

Feng Yuxiang (1882–1948) stammte aus der Provinz Anhui. Er war ein Kriegsherr, der nach der Besetzung der Mandschurei 1931 mit seiner Truppe in den anti-japanischen Krieg zog. Später wurde er zum Vorsitzenden des revolutionären Komitees der Nationalpartei Guomindang gewählt.

Hotel

Taishan Fandian, Daizongfang, in der Stadt Tai'an, Te. 3115 泰山饭店

im Taishan Gebirge:
Zhongtianmen Binguan, auf mittlerer Höhe 中天门宾馆
Daiding Binguan, auf der Spitze des Taishan, Tel. 3866 岱顶宾馆

Reisebüro

Zhongguo Lüxingshe, Hongmenlu, (Taishan Hotel), Tel. 3259, Tai'an.

Provinz Henan 河南省

Fläche: 167 000 qkm / Bevölkerung: 74,4 Mill. / Hauptstadt: Zhengzhou

Die nordchinesische Provinz Henan liegt am Unterlauf des Huanghe und ist umgeben von Anhui, Hubei, Shaanxi, Shanxi, Hebei und Shandong. Der Name der Provinz bedeutet »Südlich des Huanghe«.

Geschichtlicher Überblick

In Henan läßt sich die Geschichte bis ins prähistorische Zeitalter zurückverfolgen. In der Ortschaft Yangshao Cun wurden Funde aus dem Neolithikum getätigt, darunter bemalte Keramik, die man nach dem Fundort *Yangshao*-Kultur nannte. Es waren Ackerbauern, die am Zusammenfluß von Huanghe, Weihe und Fenhe lebten, ein Gebiet, das als Wiege der chinesischen Zivilisation gilt. Die Shang-Dynastie entwickelte sich im Norden und Westen der Provinz zu voller Blüte. Aufschlußreiche Grabungen wurden in der Nähe von Anyang und Zhengzhou durchgeführt. Man nimmt an, daß sich die Hauptstadt der Shang seit dem Jahre −1384 in der Nähe Anyangs befunden hat. Seit dem −8. Jh. war Luoyang Hauptstadt der Zhou-Herrscher. In der Zhou-Zeit nannte man das Gebiet Yuzhou, noch heute ist *Yu* der klassische Name für Henan. In der Sui-Zeit wurde Yuzhou erstmals in Henan umbenannt. Bis in das +10. Jh. sollten sich Chang'an (heutiges Xi'an) und Luoyang als Hauptstädte immer wieder abwechseln. Kaifeng war Hauptstadt während der Zeit der Fünf Dynastien und der Nördlichen Song-Dynastie.
Henan läßt sich topographisch in zwei Gebiete unterteilen: das mit einer Lößschicht bedeckte Hügelland im Westen und Teile der Nordchinesischen Ebene im Osten. Das Hügelland wird an den Grenzen im Nordwesten und Süden von Gebirgen überragt, deren Gipfel eine Höhe bis zu 2400 m errei-

chen. Im Südwesten Henans liegt das Becken von Nanyang, eingegrenzt von den Gebirgen Funiu Shan und Dabie Shan. Die Provinz hat drei Flußsysteme: der Huanghe, der in westöstlicher Richtung durch den Norden der Provinz fließt; der Huaihe, im Südosten; der Tanghe und Taohe im Südwesten.
Der Huanghe führt etwa 1,6 Mrd. t Schlamm aus dem Lößplateau von Shaanxi und Shanxi pro Jahr mit sich. Sobald er die Ebene erreicht, setzt der Schlamm sich ab und verursacht Überschwemmungen. So wurden in diesem Gebiet von jeher umfangreiche Deichbauten durchgeführt. Das Flußbett liegt inzwischen höher als das Land in der Umgebung. Die Deiche müssen ständig erhöht werden. Brüche verursachen katastrophale Überschwemmungen, denn das Wasser überflutet das Ackerland und findet dann bei Rückgang des Hochwassers nicht mehr in das hohe Flußbett zurück. 1938 ließ die Nationalregierung in dem Versuch, die japanische Armee auf ihrem Vormarsch zu stoppen, die Deiche nahe Zhengzhou sprengen. Die folgende Überflutung kostete die nicht vorgewarnte Bevölkerung etwa 1 Mill. Menschenleben. 1960 wurde der riesige Staudamm von Sanmenxia angelegt, durch den es gelang, den Huanghe in Zeiten von Hochwasser gleich nach seinem Eintritt in die Provinz zu bändigen. Der Huaihe und ein Teil seiner wichtigsten Nebenflüsse entspringen in den Bergen im Westen Henans und fließen nach Anhui.
Henan hat heiße, feuchte Sommer und kalte Winter, wenn auch nicht so kalte wie im übrigen Nordchina, denn die Höhenzüge im Westen stellen einen erheblichen Schutz dar. Die Durchschnittstemperatur liegt im Januar im Norden bei −2 ° und im Süden bei +2 °C, im Juli in den Ebenen bei 28 °C, in den Bergen entsprechend niedriger. Etwa 50% der jährlichen Niederschläge (ca. 600–700 mm) fallen im Juli und August. Innerhalb der Provinz nimmt die Niederschlagsmenge von Südosten nach Nordwesten hin ab und die Variabilität in gleicher Richtung zu. In den trockenen Winter- und Frühjahrsmonaten ist die künstliche Bewässerung von entscheidender Bedeutung. 60–70% des kultivierten Ackerlandes liegen in den Ebenen im Osten der Provinz. Wichtigste Anbaukultur ist Weizen. Henan ist Chinas größter Weizenproduzent. Im Sommer wird der Boden für den Anbau von Gaoliang (Sorghum) und Sojabohnen genutzt. Dank stetiger Verbesserung des Bewässerungssystems nimmt auch der Reisanbau zu. Er wird im Gebiet des Huaihe, Huanghe und im Becken von Nanyang betrieben. An industriellen Nutzpflanzen werden Baumwolle und Tabak kultiviert. Henan ist zudem ein wichtiger Sesam-, Walnuß- und Teeproduzent. Große Mengen dieser Produkte gehen in den Export. Eine lange Tradition hat das Gebiet von Henan in der Seidenproduktion zu verzeichnen. Sie reicht bis in die Han-Dynastie zurück.
Luoyang, Zhengzhou, Anyang, Kaifeng und Xinxiang sind die führenden Industriestädte Henans. Mittelpunkt der Schwerindustrie ist Anyang. In Luoyang wurde 1955 die erste Traktorfabrik Chinas errichtet. Zhengzhou

liegt im Gebiet des Baumwollanbaus und entwickelte sich zum Zentrum der Textilindustrie. Kaifeng ist ein Zentrum des Handels und Handwerks.
Im Norden der Provinz liegen bedeutende Kohlelager am Fuße des Taihang Shan.
Henan stellt mit seiner Hauptstadt Zhengzhou einen Schnittpunkt der wichtigsten Verkehrsachsen Chinas dar. Hier treffen die Eisenbahnlinien der Nord-Süd-Route Beijing – Wuhan – Guangzhou und der Ost-West-Route Lianyungang – Lanzhou und weiter nach Qinghai und Xinjiang zusammen.
Neben Zhengzhou gilt in Henan noch immer die alte Kaiserstadt Kaifeng als Zentrum der Kultur und Erziehung.

Stadt Zhengzhou 郑州市

Zhengzhou, eine moderne Industriestadt und seit 1954 Hauptstadt, liegt südlich des Huanghe, zählt 1,58 Mill. Einwohner und stellt, wie oben bereits erwähnt, einen Knotenpunkt der Hauptverkehrslinien Beijing-Guangzhou und Lianyungang-Lanzhou-Xinjiang dar.

Geschichtlicher Überblick

Zhengzhou gehört zu den ältesten Städten Chinas. Funde aus der Shang-Dynastie beweisen, daß die Stadt eine der bedeutendsten Kulturstätten des Altertums gewesen war und auf eine Geschichte von mehr als 3500 Jahren zurückblicken kann. Archäologen gelang es zwischen 1956 und 1973, die **shang-zeitliche Stadtmauer,** die eine Gesamtlänge von 7195 m umfaßte und noch heute bis zu 9 m hoch und an der Basis 36 m breit ist, teilweise freizulegen. In unmittelbarer Nähe entdeckte man 1974 zwei *Fangding,* rechteckige, vierbeinige Bronzekessel, die zu den bedeutendsten Funden aus der Zhengzhou-Periode (−16. bis −14. Jh) gehören.
Im Jahre 605, während der Sui-Dynastie wurde die Stadt erstmals Zhengzhou genannt. Mit Beginn des 20. Jh. gewann sie wieder erheblich an Bedeutung. 1903 erreichte die Beijing-Hankou Eisenbahnlinie Zhengzhou, die später bis Guangzhou fortgeführt wurde. 1909 ist Zhengzhou mit Luoyang und Kaifeng verbunden worden. Dies war der Beginn der berühmten Longhai-Linie, die heute von Lianyungang im Osten bis ins westliche Xinjiang führt. Damit entwickelte sich die Stadt zu einem der wichtigsten Eisenbahnknotenpunkte des Reiches und ließ sie zu einem Handels- und Verwaltungszentrum aufsteigen. 1923 war Zhengzhou das Zentrum des Beijing-Hankou-Eisenbahner-

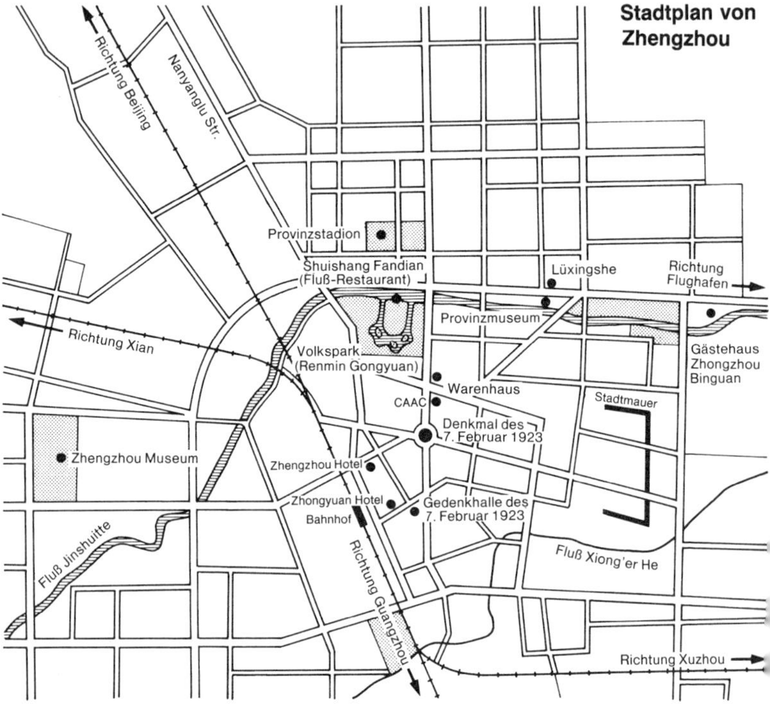

streiks, der als »Streik vom 7. Februar« in die Geschichte einging. Seit 1949 hat sich Zhengzhou zu einer modernen Industriestadt entwickelt, es wurde das Zentrum der Textilindustrie Henans. Es gibt weiter metallverarbeitende, Chemie- und Nahrungsmittelbetriebe, Tabak- und Zigarettenfabriken sowie Maschinenbaubetriebe.

Gedenkpagode Erqi Jinianta 二七紀念塔

Die Erqi Jinianta befindet sich auf dem Platz Erqi Guangchang im Zentrum der Stadt. Sie wurde zur Erinnerung an den Streik vom 7. Februar 1923 erbaut. Am 1. Februar 1923 gründeten die Bahnarbeiter der Linie Beijing-Hankou eine eigene Gewerkschaft, was jedoch der Kriegsherr Wu Peifu mit militärischen Mitteln zu verhindern suchte. Am 4. Februar rief die Gewerkschaft zum

Generalstreik auf. Am 7. Februar ließ Wu Peifu den Streik blutig niederschlagen. Die schwersten Auseinandersetzungen konzentrierten sich auf Zhengzhou, Jiang'an in Hubei und Changxindian in Beijing. Die Anführer des Streiks, Lin Xiangqian und Shi Yang, wurden hingerichtet, auch die lokalen Anführer aus Zhengzhou, Wang Shengyou und Si Wende, konnten diesem Schicksal nicht entgehen. Sie wurden auf dem jetzigen Erqi Guangchang-Platz hingerichtet. Heute steht dort die Gedenkpagode. Sie wurde 1971 errichtet. Mit einer Höhe von 63 m besteht sie aus zwei sternförmigen Pagoden, die aneinander gebaut wurden. Man nennt sie deshalb auch Doppelpagode.

Henansheng Lishi Bowuguan, Geschichtsmuseum der Provinz Henan

河南省历史博物馆

Wer sich über die kulturelle und historische Entwicklung Henans informieren möchte, sollte es nicht versäumen, das Provinzmuseum zu besuchen. Die ältesten Exponate stammen aus dem Neolithikum und gehören den Yangshao- und Longshan-Kulturen an. Die Ausstellung ist in zwei Bereiche unterteilt: alte Geschichte und Geschichte der Revolution, angefangen mit dem Eisenbahnerstreik von 1923.

Renmin Gongyuan, Volkspark 人民公园

In der Stadtmitte, zwischen der Altstadt und den neuen Stadtvierteln, befindet sich der Volkspark, ein beliebtes Ziel für jung und alt. Hier vergißt man zwischen immergrünen Bäumen, imposanten Pavillons, Brücken, Spazierwegen und Wandelgängen den Trubel der Stadt. Der Jinshui He fließt durch die Parkanlage und lädt zu Bootspartien ein.

Berg Mangshan 邙山

Im nördlichen Vorort Zhengzhous erhebt sich der Mangshan direkt am Ufer des Huanghe. Von der Spitze des Berges hat man einen großartigen Ausblick auf den Gelben Fluß und die Umgebung. Am Fuße des Berges befindet sich die Mangshan-Pumpstation, die im Mai 1972 fertiggestellt wurde und Zhengzhou mit Wasser versorgt. Ihre jährliche Pumpkapazität beträgt 60 Mill. cbm.

Dahuting Hanmu, Die Han-Gräber von Dahuting

密县打虎亭汉墓

In dem Dorf **Dahuting,** Kreis **Mixian,** südwestlich von Zhengzhou, befinden sich zwei han-zeitliche Gräber. Es besteht eine tägliche Busverbindung von Zhengzhou aus dorthin.
Die beiden Gräber liegen nur 30 m voneinander entfernt. Das erste ist ein mit Steingravuren verziertes Grab, in dem alten Schriften zufolge der Präfekt Zhang Boya der Östlichen Han-Dynastie seine letzte Ruhe fand. Das zweite ist mit Wandmalereien versehen. Hier soll ein Verwandter des Präfekten beigesetzt worden sein. Beide Gräber sind bis jetzt relativ gut erhalten. Die Grabanlage des Zhang Boya ist in drei Haupträume und diverse Nebenräume unterteilt. Im hinteren Raum stand der Sarg. Die Wand- und Türgravuren umfassen insgesamt etwa eine Fläche von 200 qm. Sie zeigen Szenen aus dem Leben des Verstorbenen. Die Grabanlage des Verwandten des Zhang Boya ist etwas kleiner. Die farbige Wandmalerei nimmt ungefähr eine Fläche von 100 qm ein. Auch hier werden Szenen aus dem Leben des Verstorbenen dargestellt.

Hotels

Zhongzhou Binguan, Jinshuihelu Dong Duan, Tel. 24255 中州宾馆
(außerhalb des Stadtzentrums)
Zhongyuan Dasha, gegenüber vom Bahnhof 中原大厦
Guoji Fandian, Jinshuihelu, Tel. 23413 国际饭店

Reisebüro, **Lüxingshe**

Guoji Lüxingshe, **CITS,** Jinshuihelu 8, Tel. 5578
Zhongguo Lüxingshe, – Jinshuihelu 8 – Tel. 2701

CAAC, Bei'erqilu, Tel. 24339

Einkaufsmöglichkeiten

Freundschaftsladen, Bei'erqilu
Kunstgewerbeladen, Jiefangxilu 21

Stadt Kaifeng 开封市

Kaifeng, eine der sechs alten Hauptstädte Chinas, liegt im Osten Henans wenige Kilometer südlich des Huanghe, an der Shanghai–Xi'an Bahnlinie.

Geschichtlicher Überblick:

In der Zeit der Kämpfenden Staaten war Kaifeng Hauptstadt des Wei-Staates. Im −3. Jh. wurde es von den Truppen des Qin-Staates zerstört. Bis ins +5. Jh. blieb Kaifeng ein Marktort von nur lokaler Bedeutung. Seit der Sui-Dynastie erfuhr die Stadt einen ungeheuren Aufstieg. Der Bau des Großen Kanals hatte den Handel mit wichtigen Teilen des Landes ermöglicht. Während der Zeit der Fünf Dynastien wurde Kaifeng nacheinander Hauptstadt der Späten Jing, Han und Zhou. Kaifeng war auch die Hauptstadt der Nördlichen Song-Dynastie. Zu jener Zeit war es eine Weltstadt von etwa 1 Mill. Einwohner und das wichtigste Handelszentrum des Fernen Ostens. Der Ausbau der Kanalsysteme sorgte für weiteren wirtschaftlichen Reichtum. Die Stadt erlebte seine Blütezeit. Sie war aufgeteilt in eine äußere Stadt, die von einer 25 km langen Mauer umgeben war, eine innere Stadt und, darin enthalten, eine Palaststadt. Das berühmte Bild *Qing ming shanghe tu* aus der Nördlichen Song-Zeit beschreibt das rege Leben auf Straßen, Kanälen und Märkten Kaifengs. Es ist heute im Palastmuseum in Beijing ausgestellt. Wahrscheinlich in die Zeit des 12. Jh. fällt die Ankunft der jüdischen Lehre in Kaifeng. Die Stadt besaß über Jahrhunderte eine jüdische Gemeinde, deren Geschichte vorbildlich über die Jahre hinweg aufgezeichnet wurde.
Mit dem Fall der Nördlichen Song-Dynastie erlitt auch Kaifeng Zerstörungen und verlor langsam an Bedeutung. Es blieb ein wichtiges regionales Verwaltungszentrum, konnte in den folgenden Jahrhunderten jedoch nie wieder die Bedeutung zurückerlangen, die es während der Nördlichen Song-Zeit innegehabt hatte. 1644 wurde Kaifeng von einer fürchterlichen Flut heimgesucht, die 300 000 Menschen das Leben kostete. Ming-Loyalisten hatten die Deiche des Huanghe geöffnet, um Widerstand gegen die herannahenden mandschurischen Truppen zu leisten. Die Gefahr von Überflutungen war auch in Friedenszeiten immer vorhanden. Von größter Bedeutung für das Schicksal der Stadt war deshalb die konsequente Pflege der Deiche. Bis 1954 war Kaifeng Hauptstadt der Provinz Henan. Heute ist es nach wie vor ein Zentrum für Handel und Handwerk. Auch Industrie ist angesiedelt, z. B. Landmaschinenbaubetriebe und Düngemittelfabriken. Berühmt ist das Seiden- und Stickereihandwerk.

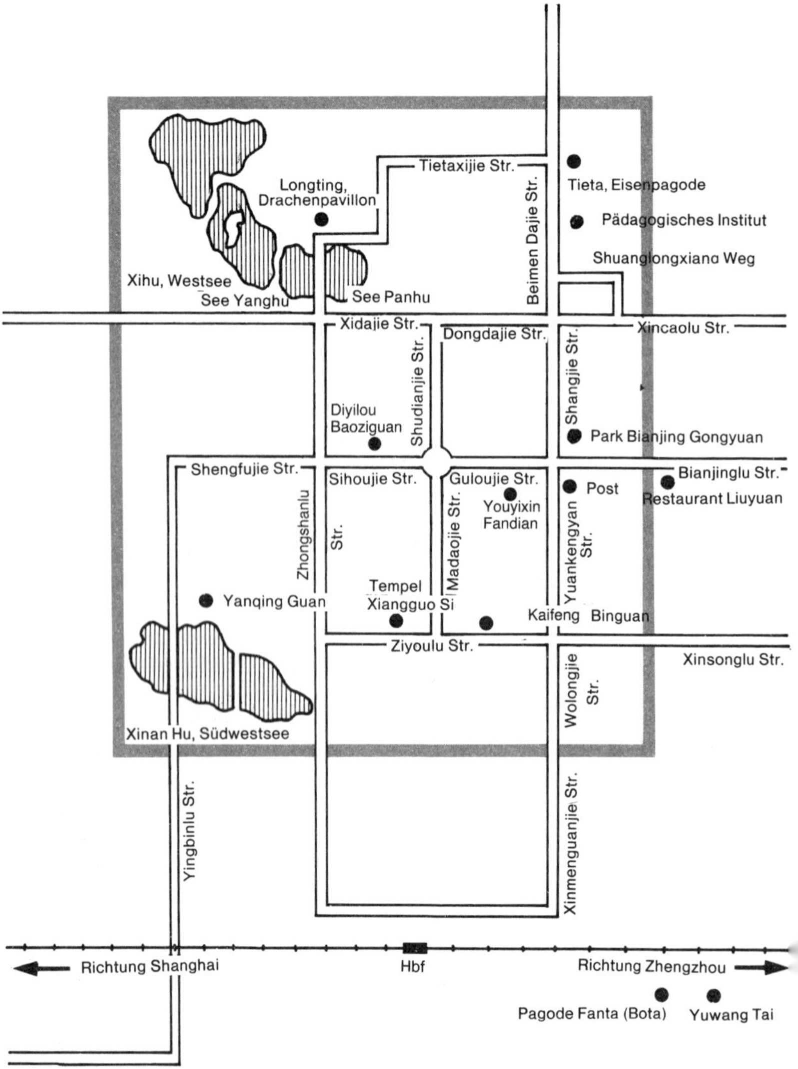

Stadtplan von Kaifeng

Tempel Xiangguo Si 相国寺

Der Xiangguo Si im Süden der Altstadt ist einer der berühmtesten Tempel Chinas. In der Zeit der Kämpfenden Staaten befand sich hier der Wohnsitz des Prinzen Xinling Jun von Wei. Im Jahre 555, während der Nördlichen Qi-Dynastie, wurde an gleicher Stelle der Xiangguo Si errichtet. Er erlangte als buddhistisches Tempelkloster vor allem während der Tang- und Song-Zeit Ruhm und Ehre. Ende der Ming-Dynastie wurde er ein Opfer der Überschwemmungen. Die heute noch vorhandenen Gebäude stammen aus dem Jahre 1766. Die Halle *Daxiong Baodian* und der Pavillon *Cangjing Ge* haben schöne mit gelben und grünen Keramikziegeln gedeckte Dächer. Der Glockenturm enthält eine große qing-zeitliche Glocke, die über 5000 kg wiegen soll. Besonders auffallend ist die ackteckige Halle *Bajiao Liuli Dian.* Im Innern der Halle steht eine vergoldete Holzstatue des Bodhisattva Guanyin.

Longting, Drachenpavillon 龙亭

Der Longting steht im Nordwesten der Altstadt. Ursprünglich befand sich hier der hintere Garten des Kaiserpalastes der Nördlichen Song-Dynastie. Der Pavillon wurde 1692 auf Befehl des Kangxi-Kaisers auf dem Hügel Meishan errichtet und von ihm »Drachenpavillon« genannt. Etwa siebzig Stufen, zwischen denen sich ein in schwarzen Stein gemeißelter Drache schlängelt, führen zum Pavillon hinauf. 1929 stellte man vor dem Pavillon eine bronzene Sun Yatsen-Statue auf.

Tieta, Eisenpagode 鉄塔

Die Tieta wird auch *Yougousi Ta* genannt, denn sie gehörte zu dem inzwischen nicht mehr vorhandenen Tempel *Yougou Si.* Die Pagode im Nordosten der Altstadt stammt aus dem Jahre 1048. Es ist ein achteckiger Bau mit dreizehn Stockwerken und einer Höhe von 54,66 m. Die äußeren Wände bestehen aus eisenfarbigen Keramikziegeln. So war es nicht das Material, sondern die Farbe, die der Pagode den Namen gab.

Tiexiniu, Eisennashorn 鉄犀牛

Das etwa 2 m hohe Eisennashorn befindet sich in einem Pavillon des Tempels **Huilong Miao,** 2 km außerhalb des *Beimen,* Nordtores. Der hohe Beamte **Yu**

Qian der Ming-Dynastie hatte es 1446 aus Eisen gießen lassen. Derartige Eisentiere wurden einem alten Glauben zufolge zum Schutz vor Überschwemmungen gegossen. Ende der Ming-Dynastie zerstörte die große Flut den Tempel, das Nashorn versank im Morast. 1691 grub man es wieder aus und errichtete einen neuen Tempel.

Plattform Guchui Tai bzw. Yuwang Tai

古吹台（禹王台）

Die Guchui Tai liegt im südöstlichen Vorort der Stadt im schönen Park **Yuwangtai Gongyuan.** Es heißt, der Musiker des Staates Jin der Chunqiu-Zeit, **Shi Kuang,** habe auf dieser Plattform musiziert. In der Ming-Zeit errichtete man hier den Tempel **Yuwang Miao** zu Ehren des mythischen Kaisers Yu. Der Tempel enthält einen östlichen und einen westlichen Hof. Im östlichen Hof steht die Halle **Sanxian Ci,** die den berühmten Dichtern Li Bai, Du Fu und Gao Shi zugedacht wurde. Diese hatten hier häufig Wein getrunken und gedichtet.

Pagode Fanta (Bota) 繁塔

Die Fanta westlich von der Yuwang Tai wurde 977 erbaut und gehörte zur heute nicht mehr vorhandenen Tempelanlage *Tianqing Si.* Der sechseckige Ziegelsteinbau hat eine Höhe von 31,67 m. Ursprünglich bestand sie aus neun Stockwerken mit einer Höhe von etwa 66 m. Wahrscheinlich 1368 teilweise zerstört, besteht sie heute nur noch aus drei Stockwerken. Sie gehört neben der Großen Wildganspagode in Xi'an zu den gewaltigsten Turmbauten Chinas.

Hotel

Kaifeng Binguan, Ziyoulu 开封宾馆

Restaurants

Diyilou Baozi Guan, Sihoujie, Spezialität: Teigwaren.
Youyixin Fandian, Guloujie

Reisebüro

Guoji Lüxingshe, CITS, + Zhongguo Lüxingshe, Ziyoulu 102, Tel. 3737

Stadt Luoyang 洛阳市

Luoyang, eine der sechs alten Kaiserstädte und einst das buddhistische Zentrum Chinas, ist heute eine moderne Industriestadt und ein Zentrum von Landwirtschaft und Handel, mit einer Einwohnerzahl von ca. 700000. Die Stadt liegt südlich des Huanghe, 112 km von Zhengzhou entfernt, am Ufer des Luohe, nach dem sie benannt wurde.

Geschichtlicher Überblick

Luoyang gehört mit einer Geschichte von über 3000 Jahren zu den ältesten Städten Chinas. Allein 960 Jahre lang war Luoyang Hauptstadt des Reiches und damit der politische, wirtschaftliche, kulturelle und militärische Mittelpunkt des Landes.

Funde von ersten Siedlungen aus dem Raum Luoyang stammen aus dem Neolithikum und gehören den *Yangshao*- und *Longshan*-Kulturen an. Im Jahre −770 machten die Herrscher der Zhou-Dynastie Luoyang zu ihrer offiziellen Hauptstadt. Zwei befestigte Residenzen wurden angelegt, *Wangcheng*, am Westufer des Flusses Chanshui, an deren Existenz heute noch der Wangcheng Gongyuan-Park erinnert, und *Chengzhou* am Ostufer des Chanshui, östlich des Tempels Baima Si. Während der Östlichen Han-Dynastie (25–220) wurde Luoyang erneut Hauptstadt. Die Stadt muß sich damals gewaltig vergrößert und ihrem Ruf als kulturelles Zentrum alle Ehre gemacht haben. Historiographen berichteten von der großen kaiserlichen Akademie, die aus mehreren hundert Gebäuden bestand und von etwa 30000 Studenten aus allen Teilen des Landes besucht wurde. Auch die kaiserliche Bibliothek soll gigantisch gewesen sein. Luoyang war damals Treffpunkt der Wissenschaftler und Künstler. Die Erfindung des Papiers durch den legendären Eunuchen Cai Lun fällt in diese Zeit, genauso wie die Ankunft der buddhistischen Lehre.

Luoyang war auch in den folgenden Jahrhunderten immer wieder bedeutend für das politische und kulturelle Leben. In der Zeit der Drei Reiche war Luoyang Hauptstadt des Wei-Reiches, anschließend Sitz der Herrscher der Westlichen Jin-Dynastie (265–316). Auch während der kurzlebigen Nördlichen Wei-Dynastie stieg Luoyang zur Hauptstadt auf. Die Herrscher der Nördlichen Wei waren große Förderer des Buddhismus. In jener Zeit gab es 1367 buddhistische Tempel in der Stadt. Am Ende der Nördlichen Wei-Dynastie wurde Luoyang vollkommen zerstört. Kaiser Yangdi der Sui-Dynastie ließ die Stadt westlich des Tempelklosters Baima Si neu aufbauen. Während der Tang-Dynastie war Luoyang neben Chang'an die östliche Hauptstadt und nur zeitweise Sitz des Kaiserhauses. Besonders gut gefiel es der berüchtigten Kaiserin Wu Zetian (684–705) in dieser Stadt. Luoyang wurde ein Zentrum

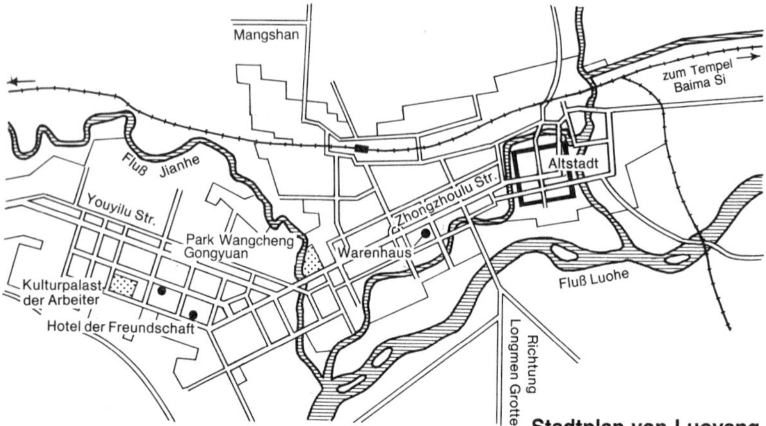

Stadtplan von Luoyang

der Literatur. Berühmte Dichter wie Du Fu, Bai Juyi und Li Bai lebten und arbeiteten hier. Zur Zeit der Fünf Dynastien (907–960) war Luoyang zeitweise Hauptstadt der Liang- und Tang-Dynastie. Die Herrscher der Jin verlegten nach kurzer Zeit ihre Hauptstadt nach Kaifeng. Seitdem verlor die Stadt zunehmend an Bedeutung. Erst in den letzten Jahrzehnten gewann Luoyang als aufstrebende Industriestadt wieder an Ansehen. Im Jahre 1955 entstand hier die erste chinesische Traktorfabrik, 1959 wurde eines der bedeutendsten Kugellagerwerke errichtet.
Luoyang ist die Stadt der Päonien, über 150 Sorten blühen hier. Die Päonienzucht hat in Luoyang eine mehr als 1000 Jahre währende Tradition. Der Tang-Dichter Bai Juyi und der Literat der Nördlichen Song-Zeit Ouyang Xiu bewunderten die Blütenpracht.
Die wichtigsten **Sehenswürdigkeiten** Luoyangs sind der Tempel Baima Si und die Longmen Steinhöhlen.

Park Wangcheng Gongyuan 王城公园

Der Wangcheng Gongyuan wurde im Gebiet der zhou-zeitlichen Hauptstadt Wangcheng angelegt. Von kulturhistorischer Bedeutung sind in dieser Anlage zwei han-zeitliche Grabstätten. 1957 entdeckte man sie nordöstlich der Altstadt. Sie wurden restauriert und in diesen Park verlegt. Eines der Gräber stammt aus dem ersten vorchristlichen Jahrhundert. Es enthält Wandmalereien, bei denen es sich um die ältesten bekannten Pinsel-Wandmalereien handeln soll. Sie sind trotz ihres hohen Alters noch gut erhalten. Das zweite Grab

stammt aus der Östlichen Han-Dynastie. Es enthält mit Schnitzereien verzierte Steintüren. Das erste Grab wird nur auf besonderen Wunsch geöffnet.
Die Einheimischen lieben diesen Park wegen seiner vielen Päonien. Im April, zur Blüte, kommen die Leute von nah und fern, um den Anblick zu genießen. Anläßlich des Neujahrsfestes findet im Park jedes Jahr eine Laternenausstellung statt. Die Laternenproduktion hat in Luoyang eine jahrhundertelange Tradition.

Berg Mangshan 邙山

Der Mangshan erhebt sich im Norden der Stadt und ist ein beliebtes Ausflugsziel der Einheimischen. Von der Spitze hat man einen hervorragenden Ausblick auf die Stadt.

Die Altstadt 元明清老城

Die Altstadt entspricht dem Luoyang der Yuan-, Ming- und Qing-Zeit. Sie ist durchaus einen Besuch wert. Interessant sind neben jahrhundertealten Häusern und Straßen kleine Geschäfte, in denen Artikel des lokalen Kunsthandwerks verkauft werden.

Museum der Stadt Luoyang 洛阳市博物馆

Das Museum besteht seit 1958. Es befindet sich in den Räumen des mingzeitlichen Tempels *Guandi Miao* im Süden der Stadt. Ausgestellt werden archäologische Funde, die man in den fünfziger Jahren beim Anlegen von Terrassenfeldern in der Umgebung machte. Dazu gehören neolithische Irdenware, shang- und zhou-zeitliche Bronzen, Keramik, Waffen, Grabfiguren.

Hanwei Luoyang Gucheng, Die alte Stadt Luoyang der Han-Wei-Dynastie

汉魏洛阳古城

Die zhou-zeitliche Hauptstadt Chengzhou lag 12 km östlich des heutigen Luoyang. Auch der erste Kaiser der Östlichen Han-Dynastie bestimmte sie zu seiner Hauptstadt, ebenso die Herrscher der Westlichen Jin- und Nördlichen Wei-Dynastie. Bis heute sind der westliche, nördliche und östliche Teil der Stadtmauer sichtbar. Die Stadt wurde von acht großen Straßen durchzogen.

Baima Si, Schimmeltempel 白馬寺

Der Baima Si befindet sich etwa 10 km östlich der Stadt. Im Jahre 68 während der Östlichen Han-Dynastie angelegt, ist er einer der ersten buddhistischen Tempel Chinas. Kaiser Mingdi hatte im Jahre 63 eine Abordnung von 18 Männern nach Indien geschickt, die Informationen über die ihm unbekannte Gottheit ›Buddha‹ sammeln sollte. Er hatte in einem Traum eine goldene Skulptur vom Himmel in seinen Palast herabschweben sehen, in der seine Berater aufgrund seiner Schilderungen Buddha erkannten. Die Gesandtschaft fand in Magadha, südlich des Ganges, freundliche Aufnahme und kehrte im Jahre 67 in Begleitung der buddhistischen Mönche Kasyapa Matanga und Gabarana in die Hauptstadt Luoyang zurück. Die erhaltenen Reliquien und Schriften hatten sie auf zwei Schimmel gepackt, nach denen dieser Tempel benannt wurde. Die von den Mönchen angefertigten Übersetzungen ihrer mitgeführten buddhistischen Texte gelten als die ersten dieser Art in China. Die Anlage wurde viele Male erneuert und restauriert. Die heute noch vorhandenen Gebäude stammen aus der Ming- und Qing-Zeit. Vorn stehen zwei Steinpferde aus der Song-Zeit (960–1279). Zwei Gräber innerhalb der Toranlage enthalten angeblich die sterblichen Überreste der beiden indischen Mönche. Im östlichen Teil des Tempels steht die Pagode *Qiyun Ta*. Sie stammt aus dem Jahre 1175.

Longmen Shiku, Longmen Steinhöhlen 龙门石窟

Etwa 12 km südlich von Luoyang fließt der Yihe in nördliche Richtung durch das *Longmen*, Drachentor. Einer alten Legende zufolge stand hier einst ein Berg, hinter dem in einem riesigen Gewässer ein Drache lebte. Dieser stiftete viel Unheil und Chaos. Der mythische Kaiser Yu setzte dem Treiben ein Ende, indem er den Berg spaltete und dem Drachen den Weg ins Meer öffnete.
Am westlichen Ufer des Yihe erhebt sich der Longmen Shan, auch *Xishan*, Westberg, genannt, am östlichen Ufer der Xiangshan, bzw. Dongshan, Ostberg. In beide Berge wurden Höhlen und Grotten geschlagen und wundervolle buddhistische Skulpturen gemeißelt. Die Höhlen von Longmen gehören neben denen von Datong und Dunhuang zu den wichtigsten Höhlentempeln Chinas. Die ältesten Höhlen stammen aus der Nördlichen Wei-Dynastie (386–534). Die Herrscher der Nördlichen Wei waren Förderer der buddhistischen Lehre und hatten bereits in ihrer ersten Hauptstadt Datong Höhlentempel anlegen lassen. Nach Verlegung der Hauptstadt nach Luoyang im Jahre 494 begann man hier mit einer ähnlichen Arbeit. In den folgenden Dynastien wurde die Arbeit fortgesetzt. Die meisten Höhlen entstanden während der Tang-Dynastie in den Jahren 713–741.

Heute sind es 1352 Höhlen, 750 Nischen, 39 Pagoden, 97000 Skulpturen und 3680 Inschriften, die in den Hängen des West- und Ostberges zu sehen sind. Leider wurden in den letzten Jahrhunderten viele Zerstörungen durch Menschenhand verursacht. Etliche Skulpturen sind heute in europäischen, japanischen und nordamerikanischen Museen wiederzufinden. Auch durch Erosion erlitten die Grotten Zerstörungen, wenn auch in wesentlich geringerem Ausmaße.

Die wichtigsten Höhlen auf dem Longmen Shan bzw. Xishan, Westberg, sind von Norden nach Süden: Qianxi Si, Binyang Dong, Jingshan Si, Wanfo Dong, Lianhua Dong, Weizi Dong, Tangzi Dong, Fengxian Si, Yaofang Dong, Guyang Dong, Huoshao Dong, Shiku Si und Ludong. Einige sollen im folgenden näher beschrieben werden.

Qianxi Si ist zu Beginn der Tang-Dynastie entstanden und enthält eine Skulptur des Amitabha, umgeben von zwei Schülern. An den Wänden sind zwei Bodhisattvas und zwei Himmelswächter zu sehen.

Bei der **Binyang Dong** handelt es sich um einen Höhlenkomplex, bestehend aus einem nördlichen, mittleren und südlichen Teil, der auf Befehl des Xuanwu-Kaisers der Nördlichen Wei-Dynastie zu Ehren seiner Eltern angelegt wurde. Allein der Bau der mittleren Höhle nahm 24 Jahre in Anspruch. Sie enthält elf große Buddha-Skulpturen sowie an der Höhlendecke Darstellungen von Musikanten und Tänzerinnen.

Wanfo Dong, Höhle der zehntausend Buddha-Figuren, stammt aus dem Jahre 680. In die Höhlenwände wurden mehr als 15000 Buddha-Figuren gemeißelt. Die Decke schmückt eine riesige Lotosblüte.

Lianhua Dong, Lotosblütenhöhle, entstand in den letzten Jahren der Nördlichen Wei-Dynastie. In die Höhlendecke wurde eine große Lotosblüte gemeißelt, nach der man die Höhle benannte. Im Zentrum befindet sich eine 5,1 m hohe Skulptur des Sakyamuni.

Fengxian Si, die größte und repräsentativste Grotte Longmens, entstand zwischen 672 und 676. Im Zentrum befindet sich eine 17 m hohe sitzende Buddha-Skulptur. Zu beiden Seiten stehen die Schüler Jiaye und Ananda, je ein Bodhisattva, ein Himmelskönig und ein Wächter. Der Himmelskönig auf der nördlichen Seite hält in seiner rechten Hand eine Pagode, mit seinem rechten Fuß tritt er auf einen bösen Geist. Das Berühren seines Fußes soll Glück bringen. Diese riesige Anlage wurde während der Tang-Dynastie durch einen hölzernen Tempelaufbau geschützt.

Der Bau der **Yaofang Dong,** Höhle der medizinischen Rezepte, wurde noch während der Nördlichen Wei-Dynastie begonnen, jedoch erst in der Tang-Zeit abgeschlossen. Das Besondere sind 140 in den Stein gemeißelte Rezepte gegen verschiedene Krankheiten, ein Schatz für die Forscher der traditionellen Medizin.

Guyang Dong, die älteste der Longmen-Grotten, entstand im Jahre 495. Von Bedeutung sind hier die Inschriften, die größtenteils noch aus der Nördlichen Wei-Zeit stammen.
Die wichtigste Höhle auf dem Xiangshan bzw. Dongshan, Ostberg, wird **Kanjing Si** genannt. Sie wurde während der Regentschaft der Kaiserin Wu Zetian Ende des 7. Jh. angelegt. Ihre Decke enthält eingemeißelte Lotosblüten, musizierende und tanzende Wesen. An den Wänden befinden sich 29 Luohan-Figuren.
Ebenfalls auf dem Xiangshan, auf dem Pipa-Gipfel, befindet sich das Grab des berühmten Dichters **Bai Juyi,** der 846 in Luoyang gestorben war. Eine Steinstele vor dem Grab trägt die Inschrift: *Tang shaofu bai gong mu,* Grab des ehrwürdigen Shaofu (Beamtentitel) Bai der Tang (siehe auch Bai Juyi S. 99).

Berühmt und unbedingt einen Ausflug wert ist das Tempelkloster Shaolin Si im Songshan Gebirge (S. 588).

Hotels

Youyi Binguan, Freundschafts-Gästehaus, Jianxi Qu,
Taiyuanlu, Tel. 21 39 友谊宾馆
Guoji Lüshe Nanlou, Hotel International, Xigong Qu, Zhongzhoulu, Tel. 71 55 国际旅社

Restaurant

Guangzhou Jiujia, Jianxi Qu, Dongfenglu, Tel. 21 70

Einkaufsmöglichkeiten

Warenhäuser gibt es in den Straßen Dongfenglu, Qingdaolu, Beidajie und Zhongzhoulu.

Reisebüro, **Lüxingshe**

Guoji Lüxingshe **CITS,** Zhongguo Lüxingshe, Huaqiao Lüxingshe, alle im Freundschaftshotel, Tel. 7 00 6–7 01

Gong'an Ju, Amt für Öffentliche Sicherheit, Tel. 74 23

Bahnhof, Xigong Qu, Jinguyuanlu, Tel. 72 01

Taxi: Xigong Qu, Bolichanglu, Tel. 70 32

Kreis Gongxian 巩县

Gongxian befindet sich an der Bahnlinie Zhengzhou – Luoyang.

Shiku Si, Steinhöhlentempel 石窟寺

Die Steinhöhlentempel liegen 8 km nordöstlich der Kreisstadt Gongxian am Fuße des Berges **Dali Shan.** Mit der Anlage wurde im Jahre 517 begonnen, jedoch konnte die Arbeit erst in der Zeit der Nördlichen Song-Dynastie abgeschlossen werden. Insgesamt zählt man fünf Höhlen, 256 Nischen und 7743 Skulpturen.

Elternhaus des Du Fu 杜甫故里

Der berühmte Tang-Dichter Du Fu (712–770) wurde unterhalb des Berges Bijia Shan, etwa 1 km östlich der Kreisstadt Gongxian geboren. Das Haus ist in Wirklichkeit eine Wohnhöhle, die mit Ziegelsteinen ausgebaut wurde. Viele Jahre seines Lebens hat der Dichter hier verbracht.

Songling, Gräber der Song-Kaiser 宋陵

Acht Song-Gräber befinden sich im Kreis Gongxian, in der Nähe von Xicun, Zhitian, Xiaoyi und Huiguo. Der Vater des Dynastiegründers und sieben Song-Kaiser wurden hier beigesetzt.

Die Grabanlagen entsprechen einander in Aufbau und Ausstattung: Die Grabstätte wird von einer Mauer eingeschlossen, deren vier Seiten mit Toren und vier Ecken mit Türmen versehen sind. Vor dem südlichen Tor erstreckt sich ein Weg, der von steinernen Zivil- und Militärbeamten und Steintieren gesäumt wird. Während der Song-Zeit war es Sitte, die Grabanlagen erst nach dem Ableben des Kaisers zu errichten. Da der Verstorbene jedoch innerhalb von sieben Monaten bestattet werden mußte, sind die Gräber im Vergleich zu denen anderer Dynastien recht bescheiden in Ausmaß und Ausstattung.

Zwei der acht Grabanlagen wurden der Öffentlichkeit zugänglich gemacht, nämlich **Yongzhao Ling,** Grab des Renzong-Kaisers und **Yonghou Ling,** Grab des Yinzong-Kaisers.

Gebirge Songshan 嵩山

Songshan gehört zu den fünf heiligen Bergen Chinas. Er ist der zentral gelegene und war, wie die anderen auch, ein religiöses Zentrum.
Das Gebirge liegt nördlich der Kreisstadt Dengfeng und ist per Bus von Luoyang oder Zhengzhou aus zu erreichen. Seine 72 Gipfel erreichen Höhen bis zu 1440 m und teilen sich in einen östlichen, **Taishi Shan,** und einen westlichen, **Shaoshi Shan,** Komplex.
Das Songshan-Massiv wird gern »Schatzkammer der Kulturdenkmäler« genannt, denn es verfügt über unzählige Tempel, Pagoden, Klöster, Steinstelen usw. Die wichtigsten Sehenswürdigkeiten sind die Tempelanlagen *Shaolin Si* und *Zhongyue Miao.*

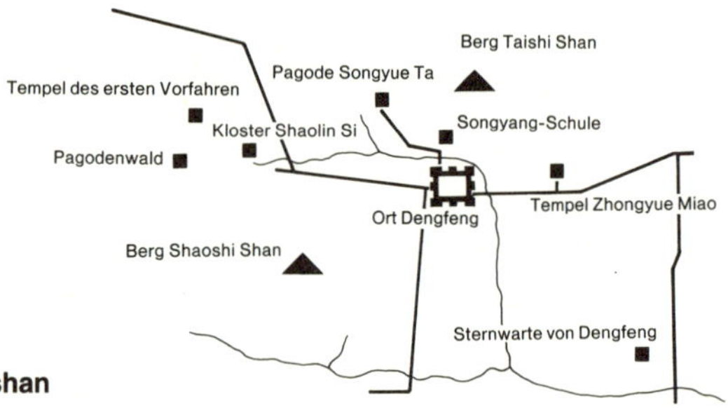

Songshan

Tempelkloster Shaolin Si 少林寺

Das zen-buddhistische Shaolin Si gehörte einst zu den größten Zentren des chinesischen Buddhismus. Es liegt etwa 80 km südwestlich von Zhengzhou und 15 km nordwestlich der Kreisstadt Dengfeng am nördlichen Fuße des Shaoshi Shan. Im In- und Ausland ist das Kloster ein Begriff, denn seine Mönche entwickelten eine der berühmtesten Formen des Wushu (Gongfu), der traditionellen chinesischen Kampfkunst, nämlich das *Shaolin Quan,* Shaolin-Boxen.
Das Tempelkloster wurde 495 während der Nördlichen Wei-Zeit erbaut. Es heißt, der indische Mönch Tuoba sei damals nach China gekommen, um den Buddhismus zu verbreiten. Der Xiaowen-Kaiser habe ihm daraufhin dieses Kloster zur Verfügung gestellt. Im Jahre 520 kam der legendäre indische Mönch Bodhidharma, im Chinesischen *Damo* genannt, in dieses Tempelklo-

ster. Er war ein großer Verfechter der Meditation. Die ersten neun Jahre soll er dort ununterbrochen, das Gesicht einer Mauer zugewandt, meditiert haben. Auch später führte er regelmäßig tägliche Meditationsübungen durch. Nur in der Meditation, so meinte er, sei die Klarheit und der Frieden zu finden und nicht in den Schriften. Reinigung und Erleuchtung ließen sich nur durch stilles Nachdenken und Betrachten erlangen. Kult und Opfer seien wertlos. Bodhidharma gilt als Gründerpatriarch des Chan (Zen)-Buddhismus. Man betrachtet das Kloster heute als Ausgangspunkt des später so ungemein erfolgreichen Chan-Buddhismus.

In Bodhidharma sieht man auch den Begründer des berühmten Shaolin Quan, denn er hatte für seine Schüler die ›Methode der körperlichen Ertüchtigung‹ entwickelt, eine Urform des Shaolin-Kampfstils.

In der Tang-Zeit erlangte der Tempel große Bedeutung; seine Mönche hatten Li Shimin, dem ersten Kaiser der Tang-Dynastie, im Kampfe gegen seinen Feind Wang Shichong geholfen. Er dankte es den Mönchen in späteren Jahren und versah das Tempelkloster mit großen Mengen an Geld und Land. Shaolin Si erlebte daraufhin seine Blütezeit, zeitweise beherbergte es bis zu eintausend Mönche.

Das Kloster wurde im Laufe seiner Geschichte mehrmals zerstört und wieder aufgebaut. Die *Qianfo Dian*, Tausend-Buddha-Halle, ist die Haupthalle der Anlage. Sie stammt aus der Ming-Zeit und enthält farbige Wandmalereien, Darstellungen der fünfhundert Luohans. Im Ziegelboden dieser Halle sieht man zwei Reihen von Gruben. Sie stammen von den vielen Mönchsgenerationen, die hier ihre Übungen in der Kampfkunst vollzogen. Auch die Halle *Baiyi Dian* enthält eine interessante Wandmalerei, eine Darstellung von dreißig Mönchen, die sich im Shaolin Quan üben.

Der *Bodhidharma-Pavillon* wurde dem treuen Schüler und Nachfolger des Bodhidharma, Huike (487–593), zu Ehren errichtet.

Einen halben Kilometer westlich des Shaolin Si liegt der **Talin,** größter **Pagodenwald** Chinas, ein Friedhof, auf dem seit tausend Jahren berühmte Äbte und Mönche ihre letzte Ruhestätte fanden. Etwa 220 Pagoden aus den verschiedensten Epochen sind hier zu sehen.

Chuzu An, Tempel des Ersten Vorfahren 初祖庵

Der Chuzu An befindet sich nordwestlich vom Shaolin Si auf halber Höhe des Berges. Dieser Tempel stammt ursprünglich aus der Nördlichen Wei-Zeit, wurde jedoch im Jahre 1125 restauriert. Der Tempel enthält eine Wandmalerei mit Darstellungen von 28 Äbten des Shaolin Si.

Pagode Songyue Ta 嵩岳寺塔

Die Ziegelpagode Songyue Ta, 5 km nordwestlich der Kreisstadt Dengfeng im Süden des Taishi Shan innerhalb der Tempelanlage Songyue Si stammt aus dem Jahre 520, ist 40 m hoch und zwölfeckig. Sie ist die älteste Pagode dieser Art in China.
Neben der Pagode steht der Tempel *Songyue Si,* eine ehemalige Residenz der Xuanwu- und Xiaoming-Kaiser der Nördlichen Wei-Dynastie.

Songyang Shuyuan, Songyang-Schule 嵩阳书院

Die Songyang-Schule ist etwa 5 km westlich vom Zhongyue Miao entfernt. Hier befand sich ursprünglich der Songyang-Tempel der Nördlichen Wei-Zeit. Im Jahre 1035 wurde er in eine kaiserliche Schule umgewandelt, und ging als eine der acht großen Schulen der Song-Dynastie in die Geschichte ein. Die berühmten Brüder und Neokonfuzianer Cheng Hao und Cheng Yi lehrten hier.

Tempel Zhongyue Miao 中岳庙

Der Zhongyue Miao war das religiöse Zentrum des heiligen Songshan. Hierher pilgerten die Kaiser und brachten Opfer dar, um Himmel und Erde für ihr Wohlwollen zu danken.
Der Tempel liegt 4 km von Dengfeng entfernt, unterhalb des Gipfels Huangtai Feng, an der Stelle des in der Han-Dynastie gegründeten *Taishi Si.* Während der Tang-Dynastie genoß der Zhongyue Miao besonderes Ansehen. Die heutige Anlage stammt aus der Qing-Zeit. Sie ist die größte Tempelanlage Henans. Die Mittelachse erstreckt sich über eine Länge von 650 m. Die Anlage ist in elf Höfe unterteilt, in denen zahlreiche Tore und Hallen zu sehen sind. Interessant sind nordöstlich des Tores Chongshen Men vier böse dreinblickende Eisenmenschen, die 1064 gegossen wurden.

Dengfeng Guanxing Tai, Sternwarte von Dengfeng

登封观星台

Die Sternwarte, 15 km südöstlich von Dengfeng und innerhalb des Tempelgeländes **Zhougong Miao,** ist das älteste erhaltene Observatorium Chinas. Ursprünglich hatte hier bereits zur Zhou-Zeit eine Sternwarte gestanden.
Zu Beginn der Yuan-Zeit, im Jahre 1276, entwarf der Astronom Guo Shoujing (1231–1314) diese Sternwarte. Es handelt sich um einen eckigen, 9,46 m hohen Bau aus Ziegeln und Steinen. Vor dem Gebäude erstreckt sich ein 31,9 m langer Steinstab, mit dem der Schatten der Sonne gemessen wird. Guo Shoujing errechnete aufgrund eigener Aufzeichnungen und mit Hilfe gesammelter Informationen anderer Sternwarten einen Kalender, der dem heutigen Gregorianischen entspricht. Bei der Berechnung der Umlaufzeit der Erde um die Sonne war ihm eine Ungenauigkeit von nur 26 Sekunden unterlaufen.
In der Ming-Dynastie setzte man auf die Plattform der Sternwarte ein schmales, überdachtes Gebäude von 3,16 m Höhe.

Stadt Anyang 安阳市

Anyang im nördlichsten Teil der Provinz ist per Bahn von Luoyang, Zhengzhou oder Beijing aus erreichbar.
In der Nähe des modernen Anyang befand sich einst die Hauptstadt Yin der Shang-Dynastie. Anyang ist ein regionales Handels- und Landwirtschaftszentrum mit einer Einwohnerschaft von etwa 500 000. Seit Gründung der Volksrepublik China hat sich die Industrie der Stadt in ansehnlichem Maße entwikkeln können. Das Kunsthandwerk, vor allem die Jadeschnitzerei, hat hier eine lange Tradition.
Die Entdeckung der Hauptstadt **Yin** der Shang-Dynastie war die Folge eines glücklichen Zufalls. 1889 besuchte der Gelehrte Liu Er (1857–1909) seinen kranken Freund Wang Yirong (1845–1900) in Beijing. Dieser bereitete bei Ankunft des Freundes gerade seine Medizin zu, die zu einem Teil aus alter Schildkrötenschale bestand. Auf dieser Schale entdeckten die Freunde eingeritzte Zeichen. Sie waren sofort überzeugt, daß es sich um eine alte Form der chinesischen Schrift handeln müsse und versuchten mehr über die Schildkrötenschalen, die in den Apotheken als Heilmittel verkauft wurden, zu erfahren. Sie stellten fest, daß sie aus dem Dorf **Xiaotun** in der Nähe von Anyang stammten. Bauern fanden sie dort beim Pflügen der Ackerböden. Sie nannten

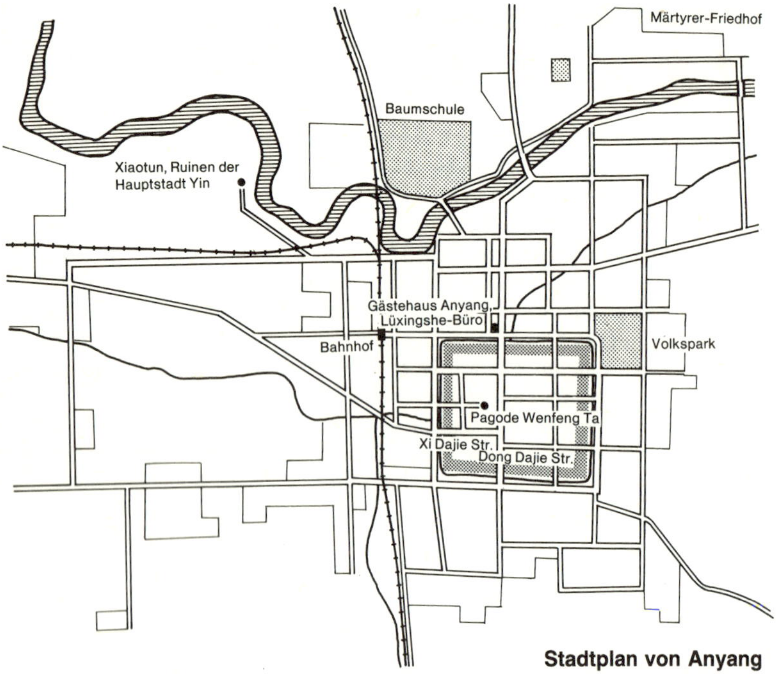

Stadtplan von Anyang

sie Drachenknochen, denn ihrer Vorstellung nach sonderten Drachen beim Wachsen Knochen ab. Da Drachen ein glücksverheißendes Symbol im Volksglauben darstellten, glaubte man, daß ihre Knochen übernatürliche Heilkräfte enthalten müßten. So sammelte und verkaufte man sie an die Apotheken.
Tatsächlich wurden diese Schildkrötenschalen und auch Schulterblätter von Ochsen während der Shang-Dynastie bei der Orakelbefragung benutzt. Man ritzte Fragen bezüglich militärischer und ziviler Angelegenheiten, zu Opferhandlungen, astronomischen Phänomenen oder landwirtschaftlichen Problemen in die Schalen und Knochen, warf sie ins Feuer und deutete dann die Antworten aus den Rissen, die durch die Hitze des Feuers entstanden waren. Sie geben der heutigen Wissenschaft ungeahnte Aufschlüsse zu verschiedensten Aspekten der Shang-Zeit.
Die Orakelknochenfunde von Xiaotun erinnern an den Han-Historiographen Sima Qian, der in seinen Schilderungen die alte Hauptstadt Yin der Shang-Herrscher in dieser Umgebung einst angesiedelt wußte. Sie war eine Gründung aus den Jahren um −1380, wurde jedoch im Jahre −1111 von den Truppen der Zhou zerstört. Grabungen im Gebiet von Xiaotun begannen erst

im Jahre 1928 und werden bis heute auch in Wuguan und Houjiazhuang fortgesetzt. Man entdeckte tatsächlich die Ruinen der ehemaligen Hauptstadt Yin. Diese erstreckte sich über eine Fläche von 24 qkm und war in vier Bezirke unterteilt: die königliche Palastanlage, die Königsgräber, die Handwerksstätten und Wohnviertel. Man legte u. a. kreuzförmige Schachtgräber und Fundamente von Palastanlagen frei und fand eine Vielzahl von Gegenständen aus Bronze, Keramik, Elfenbein, Marmor und Jade. Vieles davon ist heute im Beijinger Geschichtsmuseum ausgestellt.

Pagode Wenfeng Ta (Tianningsi Ta)

天宁寺塔(文峰塔)

Die Steinpagode Wenfeng Ta steht im Westen der Stadt innerhalb der Tempelanlage **Tianning Si.** Ihr Sockel, der schmaler ist als der obere Teil der Pagode, wurde in Form einer Lotosblüte gehalten. Fenster, Türen und Außenwände des ersten Stockwerkes zeigen buddhistische Verzierungen und Drachenmuster. Das ungewöhnliche dieser Pagode ist die 10 m hohe Dagobaspitze. Die Pagode stammt aus dem Jahre 952. Die Dekorationen im ersten Stockwerk scheinen jedoch in der Ming-Zeit hinzugefügt worden zu sein.

Renmin Gongyuan, Volkspark 人民公园

Der Volkspark ist ein beliebtes Ausflugsziel der Anyanger Bevölkerung. Er liegt im Osten der Stadt.

Auch in der Umgebung Anyangs gibt es Höhlentempel. Es sind die **Lingquansi Shiku** Steinhöhlen, die sich 25 km südwestlich von Anyang in den

灵泉寺石窟

Baoshan Bergen befinden. Es gibt dort 64 Höhlen, die zwischen dem 6. und 11. Jh. angelegt wurden. Eine der interessantesten ist die *Dazhu Shengku.*

Hotels

Taixin Binguan, Dengtalu, Tel. 2012 泰兴宾馆
Anyang Binguan, Youyilu, Tel. 2244 安阳宾馆

Reisebüro, Lüxingshe

Guoji Lüxingshe **CITS,** Youyilu 1, Tel. 2145.

Kreis Linxian 林县

Kanal Hongqi Qu 紅旗渠

Der Kreis Linxian befindet sich im bergigen Norden Henans, westlich von Anyang. Die Wasserversorgung stellte die einheimische Bevölkerung seit Menschengedenken vor schier unlösbare Probleme. Das Wasser reichte meist weder für die Bewässerung der Felder noch für den täglichen Bedarf. Die hohe Niederschlagsvariabilität zwang die Bevölkerung, das Wasser von weither heranzuschleppen.

1960 entschlossen sich Behörden und Bauern zur Durchführung eines gigantischen Projektes. Ein 2000 km langes Kanalsystem sollte durch die Berge geschlagen werden, das das Wasser des Zhanghe im Kreis Pingshun der Provinz Shanxi nach Linxian leitete. Neun Jahre nahmen die Arbeiten in Anspruch. Neben dem eigentlichen Kanalsystem mußten Pumpstationen, Tunnel, Dämme, Brücken, Deiche und Aquädukte angelegt werden. Der Mangel an Maschinen wurde durch Handarbeit ausgeglichen. Nach zehn Jahren feierte die Bevölkerung die Fertigstellung des Rote-Fahne-Kanals. Es war ein weitverzweigtes Kanalsystem entstanden, bestehend aus einem 70 km langen, 4,3 m tiefen und 8 m breiten Hauptkanal, drei untergeordneten Kanälen von 41,5 km, 48 km und 4 km Länge und 1690 Nebenkanälen. Hinzu kommen 338 mittelgroße und kleine Stauseen und 52 kleine Wasserkraftwerke. Der Rote-Fahne-Kanal hat die Probleme der Wasserversorgung Linxians gelöst. 40 000 Hektar Ackerland werden von ihm bewässert.

Provinz Hubei 湖北省

Fläche: ca. 180 000 qkm / Bevölkerung: 47,8 Mill. Nur etwa 40 000 Einwohner gehören Minderheiten an, zwei Drittel davon den Hui, ein Drittel Miao und Tujue. / Hauptstadt: Wuhan

Hubei liegt im Herzen Chinas. Es wird umgeben von Anhui im Osten, Jiangxi und Hunan im Süden, Sichuan und Shaanxi im Westen und Nordwesten und Henan im Norden.

Geschichtlicher Überblick

Hubei gehörte während der Zhou-Dynastie zum Königreich von Chu. Wie die anderen Staaten wurde auch dieser von Qin Shihuang unterworfen und in das große Reich eingegliedert. Die Lage Hubeis am schiffbaren Changjiang ließ das Gebiet im Laufe der langen Geschichte zu großer Bedeutung aufsteigen. Es war in verschiedene Verwaltungseinheiten aufgeteilt, bis es im 13. Jh. mit Hunan zu der großen Provinz Huguang zusammengeschlossen wurde. Erst 1664 schuf die Regierung der Qing-Dynastie die beiden Provinzen Hubei und Hunan.

Hubei war im 19. Jh. stark in Mitleidenschaft des Taiping-Aufstandes gezogen worden. Seit 1860 standen die Städte Hankou, Yichang und Shashi den westlichen Nationen als Handelsplätze offen. Gehandelt wurde in erster Linie Tee, später auch Tabak, pflanzliche Öle, Sesamsaat und Baumwolle.

Hubei spielt in der chinesischen Revolutionsgeschichte eine besondere Rolle. In Wuchang wurde das Signal für die Revolution von 1911 gesetzt, die zum Sturz der mandschurischen Qing-Dynastie führte.

Der größte Teil der Provinz liegt nördlich des Changjiang. Es ist Tiefland, das im Westen von den Ausläufern der Daba Shan und Fangdou Shan Gebirge, im Norden von den Gebirgen Dabie Shan, Tongbai Shan und den Ausläufern des Qinling Shan abgegrenzt wird. Der Changjiang sucht von Sichuan aus durch schmale Schluchten hindurch seinen Weg in die Provinz. Ab Yichang fließt er aufgrund des geringeren Gefälles gemächlich durch die Ebene Hubeis. Viele Seen und verstreut stehende Berge prägen den Charakter dieser Ebene, einem Senkungs- und Aufschüttungsfeld.
Hubeis Winter sind kurz und häufig sehr kalt. Die Sommer sind wegen der Monsune heiß und feucht. Der Sommer in Wuhan ist in ganz China als unerträglich bekannt. Die Durchschnittstemperaturen liegen im Januar bei 4 °C, im Juli bei 29,7 °C. Die Niederschlagsmenge nimmt von Nordwesten nach Südosten hin zu und beträgt etwa 600–700 mm pro Jahr. Der regenreichste Monat ist der Juni, der regenärmste der Dezember. Gefährlich können die Zyklone werden, die von Westen nach Osten durch das Changjiang-Tal ziehen. Sie bringen den für den Reisanbau so notwendigen Frühsommerregen. Verharren sie jedoch zu lange im Tal, kommt es zu tagelangen Regenfällen, die gefährliche Hochwasser des Changjiang hervorrufen. Sie verursachten in den Jahren 1931 und 1954 katastrophale Überschwemmungen. Große Wasserbauprojekte, die in den letzten Jahrzehnten beispielsweise in Shashi und Yichang durchgeführt wurden, konnten die Gefahr von Überflutungen erheblich vermindern. Die Wasserstandsschwankungen des Changjiang zwischen Sommer und Winter machen etwa 13 m aus. Im Winter fließt der Changjiang träge dahin. Sein Wasserstand sinkt auf 2 m. Nur flache Flußdampfer können flußabwärts bis Wuhan gelangen. Mit Einsetzen der Frühjahrs- und Sommerniederschläge verwandelt sich der Fluß in einen gewaltigen Strom. Wuhan kann in den Sommermonaten von Schiffen bis zu 15000 BRT angelaufen werden.
Nur etwa 11% der Bevölkerung Hubeis leben in Städten. Die größten unter ihnen sind Wuhan, Huangshi, Shashi, Yichang und Xiangfan. Hubei liegt zwischen dem Weizen anbauenden Norden und dem Reis anbauenden Süden. Im Süden und Südosten Hubeis können 40–60% des Ackerlandes für den Naßreisanbau genutzt werden, da Niederschläge und Bewässerung in ausreichendem Maße vorhanden sind. Dieses Gebiet gehört mit dem Norden Hunans zu den Reiskammern Chinas. Als während der Ming-Zeit Hubei und Hunan als Provinz Huguang zusammengefaßt waren, lautete eine Redensart: Wenn in Huguang die Ernte gut war, geht es dem Reich gut. Zwei Ernten sind im Jahr möglich, allerdings werden in der kühleren Jahreszeit Gerste, Weizen, Sorghum, Raps, Bohnen und Sesam gepflanzt.
Im Norden überwiegt der Weizenanbau, die Niederschlagsmenge ist hier geringer und die Variabilität größer. Auch Baumwolle wird viel angebaut; Hubei gehört zu den wichtigen Baumwollieferanten Chinas.

Die Provinz ist reich an Eisenerz, das im Südosten, in Daye, abgebaut wird. Große Eisen- und Stahlkombinate stehen in Wuhan und Huangshi. Hubei verfügt auch über Kupfer- und Kohlevorräte.

Stadt Wuhan 武汉市

Wuhan ist ein seit 1927 bestehender Zusammenschluß dreier ehemals selbständiger Städte, **Wuchang, Hankou** und **Hanyang.** Der Name setzt sich aus dem *Wu-* von Wuchang und aus dem *-han* von Hankou und Hanyang zusammen. Diese drei Städte liegen am Zusammenfluß von Hanshui und Changjiang und sind durch Brücken miteinander verbunden. Hankou und Hanyang am Westufer des Changjiang werden durch den Fluß Hanjiang voneinander getrennt. Hankou liegt im Norden, Hanyang im Süden. Am Ostufer des Changjiang erstreckt sich Wuchang. Wuhan hat eine Einwohnerzahl von 3,83 Mill. Es ist das wichtigste Handelszentrum Zentralchinas, denn hier treffen sich alle wichtigen Linien des Straßen- und Eisenbahnverkehrs und der Changjiang-Schiffahrt. Darüber hinaus ist Wuhan eine bedeutende Industriestadt.
Bereits in der Han-Zeit war das Gebiet besiedelt. Zur Zeit der Drei Reiche lag dort die Hauptstadt des Staates Wu.

Wuchang 武昌

ist die älteste der drei Städte. Sie war die Hauptstadt der Provinz Huguang. In der modernen Revolutionsgeschichte spielt Wuchang eine herausragende Rolle. Am 10. Oktober 1911 revoltierten in Wuchang Soldaten der Neuen Armee. Schon einen Tag später war die Stadt in den Händen der Aufständischen. In den nächsten Tagen folgte die Eroberung Hankous und Hanyangs. Der positive Ausgang des Aufstands ermutigte auch die revolutionären Kräfte anderer Provinzen, sich gegen die Herrschaft der Qing-Dynastie aufzulehnen.
Wuchang ist heute der politische und kulturelle Mittelpunkt Wuhans. Die Anlagen des Donghu, Ostsee, und der Sheshan, Schlangenberg, sind voller interessanter Sehenswürdigkeiten. Das Hubei-Museum und die Universität liegen ebenfalls in diesem Stadtteil.
Hankou war bis zum Beginn des 19. Jh. nur ein kleiner Fischerort. Ab 1858 mußten hier den westlichen Ländern, allen voran Großbritannien, Handels-

Stadtplan von Wuhan

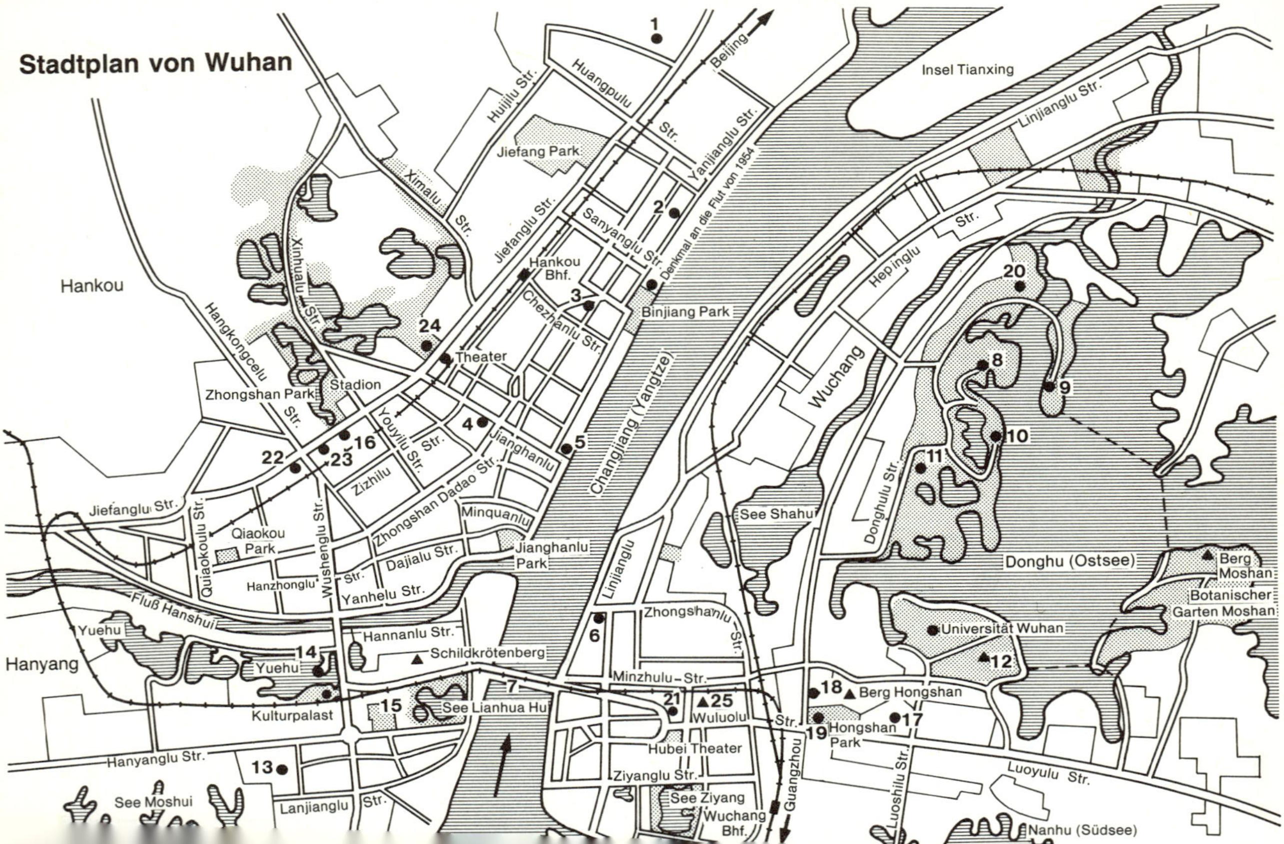

konzessionen gewährt werden, so daß sich Hankou zu einem führenden Handelszentrum entwickelte.
Der Bau der Eisenbahnlinie Beijing-Hankou begünstigte die industrielle Entwicklung der Stadt, was allerdings auch das Entstehen von Proletariat nach sich zog. Dieses sollte eine wichtige Rolle in der revolutionären Bewegung spielen. Nach der Revolte vom 10. Oktober 1911 schlugen die Revolutionäre am 17. Oktober bei Hankou die erste siegreiche Schlacht gegen kaiserliche Truppen. Dieser Erfolg trieb die Revolution an. 1923 war Hankou einer der Brennpunkte des großen Eisenbahnerstreiks vom 7. Februar. Im Norden der Stadt erinnert ein Monument an die Helden dieses Streiks. Heute ist Hankou der modernste Teil Wuhans. Er beherbergt die großen Hotels und Geschäftsviertel.
Hanyang ist eine Gründung der Sui-Zeit und die kleinste der drei Städte. Früher war sie ein bevorzugtes Gebiet für den Bau von Alterssitzen der gehobenen Kreise und des Militärs. Im Jahre 1894 wurde in Hanyang das erste moderne Eisen- und Stahlwerk Chinas in Betrieb genommen. Heute überwiegt hier die Leichtindustrie.
Insgesamt überwiegt in Wuhan die Schwerindustrie. Die reichen Eisenerzlager in der Umgebung ermöglichten den Bau des großen Stahlkombinats, das 1958 in Betrieb genommen wurde.

Sehenswürdigkeiten in Wuchang:

Changjiang Daqiao, Changjiang-Brücke 長江大橋

Die Changjiang-Brücke ist die erste Brücke, die über den Changjiang gebaut wurde. Sie führt vom Berg Guishan in Hanyang zum Berg Sheshan in Wuchang. Für ihren Bau brauchte man zwei Jahre, vom 1. September 1955 bis

---

1. Denkmal der Märtyrer vom 7. 2. 1923
2. Hotel Shengli Fandian
3. Jianghan Fandian
4. Lüxingshe
5. Hafen Wuhan Guan
6. Früherer Sitz des Instituts der Bauernbewegung
7. Changjiang Brücke
8. Pavillon Changtian Lou
9. Pavillon Huguang Ge
10. Pavillon Xingyin Ge
11. Hubei-Museum
12. Berg Luojia Shan
13. Tempel Guiyuan Si
14. Terrasse Guqin Tai
15. Hanyang Park
16. Wuhan Ausstellungshalle
17. Tempel Baotong Si
18. Pagode Xingfusi Ta
19. Grab Shi Yang
20. Denkmal Jiunü Dun
21. Früherer Sitz der Regierung der aufständischen Armee in Wuchang
22. Hotel Wuhan Fandian
23. Wuhan Warenhaus
24. Kinder- und Jugendpalast
25. Schlangenberg

zum 13. Oktober 1957. Ihre Gesamtlänge beträgt 1670 m, ihre Höhe 80 m. Über den oberen Teil wird der Straßenverkehr, über den unteren der Zugverkehr geleitet.
Die Brücke ist nicht nur für Wuhan sondern für ganz Zentralchina von großer ökonomischer Bedeutung, denn sie verbindet den südlichen mit dem nördlichen Teil Chinas. Früher war ein Übersetzen über den Changjiang nur mittels Fährverkehr möglich.

Sheshan, Schlangenberg 蛇山

Der Sheshan schlängelt sich tatsächlich durch das alte Wuchang. Der »Kopf« liegt am Changjiang, der »Schwanz« im östlichen Teil der Stadt. Ihm gegenüber, am anderen Ufer des Changjiang, erhebt sich der Guishan, Schildkrötenberg. Wie dieser war auch der Sheshan in alter Zeit von großer strategischer Bedeutung. Auch in kultureller Hinsicht war der Sheshan bekannt. Immer wieder wurde er in den Schriften der Historiographen und Dichter erwähnt.
Die wichtigste Sehenswürdigkeit ist der **Huanghe Lou, Gelber Kranich-Turm.** Obwohl er schon 1884 niederbrannte, blieb die Erinnerung an ihn bis zum heutigen Tage in den Herzen der Einheimischen wach. Die Stadtverwaltung beschloß deshalb den Wiederaufbau des Turms, der im Mai 1985 abgeschlossen werden konnte.
Über den Gelber-Kranich-Turm erzählt man sich folgende Legende: Einst lag am Fuße des Sheshan eine kleine Weinschenke, die häufig von einem Unsterblichen besucht wurde. Der Wirt bediente den Gast stets freundlich und zuvorkommend. Eines Tages, als der Unsterbliche wieder einige Gläser Wein getrunken hatte, malte er mit einer Orangenschale einen gelben Kranich an die Wand und verließ Schenke und Stadt. Der Kranich aber flog manchmal von der Wand hernieder und tanzte vor den Gästen. Das zog so viele Gäste an, daß aus der kleinen Weinschenke bald ein vortrefflich florierendes, großes Weinrestaurant wurde, Gelber-Kranich-Turm. Jahre später kam der Unsterbliche zurück und verschwand dann wieder, hinweggetragen auf den Flügeln des Kranich. Der Huanghe Lou soll bereits im 4. Jh. hier gestanden haben.

Dagoba Shenxiang Baota 胜象宝塔

Ursprünglich stand diese Steindagoba auf der westlichen Seite des Berges. Bei Errichtung der Changjiang-Brücke mußte sie 1957 weichen und wurde nach Osten verlegt. Die Pagode stammt aus dem Jahre 1343. Sie hat eine Höhe von

9,36 m. In den Sockel wurden verschiedene Muster und Inschriften eingeschnitzt.
Am Fuße des Sheshan befindet sich der ehemalige Sitz der Militärregierung des Wuchang-Aufstandes von 1911.

Berg Hongshan 洪山

Früher nannte man den Hongshan Dongshan, Ostberg. Er befindet sich außerhalb des *Dadong Men,* des Großen Osttores. Er ist ein beliebtes Ausflugsziel, denn er bietet mit seinen Felsen, Höhlen, alten Bäumen, Quellen und Bächen Abwechslung für jung und alt. Sehenswert sind die Tempel Baotong Si und Fajie Gong, die Pagoden Lingji Ta und Xingfusi Ta, die Höhle Huayan Dong, die Quelle Bailong Quan und die Steingravuren.

Tempel Baotong Si 宝通禅寺

Der Baotong Si auf dem südlichen Teil des Hongshan stammt ursprünglich aus der Südlichen Song-Dynastie und stand einst im Kreis Suixian. Später wurde die Anlage hierher verlegt. Die heute zu besuchenden Hallen *Daxiong Baodian, Zushi Dian,* die östlichen und westlichen Nebenhallen, entstanden 1865–1879.

Pagode Lingji Ta 灵济塔

Die Steinpagode Lingji Ta hinter dem Tempel Baotong Si wurde erstmals während der Tang-Zeit errichtet. Der heutige 43 m hohe Bau stammt aus dem Jahre 1865.

Pagode Xingfusi Ta 兴福寺塔

Die Steinpagode Xingfusi Ta im Südwesten des Berges wurde 1720 errichtet. Sie ist 11 m hoch und am Sockel reich mit Schnitzereien verziert.

Grab des Shi Yang 施洋墓

Der Rechtsanwalt Shi Yang (1889–1923) war einer der Führer des Eisenbahnerstreikes vom 7. Februar 1923. Er wurde noch am gleichen Tage festgenommen und am 15. Februar hingerichtet. 1953 wurde sein Grab offiziell hierher verlegt und eine Gedenkstele errichtet.

Berg Luojia Shan – Universität Wuhan
珞珈山—武汉大学

Der Luojia Shan befindet sich im Osten Wuchangs und am Südufer des Ostsees. Inmitten seiner schönen Landschaft wurde die Universität Wuhan angelegt. Sie ging 1925 aus der Pädagogischen Hochschule Wuchang hervor und umfaßt heute über zwanzig Fakultäten in allen Bereichen der Sozial- und Naturwissenschaften mit Ausnahme von Technik.

Donghu, Ostsee 东湖

Der in ganz China bekannte Donghu im Osten Wuchangs umfaßt eine Fläche von 33 qkm. Sein bewaldetes Ostufer bietet Besuchern der dort gelegenen Sanatorien Erholung. Am Nordufer liegt das Wohnviertel der Fischer. Zahlreiche Sehenswürdigkeiten sind an seinem Westufer zu finden. Sie sind erst in den letzten drei Jahrzehnten entstanden. Einige sollen erläutert werden:

Hubei-Museum 湖北省博物馆

Das Hubei-Museum ist in zwei Bereiche unterteilt: Hubei von den Anfängen bis zum Opiumkrieg und die Revolutionsgeschichte der Provinz. Interessant ist der Teil der Ausstellung, der sich mit dem Grab des **Marquis Yi von Zeng** beschäftigt. Es wurde im Mai 1978 etwa 2,5 km nordwestlich der Kreisstadt Suixian freigelegt. Der Marquis muß ein großer Musikliebhaber gewesen sein. Als er –433 starb, gab man ihm verschiedene wertvolle Musikinstrumente mit ins Grab, darunter ein *Bianzhong* (ein Glockenspiel mit Bronzeglocken), ein *Bianqing* (Klingsteinspiel mit 32 Klingsteinen), eine *Jiangu* (große Trommel) und eine *Sheng* (Mundorgel). Das beeindruckendste von allen ist das Bianzhong aus 19 kleinen und 46 mittleren und großen Bronzeglocken. Die größte Glocke ist 153 cm hoch und wiegt 203 kg. Die Glocken hängen an Holzbalken

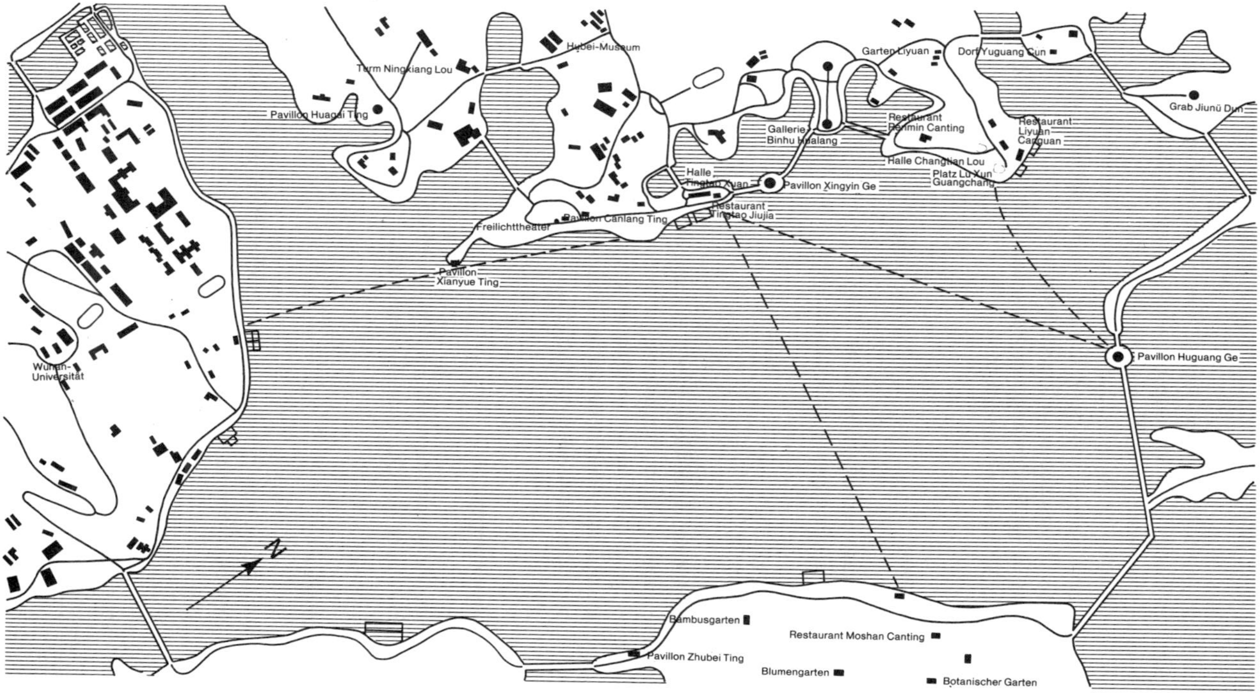

Donghu, Übersichtskarte

in Etagen an einem L-förmigen Gestell. Sie haben ein Gesamtgewicht von 2500 kg. Der Klang dieses Musikinstrumentes wurde auf Band aufgenommen und wird den Besuchern auf Wunsch vorgespielt.
Neben den Musikinstrumenten fand man noch eine Vielzahl von Kultgegenständen wie zum Beispiel bronzene Kannen und Weingefäße, sowie Waffen, Schmuckstücke, Menschen- und Tierskulpturen.
Dem Museum ist ein Laden angeschlossen, der über ein teilweise sehr geschmackvolles Warenangebot verfügt.

Halle Tingtao Xuan

Die Tingtao Xuan ist eine imposante Ziegelstein-Holz-Konstruktion. Sie beherbergt ein Teehaus und ein Restaurant.

Pavillon Xingyin Ge

Den Xingyin Ge auf einer kleinen Insel erreicht man vom Westufer aus über die Brücke Hefeng Qiao. Er hat eine Höhe von 22,5 m und zählt drei Stockwerke. Seine drei Dächer wurden mit grünen Keramikziegeln gedeckt. Vor dem Pavillon steht eine Statue des berühmten Dichters **Qu Yuan** (ca. –332 bis –295) aus dem Staate Chu (siehe S. 95).

Galerie Binhu Hualang

In dieser Galerie werden Gemälde, Kalligraphien und Siegel ausgestellt. Zur Galerie gehört auch die **Qu Yuan-Gedenkhalle.**

Liyuan, Birnengarten

Der Liyuan umfaßt eine Fläche von etwa 33 ha. Hier finden Naturfreunde Blumen, seltene Pflanzen und viele Obstbäume, darunter meistens Birnbäume.

Halle Changtian Lou

Changtian Lou befindet sich östlich vom Liyuan und beherbergt ein Teehaus.

Jiunü Dun, Neun Frauen-Denkmal

Das Jiunü Dun liegt am nordwestlichen Ufer des Donghu. Viele Frauen hatten sich während des Taiping-Aufstandes den Taiping-Truppen angeschlossen. Als die Qing-Regierungstruppen Wuhan zurückeroberten, leisteten neun Frauen bis zu ihrem Tode erbitterten Widerstand. Die Bevölkerung begrub sie und gedachte ihrer. Nach 1949 erneuerte man die Grabanlage.

Pavillon Huguang Ge

Mitten im See gelegen, auf einer kleinen Insel, bietet der imposante Huguang Ge einen idealen Aussichtspunkt. Der Pavillon ist 19 m hoch.

Sehenswürdigkeiten in Hanyang:

Guishan, Schildkrötenberg 汉阳龟山

Der Guishan befindet sich im Nordosten Hanyangs an den Flüssen Changjiang und Hanshui. Am gegenüberliegenden Ufer des Changjiang erhebt sich der Sheshan, Schlangenberg. Schon in der Zeit der Drei Reiche (220–265) hat man hier größere Bauten angelegt. Kriege und Unruhen haben alles zerstört. Nur aus jüngerer Zeit ist noch einiges zu besichtigen, wie z. B. der Tempel **Yugongji,** der im östlichen Teil steht; das Grab des **Lu Su** (172–217), eines Generals des Wu-Reiches; das Grab der Revolutionärin **Xiang Jingyu** (1895–1928); die *Moya*-Steingravuren.
Interessant ist vor allem die Terrasse **Guqin Tai** (Guqin = Saiteninstrument)
古琴台
Man nennt diese Terrasse auch die *Boya Tai.* Yu Boya war ein bekannter Musiker der Chunqiu-Zeit (−770 bis −476). Sein bester Freund Zhong Ziqi verstand sich vortrefflich auf die Deutung seiner Lieder. Als dieser starb, soll Yu Boya sein Instrument zerbrochen und bis zu seinem eigenen Tode niemals mehr gespielt haben. Zum Gedenken an die tiefe Freundschaft dieser beiden Männer baute man in der Song-Zeit eine Marmorterrasse, auf der man später eine Gedenkstele errichtete. Hinter der Terrasse befindet sich eine Halle, in der einige Schriften zur Geschichte des Yu Boya zu sehen sind.

Tempel Guiyuan Si 归元寺

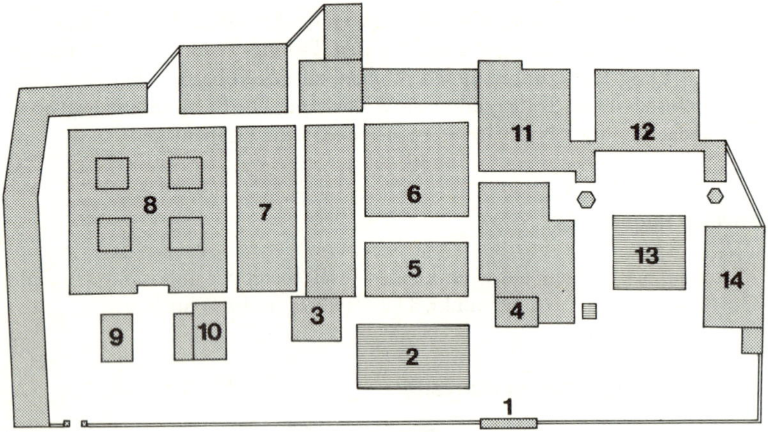

1. Shanmen (Haupttor)
2. Lotosteich
3. Gulou Trommelturm
4. Zhonglon Glockenturm
5. Halle Weituo Dian
6. Halle Daxiong Baodian
7. Vegetarisches Restaurant
8. Halle Luohan Tang
9. Halle Tianwang Dian
10. Halle Dizang Dian
11. Pavillon Dashi Ge
12. Pavillon Cangjing Ge
13. Teich Cuiwei Guchi
14. Halle Nianfo Tang

Der Guiyuan Si steht in der Straße Yangcuiweijie. Es handelt sich hier um den ehemaligen Privatgarten des Wang Zhangfu der Ming-Zeit, den man während der Qing-Zeit in einen Tempel umgestaltete. Die heutige Anlage stammt aus dem Jahre 1895; in jüngster Zeit wurden Restaurationsarbeiten durchgeführt. Der Tempel bietet mit seinen zahlreichen Hallen und Pavillons einige Höhepunkte, so zum Beispiel die beeindruckende Sakyamuni Skulptur in der Halle *Daxiong Baodian* oder die fünfhundert ausgezeichnet gestalteten Luohan-Skulpturen in der *Luohan Tang*. Der Pavillon *Cangjing Ge* enthält eine kostbare Sammlung heiliger Sutras sowie Gegenstände und Skulpturen aus Jade, Elfenbein und Bronze, von denen einige aus der Nördlichen Wei-Zeit stammen.

Pagode Wanshou Baota 沙市万寿宝塔

Die Wanshou Baota auf dem Deich des Flusses Nanjing Jiang entstand in den Jahren 1548–1552. Es ist ein achteckiger, sieben Etagen zählender Steinbau mit einer Höhe von über 40 m.

Hotels

Qingchuan Hotel, am Ufer des Changjiang, modernstes Hotel der Stadt. 晴川饭店
Shengli Fandian, Siweilu 11, Tel. 2 25 31, Hankou 胜利饭店
Xuangong Fandian, Jianghanyilu 45, Tel. 2 44 04, Hankou 璇宫饭店
Jianghan Fandian, Shenglijie 211, Tel. 2 39 98, Hankou 江汉饭店
Wuchang Fandian, Jiefanglu 457, Tel. 7 15 87, Wuchang 武昌饭店
Hankou Fandian, Jiefangdadao 326, Tel. 5 69 41 汉口饭店

Restaurants

Wuchang Canguan, Pengliuyanglu 188, Tel. 7 20 29, Wuchang
Guangdong Canguan, Jianghanlu 115, Tel. 2 35 75, Hankou (Kantonesische Küche)
Reganmian Canguan, Nudelrestaurant, Zhongshan Dalu 844, Tel. 2 47 69, Hankou
Laotongcheng Canguan, Dazhilu 1, Tel. 2 15 62, Hankou
Sijimei Canguan, Zhongshan Dadao 888, Tel. 2 28 42, Hankou

Einkaufsmöglichkeiten

Die Hauptgeschäftsstraßen befinden sich in Hankou, nämlich die Zhongshan Dadao, Jiefang Dadao und Jianghanlu
Freundschaftsladen, Jiefang Dadao
Warenhaus, Jianghanlu 139 und Jiefang Dadao 208
Kunstgewerbegeschäft, Zhongshan Dadao, Minshenglu
Antiquitäten, Zhongshan Dadao 1039

Reisebüro, **Lüxingshe**

Guoji Lüxingshe, **CITS,** Zhongguo Lüxingshe, Huaqiao Lüxingshe, Zhongshan Dadao 1395, Hankou, Tel. 2 35 05, 2 50 18, 2 16 66, Service-Schalter im Xuangong-Hotel

Gong'an Ju, Amt für Öffentliche Sicherheit, Shenglijie 206, Tel. 2 51 29, Hankou

CAAC Flugbuchung, Lijibeilu 209, Tel. 5 12 48, Hankou

Changjiang-Schiffahrtslinie, Yanjiang Dadao 80, Hankou
Buchung Tel. 5 32 07
Information Tel. 5 38 75

Bank of China, Zhongshan Dadao 1061, Tel. 2 22 22, Hankou
Postamt, Zhongshan Dadao 1051, Hankou, Tel. 2 18 79

Stadt Xiangfan 襄樊市

Xiangfan wurde erst im Jahre 1950 gegründet. Es besteht aus den alten Kreisstädten **Xiangyang** und **Fancheng** und zählt heute insgesamt 680000 Einwohner. Die Stadt liegt im Nordwesten Hubeis an dem Fluß Hanshui und ist per Bahn gut zu erreichen, denn sie liegt am Schnittpunkt dreier Linien.

Tempel Migong Ci 米公祠

Der Migong Ci wurde zu Ehren des Kalligraphen Mi Shi gebaut. Mi Shi war neben Su Shi, Huang Tingjian und Cai Xiang einer der vier berühmten Kalligraphen der Song-Zeit. In dem Tempel befinden sich seine Kalligraphien sowie die einiger seiner Zeitgenossen.

Lüying Bi, Schmuckwand 綠影壁

Die Schmuckwand im Südosten der Stadt ist aus grünlichem Stein. 1436 ließ hier König Xiang seinen Palast errichten. 1641 wurde er vollkommen zerstört. Außer dieser großen Wand ist nichts erhalten geblieben. Ein imposantes Schnitzwerk ziert sie: Drachen spielen mit einer Perle. Der Rand wurde mit 99 kleinen Drachen verziert.

Tempel Guangde Si 广德寺

Der Tempel Guangde Si befindet sich 13 km westlich vom ehemaligen Xiangyang entfernt. Das Besondere an ihm ist die imposante Pagode **Duobao Fuota** aus dem Jahre 1496. Die Höhe der Pagode beträgt 17 m. Auf ihrem achteckigen Unterbau stehen fünf kleine Pagoden. Die mittlere ist eine Lamapagode, die anderen vier sind sechseckig und im Pavillonstil gebaut.

Xiangfan ist besonders für jene interessant, die sich mit der Zeit der Drei Reiche befassen. Der berühmte Politiker und Militärberater des Staates Shu, **Zhuge Liang** (181–234) hat hier lange Zeit gewohnt.

Longzhong 古隆中

Etwa 10 km westlich von Xiangfan befindet sich auf dem Berg **Longzhong** das ehemalige Heim des **Zhuge Liang.** Es ist per Bus von Xiangfan aus zu erreichen. Zhuge Liang, der auch Zhuge Kongming genannt wurde, stammte aus der Provinz Shandong. Im Alter von 17 Jahren siedelte er mit seinem Onkel Zhuge Xuan nach Xiangyang (heute Xiangfan) um und lebte dort für 10 Jahre. Der Überlieferung zufolge eilte Liu Bei, der spätere Kaiser von Shu, im Jahre 207 dreimal hierher, um Zhuge Liang das Amt eines militärischen Beraters anzubieten. Zhuge Liang ließ sich angeblich zweimal verleugnen und empfing ihn erst beim dritten Male. In einer Strohhütte soll er mit Liu Bei die politische Lage des Reiches erörtert und ihm dann einen Rat gegeben haben, der später als der Ratschlag vom Longzhong Berg in die Geschichte einging: Die strategisch wichtigen Städte Jinzhou und Yizhou sollten als militärische Basis eingenommen und ein Bündnis mit Sun Quan von Wu gegen den überlegenen Feind Cao Cao geschlossen werden. Liu Bei folgte diesem Rat und hatte Erfolg.
Zhuge Liang ist bis heute ein Symbol der Weisheit. In der Jin-Zeit (265–420) setzte man ihm zu Ehren in Longzhong eine Steinstele mit einer Inschrift. In der Tang-Zeit baute man den Tempel **Wuhou Ci** in den Berghang hinein. In der Eingangshalle hängt eine Steinabreibung Zhuge Liangs, in der zweiten Halle befindet sich eine Einführung in sein Leben und Wirken, verfaßt von Guo Moruo. In der vierten Halle befinden sich Statuten, die Zhuge Liang, zwei seiner Schüler, seinen Sohn und einen Enkel darstellen. Westlich des Wuhou Ci soll einst die Wohnhütte gestanden haben. Heute befindet sich dort eine Gedenkanlage mit vielen Inschriftentafeln. Die gesamte Gedenkstätte ist parkähnlich angelegt. Landschaftlich gesehen ist dieses Gebiet sehr reizvoll und schon aus diesem Grunde einen Besuch wert.

Reisebüro

Zhongguo Lüxingshe, Zunyilu, Tel. 8386

Gebirge Wudang Shan 武当山

Wudang Shan, auch Taihe Shan, Berg der Höchsten Harmonie, genannt, ist einer der Heiligen Berge des Daoismus. Das Massiv liegt im Kreis **Junxian,** im Nordwesten der Provinz, an der Eisenbahnlinie Xiangfan – Chongqing. Es ist

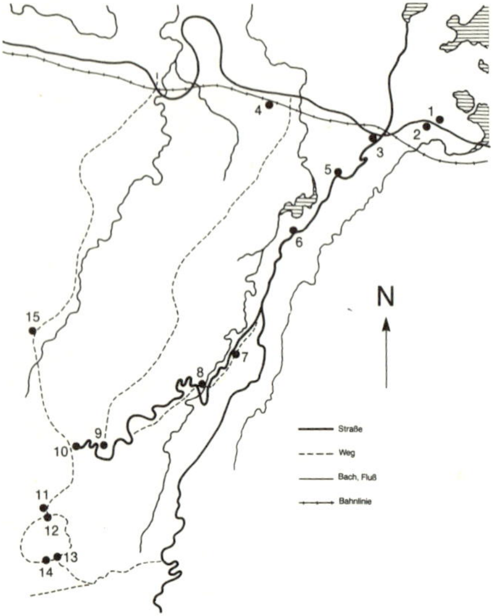

Gebirge Wudang Shan

1. Tor Xuanyue Men
2. Tempel Yuzhen Gong
3. Tempel Yuanhe Guan
4. Tempel Yuxu Gong
5. Tempel Huilong Guan
6. Nonnenkloster Huixin An
7. Fuzhen Guan (Taizi Po)
8. Brücke Jianhe Qiao
9. Tempel Zixiao Gong
10. Felsenkloster Nanyan
11. Höhle Huanglong Dong
12. Tempel Chaotian Dong
13. Gipfel Tianzhu Feng
14. Jinding, Goldene Spitze, und Goldene Halle
15. Tempel Wulong Gong

von Xiangfan aus mit dem Bus in 3½ Std. zu erreichen. Das Gebiet erstreckt sich über 400 km und soll in Zukunft touristisch erschlossen werden. Die höchste Erhebung ist der Gipfel Tianzhu Feng mit 1612 m. Er ragt schroff in den Himmel empor und wurde darum von den Einheimischen »Himmelssäule« genannt. Er ist umgeben von 71 Nachbargipfeln.
Während der Tang- und Song-Zeit entstanden viele Tempel und Klöster, die Ende der Yuan-Zeit jedoch fast alle zerstört wurden. 1412 teilte der Yongle-Kaiser seinen Baumeister 300000 Arbeitskräfte zu und ordnete die Durchführung eines riesigen Bauprojektes am Wudang Shan an. Innerhalb von sechs Jahren entstanden 46 Tempel und Hallen, 72 Grotten, 39 Brücken und 12 Pavillons und Terrassen. In den Jahren 1552–1554 wurden noch weitere Bauten errichtet. Viele sind bis heute gut erhalten.
Ziel jeder Bergwanderung ist die ›Himmelssäule‹ mit ihrer ›Goldenen Spitze‹, auf der die ›Goldene Halle‹ steht. Der Aufstieg vom Mittelberg (dem Ende der Straße) führt über Hunderte von Stufen vorbei an vielen Bächen, Wasserfällen und Brücken. Man braucht etwa knappe drei Stunden. Der Weg ist nicht gefährlich, dafür aber anstrengend. Gutes Schuhwerk ist erforderlich.
Das **Tor Xuanyue Men** befindet sich am Fuße des Wudan Shan. Es wurde 1552 aus Stein errichtet, ist 20 m hoch und wird von fünf Dächern geziert. Beachtenswert sind seine schönen Schnitzereien.
Der **daoistische Tempel Yuzhen Gong** befindet sich am nördlichen Fuß des

Berges, etwa 1 km vom Tor Xuanyue Men entfernt. Er wurde 1417 zu Ehren des daoistischen Mönchs Zhang Sanfeng gebaut. Seine Bronzestatue in der *Zhenxian Dian,* der Heiligen Halle, ist die Attraktion des Tempels. Außer der Haupthalle sind noch das *Shanmen,* Bergtor, Nebenhallen und Wandelgänge zu besichtigen.

Der **Tempel Yuxu Gong,** 1413 angelegt, war mit zweitausend Räumen der größte des Wudang Shan. Übriggeblieben sind das Rote Tor, die Rote Mauer, bunte Keramikmuster und ein Stelenpavillon. Das ist nicht viel, reicht aber, um einen Eindruck von ehemaliger Größe und Pracht zu vermitteln.

Der **Tempel Yuanhe Guan** wurde 1413 angelegt und mit interessanten Bronzeskulpturen ausgestattet.

Der **Tempel Fuzhen Guan** wurde 1419 in den Berghang gebaut. Die Halle *Taizi Dian* befindet sich auf dem höchsten Punkt. Die Anlage wurde sehr schön den landschaftlichen Gegebenheiten angepaßt. Ein Weg schlängelt sich zu den einzelnen Gebäuden, der Halle *Lenghu Dian,* Drachen-Tiger-Halle, der *Zhengdian,* Haupthalle, *Houdian,* Hinterhalle und den linken und rechten Nebenhallen.

Der **Tempel Zixiao Gong** nordöstlich des Gipfels Tianzhu Feng, direkt unter dem Zhanqi Feng, 7,5 km von Fuzhen Guan entfernt, wurde 1413 gebaut und gehört zu den besterhaltenen Anlagen des Wudang Shan. Dieser Tempel hat mehrere Haupt- und Nebenhallen, heute ist er der größte des Wudang Shan. Die Besucher sollten sich zuerst auf die Haupthalle *Zixiao Dian* konzentrieren, deren Dach, Wände, Konsolensystem, Decken und heilige Skulpturen einen tiefen Eindruck hinterlassen werden.

Felsenkloster Nanyan

Das Felsenkloster Nanyan befindet sich 2,5 km westlich vom Zixiao Gong, auf einem steilen Abhang knapp unterhalb des Hauptgipfels. In der Yuan- und Ming-Zeit bestand es aus mehr als 640 Räumen. Leider wurden fast alle zerstört. Interessant sind heute noch das Südliche Himmelstor aus der Ming-Zeit, Steinskulpturen und Stelen sowie die Steinhalle aus der Yuan-Zeit. Sie wurde aus gewachsenem Felsen gehauen und im Stile des Holzskelettbaus gestaltet. Landschaft und Ausblick sind phantastisch.

Tempel Taihe Gong

Der Taihe Gong auf der mittleren Höhe des Hauptgipfels Tianzhu Feng stammt aus dem Jahre 1416. Links und rechts von der Haupthalle stehen der Glocken- und der Trommelturm. In dem Glockenturm hängt noch eine

Bronzeglocke aus dem Jahre 1416. In der Halle *Zhuanzhan Dian* gegenüber der Haupthalle auf einem Hügel befindet sich eine kleine Bronzehalle aus dem Jahre 1307.
Hinter dem Taihe Gong führt ein Weg zum Südtor der Mauer *Zijin Cheng*, dem einzigen Weg zur Spitze des Tianzhu Feng.

Jinding, Goldene Spitze, bzw. *Jindian,* Goldene Halle

Jinding ist der höchste Punkt des Gipfels Tianzhu Feng und ein Orientierungspunkt für die Besucher. Eine Bronzehalle, die sogenannte Goldene Halle, wurde hier 1416 errichtet. Sie ist 5,54 m hoch und 4,4 m breit, wurde im Stil des Holzskelettbaus gestaltet und ist in dieser Größe einzigartig in China. Die Halle, auf einem Granitfundament ruhend, enthält mehrere goldverzierte Bronzeskulpturen, eine von ihnen ist die Darstellung der daoistischen Gottheit Zhen Wu, einst Kaiser der Ming-Dynastie. Sein Symbol und das des Wudang Shan sind Schildkröte und Schlange.
Von der Goldenen Spitze aus läßt sich die gesamte ferne und nahe Umgebung überblicken.

Tempel Wulong Gong

Der Wulong Gong stand nördlich des Hauptgipfels Tianzhu Feng, etwa 15 km südwestlich des Yuxu Gong. Die Anlage stammt aus dem Jahre 1286. Leider wurde fast alles zerstört. Zu sehen ist nur noch das Haupttor, die Rote Mauer, ein Stelenpavillon und ein alter Brunnen.

Hotel

Wudangshan Jiaodaisuo, Gästehaus
Zixiao Gong: Übernachtung ist auch in diesem Tempel möglich. Spartanisch, dafür aber billig und ganz reizvoll.

Stadt Yichang 宜昌市

Yichang, eine alte Hafenstadt am nördlichen Ufer des Changjiang, liegt unmittelbar vor den Changjiang-Schluchten. Bis hierher kamen früher die Dampfer vom Unterlauf des Flusses; in die Schluchten konnten sie sich nicht

hineinwagen. Im Laufe seiner langen Geschichte war Yichang immer wieder umkämpft, denn die Stadt bildete das Tor ins reiche Sichuan. In den Jahren 1937–45 wurde Yichang von den Japanern, die von Hankou aus nach Sichuan zu gelangen suchten, weitgehend zerstört.
Yichang ist heute noch eine wichtige Hafenstadt, wenn auch nicht mehr das einzige Tor nach Sichuan. In den letzten Jahren wurde in China viel über diese Stadt gesprochen, denn ganz in ihrer Nähe entstand das größte Wasserbauprojekt Chinas.

Stauwerk Gezhou Ba 葛洲坝

Etwa 5 km westlich der Stadt befindet sich das Schlüsselprojekt der chinesischen Energiewirtschaft, das Gezhou Ba, das einen entscheidenden Teil zur Regulierung des Changjiang leistet. Es staut den Oberlauf des Changjiang, macht ihn somit leichter navigierbar, bewältigt Katastrophenhochwasser und liefert Strom.
Der Changjiang teilt sich auf der Höhe von Yichang an zwei aus dem Wasser ragenden Inseln in drei Wasserläufe. Diese natürliche Teilung nutzten die Wasserbauingenieure und planten den Bau des Stauwerks in zwei Phasen. Erste Phase: Bau von zwei Schiffsschleusen, einer Sandableitungsschleuse, einem Wasserkraftwerk und einer Hochwasserschleuse. Zweite Phase: Bau eines weiteren Wasserkraftwerkes, einer Sandableitungsschleuse und einer Schiffsschleuse.
Gezhou Ba soll ein jährliches Durchfahrvermögen von 20 Mill. BRT je Richtung haben. Von den beiden Wasserkraftwerken mit einer Gesamtkapazität von 2,715 GW erhofft man sich eine jährliche Leistung von 13,8 GWh. China ist stolz auf Gezhou Ba, denn dieses gigantische Wasserbauprojekt ist das Ergebnis eigener, chinesischer, Anstrengungen.

Pagode Tianran Ta 天然塔

Von der Tianran Ta, 7 km östlich der Stadt, heißt es, sie stamme ursprünglich aus der Jin-Zeit und sei während der Qing-Zeit 1792 erneuert worden. Es handelt sich um einen achteckigen Steinbau mit einer Höhe von 42 m. Vom obersten Stockwerk der Pagode bietet sich ein guter Ausblick auf den Changjiang und das Gebirge.

Reisebüro

Zhongguo Lüxingshe, Tel. 31 03

Provinz Hunan

湖南省

Fläche: 210000 qkm / Bevölkerung: 54 Mill., davon 10% Miao, ferner Zhuang, Yao, Dong, Tujia / Hauptstadt: Changsha

Die südchinesische Provinz Hunan ist umgeben von Jiangxi im Osten, Guangdong und Guangxi im Süden, Guizhou und Sichuan im Westen und Hubei im Norden. Der Name Hunan bedeutet »südlich des Sees«, nämlich südlich des Dongting Hu.

Geschichtlicher Überblick

Während der Zeit der Kämpfenden Staaten gehörte das Gebiet des heutigen Hunan zum südlichsten Teil des Königreichs von Chu. Damals war das Land nur spärlich von den Stämmen der Miao und Yao besiedelt. Seit dem 3.–4. Jh. kamen han-chinesische Siedler aus dem Norden ins Land. Die einheimischen Stämme wurden in den Westen und Südwesten der Provinz gedrängt. Zuwanderungen aus dem Norden sollten sich auch in späteren Dynastien wiederholen, als der Norden zum Beispiel von Völkern wie den Mongolen oder Mandschuren erobert wurde. Während der Yuan- und Ming-Dynastie waren die Gebiete des heutigen Hunan und Hubei zur Provinz Huguang zusammengefaßt. Huguang stellte im damaligen Reich eine Schlüsselfunktion bezüglich der Reisversorgung dar, denn es gehörte zu den wichtigsten Anbaugebieten. Der größte Teil der Ernten wurde nach Norden geliefert. Das Sprichwort »Wenn in Huguang die Ernte gut war, geht es dem Reich gut!« gibt die Bedeutung dieser Region in wirtschaftlicher Hinsicht wieder. Die Herrscher der Qing-Dynastie teilten Huguang in die Provinzen Hunan und Hubei. Im 20. Jh. wurde Hunan Mittelpunkt der revolutionären Bewegung.

Mao Zedong, am 26. 12. 1893 in Shaoshan geboren und bekanntester Sohn Hunans, organisierte 1926/27 in dieser Provinz die revolutionäre Bauernbewegung und leitete den Herbsternteaufstand von 1927.

Im Osten, Süden und Westen Hunans liegen Berge und Hügel. Im Nordosten erstreckt sich der Dongting Hu, der zweitgrößte Süßwassersee Chinas. Das Zentrum der Provinz ist gebirgig. Das berühmte 1290 m hohe Hengshan-Gebirge liegt dort.

Der wichtigste Fluß der Provinz ist der Xiangjiang, der sie von Süden nach Norden durchzieht und in den Dongting Hu mündet. Das Klima Hunans ist durch feuchte, heiße Sommer und kurze, relativ kühle Winter gekennzeichnet. Die Durchschnittstemperaturen liegen in Changsha bei 30 °C im Juli und bei 6 °C im Januar. Die niederschlagsreichste Zeit ist der Sommer. Auch die Winter sind relativ feucht. Die Niederschlagsvariabilität ist wesentlich geringer als in Nordchina.

Hunan gehört zu den wichtigsten Reisüberschußgebieten. Das reichste Gebiet liegt am Dongting Hu. Hier wird im Sommer Naßreis angebaut. Wegen der kühlen Wintermonate ist jedoch nur eine Reisernte pro Jahr möglich. Für eine zweite Ernte muß auf Trockenfeldfrüchte wie Mais, Winterweizen, Gerste, Süßkartoffeln, Sojabohnen und Sorghum ausgewichen werden. Nur etwa ein Fünftel der Provinz ist landwirtschaftlich nutzbar, davon fällt etwa die Hälfte dem Reisanbau zu. In den bergigen Gebieten ist der Teeanbau von großer Bedeutung.

Etwa 22% der Provinz sind mit Wald bedeckt und werden holzwirtschaftlich genutzt. Fichte, Ahorn, Bambus, Zeder und Kiefer gehören zu den gehandelten Hölzern. Hunan ist auch als Lieferant von Bodenschätzen nicht uninteressant. Die Provinz verfügt wahrscheinlich über die größten Antimonvorkommen der Welt. Darüber hinaus gibt es u. a. Zinn-, Blei-, Zink- Wolfram-, Kupfer- und Kohlevorräte.

Seit 1949 haben sich die Leicht- und Schwerindustrie gut entwickeln können. Eisen- und Stahlwerke sind in den Städten Changsha, Xiangtan und Zhuzhou entstanden.

Stadt Changsha 長沙市

Changsha am Ostufer des Xiangjiang ist mit einer Einwohnerschaft von 2,4 Mill. das politische, wirtschaftliche und kulturelle Zentrum der Provinz.

Geschichtlicher Überblick

Im −1. Jt. lag hier der Mittelpunkt des Chu-Königreiches. Schon damals verstand sich die dort ansässige Bevölkerung vortrefflich auf Metallverarbeitung, Lackarbeit und Stickerei. In den letzten Jahrzehnten konnten mehr als tausend Gräber in der Umgebung freigelegt werden, teilweise stammen sie aus der Zhou- oder Han-Dynastie. Sie enthielten Kultgegenstände, Schmuck, Seiden- und Lackarbeiten, deren ausgewogene Schönheit den Betrachter in Erstaunen versetzt. So sollte man es sich nicht entgehen lassen, im Museum der Provinz Hunan die Ausstattung zum Grab von Mawangdui anzuschauen.
Im Jahre 589 gab man der Stadt den Namen Changsha. In den folgenden Jahrhunderten entwickelte sie sich zu einem der führenden Reismärkte Chinas und zu einer großen Handelsstadt. Zu Beginn der Ming-Zeit wurde sie befestigt und mit neun Stadttoren ausgestattet. 1644, nach der Teilung der Provinz Huguang, wurde Changsha Hauptstadt Hunans. Während des Taiping-Aufstandes belagerten die Truppen der Aufständischen die Stadt, konnten sie jedoch nie einnehmen. Changsha wurde dann sogar wichtigster Ausgangspunkt für die Unterdrückung des Aufstandes. Zeng Guofan, aus Changsha gebürtig, war hoher Beamter und Oberkommandeur einer Provinzarmee, die der Taiping-Bewegung den entscheidenden Schlag versetzte.
1904 wurde die Stadt dem ausländischen Handel geöffnet. Europäer und Amerikaner ließen sich in Changsha nieder. Der Bau der Eisenbahnlinie 1908, die Changsha mit Hankou und Beijing verband, förderte die Entstehung der Leichtindustrie. Schwere Zerstörungen erlitt die Stadt während des chinesisch-japanischen Krieges. Nach Gründung der Volksrepublik konnte Changsha seine Stellung als wichtiges Handelszentrum ausbauen, es ist der Umschlagplatz für Reis, Baumwolle und Holz der Region. Changshas Lage am Xiangjiang begünstigt diese Rolle. Der Hafen der Stadt ist der größte des Xiangjiang. Changsha ist inzwischen eine moderne Industriestadt geworden. Es überwiegen Leicht- und Aluminiumindustrie.

Schon früher war die Stadt Sitz vieler Schulen und Akademien. Bereits während der Song-Dynastie gab es eine hervorragende Akademie, an der zeitweise der Philosoph Zhu Xi lehrte.
Der Besucher Changshas wird häufig an historische Stätten geführt, die

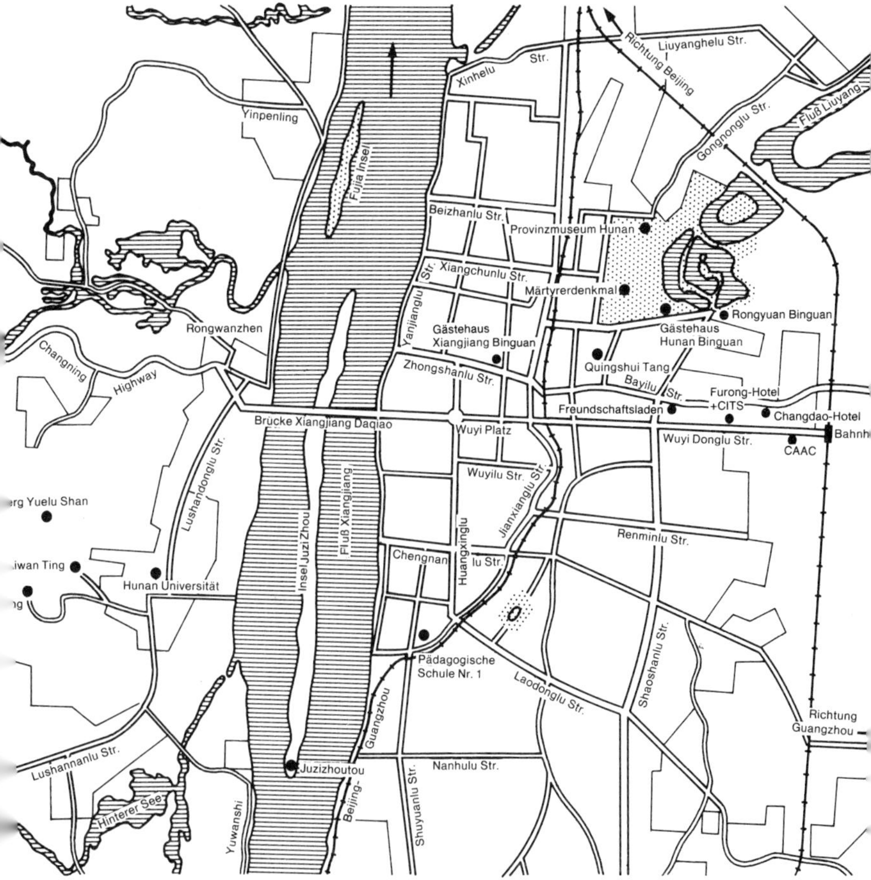

Stadtplan von Changsha

unmittelbar mit Mao Zedong zusammenhängen. Mao lebte von 1911–1923 in Changsha. Er studierte und arbeitete hier.

Berg Yuelu Shan 岳麓山

Der Yuelu Shan liegt am Westufer des Xiangjiang. Er erreicht eine Höhe von 297 m. Der Berg ist nicht nur landschaftlich von großem Reiz, sondern kann auch als Kulturzentrum der Provinz bezeichnet werden. Hier befinden sich die

Hunan-Universität, eine pädagogische Hochschule, technische Hochschulen und Forschungsinstitute. Ein 1975 eröffneter Park enthält folgende Sehenswürdigkeiten:

Yuelu Shuyuan, Yuelu-Akademie 岳麓書院

Die Yuelu-Akademie befindet sich am östlichen Fuß des Yuelu Shan. Sie wurde 976 erbaut und stellte eine der vier größten Schulen der Song-Dynastie dar. Der berühmte Philosoph Zhu Xi (1130–1200) war hier zeitweise als Lehrer tätig.
1903 wurde die Schule zu einer Hochschule umgebaut. Seit 1925 ist dort die Hunan-Universität untergebracht.

Pavillon Aiwan Ting 爱晚亭

Der Aiwan Ting wurde 1792 auf einem kleinen Hügel hinter der alten Yuelu-Akademie inmitten eines Ahornwaldes erbaut.

Tempel Lushan Si 麓山寺

Der Lushan Si liegt auf halber Höhe des Yuelu Shan. Er wurde 268 gegründet und mehrfach erneuert. Er gehört zu den ältesten Tempeln Hunans.
Zu besichtigen sind gegenwärtig noch das Haupttor und der Pavillon *Cangjing Ge*. Nicht weit davon steht eine Steintafel mit einer Inschrift des berühmten Tang-Kalligraphen Li Yong (678–747) aus dem Jahre 730. Die Inschrift umfaßt über 1400 Zeichen und berichtet über den Bau des Tempels und die buddhistischen Zeremonien, die dort abgehalten wurden. Die Tafel gehört zu den kostbarsten Chinas.

Steinstele Yuwang Bei 禹王碑

Diese Stele auf der Spitze des Berges zeigt eine Inschrift mit 77 Zeichen und soll von dem Beamten He Zhi der Südlichen Song-Zeit stammen. Sie beschreibt die Kämpfe des mythischen Kaisers Yu, die dieser gegen Überschwemmungen führte.

Juzi-Zhou, Orangeninsel 橘子洲

Die Orangeninsel liegt mitten im Xiangjiang und erstreckt sich von Norden nach Süden über 5 km mit einer Breite von nur 45–145 m. Die Insel wurde nach den vielen Orangenbäumen benannt, die hier wachsen. Im Süden steht in einer öffentlichen Parkanlage ein hübscher Pavillon. Der Blick über den Fluß ist von der Südspitze aus besonders gut.

Hunan Diyi Shifan Xuexiao, Hunan Pädagogische Schule Nr. 1

湖南第一師范学校

Im Süden der Stadt befindet sich die Pädagogische Schule Nr. 1, an der Mao Zedong 1913–1918 studiert und 1920–1921 gearbeitet hat. Während dieser Zeit organisierte er einen Studentenverband und eine erste Arbeiterabendschule. Darüber hinaus gründete er die Forschungsgruppe Neues Volk, *Xinmin Xuehui*, und eine marxistische Studiengruppe. Die Schule wurde 1938 durch Feuer zerstört und nach 1949 originalgetreu wieder aufgebaut.

Qingshui Tang 清水塘

Qingshui Tang, **Teich des klaren Wassers,** ist der Name eines Gebäudes, in dem das erste und einige weitere Treffen des Parteikomitee Hunans stattfanden. Zu besichtigen sind heute die Räume, in denen die Treffen abgehalten wurden und die Wohnräume von Mao Zedong und anderen führenden Parteimitgliedern.

Lieshi Jinianta, Märtyrer-Gedenkpagode

湖南烈士公園紀念塔

Die Lieshi Jinianta im Park Lieshi Gongyuan, Märtyrer-Park, wurde 1955 zu Ehren der Märtyrer des Befreiungskampfes errichtet. Die Gedenkpagode hat eine Höhe von 38,6 m. Im eigentlichen Sockel der Pagode befindet sich eine Ausstellungshalle.

Hunan Sheng Bowuguan, Provinzmuseum Hunan

湖南省博物馆

Das Museum im Nordosten der Stadt, nicht weit von der Märtyrer-Gedenkpagode entfernt, enthält eine überaus bemerkenswerte Ausstellung der Funde, die man bei der Freilegung eines über 2000 Jahre alten Grabes machte. Archäologen hatten 1972 in **Mawangdui,** nordöstlich von Changsha, Grabstätten aus der Westlichen Han-Zeit (−206 bis +8) geöffnet. Eine von ihnen enthielt den Leichnam einer etwa 50jährigen Frau, der Gemahlin eines hohen Beamten, die wahrscheinlich −190−−140 gelebt hat. Erstaunlicherweise war ihr Körper noch vollkommen erhalten. Medizinische Untersuchungen verrieten Einzelheiten über die Eßgewohnheiten und Krankengeschichte der Frau. Die Grabkammer befand sich in 20 m Tiefe. Alle Grabbeigaben, der äußere und die inneren prachtvoll gestalteten Särge sowie der Leichnam sind im Museum zu sehen. Der Körper lag umhüllt von mehr als zwanzig Lagen Seide und Leinen im inneren Sarg, auf den man ein Seelenbanner, ein T-förmiges Seidenbild gelegt hatte. Dieses gut erhaltene Bild gehört zu den herausragenden Funden der Grabanlage. Es beschreibt die Reise der Verstorbenen ins Jenseits und zeigt die Wesen und Pflanzen jener unbekannten Welt. Maltechnik und Farben sind von höchster Qualität. Auch die übrigen Grabbeigaben, vor allem die Lackarbeiten, zeugen von einer erstaunlichen Kunstfertigkeit der damaligen Handwerker.

Tempel Kaifu Si 开福寺

Der Kaifu Si in der Xiangchunjie Straße stammt aus dem Jahre 907, mußte jedoch nach wiederholten Zerstörungen während der Song-, Ming- und Qing-Zeit immer wieder restauriert und erneuert werden. Die heutige Anlage enthält noch die Hallen *Sansheng Dian, Daxiong Baodian* und *Pilu Dian,* sowie einen Teil des Haupttores. Die Halle *Daxiong Baodian* stammt von 1923.

Hotels

Furong Fandian, Wuyilu, Tel. 25310, 23474, 芙蓉饭店
neueröffnetes Hotel in der Nähe des Hauptbahnhofes, CITS im Haus.
Xiangjiang Binguan, Zhongshandonglu 267, Tel. 26261. Serviceeinrichtungen vorhanden 湘江宾馆
Der Freundschaftsladen, Youyi Shangdian, befindet sich ebenfalls in diesem Hotel.
Hunan Binguan, Yingbinlu 9, Tel. 26331. Serviceeinrichtungen, Post, Bank usw. vorhanden 湖南宾馆
Rongyuan Binguan, Südufer des Nianjia Sees, Tel. 267400

Restaurants

Changsha Fandian, Wuyidonglu 116, Tel. 2 50 29
Youyicun Fandian, Zhongshanlu 116, Tel. 2 42 57
Huogongdian, Pozijie 145, Tel. 2 35 91

Einkaufsmöglichkeiten

Die wichtigsten Einkaufsstraßen sind Zhongshan- und Huangxinglu.
Freundschaftsladen: Xiangjiang Binguan s. o. + westl. vom Furong-Hotel
Antiquitätengeschäft, im Hunan Provinz-Museum, Dongfenglu, Tel. 2 52 77
Kunstgewerbegeschäft, Wuyi Guangchang, Wuyilu 92
Kaufhaus Zhongshanlu Baihuo Shangdian, Zhongshanlu 213

Reisebüro, **Lüxingshe**

Guoji Lüxingshe, **CITS,** + Zhongguo Lüxingshe + Huaqiao Lüxingshe, im Furong-Hotel, Tel. 2 48 55, 2 51 01

Gong'an Ju, Amt für Öffentliche Sicherheit,
Daqinglu, Simenkou, Tel. 2 48 98

CAAC Ticketbüro, Wuyidonglu 5, Tel. 2 38 20

Bahnhof, Wuyidonglu, Tel. 2 63 26

Stadt Yueyang 岳阳市

Yueyang liegt im Norden der Provinz am Ostufer des **Dongting Hu** an der Bahnstrecke Beijing-Guangzhou, etwa 8 km vom Zusammenfluß von Dongting Hu und Changjiang entfernt.
Yueyang war bereits zur Zeit der Han-Dynastie eine befestigte Ortschaft. Die Herrscher der Sui nannten sie 589 Yuezhou. Während der Song-Dynastie wurde sie Sitz der Militärpräfektur Yueyang.
Yueyang ist in erster Linie Handelsstadt und Umschlagplatz für Baumwolle, Getreide und vor allem Holz. Das Holz wird in Flößen auf den verschiedenen Wasserwegen bis nach Yueyang getrieben und von dort aus per Bahn oder auf dem Changjiang weitertransportiert.
Die bekannteste Sehenswürdigkeit der Stadt ist der **Yueyang-Turm** am Ufer

岳阳楼

des Dongting Hu, einer der drei größten Turmbauten südlich des Changjiang. Er wurde erstmals 716 auf der Südseite des Berges Tianyue Shan angelegt, fiel dann aber in späteren Jahrhunderten Zerstörungen zum Opfer und mußte mehrmals restauriert werden. Nachdem man ihn 1867 erneut aufgebaut hatte, wurde er zum Westtor der Stadt.
Der Turm ist dreistöckig und 19,7 m hoch. Er wurde vollkommen aus Holz gefertigt; vier Hauptsäulen aus *Nanmu*-Holz stellen den Kern des Gebäudes dar, ergänzt durch 24 äußere und 12 innere Säulen. Viele bekannte Dichter haben ihn in der Vergangenheit besungen, wie zum Beispiel Du Fu, Li Bai, Bai Juyi und Han Yu. Die bekanntesten Zeilen stammen von Fan Zhongyan (989–1052), verfaßt 1045 anläßlich des Wiederaufbaus des Yueyang Turms. »Vom Glanz der Morgensonne bis zur Glut der Abenddämmerung ist der Turm mit tausend wechselnden Ansichten gesegnet.«

See Dongting Hu 洞庭湖

Der Dongting Hu befindet sich südlich des Changjiang und ist mit diesem durch mehrere Kanäle verbunden, so daß er erheblich zur Regulierung des großen Stromes beitragen kann. Etwa 40% des Flußwassers fließen in den See, der darüber hinaus noch im Süden von den vier Flüssen Xiangjiang, Zishui, Yuanjiang und Lishui gespeist wird. Bei Yueyang fließt das Wasser des Dongting Hu dann wieder in den Changjiang. In der trockenen Jahreszeit, Oktober – April, fließt mehr Wasser aus dem Dongting Hu in den Changjiang als im Westen vom Changjiang in ihn hinein, so daß sein Wasserspiegel erheblich fällt. Deshalb variiert auch seine Größe. In normalen Zeiten beträgt die Fläche etwa 3700 qkm, in den jährlichen Hochwasserperioden, Juni – Oktober, bis zu 4900 qkm.
Viele Dichter widmeten ihre Werke dem Dongting Hu. Einer der ersten war Qu Yuan (ca. −332 bis −295). Wenn man vom Hafen Yueyangs mit einem Boot in den Dongting Hu hinausfährt, hat man einen herrlichen Blick auf Yueyang, den Turm von Yueyang und die Insel Junshan.

Insel Junshan 君山

Die Junshan etwa 15 km südwestlich der Stadt im Dongting Hu hat eine Fläche von 100 ha und besteht aus kleinen Hügeln, Schluchten, Wäldern, terrassierten Teeplantagen und kleinen Kanälen. Sie gleicht einem Botanischen Garten, der sich vor allem durch seine verschiedenen Bambusarten hervorgetan hat. Der Tee der Insel ist hervorragend. Er wurde früher als Tribut den Kaisern geliefert.

Stadt Xiangtan 湘潭市

Xiangtan liegt etwa 35 km südwestlich von Changsha am Zusammenfluß von Xiangjiang und Lianshui. Seit 1957 ist die Stadt an die Eisenbahnstrecke Zhuzhou – Huaihua angeschlossen. Xiangtan hat seine Bedeutung als Hafenstadt und Umschlagplatz für Reis und andere landwirtschaftliche Produkte des Südens Hunans in den letzten Jahrzehnten immer weiter ausbauen können. Früher war es ein Zentrum des Heilkräuterhandels. Seit 1949 sind Betriebe verschiedenster Industriezweige eröffnet worden, wie z. B. Textilfabriken (Xiangtan ist ein Mittelpunkt der Baumwollverarbeitung) und ein großes Eisen- und Stahlkombinat. Die Einwohnerzahl wird heute auf etwa 400 000 geschätzt.

Tempel Guansheng Dian 关圣殿

Der Guansheng Dian an der Straße Pingzhenglu wurde in den ersten Jahren der Qing-Dynastie erbaut und dem Guan Yu geweiht. Dieser war in der Zeit der Drei Reiche ein General des Staates Shu. Seine Tapferkeit machte ihn berühmt. Nach seinem Tode ernannte man ihn zum Kriegsgott.
Die heutige Anlage besteht aus der Haupthalle *Dadian*, dem Pavillon *Chunqiu Ge*, sowie einem Trommel- und einem Glockenturm.

Dorf Shaoshan, Geburtsort Mao Zedongs

韶山

Etwa 100 km von Changsha und 45 km westlich von Xiangtan liegt Shaoshan, der Geburtsort Mao Zedongs, in einem Tal umgeben von Hügeln. Viele seiner Bewohner gehören noch heute der Mao-Sippe an.

Das Geburtshaus Mao Zedongs 毛泽东故居

In einem Bauernhaus im typischen Hunan-Stil kam Mao am 26. 12. 1893 zur Welt. Das Haus ist recht geräumig. Maos Vater gehörte zu den relativ

wohlhabenden Bauern, die über ein eigenes Stück Land verfügten. Das Haus ist ursprünglich in zwei, heute in drei Bereiche unterteilt. Im rechten Flügel befindet sich eine Empfangshalle für die Besucher. Der Wohntrakt, bestehend aus drei Schlafräumen, Eßzimmer, Küche und Badezimmer, grenzt an einen Innenhof, von dem aus ein kleines Gästezimmer und verschiedene Speicher zu erreichen sind. Vor dem Haus befindet sich ein Lotosteich, in dem Mao als kleiner Junge gebadet haben soll. In den umliegenden Reisfeldern hat er einst gearbeitet. Soweit es die Zeit erlaubt, kann ein kleiner Spaziergang durch die nähere Umgebung sehr angenehm sein.
Mao verließ sein Elternhaus 1910 und kehrte erst 1925 wieder zurück, um die Bauernbewegung zu organisieren. Ein Ergebnis dieser Arbeit war der »Untersuchungsbericht über die Bauernbewegung in Hunan« vom Februar 1927.

Mao Zedong-Museum

In diesem Museum werden die Kindheit und das revolutionäre Wirken Mao Zedongs anhand von Bildern und Schriften dokumentiert.

Das **Gästehaus** von Shaoshan bietet seinen Besuchern Unterkunft und Verpflegung. Auch Ausflügler können hier ein Mahl der typischen Hunan-Küche probieren.

Gebirge Hengshan 衡山

Hengshan, auch Nanyue, Südberg, oder Goulou Shan genannt, ist einer der fünf heiligen Berge Chinas. Die anderen vier sind Taishan in Shandong, Huashan in Shaanxi, Songshan in Henan und Hengshan in Shanxi. (Die Namen der beiden Hengshan Berge entsprechen einander nur in der Aussprache, nicht in der Schreibweise.)
Das Hengshan-Massiv erhebt sich südlich von Changsha und nördlich von **Hengyang,** im Kreis Hengshan. Wenn man mit dem Zug Beijing – Guangzhou von Changsha aus nach Süden fährt, kann man in **Hengshan** aussteigen und mit dem Bus direkt vom Bahnhof zur Gemeinde **Nanyue Zhen** am Fuße des Hengshan fahren.
Hengshan ist nicht nur wegen seiner herrlichen Landschaft, seinen 72 Gipfeln und den vielen alten Bäumen bekannt, sondern auch wegen seiner kulturellen Stätten. Alte Schriften berichten von mythischen Kaisern, die dem Berg Opfer darbrachten. Viele daoistische und buddhistische Tempelklöster entstanden

1. Busstation
2. Gemeinde Nanyue Zhen
3. Tempel Nanyue Miao
4. Tempel Zhusheng Si
5. Gipfel Jiahe Feng
6. Kloster Huangting Guan
7. Tempel Zhonglie Ci
8. Tempel Nantai Si
9. Tempel Fuyan Si
10. Terrasse Mojing Tai
11. Pavillon Banshan Ting
12. Tempel Fangguang Si
13. Gipfel Tianzhu Feng
14. Brücke Magu Qiao
15. Tempel Tiefo Si
16. Halle Wuyue Dian
17. Terrasse Shuzhuang Tai
18. Halle Cangjing Dian
19. Gipfel Yanxia Feng
20. Gipfel Furong Feng
21. Südliches Himmelstor, Nantian Men
22. Stein Shizi Yan
23. Tempel Guangji Si
24. Tempel Shangfeng Si
25. Plattform Wangri Tai
26. Gipfel Zhurong Feng

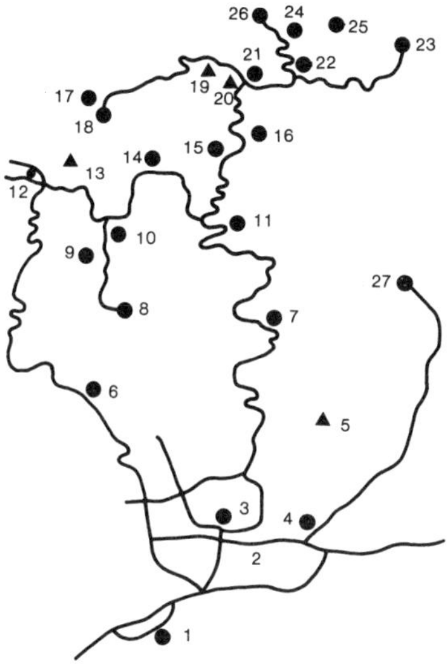

hier im Laufe der Jahrhunderte. Die Herrscher der Qing-Dynastie zeigten sich generös und ließen viele von ihnen restaurieren. Dichter und Literaten drückten ihre Bewunderung für den Hengshan in ihren Werken aus. Viele ihrer Worte und Aussprüche wurden in Stein gemeißelt und sind heute noch in den Bergen zu sehen.

Der in der Tang-Zeit gegründete Tempel **Zhusheng Si** ist mehrere 100 m östlich vom Tempel Nanyue Miao entfernt. Die heutigen Gebäude stammen aus dem Jahre 1714, unter ihnen ist die Luohan-Halle besonders interessant.

Der **Nanyue Miao,** Tempel des Südberges, liegt nördlich von der Gemeinde Nanyue Zhen. Er ist der größte aller Tempel auf den fünf heiligen Bergen und auch einer der drei bekanntesten Chinas (die anderen zwei sind: Daimiao in Tai'an/Shandong, am Fuße des Taishan und der Zhongyue Miao im Kreis Dengfeng/Henan). Der Tempel wurde während der Tang-Zeit im Jahre 725 angelegt. In den folgenden Jahrhunderten mußte er mehrmals restauriert und neu aufgebaut werden. Die heute zu besichtigende Anlage stammt von 1882. Die Haupthalle, **Zhengdian,** ist ein hervorragendes Beispiel des Holzskelettbaus. Ihr Doppeldach wird von 72 Säulen getragen. Die Zahl 72 symbolisiert die 72 Gipfel des Hengshan. Die Halle steht auf einer Terrasse, umgeben von einer kunstvoll verzierten Balustrade.

Hinter dem Tempel führt ein Weg zur Spitze des Gipfels **Zhurong Feng** hinauf, vorbei an dem Teich **Luosi Tan** und dem Nanyue-Stausee, **Nanyue Shuiku,** über die Brücke **Yuban Qiao.** Man erreicht nun die feierliche Gedenkanlage **Zhonglie Ci,** die 1942 zu Ehren der Opfer des chinesisch-japanischen Krieges errichtet wurde. Eine Gedenktafel erinnert an den Tag des japanischen Angriffs, den 7. Juli 1937. Hinter dieser Anlage führt der Weg zum **Banshan Ting** empor, zum Pavillon auf halber Höhe des Berges. Er stammt aus dem Jahre 1878. Man hat jetzt die Hälfte der Strecke hinauf zum Gipfel zurückgelegt. Wer genügend Zeit und Interesse hat, kann von hier aus nach Westen abbiegen. Man überquert die Brücke **Magu Qiao** und erreicht die Terrasse **Mojing Tai.**

Etwa einen halben Kilometer südlich von Mojing Tai befindet sich die Tempelanlage **Fuyan Si** aus dem 6. Jh. Der heutige Bau entstand 1870 und besteht aus mehreren Hallen.

Südlich von Fuyan Si, 4 km von Nanyue Miao entfernt, befindet sich der Tempel **Nantai Si.** Die Anlage stammt ursprünglich aus den Jahren 561–565. Die heutigen Bauten wurden 1902–1906 errichtet. Von Mojing Tai führt ein Weg nach Nordwesten zu dem alten Tempel **Fangguang Si,** der im Jahre 503 gegründet und Anfang der Qing-Zeit erneuert wurde. Hier hat man einen herrlichen Ausblick auf die Berge.

Vom Banshan Ting weiter nach Norden dem steilen Zickzack-Weg folgend kommt man an vier kleinen Anlagen vorbei, der Schule **Yehou Shuyuan,** dem Tempel **Tiefo Si,** der Halle **Wuyue Dian** und dem Tempel **Xiangnan Si.** Endlich erreicht man das **Nantian Men,** das Südhimmel-Tor. Es ist etwa 10 km von der Gemeinde Nanyue Zhen entfernt. Von Nanyue Zhen aus gesehen scheint das Nantian Men der höchste Punkt zu sein, was jedoch falsch ist. Vom Nantian Men führen drei Wege in verschiedene Richtungen. Der erste geht nach Osten zum Tempel **Guangji Si,** ein zweiter nach Westen zur Halle **Cangjing Dian,** wo früher heilige buddhistische Bücher, ein Geschenk des ersten Ming-Kaisers Zhu Yuanzhang, aufbewahrt wurden. Die heutige Halle stammt von 1931. Von hier hat man einen schönen Blick auf die Umgebung. Geht man vom Nantian Men weiter nach Norden, erreicht man den **Zhurong Feng,** der mit 1290 m der höchste der 72 Gipfel des Hengshan ist. Hier steht die Halle **Zhurong Dian,** erbaut Ende des 16. Jh. und 1751 restauriert. 1881 erfolgte ein Umbau. Der Zhurong Feng bietet eine sehr schöne Aussicht auf die umliegenden Gipfel und die weite Landschaft.

Reisebüro

Zhongguo Lüxingshe Hengyang
Jiangdong Qu, Guangdonglu, Tel. 33 14

Provinz Guangdong

广东省

Fläche: 212 000 qkm / Bevölkerung: 59,299 Mill. / Hauptstadt: Guangzhou

Guangdong ist die südlichste der 21 chinesischen Provinzen und Autonomen Regionen. Zum Gebiet Guangdongs gehört auch Hainan, 34 000 qkm, nach Taiwan die größte Insel Chinas. Die Provinz grenzt an Guangxi, Hunan, Jiangxi, Fujian und mit seiner Küste, der längsten innerhalb der chinesischen Küstenprovinzen, an das Südchinesische Meer.

Geschichtlicher Überblick

Teile des heutigen Guangdong wurden unter Kaiser Qin Shihuang (reg. −221 bis −210) unterworfen und dem Reich angegliedert. Guangdong war zu jener Zeit von ethnischen Gruppen besiedelt, die nicht den Han angehörten. Anfangs waren es vermutlich Miao, Li und Yao, die in diesem Gebiet lebten. Als bedeutendste Gruppe kamen bis zum −3. Jh. die Zhuang hinzu, deren Nachkommen später Yue genannt wurden.
Unter Han Wudi (reg. −140 bis −86) dehnte sich das chinesische Kaiserreich bis zur Insel Hainan aus. Offiziell gehörte das Gebiet des heutigen Guangdong nun zum Reich, wurde jedoch kaum von Han-Chinesen bewohnt. Dies änderte sich erst im 6. Jh. Von 909–971 waren das jetzige Guangdong und Guangxi zum selbständigen Staat *Nanhan* zusammengefaßt. Bis zum 12. Jh. entwickelte sich die Stadt Guangzhou zu einem Außenhandelszentrum mit einer Bevölkerung von mehreren Hunderttausend Einwohnern. Die große Abwanderung der Han-Chinesen nach Süden und damit auch nach Guangdong setzte im 12. Jh. ein, als die Herrscher der Song-Dynastie von den aus dem Norden eindringenden Jin nach Süden vertrieben wurden. Eine zweite große Abwanderungswelle begann im 13. Jh. Damals drangen die Mongolen

von Norden her in China ein. Mit dem ungeheuren Bevölkerungszuwachs aus dem Norden begann in Guangdong eine rasche Entwicklung in Wirtschaft und Kultur. Auch im 17. und in den folgenden Jahrhunderten strömten viele Menschen in den Süden, nach Guangdong, Guangxi, Sichuan und Taiwan, später zogen viele von Guangdong aus bis nach Südostasien und Nordamerika. Diese Menschen spielten bald bezüglich der Ausweitung des Außenhandels und der Schaffung weltweiter Beziehungen eine bedeutende Rolle.
Ausländischer Einfluß war bereits während der Tang-Dynastie (618–907) in Guangdong spürbar. Mohammedanische Reisende brachten ihre Religion mit und bauten eine erste Moschee in Guangzhou (Kanton). Mit dem 16. Jh. begannen die Europäer Einfluß zu nehmen. 1553 geriet Macao unter portugiesische Verwaltung, 1841–42 Hongkong unter britische und 1898 die Bucht von Guangzhou unter französische.
Guangdong hat berühmte Politiker und Denker wie z. B. Kang Youwei, Liang Qichao und Sun Yatsen hervorgebracht.

Guangdong wird durch das Nanling-Massiv von dem Becken des Changjiang getrennt. Mehr als 70% seiner Fläche ist Gebirgs- und Hügelland, durchzogen von insgesamt 1343 Strömen und Flüssen. Die Flüsse Guangdongs führen dank der hohen jährlichen Niederschlagsmenge viel Wasser und eignen sich vortrefflich als Transportwege. Die größten Ströme sind der Hanjiang und das Zhujiang (Perlfluß)-Flußsystem, dessen drei wichtigste Flüsse der Xi-(West-), Bei-(Nord-) und Dongjiang (Ostfluß) sind. Der Unterlauf des Xijiang wird jenseits des Zusammenflusses der drei Zhujiang genannt.
Das Klima Guangdongs ist subtropisch bis tropisch. Die Durchschnittstemperatur liegt im Juli bei 28–30 °C, im Januar bei 13–16 °C. Die Sommerperiode währt auf Hainan zehn, im Norden der Provinz sechs Monate. Hier kann es im Winter auch einmal Frost geben.
Die Niederschläge betragen pro Jahr zwischen 1500–2500 mm. Die Regenzeit setzt Mitte April ein und dauert bis Mitte Oktober. Etwa die Hälfte der jährlichen Niederschlagsmenge fällt zwischen Juni und August. In der Zeit von Juli bis September wird das Gebiet von Taifunen heimgesucht, die mit ihren schweren Regenfällen katastrophale Schäden anrichten können.
Nur etwa 15% der Gesamtfläche ist agrarwirtschaftlich nutzbar, eine Tatsache, die intensivsten Ackerbau erzwingt. Etwa zwei Drittel des Ackerlandes werden für den Naßreisanbau genutzt. Zwei Reisernten sind pro Jahr möglich, in einigen Gebieten kommt noch eine dritte, eine Trockenkulturernte hinzu. Für den Reisanbau ist die Bewässerung von herausragender Bedeutung. Auf diesem Gebiet konnte seit 1949 Großes geleistet werden. Die Anlage von zahllosen Stauseen, Kanälen und Pumpstationen garantieren nicht nur eine reibungslose Be- und Entwässerung, sondern bannen auch die Gefahr von

Der Jadequelltempel von Tianshui, Gansu, aus der Yuan-Zeit ▷

視聽萬方

Überflutungen. Neben Reis sind weitere Anbaukulturen u. a. Zuckerrohr, Süßkartoffeln und Erdnüsse. Von nationaler Bedeutung ist Guangdong als Obstlieferant. Zu den begehrtesten Früchten gehören Orangen, Litschi, Ananas und Bananen.

Eine Reihe von industriellen Nutzpflanzen werden gezogen, zum Beispiel Sisal, Hanf, Kaffee, schwarzer Pfeffer und Gummi. Erwähnt werden soll auch der Fischfang. Guangdong deckt etwa ein Viertel des chinesischen Fischbedarfs.

Guangdong verfügt über verschiedene Bodenschätze. Darunter sind die Mangan-Vorkommen besonders wichtig. Sie machen etwa 60% der chinesischen Gesamtbestände aus. Ferner sind Kohle, Wolfram, Antimon, Blei und Eisen vorhanden. Die Leichtindustrie nimmt einen großen Stellenwert ein, etwa drei Viertel der industriellen Produktion werden von ihr bestritten. Nahrungsmittel- und Textilindustrie sind ihre wesentlichen Zweige. Auf dem Sektor der Schwerindustrie sind besonders Metallverarbeitung, Maschinen- und Schiffbau zu nennen.

Etwa 2% der Bevölkerung gehören Minderheiten an. Dazu zählen die Li, die die stärkste Gruppe ausmachen und zum größten Teil in dem gebirgigen Teil der Insel Hainan leben. Als nächst starke Gruppe gelten die Yao, gefolgt von den Miao und Zhuang.

Es gibt mehrere Dialekte in Guangdong, von denen der kantonesische mit Abstand der wichtigste ist und vor allem im Westen und im Zentrum der Provinz gesprochen wird. Den Hakka-Dialekt hört man im Norden und Nordosten, den Fujian-Dialekt hauptsächlich im östlichen Küstenbereich.

Stadt Guangzhou, Kanton 广州市

Guangzhou ist mit einer Bevölkerung von 3 Mill. die größte Stadt Südchinas. Sie liegt in einer fruchtbaren Ebene an den Ufern des Zhujiang, 50 km von dem *Humen*, Tigertor, dem Zugang zum Meer, und 180 km von Hongkong entfernt. Guangzhou ist bedeutendes Industriezentrum und zugleich einer der wichtigsten Außenhandelsplätze Chinas. Letzteres wird durch den Hafen und die Nähe zu Hongkong begünstigt.

Geschichtlicher Überblick

Guangzhous Wahrzeichen sind die Ziegenböcke. Eine Legende erzählt von fünf Göttern, die auf Ziegenböcken vom Himmel herniedergeritten kamen.

◁ *Lamakloster Labrang, Maitreya-Halle*

Jeder der Ziegenböcke trug in seinem Maul eine Reisähre. Die Götter gaben die Ähren der Bevölkerung der Zhujiang Ebene und riefen: Auf daß ihr für immer frei von Hungersnot seid! Daraufhin verschwanden sie, nur die Ziegenböcke blieben und verwandelten sich in Steinstatuen.
Die erste Siedlung in diesem Gebiet wurde von den Truppen Qin Shihuangs im −3. Jh. gegründet. Seit der Tang-Dynastie entwickelte sich Guangzhou zu einem Zentrum des Außenhandels. Ausländischer Einfluß machte sich bemerkbar, eine große islamische Gemeinde entstand. Während der Song-Dynastie erlebte die Stadt eine erste Blütezeit. Produktionsbetriebe entstanden, darunter neben Keramikwerkstätten vor allem Werften. Guangzhou war die erste Stadt, die unter den Einfluß westlichen Machtstrebens geriet. 1517 landeten die Portugiesen in Kanton, dann die Spanier und Holländer, später gefolgt von Engländern, Franzosen und Amerikanern. Die Engländer, denen es erst Ende des 17. Jh. gelang, ihren Handel in Kanton aufzubauen, entwickelten sich bis zum 19. Jh. zur führenden ausländischen Macht. Guangzhou war einer der ersten fünf Häfen, die infolge des Ungleichen Vertrages von Nanjing dem fremden Handel geöffnet werden mußten. 1858 wurden auf der Insel Shamian die englische und französische Konzession gegründet. Ab 1880 baute man an der neuen Uferstraße große Verwaltungsgebäude ausländischer Gesellschaften. Die Konfrontation mit den Ausländern und dem fremden Einfluß ließ in Guangzhou schon recht früh Nationalismus, Reformbereitschaft und den Willen zur Revolution entstehen. Seit Mitte des 19. Jh. wurden hier revolutionäre Ideen in die Tat umgesetzt. Das Vorspiel zum Opiumkrieg, das mutige Vorgehen des Oberkommissars Lin Zexu, der mehr als 20 000 Kisten britischen Opiums vernichten ließ, fand in Guangzhou statt (siehe S. 81). Die Empörung der Bevölkerung und ihr Aufbegehren gegen die englische Bedrohung machte sich im Widerstand von Sanyuanli (siehe S. 642) bemerkbar. An der Revision von 1911 war Guangzhou entscheidend beteiligt. 1923 gründete Sun Yatsen, selbst in Guangzhou geboren, in dieser Stadt die Guomindang, die Nationalpartei. 1924 wurde die Whampoa-Militärakademie eröffnet; zu den berühmtesten Studenten gehörte Zhou Enlai. Bis 1927 war die Stadt ein revolutionäres Zentrum. Mao Zedong, Zhou Enlai, Lu Xun und Guo Moruo lehrten hier an der ersten Kaderschule, dem Institut der Bauernbewegung. In Guangzhou fand auch der erste Versuch zur Bildung einer städtischen Kommune statt.

Seit der ersten Revolution hat Guangzhou sein Gesicht erheblich verändert. Ab 1918 wurde unter der Leitung Sun Yatsens die dringend notwendige Modernisierung der Stadt begonnen. Straßen mußten angelegt werden. Bisher hatte es außer in Shamian, der englisch-französischen Konzession, und der Uferanlage nur ein Netz von engen Gassen und Wegen gegeben, die für

jeglichen Auto- und Straßenbahnverkehr völlig ungeeignet waren. Hunderte von Hütten wurden abgerissen, stinkende Kanäle aufgefüllt und Straßen und Arkaden in alle Richtungen angelegt. Die alte Stadtmauer mußte abgetragen werden, um fehlendes Baumaterial zu gewinnen. Die von Sun Yatsen eingeleiteten Maßnahmen wurden seit 1949 in verstärktem Maße fortgesetzt. Neue öffentliche Einrichtungen wie Schulen, Krankenhäuser, Park- und Sportanlagen und Museen entstanden. Die Bootsbewohner, wie man sie heute nur noch in Aberdeen, Hongkong, sieht, bezogen neue Wohnviertel. Mehr als 3000 Industriebetriebe entstanden, Guangzhou verfügt heute u. a. über Betriebe der Stahlerzeugung, des Maschinen- und Schiffbaus, der Chemie-, Textil- und Nahrungsmittelindustrie. Die berühmten Kanton-Messen, die im Frühjahr und Herbst stattfinden, locken jährlich 30 000 Geschäftsleute aus der ganzen Welt an. Hier wird ein großer Teil des chinesischen Außenhandels abgewikkelt.
Die Volkskommunen in Guangzhous Umland versorgen die Stadt reichlich mit Nahrungsmitteln aller Art. Auch Hongkong, das ohnehin in seiner Wasser- und Stromversorgung von Guangzhou abhängt, kann mit frischen Lebensmitteln beliefert werden.
Guangzhou wird heute auch die Stadt der Blumen genannt. Überall prägen Blumen das Straßenbild, man sieht sie auf Märkten, in den Häusern, auf den Fensterbrettern und Balkonen. Es gibt Blumenausstellungen und jeden Frühling die Blumenmesse. Die Liebe zu Blumen hat in Guangzhou teilweise wirtschaftlichen Ursprung. Vor mehr als hundert Jahren war Guangzhou Mittelpunkt des Tee-Exports. Große Mengen an getrockneten Blumen wurden für die Parfümierung des Tees gebraucht. Die meisten Blumen kamen aus dem Umland der Stadt, wo die Blumenzucht inzwischen kommerzialisiert war.
Guangzhou ist nicht nur Handels- und Industriestadt, sondern auch ein wichtiges kulturelles Zentrum in Südchina. Bekannt über die Grenzen des Landes hinaus ist die Zhongshan Daxue, die Sun Yatsen-Universität. Freunde der chinesischen Oper werden nicht versäumen, eine Vorstellung der Kantoner Lokalopern *Yue* und *Chao* zu besuchen. Guangzhou verfügt über viele Sehenswürdigkeiten. Zu den schönsten gehören der Yuexiu-Park, Qixing Yan, die Sieben-Sterne-Felsen, 118 km westlich von Guangzhou und die Thermalquellen von Conghua, 80 km nördlich.
Die Stadt wird von zwei Hauptverkehrsachsen geteilt. Die Jiefanglu, die Zentralachse, verläuft vertikal von Norden, vorbei an der Messehalle, dem Hotel Dongfang Binguan und dem Park Yuexiu Gongyuan bis nach Süden zur Ausstellungshalle. Die Zhongshanlu (Sun Yatsen-Straße) kreuzt die Jiefanglu und teilt die Stadt in eine nördliche und eine südliche Hälfte.
Schließlich sei noch auf die kantonesische Küche hingewiesen, die nicht nur im

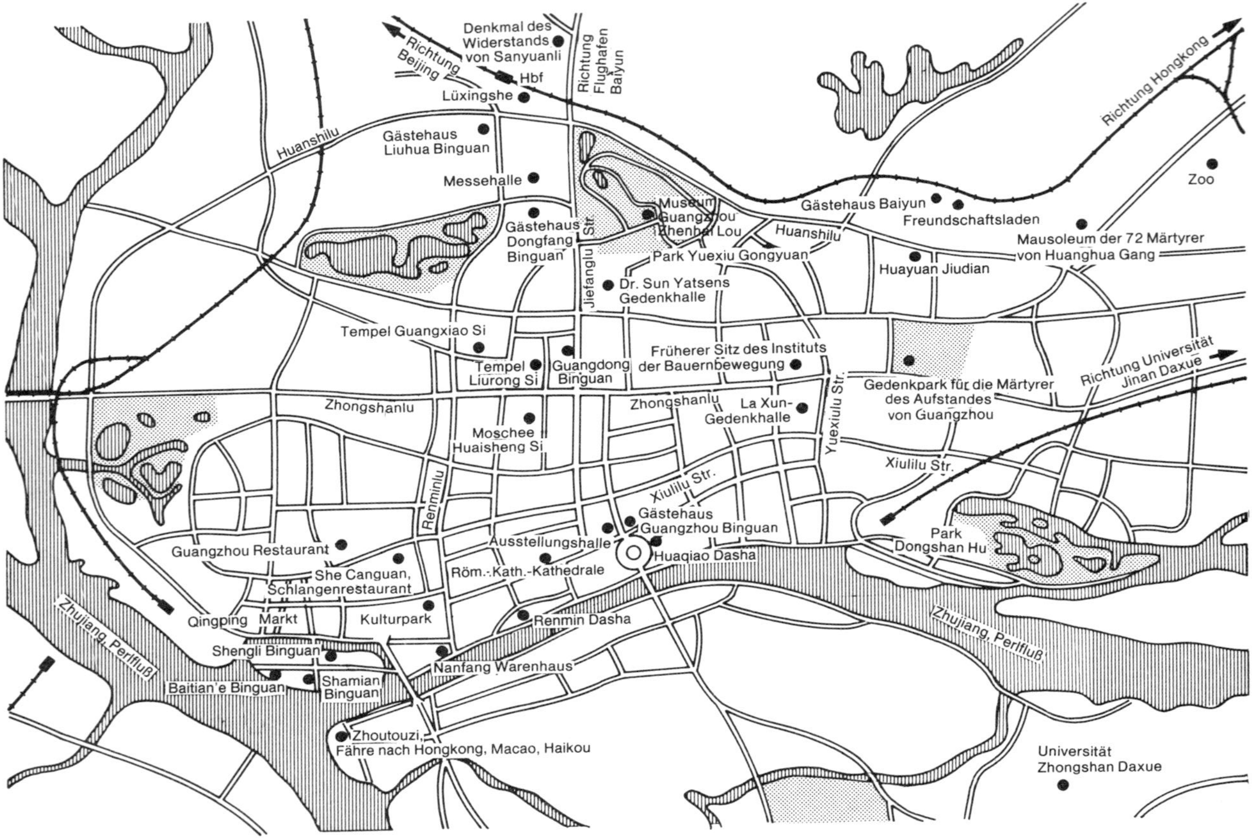
Denkmal des Widerstands von Sanyuanli
Richtung Beijing
Hbf
Lüxingshe
Richtung Flughafen Baiyun
Richtung Hongkong
Zoo
Huanshilu
Gästehaus Liuhua Binguan
Messehalle
Museum Guangzhou Zhenhai Lou
Gästehaus Baiyun
Freundschaftsladen
Gästehaus Dongfang Binguan
Jiefanglu Str.
Huanshilu
Mausoleum der 72 Märtyrer von Huanghua Gang
Park Yuexiu Gongyuan
Huayuan Jiudian
Dr. Sun Yatsens Gedenkhalle
Tempel Guangxiao Si
Früherer Sitz des Instituts der Bauernbewegung
Richtung Universität Jinan Daxue
Tempel Liurong Si
Guangdong Binguan
Gedenkpark für die Märtyrer des Aufstandes von Guangzhou
Zhongshanlu
Zhongshanlu
La Xun-Gedenkhalle
Yuexiulu Str.
Moschee Huaisheng Si
Xiulilu Str.
Xiulilu Str.
Renminlu
Gästehaus Guangzhou Binguan
Ausstellungshalle
Park Dongshan Hu
Guangzhou Restaurant
Huaqiao Dasha
She Canguan, Schlangenrestaurant
Röm.-Kath.-Kathedrale
Qingping Markt
Kulturpark
Renmin Dasha
Zhujiang, Perlfluß
Zhujiang, Perlfluß
Shengli Binguan
Nanfang Warenhaus
Baitian'e Binguan
Shamian Binguan
Zhoutouzi, Fähre nach Hongkong, Macao, Haikou
Universität Zhongshan Daxue

In-, sondern auch im Ausland bekannt ist. Da Guangdong Küstenprovinz ist, spielen Meeresfrüchte eine besondere Rolle.

Sehenswürdigkeiten

Kanton bietet verschiedene Sehenswürdigkeiten im Stadtgebiet und in der näheren Umgebung. Versuchen Sie auch bei vollem Programm den Besuch des **Qingping-Marktes** einzuplanen, der sich die Qingpinglu entlangzieht. Diese Straße führt im Süden zu einer Brücke, die die Stadt mit dem Norden der Insel Shamian verbindet. Auf diesem Markt gibt es alles, was ein Kantonese – wenn auch nicht jeder – zu essen imstande ist. Außerdem werden verschiedenste Kräuter angeboten, Ton- und Porzellanwaren und vieles mehr.

Parkanlage Yuexiu Shan 越秀山

Im Norden liegt der Berg Yuexiu Shan, der schon in alten Zeiten eine Sehenswürdigkeit darstellte. Es heißt, daß einige seiner Steinstufen aus der Westlichen Han-Zeit stammen. Nach der Revolution wurde das gesamte Gebiet um den Yuexiu-Berg in einen großen öffentlichen Park verwandelt. Er verfügt über drei künstlich angelegte Seen mit Inseln, Brücken und Pavillons sowie einen Sportplatz, zwei Schwimmbecken, Blumenausstellungen und Gärten. Auch das Wahrzeichen der Stadt, das Monument der fünf Ziegenböcke, ist hier zu sehen.

Das beeindruckendste Gebäude des Parks ist **Zhenhai Lou,** Meeresblick-Pavillon. Er wurde 1380 angelegt und 1686 nach einem Feuer neu aufgebaut, damals als Wachtturm gedacht zum Schutz gegen aus- und inländische Piraten.

Zhenhai Lou ist 28 m hoch und zählt fünf Stockwerke. Der dunkelrote Bau beherbergt seit 1953 das **Museum von Guangzhou, Guangzhou Bowuguan.** Im untersten Stock werden die prähistorische Zeit und die ersten Dynastien behandelt, archäologische Funde, wie Grabbeigaben, Werkzeuge, Bronze- und Lackarbeiten sind in der Ausstellung zu sehen. Die Dynastien Sui bis Yuan sind das Thema des nächsten Stockwerkes, gefolgt von der Ming-Ära. Das 19. Jh., der Opiumkrieg bis zur Revolution von 1911 und Sun Yatsen werden im vierten Stockwerk behandelt. Das letzte Stockwerk stellt u. a. die kommunistische Bewegung in Guangzhou dar.

Auf der Spitze des Berges befindet sich ein Sun Yatsen-Denkmal, **Zhongshan Jinianbei,** das 1929 aus Granit errichtet wurde. Es hat eine Höhe von 27 m. An der Vorderseite der Stele ist das Vermächtnis Sun Yatsens zu lesen. Eine Treppe führt von dem Denkmal hinab zur **Zhongshan Jiniantang, Sun Yatsen-Gedenkhalle.** Nach seinem Tode 1925 errichtete man diese Halle, um an sein revolutionäres Wirken zu erinnern. Sie entstand nach Plänen des Architekten Lü Yanzhi 1929–1931. Die Halle hat palastartige Ausmaße. Das Dach wurde mit Keramikziegeln gedeckt. Der Innenraum bietet 4700 Menschen bei Versammlungen oder kulturellen Veranstaltungen Platz. In der westlichen Nebenhalle informiert eine Ausstellung über Leben und Wirken des Sun Yatsen.

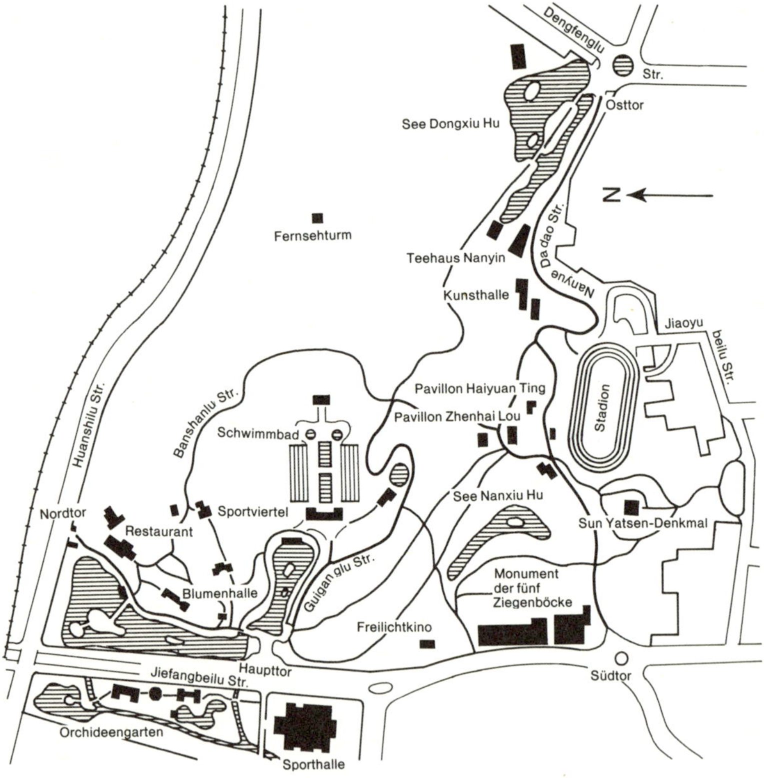

Parkanlage Yuexiu Shan

Nongmin Yundong Jiangxisuo Jiuzhi, Früherer Sitz des Instituts der Bauernbewegung

农民运动讲习所旧址

Die ehemalige Kaderschule befindet sich in der Straße Zhongshansilu, in einem früheren Konfuziustempel aus dem 16. Jh. Sie wurde 1924 gegründet und diente der Ausbildung von Kadern durch die Kommunistische Partei. Berühmte Vertreter der kommunistischen Bewegung wie Zhou Enlai, Qu Qiubai und Guo Moruo lehrten hier. Mao Zedong leitete das Institut seit Anfang 1926. Nach dem Kantoner Aufstand von 1927 ließ die Guomindang das Institut schließen.

Berg Baiyun Shan

白云山

Der Baiyun Shan liegt im nordöstlichen Vorort der Stadt. Er ist mit 382 m die höchste Erhebung in Guangzhou. In den letzten Jahrhunderten war er stets ein beliebtes Ausflugsziel und ein religiöses Zentrum. Die zu Beginn des 20. Jh. erbauten Privatvillen sind inzwischen in angenehme Hotels umgewandelt worden. Die Landschaft und die Wohnanlagen des Baiyun Shan gehören heute zu den schönsten Chinas.

Berg Baiyun Shan

Guangzhou Qiyi Lieshi Lingyuan, Gedenkpark für die Märtyrer des Aufstandes von Guangzhou

广州起义烈士陵园

Im Osten der Stadt befindet sich der Gedenkpark, der für die etwa 5700 Opfer angelegt wurde, die im Dezember 1927 bei der Zerschlagung der Kantoner Kommune durch die Truppen der Guomindang ums Leben kamen. Das Eingangstor trägt eine Inschrift Zhou Enlais mit dem Namenszug dieser Gedenkstätte. Ein gepflasterter Weg führt zum mit Gras bewachsenen Tumulus, der die sterblichen Überreste der Opfer enthält. Hier soll sich die Hinrichtungsstätte befunden haben. Der Park erstreckt sich über eine Fläche von 26 ha. Während eines Rundgangs kann man künstliche Seen, Hügel und verschiedenartige Pflanzen entdecken. 1957 errichtete man im östlichen Teil des Parkes einen Pavillon der chinesisch-sowjetischen Freundschaft, um an den stellvertretenden sowjetischen Konsul und einige seiner Mitarbeiter zu erinnern, die ebenfalls bei diesem Aufstand ums Leben kamen. 1964 baute man auch einen Pavillon der chinesisch-koreanischen Freundschaft. 150 Koreaner, darunter meist Studenten, waren im Kampf gestorben.

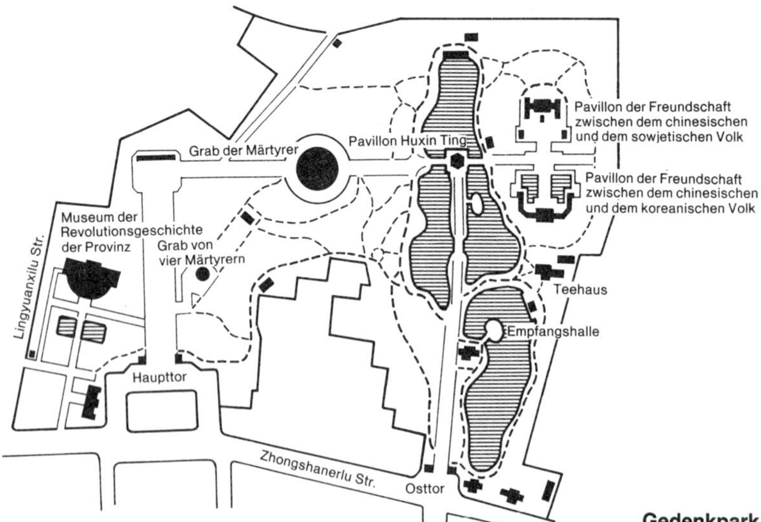

Gedenkpark

Huanghua Gang Qishi'er Lieshimu, Mausoleum der 72 Märtyrer vom Gelben-Blumen-Hügel

黄花岗七十二烈士墓

Am 27. April 1911 organisierte Sun Yatsen zusammen mit der Gesellschaft *Tongmenghui* einen militärischen Aufstand zum Sturz der Qing-Dynastie. Nach einem blutigen Kampf, der 100 Menschenleben forderte, wurde der Aufstand niedergeschlagen. Von den 100 Opfern setzte man 72 am Huanghua Gang bei. 1918 errichtete man ihnen ein Grabmal, das von einem großzügig angelegten Park umgeben wird. Ein Weg führt vom Eingangstor direkt zur Grabstätte, auf der ein pavillonartiger Steinbau und ein Obelisk stehen. Im Hintergrund erhebt sich ein Schmuckbau, der von einer pyramidenförmigen Wand überragt wird. Diese besteht aus 72 Steinen, die 72 Opfer symbolisierend.

Lu Xun Jinianguan, Lu Xun-Gedenkhalle

魯迅紀念馆

Die Gedenkhalle befindet sich in der Straße Yan'anerlu, in den Räumlichkeiten der alten **Guangzhou-Universität.** Hier fand 1924 der erste Kongreß der Guomindang, Nationalpartei, unter Vorsitz von Sun Yatsen statt. Die Guangdong-Universität, eine Gründung von Sun Yatsen aus dem Jahre 1924, wurde nach seinem Tod in Zhongshan-Universität umbenannt. Der führende Vertreter der modernen Literatur, Lu Xun, hatte hier 1927 gelebt und gelehrt. Sein Unterrichts- und sein Wohnraum sind noch zu besichtigen. In einer Ausstellung werden Leben und Werk des Schriftstellers dargestellt.
Die Universität zog 1931 in den Süden der Stadt, wo sie noch heute ist.

Zhonghua Quanguo Zonggonghui Jiuzhi
Ehemaliger Sitz des allchinesischen Gewerkschaftsverbandes

中华全国总工会旧址

Diese historische Stätte findet man südlich der Lu Xun-Gedenkhalle in der Straße Yuexiunanlu Nr. 93. Der allchinesische Gewerkschaftsverband war während der zweiten Nationalversammlung der Werktätigen im Mai 1925 gegründet worden. Im gleichen Jahr richtete man hier das zentrale Verwaltungsbüro ein. 1927 wurde es nach Hankou verlegt. 1958 wurde das Gebäude zur Gedenkhalle umgebaut.

Park Liuhua 流花公园

Der Liuhua-Park liegt westlich vom Dongfang Gästehaus. Ein Bummel durch den Park, an dem künstlich angelegten See entlang, über Brücken und vorbei an Pavillons ist eine angenehme Erholung. In den frühen Morgenstunden treiben hier viele Einheimische Schattenboxen.

Tempel Guangxiao Si 光孝寺

Der Guangxiao Si, in der Straße Hongshubeilu gelegen, gehört zu den ältesten Bauwerken der Stadt. 676 soll Huineng hier seine Mönchsweihe erhalten haben. Viele indische Mönche haben diesen Tempel besucht. Er wurde mehrere Male restauriert und neu aufgebaut. Im Jahre 1151 erhielt er seinen heutigen Namen.
Im Guangxiao Si stehen noch die Hallen *Daxiong Baodian, Liuzu Dian, Jialan Dian, Tianwang Dian* sowie Pavillons und Pagoden. Sehr interessant sind in diesem Tempel zwei Eisenpagoden. Die *Dongtie Ta,* Östliche Eisenpagode, stammt aus dem Jahre 967. Sie ist 6 m hoch und enthält über 900 Nischen mit kleinen Buddha-Skulpturen.
Die *Xitie Ta,* Westliche Eisenpagode, aus dem Jahre 963, sah der Östlichen ursprünglich sehr ähnlich. Sie besteht heute nur noch aus drei Schichten. Die beiden Pagoden gehören zu den ältesten Eisenpagoden des ganzen Landes.

Liurong Si, Tempel der sechs Banyan-Bäume

六榕寺

Der alte buddhistische Tempel Liurong Si liegt in der Straße Chaoyangbeilu. Er wurde bereits im Jahre 537 angelegt. 1099 kam der bekannte Dichter Su Dongpo in diesen Tempel und entdeckte sechs herrliche Banyan-Bäume im Tempelhof. Voller Bewunderung verfaßte er eine Kalligraphie mit den Zeichen *Liu rong,* sechs Banyan-Bäume. Seit der Ming-Zeit nennt man den Tempel in Erinnerung an Su Dongpo und an die nicht mehr vorhandenen Banyan-Bäume Liurong Si.
Die Halle **Liuzu Tang** enthält eine song-zeitliche Bronzestatue des Mönchs Huineng.

Der Mönch Huineng ist der 6. Nachfolger des Bodhidharma, dem mutmaßlichen Gründer des Chan (Zen)-Buddhismus (s. S. 114). Die Halle **Guanyin Dian** enthält eine hohe Guanyin-Statue. Eine der interessantesten Sehenswürdigkeiten dieser Tempelanlage ist die **Huata,** die Blumenpagode. Sie wurde im Jahre 537 erstmals angelegt, 1097 neu aufgebaut und 1980 restauriert. Sie hat eine Höhe von 57 m.
Eine Treppe führt hinauf ins oberste Stockwerk.

Moschee Huaisheng Si 怀圣寺

Südlich vom Liurong Si steht in der Straße Guangtalu eine der ältesten Moscheen Chinas, Huaisheng Si genannt, eine Gründung aus dem Jahre 627. Die islamische Gemeinde wird auf etwa 4000 Mitglieder geschätzt.

Chenjia Ci, Ahnentempel der Familie Chen 陳家祠

Der Ahnentempel der Familie Chen in der Straße Zhongshanbalu stammt aus dem Jahre 1890. Die Anlage ist sehr groß. Sie enthält sechs Höfe und neun Hallen. Außerhalb und innerhalb der Gebäude trifft man auf zahlreiche Holz-, Stein-, Keramik- und Eisenskulpturen. Besonders schön sind die Figuren auf den Dächern.

Shengxin Dajiaotang, Römisch-katholische Kathedrale

圣心大教堂

Die Kathedrale, eine der größten Kirchen Chinas, steht in der Straße Yidelu. Sie stammt aus dem Jahre 1888 und wurde nach Entwürfen des französischen Architekten Guillemin errichtet. Der Kirchturm ist 58 m hoch.
Es finden in der Kathedrale regelmäßig Gottesdienste statt.

Wenhua Gongyuan, Kulturpark 文化公园

Der 8 ha große Kulturpark im Süden der Stadt nahe der großen Einkaufsstraße Renminlu bietet abwechslungsreiche Unterhaltung für jung und alt. Hier gibt es Ausstellungshallen, eine Oper, eine Konzerthalle, Freilichtbühnen, Tischtennisplätze usw. Am meisten Betrieb herrscht in den Abendstunden.

Insel Shamian 沙面

Shamian, die Insel im Zhujiang, hat eine Länge von 900 m und eine Breite bis zu 300 m. Während des Opiumkrieges stellte sie einen wichtigen militärischen Stützpunkt dar. Ab 1861 war die Insel Konzessionsgebiet der Briten und Franzosen. Die Konsulate beider Nationen befanden sich hier sowie Banken, Kirchen, Verwaltungsgebäude, Tennisplätze und ein Segelklub. Die Insel gehörte zu den Gebieten, deren Zutritt Chinesen nur mit Sondergenehmigung gestattet war. Erst 1949 erhielt China Shamian zurück.

Sanyuanli Renmin Kangyingdouzheng Jinianguan, Gedenkhalle des Widerstandes der Bevölkerung von Sanyuanli gegen den englischen Angriff.

三元里人民抗英斗争紀念馆

Diese Halle liegt in dem Dorf Sanyuanli, heute ein Vorort im Norden Kantons. Ursprünglich stand hier ein alter Tempel. Im Mai 1941, als britische Truppen Kanton beschossen und das Dorf Sanyuanli niederbrannten, rief der Gemüsebauer Wei Shaoguang zum Widerstand auf. Man versammelte sich in der alten Tempelanlage und schwor, den Kampf gegen die Briten aufzunehmen. Zusammen mit der Bevölkerung weiterer 103 Dörfer errangen sie einen Sieg.
Zur Erinnerung an diesen Kampf errichtete man die Gedenkhalle. Nicht weit von ihr steht eine Steinstele, die über den Widerstand von Sanyuanli ausführlich berichtet. Seit 1981 gibt es einen Tempel in der Nähe der Brücke Shijing Qiao, den *Yiyong Ci,* der an die Opfer von Sanyuanli erinnert.

Hügel Luogang 萝岗洞

Etwa 30 km nordwestlich von Guangzhou befindet sich der Hügel Luogang, der wegen seiner herrlichen Pflaumenblüte bekannt und geschätzt ist. Der Luogang ist Teil des Berges Luofeng Shan. Hier steht noch der Tempel Luofeng Si aus dem 13. Jh. Er enthält Inschriften, Kalligraphien und Malereien von Han Yu, Wen Tianxiang, Hai Rui, Zheng Banqiao u. a.

Zoo 动物园

Der Zoo von Guangzhou liegt ganz im Osten der Stadt. Er gehört zu den größten Chinas und lohnt schon aufgrund seiner schönen Anlage einen Besuch. Zu den beliebtesten Tieren zählen die Pandabären.

Huanan Zhiwuyuan, Botanischer Garten

华南植物园

Der Botanische Garten Guangzhous, einer der vier größten Chinas, befindet sich im nordöstlichen Vorort. Er enthält 3200 verschiedene zumeist seltene Pflanzenarten. Bekannt ist der Garten vor allem wegen seiner Orchideen.

Interessante Sehenswürdigkeiten sind auch in der Umgebung Guangzhous zu finden, so in **Conghua** und Foshan (S. 647f), in Zhaoqing (S. 648) und im Gebirge Xiqiao Shan (S. 650).

Hotels und Gästehäuser (eine Auswahl der ca. 60 Hotels)

Zhongguo Dajiudian, China Great Hotel Liuhualu, Tel. 66888, Tx. 44188, 44888 CHLGZ 中国大酒店
Das derzeit luxuriöseste Hotel befindet sich in der Stadtmitte Guangzhous.
Huayuan Jiudian, Garten Hotel, Huanshidonglu 368, Tel. 73388, Tx. 44788 GCHTL; Management: The Peninsula Group 花园酒店
Ebenfalls ein Hotel der Luxusklasse, das im Jahre 1984 fertiggestellt wurde. Es verfügt über ein Drehrestaurant mit ausgezeichnetem Ausblick auf die Stadt. In direkter Nachbarschaft liegt der neue Freundschaftsladen Guangzhous.
Baitian'e Binguan, Gästehaus Weißer Schwan, Shamian Nanlu 1, Tel. 86968, Telex 44149 WSH CN. Luxushotel. 白天鹅宾馆
Dongfang Binguan
Liuhualu 1, Tel. 69900, Telex 44139 gzdfhcn 东方宾馆
Im Norden der Stadt gelegen, wird dieses große Hotel vor allem von europäischen und amerikanischen Geschäftsleuten bevorzugt. Es ist verkehrsgünstig gelegen, nahe der Ausstellungshalle. Das Hotel verfügt über mehrere Restaurants, Läden, Serviceeinrichtungen wie Post, Telex- und Telegraphendienst, Bank und Service-Schalter vom CITS, Zim. Nr. 2366, Tel. 69900-2366
Baiyun Binguan, Gästehaus Weiße Wolke, Huanshidonglu, Tel. 67700, modernes 33stöckiges Hotel, das hauptsächlich von Touristengruppen besucht wird. In der Nähe befindet sich Guangzhous neuer Freundschaftsladen. 白云宾馆
Liuhua Binguan
Renminbeilu, Tel. 68800 流花宾馆
Dieses preisgünstige Hotel befindet sich direkt gegenüber vom Bahnhof. Es wird wegen seiner günstigen Lage vor allem von Einzelreisenden bevorzugt.
Beijing Fandian, Yanjiangyilu 105, Tel. 22010, 89422 北京饭店
Guangdong Binguan, Jiefangbeilu 655, Tel. 32950 广东宾馆
Guangdong Lüdian, Changti 294, Tel. 21605, 83601 广东旅店
Guangzhou Binguan, Haizhu Guangchang, Tel. 61556 广州宾馆

Heping Lüdian, Renminnanlu 17, Tel. 2 22 13, 8 91 40 和平旅店
Kuangquan Bieshu, Sanyuanli, Tel. 6 13 34 矿泉别墅
Nanfang Dasha Lüdian, Yanjiangyilu 49, Tel. 8 77 22 南方大厦旅店
Huaqiao Dasha, Qiaoguanglu 2, Tel. 6 11 12 华侨大厦
Huaqiao Lüshe, Sanyuanli, Tel. 6 12 92 华侨旅社
Renmin Dasha, Changtilu 207, Tel. 6 14 45 人民大厦
Shamian Binguan, Shamiannanjie 52, Tel. 8 83 59, 8 81 24 沙面滨馆
Shengli Binguan, Shamian Dajie 54, Tel. 8 98 22 胜利宾馆

Spezialitäten und Restaurants

Die kantonesische Küche zeichnet sich durch Vielfalt und Originalität aus. Dank günstiger klimatischer Bedingungen und der Küstenlage sind die feinsten Meeresfrüchte, Gemüse-, Obst- und Teesorten reichlich und vor allem immer frisch vorhanden.
Eine typische, leckere Spezialität der Provinz sind die sogenannten Dim Sum, eine Art Vorspeisen, die man zum Frühstück oder auch mittags ißt. Als Getränk wird Tee dazu gereicht. Viele Reisende kennen diese Speisen schon aus Hongkong.
Bitte beachten Sie die **Öffnungszeiten** der Restaurants: Frühstück (Dim Sum) wird in vielen Restaurants schon ab 5.30 angeboten, gegen 9.00 Uhr schließt man wieder. Mittags ißt man zwischen 11.00 und 14.00 Uhr, abends zwischen 17.00 und 21.00 Uhr.
Es ist vor allem während der Messezeiten notwendig, Reservierungen vorzunehmen, bei beliebten Restaurants und größeren Essen sogar ein oder zwei Tage im voraus. Wichtig sind die Angabe der Personenzahl und der Pro-Kopf-Unkostenbeitrag, Getränke nicht mit eingeschlossen.
Im folgenden eine Auswahl der vielen Restaurants:
Banxi Jiujia, Xiangyangyilu 151, Tel. 8 87 06
Dieses Restaurant ist mit seinen traditionell gestalteten Räumlichkeiten eines der schönsten in Guangzhou. Die Preise sind für europäische Verhältnisse akzeptabel, das Essen ist hervorragend. Zu den Spezialitäten gehören Meeresfrüchte, Dim Sum, Huhn in Teeblättern und Schildkröte. Reservierung empfehlenswert!
Beixiu Fandian, Jiefangbeilu 899, Tel. 3 59 41, 3 22 80
Beiyuan Jiujia, Dengfengbeilu 439, Tel. 3 00 87, 3 24 71
Ein gutes, großes Restaurant, das den Besucher vor allem durch die traditionelle Innenausstattung überrascht.
Caigenxiang Sushiguan, Zhongshanliulu 167, Tel. 8 68 35
Ein exzellentes vegetarisches Restaurant!
Datong Jiujia, Yanjiangyilu 63, Tel. 8 59 33, 8 63 96, 8 69 83
Ein hervorragendes Restaurant, das den Ausländer allein schon durch den

Ausblick auf den Zhujiang, Perlfluß, begeistert. Spezialitäten des Hauses sind Spanferkel, Hähnchen à la Datong und die Dim Sum.

Guangzhou Jiujia, Wenchangnanlu 2, Tel. 87136, 87840
Eines der besten Restaurants der Stadt, das die ganze Vielfalt der kantonesischen Küche bietet.

Jingji Canting, Shamianerlu 8, Tel. 88784, 85790
Das Jingji-Restaurant gehört zu den ältesten der Stadt. Es befindet sich auf der Insel Shamian und bietet eine reiche Auswahl chinesischer und westlicher Speisen zu günstigen Preisen.

Likoufu Haixian Fandian, Shisanhanglu 86, Tel. 22418, 21322
Meeresfrüchte-Restaurant

Liwan Fandian, Xianyangsanlu, Tel. 88934
Spezialitäten des Hauses sind Karpfen, Garnelen, Hühnchen und Nudeln.

Moslem Fandian, Zhongshanliulu 326, Tel. 88414, 88991
Jene Reisenden, die nicht in den Norden fahren, können hier die mongolische Spezialität, Feuertopf, genießen. Allerdings hat man, was die Zutaten betrifft, das Gericht ein wenig abgewandelt. Während im Norden nur Lammfleisch gereicht wird, bietet man hier auch Hühner-, Rind- oder Krebsfleisch an.

Nanyuan Jiujia, Qianjinlu 120, Tel. 51576
Ein hervorragendes, malerisch angelegtes Restaurant mit geschmackvoller Ausstattung. Die exzellenten Speisen werden zu akzeptablen Preisen angeboten.

She Canguan, Schlangen-Restaurant, Jianglanlu 41, Tel. 21811, 83811

Taipingguan Canting, Beijinglu 344, Tel. 35529
Eines der ältesten Restaurants der Stadt. Zhou Enlai hat häufig hier gespeist. Angeblich bevorzugte er die Spezialität des Hauses, gebratene Tauben. Das Restaurant bietet europäische und chinesische Speisen, beides von ausgezeichneter Qualität.

Yeweixiang Fandian, Beijinglu 249, Tel. 30997
Hier werden Wildgerichte angeboten. Auf der Speisekarte stehen Spezialitäten wie Wildkatze, Wildschwein, aber auch Rindfleisch- und Gefügelspeisen.

Yuyuan Fandian, Liwannanlu 90, Tel. 86838, 88552
Eine Spezialität des Hauses ist Peking-Ente. Auch die kantonesischen Speisen sind hervorragend. Berühmt ist das Yuyuan wegen seiner Süßspeisen, die manche Besucher gern auf die Hauptspeisen verzichten lassen.

Reisebüro, **Lüxingshe**

Guoji Lüxingshe, CITS, Huanshilu 179, Tel. 33454, Tx. 44150 CITS (nahe Hauptbahnhof, Öffnungszeit: 8.30–11.30, 14.30–17.30)
Ticketverkauf Tel. 61451, Service-Schalter für Einzelreisende: Dongfang-Hotel, Zim. Nr. 2366, Tel. 69900-2366

Zhongguo Lüxingshe, Qiaoguanglu 2, Tel. 6 11 12
Ticketverkauf Tel. 3 22 47
Huaqiao Lüxingshe (Überseechin.) Qiaoguanglu 2, Tel. 6 11 12
Ticketverkauf Tel. 3 18 62

Gong'an Ju, Amt für Öffentliche Sicherheit:
Jiefangbeilu 863, Tel. 3 10 60 (Öffnungszeit: 8.00–12.00, 14.30–17.30, So. geschlossen)

Telefon: Ferngespräche Inland: 03, Auskunft 06
Ferngespräche Intern. 08, Auskunft 3 00 00

Bank of China: Changti 137, Tel. 2 05 43

Die Bank of China unterhält Filialen in zahlreichen Hotels, Gästehäusern und Geschäften.

Baiyun **Flughafen:** 3 28 78, 3 19 34

CAAC: Huanshilu 181, nahe Hauptbahnhof, Inland 3 12 71, 3 16 00
Intern. 3 40 79, 3 36 84

Bahnhof: Information 3 33 33

Taxen:

Zentrale: 6 12 51
Dongfang Binguan: 3 22 27
Guangzhou Binguan: 3 22 77
Huaqiao Dasha: 6 11 12
Nanfang Dasha: 8 82 50
Liuhua Binguan: 6 88 00
Renmin Dasha: 2 11 99
Baiyun Binguan 6 77 00

Universitäten: Jinan Daxue, Shipai, Tel. 7 86 72
Zhongshan Daxue, Henan Kanglecun, Tel. 5 17 10
Gebäude für ausländ. Experten: 5 12 41

Speziell für Geschäftsreisende

Chinesische Exportwarenmesse, Zhongguo Chukou Shangpin Jiaoyihui
Außenhandelszentrum, Guangzhou, Renminbeilu, Liuhuahupan, Tel. 3 08 49
Hauptbüro: Tel. 6 16 61
Telegramme und Ferngespräche: Tel. 3 07 63

Bank und Versicherung: Tel. 3 07 65
Post: Tel. 3 07 66
Versand: Tel. 3 07 68
Zoll: 3 07 69
Information: 3 07 45

Einkaufsmöglichkeiten

Die Hauptgeschäftsstraßen sind Beijinglu, Zhongshanlu, Yanjianglu und Renminlu.
Guangdong Antiquitätengeschäft, Hongshubeilu 575, Tel. 8 76 00
Guangzhou Antiquitätengeschäft, Wendebeilu 146, Tel. 3 12 41, 3 42 29
Youyi Shangdian, Freundschaftsladen, neben dem Baiyun Hotel, Huanshidonglu, Tel. 3 24 03, 3 22 90
Nanfang Dasha Warenhaus, Yanjiangyilu 49, Tel. 8 60 22
Nanfang Baihuo Shangdian, Warenhaus, Huanshibeilu 9, Tel. 3 44 41
Xinhua Shudian, Xinhua Buchladen, Beijinglu 276, Tel. 3 08 73
Waiwen Shudian, Fremdsprachen-Buchhandlung, Beijinglu 326, Tel. 3 27 34

Stadt Conghua

Conghua Wenquan, Thermalquellen von Conghua

从化温泉

Die Thermalquellen liegen nordwestlich der Kreisstadt Conghua, 80 km von Guangzhou entfernt. Sie sind ein beliebtes Ausflugsziel und Erholungsgebiet für Einheimische und ausländische Besucher.
Die elf Quellen sind von Hügeln, Bambuswäldern und Obstgärten umgeben. Das Wasser der heißesten Quelle hat eine Temperatur von 71 °C, die übrigen erreichen 50–60 °C. Das Wasser wird in die einzelnen Sanatorien, Hotels und Villen geleitet, von denen es Dutzende gibt. Sie sind unterschiedlich ausgestattet und haben deshalb ein entsprechendes Preisgefälle.
Nicht weit von den Quellen befindet sich ein Wasserfall, der *Baizhangfeitao*. Er ist mit dem Auto bequem zu erreichen.

Stadt Foshan 佛山市

Ein interessanter Tagesausflug ist eine Fahrt nach Foshan, etwa 20 km südwestlich von Guangzhou gelegen. Der Name dieser Ortschaft heißt übersetzt »Buddhaberg«. In vergangenen Jahrhunderten war hier ein buddhistischer Sammelpunkt. Foshan war ein wichtiges Handelszentrum für Keramik; die Tradition dieses Handwerks reicht bis in die Song-Zeit zurück. Die ältesten Werkstätten befinden sich in Shiwan Zhen, außerhalb von Foshan. Sie sind auf Figuralkeramik spezialisiert. Die Besucher haben die Möglichkeit, sich an Ort und Stelle über den gesamten Herstellungsprozeß zu informieren. In dem fabrikeigenen Laden werden typische Produkte der Manufaktur zum Verkauf angeboten.
Foshan ist auch durch seine kunstvollen Papierschnitte bekannt geworden. Der Besuch der Foshan-Papierschnittwerkstatt ist für Freunde und Sammler von Papierschnitten sehr interessant. Jedermann wird sich überzeugen können, mit welcher Sorgfalt und Präzision die hauchdünnen Kunstwerke in Handarbeit hergestellt werden.

Foshan Zumiao, Foshan-Ahnentempel 佛山祖庙

Der Ahnentempel von Foshan, heute ein Museum, stammt aus der Nördlichen Song-Zeit, wurde jedoch während der Ming- und Qing-Zeit vergrößert und restauriert. Er besteht aus mehreren Hallen. Das interessanteste an diesem Tempel sind seine Dachdekorationen, Tonfiguren, ganze Gruppen und Szenen, die bis ins Detail ausgearbeitet, den Betrachter in Erstaunen versetzen.

Guoji **Lüxingshe,** Reisebüro CITS, Fanxiulu 4, Tel. 8 71 21

Kunstgewerbegeschäft, Dongfenglu 85

Stadt Zhaoqing 肇庆市

Zhaoqing westlich von Guangzhou am Nordufer des Xijiang wurde bereits im −1. Jh. gegründet. Es ist heute der Mittelpunkt eines landwirtschaftlich intensiv genutzten Gebietes, Sitz verschiedener Industriebetriebe und Hafenstadt, in der der Handel mit der Autonomen Region Guangxi abgewickelt wird.

Qixing Yan, Sieben-Sterne-Felsen 七星岩

Die Felsengruppe Qixing Yan liegt im nördlichen Vorort der Stadt, etwa 100 km westlich von Guangzhou. Es sind sieben Felsspitzen, die sich wie die Sterne des Großen Bären um den Xinghu, den Sternensee, verteilen. Es handelt sich um verkarstetes Urgestein, in dem viele Höhlen zu finden sind. Ein großes Tor mit der Inschrift *Qixing Yan*, Sieben-Sterne-Felsen, geschrieben von dem Revolutionär Zhu De, führt in den Park zu dem großen Xinghu, Sternensee, und zu den Felsen, die von Ost nach West folgende Namen tragen: *Langfeng, Yuping, Shishi, Tianzhu, Chanyu, Xianzhang* und *Apo*. Der höchste ist mit 90 m der *Shishi,* Steinkammerfelsen. In seinem Innern liegt eine Höhle, die 270 Steinschnitte enthält. Zum Teil sind es Gedichte bekannter Literaten. Ein unterirdischer Fluß durchströmt die Höhle und ist mit einem Boot befahrbar. Vom Boot aus hat man einen guten Blick auf die künstlich beleuchteten Felsformationen. Durch den nördlichen Ausgang der Höhle *Shishi* hinausblickend, sieht man einen spitz zulaufenden Felsen, der den Himmel zu berühren scheint, den *Tianzhu Yan*, Himmelssäule-Felsen. Das Gebiet der Sieben-Sterne-Felsen wird immer weiter dem Tourismus erschlossen. Es sind bereits mehrere Hotels und Restaurants gebaut worden. In Geschäften werden lokale Spezialitäten angeboten wie z. B. Tuschsteine.

Gebirge Dinghu Shan 鼎湖山

Das Dinghu Shan Gebirge liegt 18 km nordöstlich von Zhaoqing. Es besteht aus mehreren Gipfeln, von denen der höchste 1000 m mißt. Wegen seines alten Baumbestandes und Pflanzenreichtums wurde es zum Naturschutzgebiet erklärt. Am südlichen Fuß des Dinghu Shan steht der Tempel **Qingyun Si** aus der Ming-Zeit und auf der südwestlichen Bergseite der Tempel **Baiyun Si** aus der Tang-Zeit. Die Tempelanlagen umfassen mehrere alte Hallen. In dem Qingyun Si ist ein Hotel untergebracht.

Hotel

Zhaoqing Dasha, Tianninglu, Ecke Duanzhoulu 肇庆大厦
Bohailou, im Gebiet der Sieben-Sterne-Felsen 波海楼
Zhaoqing Furon Binguan, Kanglebeilu, Tel. 2 32 83 肇庆芙蓉宾馆

Gebirge Xiqiao Shan 南海西樵山

Das Xiqiao Shan-Gebirge südwestlich des Kreises **Nanhai,** 68 km von Guangzhou entfernt, erreicht zwar nur eine Höhe von 346 m, bietet aber eine Vielzahl von Sehenswürdigkeiten. Seine 72 Berge, 36 Höhlen, 21 Felsen, 32 Quellen und 28 Wasserfälle machen jede Wanderung zu einem abwechslungsreichen Erlebnis. Am interessantesten sind der Westen, Osten und der zentrale Teil des Gebirges. Gewöhnlich kommen die Besucher von Nordwesten und gelangen zunächst in das Tal **Baiyun Dong.** Hier findet man einen Wasserfall und ganz in der Nähe die Halle **Yunquan Xianguan** aus der Ming-Zeit, früher eine Akademie und heute ein Museum, in dem archäologische Funde aus der Umgebung ausgestellt werden. Östlich der Halle geht es hinauf zu den Ortschaften **Longyan Quan, Xiaotaoyuan, Shijian Shi** und dem Wasserfall **Xiaoyun Pu** bis zum Berg Baiyun Shan. Im Südosten der Berge liegen viele Höhlen. Im Xiqiao Shan-Gebirge erwarten Hotels, Restaurants und Teehäuser den Besucher.

Stadt Shaoguan 韶关市

Shaoguan, auch Qujiang genannt, liegt im Norden Guangdongs an der Bahnlinie Guangzhou – Beijing, am Ufer des Beijiang. Die Stadt wurde bereits im −1. Jh. gegründet. Ihre Blütezeit erlebte sie im 18. und frühen 19. Jh. Damals war Shaoguan ein Mittelpunkt des Warentransportes in die angrenzenden Gebiete. Die Verkehrswege führten von Shaoguan zu Wasser und zu Lande nach Hunan und über den Paß Meiling Guan nach Jiangxi. Shaoguan ist auch heute noch ein wichtiger Umschlagplatz der landwirtschaftlichen Erzeugnisse des Nordens der Provinz. Seit 1949 wurde verstärkt Schwerindustrie angesiedelt.

Tempel Nanhua Si 南华禅寺

Etwa 20 km von Shaoguan entfernt befindet sich der gut erhaltene Nanhua Si, eine Anlage, die bereits im Jahre 504 angelegt wurde.

In der imposanten Halle *Daxiong Baodian* erblickt man drei auf Lotosblüten sitzende vergoldete Buddha-Skulpturen, Buddha der Vergangenheit, der Gegenwart und der Zukunft. An den Wänden befinden sich in fünf Reihen

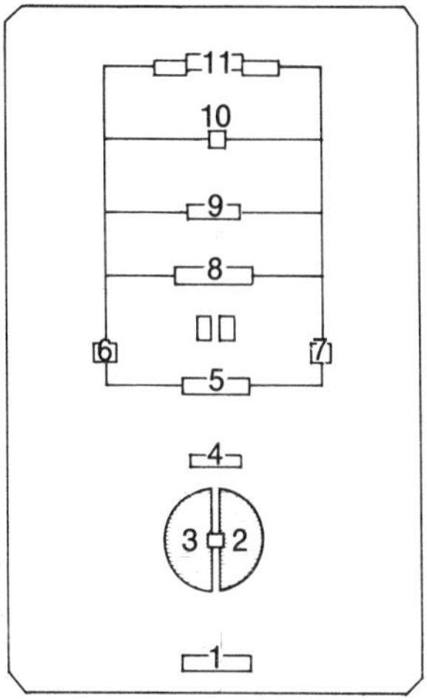

Tempel Nanhua Si

1. Tor Caoxi Men
2. Pavillon Wuxiang Ting
3. Teich Fangsheng Chi
4. Tor Baolin Men
5. Halle Tianwang Baodian
6. Gulou, Trommelturm
7. Zhonglou, Glockenturm
8. Halle Daxiong Baodian
9. Pavillon Cangjing Ge
10. Pagode Lingzhao Ta
11. Halle Liuzu Dian

übereinander bis zum Dachfenster 500 Luohan-Figuren. Hinter der Halle steht ein riesiger Wasserbehälter aus dem Jahre 1338, der *Qianren Guo,* Tausend-Mann-Topf.

Der folgende Pavillon *Cangjing Ge* enthält wertvolle Sutras, Originale und Kopien von Erlassen der Kaiserin Wu Zetian aus der Tang-Zeit und den Kaisern der Yuan- und Ming-Dynastie sowie das Gewand des Mönchs Huineng, einst Leiter des Tempels. Das Gewand war ein Geschenk der Kaiserin Wu Zetian. Hinter dem Pavillon Cangjing Ge steht eine Ziegelsteinpagode aus dem 8. Jh. In der Halle Liuzu Dian wird des Mönchs Huineng gedacht.

Insel Hainan

海南島

Das tropische Hainan, zweitgrößte Insel Chinas, war immer ein abgelegenes Fleckchen im riesigen Reich der Mitte, wohin die Kaiser gelegentlich unliebsame Untertanen verbannten, wie den Dichter Su Dongpo (1036–1101), der hier drei Jahre verbringen mußte.

Etwa ein Viertel der Insel ist gebirgig, die höchste Erhebung ist mit 1879 m der Wuzhi Shan, Fünf-Finger-Berg. Neben dem Reichtum an Bodenschätzen (Eisenerz, Bauxit und Kohle) verfügt Hainan vor allem über einen Schatz: eine faszinierende Landschaft, die immer mehr Touristen anzieht.

Es leben etwa 5 Mill. Menschen auf Hainan. Erste Bewohner waren die Li und Miao Nationalitäten; sie leben heute hauptsächlich im zentralen Teil der Insel. Ihre Zahl wird geschätzt auf 700000 Li und 40000 Miao. Die Stadt **Tongshi** ist der Regierungssitz einer autonomen Li und Miao Präfektur. Im Süden der Insel, westlich von Sanya, leben in zwei Dörfern etwa 5000 Moslems, die der religiösen Minderheit der Hui zugerechnet werden.

Die Hauptstadt Hainans ist das im Norden gelegene Haikou, kulturelles und wirtschaftliches Zentrum der Insel. In der näheren Umgebung gibt es verschiedene Sehenswürdigkeiten: das **Grab des Hai Rui,** Beamter der Ming-Dynastie, (Bintian, westl. v. Haikou); die Tempel zum **Gedenken an die Fünf Beamten** (der Tang und Song-Dynastie) und zum **Gedenken an Su Dongpo** (Fucheng, südöstl. v. Haikou).

Im Osten Hainans befinden sich die atemberaubenden Strände **Tianshui Wan** und **Zhilan Wan** nahe der Kreisstadt **Wenchang** und die großen Kokosnußan-

pflanzungen. Im Südosten liegt die Kreisstadt Lingshui, bekannt für Perlenzucht, 10 km südlich von Lingshui die sogenannte Affeninsel **Nanwan Houdao.** Besucher können täglich um 9.00 und 16.00 die Affenfütterung beobachten.
Weiter südlich, nahe der Kreisstadt **Sanya,** liegt der bezaubernde Küstenstreifen Dadong Hai mit seinen schönen Stränden und dem ›Ende der Welt‹, **Tianya haijiao,** wo riesige Felsbrocken am Strand emporragen. Weiter westlich findet man das bizarre Höhlengebiet **Daxiao Dongtian.**
An der Westküste liegt der bedeutende Fischereihafen **Baimajing.** Nicht weit entfernt ist die Stadt **Zhonghe,** deren Lage in etwa dem alten **Danzhou** entspricht. Su Dongpo hatte einen Teil seines Exils hier verbracht. Brunnen und Residenz zählen heute zu den wichtigsten Sehenswürdigkeiten der Stadt.

Gästehäuser

Haikou: **Haikou Binguan,** Sanjiaochi, Tel. 2 39 72 海口宾馆
Huaqiao Fandian 华侨饭店
Sanya: **Yezhuang Binguan**

CITS: Datonglu 17, Tel. 2 27 25 (Haikou)

Guangxi Zhuangzu Zizhiqu, Autonome Region der Zhuang-Minderheit

广西壮族自治区

Fläche: 230 000 qkm / Bevölkerung: 38,42 Mill. / Hauptstadt: Nanning

Die südchinesische Autonome Region Guangxi grenzt an Guangdong im Osten, Beibu Wan (Golf von Tonkin) im Süden, Vietnam und Yunnan im Westen, Guizhou und Hunan im Norden.

Geschichtlicher Überblick

Guangxi war immer ein umstrittenes Gebiet. Bis ins 19. Jh. bekämpften sich han-chinesische und nicht-hanchinesische Volksgruppen. Dann kamen westliche Großmächte und versuchten, in Guangxi Fuß zu fassen und das Gebiet unter ihre Kontrolle zu bringen.
Bereits zur Zeit der Zhou-Dynastie lebte das Reisanbau betreibende Volk der Zhuang im Gebiet des heutigen Guangxi. Der östliche Teil wurde im −3. Jh. im Verlaufe der Eroberungen Qin Shihuangs dem chinesischen Reich untergeordnet. Kurze Zeit später gelang es einem chinesischen General mit Unterstützung der Zhuang, einen unabhängigen Staat, Nanyue, zu gründen. Die Herrscher der Han eroberten das Gebiet zurück.
Seit der Han-Dynastie emigrierten Angehörige der Yao-Stämme aus Jiangxi und Hunan nach Guangxi. Im Gegensatz zu den Zhuang waren diese wenig bereit, sich den Han-Chinesen unterzuordnen. Die von ihnen bevölkerten Gebiete wurden Zentren zahlloser Unruhen. Nach dem Untergang der Tang-Dynastie entstand hier ein unabhängiger Staat, den man Südliche Han nannte. Diese Staatsgründung wurde von den Song-Herrschern zunichte gemacht. Bereits im Jahre 1052 kam es erneut zu einem Aufstand, der die Gründung eines unabhängigen Königreiches zum Ziele hatte. Der Zhuang-Führer Nong Zhigao leitete den anfangs erfolgreichen Separationsversuch, wurde jedoch ein Jahr später besiegt. Auch die folgenden Jahrhunderte brachten diesem Teil Chinas keinen Frieden. Nahe Guiping ereignete sich im Jahre 1465 eine der blutigsten Schlachten der Geschichte Guangxis. Es war ein Kampf zwischen Yao-Kriegern und Truppen der Ming-Herrscher. Ebenfalls nahe Guiping brach 1850 der Taiping-Aufstand aus. In der zweiten Hälfte des 19. Jh. kämpften Franzosen und Engländer um die Geltendmachung ihrer Ansprüche. Die Franzosen versuchten von Vietnam aus ihren Einflußbereich auszuweiten, während die Engländer es von Guangzhou (Kanton) aus versuchten. 1889 mußte Longzhou dem ausländischen Handel geöffnet werden; 1897 folgte Wuzhou, 1907 Nanning. Anfang des 20. Jh. unterstützten die Mächtigen Guangxis den Sturz der Qing-Dynastie und die Gründung der Republik. 1939 marschierten die Japaner im Süden der Provinz ein und besetzten Nanning und Longzhou. 1944 gelang es ihnen, auch den Nordosten zu besetzen, sie konnten ihre Stellung jedoch nicht halten.
Guangxis Landschaft wird durch Karstgestein geprägt. Überall bekannt sind die Berge von Guilin, die isoliert in der Ebene stehend emporragen und mit ihren pittoresken Formen den Besucher verblüffen.
Die Gebirgszüge Guangxis verlaufen von Nordosten nach Südwesten. Sie erreichen Höhen zwischen 1000–2000 m und bestehen aus Sand- oder Kalkstein, Schiefer, Porphyr oder Granit. Das Tiefland liegt niedriger als 300 m.

Der wichtigste Fluß Guangxis ist der Xijiang, der das Land von Nordwesten nach Südosten durchzieht.
Das Klima Guangxis ist subtropisch. Die Sommer dauern sieben Monate und sind heiß und feucht. Die Durchschnittstemperatur im Juli beträgt im Norden 27 °C, im Süden 32 °C. Die Winter sind mild, die Durchschnittstemperatur beträgt im Januar im Norden 4 °C, im Süden 16 °C. Von April bis September ist Monsunzeit. Die jährliche Niederschlagsmenge beträgt zwischen 1000–2000 mm. Sie nimmt von Südosten nach Nordwesten hin ab.
Nur etwa 12% der Gesamtfläche Guangxis sind landwirtschaftlich nutzbar. Zentren des Ackerbaus sind die Flußniederungen und Kalksteinebenen. In bergigen Gebieten herrscht Terrassenbau vor. Wichtigstes Anbauprodukt ist Reis, im trockeneren Nordwesten herrschen die Trockenfeldkulturen, Mais, Weizen und Süßkartoffeln vor. Als Nutzpflanzen werden Zuckerrohr, Erdnüsse, Sesam, Tee, Tabak, Baumwolle und Hanf angebaut. Guangxi ist darüber hinaus ein wichtiger Obstproduzent, führende Obstsorten sind Litschi, Pampelmusen, Mango, Papayas, Birnen, Bananen, Zitrusfrüchte und Wasserkastanien.
Auch die Fischerei spielt eine beachtliche Rolle, sowohl die Küsten- und Hochsee- als auch die Flußfischerei.
Guangxi ist reich an Bodenschätzen. Es existieren große Kohle- und Eisenvorkommen, sowie Bestände an Wolfram, Antimon, Zinn und Mangan. Seit der Gründung der Volksrepublik hat sich die Industrie Guangxis zusehends entwickeln können. In Nanning, Liuzhou, Wuzhou und Luzhai hat sich Schwerindustrie angesiedelt. Es entstanden Eisen- und Stahlwerke, Maschinen- und Zementfabriken. Der Schwerpunkt liegt im Bereich der Leichtindustrie. In den letzten drei Jahrzehnten entstanden Textil-, Leder-, Papier-, Streichholzfabriken, Ölmühlen, Zuckerraffinerien und pharmazeutische Betriebe.

Stadt Nanning 南宁市

Nanning, Sitz des Volkskomitees der Autonomen Region der Zhuang, liegt am Nordufer des Yongjiang etwa 30 km vom Zusammenfluß von Yujiang und Zuojiang entfernt.
Die Stadt ist an die Eisenbahnlinie Hengyang/Hunan – Youyiguan/Guangxi angeschlossen. Eine 1957 angelegte Verbindung mit der Hafenstadt Zhanjiang verschafft den direkten Zugang zum Meer.

Stadtplan von Nanning

Geschichtlicher Überblick

Nanning hat eine Geschichte von mehr als 1600 Jahren. Bereits im Jahre 318 war es Kreisstadt und militärischer Stützpunkt. Während der Tang-Dynastie wurde es zur Garnisonsstadt ausgebaut. Die Herrscher der Ming- und Qing-Dynastie machten aus Nanning eine Präfektur *(fu)*. Von 1912–1936 war es Hauptstadt Guangxis. Während des chinesisch-japanischen Krieges stand die Stadt zeitweise unter japanischer Besatzung. 1949 wurde Nanning Provinzhauptstadt und 1958 Hauptstadt der Autonomen Region Guangxi. Während Nanning früher hauptsächlich Verwaltungs- und Handelsstadt war, hat die Stadt seit 1949 vor allem in industrieller Hinsicht erhebliche Fortschritte machen können. Heute ist Nanning das bedeutendste Zentrum der Industrie Guangxis.

Die wichtigsten Anbauprodukte der Umgebung sind Reis und Zuckerrohr. Dank des günstigen Klimas werden die verschiedensten subtropischen Früchte geerntet, z. B. Mangos, Litschi, Bananen, Ananas und Wassermelonen.

Nanning ist auch der kulturelle Mittelpunkt der Region. 1952 wurde hier ein Nationalitäteninstitut eröffnet, in dem man Angehörige von zwölf Nationalitäten zu Lehrern und Kadern ausbildet. Sie werden unterrichtet in Politik, Chinesisch, Fremdsprachen, Mathematik, Physik und Chemie.

In Guangxi gibt es eine lange Tradition des Kunsthandwerks, Theaters und Puppenspiels. Besucher werden häufig in Gui-, Zhuang- oder Caidiao-Opern geführt, oder aber zu Aufführungen von Gesangs- und Tanzensembles. Wer Anfang Juni nach Nanning kommt, wird an dem beliebten **Drachenbootfest** teilnehmen können, ein Ereignis, das jedes Jahr Tausende von Besuchern an die Ufer des Yongjiang lockt. Es findet am 5. Tag des 5. Monats nach dem Mondkalender statt. In langen, schmalen Booten, jedes mit einem Drachenkopf geschmückt, jagen die Mannschaften, junge Frauen und Männer, über den Fluß. Die siegreiche Mannschaft wird mit einem Festbraten und Wein belohnt.

Nanning ist die Stadt der immergrünen Bäume und blühenden Blumen. Doch nicht nur Naturfreunde kommen hier auf ihre Kosten, sondern auch Feinschmecker. Die Küche Guangxis bietet einige Delikatessen, z. B. Schlangen- und Bergschildkrötengerichte und gebratene Tauben.

Nanhu Gongyuan, Südseepark 南湖公园

Der Südsee befindet sich im Südosten der Stadt. Er wird umgeben von einer Parkanlage, die ganz besonders durch Pflanzen der subtropischen Klimazone geprägt wird. Ein Orchideengarten, eine Heilkräuter- und Bonsaiausstellung werden manchen Besucher interessieren.

Das Südsee Fischrestaurant bietet typische Fischspezialitäten Guangxis an.

Renmin Gongyuan, Volkspark 人民公园

Der Volkspark liegt im Norden der Stadt, nicht sehr weit vom Freundschafts- und Mingyuan-Hotel entfernt. Es ist ein ruhiges Plätzchen mit hübschen Anlagen und verträumten Wegen.

Museum der Autonomen Region Guangxi

广西壮族自治区博物馆

Das Museum wurde 1954 eröffnet. Es bietet Einblicke in die allgemeine Geschichte der verschiedenen Nationalitäten Guangxis. Ausgestellt werden u. a. archäologische Funde und wichtige historische Dokumente. Besonders interessante Stücke sind unter den Bronzeinstrumenten und -gefäßen zu finden.

Höhle Yiling Yan 伊岭岩

Die Yiling Yan befindet sich 20 km nordwestlich von Nanning. Der Besucher fühlt sich durch die verschiedenfarbig beleuchteten Tropfsteingebilde wie in ein Märchenland versetzt. In dieser Höhle suchte die einheimische Bevölkerung in Zeiten der Kriege und Unruhen Schutz. Die Besichtigung der 1100 m langen Höhle nimmt etwa 1½ Stunden in Anspruch. Die Durchschnittstemperatur liegt bei 18 °C. Man sollte sich deshalb auch in der heißen Jahreszeit etwas Warmes zum Anziehen mitnehmen.

Hotels

Mingyuan Fandian, Xinminlu, Tel. 2986 明园饭店
Yongjiang Fandian, Linjianglu, Tel. 3951 邕江饭店
Nanning Fandian, Minshenglu, Tel. 3971 南宁饭店
Yongzhou Fandian, Minzhulu, Tel. 3913, 3120 邕州饭店

Restaurants

Bailong Chating, Bailong-Teehaus, Xinminlu, Park Renmin Gongyuan, Tel. 5140
Nanhu Fisch-Restaurant, im Park Nanhu Gongyuan, Tel. 2477
Nanning Jiujia, Minshenlu, Tel. 2473

Einkaufsmöglichkeiten

Der Freundschaftsladen, Youyi Shangdian, befindet sich in der Straße Xinminlu. Bücher und Kunstgewerbe kann man in der Xinhuajie kaufen. Ein Antiquitätengeschäft ist innerhalb des Museums ›Qiyi‹ Guangchang, Platz des 1. Juli, zu finden.

Reisebüro, **Lüxingshe**

Guoji Lüxingshe, **CITS,** + Zhongguo Lüxingshe, Xinminlu, Tel. 2042, 4793, Tx. 48192 GNTLS

Gong'an Shi, Amt für Ausländische Angelegenheiten, Autonome Region Guangxi, Minzhulu, Tel. 3637

CAAC Tel. 3333, 4272, 5377

Bahnhof, Information, Tel. 2468

Stadt Liuzhou 柳州市

Liuzhou, mitten in der Region und am Ufer des Liujiang gelegen, ist ein wichtiger Knotenpunkt der Verkehrswege zu Lande und zu Wasser. Hier treffen sich die Eisenbahnlinien aus Guiyang/Guizhou, Huaihua und die Linie Hengyang – Nanning. Große Landstraßen führen von Liuzhou aus in alle Richtungen. Der Zusammenfluß verschiedener Nebenflüsse des Liujiang begünstigt die Transportmöglichkeiten zu Wasser.
Liuzhou ist eine alte Stadt mit einer Geschichte von mehr als 2100 Jahren. In der Tang-Dynastie entstand die Präfektur Liuzhou. Sie war hauptsächlich als Umschlagplatz für landwirtschaftliche Produkte und Holz von Interesse. Auch heute ist die Stadt ein wichtiger Handelsplatz. Daneben hat sie sich zu einer Industriestadt entwickelt.

Tempel Liuhou Ci 柳侯祠

Der Liuhou Ci befindet sich im Park Liuhou Gongyuan. Er wurde 821 zu Ehren des berühmten Literatenbeamten Liu Zongyuan der Tang-Dynastie gebaut.
Liu Zongyuan (773–819) war Beamter und Dichter. Als hoher Beamter hatte er die Reformpläne des Wang Shuwen unterstützt. Er fiel deshalb in Ungnade, wurde seines Amtes enthoben und 815 nach Liuzhou verbannt. Während

seiner kurzen Amtszeit leistete er in dem vollkommen verwahrlosten Städtchen Erstaunliches. Er räumte auf mit Banditentum und Sklaverei, errichtete Schulen, kämpfte gegen Aberglauben, ließ die verfallene Stadtmauer wieder aufbauen und Brunnen anlegen. Die Bevölkerung dankte es ihm, indem sie seinen Namen nie in Vergessenheit geraten ließ. Der Song-Kaiser Huizong (reg. 1101–1125) verlieh ihm posthum den Ehrentitel eines *Wenhui Hou.* So wurde Liu Zongyuan meist nur noch Liu Hou genannt.
Der heutige Tempel wurde 1729 neu angelegt. Er enthält noch einige Steininschriften Liu Zongyuans.

Yufeng Shan, Fischgipfelberg, 魚峰山
und **Xiaolong Tan,** Kleiner-Drachen-Teich. Diese beiden Sehenswürdigkeiten befinden sich im Süden der Stadt nahe dem Berg Ma'an Shan, der sich als Aussichtspunkt anbietet. Der Fischgipfelberg und der Kleine-Drachen-Teich sind durch folgende Legende bekannt geworden:
Die dritte der Schwestern des Hauses Liu war eine beliebte Sängerin, die in ihren Berg- und Hirtenliedern häufig die Habgier eines Landbesitzers anklagte. Eines Tages trieb dieser sie wütend in einen Teich. Doch zwei Karpfen kamen ihr zu Hilfe. Auf dem Rücken des einen entkam das Mädchen, der andere verwandelte sich in einen Steinberg und begrub den Landbesitzer unter sich. So nannte man den Berg Yufang Shan, Fischgipfelberg, und den Teich Xiaolong Tan, Kleiner-Drachen-Teich. An jedem 15. Tag des 7. Monats nach dem Mondkalender findet am Ufer des Xiaolong Tan ein Berglieder-Festival statt, an dem überwiegend Sänger der Zhuang-Nationalität teilnehmen.
Der Yufeng Shan ist 80 m hoch. Man findet dort eine Steinstatue der *Liusanjie,* der dritten der Schwestern des Hauses Liu.

Felsen Dule Yan 都乐岩

Der Dule Yan, 12 km südöstlich von Liuzhou, enthält vierzig Höhlen. Davon sind besonders sehenswert die *Panlong Dong, Tongtian Dong* und *Shuiyun Dong.*

Hotels

Liuzhou Fandian, Wengelu 1 柳州饭店
Liujiang Fandian, Longchenglu, Tel. 2 52 61 柳江饭店
Longcheng Fandian, Jiebeilu, Tel. 2 54 65 龙城饭店

Das **Reisebüro,** Guoji **Lüxingshe, CITS,** ist im Hotel Liuzhou Fandian untergebracht. Tel. 32 29

Stadt Guilin und Umgebung 桂林市

Guilin liegt im Nordosten Guangxis am Oberlauf des Lijiang, einem der Quellflüsse des Guijiang.
Nicht weit von Guilin treffen die beiden Quellflüsse Lijiang und Xiangjiang ziemlich dicht zusammen. Diese natürliche Gegebenheit wurde vor mehr als 2000 Jahren zu einem bemerkenswerten Projekt ausgenutzt. Kaiser Shihuang der Qin-Dynastie (−221 bis −206) ließ einen Kanal anlegen, den Lingqu, der beide Flüsse miteinander verband. Da der Lijiang nicht schiffbar war, mußte er bis zu seiner Mündung in den Guijiang kanalisiert werden. Dank des Lingqu-Kanals wurde der Transport der Qin-Truppen vom Changjiang-Gebiet nach Guangdong ermöglicht.
Der Kanal blieb bis ins 1. Jh. der Haupttransportweg von Zentral- nach Südchina. Auch heute wird er noch genutzt, ist jedoch nur für kleine Boote schiffbar. Seine Bedeutung liegt mehr auf dem Gebiet der Bewässerung. In die Zeit des Kanalbaus fällt die Entstehung Guilins, es ist eine Gründung der Qin-Truppen. Während der Ming-Dynastie lag hier die Präfektur *(fu)* Guilin. Die Herrscher der Qing machten Guilin zur Hauptstadt von Guangxi. 1912 löste Nanning Guilin als Hauptstadt ab, 1936 erhielt Guilin erneut den Status einer Hauptstadt, was jedoch 1949 zugunsten Nannings erneut rückgängig gemacht wurde. In der Zeit des chinesisch-japanischen Krieges war Guilin Zufluchtsstätte Tausender Nationalisten und Intellektueller.
Guilin war immer ein Zentrum des Handels und Handwerks. Diese Stellung hatte die Stadt nach Fertigstellung der Eisenbahnlinie Hengyang-Guilin 1938 noch stärken können. In den letzten Jahrzehnten wurde die industrielle Entwicklung vorangetrieben.

Die schönste Jahreszeit für einen Besuch Guilins ist der Herbst, wenn die Stadt erfüllt ist von dem Duft der Kassienbäume und ihren Namen ›Duftblüten-Wald‹ zu Recht trägt.
Es ist hauptsächlich die reizvolle und einmalige Landschaft, die Guilin im In- und Ausland bekannt machte. Die Chinesen nennen sie häufig die schönste Landschaft auf Erden, und in der Tat wird man die Schönheit bestätigen, wenn man erst einmal relativ ungestört eine Fahrt auf dem Lijiang unternommen hat. Hierzu eignen sich am besten die kühlen Monate außerhalb der Saison, wenn vom Tourismus nur wenig zu spüren ist. Viele Dichter und Maler hat es im Laufe der Jahrhunderte hierher gezogen und sie alle priesen die Schönheit Guilins in ihren Werken.
Die Landschaft Guilins ist typisches Karstgebiet. Zu Hunderten ragen bizarr geformte Berge einzeln aus der Ebene empor. Vor 300 Mill. Jahren war dieses

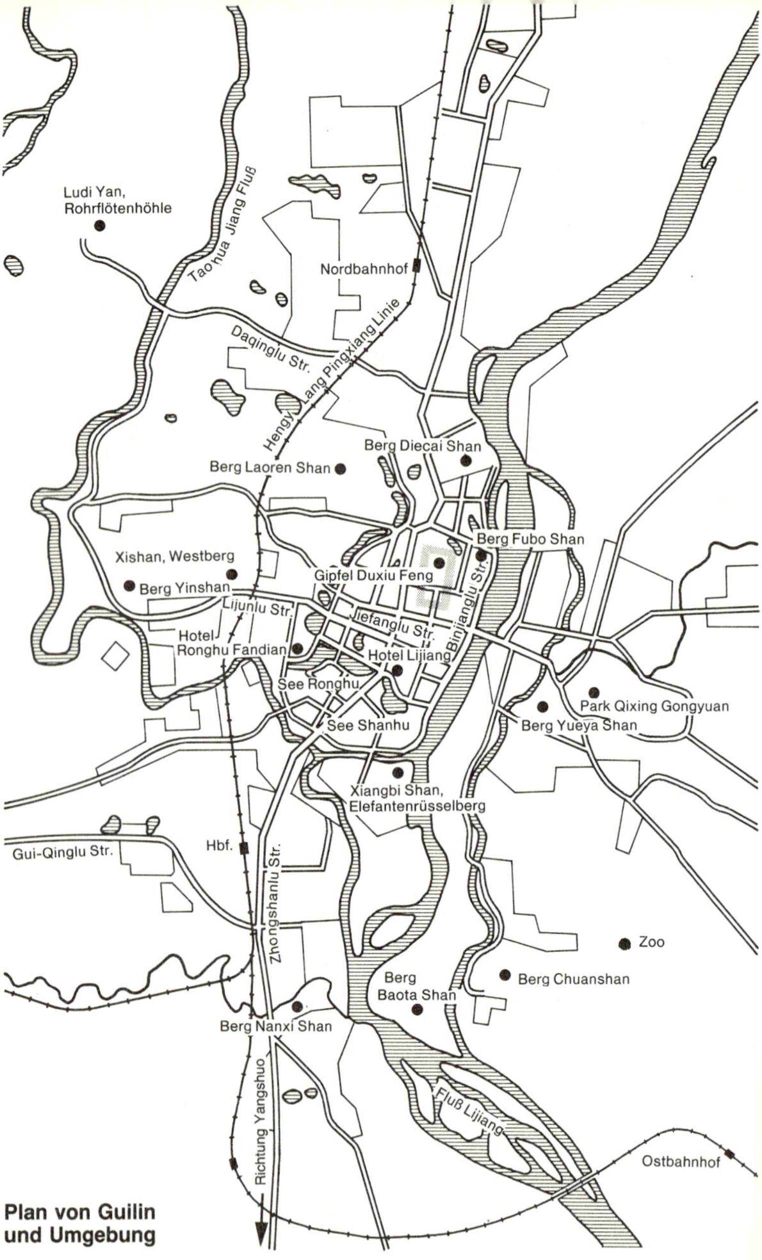

Plan von Guilin und Umgebung

Mönch beim Drehen der Gebetsmühlen, Lamakloster Labrang ▷

Gebiet noch von einem Meer überflutet, eine dicke Kalkschicht setzte sich ab, die dann im Laufe geotektonischer Bewegungen emporgehoben und von Wasser und Wind wunderlich geformt wurde. Es gibt Tausende von Höhlen, jeder Berg ist unterhöhlt, jede Höhle hat ihren eigenen Charakter. Und mit allen Bergen, Felsen und Höhlen verwoben sind unzählige Legenden, Märchen und Gedichte.
Guilin bietet dem Reisenden viele faszinierende Sehenswürdigkeiten. Wenn man nur einen Tag in Guilin bleibt, sollte man sich zu einer Fahrt auf dem Lijiang entscheiden oder die Höhle Ludi Yan, Rohrflöten-Höhle, und den Qixing Gongyuan, Sieben-Sterne-Park, besichtigen. Bei einem zweitägigen Aufenthalt sollte man beides machen. Bleibt noch ein wenig Zeit übrig, darf man nicht versäumen, den Duxiu Feng, Diecai Shan und Fubo Shan zu besuchen.
Die ersten Sehenswürdigkeiten erblickt man schon von den Hotels Lijiang Fandian und Ronghu Fandian aus, nämlich den **Ronghu,** Banyan-Baum-See, und den **Shanhu,** Kiefern-See. Ursprünglich gehörten beide zum Wassergraben an der Stadtmauer. Sie entstanden erst in der Song-Zeit durch einen Brückenbau. Benannt wurden sie nach den Bäumen, die damals an ihren Ufern wuchsen.
Südöstlich der genannten Seen steht der **Xiangbi Shan,** Elefantenrüssel-Berg. Eine Höhle gibt diesem Felsen das Aussehen eines Elefanten, der gerade aus dem Fluß trinkt. Die Legende erzählt von einem Elefanten, der dem Himmelskaiser gehörte. Als letzterer sich anschickte die Erde zu erobern, mußte der Elefant so schwer arbeiten und tragen, daß er schließlich erkrankte. Einige Bauern retteten ihn, und aus Dankbarkeit beschloß das Tier, auf Erden zu bleiben und seinen Rettern zu dienen. Darüber erbost, tötete der Himmelskaiser den Elefanten, als er friedlich am Ufer trank, worauf dieser zu Stein wurde. Auf der Spitze des Felsens steht die Pagode **Puxian Ta.** Sie stellt den Griff des Dolches dar. Die Pagode wurde während der Tang-Zeit errichtet und in der Ming-Zeit erneuert.
Die Höhle zwischen Rüssel und Körper des ›Elefanten‹ wird »Wasser-Mond-Loch« genannt. Wenn das Wasser des Lijiang steigt, kann man mit dem Boot durch das Loch fahren. Bei Mondschein sind hier die tanzenden Reflexe besonders schön anzuschauen. An den Felswänden des Xiangbi Shan und des Wasser-Mond-Loches sind viele Steinschnitte zu sehen.

Duxiu Feng 独秀峰

Der einsame Gipfel Duxiu Feng erhebt sich nördlich des Lijiang-Hotels mitten in der Stadt. Er bietet dem Betrachter ein herrliches Naturschauspiel, einen

◁ *Potala-Palast, Lhasa, Tibet*

Wechsel der Farben, der ihn im Dunst der Morgendämmerung oder in der Glut des Sonnenuntergangs golden bzw. purpur erscheinen läßt. Auf dem Westhang des Duxiu Feng führen 306 Stufen hinauf zum **Nantian Men,** Tor des Südhimmels. Von dort ist ein wundervoller Ausblick auf Stadt und Umgebung zu genießen. Es sind viele Höhlen im Duxiu Feng zu finden. Die bekannteste ist die **Dushu Yan,** Studierhöhle, am Ostfuß des Berges. Es heißt, daß während der Zeit der Südlichen Dynastien der Präfekt von Guilin, Yan Yanzhi, hier studiert hat. Am Nordfuß des Berges entspringt die Quelle **Duxiu Quan.**

Der Duxiu Feng ragt im nördlichen Teil der ehemaligen **Wangcheng** auf, der Residenz des Königs von Jingjiang. Um die Wangcheng wurde eine 1,5 km lange Mauer gezogen, mit jeweils einem Tor in den vier Seiten. Man sieht bis jetzt noch Reste der ehemaligen Residenz, Terrassen, Balustraden und Treppen. Heute ist auf dem Gelände die Pädagogische Hochschule untergebracht.

Fubo Shan 伏波山

Der Fubo Shan erhebt sich nordöstlich des Duxiu Feng am Westufer des Lijiang. Zwei Dinge aus dem Tempel Dingyue Si (siehe Diecai Shan) der Qing-Zeit sind hier zu sehen: eine mächtige Eisenglocke, mehr als 2500 kg schwer und ein Tausend-Mann-Topf. Die Speise, die hierin zubereitet wurde, soll für 1000 Menschen gereicht haben. Vom Westfuß des Berges führt ein Weg zur Aussichtsterrasse **Guanjing Tai.** Schaut man von dort nach Nordwesten, sieht man den **Laoren Shan**, den Berg des alten Mannes. Dieser Berg gleicht einem alten Mann mit erhobenem Kopf, Hut und starken Augenbrauen. Von der Aussichtsterrasse gelangt man über einen steilen Weg zur Spitze des Berges.

Am Fuß des Fubo Shan gibt es eine sehr bekannte Höhle, die **Huanzhu Dong,** Höhle der zurückgegebenen Perle. Der Name geht auf eine Legende zurück. Sie erzählt von einem alten Drachen, der hier nachts immer mit einer leuchtenden Perle spielte. Ein alter Fischer beobachtete häufig dieses faszinierende Spiel. Eines Tages wagte er sich in die Höhle und fand einen alten Mann schlafend neben der Perle liegen. Er nahm die Perle und ging, kehrte jedoch gleich darauf voller Gewissensbisse zurück und legte die Perle wieder an die Seite des schlafenden Alten.

Die Ostseite der Höhle ist zum Lijiang hin offen. Sie ist hell und groß und zählt noch mehrere Nebenhöhlen. Die Hauptattraktion dieser Höhle ist der **Shijian Shi,** Schwertprüfstein, ein Felsen, der fast bis zum Boden herabhängt. Nur ein schmaler Spalt bleibt als Zwischenraum. Einer Legende zufolge hat hier ein Kaiser sein Schwert geprüft und dabei den Felsen gespalten. Neben dem Prüfstein führen Steinstufen zum Felsen **Qianfo Yan,** der etwa 200 buddhistische Steinskulpturen und Inschriften, darunter viele aus der Tang-Zeit enthält.

Diecai Shan 叠彩山

Der Diecai Shan, Berg der farbigen Schichten, liegt im Norden der Stadt. Er besteht aus vier Erhebungen, von denen der 223 m hohe Mingyue Feng nicht nur der höchste dieses Massivs, sondern von ganz Guilin ist. An seinem südlichen Fuß führt ein Weg hinauf zum Pavillon *Diecai Ting.* Östlich des Pavillons befindet sich der kleine Berg Yuyue Shan. Auf dessen Spitze kann man die Umgebung des Lijiang gut betrachten. Westlich vom Pavillon *Diecai Ting* liegt der Berg Siwang Shan. Ursprünglich stand hier der Tempel *Dingyue Si,* von dem heute noch eine Glocke und ein Gefäß auf dem Fubo Shan zu sehen sind. Vom Pavillon *Diecai Ting* gelangt man weiter oben zum Tor *Diecai Men.* Hier gibt es eine Stele, die zwei Ming-Loyalisten, Qu Shisi und Zhang Tongchang, ehrt. Auf der Spitze des Diecai Shan steht der *Nayun Ting,* der Wolken erreichende Pavillon, von dem aus man eine herrliche Aussicht auf Guilin und Umgebung hat. Das Gebiet des Berges Diecai Shan ist reich an wertvollen Steinschnitten und buddhistischen Skulpturen der Tang- und Song-Dynastie.

Qixing Gongyuan, Sieben-Sterne-Park 七星公园

Der Sieben-Sterne-Park ist eine der wichtigsten Sehenswürdigkeiten Guilins am Ostufer des Lijiang. Die sieben Sterne symbolisieren die sieben Berge um die der Park angelegt wurde. Die Berge sind angeordnet wie die Sterne des Großen Bären. Die nördlichen vier Berge ergeben den **Putuo Shan,** die südlichen drei den **Yueya Shan.** Der Putuo Shan enthält einige große Höhlen, darunter ist die **Qixing Yan,** die Sieben-Sterne-Höhle am Westfuß besonders sehenswert. Die meisten Besuchergruppen werden dorthingeführt. Diese Höhle ist durch einen unterirdischen Fluß und durch Verschiebungen der Erdkruste entstanden. Sie besteht aus drei Schichten, nur die mittlere ist den Besuchern zugänglich. Der Besichtigungsweg beträgt 814 m, die Temperatur liegt bei 20 °C. Es werden regelmäßig Führungen veranstaltet, denen man sich anschließen sollte. Erst dann wird man nämlich die vielen buntbeleuchteten Gestalten und Figuren erkennen, an die so viele Legenden und Phantasien geknüpft sind. So entdeckt man den Affen, der Pfirsiche sammelt, den Frosch, der in einen Tümpel springt, zwei Drachen beim Ballspiel usw. Da die Höhle schon seit Jahrhunderten ein Anziehungspunkt ist, wurden im Laufe der Zeit viele Aussprüche und Gedichte von Literaten in den Felswänden verewigt. Am Eingang des Parks befindet sich die **Huaqiao,** Blumenbrücke, ein Steinbau aus der Song-Zeit, der in der Ming-Zeit von fünf auf sieben Bogen erweitert wurde. Auf dem Weg zur Sieben-Sterne-Höhle kommt man an zahlreichen Pavillons und vielen Bäumen und Blumen vorbei. Nach Besichtigung der Höhle gelangt der Besucher vom Höhlenausgang zum Pavillon **Huoran Ting** und dann Richtung Westen zum Yueya Shan. Hier sind steile Felsen und ebenfalls Höhlen zu finden. Interessant ist der **Guihai Beilin,** Steintafelwald, mit seinen über einhundert Inschriften, von denen mehr als die Hälfte aus der Song-Zeit stammen.

Luotuo Shan, Kamelberg 駱駝山

Im Osten Guilins, südlich des Qixing Gongyuan befindet sich der Kamelberg. Er gleicht tatsächlich einem sitzenden, einhöckerigen Kamel.

Ludi Yan, Rohrflötenhöhle 芦笛岩

Die 240 m tiefe Ludi Yan befindet sich im Nordwesten der Stadt. Sie ist wohl die größte und prächtigste Höhle Guilins. Vor ihr wächst *Ludi Cao,* Riedgras, aus dem man wunderbare Flöten fertigen kann, was schließlich der Höhle ihren Namen gab. Früher war sie ein bevorzugtes Versteck der Einheimischen in Zeiten der Kriege und Unruhen. Schon während der Tang-Zeit hatte man sie entdeckt, jedoch erst 1959 als touristische Attraktion hergerichtet.
Ein 500 m langer Weg schlängelt sich vorbei an phantastischen Stalaktiten und Stalagmiten, die bunt beleuchtet aus Korallen, Jade, Bernstein und Achat zu sein scheinen. So entstehen vor den Augen des Betrachters und dank unermüdlicher, phantasievoller Erklärungen der Führer Blumengärten, großartige Hallen, Pavillons und wunderliche Gebilde. Eine Grotte innerhalb der Höhle kann bis zu tausend Menschen aufnehmen. Dies ist der Kristallpalast des Drachenkönigs. Eine Steinsäule stellt den Zauberstab des Drachenkönigs dar, mit dem dieser das Meer regierte. In der berühmten Erzählung »Reise nach Westen« bittet der Affenkönig Sun Wukong den Drachenkönig, ihm den Stab zu geben. Der Drachenkönig lehnte jedoch ab, worauf sich der Affenkönig den Stab mit Gewalt nahm, die Armee des Drachenkönigs, die aus Schnecken und Quallen bestand, schlug und den Palast verwüstete. Die besiegten Schnekken und Quallen liegen noch heute in der Höhle verstreut – zerbrochene Stücke von Stalagmiten.

Berg Nanxi Shan 南溪山

Der Nanxi Shan liegt im Süden Guilins. Er besteht aus zwei Gipfeln, die sich gegenüberstehen. Am Nordhang sind mehrere Höhlen zu sehen. Am Nordfuß erstreckt sich der Park **Nanxi Gongyuan** mit Bambus, Kiefern, Blumen, Pavillons und einer Brücke, die zu einem Teehaus führt.

Höhle Zengpi Yan 甑皮岩遗址

Im südlichen Vorort, 10 km von Guilin entfernt, befand sich am südwestlichen Fuß des Berges Dushan eine steinzeitliche Siedlung. Die Höhle wurde 1965 entdeckt und 1973 systematisch erforscht. Grabungen brachten Instrumente aus Steinen, Knochen und Muscheln zutage sowie Keramik, Tierknochen und Zähne. Darüber hinaus fand man Feuerstellen und Gräber. 1978 legte man einen Ausstellungsraum an, in dem die Funde zu sehen sind.

Fahrt auf dem Lijiang nach Yangshuo 漓江游

Ein Besuch Guilins wäre unvollständig ohne eine Fahrt auf dem Lijiang. Gerade dieses Erlebnis gehört zu den Höhepunkten einer Reise durch China. Der Dichter Han Yu der Tang-Dynastie sprach von dem Lijiang als einem blauen Seidenband, das von grünen Jadehaarnadeln umgeben ist. Das Schiff gleitet vorbei an immer neuen Felsformationen, an Höhlen, Wasserfällen, verträumten Dörfern und an den schmalen Bambusflößen mit den Kormoranfischern. Man fühlt sich versetzt in eine traditionelle Tuschmalerei, in eine andere Zeit. Viele Dichter- und Malergenerationen ließen sich hier von der Schönheit des Lijiang und seinen Bergen inspirieren.
Etwa 80 km sind es bis Yangshuo, die Fahrt kann bis zu sechs Stunden dauern, was von der Größe des Schiffes abhängig ist. Zuerst kommt man an dem schon bekannten **Xiangbi Shan,** Elefantenrüssel-Berg, vorbei. Am östlichen Ufer folgen der **Baota Shan,** Pagodenberg, und **Chuanshan,** der ›durchbohrte‹ Berg. Auf dem Baota Shan steht eine ming-zeitliche Pagode, die **Shoufo Ta.** Der Berg ist von Ahornbäumen umgeben, deren schönes Blattwerk ihm im Herbst einen besonderen Reiz gibt. Das Loch im Chuanshan wird von den Einheimischen Mondhöhle genannt. Es gleicht einem Vollmond am Abendhimmel. Weitere Berge folgen mit so wunderlichen Namen wie »Saubere Vase« – eine wohlgeformte Vase scheint am Westufer im Wasser zu liegen –, »Wald der merkwürdig geformten Gipfel«, »Neun Ochsen«, »Bestickter Berg« usw. Nach der Hälfte des Weges ragt plötzlich der **Huashan,** Gemälde-

berg, steil aus dem Wasser empor. Er besteht aus neun Spitzen und wirkt wie ein riesiges Gemälde auf dem mit viel Phantasie neun Pferde in verschiedenen Stellungen zu sehen sind. Das eine beugt sich zum Trinken zum Fluß hinab, ein anderes bäumt sich auf usw. Sobald sich der Fluß Xingping nähert, verbreitert er sich und wird ruhig. Federartiger Bambus steht am Ufer. Das Wasser, noch klarer als zuvor, reflektiert wie ein Spiegel die vorbeiziehende Szenerie. Eine unwirkliche, einmalige Stimmung entsteht.

Kreisstadt Yangshuo 阳朔风光

Yangshuo ist wie Guilin eine Gründung aus der Zeit der Qin-Dynastie (−221 bis −206). Seit der Sui-Zeit hat es den Status einer Kreisstadt inne.
Auch diese Stadt war viele Jahrhunderte hindurch Anziehungspunkt berühmter Literaten, Philisophen, Dichter und Maler. Glaubt man den Bewohnern von Guilin, ihre Landschaft wäre die schönste auf Erden, so wird man in Yangshuo eines besseren belehrt. Dort sind die Menschen der Ansicht, es noch viel schöner als in Guilin zu haben.
Yangshuo ist südöstlich von Guilin gelegen. Immergrüne Bäume, bizarre Felsen, kristallklare Flüsse und Bäche prägen die Landschaft. Auch hier bietet der Lijiang eine beeindruckende Szenerie. Zahlreiche Gipfel ragen an den Ufern empor. Sie ändern ihr Aussehen im Wechsel der Tageszeiten und faszinieren den Betrachter immer wieder aufs Neue. Alle Berge haben Höhlen, einige sind sehr groß, wie die Höhle *Jiaoping Dong*, einige sind besonders hoch gelegen, wie die *Mingyue Dong*, einige sind miteinander verbunden, wie die berühmten acht Höhlen des *Zhongling Shan*. Yangshuo hat nicht nur viele Sehenswürdigkeiten zu bieten, sondern auch ein traditionsreiches Kunsthandwerk. Interessant ist dort vor allem die Herstellung der Miniaturfelsen.
Einige der wichtigsten Sehenswürdigkeiten der Stadt sind: *Bilian Feng*, Grüner-Lotos-Gipfel, *Shutong Shan*, Berg des lernenden Kindes, Park *Yangshuo Gongyuan*, *Rongyingudu*, Banyan-Baum an alter Fähre, und *Yueliang Shan*, Mondberg.

Bilian Feng, Grüner-Lotos-Berg 碧莲峰

Der grün bewachsene Bilian Feng südöstlich der Stadt am Ufer des Lijiang ähnelt mit seiner Spiegelung im Lijiang einer Lotosknospe. Der zweistöckige Pavillon *Yingjiang Ge* am Berghang erlaubt einen weiten Blick über den Fluß.
Nördlich vom Bilian Feng erhebt sich der Berg Jianshan, dessen Felswand glatt wie ein Spiegel ist.

Rongyingudu, Banyan-Baum an alter Fähre. 榕荫古渡

Etwa 6 km südlich von Yangshuo wächst am Ufer des Flusses Jinbao He ein gewaltiger Banyan-Baum, der schon über 1400 Jahre alt sein soll. Früher setzte hier eine Fähre über den Fluß. Heute werden Touristen gegen einige Fen Bezahlung hinübergesetzt. Ein Spaziergang auf der anderen Seite führt in ein kleines Dorf.

Der **Yueliang Shan,** Mondberg, 月亮山
befindet sich 3 km südlich von dem Banyan-Baum. Sein Gipfel hat ein halbmondförmiges Loch, durch das der Himmel sichtbar ist. Ein Weg schlängelt sich zum Loch hinauf.
Die beste Aussicht auf den Berg und das Verändern der ›Mondsichel‹ hat wer die Hauptstraße verläßt und durch das nahe gelegene Dorf fährt.

Pingfeng Shan, Paravent-Berg 屏风山

Der Berg Pingfeng Shan ähnelt einem Paravent im Westen der Stadt im Park **Yangshuo Gongyuan.** Man kann zur Spitze des Berges aufsteigen und den phantastischen Ausblick vom Pavillon **Woyun Ting** genießen.
Neben dem Pingfeng Shan ist der **Zhongling Shan** zu sehen. Dort befinden sich acht Höhlen, die miteinander verbunden sind. Jede Höhle hat ihren eigenen Charakter.

Ortschaft Xingping 兴坪

Nördlich von Yangshuo liegt Xingping, ein Städtchen mit langer Geschichte. Xingping war während der Jin-Dynastie (265–420) Kreisstadt. Dieser ruhige und romantisch gelegene Ort ist von steilen Bergen umgeben ein idealer Platz, um das Leben in ländlicher Umgebung zu beobachten.

Hotels (Guilin)

Guilin Fandian, Zhongshanzhonglu, Tel. 2249 桂林饭店
Jiashan Fandian, Lijunlu, Tel. 2240 甲山饭店
Lijiang Fandian, Shahubeilu 1, Tel. 2881 漓江饭店
Ronghu Fandian, Ronghubeilu, Tel. 3811 榕湖饭店
Dangui Fandian, Zhongshannanlu, Tel. 2754 丹桂饭店
Hubin Fandian, Shahubeilu 湖宾饭店
Xiangshan Fandian, Zhongshannanlu, Tel. 2835 香山饭店

Hotels (Yangshuo)

Yangshuo Fandian, Tel. 22 60 阳朔饭店
Xilangshan Fandian, Tel. 23 12 西郎山饭店
Beide Hotels liegen im Zentrum von Yangshuo etwa eine halbe Stunde zu Fuß von der Anlegestelle entfernt, neben dem Park Yangshuo Gongyuan.

Restaurants

Guilin Jiujia, Zhongshanzhonglu 212, Tel. 23 77
Tonglai Guan, Zhongshanzhonglu, Tel. 34 49
Yueyalou, im Park Qixing Gongyuan, Tel. 36 22

Einkaufsmöglichkeiten

Die Zhongshanzhonglu ist die Einkaufsstraße Guilins. Man findet u. a. folgende Geschäfte:
ein Antiquitätengeschäft, Kunstgewerbegeschäft, Kaufhaus, Freundschaftsladen und einen Xinhua-Buchladen.

Reisebüro, **Lüxingshe**

Guoji Lüxingshe, **CITS,** + Zhongguo Lüxingshe, Ronghubeilu 14, Tel. 38 70, 26 48, 24 75, Tx. 4 8401 GLITS

Gong'an Ju, Amt für Öffentliche Sicherheit: Baguilu, Tel. 32 02

CAAC, Ticketbüro, Zhongshanzhonglu 144, Tel. 30 63

Bahnhof, Zhongshannanlu, Tel. 31 24

Taxen: Ronghubeilu 3, Tel. 20 89

Autonomer Kreis Sanjiang Xian der Dong-Minderheit

三江侗族自治县

Chengyang Fengyu Qiao, Chengyang Wind und Regen Brücke

程阳风雨桥

Die Brücke befindet sich 20 km nördlich der Kreisstadt Sanjiang. Sie wurde 1916 von Baumeistern der Dong-Minderheit geschaffen. Fünf Pavillons ruhen auf fünf steinernen Pfeilern. Die Pavillons werden durch überdachte Korridore miteinander verbunden. Die Brücke ist ein herrliches Beispiel des Holzskelettbaus und der typischen Gestaltung im Stile der Dong-Minderheit. Dieser Brückentyp ist noch häufiger in Gebieten der Dong anzutreffen. Sie schützen vor Sonne, Regen und Wind und bieten den Passanten eine gemütliche Gelegenheit des Ausruhens und Plauderns.

Trommelturm Mapang Gulou 馬胖鼓楼

Der Mapang-Trommelturm, ein weiteres Beispiel der Architektur der Dong-Minderheit, in der Volkskommune **Bajiang Gongshe,** Kreis Sanjiang, ist der größte dieser Art Türme, die es in fast jedem Dorf der Dong gibt. Der Trommelturm dient als Versammlungs- und Veranstaltungsort. Vor dem Turm finden häufig Vorführungen statt.
Der Mapang Gulou ist eine reine Holzkonstruktion von 1928. Mit seinem neunstufigen Dach kommt er auf eine Höhe von 20 m. Vier gewaltige Holzsäulen stützen den Bau. Die Innenwände sind mit Landschaftsmalerei verziert.

Fest des Blumenfeuerwerks

Am 3. Tag des 3. Monats des Mondkalenders feiert die Dong-Minderheit am Fluß Duliu Jiang in der Gemeinde Fulu Zhen das Fest des Blumenfeuerwerks, das sich über mehrere Tage hinzieht. Aus nah und fern kommen die Menschen herbei und versammeln sich am Fluß, schauen sich das Feuerwerk an und bieten ihre meist selbst produzierten Waren zum Kauf an. An diesen Tagen erscheinen die Dong in ihren schönsten Trachten.

Stadt Jintian

金田市

Qiyi Jiuzhi, Ausgangspunkt des Taiping-Aufstandes

金田起义旧址

Das historisch interessante Jintian liegt 24 km nördlich der Kreisstadt Guiping auf dem Berg **Zijing Shan.** Hier gründeten 1847 die Taiping-Führer Hong Xiuquan und Feng Yunshan die Gesellschaft *Shangdi Hui.* Tausende von Männern und Frauen schlossen sich zu einer Kommune zusammen und lebten nach Geschlechtern getrennt in Lagern. Am 11. 1. 1851 rief Hong Xiuquan zum Taiping-Aufstand auf. Man findet noch einige Spuren der ehemaligen Kommunegebäude. Der Tempel *Sanjie Miao,* von dem aus Hong Xiuquan anfangs seine Truppe befehligte, enthält eine Ausstellung von Waffen, Inschriftentafeln und Dokumenten aus der damaligen Zeit.

Provinz Sichuan 四川省

Fläche: 570 000 qkm / Bevölkerung: 99,7 Mill. / Hauptstadt: Chengdu

Sichuan liegt im Südwesten Chinas und wird umgeben von Hubei und Hunan im Osten, Guizhou und Yunnan im Süden, Xizang (Tibet) im Westen und Qinghai, Gansu und Shaanxi im Norden. Der Name ›Sichuan‹ bedeutet »Vier Ströme«. Gemeint sind die vier wichtigsten Nebenflüsse des Changjiang, Min-, Tuo-, Fu- und Jialing Jiang, die die Provinz von Norden nach Süden durchziehen. Dank günstiger Klimaverhältnisse, intensiv betriebenem Ackerbau und zahlreicher Bodenschätze ist Sichuan eine der reichsten Provinzen Chinas.

Geschichtlicher Überblick

Das Gebiet des heutigen Sichuan war ursprünglich nicht von Han-Chinesen besiedelt. Diese kamen erst im –4. Jh. Während der Zhou-Dynastie wurde das Gebiet Shu Ba genannt, zur Zeit der Drei Reiche (220–280) war es das Königreich von Shu Han.Bis ins 10. Jh. wechselte das Gebiet mehrere Male Name, Verwaltungsstatus bzw. Zugehörigkeit. Es war zeitweise unabhängiges Königreich und dann wieder fester Bestandteil des Reiches. Abgeschiedenheit und die militärisch sichere Lage begünstigten separatistische Bewegungen und ließen ein starkes regionales Identitätsgefühl entstehen. Seit der Song-Zeit nannte man es Sichuan. Den Provinzstatus erhielt Sichuan während der Qing-Zeit. Nach dem Sturz der Qing-Dynastie war Sichuan Spielball einzelner Militärmachthaber und für die Nationalregierung schwer zu kontrollieren. Unter der Herrschaft der Militärmachthaber zerfiel die Provinz in einzelne Bereiche; zeitweise zählte man siebzehn Gebiete. Als die Nationalregierung 1938 dem Druck der japanischen Invasoren wich und sich nach Sichuan zurückzog, rückte die Provinz plötzlich in den Mittelpunkt des Geschehens. Das Gebiet profitierte in gewisser Weise von dieser Entwicklung, denn plötzlich strömten Menschen und Kapital aus den reichen Küstenregionen ins abgelegene Sichuan. Die Nationalregierung blieb bis 1946 in Sichuan; es gelang den Japanern nie, dieses Gebiet einzunehmen. Seit Gründung der Volksrepublik ist Sichuan wieder fest der Zentralregierung unterstellt.
Die Provinz läßt sich in eine westliche und eine östliche Hälfte teilen. Die westliche ist von zahlreichen Gebirgsketten durchzogen. Die höchste Erhebung Sichuans, der Berg Gongga Shan, 7590 m, liegt in diesem Teil, etwa 70 km von Ya'an entfernt. Der Westen ist im Gegensatz zum Osten nur spärlich besiedelt. Meist sind es tibetisch-birmanische Volksstämme, die in den Bergen leben. Sie betreiben dort Vieh- und Weidewirtschaft, Ackerbau oder Jagd. Im Osten liegt das Rote Becken, umgeben von Gebirgsketten. Hier befand sich vor mehreren Hundertmillionen Jahren ein Binnenmeer, dessen rote Ablagerungen dem Becken den Namen gaben. Das Relief des Beckens ist hügelig und stark durch Erosion gezeichnet. Effektiver Ackerbau wurde erst durch das Anlegen von Terrassenfeldern ermöglicht. Man nennt das Becken heute auch das Land der Millionen Terrassen. Es ist einer der dichtest besiedelten Teile Chinas, der vornehmlich von Han-Chinesen bewohnt wird. Sie machen etwa 96% der Bevölkerung Sichuans aus. Dank der langen Vegetationsperiode, etwa 350 Tage, sind pro Jahr nahezu in dem ganzen Gebiet zwei Ernten möglich. Im Sommer wird auf einem Drittel der Gesamtfläche

Naßreis, in den unebenen und schwer zu bewässernden Gebieten Mais, Sorghum und Süßkartoffeln angebaut. Im Winter werden auf den trockenliegenden Feldern Weizen und Raps gepflanzt. In einzelnen Flußtälern wachsen Zuckerrohr, Baumwolle, Erdnüsse und Zitrusfrüchte. Tee wird in den westlichen Gebirgen angebaut. Eine Spezialität ist der gepreßte Ziegeltee. Das traditionelle Naßreisanbaugebiet Sichuans ist die Ebene von Chengdu. Es ist das einzige größere Gebiet der Provinz, das relativ eben ist. Hier wurde bereits im −3. Jh. unter der Leitung des Präfekten Li Bing und seines Sohnes Erlang ein Bewässerungssystem angelegt, das *Dujiang Yan*-System von Guanxian.
Ein System, das nicht nur eines der ältesten Chinas, sondern auch eines der erfolgreichsten war. Es bewahrte das Becken vor Überschwemmungen und Dürreperioden.
Sichuan hat ein mildes Klima dank der hohen Gebirge im Norden und Westen, die den Zugang der Kaltluftmassen verhindern. Die Durchschnittstemperatur liegt in Chengdu im Januar bei etw 7 °C, im Juli bei 26 °C, im gebirgigen Westen bei 20 °C. Drei Viertel des jährlichen Niederschlags fallen zwischen Juni und September.
Sichuan ist einer der wichtigsten Holzlieferanten Chinas. Von Bedeutung sind auch die Bodenschätze. Es existieren große Lager an Eisenerz, Kupfer, Gold, Silber, Aluminium, Salz, Kohle, Öl, Asbest und Marmor. Führende Industriezentren sind Chongqing, Chengdu sowie u. a. Neijiang und Yibin.
Die Hauptstadt Chengdu ist die zweitgrößte Stadt Sichuans. Die größte Stadt der Provinz ist Chongqing.

Stadt Chengdu 成都市

Chengdu liegt im Zentrum der Provinz. Die Stadt zählt 3,89 Mill. Einwohner.

Geschichtlicher Überblick

Chengdu ist eine Gründung aus der Zeit der Kämpfenden Staaten. Bis zur Han-Dynastie blieb Chengdu Sitz der Präfektur von Shu. Zur Zeit der Drei Reiche war es die Hauptstadt des Shu-Reiches. Schon während der Tang-Dynastie hatte sich Chengdu zu einer blühenden Gewerbe- und Handelsstadt entwickelt. Hier gab es hunderte von Lackarbeitern und Juwelieren. Die Silberfiligranarbeiten der Stadt gehören noch heute zu den besten Chinas. Hauptstadt Sichuans wurde es 1368. Während des 2. Weltkrieges strömten viele Menschen aus den Ostprovinzen nach Chengdu, um der japanischen

Bedrohung zu entgehen. Mit ihnen kamen Institute und Universitäten. Nach 1949 entwickelte sich die Stadt zu einem bedeutenden Verkehrsknotenpunkt. Hier treffen sich die Eisenbahnlinien nach Chongqing, Baoxi und Kunming. Fernstraßen führen in die angrenzenden Regionen. Chengdu ist eine wichtige Industriestadt geworden mit mehreren Betrieben der Leicht- und Schwerindustrie.

Chengdu war und ist ein kulturelles Zentrum. Es zog seit jeher Literaten und Gelehrte an. Hier gab es bereits während der Westlichen Han-Dyaštie (−206 bis +8) eine staatlich betriebene Schule. Es gibt vierzehn Hochschulen, darunter die 1927 gegründete Sichuan-Universität, mehrere Forschungsinstitute und ein Minoritäteninstitut.

Chengdu wird häufig die Stadt des Brokates genannt. Schon zur Han-Zeit

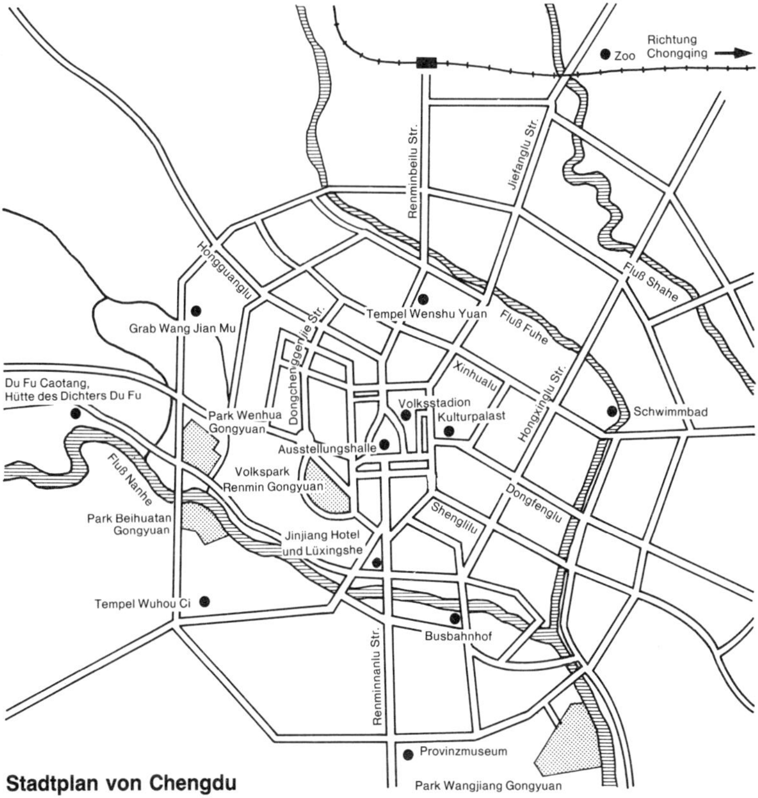

Stadtplan von Chengdu

(−206 bis +220) war hier die Seidenraupenzucht und die Brokatweberei hoch entwickelt. Noch heute produziert man in der Chengdu-Ebene ein Drittel der chinesischen Maulbeerspinnerseide.
Chengdu ist auch die Hibiskusstadt. Der Hibiskus-Liebhaber Meng Cheng, König von Shu, ließ im 10. Jh. an Mauern und Straßenrändern diese Pflanzen setzen.
Feinschmecker sollten es sich nicht entgehen lassen, in Chengdu die **Sichuan-Küche** zu probieren. Sie ist wesentlich schärfer und pikanter als die der übrigen Provinzen.
Zu beachten sind auch die Sehenswürdigkeiten von **Guanxian,** sie sind mit dem Taxi von Chengdu aus bequem zu erreichen.
In den Jahren nach der Kulturrevolution lebte eine alte Tradition wieder auf, die der **Teehäuser,** die gerade für Chengdu so typisch war. Es gibt heute wieder eine ganze Menge von ihnen. Für ein paar Fen erhält der Gast ein Glas Tee, das immer wieder mit heißem Wasser aufgefüllt wird. In den Teehäusern sang man früher Sichuan-Oper, so auch heute, wenn auch nur vereinzelt. Amateure und Rentner treten abends als Künstler auf und singen populäre Stücke. Die Stimmung und Spontaneität solcher Veranstaltungen stellen so manche offizielle Opernveranstaltung in den Schatten. Fragen Sie Einheimische oder Vertreter des CITS nach entsprechenden Teehäusern.

Tempelanlage Wenshu Yuan 文殊院

Die im 6. Jh. gegründete Anlage liegt im Norden der Stadt. Die heutigen Hallen stammen von 1691. Die wichtigsten Gebäude sind: *Tianwang Dian, Sandashi Dian, Daxiong Baodian, Shuofa Tang* und *Cangjing Lou.* Sehenswert sind vor allem die mehr als einhundert buddhistischen Bronzefiguren in diesem Tempel, größtenteils wurden sie in der Qing-Dynastie gegossen. Die Halle *Shuofa Tang* enthält zehn Eisenfiguren aus der Song-Dynastie.

Du Fu Caotang, Strohhütte des Du Fu 杜甫草堂

Im westlichen Vorort der Stadt, am Ufer des Huanhuaxi, befindet sich der ehemalige Wohnsitz des berühmten Dichters Du Fu (712–770).
Du Fu hatte seinen Beamtenposten in der Hauptstadt Chang'an aufgegeben und war 759 nach Chengdu gekommen. Er zog sich in eine Strohhütte außerhalb Chengdus zurück und schrieb dort innerhalb von drei Jahren 240 Gedichte. Bereits 100 Jahre nach seinem Tode ließ der Dichter Wei Zhuang auf dem Fundament der alten Strohhütte zum Andenken an Du Fu ein Strohhaus

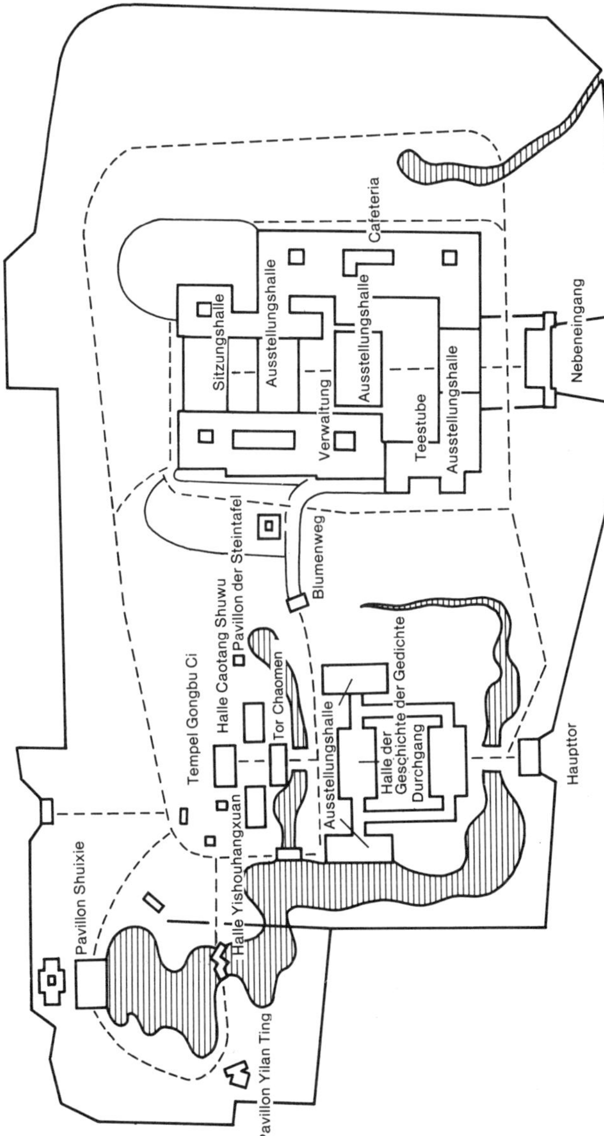

Anlageplan Du Fu Caotang

errichten. Diese Anlage wurde im Laufe der Jahrhunderte immer weiter ausgebaut und erneuert. Sie zog zahlreiche Schriftsteller und Gelehrte aus nah und fern an. Nach 1949 ließ die Volksregierung die gesamte Anlage restaurieren.
Mehrere Hallen sind zu besuchen, in denen das Leben Du Fus und sein Werk dargestellt werden. Darüber hinaus sind Statuen, Steinschnitte, Malereien und Kalligraphien berühmter Literaten verschiedener Dynastien zu sehen.
Die Anlage wurde zu einem öffentlichen Park ausgebaut, zu dem auch ein Bambusgarten, mehrere Pavillons und Brücken gehören.

Grab Wang Jian Mu 王建墓

Eine Grabstätte aus dem 10. Jh. befindet sich 2 km westlich von Chengdu in der Nähe der Brücke Sandong Qiao. Hier wurde Wang Jian (847–918) zur letzten Ruhe gebettet. Wang Jian war ein General, der den letzten Tang-Kaiser Xizong auf seiner Flucht nach Sichuan begleitete.
Nach dem endgültigen Fall der Dynastie im Jahre 907 machte er sich in Chengdu zum Kaiser von Shu und herrschte über Sichuan, Shaanxi, Hubei und einen Teil der heutigen Provinz Gansu.
Die Grabstätte wird von vierzehn Steinbogen in drei Bereiche unterteilt. Die Gesamtlänge beträgt 23,4 m. Im mittleren Teil ruhte der Sarg auf einer kunstvoll verzierten Steinterrasse. Im hinteren Teil befindet sich eine Steinstatue des Wang Jian. Innerhalb der Anlage sind in zwei Ausstellungsräumen die Grabfunde zu sehen.

Tempel Daci Si 大慈寺

Der Daci Si in der Straße Dongfenglu stammt aus der Tang-Dynastie. Die heute zu besichtigenden Hallen sind Nachbauten aus der Regierungsperiode Tongzhi (1862–1874).
Der Tempel war früher wegen seiner Wandmalereien in der ganzen Region bekannt und geschätzt. Noch vorhanden sind die Hallen *Tianwang Dian*, *Guanyin Dian*, *Daxiong Dian* und *Cangjing Lou*.

Park Wangjiang Lou Gongyuan 望江楼公园

Dieser Park, 2 km östlich der Stadt Chengdu am südlichen Ufer des Flusses Jinjiang, verdankt seine Bekanntheit der Tatsache, daß hier einst die berühmte

Dichterin Xue Tao (768–831) gelebt hat. Sie stammte aus der Hauptstadt Chang'an und war mit ihrem Vater nach Chengdu umgesiedelt. Nach dessen Tode geriet sie in finanzielle Not und wurde Sängerin. Ihr dichterisches Werk fand schon bei ihren Zeitgenossen Anerkennung und Hochschätzung.
Xue Tao liebte Bambus. Sie sah in ihm das Symbol der Bescheidenheit und Selbstbeherrschung. Ihr zu Ehren pflanzte man in dieser Anlage 130 verschiedene Bambusarten an. Innerhalb des Parks steht der Turm *Wangjiang Lou*, Turm des Flußausblicks. Er ist 30 m hoch und in seiner Konstruktion sehr elegant. Die unteren zwei Stockwerke sind viereckig, die oberen zwei achteckig.

Tempelkloster Baoguang Si 宝光寺

Das chan (zen)-buddhistische Baoguang Si befindet sich im Kreis **Xindu Xian,** 19 km von Chengdu entfernt. Die Anlage soll bereits aus der Östlichen Han-Dynastie stammen, die noch vorhandenen Gebäude sind jedoch jüngeren Datums. Am Ende der Tang-Dynastie war Kaiser Xizong im Jahre 881 vor den aufständischen Truppen des Huang Chao von Chang'an in diesen Tempel geflüchtet. Die schweren Jahre der Kulturrevolution überlebte der Tempel unbeschadet. Zhou Enlai hatte ihn 1967 dem Militär als Lager zur Verfügung gestellt, so daß er vor Zerstörungen durch die Rotgardisten verschont blieb. So besitzt er noch heute viele Kostbarkeiten, u. a. eine Buddhaskulptur aus weißer Jade – sie stammt aus Burma – und verschiedene Gemälde und Kalligraphien. Das größte Pferd, das der berühmte Maler Xu Beihong je gemalt hat, hängt in diesem Tempel. Die Anlage ist insgesamt hervorragend erhalten und nicht zuletzt auch wegen der kleinen aktiven Mönchsgemeinde sehr eindrucksvoll. Besondere Aufmerksamkeit wird die Halle der 500 Luohan-Skulpturen beim Besucher erregen.

Tempel Qingyang Gong 青羊宫

Der daoistische Qingyang Gong im Park **Wenhua Gongyuan** im Westen der Stadt wurde ursprünglich während der Tang-Dynastie erbaut, später jedoch mehrmals erneuert. Die heutigen Hallen stammen aus der Qing-Dynastie. Vor der Haupthalle *Sanqing Dian* steht der Pavillon *Bagua Ting*. Er fällt auf durch ein gelbes Keramikdach und acht Steinsäulen, in die Drachenmuster geschnitzt wurden. Die *Sanqing Dian* besitzt eine vergoldete Tonfigur des daoistischen Mönchs Sanqing.
Seit der Tang-Zeit findet am 15. Tag des zweiten Monats des chinesischen

Mondkalenders hier ein daoistisches Tempelfest statt. Es ist das *Huahui*, Blumenfest. Bauern aus nah und fern kommen in die Stadt und bieten Blumen zum Verkauf an.

Tempel Zhaojue Si 昭觉寺

Der Zhaojue Si, 5 km nördlich von Chengdu, einer der bekanntesten Tempel der Stadt, wurde Anfang des 7. Jh. angelegt. Die noch vorhandenen Gebäude sind Nachbauten aus dem Jahre 1663. Der Tempel umfaßt mehrere imposante Hallen, Pavillons und die Grabstätte des Mönchs Yuanwu.

Wuhou Ci, Tempel des Herzog von Wu (Zhuge Liang)
武侯祠

Wuhou Dajie 231, Tel. 26397

Der Wuhou Ci im südlichen Vorort der Stadt, wurde Ende der Westlichen Jin-Zeit (265–316) zu Ehren Zhuge Liangs, Kanzler des Staates Shu erbaut. Zhuge Liang lebte während der Zeit der Drei Reiche (220–280). Als hervorragender Stratege und Politiker stand er im Dienste des Kaisers von Shu, Liu Bei. Nach seinem Tode wurde er mit dem Titel eines Zhong Wu Hou, Treuer Herzog von Wu, posthum geehrt. Der Name Zhuge Liangs gilt noch heute als ein Symbol der Klugheit (siehe auch S. 609).
Die zu besichtigenden Hallen des Tempels stammen von 1672. Über vierzig Darstellungen von Personen aus dem Shu-Staat sind zu sehen sowie zahlreiche Inschriften und Steinstelen. Durch das Haupt- und das Zweite Tor gelangt man zur Liu Bei-Halle mit Statuen von Liu Bei und seinem Enkel Liu Chen. In den linken u. rechten Nebenhallen stehen u. a. die Skulpturen von Guan Yu und Zhang Fei, Liu Beis Schwurbrüdern. Im östlichen und westlichen Wandelgang sind Darstellungen von 28 seiner Beamten erhalten geblieben, jeweils mit der entsprechenden Kurzbiographie versehen. In der Zhuge Liang-Halle befindet sich eine vergoldete Skulptur des Staatsmannes. Zu seiner Seite stehen die Skulpturen seines Sohnes und seines Enkels. Westlich von dieser Halle liegt das Grab des Liu Bei. Er war im Jahre 223 in Baidi Cheng am Changjiang verstorben.

Moschee Chengdu Qingzhen Si 成都清真寺

Die Moschee der Stadt Chengdu befindet sich in der Straße Gulounanjie. Hier stand einst eine prächtige Moschee, die im Jahre 1941 größtenteils zerstört wurde. Zwei vergoldete Säulen sind in der heutigen Haupthalle, der Gebetshalle, erhalten geblieben.

Hotels

Jinjiang Binguan, Renminnanlu 180, Tel. 4481 锦江宾馆

Restaurants

Chengdu Canting, Shenglizhonglu 642, Tel. 5338
Furong Canting, Renminnanlu 124, Tel. 4004
Rongcheng Fandian, Renminxilu, Tel. 4647
Yuehua Canting, Chunxilu 22, Tel. 6665
Dongfeng Fandian, Dongfenglu 147, Tel. 7012 东风饭店

Einkaufsmöglichkeiten

Antiquitätengeschäft, Wenwu Shangdian im Park Nanjiao Gongyuan.
Freundschaftsladen, Youyi Shangdian, Shenglizhonglu 519
Kunstgewerbegeschäft, Chunxilu

Reisebüro, **Lüxingshe**

Guoji Lüxingshe, **CITS,** + Zhongguo Lüxingshe + Huaqiao Lüxingshe im Jinjiang Hotel, Renminnanlu 180, Tel. 5914, Tx. 60154

CAAC, Ticketbüro, Beixinjie 31, Tel. 3087, 3038

Bahnhof: Renminbeilu, Tel. 92633

Gongan Ju, Xinhuadonglu, Tel. 6577

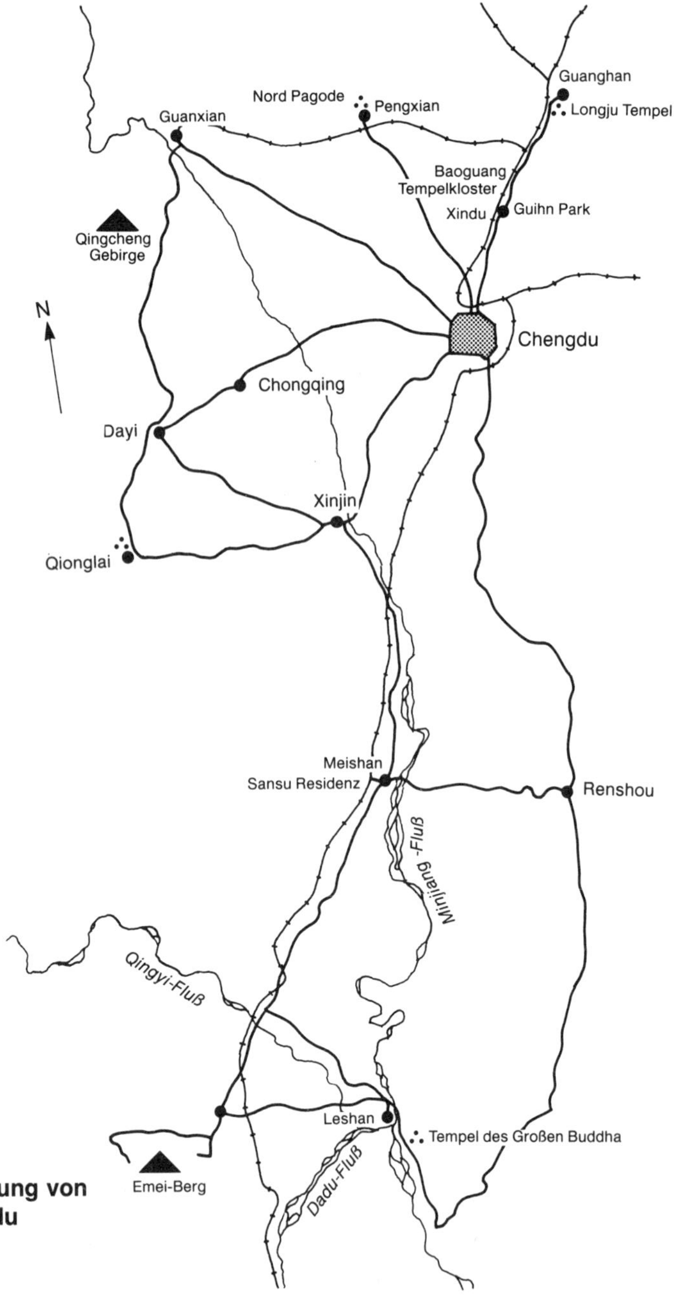

Umgebung von Chengdu

Kreis Guanxian 灌县

Bewässerungsanlage Dujiang Yan 都江堰

Am Oberlauf des Flusses Minjiang in Guanxian, 59 km von Chengdu entfernt befindet sich seit über 2000 Jahren eine beeindruckende Bewässerungsanlage. Der Präfekt von Sichuan, **Li Bing,** veranlaßte im Jahre −256 den Bau dieser Anlage. Der Minjiang war häufig über seine Ufer getreten und hatte katastrophale Überschwemmungen verursacht. Li Bing ließ einen Teil des Berges Yulei Shan abtragen und den Fluß spalten. Die Hälfte des Wassers wird in einen Kanal abgeleitet und in ein Netzwerk von Nebenarmen und Kanälen weiter

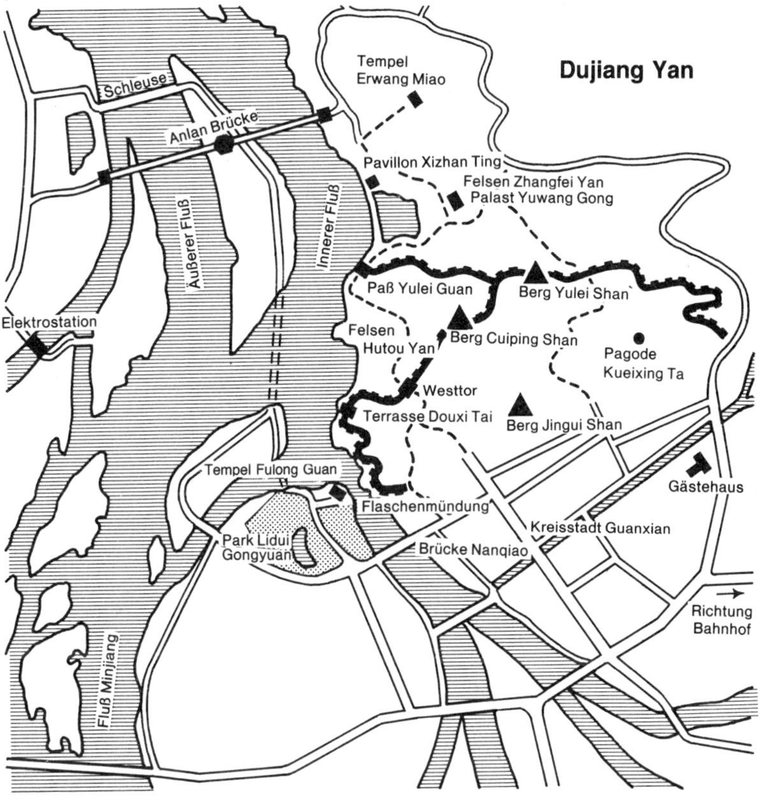

aufgeteilt und auf die weite Ebene von Mittel-Sichuan geleitet. Auf diese Art konnten Überschwemmungen verhindert und die Bewässerung der Anbaugebiete garantiert werden. Die Ebene entwickelte sich dadurch zu einem der reichsten Getreideanbaugebiete Chinas. Das Dujiang Yan-System spielt bis heute eine große Rolle. Jährliches Ausbaggern verhindert die Ablagerung des mitgeführten Schlamms und eine Erhöhung des Flußbettes.

Tempel Fulong Guan 伏龙观

Der Fulong Guan bietet die beste Aussicht auf die Anlage von Dujiang Yan. Der Tempel besteht aus mehreren Pavillons und Hallen. Die Steinstatue des Li Bing aus dem Jahre 168 in der Haupthalle wurde 1974 aus der Mitte des Minjiang-Flusses geborgen.

Tempel Erwang Miao 二王庙

Der Erwang Miao, Tempel der zwei Könige, am östlichen Ufer des Flusses Minjiang auf dem Berg Yulei Shan wurde im Gedenken an Li Bing und seinen Sohn Li Erlang in der Zeit der Nord- und Süd-Dynastien (420–589) angelegt. Die heutige Anlage stammt aus der Qing-Dynastie. In der Haupthalle befindet sich eine Statue des Li Bing, dahinter in einer zweiten Halle die Statue des Sohnes. Die auf unterschiedlichen Höhen errichtete Anlage ist sehr imposant und lohnt einen Besuch.
Nach der Besichtigung des Tempels kann man anschließend die Brücke **Anlan Qiao** besuchen.

Brücke Anlan Qiao 安澜桥

Die Brücke wird auch Suoqiao, Kettenbrücke, genannt. Sie überquert mit einer Länge von 500 m den Fluß Minjiang. Früher war die aus der Song-Zeit stammende Brücke aufgrund ihrer Bambuskonstruktion sehr bekannt. 1974 wurde sie restauriert, ihre Holzpfeiler ersetzte man durch Betonpfeiler. Das ehemals aus Bambus bestehende Geländer tauschte man gegen Ketten aus.

Gebirge Qingcheng Shan 青城山

Das Qingcheng-Massiv, von den Daoisten verehrt, liegt etwa 15 km südwestlich von Guanxian. Ein Besuch der dortigen daoistischen Anlagen und

der zauberhaften Landschaft wird alle die, welche gern einmal zwei, drei Stunden oder mehr laufen wollen und die Ruhe lieben, begeistern. Der **Tempel Jianfu Gong** liegt am Fuße des Berges. Hier beginnt der Aufstieg. Der Tempel wurde in der Tang-Zeit angelegt. Die jetzt vorhandenen Gebäude sind jedoch Nachbauten aus dem Jahre 1888. Es bestehen Übernachtungs- und Verpflegungsmöglichkeiten. Der Tempel **Tianshi Dong** liegt auf halber Höhe des Berges. Man benötigt vom Jianfu Gong bis zu diesem Tempel etwa zwei Stunden. Es heißt, Meister Zhang Daoling, auch Zhang Tianshi genannt, habe hier gelehrt. Die Anlage stammt aus der Sui-Zeit. Die Hallen wurden Ende der Qing-Zeit erneuert. In der Haupthalle *Sanhuang Dian,* Drei-Kaiser-Halle, befinden sich die Steinskulpturen der drei daoistischen Kaiser Fuxi, Shennong, Xuanyuan. Sie sind im Jahre 723 entstanden.

In diesem Tempel sind Inschriften berühmter Männer erhalten geblieben, so von dem Xuanzong-Kaiser (685–762) der Tang-Dynastie, dem berühmten Beamten der Song-Zeit, Yue Fei (1103–1142) (siehe Hangzhou S. 465), dem Maler Dong Qichang (1555–1636) und dem Literaten und Maler Zheng Banqiao (1693–1765).

Hinter der Haupthalle führt eine Treppe zu einem westlich gelegenen kleinen Raum, in dem sich eine Skulptur des Zhang Tianshi befindet.

Von dem Tempel Tianshi Dong bieten sich zwei Wege zum weiteren Aufstieg an. Richtung Nordosten gelangt man nach **Sandao Shi,** Drei-Insel-Felsen. Richtung Westen geht es zum Tempel Shangqing Gong.

Freunde der vegetarischen Küche sollten im Tianshi Dong vielleicht noch ein

wenig verweilen und ein Essen zu sich nehmen. Die vegetarische Küche dieses Tempels ist hervorragend.
Vom Tempel Tianshi Dong führt ein Weg nach Westen zum Tempel **Shangqing Gong** auf dem 1600 m hohen Hauptgipfel Laoxiao Ding. Der Aufstieg nimmt weitere zwei Stunden in Anspruch. Mit jedem Schritt wird die Sicht weiter und beeindruckender.
Der Tempel wurde im 3. Jh. angelegt. Die heutigen Gebäude stammen aus der Qing-Zeit. In der Haupthalle befindet sich eine Statue des Meisters Li Laojun. Rechts in der Tempelanlage sieht man den Teich *Magu Chi,* der nie austrocknen soll. Hinter dem Tempel geht der Weg einige hundert Meter weiter bergauf zum höchsten Punkt des Berges und zum Pavillon **Huying Ting.** Hier genießt man einen herrlichen Ausblick.
Man braucht den Rückweg nicht über dieselbe Route zu nehmen, sondern geht Richtung Osten bergab. Dieser Weg ist wesentlich kürzer und führt auch an einigen interessanten Punkten vorbei, wie *Yunü Dong, Dazi Yan, Shisun Shan.* In etwa einer Stunde gelangt man wieder zum Tempel **Jianfu Gong.** Hier kann man eine Tasse von dem hervorragenden Qingcheng Shan-Tee trinken, ein Genuß, vor allem, wenn man weiß, daß dieser Tee früher nur dem Kaiser vergönnt war.
Wer den Aufstieg zum Gipfel des Berges nicht wagt, kann von der Brücke *Fangning Qiao* in Richtung Südwesten laufen und den Tempel **Zushi Dian** besuchen. Die Umgebung von Zushi Dian ist besonders ruhig und romantisch.

Meishan 眉山

Residenz der drei Su 三苏祠

In Meishan, 89 km südwestlich von Chengdu, befindet sich die ehemalige Residenz des Su Yun und seiner beiden Söhne Su Shi und Su Zhe, alle drei berühmte Literaten der Nördlichen Song-Zeit (960–1127). Die Anlage wurde im 14. Jh. in einen Tempel umgestaltet und während der Qing-Zeit erneuert. Sie ist ein Beispiel südchinesischer Architektur. Heute befindet sich in den Räumen ein Museum, das mit seinen Dokumenten und Schriften Aufschluß über die Zeit der Nördlichen Song-Dynastie gibt.

Stadt Leshan 乐山市

Leshan liegt südlich von Chengdu, an der Eisenbahnlinie Chengdu-Chongqing, am Zusammenfluß von Minjiang, Qingyi und Dadu. Diese Stadt, früher Jiazhou oder auch Jiading genannt, hat eine 2000 Jahre alte Geschichte. Während der Han-Dynastie lag hier die Kreisstadt Nan'an. Seit der Qing-Zeit wird die Ortschaft Leshan genannt.
Leshan ist ein Zentrum der Seidenindustrie.
Eine bedeutende Sehenswürdigkeit in der Umgebung Leshans ist der Große Buddha.

Leshan Dafo, Großer Buddha von Leshan 乐山大佛

Im südöstlichen Vorort der Stadt, am Felshang des Berges Lingyun Shan und an dem Zusammenfluß von Dadu- und Minjiang ist eine gewaltige Buddha-Skulptur zu sehen. Es ist die 71 m hohe Darstellung des sitzenden Maitreya, im Jahre 803, nach 90 Jahren Arbeit, fertiggestellt. Sein Kopf ist 14,7 m hoch, 10 m breit und schließt mit der Spitze des Felsens ab. Die Augen haben eine Breite von 3,3 m, die Ohren eine Länge von 7 m. Seine Füße stehen knapp über der Wasseroberfläche. Es war der buddhistische Mönch Haitong, der den Bau des Großen Buddha veranlaßt hatte. Er sollte über die gefährlich starken Strömungen in diesem Gebiet wachen und die Boote vor Unheil bewahren. Am besten ist die Skulptur vom Wasser aus zu sehen. Man kann mit einer Fähre oder mit einem Touristenboot vom Hafen von Leshan eine Fahrt unternehmen.

Felsengräber Leshan 乐山岩墓

Leshan besitzt viele Felsengräber. In den Vororten Shiziwan, Mahao, Yunzhen Dong und Xiaoba sind sie zahlreich zu finden. Sie stammen aus der Zeit des 1.–6. Jh. Das größte hat eine Tiefe von 90 m, das kleinste immer noch 6 m (siehe auch S. 151).

Tempel Wuyou Si 乌尤寺

Der Wuyou Si auf dem Berg **Wuyou Shan,** 1 km von Leshan entfernt, besteht aus den Hallen *Tianwang Dian, Mile Dian, Rulai Dian* und *Daxiong Dian.*

Letztere enthält drei große vergoldete Skulpturen aus duftendem Kampferholz, Sakyamuni, Wenshu und Puxian.

Pagode Lingbao Ta 灵宝塔

Die viereckige Ziegelsteinpagode Lingbao Ta auf dem **Lingyun Shan** stammt aus der Song-Zeit und ist 38 m hoch. Man kann hinaufsteigen und einen Blick auf die Umgebung werfen.

Elternhaus des Guo Moruo 郭沫若故居

Guo Moruo (1892–1978), einer der führenden Schriftsteller des 20. Jh. und seit 1949 mit hohen Ämtern betraut, wurde in **Shawan Cheng,** 35 km östlich von Leshan, geboren. Bei seinem Elternhaus handelt es sich um eine traditionelle Wohnanlage. Guo kam im linken Zimmer des ersten Hofes zur Welt. In einem kleinen Hinterhof, der die Verbindung zum Hintergarten darstellt, befindet sich eine kleine Halle, in der er von einem Privatlehrer unterrichtet wurde. Die Anlage wurde restauriert und zur Besichtigung freigegeben.

Hotel

Jiazhou Fandian, Touristenhotel im Südwesten der Stadt, die meisten Zimmer haben Ausblick auf den Großen Buddha

Berg Emei Shan 峨眉山

Der Emei Shan ist einer der vier heiligen Berge des Buddhismus in China. Die anderen drei sind der Putuo Shan in Zhejiang, Wutai Shan in Shanxi und Jiuhua Shan in Anhui. Er ist dem Bodhisattva **Puxian** geweiht. Der Emei Shan erhebt sich 160 km südwestlich von Chengdu und 36 km von Leshan entfernt. Man fährt mit dem Zug bis **Emei Xian;** von dort sind es nur noch 6–7 km Richtung Süden bis zum Fuß des Berges. Hier steht ein großes Schmucktor mit einer Inschrift von Guo Moruo: *Tianxia mingshan,* Ein berühmter Berg auf Erden. Von dort ist es nicht weit bis zum **Baoguo Si,** einem aus dem 16. Jh. stammenden Tempel. Er umfaßt die vier Hallen *Mile Dian, Daxiong Dian, Qifo Dian* und *Cangjing Lou,* sowie mehrere dekorative Pavillons und Turmhäuser. Besonderes interessant sind eine farbenprächtige aus dem Jahre 1415

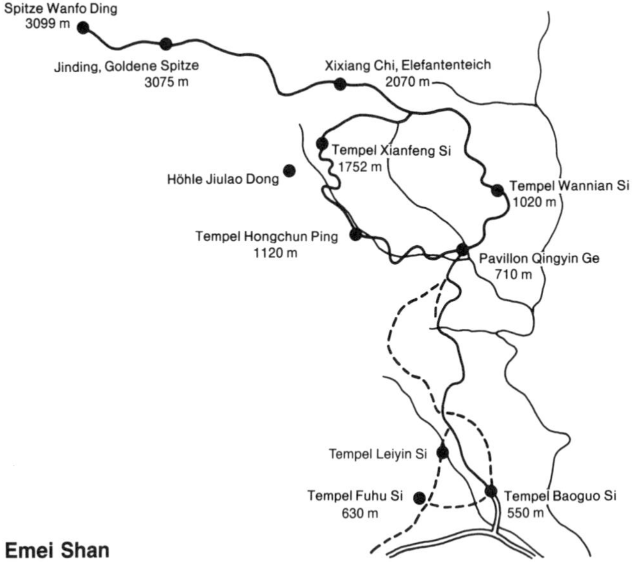

Emei Shan

Entfernungen in Kilometern

Baoguo Si = 1 → Fuhu Si = 1,5 → Leiyin Si = 12,5 → Qingyin Ge = 6 → Hongchung Ping = 15 → Xianfeng Si = 12,5 → Xixiang Chi = 15 → Jinding
Xixiang Chi = 15 → Wannian Si = 14 → Baoguo Si

stammende Buddha-Keramikstatue und eine 7 m hohe Bronzepagode, deren Wände mit 4700 kleinen buddhistischen Figuren und dem Text der Sutra *Huayan Jing* verziert wurden. Neben der Halle *Daxiong Dian* befindet sich ein Modell des Emei Shan, welches die Routen und Sehenswürdigkeiten des Berges aufzeigt.

Erste Tempel wurden bereits zu Beginn der Östlichen Han-Dynastie errichtet, wobei es sich zunächst nur um daoistische Anlagen handelte. Mit dem Einzug des Buddhismus in China begann man im 2. Jh. auch buddhistische Klöster zu errichten. Der Bodhisattva **Puxian** soll hier einst gelehrt haben. Während der Ming- und Qing-Zeit wurden 200 Klöster und Tempel gezählt. Heute sind noch 20 erhalten. Von dem Tempel Baogua Si bis zum Gipfel sind es etwa 63 km. Den größten Teil der Strecke kann man mit dem Auto zurücklegen, so

daß dann nur noch 11 km zu laufen sind. Die Fahrstraße liegt jedoch weitab von den eindrucksvollen Wegen, den schroffen Felsen und Abgründen, den Wasserfällen und Gebirgsbächen. Über 3000 Pflanzenarten werden hier gezählt, darunter eine Vielzahl seltener Blumen wie 30 Azaleen- und 14 Orchideenarten, alte Ginkgobäume, Zedern und Heilkräuter.
Unterwegs sind an den Abhängen Steinstufen und Eisenketten zu erkennen. Das sind alte, schmale Pfade, die heute noch von Heilkräutersammlern benutzt werden. Schon in der Song-Dynastie wurde mit dem Ausbau von Wegen begonnen.
Der Tempel **Fuhu** Si am Fuße des Berges, nur 1 km westlich vom Tempel Baoguo Si, wurde in der Tang-Zeit gegründet und 1651 neu angelegt. Der **Pavillon Qingyin Ge** steht inmitten einer urwüchsigen Landschaft, 15 km vom Baoguo Si entfernt. Zwei Bäche, der *Bailong Jiang*, Weißer-Drache-Fluß, im Westen und der *Heilong Jiang*, Schwarzer-Drache-Fluß, im Osten, fließen an ihm vorbei und vereinigen sich dann. Zwei parallel errichtete Bogenbrücken überspannen die Bäche.
Vom Qingyin Ge führt der 500 m lange »Weg der 99 Windungen« in Richtung Kloster Hongchun Ping. Dieser Weg ist steil und gewunden und deshalb schwer zu begehen.
Das **Kloster Hongchun Ping** liegt in 1120 m Höhe 10 km vom Qingyin Ge entfernt. Es wurde in der Ming-Zeit gebaut und 1790 restauriert. Die Kostbarkeit des Tempels ist eine hohe bronzene Lampe mit einem Durchmesser von einem Meter und verziert mit über 300 Buddha-Skulpturen, Drachen und Lotosblüten.
Die daoistische Felsenhöhle **Jiulao Dong,** Neun-Greisen-Höhle, war einer Legende nach in alter Zeit die Zuflucht von neun Greisen.
Der Tempel **Xianfeng Si** in 1752 m Höhe stammt aus dem Jahre 1612. Die heute noch zu besichtigenden Hallen wurden in der Qing-Dynastie errichtet.
Der Elefantenbad-Teich, **Xixiang Chi,** ein sechseckiges, 3 m tiefes Steinbekken, liegt 14 km vom Xianfeng Si entfernt. Der Legende nach wusch der Bodhisattva Puxian hier seinen Elefanten, wann immer er diese Stelle passierte.
Nahe dem Elefantenbad befindet sich ein Tempelkloster in 2100 m Höhe, das **Chuxi Yan** aus der Ming-Zeit. Es besteht nur aus einer Halle, in der drei buddhistische Skulpturen stehen: Guanyin, Dizang und Dashi Zhi. In dieser Gegend gibt es viele Affen. Sie waren vor einigen Jahrzehnten vom Aussterben bedroht. Diese Gefahr wurde jedoch durch umfangreiche Schutzmaßnahmen abgewendet.
Der wichtigste Gipfel des Emei Shan, der 3075 m hohe **Jinding,** Goldene Spitze, auch Qianfo Ding, Tausend-Buddha-Spitze genannt, ist vom Elefanten-Teich in etwa zwei Stunden zu erreichen. Unzählige Gipfel umgeben ihn. Im Osten sind die schimmernden Flußläufe von Qingyi, Minjiang und Dadu zu sehen.

Das Besondere an der Goldenen Spitze ist das **»Licht Buddhas«**, eine Naturerscheinung, die mehrmals im Monat, im Oktober und November fast täglich, zu beobachten ist. Am Nachmittag durchdringen die Sonnenstrahlen die Wolkendecke und bilden einen Regenbogen in Form eines geschlossenen Kreises. Wer vom Felsen **Sheshen Yan** hinabblickt, sieht in der Mitte des Regenbogens den eigenen Schatten. Mancher buddhistische Pilger, der früher seinen Schatten in diesem Lichtbogen sah, mißdeutete ihn mit erlangter Erleuchtung und stürzte sich in die Tiefe.
Auf dem Rückweg sollte man in den in 1020 m Höhe stehenden Tempel **Wannian Si** gehen. Er wurde in der Jin-Zeit (265–420) gegründet und mehrfach neu aufgebaut bzw. restauriert. 1946 fiel er bis auf eine Ziegelsteinhalle einem Feuer zum Opfer. 1953 wurden zwei Hallen nach alten Plänen neu aufgebaut. Die Ziegelsteinhalle ist die Hauptsehenswürdigkeit des Tempels. Sie stammt aus der Wanli-Periode (1573–1620) der Ming-Dynastie und enthält eine Bronzestatue aus dem Jahre 980. Es ist die Darstellung des Puxian auf einem Elefanten reitend.

Unterbringung

am Fuße des Berges: Hongzhushan Fandian (Hotel)
In folgenden Klöstern gibt es Gästehäuser, die zwar spartanisch, aber dennoch dem müden Wanderer bequem und willkommen sind:
Baoguo Si, Fuhu Si, Qingyin Ge, Wannian Si, Xixiang Chi, Xianfeng Si, Hongchun Ping.

Stadt Chongqing 重庆市

Chongqing liegt am Zusammenfluß von Changjiang und Jialing Jiang im östlichen Teil Sichuans. Die Stadt wurde auf hügeligem Gebiet gebaut. Tausende von Gassen, engen Straßen und Stufen führen zwischen den Häusern die Hänge hinab. Zwischen den schwarzen Dächern der alten Häuser tauchen moderne Wohnblocks, Industrieanlagen, Bäume und Parkanlagen auf. Chongqing ist mit 6 Mill. Einwohnern Metropole der Provinz und wichtigstes Industriezentrum in Südwest-China. Es gibt die verschiedensten Betriebe der Schwer- und Leichtindustrie, darunter Kohlebergwerke und Werften. Die Wirtschaft der Stadt wird durch die günstige Lage am Changjiang noch unterstützt.
Die Stadt hat eine Geschichte von über 2000 Jahren. In der Tang-Zeit nannte man die Ortschaft Yuzhou. Yu ist noch heute der klassische Name der Stadt. In der Song-Zeit erhielt sie den Namen Chongqing.

Die Stadt ist stolz auf ihre revolutionäre Vergangenheit. Zur Zeit der japanischen Invasion befand sich hier das Südbüro des Zentralkomitees der KPCh und das Chongqing-Büro der Achten-Route-Armee. Von 1939–1945 war Chongqing Kriegshauptstadt Chinas. Die Nationalregierung war vor den japanischen Angreifern hierher zurückgewichen. Mit ihr kamen Millionen von Menschen aus den östlichen Provinzen. So erlebte Chongqing, wie auch andere Städte in Südwest-China, einen wirtschaftlichen und kulturellen Aufschwung. Ganze Fabrikanlagen, Universitäten und Behörden wurden hierher verlegt. Die Entwicklung, die Chongqing nahm, konnte durch die japanischen Bombardements in den Jahren 1938–41 nicht aufgehalten werden und setzte sich auch nach 1949 weiter fort.

Auch in kultureller Hinsicht hat sich die Stadt in den letzten Jahrzehnten entwickeln können. Neben der Chongqing-Universität gibt es noch mehrere Hoch- und Fachschulen. Die Sommermonate sind in Chongqing heiß und schwül. Im Herbst setzt die Nebelperiode ein; sie währt von Oktober bis April. Wer zu dieser Zeit von Chongqing aus eine Fahrt auf dem Changjiang unternehmen möchte, muß bei dichtem Nebel mit mehrstündiger Verspätung rechnen. Erst im Lauf des Vormittags lichtet er sich.

Chongqing hat kaum Sehenswürdigkeiten älteren Datums zu bieten. Einen Ausflug wert sind die Thermalquellen von Beipei und Nanwenquan. Seit neuestem kann man auch nach **Dazu** fahren und die buddhistischen Grotten besichtigen.

Jene Besucher, die nicht im Gästehaus Chongqing Renmin Binguan wohnen, sollten ruhig einmal hinfahren und sich den im Jahre 1954 entstandenen Bau ansehen. Er wurde im traditionellen Stil entworfen und erinnert an den Himmelstempel in Beijing. Die modernen Gästezimmer befinden sich in den Seitenflügeln. Im Hauptteil der Anlage finden lokale Versammlungen und Veranstaltungen statt.

Die Stadt erfreut sich mehrerer öffentlicher Parkanlagen, u. a. des Volksparks, Renmin Gongyuan im Südosten, des Baihuatan Gongyuan im Westen und des Zoos im nördlichen Vorort.

Beiwenquan, Nördliche Thermalquellen 北温泉

Nordwestlich von Chongqing, in **Beipei,** gibt es Thermalquellen. Ihr Wasser hat eine Durchschnittstemperatur von 32–37 °C. Schwimmbecken und Badekabinen sind ausreichend vorhanden. Die Quellen liegen inmitten einer großen Parkanlage, die auf der einen Seite von Bergen und Schluchten, auf der anderen vom Fluß Jialing Jiang begrenzt wird. Mehrere buddhistische Halle aus der Ming- und Qing-Zeit sind hier zu finden.

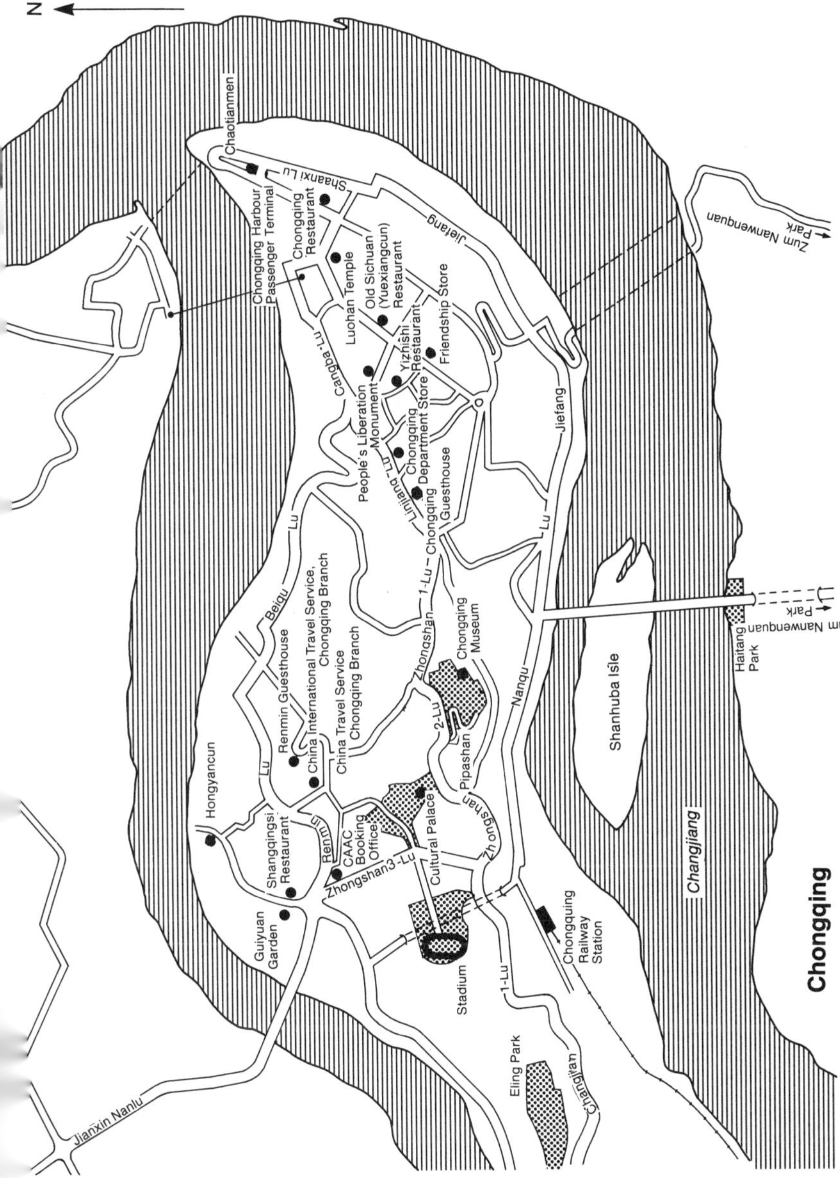
N
Chaotianmen
Shaanxi Lu
Chongqing Harbour Passenger Terminal
Chongqing Restaurant
Jiefang
Zum Nanwenquan Park
Luohan Temple
Old Sichuan (Yuexiangcun) Restaurant
Friendship Store
Cangba-Lu
Yizhishi Restaurant
People's Liberation Monument
Chongqing Department Store
Jiefang
Linjiang-Lu
Chongqing Guesthouse
Lu
Lu
Chongqing
1-Lu
Zhongshan
Beiqu
China International Travel Service, Chongqing Branch
China Travel Service Chongqing Branch
Renmin Guesthouse
Chongqing Museum
Zum Nanwenquan Park
Haitang Park
Nanqu
2-Lu
Shanhuba Isle
Pipashan
Hongyancun
Lu
Renmin
Zhongshan
Shangqingsi Restaurant
CAAC Booking Office
Cultural Palace
Zhongshan3-Lu
Changjiang
Chongquing Railway Station
Guiyuan Garden
Stadium
1-Lu
Chongqing
Eling Park
Changjian
Jianxin Nanlu

Ziran Chenlieguan, Naturkundemuseum

自然陈列馆

Das Naturkundemuseum in Beipei wurde 1955 eröffnet. Die Ausstellung umfaßt 60 000 Objekte. Zu den interessantesten Ausstellungsstücken gehören Skelette von Dinosaurieren, die 1974 und 1977 bei Ausgrabungen gefunden wurden.

Nanwenquan, Südliche Thermalquellen 南温泉

Ein weiterer Park mit Thermalquellen liegt 24 km südlich vom Stadtzentrum. Die Wassertemperatur ist etwa dieselbe wie bei den Nördlichen Thermalquellen. Das Wasser ist schwefelhaltig. Bekannt wurde die Parkanlage von Nanwenquan vor allem durch den landschaftlichen Reiz. Der Besucher trifft auf Brücken, Felsen, Schluchten und eine üppige Vegetation. Jede der ›Zwölf Landschaften von Nanwenquan‹, wie dieser malerische Ort häufig genannt wird, besitzt ihren eigenen Reiz.

Höhlen Laojun Dong 老君洞

Die Laojun Dong am südlichen Ufer des Changjiang am Fuße des Berges **Tushan** werden im Sommer wegen ihrer angenehmen Kühle häufig von Ausflüglern besucht. Dort steht auch der daoistische Tempel **Laojun Miao** mit seinen fünf Hallen.

Berg **Pipa Shan** 枇杷山

Der Pipa-Berg liegt nicht weit vom Zentrum entfernt. Hier befand sich vor 1949 ein Privatgarten, der 1955 in einen öffentlichen Park umgewandelt wurde. Auf der Kuppe des Berges steht das Stadtmuseum. Der Pipa Shan bietet in den Abendstunden einen bezaubernden Ausblick auf die Stadt und Umgebung. Blickt man nach Süden, sieht man den Changjiang, im Norden den Jialing Jiang.

Hongyan Cun Ehemaliges Südbüro des Zentralkomitees der KPCh und das Chongqing-Büro der Achte-Route-Armee

紅岩村

Hongyan Cun befindet sich am Ufer des Jialing Jiang. Als Japan 1938 Wuhan angriff, richtete die Achte-Route-Armee in Chongqing ein Büro ein. Im Dezember 1938 wichen Zhou Enlai, Dong Biwu und andere ebenfalls nach Chongqing aus und eröffneten das Südbüro des ZK der KPCh. Es stand unter der Leitung Zhou Enlais. Im August 1945 führte Mao Zedong hier mit der Guomindang Friedensverhandlungen.

Haus Zengjiayan Nr. 50, früherer Wohnsitz Zhou Enlais

曾家岩五十号

Im Jahre 1938 mietete Zhou Enlai dieses Haus in der Straße Zhongshansilu nach außen hin zur privaten Nutzung. Tatsächlich zogen jedoch auch Mitglieder des Südbüros dort ein. Im Erdgeschoß befanden sich Büroräume, im 2. Stock lagen die Schlafzimmer Zhou Enlais und seiner Mitarbeiter. Den 1. Stock hatte der skeptisch gewordene Geheimdienst der Guomindang sicherheitshalber angemietet. Als Mao 1945 nach Chongqing kam, empfing er hier aus- und inländische Korrespondenten. Nach 1949 wurde das Haus in eine Gedenkhalle umgewandelt.

Zhongmei Hezuosuo Jizhongying Jiuzhi, Organisation der amerikanisch-chinesischen Zusammenarbeit – Gefängnisse von **Baigong Guan** und **Zhaxin Dong.**

中美合作所集中营

1943 gründeten die USA und die Regierung Chiang Kaisheks die oben genannte Organisation, die in einzelnen Lagern die Ausbildung des chinesischen Geheimdienstes vornahm. Später wurden die Ausbildungsstätten in Gefängnisse für politische Gefangene umgewandelt. Mehr als 20 Gefängnisse entstanden, von denen Baigong Guan und Zhaxin Dong die größten waren. Baigong Guan verfügte insgesamt über 20 Zellen, in die jeweils mehrere Menschen eingesperrt wurden, und eine Folterkammer. 2,5 km von diesem Gefängnis entfernt liegt Zhaxin Dong mit 18 Zellen für Männer und zwei für

Frauen. Am 27. 11. 1949, einen Tag, bevor die Guomindang-Truppen flüchteten, fand hier ein Massaker statt, das nur 34 der 400 Inhaftierten überlebten. Inzwischen wurden die Verließe in Erinnerungsstätten umgewandelt.

Hotels

Renmin Binguan, Renminlu, Tel. 5 34 21 人民宾馆
Chongqing Binguan, Minshenglu, Tel. 5 31 58 重庆宾馆
Huixian Lou, Minzulu 184, Tel. 5 14 86, in der Stadtmitte, mit gutem Restaurant 会仙楼
Yuzhou Binguan, Panjiaping, Tel. 5 14 86 渝州宾馆

Einkaufsmöglichkeiten

Freundschaftsladen, Youyi Shangdian, Minzulu
Gongnongbing Bazaar, Qingnianlu
Chongqing-Kaufhaus, Minquanlu
Lianglukou Kaufhaus, Zhongsanlu
Kunstgewerbeladen, Zouronglu 107
Lackwaren, Xietaizi 40
Xinhua Buchladen, Minquanlu

Reisebüro, **Lüxingshe**

Guoji Lüxingshe, **CITS**, + Zhongguo Lüxingshe + Huaqiao Lüxingshe – Renminlu, Tel. 5 14 49 (im Renmin Binguan), Tx. 60 187 FAOCA

Gong'an Ju, Amt für Öffentliche Sicherheit: Linjianglu, Tel. 4 39 63

CAAC Ticketbüro, Zhongshansanlu 190, Tel. 5 29 61, 5 29 70

Bahnhof, Caiyuanba, Tel. 5 26 07, Fahrkarten Tel. 5 39 27

Changjiang Flußschiffahrtsverwaltung, Caiyuanba, Tel. 4 19 75, Kartenverkauf Tel. 4 28 61

Kreis Dazu Xian 大足石刻

Dazu Shike, Steinskulpturen von Dazu

Der Kreis Dazu Xian liegt 176 km, etwa drei Autostunden nordwestlich von Chongqing entfernt. Hier wurden in den letzten Jahren buddhistische Grottentempel restauriert, die heute gerne in ein Besuchsprogramm von Chongqing mit eingeschoben werden.
Grottentempel sind im Norden Chinas keine Seltenheit. In Südchina gehören die Dazu Shike zu den schönsten ihrer Art. Sie stammen größtenteils aus der Zeit Ende Tang/Anfang Song, sind also wesentlich jünger als die nordchinesischen. Die 50000 Steinskulpturen von Dazu sind über 40 Orte verteilt. Die bekanntesten befinden sich auf dem Beishan, Nordberg, und dem Berg Baoding Shan.

Der **Beishan** 北山

liegt 2 km nordwestlich der Kreisstadt Dazu. Die Skulpturen konzentrieren sich hier auf die Ortschaft **Fowan.** 佛湾

Im Jahre 892 wurden die ersten in den Felsen gemeißelt, 250 Jahre später die letzten. Der südliche Teil stammt hauptsächlich aus der späten Tang- und Wudai-Zeit. Im nördlichen Teil überwiegen Skulpturen aus der Song-Zeit.

Baoding Shan 宝顶山

befindet sich 15 km nordöstlich der Kreisstadt Dazu. Hier entstanden in den Jahren 1179–1249 mehr als 10000 Skulpturen. Dem berühmten Mönch Zhao Zhifeng war es gelungen, die erforderlichen finanziellen Mittel für dieses grandiose Unternehmen zu sammeln und den Boading Shan zu einem Zentrum der Mizong-Schule (tantrischer Buddhismus) zu machen. Zwei Anlagen bilden die Schwerpunkte: die Große und die Kleine Buddha-Ausbuchtung, Dafowan und Xiaofowan. Die Dafowan ist etwa 500 m lang und bis zu 30 m hoch. Hier liegt der inzwischen zum Wahrzeichen Dazus gewordene **Schlafende Buddha.** Diese Darstellung erinnert an Buddhas Gang ins Nirvana, als er sich am Ende seines Lebens niederlegte und entschlief. Die Skulptur ist 31 m lang.
In Baoding Shan herrschen Gruppendarstellungen vor, am Beishan überwiegen dagegen Einzeldarstellungen. Beeindruckend sind die zahlreichen Guanyin Bodhisattva-Skulpturen. Jede ist in Form und Ausdruck einzigartig und ein Kunstwerk für sich. Die weichen Gesichtszüge, der Liebreiz ihrer Hal-

tung, die Eleganz der Kleidung und des Schmuckes, das betont Weibliche riefen viel Bewunderung, aber auch den Vorwurf der Übertreibung hervor. Die Künstler stellten auch stoffliche Qualitäten klar heraus, Seiden- und Baumwollkleidung sind selbst in Stein gemeißelt deutlich zu unterscheiden.

Fahrt auf dem Changjiang 長江三峽遊 Changjiang Sanxia, Die drei Schluchten des Changjiang

Der 6300 km lange Changjiang ist nicht nur der längste Fluß Chinas, sondern auch einer der längsten der Welt. Er entspringt im Qinghai-Hochland und fließt von Westen nach Osten durch acht Provinzen und eine regierungsunmittelbare Stadt. Dort, wo der Strom das östliche Sichuan-Becken erreicht, gräbt er sich tief durch die Wushan-Berge. Er wird nun schmal und reißend und für Boote schwer navigierbar. Schroffe Klippen, steile Felsen und hohe Gipfel säumen die Ufer. Diese phantastische Landschaft wird »Drei Schluchten des Changjiang« genannt. Sie erstrecken sich von Fengjie im Westen bis nach Yichang im Osten über 193 km. Eine Fahrt durch die Schluchten ist sowohl für ausländische als auch für chinesische Besucher ein unvergeßliches Erlebnis.

Der Changjiang war in der Vergangenheit der Hauptverkehrsweg von und nach Sichuan. Gefährlich wurde es bei der Fahrt durch die Schluchten. Untiefen, gefährliche Biegungen, Stromschnellen und Klippen forderten von den Bootsmännern äußerste Aufmerksamkeit und viel Erfahrung. Erschwerend hinzu kam der große Wasserstandsunterschied von bis zu 53 m, der zwischen Trocken- und Regenperioden in diesen Schluchten erreicht wird. Viele Menschen ließen hier ihr Leben, Boote und Frachten gingen verloren. Stromaufwärts fahrende Boote mußten getreidelt werden, was auch heute noch gelegentlich geschieht. Nach 1949 stellte die Regierung Mittel zur Verfügung, um die Schiffahrt zu erleichtern. Gefährliche Felsen wurden weggesprengt, Passagen ausgebaggert und begradigt. Heute sind die Schluchten weit weniger gefährlich, ihre Passage verlangt jedoch nach wie vor von den Schiffs- und Bootsführern ein hohes Maß an Aufmerksamkeit.

Der Reisende beginnt seine Fahrt durch die drei Schluchten normalerweise in

Chongqing 重庆

mit einem flußabwärts fahrenden Dampfer. Drei Tage braucht man bis

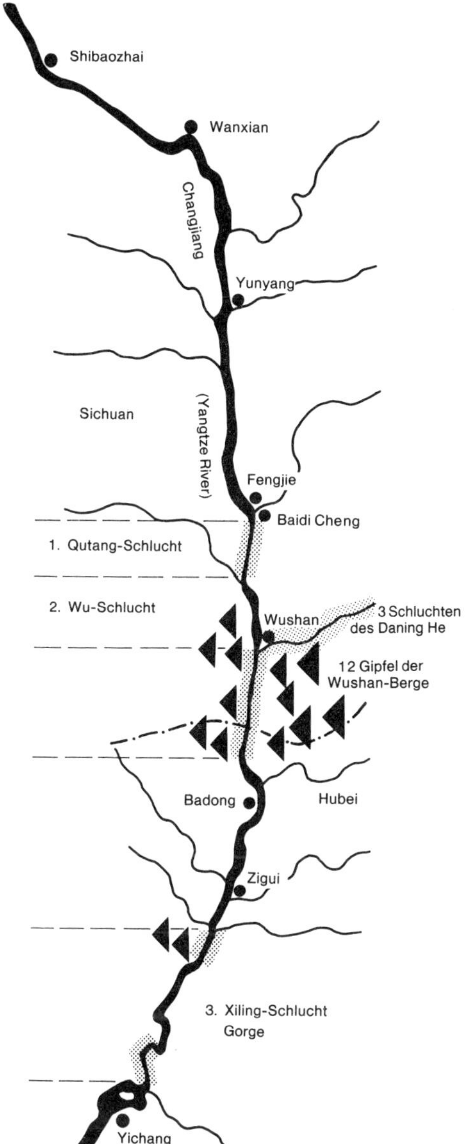

Die drei Schluchten des Changjiang

Wuhan, die gleiche Strecke flußaufwärts nimmt fünf Tage in Anspruch. Wer nur die drei Schluchten sehen möchte, kann schon in Yichang wieder aussteigen und seine Reise per Bahn fortsetzen. Interessant ist die Möglichkeit, in

Fengjie, 奉节
westlich der Schluchten, das Schiff zu verlassen und eine Nacht in dem örtlichen Gästehaus zu verbringen. Man hat dann die Möglichkeit, ein Boot mit Fahrer zu mieten und langsam die erste Schlucht zu ›erobern‹. Das hat den Vorteil, daß man unterwegs auch einmal aussteigen und in den Klippen und auf dem Pfad am Nordufer herumklettern kann. Ein Ausflug nach Baidi Cheng ist ebenfalls von Fengjie aus möglich. Am nächsten Tag kann dann mit dem nächsten Dampfer die Reise durch die Schluchten fortgesetzt werden. Ein solcher Abstecher sollte schon vorher bei dem Lüxingshe in Chongqing arrangiert werden.
Die Fahrt von Chongqing nach Fengjie dauert etwa 20 Stunden. Unterwegs ist die zwölfstöckige, rote Pagode von **Shibaozhai** zu sehen.

Baidi Cheng, 白帝城
Stadt des Weißen Kaisers, liegt am nördlichen Ufer des Changjiang, 4 km von Fengjie entfernt, und an dem westlichen Zugang zur Qutang-Schlucht. Es heißt, die Stadt sei von dem Herrscher Gongsun Shu der Westlichen Han-Zeit gegründet worden. Gongsun Shu soll eines Tages in einem Traum einen weißen Drachen vor dem Brunnen seines Hauses gesehen haben. Er hielt dies für einen Hinweis darauf, daß er einmal Kaiser werden würde. Im Jahre 25 ernannte er sich zum Weißen Kaiser. Seitdem trägt auch die Stadt den Namen.
Zur Zeit der Drei Reiche führte Liu Bei, Kaiser von Shu, heute Sichuan, seine Truppen in den Kampf gegen den Staat Wu. Es war ein Mißerfolg, und die Truppen waren zur Rückkehr gezwungen. Liu Bei starb hier.
Das Städchen befindet sich auf einem Felsen direkt am Fluß. Sehenswert ist der Tempel **Baidi Si,** zu dem man über zahllose Stufen vom Ufer aus hinaufklettern muß. Der Tempel wurde in der Qing-Dynastie erbaut. In seiner Haupthalle *Mingliang Dian* befinden sich die Statuen von Liu Bei, Zhuge Liang, Guan Yu und Zhang Fei. Es gibt zahlreiche alte Steinschnitte, die teilweise aus der Sui-Zeit stammen.
Für die Einheimischen ist der Tempel ein willkommenes Ausflugsziel, wo man sich gern zu Picknick, Gesang und Spiel zusammenfindet.
Das Gebiet auf der Höhe von Baidi Cheng war früher ein wichtiger militärischer Stützpunkt, der den Zugang nach Sichuan bewachte.

Die **Qutang-Schlucht** 瞿塘峡
beginnt bei Baidi Cheng. Zu beiden Seiten erheben sich steile Felswände, die

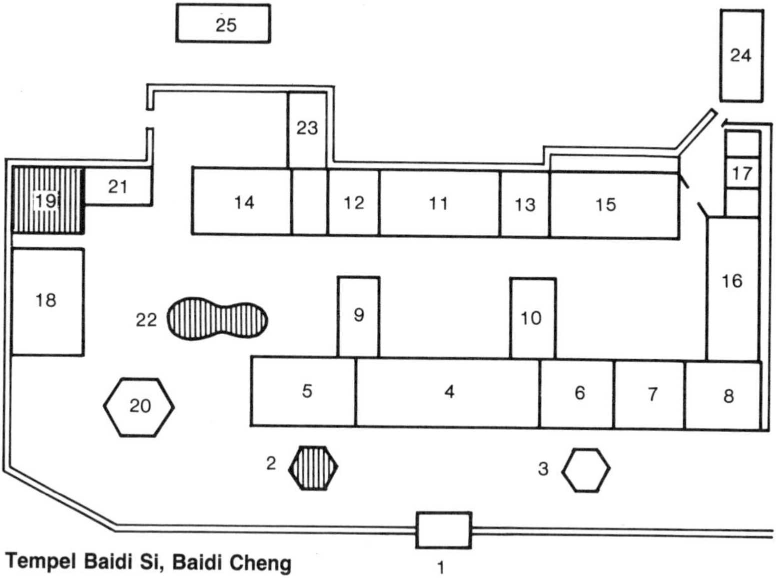

Tempel Baidi Si, Baidi Cheng

1. Eingangstor
2 + 3. Fischteich
4. Vordere Halle
5. Unterkünfte
6. Lager
7. Handwerksraum
8. Sitzungszimmer
9. Halle der alten Gedichte und Geschichte
10. Halle der modernen Gedichte und Geschichte
11. Halle Mingliang Dian
12. Gästehalle
13. Ausstellungshalle
14./15. Steintafeln
16. Ausstellungsraum
17. Unterkünfte
18. Verkaufsstand
19. Teich
20. Stern-Beobachtungspavillon
21. Küche
22. Teich
23. Empfangszimmer für Ausländer
24. Toilette
25. Restaurant

wie mit einem Messer geschnitten über 100 m in die Höhe ragen. Hier ist die schmalste Stelle des Flusses. Die Qutang-Schlucht ist nur 8 km lang und damit die kürzeste, dafür aber am eindrucksvollsten. Am westlichen Ende ragte früher ein gewaltiger Felsen empor, gegen den unzählige Boote geschleudert wurden. Im Rahmen der Regulierungsarbeiten ist er gesprengt worden, so daß die Passage dieser Stelle jetzt ungefährlich ist.

In einigen Spalten hoch oben in den Felsen entdeckt man bei genauem Hinsehen Reste von Särgen. Die Angehörigen eines Volksstammes haben hier vor mehreren hundert Jahren ihre Toten beigesetzt. Archäologen konnten

einige der Holzsärge bergen und mit diesen Schwerter und andere Reliquien. Wenn man auf dem schmalen Pfad, der in die steilen Felsen des Nordufers geschlagen wurde, entlanggeht, findet man faserige Holzsplitter, die von den ehemals zahlreichen Holzsärgen herabgefallen sein müssen.
Nach der Qutang-Schlucht folgt die 40 km lange **Wuxia-Schlucht.**

巫峡

Sie beginnt bei Wushan noch in Sichuan und führt bis nach Badong in Hubei. Zwölf hohe Gipfel säumen die beiden Ufer des Flusses. Der berühmteste ist der *Shennü Feng,* Gipfel der heiligen Frau, der seinen Namen seiner grazilen Gestalt wegen erhielt.
In der Wuxia-Schlucht mündet der **Daning He** in den Changjiang. Einige Reiseveranstalter bieten seit kurzer Zeit Ausflüge in dieses Seitental an, eine Fahrt in kleinen Booten durch die sogenannten **Drei Kleinen Schluchten,** über eine Strecke von etwa 50 km; ein reizvolles Erlebnis, das den Eindruck dieser phantastischen Flußlandschaft noch vertieft.
Die nächste ist die 76 km lange **Xiling-Schlucht,** 西陵峡
auf deren Felsen und Klippen man die verschiedensten Dinge wahrzunehmen meint, so etwa wie Bücherstapel und Schwerter angeordnete Felsen. Wegen ihrer gefährlichen Untiefen war die Xiling-Schlucht einst sehr gefürchtet. Eine Fahrt nach Anbruch der Dunkelheit war lebensgefährlich. Die Beseitigung von über 100 Untiefen und installierte Signalstationen machen heute die Navigation auch bei Nacht sicher. Nach dem Passieren der letzten Krümmung der Xiling-Schlucht erstreckt sich eine weite Ebene. Der Fluß wird nun fast 2 km breit. Zwei kleine Inseln, nicht weit von der Schlucht entfernt, teilen den Strom in zwei separate Kanäle. Diese natürliche Gegebenheit nutzte man und legte das gigantische Wasserbauprojekt Gezhou Ba an (siehe S. 613).

Provinz Guizhou

贵州省

Fläche: 170 000 qkm / Bevölkerung: 28,55 Mill. / Hauptstadt: Guiyang

Die bergige Provinz Guizhou liegt im Südwesten Chinas. Sie ist umgeben von Hunan im Osten, Guangxi im Süden, Yunnan im Westen und Sichuan im Norden.

Geschichtlicher Überblick

Das Gebiet des heutigen Guizhou war ursprünglich von ethnischen Minderheiten, vor allem von denen der Miao bewohnt, die in befestigten Dörfern und Ortschaften unter der Herrschaft von Stammesfürsten lebten. Seit der Yuan-Dynastie verband eine Straße das ferne Yunnan mit dem chinesischen Kernland. Da diese Straße auch durch Guizhou führte, nahmen Kontrolle und Bevormundung seitens der Zentralregierung zu. Auch begann eine Einwanderungsbewegung aus den Gebieten Hunan, Jiangxi und Sichuan. Im Jahre 1413 wurde die Provinz gegründet. Während der Qing-Dynastie versuchte die Zentralregierung, die lokalen Führer und Stammesfürsten zu entmachten und offiziell ernannte Beamte einzusetzen. Dies stieß auf erheblichen Widerstand und führte zu Unruhen und Auflehnungen.

Die Redensart »Alle dreißig Jahre ein Aufruhr und alle sechzig Jahre eine Rebellion« sollte für mehr als zweihundert Jahre Gültigkeit haben.

Seit 1949 sind in den Gebieten mit hohem Anteil an ethnischen Minderheiten autonome Verwaltungseinheiten geschaffen worden. Starke Gruppen von Minderheiten leben noch im Südosten (Miao), und im Süden (Zhuang).

Guizhou befindet sich auf einem riesigen Hochplateau, das von Nordwesten nach Südosten hin abfällt. Im Westen erreicht es Höhen zwischen 1500–

3000 m, im Osten überragt es dafür kaum 600 m. Größtenteils besteht das Relief aus Kalkstein. Auch Schiefer und roter Sandstein kommen vor. In den durch Erosion entstandenen Senken befinden sich unzählige Grotten, unterirdische Flüsse und Seen. Hier ist kaum eine ebene Fläche größeren Ausmaßes zu finden. Im Norden erhebt sich das Dalou Shan Gebirge, im Süden verlaufen die Miaoling-Berge, die die Wasserscheide der Provinz bilden. Die Flüsse, die im Norden und Osten Guizhous entspringen, fließen alle in das Becken des Changjiang. Dagegen gehören die Flüsse südlich der Miaoling-Berge zum Becken des Zhujiang.

Guizhou hat dank der Bergketten im Norden ein mildes und feuchtes Klima. Der Osten und Süden liegen im Einflußbereich des Monsuns. Die Sommer sind folglich warm, die Winter mild. In der Hauptstadt Guiyang liegen die Durchschnittstemperaturen im Juli bei 24 °C, im Januar bei 4 °C. Niederschläge sind reichlich, sie betragen 1000–1500 mm im Jahr. Etwa 45% des jährlichen Niederschlages fallen im Sommer, über 20% fallen jeweils im Frühjahr und Herbst. Der sonst so blaue chinesische Himmel ist in Guizhou selten anzutreffen. Etwa 260 Tage im Jahr ist er mit Wolken verhangen.

Ein altes Sprichwort lautet: »Es gibt keine drei aufeinanderfolgende Tage, an denen der Himmel klar ist; es gibt kein Stück Land von 3 chi [etwa 3 Fuß], das eben ist; es gibt niemanden, der drei Silbermünzen besitzt.« Letzteres hat sich inzwischen aufgrund zunehmender Industrialisierung erheblich verbessern können.

Guizhou ist eine der an Bodenschätzen reichsten Provinzen Chinas. Es bestehen große Vorkommen an Kohle, Eisenerz, Kupfer, Bauxit, Phosphor und Aluminium. Ferner sind Gold, Zink und Antimon vorhanden. Die Industrie hat sich in den letzten drei Jahrzehnten gut entwickelt. Hauptzweige sind die Eisen- und Stahl-, die Maschinen- und Chemieindustrie.

Die landwirtschaftliche Nutzung des Bodens liegt bei nur 12%. Es wird hauptsächlich Reis angebaut. Im Nordwesten herrschen Trockenfeldkulturen wie Mais, Weizen, Gerste und Sorghum vor. Von zunehmender Bedeutung ist der Anbau von Tabak, Baumwolle, Sesam und Erdnüssen. Eines der bekanntesten Produkte Guizhous ist der Branntwein Maotai Jiu, der aus Weizen und Sorghum hergestellt wird. Er gilt als der beste Schnaps Chinas.

Etwa 9% der Fläche Guizhous wird von Wäldern bedeckt. Im Norden wachsen hauptsächlich Koniferen, Lackbäume, Birken und Ahorn, im Südosten Kampferbäume, im Süden Zedern, verschiedene Bambusarten, Weiden und Koniferen.

Stadt Guiyang 贵阳市

Guiyang, auch Zhu genannt, liegt im Zentrum der Provinz an den Ufern des Flusses Nanming He, einem Nebenfluß des Wujiang in 1200 m Höhe auf der größten Hochebene Guizhous. Die Stadt ist Knotenpunkt des Eisenbahn- und Straßennetzes sowie politischer, wirtschaftlicher und kultureller Mittelpunkt der Provinz. Eine erste Ortschaft wurde schon in der Han-Dynastie gegründet, die in späteren Jahrhunderten nur die Bedeutung eines militärischen Vorpostens hatte. Während der Yuan-Dynastie baute man die Ortschaft zu einem militärischen Stützpunkt aus. Unter der Ming-Dynastie wurde um Xingui, wie es damals hieß, eine Stadtmauer gezogen. Zur Qing-Zeit war die Stadt Sitz der Präfektur Guiyang. Seit 1913 nennt man die Stadt Guiyang, doch blieb sie bis 1949 nur wenig mehr als das Verwaltungszentrum einer rückständigen Provinz. Heute ist sie ein bedeutendes Industriezentrum. Seit 1960 gibt es ein großes Eisen- und Stahlkombinat, das die Entwicklung des Maschinenbaus rasch vorantrieb. Guiyang ist ein wichtiger Aluminiumlieferant. Darüber hinaus gibt es Betriebe für Industrie- und Grubenausrüstung, Waggon-, Textil- und Chemiefabriken, Glasbläsereien und verschiedene Betriebe der Konsumgüterindustrie.
Guiyang hat verschiedene Bildungsstätten. Die wichtigsten sind die Universität Guizhou, eine pädagogische und eine medizinische Hochschule.

Berg Qianling Shan 黔灵山

Der Qianling Shan befindet sich 1,5 km nordwestlich vom Stadtzentrum Guiyang entfernt. Er ist von der Parkanlage **Qianlingshan Gongyuan** umgeben und mit einer Höhe von 1300 m der bedeutendste Berg des südlichen Guizhou. Ein mit Granitsteinen gepflasteter Weg schlängelt sich den steilen Hang hinauf bis zur Spitze. Kenner werden unterwegs Hunderte verschiedener Pflanzenarten und Kräuter finden. Uralte, in den Himmel ragende Bäume säumen den Weg. Steigt man auf der anderen Seite ab, erreicht man den buddhistischen Tempel **Hongfu Si** aus dem Jahre 1672. Die Anlage besteht aus mehreren imposanten Hallen, die durch Wandelgänge miteinander verbunden sind. Sie wurde erst kürzlich restauriert. Von hier führt ein Weg zum Westgipfel, der einen schönen Ausblick auf die Stadt bietet. Hinter dem Qianling Shan geht ein Weg zum See **Qianling Hu.** Nördlich von ihm entspringt die **Shengquan,** die Heilige Quelle, die in alter Zeit als eine Art Jungbrunnen verehrt wurde.

Park Huaxi Gongyuan 花溪公园

Der Huaxi Gongyuan liegt 17 km südlich vom Stadtzentrum entfernt. Die Einheimischen nennen ihn wegen seiner zauberhaften Lage die »Blume der Guizhou-Hochebene«. Hier gibt es Pavillons, Terrassen, Brücken, Inseln und Teehäuser. Der Park wurde nach dem Fluß Huaxi He benannt. In der Umgebung des Parks befinden sich die Guizhou-Universität und die pädagogische Hochschule.

Reisebüro

Zhongguo Lüxingshe, Bajiaoyan, Sheng Zhengfu Dayuan, Tel. 25121 und 25510

CAAC, Zunyilu 170, Tel. 24000

Stadt Zunyi 遵义市

Zunyi, die zweitgrößte Stadt Guizhous, liegt nördlich von Guiyang an der Straße und Eisenbahnlinie Guiyang-Chongqing. Die Stadt hat eine lange Geschichte. Sie erhielt ihren Namen bereits im Jahre 642. In jüngster Vergangenheit wurde sie bekannt als Zwischenstation der kommunistischen Truppen auf ihrem legendären Langen Marsch von Jiangxi in den Nordwesten Chinas. Bis 1949 war Zunyi nur ein kleiner Marktort, der vollkommen von Guiyang abhing. Mit Beginn der Periode des ersten Fünfjahresplanes entwickelte sich die Stadt zu einem Industriezentrum. Sie verfügt über eisenverarbeitende und chemische Industrie, Maschinenbau, Getreidemühlen, Papierfabriken, Seidenspinnereien usw. Im Umland der Stadt wird Mangan produziert.

Zunyi Huiyi Jiuzhi, Sitzungshaus des Politbüros der KPCh
遵义会议旧址

In diesem Haus in der Altstadt Zunyis hatte im Januar 1935, noch in der ersten Phase des Langen Marsches, eine Konferenz des Politbüros der KPCh stattgefunden, während der Mao Zedong zum Führer von Partei und Roter Armee ernannt wurde.

Das zweistöckige Gebäude steht unter Denkmalschutz und wurde in ein Museum umgestaltet. Die Ausstattung der Räumlichkeiten entspricht noch der damaligen Zeit. Eine Liste der Konferenzteilnehmer gehört zu den Ausstellungsstücken.

Nordwestlich von Zunyi, im Kreis **Renhuai Xian,** liegt die Gemeinde **Maotai Zhen,** in der der weltberühmte Branntwein Maotai hergestellt wird.

Zhengning Xian, Autonomer Kreis der Minderheiten Buyi und Miao

鎮宁布依族苗族自治县

Wasserfall Huangguoshu 黄果树瀑布

Der Huangguoshu am Fluß Baishui He, 155 km südwestlich von Guiyang, ist der größte und mächtigste Wasserfall Chinas. Das Wasser stürzt in 30 m (während der Regenzeit 40 m) Breite 60 m tief in den See Xiniu Tan. In der Felswand hinter dem Wasserfall ist eine 20 m tiefe Höhle. In der Umgebung des Huangguoshu gibt es weitere Wasserfälle wie den dreistufigen **Gaotan Pubu** im Kreis **Guangling Xian,** 10 km vom Huangguoshu entfernt, sowie Höhlen und bizarr geformte Felsen.

Höhle Yangming Dong 修文县阳明洞

Die Höhle Yangming Dong liegt in dem Berg Longgang Shan, 1,5 km nördlich der Kreisstadt **Xiuwen Xian.** Hier lebte einst der Philosoph und Pädagoge Wang Yangming (1472–1528), auch Wang Shouren genannt, ein hoher Beamter der Ming-Regierung, der jedoch in Ungnade fiel und nach Guizhou verbannt wurde.

Steinstufen führen von der Höhle zum Pavillon Junzi Ting. Nicht weit von ihm steht der zu Ehren Wang Yangmings errichtete Tempel Wangwenchenggong Ci. Hier hat der Philosoph gelehrt.

Provinz Yunnan

云南省

Fläche: 390 000 qkm / Bevölkerung: 32,55 Mill. / Hauptstadt: Kunming

Die südwestchinesische Provinz Yunnan wird umgeben von Guizhou und Guangxi im Osten, Vietnam und Laos im Süden, Birma im Westen und Tibet und Sichuan im Norden. Yunnans Bevölkerung besteht zu zwei Dritteln aus Han-Chinesen und zu einem Drittel aus Minderheiten; darunter bilden die Yi, Bai, Naxi, Hani und Dai die stärksten Gruppen. Etwa die Hälfte der über fünfzig Nationalitäten Chinas lebt in Yunnan.

Geschichtlicher Überblick

Yunnan war ursprünglich nur von nicht-han-chinesischen Nationalitäten bewohnt. Die Macht lag in den Händen von Stammesfürsten. Diese anerkannten zwar während der Qin- und Han-Dynastie die Oberherrschaft des chinesischen Reiches, doch blieb das Gebiet weitgehend außerhalb des han-chinesischen Einflußbereiches. Während der Tang-Dynastie entstand das Reich Nanzhao (738–902) der Bai, das im 10. Jh. von dem Staat Dali (937–1253) abgelöst wurde. Die Situation Yunnans änderte sich schlagartig mit Beginn der Yuan-Dynastie. Die Mongolen überrannten nicht nur das chinesische Kernland, sondern drangen auch bis ins heutige Yunnan vor und zerstörten den Staat Dali im Jahre 1253. Sie bildeten die Provinz Yunnan und gliederten sie dem Reich an. Die infolge der Kämpfe entvölkerten Gebiete wurden durch Moslems aus dem Nordwesten Chinas wieder besiedelt. Während der folgenden Ming-Dynastie förderte die Zentralregierung zur Stärkung ihrer Kontrolle über Yunnan die Zuwanderung von Han-Chinesen aus der Changjiang-Ebene. Die Verwaltung der einzelnen Gebiete lag in den Händen lokaler Führer, die hohen chinesischen Beamten verantwortlich waren. Separatismus,

häufig gekoppelt mit ethnisch und religiös bedingten Differenzen, brachten viel Unfrieden über Yunnan. Hier ist vor allem der große Moslem-Aufstand zu nennen (1857–1872). Anfang des 20. Jh. wurde Yunnan Opfer französischer und britischer Machtpolitik. Die Franzosen versuchten, von Vietnam aus Yunnan ganz unter ihre Kontrolle zu bekommen. Sie bauten die Eisenbahnlinie Hanoi-Kunming zwecks Ausbeutung der Kupfervorkommen. Die Briten gingen von Birma aus vor. Die Zeit der japanischen Invasion in China brachte Yunnan einen unerwarteten Fortschritt. Ganze Fabrikanlagen, Universitäten und Regierungsbüros wurden aus den Küstenprovinzen ins sichere Yunnan verlegt. Zum ersten Mal versuchte man von staatlicher Seite, eine Industrie aufzubauen und die Bodenschätze systematisch zu erschließen. Jedoch wurden diese Bestrebungen durch fehlende Infrastruktur behindert.
Seit 1949 trieb die Volksregierung den Auf- und Ausbau der Industrie in großem Maße voran. Der Südwesten gehörte zu den priorisierten Gebieten. Die neue Politik, die sich auch um eine ausgewogene Haltung gegenüber der Minderheitenfrage bemüht, brachte Yunnan politische Einheit und Stabilität.
Yunnans Relief wird geprägt durch Bergketten und Hochebenen, die das Tibetische Massiv fortsetzen und sich in südöstlicher Richtung fächerförmig ausbreiten. Das Ailao Shan Gebirge im Zentrum der Provinz teilt das Gebiet in eine östliche und eine westliche Großlandschaft. Durch den Westen verlaufen hohe Gebirgszüge, die durch tiefe Flußtäler voneinander getrennt werden. Im Nordwesten erreichen die Berge Höhen bis zu 6000 m, reißende Flüsse durchziehen die engen Täler und sind höchstens für Kanus schiffbar. Im südlichen Teil dieser Großlandschaft sind die Berge mit Höhen bis zu 2000 m wesentlich flacher. Hochebenen und breite Täler ermöglichen hier intensiven Ackerbau.
Im Osten erstreckt sich ein Plateau, das an seinem westlichen Ende etwa 2300 m und an der Grenze zu Guizhou 1500 m hoch ist. Senkungsseen wie der Dianchi bei Kunming prägen das landschaftliche Bild.
Das Klima ist auf dem östlichen Hochplateau mild. Die Sommer sind dank der Höhenlage kühl, die Winter aufgrund der schützenden nördlichen Gebirgsketten mild. Die Vegetationsperiode umfaßt mindestens zehn Monate. Die Durchschnittstemperaturen liegen im Juli bei 22 °C, im Januar bei 9 °C. Im westlichen Teil Yunnans sind die Sommer in den tiefen Tälern heiß und feucht. Yunnan liegt im Einflußbereich der Monsunwinde und ist deshalb reich an Niederschlägen. Pro Jahr fallen mehr als 1000 mm. Der größte Teil des Niederschlags fällt zwischen Mai und Oktober.
Klima und Höhenlage haben Yunnan zu einem botanischen Garten gemacht. Im westlichen Teil befinden sich riesige Waldbestände, im Südwesten ist noch Urwald mit typisch tropischer Fauna vorhanden. In den Hochebenen und

breiten Tälern wird vor allem Reis angebaut. Weitere wichtige Anbaukulturen sind Mais, Weizen, Süßkartoffeln, Sojabohnen und Tee und im Südwesten tropische Pflanzen wie z. B. Kaffee, Zuckerrohr, Tabak und Bananen. Der Bergbau ist in Yunnan aufgrund reicher Bodenschätze von herausragender Bedeutung. Die Zinnvorkommen der Provinz gehören zu den größten der Welt. Auch an Kupfer ist Yunnan reich. Außerdem sind beachtliche Kohle-, Eisen- und Phosphorvorkommen vorhanden.
Das ehrgeizige Industrialisierungsprogramm, das in Yunnan schon zum Teil realisiert werden konnte, zog den Ausbau des Straßen- und Eisenbahnnetzes nach sich. Kunming ist per Eisenbahn mit Sichuan und Guizhou verbunden. Ein sternenförmig angelegtes Netz von Straßen führt von Kunming in alle Teile der Provinz und in die Nachbarregionen.

Stadt Kunming 昆明市

In weniger als drei Flugstunden ist Kunming von Beijing aus zu erreichen. Die Hauptstadt Yunnans liegt im Ostteil der Provinz in 1894 m Höhe inmitten einer fruchtbaren Hochebene. Im Norden, Osten und Westen schützen Gebirge die Ebene vor Kaltluft aus dem Norden. Kunming wird aufgrund seines milden Klimas und der üppigen Vegetation die Stadt des ewigen Frühlings genannt.

Geschichtlicher Überblick

Die Stadt hat eine lange Geschichte. Ihre Ursprünge reichen bis in die Han-Zeit zurück. Die Lage am Nordufer des Sees Dianchi begünstigten die wirtschaftliche Entwicklung. Unter der Herrschaft der Yuan-Dynastie (1271–1368) wurde Kunming Hauptstadt der neu gegründeten Provinz Yunnan. Bis in die jüngste Vergangenheit hinein lag ihre Bedeutung hauptsächlich in der Funktion als Knotenpunkt der Handelsrouten nach Birma, Indochina, Sichuan und Guizhou begründet. In den Jahren 1906–10 wurde die Eisenbahnlinie nach Haiphong fertiggestellt. 1908 mußte die Stadt dem ausländischen Handel geöffnet werden. Seine Stellung als Handelsstadt konnte Kunming in den dreißiger Jahren nach Fertigstellung der Straßen nach Chongqing und Guiyang stärken. Zur Zeit der japanischen Invasion wurden Universitäten und Institute aus den Küstenprovinzen hierher evakuiert, damit sie nicht von den japanischen Truppen zerstört wurden. Ebenso siedelte man Fabrikanlagen

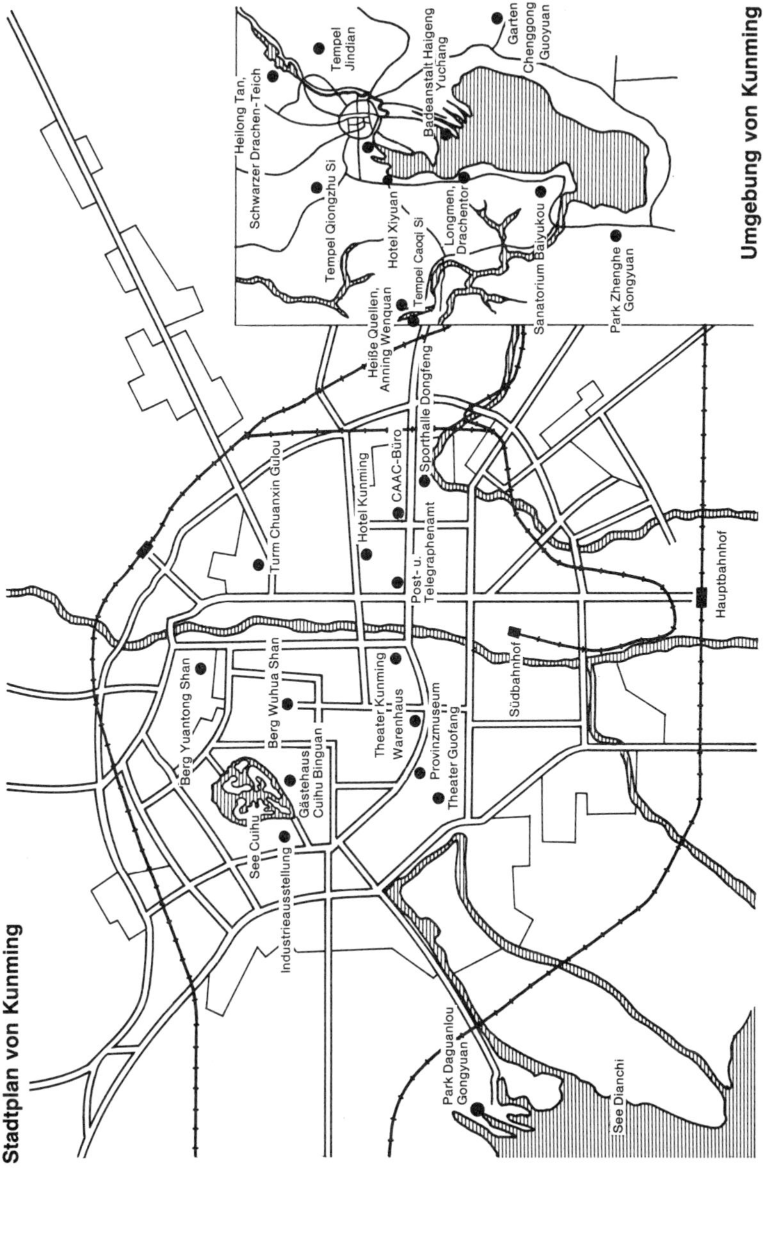
Stadtplan von Kunming
Umgebung von Kunming
Heilong Tan, Schwarzer Drachen-Teich
Tempel Jindian
Badeanstalt Haigeng Yuchang
Garten Chenggong Guoyuan
Tempel Qiongzhu Si
Hotel Xiyuan
Tempel Caoqi Si
Longmen, Drachentor
Sanatorium Baiyukou
Park Zhenghe Gongyuan
Heiße Quellen, Anning Wenquan
Sporthalle Dongfeng
CAAC-Büro
Hotel Kunming
Turm Chuanxin Gulou
Post- u. Telegraphenamt
Hauptbahnhof
Südbahnhof
Berg Yuantong Shan
Berg Wuhua Shan
Theater Kunming
Warenhaus
Provinzmuseum
Theater Guofang
Gästehaus Cuihu Binguan
See Cuihu
Industrieausstellung
Park Daguanlou Gongyuan
See Dianchi

und Werkstätten um. Tausende von Menschen aus dem modernen Osten Chinas strömten in das damals noch rückständige Kunming.
Nach 1949 wurde die Modernisierung der Stadt weiter vorangetrieben. Breite Straßen, moderne Häuser, Parkanlagen sind entstanden. Neben alten Stadtvierteln werden moderne angelegt. Hohe Gebäude überragen die meist zwei- bis dreistöckigen Altbauten. Kunming hat sich zur Industriestadt entwickelt. Es ist ein Zentrum der metallverarbeitenden Industrie geworden
Kunming ist auch in kultureller Hinsicht Mittelpunkt der Provinz. Es verfügt über diverse Bildungsstätten wie Universitäten, medizinische, technische und pädagogische Hochschulen, verschiedene Forschungsinstitute und ein Minderheiteninstitut.
In Kunming ist vieles anders als im übrigen China. Hier leben verschiedene Nationalitäten eng beieinander, die Han, Yi, Hui, Miao und Bai. Sie geben der Stadt eine eigene Atmosphäre. Bei Spaziergängen trifft man immer wieder auf Menschen in den bunten Kleidern der Minderheiten. Überall werden kunsthandwerkliche Produkte verkauft, buntbestickte Beutel, Borten, Mützen, Blusen und Kleider.

See Dianchi 滇池

Der Dianchi in 1885 m Höhe südwestlich der Stadt, auch Kunming Hu oder »Perle auf der Yunnan-Guizhou-Hochebene« genannt, ist 297 qkm groß. Von Norden nach Süden hat er eine maximale Ausdehnung von 40 km, von Osten nach Westen 8 km. Die durchschnittliche Tiefe beträgt 5,5 m. Der See wird von zwanzig kleineren und größeren Flüssen gespeist. Am östlichen Ufer, auf dem Berg Shizhai Shan, wurden zahlreiche Ausgrabungen durchgeführt. Funde ergaben, daß hier bereits vor 2000 Jahren Siedlungen bestanden haben. Man frage beim Reisebüro nach Ausflugsfahrten auf dem Dianchi See! Sie sind außerordentlich reizvoll und vermitteln einen guten Überblick über die angrenzenden Westberge.

Park Daguanlou Gongyuan 大观楼公园

Der Daguanlou Gongyuan liegt am nördlichen Ufer des Sees Dianchi, 2 km westlich von der Stadtmitte. Einst standen hier eine Privatvilla und der Tempel Daguan Lou. Die heutigen Bauten sind alle nach 1869 entstanden. Nach 1913 gestaltete man die Anlage in einen öffentlichen Park um. Am 15. Tag des 8. Monats (nach dem Mondkalender) wird im bunt beleuchteten Park das Mittherbstfest gefeiert.

Bemerkenswert ist die Halle **Daguan Lou.** Links und rechts neben dem Eingangstor ist ein sogenanntes *Duilian,* Parallelgedicht, in goldenen Zeichen auf blauem Untergrund zu lesen. Ein *Duilian* besteht meist nur aus zwei Versen, die sich in Zeichenanzahl, grammatischem Aufbau, Reim und Sinn entsprechen. Sie werden links und rechts an Säulen oder Hauseingängen geschrieben, können aber auch nebeneinander an der Wand hängen. Besonders anläßlich der Neujahrsfestes befestigen viele Familien diese Spruchbänder an ihren Haustüren. Sie sollen Glück bringen oder auch einfach nur das Haus schmücken. Das *Duilian* der Halle *Daguan Lou* besteht aus 180 Zeichen, 90 auf jeder Seite, und ist eines der längsten, aber auch schönsten und bekanntesten in China. Es wurde von dem Dichter Sun Ranweng verfaßt und beschreibt auf der einen Seite die Schönheit Kunmings, auf der anderen die Geschichte Yunnans.

Xishan, Westberge 西山

Die Westberge liegen 15 km südwestlich der Stadt am westlichen Ufer des Dianchi. Die höchste Erhebung ist der Taihua Shan. Das Panorama wird gern mit einer schlafenden Schönheit oder einem schlafenden Buddha verglichen und entsprechend genannt: Shuimeiren Shan bzw. Shuifo Shan.
Die bekannteste Sehenswürdigkeit ist das **Longmen,** Drachentor. Man kann mit dem Bus oder dem Auto bis vor den Tempel Sanqing Ge fahren und dann den Weg zum Longmen in etwa einer halben Stunde zurücklegen.

Der daoistische Tempel **Sanqing Ge** 三清阁
wurde während der Yuan-, Ming- und Qing-Zeit angelegt. Die Gebäude stehen auf verschiedenen Felsen in unterschiedlicher Höhe – eine eindrucksvolle Anlage.
Von diesem Tempel gelangt man über schmale Treppen und entlang steiler Felswände bis zur Höhle **Ciyun Dong** und von dort hinauf zum bekannten **Longmen,** Drachentor. Das Longmen bietet einen atemberaubenden Blick auf den See. Durch das Tor hindurch gelangt man zu dem Steinpavillon **Datian Ge,** auch Kuixing Ge genannt. Der Bau geht auf die Initiative des daoistischen Priesters Wu Laiqing zurück und wurde erst 1853 nach 72 Jahren fertiggestellt.

Der buddhistische Tempel **Taihua Si** 太华寺
steht am Fuße des Berges Taihua Shan. Er wurde während der Yuan-Zeit gegründet und im Jahre 1688 erneuert. Es ist eine große und eindrucksvolle Anlage. Das Tempeltor und die Hallen wurden in den bewaldeten Hang hineingebaut. Auf der rechten Seite steht der Turm **Wanghai Lou,** Seeblick-Turm.

Der buddhistische Tempel **Huating Si,** 华亭寺
nördlich vom Taihua Si, stammt aus der Song-Zeit. Die heutige Anlage ist jüngeren Datums. Sie enthält die Hallen *Tianwang Dian, Daxiong Baodian* sowie den Turm *Zhuangzhong Lou.* In der Mitte der Haupthalle *Daxiong Baodian* stehen drei vergoldete Buddha-Skulpturen, Buddha der Vergangenheit, der Gegenwart und der Zukunft. Berühmt machten die Halle die 500 Luohan-Figuren, die sich an den Wänden drängen und in drei Stufen angelegt sind.

Grab des Komponisten Nie Er 聂耳墓

Das Grab wurde zwischen den Tempeln Taihua Si und Sanqing angelegt. Nie Er (1912–1935) wurde in Kunming geboren. Seit 1930 arbeitete er als Mitglied des Ensembles *Mingyue Gewutuan* in Shanghai. Am 7. Juli 1935 erlitt er während eines Japan-Aufenthaltes einen tödlichen Unfall. Nie Er komponierte in seinem kurzen Leben zahlreiche Lieder, u. a. die Musik der chinesischen Nationalhymne. 1938 wurde seine Urne am Berg Gaorao Shan beigesetzt. Im Mai 1980 verlegte man das Grab in diese wunderschöne Landschaft. Es ist über 24 Stufen, die das Alter des Komponisten symbolisieren, zu erreichen.

Yunnan Sheng Bowuguan, Provinzmuseum Yunnan
云南省博物馆

Das Museum in der breiten Straße Dongfengxilu wurde 1964 eröffnet und verfügt über etwa 50 000 Exponate, darunter Versteinerungen aus prähistorischer Zeit, alte Bronzegegenstände und Gerätschaften der Minderheiten.

Park Cuihu Gongyuan 翠湖公园

Der Park liegt im Nordwesten der Stadt gegenüber dem Hotel Cuihu Binguan. Er umgibt den Cuihu-See, an dem einst die Privatresidenz eines hohen Beamten der Qing-Zeit stand. Dieser Park ist mit seinen Pavillons, Weiden und Lotosblumen vor allen Dingen für Gäste des Cuihu Binguan ein erholsames Plätzchen.

Berg Yuantong Shan 圆通山

Der Yuantong Shan erhebt sich im Norden der Stadt. Er ist einer der schönsten Berge Kunmings. Besonders reizvoll ist es hier zur Zeit der Kirsch-, Wildapfel- und Pfirsichblüte Ende Februar/Anfang März, wenn der ganze Park in ein rosa Kleid gehüllt ist. In ihm steht der Tempel **Yuantong Si,** der in der Tang-Zeit gegründet und in der Ming- und Qing-Zeit erneuert wurde. Sehenswert ist ein achteckiger Pavillon, inmitten eines quadratisch angelegten Teiches. Die imposante Halle *Yuantong Baodian* schließt sich im Norden an. Sie enthält buddhistische Skulpturen aus der Yuan-Zeit und zwei ming-zeitliche Drachen, die sich wie zum Schutz der Skulpturen um zwei Säulen winden.
Nördlich dieser Anlage liegt der Zoo, **Yuantongshan Dongwuyuan.**

Im **Südosten** der Stadt stehen zwei alte Ziegelsteinpagoden, die **Xisi Ta,** Westtempel-Pagode, in der Straße Dongsijie und die **Dongsi Ta,** Osttempel-Pagode, in der Shulinjie. Beide sind Nachbauten von Pagoden, die hier in der Nanzhao-Zeit errichtet, während des Moslem-Aufstandes jedoch vernichtet wurden. Sie sind viereckig und dreizehn Stockwerke hoch.
Die **Daliguo Jingzhuang,** eine Pagodensäule aus dem Dali-Reich in der Straße Tuodonglu zählt sieben Etagen und ist achteckig. Buddhistische Figuren und Texte in Sanskrit und Chinesisch zieren sie.

Heilong Tan, Schwarzer Drachen-Teich 黑龙潭

Der Teich liegt 14 km nördlich von Kunming inmitten des schönen Parks **Heilongtan Gongyuan.** Da der Heilong Tan auch bei großer Dürre nie austrocknet, glaubte man früher, daß in ihm ein Drache leben müsse, denn Drachen wurden als die Herrscher über das Wasser verstanden. So gab man ihm denn auch einen entsprechenden Namen.
Die Bauten innerhalb der Parkanlage sind in den beiden letzten Dynastien angelegt worden. Beachtenswert ist das Haupttor des Tempels *Longquan Guan* mit seinem auffallend großen Zier-Konsolensystem. Es sind jedoch weniger die großartigen Bauten, die viele Menschen anziehen, sondern das Zusammenspiel von Architektur und Natur, das diesen Park so sehenswert macht.

Tempel Qiongzhu Si 筇竹寺

Der Qiongzhu Si liegt 10 km nordwestlich der Stadt auf dem Berg **Yu'an Shan.** Seine Haupthalle, die *Daxiong Baodian,* enthält drei yuan-zeitliche Buddha-Skulpturen. Die wichtigste Sehenswürdigkeit dieser Tempelanlage sind fünfhundert Luohan-Tonskulpturen, entstanden in den Jahren 1883–1890. Sie sind das Werk des Bildhauers Li Guangxiu aus Sichuan und seiner fünf Schüler. Die Skulpturen sind in China sehr bekannt, denn sie erfreuen sich einer aufregend unkonventionellen Gestaltung. Die Künstler scheinen ihre Modelle in allen Gesellschaftsschichten gefunden zu haben. Lebendig und teilweise in ungeheurer Bewegung werden Krieger, Beamte, Literaten, Bauern, Handwerker und Bettler dargestellt. Ihre Gesichter spiegeln deutlich ihre Stimmungen wider. Sie gehören zu den am volkstümlichsten dargestellten Luohan-Skulpturen Chinas.

Tempel Jindian 金殿

Der Jindian befindet sich auf dem Berg **Minfeng Shan,** 7 km nordöstlich von Kunming. Die Haupthalle wurde 1671 aus Bronze gegossen. Auch die Skulpturen, Säulen, Türen und Gitterfenster bestehen aus Bronze; die Terrasse, die Balustrade und die Stufen aus Marmor. In der Umgebung wurden viele Kamelien angepflanzt.

Anning Wenquan, Thermalquellen von Anning 安宁温泉

Die Quellen von Anning, auch Biyu Quan, Jadequellen, genannt, 40 km südwestlich von Kunming entfernt, wurden bereits vor mehreren Jahrhunderten entdeckt und genutzt. Ihre Temperatur liegt bei 42 °–45 °C.
Anning ist eine einfache, aber landschaftlich sehr hübsch gelegene Ortschaft. Die Quellen liegen am Fluß. Man findet verschiedene Bäder, Läden, Restaurants und ein Teehaus.
Der Tempel **Caoxi Si,** 1 km westlich der Thermalquellen am Fuße des Berges **Longshan,** stammt aus der Tang-Zeit. Die heutigen Bauten sind jüngeren Datums. Zu erwähnen ist die südlich des Tempels gelegene Quelle **Zhenzhu Quan,** Perlenquelle.

Shilin, Steinwald 石林

Der Steinwald, 126 km südöstlich von Kunming in 1750 m Höhe in dem autonomen Kreis der Yi, gehört zu den bekanntesten Sehenswürdigkeiten Chinas. Vor vielen Millionen Jahren befand sich in diesem Gebiet ein Ozean, auf dessen Boden sich eine dicke Kalkschicht bildete. Geotektonische Bewegungen ließen den Meeresboden zu Festland werden. Weitere Bodenbewegungen verursachten tiefe Spalten im Gestein, die durch Regenwasser ausgewaschen wurden. So entstanden Felsformationen, die in ihrem Aussehen an Pagoden, Bambusschößlinge, riesige Säulen, Kamele usw. erinnern. Der gesamte Steinwald nimmt eine Fläche von 26 000 ha ein. Nur ein Gebiet von 80 ha wird im allgemeinen besucht, denn dort befindet sich eine Anhäufung besonders bizarrer Felsen. Ein 2 km langer Weg führt durch das Labyrinth, vorbei an Felsen bis zu 30 m Höhe, hinab in Schluchten und wieder hinauf zu Aussichtspunkten. Die Orientierung ist dank gut markierter Wege relativ einfach.
Im Shilin Hotel oder auch in dem nahegelegenen Teehaus kann man nach dem Rundgang eine Erfrischung zu sich nehmen.
Viele Reisende übernachten im Gästehaus Shilin Binguan.

Hotels

Cuihu Binguan, Cuihunanlu 16, Tel. 235 14 翠湖宾馆
Kunming Fandian, Dongfengdonglu 145, Tel. 2 20 63 昆明饭店
Kunhu Fandian, Beijinglu, Tel. 2 77 32 昆湖饭店
Shilin Binguan, Lunan Xian, beim Steinwald. 石林宾馆
Xiyuan Fandian, Xishan (Westberge) 西园饭店

Restaurants

Guangwei Fandian, Jinbilu, Tel. 29 70
Beijing Fandian, Xinxiangyunjie 77, Tel. 33 27
Shanghai Fandian, Dongfengxilu 73, Tel. 29 87
Yingjianglou Moslem-Restaurant, Changchunlu 413, Tel. 51 98

Reisebüro, **Lüxingshe**

Guoji Lüxingshe, **CITS,** + Zhongguo Lüxingshe, Huashanxilu 68–72, Tel. 42 52, Service-Schalter im Kunming-Hotel

CAAC Ticketbüro, Dongfengdonglu 146, Tel. 42 70

Bank of China, Huguolu 271, Tel. 45 29

Post- und **Tele**-Kommunikationszentrum, Dongfengdonglu, Tel. 73 19

Gong'an Ju, Beijinglu 525

Einkaufsmöglichkeiten

Kaufhaus, Zhengyilu.
Nationalitäten-Warenhaus, Nanbinglu
Antiquitätengeschäft, Nanbinglu
Kunstgewerbe: Qingnianlu und Dongfengxilu
Freundschaftsladen, Dongfengxilu 99

Taxen

Kunming Hotel Tel. 50 11
Cuihu Hotel Tel. 21 92-3 96
Dreirad-Taxen Tel. 38 98
Bahnhof Tel. 60 42
Tag- u. Nachtservice: Park Jinri Gongyuan, Tel. 62 43

Stadt Dali und ihre Umgebung 大理市

Dali liegt ca. 400 km nordwestlich von Kunming entfernt im autonomen Kreis der Bai. Es ist eine Stadt mit über 1200jähriger Geschichte. Aufgrund der schönen Landschaft nennt man das Gebiet um Dali häufig die Schweiz des Ostens.
741 wurde die Stadt Taihe, 7 km südlich vom heutigen Dali, Hauptstadt des Reiches Nanzhao (738–902). Pilouge, ein Stammesfürst der Bai, hatte die sechs Stämme der Erhai-Region unter seiner Herrschaft vereinigt. Das Reich von Nanzhao erstreckte sich nicht nur über das Gebiet des heutigen Yunnan, sondern auch über Teile von Guizhou und Sichuan. Nach der Thronübernahme durch Pilouges Sohn wurde eine neue Hauptstadt im heutigen Dali angelegt. Dali wird auch die Stadt des Marmors genannt, der sich u. a. in den meisten kaiserlichen Palästen findet. Er ist nicht nur Chinesen, sondern auch Kennern im Ausland ein Begriff. In China wird deshalb Marmor häufig *Dali Shi,* Dali-Stein, genannt.
Neben dem Marmor sind Dalis Tee, *Tuocha,* seine Kamelien, *Chahua* und seine Fische, *Gongyu* bekannt.

Pagode Shegu Ta, Schlangenknochen-Pagode

下关蛇骨塔

Die Shegu Ta steht südlich von Dali, in der Nähe von Xiaguan. Eine Legende erzählt von der Terrasse **Chengxian Tai,** die es während der Nanzhao-Zeit jenseits des Dorfes Yangpi Cun gegeben hat. Damals glaubte man, daß sich jeder, der sich darauf begibt, in einen Heiligen verwandelt und sofort ins Paradies kommt, denn keiner von denen, die die Terrasse besuchten, kehrte jemals von dort zurück. Ein junger Mann zweifelte an diesem Glauben und machte die Entdeckung, daß eine Riesenschlange die auf der Terrasse wartenden Menschen verschlang. Er befestigte daraufhin mehrere Dolche an seinen Kleidern und stellte sich ebenfalls auf die Terrasse. Es gelang ihm nicht, die Schlange zu besiegen. Sie verschlang auch ihn, doch verletzten sie die Dolchstiche tödlich. Man verbrannte sie, mischte ihre Asche mit Kalk und errichtete zum Gedenken an den mutigen jungen Mann die Shegu Ta. Der heute zu besichtigende Bau ist 39 m hoch und besteht aus Ziegelsteinen.

See Erhai 洱海

Der Erhai liegt 2 km östlich vom Stadtzentrum Dali in einer Höhe von 1980 m. Er hat von Norden nach Süden eine Ausdehnung von 41 km, von Osten nach Westen von 4–9 km und gehört zu Dalis landschaftlichen Höhepunkten.

Cangshan Gebirge 苍山

Das Cangshan Gebirge, auch Diancang Shan genannt, erstreckt sich über 42 km vom Gipfel Yunnong Feng im Norden bei Shanguan bis zum Gipfel Xieyang Feng im Süden nahe Xiaguan.
Die neunzehn Gipfel des Gebirges reihen sich aneinander und wirken fast wie ein Paravent. Der Hauptgipfel Malong Feng hat eine Höhe von 4122 m, die anderen sind zwischen 3000–4000 m hoch.
Das Gebirge ist landschaftlich von großem Reiz. Am Ostfuß des Berges gibt es steile Felsen, tiefe Täler, tosende Wasserfälle, Quellen und Tempelanlagen.

Sehr bekannt ist der
Tempel Santa Si, Drei-Pagoden-Tempel

崇圣寺三塔

Er liegt nordwestlich von Dali. Die drei Pagoden stammen aus der Tang-Zeit. Die Hauptpagode *Qianxun Ta* ist ein Ziegelbau, viereckig und 69 m hoch. In ihrem Stil entspricht sie der Xiaoyan Ta in Xi'an. Die beiden anderen Pagoden sind achteckig und 42 m hoch. Während der Restaurierung im Jahre 1978 fand man im Fundament und in den Dächern der drei Pagoden mehr als 600 interessante Gegenstände aus der Tang- und Song-Zeit, darunter Bronzespiegel, Arzneimittel, eine wertvolle 24 cm hohe Buddha-Skulptur aus Gold und einen vergoldeten Silberphönix mit weit geöffneten Flügeln auf einer Lotosblüte stehend.
Hinter dem Santa Si befindet sich die Halle **Yutong Guanyin Dian,** die eine Guanyin Bodhisattva-Skulptur aus Bronze enthält. Vor der Halle steht eine große marmorne Stele von 1325.

Sanyuejie, Märzfest 三月街

Seit mehr als tausend Jahren feiert die Bai-Nationalität in den Tagen vom 15.–20. März des Mondkalenders das Märzfest. Es findet im Westen der Stadt am Berg **Diancang Shan** statt. An diesem Fest nehmen nicht nur Angehörige der Bai, sondern auch viele verschiedene Nationalitäten aus nah und fern in Festtagstrachten gekleidet teil. Es wird gesungen und getanzt, werden Wettkämpfe ausgetragen und Waren an kleinen Ständen zum Kauf angeboten.

Kreis Jianchuan Xian 剑川县

Shizhongshan Shiku, Grotten vom Steinglockenberg
石鐘山石窟

Die Grotten befinden sich 25 km südwestlich der Kreisstadt Jianchuan Xian. Sie stammen von der Bai-Nationalität aus der Nanzhao- und Dali-Zeit und lassen sich nach Gebieten in drei Gruppen unterteilen: Die Grotten nahe dem **Shizhong Si,** Steinglocken-Tempel, nahe dem **Shizi Guan,** Löwenpaß, und nahe dem Dorf Shadeng Cun. Die acht Grotten der ersten Gruppe enthalten Darstellungen der Könige von Nanzhao und ihrem Gefolge sowie religiöse Szenen. In dem Gebiet von Shizi Guan sind drei Grotten zu finden. Sie enthalten Darstellungen der Königsfamilien von Nanzhao und religiöse Skulpturen. Die Gruppe von Shadeng Cun enthält fünf Grotten. Dort sind zwei Himmelskönige zu sehen.

Lijiang, autonomer Kreis der Naxi-Nationalität

丽江納西族自治县

Lijiang, Sitz der Kreisverwaltung, ist eine alte Stadt in wunderschöner Umgebung im Nordwesten Yunans. Sie liegt auf einem Plateau in 2600 m Höhe und beeindruckt durch ihre Landschaft und die üppige Vegetation.

Das **Yulong Xueshan,** Jadedrachen-Schneegebirge,

玉龙雪山

ca. 10 km nordwestlich von Lijiang und südlich des Flusses Jinsha Jiang zählt zwölf Gipfel, von denen der Shanzidou mit 5596 m der höchste ist. Die Spitzen des Gebirges sind das ganze Jahr hindurch mit Schnee bedeckt. Yulong Shan wird von Botanikern eine Schatzkammer genannt. Es ist die Heimat von mehr als 400 verschiedenen Arten von Heilkräutern, 300 Azaleensorten und vieler edler Hölzer. Je nach der Höhe verändert sich das Farben- und Pflanzenbild.

Heilong Tan, Schwarzer-Drachen-Teich 黑龙潭

Der Heilong Tan, auch Yuquan, Jadequelle, genannt, befindet sich nördlich von Lijiang am Fuße des **Xiangshan,** Elefantenberg. Er hat eigentlich die Größe eines Sees und reflektiert in bezaubernder Weise alle Gipfel des Yulong Xueshan Gebirges.
1737 hat die Naxi-Bevölkerung hier den **Longwang Miao,** Tempel des Drachenkönigs, angelegt. Der Pavillon **Fayun Ge** nördlich des Sees wurde 1882 erbaut. Er hat drei Stockwerke und ist eine Gemeinschaftsarbeit von Naxi-, Han- und tibetischen Handwerkern. Die Konstruktion der ›fliegenden‹ Dächer geben ihm das Aussehen einer Gruppe von fünf Phönixen, weshalb man ihn auch *Wufeng Lou,* Fünf-Phönix-Turm, nennt.

Die Fresken von Baisha 白沙壁画

In Baisha, 15 km von Lijiang entfernt, standen einst die Tempel und Paläste der ehemaligen Naxi-Stammesfürsten. Vieles ist erhalten geblieben. Von besonderem Wert sind die 350 Fresken, die vor etwa 500 Jahren entstanden sind. Dargestellt werden vor allem religiöse Szenen, buddhistische wie daoistische.

Fluß Jinsha Jiang 金沙江

Der Jinsha Jiang ist der Oberlauf des Changjiang. Er verläuft von Norden nach Süden bis zum Dorf **Shigu Cun,** dann wendet er sich abrupt nach Norden. Diese Stelle wird »die erste Biegung des Changjiang« genannt. Das Wasser fließt in dieser Biegung relativ langsam. Am Ufer steht eine Marmortafel aus der Ming-Zeit, die wie eine Steintrommel wirkt und deshalb *Shigu* genannt wird. Auch das Dorf wurde nach dieser Trommel benannt. Während des Langen Marsches setzte hier 1935 die Rote Armee unter Leitung von General He Long über den Fluß. Mit Hilfe der Einheimischen gelang es innerhalb von zwei Tagen 18 000 Mann mit ihren Gerätschaften ans andere Ufer des Jinsha Jiang zu befördern. Man nennt diese Stelle deshalb auch **Shigu Dukou,** Steintrommel-Fähre. Der Fluß zieht weiter nach Norden bis nach **Sanjiankou** und biegt dann erneut nach Süden ab. Beide Biegungen liegen innerhalb des Kreies Lijiang.

Hutiao Xia, Tigersprung-Schlucht 虎跳峡

Die gefährlichste Stelle des Jinsha Jiang liegt weiter flußabwärts, etwa 50 km von der Steintrommel entfernt. Hier fließt er zwischen den Gebirgen Yulong Xueshan und Haba Xueshan durch eine 15 km lange Schlucht. Die Berge überragen den hier 30–60 m breiten Fluß um 3000 m. Die Einheimischen sagen, die Schlucht sei so schmal, daß ein Tiger sie überspringen kann. Sie gilt als eine der tiefsten Schluchten der Welt.

Xishuang Banna 西双版纳

Der autonome Bezirk Xishuang Banna der Dai-Nationalität befindet sich ganz im Süden der Provinz. Dreizehn verschiedene Nationalitäten werden in der 620 000 Menschen zählenden Bevölkerung repräsentiert, von denen die Dai mit 34,7% die größte Gruppe darstellen.

Um nach Xishuang Banna zu gelangen, muß man von Kunming aus per Flugzeug bis nach Simao fliegen und von dort mit dem Bus nach **Jinghong,** der Hauptstadt des autonomen Bezirkes, fahren.

Das Gebiet von Xishuang Banna umfaßt eine Fläche von 25 000 qkm in 1000 m Höhe am Fluß Lancang Jiang. Das Klima ist subtropisch. Hohe

Bezirk Xishuang Banna

1. Fluß Lancang Jiang
2. Damenglong Fota, Weiße Pagode
3. Park Ganlan Ba (Zentrum der Wasserfest-Veranstaltungen)
4. Kreisstadt Mengla
5. Fluß Luosuo Jiang
6. Tropischer Garten
7. Ortschaft Mengyang
8. Urwald
9. Kreisstadt Jinghong
10. Teeplantage
11. Kreisstadt Menghai

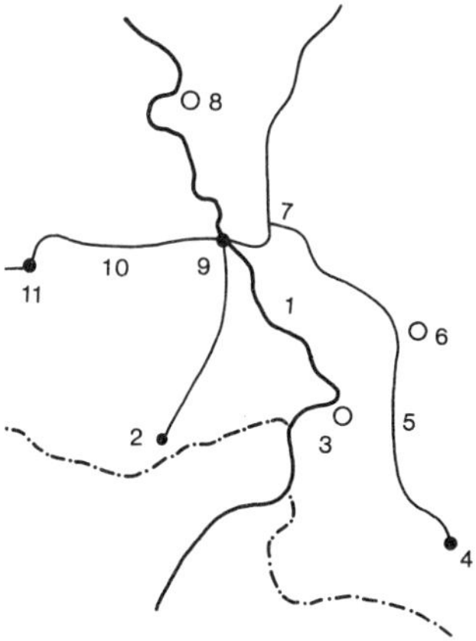

Gebirge im Norden verhindern den Zugang kalter Luftmassen, Monsune bringen Wärme und Regen. Die Temperaturen liegen im Durchschnitt über 21 °C.
Xishuang Banna ist ein riesiger botanischer Garten. Hier wächst alles, was in den Tropen zuhause ist. Blumen blühen das ganze Jahr über und verbreiten einen angenehmen Duft. Noch über 100 000 ha Urwald sind vorhanden. Edle Hölzer wie Mahagoni, Kampfer, Teak und Sandel sind in dieser Region keine Seltenheit. Auch die Tierwelt kann sich hier noch in unberührten Gebieten entfalten. Man findet u. a. Wildrinder, Elefanten, Riesenschlangen, Pfauen und Nashörner.
In den Dörfern der Dai sieht man die typischen Bambushäuschen, Pfahlbauten, die 2 m über dem Boden vor Feuchtigkeit und wilden Tieren schützen. Sie werden meist von Kokospalmen umgeben. Die Gastfreundschaft der Dai, ihre Herzlichkeit, ihre Kleidung, Tänze und Musik und nicht zuletzt auch ihre Küche werden den Besuchern stets in Erinnerung bleiben.
Eine 330 m lange Brücke, 1964 erbaut, führt über den Fluß Lancang Jiang in die Kreisstadt **Jinghong.** Hier ist jeden Sonntag Markt. Mitglieder der verschiedenen Nationalitäten, wie der Dai, Hani, Bulang und Jinuo kommen aus den Berggebieten und bieten ihre landwirtschaftlichen und kunsthandwerklichen Erzeugnisse an. Meistens sind es die Bäuerinnen, die zum Markt kommen.
In Xishuang Banna werden verschiedene traditionelle Feste gefeiert, z. B. das Wasserfest – das Neujahrsfest der Dai –, das nach dem Mondkalender im Frühjahr stattfindet. Zwischen Jahresende und Neujahr gibt es zwei sogenann-

te ›leere‹ Tage, die weder zum alten noch zum neuen Jahr gehören. In diesen zwei Tagen und am Neujahrstag legen viele Dai festliche Kleidung an. Am ersten Tag werden Drachenboot-Wettkämpfe ausgetragen, am zweiten und dritten Tag bespritzt man sich mit Wasser als Ausdruck des Neujahrsglückwunsches. Das findet im Freien, auf den Straßen, an den Flüssen und in den Dörfern statt. Gleichgültig ob Freund, Bekannter, Verwandter oder ausländischer Besucher, jeder wird beglückwünscht. Alle machen mit, Mann und Frau, jung und alt.
Der Buddhismus war in Xishuang Banna sehr verbreitet. Fast jedes Dorf hatte eine Pagode und einen Tempel. Wenig ist erhalten geblieben.

Pagode Damenglong Fota oder Feilong Baita, Weiße Pagode

大勐龙（飞龙）白塔

Diese Pagode in der Volkskommune **Damenglong** des Kreises Jinghong auf dem Berg Feilong Shan wurde 1204 zu Ehren des Sakyamuni Buddha angelegt. Man zählt sie zu den schönsten buddhistischen Bauwerken Chinas. Sie besteht aus neun Pagoden, die auf einem gemeinsamen Sockel stehen. Die Hauptpagode ist 16 m, die anderen acht sie umgebenden Pagoden nur 9 m hoch. Der Sockel enthält mehrere Nischen mit buddhistischen Figuren.

Pagode Mengzhen Fota 勐真佛塔

Diese Pagode 14 km westlich von der Kreisstadt Menghai auf dem Berg Jingzheng Shan ähnelt einem achteckigen Pavillon, weshalb man sie auch Jingzheng Bajiaoting, Achteckiger Pavillon des Berges Jingzheng, nennt. Die Pagode wurde 1701 gebaut. Sie ist 15,4 m hoch. Ihre Besonderheit ist das achteckige, reich verzierte Dach. Aufzeichnungen zufolge gestalteten Dai-Baumeister dieses Dach in der Form des Hutes des Sakyamuni. Es besteht aus mehreren spitz zulaufenden Schichten mit nach oben gezogenen Traufen.

Gästehaus

Xishuang Banna Binguan, Tel. 174

Provinz Shaanxi

陝西省

Fläche: 200 000 qkm / Bevölkerung: 28,9 Mill. / Hauptstadt: Xi'an

Die nordchinesische Provinz Shaanxi ist umgeben von Shanxi und Henan im Osten, Hubei und Sichuan im Süden, Gansu und Ningxia im Westen und Neimenggu im Norden.

Geschichtlicher Überblick

Funde aus dem Meso- und Neolithikum beweisen, daß der Nordteil der Provinz und das Tal des Flusses Weihe zu den frühest besiedelten Gebieten Chinas gehören. Im Tal des Weihe residierten die Zhou-Herrscher nach Gründung ihrer Dynastie in der Hauptstadt Hao, nahe dem heutigen Xi'an, bis sie im Jahre −771 verdrängt wurden. Mit dem allmählichen Niedergang der Zhou, entwickelte sich in diesem Gebiet der streng zentralistisch geführte Staat der Qin. Die Schaffung eines umfangreichen, effektiven Bewässerungssystems verhalf dem Staat zu einer blühenden Landwirtschaft. Es gelang dem Fürsten von Qin, China unter seiner Herrschaft zu einen und die Qin-Dynastie zu gründen. Hauptstadt wurde Xianyang, nahe dem heutigen Xi'an. Bis ins 9.Jh. blieb Shaanxi das politische, wirtschaftliche und kulturelle Zentrum Chinas, dann verlagerte sich das Zentrum der Macht nach Osten und Norden. Die gesamte Region verfiel und gehörte bald zu den ärmsten Gegenden Chinas. Sie war nur noch strategisch von großer Bedeutung. Zahlreiche Kriege und Rebellionen erschütterten Shaanxi bis ins 20. Jh. Eine entsetzliche Dürre raffte in den Jahren 1876–1878 etwa 5 Mill. Menschenleben dahin.
Eine ähnlicheKatastrophe ereignete sich 1928 und brachte 3 Mill. Menschen den Hungertod.

Shaanxi läßt sich in vier geographische Zonen unterteilen: das Hochplateau im Norden, das aus Kalk- und Sandstein besteht und von einer bis zu 100 m hohen Lößschicht bedeckt wird; das Tal des Flusses Weihe, der der wichtigste Fluß der Provinz und zugleich einer der beiden großen Nebenflüsse des Huanghe ist. Das Tal erstreckt sich in west-östlicher Richtung über 300 km und erreicht östlich von Xi'an eine Breite von 60 km; südlich des Weihe erhebt sich das Qinling Massiv. Sein höchster Gipfel, der Taibai Shan ist mit 3767 m der höchste Berg Nordchinas. Im Süden befindet sich das Tal des Hanshui Flusses, einem nördlichen Nebenfluß des Changjiang.

Das Qinling Massiv teilt die Provinz in zwei Klimazonen. Der Süden hat mildes und feuchtes Klima, die Durchschnittstemperaturen liegen im Januar bei +3 °C, im Juli bei 26 °C. Der meiste Niederschlag fällt zwischen Mai und Oktober. Das Klima des Weihe Tales ist kühler und trockener. Die Durchschnittstemperatur liegt im Januar bei 0 °C, im Juli bei 26 °C. Niederschläge fallen zwischen Mai und Oktober. Im Frühjahr und Frühsommer fällt nur wenig, die Niederschlagsvariabilität beträgt 30%, deshalb sind Dürren nicht ungewöhnlich. Die Niederschlagsmenge nimmt nach Norden hin ab, die Vegetationsperiode, die im Süden bei 260–280 Tagen und im Weihe Tal noch bei 240 Tagen lag, verkürzt sich im Norden auf 190 Tage. Aufgrund der hohen Niederschlagsvariabilität sind die Ernten von der Bewässerung abhängig. Ein großes Problem ist die Bodenerosion. Nur weniger als 25% der Gesamtfläche können landwirtschaftlich genutzt werden. Im Tal des Weihe wird intensiv Ackerbau betrieben, ebenso in den Tälern seiner bedeutendsten Nebenflüsse Luohe und Jinghe. Mehr als die Hälfte des Bodens dieser Gebiete wird landwirtschaftlich genutzt. Es sind zugleich die dichtest besiedelten Gebiete der Provinz in denen etwa 50% der Bevölkerung Shaanxis leben. Winterweizen und Mais sind die wichtigsten Anbaukulturen, Sekundärkulturen sind Hirse und Bohnen. Drei Ernten in zwei Jahren sind möglich, auf gut bewässerten Böden sogar zwei Ernten pro Jahr. Von Bedeutung ist auch der Anbau von Baumwolle, der aufgrund der Verbesserung des Bewässerungssystems in manchen Gebieten schon 50% der Anbaufläche in Anspruch nimmt. Im Norden werden hauptsächlich Winterweizen und Hirse, im südlichen Hanzhong-Becken Reis- und Winterweizen und in den Gebieten von Daba Shan und Qinling Shan Mais und Winterweizen angebaut. Tee, Zitrusfrüchte, Äpfel, Aprikosen und Birnen kommen aus dem Süden. Die wichtigsten Bodenschätze der Provinz sind Kohle und Öl. Xi'an ist das Industriezentrum der Provinz. Seine Textilindustrie ist führend in Nordwestchina.

Stadt Xi'an und Umgebung 西安市

Xi'an läßt den Besucher am deutlichsten die Kontinuität der chinesischen Zivilisation spüren. Das 3000 Jahre alte Xi'an war insgesamt etwa 1080 Jahre lang Hauptstadt von elf Dynastien, die wichtigsten waren Zhou, Qin, Han, Sui und Tang. Es liegt in einem fruchtbaren Becken südlich des Flusses Weihe, nördlich des Qinling-Massivs und am östlichen Ende der berühmten Seidenstraße. Xi'an war bereits während der Tang-Dynastie (618–907) eine Millionenstadt, in der viele Kaufleute aus Zentralasien lebten. Heute zählt die Stadt 2,5 Mill. Einwohner und gilt als eines der größten Zentren von Wirtschaft und Kultur in Nordwestchina.

Xi'an hat aufgrund seiner langen Geschichte dem Besucher eine Menge historischer Sehenswürdigkeiten zu bieten. Spuren erster Siedlungen aus dem Neolithikum sind in Banpo Cun zu besichtigen, etwa 6 km östlich von Xi'an, ein Dorf, das der Yangshao-Kultur zugerechnet wird.

Mitte des –11. Jh. nutzte der Zhou-König Wenwang das südwestlich des heutigen Xi'an und am westlichen Ufer des Fenghe gelegene Feng als Hauptstadt. Sein Nachfolger verlegte die Hauptstadt etwas weiter nach Osten nach Hao, am östlichen Ufer des Fenghe. Hao blieb bis ins Jahr –771 politisches Zentrum der Westlichen Zhou-Dynastie. Rund fünfhundert Jahre später errichtete der Gründer der Qin-Dynastie und erste Kaiser Chinas, Qin Shihuang, seine Hauptstadt am Nordufer des Weihe in Xianyang ebenfalls nahe dem heutigen Xi'an. Qin Shihuang ging nicht nur als Reichsgründer und großer Reformer in die Geschichte ein, sondern auch als Initiator von Monumentalbauten. So ließ er beispielsweise den Palast eines jeden von ihm besiegten Fürsten originalgetreu in Xianyang nachbauen. Über hundert der reichsten Familien aus allen Teilen des Reiches mußten in die neue Hauptstadt umsiedeln. Nachdem Qin Shihuang die Bauten Xianyangs zu klein erschienen, ließ er am Südufer des Wei den Afang-Palast anlegen. Nichts von dem blieb erhalten. Doch kann man sich noch heute von den eigenwilligen Vorhaben des Kaisers im Qin Shihuang Bingmayong-Museum überzeugen. 1974 entdeckte man die tönerne Armee des Kaisers, mehr als 7000 lebensgroße Statuen, die er östlich von seinem Mausoleum in unterirdischen Unterständen aufstellen ließ, die ihn, den mächtigen Qin Shihuang, auch noch im Jenseits unbesiegbar machen sollte. Nach dem Untergang der Qin-Dynastie errichtete der erste Han-Kaiser seine Hauptstadt etwas weiter nördlich von Xianyang und nannte sie **Chang'-an,** Ewiger Friede. Neun Kaiser der Han-Dynastie wurden allein nördlich des Flusses Weihe beigesetzt, darunter auch Liu Bang, der Dynastiegründer, dessen Grabstätte Changling 20 km östlich von Xianyang gelegen ist; zwei weitere liegen südlich des Weihe.

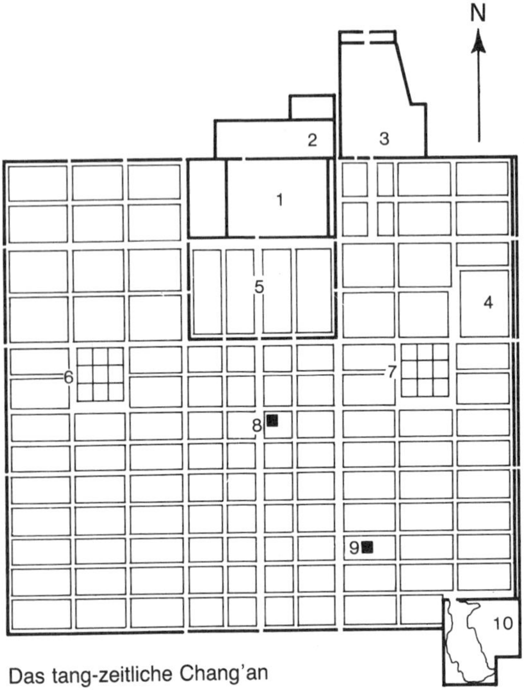

Das tang-zeitliche Chang'an

1. Palaststadt, Palast Taiji Gong
2. Kaiserlicher Park
3. Palast Daming Gong
4. Palast Xinqing Gong
5. Kaiserstadt
6. Westmarkt
7. Ostmarkt
8. Kleine Wildganspagode
9. Große Wildganspagode
10. Lotospark

Rekonstruktion des tang-zeitlichen Südtores Mingde Men

Seine Blütezeit erlebte Chang'an unter den Sui- und Tang-Herrschern. Der erste Sui-Kaiser hatte die Hauptstadt südöstlich des Chang'an der Han-Dynastie errichtet und es Daxing Cheng, Stadt des Großen Reichtums, genannt. Die Herrscher der Tang übernahmen die Hauptstadt der Sui und vergrößerten sie. Chang'an entwickelte sich zur Millionenstadt und zu einer Weltmetropole. Hier lag der Ausgangs- und Endpunkt der Seidenstraße, des berühmten Handelsweges in den Westen, über den Kaufleute, Missionare und Künstler aus Zentralasien, Europa und sogar aus Afrika nach Xi'an gelangten. Ausgrabungen in den ehemaligen Handelsvierteln der Stadt brachten die verschiedensten ausländischen Münzen zutage. Chang'an hatte im 7. und 8. Jh. mit fast 2. Mill. Einwohnern eine Spitzenstellung in Politik, Wirtschaft und Kultur.

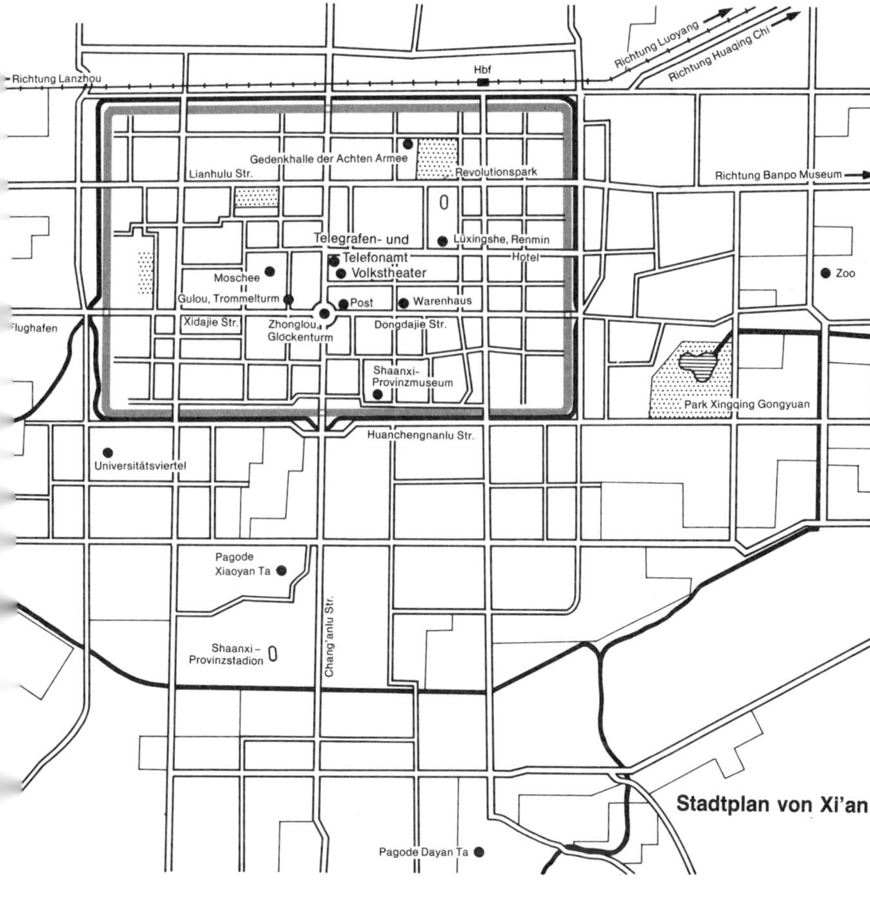

Stadtplan von Xi'an

Das Prägnanteste am Chang'an der Tang-Zeit ist der schachbrettartige Plan der Stadt, der auch heute noch weitgehend erhalten ist. Es gab damals insgesamt 112 Stadtviertel, 9 Nord-Süd- und 12 Ost-West-Straßenzüge. Diese künstlich geschaffene Stadtanlage erleichterte die Verwaltung und Kontrolle der einzelnen Stadtviertel.
Die Stadt war von einer 35,5 km langen Mauer mit dreizehn Toren, vier im Norden und je drei im Osten, Süden und Westen, umgeben. Die kaiserliche Palaststadt befand sich im Norden. Noch heute ist ein Teil der Südmauer, Xiwang Tai genannt, 80 m südlich der Straße Lianhualu, vor dem Tor Yuxiang Men, zu sehen.
Von den Palästen Taiji Gong, Daming Gong und Xinqing Gong sind nur noch Fundamente erhalten. Aber diese genügen, um einen Eindruck von den ehemaligen Ausmaßen zu vermitteln.
Südlich der Palaststadt lag die innere Stadt, Sitz aller Regierungsämter. In der äußeren befanden sich die Wohnviertel der Bürger, die daoistischen und buddhistischen Tempel, islamische und nestorianische Gotteshäuser und die Märkte. Nach dem Sturz der Tang-Dynastie begann auch der Niedergang Chang'ans. Erst während der Ming-Zeit, als in der Stadt eine Prinzenresidenz gebaut wurde, begann sich Chang'an, nun Xi'an genannt, zu erholen. Jedoch machte das ming-zeitliche Xi'an nur etwa ein Sechstel des tang-zeitlichen Chang'an aus. Die Ausmaße sind heute noch dank der Ummauerung deutlich erkennbar. Man hatte die Stadtmauer auf den Fundamenten der Tang-Kaiserstadtmauer errichtet. Diese Mauer war im Norden und Süden etwa 3300 m, im Osten und Westen 2600 m lang, sie war 12 m hoch und an der Basis 15–18 m breit. Aus der Ming-Zeit sind auch noch der Glocken- und Trommelturm zu sehen. Der Niedergang der Qing-Dynastie brachte auch Xi'an wieder dramatische Zeiten. Unruhen, Aufstände und Krieg erschütterten die Stadt. Nach 1911 blieb Xi'an relativ isoliert. Das änderte sich erst 1930 mit dem Bau der Eisenbahnlinie nach Zhengzhou. Seit 1949 erlebte die Stadt einen ungeheuren Aufstieg. Neue Wohnbezirke, Schulen, Sportstätten, Parkanlagen, Warenhäuser usw. entstanden. Straßen wurden verbreitert und gepflastert und Industrie angesiedelt. Xi'an ist heute das Zentrum der Textilindustrie Nordwestchinas.
Im Umland der Stadt ist die Landwirtschaft ein wichtiger Faktor. Die Ebene von Xi'an eignet sich hervorragend für den Anbau von Weizen und Baumwolle. Ein ausgezeichnetes Bewässerungssystem garantiert gute Ernten.
Xi'an ist heute wieder ein kulturelles Zentrum mit mehreren Forschungsinstituten und Hochschulen. Nicht zuletzt aber haben die spektakulären Ausgrabungen der letzten Jahre dazu beigetragen, Xi'an immer wieder ins Scheinwerferlicht internationalen Interesses zu rücken. Die Aufregungen um die Terracotta-Armee des Qin Shihuang hatten sich kaum gelegt, als man einen neuen

sensationellen Fund machte: 100 km westlich vom Grab des Qin Shihuang entdeckte man den riesigen **Friedhof** seiner Vorfahren aus dem –6. Jh., **13 Fürstengräber** und **43 Verwandten- und Beamtengräber.** Die Ausgrabungsarbeiten dauern an.

Zhonglou, Glockenturm 钟楼

Der Glockenturm steht auf der Kreuzung der Hauptverkehrsstraßen im Zentrum der Altstadt. Ursprünglich hatte man ihn 1384 etwas weiter westlich errichtet. Nachdem man die Stadttore jedoch im Norden und Süden versetzt und die Zentralachse nach Osten verschoben hatte, siedelte man auch den Glockenturm etwas weiter im Osten an.

Gulou, Trommelturm 鼓楼

Der Trommelturm nordwestlich vom Glockenturm wurde nicht nach Osten versetzt und steht deshalb nicht auf der Zentralachse. Er ist ein Bau von 1370, der in späteren Jahren mehrmals restauriert wurde.

Dayan Ta, Große Wildgans-Pagode 大雁塔

Die Dayan Ta befindet sich im südlichen Vorort der Stadt. Der Tang-Kaiser Gaozong hatte im Jahre 648, damals war er noch Prinz Li Zhi, zu Ehren seiner Mutter, der Kaiserin Wende, den Tempel Ci'en Si errichten lassen. Es war eine große Anlage mit zehn Höfen und 1897 Räumen, in der 300 Mönche lebten. Der Tempel wurde Ende der Tang-Zeit zerstört. Die heutige kleine Anlage stammt aus der Qing-Zeit. In der Haupthalle sind drei Buddha- und achtzehn Luohan-Statuen zu sehen. Die Pagode hinter der Halle wurde schon von Du Fu und Bai Juyi besungen. Der Gaozong-Kaiser hatte sie 652 zum Schutz der 657 Bände buddhistischer Schriften bauen lassen. Diese Schriften waren von dem chinesischen Pilgermönch Xuanzang (602–664) aus Indien mitgebracht worden. Er war im September 629 nach Indien aufgebrochen und erst im Februar 645 zurückgekehrt. Nach Fertigstellung des Klosters war er 649 in das Ci'en Si umgesiedelt und hatte dort teilweise die indischen Schriften übersetzt. Auf seinen Wunsch hin ließ der Kaiser die Pagode errichten, allerdings etwas kleiner, als es sich Xuanzang vorgestellt hatte. Den Namen der Pagode wählte der Mönch aus. Er bezog sich dabei auf eine alte indische Legende, die von einem Kloster erzählt, dessen Mönchen es nach der Schule des südlichen

Hinayana-Buddhismus erlaubt war, die Fleischsorten Hirsch, Kalb und Wildgans zu essen. Eines Tages flog eine Schar Wildgänse über das Kloster hinweg. Die Gänse ermahnten die gierig dreinblickenden Mönche, sich der Fleischspeisen zu enthalten und forderten sie auf, nach der Lehre des Mahayana-Buddhismus zu lehren und zu missionieren. Als Zeichen der Mahnung opferte sich eine der Gänse und stürzte hinab. Die Mönche bauten daraufhin eine Pagode und bestatteten sie darin.
Die nach dieser Legende benannte Wildgans-Pagode ist quadratisch angelegt, 64 m hoch und hatte ursprünglich fünf Stockwerke. In den Jahren 701–705 wurde der bereits stark verfallene Bau abgerissen und wesentlich prächtiger und um einige Stockwerke höher neu aufgebaut. Wahrscheinlich hatte er damals zehn Stockwerke. Heute sind nur noch sieben erhalten. Um den Bau zu stabilisieren, fügte man den Außenwänden eine Schicht Ziegelsteine hinzu. Im übrigen blieb die Pagode schon über 1200 Jahre gut erhalten. Sie widerstand klimatischen Einflüssen ebenso wie schweren Erdbeben, Unruhen und Kriegen.
Man sollte es nicht versäumen, in die obersten Stockwerke zu gehen und den Blick auf Stadt und Umgebung zu genießen.

Xiaoyan Ta, Kleine Wildgans-Pagode 小雁塔

Die Xiaoyan Ta steht 1,5 km vom Südtor entfernt in der Straße Youyixilu, innerhalb der ehemaligen Tempelanlage Jianfu Si. Sie wurde in den Jahren 707–709 zu Ehren des Tang-Kaisers Gaozong errichtet. Die beiden oberen Stockwerke fielen im Jahre 1555 einem starken Beben zum Opfer. Die Pagode besteht aus Ziegelsteinen, ist 43 m hoch und zählt heute 13 Stockwerke.

Xi'an Beilin, Xi'an Stelenwald 西安碑林

In Xi'an befindet sich die größte, älteste und beste Stelensammlung Chinas, Stelenwald genannt. Sie wurde mit dem Provinzmuseum in den Räumen des ehemaligen Konfuziustempel untergebracht. Insgesamt umfaßt die Sammlung 1095 Stelen. Hier kann man die verschiedenen Stile chinesischer Schrift studieren. Die ältesten Kalligraphien stammen aus der Han-Zeit, die besten aus der Tang-Zeit. Auf 114 Stelen sind die Texte von zwölf Klassikern zu lesen. Sie wurden im Jahre 837 für die kaiserliche Akademie angefertigt. In Stein geschnitzt sollten die Texte ewigen Bestand haben. Außerdem konnte man Abdrucke davon machen. Für Europäer besonders interessant ist eine Gedenkstele mit syrischem und chinesischem Text, die sogenannte **Nestoriani-**

sche Tafel. Sie erzählt die Geschichte von der Entstehung der Welt, der Menschheit, von dem Messias, der Mission und dem Eintreffen der Nestorianer und der christlichen Lehre in Chang'an im Jahre 635. Einige Inschriften stammen von Kaisern, so der Klassiker über die Pietät, *Xiaojing*, nach einer Kalligraphie des Xuanzong-Kaisers der Tang-Dynastie.
Interessant sind für den westlichen Besucher die alten Meister, die man hier häufig bei ihrer Arbeit, der Erstellung von Steinabreibungen, beobachten kann.

Shaanxi Provinzmuseum 陕西省博物馆

Das Museum enthält eine der reichsten Ausstellungen zur Geschichte des chinesischen Reiches von den Anfängen bis zur Qing-Zeit. Es werden aus den einzelnen Perioden Bronzen, Keramik, Metallgegenstände und Gerätschaften gezeigt sowie Schmuck, Dokumente, Inschriften, Grabfiguren und Statuen.

Tempel Guangren Si 广仁寺

Der Guangren Si befindet sich im Nordwesten der Stadt. Er stammt aus dem Jahre 1705 und gehört der lamaistischen Gelben Sekte. Am 24./25. Tag des 10. Monats des Mondkalenders findet hier jedes Jahr ein Fest zu Ehren des Sektengründers Zongkaba statt.

Tempel Daxingshan Si 大兴善寺

Der Daxingshan Si, 2,5 km südlich von der Stadtmitte entfernt, wurde bereits während der Jin-Zeit (265–420) angelegt. In den Jahren 716–720 lehrten hier die sogenannten Kaiyuan Sandashi, die drei großen Mönche der Tang-Zeit, Regierungsperiode Kaiyuan. Das waren die Inder Shan Wuwei, Jin Gangzhi und Bu Kong, die hier fünfhundert klassische buddhistische Schriften übersetzten. Auch japanische Mönche kamen hierher und studierten die Werke des Buddhismus.
Die Gebäude der heutigen Tempelanlage stammen alle aus der Ming- und Qing-Zeit. 1956 wurden sie restauriert.

Moschee Qingzhen Si oder Huajue Si 清真寺

Die unbedingt sehenswerte Moschee steht im Nordwesten der Stadt in einem hauptsächlich von Hui (Moslems) bewohnten Bezirk. Angeblich soll hier

schon während der Tang-Zeit eine Moschee gestanden haben. Die heute zu besichtigenden Gebäude stammen aus der Ming-Zeit und wurden mehrere Male restauriert. Die Moschee besteht aus fünf Höfen, angelegt auf einer Ost-West-Achse. Die Hauptgebäude sind *Xingxin Lou,* das Minarett, *Fenghuang Ting,* der Phönix-Pavillon, *Jiangjing Tang,* Predigthalle, *Dadian,* Große Halle, *Qian- und Houda Dian,* Vordere und Hintere Große Halle.
Es finden regelmäßig Gebete statt.

Chenghuang Miao, Tempelanlage des Stadtgottes 城隍庙

Der Chenghuang Miao in der Straße Xida Jie ist eine Gründung aus dem Jahre 1433. Die Haupthalle *Dadian* stammt aus 1723. Heute sind in der Tempelanlage eine Vielzahl kleiner Geschäfte zu finden.

Tempel Dongyue Miao 东岳庙

Der Dongyue Miao innerhalb der Osttor-Anlage wurde 1116 gebaut und während der Ming- und Qing-Zeit restauriert. Mit *Dongyue,* Ostberg, ist der heilige Berg Taishan in Shandong gemeint. Die Anlage besteht aus mehreren Hallen und einem eindrucksvollen Schmucktor. Die Haupthalle enthält einige interessante Malereien an der Ost- und Westwand.

Banpo Yizhi, Museum der Spuren von Banpo

半坡遗址

Im Norden des Dorfes **Banpo,** 6 km östlich von Xi'an, entdeckten 1953 Arbeiter beim Legen eines Fundamentes für eine Fabrikhalle die Spuren einer neolithischen Siedlung. Nach fünf Grabungskampagnen in den Jahren 1954–57 hatte man die Siedlung freigelegt und eröffnete ein Museum. Die Ausgrabungen hatten ergeben, daß hier vor rund 6000 Jahren auf einer Fläche von etwa 70 000 qm ein matriachalischer Stamm lebte, der Ackerbau, Fischfang, Viehzucht und Jagd betrieben hat. Das Dorf befand sich auf einer fruchtbaren Lößterrasse am Ufer des Flusses Chanshui. Es zählte etwa 500–600 Bewohner und war in drei voneinander getrennte Bereiche unterteilt: Wohnbezirk, Keramikwerkstätten und Friedhof. Eine Fläche von 4000 qm ist inzwischen freigelegt und überdacht worden. Es stellt einen Teil des Museums dar. Im Mittelpunkt stehen die 45 Wohnhäuser, deren Grundriß entweder quadratisch oder rund war und einen Durchmesser von 4–7 m aufwies. Man hatte sie

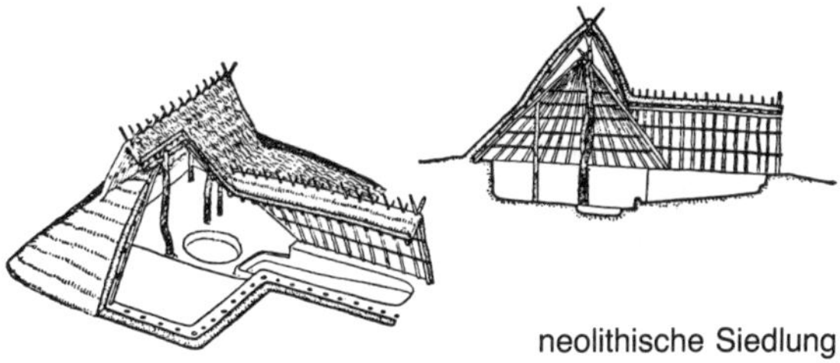

neolithische Siedlung

meist auf dem Boden niedriger Gruben gebaut. Sie waren alle nach Süden ausgerichtet. Dort befand sich der Eingang, der so schmal war, daß jeweils nur eine Person hindurchgehen konnte. Meist führten eine abschüssige Rampe oder mehrere Stufen in den dunklen, niedrigen Innenraum. Die Feuerstelle befand sich in der Mitte. Im Zentrum des Wohnbezirkes stand ein 160 qm großes Haus, entweder ein Versammlungs- oder Gemeinschaftsgebäude oder aber Wohnhaus des Stammesherrn. In der Nähe der Häuser befanden sich Getreidevorratsgruben, Werkzeug- und Gerätelager. Nördlich des Wohnbezirks lag der Friedhof mit 177 Gräbern, in denen nur Erwachsene bestattet worden waren. Als Grabbeigaben tauchten Keramik und Ziergegenstände auf. In einem Grab fand man noch Reste von Hirse, einem Getreide, das heute noch in diesem Gebiet in großen Mengen angebaut wird. Die Kinder hatte man nahe der Häuser beerdigt. Archäologen vermuten, daß man sie vor wilden Tieren schützen wollte. Im Ostteil des Dorfes standen sechs Keramikbrennöfen. Hergestellt wurden die bemalten, rötlichen Tongefäße, die der **Yangshao-**Keramik zugerechnet werden. Als Dekor überwiegen Fischdarstellungen und menschenähnliche Masken. Bemerkenswert sind Ritzzeichen, die auf einigen Gefäßen auftauchen und von denen angenommen wird, daß es sich um primitive Anfänge einer Schrift handelt. Das gesamte Dorf war von einem 6 m tiefen und 6 m breiten Schutzgraben umgeben. In den angegliederten Ausstellungsräumen sind Gerätschaften, Waffen, Haushaltsutensilien und Zierrat zu sehen.

Berg Lishan und Termalquellen Huaqing Chi

驪山 · 华清池

Der etwa 1200 m hohe Lishan liegt im Kreis **Lintong Xian.** Man kann mit dem Zug von Xi'an bis nach Lintong fahren.

Am Fuße des Lishan befinden sich die berühmten Thermalquellen Huaqing Chi. Sie wurden schon vor 3000 Jahren während der Westlichen Zhou-Zeit

entdeckt. Der Zhou-Herrscher Youwang war der erste, der sich hier eine Winterresidenz bauen ließ. Der Qin-Kaiser Shihuang, die Han- und Tang-Kaiser taten es ihm gleich. Besonders in der Tang-Zeit standen überall in dem Gebiet des Lishan Pavillons, Turmbauten, Terrassen und Hallen. 747 ließ der Xuanzong-Kaiser den Teich Huaqing Chi anlegen, der durch das Wasser der Thermalquellen gespeist wurde. Seitdem nannte man die Quellen ebenfalls Huaqing Chi. Die Wassertemperatur beträgt 43 °C.
Die Hallen und Pavillons am schönen, von Weiden und Blumen gesäumten Teich, wurden nach 1949 im Stile der Tang-Zeit angelegt. Vor über 1000 Jahren hat hier der Tang-Kaiser Xuanzong die Wintermonate mit seiner geliebten Konkubine **Yang Guifei** verbracht. Das Bad **Guifei Chi,** das sie benutzt haben soll, ist in einer Nachbildung zu besichtigen.
Der Lishan begeistert durch seine schöne Landschaft. Einige Wege sind steil und mit Ketten abgesichert. Eine Erzählung berichtet über die Spitze des Lishan, auf der noch Reste von Signaltürmen aus der Zhou-Zeit zu sehen sind: Während der Westlichen Zhou-Zeit wurde auf diesen Türmen immer ein Feuer entfacht, wenn Gefahr aufgrund nahender Feinde bestand. In solchen Fällen kamen dann die Fürsten aus den angrenzenden Gebieten zu Hilfe geeilt. Man erzählt sich, daß der Zhou-Herrscher Youwang (reg. −781 bis −770) die schöne Konkubine Bao Si liebte. Diese hatte bei all ihrem Liebreiz nur einen Fehler – sie lachte nie. Der König versuchte mit allen Mitteln, ihr ein Lachen, wenigstens ein Lächeln zu entlocken. Eines Tages kam jemand auf die Idee, Spaß mit dem Signalfeuer zu treiben. Der König ließ es entzünden und natürlich eilten nun alle Fürsten herbei. Als sie merkten, daß man sie zum Narren gehalten hatte, kehrten sie wütend um. Bao Si aber lachte lauthals vor Schadenfreude. Das begeisterte den König so sehr, daß er den Scherz bald noch einmal wiederholen ließ. Als dann wirklich wenig später Feinde nahten und man eilig das Signalfeuer entzündete, kam niemand mehr zu Hilfe. Die Feinde töteten ihn, der Niedergang der Zhou-Dynastie war nicht mehr aufzuhalten.
Huaqing Chi war der Ort des bekannten **Xi'an-Zwischenfalls**

西安事变旧址

Im Dezember 1936 war Chiang Kaishek hierhergekommen, um weitere Pläne für eine Vernichtung der Kommunisten, die sich nach dem ›Langen Marsch‹ in Yan'an niedergelassen hatten, zu entwerfen. Seine beiden Generäle Zhang Xueliang und Yang Hucheng versuchten Chiang davon zu überzeugen, daß der Bürgerkrieg endlich ein Ende finden und sofort eine Einheitsfront mit der Kommunistischen Partei gebildet werden müßte, um gegen die eindringenden japanischen Truppen geschlossen vorgehen zu können. Als Chiang dies ablehnte, nahmen sie ihn gefangen. Am 12. 12. 1936 kamen im frühen Morgengrauen die von Zhang und Yang herbeigerufenen Truppen an. Als Chiang Schüsse hörte, floh er in die Felshänge. Er wurde jedoch gleich gefunden. Heute erinnert ein Pavillon an jene Stelle, an der er verhaftet wurde. Zhou Enlai erkannte, daß nur eine friedliche Lösung dieses Zwischenfalls eine weitere Zuspitzung der nationalen Katastrophe abwenden konnte und erwirkte deshalb die Freilassung Chiangs, geknüpft an die Bedingung, einer Einheitsfront gegen Japan zuzustimmen.

Gebirge Zhongnan Shan 終南山

Zhongnan Shan 40 km südlich von Xi'an gehört zu den bevorzugten Ausflugszielen der einheimischen Bevölkerung. Es erstreckt sich von den Kreisen **Wugong Xian** bis zum **Lantian Xian** und ist Teil des bekannten Qinling Massiv. Einer der Berge der Zhongnan Shan wird **Cuihua Shan** genannt. Er befindet sich in dem Kreis Chang'an Xian und bietet verschiedene kulturelle und landschaftliche Sehenswürdigkeiten.

Grabanlage des Qin Shihuang 秦始皇陵

Etwa 30 km östlich von Xi'an und 5 km östlich von Lintong liegt die Grabanlage des ersten Kaisers von China, Qin Shihuang (−259 bis −210). Sein noch ungeöffnetes Mausoleum steht schon seit 1961 unter Denkmalschutz. Qin Shihuang (siehe auch S. 65) soll bereits im Jahre −246 den Bau seines Mausoleums angeordnet haben. 36 Jahre lang waren 700 000 Handwerker und Arbeiter damit beschäftigt, die monumentale Grabanlage nach den Vorstellungen des Kaisers zu bauen. Sie konnten ihr Werk nicht ganz vollenden. Der frühe Tod des Kaisers setzte den Arbeiten ein jähes Ende.

Der pyramidenförmige, abgestufte Grabhügel am Fuße des Lishan und am Fluß Huishui ist 47 m hoch und mit Granatapfelbäumen bewachsen. Die Grabstätte ist in Nord-Süd-Richtung angelegt und von einer äußeren und inneren Mauer umgeben. Die äußere Mauer hatte einen Umfang von 6264 m mit nur einem Tor an der Ostseite, die innere Mauer maß 2525,4 m mit je einem Tor an der Ost-, West- und Nordseite. Da das Grab noch nicht geöffnet wurde, kann man heute nur ahnen, was dort an Schätzen und Kostbarkeiten verborgen ist. Die Schilderungen des Historiographen Sima Qian (ca. −145 bis −86), die über Pracht und Ausmaße der Grabstätte berichten, scheinen nach Entdeckung der tönernen Armee glaubhaft zu sein.

Etwa 1250 m östlich des Grabhügels stießen Bauern im Frühjahr 1974 beim

Brunnenbohren auf eine unterirdische Anlage, die, wie sich inzwischen herausstellte, eine etwa 7000 Mann starke Armee enthält. In dem ersten, der Öffentlichkeit zugänglichen Grabungskomplex, den man durch den Bau einer riesigen Halle vor Umwelteinflüssen schützt, befindet sich die Hauptmacht der Streitkräfte. Auf einer Fläche von 14260 qm, 230×62 m, etwa 5 m unter der Erdoberfläche, stehen schätzungsweise 6000 lebensgroße tönerne Krieger- und Pferdefiguren, nach Osten ausgerichtet, den Berg zur Rechten und den Fluß zur Linken, einen rechteckigen Kampfverband bildend. Drei Reihen von je 70 Kriegern stehen als Vorhut in der östlichen Quergalerie, gefolgt von sechs Streitwagen, von je vier Rössern gezogen, und den Fußtruppen, die in elf Marschsäulen nach Waffengattungen in verschiedene Einheiten unterteilt waren. Die äußerste Reihe im Norden und im Süden war von Bogenschützen besetzt, die im Gegensatz zum gesamten Heeresverband nach Norden bzw. Süden ausgerichtet waren, um die Truppe in den Flanken zu schützen. Am westlichen Ende folgt die Nachhut, die wie die Vorhut aus drei Reihen mit je 70 Kriegern besteht. Die Besucher werden sich von dem hervorragenden Niveau der qin-zeitlichen Bildhauerkunst überzeugen können. Die Figuren bestehen aus grauem, gebrannten Ton und müssen in großen, gut organisierten Werkstätten hergestellt worden sein. Obwohl jeder Krieger sein individuelles Aussehen hat, wird vermutet, daß man die Statuen aus Teilstücken zusammensetzte, die in Massenproduktion hergestellt worden waren. Eine nachträglich am Kopf aufgetragene Tonschicht ermöglichte eine individuelle Gestaltung der Gesichtszüge. Die Figuren sind außer in Beinen und Füßen hohl. Alle waren mit kalten Farben prächtig bemalt. Nicht weit vom ersten Grabungskomplex, etwa 20 m nördlich, fand man 1976 eine zweite Anlage, die mit einer Fläche von rund 6000 qm eine 1000 Mann starke Streitwagen- und Reitertruppe beherbergt. Eine Art Kommandozentrale entdeckte man an einer dritten Stelle, eine 500 qm große Fläche, die den Oberbefehlshaber samt seiner Berater und seinem Gefolge enthält. Eine vierte bereits vorbereitete Anlage war leer, ein Hinweis darauf, daß die Arbeiten kurzfristig abgebrochen werden mußten. Die tönerne Streitmacht des Qin Shihuang, die zweifellos ein Abbild zeitgenössischer Militäreinheiten ist, gibt mancherlei Aufschluß über die militärischen Erfolge des ersten Kaisers. Es war ihm ja gelungen, die sechs übrigen Staaten zu besiegen und das ganze Reich unter der Herrschaft der Qin zu einen. Viele militärische Neuerungen sind in seiner Armee zu entdecken. So beispielsweise die Schaffung einer starken Kavallerie als Hauptstreitkraft der Armee. Die echten Waffen, die die Tonfiguren bei sich tragen, zeugen von einem hohen Niveau der Waffentechnik. So gab es bereits Repetier-Armbrüste mit Zielvorrichtung oder Langschwerter, die aus einer Legierung von dreizehn Metallsorten bestanden und die Härte mittleren Karbonstahls hatten. Als die Qin-Dynastie gestürzt wurde und der Rebellengeneral Xiang Yu mit seinem

Heer die Hauptstadt eroberte, wurde die Grabanlage teilweise verwüstet. Die meisten Waffen der unterirdischen Armee nahm man mit. Ein Feuer zerstörte die Holzpfosten und Holzplanken der Unterstände und verursachte den Einsturz der unterirdischen Anlage, so daß viele der Statuen zu Bruch gingen und alle im Schlamm versanken.

Tang-Gräber 唐代陵墓

Neunzehn von zwanzig Tang-Kaisern wurden nahe Xi'an bestattet. Zu den größten Grabanlagen gehören Qianling und Zhaoling.

Qianling 乾陵

befindet sich etwa 100 km nordwestlich von Xi'an. Der Berg **Liangshan** bildet den natürlichen Grabhügel. Es ist die Grabstätte des dritten Tang-Kaisers **Gaozong** (reg. 649–683) und seiner Gemahlin, der berüchtigten Kaiserin Wuhou (Wu Zetian, 624–705). Die Anlage hat einen Umfang von 40 km und enthält noch siebzehn Nebengräber, in denen Verwandte und hohe Würdenträger beigesetzt wurden. Der Aufbau und die Gestaltung der Grabanlage hatte sich aus der Tradition des Grabmassivbaus ergeben, die sich seit der Han-Zeit entwickelt hatte. Die Grabanlage wurde durch eine quadratisch verlaufende Mauer begrenzt. Auf jeder der vier Ecken stand ein Turm; jedes der vier Tore wurde von Steinlöwen bewacht. Außerhalb des Nordtores stehen noch drei Steinpferd-Paare, außerhalb des Südtores säumen Schmucksäulen, Steintiere, Steinmenschen und Stelen den Grabweg.
Zu den Nebengräbern von Qianling gehören das des Prinzen Zhanghuai und das der Prinzessin Yongtai.

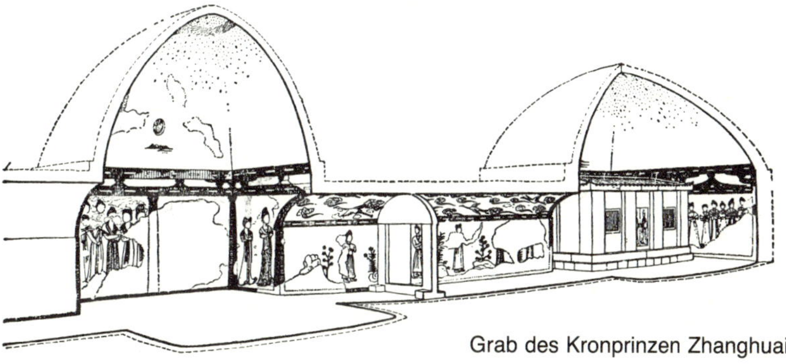

Grab des Kronprinzen Zhanghuai

Tang Zhanghuai Taizi Mu, das Grab des Kronprinzen **Zhanghuai** (654–684) der Tang-Dynastie, 章怀太子墓

liegt etwa 3 km südöstlich des Qianling-Grabhügels. Er war der zweite Sohn des Gaozong und dessen Gemahlin Wu Zetian, was ihn jedoch nicht davor bewahrte, nicht auch ein Opfer der Machtpolitik der Kaiserin zu werden. Das Grab wurde 1971–72 freigelegt und erforscht. Die sensationellen Ergebnisse, die die Wissenschaftler mitzuteilen hatten, versetzten die Fachwelt in ungläubiges Staunen. Die Grabräume waren ausgeschmückt mit Wandbildzyklen, die genaue Einblicke in das höfische Alltagsleben geben. Es sind Beamte, ausländische Fürsten, Offiziere und Soldaten, Palastdiener und -dienerinnen und vollschlanke Konkubinen dargestellt. Die Gemälde, die nicht nur informativ sind, sondern auch vom künstlerischen Standpunkt her von hervorragender Qualität, haben für die Erforschung der tang-zeitlichen Malerei ungeheuren Wert. Für Historiker waren die Inschriften von größter Bedeutung, denn sie geben Auskunft über Intrigenwirtschaft und Chaos jener Zeit. Auch dieses Grab war von einer Mauer umschlossen, allerdings war sie rechteckig angelegt. Es ist von ihr nur noch wenig zu sehen. Im Süden zierten zwei Schmucktürme, *Que,* und zwei Steinwidder den Grabweg. Der pyramidenförmige Grabhügel hat eine gekappte Spitze und bedeckt die unterirdische 71 m lange Grabstätte.

Das Grab war bereits ausgeraubt. Trotzdem fand man noch in Nebenkammern einige Grabbeigaben, hauptsächlich Keramikgegenstände. Die vordere Kammer hat eine Fläche von 20,25 qm und eine Höhe von 6 m. Die gewölbte Decke zeigt die Darstellung des Sternenhimmels. Die hintere ist 25 qm groß und 6,5 m hoch. Das Deckengewölbe wurde wie bei der vorderen Kammer mit Sternenbildern verziert. In diesen Raum hatte man den Steinsarkophag gestellt. Der innere Holzsarg war bereits verrottet.

Yongtai Gongzhu Mu, das Grab der Prinzessin **Yongtai,**

永泰公主墓

befindet sich südöstlich von dem Hauptgrab und nicht weit von dem des Kronprinzen Zhanghuai entfernt. Prinzessin Yongtai war die Enkelin des Tang-Kaisers Gaozong. Sie starb im Jahre 701 im Alter von 17 Jahren und fand hier zusammen mit ihrem Ehemann, der 706 starb, ihre letzte Ruhe. Die Freilegung des Grabes fand in den Jahren 1960–62 statt. Wie sich herausstellte, gehört es zu den größten der bisher erforschten Tang-Gräber. Die unterirdische Grabanlage hat eine Länge von 87,5 m. Auch sie wurde mit hervorragenden Wandmalereien ausgestattet. Die Archäologen fanden unter den 1300 Grabbeigaben Gold- und Silbergegenstände, Keramik und Tonfiguren. Vieles davon ist heute im Qianling-Museum zu sehen.

Zhaoling 昭陵

liegt nordöstlich von der Kreisstadt **Liquan** und etwa 60 km nordwestlich von Xi'an auf dem Berg **Jiuzun.** Es ist die Grabstätte des Li Shimin, Tang-Kaiser Taizong, die in den Jahren 636–649 auf einer Fläche von 20 000 ha angelegt wurde. Zur Anlage gehören 167 untergeordnete Gräber von Verwandten, hohen Beamten und Generälen.
Das 1979 eröffnete Zhaoling-Museum enthält eine hochinteressante Sammlung farbiger Keramikfiguren, Malereien und Steininschriften, die aus den Funden der bereits erforschten Gräber zusammengestellt wurde.

Hotels

Renmin Dasha, Dongxinjie 319, Tel. 25111 人民大厦
Shengli Fandian, Hepingmenwai 38, Tel. 23184 胜利饭店
Shaanxi Binguan, Nanjiao Zhangbagou, Tel. 23831, 41813 陕西宾馆
Xi'an Binguan, Chang'anlu 6, Tel. 51350, 51351 西安宾馆
Zhonglou Fandian, am Glockenturm, Tel. 22033 钟楼饭店
Jiefang Fandian, Chezhan Guangchang, Tel. 28946 解放饭店
Hong Fandian (in Xianyang) 虹饭店(咸阳)
Huaqingchi Binguan (in Lingtong) 华清池宾馆(临潼)

Restaurants

Xi'an Fandian, Dongdajie, Juhuayuankou, Tel. 22037 (Shaanxi-Küche)
Heping Canting, Dashikou, Tel. 24726 (Beijing-Küche)
Dongya Fandian, Luomashi, Tel. 28410 (Jiangsu-Küche)
Wuyi Fandian, Dongdajie, Anbanjiekou, Tel. 23824

Reisebüro, **Lüxingshe**

Guoji Lüxingshe, **CITS,** + Zhongguo Lüxingshe im Renmin Dasha, Tel. 21191, 53201, Tx. 70115

Gong'an Ju, Amt für Öffentliche Sicherheit, Tel. 25121

CAAC, Flughafen, Information Tel. 42225
Flugbuchung, Xishaomen 296, Tel. 21855

Bahnhof, Information Tel. 26976, 23333
Kartenverkauf am Bahnhof, Lianhulu Tel. 25864

Taxen: 51505

Einkaufsmöglichkeiten

Freundschaftsladen, Nanxinjie
Kunstgewerbegeschäft, Nanxinjie 18
Antiquitäten, Dongdajie 375 und Trommelturm

Gebirge Huashan 华山

Huashan ist eines der fünf heiligen Gebirge (Berge) Chinas (neben Taishan/Shandong, Songshan/Henan, Hengshan/Hunan, Hengshan/Shanxi), auf denen man seit der Han-Dynastie Opferzeremonien durchführte. Es liegt im Kreis **Huayin** und gilt als das steilste der fünf Gebirge. Um zum Huashan zu gelangen, benutzt man die Eisenbahn bis Huayin (Strecke Beijing – Xi'an). Ein Gästehaus, verschiedene Restaurants und Teehäuser stehen den Besuchern zur Verfügung.

Das Gebirge ist wegen seiner steilen Felsen und gefährlichen Pfade bekannt. Der Spruch *Huashan zigu yitiao lu,* »Huashan hat seit alten Zeiten nur einen Weg«, verrät, daß man diese steilen Wege kaum umgehen kann. Besuchern ist darum dringend anzuraten, feste Schuhe und praktische Kleidung anzuziehen.

Von der Bahnstation Huayin aus geht es 7,5 km ostwärts zum **Yuquan Yuan,** Garten der Jadequelle. Man kann hier eine kleine Teepause einlegen und dann den Aufstieg beginnen. Zuerst erreicht man den **Yushi,** Fischstein, einen riesigen Stein, der die Form eines Fisches hat. Bald darauf gelangt man zum ›Ersten Paß‹, einem Steintor, dann zum ›Zweiten Paß‹, einem wie von einer Axt durchschlagenen Stein. Es folgen die ›Achtzehn Kurven‹, ein Weg, der nach jeder Kurve eine beeindruckende Sicht bietet. Das **Yunmen,** Wolkentor, stellt das Ende des Weges der Achtzehn Kurven dar. Von dort hat man einen Blick auf die ferne Umgebung. Als nächstes folgt **Qingke Ping,** ein landschaftlich herrlicher Punkt mit Bächen, Wasserfällen, Quellen, alten Koniferen und hohen Gipfeln. Hier muß man entscheiden, ob der Aufstieg fortgesetzt werden soll, denn nun wird es steil. In alten Zeiten ließen sich die hohen Beamten nur bis hierher in ihren Sänften tragen. Der folgende Steilhang **Qianchi Chuang** ist über 370 schmale Steinstufen zu erreichen. Hinter dem Qianchi Chuang folgen Baichi Xia und Laojun Ligou. Danach kommt man zum 1500 m hohen **Beifeng,** dem Nordgipfel, der nach drei Seiten hin steil abfällt. In Richtung Süden geht es zu den anderen Gipfeln. Der nun folgende Weg ist der gefährlichste des Huashan. Zunächst ist der Felsen **Ca'er Ya,** danach der **Canglong Ling** zu überwinden. Der Name Ca'er Ya besagt, daß

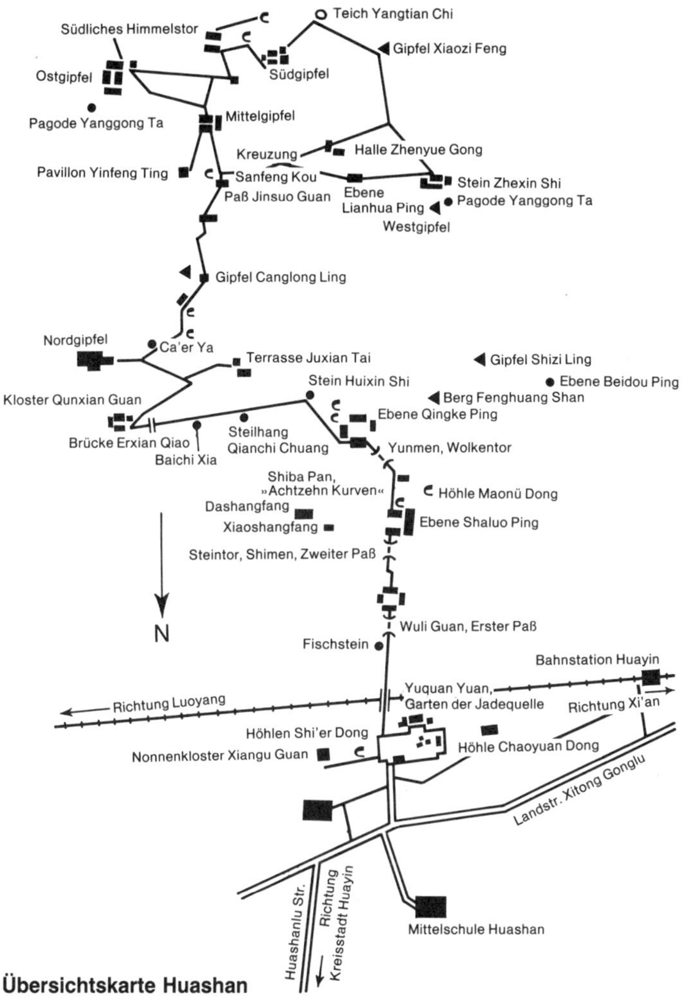

Übersichtskarte Huashan

der Weg so schmal an der Felswand entlangführt, daß man sein Ohr am Felsen schürft. Wer den Pfad benutzt, muß schwindelfrei sein. Canglong Ling ist ein Weg von nur 1 m Breite mit 100 m tief abfallenden Felswänden zu beiden Seiten. Es wird erzählt, daß der berühmte Philosoph der Tang-Zeit, Han Yu, hier erst einmal einen Abschiedsbrief schrieb, bevor er seinen Weg über diesen

Pfad fortsetzte. Eine andere Geschichte berichtet von einem hohen Beamten, der sich nicht über diesen Pfad traute. Seine Begleiter gaben ihm dann aber soviel Alkohol zu trinken, daß sie ihn schließlich in betrunkenem Zustand über diese schwierige Strecke tragen konnten.
Am 1800 m hohen **Sanfeng Kou** teilen sich die Wege. Ostwärts geht es zum Ostgipfel, danach zum Süd- und Westgipfel. Man kann aber auch zuerst den Westgipfel, danach den Süd- und Ostgipfel besuchen. Die meisten wählen die erste Route. Von diesen drei Gipfeln hat man einen beeindruckenden Blick auf Landschaft und Umgebung. Der Südgipfel ist mit 2100 m der höchste des Huashan.

Stadt Yan'an 延安市

Yan'an liegt am Mittellauf des Yanhe mitten in der Lößhochebene. Die Menschen stellten sich hier auf die von der Natur vorgegebenen Bedingungen ein und schlugen Wohnhöhlen in die Lößberge. Diese Höhlen hatten den Vorteil, im Sommer kühl und im Winter warm zu sein. In mühseliger Arbeit legte man Terrassenfelder an, auf denen Weizen, Mais und Kartoffeln angebaut werden. Yan'an ist der wirtschaftliche und kulturelle Mittelpunkt des Norden Shaanxis. Früher nicht viel mehr als ein Marktort, hat die Stadt sich nach 1949 in industrieller Hinsicht rasch entwickeln können. Yan'an verdankt seine Bedeutung seiner revolutionären Vergangenheit. 1935, am Ende des legendären Langen Marsches, ließen sich hier die Armee und Parteiführung der KPCh nieder und machten Yan'an zu ihrem Hauptquartier. In den folgenden Jahren wurde die Stadt ein Anziehungspunkt vieler Intellektueller und Patrioten.
Zu den Sehenswürdigkeiten Yan'ans gehören heute hauptsächlich die ehemaligen Unterkünfte und Büros der Führer der KP und der Armee. Aufgrund japanischer Bombardements mußten die Unterkünfte häufig gewechselt werden.

Wangjia Ping 王家坪

Nordwestlich der Stadt, im Dorfe Wangjia Ping, befand sich 1937–1947 das Hauptquartier der Militärkommission der KPCh und der Achten-Route-Armee. Von Januar 1946 bis März 1947 schrieb Mao Zedong hier den Artikel: »Eine überlegene Streitmacht konzentrieren, um die feindlichen Truppenteile einzeln zu vernichten«.

Fenghuang Shan 凤凰山

Am Fenghuang Shan, im Norden der Stadt, hatten Mao Zedong und Zhu De von Januar 1937 bis November 1938 gewohnt. Hier verfaßte Mao die Artikel: »Über die Praxis«, »Über den Widerspruch«, »Strategische Probleme des Partisanenkrieges gegen die japanische Aggression«.

Yangjia Ling 杨家岭

Im Dorf Yangjia Ling, 3 km nordwestlich von Yan'an entfernt, war das Büro des Zentralkomitees der KPCh von 1938 bis 1940 und 1942 bis 1943 untergebracht. Der Saal, in dem am 23. April 1945 der bekannte VII. Parteikongreß stattfand, ist noch zu besichtigen. Auch die Wohnhöhlen von Zhou Enlai, Zhu De und Mao Zedong sind zu sehen. Hier verfaßte Mao Zedong die Artikel: »Gegen die Kapitulationsumtriebe«, »Die Chinesische Revolution und die Kommunistische Partei Chinas«, »Reden bei der Aussprache in Yan'an über Literatur und Kunst«, »Über die Neue Demokratie«.

Zaoyuan 枣园

Rund 10 km nordwestlich von Yan'an liegt Zaoyuan, wo sich von 1940 bis 1942 und 1944 bis 1947 das Sekretariat des Zentralkomitees der KPCh befand. Die ehemaligen Büros, der Versammlungssaal und die Wohnunterkünfte von Mao Zedong, Zhou Enlai, Zhu De, Ren Bishi, Liu Shaoqi und Peng Dehuai sind hier zu besichtigen. Das Zentralkomitee führte von hier aus den antijapanischen Krieg und traf die Vorbereitungen für den VII. Parteikongreß. Mao Zedong schrieb in Zaoyuan die Artikel »Dem Volke dienen« und »Über die Koalitionsregierung«.

Yan'an Pagode, Baota 延安宝塔

Die Yan'an Pagode ist das Wahrzeichen der Stadt und auch ein Symbol der chinesischen Revolution geworden. Sie stammt aus der Song-Dynastie und wurde 1950 restauriert.

Reisebüro

Zhongguo Lüxingshe, im Gästehaus **Yan'an Binguan,** Tel. 2363.

Ningxia Huizu Zizhiqu, Autonome Region der Hui

宁夏回族自治区

Fläche: 60 000 qkm / Bevölkerung: 3,89 Mill., davon ein Drittel Hui, zwei Drittel Han, Mongolen und Mandschuren. /Hauptstadt: Yinchuan

Das nordwestchinesische Ningxia grenzt im Osten an Shaanxi, im Süden an Gansu und im Norden an die Innere Mongolei.

Geschichtlicher Überblick

Das autonome Gebiet Ningxia wurde erst am 25. Oktober 1958 gegründet. Seit der Qin-Dynastie war es verschiedenen Verwaltungseinheiten untergeordnet. In der Yuan-Zeit gehörten Teile zu Gansu und Shaanxi. Während der Ming-Dynastie bestand für einige Zeit die Präfektur Ningxia. Schon bald wurde das Gebiet jedoch wieder Shaanxi und während der Qing-Dynastie Gansu zugeteilt. 1928 erhielt Ningxia Provinzstatus. Damals umfaßte es jedoch ein wesentlich größeres Gebiet. 1954 sprach man den überwiegend von Mongolen bewohnten Teil der Inneren Mongolei zu und ordnete den übrigen Teil wieder Gansu unter. Erst 1958 faßte man das von den Hui bewohnte Gebiet zu einer Autonomen Region zusammen. 1969 erhielt es Teile der Inneren Mongolei hinzu, was jedoch 1979 wieder rückgängig gemacht wurde.

Der größte Teil Ningxias, etwa zwei Drittel, besteht aus Wüste. Der Süden gehört zum Lößplateau. Im Norden erstreckt sich die Ningxia-Ebene des Huanghe, eines der schönsten Gebiete Nordchinas und zugleich das agrarwirtschaftliche Zentrum der Region. Schon im – 3. Jh. begann man hier ein Netz von Bewässerungskanälen anzulegen, das wegen der geringen jährlichen Niederschlagsmenge (200 mm) immer weiter ausgebaut und verbessert werden mußte. Zu den wichtigsten Anbaukulturen gehören Weizen und Reis, gefolgt von Hirse, Sorghum, Baumwolle, Hanf, Flachs, Zuckerrüben und Bohnen. In den bergigen Gebieten wird Viehzucht betrieben. Ningxia verfügt über Bodenschätze, vor allem über Kohle. Es sind auch Eisen- und Kupfervorkommen vorhanden, sowie u. a. Erdöl-, Gold- und Silberlager.
Es bestehen Eisenbahnverbindungen von der Hauptstadt Yinchuan nach Lanzhou und Baotou (Innere Mongolei).

Stadt Yinchuan 銀川市

Yinchuan liegt westlich des Huanghe und östlich der Helan Shan Berge. Die Stadt ist seit 1958 nach Fertigstellung der Linie Lanzhou-Baotou an das allgemeine Eisenbahnnetz angeschlossen und somit aus allen Teilen Chinas erreichbar. Früher kam als Hauptverkehrsweg nur der Huanghe in Frage, der flußabwärts die Stadt mit Baotou (Innere Mongolei) verbindet, flußaufwärts jedoch nur bis Zhongning und Zhongwei schiffbar ist. Der Hafen von Yinchuan liegt im 15 km entfernten Hengcheng. Straßen verbinden Yinchuan mit Lanzhou und Wuwei in Gansu, Xi'an in Shaanxi und Baotou.

Geschichtlicher Überblick

Im 5. Jh. lag etwa 7 km vom heutigen Yinchuan entfernt die Hauptstadt Yinhan des Staates Xia. Nach dem Niedergang der Tang-Dynastie Anfang des 10. Jh. wurde Yinchuan Hauptstadt der Westlichen Xia-Dynastie. 1227 überrannten die Mongolen dieses Gebiet. Während der Ming- und Qing-Zeit hatte Yinchuan den Status einer Präfektur *(fu)*. Im Jahre 1928 machte man es zur Hauptstadt der neu gegründeten Provinz Ningxia, 1954 wurde die Stadt Gansu untergeordnet. Vier Jahre später, nach Gründung der Autonomen Region Ningxia, wurde Yinchuan wieder Hauptstadt. Die Ebene um Yinchuan verfügt seit der Han-Dynastie über ein ausgezeichnetes Bewässerungssystem, das ständig verbessert und ausgebaut wurde und intensiven Ackerbau ermöglicht. Wichtigste Anbaukulturen sind Reis, Weizen und Hanf.

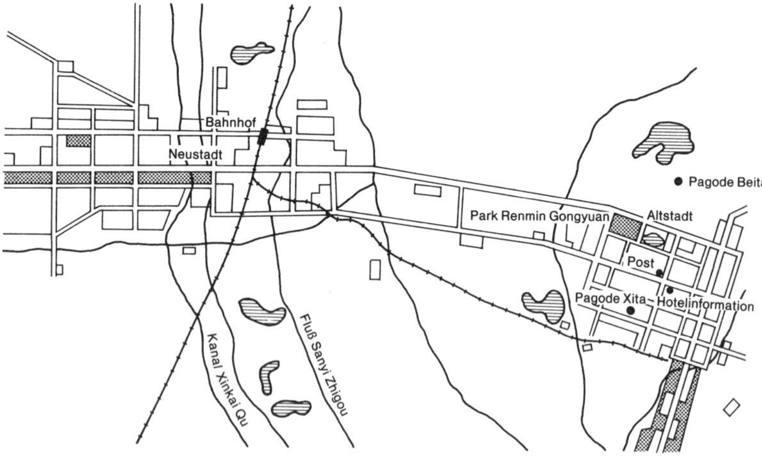

Stadtplan von Yinchuan

Die Stadt war immer ein Umschlagplatz für lokale landwirtschaftliche und tierische Produkte. Heute ist sie mit einer Einwohnerschaft von 640000 führend in Maschinenbau und Textilindustrie. Es sind u. a. auch Betriebe der Chemie- und metallverarbeitenden Industrie vorhanden.
Besondere lokale Produkte sind Wolldecken und Schnitzereien aus Gestein der Helan Shan Berge.
Yinchuan ist heute kulturelles Zentrum der Region. Die Stadt verfügt über eine Universität, mehrere Hochschulen und Akademien.

Beita, Nordpagode, bzw. Haibao Ta

北塔—海宝塔

Die Beita steht im nördlichen Vorort der Stadt. Der Überlieferung zufolge ließ hier Anfang des 5. Jh. der König von Xia eine Pagode errichten. Die heutige Haibao Ta ist ein Nachbau von 1778. Sie ist 54 m hoch und im Grundriß viereckig. Aufgrund ihrer Nischenreihen wirkt sie jedoch wie eine zwölfeckige Pagode. Dieser Baustil ist in China nur selten zu finden.
Holztreppen führen in die obersten Stockwerke. Von dort hat man einen wunderschönen Ausblick auf die Stadt, die Helan Shan Berge und den Huanghe.

Xita, Westpagode, bzw. Chengtiansi Ta

西塔—承天寺塔

Die Xita befindet sich im Südwesten der Stadt. Sie wurde erstmals 1050 gebaut und gehörte zum bekannten Tempel Chengtian Si. Dieser wie auch die Pagode fielen im Jahre 1738 einem schweren Erdbeben zum Opfer. Die heutige Pagode wurde 1820 nach alten Plänen gebaut. Sie ist achteckig, und 64,5 m hoch. Das Dach wurde mit grünen Keramikziegeln gedeckt. An jeder Ecke der Stockwerke hängen Eisenglocken. Eine Treppe führt hinauf in die obersten Stockwerke.

Xixia Lingmu, Königsgräber der Westlichen Xia 西夏陵墓

Etwa 30 km westlich von Yinchuan, am östlichen Fuß der Helan Shan Berge, befinden sich acht Xixia-Königsgräber und über siebzig untergeordnete Gräber (Westliche Xia-Dynastie: 1032–1227). Von den Bauten, die den unterirdischen Grabkammern vorgelagert waren, ist nicht mehr viel zu sehen. Interessant sind nur noch einige Stelen mit Inschriften in Han-Chinesisch und der Sprache der Xixia-Herrscher. Das Gebiet nimmt eine Gesamtfläche von 40 qkm ein. Jedes Grab stellte eine selbständige Anlage dar, bestehend aus Außen- und Innenmauern, vier Ecktürmen und je einem Tor auf den vier Seiten sowie einem Stelenpavillon, Altar und einer Gedenkhalle. Die unterirdischen Grabkammern wurden viereckig aus festgestampfter Erde angelegt. Obwohl die Grabkammern ausgeraubt wurden, konnten Archäologen noch viele wertvolle goldene und silberne Schmuckstücke, Bambusschnitzereien, Perlen und Porzellanscherben sicherstellen.

CITS: Jiefangxilu 150, Tel. 4720

Kreis Guyuan Xian 固原县

Steinhöhlen Xumishan Shiku 须弥山石窟

Etwa 30 km nordwestlich der Kreisstadt Guyuan am Fuße des Berges Xumi Shan befinden sich unzählige große und kleine Steinhöhlen, die zwischen dem 5. und 10. Jh. entstanden sind. Erdrutsche und Beben sowie der Diebstahl von Skulpturen haben größere Schäden verursacht. 20 Höhlen sind noch gut

erhalten, insbesondere die Nr. 2, 3, 6 und 8. **Höhle Nr. 2** ist die größte und repräsentativste.
Durch einen Erdrutsch wurde der vordere Teil der Höhle zerstört, so daß die 20 m hohe Maitreya Skulptur heute im Freien zu sehen ist.
Nr. 3 ist die älteste der Höhlen, sie enthält einige wertvolle Schnitzereien. In ihrer Nähe steht das ming-zeitliche Tempelkloster **Yuanguang Si.**
Nr. 6 enthält eine sehenswerte Buddha-Darstellung, in Höhle **Nr. 8** befinden sich meisterhaft gestaltete Bodhisattva-Figuren.
Typische Höhlen aus der Nördlichen Wei-Zeit sind quadratisch angelegt und enthalten in der Mitte eine pagodenförmige Säule von mehreren Schichten. In jede Schicht wurden Nischen eingearbeitet. In die Wände meißelte man einen Buddha, umgeben von je einem Bodhisattva.
Die Höhlen der Sui-Zeit gleichen denen der Nördlichen Wei-Zeit. Die mittlere Säule ist jedoch meist nur noch einstufig, die Skulpturen haben vollere und ernstere Züge. Den Buddha- und Bodhisattva-Figuren wurden noch zwei Schüler-Skulpturen hinzugefügt.
Die Höhlen der Tang-Zeit haben keine mittlere Säule mehr. Die Gruppendarstellungen bestehen meist aus sieben Skulpturen.

Provinz Gansu

甘肃省

Fläche: 450 000 km / Bevölkerung: 19,56 Mill. / Hauptstadt: Lanzhou

Die nordwestchinesische Provinz Gansu ist umgeben von der Mongolischen Volksrepublik im Norden, von der Inneren Mongolei im Nordosten, von Ningxia und Shaanxi im Osten, Sichuan im Süden, Qinghai und Xinjiang im Südwesten bzw. Westen. Der Name der Provinz entstand durch die Zusam-

menziehung der beiden ersten Silben von Ganzhou und Suzhou, die alten Namen der Städte Zhangye und Jiuquan.
Das ehemals rückständige und arme Gansu hat dank seiner reichen Bodenschätze eine aufstrebende Industrie entwickeln können.

Geschichtlicher Überblick

Als Kaiser Shihuang der Qin-Dynastie das große chinesische Imperium aufbaute, fiel auch Gansu unter seine Herrschaft. Während der Han-Dynastie gelang es, den chinesischen Einfluß noch weiter nach Westen auszudehnen und Kontrolle über die Handelswege nach Zentralasien auszuüben. Gansus Bedeutung ist eng mit der Geschichte der Seidenstraße verknüpft. Das Land eignete sich dank eines Oasengürtels, der sich durch ganz Gansu erstreckt und mit Wasser von den Qilian Shan Bergen gespeist wird, als Verbindungsweg zwischen Osten und Westen. Die Kamelkarawanen transportierten auf der Seidenstraße die begehrten chinesischen Waren Seide, Porzellan und Tee, in die Länder des Nahen Ostens, nach Byzanz und Rom. Auf diesem Wege kamen auch Waren aus dem Westen, vielerlei Künste, Musik und Tänze nach China, ebenso Religionen wie der Buddhismus, der bereits im – 1. Jh. durch fremde buddhistische Mönche ins Land gelangte.
Die alten Handelsstädte entlang der Seidenstraße, Dunhuang, Jiuquan, Zhangye, Tianshui entwickelten sich im Laufe der Zeit zu Zentren des Buddhismus. Mit der fremden Religion gelangte auch die buddhistische Kunst nach Gansu, die anfangs vor allem in den Herrschern der Nördlichen Wei-Dynastie eifrige Förderer fand. So entstanden entlang der Seidenstraße zahlreiche Höhlentempel – eine indische Art von Sakralanlagen. Noch heute sind etliche dieser Anlagen zu besichtigen. Zu den zweifellos berühmtesten Beispielen dieser Kunst gehören die Höhlen von Dunhuang, einem der wichtigsten Kulturdenkmäler Gansus und ganz Chinas.
Während der Qing-Dynastie war Gansu bedeutend größer als heute. Es umfaßte neben dem heutigen Gebiet noch Ningxia und Teile von Qinghai und Xinjiang und stand unter der Herrschaft des Generalgouverneurs von Shaanxi-Gansu, der in Lanzhou residierte.
Im Westen erstreckt sich der wüstenähnliche Gansu (Hexi)-Korridor, Hexi Zoulang, der durch Hochebenen von durchschnittlich 1000 m Höhe und verschiedenen Senken gekennzeichnet ist. Er wird im Süden von den Qilian Shan Bergen abgegrenzt. Das Gebiet östlich des Huanghe gehört zur Lößebene, die auch Shaanxi und Shanxi umfaßt. Ihre durchschnittliche Höhe beträgt 1500 m.
Gansu erstreckt sich von Osten nach Westen über 1500 km, deshalb sind entsprechende klimatische Unterschiede zu verzeichnen. Im Juli herrschen im

Osten durchschnittlich 21 °C, im Westen 26 °C, im Januar sind es im Osten −4 °C, im Westen −10 °C. Die Niederschlagsvariabilität ist sehr hoch. Die jährliche Niederschlagsmenge beträgt durchschnittlich 400–500 mm, im Westen jedoch kaum 100 mm; 50–70% des jährlichen Niederschlages fallen im Sommer.
Aufgrund der klimatischen und topographischen Bedingungen ist die Landwirtschaft Gansus vollkommen von künstlicher Bewässerung abhängig. Früher vernichteten Dürreperioden häufig die Ernten und lösten katastrophale Hungersnöte aus. So konzentrierte man sich in den letzten Jahrzehnten besonders auf den Auf- und Ausbau der Bewässerungsanlagen.
Weizen ist das wichtigste Anbauprodukt. Etwa 40% der gesamten landwirtschaftlichen Nutzfläche wird von Weizenkulturen eingenommen. Gerste, Hirse, Bohnen und Süßkartoffeln sind ebenfalls wichtige Anbaukulturen. Im Becken von Lanzhou, im Zentrum der Provinz, wird neben verschiedenen Trockenfeldkulturen auch Reis angebaut. In diesem Gebiet betreibt man auch Obstbau. Berühmt sind die Birnen, Pfirsiche, Aprikosen, Äpfel und Wassermelonen Lanzhous.
Eine wichtige Ertragsquelle ist die Schafzucht, die von Minderheiten in den Grashochländern betrieben wird.
Gansu ist reich an Bodenschätzen. Von größter Bedeutung sind die Ölvorkommen. Auch Kohle und Eisenerz sind reichlich vorhanden, ebenso Blei, Zink und Kupfer.
Gansu hat seit 1949 sein Gesicht in vielfacher Weise verändert. Bedingt durch den Ausbau des Verkehrsnetzes ist die Provinz Mittelpunkt des chinesischen Westens geworden mit Lanzhou als führender Metropole. Von Lanzhou führen Bahnlinien nach Urumqi (Xinjiang), nach Golmud (Qinghai), über Baotou (Neimenggu) nach Beijing und über Xi'an, Zhengzhou bis nach Lianyungang. Das moderne Verkehrsnetz begünstigte die industrielle Entwicklung vieler ehemals abgelegener Städte. Heute sind neben Lanzhou folgende Städte führende Industriestädte: Yumen (Öl), Jiuquan (Eisenerz), Tianshui. In Lanzhou wurde während der Periode des ersten Fünfjahresplanes die Schwerindustrie ausgebaut. Seit 1960 erfolgte der Aufbau der Nuklearindustrie.

Sichou Zhilu, Seidenstraße 絲綢之路

Die Seidenstraße war eine Handelsroute, die China mit Zentral- und Westasien verband und über die zwischen den Völkern des Ostens und des Westens Güter und Ideen ausgetauscht wurden. Man benannte die Route nach der

chinesischen Seide, die neben Tee den wichtigsten Exportartikel Chinas darstellte. Seidengewinnung und Seidenverarbeitung waren in China bereits seit dem – 2. Jt. bekannt und verbreitet.
Die Seidenstraße nahm in Xi'an ihren Anfang und führte durch Gansu bis nach Dunhuang. Dort teilte sie sich und führte auf zwei Wegen durch Xinjiang, nördlich und südlich vorbei an der Wüste Takla Makan und über das Pamir Hochplateau nach Afghanistan. Von dort ging es weiter direkt Richtung Westen bis zur östlichen Mittelmeerküste oder Richtung Süden nach Indien.
Die Handelsrouten haben wahrscheinlich schon lange vor der Han-Dynastie bestanden. Seit der Regierungszeit des Han-Kaisers Wudi (reg. –140 bis –87) schickte man offizielle Handelsmissionen in den Westen. Während der Westlichen Han-Zeit war es der Beamte Zhang Qian, der eine Expedition leitete, während der Östlichen Han-Zeit Ban Chao, beide noch heute bekannte Männer.
Kriege und Unruhen im Laufe des ersten Jahrtausends machten die Route allmählich unsicher und risikoreich. Gleichzeitig weitete sich der Überseehandel aus. Unter der Mongolenherrschaft erlebten die alten Handelswege im 13.–14. Jh. einen neuen Aufschwung. Zu jener Zeit reiste Marco Polo auf diesem Wege nach China. In der Ming- und Qing-Zeit waren es erneut Unruhen und Kriege, die den Überseehandel attraktiver machten, so daß diese Straße ihren früheren Stellenwert verlor.
Es sind heute noch viele Sehenswürdigkeiten entlang der ehemaligen Seidenstraße zu finden, so auf chinesischem Boden vor allem in Dunkuang und Jiuquan.

Stadt Lanzhou 兰州市

Lanzhou liegt am Oberlauf des Huanghe, des Gelben Flusses, im östlichen Teil des sogenannten Gansu-Korridores. Mit einer Einwohnerschaft von über 2 Mill. ist Lanzhou die zweitgrößte Stadt Nordwestchinas.
Lanzhou hat eine lange Geschichte. Bereits im Jahre –81 war die Stadt unter dem Namen Jincheng, Goldstadt, bekannt. Wie andere Städte des Nordwestens, wurde auch Lanzhou eine wichtige Station entlang der Seidenstraße. Allerdings hatte diese günstige Lage keine nennenswerten Auswirkungen auf das Umland und so blieb Lanzhou bis 1949 Mittelpunkt eines armen und rückständigen Gebietes. In den letzten 30 Jahren hat die Stadt große Fortschritte im Bereich der Industrialisierung und Modernisierung machen können. Lanzhou ist führend auf dem Gebiet der chinesischen Nuklearforschung

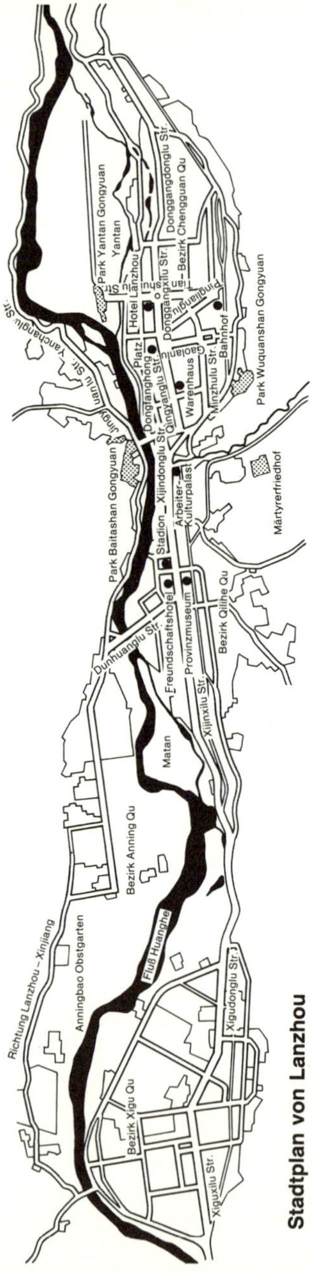

Stadtplan von Lanzhou

geworden. Von großer Bedeutung sind die petrochemische Industrie, die Lokomotiv – und Waggonfabriken, die metallverarbeitenden Betriebe, Chemie-, leder- und wollverarbeitende Industrie. Darüber hinaus ist Lanzhou ein wichtiger Umschlagplatz zwischen Nordwest- und Südwestchina und der Zentralebene. Seit dem Ausbau der Longhai-Eisenbahnlinie, die inzwischen von Jiangsu im Osten bis nach Xinjiang reicht, ist Lanzhou als Verbindungsglied zwischen der ostchinesischen Küste und dem Nordwesten von großer Bedeutung.
Zu den bekanntesten Sehenswürdigkeiten der Stadt gehören der Wuquanshan Gongyuan, Fünfquellen-Park, und der Baita Shan, Berg der weißen Pagode.
Lanzhou ist eine bekannte Obststadt, berühmt sind vor allem die süßen Melonen. Die Sommer sind hier angenehm warm, die Winter dagegen sehr kalt, aber trocken.

Gansu Sheng Bowuguan, Gansu-Provinzmuseum

甘肃省博物馆

Das Museum liegt gegenüber dem Freundschaftshotel. Besonders erwähnenswert ist eine Sammlung bunter Keramikfunde, die teilweise aus dem Neolithikum stammen. Bekanntestes Exponat ist eine Bronzeskulptur: ein scheinbar fliegendes Pferd, das mit einem Huf auf einer Schwalbe steht. Die Skulptur stammt aus einem Grab der Östlichen Han-Zeit, das 1969 im Kreis Wuwei entdeckt wurde.

Wuquanshan Gongyuan, Fünfquellen-Park 五泉山

Der 1600 m hohe Wuquan Shan im Süden der Stadt ist ein beliebtes Ausflugsziel der Einheimischen. Die Hauptsehenswürdigkeit ist der Tempel **Chongqing Si,** der im Jahre 1372 angelegt und mehrere Male restauriert wurde. Zwei Dinge machten diesen Tempel bekannt: die Eisenglocke Taihe Tiezhong, 1202 gegossen, 3 m hoch und ca. 5000 kg schwer, und der Bronzebuddha Tong Jieyinfo, über 5 m hoch, 1370 gegossen.

Berg Baita Shan 白塔山

Der 1700 m hohe Baita Shan, einst ein militärischer Stützpunkt, befindet sich nördlich des Flusses Huanghe. Er wurde nach der weißen Pagode Baita

benannt, die bereits in der Yuan-Zeit erbaut wurde. Sie ist siebenstöckig, achteckig und 17 m hoch.
Der Baita Shan verfügt über verschiedene interessante Bauten, die Hallen Luohan Dian, Sangong Dian, Sanxin Dian, den Tempel Yunyue Si und jeweils einen Pavillon auf der Ost-, West- und Nordspitze. Von dort hat man einen schönen Blick auf die neun Windungen des Gelben Flusses.

Huanghe Tieqiao, Eisenbrücke über den Gelben Fluß

黄河鉄桥

Die Tieqiao befindet sich am Fuße des Berges Baita Shan. Hier hatte man bereits während der Regierungsperiode Hongwu (1368–1398) der Ming-Zeit eine Art Floßbrücke angelegt, Zhengyuan Qiao genannt. In der Lokalchronik der Präfektur Lanzhou heißt es, daß diese Brücke eine entscheidende Rolle für die Handelswege nach Qinghai und Ningxia spielte. 1907 wurde eine deutsche Firma mit dem Bau der Eisenbrücke beauftragt, 1954 erfolgte eine Restaurierung.

Park Yantan Gongyuan 雁滩

Einst befanden sich achtzehn Sandbänke im Huanghe, die man 1958 durch einen 20 km langen Deich mit der Stadt verband. Heute ist Yantan ein Ausflugsort für die Einwohner Lanzhous.

Berg Xinglong Shan 兴隆山

Der Xinglong Shan erhebt sich 5 km südwestlich der Kreisstadt Yuzhong Xian, direkt gegenüber dem Berg Qiyun Shan. Er ist 2400 m hoch und bietet zahlreiche Sehenswürdigkeiten darunter Höhlen, Quellen, Tempel, Turmbauten und Schluchten.

Beachten Sie Ausflüge, die zu den Grottentempeln **Bingling Si** unternommen werden (S. 759).

Hotels

Youyi Fandian, Freundschaftshotel, Xijinxilu 14, Tel. 3 30 51 友谊饭店
Lanzhou Fandian, Donggangxilu, Tel. 2 29 81 兰州饭店

Reisebüro

Guoji Lüxingshe, **CITS,** Zhongguo Lüxingshe im Hotel Youyi Fandian, Xijinxilu 14, Tel. 4 96 21 bzw. 49 62.

CAAC: Donggangxilu 46, Tel. 2 34 32, 2 34 31

Freundschaftsladen: im Hotel Youyi Fandian

Bingling Si Shiku, Grottentempel der tausend Buddha

Die buddhistischen Grottentempel befinden sich 35 km südwestlich der Kreisstadt **Yongjing** am Nordufer des Huanghe im Berg Xiaojishi Shan. Das Wort *Bingling* kommt aus dem Tibetischen und heißt tausend Buddhas. Diesen Namen erhielt der vorher Longxing und Lingyan genannte Grottentempel, als er während der Yuan-Dynastie ein Lamakloster wurde. Die Grotten liegen in der steilen Felswand über 2 km verstreut. Die ersten von ihnen wurden im 5. Jh. angelegt. In Grotte Nr. 169, eine der repräsentativsten, sind Wandmalereien aus der Nördlichen Wei-Zeit erhalten geblieben. Seit der Nördlichen Zhou-Zeit wurden hauptsächlich Skulpturen gemeißelt. Von den 195 Höhlen, die es während der Yuan-Zeit gegeben haben soll, kann man heute noch 34 Grotten, 149 Nischen, 679 Stein- und 82 Tonfiguren sowie etliche Wandgemälde sehen. Die größte Statue ist über 27 m (Maitreya), die kleinste etwa 20 cm hoch. In der Anlage ähneln die Grotten denen von Yungang und Longmen. Etwa zwei Drittel entstanden während der Tang-Zeit.
Beim Bau des Wasserkraftwerkes Liujia Xia in den Jahren 1964–74 errichtete man vor dem Grottentempel einen 200 m langen und 20 m hohen Damm, der das Kulturdenkmal vor den Fluten schützt. Besuchern werden Boote zur Verfügung gestellt, so daß die Skulpturen auch vom Wasser aus betrachtet werden können. 1972 baute man eine hölzerne Überführung oberhalb der 27 m hohen Sakyamuni Statue von Höhle 117. Diese verbindet die Höhlen miteinander und erleichtert die Besichtigung.

Das Wasserkraftwerk Liujia Xia beliefert Shaanxi, Gansu, Qinghai und Ningxia mit Energie. Die alte Kreisstadt Yongjing verschwand mit Vollendung des Wasserbauprojektes auf dem Boden des Staubeckens, das zur Regulierung des Gelben Flusses angelegt wurde.

Lamakloster Labrang 拉卜楞寺

Labrang, einst als prächtigstes und mächtigstes Lamakloster Chinas bekannt, gehört auch heute noch zu den sechs wichtigsten Klöstern der Gelben Sekte. Es befindet sich etwa 1 km von der Kreisstadt **Xiahe** (Tibet. Autonome Präfektur Gannan) entfernt, in der Ebene des Daxia, einem Nebenfluß des Huanghe. In einer Höhe von 2600 m liegt es zwischen dem Mandala- und dem Drachenberg.
Das Kloster wurde 1709 während der Kangxi-Regierungsperiode gegründet. Zeitweise lebten hier bis zu 4000 Mönche, deren Gelehrsamkeit und Disziplin im ganzen Land gerühmt wurde. Heute sind es noch etwa 1000 Mönche. Zwei Hallen fallen dem Besucher besonders auf: die mit doppeltem Golddach verzierte Versammlungshalle, in der sich die gesamte Mönchsgemeinde zum gemeinsamen Vortrag der heiligen Texte trifft, und die mit einfachem Golddach geschmückte Maitreya-Halle.
Das Kloster ist in Fachkreisen hauptsächlich aufgrund seiner hervorragenden Bibliothek bekannt, die über eine der besten Sammlungen buddhistischer Schriften in China verfügt.
Heute werden die religiösen Feste wieder gefeiert, die die Pilger und Händler aus der gesamten Umgebung anziehen. Einst war das Labrang Kloster berühmt für seine Maskentänze und Mysterienspiele. Am 13. Tag des 1. Monats nach dem Mondkalender wird am Berghang ein 30 × 20 m großes, auf Stoff gemaltes Buddhaportrait entrollt. Am folgenden Tag finden Maskentänze statt, und am 15. Tag feiert man das Butterfest, in dessen Mittelpunkt die Ausstellung von Laternen und Skulpturen aus tibetischer Butter steht.
Reisende finden in dem Labrang-Gästehaus Unterkunft. Es wurde von seinen Architekten im tibetischen Stil gestaltet. Die Übernachtung kostet pro Person zwischen RMB 10.– bis 25.–.

Stadt Tianshui 天水

Tianshui ist eine Stadt am Weihe-Fluß und an der alten Seidenstraße, in die heute von Xi'an und Lanzhou moderne Verkehrswege führen.
Das Gebiet von Tianshui ist seit dem neolithischen Zeitalter besiedelt. Im Laufe seiner langen Geschichte war die Stadt stets von hoher strategischer und handelspolitischer Bedeutung. Seit 1949 entstanden verschiedene Industriebetriebe, darunter Maschinenbau-, Wolltextil- und Streichholzindustrie. Ein altes, effektives Bewässerungssystem ermöglicht, im Umland von Tianshui Landwirtschaft zu betreiben. Angebaut werden Hirse, Sorghum, Winterweizen, Baumwolle und Tabak.
Nahe Tianshui liegen einige der ersten Stätten, an denen der Buddhismus in China Fuß fassen konnte.
Die Lackschnitzerei von Tianshui ist Kennern des chinesischen Kunstgewerbes ein Begriff. Sie ist nicht nur im Inland, sondern auch im Ausland bekannt.

Grotten Maijishan Shiku 麦积山石窟

Der Berg Maiji Shan mit seinen berühmten Grotten befindet sich 45 km südöstlich von Tianshui. Mit dem Bau der Grotten begann man bereits in den Jahren 384–417. Noch während der Nördlichen Wei-Dynastie soll hier ein großes blühendes buddhistisches Zentrum entstanden sein. Die Grottenanlage wurde im Laufe der folgenden Dynastien bis ins 19. Jh. weiter vergrößert. Ein starkes Erdbeben zerstörte 734 den zentralen Teil des Maiji Shan-Höhlentempels. Nur die östliche und westliche Grottengruppe blieb erhalten. Im östlichen Teil befinden sich heute noch 54 Grotten, im westlichen 140, insgesamt sind 7200 Ton- und Steinfiguren und über 1300 qm Wandmalereien erhalten geblieben. Die Grotten wurden hauptsächlich in 20–30 m oder 70–80 m Höhe in die Felswand geschlagen. Pfade in einer Gesamtlänge von 1200 m sind in jüngster Zeit ausgebessert oder neu angelegt worden, so daß man die einzelnen Teile dieses Gebietes bequem erreichen kann.
Im Gegensatz zu den Dunhuang-Grotten, die wegen ihrer Wandmalereien bekannt sind, sind die Grotten von Maiji Shan wegen ihrer Tonfiguren interessant. Die schönsten befinden sich in den Höhlen aus der Nördlichen und Westlichen Wei-Zeit, in Nr. 44, 74, 121, 123, 127, und 133. Direkt in die Felswand geschlagen und weithin sichtbar ist die 16 m hohe Maitreya-Figur aus der Sui-Dynastie.

Stadt Jiuquan 酒泉市

Jiuquan war früher eine wichtige Handelsstadt an der Seidenstraße und ist auch heute noch als Verkehrsknotenpunkt und in industrieller Hinsicht von großer Bedeutung. Die Stadt wurde bereits im Jahre −111 als militärischer Vorposten gegründet. Im 6. Jh. noch Suzhou genannt, erhielt es während der Tang-Dynastie den heutigen Namen.
Es heißt, der General der Westlichen Han-Dynastie, Huo Qubing, hätte seine Truppen nach einem Sieg über ein nördliches Steppenvolk im Gebiet des heutigen Jiuquan stationiert. Kaiser Wudi soll ihm zur Belohnung kaiserlichen Wein gesandt haben, den Huo Qubing jedoch nicht allein trank, sondern in eine Quelle gießen ließ, so daß alle davon trinken konnten. Der Name der Stadt Jiuquan, Weinquelle, soll auf diese Geschichte zurückgehen. Noch heute ist im Jiuquan-Park ein Quellbrunnen zu besichtigen, von dem gesagt wird, daß der Wein dort hineingegossen wurde.
Jiuquan hat heute durch seine Bodenschätze große wirtschaftliche Bedeutung erlangt. In den südlich gelegenen Jingdie Shan Bergen wird Eisenerz, im Südosten bei Shantan Kohle abgebaut. Im nicht weit entfernten Yumen liegt ein bedeutendes Ölfeld.
Südwestlich der Stadt, in etwa 14 km Entfernung, befindet sich der Berg Wenshu Shan, wo seit dem 5. Jh. über viele Jahrhunderte hindurch eines der wichtigsten buddhistischen Zentren lag. Noch heute sind verschiedene Höhlen und Tempel zu besichtigen.
In der Umgebung von Jiuquan sind einige interessante Gräber entdeckt worden, darunter das eines Fürsten aus dem – 5. Jh., das wegen seiner Wandmalerei besonders sehenswert ist.

Paß Jiayu Guan 嘉峪关

Der Paß Jiayu Guan, das westliche Ende der Großen Mauer (siehe auch S. 279), wurde 1372 während der Ming-Dynastie errichtet. Um den inneren Teil der Anlage verläuft eine quadratisch angelegte 12 m hohe und insgesamt 733 m lange Mauer aus festgestampfter Erde. Im Osten und Westen steht je ein Tor. Beide wurden 1506 durch 17 m hohe Turmaufbauten ergänzt. Schießscharten, Brustwehren und Ecktürme lassen die Mauer unüberwindbar erscheinen. In die äußere Ummauerung sind nur das sogenannte Schleusentor in der Nordostecke und das Tor Jiayu Guan im Westen eingebaut worden.

Die Materialberechnung für die Paßanlage soll so exakt gewesen sein, daß nur ein Ziegelstein übrigblieb. Er wird heute in einem kleinen Turm am Westtor aufbewahrt.

Weijin Bihua Mu, Grabmalerei aus der Wei- und Jin-Zeit

魏晋壁画墓

1972 öffnete man 20 km nordöstlich von Jiayu Guan acht Gräber aus der Wei- und Jin-Zeit. Sechs von ihnen enthalten Wandmalereien mit Szenen aus dem Leben der damaligen Zeit.

Reisebüro, **Lüxingshe**

Zhongguo Lüxingshe, Cangmenjie 2, Tel. 2943

Dunhuang Gucheng, Das alte Dunhuang

敦煌古城

Dunhuang liegt am Westende des Gansu-Korridors, Hexi Zuolang genannt. Man fährt mit dem Zug Richtung Ürümqi, steigt in Liuyuan aus und gelangt dann per Bus oder Auto nach 120 km Fahrt in Richtung Süden nach Dunhuang. Es besteht inzwischen eine Flugverbindung zwischen Jiuquan bzw. Lanzhou und Dunhuang.
Der Name Dunhuang bedeutet ursprünglich »gedeihend, blühend«, ein Hinweis darauf, daß Dunhuang früher eine bedeutende Stadt gewesen sein muß. Das alte Dunhuang befindet sich etwa einen halben Kilometer westlich von der jetzigen Kreisstadt Dunhuang, am westlichen Ufer des Flusses Danghe. Alten Aufzeichnungen ist zu entnehmen, daß Dunhuang im Jahre –111 während der Herrschaft des Han-Kaisers Wudi zur Präfektur wurde, eine der vier Präfekturen innerhalb des Gansu-Korridors. Die anderen drei waren Wuwei, Zhangye und Jiuquan. Die berühmte Seidenstraße teilte sich hier in eine südliche und eine nördliche Route. Die Südroute führte zum Paß Yangguan, die Nordroute zum Paß Yumen Guan. Gerade diese Stellung als Knotenpunkt der beiden Handelsrouten waren es, die Dunhuang zu wirtschaftlicher Blüte verhalf und

hier das erste Zentrum buddhistischer Kunst in China entstehen ließ. Die hin- und herziehenden Pferde- und Kamelkarawanen trugen fremde Gedanken, Ideen, Künste und Wissenschaften nach Osten und Westen.
Das alte Dunhuang war viereckig angelegt. Die Ost-West-Achse maß 718 m, die Nord-Süd-Achse 1132 m. Heute sind noch Reste der Süd-, West- und Nordmauer zu sehen.

Mogao Ku, bzw. Qianfo Dong, Tausend-Buddha-Grotten 莫高窟

Die berühmten Grotten von Dunhuang, das erste chinesische Zentrum buddhistischer Kunst, befinden sich 25 km südöstlich der Kreisstadt am Ufer des Danghe in einer kleinen Oase dem Berg Sanwei Shan zugewandt und mit dem Mingsha Shan im Rücken. Viele Jahrhunderte hindurch haben Mönche hier Grotten in eine ca. 1600 m lange Sandsteinwand geschlagen und sie mit Gemälden und Skulpturen dekoriert. Sie sind ein einzigartiges Beispiel für die Entwicklung buddhistischer Kunst, hauptsächlich auf dem Gebiet der Plastik und Malerei. Darüber hinaus geben sie wertvolle Hinweise auf verschiedenste Aspekte des damaligen kulturellen, politischen und wirtschaftlichen Lebens, wie z. B. auf Riten, Kleidung, Architektur, Handwerk und Landwirtschaft.
Im +1. Jh. entstanden die ersten buddhistischen Gemeinden, die jedoch meist aus eingewanderten Buddhisten bestanden. Im 2. Jh. setzte die Missionstätigkeit ein, die erst im 3. und 4. Jh. deutliche Erfolge zeigte und den Buddhismus zunehmend an Einfluß gewinnen ließ. Dunhuang wurde ein Mittelpunkt, denn hier trafen Mönche und Missionare aus den zentralasiatischen Ländern ein. Im Jahre 366 entstanden die ersten Grotten. Einer tang-zeitlichen Inschrift zufolge gelangte im Jahre 366 ein Mönch auf seiner Reise in den Westen nach Dunhuang. Bei seinem Eintreffen in der Abenddämmerung sollen plötzlich die Sanwei Shan-Berge zu funkeln begonnen haben, so, als wären sie von tausend Buddhas erleuchtet. Der Mönch verstand dies als ein heiliges Zeichen und legte eine Grotte in der den Bergen gegenüberliegenden Sandsteinwand an. Das soll die erste buddhistische Grotte von Dunhuang gewesen sein. Im Laufe der Jahrhunderte kamen immer mehr hinzu. Dunhuang blieb bis ins 11. Jh. eine herausragende Kultstätte des Buddhismus. Mit der Abnahme des Warenverkehrs auf der Seidenstraße verlor die Stadt jedoch an Bedeutung. Im 15. Jh. verließen die Mönche die Höhlentempel. So gerieten sie langsam in Vergessenheit. Erst 1900 entdeckte ein Mann namens Wang Yuanlu die Grotten wieder. Er war wegen einer Hungersnot aus Hubei nach Gansu geflohen und hatte sich in Dunhuang niedergelassen. Der Zufall wollte es, daß Wang bei der Reinigung der Grotte Nr. 16 auf eine Samlung wertvoller

Bücher, Seidenmalereien und Stickereien, Bronzefiguren, insgesamt etwa 60 000 Kunstgegenstände, stieß. Wahrscheinlich gehörte diese Sammlung den Mönchen, die im 11. Jh. in den Höhlentempeln gelebt und sie vor ihrer Flucht vor nahenden Feinden an einem sicheren Ort versteckt hatten. Die ältesten Stücke der Sammlung stammen aus dem 5. Jh., die jüngsten aus dem 10. Jh. Die staatlichen Behörden wurden von Wangs Entdeckung unterrichtet, doch erkannten die Beamten der Qing-Regierung nicht den Wert des Fundes und scheuten die Kosten einer Bergung. Man befahl Wang, den Fund nicht anzurühren und die Höhle wieder zuzuschaufeln. Diese fatale Entscheidung ermöglichte es einigen inzwischen neugierig gewordenen Ausländern, die den unermeßlichen Wert dieses Fundes im Gegensatz zu den Qing-Beamten sehr schnell erkannt hatten, gegen Zahlung von Spottpreisen an Wang Tausende von wertvollen Schriften und Gemälden zu erwerben und außer Landes zu bringen. Auf diese Weise wanderte der größte Teil der Sammlung nach England, Frankreich und Japan und blieb China bis zum heutigen Tage verloren. Die chinesische Regierung besann sich schließlich Anfang der vierziger Jahre, diesem »Ausverkauf« Einhalt zu gebieten, und erst seit Gründung der Volksrepublik bemüht man sich intensiv um die Restaurierung und Pflege dieses kulturellen Erbes. Seit 1961 stellen die Grotten einen Schwerpunkt des staatlichen Denkmalschutzes dar. Es wurde eigens zu ihrer Erforschung ein Institut in Dunhuang gegründet.
Viele Höhlen waren durch Erosion und Treibsand weitgehend zerstört. Nur 492 Grotten sind erhalten geblieben. Sie stammen aus der Zeit des 4. bis 14. Jh.
Insgesamt umfassen die Höhlen 45 000 qm Wandmalerei, 2450 farbige Skulpturen aus dem 4. bis 13. Jh. sowie kunstvolle Muster an Decken und Pfeilern. Die Gemälde hat man inzwischen mit einem Schutzfilm überzogen. Die größte Grotte ist 40 m, die kleinste weniger als 1 m hoch. Die Skulpturen bestehen aus Ton und Sandstein. Die größte ist 33 m hoch, die kleinste nur etwa 10 cm. Sie stehen allein oder sind in Gruppen angeordnet.
Die Höhlen sind im Grundriß rechteckig oder quadratisch und in Stockwerken übereinander angelegt. Jede trägt eine Tafel, die die Nummer, das Entstehungsdatum und die Dynastie angibt. Früher waren die Höhlen durch hölzerne Vorbauten, Galerien und Treppen miteinander verbunden.

Frühe Phase:

Charakteristisch für die frühen Grotten von Dunhuang sind die buddhistischen Wandmalereien, die die gesamte Lebensgeschichte des historischen Sakyamuni Buddha, von der Geburt über die Erleuchtung, das Wander- und

Predigtleben bis zum Eingehen ins Nirvana darstellen und Szenen aus früheren Existenzen und Legenden darstellen. Sie berichten von großem Leiden, Selbstaufopferung und grenzenloser Mildtätigkeit. Neben den buddhistischen Themen findet man Szenen aus dem Leben der Jäger, Fischer und Handwerker. Es sind wilde Tiere in Bergen und Wäldern, Gestalten aus der Welt der chinesischen Sagen und Legenden, Musikanten und Tänzer, geometrische Muster und Lotosblüten usw. zu sehen. Die Künstler setzten mit ihrer einfachen Komposition, der ungezwungenen Linienführung und Farbgestaltung die Tradition der han-zeitlichen Malerei fort. Der indische Einfluß ist nicht nur an der buddhistischen Themenwahl (die Maler fanden ihre Vorbilder in zentralasiatischen Kultbildern), sondern auch an der Darstellung der Menschen deutlich erkennbar. Sie tragen leichte Gewänder, meist nur einen Rock und einen fließenden Schal bei freiem Oberkörper. Augen und Nase wurden durch rote und weiße Farben betont. Gesichter und Bewegungen sind lebendig. Aus der frühen Phase der Grottentempelkunst sind 23 Höhlen erhalten geblieben. Die Höhle Nr. **275**, in den Jahren zwischen 340 und 380 angelegt, gehört zu den ältesten von Dunhuang. Die Wandmalereien erzählen von den Wanderungen des Sakyamuni, von dem König Sivi, der sein eigenes Fleisch einem Adler als Nahrung opferte, um eine Taube vor den Krallen des Raubvogels zu retten. Mehrere gut erhaltene Maitreya-Skulpturen sind in dieser Höhle zu sehen.

Nördliche Wei-Dynastie (386–534):

Höhle Nr. **259** enthält eine interessante Buddha-Skulptur. Ihr Lächeln wird von chinesischen Wissenschaftlern gern mit dem der Mona Lisa verglichen. Höhle Nr. **257** birgt phantastische Malereien. Sie erzählen die Geschichte des Hirschkönigs. Zu beachten ist das Pferd, auf dem der Hirschkönig reitet. Es wurde so grazil und lebendig dargestellt, daß man meinen könnte, es würde tatsächlich im nächsten Moment loslaufen.
Höhle Nr. **254** berichtet u.a. über den Prinzen Sudana, der sich einem schwachen, hungrigen Tiger als Nahrung opfert. Wiederholt wird auch die Geschichte des König Sivi. Weitere schöne Beispiele an Malerei und Plastik aus dieser Periode sind in den Höhlen Nr. 248, 260, 263, 272, 431, 435, 439 zu finden.

Westliche Wei-Dynastie (535–557):

Auffallend am Stil der Westlichen Wei-Zeit ist die Eleganz der Skulpturen, die Gesichter werden schmaler, das Lächeln feiner, die Körper schlanker. Interessante Decken- und Wandgemälde sind in der gut erhaltenen Höhle Nr. **285** zu sehen. Zu beachten sind die farbenprächtigen Bodhisattva-Darstellungen, mit denen die Nischen ausgemalt wurden. Höhle Nr. **249** enthält das bemerkenswerte Gemälde einer Jagd, berittene Jäger, die mit Pfeil und Bogen auf Gazellen und Tiger zielen. In dieser Höhle werden Themen aus dem Buddhismus und aus der chinesischen Mythologie nebeneinander dargestellt. Höhle Nr. **432** ist aufgrund ihrer Farbgestaltung – es dominieren schwarz, grün und weiß – sehenswert. Interessant sind die Deckenmuster, in denen die Farben der Wandbemalung wieder erscheinen, und der reich gestaltete Pfeiler.

Nördliche Zhou-Zeit (557–581):

Die sehr gut restaurierte Höhle **428** enthält einen mit Skulpturen üppig dekorierten Mittelpfeiler. Die Wandmalerei zeigt u. a. Szenen zur Selbstaufopferung des Prinzen Sudana. Farbenprächtig wie alle Gemälde und Skulpturen dieser Höhle ist auch die Deckendekoration.
In Höhle Nr. **296** sind Darstellungen vom Geschehen entlang der Seidenstraße mit ihren Händlerkarawanen zu sehen.

Sui- und Tang-Zeit:

Nach langer Zeit der Reichsteilung wurde China im 6. Jh. wieder vereint. Eine Zeit der Stabilität begann, Wirtschaft und Kultur lebten auf. Der Buddhismus erlebte sein Goldenes Zeitalter und mit ihm die buddhistische Kunst. Die Lehre vom Amitabha und seinem Reinen Land hatte viele Anhänger gefunden und war ein häufiges Thema in der buddhistischen Kunst. Diese Lehre besagt, daß allein die Anrufung des Buddha Amitabha genügen würde, um im Reinen Land, dem Westlichen Paradies, wiedergeboren zu werden. Die buddhistische Kunst, inzwischen ganz von chinesischem Geist und chinesischem Formgefühl durchdrungen, brachte während der Tang-Zeit einen Stil hervor, der für ganz Ostasien vorbildlich wurde.
Sui-Dynastie (581–618)
Insgesamt sind 95 Höhlen aus der Sui-Zeit erhalten geblieben. Typisch für die Kunst in dieser Zeit ist die Höhle Nr. **419.** Sie enthält interessante Wandmalereien und eine Gruppe von Tonskulpturen, Buddha, umgeben von zwei Bodhisattvas, seinem Cousin und Lieblingsschüler Ananda und dem Mönch Kasyapa.
Ebenfalls sehenswert wegen seiner Skulpturen sind die Höhlen Nr. **420, 427** und **244.** Wandmalereien sieht man in den Höhlen Nr. **423** mit Szenen aus der

chinesischen Mythologie. Weitere nennenswerte Höhlen sind Nr. **295, 305** und **404.**

Tang-Dynastie (618–907)

Die aus der Tang-Zeit erhalten gebliebenen 213 Grotten stellen die größte Gruppe dar. Die Künstler dieser Periode wählten ihre Themen ebenfalls häufig aus den buddhistischen Schriften. Beachtenswert sind die Werke jener, die weltliche Probleme darstellten, Szenen aus Handel, Handwerk und Ackerbau. Der Besucher der Tang-Grotten ist meist überwältigt von der Pracht der Gemälde und Skulpturen. Beeindruckend sind zwei riesige Skulpturen, in Höhle Nr. **96** eine 33 m hohe Buddha-Figur, entstanden Anfang der Tang-Dynastie, in Höhle Nr. **130** eine 26 m hohe Statue, Mitte der Tang-Zeit erbaut, mit einer herrlichen Deckendekoration. Die repräsentativste der Tang-Grotten ist Höhle Nr. **220.** Sie enthält das inzwischen berühmt gewordene Gemälde einer Musikantengruppe. Die Darstellung von Tänzern und dem buddhistischen Laien Vimalakirti, der mit dem ein rotschwarzes Gewand tragenden Kaiser und seinen Ministern in eine hitzige Diskussion verwickelt ist, machen das Betrachten des Gemäldes zu einem Erlebnis. Höhle Nr. **329** begeistert den Besucher mit ihrer phantastischen Deckenausmalung, Szenen aus dem Reinen Land. Sie lassen Rückschlüsse auf Architektur und Kleidung der Tang-Zeit zu. Interessant sind die Skulpturen und die Ausmalung der großen Nische von Höhle Nr. **328.** Höhle Nr. **322** zeigt die Skulptur eines Himmelskönigs und schöne Bodhisattva-Figuren. Schöne Tänzer, Musikanten und Feitian, fliegende Gandharvas, sind in den Höhlen Nr. **320** und **321** zu sehen. Sie schweben und tanzen mit fliegenden Gürteln und Tüchern. In Höhle Nr. **217** befindet sich eine weitere Darstellung des Reinen Landes. Diese ist im Hinblick auf die tang-zeitliche Baukunst sehr aufschlußreich. Ein anderes berühmt gewordenes Gemälde ist in Höhle Nr. **445** zu sehen: die Tonsur der Konkubinen. Von nicht weniger Interesse sind die Darstellungen von Musikanten und Hochzeitszeremonien. Höhle Nr. **112** enthält Malereien von Gesang- und Tanzgruppen. In Höhle Nr. **45** stehen fein gestaltete Skulpturen, u. a. wieder Ananda und der Mönch Mahakasyapa. Höhle Nr. **158** enthält eine der bekanntesten Skulpturen Dunhuangs, den schlafenden Buddha. Die Malerei der Höhle Nr. **156** entstand in der Spätzeit der Tang. Ein Gemälde nennt sich ›Zhang Yichao erobert Hexi‹. Es sind über hundert Krieger zu sehen, die unter flatternden Fahnen in die Schlacht ziehen.

Nach dem Sturz der Tang-Dynastie war China wieder gespalten. Die Handelswege wurden unsicher, der Überseehandel immer attraktiver, Dunhuang verlor seine wichtige Position. Hinzu kamen die Ereignisse aus dem Jahre 845, die Verfolgung des Buddhismus, die vor allem für die buddhistische Kunst schwerwiegende Folgen hatte, denn sie raubte ihr alle kreativen Kräfte (s. S. 71). Diese Verfolgung leitete den Niedergang des Buddhismus in China ein.

Die einzige Schule, die noch einmal eine Blüte erleben sollte, war die des Chan-Buddhismus. Diese lehnte jedoch die Kultplastik ab und entwickelte die chinesische Tuschmalerei ganz in ihrem Sinne.

Wudai, Zeit der Fünf Dynastien, (907–960) und Anfang der Song-Dynastie:

Drei Generationen lang herrschte die Familie des Cao Yiquan über Dunhuang. Diese förderte den Buddhismus nach besten Kräften und ließ viele der bereits bestehenden Höhlen ausbauen oder restaurieren. Wegen mangelnden Platzes konnten keine neuen Höhlen angelegt werden. Es wurde eine Malakademie gegründet, in der man ausschließlich Künstler für die Höhlen von Dunhuang ausbildete. Ihr Stil zeichnet sich durch eine besondere Harmonie der Farben aus. Es sind 33 Höhlen aus dieser Zeit erhalten geblieben. Die bemerkenswerteste unter ihnen ist die Höhle Nr. **61** aus dem Jahre 981. Sie enthält ein 13 m langes Gemälde: die Landschaftsbeschreibung des Wutai Shan Gebirges. Allein über 170 Gebäude sind zu sehen, darunter berühmte Tempelanlagen, Brücken, Siedlungen, Menschen, Berge, Pflanzen und Tiere. Es ist das Gebiet von Taiyuan in Shanxi bis zum Kreis Zhengding Xian in Hebei. Dieses Gemälde ist eine der ältesten bis heute erhaltenen geographischen Karten Chinas. Beachtenswert ist auch die Höhle Nr. **98,** die eine Darstellung des König von Yutian, Li Shengtian enthält. Dieses Gemälde gewährt wertvolle Einblicke in Stil und Kleidung der Zeit der Fünf Dynastien.

Xi Xia, Westliche Xia (1032–1227) und Yuan-Zeit (1271–1368):

Die Arbeiten in der Periode der Westlichen Xia-Dynastie beschränkten sich hauptsächlich auf Ausbesserungen alter Gemälde oder auf Nachahmungen von Stilrichtungen vorangegangener Dynastien (Höhle Nr. **328, 97**). Während der Yuan-Zeit wurden einige neue Höhlen angelegt. In ihrer Wandmalerei ist der Einfluß verschiedener buddhistischer Schulen zu bemerken, darunter auch die der Esoterischen. Yuan-zeitliche Höhlen sind u. a. Nr. **465** und **3.**
Im Laufe der Ming-Dynastie verlor Dunhuang immer mehr an Bedeutung und geriet schließlich in Vergessenheit.

Mingsha Shan, Klingender Sandberg

Der Mingsha Shan befindet sich 5 km südlich von Dunhuang. Der Berg ist durch Treibsand entstanden. Er ist in Ost-West-Richtung 40 km lang, in

Nord-Süd-Richtung 20 km breit. Wenn man an seinen Hängen herunterrutscht, entsteht durch die Reibung ein pfeifendes Geräusch, weshalb man ihm den Namen »Klingender Sandberg« gab.

Reisebüro, **Lüxingshe**

Zhongguo Lüxingshe, Dongdajie

Dunhuang Hotel, Tel. 24 74

Xinjiang, Autonome Region der Uiguren, Xinjiang Weiwu'er Zizhiqu

新疆維吾尔族

Fläche: 1 646 800 qkm / Bevölkerung: 13 Mill. / Hauptstadt: Ürümqi

Xinjiang ist die größte und nordwestlichste der chinesischen autonomen Regionen und Provinzen. Etwa ein Sechstel der Gesamtfläche Chinas wird von Xinjiang ausgefüllt. Es grenzt an die Provinzen Gansu und Qinghai im Osten, die autonome Region Xizang (Tibet) im Süden und an Indien, Kashmir, Afghanistan, die Sowjetunion und die Äußere Mongolei. Xinjiang war seit dem −1. Jh. wichtige Zwischenstation für den Handel Chinas mit Zentralasien, Indien und dem Römischen Reich. Hier fand der Austausch kultureller und religiöser Ideen statt. Der Buddhismus fand von Indien kommend in Xinjiang seine ersten Anhänger. Musik und Tänze wurden aufgenommen.

Geschichtlicher Überblick

Im −1. Jh. gelang es den Herrschern der Han-Dynastie, die über das Gebiet des heutigen Xinjiang herrschenden Xiongnu zu unterwerfen und ein Generalgouvernement zu gründen. Mit der allmählichen Schwächung des Han-Reiches ging das Gebiet verloren. Die einzelnen Oasenstaaten versuchten, ihre Selbständigkeit zu bewahren, was ihnen trotz tibetischer, mongolischer, hunnischer und türkischer Fremdherrschaft immer wieder gelang. Im Jahre 657 wurde Xinjiang Teil des Tang-Reiches. Im 10. Jh. ließen sich die Uiguren im Osten und Süden Xinjiangs nieder. Ihre relative Selbständigkeit konnten sie nur bis ins 13. Jh. wahren, dann wurde das Gebiet von Mongolen erobert. Im 18. Jh. dehnten die Mandschuren den Herrschaftsbereich ihrer Qing-Dynastie bis nach Xinjiang aus und brachen die Macht der Mongolen im Dsungarischen Becken und die der islamischen Völker im Süden. Mitte des 19. Jh. nutzten die islamischen Völker die Schwäche der Zentralregierung und riefen zur Rebellion auf. Der größte Teil Xinjiangs ging dadurch dem Reich verloren und konnte erst 1878 von dem Generalgouverneur Zuo Zongtang wieder ganz zurückerobert werden. 1884 erhielt Xinjiang den Status einer Provinz. Seit dem Sturz der Qing-Dynastie 1911 folgten unruhige Zeiten. Es kam erneut zu Selbständigkeitsbestrebungen und Aufständen. Im September 1949 schloß sich die Lokalregierung von Xinjiang der neuen Regierung in Beijing an. 1955 erhielt das Gebiet im Rahmen der Minderheitenpolitik den Status einer autonomen Region. Es wurden verschiedene autonome Präfekturen und Kreise gebildet, in denen sich die Minderheiten entsprechend ihrer traditionellen Volkskultur entwickeln können.

Das Tianshan-Massiv zieht zwischen Norden und Süden eine Grenze. Im Norden liegt das Dsungarische Becken mit einer Fläche von etwa 700 000 qkm. Es grenzt an die Sowjetunion und an die Äußere Mongolei. An der Grenze zur Äußeren Mongolei erhebt sich das Massiv des Altai Shan. Das Dsungarische Becken besteht zum größten Teil aus Steppen und Wüsten, umgeben von einem Ring von Oasen und Bergen. Das Tianshan-Massiv nimmt etwa ein Viertel der Fläche Xinjiangs ein. Die höchsten Erhebungen sind der Hantengri Feng, 6995 m, und der Shengli Feng, 7439 m. Etwa die Hälfte Xinjiangs wird vom Tarim-Becken ausgefüllt. Neben dem Tianshan wird es von den Massiven des Pamir und Kunlun umgeben. Es liegt auf einer Höhe von 1200 m im Westen und 760 m im Osten. Es besteht aus der 700 000 qkm großen Wüste Takla Makan, die von Schwemmland und einem Ring von Oasen umrahmt wird. Das Kunlun Shan Massiv grenzt Xinjiang nach Süden hin ab. Pässe im Osten und Westen führen in das benachbarte Tibet.

Der wichtigste Fluß Xinjiangs ist der Tarim. Er durchzieht die Region in östlicher Richtung.

Xinjiang hat ein trockenes Kontinentalklima, wobei es nördlich des Tianshan ein wenig feuchter ist als südlich des Massivs. Die Durchschnittstemperaturen liegen im Januar im Norden bei −15 °C, im Tarim Becken bei −7 °C. Im Juli herrschen im Norden 21 °C. Die tiefste Stelle Xinjiangs ist die Turfan-Senke; sie liegt 154 m u. d. M. Die Durchschnittstemperatur im Juli liegt hier bei 32 °C. Als maximale Temperatur wurden 48 °C gemessen. Die jährliche Niederschlagsmenge Xinjiangs ist gering. Sie beträgt im Dsungarischen Bekken unter 250 mm und im Tarim-Becken unter 100 mm.

Es leben dreizehn verschiedene Minderheiten in Xinjiang. Die größte unter ihnen ist die der Uiguren, gefolgt von den Kasachen und Kirgisen. Im Tarim Becken bilden die Uiguren den größten Teil der Bevölkerung, im Dsungarischen Becken überwiegen die Han-Chinesen. Die Uiguren sind seßhafte Ackerbauern, ebenso die meisten Tadschiken und Usbeken. Die Kasachen leben als Hirtenvolk, ebenso die Mongolen.

Infolge des trockenen Klimas sind 90% des Ackerlandes vollkommen von künstlicher Bewässerung abhängig. Die wichtigsten Anbaukulturen sind Weizen, Mais, Reis, Sorghum und Hirse. Nach 1949 nahm die Volksbefreiungsarmee teil an der Urbarmachung und Bewässerung weiter Wüstenflächen. In ganz China berühmt ist das Obst Xinjiangs, die Äpfel aus dem Tal des Ili, die süßen Melonen aus Hami und die Weintrauben aus Turfan. Etwa 60% des chinesischen Wollbedarfes wird von Xinjiang gedeckt, der Schafbestand macht etwa 25% des gesamten Landes aus.

Xinjiang ist von Lanzhou/Gansu aus per Eisenbahn erreichbar. Die Linie führt über Hami nach Urumqi und Korla. Viele neue Haupt- und Nebenstraßen wurden gebaut. Sie umgeben das Tarim- und das Dsungarische Becken. Eine Verbindung führt durch das Tianshan Massiv nach Urumqi. Im Westen liegt der Verkehrsknotenpunkt Kashi, das legendäre Kashgar, früher eine der wichtigsten Stationen des Seidenhandels zwischen Asien und Europa. Im Westen führt eine Straße Richtung Süden nach Tibet, im Osten nach Qinghai und Gansu.

Seit 1949 hat sich Xinjiang zu einem wichtigen Zentrum der Industrie entwikkelt. Der Ausbau des Verkehrsnetzes ermöglicht den Abbau immenser Bodenschätze, über die das Gebiet verfügt. Zu den wichtigsten gehören Erdöl, Kohle, Eisenerz und Gold. Von größter Bedeutung sind die Uran-Vorkommen, die Xinjiang zum Mittelpunkt der Atomenergieforschung werden ließen. Eine Vielzahl von Uranhütten sind in den letzten zwanzig Jahren entstanden.

Stadt Ürümqi (Urumqi, Wulumuqi)

乌鲁木齐市

Urumqi am nördlichen Fuß des Tianshan Massivs ist an das innerchinesische Verkehrsnetz angeschlossen und deshalb bequem per Flugzeug, Bahn oder Bus zu erreichen. Urumqi bedeutet im Uigurischen »Schöne Weide«. Die Stadt liegt in einer Oase, umgeben von Bergen, und wird von dreizehn Nationalitäten bewohnt, neben den Uiguren u. a. Hui, Mongolen, Han, Kirgisen, Usbeken und Kasachen. Die Einwohner gehören größtenteils der moslemischen Glaubensrichtung an. So prägen viele im typischen islamischen Stil errichtete Gebäude sowie dreißig Moscheen das Stadtbild.

Urumqi war früher eine wichtige Station auf der Seidenstraße. Aufgrund der reichen Vorkommen an Bodenschätzen (Kohle, Eisenerz) hat es sich in den letzten Jahrzehnten zu einer Industriestadt entwickelt.

Vom **Hongshan,** Roter Berg, hat man einen schönen Blick auf die Stadt. Auf der Spitze des Berges steht eine neunstöckige Pagode. Nicht weit vom Hongshan, am Westufer des Urumqi He, befindet sich der **Volkspark,** eine hübsche Anlage mit einem See, kleinen Brücken und Gebäuden im traditionellen chinesischen Stil.

Ein bekannter Ausflugs- und Erholungsort liegt südlich der Stadt, wegen seiner vielen Schwalben, die sich hier schon im Frühling niederlassen, **Yan'er Wo,** »Schwalbennest«, genannt. Ein Wasserfall gehört zu den Hauptsehenswürdigkeiten in diesem Gebiet.

Ein weiteres Ausflugsgebiet ist das etwa 60 km südlich von Urumqi gelegene Tal des Tianshan Massivs, **Baiyang Gou.**

Einer der schönsten Ausflüge, die man von Urumqi aus unternehmen kann, führt zu dem etwa zwei Autostunden entfernten **Tianchi**, Himmelssee, in einer Höhe von 1980 m am Fuße des 5400 m hohen Bogda-Berges. Er ist auf vier Seiten mit Bergen umgeben. Sein Wasser ist kristallklar. Er hat eine maximale Tiefe von 90 m. Die schneebedeckten Gipfel, die vielen Zypressen und Kiefern, der jadegrüne See bieten dem Besucher ein atemberaubendes Panorama.

Hotels

Kunlun Binguan, Youhaolu, Tel. 42411 昆仑宾馆
Xinjiang Fandian, Changjianlu, Tel. 24445 新疆饭店
Xinhua Fandian, Tianshan Qu, Minzhuxilu, Tel. 23803 新华饭店

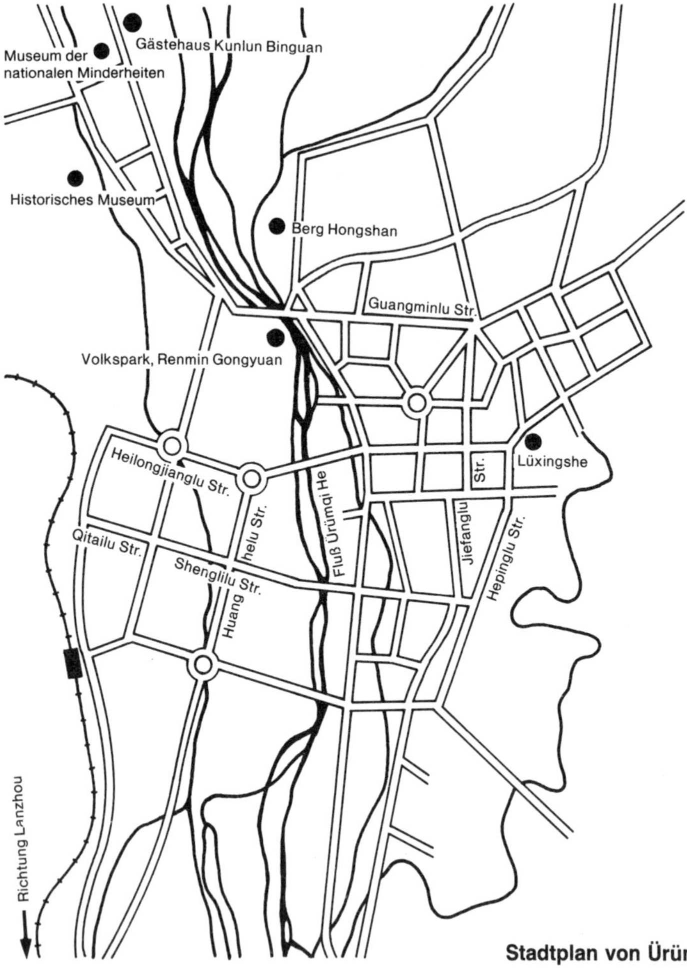

Stadtplan von Ürümqi

Restaurant

Baihuacun Fandian, Zhongshanlu, Tel. 22016 百花村饭店

Freundschaftsladen: Youhaolu, im Kunlun Binguan

CITS: Renmin Guangchang Platz

Stadt Turpan (Turfan, Tulufan) 吐鲁番市

Turpan liegt etwa 5 Busstunden oder 140 km südöstlich von Ürümqi entfernt in der 50000 qkm großen sogenannten Turfan-Senke 154 m unter dem Meeresspiegel. Nach dem Toten Meer ist dieses Gebiet das tiefstgelegene der Welt. Hier herrscht im Sommer eine Durchschnittstemperatur von 32 °C, im Juli können bis zu 47 °C gemessen werden. Die Winter sind kalt und trocken. Insgesamt gibt es 220–270 frostfreie Tage. Die Niederschlagsmenge beträgt nur 10 mm im Jahresdurchschnitt. Trotzdem kann in dem früher gern »Ofen« genannten Turpan Landwirtschaft betrieben werden. Im Laufe des jahrhundertelangen Kampfes gegen die Trockenheit haben die Menschen hier über 1000 Brunnen und ein 3000 km langes Netz unterirdischer Kanäle angelegt, das die großen Mengen Schmelzwasser vom Tianshan Massiv in die Senke leitet. Die Hauptanbauprodukte Turpans sind Trauben, Melonen und Baumwolle, die »Drei Schätze der Turpan-Senke« genannt. Die bekannteste Traubensorte ist die kernlose Turpan-Traube, die einen Zuckergehalt von 20% hat. Sie wird in der Sonne getrocknet und als Xinjiang-Rosine in alle Teile Chinas und ins Ausland verkauft. Auch die seit mehr als 1000 Jahren kultivierten süßen Hami-Melonen sind in ganz China ein Begriff. Sie können ein Gewicht bis zu 15 kg erreichen. In den Sommermonaten kann nur während der Morgen- und Abenddämmerung auf dem Feld gearbeitet werden.
Turpan liegt an der nördlichen Route der Seidenstraße und war bereits vor 2000 Jahren ein bedeutendes Zentrum für Handel, Kultur und Politik. Hier vermischten sich die kulturellen Einflüsse aus Ost und West. Noch heute sind im Umland Turpans die Ruinen einst blühender Handelsplätze zu sehen.

Sugong Ta Minarett

Eine bekannte Sehenswürdigkeit der Stadt ist das Minarett Sugong Ta aus dem Jahre 1779 und die dazu gehörige **Emin Moschee** im afghanischen Stil. Das Minarett ist 44 m hoch.

Alte Stadt Jiaohe 交河故城

Die Ruinen von Jiaohe liegen 10 km von Turpan entfernt auf einem Hügel zwischen zwei trockenen Flußbetten. Diese Stadt war während der Han-Zeit entstanden und stellte für 1500 Jahre ein Zentrum des politischen Lebens der Turpan-Senke dar. Man sieht heute noch die Hauptstraße, die von Süden nach

Norden die Stadt durchzog. Im Norden der Stadt hatte man eine Gruppe von Pagoden errichtet, eine große in der Mitte, umgeben von 25 kleinen; von letzteren ist nicht mehr viel zu sehen. Die Stadt wurde von den Mongolen unter Dschingis Khan zerstört.

Huoyan Shan, Flammenberg 火焰山

Am heißesten ist es in der Turpan-Senke am Flammenberg, ein Massiv, das sich über ca. 100 km erstreckt und eine Höhe von 851 m erreicht. Es liegt an der Paßstraße nach Gaochang. Hier werden Temperaturen von über 50 °C gemessen. Die rötlichen Felsen des Huoyan Shan schimmern wie Flammen im Sonnenlicht, weshalb man ihn auch so nannte. Er ist den Chinesen aus dem berühmten Roman *Xiyou Ji,* »Die Reise nach Westen«, wohlbekannt.

Alte Stadt Gaochang 高城故城

Etwa 40 km östlich von Turfan befinden sich die Reste einer alten Handelsstadt, die im 1. Jh. gegründet, für 1500 Jahre wirtschaftlich und kulturell von Bedeutung war. Die Stadt war in eine Innere, Äußere und eine Palaststadt unterteilt, alles umgeben von einer 5 km langen Stadtmauer. Der chinesische Mönch Xuanzang soll nach seiner Rückkehr aus Indien hier einen Monat lang gelehrt haben. Auch diese Stadt soll von den Mongolen zerstört worden sein.

Astana-Gräber 高昌故城

高昌阿斯塔納古墓

Das Astana-Gräberfeld liegt nordwestlich von Gaochang; dort hatte man vom 3.–9. Jh. die Toten der Stadt begraben. Drei Gräber können besichtigt werden.

Etwa 15 km östlich von Gaochang befinden sich im Osten und Westen des Tales **Tuyugou** die Höhlen der **Tausend Buddhas** aus dem 3. und 4. Jh. Interessant sind die östlichen Höhlen, von denen einige in ihrer Gestaltung denen von Dunhuang ähnlich sind.

Eine weitere Höhlengruppe gibt es 50 km östlich von Turpan, ebenfalls

Qianfo Dong, 千佛洞

Höhlen der tausend Buddhas, genannt. Sie wurden zwischen dem 6. und 14. Jh. angelegt. Die Qianfo Dong sind im Westen als die Höhlen von Bezeklik (Ort der Fresken) bekannt. Ein trauriges Schicksal erlitten diese Zeugnisse der

Blütezeit des chinesischen Buddhismus. Moslems und Umwelteinflüsse hatten beträchtliche Zerstörungen angerichtet, doch die wirkliche Katastrophe ereignete sich mit der Ankunft der deutschen Forscher Albert von Le Coq und Theodor Bartus, die die kostbaren Wandgemälde systematisch aus den Felswänden heraussägten und sie nach Berlin abtransportierten. Im ersten Viertel dieses Jahrhunderts hatten Forscher aus verschiedenen Ländern, hauptsächlich aus Schweden, England, Frankreich, Deutschland, Rußland, Japan und den USA Schätze der Tempel, Gräber und Ruinen Chinesisch-Turkestans – mit welchem moralischen Anspruch auch immer – in ihre Länder gebracht. Vieles davon ist verloren, zerstört und in alle Winde verstreut. Indien, Japan, Taiwan, Südkorea, Amerika, Deutschland, England, Frankreich usw., überall gibt es Museen, die Teile dieser Reichtümer besitzen.

Im Jahre 1905 entdeckte Albert von le Coq die Fresken von Bezeklik, die im Laufe der vergangenen Jahrhunderte unter dem Sand begraben worden waren. Le Coq und seine Expedition legten sie frei und bemerkten ihren hervorragenden Zustand. Es waren riesige Wandgemälde, die ein einmaliges Zeugnis von der Welt ihrer Entstehungszeit ablegten: buddhistische Mönche aus Indien und Ostasien mit Angabe ihrer Namen in den entsprechenden Sprachen, indische Prinzen, Brahmanen, Perser, Europäer, Jäger, Reiter, vornehme Männer und Frauen, indische Gottheiten. Le Coq entschied, die größten und schönsten Gemälde aus den Wänden zu sägen und sie nach Berlin zu bringen, wo er bald ein gefeierter Mann war. Dort bildeten die Gemälde dann die sogenannte Turfan-Ausstellung des Ethnologischen Museums. Fast alles wurde jedoch durch Bombenangriffe der Alliierten in den Kriegsjahren von 1943–1945 zerstört. Erhalten geblieben sind nur die leeren Wände in Bezeklik.

Kashi, Kashgar 喀什市

Die berühmte Oasenstadt Kashgar an der alten Seidenstraße, die westlichste aller chinesischen Städte, ist das Traumziel eines jeden Xinjiang-Besuchers. Kashgar liegt am westlichen Ende des Tarim-Beckens. Einst zu den wichtigen Stationen an der Seidenstraße gehörend, erduldete die Stadt genau wie das übrige Xinjiang viele Unruhen und Kriege. Der Glanz des legendären Kashgar ist längst verlorengegangen, trotzdem besitzt diese Stadt noch immer eine ungewöhnliche Anziehungskraft.

Etwa 3½ Flugstunden liegt Kashgar von Urumqi entfernt. Die Mehrheit der 120000 Einwohner sind Uiguren, in der Minderheit sind Han-Chinesen, Tadschiken, Usbeken und Kirgisen. Den besten Eindruck von diesem Völkergemisch erhält man beim Besuch des **Marktes**, des größten der Welt, der hier

jeden Sonntag stattfindet und als wichtigstes Ereignis der Woche bis zu 150000 Menschen aus nah und fern anzieht. Auf Eselkarren, Kamelen, Kleintraktoren und Fahrrädern strömen die Bauern und Händler in die Stadt und bieten ihre Waren an. Nicht nur Geschäfte werden hier gemacht; der Markt ist Treffpunkt für jung und alt, Neuigkeiten und Gerüchte werden ausgetauscht, Probleme besprochen, Heiraten vermittelt, Ratschläge erteilt oder ein neuer Haarschnitt angelegt, medizinische Fragen geklärt. Der fremde Besucher sieht hier auch das typische traditionelle Kunsthandwerk Kashgars, das über die Grenzen Xinjiangs hinaus bekannt ist: Metallartikel – Schmuck und die berühmten Yengisar-Messer –, Töpferwaren, Webteppiche, Musikinstrumente und Stikkereien.
Kashgar hat neben dem Markt noch einige andere wichtige Sehenswürdigkeiten: im Zentrum der Stadt die große **Id Kah Moschee,** im Osten der Oase das **Abakh Hoja** (Xiang Fei) Grabmal.

Hotels

Renmin Binguan im Zentrum der Stadt 人民宾馆
Kashgar Binguan im Osten der Stadt 喀什噶尔宾馆

Provinz Qinghai
青海省

Fläche: 720100 qkm / Bevölkerung: 3,89 Mill. E. (35% Tibeter, 30% Han, 20% Hui, 10% Mongolen) /Hauptstadt: Xining

Qinghai ist eine nordwestchinesische Provinz. Sie liegt im Nordostteil der Tibetischen Hochebene. Die durchschnittliche Höhe Qinghais beträgt 4000 m. Das Gebiet wird umgrenzt von Gansu im Norden und Osten,

Sichuan und Tibet im Süden und Xinjiang im Westen. Die Provinz wurde nach dem Qinghai Hu, dem Blauen See, benannt. Dieser auch Koko Nor genannte See liegt in einer Höhe von 3040 m und ist der größte Binnensee Chinas.

Geschichtlicher Überblick

Qinghai war früher hauptsächlich von tibetischen und mongolischen Nomadenstämmen bewohnt. Im −3. Jh. standen bereits einige Teile des Gebietes unter der Kontrolle der Zentralregierung, jedoch konzentrierte sich die Besiedelung durch han-chinesische Bauern nur auf die Nordostecke Qinghais, auf das Gebiet um den See Qinghai Hu. Der han-chinesische Einfluß verstärkte sich während der Sui-Dynastie, als Kommandanturen eingerichtet wurden, und das Land ordnungsgemäß verwaltet wurde. Im 8. Jh. wurde Qinghai von den Tibetern überrannt, später geriet der nördliche Teil unter den Einfluß der Tanguten und Uiguren. Vom 11.–13. Jh. gehörte Qinghai zum Gebiet der tangutischen Westlichen Xia-Dynastie und wurde erst nach deren Vernichtung durch die Mongolen dem Reich wieder zugeordnet. Seit 1929 hat Qinghai Provinzstatus.

Mehr als 90% der Fläche besteht aus Bergen und Hochplateaus. Im Norden liegen die Qilian Shan-Berge. Zwischen diesen und dem weiter südlich verlaufenden Bayan Har Shan Gebirge, der Wasserscheide der Huanghe- und Changjiang-Quellflüsse, erstreckt sich das 2700 m hohe Becken Qaidam Pendi. Im Süden grenzt die Provinz an das Tanggula Shan Gebirge.

Qinghai hat typisches Kontinentalklima: die Sommer sind heiß, die Winter kalt, trocken und windig. Die jährliche Niederschlagsmenge ist nur gering, sie liegt im Nordosten bei 250 mm, im Westen bei 100 mm. Der meiste Niederschlag fällt in den Sommermonaten. Im Osten Qinghais, im Flußgebiet des Huanghe wird intensiv Ackerbau betrieben. Weizen, Roggen, Hafer, Mais und Süßkartoffeln sind die wichtigsten Anbaukulturen. Im Westen wird hauptsächlich von tibetischen und mongolischen Stämmen Viehzucht betrieben: Schafe, Ziegen, Yaks, Pferde und Rinder. Ihr wichtigstes Erzeugnis ist Leder, Schaf- und Yakwolle.

Die Provinz ist reich an Bodenschätzen, die noch weitgehend ungenutzt sind. Allein im Qaidam Becken sind Erdöl, Kohle, Eisenerz, Borax und Salz vorhanden. In den letzten Jahrzehnten konnte die Provinz in industrieller Hinsicht rasche Fortschritte machen. Es entstanden Textil-, Nahrungsmittel- und Chemiebetriebe.

Stadt Xining 西宁市

Xining liegt an den Ufern des Huangshui, einem Nebenfluß des Huanghe, auf einer 2200 m hohen fruchtbaren Ebene. Es ist von Lanzhou / Gansu 200 km entfernt und von dort mit der Bahn zu erreichen.
Xining, bereits zur Zeit des Han-Kaisers Wudi unter der Bezeichnung Lingju Zhai bekannt, war im Laufe seiner Geschichte immer von strategischer Bedeutung.
Seit 1949 hat sich Xining langsam zu einer Industriestadt entwickelt; u. a. gibt es heute Betriebe der Chemie-, Textil- und metallverarbeitenden Industrie.
Xining liegt nur 70 km vom See Qinghai Hu (Koko Nor) entfernt, dem größten Binnensee Chinas. Die besondere Sehenswürdigkeit Xinings und ganz Qinghais ist das 19 km südwestlich von Xining gelegene Lamakloster Ta'er Si (Kumbum), die größte Klosteranlage Qinghais, eine heilige Stätte der Gelben Sekte. Mit dem Aufstieg des tibetischen Lamaismus seit dem 7. Jh. entwickelte sich Xining zu einem wichtigen religiösen Mittelpunkt.

Tempelkloster Ta'er Si (Kumbum) 塔尔寺

Das Lamakloster Ta'er Si, eines der berühmtesten und größten Klöster der Gelben Sekte, liegt 19 km von Xining entfernt in der Gemeinde **Lusha'er** des Kreises Huangzhong. Es heißt, daß dort Zongkaba geboren wurde.
Zongkaba (1357–1419) war ein Reformator des Lamaismus und Gründer der Gelben Sekte. Er wurde schon im Alter von zwei Jahren der Obhut eines Lama anvertraut. Sein Wissensdurst, sein intensives Studium an verschiedenen Klöstern und bei hervorragenden Lehrern machten aus ihm einen hochgelehrten Mann, um den sich bereits 1392 die ersten Anhänger scharten. Das war der Beginn der sogenannten **Gelugpa**-Sekte. Sein Verdienst war es, den Lamaismus von allem Überflüssigen, von Mängeln und Mißbräuchen gereinigt zu haben. Die von ihm verfaßten strengen Vorschriften verlangten von den Mönchen Disziplin, eine makellose Lebensführung und eifrige Religiosität. Auch auf literarischem Gebiet leistete er Beachtliches.
Mit dem Bau des Klosters begann man 1560. Es wurde im tibetischen Stil angelegt. In den folgenden Jahrhunderten kamen weitere Bauten hinzu, darunter auch verschiedene im han-chinesischen Stil. 1979 erfolgte eine umfassende Renovierung.
Die Klosteranlage nimmt eine Fläche von 142000 qm ein. Einst lebten im Ta'er Si 4000 Mönche, heute sollen es um 50 sein.
Am Eingang des Klosters steht der 14 m hohe **Große Stupa.** Er trägt ein dem

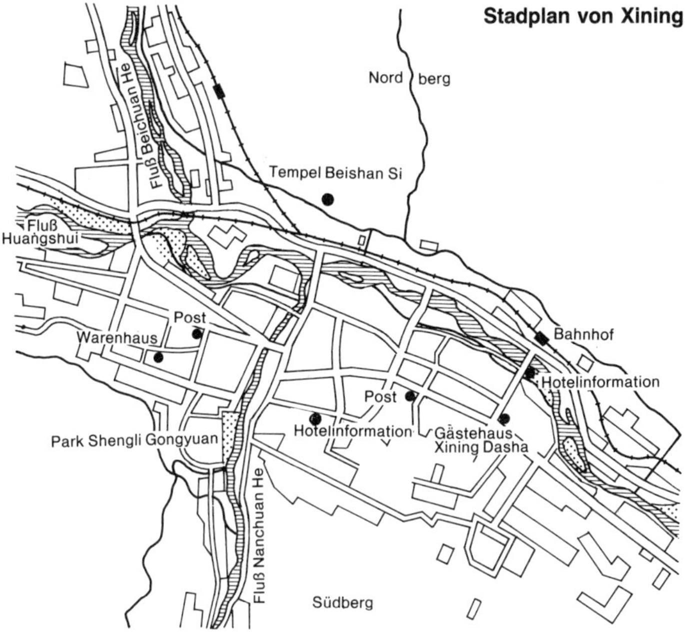

Kloster zugewandtes hufeisenförmiges Monogramm, eine Zusammenfassung von sieben Silben und drei Zeichen, die in dieser Anordnung das Verhältnis des Mikrokosmos zum Makrokosmos symbolisiert. Zwischen der Großen Stupa und dem Vorplatz des Klosters gibt es acht weiße Stupas. Sie wurden 1776 errichtet, angeblich anläßlich der Ermordung von acht Lamas. Die Stupas sind 5 m hoch und aus Backsteinen gebaut.

Das zentrale Gebäude des Ta'er Si ist das **Serkhang Chenmo,** Großes Goldenes Haus, im allgemeinen Golddachhalle genannt, eine im han-chinesischen Stil gestaltete imposante Halle. Die Entstehung wird im unmittelbaren Zusammenhang mit Zongkaba gesehen. Es heißt, daß an der Stelle, an der er geboren wurde, und das Blut der Mutter in den Boden gesickert war, drei Jahre später ein Sandelbaum emporwuchs, dessen Blätter und Rinde wunderbare Bilder von Gottheiten und tibetischen Buchstaben zeigten. Als Zongkaba ein berühmter Mann geworden war, und seine alte Mutter ihn zu sehen wünschte, sandte er ihr aus Tibet die Nachricht, daß sie über dem Sandelbaum einen Stupa errichten lassen solle. Das würde einem Wiedersehen gleichkommen. Die Mutter soll dieser Bitte gefolgt sein. 1560 ließen sich an dem Stupa ein Lama und zehn Mönche nieder und errichteten die ersten Zellen. 1577

entstand dicht neben dem Stupa ein Tempel, der eine Statue des 12-jährigen Maitreya enthielt.
Die Fläche der Halle beträgt etwa 210 qm. Die Außenmauern sind mit glasierten Ziegeln bedeckt, das Doppeldach wurde 1883 erneuert. Es ist mit vergoldeten Metallplatten bedeckt. Der Dachfirst ist geschmückt mit mehreren aus Messing gearbeiteten und vergoldeten Glückszeichen. Das mittlere ist ein Gandschir, eine Art Vase. Die Hauptfront der Halle zeigt nach Osten. Vor den Toren, die in die Halle führen, halten die Gläubigen bereits eine Andacht, indem sie sich nach bestimmten Regeln auf den Boden werfen. Im Halleninneren steht ein 12 m hoher Stupa, umgeben von einem eindrucksvollen Tuchaufbau. Unter diesem Stupa sollen einst Zongkaba zur Welt gekommen und der Sandelbaum gewachsen sein. Die Tuchumhüllung läßt kaum einen Blick frei auf das Äußere des eigentlichen Baus, einem mit Silber überzogenen Stupa. In einer Nische befindet sich eine 1,3 m hohe Goldstatue Zongkabas. Sie ist in einen Seidenmantel gehüllt. In den Regalen und Schränken innerhalb der Halle sind buddhistische Schriften und Kultgegenstände untergebracht.
Südlich der Haupthalle steht der **Jokhang,** ein Tempel von 1577, der eine vergoldete Statue des 12jährigen Maitreya enthält, dargestellt als Buddha der Zukunft. Ferner ist eine aus Gold und Silber gearbeitete Skulptur des Zongkaba und seiner zwei Schüler zu sehen. Nördlich der Haupthalle steht der **Tempel des Dipankara,** Buddha der Vergangenheit, wegen der Gebetsmühlen, die in die den Tempel umgebende Galerie gebaut wurden, auch Gebets-Götterhaus genannt. Er enthält eine vergoldete Buddha-Statue, eine Statue des Bodhisattva Guanyin und des 7jährigen Maitreya.
Östlich vom Tempel des Dipankara befindet sich eine der wichtigsten Hallen der Tempelanlage, denn diese enthält die schönste Skulptur des gesamten Ta'er Si, eine vergoldete Statue des Zongkaba. Sie steht auf einem niedrigen Sockel, hält ein Khadak, ein rituelles Tuch, in den Händen und trägt die typische gelbe Mütze. Wegen dieser Kopfbedeckungen, die die Anhänger des Zongkaba trugen, nannte man seine Lehrrichtung die Gelbe Sekte. Zur Rechten der Statue sieht man das Schwert der Weisheit, zu ihrer Linken ein Bündel tibetischer Bücher.
Nordöstlich vor der Haupthalle wächst die **Heilige Baumgruppe,** angeblich Ableger des legendären Sandelbaumes, der den Anlaß zum Bau dieses Klosters gab.
Östlich, gegenüber der Haupthalle steht die **›Große Halle der Meditation‹,** die Versammlungs- und Sutrahalla, ein typisch tibetischer Bau mit flachem Dach im 17. Jh. erbaut. Es ist das größte Kultgebäude der Tempelanlage. In dieser Halle versammeln sich die Mönche zum gemeinsamen Studium der heiligen Schriften und zum Gebet. Die Halle ist im Grundriß rechteckig. Das Dach der Halle wird geschmückt von zahlreichen sogenannten Dschaltsan,

Emblemen des Sieges, und Gandschir, ein etwa 4 m hohes vergoldetes steht in der Mitte des Tempeldachs. Auf der Dachbrüstung steht ein vergoldetes Rad, das Symbol der buddhistischen Lehre. Die Statuen einer Gazelle und einer Hirschkuh sind dem Rad zugewandt. Die Menschen werden hierdurch ermahnt, der Lehre zu lauschen genauso wie es diese Tiere taten, die der Überlieferung nach als erste der Predigt des historischen Buddha in Benares folgten. Das Halleninnere gleicht einem Säulenmeer: 108 Säulen, umhüllt von kostbaren Bildteppichen mit Drachenmustern, unterteilen den Raum. Niedrige Bänke boten einst den bis zu 3500 Mönchen Platz.

Der Raum ist geschmückt mit religiösen Rollbildern, den **Tanggas,** und Bildern in **Applikations- und Flickenarbeit.** Diese zusammen mit Skulpturen geformt aus tibetischer Butter werden die Drei Wunder des Ta'er Si genannt.

Zum Opferfest, auch **Butterfest** genannt, nach dem Mondkalender am 15. Tag des ersten Monats, werden bunte Skulpturen und Skulpturengruppen aus tibetischer Butter gefertigt. In unterschiedlicher Größe stellen sie Menschen, Gottheiten, Landschaften, Tiere, Pflanzen, Gebäude usw. dar. Das Fest ist das Ende einer fünfzehn Tage währenden Periode, die mit dem Neujahrstag beginnt, und in der die Mönche den legendären Begebenheiten im Leben des historischen Buddha gedenken.

Hotel

Xining Binguan, Qiyilu, Tel. 23901 西宁宾馆
CITS-Schalter im Hotel

Xizang Zizhiqu, Autonome Region Tibet
西藏自治区

Fläche: 1 220 000 qkm / Bevölkerung: 1,89 Mill. /Hauptstadt: Lhasa

Xizang, Tibet, das Dach der Welt, ist die zweitgrößte unter den chinesischen autonomen Regionen und Provinzen. Sie wird umgeben von den Gebieten Yunnan, Sichuan, Qinghai, Xinjiang sowie von Kashmir, Indien, Nepal, Sikkim, Bhutan und Birma.

Geschichtlicher Überblick

In der ersten Hälfte des 7. Jh. gab es in Tibet bereits unter der Herrschaft des König Songzan Ganbu ein Staatswesen mit einer Zentralregierung, einheitlichen Gesetzen und einer Armee. Unter diesem König wurde ein Schriftsystem aus Indien eingeführt. Es gelang ihm, sein Reich u. a. bis nach Nepal, Westtibet und Nordindien auszudehnen. Der Tang-Kaiser Taizong versuchte, ihn zu besänftigen, indem er ihm eine chinesische Prinzessin zur Frau gab, die noch heute berühmte Wen Cheng Gongzhu. Die Nachfolger des Songzan Ganbu dehnten ihren Herrschaftsbereich bis ins heutige Gansu aus. Spannungen und Kriege mit dem chinesischen Tang-Kaiserreich begleiteten diese Zeit. Den Höhepunkt militärischer Macht erreichte Tibet in der zweiten Hälfte des 8. Jh., als das Land von China Tributleistungen empfing, und Tibeter bis zur chinesischen Hauptstadt Chang'an vordrangen. Mit dem langsamen Niedergang der Königsherrschaft zerfiel das Reich Ende des 9. Jh. in kleine Fürstentümer. Im Laufe des 10. Jh. beruhigte sich die Lage und mit wachsender politischer Stabilität gewannen die Klöster an Einfluß, sowohl in wirtschaftlicher als auch in politischer und kultureller Hinsicht. Der Buddhismus war von Indien aus wahrscheinlich schon im 3. Jh. nach Tibet gedrungen, fand jedoch erst im 8. Jh. Verbreitung. Es bildeten sich verschiedene Richtungen; die der Gelugpas, der Gelben Mützen, erlangte im 17. Jh. die absolute politische Vormachtstellung. Unter der mongolischen Yuan-Dynastie wurde Tibet zu einer Art Vasallenstaat des chinesischen Reiches. Kublai Khan erklärte einen Lama zum Herrscher über das Land. Dieser und sein Nachfolger lebten am chinesischen Hof. Mit dem Niedergang der Yuan-Dynastie entstand eine neue Monarchie in Tibet, die Phag-mo-gru-Dynastie, die für ein Jahrhundert herrschen sollte. Eine Annäherung zwischen Mongolen und den Hierarchen der Gelben Sekte erfolgte Ende des 16. Jh. Der mächtige Altan Khan verlieh dem Führer der Gelben Sekte den Titel eines Dalai Lama. Im Zuge dieser Entwicklung nahmen die Mongolen die Religionslehre des Lamaismus an. Ende der Ming-Zeit drangen die Mongolen unter Gushi Khan ein. Der Dalai Lama wurde Herrscher und Gushi Khan König von Tibet. Die neuen Herren erklärten Lhasa zur Hauptstadt, der Potala-Palast wurde angelegt, eine Reihe schon bestehender Klöster vergrößert und herrlich ausgestattet. Im frühen 18. Jh. konnte der chinesische Kaiser nach Vertreibung der Mongolen wieder Kontrolle über Tibet gewinnen.

Mit zunehmender Schwächung der Qing-Regierung wurde Tibet unabhängiger, erkannte jedoch die Oberherrschaft des chinesischen Kaiserreiches an. Im 19. Jh. gab es erste Versuche seitens der Engländer, Verhandlungen mit Tibet aufzunehmen. In der Zeit von 1903/04 stieß eine britisch-indische Militärexpedition bis Lhasa vor und erzwang die Unterzeichnung eines britisch-tibetischen Vertrages. Doch schon im Jahre 1906 anerkannte Großbritannien in einem Abkommen die chinesische Oberherrschaft.

Daraufhin entsandte die Zentralregierung zur Stärkung ihres Hoheitsanspruchs eine 2000 Mann starke Armee.

Nach dem Sturz der mandschurischen Qing-Dynastie erklärte der Dalai Lama Tibet für unabhängig. Die junge chinesische Republik erkannte diese Erklärung nicht an. Nach Gründung der Volksrepublik entsandte Peking im Oktober 1950 zur Sicherung der Westgrenzen Truppen nach Tibet. Chinesen und Tibeter schlossen im Mai 1951 ein »Abkommen über Maßnahmen zur friedlichen Befreiung Tibets«, das im August vom Dalai Lama anerkannt wurde. 1954 nahmen der Dalai Lama und der Panchen Lama als Abgeordnete am 1. Nationalen Volkskongreß in Peking teil. 1956 entstand das Vorbereitende Komitee des Autonomen Gebietes Tibets, das unter der Leitung des Dalai und Panchen Lama stand. Demokratische Reformen, die zur gleichen Zeit verkündet wurden, verschob man kurze Zeit später auf das Jahr 1962. 1957 bis 1959 kam es zu Unruhen und Aufruhr. Der Dalai Lama floh nach Indien ins

Exil, die lokale Regierung wurde aufgelöst, das Vorbereitende Komitee mit dem Panchen Lama an der Spitze übernahm die Regierungsfunktion. 1965 wurde der Panchen Lama dieses Amtes enthoben. Im gleichen Jahr erklärte man Tibet zur autonomen Region.
Tibet ist ein Hochplateau, umgeben von gewaltigen Gebirgen. Im Norden und Nordwesten erstreckt sich eine öde Hochebene, in der es keine Flußsysteme gibt, sondern nur brackige Seen. Die Durchschnittshöhe beträgt 4900 m. Die Hochebene wird im Norden von dem Kunlun Gebirge begrenzt, dessen höchster Gipfel der Muztag mit 7723 m ist. Im Osten befindet sich ein Flußgebiet, das reich an Niederschlägen ist, und in dem die Bevölkerung Landwirtschaft betreiben kann. Der Yarlung Zangbo Jiang (Brahmaputra) fließt durch Südtibet. Hier liegen die wichtigen Städte Lhasa und Xigaze. Im Süden wird Tibet von dem Himalaya Massiv abgegrenzt. An der Grenze zu Nepal erhebt sich sein höchster Gipfel, der Mount Everest, 8848 m. Das Klima ist im großen und ganzen trocken und variiert je nach Höhe. Die hohen Gebirgsketten im Süden und Westen verhindern das Eindringen der feuchten Monsunwinde. In den hochgelegenen Gebieten ist es kalt, die Niederschläge sind gering; in den niedrigeren Gebieten ist es mild und der Niederschlag reichlich. Feucht ist es im Tal des Yarlung Zangbo Jiang und im Osten. Die angenehmste Reisezeit ist das späte Frühjahr und der frühe Herbst.
Tibet ist arm an Vegetation. Etwa drei Viertel des Landes sind mit Gras- und Schneeflächen bedeckt. Nur in den Flußtälern und in den niedrigeren feuchten Regionen des Südens und Südostens ist eine reichere Vegetation zu finden. Hier kann Landwirtschaft betrieben werden. Weizen, Gerste, Raps und Erbsen sind die häufigsten Anbaukulturen. Auch Obst kann geerntet werden, z. B. Aprikosen, Pfirsiche und Äpfel. Im Südosten sind noch riesige Flächen wertvollen Urwaldes vorhanden, etwa 44 000 qkm. Die größten Städte sind Lhasa, Xigaze, Qamdo. Etwa die Hälfte der tibetischen Bevölkerung lebt im Süden des Landes in Lhasa und den benachbarten Städten.
Das Land ist reich an Mineralien wie Gold, Silber, Kupfer, Radium, Eisen und Salz. Bisher ist wenig abgebaut worden, die Haupthindernisse sind mangelnde Verkehrswege, unwegsames Gebiet, fehlende technische Ausstattung und hartes Klima. Früher glaubte man, durch den Abbau die Gottheiten zu stören und verzichtete deshalb weitgehend darauf.
Die meisten Tibeter sind als Bauern und Hirten in Landwirtschaft und Viehzucht tätig. Bis 1951 gab es kaum Industrie, dafür jedoch kleine Handwerksbetriebe, in denen vor allem das traditionelle tibetische Kunsthandwerk gepflegt wurde. Inzwischen sind verschiedene Betriebe der Schwer- und Leichtindustrie entstanden, darunter Elektrizitäts- und Kohlebergwerke, Maschinenbau-, Baumaterial- und Chemiefabriken, holzverarbeitende Betriebe, Zündholz- und Nahrungsmittelfabriken.

Große Veränderungen erfuhr Tibet auf dem Gebiet des Verkehrswesens. Wer früher reisen wollte, mußte dies zu Fuß oder auf dem Rücken eines Tieres tun. In den letzten drei Jahrzehnten baute man vier Hauptverkehrslinien, die Tibet mit Xinjiang, Qinghai, Sichuan und Yunnan verbinden. Das Straßennetz mit Lhasa als Zentrum beträgt 21 000 km und wird weiter ausgebaut. Über die Städte Golmud, Xi'an und Chengdu ist Lhasa an das innerchinesische Luftliniennetz angeschlossen.
An Tibet Interessierte sollten beachten, daß es sehr hoch gelegen ist, ein Umstand, der vor allem Reisenden mit hohem Blutdruck sehr zu schaffen machen kann. Es sollte deshalb vorher ein Arzt befragt werden.

Stadt Lhasa 拉薩市

Lhasa war bis ins 20. Jh. hinein für dreihundert Jahre das Zentrum der tibetischen Theokratie. In den letzten zwanzig Jahren hat sich vieles in Lhasa verändert. Die Stadt ist um ein beträchtliches gewachsen, moderne Häuser und Straßen wurden angelegt, einzelne Sakralbauten mußten den Modernisierungsprojekten, wie Straßenbauten, weichen, andere wurden mit großem Aufwand restauriert und sind heute das Ziel frommer Tibeter und interessierter Touristen aus dem In- und Ausland.
Lhasa befindet sich auf einer Höhe von 3600 m am Ufer des Lhasa He, einem Nebenfluß des Yarlung Zanbo Jiang. Lhasas Einwohnerschaft besteht zu einem großen Teil aus Han-Chinesen.
Seit 1980 kann Lhasa ohne weiteres von Ausländern besucht werden. Die Stadt ist bequem per Flugzeug zu erreichen. Der Zentralflughafen Tibets, einer der höchstgelegenen der Welt, befindet sich 120 km außerhalb. Ausländische Gäste haben die Möglichkeit im **Gästehaus No. 1** nahe dem Tempelkloster **Dazhao Si,** im Herzen der Altstadt, unterzukommen. Ein bequem ausgestattetes Hotel des Reisebüros Lüxingshe befindet sich 7 km außerhalb der Stadt.
Das Tempelkloster Dazhao Si im Zentrum der Stadt ist eines der Heiligtümer des tibetischen Buddhismus. Es wird von dem belebten, aus Kleinhandel und Märkten bestehenden Geschäftsviertel umgeben. In letzter Zeit sind wieder fromme Tibeter zu beobachten, die den heiligen Umwandlungsweg, den **Barkhor,** im Uhrzeigersinn rund um die Dazhao Si Anlage entlangpilgern. Mit dem Umkreisen von Heiligtümern wird die Verehrung derselben ausgedrückt und eine Art Reinwaschung erlangt. Im Gegensatz zu diesem inneren gibt es noch einen zweiten, äußeren Umwandlungsweg, **Lingkhor** genannt.

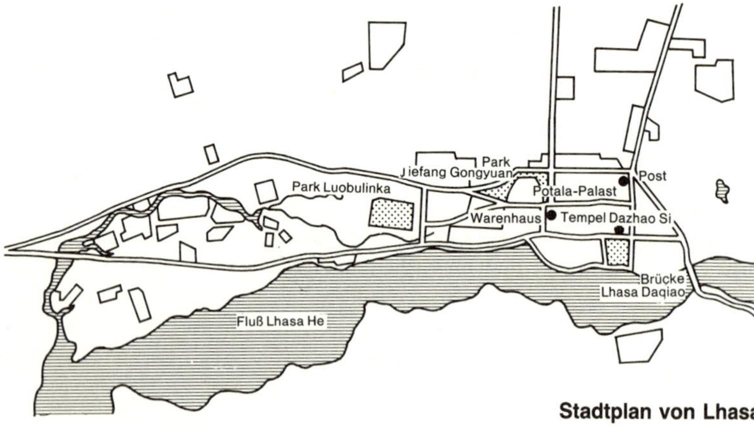

Stadtplan von Lhasa

Potala-Palast 布达拉宫

Im Nordwesten Lhasas befindet sich das bekannteste Bauwerk Tibets der Potala-Palast – ehemalige Residenz der Dalai Lamas und einst Mittelpunkt aller religiösen und politischen Aktivitäten der tibetischen Theokratie. Er bedeckt mit einer Fläche von 130 000 qm und einer Länge von 360 m den Südhang des dem Bodhisattva Avalokiteshvara (Guanyin) geweihten Maburi Shan, Roter Berg. Auf diesem Berg residierten neun Könige und zehn Dalai Lama. Im 7. Jh. ließ König Songzan Ganbu eine Art Festung errichten, die in ihrer Anlage einem schlafenden Elefanten geglichen haben soll. Anläßlich der Ankunft der chinesischen Prinzessin Wen Cheng entstand ein weiterer Bau, später »Roter Palast« genannt.

Das Wort *Potala* stammt ursprünglich aus dem Sanskrit. Es ist der Name eines mythischen Berges im Süden Indiens, auf dem der Bodhisattva Avalokiteshvara residiert haben soll. Die Kunde von diesem Berg und seinem Mythos gelangte mit dem Mönch Xuanzang während der Tang-Zeit nach China. Da die tibetischen Buddhisten in dem König Songzan Ganbu eine Inkarnation dieses Bodhisattva sahen, wurde der Rote Berg mit seiner ehemaligen Residenz später Potala genannt. Im 17. Jh. knüpfte der 5. Dalai Lama, der ebenfalls als Inkarnation des Avalokiteshvara verehrt wurde, an diese Tradition an und ließ auf dem Ostteil des Potala-Berges nach dem Vorbild des tang-zeitlichen Roten Palastes eine Residenz errichten, den Weißen Palast. Dieser 1648 fertiggestellte Bau wurde unter seinen Nachfolgern erweitert. In den Jahren 1690–93 entstand in Erinnerung an den 5. Dalai Lama der Rote Palast, der heute den zentralen Teil der Anlage ausmacht und von den Bauten des Weißen Palastes umgeben wird. Unter den Baumeistern befanden sich auch einige Han-Chinesen, deren Einfluß an den geschwungenen Dächern, Balken- und Konsolenkonstruktionen deutlich erkennbar ist.

Der Potala-Palast erreicht mit seinem höchsten Gebäude von 13 Stockwerken eine Höhe von 117 m. Seine Mauern sind bis zu 5 m dick. Im Osten und Westen grenzt je ein Wehrturm die Anlage ab. Sie symbolisieren Sonne und Mond. Eine breite Treppe führt den Berg hinauf zum Osttor und zur Östlichen Terrasse, auf der Zeremonien und Tänze stattfanden. Die gesamte Palastanlage soll etwa eintausend Räume zählen. Der **Rote Palast** enthält hauptsächlich Gebetshallen und acht mit Blattgold und Edelsteinen verzierte Chorten, in denen die einbalsamierten Körper der verstorbenen Dalai Lama in Meditationshaltung ruhen. Der Chorten des 5. Dalai Lama ist der älteste (1690) und mit einer Höhe von 14,8 m auch der größte. Etwa 3700 kg Gold wurden für ihn verarbeitet. Die größte Halle des Roten Palastes ist die Westhalle. Sie enthält herrliche Wandgemälde, darunter auch Darstellungen von Episoden aus dem Leben des 5. Dalai Lama, wie z. B. eine Audienz beim Qing-Kaiser im Jahre 1652.

Im **Weißen Palast** befinden sich u. a. die Unterkünfte und Verwaltungsräume. Die größte Halle dieses Teils ist die Osthalle, in der die Zeremonien der Amtsantritte der Dalai Lamas stattfanden. Sie entstand im Jahre 1645. Die Privatgemächer der Dalai Lamas befanden sich im Westteil des Weißen Palastes. Die Gottkönige lebten hier mit einem Gefolge von 500 Lamas, meist Söhnen aus den vornehmsten Familien Tibets.

Der älteste Teil des Potala-Palastes ist die im Nordostteil des Roten Palastes gelegene **Avalokiteshvara-Kapelle.** Sie wird auch das Brautzimmer der Prinzessin Wen Cheng und König Songzan Ganbus genannt. Die Kapelle enthält eine Skulptur des tausendarmigen Avalokiteshvara.

Der Potala-Palast ist für jeden Besucher ein einzigartiges Museum, in dem hervorragende Beispiele tibetischer Kunst zu besichtigen sind. Neben wertvollen Skulpturen, Kalligraphien, farbenprächtigen und mit feinsten Schnitzereien verzierten Säulen, Konsolen und Balken, edlen Brokaten, Seiden, Gold und Edelsteinen sind es vor allem die Wandgemälde, die dem interessierten Besucher unvergeßlich bleiben werden. Sie lassen sich in zwei Kategorien teilen: Darstellungen historischer Persönlichkeiten mit biographischen Erzählungen und Themen aus den buddhistischen Schriften.

Park Longwang Tang 龙王塘公园

Nördlich des Potala erstreckt sich eine Parkanlage, in deren Mitte sich der **Drachenkönig-See** und der **Drachenkönig-Tempel** befinden. Der See soll während des Baus des Weißen Palastes im 17. Jh. entstanden sein, als man die als Baumaterial benötigte Erde hier entnahm.

Tempelkloster Dazhao Si, bzw. Jokhang, Haus des Meisters

大昭寺

Das Dazhao Si, ältester Gebäudekomplex Lhasas, wurde anläßlich der Heirat zwischen dem tibetischen König Songzan Ganbu (617–650) und der chinesischen Prinzessin Wen Cheng im Jahre 641 errichtet. Diese Heirat wird noch heute als wichtiges Ereignis in der Geschichte chinesisch-tibetischer Beziehungen angesehen.

Das heute unter Denkmalschutz stehende buddhistische Heiligtum befindet sich in der Stadtmitte Lhasas. Es wurde ab 1966 als Gästehaus und Kino zweckentfremdet. Von 1972 bis 1975 führte man eine umfangreiche Restaurierung durch und übergab es im März 1979 wieder seiner Bestimmung. Das Dazhao Si war seit seiner ersten Errichtung beträchtlich erweitert und verändert worden. Die vier chinesischen Dächer der Anlage wurden wahrscheinlich im 14. Jh. hinzugefügt. Die in Ost-West-Richtung erbaute Anlage verfügt über insgesamt 24 Hallen. Die Stein-Holzkonstruktion wurde im tibetischen Stil gehalten, doch sind die chinesischen Einflüsse deutlich erkennbar; ebenso lassen sich Elemente aus der Baukunst Nepals und Indiens nachweisen.

Am Eingang des Dazhao Si wächst eine alte Weide, die von Prinzessin Wen Cheng gepflanzt worden sein soll. Nördlich der Weide befindet sich die Steintafel **Dang Fan Huimeng Bei** aus dem Jahre 823, die des Bündnisvertrages zwischen Tibet und China von 821 gedenkt. Die Inschrift wurde in tibetisch und han-chinesisch verfaßt.

Über dem Eingang, dem Westtor, sind ein Rad der Lehre und zwei buddhistische Embleme des Sieges zu sehen. In der Haupthalle befindet sich in der zentralen Kapelle eine vergoldete Bronzestatue des 12jährigen Sakyamuni. Diese Statue soll die Prinzessin Wen Cheng aus der damaligen chinesischen Hauptstadt Chang'an als Hochzeitsgeschenk des chinesischen Kaisers mitgebracht haben. Sie ist die heute wertvollste buddhistische Skulptur Tibets. Im Laufe der Jahrhunderte und nach verschiedenen Unruhen hat man sie wahrscheinlich mehrmals erneuern und sogar ersetzen müssen. Es wird vermutet, daß die jetzige Statue aus dem 12. Jh. stammt. Wen Cheng soll außerdem

verschiedene klassische buddhistische Schriften und eine Art Handbuch der Geomantik mitgebracht haben. Sie machte die Tibeter mit den chinesischen Kenntnissen in dieser Kunst vertraut.
Die zunehmende Verbreitung des Buddhismus in Tibet soll zum Teil dem Einfluß Wen Chengs und dem der nepalischen Gemahlin des Königs, Prinzessin Bhrikuti (Chi Zun), zu verdanken sein.
In der Haupthalle wie auch in den anderen Hallen sind die herrlichen Schnitzereien, Verzierungen und Malereien an Pfeilern, Balken und Konsolensystemen zu beachten. Eine heute den Besuchern häufig gezeigte Dreiergruppe sind die Skulpturen von Songzan Ganbu, seiner chinesischen Gemahlin Wen Cheng und seiner nepalesischen Gemahlin.

Tempel Xiaozhao Si (Ramoche) 小昭寺

Der Xiaozhao Si, das einst zweitwichtigste buddhistische Heiligtum Lhasas, befindet sich im Norden der Altstadt. Er wurde Mitte des 7. Jh. angeblich auf Geheiß der chinesischen Prinzessin Wen Cheng angelegt. Die Anlage wurde mehrere Male zerstört. Schon Ende des 19. Jh. sollen nur noch einige wenige Mönche dort gelebt haben.

Sommerresidenz Luobulinka (Norbulingka) 罗布林卡

Diese im Tibetischen »Schatzgarten« genannte Anlage befindet sich im westlichen Vorort Lhasas, 4 km vom Potala entfernt. Sie wurde in der ersten Hälfte des 17. Jh. angelegt. Nur wenig ist aus dieser Zeit erhalten geblieben. Die heutigen Bauten stammen größtenteils von 1954–56.

Von den drei ehemals größten Klöstern Lhasas, **Gadan Si, Zhebang Si** und **Sela Si,** sind nur noch die letzteren zwei erhalten.
Das **Zhebang Si** liegt etwa 10 km westlich von Lhasa entfernt. Es ist die Gründung eines Schülers des Zongkaba aus dem Jahre 1416. Die heute noch ganz im tibetischen Stil erhaltenen Gebäude stammen größtenteils aus dem 17. und 18. Jh. Es war nicht nur das größte und bedeutendste Kloster, sondern auch das politische Zentrum der Gelben Sekte, in dem einst 8000 Mönche lebten. Der 5. Dalai Lama residierte hier bis zu seinem Umzug in den Potala-Palast.
Von großer Bedeutung war die klostereigene Druckerei, die sich auf die Edierung der Werke der Dalai Lamas und deren Biographien spezialisiert hatte.

Eine der wichtigsten Sehenswürdigkeiten dieses Klosters ist eine große vergoldete Bronzestatue des Maitreya Buddha, der als Beschützer des Zhebang Si angesehen wird.
Etwa 1 km von Zhebang Si entfernt befindet sich **Nechong,** der Sitz des vom 5. Dalai Lama geschaffenen Staatsorakels, das bis in die jüngste Vergangenheit zu allen wichtigen politischen Entscheidungen befragt wurde und sich durch das Medium eines in Trance befindlichen Lama äußerte.
Das Kloster **Sela Si,** 5 km nördlich von Lhasa entfernt, ist ebenfalls die Gründung eines Schülers des Zongkaba. Es stammt aus dem Jahre 1419 und erlangte großen Ruhm durch seine Akademie. Einst lebten hier 6500 Mönche. Bemerkenswert sind in diesem Kloster die Statuen.
In den letzten Jahren wurde mit Restaurationsarbeiten begonnen.

CITS: Tel. 22980

Stadt Xigaze (Shigatse) 日喀则市

In etwa zehn Fahrstunden erreicht man von Lhasa aus die in einer Höhe von 3800 m liegende zweitgrößte Stadt Tibets. Xigaze war unter den Dalai Lamas Residenzstadt des Gouverneurs von Zang. Sein Palast stand auf dem Berg Zongshan. Er glich in seiner Anlage dem Potala-Palast in Lhasa, war jedoch bereits Anfang des 17. Jh. errichtet worden und muß deshalb den Baumeistern des Potala ein Vorbild gewesen sein. Der Palast wurde während der Kulturrevolution zerstört.

Xigazes herausragende Sehenswürdigkeit ist die **Klosteranlage Zashilunbu,**
扎什伦布寺
eine Gründung des Zongkaba Schülers und posthum zum 1. Dalai Lama ernannten Gendunzhuba aus dem Jahre 1447. Das Kloster war seit Mitte des 17. Jh. Residenz der Panchen Lama. Der 5. Dalai Lama hatte im Jahre 1650 den Abt von Zashilunbu zum Panchen Lama erhoben. Dieser wurde fortan als Inkarnation des Buddha Amitabha verehrt. Das Kloster ist dank umfangreicher Restaurierungsarbeiten während der letzten Jahre in sehr gutem Zustand. Es bietet eine Fülle wertvollster Kultgegenstände, Skulpturen und Kostbarkeiten. Die ältesten noch erhaltenen Bauten der Anlage sind die Große Versammlungshalle aus dem frühen 17. Jh. und die Grabkapelle des 1. Dalai Lama mit

ihren hervorragenden Wandmalereien. Der höchste Bau der Anlage ist der zu Beginn dieses Jahrhunderts errichtete Tempel des Maitreya. Er enthält eine 26 m hohe Maitreya-Bronzestatue.

Stadt Jiangzi (Gyangze) 江孜市

Im etwa 300 km von Lhasa entfernten Jiangzi befindet sich die Klosterstadt **Baiju Si** aus dem 14. Jh. In dieser Anlage bestanden seit dem 17. Jh. sechzehn Klöster verschiedenster Schulrichtungen nebeneinander. Mittelpunkt der Klosterstadt ist die im mandala-förmigen Grundriß angelegte dreistöckige Sutrahalle aus dem späten 14. Jh. Sie enthält in ihrem Hauptteil und in den ihr angefügten Seitenhallen feinste Beispiele lamaistischer Kunst, darunter eine bis ins zweite Stockwerk ragende Bronzestatue des Maitreya, des Buddha der Zukunft, umgeben von Sakyamuni und Dipankara, Buddha der Gegenwart und der Vergangenheit. Das zweite Stockwerk birgt u. a. die Räumlichkeiten, in denen die gesamte Klosterstadt betreffende Fragen beraten wurden. Der dritte Stock enthält die einzigartige Mandala-Kapelle mit wertvollen Mandala-Gemälden aus dem 15. Jh.

Die **Daputi Pagode,** ein monumentaler Chorten aus dem frühen 15. Jh., bildet die zweite wichtige Sehenswürdigkeit der Klosterstadt. Es ist ein einzigartiges Kunstwerk tibetischer Architektur. Die Anlage hat einen mandala-ähnlichen Grundriß und verfügt über Dutzende von Nischen, in denen Hunderte von Skulpturen und Gemälden zu sehen sind. Sie gehören zu den schönsten Tibets, die dem Kloster Ruhm und Ehre brachten. In ihrer Mannigfaltigkeit geben sie einen Eindruck von dem Reichtum des lamaistischen Pantheons.

Eine weitere Sehenswürdigkeit Jiangzis sind die Ruinen der im 14. Jh. angelegten Festung auf dem der Klosterstadt gegenüberliegenden Berg. Diese Anlage, in der einst die Herrscher von Jiangzi residierten, wurde 1904 durch britische Bombardements zerstört.

Provinz Taiwan

台湾

Fläche: 35788 qkm / Bevölkerung: 18,27 Mill. / Hauptstadt: Taibei

Chinas größte Insel, Taiwan, liegt etwa 100 km von der südostchinesischen Küstenprovinz Fujian entfernt. Dorthin flüchtete sich nach dem Zusammenbruch der Guomindang-Herrschaft in den Jahren 1949/50 die Nationalregierung unter Führung Chiang Kaisheks. Die Insel nahm daraufhin in politischer, wirtschaftlicher und kultureller Hinsicht eine eigene Entwicklung, deren Darstellung ebenso wie die der taiwanesischen Sehenswürdigkeiten einer gesonderten Beschreibung vorbehalten bleiben muß.

Dritter Teil

Reiseinformationen und Wissenswertes von A bis Z

An- und Abreise

Anreise von **Europa** aus:
Es gibt von verschiedenen europäischen Städten **Direktflüge** nach Beijing. U.a. bieten folgende Linien Flüge an:
CAAC, Lufthansa, Air France, Swissair, Tarom, Aeroflot, JAT, PIA, Philippine Airlines, JAL.
Die Anreise kann auch mit der **Transsibirischen Eisenbahn** erfolgen, was auf jeden Fall ein großes Erlebnis ist. Für die über 9000 km lange Strecke benötigt man acht Tage. Bei nur einer Fahrt mit der Transsib. sprechen viele Gründe dafür, sie auf der Rückfahrt zu benützen. Erstens ist diese – in Beijing beim *Lüxingshe* gebucht – billiger, zweitens entgeht man den Gepäckbegrenzungen der Luftfahrtgesellschaften, und drittens ist es nach den anstrengenden Besichtigungen und Rundfahrten in China einfach viel erholsamer, wenn man sich in gemütlichem Tempo Westeuropa wieder nähert und Klimaunterschiede und Zeitverschiebungen langsam übersteht.
Berlin–Beijing: Bevor man 6 Wochen vor der Abreise bei **Intourist** Anträge für das polnische, sowjetische und mongolische Visum stellen kann, muß das Visum für die VR China vorliegen.
Intourist: Olivaer Platz 8, 1 Berlin 15, Tel. 030–880077.
Die Hinreise erfolgt von Berlin nach Moskau, dort übernachtet man und setzt die Reise am nächsten Tag mit der Transsibirischen Eisenbahn fort. Es gibt zwei Routen: eine führt durch die Mongolei direkt nach Beijing, die andere durch die Mandschurei über Harbin.
Nähere Informationen über aktuelle Abfahrtzeiten und Preise der 1. und 2. Klasse erteilen die hiesigen Reisebüros, wo auch die Buchungen vorgenommen werden können.
Beijing-Berlin: Für die Buchung der Fahrkarte und Besorgung der Visa muß man in Beijing etwa 5 Tage einrechnen. Reservierung der Fahrkarte bei: CITS, Chongwenmen Dajie 2, Tel. 755448. In den Zügen gibt es drei Klassen: Luxusklasse (Zweibett-Abteil mit Bad): etwa DM 700,–; 1. Klasse (Zweibett-Abteil): etwa DM 600,–; 2. Klasse (Vierbett-Abteil): etwa DM 450,–.

Beantragung des sowjetischen Visums bei der Botschaft der UdSSR, Dongzhimennei Dajie 27a, Tel. 521267, 522201. 3 Paßbilder mitbringen! Mit dem sowjetischen Visum geht man zur polnischen Botschaft: Ritanlu, Jianguomenwai. 2 Paßbilder mitbringen! Das Visum wird dann in der Regel sofort ausgestellt.

Als letztes geht man zur Botschaft der Mongolischen Volksrepublik, Xiushuibeijie, Jianguomenwai, Tel. 521810. 1 Paßbild mitbringen! Auch hier erfolgt die Ausstellung des Visums meist sofort.

Die Reisenden werden in den Speisewagen verpflegt, man kann aber auch unterwegs an den russischen Bahnhöfen verschiedene Speisen kaufen. Die Auswahl ist allerdings nicht sehr groß. An der chinesischen Grenze werden die Waggonachsen ausgetauscht, da Rußland und die Mongolei eine breitere Spur haben als normal.

Anreise von **Hongkong** aus

Informationen sind bei den Büros des China Travel Service (HK) Ltd. (siehe S. 818) einzuholen.

Mit dem **Flugzeug**

Von Hongkong aus werden verschiedene Städte angeflogen: Guangzhou, Guilin, Nanning, Kunming, Hangzhou, Shanghai, Nanjing, Tianjin, Beijing; Informationen erhält man bei CAAC (siehe S. 812) und Cathay Pacific.

Mit der **Bahn**

Bequeme Expreßzüge fahren von Kowloon in drei Stunden nach Guangzhou. Für das Gepäck gelten offiziell dieselben Gewichtsbeschränkungen wie im Luftverkehr. Doch nimmt man es nicht allzu genau.

Eine billigere Möglichkeit, nach Guangzhou zu kommen, sind die Bummelzüge. Allerdings muß man an der Grenze aussteigen, über die berühmte Grenzbrücke laufen und von der chinesischen Grenzstation Shenzhen den nächsten Zug nach Guangzhou nehmen. Insgesamt dauert diese Fahrt etwa 5½ Stunden. Nähere Informationen erteilt China Travel Service (HK) Ltd.

Mit dem **Schiff**

Es bestehen mehrere Schiffsverbindungen mit verschiedenen Häfen Chinas, darunter mit Shanghai (eine Fahrt von 60 Stunden mit den Passagierschiffen ›Shanghai‹ oder ›Haixing‹) mit Xiamen (17 Stunden mit der ›Gulangyu‹ oder ›Jimei‹) oder mit Guangzhou (11 Stunden mit der ›Tianhu‹ oder ›Xinghu‹ und in 2½ Stunden mit der Hovercraft-Fähre).

Abreise

Mit dem **Flugzeug**

Flüge ins Ausland können bei den internationalen Luftfahrtgesellschaften und bei der staatlichen chinesischen CAAC gebucht werden. (Adressen siehe S. 812) Es ist bei internationalen Flügen eine Airport Tax von 10,– RMB in

FEC zu entrichten. An Stornierungsgebühren können zwischen 10,– und max. 130,– RMB berechnet werden.

Mit der **Transsibirischen Eisenbahn**

Buchungen können durch das *Lüxingshe* vorgenommen werden. Die Visabeschaffung kann bis zu einer Woche in Anspruch nehmen, deshalb rechtzeitig einreichen! Weiteres zur Transsib. siehe oben.

Die Ausreise kann auch mit dem Zug oder Flugzeug über Guangzhou und Hongkong erfolgen. Hier bestehen die gleichen Möglichkeiten wie unter ›Anreise‹.

Mit dem **Schiff**

siehe Anreise.

Aktuelle Informationen zu Preisen und Terminen erteilt das **Lüxingshe** in China bzw. China Travel Service (HK) Ltd.

Aufenthaltsgenehmigung/Reiseerlaubnis

Für den Besuch verschiedener Orte bedarf es einer Aufenthaltsgenehmigung, die bei organisierten Reisen vom *Lüxingshe* beschafft wird. Reisende, die alles auf eigene Faust arrangieren, müssen einen entsprechenden Antrag beim *Gong'an Ju,* Amt für Öffentliche Sicherheit, an ihrem Einreiseort stellen. Alle Orte, die man besuchen möchte, werden aufgelistet. Die Erteilung der Aufenthaltsgenehmigung kann mehrere Stunden, einen oder auch mehrere Tage dauern. Beantragte Aufenthaltsgenehmigungen für Ortschaften in Grenzprovinzen, wie zum Beispiel Xishuang Banna in Yunnan, bedürfen einer längeren Wartefrist. Die Aufenthaltsgenehmigung ist ein überaus wichtiges Papier, das der Reisende stets bei sich tragen muß. Ein Amt für Öffentliche Sicherheit gibt es in jeder Stadt, so daß man fehlende Städte im nachhinein noch beantragen kann. Für viele Orte, darunter Beijing, Shanghai, Guangzhou, Tianjin, Taiyuan, ist keine Aufenthaltsgenehmigung notwendig. Reisende, die privat unterkommen, sollten beachten, daß für Ausländer eine Meldepflicht besteht. Die folgende Liste enthält die Orte der **Gruppe A,** für die das Visum automatisch gilt, und der **Gruppe B,** für die eine Reiseerlaubnis erforderlich ist.

Für Ausländer geöffnete Orte (1986)

Städte und Orte der Gruppe A:

Regierungsunmittelbare Städte:
  Beijing, Shanghai, Tianjin.
Provinz Hebei:
  Shijiazhuang, Qinhuangdao, Chengde, Zhuoxian.

Provinz Shanxi:
Taiyuan, Wutai, Fanshi.
Das Autonome Gebiet der Inneren Mongolei:
Huhhot, Baotou, Manzhouli, Erlianhot.
Provinz Liaoning:
Shenyang, Dalian, Dandong, Jinzhou, Anshan, Fushun.
Provinz Jilin:
Changchun, Jilin, Yanji.
Provinz Heilongjiang:
Harbin, Qiqihar, Daqing.
Provinz Jiangsu:
Nanjing, Suzhou, Wuxi, Lianyungang, Nantong, Changzhou, Yangzhou, Zhenjiang.
Provinz Zhejiang:
Hangzhou, Ningpo, Wunzhou, Shaoxing.
Provinz Anhui:
Hefei, Wuhu, Huangshan, Bengbu, Tunxi, Jiuhuashan.
Provinz Fujian:
Fuzhou, Xiamen, Quanzhou, Zhangzhou, Chongan.
Provinz Jiangxi:
Nanchang, Jiujiang (Lushan), Jingdezhen.
Provinz Shandong:
Jinan, Qingdao, Yantai, Taian, Weifang, Zibe, Jining (Qüfu, Yanzhou).
Provinz Henan:
Zhengzhou, Kaifeng, Luoyang, Anyang.
Provinz Hubei:
Wuhan, Yichang, Shashi, Xiangfan, Jiangling.
Provinz Hunan:
Xiangtan (Shaoshan), Hengshan, Zhuzhou.
Provinz Guangdong:
Guangzhou, Foshan (Nanhai, Shunde), Zhaoqing, Shenzhen, Zhuhai, Shantou, Haikou, Zhanjiang, Zhongshan, Jiangmen, Shaoguan, Huizhou.
Das Autonome Gebiet der Zhuang-Nationalität Guangxi:
Nanning, Guilin, Beihai, Liuzhou, Wuzhou.
Provinz Sichuan:
Chongqing (Steingrotte Dazu), Chengdu, Leshan, Emei.
Provinz Guizhou:
Guiyang, Anshun.
Provinz Yunnan:
Kunming, Lunan (Steinwald).

Provinz Shaanxi:
Xian, Lintong, Xianyang, Yanan.
Provinz Gansu:
Lanzhou.
Provinz Qinghai:
Xining, Huangzhong.
Das Autonome Gebiet der Hui-Nationalität Ningxia:
Yinchuan.
Das Uigurische Autonome Gebiet Xinjiang:
Ürümqi.

Städte und Orte der Gruppe B:

Provinz Hebei:
Baoding, Tangshan, Handan, Zunhua (Dongling).
Provinz Shanxi:
Datong, Linfen, Yuncheng.
Das Autonome Gebiet der Inneren Mongolei:
Dalateqi (Xiangshawan), Hailaer, Dongsheng, Xilinhot, Zhalantun, Tongliao.
Provinz Liaoning:
Yingkou, Liaoyang, Benxi, Fuxin, Tieling, Chaoyang.
Provinz Jilin:
Siping, Liaoyuan, Tonghua, Baicheng, Antu (Naturschutzgebiet).
Provinz Heilongjiang:
Mudanjiang, Jiamusi, Yichun, Jixi, Hegang, Wudalianchi, Qitaihe, Heihe, Suifenhe, Tongjiang.
Provinz Jiangsu:
Xuzhou, Huaiyin, Changshu, Huaian, Yixing, Yancheng.
Provinz Zhejiang:
Jiaxing, Huzhou, Deqing (Moganshan-Berg), Puto (Putoshan), Jinhua, Jiaojiang.
Provinz Anhui:
Huainan, Huaibei, Tongling, Chuzhou, Chaohu, Shexian, Xiuning, Fengyang, Jingxian, Maanshan, Anqing.
Provinz Jiangxi:
Ganzhou, Jinggangshan, Pengze (Longgongdong).
Provinz Shandong:
Kenli (Ölfeld Shengli).

Provinz Henan:
Xinxiang, Xinyang (Jigongshan), Linxian, Gongxian, Nanyang, Puyang, Pingdingshan, Wenxian.
Provinz Hubei:
Xianning, Danjiangkou, Huangshi, Jingmen, Suizhou, Shiyang, E'zhou.
Provinz Hunan:
Xiangtan (Shaoshan), Hengshan, Zhushou.
Provinz Guangdong:
Chaozhou, Maoming, Meixian, Xingning, Fengshun, Dapu, Huiyang, Belo, Huidong, Heyuan, Dongwan, Lufeng, Haifeng, Gaoyao, Xinxing, Yunfu, Sihui, Quiongshan, Wenchang, Anding, Qionghai, Wanning, Tunchang, Chengmai, Danxian, Lingao, Baoting, Baisha, Qiongzhong, Lingshui, Sanya, Ledong, Dongfang, Changjiang, Fengkai, Huaiji, Deqing, Loding.
Das Autonome Gebiet der Zhuang-Nationalität Guangxi:
Wuming, Binyang, Guiping, Xingan, Luchuan, Beiliu, Rongxian, Guixian.
Provinz Sichuan:
Wanxian, Xindu, Guanxian, Meishan, Zhongxian, Yunyang, Fengjie, Wushan.
Provinz Guizhou:
Zunyi, Kaili, Liupanshui, Shibing, Qingzhen, Zhenyuan, Zhenning (Wasserfall-Huangguoshu).
Provinz Yunnan:
Dali, Lijiangnaxi, Yuxi, Tonghai, Chuxiong, Jinghong, Menghai, Simao.
Das Autonome Gebiet Xizang (Tibet):
Lhasa, Xigaze, Nanshan.
Provinz Shaanxi:
Baoji, Hancheng.
Provinz Gansu:
Yongjing, Jiayüguan, Jiuquan, Tianshui, Linxia, Xiahe, Dunhuang.
Provinz Qinghai:
Taermu, Ledu, Gonghe, Lenghuzhen, Mangyazhen.
Das Uigurische Autonome Gebiet Xinjiang:
Shihezi, Turpan, Kashi.

Auskünfte

Für alle Fragen ausländischer Reisender sind neben den jeweiligen Reiseveranstaltern die Angestellten des staatlichen chinesischen Reisebüros *Lüxingshe* zuständig. Den Reisegruppen wird im allgemeinen ein chinesischer Begleiter

mit Fremdsprachenkenntnissen zugewiesen, im übrigen gibt es auch in den Hotelrezeptionen zumeist einen *Lüxingshe*-Mitarbeiter.
In Deutschland ist für Auskünfte zuständig: China Tourist Office, Eschenheimer Anlage 28, 6 Frankfurt a. M. 1, Tel. 069/555292, Tx. 4170360 FAC

Bank of China, Zhongguo Yinhang

Zentrale: 17, Xijiaominxiang, Beijing, Tel.: 338521
Geöffnet: Mo.–Fr.: 9.30 bis 12.00, 13.00 bis 16.30, Sa.: 9.00 bis 12.00.
Die Bank of China unterhält in allen größeren Städten eine oder mehrere Zweigstellen.

Chinesisch:
Aussprache der chinesischen Umschrift und Aussprachehilfen

›a‹ wie in l**a**ssen
›b‹ wie in **b**acken
›c‹ wie in **z**eigen
›ch‹ wie in **ch**urch (engl.)
›d‹ wie in lan**d**en
›e‹ wie in beginn**e**n
aber: ›ie‹ wie in **je**nseits
›ei‹ wie in **ei**ght (engl.)
›f‹ wie in **f**inden
›g‹ wie in **g**eben
›h‹ wie ch in a**ch**t
›i‹ wie in **i**mmer
›j‹ wie in **j**eep (engl.)
›k‹ wie in **k**aum
›l‹ wie in **l**oben
›m‹ wie in **M**ann
›n‹ wie in **n**ie
›o‹ wie in S**o**nne
›p‹ wie in **p**acken
›q‹ wie in **ch**eek (engl.)
›r‹ zwischen engl. **r** und franz. **j**
›s‹ wie in la**ss**en
›sh‹ wie in **sch**affen
›t‹ wie in **t**ot
›u‹ wie in **u**nten
›w‹ wie in **w**ay (engl.)
›x‹ wie in **sh**e (engl.)
›y‹ wie in **j**ung
›z‹ wie in **Ds**ungarei
›zh‹ wie in **Dsch**ungel

Häufig gebrauchte Begriffe in den Stadt- und Landbeschreibungen
(Chinesisch/Deutsch)

Bówùguǎn	博物馆	Museum
Cángjīng Diàn	藏经殿	Predigt-, Lehrhalle
Chéng	城	Stadt, Mauer
Chí	池	Teich

Cí	祠	Tempel
Dajie	大街	Straße, Boulevard
Dǎo	岛	Insel
Dàxióng Baŏdiàn	大雄宝殿	Halle des Großen Helden
Dī	堤	Deich
Diān	巅	Gipfel
Diàn	殿	Halle, Palast, Tempel
Dǐng	顶	Gipfelspitze
Dòng	洞	Höhle, Grotte
Fēng	峰	Gipfel
Fó	佛	Buddha
Gé	阁	Pavillon
Gōng	宫	Palast
Gōngyuán	公园	Park
Guǎn	馆	Halle
Gǔlóu	古楼	Trommelturm
Hǎi	海	Meer, See
Hé	河	Fluß
Hú	湖	See
Jiāng	江	Fluß
Jie	街	Straße
Líng	陵	Mausoleum
Lóu	楼	Turm, mehrstöckiges Gebäude
Lu	路	Straße
Mén	门	Tor, Tür
Miào	庙	Tempel
Mù	墓	Grab
Nei	内	innen
Pùbù	瀑布	Wasserfall
Púsa	菩萨	Bodhisattva
Qiáo	桥	Brücke
Quán	泉	Quelle
Shān	山	Berg, Hügel, Gebirge, Massiv

Shāngŭ	山谷	Schlucht, Tal
Shānmén	山门	Bergtor
Shěng	省	Provinz
Shí	石	Stein
Shì	市	Stadt
Shíkū	石窟	Grotte, Höhle
Sì	寺	Tempel
Tă	塔	Pagode
Táng	堂	Halle
Táng	塘	Teich
Tiānwáng Diàn	天王殿	Halle der Himmelskönige
Tíng	亭	Pavillon
Wai	外	außen
Xī	溪	Bach
Xía	峡	Schlucht
Xiàn	县	Kreis
Xuān	轩	Pavillon
Yán	岩	Felsen
Yuán	园	Garten
Yuàn	院	Hof
Zhōnglóu	钟楼	Glockenturm

Worte und Redewendungen

Guten Tag!	你好	Nĭ hăo!
Auf Wiedersehen!	再见	Zàijiàn!
ich	我	wŏ
du, Sie	你，您	nĭ, nín
er, sie, es	他，她，它	tā
wir	我们	wŏmen
ihr	你们	nĭmen
sie	他们	tāmen
Freundschaft	友好	yŏuhăo
Ich bin Deutsche(r).	我是德国人	Wŏ shì déguórén.
Ich bin Österreicher(in)	我是奥地利人	Wŏ shì aòdìlìrén.

Ich bin Schweizer(in).	我是瑞士人	Wǒ shì ruìshìrén.
Warten Sie bitte einen Augenblick!	请等一等	Qǐng děng yì děng!
Verstehen Sie Deutsch? (Englisch)?	您懂德(英)文吗	Nín dǒng déwén (yīngwén) mā?
Ich suche . . .	我找	Wǒ zhaǒ . . .
Ich möchte . . . haben.	我要	Wǒ yào . . .
Ich möchte zu/in . . . gehen.	我要去	Wǒ yào qù . . .
Ich möchte . . . kaufen	我要买	Wǒ yào mǎi . . .
Setzen Sie sich!	请坐	Qǐng zuò!
Gehen wir!	走吧	Zǒu ba!
Danke!	谢谢	Xièxiè!
Pause	休息	xiūxi
Restaurant	饭店，饭馆	fàndiàn, fàngǔan
Hotel	旅馆，饭店	lǚgǔan, fàndiàn
Gästehaus	宾馆	bīngǔan
Amt für Öffentliche Sicherheit	公安局	Gōng'ān Jú
Post	邮局	Yóujú
Bank	银行	yínháng
Freundschaftsladen	友谊商店	yǒuyí shāngdiàn
Warenhaus	百货大楼	bǎihuò dàlóu
Bahnhof	火车站	huǒchēzhàn
Flughafen	飞机场	fēijīchǎng
Taxi	出租汽车	chūzū qìchē
Buchhandlung	书店	shūdiaǹ
Botschaft	大使馆	dàshǐgǔan
Krankenhaus	医院	yīyuàn
Eingang	入口	rùkǒu
Ausgang	出口	chūkǒu
Damentoilette	女厕所	nǚ cèsǔo
Herrentoilette	男厕所	nán cèsǔo
Friseur	理髮	lǐfà
Kaffee	咖啡	kāfēi

Tee	茶	chá
Limonade	汽水	qìshǔi
Orangensaft	桔子水	júzǐshǔi
Mineralwasser	矿泉水	kuàngquánshǔi
Bier	啤酒	píjiǔ
Obst	水果	shǔigǔo
Zigaretten	香烟	xiāngyān
Feuer	火	huǒ
telefonieren	打电话	dǎ diànhuà
Brief abschicken	寄信	jì xìn
0	〇	líng
1	一	yī
2	二	èr
3	三	sān
4	四	sì
5	五	wǔ
6	六	liù
7	七	qī
8	八	bā
9	九	jǐu
10	十	shí

Chinesische Küche und Getränke

Die Liebe zum guten Essen hat in China eine lange Tradition. Schon in Texten, die lange vor unserer Zeitrechnung verfaßt wurden, ist die richtige Zubereitung verschiedener Gerichte erwähnt, und so haben sich die Chinesen über die Jahrhunderte zu einem Volk von Feinschmeckern entwickelt, das mit den Zutaten der jeweiligen Region die leckersten Speisen bereiten kann. Normalerweise werden drei warme Mahlzeiten am Tag eingenommen, wobei im Süden Reis und im Norden Teigwaren das Grundnahrungsmittel bilden, zu dem man die verschiedensten Fleisch- und Gemüsegerichte ißt. Die Vielfalt der Kost läßt sich kaum überblicken und variiert von einer Region zur anderen. Man kann die chinesische Küche grob in vier große Gruppen unterteilen:
Norden (Beijing und Shandong). Die Pekinger Küche zeichnet sich besonders aus durch die sorgfältige Wahl der Zutaten und Gewürze und durch viele Varianten des Zubereitens: frittieren, grillen, rösten, dünsten, dämpfen, bra-

ten und schmoren. Weltbekannt ist die Peking-Ente, aber auch mongolischer Feuertopf, mongolischer Grill und nicht zuletzt die Gerichte der kaiserlichen Palastküche gehören zu den Spezialitäten. In Shandong schätzt man besonders die Milde und achtet auf Aroma, Zartheit und Frische der Speisen. Als Entree eines Festessens wird häufig Schwalbennestsuppe gereicht.

Osten (Shanghai, Jiangsu und Zhejiang). In Shanghai liebt man farbenprächtige, reichhaltige Gerichte, die mit frisch geerntetem Gemüse zubereitet werden. Wegen der Nähe zur See ist man besonders auf Meeresfrüchte spezialisiert. Die Köche Zhejiangs und Jiangsus sind Meister im Anrichten von Geflügel und Fisch. Häufig wird das Fleisch im eigenen Saft geschmort, um den typischen Eigengeschmack zu bewahren.

Westen (Sichuan und Hunan). Diese Küche zeichnet sich durch die Schärfe des Würzens aus. Alle Geschmacksrichtungen kommen zu ihrem Recht: süß, sauer, pfeffrig, bitter, salzig und scharf. Eine der Spezialitäten ist das Gericht *Mapo Dofu*, eine scharfe Sojabohnenquark-Speise.

Süden (Guangdong). Die kantonesische Küche verwendet die ganze Palette der Gemüsesorten, die in dieser fruchtbaren Region wachsen. Durch eine besonders kurze Garzeit behalten die Gerichte ihre ganze Frische, Farbe und vor allem die Vitamine.

Allgemein ist zu sagen, daß man in China an Fleischsorten Ente und Fisch bevorzugt, gefolgt von Huhn und Schwein. Die Mongolen ziehen das Lammfleisch vor.

An Getränken gibt es Säfte, süße Limonade, Bier (das berühmteste ist das nach deutschem Rezept gebraute *Qingdao Pijiu*) und gegen Devisen Coca Cola. Unverzichtbar bleibt das Nationalgetränk der Chinesen, der Tee. Seine Qualität hängt von der Beschaffenheit des Bodens, auf dem er angebaut wird, und vom Zeitpunkt der Ernte ab und nicht zuletzt auch von dem Wasser, mit dem er zubereitet wird. Die wichtigsten Sorten sind schwarzer Tee (fermentiert), grüner Tee (nicht fermentiert), Blütentee (grüner Tee aromatisiert mit Blütenblättern, meist Jasminblüten) und Wulong-Tee (halbfermentiert).

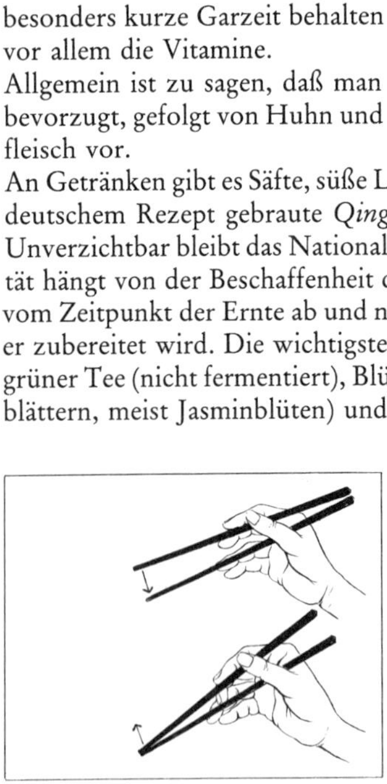

Auch die Alkoholherstellung hat in China eine lange Tradition. Die berühmtesten Getreidebranntweine sind: *Wuliangyie* und *Daqu* aus Sichuan und *Maotai Jiu* aus dem Städtchen Maotai in Guizhou. Der *Fenjiu* stammt aus dem Kreis Fenyang, Shanxi. Er wird aus Sorghum und süßen Erbsen hergestellt. Die wichtigsten Rohstoffe des *Shaoxing Jiu* sind klebriger Reis aus der Provinz Jiangsu und Wasser aus dem See Jianhu.

Herstellungsort ist Shaoxing, Zhejiang. Die berühmtesten Kräuterschnäpse sind *Zhuyeqing* und *Wujiapi Jiu*. Der *Tonghua*, berühmtester Rotwein Chinas, stammt aus Dongbei, dem Nordosten Chinas.
Das Essen mit Stäbchen bereitet dem Anfänger oft Schwierigkeiten, ist jedoch sehr einfach zu erlernen: Das untere, feste Stäbchen wird eingeklemmt zwischen der Kuppe von Ringfinger auf der einen und der Beuge zwischen Daumen und Zeigefinger auf der anderen Seite. Das zweite, bewegliche Stäbchen faßt man mit Daumen-, Zeige- und Mittelfingerkuppe und kann so die Stäbchenspitzen öffnen oder schließen und einen Bissen greifen. Wem dies dennoch zu kompliziert sein sollte, dem wird in den meisten auf Ausländer eingestellten Restaurants aber auch westliches Eßbesteck angeboten.

Devisen

Es gibt keine Bestimmungen über einen Mindestumtauschsatz von Devisen. Ausländische Währungen können in allen Agenturen der Bank of China getauscht werden. Die Bearbeitungsgebühr für Kreditkarten beträgt 4%.

Diplomatische Vertretungen

Botschaft der Volksrepublik China

Bundesrepublik Deutschland:	Kurfürstenallee 12 5300 Bonn 2 (Bad Godesberg) Tel. 02 28/36 10 95-9 Handelsabteilung: Bondorfer Str. 3 A 5307 Wachtberg-Niederbachem Tel.: 02 28/34 50 59 (Generalkonsulat), Harvestehuder Weg 39, 2 Hamburg 13, Tel. 040/44 88 51
Österreich:	Metternichgasse 4 1030 Wien Tel.: 02 22/75 31 51
Schweiz:	Kalcheggweg 10 3000 Bern Tel.: 0 31/44 73 33-4

Generalkonsulat der Volksrepublik China
Harvestehuder Weg 39
2000 Hamburg 13
Tel. 040/44 88 51

Botschaft der Bundesrepublik Deutschland
5, Dongzhimenwai Dajie, Beijing.
Tel.: 52 21 61-65

Österreichische Botschaft
5, Jianguomenwei Xiushui Nanjie, Beijing
Tel.: 52 20 62-63

Schweizerische Botschaft
3, Sanlitun Dongwujie, Beijing
Tel.: 52 28 31-32

Einkäufe

An Einkaufsgelegenheiten wird es dem Touristen nicht fehlen. Reisegruppen werden fast immer in die sogenannten Freundschaftsläden geführt, in denen Ausländern eine breite Palette von chinesischen Exportartikeln dargeboten wird. Das Angebot reicht von Obst- und Gemüsekonserven und anderen Lebensmitteln über Textilien, Kalligraphien und Gemälden bis zu Porzellan, Spielzeug und Möbeln und umfaßt alle Preisklassen. Diese Läden haben den Vorteil, daß sich der Interessierte einen Artikel in Ruhe aussuchen kann und von Verkäufern bedient wird, die häufig über Grundkenntnisse der englischen Sprache verfügen. Selbstverständlich kann man auch in den normalen Geschäften und Warenhäusern einkaufen, was vielleicht noch interessanter ist, jedoch muß man sich in kleineren Städten darauf gefaßt machen, von einer Traube neugieriger, aber freundlicher Einheimischer umringt zu werden, so daß der Kauf selbst ziemlich anstrengend wird. Manchmal ersteht man unter solchen Umständen Dinge, die man sonst vielleicht gar nicht gekauft hätte. Bedenken Sie, daß auch die chinesische Kundschaft vor einem Kauf sorgfältig überlegt und prüft. Langsame Entscheidungen sind also nichts Ungewöhnliches. Das Angebot in diesen Geschäften ist meistens nicht so reichhaltig wie in den Freundschaftsläden. Antiquitätengeschäfte stehen größtenteils nur den Devisen bringenden Ausländern offen.

Auf dem Gebiet des Kunsthandwerks bietet jede Stadt und jede Region ihre Spezialitäten und Besonderheiten. Im folgenden werden einige genannt.

Beijing: Lackwaren, Email-Cloisonné, Perlmutter-Einlegearbeiten, Elfenbeinschnitzereien, Edelsteinverarbeitung, Malerei, Steinab-

	reibungen, Drucke, Stickereien, Teppiche, Seiden, Mobiliar, Pelze.
Changsha:	Keramik
Chengdu:	Bambus- und Rattanartikel, Stickereien.
Datong:	Bronzeartikel, Teppiche
Fuzhou:	Lackarbeiten
Guangzhou:	Elfenbein- und Jadeschnitzerei, Stickereien, Keramik, Edelsteinverarbeitung
Guilin:	Rollbilder, Steine für Miniaturlandschaften
Hangzhou:	Seiden, Stickereien
Kunming:	Stickereien und Webereien nationaler Minderheiten.
Lhasa:	Teppiche
Nanjing:	Wolkenbrokat
Ningxia:	gewebte Teppiche
Shanghai:	Perlmutterarbeiten, Elfenbeinschnitzerei, Lackwaren, Silber- und Edelsteinverarbeitung, Seiden, Malerei.
Shenyang:	Pelze
Suzhou:	Stickerei, Seidentapisserie
Tianjin:	Perlmutterarbeiten, Teppiche
Wuxi:	Keramik
Xinjiang:	gewebte Teppiche, Stickereien der Uiguren
Yangzhou:	Lackwaren, Mobiliar, Perlmutterarbeiten.

Einreisebestimmungen

Zur Einreise nach China sind erforderlich: gültiger Reisepaß, der noch 6 Monate nach der geplanten Ausreise aus China gültig ist und ein Einreisevisum. Bei Gruppenreisen besorgt der Reiseveranstalter die Visa. Die Teilnehmer geben ihre Reisepässe etwa sechs Wochen vor Reisebeginn dem Veranstalter zwecks Beantragung des Gruppenvisums. Er steht bis zum Reiseantritt nicht weiter zur Verfügung.
Das Gruppenvisum wird dem Reiseleiter mit einer Liste, auf der alle Teilnehmer vermerkt sind, übergeben.
Einzelreisende können das Visum direkt bei der Konsularabteilung der chinesischen Botschaft oder dem chinesischen Generalkonsulat beantragen. Einzelvisa werden in der Hochsaison nicht erteilt: Mai, August, September, Oktober; es sei denn, es liegt eine Einladung von chinesischer Seite oder von in China tätigen Ausländern vor.
Visaanträge – erhältlich bei der Botschaft oder dem Generalkonsulat – müssen in doppelter Ausführung ausgefüllt, mit zwei Paßbildern versehen und mit dem gültigen Reisepaß eingereicht werden. **Visagebühr:** DM 17,–. Bei Post-

zustellung ist ein für Einschreiben ausreichend frankierter **Freiumschlag** für die Rücksendung beizulegen. Liegt der Botschaft eine Einladung vor, erfolgt die Visumerteilung innerhalb weniger Tage. Besteht keine Möglichkeit einer Einladung aus China, kann man sich an China-erfahrene Reiseveranstalter wenden, die dann beim staatlichen chinesischen Reisebüro eine Individualreise beantragen können.

Über Hongkong ist die Einreise als Einzelperson meist einfacher. (Für Hongkong ist nur der gültige Reisepaß notwendig.) Einige dort ansässige Reisebüros bieten kurzzeitige Kurzreisen mit festen Programmen an. Seit einiger Zeit gibt es auch die Möglichkeit, sich durch Hongkonger Reisebüros ein Einzelvisum für vier Wochen besorgen zu lassen. Die weitere Reise und die Unterkünfte innerhalb Chinas sind selbst zu organisieren. Eine Verlängerung des Visums ist in China möglich. Büros zur Visabeschaffung sind:

China International Travel Service (H. K.) Ltd., Miramar Hotel, Zim. 2025, 134 Nathan Road, Kowloon.

China Travel Service (H. K.) Ltd., 77 Queens Road, Hong Kong.

Globe Travel Service, Zim. 823, International Building, Hong Kong.

Hong Kong Student Travel Bureau Ltd., Star House, Kowloon.

Travellers Hostel, Chung King Mansion, 16th fl., Block A, Nathan Road Kowloon.

United Taishan Travel Service, 43 Dundas Street, Mongkok, Kowloon.

Das Visum kann meist in 3 bis 4 Tagen besorgt werden. Nach Ankunft in China begibt man sich zum nächsten *Gong'an Ju,* Amt für Öffentliche Sicherheit, und beantragt die Aufenthaltsgenehmigungen für die Städte, die man bereisen möchte (siehe auch ›Aufenthaltsgenehmigung‹). Diese Art von selbständigem Reisen erfordert ein wenig Mut und viel Geduld und bringt eigentlich nur wirklich etwas, wenn chinesische Sprachkenntnisse vorhanden sind.

Seit diesem Jahr können Ausländer (ausgenommen Reisegruppen und Inhaber amtlicher Pässe) an den Flughäfen Beijing, Tianjin, Shanghai, Hangzhou, Fuzhou, Xiamen, Xi'an, Guilin und Kunming Sofort-Sichtvermerke für einen Monat (bis zu 3 Monaten verlängerbar) erhalten, jedoch nur in Ausnahmefällen. Vorzulegen sind Paß, ein Photo und eine Einladung.

Bitte achten Sie darauf, daß gerade die **Bestimmungen für Individualreisen** häufig Änderungen unterliegen. Genaue Erkundigungen nach dem aktuellen Stand sind vor Planung einer Reise deshalb stets vonnöten.

Elektrizität

In allen Hotels werden Sie 220 V, 50 Hz vorfinden. Zum Teil sind noch das britische Dreipolflachsteckersystem oder relativ schmale Buchsen anzutreffen. Zwischenstecker sind meist an der Rezeption der großen Hotels erhältlich. Im Zweifelsfall sollte man sich einen Zwischenstecker mitbringen (in letzter Minute noch am Frankfurter Flughafen zu kaufen) oder ganz auf batteriegetriebene Geräte umsteigen.

Ermäßigungen

Ausländische Touristen müssen für Verkehrsmittel und Übernachtungen wesentlich mehr zahlen als Einheimische. Studenten erhalten jedoch eine Ermäßigung, allerdings meist nur jene, die an chinesischen Lehranstalten immatrikuliert sind. Manchmal gelingt es jedoch auch, mittels Vorlage eines Internationalen Studentenausweises einen Nachlaß zu ergattern. An chinesischen Institutionen beschäftigte Ausländer erhalten gegen Vorlage ihres Arbeitsnachweises ebenfalls eine Ermäßigung.

Feiertage

In China gibt es sowohl die neuen Feiertage nach westlichem Kalender als auch traditionelle nach dem Mondkalender:

gregorian. Kalender	Mondkalender	Festtag	Urlaub
1. Januar		Neujahrstag	1 Tag
	1. Tag d. 1. Mon.	Frühlingsfest	3 Tage
	15. Tag d. 1. Mon.	Laternenfest	
8. März		Intern. Frauentag	½ Tag f. Frauen
	12. Tag d. 3. Mon.	Qingming-Fest	
1. Mai		Tag der Arbeit	1 Tag
4. Mai		Tag der Jugend (zur Erinnerung an die 4. Mai-Bewegung von 1919)	
1. Juni		Intern. Kindertag	1 Tag f. Kinder
	5. Tag d. 5. Mon.	Drachenbootfest	
1. Juli		Gründungstag der KPCh	
1. August		Gründungstag d. Volksbefreiungsarmee	
	15. Tag d. 8. Mon.	Mittelherbstfest	
1. Oktober		Nationalfeiertag (zur Erinnerung an die Gründung der VR China im Jahre 1949)	2 Tage

Fernsehen

In größeren Hotels sind die Zimmer meist mit einem Fernsehgerät ausgestattet. Das chinesische Fernsehen hat zwei Programme. Es wird in Farbe von ca. 18.00 bis ca. 22.00 Uhr ausgestrahlt – natürlich in Chinesisch. Das Fernsehprogramm besteht aus Nachrichtensendungen, darunter auch aktuelle Weltnachrichten, Spiel- und Dokumentarfilmen, Fremdsprachenkursen u. ä.

Fluggesellschaften

Civil Aviation Administration of China

(CAAC):	**Beijing,** Dongsixi Dajie, 117.
	Tel.: Auskunft: 558861, 553245
	Buchung: Ausland: 550626, 557878, 557319
	Inland: 553245
	Shanghai, Yan'anzhonglu, 789.
	Tel.: Auskunft: 533766, 537664
	Buchung: Ausland: 532255
	Inland: 535953, 533766
	Guangzhou, Huanshilu, 181.
	Tel.: Buchung: Ausland: 61803
	Inland: 62123-904
	Hongkong, Marina House, Queen's Road.
	Tel.: 5-211314/15, 5-234802
	Weitere Adressen stehen am Ende der entsprechenden Stadtbeschreibung.
Lufthansa:	Jianguomenwai, 2-2-52, Beijing.
	Tel.: 522626, Flughafen: 522931×5469
Swissair:	Jianguomenwai, 12-33, Beijing.
	Tel.: 523284, 523492, Flughafen: 522931×5454
Air France:	Jianguomenwai, 12-71, Beijing.
	Tel.: 523894
PIA:	Jianguomenwai, 2-2-61, Beijing.
	Tel.: 523274, 523989, Flughafen: 522931×5458
JAL:	Jianguomenwai, 2-2-12, Beijing.
	Tel.: 523457, Flughafen: 522931×5455
Philippine Airlines:	Jianguomenwai, 2-2-11, Beijing.
	Tel.: 523992, Flughafen: 522931

Die Reservierung bzw. Buchung von Flügen kann von den Büros der Internationalen Fluglinien vorgenommen werden, jedoch erfolgt der Ticketverkauf über die Büros der staatlichen Luftverkehrslinie CAAC.
Die Luftfahrtbüros sind im allgemeinen von 9.00 bis 12.00 und 14.30 bis 17.00 Uhr besetzt.

Friseure

In fast allen größeren Hotels oder in deren Nähe gibt es Friseure. Sie sind preiswert und versuchen, den Wünschen der ausländischen Gäste gerecht zu werden. Berühmt sind die chinesischen Friseure wegen ihrer entspannenden Kopfmassagen.

Frühstück

In den großen Hotels serviert man den Gästen westliches Frühstück, das meist recht eintönig u. a. aus Toastbrot, zu weichem oder zu hartem Ei und Yoghurt zusammengestellt wird. Wesentlich vielseitiger, aber vielleicht nicht jedermanns Geschmack, ist dagegen das chinesische Frühstück, das aus einer Suppe, zum Beispiel Reis- oder Hirsesuppe, gedämpften, gebratenen oder frittierten Teigwaren, gesalzenem, eingelegtem Gemüse und verschiedenen anderen Zutaten bestehen kann.

Geschäftszeiten

In der Regel öffnen die Läden zwischen 8.00 und 9.00 Uhr und schließen zwischen 19.00 und 21.00 Uhr. Märkte beginnen selbstverständlich schon viel zeitiger, etwa gegen 6.00 Uhr.

Geschenke

Auch in China kommt man gelegentlich in eine Situation, in der man gern seine Dankbarkeit mit einem kleinen Präsent ausdrücken möchte. Handelt es sich um eine flüchtige Bekanntschaft, sollte man jedoch nicht über den Rahmen einer kleinen Aufmerksamkeit hinausgehen. Hier eignen sich ganz gut Kleinigkeiten wie Feuerzeuge, Kugelschreiber, Taschenmesser, ausgelesene Reiselektüre für Dolmetscher usw.

Gesundheitstips

Wie bei jeder Reise, die mit einer Umstellung des Klimas und der Nahrung verbunden ist, kann es zunächst Anpassungsschwierigkeiten für den Körper geben. Man sollte deshalb vorsichtshalber einige Medikamente mitnehmen, wie zum Beispiel Mittel gegen Erkältungen aller Art, Durchfall und Verstopfung, sowie Aspirin und Vitamin C-Tabletten. Falls Sie regelmäßig spezielle Medikamente benötigen, nehmen Sie bitte einen ausreichenden Vorrat mit.

Es ist in China üblich, Wasser abzukochen und rohes oder halbgares Fleisch zu meiden, was auf alten Hygieneregeln basiert. Sollten ausländische Reisende ernsthaft erkranken, werden sie in den Ausländerabteilungen der städtischen Krankenhäuser behandelt. Die Krankenhäuser sind in ihrer Ausstattung meist veraltet. Sie verfügen jedoch, wie die Autoren an eigenem Leibe erleben konnten, teilweise über hervorragende Ärzte.
Die ambulante ärztliche Behandlung ist in China meist außerordentlich preiswert. Bei Krankenhausaufenthalten muß man jedoch vorsichtig sein. Diese können, wie einige Reisende erleben mußten, sehr teuer werden. Spezielle Impfungen sind für Reisende aus Europa nicht vorgeschrieben. Da sich Vorschriften kurzfristig ändern können, empfiehlt es sich, rechtzeitig vor Beginn der Reise (etwa 6 Wochen vorher) noch einmal bei Ihrem Reisebüro oder den Gesundheitsämtern und Impfanstalten nachzufragen.

Handeln

Die Preise sind in China festgesetzt. Es ist nicht üblich zu handeln. Häufig stoßen derlei Versuche auf Unverständnis und Unmut. Ausnahmen bilden die Freien Märkte.

Hotels

China-Reisende werden in der Regel vom staatlichen chinesischen Reisebüro betreut, das sich auch um die Unterbringung der Gäste kümmert. Hotelzimmer, im allgemeinen Doppelzimmer, sind einfach möbliert und gepflegt. Sie verfügen jeweils über ein eigenes Bad mit fließend heißem und kaltem Wasser. Normalerweise steht in jedem Zimmer alles Notwendige zur Teezubereitung bereit: eine Thermosflasche mit heißem Wasser, grüner Tee und Deckeltassen. Weitere Getränke können beim Etagenkellner bestellt werden. Zu den normalen Dienstleistungseinrichtungen der größeren Hotels gehören Postschalter, Wechselstuben, Friseur, Wäscherei- und Bügelservice, Restaurants. Für die Freizeit stehen Tischtennis- oder auch Billardräume zur Verfügung. Die Adressen der gängigen Hotels stehen am Ende der Stadtbeschreibungen. Neben den größeren Hotels für ausländische Touristen und Geschäftsleute gibt es auch einfache und wesentlich billigere für Einheimische und Auslandschinesen. Diese Hotels nehmen jedoch nur Ausländer auf, wenn noch genügend Raum frei ist. Einzelreisende, die ihre Unterkunft selbst organisieren müssen, finden billige Hotels am leichtesten mit Hilfe von Taxifahrern.

Impfbestimmungen

Schutzimpfungen gegen Cholera, Pocken oder Gelbfieber sind nicht erforderlich, sofern die Einreise nicht aus einem Gebiet erfolgt, in dem kurz vor der Einreise entsprechende Erkrankungen aufgetreten sind.

Die zentrale staatliche Führung der Volksrepublik China

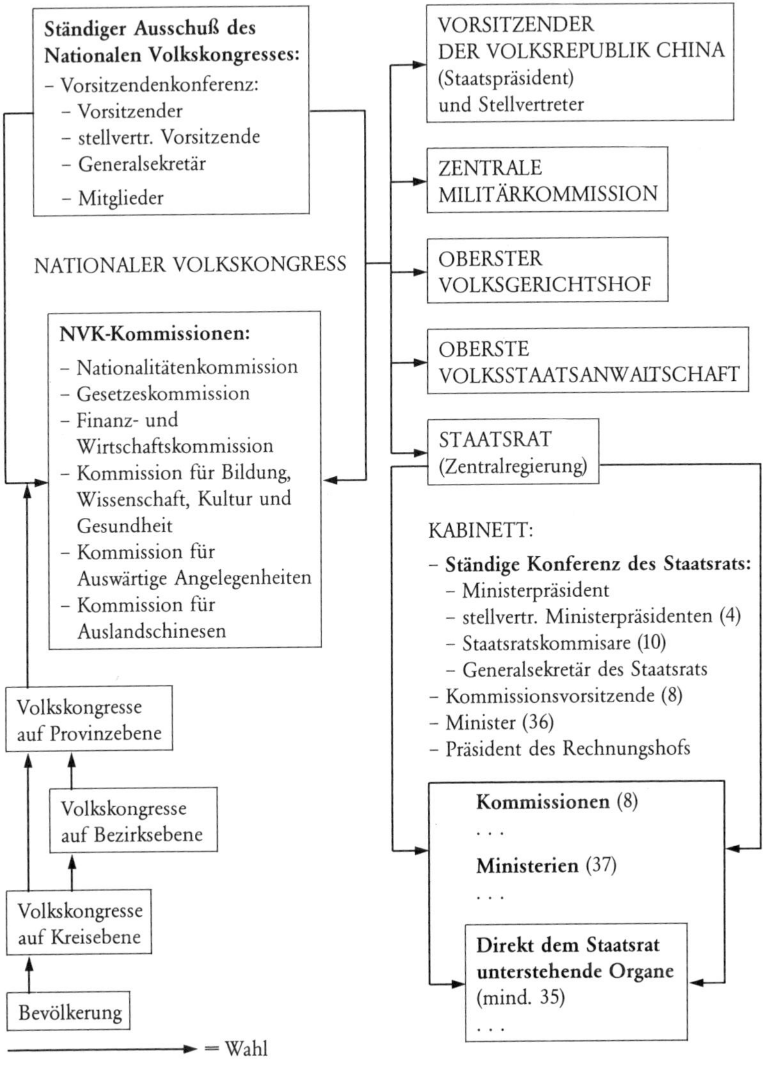

Aus: W. Bartke, P. Schier, »The New Party Leadership in China« Armonk, N. Y. 1984

Kartenmaterial

Soweit man nicht schon eine Landkarte mitgebracht hat, kann man sich in chinesischen Buchläden und an den Buchständen der großen Hotels mit Karten oder Atlanten eindecken. Stadtpläne werden häufig direkt am Bahnhof nach Eintreffen der Züge den Reisenden angeboten oder – soweit vorhanden – in Hotels und Buchläden verkauft.

Kleidung

Da sich China über ein großes Territorium erstreckt, sollte man sich auf verschiedene Klimazonen einstellen. (siehe auch S. 23 und die Klimatabelle auf S. 24–25) In den Übergangszeiten (Ende März bis Mai und September bis Oktober) empfiehlt sich Kleidung für warme und kalte Tage. Im März bzw. Ende Oktober ist warme Unterwäsche häufig sehr angenehm. Im Winter sind ein warmer, dicker Mantel, eine Kopfbedeckung und Woll- oder Lederkleidung vonnöten. In Nord- und Mittelchina herrscht im Winter trockene Kälte, im Süden ist es wesentlich wärmer, dafür aber feucht und klamm. Im Sommer ist reine Baumwoll- und Seidenbekleidung besonders angenehm. Ratsam sind außerdem ein leichter Regenmantel und vor allem bequemes Schuhwerk. Bitte beachten Sie auch, daß die Bekleidungssitten in China noch etwas strenger sind und zu ›Offenherziges‹ scheel angesehen wird.
Da Ihnen das Waschen in den meisten Hotels über Nacht abgenommen werden kann, brauchen Sie sich nicht unnütz mit schwerem Gepäck abzuschleppen.

Kriminalität

Auch in China ist in den letzten Jahren aufgrund von Jugendarbeitslosigkeit die Kriminalität gestiegen. Man sollte deshalb nicht fahrlässig mit seinen Wertgegenständen umgehen. Grundsätzlich kann jedoch gesagt werden, daß sich der ausländische Gast in China wesentlich sicherer fühlt, als er es beispielsweise in Rom oder Paris je hoffen darf.

Landesbezeichnung

Die offizielle Bezeichnung unseres Reiselandes lautet **Volksrepublik China** oder **China.** Die noch häufig im Westen zu hörende Bezeichnung ›Rotchina‹ wird von den Chinesen als grobe Beleidigung empfunden.
Sollte das Thema **Taiwan** zur Sprache kommen, sei zu bedenken, daß man

Taiwan als eine Provinz Chinas betrachtet und Bezeichnungen, die auf einen selbständigen Staat hinweisen, wie ›Formosa‹ oder ›Republik China‹ nicht akzeptiert.

Maße und Gewichte

In China wurde das metrische System übernomen, jedoch sind auch die alten Maße noch gebräuchlich.

Länge:	1 cun	=	3,33 cm
	1 chi	=	33,33 cm
	1 zhang	=	3,33 m
	1 li	=	500 m
	1 gongli	=	1000 m
Gewichte:	1 liang	=	50 g
	1 jin	=	500 g
	1 gongjin	=	1000 g
	1 dan	=	50 kg

Fläche:	1 mu	=	0,066 ha (666,66 qm)
	1 qing	=	6,66 ha
Volumen:	1 sheng	=	1 l
	1 dou	=	10 l
	1 dan	=	100 l

Namen

Chinesische Personennamen sind zwei- oder dreisilbig, wobei der Nachname stets zuerst genannt wird. So lauten die Nachnamen von Zhou Enlai und Zhu De denn auch Zhou und Zhu. Zweisilbige Vornamen werden nach der neuen Umschrift Pinyin zusammengeschrieben.
Die Frauen behalten ihren Mädchennamen auch nach der Eheschließung. Das Geschlecht der Person läßt sich an den Vornamen nur selten ausmachen.

Paketsendungen

Reisende, die zuviel eingekauft haben und eine Überschreitung des Fluggepäckmaximums befürchten, können ihre Sachen im Paket nach Hause schikken. Die Pakete müssen unverschlossen zur Post gebracht werden. Sie unterliegen dort einer kurzen Inhaltsprüfung. Die Versendung kann auch durch den Freundschaftsladen in Beijing erfolgen (siehe S. 283).

Photographieren

Striktes Photographierverbot besteht in China bei militärischen Anlagen oder an Stätten wertvoller Kulturschätze wie beispielsweise in der Ausgrabungshalle der unterirdischen Armee des Qin Shihuang. Verstöße gegen erteiltes Photographierverbot können bei Entdeckung peinlich und unangenehm sein.

Bitte verletzen Sie beim Photographieren von Personen nicht die Gesetze der Höflichkeit. Viele Menschen – im Osten wie auch im Westen – lassen sich nicht gern von Fremden aus der Nähe aufnehmen.
In den großen Hotels und Freundschaftsläden können Kodak- und Fuji-Filme gekauft und in den Städten Beijing, Shanghai und Guangzhou auch entwickelt werden. Photozubehör wie Blitzlicht oder Batterien sollten besser mitgebracht werden.

Post

In allen größeren Hotels und Gästehäusern finden Sie einen Postschalter, an dem Briefmarken, Briefpapier und Postkarten verkauft werden. Normale Luftpostbriefe ins Ausland kosten 1,10 RMB, Aerogramme 0,90 RMB, Karten ebenfalls 0,90 RMB (Stand 1986). Die Beförderungszeit beträgt von Beijing nach Westeuropa zwischen vier bis sieben Tagen. Post aus anderen Städten kann bis zu zwei Wochen und länger brauchen.

Pünktlichkeit

In China legt man großen Wert auf Pünktlichkeit. Man hat nur wenig Verständnis, wenn einzelne Reisegruppenteilnehmer aus nichtigen Gründen verabredete Termine nicht einhalten und mit Verspätung eintreffen. Auch bei persönlichen Verabredungen wird Pünktlichkeit erwartet.

Reisebüro – Lüxingshe

Das staatliche chinesische Reisebüro ist in drei Abteilungen untergliedert:
Das *Guoji Lüxingshe,* China International Travel Service (CITS), ist hauptsächlich zuständig für ausländische Einzelreisende und Reisegruppen. Es ist der wichtigste Ansprechpartner, an den sich die Reisenden mit ihren Wünschen und Problemen wenden können. Das *Guoji Lüxingshe* betreut die Reisenden, organisiert den Transport, Unterbringung, Verpflegung, Besuchsprogramme, Reiseführung und -begleitung, stellt Dolmetscher zur Verfügung, arrangiert kulturelle Programme und vieles mehr.
Die Zentrale befindet sich in Beijing. Sie besteht aus mehreren Abteilungen, die nach Ländern und Sprachräumen geordnet sind. An allen wichtigen für den Tourismus geöffneten Orten und Einreisepunkten sind Zweigstellen vorhanden.
Die Adressen der Büros in den einzelnen Städten werden, soweit vorhanden, am Ende einer jeden Ortsbeschreibung genannt.
Das *Zhongguo Lüxingshe,* China Travel Service, und das *Huaqiao Lüxingshe,*

Oversea Chinese Travel Service, betreuen hauptsächlich Chinesen aus Hongkong, Macao, Taiwan und Überseechinesen. Sie haben ansonsten dieselben Funktionen wie das CITS. Die Adressen der Büros werden ebenfalls, soweit vorhanden, den Ortsbeschreibungen angeschlossen.
Folgende Adressen seien vorab genannt:
China International Travel Service
(= Zentrale, gegenüber vom Peking-Hotel)
6, Dongchang'anjie, **Beijing.** (siehe auch Beijing, Adressenteil)
Tel.: 55 05 83, 55 18 26, 55 10 31
China Travel Service (H. K.) Ltd.
77, Queen's Road, Central, **Hongkong.**
Tel.: 5-25 91 21
oder
27–33, Nathan Road, **Kowloon** (H. K.)
Tel.: 3-66 72 01
6th Floor 1, Tower II, South Seas Centre,
75 Mody Road, **Tsim Sha Tsui East,** Kowloon, Tel. 3-721 53 17

Reiseerlaubnis: siehe Aufenthaltsgenehmigung

Reiserouten

Die einzelnen Reiseveranstalter bieten nach Absprache mit dem *Lüxingshe* verschiedene Reiserouten an, zwischen denen der Interessent wählen kann. Manchmal werden Gruppenreisen auch nach Interessensschwerpunkten arrangiert. Ein Einzelreisender kann nach eigenen Vorstellungen und mit Zustimmung des Amtes für Öffentliche Sicherheit (siehe ›Aufenthaltsgenehmigung‹) den Reiseweg planen. Zu bedenken ist, daß häufig weite Strecken zurückzulegen sind. Man muß entscheiden zwischen Flügen – zeitsparend, aber relativ teuer – und Bahnfahrten – zeitraubend, dafür billig und interessant. Reisende mit wenig Zeit sollten lieber ein kleines Gebiet intensiv bereisen.
Besondere Interessen können die Wahl der Zielorte bestimmen.

Revolutionsgeschichte:	Guangzhou, Shaoshan, Wuhan, Chongqing, Yanan, Shanghai, Beijing
Geschichte des Taiping-Aufstandes:	Nanjing
Archäologie:	Xi'an
Buddhismus:	Wutai Shan, Emei Shan, Putuo Shan, Jiuhua Shan, Tiantai Shan
Buddhistische Höhlentempel:	Datong, Longmen, Dunhuang
Daoismus:	Chengdu (Qingcheng Shan), Ruicheng, Laoshan
Seidenstraße:	Turfan, Dunhuang, Liuyuan, Lanzhou, Xi'an

Konfuzianismus:	Qufu
Lamaismus:	Lhasa
Ming- und Qing-Architektur:	Beijing, Chengde
Gartenbaukunst und Parkgestaltung:	Suzhou, Hangzhou, Chengde, Beijing
Minderheiten:	Yunnan, Xinjiang, Innere Mongolei
Reizvolle Flußfahrten:	Guilin/Lijiang, Sanxia/Changjiang, Wuyi Shan
Baden und Erholung:	Beidaihe, Qingdao, Lushan, Putuo Shan
Universitäten:	Beijing, Shanghai, Nanjing
Keramik:	Yixing, Jingdezhen, Dehua, Foshan
Industrie:	Anshan, Daqing, Shanghai, Wuhan
Handel:	Beijing, Shanghai, Guangzhou (Kanton-Messe)
Wasserbau:	Yichang, Chengdu.

Reisezeit

Die angenehmste Reisezeit ist der Frühsommer (Mai/Juni) und der Herbst (September/Anfang Oktober). In diesen Monaten sind die Temperaturen angenehm, weshalb auch an allen touristischen Stätten Hochsaison herrscht. Bitte bedenken Sie, daß im April und September in Guangzhou die Kanton-Messe stattfindet. Zu dieser Zeit sind in Guangzhou und auch in Hongkong die Hotels und Transportmittel weitgehend ausgebucht.

Restaurants

Chinesen lieben es, in geselliger Runde essen zu gehen. Deshalb lohnt es sich, einmal ein einfaches Restaurant aufzusuchen und den großen Gruppen lustig tafelnder Menschen zuzusehen. Die Bestellungen nehmen Kellner/innen entgegen. Getränke muß man sich häufig selbst an der Theke kaufen.
Alle größeren Hotels, in denen Ausländer untergebracht sind, verfügen auch über gute Restaurants. Spezialitätenrestaurants sind meist teurer und häufig ausgebucht. So sollte man, vor allem wenn man in größeren Gruppen essen gehen möchte, im voraus einen Tisch reservieren lassen. Die Angabe der Personenzahl und des Pauschalpreises pro Person wird erwartet.
In der Regel wird in den Restaurants nur mit Bargeld gezahlt. Einige große Restaurants in Beijing, Shanghai, Guangzhou machen eine Ausnahme und nehmen auch Schecks der Bank of China.
Bekannte Restaurants stehen jeweils am Ende einzelner Ortsbeschreibungen.

Telefon, Telegramm, Telex

Telefongespräche ins Ausland können von den Telekommunikationszentren oder – durch die Hotelrezeptionen vermittelt – auch vom Hotelzimmer

geführt werden. Die Telefonverbindungen mit dem Ausland kommen in der Regel innerhalb von 30–60 Minuten zustande. Für einen Anruf nach Deutschland, Österreich, Frankreich oder in die Schweiz zahlt man 9,60 RMB pro Minute; drei Minuten sind Minimum und werden als Grundgebühr berechnet. Die Gespräche laufen über Handvermittlung. Es gibt keinen Selbstwähldienst, auch nicht zwischen den großen Städten im Inland. Ortsgespräche sind kostenlos. Öffentliche Telefonstände sind an den Zeichen Gongyong dianhua zu erkennen.
Telegramme werden von den Postämtern oder den größeren Hotelrezeptionen entgegengenommen. Sie kosten ins Ausland pro Wort zwischen 1,20 und 1,50 RMB.
In den großen Hotels, Hauptpostämtern und Telekommunikationszentren können Fernschreiben aufgegeben werden. Pro Minute sind etwa 9,– RMB zu zahlen (drei Minuten Minimum).

Toilettenartikel

Wer auf bestimmte Marken dieser Warengruppe nicht verzichten möchte, sollte sich reichlich eindecken. Einheimische Erzeugnisse an Kosmetika, Seife, Zahnpasta usw. sind in den Warenhäusern überall erhältlich. In manchen Hotels und Freundschaftsläden werden bereits einige westliche Produkte angeboten. Deodorants und Damenbinden sollten mitgebracht werden. Tampons sind in China noch unbekannt.

Trinkgeld

Trinkgelder sind in China nicht üblich und sollten auch nicht aufgezwungen werden. Gelegentlich werden diskret gegebene jedoch akzeptiert.

Uhrzeit

China ist uns um sieben Stunden, zur Sommerzeit (1. 4.–30. 9.) um sechs Stunden voraus. In ganz China gilt die Zeitzone Peking-Zeit.

Verkehrsmittel

Innerhalb Chinas
Flug: (siehe unter *Fluggesellschaften*) Die chinesische Luftfahrtgesellschaft CAAC verfügt über ein inländisches Streckennetz von insgesamt 90 000 km, das mehr als 80 Städte und Gebiete miteinander verbindet. Bei der Buchung bzw. dem Kauf eines Tickets muß die Aufenthaltsgenehmigung für den Zielort sowie der Paß mit einem gültigen Visum vorliegen. Bei wichtigen Strecken,

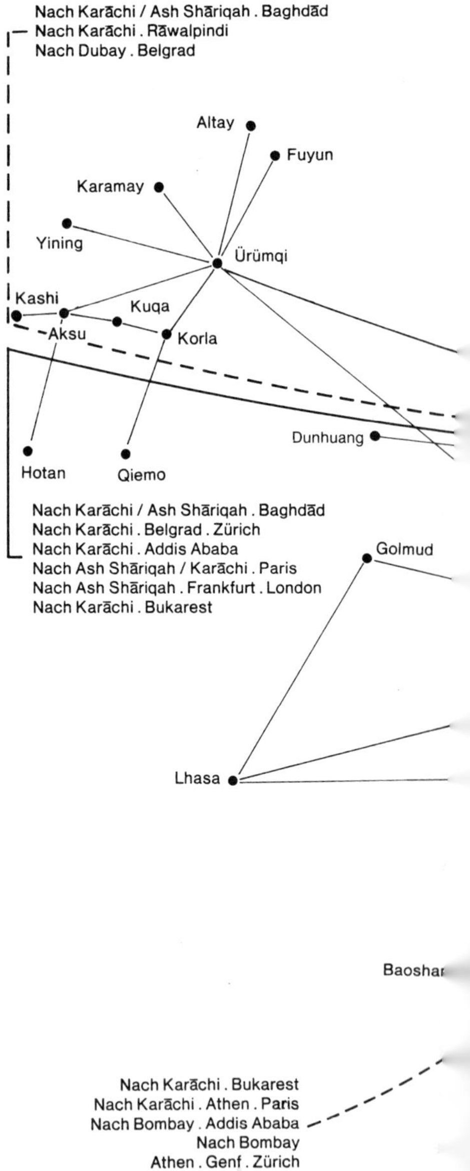

Nach Karāchi / Ash Shāriqah . Baghdād
Nach Karāchi . Rāwalpindi
Nach Dubay . Belgrad
Altay
Fuyun
Karamay
Yining
Ürümqi
Kashi
Kuqa
Aksu
Korla
Dunhuang
Hotan
Qiemo
Nach Karāchi / Ash Shāriqah . Baghdād
Nach Karāchi . Belgrad . Zürich
Nach Karāchi . Addis Ababa
Nach Ash Shāriqah / Karāchi . Paris
Nach Ash Shāriqah . Frankfurt . London
Nach Karāchi . Bukarest
Golmud
Lhasa
Nach Karāchi . Bukarest
Nach Karāchi . Athen . Paris
Nach Bombay . Addis Ababa
Nach Bombay
Athen . Genf . Zürich

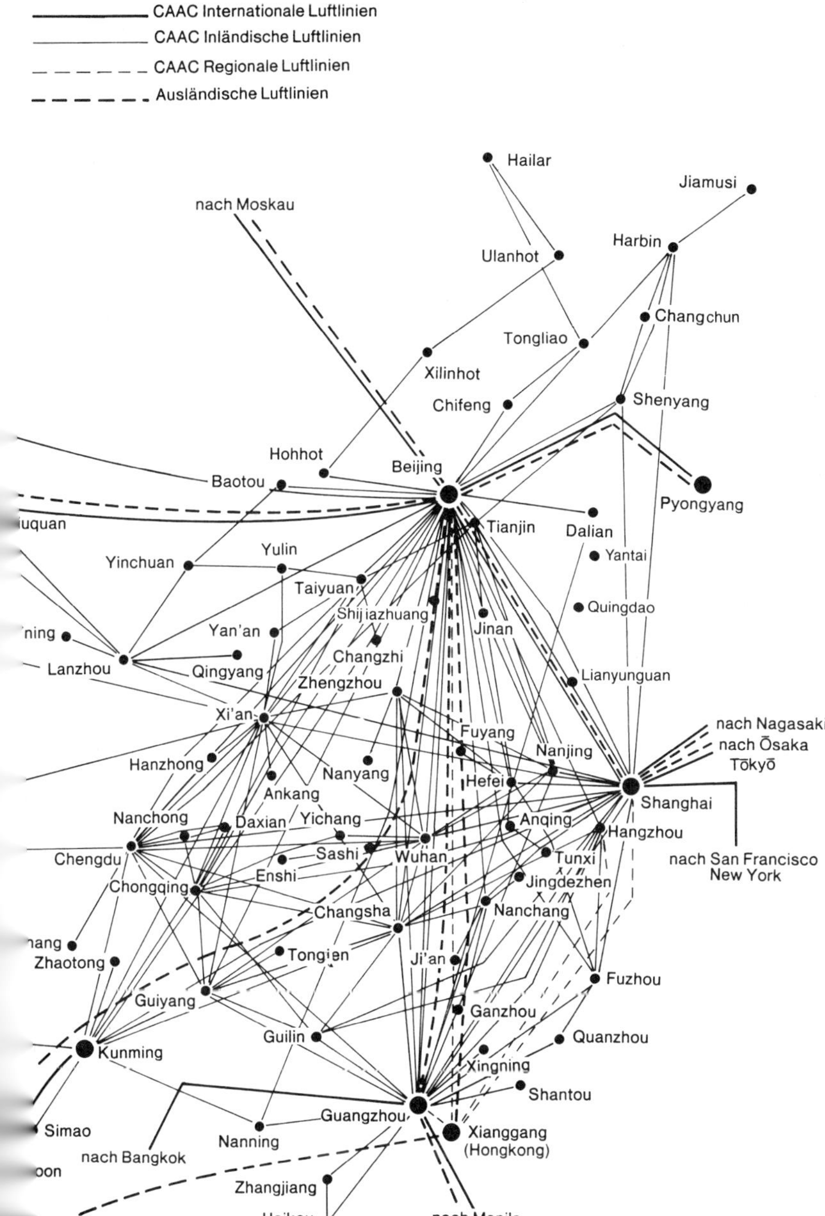

Flugliniennetz

Ürümqi
Korla
Xining
Golmud
Lhasa
Chengdu
Kunming

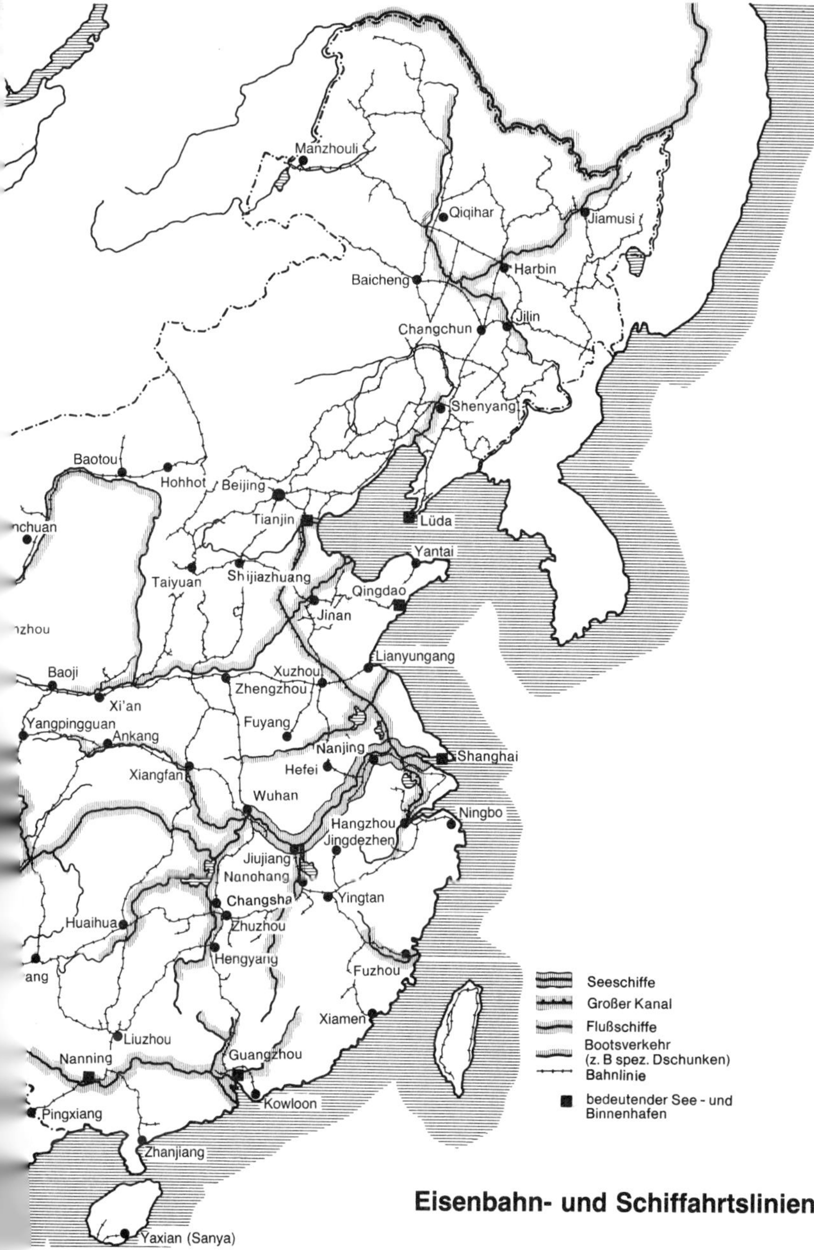

Eisenbahn- und Schiffahrtslinien

Eisenbahnentfernungen

	Beijing	Tianjin	Jinzhou	Shenyang	Changchun	Harbin	Manzhouli	Qiqihaer	Jilin	Dandong	Dalian	Jinan	Qingdao	Xuzhou	Hefei	Nanjing	Shanghai	Hangzhou	Nancha	F
Beijing																				
Tianjin	137																			
Jinzhou	599	462																		
Shenyang	841	704	242																	
Changchun	1146	1009	547	305																
Harbin	1388	1251	789	547	242															
Manzhouli	2323	2186	1724	1482	1177	935														
Qiqihaer	1448	1311	849	760	530	288	693													
Jilin	1287	1150	688	446	128	275	1210	563												
Dandong	1118	981	519	277	582	824	1759	1037	723											
Dalian	1238	1101	639	397	702	944	1879	1157	843	674										
Jinan	494	357	819	1061	1366	1608	2543	1668	1507	1338	1458									
Qingdao	877	750	1212	1454	1759	2001	2936	2061	1900	1731	1851	393								
Xuzhou	811	674	1136	1378	1683	1925	2860	1985	1824	1655	1775	317	710							
Hefei	1107	970	1432	1674	1979	2221	3156	2281	2120	1951	2071	613	1006	296						
Nanjing	1157	1020	1482	1724	2029	2271	3206	2331	2170	2001	2121	663	1056	346	312					
Shanghai	1462	1325	1787	2029	2334	2576	3511	2636	2475	2306	2426	968	1361	651	617	305				
Hangzhou	1651	1514	1976	2218	2523	2765	3700	2825	2664	2495	2615	1157	1550	840	806	494	189			
Nanchang	2005	2142	2604	2846	3151	3393	4328	3453	3292	3123	2343	1793	2186	1476	1442	1130	825	636		
Fuzhou	2623	2486	2948	3190	3495	3737	4672	3797	3636	3467	3587	2129	2522	1812	1778	1466	1161	972	622	
Shijiazhuang	283	420	882	1124	1429	1671	2606	1731	1570	1401	1521	298	691	615	911	961	1266	1455	1722	[illegible]
Zhengzhou	695	832	1294	1536	1841	2083	3018	2143	1982	1813	1933	666	1059	349	645	695	1000	1189	1310	[illegible]
Wuhan	1229	1366	1828	2070	2375	2617	3552	2677	2516	2347	2467	1200	1593	883	1179	1229	1545	1356	776	[illegible]
Changsha	1587	1724	2186	2428	2733	2975	3910	3035	2874	2705	2825	1558	1951	1241	1537	1492	1187	998	418	[illegible]
Zhuzhou	1638	1775	2237	2479	2784	3026	3961	3086	2925	2756	2876	1609	2002	1292	1588	1441	1136	947	367	[illegible]
Guangzhou	2313	2450	2912	3154	3459	3701	3636	3761	3600	3431	3551	2284	2677	1967	2263	2116	1811	1622	1042	[illegible]
Liuzhou	2310	2447	2909	3151	3456	3698	4633	3758	3597	3428	3548	2281	2674	1964	2260	2113	1808	1619	1039	[illegible]
Nanning	2565	2702	3164	3406	3711	3953	4888	4013	3852	3683	3803	2536	2929	2219	2515	2368	2063	1874	1294	[illegible]
Pingxiang	2785	2922	3384	3626	3931	4173	5108	4233	4072	3903	4023	2756	3149	2439	2735	2588	2283	2094	1514	[illegible]
Xi'an	1165	1302	1764	2006	2311	2553	3488	2613	2452	2283	2403	1177	1570	860	1156	1206	1511	1700	1821	[illegible]
Lanzhou	1813	1950	2412	2654	2959	3201	4136	3261	3100	2931	3051	1853	2246	1536	1832	1882	2187	2376	2497	[illegible]
Xining	2098	2235	2697	2939	3244	3486	4421	3546	3385	3216	3336	2069	2462	1752	2048	2098	2403	2592	2713	[illegible]
Ürümqi	3774	3911	4373	4615	4920	5162	3097	5222	5061	4892	5012	3745	4138	3428	3724	3774	4079	4268	4389	[illegible]
Chengdu	2048	2185	2647	2889	3194	3436	4371	3496	3335	3166	3286	2019	2412	1702	1998	2048	2353	2542	2236	[illegible]
Chongqing	2552	2689	3151	3393	3698	3940	4875	4000	3839	3670	3790	2523	2916	2206	2502	2552	2501	2312	1732	[illegible]
Guiyang	2540	2677	3139	3381	3686	3928	4863	3988	3827	3658	3778	2511	2904	2194	2490	2343	2038	1849	1269	[illegible]
Kunming	3179	3316	3738	4020	4325	4567	5502	4627	4466	4297	4417	3119	3512	2802	3098	2982	2677	2488	1908	[illegible]
Taiyuan	514	651	1113	1355	1660	1902	2837	1962	1801	1632	1752	529	922	846	1142	1192	1497	1686	1953	[illegible]
Hohhot	668	805	1267	1509	1814	2056	2991	2116	1955	1786	1906	1162	1555	1479	1775	1825	2130	2319	2673	[illegible]
Yinchuan	1346	1483	1945	2187	2492	2734	3669	2794	2633	2464	2584	1840	2233	2003	2299	2349	2654	2813	2964	[illegible]

12 Zhengzhou

5 ...han

...gsha

Zhuzhou

675 Guangzhou

672 1079 ...uzhou

927 ...Nanning

114 ...ng

14 ...

2 6 ...hou

2 216 ...ng

...

3064 Chengdu

3568 504 ...hongqing

4031 967 ...iyang

4 ...00 ...nming

...iyuan

...hhot

1654 2188 ... ...nchuan

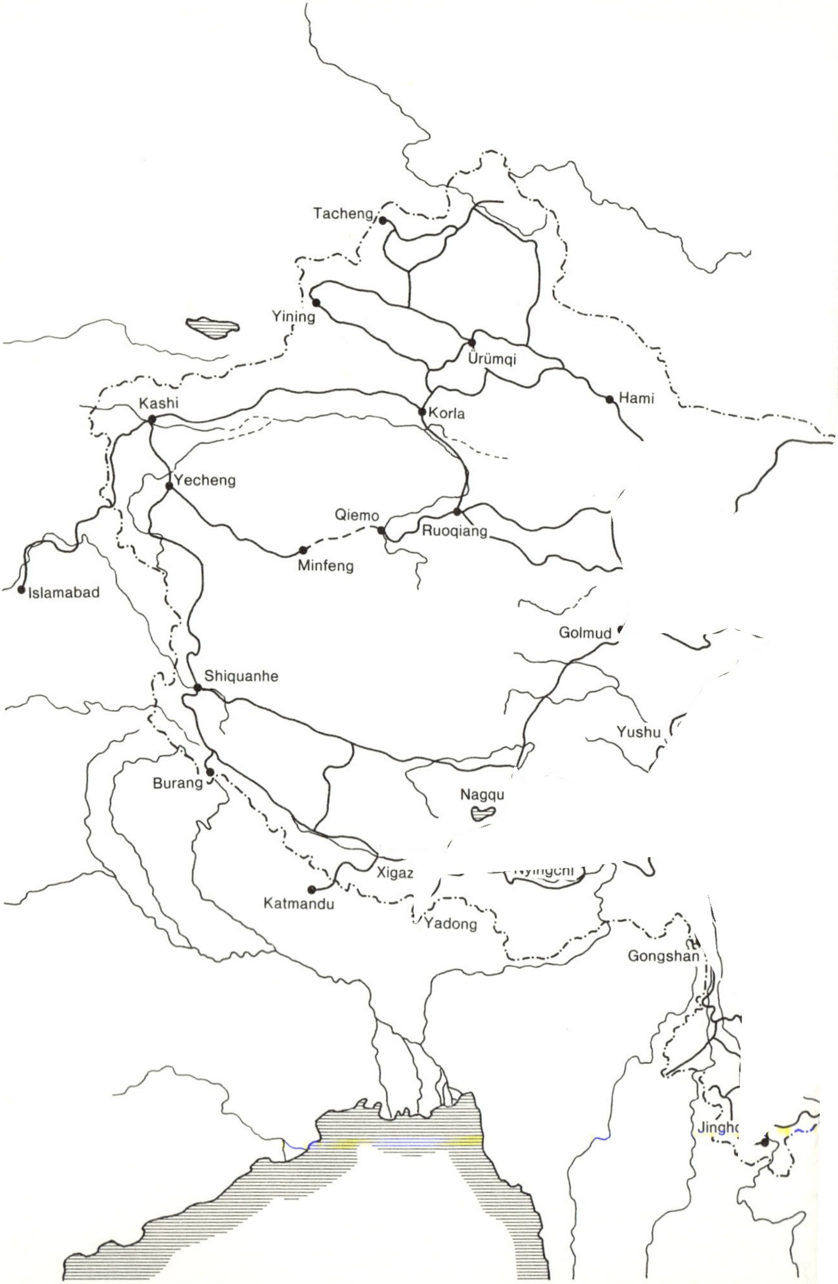

Tacheng
Yining
Ürümqi
Hami
Kashi
Korla
Yecheng
Qiemo
Ruoqiang
Minfeng
Islamabad
Golmud
Shiquanhe
Yushu
Burang
Nagqu
Xigaz
Katmandu
Yadong
Gongshan

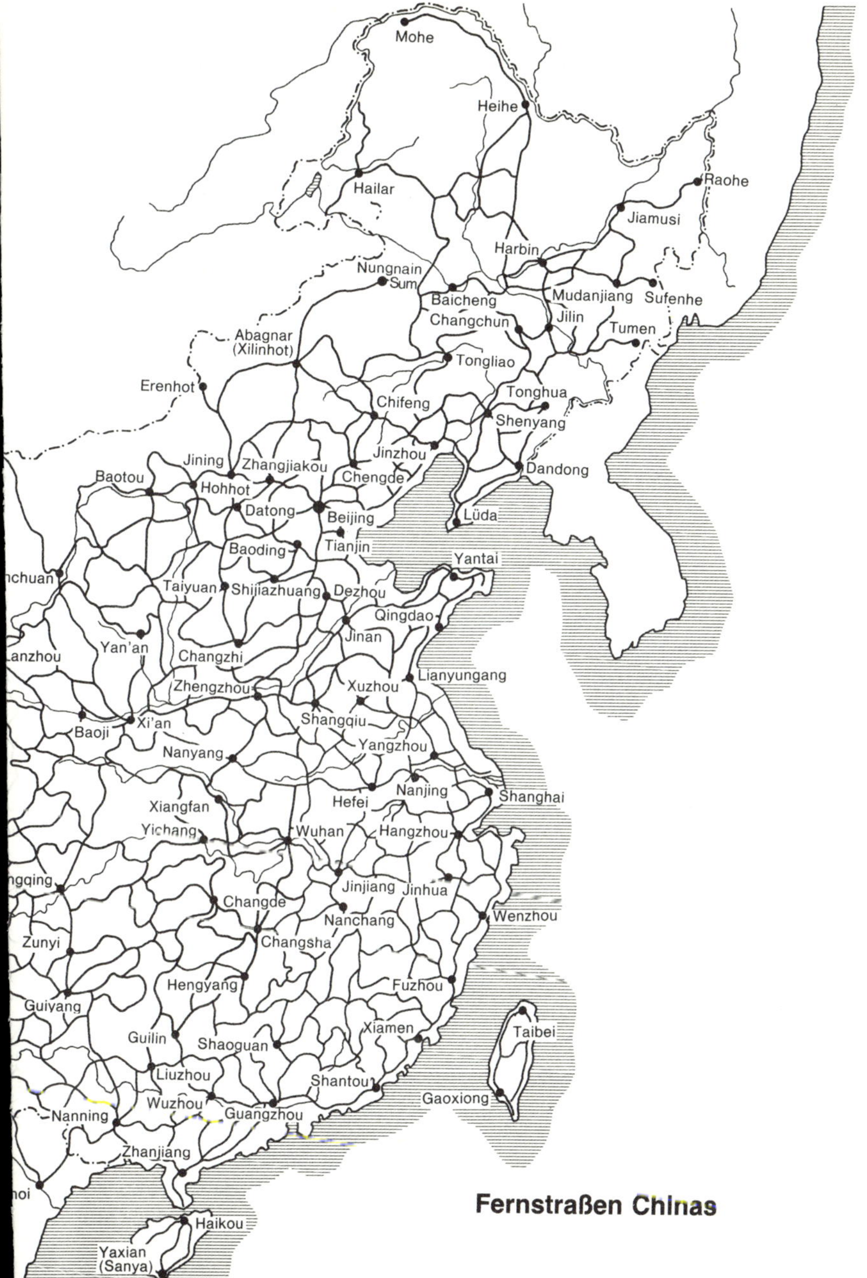

Fernstraßen Chinas

wie Beijing-Shanghai, empfiehlt sich eine rechtzeitige Reservierung, da diese Flüge häufig schon zwei Tage vorher ausgebucht sind.
Die Reservierung verfällt, wenn der von der CAAC angegebene Zahlungstermin nicht eingehalten wurde. Stornierungen können bis zwei Stunden vor Abflug gegen Zahlung einer Bearbeitungsgebühr vorgenommen werden. Erfolgt die Stornierung innerhalb der zwei Stunden vor Abflug, werden 20% des gesamten Flugpreises als Gebühren einbehalten.
Bei Nichterscheinen zum Abflug verfällt das Ticket.
Bahn: Das wichtigste Verkehrsmittel im Fernverkehr ist die Bahn. Chinas Bahnliniennetz betrug Ende 1981 50000 km. Sie ist für Ausländer wesentlich preiswerter als der Flugverkehr. Reisende mit genügend Zeit sollten häufig von der Bahn Gebrauch machen, denn man lernt während der Fahrt Land und Leute kennen. Zugfahrten bei Nacht ersparen überdies die Hotelkosten. Der Kartenverkauf erfolgt direkt an den Bahnhöfen oder mit Hilfe des Lüxingshe. Bitte beachten Sie das Fahrdatum, die Nummer des Zuges und die Platz- bzw. Abteilnummer, die auf der Fahrkarte vermerkt sind.
Die Bahn bietet harte und weiche Klasse, nämlich *Yingzuo,* ›hart sitzen‹, und *Ruanzuo,* ›weich sitzen‹, bzw. für lange Strecken *Yingwo,* ›hart schlafen‹, und *Ruanwo,* ›weich schlafen‹. Ausländer werden meist in der weichen Klasse untergebracht. Hier fährt man gemütlicher, ungestörter, aber auch isolierter. Vor allem für Reisende mit Chinesischkenntnissen ist eine Fahrt in der harten Klasse ungemein interessanter, da man in unmittelbaren Kontakt mit den chinesischen Reisenden kommt und viele interessante Gespräche führen kann.
Das Zugpersonal hat für Sauberkeit und das Wohlergehen der Reisenden zu sorgen. Es stellt laufend heißes Wasser bereit, in der weichen Klasse in Thermosflaschen abgefüllt, so daß sich jeder seinen Tee in den ebenfalls zur Verfügung gestellten hohen Deckeltassen brühen kann. Das Zugpersonal verkauft auch die Wertgutscheine für die durchweg schmackhaften Mahlzeiten im Speisewagen. Zu diesem Zweck gehen sie durch die Abteile und nehmen häufig auch Sonderwünsche – soweit erfüllbar – auf.
Bus: Bei Gruppenreisen organisiert das staatliche Reisebüro einen Bus, der während des ganzen Besuchsprogramms die Reisenden zu den einzelnen Sehenswürdigkeiten bringt.
Die Busse des städtischen Nahverkehrs sind eine Sache für sich. Erstens sind sie während der Stoßzeiten hoffnungslos überfüllt, so daß die Formen der allgemeinen Höflichkeit meist im Eifer des Gefechts vergessen werden. Die Fahrgäste nennen der Schaffnerin oder dem Schaffner ihr Fahrziel oder gleich den zu zahlenden Betrag. Ausländer, die sich das Ziel nicht auf Chinesisch merken können, sollten es sich aufschreiben lassen und es der Schaffnerin zeigen. Sie wird dann bei Ankunft Bescheid sagen. Das Busfah-

ren ist sehr billig. Die Preise bewegen sich zwischen ein paar Fen bis zu drei Mao.
Taxi: Taxistände findet man vor Hotels, vor Freundschaftsläden, vor manchen großen Bahnhöfen und Flughäfen. Man kann auch über Hotels oder das Lüxingshe ein Taxi bestellen. Die Fahrpreise sind für chinesische Verhältnisse relativ hoch. Sie sind staatlich festgelegt und werden nach Wagentyp und Kilometerzahl berechnet. Die Taxengebühr zahlt man gegen Quittung.
Es können auch für ganze Tagesausflüge Taxen gemietet werden. Vierzig Kilometer kosten pauschal 25,– bis 30,– RMB. Für Einzelreisende ist das häufig eine gute Möglichkeit, in kurzer Zeit möglichst viel an Sehenswürdigkeiten sehen zu können. Taxifahrer sprechen in der Regel kein Englisch. Sofern man selbst kein Chinesisch spricht, sollte man jemanden bitten, das Fahrtziel in chinesischen Zeichen aufzuschreiben.
Fahrrad: Wer sich ein Fahrrad leiht oder kauft, sollte anfangs darauf achten, daß von Autos, Bussen und Lastwagen häufig nur wenig Rücksichtnahme zu erwarten ist. Vorsicht und Aufmerksamkeit vor allem an Kreuzungen sind geboten. Beachten Sie, daß chin. Fahrräder keine Rücktrittbremse haben.
Schiff: Zu den schönsten Schiffsreisen gehören die Flußfahrten auf dem Changjiang und die Seereisen von Shanghai nach Qingdao. Über Termine und Preise informieren das Lüxingshe und die Schiffsagenturen.

Visa: siehe Einreisebestimmungen.

Wäschereien

In fast allen Hotels wird Ihnen das Waschen und Reinigen abgenommen, und Sie können Ihre Kleidung nach 24 Stunden wiederbekommen, so daß Ihnen unnötig schweres Gepäck erspart bleiben kann. Die Bezahlung erfolgt üblicherweise sofort bei Entgegennahme der sauberen Wäsche. Meist ist in den Hotels auch ein Bügelservice vorhanden.

Wechselkurse per 2. 5. 1986

Währung		Per	Ankauf	Verkauf
Australia	$	100	235.76	236.94
BRD	DM	100	143.45	144.17
France	Fr	100	45.03	45.25
Italy	Lira	10000	20.92	21.02
Japan	Yen	100000	1886.49	1895.95
Holland	G	100	127.23	127.87
Swiss	Fr	100	171.53	172.39
U.K.	pound	100	483.04	485.46
USA	$	100	318.71	320.31
Hongkong	$	100	20.92	21.02

Verwaltungsebenen u. Verwaltungseinheiten der Volksrepublik China

(Stand 1. 7. 1984)

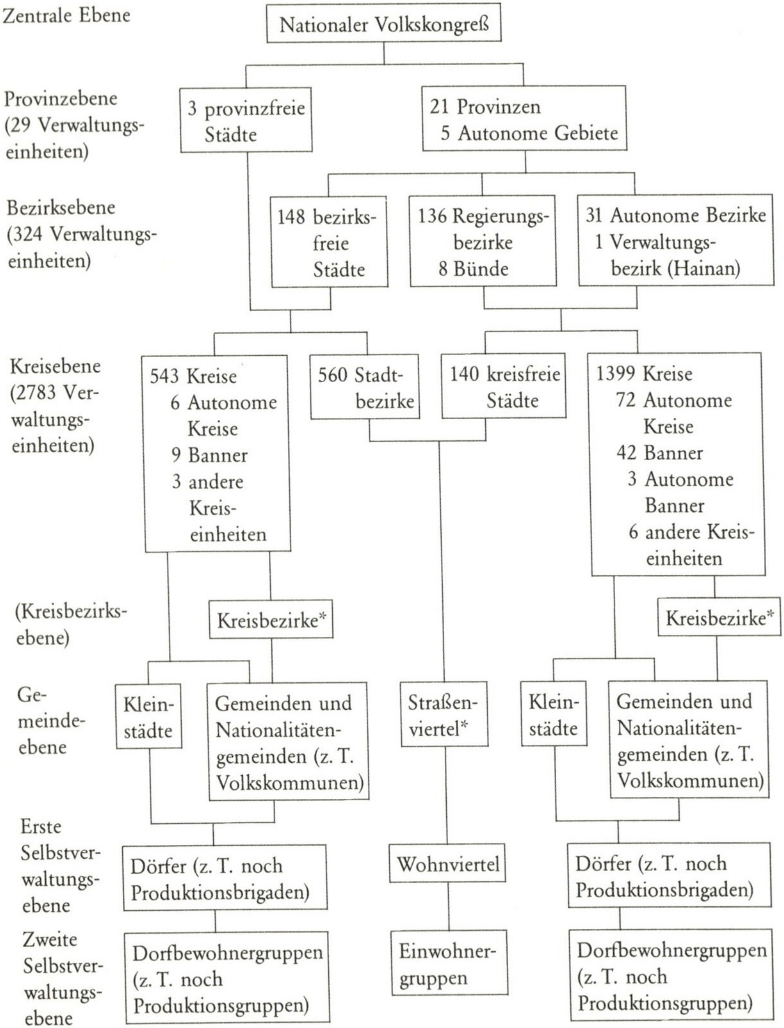

* Regierungsbezirke, Bünde, Kreisbezirke und Straßenviertel haben keine gewählten Volkskongresse und Volksregierungen. Sie werden vielmehr von Organen geführt, die von der jeweils übergeordneten Verwaltungseinheit personell besetzt und gelenkt werden.

Quelle P. Schier, in: CHINA aktuell, Febr. 1985, S. 111

Zahlungsmittel

Die chinesische Währung, *Renminbi* (RMB), zählt nach *Yuan* oder umgangssprachlich nach *Kuai*. Ein *Yuan* wird unterteilt in 10 *Jiao* und 100 *Fen* und entspricht etwa DM 1,25. *Yuan* werden in den Noten 1, 2, 5 und 10 gedruckt, *Jiao* in den Noten 1, 2 und 5 und *Fen* in Münzen 1, 2 und 5. Es ist verboten, *Renminbi* nach China ein- oder aus China auszuführen. Für ausländische Währungen besteht keine Einfuhrbeschränkung, jedoch muß teilweise noch der genaue Betrag – aufgeschlüsselt nach Währung und Art der Devisen – aufgeführt werden. Bei der Ausreise kann die Devisenangabe mit den Umtauschbescheinigungen überprüft werden.

Für Ausländer gibt es seit dem 1. 4. 1980 eine spezielle Währung, das *Devisenwechselgeld, Waihuiquan*, im Englischen Foreign-Exchange-Certificates (FEC) genannt. Es existiert im Nennwert von 1, 5, 10, 50 und 100 *Yuan* und von 1 und 5 *Jiao*. Man erhält es automatisch beim Umtausch von Bargeld und DM-Reiseschecks in den Banken und Wechselstuben. In manchen Geschäften, wie Antiquitäten- oder Freundschaftsläden, Hotels und Restaurants werden nur FEC akzeptiert. Sie werden vor allem beim Kauf importierter Waren, wie Zigaretten, Filme, Spirituosen usw. verlangt. Es wird empfohlen, die Umtauschbelege aufzubewahren, um den eventuellen Rücktausch in westliche Währung zu vereinfachen. RMB dürfen nicht ausgeführt werden, FEC ja. Wechselbüros der Bank of China befinden sich auf den wichtigen Bahnhöfen und Flughäfen, in den großen Hotels und Freundschaftsläden, so daß der Ein- und Rücktausch mühelos vonstatten geht.

Die Bank of China bietet in ihren Filialen und in den Nebenstellen in Hongkong und Macao *Renminbi Travellerschecks* (RMB T/C) an. Für diese Schecks besteht keine Ein- und Ausfuhrbeschränkung. Sie können bei der Bank of China oder den Wechselstuben eingelöst werden oder zum Kauf von Waren in speziellen Geschäften, von Tickets, auf der Kanton-Messe, in Antiquitätengeschäften, in Kunst- und Kunsthandwerksläden, in Hotels, Restaurants, Flughäfen und Bahnhöfen verwendet werden.

An ausländischen *Schecks* werden zum Umtausch Reiseschecks aller großen westlichen Banken akzeptiert, u. a.: American Express Co., Bank für Gemeinwirtschaft AG, Bank of America, Bayerische Vereinsbank, Berliner Bank, Berliner Handels- und Frankfurter Bank, Commerzbank AG, Deutsche Bank AG, Dresdner Bank AG, Handels- und Privatbank AG, The Hong Kong & Shanghai Banking Corp., Swiss Bankers Traveller Cheque Centre, Swiss Credit, Union Bank of Switzerland, Swiss Volksbank, Vereins- und Westbank. Es werden *keine* Euroschecks akzeptiert.

Kreditkarten werden in China selten honoriert. Eine Ausnahme bilden die Karten von Diners-Club, VISA, American Express und Master-Charge, die

allerdings nur in einigen Betrieben Shanghais und Guangzhous angenommen werden. Bei Zahlung per Kreditkarte wird eine Bearbeitungsgebühr von 4% verlangt.
Ausländer können bei der Bank of China ein *Bankkonto* eröffnen, auf das auch aus dem Ausland Geld überwiesen werden kann. Die *telegraphische Geldüberweisung* aus dem Ausland ist möglich. Unter Angabe des Empfängers und dessen Paßnummer wird das Geld von einer europäischen Bank auf eine der verschiedenen Filialen der Bank of China überwiesen und kann dort von dem Empfänger unter Vorlage seines Passes abgeholt werden.

Zeitungen/Zeitschriften/Bücher

Zeitungen in westlichen Sprachen gibt es nur in sehr begrenztem Umfange. An fast allen größeren Orten steht dem Reisenden die ›China Daily News‹ zur Verfügung. In Beijing kann man in den größeren Hotels den ›Spiegel‹, die ›Time‹ und ›Newsweek‹ kaufen. In westliche Sprachen übersetzte Bücher werden in einigen Buchläden und in den Hotels angeboten. Über Land und Leute berichten ›China im Aufbau‹ und ›Beijing Rundschau‹. Wer Chinesisch lesen kann, hat natürlich eine wesentlich größere Auswahl an Zeitungen, Zeitschriften und Büchern.
Westliche Zeitschriften und Bücher können ohne weiteres – soweit sie nicht regierungsfeindlich oder pornographisch sind – mitgenommen werden.

Zeitunterschiede

Zeitunterschiede zwischen China und ausländischen Städten:

Amsterdam	– 7 (Stunden)
Bangkok	– 1
Berlin	– 7
Chicago	–14
Dallas	–14
Hong Kong	± 0
Honolulu	–18
London	– 7
Los Angeles	–16
Montreal	–13
New York	–13
Paris	– 7
Rio de Janeiro	–11
Rom	– 7

San Francisco	−16
Sydney	+ 2
Tokyo	+ 1
Vancouver	−16
Zürich	− 7

Um 12 Uhr mittags in Beijing ist es 5 Uhr früh MEZ.

Zollbestimmungen

Bei der Einreise wird eine detaillierte Zollerklärung ausgefüllt, in der Wertsachen wie z. B. Armbanduhren, Schmuck, Photoapparate, Radios, Kassettenrecorder sowie die mitgeführten Devisen angegeben werden müssen. Das Duplikat muß der Reisende bei seiner Ausreise wieder vorlegen und abgeben. Das Original verbleibt am Einreiseort. In Einzelfällen wird überprüft, ob sich die Wertsachen noch in dem Besitz des Reisenden befinden.
Photoausstattungen bis zu 8-mm-Schmalkameras und Standard-Videokameras dürfen mitgeführt werden, für professionelle Filmausstattung wie 16-mm-Kameras oder größer ist eine Sondergenehmigung nötig. Verboten ist u. a. auch die Einfuhr von Funkgeräten, Waffen, Munition, regierungsfeindlicher Propaganda, pornographischer Schriften und Drogen.
Es können zwei Flaschen Alkohol (Fassungsvermögen gleichgültig) und zwei Stangen Zigaretten bzw. 50 Zigarren zum persönlichen Verbrauch zollfrei eingeführt werden.
Geschenke, die für den Verbleib in China bestimmt sind, müssen gesondert deklariert und eventuell verzollt werden. Devisen dürfen in unbegrenzter Menge ein- und ausgeführt werden, sofern sie ordnungsgemäß auf der Zollerklärung vermerkt sind. (Umtauschbescheinigungen aufbewahren!).
Verboten ist die Ausfuhr von Literatur, die nur für *Neibu*, Gebrauch innerhalb des Landes gedacht ist, ebenso die Werke bereits verstorbener bekannter Maler.
In China gekaufte Wertgegenstände dürfen bei der Ausreise mitgeführt werden, wenn ein Kaufnachweis erbracht wird. Das gilt auch für Antiquitäten. Sie müssen den roten Lacksiegel eines offiziellen Antiquitätengeschäftes tragen.
RMB dürfen nicht ausgeführt werden, FEC ja.
Chinesische Zöllner sind unter Umständen sehr streng und prüfen alles genau nach.

Literaturverzeichnis

Deutsch- und englischsprachige Literatur:

Bartke, Wolfgang, Die großen Chinesen der Gegenwart, Frankfurt am Main 1985
–, und Peter Schier, The New Party Leadership in China, Armonk, N.Y. 1984
Bary, Wm. theodore de (ed.), Sources of Chinese Tradition, New York 1960
Bauer, Wolfgang (Hrsg.), China und die Fremden, München 1980
–, China und die Hoffnung auf Glück, München 1971
Beuchert, Marianne, Die Gärten Chinas, Köln 1983
Boyd, Andrew, Chinese Architecture and Town Planning 1500 B.C.–A.D. 1911, London 1962
Brinker, Helmut und Goepper, Roger, Kunstschätze aus China, Katalog Ausstellung Kunsthaus Zürich, Zürich 1980
Cahill, James, Die Chinesische Malerei, Genève 1960
Chan, Wing-Tsit, A source book in Chinese philosophy, Princeton, New Jersey 1969
China-Buchreihe: Geographie; Geschichte; Politik; Wirtschaft; Medien der Kultur; Bildung und Wissenschaft; Kunst und Literatur; Sport und Gesundheit; Gesellschaftliches Leben; Tourismus; Beijing 1984–1985
China Handbook, Ta Kung Pao, Hongkong 1980
China heute, Spezialserie der Beijing Rundschau, Von Jugendlichen zu Pensionären, Beijing 1983; Tibet: Gestern und heute, Beijing 1984
China-Ploetz, Geschichte – Probleme – Perspektiven, Freiburg, Würzburg 1981
China, The Cambridge Encyclopedia of –, Gen. Ed. Brian Hook, Cambridge, London, New York 1982
Conze, Edward, Der Buddhismus, Wesen und Entwicklung, Stuttgart 1953
Eberhard, Wolfram, Geschichte Chinas, Stuttgart 1971
–, Lexikon chinesischer Symbole, Köln 1983
Eichhorn, Werner, Kulturgeschichte Chinas, Stuttgart 1964
–, Die Religionen Chinas, Stuttgart, Berlin, Köln, Mainz 1973
Englert, Siegfried P., Klipp und Klar, 100 × China, Mannheim 1980
Feddersen, M., Chinesisches Kunstgewerbe, Braunschweig 1955
Filchner, W., und W. A. Unkrig, Kumbum Dschamba Ling, Leipzig 1933
Forke, Alfred, Geschichte der Chinesischen Philosophie, Hamburg 1964
Franke, Herbert und Rolf Trauzettel, Das Chinesische Kaiserreich, Frankfurt am Main 1968
Franke, Otto, Geschichte des Chinesischen Reiches, Eine Darstellung seiner Entstehung und seiner Entwicklung bis zur neuesten Zeit, 5 Bände, Berlin 1948–1965
Franke, Wolfgang (Hrsg.), China Handbuch, Düsseldorf 1974
–, China und das Abendland, Göttingen 1962
–, Das Jahrhundert der chinesischen Revolution 1851–1949, 2., ergänzte Auflage, München 1980
Franz-Willing, Georg, Neueste Geschichte Chinas, 1840 bis zur Gegenwart, Paderborn 1975
Garms, Eckard (Hrsg.), Wirtschaftspartner China, Hamburg 1981
Geil, William Edgar, Eighteen Capitals of China, London 1911
Gerner, Manfred, Schneeland Tibet, Frankfurt am Main 1981
Gernet, Jacques, Die chinesische Welt, Frankfurt am Main 1979

Giles, Herbert G., A History of Chinese Literature, Rutland, Vermont & Tokyo, Japan 1973
Glassenapp, Helmut von, Die fünf Weltreligionen, Düsseldorf, Köln 1963
Goepper, Roger, Kunst und Kunsthandwerk Ostasiens, München 1978
Granet, Marcel, Das chinesische Denken, München 1963
–, Die chinesische Zivilisation, Frankfurt am Main 1985
Henss, Michael, Tibet, Die Kulturdenkmäler, Zürich 1981
Henze, Jürgen, Bildung und Wissenschaft in der Volksrepublik China zu Beginn der achtziger Jahre, Hamburg 1983
Hopkirk, Peter, Foreign Devils on the Silk Road, Bungay, Suffolk 1984
Hsü, Immanuel C. Y., The Rise of Modern China, Hongkong 1976
Jenyns, R. Soame and William Watson, Chinesische Kunst, Fribourg 1963
Karlgren, Bernhard, Schrift und Sprache der Chinesen, Berlin, Heidelberg, New York 1975
Kikuya, Nagasawa, Geschichte der chinesischen Literatur mit Berücksichtigung ihres geistesgeschichtlichen Hintergrundes (neubearbeitete und erweiterte Auflage von P. Eugen Feifel) Darmstadt 1959
Kraus, Willy, Wirtschaftliche Entwicklung und sozialer Wandel in der Volksrepublik China, Berlin, Heidelberg 1979
Lauf, Detlef Ingo, Eine Ikonographie des tibetischen Buddhismus, Graz 1979
LeCoq, Albert von, Auf Hellas Spuren in Ostturkistan, Graz 1972
Lu Xun, Kurze Geschichte der chinesischen Romandichtung, Beijing 1981
Mullikin, Mary Augusta und Anna M. Hotchkis, The Nine Sacred Mountains of China, Hongkong 1973
Needham, Joseph, Wissenschaft und Zivilisation in China, Bd. 1, Frankfurt am Main 1984
–, Science and Civilisation in China, 5 volumes, Cambridge 1954–1980
Pal, Pratapaditya, Art of Tibet, Berkeley, Los Angeles, and London 1983
People's Republic of China, Year-Book 1983, Hongkong 1983
Pirazzoli-t'Serstevens, Michèle, China zur Zeit der Han-Dynastie, Stuttgart 1982
Porkert, Manfred, Die chinesische Medizin, Düsseldorf und Wien 1986
Reichelt, Karl Ludwig, Der chinesische Buddhismus, Basel, Stuttgart 1926
Reischauer, Edwin O., East Asia, The Great Tradition, Boston 1960
Rolf, Anita, Kleine Geschichte der chinesischen Kunst, Köln 1985
Rousselle, Erwin, Vom Sinn der buddhistischen Bildwerke in China, Darmstadt 1958
Seckel, Dietrich, Buddhistische Kunst Ostasiens, Stuttgart 1957
–, Kunst des Buddhismus, Baden-Baden 1980
Speiser, Werner, China, Geist und Gesellschaft, Baden-Baden 1959
Staiger, Brunhild (Hrsg.), China, Tübingen 1980
Sullivan, Michael, The arts of China, Berkeley, Los Angeles, London 1967–1977
Thilo, Thomas, Klassische Chinesische Baukunst, Wien 1977
Till, Bary, In Search of Old Nanking, Hongkong 1982
Vierheller, Ernstjoachim, Die kommunistische Bewegung in China 1921–1949, Hannover 1972
Waldschmidt, Ernst, Die Legende vom Leben des Buddha, Graz 1982
Weng Wang-go und Yang Boda, Das Palastmuseum Peking, Die Schätze der Verbotenen Stadt, München 1982
Wiethoff, Bodo, Grundzüge der Älteren Chinesischen Geschichte, Darmstadt 1971
Wilhelm, Richard, Die Seele Chinas, Frankfurt am Main 1980
–, I Ging, Text und Materialien, Regensburg 1977
–, Laotse, Tao te king, Das Buch des Alten vom Sinn und Leben, Düsseldorf, Köln 1972

Williams, C. A. S., Encyclopedia of Chinese Symbolism and Art Motives, New York 1960
Yao, Suzanne Wen-Pu, Ostasiatische Schriftkunst, Berlin 1981
Yu Guangyuan, China's Socialist Modernization, Beijing 1984
Zhou Shachen, Beijing Old & New, Beijing 1984

Chinesischsprachige Literatur:

Anhui Gaikuang, Hrsg.: Anhui Gaikuang Bianxiezu, Anhui 1984
Bai Qi (Hrsg.), Jiuhua Shengjing, Anhui 1984
Beijing Lüyou Shouce, Hrsg.: Beijing Lüyou Chubanshe, Beijing 1980
Beijing Shida Mingsheng, Hrsg.: Lüxingjia Zazhi Bianjibu, Beijing 1983
Chang Renxia, Sichou Zhilu yu Xiyu Wenhua Yishu, Shanghai 1981
Chang Yigui, Gulin Mingsheng Guji, Shanghai 1984
Chen Jianguo, Changjiang Fengguang Lu, Hubei 1981
Chen Tianlin, Wuyi Shanshui, Fujian 1980
Chen Wenliang u. a., Beijing Mingyuan Qutan, Beijing 1983
Chen Zhaofu, Jianming Shiku, Yunnan 1980
Chen Zhengxiang, Changjiang yu Huanghe, Hongkong 1978
Cheng Song, Hebei, Hongkong 1978
Cheng Yuzhen u. a., Zhongguo Mingsheng Guji Gailan, Beijing 1980
Cong Shanghai Chufa, Hrsg.: Shanghai Wenhua Chubanshe, Shanghai 1984
Ding Cheng, Qufu Guanlan, Shandong 1983
Du Feibao, Zhongguo Zhizui, Beijing 1984
Fan Wenlan, Zhongguo Tongshi, Beijing 1965
Fang Huisheng, Cai Zeming, Huzhou Lansheng, Guangzhou 1983
Fang Qingqi u. a., Wutaishan Chuanshuo, Shanxi 1983
Gu Jianzhu Youlan Zhinan, Hrsg.: Jianzhushi Bianjibu, Beijing 1983
Guangdong Fengguang Mingsheng, Hrsg.: Zhonghua Wenku, Hongkong 1984
Guangdong Jingse, Hrsg.: Zhonghua Wenku, Hongkong 1984
Guangdong Shanse, Hrsg.: Zhonghua Wenku, Hongkong 1976
Gucheng Changsha, Hrsg.: Hunan Meishu Chubanshe, Hunan 1983
Gucheng Shaoxing, Hrsg.: Zhejiang Renmin Chubanshe, Zhejiang 1984
He Bincong, Taoyi Zazhi, Hongkong 1978
Hou Renzhi, Jin Tao, Beijing Shihua, Shanghai 1980
Huadong Lüyou Zhinan, Hrsg.: Zhongguo Lüyou Chubanshe, Beijing 1983
Huanghe Wanli Xing, Hrsg.: Shuilibu Huanghe Shili Weiyuanhui, Shanghai 1979
Huang Xinchuan, Dai Kangsheng, Shijie Sanda Zongjiao, Beijing 1979
Huashan, Hrsg.: Yayuan Chubanshe, Hongkong 1982
Hubei Mingsheng, Hrsg.: Hubei Renmin Chubanshe, Hubei 1980
Hui Lu, Zhongguo Shanchuan Jisheng, Hongkong 1978
Ji Liu, Xizihu Jiyou, Beijing 1980
Jianzhushi Lunwenji I–V, Hrsg.: Qinghua Daxue Jianzhu Gongchengxi, Beijing 1979–1981
Jin Cao, Song Jingyi, Hua Zhong Xian, Hongkong 1983
Keaide Hebei, Hrsg.: Hebei Renmin Chubanshe, Shijiazhuang 1984
Leng Xiaoyan, Jinling Xunmeng Xing, Hongkong 1983
–, Qilu Taishan Xing, Hongkong 1984
Li Helin, Jin Ershi Nian Zhongguo Wenyi Sichaolun, Shanghai 1939
Liao Zhihao u. a., Suzhou Shihua, Jiangsu 1980

Stadtplan Beijing

1 Kaiserpalast
2 Park Zhongshan Gongyuan
3 Kulturpalast der Werktätigen
4 Große Halle des Volkes
5 Denkmal der Volkshelden
6 Museum der Chinesischen Geschichte und Revolution
7 Mao Zedong-Gedenkhalle
8 Hauptsitz des Reisebüro Lüxingshe
9 Hotel Xinqiao Fandian
10 Hotel Beijing Fandian
11 Friedenshotel Heping Binguan
12 Luxingshe, Hotel Huaqiao Dasha
13 Nationalgalerie
14 Gulou (Trommelturm)
15 Zhonglou (Glockenturm)
16 Tempel der Weißen Dagoba
17 Beijing Bibliothek
18 Telegraphenamt
19 Kulturpalast der Nationalitäten
20 Hotel Minzu Fandian
21 Hotel Yanjing Fandian
22 Stadion Xiannongtan
23 Tiantan (Himmelstempel)-Park
24 Botschaft der Bundesrepublik Deutschland
25 Frühere Res. von Song Qingling
26 Xu Beihong Memorial H.
27 Tempel Dazhong Si
28 Guangji-T.
29 Dongsi Markt
30 Diaoyutai Gästehaus
31 Quyuan R.
32 Chongwenmcn H.
33 Kaorouwan-R.
34 Rongbaozhai
35 Beijing-Rost-Duck-R. (Quanjude)
36 Bianyitang-Rost-Duck-R. (Quanjude) (West Branch)
37 Huangsi Tempel
38 Cuihualou-R.
39 Kangle R.

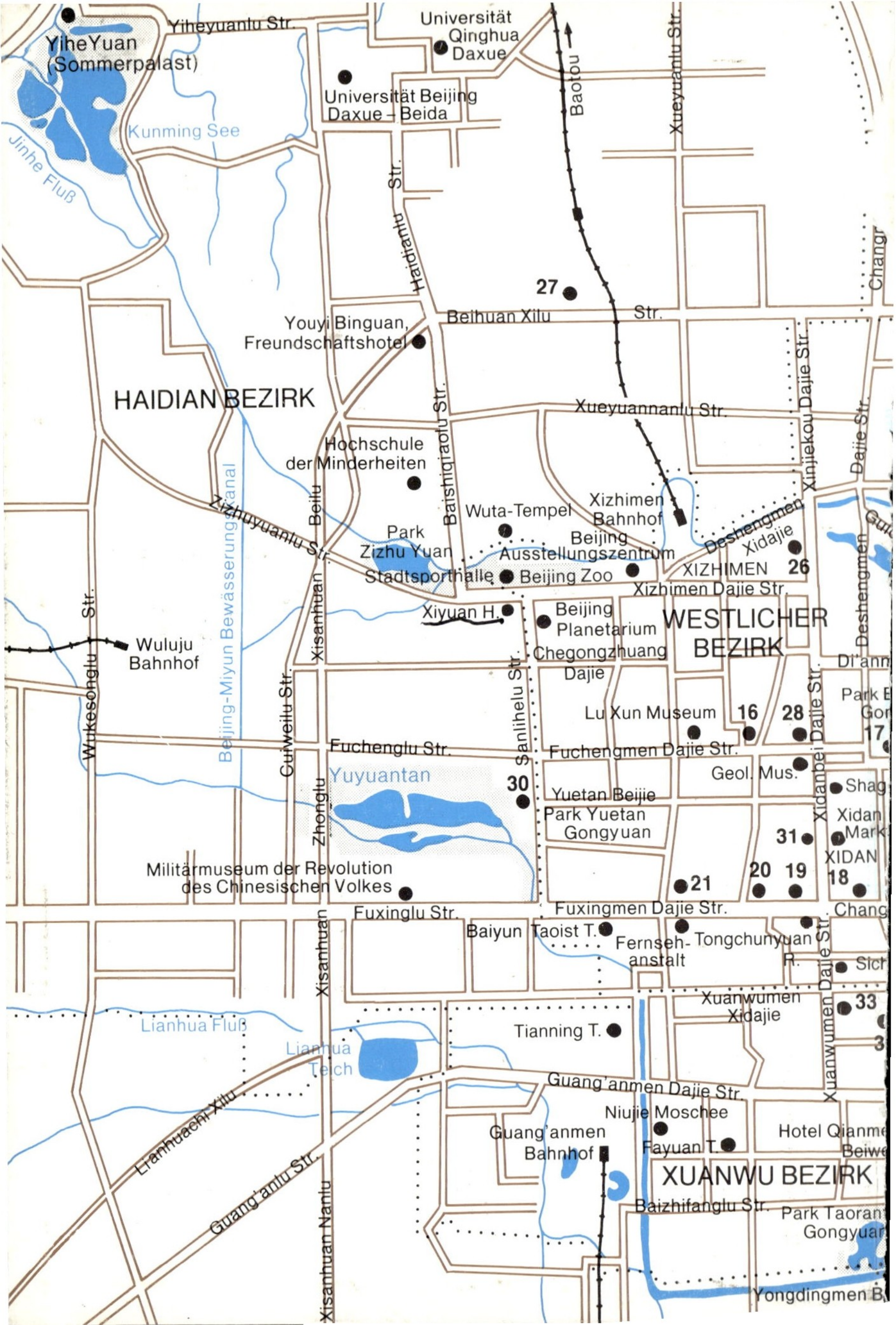

YiheYuan (Sommerpalast)
Yiheyuanlu Str.
Universität Qinghua Daxue
Universität Beijing Daxue – Beida
Kunming See
Jinhe Fluß
Baotou
Xueyuanlu Str.
Haidianlu Str.
27
Beihuan Xilu Str.
Youyi Binguan, Freundschaftshotel
HAIDIAN BEZIRK
Baishiqiaolu Str.
Xueyuannanlu Str.
Xinjiekou Dajie Str.
Dajie Str.
Hochschule der Minderheiten
Beilu
Zizhuyuanlu Str.
Beijing-Miyun Bewässerungskanal
Wuta-Tempel
Xizhimen Bahnhof
Park Zizhu Yuan
Beijing Ausstellungszentrum
Deshengmen Xidajie
Stadtsporthalle
Beijing Zoo
XIZHIMEN
26
Xizhimen Dajie Str.
Wukesonglu Str.
Wuluju Bahnhof
Xisanhuan
Xiyuan H.
Beijing Planetarium
WESTLICHER BEZIRK
Chegongzhuang Dajie
Deshengmen
Di'anm
Cuiweilu Str.
Sanlihelu Str.
Lu Xun Museum
16
28
Xidanbei Dajie Str.
Park B Gor
17
Fuchenglu Str.
Fuchengmen Dajie Str.
Geol. Mus.
Yuyuantan
30
Yuetan Beijie
Park Yuetan Gongyuan
Shag
Xidan Mark
31
XIDAN
Zhonglu
Militärmuseum der Revolution des Chinesischen Volkes
21
20
19
18
Fuxinglu Str.
Fuxingmen Dajie Str.
Chang
Baiyun Taoist T.
Fernseh-anstalt
Tongchunyuan R.
Sich
Xuanwumen Xidajie
33
Xuanwumen Dajie Str.
Lianhua Fluß
Lianhua Teich
Tianning T.
Guang'anmen Dajie Str.
Lianhuachi Xilu
Niujie Moschee
Guang'anmen Bahnhof
Fayuan T.
Hotel Qianme
Beiwe
XUANWU BEZIRK
Guang'anlu Str.
Baizhifanglu Str.
Park Taoran Gongyuan
Xisanhuan Nanlu
Yongdingmen B